Network Programmability and Automation

네트워크 인프라
자동화

| 표지 설명 |

표지 동물은 인도 악어라고도 불리는 가비알 악어Gavialis gangeticus다. 이 파충류는 인도의 챔벌Chambal, 거와Girwa, 손강 유역과 네팔의 나라야니강 유역에 서식한다. 수컷 주둥이 끝에 튀어나온 조직의 꼭지 모양이 냄비를 닮았다 하여 힌두어로 냄비를 뜻하는 '가라ghara'에서 파생된 가비알이라는 이름을 얻게 됐다.

가비알 악어는 길고 가느다란 주둥이와 좁고 날카로운 이빨 때문에 다른 악어와 쉽게 구별할 수 있다. 주로 작은 물고기와 갑각류를 먹고 사는데, 물고기를 해안가로 몰아 물속에서 턱으로 쳐서 기절시킨 후 씹지 않고 통째로 삼킨다. 사람을 공격하는 경우는 거의 없지만, 110개의 이빨을 갖고 있으므로 너무 가까이 다가가지 않는 것이 좋다.

이 악어의 길이는 무려 4~6미터(13~20피트)에 달하는데, 피부색은 어두운 녹갈색부터 갈회색까지 다양하고 배 부분은 밝은색을 띤다. 수컷은 짝짓기를 할 때 가라 기관으로 소리를 내고 거품을 분다. 암컷은 모래톱에 둥지를 짓고 알을 낳아 83~94일 동안 품어 부화시키며, 이후 몇 달 동안 새끼를 돌본다.

맑고 유속이 빠른 높은 제방이나 깊은 웅덩이에 사는 것을 좋아한다. 1900년대 후반부터 전통 약재로 쓰이기 시작해 많은 사냥꾼의 표적이 됐고, 신선한 강물 서식지가 급속도로 줄어들면서 개체 수가 98퍼센트까지 감소했다.

오라일리O'reilly 도서 표지에 등장하는 동물은 대부분 멸종 위기종이며 모두가 소중한 존재다.

표지 그림은 Braukhaus Lexicon에 실린 골동품 판화 작품을 바탕으로 카렌 몽고메리Karen Montgomery가 그린 것이다.

네트워크 인프라 자동화

SDN 개념부터 파이썬, 리눅스, Ansible 활용까지

초판 1쇄 발행 2024년 8월 10일

지은이 맷 오스왈트, 제이슨 에델만, 크리스티안 아델, 스콧 S. 로우 / **옮긴이** 이주호 / **펴낸이** 전태호
펴낸곳 한빛미디어(주) / **주소** 서울시 서대문구 연희로2길 62 한빛미디어(주) IT출판2부
전화 02-325-5544 / **팩스** 02-336-7124
등록 1999년 6월 24일 제25100-2017-000058호 / **ISBN** 979-11-6921-265-6 93000

총괄 송경석 / **책임편집** 박민아 / **기획 · 편집** 박민아
디자인 표지 윤혜원 내지 최연희 / **전산편집** 전도영
영업 김형진, 장경환, 조유미 / **마케팅** 박상용, 한종진, 이행은, 고광일, 성화정 / **제작** 박성우, 김정우

이 책에 대한 의견이나 오탈자 및 잘못된 내용에 대한 수정 정보는 한빛미디어(주)의 홈페이지나 아래 이메일로
알려주십시오. 잘못된 책은 구입하신 서점에서 교환해드립니다. 책값은 뒤표지에 표시되어 있습니다.
한빛미디어 홈페이지 www.hanbit.co.kr / **이메일** ask@hanbit.co.kr

지금 하지 않으면 할 수 없는 일이 있습니다.
책으로 펴내고 싶은 아이디어나 원고를 메일(writer@hanbit.co.kr)로 보내주세요.
한빛미디어(주)는 여러분의 소중한 경험과 지식을 기다리고 있습니다.

Network Programmability and Automation

네트워크 인프라 자동화

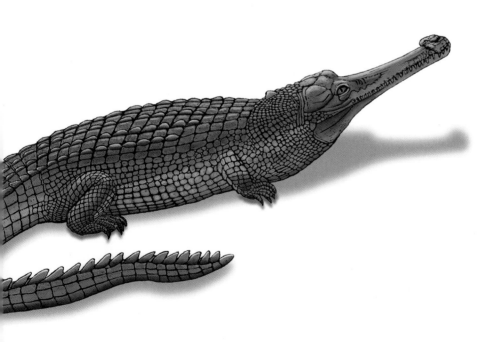

O'REILLY® HB 한빛미디어
Hanbit Media, Inc.

모든 것이 자동화되고 있는 이 시대에 가장 자동화가 느린 곳이 있다면 바로 네트워크 인프라 분야가 아닐까 생각합니다. 아직도 90% 이상의 네트워크는 네트워크 엔지니어들의 수작업에 의존하고 있기 때문입니다.

그런 점에서 네트워크 자동화를 효과적으로 다룬 『네트워크 인프라 자동화』는 네트워크 초보자부터 전문가까지 모두에게 유용한 책이라고 생각합니다. 맷 오스왈트, 제이슨 에델만, 크리스티안 아델, 스콧 S. 로우 같은 저명한 저자들이 네트워크 자동화와 프로그래밍 가능성에 대해 저술한 이 책은 네트워크 엔지니어, 시스템 관리자, 소프트웨어 개발자 모두에게 큰 도움이 될 것입니다.

네트워크 엔지니어로 시작해 다양한 개발 경험을 갖고 있는 역자가 이 책을 번역한 이유 역시 빠르게 변하는 IT 환경에서 네트워크 인프라 자동화 전략을 수립하는 데 필요한 인사이트를 제공하기 위해서였다고 합니다. 특히, 이 책은 네트워크 자동화에 대한 기본 지식이 없는 초보자도 쉽게 이해할 수 있도록 구성돼 있어 복잡한 네트워크 인프라를 효율적으로 구축하는 방법을 배울 수 있습니다.

이 책은 실제 사례를 통해 현실적인 접근 방법을 제시하도록 구성돼 있습니다. 예를 들어, 네트워크 장비 설정 자동화를 위한 앤서블 사용법, 파이썬을 이용한 네트워크 상태 모니터링 스크립트 작성, 클라우드 환경에서의 네트워크 구성 자동화 사례 등을 다룹니다. 이러한 구체적인 예시는 실무에 바로 적용할 수 있어 매우 유용합니다.

각 장은 독립적으로 읽을 수 있어 필요한 정보를 쉽게 찾을 수 있으며, 최신 기술 트렌드와 모범 사례를 통해 실무 적용 능력을 키울 수 있습니다.

1장에서는 SDN의 주요 동향을, 2장에서는 다양한 네트워크 자동화 도구와 기술을, 3장에서는 리눅스의 기본 명령어와 네트워킹 개념을 다룹니다. 4장에서는 클라우드 네트워킹과 컨테이너 기술도 다룹니다.

이 책을 통해 네트워크 자동화의 개념을 명확히 이해하고, 실제 환경에서 이를 구현하는 데 필요한 기술과 도구를 익힐 수 있습니다. 네트워크 자동화를 배우고 싶은 모든 이에게 이 책을 강력히 추천합니다.

진강훈,

『후니의 쉽게 쓴 시스코 네트워킹』 저자

전) 시스코 코리아 기술총괄 부사장

2007년 스마트폰의 출현으로 인간의 일상이 급격하게 변함에 따라 '인간 중심의 사회human centered society'라는 용어가 등장했고, COVID-19와 예기치 못한 전쟁 등의 상황을 거치면서 이 용어는 더욱 필수 불가결해지고 있습니다.

'인간 중심'이라는 개념은 기본적으로 인간과 비즈니스의 위치 독립성을 보장해줍니다. 즉, 어디서든 소비와 판매 행위를 할 수 있도록 보장하기 위한 IT 환경을 제공하는 것이며, 이러한 IT 환경을 제공하기 위해 IT 인프라도 변화해야 합니다. 이를 위해 디바이스, 애플리케이션, 인프라스트럭처, IT 운영 방법 및 운영 위치, 정보보호체계 등 IT 환경의 모든 측면이 변화하고 있습니다.

이에 대응하기 위해 기업의 IT 환경도 무경계no-perimeter, 데이터 중심, AI 중심으로 급격하게 진화하고 있습니다. 하지만 반대로 생각하면 기업은 이렇게 복잡한 환경의 IT 인프라를 끊임없이 혁신하면서 안정적으로 운영해야 한다는 모순적인 상황에 봉착하고 있습니다. 이러한 측면에서 IT 인프라 자동화는 모든 기업의 IT 조직이 우선적으로 수행해나가야 하는 당면 과제입니다.

이 책은 SDN에서 네트워크 자동화 솔루션, 클라우드 인프라 기술 및 컨테이너 기술에 이르기까지 네트워크 운영을 자동화할 수 있는 거의 모든 영역을 명확히 소개하므로, 개념과 함께 심화된 지식을 얻는 데 매우 효과적입니다. 또한 번역 역시 높은 퀄리티로 이뤄져 원서의 내용을 정확하고 이해하기 쉽게 전달하고 있습니다. 역자인 이주호 님은 2000년대 초반 국내 최초의 네트워크 관리 시스템NMS, Network Management System인 넷맥스NetMax의 핵심 개발자로, IT 인프라 관리 분야에서 풍부한 경험을 갖고 있습니다. 이러한 전문성을 바탕으로 한 번역 덕분에 원서의 깊이 있는 내용을 더욱 명확하게 이해할 수 있습니다.

현재 네트워크 분야에 종사하는 현업 엔지니어뿐 아니라 이 분야에 관심 있는 학생들에게도 학습 자료로서 손색이 없는 책입니다.

조기영,

(CCIE 3988, Cisco Certified Internetworking Engineer)

㈜인성정보 Cloud/AZit사업본부장, 부사장

한계에 도달한 기존 네트워크 운영 방식에 혁신을 가져올 수 있는, 네트워크 자동화에 관한 모든 이론과 실전을 총망라한 바이블과 같은 책입니다. 기본에 충실하면서 최신 기술을 간결하게 설명하고 코드로 동작을 명확하게 보여줍니다. 네트워크 엔지니어, 시스템 관리자, 소프트웨어 엔지니어, 프로젝트 매니저 모두가 핵심적으로 알아야 할 내용들을 다루고 있어 프로젝트 기획에서 설계, 구현에 이르기까지 어떠한 기술이 사용돼야 하는지를 잘 정리하고 있습니다. 전체적으로 주요 개념을 훑어본 다음에 필요한 부분을 좀 더 자세히 살펴보는 것을 권하는데, 심층 학습을 위한 주요 레퍼런스 자료도 알려주고 있어 큰 도움이 됩니다.

정부금,

ETRI 책임연구원 네트워크 엔지니어

현대의 네트워크 인프라를 자동화하는 것은 더 이상 선택이 아닌 필수입니다. 이 책은 클라우드부터 리눅스, 컨테이너, 쿠버네티스까지 다루면서 다양한 오픈소스 네트워킹과 자동화 기술을 아우르며, 이 모든 요소를 통합적으로 이해하고 활용하는 방법을 제시합니다. 따라서 이 책을 바탕으로 네트워크 자동화의 핵심 개념과 실제 구현 방법을 깊이 있게 이해할 수 있습니다. 새로운 기술을 도입하고 효율성을 극대화하려는 모든 IT 전문가와 네트워크 엔지니어에게 강력히 추천합니다.

이호성,
한국 리눅스 사용자 그룹 Founder

지은이 · 옮긴이 소개

지은이 **맷 오스왈트** Matt Oswalt

클라우드페어Cloudflare의 이그레스Egress 팀에서 선임 시스템 엔지니어로 일하고 있으며, 분산 시스템 및 인터넷/웹 프로토콜에 관심이 많은 소프트웨어 엔지니어다. 일반적으로 대규모, 하드웨어 쪽에 가까운 시스템을 다룬다. oswalt.dev에 자신의 최근 관심사를 담아낸 글을 작성하고 있다.

지은이 **제이슨 에델만** Jason Edelman

네트워크 자동화 솔루션 분야의 선두 업체인 네트워크 투 코드Network to Code의 설립자이자 CTO이다. 2014년에 네트워크 투 코드를 설립했다. 데브옵스가 시스템 관리자와 개발자를 위한 IT 운영 모델을 근본적으로 변화시킨다는 사실을 경험한 후 네트워킹 분야에서도 데브옵스와 소프트웨어의 기존 기술을 결합해 전체적인 네트워크 자동화 솔루션을 구축할 수 있다는 새로운 기회를 포착했다. 네트워크 투 코드를 설립하기 이전에는 프레시디오Presidio, 블루워터BlueWater, 시스코Cisco에서 기술 영업을 담당했으며, 네트워크 솔루션의 아키텍처를 설계하고 개발했다. 트위터 계정은 @jedelman8이다.

지은이 **크리스티안 아델** Christian Adell

네트워킹 및 IT 자동화에 관련된 여러 업무를 수행하는 네트워크 소프트웨어 엔지니어다. 현재 네트워크 투 코드에서 수석 아키텍트로 근무하면서 오픈소스 소프트웨어 중심으로 다양한 사용 사례에 맞는 네트워크 자동화 솔루션을 구축하는 데 집중하고 있다. 트위터 계정은 @chadell0이다.

지은이 **스콧 S. 로우**Scott S. Lowe

풀루미Pulumi에서 데브렐DevRel로 근무 중이다. 수년 동안 연산 및 네트워크 가상화를 전담했으며 현재는 클라우드 컴퓨팅과 IaC에 집중하고 있다. 직장 생활을 하면서도 여러 권의 기술 서적을 집필했으며, 기술적인 내용은 블로그(*blog.scottlowe.org*)에 주기적으로 공유하고 있다.

옮긴이 **이주호**

네트워크 전문 업체였던 인네트에서 웹 기반 NMS 엔진, 패킷 캡처 및 분석 도구, 넷플로 분석 도구 개발 등에 참여했으며, 나모 인터랙티브 개발실장으로 모바일 PDA 소프트웨어인 핸드스토리와 기업용 검색 엔진인 딥서치를 개발했다. 이후 글로벌 소프트웨어 개발 과정에 대한 호기심으로 미국으로 건너가 블리자드 HQ, NCSoft USA에서 플랫폼 서비스 및 애플리케이션 개발에 참여했다. 스마일게이트 스토브에서 개발이사로 게임 런처와 게임 SDK, 모바일 앱 등 게임 플랫폼 연동 서비스의 개발을 이끌었으며, 현재 메디테크 스타트업인 인티그레이션에서 기술전략이사로 의료인이 사용하는 SaaS 플랫폼의 개발을 이끌고 있다. 『MakeKorea』 1, 2호와 『소프트웨어 테스팅 법칙 293가지』(정보문화사, 2004), 『Databases with PostgreSQL』(정보문화사, 2002), 『Effective Visual Studio .NET』(정보문화사, 2003), 『Practical Android Projects』(한빛미디어, 2012) 등 다수의 IT 서적을 번역했다.

현대 IT 시장은 빠른 변화를 겪고 있습니다. 최근 출시되는 서비스나 애플리케이션은 대부분 네트워크를 기반으로 동작하며, 모든 것이 네트워크로 연결되는 시대가 됐습니다. 빠른 변화의 요구에 대응하기 위해 다양한 IT의 개념과 기술이 발전에 발전을 거듭해왔습니다. 클라우드, 컨테이너, XaaS, API와 데이터 포맷, 마이크로서비스 아키텍처, 모던 프로그래밍 언어 등 여러 개념과 기술이 이러한 변화를 지탱해주고 있습니다. 인프라 영역에서도 많은 발전이 이뤄졌지만, 네트워크 인프라의 경우 상대적으로 변화의 속도가 한 걸음 늦어지고 있습니다.

'사람이 도구를 만들고, 도구가 사람을 만든다'는 말이 있습니다. 우리가 만든 IT 기술은 다시금 우리가 사용하는 환경을 바꾸고 있습니다. 변화된 시대에 맞춰 IT 인프라도 자동화해 안정적이고 신속한 서비스를 제공하려는 시도가 늘고 있습니다. 이 책은 그러한 시도들을 종합적으로 조망해주는 바이블과 같은 서적입니다.

네트워크 인프라의 자동화를 추진하려면 전체적인 아키텍처 설계가 필요하며, 실제 구현을 위해서는 네트워크와 프로그래밍 기술이 필수적입니다. 이 책은 개발자, 시스템 관리자, 네트워크 엔지니어가 공감대를 만들어 자동화된 네트워크 인프라를 구축하는 데 필요한 기술 전반을 다루고 있습니다. 다루는 범위가 넓다 보니 깊이 있는 내용을 담아내지 못한 것은 아닌지 우려할지도 모르지만, 적어도 네트워크 자동화라는 관점에서는 충분히 자세한 내용을 제공하고 있습니다. 각 장의 내용은 별도의 책으로 나올 수 있을 정도로 방대한 주제를 다루며, 이 책을 통해 기본 개념을 익힌 후 자신에게 부족한 부분이나 좀 더 자세히 알고 싶은 분야에 대해서는 한빛미디어가 출간한 관련 도서를 통해 보완하는 것도 좋습니다.

저자는 서문에 각 장에서 다루는 주요 내용을 정리해뒀습니다. 먼저 1장과 2장을 직무와 상관없이 공통적으로 읽으면서 네트워크 자동화의 트렌드와 방향성을 이해할 수 있을 것입니다. 세부 기술에 대해서는 필요한 부분을 찾아 읽는 것도 좋은 방법입니다. 독자의 직무와 배경지식에 따라 건너뛸 수 있는 부분도 있겠지만, 이 책은 업무 중에 늘 옆에 두고 참고할 수 있는 좋은 자료가 될 것입니다. 특히 현업에서 네트워크를 비롯한 다양한 형태의 자동화 관련 프로젝트를 이끌어야 한다면, 14장에서 제공하는 전체적인 아키텍처가 큰 도움이 될 것입니다. 저자들의 다양한 경험이 녹아들어 있습니다.

오랜만에 번역을 진행하면서 독자들이 불편함 없이 읽을 수 있도록 최선의 노력을 기울였지만, 다양한 분야를 다루다 보니 분야마다 다른 용어를 사용하고 있는 부분도 발견할 수 있었습니다. 이럴 경우 어떤 분야인지 따져보고 그 맥락에 따라 해당 분야의 용어를 우선적으로 선택했습니다. 부족한 부분은 기존에 출간된 서적을 참조했는데, 최선을 다했음에도 잘못된 부분이 있을 수 있습니다. 잘못된 부분을 알려주시면 최대한 다른 독자들과 공유해 올바른 내용으로 가다듬겠습니다.

두꺼운 책을 미리 리뷰해주신 정부금 ETRI 연구원님, 인성정보 조기영 부사장님, 진강훈 전 시스코 코리아 부사장님, 데이터독 이호성 님께 감사의 말씀을 전합니다. 어려운 출판 여건 속에서도 좋은 책의 번역을 제안해주신 한빛미디어 박민아 팀장님과 편집 팀 관계자 분들에게도 감사드립니다. 무엇보다 번역하는 동안 옆에서 지켜봐주고 이해해준 아내 수현과 현욱, 현태, 현서에게 고맙다는 말과 사랑을 전합니다. 특히 아빠 옆에서 사랑한다는 쪽지를 남겨준 막내딸 현서에게 함께 놀아주지 못해 미안하고 정말 사랑한다고 전합니다.

끝으로, 이 책을 선택해 끝까지 읽고 새로운 대한민국 IT의 미래를 함께 고민하며 만들어나갈 독자 여러분의 건승을 기원합니다.

이주호

"**네트워크 자동화**의 세계에 오신 것을 환영합니다!"

네트워크 업계는 극적으로 변화하고 있다. 경쟁 우위를 차지하기 위해 기업이 더 민첩하고 유연하게 움직여야 한다는 필요성과 함께 새로운 프로토콜, 신기술, 새로운 전달 모델의 혁신이 일어나고 있다. 이에 힘입어 여러 조직과 네트워크 전문가들이 네트워크 자동화라는 아이디어와 개념을 수용하려는 움직임이 그 어느 때보다 두드러진다. 그렇다면 네트워크 자동화, 즉 프로그래밍 가능성이란 무엇일까? 이 질문에 대한 답으로 이 책은 시작한다.

이 책에서 다루는 내용

제목에서 알 수 있듯이 이 책은 네트워크 프로그래밍 가능성 및 자동화에 초점을 맞춘다. 결국 네트워크 프로그래밍 가능성 및 자동화의 핵심은 네트워크 장비, 토폴로지, 서비스, 연결성을 설정하고 운영 관리하는 데 필요한 관련 업무를 간소화하는 것이다.

예전에 비해 네트워킹 영역에서 훨씬 광범위하게 사용되는 운영체제, 지속적 통합과 같은 새로운 방법론, 소스 버전 관리 시스템이나 설정 관리 시스템처럼 과거에는 시스템 관리자 영역에 속했던 많은 도구 등 아주 다양한 구성 요소가 서로 밀접하게 연관돼 있다. 이러한 구성 요소가 모두 네트워크 프로그래밍 가능성과 자동화의 핵심 정의에서 중요한 역할을 담당하고 있으므로 각 주제를 모두 살펴본다. 이 책의 목표는 네트워크 자동화에 관한 지식의 토대를 갖추는 것이다.

2판에서 새로 다루는 내용

2판을 준비하면서 1판에는 없었던 4개 장을 새롭게 추가했다.

- 4장 클라우드
- 5장 네트워크 개발자 환경
- 7장 Go 언어
- 14장 네트워크 자동화 아키텍처

기존 내용에도 다음과 같이 새로운 개념을 덧붙였다.

- 구글 프로토콜 버퍼
- gRPC/gNMI
- 테라폼^{Terraform}
- 노르니르^{Nornir}

이렇게 내용을 새롭게 추가하는 것 외에도 1판이 출간된 이후 일어난 업계의 발전과 변화의 내용을 반영하기 위해 각 장의 내용을 수정하고 보완했다.

새롭고 흥미로운 주제를 추가할 수 있게 돼서 무척 설레지만, 책의 분량 때문에 1장에 실었던 내용을 모두 2판에 옮겨오지는 못했다. 2판에 싣지 못한 내용은 *https://oreilly-npa-book.github.io*에서 자유롭게 이용할 수 있다.

이 책의 구성

이 책을 처음부터 끝까지 차례대로 읽어야 하는 것은 아니며, 관심이 가는 내용부터 손쉽게 찾아 읽을 수 있도록 여러 개의 주제로 나눴다. 하지만 1장부터 3장까지는 나머지 장들의 배경정보와 토대가 되는 내용이므로 먼저 읽는 것이 유리하다. 그런 다음, 끌리는 주제나 필요에 따라 읽는 것도 괜찮다.

각 장의 내용은 비교적 독립적으로 구성해 그 장만 읽어도 괜찮도록 노력했지만, 모든 기술이 그렇듯 항상 독립된 것은 아니다. 따라서 필요한 정보를 찾을 수 있도록 가능한 한 서로 참조할 수 있는 정보를 제공했다.

이 책에서 다루는 내용을 간략히 살펴보자.

1장. 네트워크 업계 동향

소프트웨어 정의 네트워크(SDN)를 촉발한 주요 사건과 동향을 개략적으로 살펴본다. 알다시피 SDN은 네트워크 프로그래밍 가능성 및 자동화에 대한 관심을 높여준 계기가 됐다.

2장. 네트워크 자동화

1장에서 살펴본 SDN에 관한 논의 내용을 바탕으로 네트워크 자동화, 특히 네트워크 자동화의 역사, 자동화 유형, 자동화에 관련된 도구와 기술, 그리고 자동화가 운영 모델에 끼친 영향과 운영 모델이 자동화에 미친 영향을 중점적으로 살펴본다.

3장. 리눅스

리눅스 운영체제에 대한 개요를 제공한다. 리눅스를 아주 상세히 다루지는 않지만, 네트워크 전문가가 리눅스를 빠르게 익힐 수 있도록 리눅스의 기본 명령어와 네트워킹 개념을 살펴본다.

4장. 클라우드

네트워킹 관점에서 클라우드 컴퓨팅을 소개하고 컨테이너, 쿠버네티스 네트워킹 등과 같은 관련 주제를 다루기 위한 도약대를 마련한다. 또한 네트워크 엔지니어가 이미 익혀둔 기술을 클라우드 기반 환경에서 어떻게 활용할 수 있는지도 다룬다.

5장. 네트워크 개발자 환경

네트워크 개발자 환경을 관리하기 위한 도구와 기술을 살펴본다. 모든 네트워크 자동화 프로젝트에서 중요한 부분으로, 이를 통해 팀은 보다 효과적으로 해결 방안을 만들기 위해 협업할 수 있을 뿐만 아니라 개발부터 테스트 및 실제 서비스 환경에 이르기까지 여러 단계를 효과적으로 이행할 수 있다.

6장. 파이썬

네트워크 전문가를 대상으로 파이썬을 소개한다. 파이썬은 네트워크 프로그래밍 가능성 및 자동화에 자주 사용되는 프로그래밍 언어다. 이 장에서는 데이터 타입, 조건문, 반복문, 파일 처리, 함수, 클래스, 모듈 등 파이썬 프로그래밍에 관련된 여러 가지 기본 개념을 다룬다.

7장. Go 언어

네트워크 자동화 전문가가 사용할 만한 두 번째 프로그래밍 언어로 Go 언어를 살펴본다. 클라우드 네이티브 생태계 덕분에 최근 인기가 상승한 Go 언어는 자동화 여정을 시작함에 있어 소중한 자산이 될 것이다.

8장. 데이터 포맷 및 모델

네트워크 자동화 데이터를 모델링해 전달하고 저장하는 형식과 방법을 살펴본다. 데이터를 이해하고 다룰 수 있는 능력은 네트워크 자동화 전문가가 갖춰야 할 기본 기술이다. 이 장에서 배우는 내용들은 이어지는 장을 이해하는 데 견고한 토대가 된다.

9장. 템플릿

템플릿 언어를 사용해 네트워크 장비의 설정을 생성하는 방법을 살펴본다. 이 장에서는 파이썬과 긴밀하게 통합되는 템플릿 언어인 진자[jinja]를 주로 다루지만, Go 템플릿과 XSLT(확장 가능한 스타일시트 언어 변환)도 함께 다룬다.

10장. 네트워크 API 사용하기

네트워크 프로그래밍 가능성 및 자동화에서 API의 역할을 다룬다. HTTP, NETCONF, RESTCONF, gNMI 등이 네트워크 자동화 분야에서 어떤 식으로 사용되는지 보여주는 예제를 살펴보면서 API에 관한 주요 개념과 기술을 살펴본다. API를 사용해 네트워크 장비를 자동화할 때 사용할 파이썬과 Go 언어용 라이브러리를 모두 알아본다.

11장. 깃을 이용한 버전 관리

소스 코드 버전 관리 도구로 널리 애용되는 깃^{Git}을 소개한다. 소스 코드 버전 관리가 왜 중요한지, 네트워크 자동화 분야에서는 어떻게 사용할 수 있는지, 깃허브와 같은 인기 있는 온라인 서비스를 사용하려면 어떻게 하는지 등을 이야기한다.

12장. 자동화 도구

앤서블, NAPALM을 이용한 노르니르, 테라폼 같은 오픈소스 자동화 도구의 사용법을 살펴본다. 이들 도구를 선언적 접근 방식과 명령적 접근 방식으로 사용해보면서 네트워크 자동화 분야에서 이들 도구를 어떻게 사용할 수 있는지를 배운다.

13장. 지속적 통합

지속적 통합(CI)에 관련된 주요 도구와 기술을 살펴본다. 테스트 주도 개발(TDD) 방법론에 대해 이야기하고 깃랩, 젠킨스 등의 도구와 프레임워크를 살펴본다. 이러한 CI 구성 요소들과 통합적으로 동작하는 네트워크 자동화 워크플로를 예제와 함께 살펴본다.

14장. 네트워크 자동화 아키텍처

앞에서 다룬 모든 개념을 하나로 묶어 전체 네트워크 자동화 솔루션의 참조 아키텍처를 제안한다. 자동화와 오케스트레이션을 다루면서 진실 공급원의 개념을 살펴보고, 이러한 시스템을 사용할 경우의 사용자 상호 작용은 어떻게 이뤄지는지를 살펴본다.

대상 독자

앞에서 이야기한 것처럼, 이 책의 목표는 네트워크 자동화 분야의 기반 기술과 기초 지식 토대를 갖출 수 있게 돕는 것이다. IT 업계의 여러 분야에서 일하는 독자들에게 이 책이 도움이 될 것이라 확신한다.

네트워크 엔지니어

네트워크 프로그래밍 가능성 및 자동화에 초점을 맞추면 당연히 '전통적인' 네트워크 엔지니어가 이 책의 독자일 것이다. 이 부류의 독자들은 네트워크 프로토콜, 네트워크 장비 설정 및 네트워크의 운영 관리에 대한 풍부한 지식을 갖추고 있다. 이 책은 네트워크 엔지니어가 네트워크 자동화를 통해 보다 견고한 인프라를 효과적으로 구축할 수 있도록 한다.

선행 지식

네트워크 자동화를 배우길 원하는 네트워크 엔지니어라면 소프트웨어 개발, 프로그래밍, 자동화나 데브옵스 관련 도구의 사용법 등과 같은 선행 지식은 필요하지 않다. 오직 새로운 기술과 더불어 이러한 기술이 우리와 같은 네트워크 전문가에게 어떤 영향을 미치고 더 나아가 네트워크 업계 전반에는 어떤 영향을 미치는지 알아보려는 의지와 개방적 태도가 필요할 뿐이다.

시스템 관리자

네트워크에 연결되는 시스템을 관리하는 것이 담당 업무인 시스템 관리자는 특히 이 책에서 다루는 리눅스, 소스 버전 관리 시스템, 설정 관리 시스템 등과 같은 몇몇 도구를 이미 사용해봤을 것이다. 그렇다면 이 책은 시스템 관리자들이 이미 알고 있는 이러한 도구에 대한 기존 지식과 이해를 확장해 새로운 맥락에서 지식을 활용할 수 있게 도와준다. 예를 들어 앤서블을 리눅스 배포판을 실행할 서버를 준비하는 데 사용하는 것이 아니라 네트워크 스위치 장비를 설정하는 데 사용할 수 있다.

선행 지식

이 책에서는 주요 네트워크 프로토콜이나 개념을 다루지 않는다. 하지만 네트워크에 연결된 시스템을 관리해야 하는 시스템 관리자들은 주요 네트워크 프로토콜에 대한 기본 지식을 갖추고 있을 것이라 생각한다. 따라서 경험이 있는 시스템 관리자라면 별다른 어려움 없이 이 책을 읽을 수 있다. 혹시라도 네트워크 지식이 부족하다고 생각된다면 주요 네트워킹 개념과 아이디어를 다룬 책으로 지식을 보완하는 것이 좋다. 예를 들어 브루스 하트펜스[Bruce Hartpence]의 『Packet Guide to Core Network Protocols』(O'reilly, 2011)와 같은 책을 추천한다.

소프트웨어 개발자

소프트웨어 개발자도 이 책을 읽으면서 많은 도움을 얻을 수 있다. 대다수의 개발자는 이 책에서 다루는 파이썬 같은 프로그래밍 언어와 깃 같은 개발 도구를 이미 접해봤을 것이다. 시스템 관리자와 마찬가지로 개발자 또한 네트워크에 초점을 맞춰 개발자 도구와 언어의 사용법을 살펴보면 유용할 것이다(예를 들어 파이썬으로 네트워크와 관련된 데이터를 조회해 저장하는 방법 등을 살펴보자).

선행 지식

주요 네트워크 프로토콜 및 개념에 대한 기본 지식을 갖췄다고 가정한다. 시스템 관리자와 마찬가지로 네트워킹 분야에 낯선 소프트웨어 개발자라면 네트워킹 개념에 초점을 맞춘 책으로 이 책의 내용을 보완할 필요가 있다.

이 책에 사용된 도구

다른 기술 분야와 마찬가지로 네트워크 자동화 분야에서 사용하는 기술과 도구도 다양한 버전과 변형 버전이 존재한다. 이 책에서는 해당 분야에서 가장 흔히 접하는 대표적인 표준 도구들을 다룬다. 예를 들어 리눅스에는 여러 배포판이 존재하지만, 이 책에서는 데비안, 우분투(데비안 계열의 변형 배포판), CentOS(레드햇 엔터프라이즈 리눅스, RHEL의 변형 배포판)만 다룬다. 여러분의 이해를 돕기 위해 각 도구를 사용할 때는 다양한 도구의 구체적인 버전도 함께 소개한다.

온라인 참고 자료

네트워크 자동화에 관한 내용을 이 책에서 모두 다룰 수는 없다. 그러므로 책에서는 여러 온라인 참고 자료를 찾아볼 수 있도록 관련 정보를 제공한다. 해당 정보를 활용하면 책에서 설명한 개념과 기술을 더 폭넓게 이해하는 데 도움이 될 것이다.

https://github.com/oreilly-npa-book

CONTENTS

CONTENTS

CONTENTS

CONTENTS

CONTENTS

CONTENTS

## CHAPTER 1

네트워크 업계 동향

소프트웨어 정의 네트워킹SDN, Software-Defined Networking은 1990년대 이후 네트워크 업계에서 가장 큰 혁명 중 하나로 평가받고 있다. 이 용어가 등장한 지도 벌써 10년이 넘었지만, 여전히 혼란은 계속되고 있다. 여러분이 SDN을 처음 접하든, 지난 몇 년간 SDN의 열풍에 매달렸든 걱정할 필요는 없다. 이 책은 SDN에 대한 기본 주제들을 하나씩 살펴보면서 소프트웨어, 클라우드, 오픈소스가 최신 네트워크를 설계하고 관리하는 방식을 어떻게 완전히 탈바꿈시켰는지 이해해가는 여정을 여러분과 함께할 것이다.

이번 장에서는 SDN과 관련 기술이 요즘 네트워킹 업계에 미친 영향 등을 중심으로 네트워크 업계의 트렌드를 통찰해보는 시간을 가져본다. 먼저 SDN이 어떻게 주류가 됐고 결국에는 프로그래밍 가능한 네트워크와 자동화 사례를 주도하게 됐는지를 되돌아본다.

1.1 소프트웨어 정의 네트워킹의 부상

네트워크 업계에서 이뤄진 모든 변화에 대해 딱 한 사람의 공로만 인정해야 한다면, 아마도 앤드리슨 호로위츠Andreessen Horowitz 벤처 캐피털사의 제너럴 파트너인 마틴 카세이도Martin Casado를 꼽게 된다. 카세이도는 VM웨어의 펠로우이자 수석부사장이면서 VM웨어 네트워킹 및 보안 사업 부문을 총괄하는 임원이기도 했다. 그는 업계에 지대한 영향을 끼쳤다. 오픈플로OpenFlow나 니시라Nicira와 같은 프로젝트에 직접 기여하기도 했지만, 많은 네트워크 업계 종사자에게 네트워크 운영, 민첩성, 관리 용이성이 변화해야 한다는 사실을 깨우쳐줬다. 그간 어떤 일이 있었는지 좀 더 자세히 살펴보자.

1.1.1 오픈플로의 등장

좋든 싫든 오픈플로는 SDN으로 전환하는 과정에서 등장한 첫 번째 주요 프로토콜이다. 카세이도는 스탠포드대학교에서 닉 맥코운Nick McKeown 교수의 지도하에 박사 학위 과정을 밟던 중 오픈플로를 개발했다. 오픈플로 프로토콜은 [그림 1-1]처럼 네트워크 장비의 제어 평면과 데이터 평면을 분리했다. 단순하게 설명하자면, 제어 평면은 네트워크 장비의 두뇌라고 볼 수 있고, 데이터 평면은 패킷 포워딩packet forwarding을 수행하는 **하드웨어 또는 주문형 반도체 회로**ASIC, Application-Specific Integrated Circuit라고 볼 수 있다.

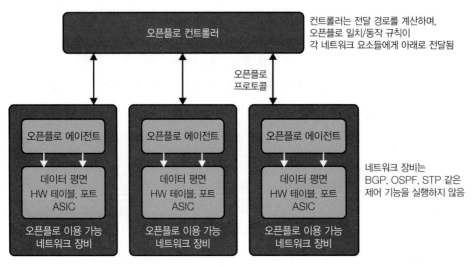

그림 1-1 오픈플로에서 제시한 제어 평면과 데이터 평면의 분리

NOTE_ [그림 1-1]은 순전히 오픈플로만 배포한 구조이며, 네트워크 장비에 제어 평면이 빠져 있다. 많은 장비에서 하이브리드 방식으로 오픈플로를 실행할 수 있으므로 특정 포트, 가상 LAN(VLAN), 일반 패킷 포워딩 파이프라인 내에서 오픈플로를 배포할 수 있다. **오픈플로 테이블**에 일치하는 규칙이 없을 경우 MACMedia Access Control 라우팅처럼 기존 포워딩 테이블을 사용해 정책 기반 라우팅PBR, Policy-Based Routing과 보다 유사한 방식으로 패킷을 전달한다.

네트워크 장비는 포워딩 정보 기반^{FIB, Forwarding Information Base}처럼 트래픽을 어떻게 전달해야 할지를 판단하는 하드웨어 테이블을 갖고 있다. 예를 들어 192.168.0.100 주소로 전달돼야 하는 트래픽은 이런 테이블의 정보에 따라 48번 포트로 내보내야 한다고 판단한다. 오픈플로는 이러한 하드웨어 테이블과 직접 상호 작용하는 저수준 프로토콜이다.

> **NOTE_** 오픈플로는 플로 테이블^{flow table}을 다루는 저수준 프로토콜이므로 패킷 포워딩에 직접적인 영향을 미친다. 오픈플로는 단순히 인증이나 SNMP^{Simple Network Management Protocol, 단순 네트워크 관리 프로토콜} 인자처럼 관리 평면의 속성과 상호 작용하기 위한 프로토콜이 아니다.

전통적인 라우팅 프로토콜과 비교해보면 오픈플로에서 사용하는 테이블은 목적지 주소 이외의 항목도 사용하기 때문에 오픈플로는 패킷의 필드 일치 규칙 등을 사용해 전달 경로를 더 세밀하게 제어할 수 있다. 즉, 출발지 주소를 고려해 다음 라우팅 홉을 결정하는 정책 기반 라우팅(PBR)의 세밀한 제어 방식과 유사하다. PBR이 등장하면서 네트워크 관리자는 목적지 주소와 같은 기존 속성 외에도 패킷의 출발지 주소와 같은 속성에 따라 패킷을 어디로 전달할지 결정할 수 있게 됐다. 몇 년 뒤 오픈플로 또한 PBR 방식을 지원했다. 하지만 네트워크 장비 제조사가 PBR 방식으로 트래픽을 전달할 수 있는 기능을 제공하기까지는 꽤 오랜 시간이 걸렸고, 장비마다 여전히 사용 방식도 달랐다.

오픈플로의 등장은 장비 제조사에 중립적인 방식으로 트래픽 전달 경로를 세부적으로 조정할 수 있게 됐음을 의미한다. 오픈플로가 등장한 이후에는 장비 제조사가 다음 버전의 하드웨어를 제공할 때까지 하릴없이 기다리지 않고도 네트워크 인프라의 능력을 향상할 수 있게 됐다.

프로그래밍 가능한 네트워크의 역사

오픈플로가 네트워크 장비에서 제어 기능과 지능^{intelligence}을 분리하고자 했던 최초의 프로토콜이나 기술은 아니다. 오픈플로가 SDN 혁명을 이끈 기술이긴 하지만, 그 이전에도 비슷한 목적을 가진 기술 개발과 연구가 오랫동안 진행됐다. 전달 및 제어 요소 분리^{ForCES, Forwarding and Control Element Separation}, 능동 네트워크^{active network}, 라우팅 제어 플랫폼^{RCP, Routing Control Platform}, 경로 계산 요소^{PCE, Path Computation Element} 등의 연구가 있었는데, 해당 연구 과정이 궁금하다면 닉 핌스터^{Nick Feamster}가 공저한 논문 「The Road to SDN: An Intellectual History of Programmable Networks」를 찾아보자.[1]

1.1.2 왜 오픈플로일까?

오픈플로가 무엇인지 이해하는 것도 중요하지만, SDN의 등장을 촉발한 오픈플로가 연구 개발 된 배경을 이해하는 것이 훨씬 더 중요하다.

카세이도는 스탠포드대학교 재학 시절에 IT 시스템 보안 공격의 대응 방안을 수립하는 미국 정 부 과제에 참여했다. 이때 IT 시스템이란 미국 정부 시스템이다. 카세이도는 자신의 필요에 따 라 프로그램을 작성해 컴퓨터와 서버를 다룰 수 있다는 것을 금방 깨달았다. 실제 사용 사례는 공개되지 않았지만, 필요에 따라 호스트 또는 호스트 그룹에 반응해 분석하고 잠재적으로 재프 로그래밍까지 할 수 있는 엔드포인트의 제어 방식에 대한 연구였다.

이 개념을 네트워크에 적용하려 했지만, 당시에는 프로그래밍 방식을 사용하는 것조차 거의 불 가능한 상황이었다. 모든 네트워크 장비는 서드파티 소프트웨어의 설치조차 못하게 막을 정도 로 **폐쇄적이었고**, 겨우 명령행 인터페이스^{CLI, Command Line Interface}만 제공됐다. 네트워크 관리자들 은 CLI 사용법을 잘 알고 있고 CLI 방식을 선호하긴 했지만, 카세이도는 이런 방식으로는 네 트워크의 관리, 운영, 보안에 필요한 진정한 유연성을 제공하지 못한다는 사실을 분명히 깨달 았다.

사실 네트워크를 관리하는 방식은 CLI 명령에 추가된 몇 가지 새로운 기능을 제외하면 20년 이상 바뀐 내용이 전혀 없다. [그림 1-2]는 SDN 기업인 빅 스위치 네트워크의 자주 언급되는 발표 자료인데, 네트워크에서 그동안 있어왔던 큰 변경 사항이 Telnet에서 SSH로 바뀐 것이 라는 자조적 농담이 담겨 있다.

농담은 제쳐두더라도, 네트워크 관리 분야가 다른 기술의 발전에 비해 상당히 뒤처진 것은 분 명하다. 카세이도는 수년 동안 이 문제를 완화시키고자 노력했다. 다른 기술 분야와 비교해보 면 관리 용이성이 얼마나 부족한지를 더 쉽게 이해할 수 있다. 다른 기술 분야에서는 설정 관 리, 데이터 수집 및 분석 작업을 수행하기 위해 많은 기기를 관리할 때 하이퍼바이저 관리자, 무선 컨트롤러, IP PBX(사설 IP 음성교환기), 파워셸, 데브옵스^{DevOps} 도구 등과 같은 최신 기 술을 이용한다. 이들 중에는 특정 제조사와 밀접한 관련이 있는 상용 소프트웨어도 있지만, 일 부는 제조사와의 특별한 관련 없이 다중 플랫폼 관리, 운영, 민첩성을 제공한다.

---

1 옮긴이_ 논문은 *https://www.cs.princeton.edu/courses/archive/fall13/cos597E/papers/sdnhistory.pdf*에서, 닉의 동영상 발 표는 *https://www.youtube.com/watch?v=dkUDUb9GtH0*에서 볼 수 있다.

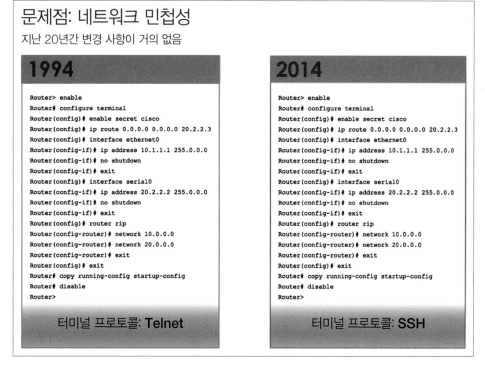

그림 1-2 크게 바뀐 것은 Telnet에서 SSH로 변경된 것뿐이라는 점을 보여주는 발표 자료(이미지 출처: 빅 스위치 네트웍스)

카세이도가 정부 과제를 수행하면서 직면했던 상황으로 돌아가보자. 그는 해결 방안을 찾기 위해 어떤 질문을 해봤을까? 애플리케이션에 따라 트래픽을 리다이렉트할 수 있는가? 네트워크 장비가 API를 제공하는가? 네트워크에 대한 단일 통신 지점이 존재하는가? 이 질문들에 대한 대답은 대부분 '아니오'였다. 프로그램을 작성해 종단 호스트 컴퓨터를 쉽게 다뤘던 것처럼 네트워크에서 패킷 전달, 정책, 설정을 동적으로 제어할 방법은 없을까?

오픈플로의 최초 사양은 카세이도가 겪었던 문제를 직접 겪으며 해결해나간 결과물이다. 업계가 결국 저수준 프로토콜보다는 사용 사례와 솔루션을 중시하게 되면서 오픈플로에 대한 과도한 기대는 사라지게 됐지만, 그의 초기 작업은 업계 전체가 네트워크를 구축하고 관리하고 운영하는 방식에 대해 다시 생각해보게끔 만든 기폭제가 됐다.

다시 한번 변화의 물꼬를 튼 마틴 카세이도에게 고마움을 표하고 싶다. 그가 없었다면, 이 책을 저술할 일도 없었을 것이다.

1.2 소프트웨어 정의 네트워킹이란?

앞서 오픈플로를 소개했다. 그럼 소프트웨어 정의 네트워킹(SDN)이란 무엇일까? 그 둘은 서로 같은가? 아니면 다른가? 혹은 이도 저도 아닌가? 솔직히 SDN과 관련된 주장을 들여다보면 10여 년 전의 클라우드 업계를 바라보는 것 같다. 당시 우리는 서비스형 인프라, 서비스형 플랫폼, 서비스형 소프트웨어 등과 같은 다양한 클라우드 형태를 이해하지 못했다.

오랜 시간에 걸쳐 참고할 만한 사례가 만들어지고 관련 설계 작업이 진행되면서 클라우드를 보다 간결하게 이해할 수 있게 됐지만, 이러한 용어가 등장하기 이전의 클라우드 업계를 돌이켜보면 비슷한 논쟁이 있었음을 기억할 것이다. SDN에서도 마찬가지다. 화이트박스 네트워킹을 SDN이라고 정의하기도 하고, 네트워크 장비에서 API를 지원하는 것이 SDN이라고 정의하기도 한다. 그게 정말 SDN일까? 그렇지 않다.

이번 장에서는 SDN의 개념을 정의하기보다는 SDN을 이야기할 때 등장하는 다음 기술들과 그 트렌드를 살펴본다.

- 데이터 평면 개방
- 네트워크 기능 가상화
- 가상 스위치
- 네트워크 가상화
- 장비 API
- 네트워크 자동화

- 베어메탈 스위치
- 데이터센터 네트워크 패브릭
- 소프트웨어 정의 WAN
- 컨트롤러 네트워킹
- 클라우드 네이티브 네트워킹

> **NOTE_** 이 책에서는 SDN이 무엇인지 일부러 정의하지 않았다. 이번 장에서 SDN을 이야기하고 있지만, 다양한 트렌드를 보다 구체적으로 파악할 수 있도록 흔히 SDN으로 분류되는 여러 기술 트렌드를 중점적으로 다룬다.

이 책의 나머지 부분에서는 여러 기술 트렌드 중에서도 네트워크 자동화, API 및 관련 기술을 중점적으로 다룬다. 그 과정에서 프로그래밍 인터페이스를 제공하는 네트워크 장비가 최신 자동화 도구 및 계측 시스템과 어떤 식으로 결합되는지를 이해할 수 있을 것이다.

이 목록에 들어 있지는 않지만, 네트워킹과 직접 연관되지 않은 다른 기술들과 포맷들도 네트워크의 구축 및 운영 방식에 큰 영향을 미치고 있다. 예를 들어 인공지능/머신러닝 솔루션은 새로운 네트워크를 설계할 때 최적화된 설계 변경을 제안하고, 평상시 트래픽 패턴을 학습해 특이 패턴을 감지했을 때 현명한 판단을 할 수 있도록 도와주는 새로운 기능을 제공한다. 기술 분야에서 등장하는 새로운 기회를 늘 개방적인 자세로 바라보면서, 네트워킹 분야에서 신기술을 어떻게 활용할 수 있는지를 고려해보자.

1.2.1 데이터 평면 개방

오픈플로는 데이터 평면을 개방하고 외부 제어 평면에서 개방된 데이터 평면을 제어할 수 있게 되면 어떤 장점을 얻을 수 있는지를 알려준 시장 교란자[2]였다. 두 평면이 분리되면 소프트웨어 컨트롤러와 기반 네트워크는 독립할 수 있게 된다. 오픈플로는 두 평면을 분리하는 추상화된 **표준** 모델을 제시했지만, 그로 인해 제조사별 확장 기능을 지원할 수 없게 됐다. 또한 오픈플로는 미리 정의된 구조를 사용해 실행 중에 패킷 전달 경로를 변경했다. 예를 들어 패킷이 ASIC를 어떻게 통과하는지를 제어하기 위해 미리 정의한 패킷 처리 파이프라인과 미리 정의된 데이터 구조를 사용했다. 미리 정의하는 방식은 유연성이 떨어질 수밖에 없다. 이러한 여러 제약 사항과 한계로 인해 대규모 환경에서 오픈플로를 사용하게 되면 중앙집중식 제어 평면을 구축해야 해서 제어 평면과 데이터 평면의 분리를 해결할 수 없었다.

> **NOTE_** 오픈플로 표준은 2017년 배포된 1.5.1 이후 바뀌지 않았다.[3]

이러한 오픈플로의 제약 사항을 보면 다음과 같은 질문이 떠오를 것이다.

- 패킷 처리 파이프라인을 미리 정의할 수밖에 없을까?
- 새로운 데이터 구조를 정의할 수는 없을까?

인텔에 인수된 베어풋 네트웍스Barefoot Networks[4]는 이 질문에 대한 해결 방안으로 고성능 칩셋인

---

2 옮긴이_ 시장 교란자는 기존 시장을 파괴하고 경쟁자들을 혼란에 빠뜨려 완전히 새로운 판을 짜는 혁신가를 의미한다.

3 옮긴이_ 오픈플로 표준 사양서 https://opennetworking.org/wp-content/uploads/2014/10/openflow-switch-v1.5.1.pdf(영문). 버전 변경 이력은 https://opennetworking.org/software-defined-standards/specifications/에서 볼 수 있다.

4 https://en.wikipedia.org/wiki/Barefoot_Networks(영문)

토피노^{Tofino}**5**와 새로운 프로그래밍 언어인 P4**6**를 출시했다. 토피노는 **완전한 프로그래밍이 가능한 실행 파이프라인**을 갖췄다.

NOTE_ 오픈플로 프로토콜과 P4의 표준 제정은 오픈 네트워킹 재단**7**에서 주관한다.

새롭게 등장한 파괴적 접근 방식은 기존 실리콘 스위치 시장의 판도를 뒤흔들었다. 업계 최대 기업이었던 브로드컴^{Broadcom}은 프로그래밍 가능한 방안의 대안으로 제한적이지만 설정 가능한 몇 가지 옵션을 가진 네트워크 프로그래밍 언어**8**를 출시하더니, 2020년에는 OpenBCM SDK**9**를 공개함으로써 칩을 보다 쉽게 프로그래밍할 수 있는 방법을 제공하는 방식으로 입장이 크게 바뀌었다. 다른 기업들도 조금씩 프로그래밍이 가능한 방법을 도입하기 시작했다. 시스코의 실리콘 원$^{Silicon One}$과 주니퍼의 트리오/펜타$^{Trio/Penta}$ 솔루션은 P4의 프로그래밍 가능성을 지원한다.

NOTE_ 전통적으로 주문형 반도체는 칩 제조사 SDK를 이용해 고정 처리 파이프라인의 제약 사항이 있는 형태로 프로그램을 작성한다. SDK는 패킷 전달 상태 데이터를 고려해 패킷 전달을 실행하는 방식을 정의할 수 있도록 사전 생성된 데이터 구조와 메서드를 노출한다.
칩 제조사들은 그간 요청이 있을 때만 비밀유지서약서(NDA)를 작성한 후에야 공유해주던 자신들의 SDK를 몇 년 전부터는 먼저 공개하기 시작했다. SDK가 공개되면서 칩 제조사 솔루션에서 서드파티 프로그래밍이 한결 용이해졌으며, 이러한 변화는 업계가 주문형 반도체의 저수준 프로그래밍 가능성을 추진하게 된 동기로 작용됐다.

이처럼 주문형 반도체는 고도로 맞춤화된 기능을 구현할 수 있지만 여전히 높은 비용과 일부 기술적 제약 사항으로 인해 제한된 시장을 갖고 있다. 일부 시장 예측 업체들은 향후 몇 년 내에 ASIC의 채택이 큰 폭으로 증가할 것이라고 예상한다. 인텔은 2023년에 토피노 칩 개발 중

---

5 *https://www.intel.co.kr/content/www/kr/ko/products/details/network-io/intelligent-fabric-processors/tofino-2.html* (한글)

6 프로그래밍 프로토콜—독립 패킷 프로세서(Programming Protocol-Independent Packet Processor)의 약어. 홈페이지: *https://p4.org/*(영문)

7 ONF, Open Networking Foundation. 홈페이지: *https://opennetworking.org/*

8 NPL, Network Programming Language. 홈페이지: *https://nplang.org/*

9 Open Broadcom Core Switch SDK 소스 코드: *https://github.com/Broadcom-Network-Switching-Software/OpenBCM*

단을 발표했다. 따라서 시간이 좀 더 지나야만 시장이 어떤 방향으로 진화할지, 프로그래밍 가능한 파이프라인이 제공하는 유연성을 가장 잘 활용한 사용 사례로 어떤 것이 있을지 등이 드러나게 될 것이다.

[그림 1-3]을 보면 네트워킹 제어 평면과 데이터 평면을 분리하기 위해 두 가지 API가 사용된다. 노스바운드northbound API는 네트워크 컨트롤러가 외부 애플리케이션과 상호 작용할 때 사용된다. 사우스바운드southbound API는 네트워크 컨트롤러가 데이터 평면에서 패킷 전달을 정의할 때 사용된다. 데이터 평면에서는 오픈플로 에이전트와 통합된 고정 ASIC로 구현된 패킷 전달 방식과 P4로 프로그래밍 가능한 ASIC로 구현된 패킷 전달 방식을 볼 수 있다.

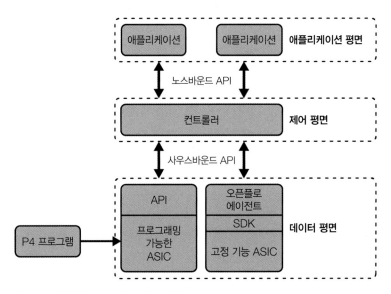

그림 1-3 프로그래밍 가능한 주문형 반도체

데이터 평면을 프로그래밍할 수 있게 되면서 트래픽이 네트워크를 통과하는 방식을 보다 세밀하게 정의할 수 있게 됐지만, 유연성과 함께 복잡성도 높아지게 됐다. 구글이나 아마존처럼 개발 팀이 있는 대기업이거나 네트워킹 장비 제조사 또는 네트워크 통합 업체처럼 데이터 평면에서의 프로그래밍이 사업의 핵심 요소인 경우라면 이 기능이 매우 유용하겠지만, 대부분의 조직에서는 오픈플로, P4, 기타 특정 프로토콜을 사용하는 것보다 전체 솔루션이 사업에 어떤 기능을 제공할 수 있는지가 훨씬 더 중요할 것이다.

1.2.2 네트워크 기능 가상화

네트워크 기능 가상화[NFV, Network Functions Virtualization]는 복잡한 개념이 아니다. 하드웨어 형태로 배포하던 기능을 소프트웨어 형태로 배포하는 것으로, 가장 일반적인 사례는 라우터, 방화벽, 로드 밸런서, 침입탐지 시스템 및 침입방지 시스템, 가상 사설망(VPN), 애플리케이션 방화벽, 기타 서비스 및 기능을 수행하는 가상 머신이다.

> **CAUTION_** NFV 개념을 통신 산업의 세부적인 ETSI NFV 규격[10]과 헷갈리지 말자(ETSI, 즉 유럽 전기통신표준협회[European Telecommunications Standards Institute]는 통신, 방송과 기타 전자 통신 네트워크 및 서비스를 다루는 단체다). 이 책에서는 구체적인 상세 구현 사항 대신 추상적 관점에서 NFV를 살펴본다.

NFV를 사용하면 1대에 수천만 원에서 수억 원씩 하는, 수백에서 수천 개의 명령어를 가진 모놀리식 하드웨어 장비를 N개의 가상 어플라이언스라는 소프트웨어로 구성할 수 있다. 이처럼 소형화된 장비는 개별 장비 관점에서 관리하기 훨씬 더 쉬워진다.

> **NOTE_** 앞에서 설명한 사례에서는 가상 어플라이언스를 NFV 기능 장비의 폼 팩터로 삼았다. 하지만 단지 하나의 사례일 뿐이며, 네트워크 기능을 다양한 형태의 소프트웨어로 배포할 수 있다. 하이퍼바이저에 내장하는 VNF[Virtual Network Function] 형태, 컨테이너 형태로 배포하는 CNF[Container Network Function] 형태 또는 X86 서버 위에 동작하는 애플리케이션 형태 등으로 배포할 수 있다.

하드웨어를 점진적인 업그레이드 방식으로 배포하려면 너무 복잡하고 비용도 더 많이 들어가므로, 보통 향후 3년에서 5년 이후에 필요한 하드웨어를 추정한 후 인프라를 구축한다. 그렇기에 하드웨어는 자본 비용이 집중적으로 들어가는 작업이면서 오직 성장할 것이라는 전제하에 대응 방안을 예측해 구축할 수밖에 없다. 소프트웨어 기반 솔루션이나 NFV 형태로 배포하게 되면 사용량에 따라 비용을 지불하는 종량제 방식을 사용할 수 있게 되므로, 수평 확장도 용이하면서 네트워크나 특정 애플리케이션의 실패 영역을 최소화할 수 있는 더 나은 방법이다. 즉, 고가의 단일 시스코 ASA 장비를 구매하는 대신 시스코 ASAv를 점진적으로 배포하면서 사용량이 증가함에 따라 비용을 지불할 수도 있게 된다. 또한 VM웨어에 인수된 아비 네트웍스

---

10 *https://www.etsi.org/technologies/nfv*

Avi Networks와 같은 회사의 최신 기술을 사용해 로드 밸런서를 쉽게 확장할 수 있다.

NFV가 많은 이점을 제공함에도 불구하고, 통신업체나 클라우드 인프라 관리 서비스 제공업체 MSP, Managed Service Provider를 중심으로 하는 업계에서 이 기술을 실제 운영 환경에 도입하기까지는 오랜 시간이 걸렸다. 여기에는 몇 가지 이유가 있었다. 첫째, 이러한 변화는 네트워크 아키텍처가 어떻게 설계돼야 하는지를 다시금 생각하게 만들었다. 예를 들어 단일 모놀리식 방화벽을 사용한다면 모든 트래픽은 해당 방화벽을 통과해야 한다. 모든 애플리케이션과 모든 사용자, 혹은 전부가 아니더라도 여러분이 알고 있는 정의된 트래픽은 방화벽을 통과해야 한다. 하지만 NFV 패러다임으로 바라보자면 많은 가상 방화벽이 배포될 수 있으며, 단일 대형 방화벽 장비와 달리 애플리케이션이나 테넌트별 방화벽 설정을 갖고 배포되기 때문에 방화벽 또는 애플리케이션의 장애 범위가 상당히 축소된다. 새로운 애플리케이션이 배포되거나 다른 변경 작업이 있을 때도 해당 변경 작업과 무관한 다른 애플리케이션의 방화벽 또는 테넌트별 방화벽을 손댈 필요가 없어지게 된다.

기존 모놀리식 장비 환경에서는 보안용 단일 관리 창이 CLI 형태 또는 그래픽 사용자 인터페이스 형태로 존재했다. 이 환경에서 장애 범위는 커질 수 있지만, 오직 한 장비만 관리하면 관리자의 정책 관리는 간소해지므로 장비 지원 팀과 직원들은 모놀리식 방식을 고수하려는 경향을 보인다.

그러나 최근 IT 환경이 퍼블릭 또는 프라이빗 클라우드 기반 환경으로 빠르게 전환되면서 고객은 동적 아키텍처를 필요로 하게 됐고, 이러한 요구를 해소하기 위해 네트워킹 팀 역시 다양한 형태의 NFV 솔루션이 필요한 하이브리드 네트워크를 구축하게 됐다. 이 과정에서 소프트웨어 중심 솔루션을 사용하고 관리할 수 있는 새로운 도구들이 등장하기 시작했으며, 기존 업체와 신생 업체 모두 이러한 요구 사항에 부응하면서 NFV 솔루션이 점차 대중화됐다.

NOTE_ 초기에 일부 장비 제조사가 **가상 어플라이언스**에 대해 다른 제품 포트폴리오와 같은 수준의 판매 의지를 갖고 있지 않던 점도 NFV 도입을 지연시키는 한 가지 요인이 됐다. 가상화 제품이 없지는 않았지만, 보통 대다수의 기존 업체는 새로운 방식을 선호하지 않았다. 한동안 하드웨어 중심 사업을 펼치던 제조사들이 영업 및 보상 측면에서 소프트웨어 주도 방식으로 급격히 전환됐으며, 요즘은 오히려 장비 제조사들이 하드웨어 솔루션과 소프트웨어 솔루션을 동시에 발전시키기 위해 많은 투자를 하고 있다.

다른 많은 기술 영역과 마찬가지로 NFV의 핵심 가치는 역시 민첩성에 있다. 하드웨어를 제거하면 랙을 설치해 스택을 쌓고 여기에 케이블을 연결해 기존 환경에 통합하는 데까지 걸리던 시간이 사라지게 되면서, 결과적으로 새로운 서비스를 프로비저닝하는 데 걸리는 시간이 단축된다. 소프트웨어 접근 방식을 활용하면 새로운 가상 머신을 매우 빠른 속도로 배포할 수도 있다. 또한 이 방식만이 가진 주요 기능 중 하나는 가상 어플라이언스를 복제해 백업해뒀다가 5장에서 다루게 되는 재난 복구 환경이나 가상 실습 에뮬레이션 등과 같은 추가 테스트 용도로도 활용할 수 있다는 점이다. 이와 같은 유연성은 에지 컴퓨팅^{edge computing}이나 5G 네트워크를 지원하는 데 중요한 역할을 수행한다.

끝으로, NFV를 배포하면 필요한 서비스를 이용할 수 있도록 트래픽이 특정 물리 장비를 거치게 경로를 설정해줄 필요가 없어지게 되므로 특정 서비스에 의존하는 네트워크 아키텍처를 매우 유연하게 변경할 수 있다. 또한 여러 NFV를 연결해 네트워크 패킷의 이동 경로를 구성해줌으로써 세그먼트 라우팅[11]과 같은 **서비스 체인**을 만들 수 있다.

1.2.3 가상 스위치

출시돼 있는 일반적인 가상 스위치로는 VM웨어의 vSwitch, 마이크로소프트의 하이퍼V 가상 스위치^{Hyper-V Virtual Switch}, 리눅스 브리지, 오픈 vSwitch^{OVS, Open vSwitch} 등이 있다.

SDN에 대한 논의를 보면 가상 스위치가 종종 함께 거론되긴 하지만, 실제로는 하이퍼바이저 커널에 상주하며 가상 머신 또는 컨테이너가 외부 네트워크에 연결돼 있는 노드와 통신할 수 있는 소프트웨어 기반 스위치일 뿐이다. 또한 기존 물리 스위치가 수년 동안 해온 것처럼 MAC 학습, 링크 집계, 스팬(SPAN), sFlow 등의 기능을 수행한다. 가상 스위치는 보다 포괄적인 SDN 및 네트워크 가상화 솔루션에서 흔히 볼 수 있지만, 그 자체는 소프트웨어 형태로 실행되는 스위치일 뿐이다.

가상 스위치 그 자체로는 솔루션이라고 할 수 없지만, 업계의 발전 과정에서 매우 중요한 역할을 담당했다. 가상 스위치는 데이터센터 내에서 새로운 접근 계층, 즉 새로운 에지를 만든다. 네트워크 에지는 더 이상 유연성이 떨어지는 기능을 가진 물리적 랙 상단^{ToR, Top-of-Rack} 스위치 하드웨어를 의미하지 않는다. 새로운 에지는 가상 스위치를 활용하는 소프트웨어 기반 인프라

---

11 *https://www.segment-routing.net/*

다. 소프트웨어에서 새로운 네트워크 기능을 신속하게 개발할 수 있으므로 정책을 전체 네트워크로 보다 쉽게 배포할 수 있다. 예를 들어 가상 머신이든 컨테이너 형태든 실제 엔드포인트에 가장 가까운 가상 스위치의 포트에 보안 정책을 배포함으로써 네트워크 보안 기능을 더욱 강화할 수 있다.

1.2.4 네트워크 가상화

네트워크 가상화network virtualization로 분류되는 솔루션은 SDN 솔루션과 같은 의미로 사용된다. 이번 절에서 이야기하는 네트워크 가상화는 소프트웨어 전용 오버레이 기반 솔루션을 일컫는다. 이 범주에 속하는 인기 있는 솔루션으로는 VM웨어의 NSX, 노키아의 누아지Nuage 네트웍스 가상화 서비스 플랫폼VSP, Virtualized Services Platform, 주니퍼의 콘트레일Contrail 등이 있다.

네트워크 가상화 솔루션은 가상 확장 LANVXLAN, Virtual Extensible LAN 같은 오버레이 기반 프로토콜을 사용해 하이퍼바이저 기반 가상 스위치들 간의 연결성을 구축한다. 이 연결성 및 터널링 접근 방식은 사용하는 물리 네트워크와 상관없이 서로 다른 물리적 호스트에 존재하는 가상 머신 간의 L2 인접성을 제공한다. 물리 네트워크가 L2, L3**[12]**이거나 이 둘을 조합해 사용할 수 있으므로, 결과적으로 물리 네트워크와 분리된 가상 네트워크를 만들어 선택권과 민첩성을 획득할 수 있다.

> NOTE_ **오버레이 네트워크**overlay network라는 용어는 종종 **언더레이 네트워크**underlay network와 함께 사용된다. 보다 명확히 설명하자면, 언더레이 네트워크는 물리 케이블로 연결되는 하위 물리 네트워크를 말한다. 오버레이 네트워크는 네트워크 가상화 솔루션으로 구축되며, 데이터센터 내의 가상 스위치 간 터널을 동적으로 생성한다. 즉, 소프트웨어 기반의 네트워크 가상화 솔루션으로 볼 수 있다. 현재 많은 하드웨어 전용 솔루션은 L3 데이터센터 내의 ToR 장비 간 L2 터널을 구축하기 위해 오버레이 프로토콜로 VXLAN을 사용하도록 함께 배포되고 있다.

오버레이 네트워크는 네트워크 가상화 솔루션의 세부 구현 기술 중 하나이지만, 이 솔루션은 가상 스위치들을 오버레이로 단순히 연결한 것 이상의 의미를 가진다. 보통 단일 관리 지점인

---

12 옮긴이_ OSI 7계층을 의미한다. 물리, 데이터링크, 네트워크, 전송, 세션, 표현, 응용 계층으로 이뤄진다. 인터넷의 기반 프로토콜인 TCP/IP 프로토콜과 정확히 1:1 대응 관계를 이루지는 않는다.

컨트롤러를 통해 이뤄지는 보안, 로드 밸런싱, 물리적 네트워크와의 통합에 대한 종합 솔루션으로, 이러한 솔루션은 L4부터 L7 서비스까지를 제공하는 회사와 통합해 네트워크 가상화 플랫폼 내에 배포 가능한 기술을 선택할 수 있게 해준다.

이러한 솔루션은 중앙집중식 제어 평면을 사용해 오버레이 네트워크와 언더레이 네트워크 사이의 매핑 정보를 배포한다. 하지만 이러한 중앙집중식 접근 방법은 확장성, 상호 운용성, 유연성 측면에서 한계가 있다. 따라서 그 대안으로 이더넷 VPN^{EVPN, Ethernet VPN} 같은 분산 프로토콜이 등장했다. EVPN에서는 모든 네트워크 장비가 BGP^{Border Gateway Protocol}, 경계 게이트웨어 프로토콜을 통해 매핑 정보를 나머지 네트워크에 배포함으로써 VXLAN 터널을 구성한다. 이와 같은 형태를 **컨트롤러가 없는** VXLAN 솔루션이라고도 부른다.

> **TIP_** VXLAN과 EVPN을 다룬 좋은 책으로 디네시 G. 더트^{Dinesh G. Dutt}의 『클라우드 네이티브를 위한 데이터센터 네트워크 구축』(한빛미디어, 2021)을 추천한다.

1.2.5 장비 API

지난 몇 년 사이 장비 제조사들은 단순히 표준 CLI를 제공하는 것만으로는 더 이상 충분하지 않으며 CLI를 사용하는 것이 운영 작업을 심각하게 지연시킨다는 사실을 깨닫기 시작했다. 프로그래밍이나 스크립트 언어로 작업해본 적이 있다면 이 사실을 금방 이해할 수 있을 것이다. 경험이 없는 독자들을 위해 10장에서 네트워크 API 사용법을 자세히 다룬다.

CLI의 가장 큰 문제점은 레거시 장비 또는 CLI 기반 네트워크 장비에 대해 스크립트를 작성했더라도 구조화된 데이터를 반환하지 않는다는 사실이다. 스크립트를 실행해 장비에서 얻어온 데이터는 원시 텍스트 형식이다. 즉, show version의 결과에서 가동 시간이나 운영체제(OS) 버전 정보를 추출하려면 텍스트를 파싱하는 별도의 스크립트 코드를 작성해야 한다. 그렇게 작성하더라도 show 명령어의 결과 메시지가 조금이라도 바뀌게 되면 파싱 규칙이 제대로 동작하지 않아서 스크립트를 사용할 수 없게 된다. 네트워크 관리자들이 오래전부터 이 방식을 사용해왔고, 기술적으로도 자동화가 가능했다. 하지만 이제는 장비 제조사들도 점차 API 중심의 네트워크 장비를 만드는 쪽으로 옮겨가고 있다.

네트워크 장비는 API를 통해 구조화된 데이터를 반환한다. 원시 텍스트를 파싱할 필요가 없어지므로, 스크립트를 작성하는 시간이 대폭 단축된다. 가동 시간이나 기타 다른 속성값을 찾기 위해 굳이 텍스트를 파싱하지 않고도 필요한 정보를 정확히 담고 있는 객체를 얻을 수 있다. 따라서 네트워크 엔지니어처럼 전문 개발자가 아닌 사람들도 쉽게 사용할 수 있도록 진입 장벽을 낮췄기 때문에 스크립트를 작성하는 시간도 단축될 뿐만 아니라, 마치 전문 소프트웨어 개발자가 API를 사용해 코드를 빠르게 개발하고 테스트하는 것처럼 깔끔한 인터페이스를 사용할 수 있게 됐다. '테스트 코드'란 새로운 토폴로지를 테스트하고, 새로운 네트워크 기능을 검증하고, 특정 네트워크 구성의 유효성을 검사하는 코드를 수행할 수 있다는 의미다. 이 작업은 그동안 수동으로 해오던 작업이라 시간도 오래 걸리고 오류도 발생하기 쉬운 작업이었다.

하지만 이런 아이디어가 최근에서야 등장한 것은 아니다. 2006년 RFC 4741[13]로 발표된 NETCONF$^{Network Configuration Protocol, 네트워크 설정 프로토콜}$는 한동안 사용됐던 솔루션 중 하나로, 주니퍼 네트웍스에서 지원했다. 최근에는 다른 제조사들도 아리스타의 eAPI[14]나 시스코의 넥서스^{Nexus} NX API처럼 자체 API를 제공하기 시작했다. 그 이후 NETCONF, RESTCONF$^{Representational State Transfer Configuration Protocol}$, gNMI$^{gRPC Network Management Interface}$ 등과 같은 개방형 인터페이스가 도입되기 시작했다. 요즘에는 거의 모든 제조사가 API 및 관련 문서를 제공하고 있으며, 소비자들이 이런 변화를 주도해가고 있다. 10장에서는 API를 좀 더 자세히 다루고, 8장에서는 API가 사용하는 데이터 포맷을 살펴본다.

> **NOTE_** 주니퍼의 NETCONF와 아리스타 네트워크의 eAPI에서 보듯이 각 장비 제조사는 API 우선 정책을 추진했지만, 이미 CLI 기반의 인터페이스로 운영하는 방식에 익숙한 네트워크 관리자들을 위해 API를 기반으로 동작하는 CLI도 함께 제공했다. 관리자들은 여전히 CLI 방식을 선호한다.

대형 퍼블릭 클라우드 제공업체에서 사용하는 하이퍼스케일 네트워크는 수동으로 운영할 수 없고, 운영성도 만족스럽지 않을 것이다. 그러므로 하이퍼스케일 네트워크를 운영하는 회사들은 꾸준히 gNMI나 NETCONF처럼 네트워크 인프라를 관리하기 위한 API를 제공해달라고 요청해왔다. 이러한 대형 네트워크 사업자들이 장비 제조사들에게 "*XYZ* 모델에서 관리 인터페이스 *ABC*를 지원하지 않으면 구매 대상으로 고려하지 않을 것이다"라거나 "이 기능을 CLI 에서만 사용하고 싶은 것은 아니다"라면서 장비의 개발 로드맵 수립에 이러한 요구 사항이 포

---

13 https://www.rfc-editor.org/rfc/rfc4741
14 https://www.arista.com/assets/data/pdf/Whitepapers/Arista_eAPI_FINAL.pdf

함될 것을 요구해왔다. 잠재적으로 대규모 구매 영업이 일어날 수 있는 상황에서 이런 요청이 얼마나 큰 압박으로 작용하는지는 잘 알고 있을 것이다. 장비 제조사들이 최근 프로그래밍 가능성에 대한 지원을 대폭 강화하는 배경에는 이런 이유도 있다.

1.2.6 네트워크 자동화

네트워크 업계에서 API가 계속 발전함에 따라 이를 이용한 흥미로운 활용 사례들이 속속 등장하고 있다. 단기적으로는 네트워크 자동화가 최신 네트워크 장비들이 제공하는 장비 API와 공개 프로그래밍 인터페이스를 활용하는 사례를 주로 볼 수 있을 것이다.

더 큰 맥락에서 보면, 네트워크 자동화는 단지 네트워크 장비 설정을 자동화하는 것이 아니다. 물론 네트워크 자동화라고 하면 흔히 이와 같은 자동화를 떠올리겠지만, API와 프로그래밍 인터페이스를 사용하면 단순히 설정값을 장비로 내려보내는 것 이상의 많은 부분을 자동화할 수 있다.

API를 사용하면 네트워크 장비에 쌓여 있는 모든 데이터에 손쉽게 접근할 수 있다. 장비에는 플로^{flow} 수준의 데이터, 라우팅 테이블, FIB 테이블, 인터페이스 통계, MAC 테이블, VLAN 테이블, 일련번호 등 다양한 데이터가 들어 있다. API를 사용하는 최신 자동화 기술을 적극적으로 활용하면 일상적인 네트워크 관리 업무를 신속하게 돕기 위한 데이터를 수집하거나 이런 데이터를 기반으로 자동 진단 및 복원 작업을 수행할 수 있다. API는 구조화된 데이터를 반환하므로, 관리자는 필요한 데이터 세트를 정확히 획득해 표시, 분석할 수 있다. 다양한 show 명령어를 실행하더라도 정확한 데이터 세트를 얻을 수 있으므로 궁극적으로 네트워크의 문제를 찾아내고 해결하는 데 걸리는 시간이 단축될 것이다. BGP를 실행하는 여러 라우터에 직접 연결해 설정을 일일이 확인하면서 문제를 해결하지 않아도 자동화 기술을 이용해 프로세스를 단순화할 수 있으며, 더 나아가 여러분이 자고 있을 때도 이와 같은 확인 작업을 주기적으로 실행할 수 있다.

또한 설정 파일 생성 자동화, 방화벽 규칙 배포 자동화, 문제 해결 프로세스 자동화 등의 자동화 기법을 활용하게 되면 전체 네트워크는 점차 예측 가능하고 통일된 형태를 갖추게 된다. 각 네트워크 관리자가 자기 자신만의 모범 사례를 갖는 것이 아니라 해당 환경을 지원하는 모든 관리자를 위한 프로세스가 간소화된다.

네트워크 자동화 맥락에서 인텐트^{intent}, 즉 **의도 기반 네트워킹**^{IBN, Intent-Based Networking}이라는 용어도 널리 주목받고 있다. 이는 저수준의 세부 사항에 집중하지 않고 비즈니스 언어로 표현되는 의도를 통해 네트워크를 관리하도록 폐쇄 회로 오케스트레이션^{closed-loop orchestration}을 활용해 자율 자동화를 수행하는 기능이라고 말할 수 있다(그래서 **이벤트 주도 자동화**^{event-driven automation}라고도 한다).

네트워크 자동화 솔루션을 구축하는 전체 전략을 요약하면 [그림 1-4]와 같다. 먼저 ❶ 사용자의 의도를 구조화된 데이터 코드로 변환해 **진실 공급원**^{SoT, Source of Truth}에 저장한다. 그런 다음, ❷ 자동화 엔진은 이 데이터를 사용해 네트워크 상태를 갱신한다. ❸ 지속적으로 네트워크 운영 상태를 관찰하다가 의도한 상태와의 차이점이 발견되면 ❹ 자동화 엔진은 이러한 차이점을 **완화시키기** 위한 동작을 수행한다. 예를 들어 예상 서비스 수준 계약(SLA)을 위반한다거나 네트워크 패킷 손실이 급증하는 현상이 발생하면 자동화 엔진은 네트워크 트래픽을 현상이 발생하는 회선에서 정상 상태의 회선으로 전환해 전달한다.

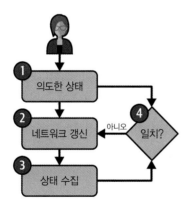

그림 1-4 의도 기반 자동화

IBN 솔루션은 네트워크 복잡도가 높을수록 구현도 복잡해지기 때문에 보통 컨트롤러 형태의 상용 플랫폼을 사용한다. 예를 들어 시스코는 액세스, 데이터센터, 소프트웨어 정의 광역 네트워크(SD-WAN), 보안과 같은 다양한 영역에 대한 IBN 솔루션 제품군[15]을 갖추고 있다. 하지만 특정 사용 사례를 다루다 보면 대부분 확장성과 사용자 정의 기능이 제공돼야 한다. 단일 솔루션으로는 모든 요구 사항을 충족하지 못하는 경우가 많으므로, 여러 구성 요소를 조합해

---

15 https://www.cisco.com/c/en/us/solutions/intent-based-networking.html#~solutions

자체 자동화 시스템을 구축해야 할 가능성이 높다. 14장에서는 완전한 네트워크 자동화 솔루션을 구축하기 위한 접근 방식을 제안한다.

다양한 형태의 네트워크 자동화는 2장에서 보다 자세히 다룬다. 이 책의 나머지 부분에서는 자동화 시스템을 구현하기 위해 필요한 개념과 도구를 배운다.

1.2.7 베어메탈 스위칭

흔히 베어메탈 스위칭을 SDN으로 생각하지만, 그렇지 않다. (다시 말하지만, 절대 그렇지 않다!) 하지만 SDN으로 **인식되는** 다양한 기술의 동향을 소개하고자 베어메탈 스위치를 살펴본다. 2014년 이전으로 되돌아가면, 베어메탈 스위치는 **화이트박스**white-box 또는 **범용 하드웨어 스위치**commodity switching로 불렸다. 명칭이 바뀐 데는 그럴 만한 이유가 있었다.

화이트박스에서 베어메탈로의 변화를 다루기 전에, 네트워크 장비를 바라보는 인식이 어떻게 큰 폭으로 바뀌었으며 이러한 인식 변화가 무엇을 의미하는지 이해하는 것이 중요하다. 지난 20여 년 동안 네트워크 장비를 구매한다고 하면, 항상 물리 장비를 사는 것을 의미했다. 물리 장비는 하드웨어 어플라이언스, 운영체제, 시스템에서 사용할 수 있는 기능/애플리케이션으로 이뤄진다. 각 구성 요소는 모두 같은 제조사에서 제공됐다.

화이트박스와 베어메탈 스위칭은 [그림 1-5]처럼 둘 다 X86 서버와 유사한 범용 스위치를 기반으로 사용한다. 사용자는 필요한 각 구성 요소를 분리할 수 있게 돼서 한 제조사로부터는 하드웨어를 구매하고 다른 제조사로부터는 운영체제를 구매하는 것이 가능해졌다. 즉, 다른 제조사나 심지어 오픈소스 커뮤니티에서 개발한 기능 또는 애플리케이션도 적재할 수 있게 됐다.

오픈플로가 한창 주목받을 때 화이트박스 스위칭은 한동안 화제의 중심에 있었다. 하드웨어를 범용 상품화하고 네트워크의 두뇌 역할을 지금은 SDN 컨트롤러라 부르는 오픈플로 컨트롤러로 집중시키려는 시도였기 때문이다. 결국 2013년 구글은 자체 스위치를 제작하고 이를 오픈플로로 제어한다고 발표했다. 당시 업계에서 많은 이야기가 오갔지만, 현실적으로는 모든 최종 사용자가 구글처럼 자체 하드웨어와 소프트웨어 플랫폼을 구축할 수는 없었다.

전통적인 네트워크 장비

애플리케이션

운영체제

하드웨어

네트워크 장비

단일 제조사에서
제공/지원하는 완전히
통합된 네트워크 장비

베어메탈(분할) 장비

애플리케이션

운영체제

하드웨어

네트워크 장비

베어메탈 스위치(분할)
스택의 각 구성 요소는
다른 업체가 제공할 수 있다.

그림 1-5 기존 스위칭 스택과 베어메탈 스위칭 스택

이런 가운데 화이트박스 스위칭과 관련된 솔루션을 제공하려는 움직임이 생겨났다. 아리스타 네트웍스에 인수된 빅 스위치 네트웍스^{Big Switch Networks}, 엔비디아의 계열사가 된 큐뮬러스 네트웍스^{Cumulus Networks}, 피카8^{Pica8} 등이 이 시기에 등장한 회사들이다. 각 업체는 소프트웨어 전용 솔루션만을 제공했으므로 엔드−투−엔드^{end-to-end} 솔루션을 제공하려면 소프트웨어가 실행될 수 있는 하드웨어가 필요했다. 처음에는 퀀타 네트웍스^{Quanta Networks}, 슈퍼마이크로^{Supermicro}, 알파 네트웍스^{Alpha Networks}, 액톤 테크놀로지 코퍼레이션^{Accton Technology Corporation} 등과 같은 원천 설계 생산업체(ODM[16] 업체)들이 화이트박스 하드웨어 플랫폼을 만들었다. 네트워크 업계에 종사했던 사람에게도 매우 생소한 회사명일 것이다.

HP, 델 테크놀로지 등과 같은 유명 업체들이 큐뮬러스, 빅 스위치와의 파트너십을 발표하고 서드파티 업체에서 개발한 운영체제를 자사 하드웨어 플랫폼에서 지원하기 시작하면서 업계는 화이트박스 대신 베어메탈이라는 용어를 사용하기 시작했다. **베어메탈 스위치**는 ODM 업체에서 생산한 스위치 하드웨어를 구매한 후 여기에 서드파티 네트워크 운영체제(NOS)를 결합한다. 상용 실리콘 ASIC를 사용한 ODM의 스위치들은 기존 네트워크 제조사의 카탈로그에 포함되면서 대중 시장의 표준으로 자리 잡게 됐다.

베어메탈이 기술적으로 SDN인지 아닌지는 여전히 명확하지 않다. 답은 간단하다. 솔루션과 통합된 컨트롤러가 꼭 오픈플로일 필요는 없지만, 오픈플로와 유사한 프로토콜을 사용하고 프

---

16 옮긴이_ 원천 설계 생산(ODM) 방식은 제조사가 제품의 설계, 개발에 참여해 제품을 생산한다. 반면 주문자 위탁 생산(OEM) 방식은 주문자가 제품의 설계 및 개발까지 진행하지만, 다른 제조 업체가 생산 과정을 맡는다.

로그래밍으로 네트워크 장비와 통신한다면 베어메탈은 SDN의 특징을 가진다. 빅 스위치는 베어메탈 하드웨어에 오픈플로 에이전트를 실행하는 소프트웨어를 적재한 다음, 솔루션에서 컨트롤러와 에이전트가 통신을 주고받는다.

반면 엔비디아 큐뮬러스 리눅스와 같은 NOS는 네트워크 스위치용으로 개발된 리눅스 배포판이다. 이 배포판 또는 운영체제는 컨트롤러가 전혀 필요하지 않고 LLDP, OSPF, BGP 등과 같은 기존 프로토콜을 실행하므로 SDN 기반이 아닌 네트워크 아키텍처와 비슷해 호환성도 좋다.

즉, 큐뮬러스 리눅스는 베어메탈 스위치에서 동작하는 NOS이다. 반면에 빅 스위치는 베어메탈 기반 SDN 솔루션이기에 SDN 컨트롤러를 사용해야 하지만, 서드파티 베어메탈 스위치 인프라도 활용할 수 있다는 점에서 뚜렷한 차이를 보여준다.

요즘 시중에 나온 NOS의 대부분은 기본 운영체제로 리눅스를 사용한다. 그 덕분에 이 분야의 혁신이 촉진됐고, 새로운 다양한 솔루션이 등장하게 됐다. 그렇다고 해서 모든 NOS가 동일하게 구현되는 것은 아니다. 예를 들어 어떤 NOS는 독립적인 네트워크 스택을 사용해 리눅스 사용자 공간에서만 기능을 구현한다. FD.io[17]나 시스코 NX-OS처럼 데이터 평면 개발 키트를 기반으로 하는 솔루션들이 여기에 속한다. 완전히 독립적인 네트워크 스택을 사용한다는 것은 리눅스 커널의 네트워크 기능을 모두 재구현했다는 뜻이다.

반면 대부분의 리눅스 기반 NOS는 큐뮬러스처럼 리눅스 커널 스택을 부분적으로 또는 전적으로 활용한다. 이 큐뮬러스 외에도 아리스타의 확장 가능 운영체제(EOS)나 델 OS10 같은 제조사 솔루션과 SONiC[18], VyOS[19], OpenWrt[20] 등의 오픈소스 솔루션이 이 범주에 속한다. 이들 중 특히 SONiC과 같은 솔루션은 기존 제조사 장비와 베어메탈 장비 등 다양한 하드웨어를 지원하고 그 위에서 가상 플랫폼을 실행할 수 있는 유연성 덕분에 많이 도입됐으며, 특히 클라우드 규모 환경에서 도입되고 있다.

이러한 솔루션을 사용하면 다른 네트워크 애플리케이션에 연결할 수 있다. 예를 들어 라우팅 기능을 확장하고 싶다면 큐뮬러스 리눅스나 VyOS처럼 콰가Quagga 프로젝트의 FRRouting[21]과

---

17 https://fd.io/
18 https://sonicfoundation.dev/
19 https://vyos.io/
20 https://openwrt.org/
21 https://frrouting.org/

같은 라우팅 데몬을 추가할 수 있다. 소프트웨어를 분해하면, 5장에서 설명하는 것처럼 솔루션의 제어 평면을 가상 머신 또는 컨테이너로 실행할 수 있게 되므로 개발 및 테스트 전략 수립이 용이해진다. 앞서 소개한 『클라우드 네이티브를 위한 데이터센터 네트워크 구축』(한빛미디어, 2021)에서는 다양한 옵션을 자세히 설명한다.

간단히 말하자면 베어메탈 스위치는 분리형이며, 네트워크 하드웨어와 소프트웨어를 서로 다른 업체에서 구매한 후 적재할 수 있다. 이를 통해 관리자는 하드웨어를 교체할 필요 없이 설계, 아키텍처, 소프트웨어 기반 운영체제를 유연하게 변경할 수 있다.

1.2.8 데이터센터 네트워크 패브릭

네트워크에서 다양한 장비가 신장 트리 프로토콜Spanning Tree Protocol이나 OSPF와 같은 표준 프로토콜을 실행하고 있지만, 쉽게 서로 교체할 수 없는 상황을 겪어본 적이 있는가? 여러분만 그런 경험이 있는 것은 아니다. 코어가 줄어들고 각 랙 상단에 개별 스위치가 설치된 데이터센터 네트워크를 상상해보자. 이런 환경에서 업그레이드를 어떤 절차에 따라 진행해야 하는지 생각해보자.

데이터센터 네트워크를 다양한 방식으로 업그레이드할 수 있다. 그러나 ToR 스위치만 업그레이드하고 새로운 ToR 스위치는 평가 과정에서 새로운 장비 제조사나 플랫폼을 사용하기로 결정했다면 어떻게 될까? 언제나 발생할 수 있는 상황이며, 여러 번 반복돼오던 일이다. 해결 방법은 간단하다. 코어에 이용할 수 있는 포트가 남아 있다고 가정하자. 새 스위치를 기존 코어에 연결한다. L2 상호 연결인 경우 802.1Q 트렁킹trunking을 적절히 설정하고, L3 상호 연결일 경우 선호하는 라우팅 프로토콜을 구성해야 한다.

데이터센터 네트워크 패브릭data center network fabric으로 들어가자. 데이터센터 네트워크 패브릭의 목표는 네트워크 운영자의 사고방식을 한 번에 하나씩 개별 박스를 관리하는 것에서 시스템 전체를 관리하는 것으로 전환하는 것이다. 이전 시나리오대로라면, 데이터센터 네트워크의 단일 구성 요소인 ToR 스위치를 다른 제조사의 제품으로 교체하는 것은 불가능하다. 오히려 네트워크를 시스템처럼 생각해 배포하고 관리해야 한다. 즉, 업그레이드 절차는 시스템에서 다른 시스템으로, 패브릭에서 다른 패브릭으로 이전하는 작업인 셈이다.

패브릭의 업그레이드가 필요한 시점이 되면 패브릭을 교체할 수 있지만, 패브릭 내의 개별 구성 요소는 교체할 수 없는 경우가 대부분이다. 하드웨어만 교체하는 베어메탈 스위치를 사용하고 있고 특정 제조사가 마이그레이션 또는 업그레이드 방안을 제공한다면 개별 구성 요소를 교체할 수도 있다. 데이터센터 네트워크 패브릭에는 시스코의 애플리케이션 중심 인프라스트럭처[ACI, Application Centric Infrastructure], 아리스타의 컨버지드 클라우드 패브릭[CCF, Converged Cloud Fabric], 빅 스위치의 빅 클라우드 패브릭[BCF, Big Cloud Fabric], 플렉시[Plexxi]의 아루바 패브릭 컴포저[Aruba Fabric Composer] 등이 있다.

데이터센터 네트워킹 패브릭은 네트워크를 시스템으로 취급하는 것 외에 보통 다음과 같은 작업도 수행한다.

- 정책 관리를 비롯해 패브릭을 관리하거나 구성하는 단일 인터페이스 제공
- 패블릭 사이에서 분산 기본 게이트웨이 제공
- 다중 경로 기능 제공
- SDN 컨트롤러 형태를 이용한 시스템 관리

1.2.9 SD-WAN

지난 몇 년간 SDN에서 뜨거웠던 트렌드 중 하나가 바로 소프트웨어 정의 광역 네트워크(SD-WAN)다. 또한 최근 들어 광역 네트워킹 문제를 해결하겠다면서 많은 회사가 설립됐다.

> **NOTE_** 상당수의 SD-WAN 스타트업들은 주요 네트워킹 및 보안 업체에 인수됐다. 빕텔라[Viptela]는 시스코에, 클라우드제닉스[CloudGenix]는 팔로 알토 네트웍스에, 벨로클라우드[VeloCloud]는 VM웨어에, 실버피크[Silver Peak]는 아루바에, 128 테크놀로지[128 Technology]는 주니퍼에 인수됐다. SD-WAN 솔루션이 제조사의 포트폴리오에 얼마나 중요한지를 엿볼 수 있는 대목이다.

WAN 분야는 프레임 중계에서 MPLS[Multiprotocol Label Switching, 다중 프로토콜 레이블 스위칭]로 마이그레이션된 다음부터는 기술적으로 큰 변화가 없었다. 브로드밴드나 인터넷 비용은 같은 성능의 전용 회선 비용과 비교하면 적은 수준이었으므로, 사이트 간 VPN 터널 방식의 사용량이 수년 동안 꾸준히 증가하면서 WAN의 다음 기술 발전을 위한 토대가 마련됐다.

원격 사무실을 설계할 때 보통 사설 (MPLS) 회선 및 공용 인터넷 연결을 사용한다. 둘 다 사

용하는 경우 인터넷은 주로 게스트 트래픽 전용 또는 VPN을 통해 기업으로 다시 전송되는 일반적인 데이터 전송의 백업 채널로 사용하며, MPLS 회선은 화상 또는 음성 통신처럼 저지연 애플리케이션용으로 사용한다. 트래픽이 회선으로 나눠지면서 라우팅 프로토콜 설정도 복잡해졌고, 목적지 주소에 대한 경로를 세밀하게 설정하는 데도 제약을 가하게 됐다. 보통 최선의 경로를 결정할 때 출발지 주소, 애플리케이션, 네트워크의 실시간 성능은 고려되지 않는다.

최신 솔루션에서 많이 사용하는 일반적인 SD-WAN 아키텍처는 오버레이 프로토콜을 통해 SD-WAN 에지 장비들을 서로 연결한다는 점에서 데이터센터에서 사용하는 네트워크 가상화와 닮은 점이 많다. 오버레이를 사용하면 솔루션은 물리적 전송 기반에 구애받지 않게 되고, 인터넷이나 사설 WAN을 통해 SD-WAN이 동작한다. 이러한 솔루션은 종종 지점 사이트에서 2개 이상의 인터넷 회선을 사용하며, IPSec을 사용해 트래픽을 완전히 암호화한다. 또한 사용 중인 회선의 성능을 지속적으로 측정하며, 심지어 정전이 되더라도 특정 애플리케이션에서 사용하는 회선을 신속하게 전환하는 장애 대응 기능을 갖춘 솔루션도 많이 나와 있다. L7에 대한 가시성을 확보했기 때문에 관리자는 특정 경로를 사용할 애플리케이션을 쉽게 선택할 수 있다. 이는 OSPF나 BGP와 같은 기존 라우팅 프로토콜을 사용해 목적지 기반의 경로 계산만 수행할 수 있는 WAN 아키텍처에서는 찾아볼 수 없는 기능이다.

아키텍처 관점에서 보면, 앞서 소개한 장비 제조사의 SD-WAN 솔루션은 일반적으로 제로 터치 프로비저닝, 즉 수동 개입 없이 새로운 네트워크 장비를 설치하는 작업과 포털을 통한 중앙 집중식 관리가 가능하다. 포털은 온-프레미스 또는 클라우드에 설치한 SaaS 형태로 이용할 수 있으므로, 향후 WAN 운영 및 관리 업무를 크게 간소화할 수 있다.

SD-WAN 기술을 사용하면 모든 통신업체나 연결 유형을 WAN과 인터넷에서 사용할 수 있게 되므로, 최종 사용자들에게 더 많은 **선택권**을 제공할 수 있다. 이러한 유연성은 통신업체 네트워크의 구성과 복잡성을 간소화해 결과적으로 통신업체가 내부 설계와 아키텍처를 간소화할 수 있도록 지원함으로써 비용을 절감할 수 있다. 기술적 관점에서 한 걸음 더 들어가보면 가상 라우팅 및 전달^{VRF, Virtual Routing and Forwarding}처럼 모든 논리적 네트워크 구성을 SD-WAN 업체가 제공하는 컨트롤러 플랫폼의 사용자 인터페이스(UI)로 관리할 수 있으므로, 변경이 필요할 때 몇 주씩 통신사의 응답을 기다릴 필요가 없어진다.

1.2.10 컨트롤러 네트워킹

이러한 트렌드 중 몇 가지는 서로 중첩되는 부분이 있다는 점을 알아차렸을 것이다. 최근 등장한 새로운 기술과 트렌드를 공부하다 보면 중첩되는 부분에서 다소 헷갈리는 내용을 다수 접하게 된다.

예를 들어 널리 사용되는 네트워크 가상화 플랫폼은 컨트롤러를 사용한다. 데이터센터 네트워크 패브릭, SD-WAN, 베어메탈 스위치로 분류되는 솔루션도 컨트롤러를 사용한다. 혼란스럽다. 왜 컨트롤러 기반 네트워킹을 따로 구분하는지 그 이유가 궁금할 수도 있겠다. 사실 최신 솔루션을 전달하는 메커니즘에 불과한 경우도 많지만, 이전에 살펴본 모든 트렌드가 기술적 관점에서 컨트롤러가 제공하는 기능을 모두 포함하고 있지 않기 때문이다.

예를 들어 [그림 1-6]처럼 널리 사용되는 오픈소스 SDN 컨트롤러인 리눅스 재단의 오픈데이라이트^{ODL, OpenDaylight}[22]는 다른 많은 컨트롤러처럼 제품이라기보다는 플랫폼이다. 플랫폼은 네트워크 가상화와 같은 특수 애플리케이션 기능을 제공할 수도 있지만, 컨트롤러 플랫폼 위에서 실행 중인 애플리케이션과 함께 네트워크 모니터링, 가시성, 탭 집계 등과 같은 기능을 사용할 수 있다. 이런 차이점들이 있기 때문에 컨트롤러가 패브릭, 네트워크 가상화, SD-WAN과 같은 기존 애플리케이션이 제공하는 기능 외에 어떤 기능을 제공하는지 살펴보는 것이 중요하다.

ODL이 유일한 오픈소스 컨트롤러는 아니다. 오픈 네트워크 재단에서 제공하는 오픈 네트워크 운영체제^{ONOS, Open Network Operating System}[23], ETSI가 제공하는 테라플로^{TeraFlow}[24] 등도 있다. 각 솔루션은 중점적으로 해결하려는 문제가 다르므로, 각자의 사용 사례에 따라 문제가 무엇이며 어떤 기능이 제공되는지를 평가한 후 사용해야 한다.

---

22 *https://www.opendaylight.org/*

23 *https://opennetworking.org/onos/*

24 *https://www.teraflow-h2020.eu/*

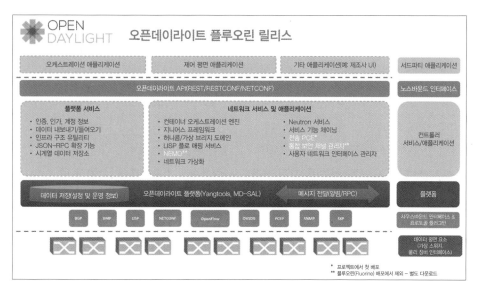

그림 1-6 오픈데이라이트 아키텍처

1.2.11 클라우드 네이티브 네트워킹

퍼블릭 클라우드 서비스와 컨테이너 런타임 환경이 등장하면서 애플리케이션을 실행하는 방식이 크게 바뀌었다. 자연스럽게 네트워킹도 이런 변화를 수용해서 오늘날의 네트워킹 환경은 컨테이너 네트워킹 기술과 클라우드 네트워크 서비스를 포함하는 하이브리드 환경으로 변모했다. 이 두 주제에 대해서는 4장에서 자세히 살펴본다.

컨테이너는 가벼우면서 이식 가능한, 쉽게 배포할 수 있는 소프트웨어의 단위로 모든 플랫폼에서 실행할 수 있다. 컨테이너는 가상 머신의 오버헤드 없이 프로세스로 실행되며, 몇 가지 리눅스 기능을 사용한다. 도커Docker[25]가 가장 널리 사용되지만, PodMan[26]이나 LXC[27] 등 다른 대안도 나와 있다. 또한 NOS도 몇 가지 제약 사항이 있긴 하지만 컨테이너에서 실행할 수 있게 돼, 손쉽게 네트워크 실험 환경을 만들어 테스트해볼 수 있다. 5장에서는 컨테이너랩을 사용해 NOS를 컨테이너로 실행하는 방법을 살펴본다.

----

25 *https://www.docker.com/*

26 *https://podman.io/*

27 *https://linuxcontainers.org/*

컨테이너의 인기가 높아지면서 런타임 플랫폼도 등장했다. 가장 인기 있는 플랫폼이 쿠버네티스 프로젝트다. 런타임 플랫폼은 표준 컨테이너 네트워크 인터페이스standard CNI, standard Container Network Interface를 이용해 컨테이너를 다양한 인프라로 일관성 있게 배포한다.

반면 클라우드 네트워킹은 다양한 추상 수준의 네트워크 서비스를 포함한다. 아마존 웹 서비스(AWS), 마이크로소프트 애저, 구글 클라우드 플랫폼, 디지털 오션과 기타 플랫폼에서는 복잡한 설정 아티팩트를 사용하지 않고도 네트워크 기능을 **에뮬레이션**해볼 수 있는 서비스를 제공한다. 약간의 차이점은 존재하지만, 모든 클라우드에서 **가상** 지역 네트워크를 만들 수 있다. 여기에 다른 IT 인프라가 상호 연결될 수 있고, 다른 네트워킹 서비스를 온-프레미스 데이터센터와 연결하는 VPN 연결도 가능하다. 다양한 네트워크 서비스가 존재하지만, 몇 가지 공통적인 특징도 가진다. 사용자 정의 설정은 일반적인 경우보다 제약이 있고 아주 상세하게 제어할 수는 없지만, HTTP API를 통해 관리가 이뤄진다.

클라우드 플랫폼은 필요에 따라 프로비저닝되는 **동적 인프라**dynamic infrastructure를 제공한다. 이러한 역동성은 물리 장비를 구매해서 설치하는 기존 방식에 비해 유연성이 높고, 납기 시간이 짧아진다. 또한 애플리케이션 개발, 인프라 프로비저닝, 애플리케이션 실행 등 모든 과정을 코드로 정의하는 데브옵스 문화와도 딱 들어맞는다.

이러한 접근 방식을 **코드형 인프라**IaC, Infrastructure as Code라고 하며, 원하는 인프라 상태를 텍스트 파일로 설명하면 이를 **해석해** 인프라로 구현하는 방식으로 처리된다. IaC 관리 솔루션도 다양하다. 12장에서 살펴볼 해시코프HashiCorp의 테라폼Terraform**28**, 풀루미Pulumi**29** 외에도 AWS 클라우드포메이션CloudFormation, 구글의 클라우드 배포 관리자Cloud Deployment Manager 같은 클라우드 서비스 제공자 전용 솔루션 등을 이용할 수 있다.

컨테이너와 클라우드 환경을 관리하는 것은 처음에는 어렵게 느껴질 수 있다. 그렇지만 너무 염려하지 말자. 여전히 네트워킹에 관련된 내용이므로 여러분이 지금껏 익힌 네트워크 엔지니어 기술은 변함없이 유효하고 필요하다. 물론 특정 도메인 지식, 프로그래밍 언어, 도메인 특화 언어, 도구 등 다른 기술이 필요하다. 이 책은 이 모든 여정을 시작하는 데 도움이 될 것이다.

----

28 *https://www.terraform.io/*
29 *https://www.pulumi.com/*

요약

지금까지 SDN으로 분류되는 기술과 그 트렌드에 대해 살펴봤다. 이러한 기술들은 네트워크 프로그래밍 가능성과 자동화를 통해 더 나은 네트워크 운영 방안을 개척한 것이다. 지난 7년 동안 수십여 개의 SDN 관련 스타트업이 탄생했고, 수십조 원에 이르는 벤처 캐피털 자금이 투자됐으며, 이러한 기업을 인수하는 데만 수조 원이 쓰였다. 이러한 발전 과정은 비현실적이지만, 한 단계 더 자세히 살펴보면 결국 소프트웨어의 원칙과 기술을 활용해 사용자에게 더 큰 성능, 제어권, 민첩성, 선택권을 제공하면서 운영 효율은 높이겠다는 공통된 목표를 갖고 있다는 사실을 확인할 수 있다.

2장에서는 네트워크 자동화를 살펴보면서 다양한 유형을 자세히 다룬다. 몇 가지 일반적인 프로토콜과 API를 알아보고, 최근 몇 년 동안 자동화가 어떻게 발전해왔는지를 살펴보자.

## CHAPTER 2

네트워크 자동화

이번 장에서는 앞으로 각 장에서 다루게 될 내용을 최대한 잘 활용하기 위해 네트워크 자동화에 관련된 기반 개념을 다지는 데 집중한다. 상위 수준에서 기반 개념을 살펴보면서, 다음 주제를 다룬다.

왜 네트워크 자동화인가?

자동화를 도입해 네트워크 운영의 효율성을 높이려는 다양한 이유를 살펴본다. 이 과정에서 자동화가 네트워크 장비를 보다 빠르게 설정하는 것 이상의 가치를 지니고 있다는 점을 확인한다.

네트워크 자동화 유형

전통적인 설정 관리에서 네트워크 진단 및 문제 해결에 이르기까지 다양한 자동화 유형을 살펴본다. 이를 통해 자동화가 단지 변경 적용에 드는 시간을 단축하는 것 이상의 가치를 지닌다는 점을 다시 한번 확인한다.

SNMP에서 장비 API로 진화하는 관리 평면

과거부터 현재까지 네트워크 장비에서 만나게 되는 몇 가지 API 유형을 간략히 소개한다.

SDN 시대의 네트워크 자동화

컨트롤러 기반 아키텍처를 참조하는 SDN 솔루션을 배포할 경우에도 네트워크 자동화 도구 체계가 여전히 가치 있는 이유를 간략히 살펴본다.

NOTE_ 이번 장은 기술적인 내용을 자세히 다루기보다는 네트워크 자동화의 개념을 소개하는 데 중점을 둔다. 이후 다루게 될 내용에 대한 배경지식을 얻고 이해의 토대를 다지는 것이 이번 장의 가장 큰 목표이다.

2.1 왜 네트워크 자동화인가?

대부분의 다른 자동화 유형과 마찬가지로 네트워크 자동화도 작업을 더 빠르게 처리하는 수단으로 볼 수 있다. 작업을 신속히 완료하는 것도 좋지만, 배포 및 설정 변경에 걸리는 시간을 줄이는 것 또한 많은 IT 조직에서 해결해야 할 문제다.

이번 절에서는 속도를 비롯해 IT 조직이라면 형태나 규모에 상관없이 네트워크 자동화를 점진적으로 도입해야 하는 몇 가지 이유를 살펴본다. (애플리케이션, 시스템, 저장 공간, 전화 통신 등) 자동화의 유형은 달라도 동일한 원칙이 적용된다는 사실을 알아두자.

2.1.1 단순화된 아키텍처

오늘날에도 여전히 네트워크 장비의 설정 변경은 각양각색의 일회성 비표준 방식으로 이뤄지며, 네트워크 엔지니어도 단발성 네트워크 설정 변경을 통해 네트워크 및 애플리케이션 문제를 해결했다는 사실에 뿌듯함을 느낀다. 하지만 이와 같은 방식으로 변경 작업이 이뤄지다 보면, 결국에는 네트워크를 유지하고 관리하기가 어려워지며 자동화하기도 더욱 힘들어진다.

따라서 네트워크 자동화 및 관리 작업을 부차적인 프로젝트나 별도 작업으로 취급할 것이 아니라, 새로운 아키텍처를 만드는 시작 단계에서부터 함께 고려해야 한다. 여기에는 인력과 도구에 대한 적절한 예산 확보도 포함된다. 안타깝지만, 도구 체계 마련에 드는 비용은 예산이 부족할 때 가장 먼저 삭감되는 경우가 많다.

엔드-투-엔드 아키텍처 설계와 실제 운영 업무는 동일한 업무이고, 동일해야 한다. 아키텍처를 설계할 때 다음 질문을 고려해야 한다.

- 어떤 기능이 제조사와 상관없이 동작하는가?
- 어떤 확장 기능이 여러 플랫폼에서 동작하는가?
- 특정 네트워크 장비 플랫폼에서 동작하는 API나 자동화 도구는 어떤 유형인가?
- 잘 정리된 API 문서가 있는가?
- 해당 제품에 대한 라이브러리가 존재하는가?

설계 단계에서 이 질문에 대한 답을 빨리 찾아낼수록 최종 아키텍처는 보다 단순해지고, 반복할 수 있는 형태를 갖추게 되며, 유지 관리 및 자동화가 쉬워진다. 또한 전체 네트워크에서 특정 장비 제조사에서만 사용할 수 있는 독점적인 확장 기능을 사용하는 비율도 낮아지게 된다.

적절한 관리 체계 및 자동화 도구를 사용해 단순화된 아키텍처를 배포한 후에도 네트워크 설정이 다시 중구난방인 상태로 되돌아가지 않게끔 일회성 변경 작업을 최소한으로 수행하도록 노력해야 한다.

2.1.2 확정적 결과

기업 조직에서는 네트워크의 향후 변경 사항, 외부 시스템에 미치는 영향, 롤백rollback 계획 등을 점검하는 변경 검토 회의를 진행한다. CLI를 통해 수동으로 변경 사항을 적용하고 있다면 명령어를 하나만 잘못 입력하는 것만으로도 치명적인 결과를 초래할 수 있다. 3명, 4명, 5명, 50명의 엔지니어로 이뤄진 팀을 상상해보자. 엔지니어마다 자신만의 방식으로 변경 작업을 수행한다. 명령행 인터페이스 대신 그래픽 사용자 인터페이스를 사용한다고 해서 변경 작업 과정에서의 오류가 발생할 가능성이 줄어들거나 사라지지는 않는다.

검증 과정과 테스트 과정을 거치는 네트워크 자동화 시스템을 통해 변경 사항을 적용하면 수동으로 변경할 때보다 훨씬 더 정확하게 작업 과정 및 결과를 예측할 수 있다. 또한 경영진은 확정적인 결과를 달성할 가능성이 높아지게 되므로, 인적 오류human error 없이 당면한 작업을 한 번에 제대로 완료할 수 있는 시스템에 한 걸음 더 다가갈 수 있게 된다. 간단한 VLAN 변경부터 여러 네트워크상의 변경이 필요한 신규 고객 온보딩 작업까지 다양한 작업에 자동화를 적용할 수 있다.

더욱이 이와 같이 불확실한 부분이 사라지고 예측한 대로 결과를 얻을 수 있게 되면, 네트워크 변경에 관한 수작업이 줄어들고 전체적인 네트워크 운영의 효율성이 높아지므로 운영 비용(OpEx[1])은 낮아진다. 네트워크 장비의 운영체제 업그레이드처럼 시간이 많이 걸리는 프로세스를 자동화한다고 생각해보자. 네트워크 엔지니어는 자동화를 통해 절약한 시간을 프로세스 개선 업무나 전략 과제 수행에 쓸 수 있다.

2.1.3 비즈니스 민첩성

서버 가상화가 등장한 이후, 시스템 관리자는 새로운 애플리케이션을 거의 즉시 배포할 수 있게 됐다. 애플리케이션을 빠르게 배포할 수 있게 되면서 새로운 3티어 애플리케이션[3-tier application]을 배포할 때마다 VLAN, 라우팅 경로, 방화벽 정책, 로드 밸런스 정책과 같은 네트워크 자원을 구성하는 작업은 왜 오래 걸리는지에 대해 의문을 품는 사람들이 늘어났다.

네트워크 자동화를 도입하면 분명 애플리케이션을 배포하는 IT 유관 부서의 요청에 대해 네트워크 엔지니어 및 운영 팀이 빠르게 대응할 수 있다. 더 중요한 사실은 자동화를 도입하면 비즈니스의 민첩성이 높아진다는 점이다. 자동화를 도입하는 입장에서는 비즈니스의 민첩성을 높이려는 의도가 아무리 좋더라도 반드시 기존 워크플로, 때로는 수동 작업 과정까지 이해하는 것이 중요하다.

무엇을 자동화해야 하는지를 모른다면, 지식 부족으로 인해 프로세스는 더 복잡해지고 도입 시간은 늘어진다. 네트워크 자동화를 도입하려면 **최우선적으로** 기존의 수동 워크플로를 이해하려고 노력해야 하며, 평균 작업 소요 시간이나 작업의 수행 순서 등과 같은 워크플로를 문서화하고, 비즈니스에 미치는 영향을 파악해보는 것이 좋다. 이를 통해 더욱 간단하고 효과적인 방식으로 자동화 솔루션을 구현할 수 있다.

2.1.4 보안 강화 및 위험 감소

네트워킹에 관한 워크플로를 코드로 기술하다 보면 자동화의 숨겨진 이점까지 얻을 수 있다. 단계별 프로세스를 정의하고 분석한 다음, 이를 코드로 문서화하면 누구나 언제든지 이용할 수

---

1 옮긴이_ Operating Expenditure의 약어로, 실제 취득한 자산을 유지 보수하거나 운영하는 데 들어가는 비용을 의미한다.

있는 정보가 된다. 이렇게 공개된 정보를 통해 팀 동료가 변경 사항을 함께 책임지고 검토할 수 있는 동료 검토 단계를 워크플로에 도입할 수도 있고, 네트워크 변경 사항을 실제로 배포하기 전에 잠재적 보안 문제나 설정 오류가 있는지를 검사하는 자동화 프로세스를 추가할 수도 있다. 또한 자동화가 이뤄지면 운영자가 정의한 대로 네트워크가 계속 동작하는지 확인해가면서, 필요에 따라 기대하는 상태와 실제 동작의 편차를 줄여나갈 수 있다.

기존 네트워크 운영 방식에서 작업 결과는 작업을 수행하는 네트워크 엔지니어의 숙련도 및 이용할 수 있는 문서화된 정보에 따라 크게 달라진다. 문서에 담긴 정보를 최신 상태로 유지하기는 어렵다. 하지만 이러한 작업을 자동화하면 워크플로가 실행될 때마다 자동화 작업에 참여하는 엔지니어의 모든 지식이 시스템에 반영된다.

자동화를 도입하면 팀 전체가 변경에 대한 책임을 공유하게 되고, 다른 팀원에 의한 검토 과정을 프로세스에 포함시켜 더욱 효과적으로 개선할 수 있으며, 문제 발생 가능성을 낮출 수 있다. 또한 보안 정책과 같은 규제나 정책을 강제하는 도구로 변경 사항을 검사할 수 있고, 인공지능 분석 도구와 연동해 상황에 맞는 개선 사항을 **제안받을** 수도 있다.

더욱이 네트워크 자동화는 한 번으로 끝나는 것이 아니다. 예상치 못한 문제나 누락했던 항목을 발견할 수 있으며, 그런 항목을 찾을 때마다 워크플로 코드를 수정하면서 개선한다. 이렇게 지속적으로 개선하다 보면 점진적인 개선 프로세스 속에서 전현직 팀 구성원들의 개선 노력이 한곳으로 통합된다.

이번 절에서는 단순화된 아키텍처부터 지속적 개선에 이르기까지 네트워크 자동화를 고려해야 하는 이유들 중 몇 가지를 살펴봤다. 다음 절에서는 네트워크 자동화의 유형에 대해 살펴본다.

2.2 네트워크 자동화 유형

자동화는 보통 빠른 처리 속도와 동일시되지만, 몇몇 네트워크 작업에서 처리 속도는 그다지 중요하지 않다. 이런 사실을 고려하면 왜 일부 IT 팀에서 자동화의 가치를 제대로 인식하지 못하는지를 쉽게 이해할 수 있다. 좋은 예로 VLAN을 구성하는 경우를 생각해보자. "정말 VLAN을 그렇게 **빠른** 속도로 만들어야 할까? 하루에도 꽤 많은 VLAN이 추가되는데, 이 작업을 정말 자동화해야 할까?"라고 반문할 수 있다. 모두 타당한 질문이다.

이번 절에서는 장비 프로비저닝, 데이터 수집 및 강화, 마이그레이션, 설정 관리, 규정 준수 점검, 상태 유효성 검사, 문제 해결, 보고서 작성 등 자동화하기 좋은 작업들을 중점적으로 설명한다. 그러나 앞서 이야기한 것처럼 자동화는 단순히 빠른 속도나 민첩성을 넘어서는 그 이상의 가치를 지니고 있다는 점을 기억하자. 자동화는 위험을 줄이고 보안을 강화하면서 사용자, 팀, 비즈니스에 더 예측하기 쉬운 확정적인 결과를 가져다준다.

2.2.1 장비 프로비저닝

네트워크 자동화 프로젝트를 시작할 때 가장 쉽고 빠르게 자동화할 수 있는 작업은 장비를 처음 프로비저닝할 때 사용하는 네트워크 설정 파일을 자동으로 생성해 네트워크 장비로 푸시하는 것이다.

이 과정은 두 단계, 즉 설정 파일을 생성하는 단계와 설정 파일을 장비로 푸시^{push}하는 단계로 나눌 수 있다.

설정 파일이나 일반적인 설정 데이터 파일을 자동으로 생성하려면 우선 특정 장비에서 사용하는 CLI 구문에서 **입력**에 해당하는 설정 매개변수를 분리해야 한다. 이 과정에서 설정 템플릿 파일과 VLAN, 도메인 정보, 인터페이스, 라우팅 경로, 기타 매개변수 값이 포함된 파일을 따로 저장한다.

지금 단계에서는 설정 템플릿이란 모든 장비에 배포할 수 있는 표준 템플릿을 의미한다고 생각하자. **네트워크 설정 템플릿**^{network configuration templating}을 사용하면 네트워크에 적합한 일관된 형식의 네트워크 설정 파일을 금방 만들 수 있다. 이제 더 이상 메모장을 열고 이 파일에서 저 파일로 복사와 붙여넣기를 반복하지 않아도 된다. 그렇게 작업하던 시대는 이미 지나갔다.

설정 템플릿은 데이터를 입력할 수 있는 변수를 지원한다. 설정 템플릿을 통해 설정 작업 간소화를 돕는 도구에는 앤서블^{Ansible}과 노르니르^{Nornir}가 있다. 두 도구를 사용하면 몇 초 안에 수백 개의 예측 가능한 형태 설정 파일을 안정적으로 생성할 수 있다.

> **NOTE_** 템플릿을 사용해 설정 파일을 생성하는 방법은 9장에서 상세히 다룬다. 앤서블과 노르니르를 사용해 템플릿을 적용하는 방법은 12장에서 살펴본다. 이번 절에서는 상위 수준의 기본적인 예제만 다룬다.

현재 설정을 가져와 앞에서 설명한 것처럼 템플릿 파일과 변수 입력 파일로 나눠보자. [예제 2-1]은 임의 제조사의 CLI 설정 파일이다.

예제 2-1 설정 파일의 일부분

```
hostname leaf1
ip domain-name ntc.com
!
vlan 10
  name web
!
vlan 20
  name app
!
vlan 30
  name db
!
```

CLI 명령에서 데이터를 분리하면 템플릿 파일과 데이터 변수 파일, 2개의 파일로 나눌 수 있다. 먼저 [예제 2-2]에서 YAML 형식으로 정의한 변수 파일을 살펴보자. YAML 포맷은 9장에서 상세히 다룬다.

예제 2-2 YAML 데이터

```
---
hostname: leaf1
domain_name: ntc.com
vlans:
  - id: 10
    name: web
  - id: 20
    name: app
  - id: 30
    name: db
```

YAML 파일에는 데이터만 들어 있다.

[예제 2-3]은 leaf.j2 파일로, 데이터를 렌더링할 때 사용할 최종 템플릿 파일이다.

예제 2-3 진자 템플릿

```
!
hostname {{ inventory_hostname }}
ip domain-name {{ domain_name }}
!
{% for vlan in vlans %}
vlan {{ vlan.id }}
  name {{ vlan.name }}
{% endfor %}
!
```

NOTE_ [예제 2–3]에서는 파이썬 기반의 진자 템플릿 언어[2]를 사용한다. 진자 템플릿 언어는 9장에서 자세히 다룬다.

이 예제에서 **이중 중괄호**는 진자 변수를 의미하며, 데이터를 템플릿으로 렌더링할 때 데이터 변수가 삽입되는 부분을 표시한다. 이중 중괄호는 변수를 의미하는데, 값은 템플릿에 없으므로 어딘가 다른 곳에 저장해둬야 한다. 변수에 사용할 값은 YAML 파일에 저장한다. YAML 파일을 사용하지 않고 스크립트를 사용해 네트워크 관리 시스템(NMS)이나 IP 주소 관리 시스템IPAM, IP Address Management 등과 같은 외부 시스템에서 데이터를 가져올 수도 있다.

VLAN을 담당하는 팀원이 네트워크 장비에 VLAN을 추가할 때 이제부터는 예제 파일만 있으면 아무 문제가 없다. 변수 파일에서 값을 변경한 다음, 앤서블과 같은 도구나 렌더링 엔진[3]을 직접 사용해 새로운 설정 파일을 다시 생성하면 된다.

설정 파일이 만들어졌으면 이를 네트워크 장비로 푸시해야 한다. **푸시** 및 **실행** 프로세스에는 워낙 다양한 방법이 있으므로, 여기서는 다루지 않는다. 10장과 12장에서 소개하는 방법을 사용할 수도 있고, 장비 제조사에서 제공하는 전용 프로비저닝 솔루션을 사용할 수도 있다.

노파심에 덧붙여 말하자면, 지금 다룬 내용은 템플릿을 상위 수준에서 소개한 것이다. 상세한 내용이 100% 명확히 이해되지 않더라도 걱정할 필요가 없다. 앞에서 언급한 것처럼 9장에서 템플릿 사용법을 자세히 다룬다.

---

2 진자 템플릿 언어 홈페이지: *https://jinja.palletsprojects.com/*(영문)

3 옮긴이_ 솔트 렌더러(*https://saltproject.io/*)나 순수 파이썬만으로 작성한 렌더링 엔진 등 여러 렌더링 엔진이 개발돼 제공된다.

설정을 생성해 장비로 푸시하는 작업 외에 자동화할 수 있는 대표적인 작업으로는 데이터 수집이 있다. 이어서 데이터 수집에 대해 알아본다.

2.2.2 데이터 수집 및 강화

모니터링 도구는 보통 SNMP를 사용하며, 관리 정보 기반(MIB)을 사용해 데이터를 폴링 방식으로 수집한다. 하지만 반환되는 데이터에는 실제로 필요한 정보보다 많은 정보가 들어 있거나 필요한 정보가 누락된 경우가 많다. 인터페이스 통계를 폴링해야 하는 경우는 어떨까? show interface 명령을 실행하면 출력 결과에서 모든 카운터 값을 획득할 수 있다. 하지만 인터페이스 리셋 카운터만 필요하고 CRC 오류, 점보 프레임 카운터 및 출력 오류는 필요하지 않다면 어떻게 해야 할까? CDP[4]나 LLDP 인접 항목이 있는 인터페이스에 대해서만 인터페이스 리셋 카운터를 보고 싶은데, 다음 폴링 주기까지 기다리지 않고 지금 바로 확인하고 싶다면 어떻게 될까? 이런 상황에서 네트워크 자동화는 어떤 도움을 줄 수 있을까?

더 많은 성능과 제어 기능을 제공하는 데 중점을 두고 있으므로, 어떤 데이터를 언제 수집하며 이렇게 수집된 데이터를 어떻게 사용할 것인지에 따라 오픈소스 도구와 기술을 사용자의 입맛에 딱 맞게 활용할 수 있다. 이러한 자동화된 접근 방식을 통해 데이터에서 최대한의 가치를 끌어낼 수 있다.

[예제 2-4]는 Netmiko 라이브러리를 활용해 시스코 IOS 장비에서 데이터를 수집하는 기초적인 파이썬 스크립트다. Netmiko 라이브러리는 10장에서 자세히 다룬다.

예제 2-4 Netmiko 스크립트

```
from netmiko import ConnectHandler

device = ConnectHandler(
    device_type='cisco_ios',
    host='csr1',
    username='ntc',
    password='ntc123'
)
```

---

4 옮긴이_ 시스코 디스커버리 프로토콜. 인접한 시스코 장비끼리 구성 정보를 공유할 때 사용하는 2계층 프로토콜이다.

```
output = device.send_command('show version')
print(output)
```

이 스크립트의 가장 큰 장점은 output 변수에 show version 명령의 응답이 모두 들어 있다는 점이다. 따라서 필요한 대로 이 값을 적절하게 파싱해 원하는 값을 획득할 수 있다. 하지만 이 코드에도 그리 예쁘지 않은 부분이 있다. CLI 명령의 실행 결과는 구조화되지 않은 데이터이므로 결국 사용자 정의 스크린 스크래핑screen scraping 로직을 구현할 수밖에 없는데, 이 로직을 지속적으로 관리하기가 쉽지 않다. 결과 메시지가 조금만 바뀌어도 전체 파싱 과정은 실패하고 만다. 8장에서 살펴보겠지만, 대부분의 최신 플랫폼은 더 강력하게 자동화를 뒷받침하기 위해 구조화된 데이터 포맷을 제공한다. 따라서 스크린 스크래핑은 반드시 최후의 수단으로만 사용해야 한다.

> **NOTE_** 이전 예제에서 장비의 데이터를 **풀링**pulling, 즉 끌어온다고 이야기했다. 이 방식이 모든 환경에 적합하지는 않지만, 여전히 적절하게 사용할 수 있는 환경이 많다. 최신 장비들은 **스트리밍 텔레메트리**streaming telemetry라 부르는 **푸시 모델**push model을 지원한다. 장비 자체적으로 인터페이스 통계와 같은 실시간 데이터를 원하는 애플리케이션 서버로 스트리밍하는 방식이다. 자세한 내용은 10장과 14장에서 확인할 수 있다.

물론 모든 데이터 수집 과정에서 약간의 사전 사용자 정의 작업이 필요할 수 있다. 하지만 수집되는 데이터는 특정 도구나 제조사에서 전달하는 것이 아니라 여러분의 필요에 의해 수집하는 것이므로 결국에는 그만한 가치를 지니고 있다. 이 책을 읽는 이유도 바로 여기에 있지 않은가?

네트워크 장비 내부에는 엄청난 양의 정적 데이터와 임시 데이터가 매장돼 있으며, 오픈소스 도구를 사용하거나 직접 시스템을 구축함으로써 데이터를 발굴해 사용할 수 있다. 이런 데이터에는 BGP 테이블의 활성 항목, OSPF 인접 정보, 활성 이웃, 인터페이스 통계, 특정 카운터 및 재설정, 심지어 최신 플랫폼에 내장된 ASIC 자체 카운터 등이 포함된다. 또한 장비의 일련번호, 호스트명, 가동 시간, OS 버전, 하드웨어 플랫폼 등 장비에 대한 일반 정보와 속성값도 수집할 수 있다. 보다시피 획득할 수 있는 데이터의 종류를 나열하자면 끝이 없다.

데이터 수집에서 가장 중요한 부분은 데이터를 최대한 활용할 수 있는 **방안**이다. 14장에서 살펴보겠지만 메트릭, 로그, 플로 등 네트워크 상태 데이터를 수집한 다음, 여기에 인터페이스 카운터 메트릭의 출처 등을 **태그**로 추가하는 방식으로 메타데이터를 덧붙여 데이터를 보강한다. 그런 다음, 분석 및 시각화 도구를 통해 모든 데이터 간의 상관관계를 파악하면 더 많은 정보를 바탕으로 보다 정확한 결과를 얻을 수 있다. 이렇게 동작하게끔 구현하려면 인터페이스를 가진 장비와 인터페이스가 설치된 사이트 사이의 관계가 함께 저장된 곳에서 해당 정보를 가져와야 한다. 그곳이 바로 '진실 공급원'이다.

2.2.3 마이그레이션

한 플랫폼에서 다른 플랫폼으로 옮겨가는 것은 결코 쉬운 작업이 아니다. 같은 제조사의 플랫폼 간 이전일 수도 있지만, 서로 다른 제조사의 플랫폼으로 이전할 수도 있다. 제조사들이 **자사** 플랫폼으로의 이전을 도와주는 스크립트나 도구를 제공해주기도 하지만, 이전 예제처럼 다양한 유형의 자동화를 사용해 모든 유형별 네트워크 장비와 운영체제에 대한 설정 템플릿을 구축할 수 있다. 그런 다음, 미리 정의된 공통 입력 세트(공통 데이터 모델)에 따라 제조사별 설정 파일을 생성할 수 있다.

물론 제조사 전용 확장 프로그램을 사용 중이라면 해당 프로그램 또한 고려해야 한다. 이러한 마이그레이션 도구를 사용할 때의 장점은 제조사에 의뢰하는 것보다 직접 구축하는 것이 훨씬 간단하다는 점이다. 제조사는 장비가 지원하는 모든 기능을 고려해야 하지만, 개별 조직에서는 필요한 기능이 한정돼 있다. 실제로 제조사는 자신의 장비에만 신경 쓸 뿐 네트워크 운영자가 여러 제조사 장비를 함께 사용하는 멀티 벤더 환경을 더 쉽게 관리할 수 있게끔 돕는 일에는 그다지 관심을 쏟지 않는다.

이런 형태의 유연성을 확보하면 마이그레이션뿐만 아니라 재해 복구에도 도움이 된다. 실제 서비스 환경과 재해 복구 데이터센터 환경에는 다양한 스위치 모델이 사용되고 있으며, 심지어 제조사가 다른 경우도 흔하다. 어떤 이유로든 장비에 장애가 발생해 다른 플랫폼으로 대체해야 하는 경우, 공통 데이터 모델(매개변수 입력)을 활용해 새로운 설정을 즉시 생성할 수 있다. **데이터 모델**이라는 용어를 은근슬쩍 사용하기 시작했는데, 8장에서 데이터 모델에 대해 자세히 설명할 예정이니 안심하자.

따라서 마이그레이션을 해야 하는 경우 추상화된 수준에서 마이그레이션에 대해 생각해보고, 플랫폼 간 마이그레이션에 필요한 작업이 무엇인지를 생각해봐야 한다. 그런 다음 어떤 작업을 자동화할 수 있는지 살펴보자. 여러 제조사의 장비가 함께 사용되는 멀티 벤더 환경을 자동화하려는 데는 대형 네트워크 장비 제조사의 필요가 아니라 사용자 자신의 필요가 있기 때문이다. 예를 들어 VLAN을 추가하는 과정을 추상적으로 생각해본 다음, 플랫폼별 하위 수준 명령어를 고민할 수 있다. 요점은 자동화 도입을 시작한다고 해서 키보드에 손을 올려 CLI 명령을 입력하거나 플랫폼별 코드를 작성하지 말고, 어떤 작업인지를 먼저 생각해본 후 사람이 읽을 수 있는, 제조사에 중립적인 형태로 정보를 문서화하는 것이 매우 중요하다는 사실이다.

2.2.4 설정 관리

앞서 이야기했듯이 설정 관리는 가장 흔히 볼 수 있는 자동화 유형이므로, 이에 대해 많은 시간을 할애하지 않겠다. **설정 관리**는 배포, 푸시, 설정 상태 관리로 정의한다. 여기에는 인터페이스 설명을 추가하는 기본적인 작업부터 3계층 애플리케이션을 배포하기 위해 ToR 스위치, 방화벽, 로드 밸런서, 고급 보안 인프라 구조를 구성하는 등의 좀 더 복잡한 워크플로까지 모두 포함된다.

읽기 전용 자동화 유형에서 알 수 있듯이 자동화를 도입한다고 해서 반드시 설정을 푸시하는 단계까지 자동화 범위에 포함할 필요는 없다. 하지만 라우터 및 스위치에 동일한 변경 사항을 푸시하는 데 많은 시간을 쓰고 있다면 푸시까지 구현하고 싶을 것이다!

네트워크 자동화를 도입하는 방식은 매우 다양하지만, 설정 관리까지 자동화하기로 했다면 큰 힘에는 큰 책임이 따른다는 사실을 기억해야 한다. 그러므로 새로운 자동화 도구를 실제 서비스 환경에 배포하기 전에 테스트하는 것을 잊어서는 안 된다. 5장에서 살펴보겠지만, 에뮬레이션 네트워크 플랫폼을 통해 자동화 로직을 테스트할 수 있는 몇 가지 방법이 있다.

네트워크 자동화 장애에서 배운 교훈

2021년 10월 세계 최대 규모의 자동화된 네트워크 중 하나가 멈췄다. 이후 페이스북(현 메타)은 원인을 상세히 설명한 장애 상세 보고서[5]를 공개했다. 설정 관리 시스템은 잘못된 설정이 장비에 적용되는 것을 방지하는 **감사 제어** 기능까지 갖추고 있었음에도 불구하고, 잘못된 BGP 설정 변경이 배포되면서 전 세계에서 네트워크 접속 중단 사태를 초래했다.

자동화는 좋고 나쁜 것을 따지지 않고 모든 동작에서 그 효과를 증폭시킨다는 점을 잊지 말아야 한다. 따라서 네트워크 자동화 시스템을 실제 서비스 환경에 배포하기 전에 소프트웨어 개발 프로세스처럼 변경에 대한 테스트를 **지속적 통합**CI, Continuous Integration 프로세스에 포함하는 것이 중요하다는 점을 알아두자.

요즘에는 뱃피시Batfish와 같은 도구로 네트워크를 분석하고 검증할 수 있다. 이 도구는 주어진 설정에 따라 네트워크 상태를 시뮬레이션해볼 수 있는 네트워크 모델을 생성한다. 하지만 결국은 현실을 최대한 비슷하게 만들어 테스트하는 것일 뿐이다. 네트워크에서 사용되는 **모든** 옵션을 구성해 시뮬레이션하는 것은 매우 복잡하다. 자동화 과정에서 단순성이 얼마나 중요한지 여러 번 강조했던 것을 기억하는가? 앞에서도 언급했지만, 네트워크 에뮬레이션 도구를 사용하면 온-디맨드 환경에서 네트워크 장비를 실험해볼 수 있다. CI 파이프라인 내에서 이러한 도구를 사용하면 실제 서비스 운영 환경에 배포하기 전에 네트워크 자동화 도구와 네트워크 장비 간의 상호 작용을 검증해보면서 잠재적인 문제나 예상치 못한 부수 효과까지 예측할 수 있다.

페이스북도 당연히 자체적으로 개발한 감사 제어 도구로 CI 과정에서 변경 사항의 유효성을 검사하고 있었지만, 그럼에도 불구하고 이처럼 예상치 못했던 버그로 인해 문제가 발생할 가능성은 항상 존재한다. 문제 발생의 가능성을 완화하려면, 불확실성을 인정하고 소프트웨어 개발 방식에서 사용하는 **카나리아 배포**canary deployment처럼 변경 사항을 점진적으로 조금씩 확대하면서 전체에 배포하는 것이 좋다. 이렇게 일부 장비에 배포한 뒤 결과를 검증한 다음, 점차 나머지 네트워크에 변경 사항을 계속 배포해서 전체적으로 적용한다.

네트워크 자동화의 몇 가지 유형은 데이터 수집 프로세스를 자동화한 것에서 비롯된다. 여기서는 상황에 따라 몇 가지 유형으로 세분화했는데, 첫 번째 살펴볼 유형은 규정 준수 확인 자동화다.

---

5 *https://engineering.fb.com/2021/10/05/networking-traffic/outage-details/*(영문)

2.2.5 설정 규정 준수

다른 유형의 자동화처럼 설정을 변경하는 자동화 도구는 위험한 것으로 간주된다. 물론 수동으로 변경하는 것은 훨씬 더 위험하다. 이미 장비에서 값을 읽어보고 직접 자동화를 해본 경험도 있겠지만, 데이터 수집, 모니터링, 설정 작성은 모두 **읽기 동작만** 수행하므로, 이처럼 **위험도가 낮은** 작업부터 자동화를 시작해볼 수 있다.

수집된 데이터를 활용하는 방법 중 위험도가 낮은 사례는 바로 설정의 규정 준수compliance 여부를 확인하거나 설정의 유효성을 검사하는 것이다. 배포된 설정이 보안 요구 사항을 만족하는가? 필요한 네트워크가 구성됐는가? *XYZ* 프로토콜이 비활성 상태인가? 배포하는 도구를 직접 정할 수 있다면, 어떤 항목이 참인지 거짓인지를 판단하기가 훨씬 더 쉬워진다. 일단 위험도가 낮은 규정 준수 검사부터 시작해 필요에 따라 다른 기능을 하나씩 추가하는 것은 어렵지 않다.

검사 대상의 규정 준수 결과를 보고 어떤 동작을 취할지는 사용자가 결정할 몫이다. 데이터를 그냥 기록에 남길 수도 있고, 자동으로 설정을 고치는 복잡한 애플리케이션을 실행할 수도 있다. 이 역시 이벤트 중심 자동화의 한 유형으로, 12장에서 앤서블을 다룰 때 자세히 살펴본다.

네트워크 자동화는 언제나 간단한 것부터 시작하는 것이 가장 좋지만, 무엇이 가능한지를 파악하는 것도 상당한 가치가 있다. 예를 들어 인터페이스의 최대 전송 단위(MTU)가 얼마인지 로그로 남기거나 메시지로 출력할 수 있다면, 이미 원하지 않는 MTU 값이 있을 때 올바른 값으로 자동으로 재구성하기 위한 준비를 모두 마친 것이다. 나중에 기존 로그 코드나 메시지 출력 아래에 몇 줄의 동작 코드만 추가해주면 된다. 다시 한번 말하지만, 작은 것으로 시작하되 미래에 무엇이 더 필요하게 될지를 생각해보는 것이 중요하다.

2.2.6 상태 (유효성) 검증

설정 규정 준수 검사에서 한 단계 더 발전한 유형은 설정이 제대로 적용됐는지 실제 네트워크의 운영 상태를 검증하는 것이다. 이를 네트워크 보증network assurance이라고 하며, 여전히 읽기 전용으로 동작하는 위험도가 낮은 작업이다. 상태의 유효성을 검증하려면 당연히 설정 상태와 함께 **의도하는** 운영 상태를 정의해야 한다. 예를 들어 BGP 이웃 설정의 경우 설정 규정 준수란 설정 상태, 구문, 이웃한 IP 주소에 대한 데이터, ASN(자율 시스템 번호), MD5 인증 키 등을 검증하는 것이다. 이때 상태 검증은 세션의 상태가 Established인지를 확인한다. 설정은 제대로 됐더라도 네트워크 장애나 다른 종단의 잘못된 설정 때문에 의도한 상태로 동작하지 않는 문제가 발생할 수 있다.

상태 유효성 검증은 자동화 프로세스 위에 별도의 제어 계층을 추가한다. 이러한 상태 유효성 검증은 설정 변경을 배포한 이후 원하는 대로 동작하는지를 확인하거나 네트워크 상태를 지속적으로 검증하는 용도로 사용할 수 있다. 예를 들어 관련 상태 데이터를 보고 경고를 표시하거나 문제를 완화하기 위한 절차를 시작할 수 있다. BGP 사례의 경우 예기치 못한 BGP 세션 상태가 감지되면 자동화 시스템은 관련 BGP 로그와 통계를 조회해 네트워크 팀에 보조 데이터를 첨부함으로써 알림을 보낼 수 있다.

> NOTE_ 보통 상태 유효성 검증은 **변경 전후의 유효성**을 비교한다. 이 경우 변경이 의도하는 동작 상태가 미리 정의돼 있지 않으므로, 의도된 상태를 향후 작업을 수행하기 전에 수집된 스냅샷으로 정의한다. 예를 들어 OS 업그레이드를 수행할 경우 업그레이드 전의 동작 상태를 수집해 원하는 상태로 정의한다. 업그레이드가 완료되면, 다시 동작 상태를 수집해 업그레이드 이전의 동작 상태와 비교해 유효성을 검사한다. 최종 상태가 성공하지 못했으면 이전 OS 버전을 사용하기 위한 롤백 프로세스를 시작할 수도 있다.

2.2.7 보고서 작성

데이터 수집을 자동화했으면 사용자 정의 동적 보고서를 작성할 수 있다. 반환된 데이터를 다른 설정 관리 작업의 입력으로 사용할 수 있고(이벤트 주도event-driven 또는 보다 기본적인 조건부 설정의 입력), 보고서로도 만들 수 있다.

장비로부터 획득한 실제 데이터를 템플릿과 결합하면 쉽게 보고서를 작성할 수 있다. 보고서용 템플릿을 만들고 사용하는 과정은 이번 장 앞부분에서 다뤘던 설정 템플릿을 만드는 과정과 동일하다. 템플릿은 9장에서 자세히 살펴본다.

텍스트 기반 템플릿은 매우 단순하므로 다음과 같은 형태의 보고서나 원하는 형식의 보고서를 만들 수 있다.

- 단순 텍스트 파일 보고서
- 깃허브나 다른 마크다운 뷰어에서 편하게 볼 수 있는 마크다운 보고서
- 쉽게 볼 수 있도록 웹 서버에 배포하는 HTML 보고서

요구 사항에 따라 생성하는 보고서의 형식은 달라지게 되며, **네트워크 자동화**를 도입하면 필요한 유형의 보고서를 그대로 만들 수 있다는 큰 이점이 따른다. 실제로 하나의 데이터 세트로 부터 기술 부서용 보고서와 관리용 보고서처럼 다양한 유형의 보고서를 생성한 다음, 이메일이나 인스턴스 메시징을 통해 보고서를 전송하는 최적의 사용자 인터페이스를 원하는 대로 구성할 수 있다.

다음으로는 자동화가 문제 해결에서 어떤 가치를 갖는지 알아본다.

2.2.8 문제 해결

잠을 자거나 다른 일에 집중해야 할 시간에도 계속해서 문제를 해결하고 싶은 사람은 아마도 없을 것이다. 데이터를 실시간으로 획득해 수동으로 파싱할 필요가 없어질 수 있다면 자동화된 문제 해결이 현실화될 수 있다.

문제를 **어떻게** 해결해왔는지 생각해보자. 개인적인 방법론이 있는가? 그 방법론을 모든 팀원이 일관되게 적용하는가? 모든 사람이 3계층에서 발생한 문제를 해결하기 전에 2계층은 괜찮은지를 확인하는가? 주어진 문제를 해결하기 위해 어떤 단계를 취하는가?

예를 들어 OSPF에 관한 문제를 해결해야 한다고 가정하자.

- 두 장비 사이의 OSPF 인접성을 형성하려면 무엇이 필요한지 알고 있는가?
- 새벽 2시나 바닷가에서 휴가를 보내는 중에도 막힘없이 같은 대답을 할 수 있는가?
- 일부 장비는 동일한 서브넷에 있어야 하고 동일한 MTU를 가져야 하며 타이머가 일정해야 한다는 것을 기억했지만, 동일한 OSPF 네트워크 타입이어야 한다는 사실을 깜빡하지는 않았는가?
- 데이터를 획득하기 위해 CLI에서 실행해야 하는 명령어와 이에 관련된 모든 사항을 기억하는가?

이는 OSPF에 관한 문제가 생겼을 때 확인해봐야 하는 항목 중 **일부**다.

어떤 환경에서든 이러한 유효성은 반드시 검사해야 한다. 직접 수동으로 확인하는 방식, OSPF 이웃 유효성을 검사하는 도구를 사용하는 방식, 스크립트를 실행하는 방식을 떠올려보자. 어떤 방식을 더 선호하는가?

다시 한번 강조하지만, OSPF는 빙산의 일각에 불과하다. 여전히 사소한 부분이긴 하지만 다음 질문에 대해서도 생각해보자.

- 특정 로그 메시지를 보고 네트워크의 알려진 상태와 연관 지을 수 있는가?

- BGP 이웃 인접 정보는? 이웃은 어떻게 형성되는가?

- 라우팅 테이블에 들어 있어야 할 모든 경로가 포함돼 있는가?

- 포트 채널은 어떻게 되는가? 서로 일치하지 않는 부분이 있는가?

- 이웃과 포트 채널 설정이 일치하는가(vSwitch로 내려가는 설정)?

- 케이블은 어떠한가? 모든 케이블이 제대로 연결돼 있는가?

이러한 질문에도 불구하고, 자동화된 진단 및 문제 해결이 현실화됐을 때 얻을 수 있는 가능성은 이제 그 모습을 살짝 드러낸 것에 불과하다.

> NOTE_ 적용할 수 있는 모든 자동화 유형을 고려할 때, 자동화된 방식으로 데이터를 수집해 분석 및 처리 과정을 수행한 후 고급 분석을 통해 문제를 스스로 해결하는 폐쇄 회로 시스템closed-loop system을 상상해보자. 이 모든 과정이 일관되게 실행되면 시스템은 점차 완벽한 폐쇄 회로를 형성하면서 조직에서 네트워크 운영을 관리하는 방식을 완전히 탈바꿈하게 될 것이다.

팀에서 실력이 가장 뛰어난 네트워크 엔지니어라면 다른 개발자와 협력하거나 적어도 워크플로를 문서화해 자신이 가진 지식을 보다 쉽게 공유하고 코드로 만들기 쉽도록 준비하는 것이 좋다. 또한 자신만의 자동화를 진행해 매일 근무 시간이 아니더라도 다른 사람이 자동화된 분석 워크플로를 사용해 문제를 해결하도록 도와줄 수 있다면 더 좋다.

보다시피 네트워크 자동화는 설정을 좀 더 빠르게 배포하는 것보다 더 큰 의미를 지닌다. 몇 가지 자동화 유형을 살펴봤으므로, 이어서 자동화 도구 및 애플리케이션이 네트워크 장비와 통신하는 방식을 살펴본다.

2.3 SNMP에서 API로 발전한 관리 평면

네트워크의 일상적인 관리 및 운영 방식을 개선하려면 관리 중인 기반 장비와의 인터페이스 방식부터 개선해야 한다. 이때 인터페이스interface는 사용자와 자동화 도구가 데이터 수집이나 설정 관리 등 다양한 네트워크 자동화 작업을 수행하기 위해 장비와 통신을 주고받는 방식을 말한다.

이번 절에서는 네트워크 장비의 관리 평면에 연결할 때 사용할 수 있는 방법을 개략적으로 살펴본다. SNMP부터 NETCONF, REST API, RESTCONF, gNMI 등과 같은 최신 방법까지 다룬다. 그런 다음, 오픈 네트워킹 운동이 네트워크 운영과 자동화에 끼친 영향을 살펴본다.

2.3.1 애플리케이션 프로그래밍 인터페이스

네트워크 엔지니어는 API를 두려워하지 말고 오히려 적극적으로 포용해야 한다. API는 한 장비의 컴퓨터 소프트웨어가 다른 장비의 컴퓨터 소프트웨어와 통신하는 데 사용되는 메커니즘일 뿐이라고 생각하자. API는 오늘날 인터넷의 거의 모든 곳에서 사용되고 있으며, 드디어 네트워크 장비 제조사들도 관심을 보이기 시작했다. 요즘은 신규 네트워크 장비를 관리하는 주요 수단으로 API가 제공된다.

특정 네트워크 API는 10장에서 상세히 다루겠지만, 이번 절에서는 최근 네트워크 장비에서 이용할 수 있는 몇 가지 유형의 API를 개요 수준으로 살펴본다.

SNMP

SNMP는 25년 이상 네트워크 장비에 널리 배포돼 사용되는 방식으로, 이 책의 독자라면 그다지 생소하지 않을 것이다. SNMP는 장비의 가용 상태나 CPU, 메모리, 인터페이스 이용률 등의 정보를 폴링할 때 가장 흔히 사용하는 프로토콜이다.

SNMP를 사용하려면 관리 대상 장비에 SNMP 에이전트가 설치돼야 하며, 관리 장비를 모니터링하고 제어하는 서버 역할의 네트워크 관리 스테이션이 필요하다.

관리 대상 네트워크 장비는 SNMP 에이전트를 통해 수집하거나 설정할 수 있는 데이터 세트를 노출한다. SNMP를 통해 관리되는 데이터 세트는 MIB로 모델링돼 기술된다. MIB를 통해 해당 기능을 노출하는 경우에만 장비를 모니터링하고 관리할 수 있으며, SNMP를 통해 설정을 변경하는 경우도 마찬가지다. 종종 간과되는 사실이지만, SNMP는 모니터링용 `GetRequest`도 지원하지만 MIB를 통해 노출된 객체와 변수를 `SetRequest`로 수정할 수도 있다. 문제는 SNMP를 통한 설정 관리를 완전히 지원하지 않는 제조사가 많고, 지원하더라도 사용자 정의 MIB를 사용하는 경우가 많아서 네트워크 관리 플랫폼과의 통합 프로세스가 느려진다는 사실이다.

앞서 이야기한 것처럼 SNMP는 수십 년 동안 사용되고 있는 방식이지만, 네트워크 장비에 대한 실시간 프로그래밍 인터페이스 목적으로 만들어진 기술은 아니다. 이미 차세대 관리 및 자동화 도구에서는 SNMP가 점차 사용되지 않을 것이라고 주장하는 제조사도 있다. 하지만 SNMP는 거의 모든 네트워크 장비에 탑재돼 있으며, SNMP를 지원하는 파이썬 라이브러리도 이미 나와 있다. 매우 다양한 종류의 장비에서 운영상 기본 정보를 수집해야 한다면 여전히 SNMP를 사용하는 것이 합리적인 방안이 될 수 있다.

수십 년 동안 네트워크 모니터링 용도로 SNMP를 사용해온 것처럼, 설정을 관리하기 위해 때로는 상태 조회 목적으로 SSH/Telnet과 CLI를 사용해왔다. 이제 SSH/Telnet과 CLI를 살펴보자.

SSH/Telnet과 CLI

네트워크 장비를 관리해본 적이 있다면, 장비에서 어떤 작업을 수행하기 위해 CLI 명령을 사용해봤을 것이다. 아마도 콘솔창이나 Telnet/SSH 세션에서 명령어를 입력했을 것이다. 1장에서 언급했듯이, 실제로 지난 10년간 네트워크 운영에서 일어난 가장 큰 변화는 분명 Telnet에서 SSH로 이행된 것이긴 하지만, 이는 운영 방식의 변화라기보다는 네트워크 장비와의 통신을 암호화하는 보안 방식의 변화였다.

CLI로 장비를 관리하는 방식에서 알고 있어야 할 가장 중요한 사실은 CLI는 사람을 위해 만들어졌다는 점이다. CLI는 운영자의 사용 편의성을 향상시켜주기 위해 장비에 탑재된 것으로, 네트워크 스크립트 작성이나 자동화에 사용할 장비 간의 통신을 목적으로 고안된 도구가 아니다.

장비의 CLI에서 show 명령어를 실행하면 원시 텍스트raw text를 되돌려준다. 이 결과 메시지는 전혀 구조화돼 있지 않다. 응답을 **파싱**하는 가장 좋은 방법은 **파이프** 문자(¦)와 grep, include, begin 등의 키워드를 사용해 설정과 관련된 특정 행을 찾는 것이다. 예를 들어 show interface Eth1 ¦ include description 명령을 실행하면 인터페이스의 설명을 확인할 수 있다. 스크립트를 사용해 show interface 명령을 실행한 다음, 인터페이스에 얼마나 많은 CRC 오류가 있었는지를 알고 싶다면 정규 표현식 등을 사용하거나 직접 일일이 파싱해 원하는 값을 찾아내야 한다. 사용하기가 정말 까다로운 방식이다.

하지만 사용할 수 있는 방법이 CLI뿐이라면 어쩔 도리가 없다. 그렇기 때문에 지난 20년 동안 관리와 운영을 자동화하겠다던 수많은 네트워크 관리 플랫폼이 결국에는 SSH를 통해 CLI를 실행하는 스크립트와 이 결과를 수동으로 파싱하는 사용자 정의 스크립트를 사용하는 방식으로 구축됐다. SSH/CLI로는 자동화를 할 수 없다는 의미가 아니라, 이렇게 만들어진 자동화는 오류가 매우 많고 운영자를 지루하게 만든다는 의미다.

네트워크 장비 제조사도 이런 사실을 깨닫기 시작했다. 최근 출시되는 대부분의 신규 장비 플랫폼은 장비 간 통신을 단순하게 만들어주는 몇 가지 유형의 API 방식을 지원한다. 아직 완전하지 못한 부분이 많이 남아 있으므로, 자주 사용하는 장비의 API를 반드시 테스트해보자. 이러한 변화로 인해 자동화에 대한 접근 방식이 훨씬 단순해졌으며, 일반적인 소프트웨어 개발 원칙에도 부합하게 됐다.

지금까지 SSH와 SNMP 같은 일반적인 프로토콜을 소개했다. 이제 네트워크 자동화에서 점점 인기가 높아지고 있는 NETCONF API를 살펴보자.

NETCONF

SNMP와 마찬가지로 NETCONF는 IEFT에서 정의한 네트워크 관리 계층 프로토콜이다. 상위 수준에서 바라보자면, NETCONF는 SNMP와 비견된다. 두 프로토콜 모두 장비의 설정을 변경할 수 있고, 장비의 데이터를 조회할 수 있다. 물론 상세한 부분에서는 차이점이 존재한다. 지금은 상위 수준에서 몇 가지 사항만 살펴보고, NETCONF에 대한 자세한 사항은 10장에서 다룬다.

NETCONF는 연결 지향 프로토콜로, 보통 SSH를 전송 계층으로 사용한다. 데이터는 XML로 인코딩해 전달한다. NETCONF는 `edit-config`처럼 사전 준비된 작업을 원격 프로시저 호출(RPC)을 통해 장치로 전송한다. 또한 YANG으로 표현된 데이터 모델로 장비에서 지원되는 데이터 구조를 정의한다. XML이나 YANG에 익숙하지 않더라도 걱정하지 말자. 8장에서 두 기술을 자세히 다룬다.

NETCONF 장비는 플랫폼에서 지원하는 데이터 모델과 작업을 **캐퍼빌리티**^{capability}로 노출한다. 두 장비가 NETCONF 또는 다른 공통된 전송 방식을 지원한다고 해서 도구 체계나 개발자의 관점에서 두 장비가 호환된다는 뜻은 아니다. 두 장비가 모두 동일한 NETCONF와 캐퍼빌리티를 지원하더라도 장비 제조사에 따라 데이터가 모델링되는 방식 등이 다른 경우가 많다.

덧붙여 NETCONF는 변경 작업에 트랜잭션을 지원한다는 장점을 갖고 있다. 특정 NETCONF

세션이나 단일 XML 문서에서 둘 이상의 변경 작업을 수행하다가 그중 하나라도 실패하면 모든 변경 사항이 장비에 적용되지 않는다. 물론 작동 방식을 다르게 설정할 수도 있다. 그러나 CLI 명령을 순차적으로 전송하는 방식에서 오타나 잘못된 명령이 있을 경우 일부 설정만 적용되고 마는 것과는 대조적이다.

REST API

REST는 '**표현적 상태 전송**Representational State Transfer'이라는 용어를 줄여 만든 약어로, 네트워크 애플리케이션을 설계하고 개발할 때 사용되는 방식이다. REST 기반 아키텍처에 부합하도록 구현된 시스템을 '**RESTful**'하다고 말한다.

네트워크 분야에서 보통 네트워크 컨트롤러는 REST 아키텍처 스타일에 부합되도록 API를 노출한다. 네트워크 장비는 REST API와 일반 HTTP 기반 API를 노출한다. RESTCONF라 부르는 NETCONF의 변형 API도 이 방식에 속한다. HTTP 기반 API는 10장에서 다룬다.

네트워크 분야에서 **REST** 혹은 **REST API**라는 용어가 생소할 수 있지만, 이미 웹 브라우저로 인터넷을 사용하는 일상 속에서는 수많은 REST 시스템과 상호 작용하고 있다. 앞에서 REST는 네트워크 애플리케이션을 개발할 때 사용되는 스타일이라고 소개했다. 이 스타일은 상태를 저장하지 않는 클라이언트–서버 모델에 기반하므로, 클라이언트는 세션을 계속 추적해야 하며 서버는 클라이언트의 상태나 콘텍스트context를 저장하지 않는다. 무엇보다도 기반 전송 프로토콜이 가장 널리 사용되는 HTTP라는 것이 가장 큰 장점인데, 인터넷에서 볼 수 있는 대부분의 시스템과 매우 비슷하다.

REST API는 HTTP 기반 시스템처럼 동작한다는 뜻이다. 우선, URL을 통해 접근할 수 있는 웹 서버 시스템이 필요하다. 이 서버는 **SDN 컨트롤러**나 **네트워크 장비**가 된다. 그리고 해당 URL로 관련 HTTP 요청을 전송한다. 예를 들어 SDN 컨트롤러에서 장비 목록을 획득하려면 컨트롤러의 해당 URL로 HTTP GET 요청을 전송한다. URL은 *http://192.0.2.1/v1/devices*와 비슷한 형태가 된다. 요청에 대한 응답은 XML 또는 JSON처럼 구조화된 데이터 형태로 반환된다. 이 포맷은 8장에서 다룬다.

gNMI

NETCONF를 IETF에서 정의했다는 사실에서 알 수 있듯이 네트워크 인터페이스와 프로토콜은 전통적으로 표준화 기구의 주도하에 표준이 정의됐다. 그러나 2017년 구글이 이끄는 오픈컨피그 컨소시엄$^{OpenConfig\ consortium}$은 텔레메트리 스트림을 통해 설정 관리 및 상태 데이터 수집이 가능한 gRPC 기반 프로토콜인 gNMI를 오픈소스 프로젝트로 내놓았다. 오픈소스라는 커뮤니티 기반의 보다 단순해진 합의 과정 덕분에 gNMI는 개발이 더 빠르게 진행될 수 있는 장점을 갖고 있다.

2014년, 제조사에 중립적이면서도 동적인 방식으로 네트워크를 관리할 수 있는 프로그래밍 인터페이스와 도구를 개발하기 위해 오픈컨피그 컨소시엄이 만들어졌다. 이후 점점 더 많은 단체가 합류하면서 지금은 세계 최대 규모의 네트워크 관련 단체가 됐다. 초기에는 회원사들의 사용 사례와 요구 사항을 해결하기 위해 실제 운영상의 요구 사항을 기반으로 제조사에 중립적인 데이터 모델 세트를 만드는 일에 집중했다.

gNMI는 set과 get 같은 RPC 동작을 지원하고, NETCONF처럼 YANG 데이터 모델을 사용한다. 그러면 이 두 프로토콜/인터페이스는 어떤 점이 다를까? 두 프로토콜은 전송 방식이나 인코딩 방식 등에서 기술적으로 차이가 있다. gNMI는 전송에 gRPC를, 인코딩에 프로토콜 버퍼를 사용한다(gNMI는 10장에서 보다 자세히 다룬다). 하지만 자체 기능 로드맵의 개발 전략에서 가장 큰 차이점을 나타내는데, 예를 들어 gNMI는 오픈컨피그 컨소시엄의 최우선 과제였기 때문에 처음부터 구독 방식의 스트리밍 텔레메트리를 지원했다.

이어서 **오픈 네트워킹**이 전체 네트워크 장비 관리 방법에 미친 영향을 간략히 살펴본다.

2.3.2 오픈 네트워킹의 영향력

오픈소스, 오픈 네트워크, 오픈 API, 오픈플로^{OpenFlow}, 오픈 컴퓨트$^{Open\ Compute}$, 오픈 v스위치$^{Open\ vSwitch}$, 오픈데이라이트^{OpenDaylight}, 오픈컨피그 등 모든 영역에서 '**오픈**^{open}'이라는 말이 점점 더 많이 사용되고 있다. '오픈'이 대체 무엇을 의미하는지에 대해서는 논란의 여지가 있지만, 한 가지 확실한 것은 **오픈 네트워크** 운동이 등장하면서 네트워크 운영 및 자동화에서 다룰 수 있는 범위가 확장되고 있다는 점이다. 이러한 움직임은 네트워크 장비에서 급격한 변화를 촉발시켰고, 이 책을 쓰게 된 중요한 이유가 됐다.

첫째, 파이썬을 직접 실행할 수 있는 장비가 많아지고 있다. 네트워크 장비에 설치된 파이썬 인터프리터로 자신이 작성한 파이썬 스크립트를 실행할 수 있다는 의미다. 파이썬은 6장에서 매우 자세히 다루며, 그 의미를 그때 직접 확인할 수 있을 것이다.

둘째, 많은 장비가 SNMP와 SSH 이외의 보다 강력한 API를 지원한다. 예를 들어 최근 몇 년 동안 출시된 최신 장비 운영체제에서는 방금 살펴본 NETCONF, gNMI, REST HTTP 기반 API 중에서 1개 이상의 방식을 지원하는 경우가 많다. API는 10장에서 보다 자세히 다룬다.

끝으로, 네트워크 장비들이 과거 네트워크 운영자에게 감췄던 리눅스 내부를 좀 더 많이 공개하기 시작했다. 이제는 네트워크 장비에서 **배시**^bash 셸을 통해 `ifconfig` 명령어를 실행하거나 배시 스크립트를 작성할 수 있게 됐고, `apt`나 `yum` 같은 패키지 관리자를 사용해 모니터링 및 설정 관리 도구를 설치할 수 있게 됐다. 이 모든 내용은 3장에서 배운다. 리눅스를 사용하면 컨테이너 형태로 패키징한 애플리케이션을 실행할 수도 있는데, 이와 관련된 내용은 4장에서 다룬다. 이런 내용을 공부하다 보면 네트워크 장비에서 무엇을 할 수 있는지 더 깊이 이해하게 될 것이다.

오픈 네트워킹이 항상 상호 운용성을 의미하지는 않는다. 하지만 네트워크 장비와 컨트롤러가 향상된 네트워크 자동화에 더 적합하도록 프로그램에 의해 운영될 수 있는 형태로 개방되고 있다. 결과적으로, 운영자가 API를 사용해 네트워크를 제어할 수 있게 되면서 그동안 존재하던 운영상의 많은 비효율성을 줄일 수 있게 됐다.

2.4 SDN 시대의 네트워크 자동화

오픈데이라이트와 같은 컨트롤러 솔루션이나 시스코의 ACI 또는 VM웨어의 NSX 같은 상용 제품이 배포되더라도 네트워크 자동화가 왜 여전히 중요한지를 살펴보자. 제어 평면 역할이나 정책 및 설정 관리처럼 컨트롤러가 네트워크에서 수행하는 작업은 이번 절의 내용과 관련이 없다.

사실 컨트롤러는 차세대 아키텍처에서 일반화되고 있다. 시스코, 주니퍼, VM웨어, 아리스타 네트워크, 엔비디아를 비롯한 많은 업체가 차세대 솔루션용 컨트롤러 플랫폼을 제공하고 있다. 오픈데이라이트, ONOS, 테라플로 같은 오픈소스 컨트롤러도 두말할 나위가 없다.

시중에 나와 있는 거의 모든 컨트롤러가 노스바운드 REST API를 노출하고 있으므로 컨트롤러를 매우 쉽게 자동화할 수 있다. 컨트롤러 자체는 본래 단일 창을 통해 관리와 시각화를 단순화하는 것이 목적이지만, 결국 컨트롤러의 그래픽 사용자 인터페이스를 통해 수동으로 변경하다

보면 여전히 오류가 발생하기 쉽다. 같은 업체 또는 다른 업체에서 배포한 여러 가지 파드^{pod}나 컨트롤러를 사용하다 보면 수동 변경, 문제 해결, 데이터 수집 등의 문제는 여전히 발생한다.

이번 장을 마무리하면서 SDN 아키텍처와 컨트롤러 기반 네트워크 솔루션의 새 시대에도 자동화, 더 나은 운영, 더 예측 가능한 결과의 필요성은 결코 사라지지 않는다는 점에 주목하자.

요약

이번 장에서는 네트워크 자동화를 통해 얻을 수 있는 가치와 다양한 유형에 대해 살펴봤다. SNMP, CLI/SSH와 더 중요한 NETCONF, REST API, gNMI 등 일반적으로 사용하는 장비 API도 소개했다(API는 10장에서 상세히 다룬다). 8장에서 자세히 다룰 데이터 모델링 언어인 YANG도 짧게나마 소개했다.

오픈 네트워크 운동이 네트워크 운영 및 자동화에 미친 영향도 간략히 살펴봤다. 끝으로, SDN 컨트롤러를 배포하더라도 네트워크 자동화가 갖는 가치는 여전히 유효하다는 점을 이해했다.

이어지는 장에서는 각 기술을 하나씩 자세히 살펴보면서, 가능하면 실제 적용할 수 있는 사례를 함께 소개한다. 하지만 포괄적인 자동화 프레임워크와 파이프라인을 도입할 때 사람, 프로세스, 문화가 왜 중요한지도 다시 한번 살펴본다.

CHAPTER 3

리눅스

네트워크 분야에서 리눅스를 사용하는 경우가 점점 늘고 있다. 이번 장의 목표는 리눅스의 기초 지식을 습득해 리눅스 사용에 익숙해지는 것이다. 대관절 네트워크 자동화에 대한 책에서 리눅스를 왜 다루는지 그 이유가 궁금한 독자도 있을 것이다. 대체 유닉스와 닮은 운영체제인 리눅스는 네트워크 자동화 및 프로그래밍 가능성과 어떤 연관 관계가 있을까?

3.1 네트워크 자동화 관점에서 바라본 리눅스

네트워크 자동화 측면에서 리눅스를 살펴보는 것이 중요하다고 말하는 이유는 무엇일까? 그런 생각을 갖게 된 데는 몇 가지 이유가 있다.

첫째, 최근 공개된 몇몇 네트워크 운영체제NOS, Network Operating System는 리눅스를 기반으로 개발됐다. 맞춤형 명령행 인터페이스를 사용하는 경우에는 사용법이 리눅스와 전혀 다르기 때문에 리눅스라는 느낌이 들지 않을 수 있다. 하지만 리눅스 내부 구조를 그대로 노출하거나 **배시** 리눅스 셸을 사용할 수 있는 운영체제도 나와 있다.

둘째, 일부 신생 기업과 단체에서 네트워크 장비에서 사용할 수 있는 완전한 리눅스 배포판을 출시하고 있다. 예를 들어 오픈 컴퓨터 프로젝트OCP, Open Computer Project는 오픈 네트워크 리눅스ONL, Open Network Linux에 기반한 NOS를 개발했다. 아리스타에 인수된 빅 스위치Big Switch도 ONL 기반의 스위치 라이트를 구현했으며, DENT 프로젝트 역시 ONL 기반의 dentOS를 만들었다.

엔비디아에 인수된 큐뮬러스 네트웍스^{Cumulus Networks}도 데비안 리눅스를 기반으로 자사 하드웨어 플랫폼용 NOS인 큐뮬러스 리눅스를 만들었다. SONiC^{Software for Open Networking in the Cloud}은 마이크로소프트, 인텔, 엔비디아, 브로드컴, 델 및 그 외 단체가 지원하는 또 다른 리눅스 배포판 중 하나다. 그러므로 네트워크 엔지니어도 장비를 설정하려면 리눅스를 사용할 줄 알아야 할 필요성이 점점 높아지고 있다.

셋째, 이 책에서 사용하는 많은 도구는 원래 리눅스에서 시작됐거나 리눅스에서 실행해야 한다. 12장에서 소개할 앤서블을 실행하려면 파이썬이 필요하다(파이썬은 6장에서 다룬다). 앤서블을 이용해 네트워크 장비를 자동화할 경우, 12장에서 살펴볼 몇 가지 이유 때문에 보통 앤서블을 장비에서 실행하지 않고 장비와 네트워크로 연결된 리눅스에서 실행한다. 또한 리눅스에서 파이썬을 이용해 네트워크 장비의 데이터를 수집하고 처리하는 사례도 많아졌다.

끝으로, 비교적 최근 개발된 eBPF나 XDP 덕분에 네트워크 세계에서 리눅스의 영향력이 커지고 있다. 이와 관련된 내용은 이번 장 끝부분에 있는 3.7절 'eBPF와 XDP를 통한 리눅스 커널의 진화'에서 따로 이야기해야 할 정도로 중요한 주제다. 이 두 기술이 무엇이고 왜 중요하며 어떤 방식으로 사용할 수 있는지를 살펴본다. 지금은 eBPF가 네트워킹, 보안, 관찰 가능성^{observability}에 국한되지 않고 리눅스의 여러 측면을 변화시키고 있다는 정도로만 알아두자.

이번 장에서 살펴볼 내용은 다음과 같다.

- 리눅스의 역사 및 관련 배경지식
- 리눅스 배포판의 개념
- 리눅스에서 가장 널리 사용되는 배시 셸
- 기본 리눅스 네트워크 기능
- 고급 리눅스 네트워크 기능
- 자동화를 위한 배시 스크립트

이번 장에서는 리눅스나 배시 셸 등의 사용법을 모두 다루지 않고 네트워크 자동화 및 프로그래밍 가능한 네트워크라는 관점에서 리눅스를 시작하고 실행하기 위한 내용만 다룬다. 리눅스의 기원과 역사를 간략히 살펴보는 것으로부터 이야기를 시작해보자.

3.2 간략히 살펴보는 리눅스의 역사

리눅스의 역사를 둘러싼 몇 가지 이야기 타래가 있다.

첫 번째 이야기는 1980년대 초반으로 거슬러 올라간다. 리처드 스톨만^{Richard Stallman}은 자유롭게 사용할 수 있는 유닉스 유사 운영체제를 만들고자 GNU 프로젝트를 시작했다. 'GNU는 유닉스가 아니다^{GNU is Not Unix}'라는 재귀 문장의 앞 글자를 따온 GNU는 그가 만들고자 했던 자유로운 유닉스 유사 운영체제를 일컫기 위해 새로 만든 용어였다. 스톨만의 GNU GPL은 GNU 프로젝트를 진행하는 가운데 탄생했다. GNU 프로젝트가 여러 유닉스 유틸리티와 응용프로그램의 자유 버전[1]을 만들긴 했지만, GNU 프로젝트 중 새로운 운영체제 커널을 개발하고자 했던 GNU 허드^{hurd} 프로젝트는 끝내 추진 동력을 얻지 못했다.

두 번째 이야기는 1991년 미닉스 복제 버전을 만들려던 리누스 토발즈^{Linus Torvalds}의 시도에서 출발한다. 이것이 리눅스의 시작이었다. 무료로 사용할 수 있는 운영체제 커널이 거의 없었기 때문에 토발즈의 첫 커널 작업 결과물은 빠른 속도로 많은 지지를 얻게 됐고, 1992년 GNU GPL을 따르는 0.99 버전이 출시됐다. 이후 토발즈가 작성한 '리눅스' 커널은 GNU 프로젝트에서 만드는 소프트웨어 컬렉션의 기본 운영체제 커널로 자리매김하게 된다.

리눅스는 원래 운영체제 커널을 일컫는 이름이었다. 온전한 운영체제가 되려면 커널과 더불어 GNU 프로젝트의 소프트웨어 컬렉션도 필요했는데, 몇몇 사용자가 이렇게 하나로 묶은 운영체제를 'GNU/리눅스'로 부르자고 제안했다. 데비안과 같은 일부 단체에서는 이 명칭을 지금도 그대로 사용한다. 어쨌든 대다수의 사람이 온전한 형태로 갖춰진 운영체제를 리눅스라 부르기 시작했고, 이 책에서 리눅스라고 언급할 때는 온전한 형태의 운영체제를 의미한다.

3.3 리눅스 배포판

리눅스 운영체제는 리눅스 커널과 함께 주로 GNU 프로젝트의 일환으로 개발된 오픈소스 도구들의 방대한 컬렉션으로 이뤄진다. 커널에 오픈소스 소프트웨어 컬렉션을 함께 묶기 시작한 것이 리눅스 **배포판**의 출발점이었다.

---

1 옮긴이_ 'Free'라는 영단어에는 '자유'와 '무료'라는 뜻이 함께 들어 있다. GNU 사이트에 따르면, Free Software는 무료라는 의미가 아니라 사용자가 자유롭게 소프트웨어를 사용함을 의미한다고 정의돼 있다.

리눅스 배포판은 리눅스 커널에 오픈소스 유틸리티, 애플리케이션, 함께 제공되거나 배포되는 소프트웨어 패키지들을 조합한 묶음이다. 이렇게 묶어서 배포한다고 해서 '**배포판**Distribution, Distro' 이라는 이름을 얻게 됐다. 리눅스의 역사를 되돌아보면, 여러 리눅스 배포판이 인기를 얻었다가 사라지곤 했다. 요즘 슬랙웨어[2]를 기억하는 사람이 몇이나 될까? 이 책을 쓰는 시점에서 리눅스 배포판은 크게 두 계열로 나눌 수 있다. 하나는 레드햇, CentOS 계열이고, 다른 하나는 데비안 및 데비안 파생 계열이다.

3.3.1 레드햇 엔터프라이즈 리눅스, 페도라, CentOS, 아마존 리눅스

레드햇RedHat은 상업적으로 성공을 거둔 초기 리눅스 배포 기업으로 리눅스 시장에서 큰 영향력을 지니고 있다. 그러다 보니 리눅스 배포판의 중요한 한 축이 레드햇 계열이라는 사실은 어쩌면 당연한 결과다.

레드햇은 **레드햇 엔터프라이즈 리눅스**RHEL, RedHat Enterprise Linux 상용 배포판과 이에 대한 기술 지원 서비스를 제공한다. 오늘날 많은 기업과 단체가 RHEL을 사용하는데, 기본적으로 레드햇 배포판의 안정성과 신뢰성 때문이지만 레드햇으로부터 충분한 기술 지원을 받을 수 있고 다른 소프트웨어 공급업체들도 폭넓게 RHEL을 지원하기 때문이기도 하다.

RHEL 제품의 안정성과 신뢰성을 유지하기 위해 체계적인 절차에 따라 주의를 기울여 변경 사항을 적용하다 보니 빠른 속도로 변화하는 리눅스 개발 속도를 따라잡기가 어려웠다. 이로 인해 리눅스 오픈소스 커뮤니티와 많은 논쟁이 촉발됐는데, 결국 안정성과 최신 기능으로 양분된 상황을 해소하고자 레드햇은 **페도라**Fedora 업스트림 배포판을 제공하게 된다. 따라서 RHEL과 RHEL 기반 배포판의 개발 항목은 페도라 배포판에 먼저 적용된다. 이 변경 사항이 다른 배포판으로 흘러내리기 때문에 페도라를 **업스트림 배포판**upstream distribution이라 부른다. 오픈소스 커뮤니티와의 광범위한 협력 속에서 탄생한 페도라에는 새로운 커널 버전, 새로운 커널 기능, 새로운 패키지 관리 도구, 새로운 개발 기능이 먼저 적용된다. 이렇게 추가된 새로운 기능들은 페도라에서 테스트 및 검증 과정을 거친 후 나중에 기업용 RHEL 배포판에 적용된다. 이런 과정을 거치므로 '최신의, 최고의 기능'이 필요한 개발자나 개인 사용자는 페도라를 사용하지만, 실제 서비스 운영 환경에서 페도라를 사용하는 경우는 찾아보기 어렵다.

---

2 옮긴이_ 유닉스와 유사한 리눅스 배포판을 지향한 배포판으로, 최신 버전은 22년 2월에 발표한 15.0에 멈춰 있다. 우리나라에서도 자체 리눅스 배포판을 만들기 위한 노력의 결과로 알짜 리눅스, 와우 리눅스 등이 존재했었다.

RHEL과 그 변형은 상업적 계약을 통해 레드햇에서만 사용할 수 있다. 그러나 리눅스는 오픈 소스 라이선스인 GNU GPL로 개발되기 때문에 레드햇 배포판의 소스 역시 공개돼야 한다. 레 드햇에 사용료를 내지 않고서도 RHEL의 안정성과 신뢰성을 누리고 싶었던 개개인들이 모여 RHEL의 소스를 기반으로 **CentOS**[3]를 만들었다. CentOS는 **커뮤니티 엔터프라이즈 운영체제** Community Enterprise OS라는 뜻이다. CentOS는 RHEL의 복제 버전이었지만 동일한 소스 코드에 대 해 비용을 지불하지 않고 사용할 수 있다. 단, 많은 오픈소스 소프트웨어 패키지와 마찬가지로 기술 지원은 제공되지 않는다.

2020년 하반기에 CentOS는 RHEL 클론 버전 개발이라는 프로젝트 개발 목적을 '미드스트림 midstream' 배포판 개발로 변경했다. 즉, 페도라와 RHEL의 중간에 존재하는 배포판이 된 것이다. 이 결정으로 인해 RHEL과 호환되는 CentOS 대체 배포판을 주창하는 알마 리눅스AlmaLinux나 록키리눅스RockyLinux가 등장했다. 대부분의 조직에서는 오픈소스 커뮤니티가 제공하는 지원만 으로도 리눅스를 원하는 곳에서 문제없이 사용할 수 있으므로, RHEL 호환 배포판은 기업 환 경을 비롯한 다양한 환경에서 사용되고 있다.

2011년 9월 AWS는 자체 리눅스 배포판인 **아마존 리눅스**Amazon Linux를 공개했다. 이 배포판은 AWS 환경에 최적화돼 있고, 대부분의 기능이 RHEL과 호환된다. 아마존 리눅스는 2018년 아 마존 리눅스 2로 교체됐으며, 아마존 리눅스 2의 후속 버전으로 아마존 리눅스 2023이 발표됐 다(아마존은 메이저 버전을 2년마다 발표한다). 아마존 리눅스 2023은 주로 페도라를 기반으 로 하고 있지만, CentOS 스트림(RHEL Preview 버전) 및 RHEL 소스의 구성 요소와 잘 통 합돼 있다 .

지금까지 살펴본 레드햇 계열 리눅스 배포판, 즉 RHEL, 페도라, CentOS, RHEL 호환 및 아 마존 리눅스는 모두 동일한 **패키지 형식**을 사용한다. 리눅스 커널을 배포판으로 배포하려다 보 니 리눅스용 소프트웨어를 어떤 식으로 패키징해 배포해야 할 것인가라는 문제에 맞닥뜨리게 됐다. 워낙 다양한 리눅스용 무료 소프트웨어를 배포판에 모두 담는 것은 비효율적일 뿐만 아 니라 사용자들도 모든 소프트웨어가 설치되는 것을 원하지 않았다.

하지만 모든 소프트웨어를 설치하지 않는다면 리눅스 커뮤니티는 의존성 문제를 어떻게 해결 할 수 있을까? 여기서 **의존성**dependency이란 특정 소프트웨어를 실행하는 데 필요한 다른 소프트

---

3 옮긴이_ 레드햇은 2024년 6월 30일 CentOS 7에 대한 서비스 지원을 종료함과 동시에 더 이상 기존 방식으로 CentOS를 제공하지 않기로 했다. 따라서 새로 구축하는 시스템이라면 RHEL 또는 다른 호환 리눅스 배포판을 선택해야 한다.

웨어를 말한다. 예를 들어 어떤 소프트웨어가 파이썬으로 작성됐다면 당연히 파이썬이 설치돼 있어야 실행할 수 있다. 하지만 파이썬을 설치하는 과정에서 또 다른 소프트웨어가 설치돼야 할 수도 있다.

초기 배포자로서 레드햇은 이 문제를 **패키지 포맷**^{package format}을 도입해 해결하려 했다. 소프트웨어를 실행할 때 필요한 의존성 부가 정보를 단일 패키지 포맷에 별도로 포함했는데, 이때 사용한 패키지 포맷이 바로 RPM이다. 이 패키지 포맷을 다루던 프로그램 이름이 레드햇 패키지 관리자^{RedHat Package Manager}였고, 실행 파일명은 **rpm**이었다. 바로 여기서 **rpm**이라는 패키지명이 나온 것으로 보인다. 지금까지 살펴봤던 RHEL, CentOS, 페도라, 아마존 리눅스 등은 RPM을 기본 패키지 포맷으로 사용한다. 이 패키지 포맷을 사용하는 도구도 시간이 지나면서 계속 발전해왔다.

> **NOTE_** 원래 RPM 패키지 파일을 처리하던 패키지 관리 프로그램은 RPM이었다. RPM을 사용하던 대부분의 리눅스 배포판들은 기존 rpm 유틸리티를 RPM 패키지의 의존성을 보다 잘 이해하고 충돌 없이 편리하게 소프트웨어를 설치하거나 삭제하는 새로운 패키지 관리 프로그램으로 교체했다. 예를 들어 RHEL, CentOS, 페도라는 **yum**^{Yellodog Updater, Modified}으로 한 번 교체했다가 다시 **dnf**^{Dandified YUM}로 교체했다.

오라클 리눅스, 사이언티픽 리눅스^{Scientific Linux}, 수세 리눅스의 다양한 변형 배포판들도 RPM 패키지 포맷을 사용한다.

> **CAUTION_** 리눅스 배포판들이 모두 같은 패키지 포맷인 RPM을 사용하므로 여러 배포판에서 RPM 패키지를 호환해 사용할 수 있다고 생각할지도 모르겠다. 이론적으로는 가능하다. 하지만 배포판마다 패키지명이나 패키지 버전이 조금씩 달라서 완벽하게 의존성이나 충돌을 해소할 수 없으므로, 실제로는 거의 대부분 제대로 동작하지 않는다.

3.3.2 데비안, 우분투 및 기타 변형판

데비안 GNU/리눅스는 데비안 프로젝트에서 만들고 관리하는 배포판이다. 데비안^{Debian} 프로젝트는 공식적으로 1993년 이안 멀독^{Jan Murdock}에 의해 시작됐다. 데비안 프로젝트는 1994년 11월부터 1995년 11월까지 자유 소프트웨어 재단의 GNU 프로젝트 모금 행사에서 후원을 받아 탄생했다. 현재까지도 데비안은 상업적인 단체의 후원을 받지 않는 유일한 주요 배포판으로 남아 있다.

데비안 GNU/리눅스 배포판의 코드명은 1.1 버전 이후부터 영화 〈토이스토리〉의 캐릭터 이름 중 하나를 사용한다. 1996년 6월 배포된 데비안 GNU 1.1의 코드명은 **버즈**^{Buzz}였다. 데비안 GNU/리눅스의 가장 최신 안정판은 2023년 6월에 배포된 12.0으로, 코드명은 **책벌레**^{bookworm}다.

데비안 GNU/Linux는 세 가지 버전, 즉 안정 버전, 테스트 버전, 불안정 버전으로 배포된다. 테스트 버전과 불안정 버전은 여러 테스트 과정을 거쳐 최종적으로 안정 버전의 다음 배포 버전으로 병합돼 배포된다. 이런 방식으로 데비안은 고품질을 유지할 수 있게 됐고, 데비안 GNU/리눅스를 기반으로 하는 다양한 배포판도 파생돼 나왔다.

데비안에서 파생된 배포판 중 가장 널리 알려진 배포판이 바로 **우분투 리눅스**^{Ubuntu Linux}다. 우분투는 2004년 마크 셔틀워스^{Mark Shuttleworth}가 설립한 캐노니컬^{Canonical}사로부터 상당 부분 자금을 지원받아 시작됐으며, 2004년 10월 4.10 배포판을 처음 공개했다. 4는 배포된 년도를 의미하고, 10은 배포된 월을 의미한다. 코드명은 워티 워트호그^{Warty Warthog, 사마귀투성이의 흑멧돼지}였다. 우분투의 코드명은 형용사와 동물 이름을 조합해 붙이는데, 동물 이름과 형용사의 첫 글자는 같은 영문자로 시작한다. 지금까지 호리 헷지호그^{Hoary Hedgehog, 백발의 고슴도치}, 브리지 배저^{Breezy Badger, 경쾌한 오소리} 같은 코드명이 사용됐다. 우분투가 처음 시작됐을 당시에는 쓸 만한 데스크톱용 리눅스 배포판을 만드는 것이 목표였으나, 지금은 데스크톱 버전, 서버 버전, 모바일 중점 버전을 모두 제공한다.

우분투는 정해진 시간 간격으로 새로운 버전을 배포하는데, 새 버전은 6개월마다 출시하고 장기 지원^{LTS, Long-Term Support} 버전은 2년마다 출시한다. 장기 지원 버전은 배포 이후 5년 동안 캐노니컬과 우분투 커뮤니티에서 지원한다. 우분투의 모든 배포는 데비안의 불안정 버전에서 가져온 패키지를 사용한다. 그래서 우분투를 데비안 파생 배포판이라 부른다.

패키지에 대해 다시 살펴보자. RPM을 사용하는 리눅스 배포판처럼, 데비안과 데비안 계열 배포판은 데비안 패키지 포맷을 사용한다(이 패키지 포맷은 .deb 확장자를 사용한다). 데비안 파생 버전이라는 말도 이 패키지 포맷을 사용한다는 의미로 이해한다면 좀 더 명확하겠다. 데비안 프로젝트의 창립자들 또한 레드햇이 RPM 패키지 포맷을 만든 것처럼 의존성 문제를 해결하기 위해 DEB 패키지 포맷을 만들고 **dpkg** 도구를 개발했다. RPM 기반 배포판과 마찬가지로 데비안 계열 배포판들도 처음에는 dpkg 도구를 사용했지만, 점차 dselect를 사용하다가 지금은 대부분 apt로 교체됐다. 데비안 계열 중 일부 배포판에서는 apt-get과 aptitude를 사용하는 경우도 있다.

> **CAUTION_** RPM 패키지와 마찬가지로 데비안 패키지 포맷을 사용한다고 해서 데비안 파생 배포판끼리 데비안 패키지에 대한 이식성을 갖는 것은 아니다. 패키지명, 패키지 버전, 파일 경로와 기타 세부 항목이 조금씩 다르기 때문에 불가능하지는 않지만 배포판별로 패키지 파일을 이식해 사용하기는 어렵다.

apt 기반 도구의 핵심 기능은 1개 이상의 **원격 저장소**^{remote repository}로부터 패키지 정보를 가져오는 것이다. 원격 저장소는 데비안 패키지들이 들어 있는 온라인 창고 같은 곳이다. apt 도구는 의존성을 판단한 후 패키지 간의 충돌을 해소하고, 패키지를 설치하거나 삭제한다.

3.3.3 기타 리눅스 배포판

시중에 여러 배포판이 나와 있지만 레드햇, 페도라, CentOS, 아마존 리눅스 계열과 데비안 및 우분투 계열 등 크게 두 종류로 나뉘어진다. 대부분의 조직에서는 이들 중 하나를 사용하는데, 이 책에서는 두 계열을 중심으로 리눅스 사용법을 살펴본다(다만 데비안, 아마존 리눅스, 알마 리눅스, 우분투를 좀 더 많이 사용한다). 예를 들어 수세 엔터프라이즈 리눅스처럼 두 계열에 속하지 않는 배포판을 사용하는 경우라면 이 책에서 설명하는 내용과 사용하는 배포판 사이에 미세한 차이가 있을 수 있다. 이런 경우에는 사용 중인 배포판의 문서를 참고하자.

지금까지 리눅스의 역사와 리눅스 배포판을 개략적으로 살펴봤다. 이제 리눅스에서 셸을 사용하는 방법을 본격적으로 알아본다.

3.4 리눅스 사용하기

리눅스는 서버 운영체제로 인기가 많으므로 네트워크상에서 다양한 방식으로 사용된다. 예를 들어 리눅스 기반 동적 호스트 설정 프로토콜(DHCP) 서버에서 IP 주소를 얻어올 수도 있고,

아파치 웹 서버나 엔진X^{nginX}가 실행되는 리눅스 기반 웹 서버에 접근하거나 리눅스에서 실행 중인 DNS 서버로부터 도메인에 대한 IP 주소를 얻어올 수 있다. 물론 여기에 소개한 사례는 극히 일부이며, 훨씬 다양한 응용 사례가 있다. 리눅스 사용법을 익히기 위해 셸을 사용해 리눅스와 상호 작용하는 방법을 중점적으로 살펴보자.

셸^{shell}은 리눅스 시스템을 사용할 때 대부분의 사용자가 사용하게 되는 명령행 인터페이스 도구다. 리눅스는 몇 가지 종류의 셸을 제공하는데, 그중 가장 널리 사용되는 것이 배시 셸이다. 정식 명칭은 본 어게인 셸$^{Bourne\ Again\ Shell}$로, 초기 유닉스에서 제공하던 셸 중 하나였던 본^{Bourne} 셸의 이름에서 따온 것이다. 보통 다른 셸을 사용하도록 별도로 설정하지 않았다면 리눅스에서는 배시 셸을 사용한다.

이번 절에서는 리눅스 시스템 콘솔을 사용하기 위한 기본 내용을 자세히 설명한다. 셸은 배시 셸을 사용한다고 가정한다. 혹시 다른 셸을 사용한다면 앞으로 설명할 명령어와 동작이 조금씩 다를 수도 있다.

> **NOTE_** 배시 셸에 대한 내용만으로도 한 권의 책을 펴낼 수 있다. 사실 이미 좋은 책들이 나와 있기도 하다. 이 책에서 설명하는 것보다 더 자세히 배시 셸에 대해 알고 싶다면 캐머런 뉴햄$^{Cameron\ Newham}$과 빌 로젠블랫$^{Bill\ Rosenblatt}$의 공저인 『배시 셸 시작하기』(한빛미디어, 2001)를 적극 추천한다.

리눅스를 다음 네 영역으로 나눠 사용법을 익혀보자.

- 파일 시스템 탐색
- 파일 및 디렉터리 다루기
- 프로그램 실행하기
- 데몬^{daemon}이라 부르는 백그라운드 서비스 다루기

> **NOTE_** 이 절은 리눅스를 처음 접하는 독자를 위한 부분이다. 많은 네트워크 엔지니어나 IT 전문가가 마이크로소프트사의 윈도 환경에 익숙할 것이다. 이미 리눅스에도 익숙하다면 이 부분을 넘어가도 된다.

파일 시스템 탐색부터 시작해보자.

3.4.1 파일 시스템 탐색

리눅스는 **단일 루트** 파일 시스템을 사용한다. 리눅스 시스템의 모든 드라이브, 디렉터리, 파일은 /로 시작하는 단일 네임스페이스에 속하며 '/'를 루트root라 부른다. 이와 달리 마이크로소프트 윈도에서는 각 드라이브마다 루트가 있으며 드라이브 문자에 역슬래시를 붙인 C:\, D:\와 같은 경로를 루트라 부른다. 윈도에서도 폴더에 드라이브를 마운트할 수 있지만, 일반적인 사용 방식은 아니다.

> **NOTE_** 리눅스는 유닉스와 마찬가지로 모든 것을 파일처럼 취급한다. 저장 장치(블록 장치로 취급함), 입출력 포트(직렬 포트 같은 포트), 입출력 장치를 모두 파일처럼 다룰 수 있다. 그렇기에 저장 장치뿐만 아니라 모든 장치를 포함하고 있는 단일 루트 시스템의 중요성은 더욱 커진다.

다른 운영체제와 마찬가지로 리눅스 파일 시스템에서도 **디렉터리**를 사용해 파일을 그룹으로 묶는다(일부 운영체제에서는 디렉터리를 **폴더**라고 부르기도 한다). 모든 파일은 특정 디렉터리에 존재하며, 그 위치에 대한 고유의 **경로**를 가진다. 파일 경로는 루트 디렉터리에서 시작해 그 파일이 있는 디렉터리까지 거치게 되는 모든 디렉터리를 표시한다. 이때 디렉터리는 슬래시(/)로 구별한다. 예를 들어 `ping` 명령어는 보통 루트 디렉터리 아래의 usr 디렉터리 아래의 bin 디렉터리에 들어 있다. 이 경우 `ping`의 경로는 /usr/bin/ping이 된다.

즉, 차례대로 루트 디렉터리(/)에서 usr/ 디렉터리로 이동하고, 다시 bin 디렉터리(bin/)까지 이동하면 ping 파일을 찾을 수 있다. 마찬가지로 데비안 리눅스 11에서 `ip` 유틸리티는 /usr/bin/ip에서 찾을 수 있다. 즉, 경로가 /usr/bin/ip이다. `ip` 명령어는 예전에 사용하던 `arp`, `ifconfig`, `iwconfig`, `route` 등을 대체하는 새로운 유틸리티다.

배시 셸에서 파일 시스템의 이곳저곳을 이동할 수 있어야 하므로 경로 개념이 중요해진다. 배시 셸이 사용자의 명령어 입력을 기다릴 때 표시하는 문자열을 프롬프트prompt라 하는데, 여기에 파일 시스템의 현재 위치가 표시된다. 다음은 아마존 엘라스틱 컴퓨터 클라우드EC2, Elastic Compute Cloud 인스턴스에서 실행한 데비안 11의 기본 프롬프트다. 클라우드 컴퓨팅 서비스는 4장에서 자세히 다룬다.

```
admin@ip-172-31-26-181:~$
```

보이는가? 리눅스에 익숙하지 않다면, 예제 프롬프트에서 admin@ip-172-31-26-181 뒤에 있는 물결 문자(~)가 눈에 잘 띄지 않을 수도 있다. 배시 셸에서 물결 문자는 사용자의 홈 디렉터리를 가리키는 축약 표현이다. 사용자마다 홈 디렉터리를 가지며, 홈 디렉터리는 파일, 프로그램, 사용자의 다양한 콘텐츠가 저장되는 개인 공간이다. 배시 셸에서 홈 디렉터리를 참조하고 싶다면 간단히 물결 문자를 사용한다. 다시 예제 프롬프트로 돌아와 프롬프트에서 어떤 정보를 얻을 수 있는지 살펴보자.

1. 프롬프트의 첫 번째 부분, 즉 @ 기호의 앞부분은 현재 사용자의 계정이다. 이 예제에서는 admin이다.

2. 프롬프트의 두 번째 부분, 즉 @ 기호 바로 다음 부분은 현재 사용하는 시스템의 호스트명이다. 이 예제에서 ip-172-31-26-181은 AWS가 자동으로 지정한 호스트명이다.

3. 그다음에는 콜론이 나오고, 현재 디렉터리가 표시된다. 이 예제에서는 물결 문자(~)로 표시돼 있는데, 현재 사용자인 admin이 자신의 홈 디렉터리에 있다는 뜻이다.

4. 마지막 '$' 문자에도 의미가 있다. 이 예제에서는 현재 사용자인 admin은 루트 권한이 없다는 점을 알려주고 있다. 사용자가 루트 권한을 획득하면 $ 문자는 # 문자로 바뀐다.[4] 이는 라우터나 스위치에서 사용자의 권한 수준에 따라 프롬프트가 바뀌는 것과 비슷하다.

아마존 리눅스 2의 기본 프롬프트는 다음과 비슷한 형태다.

```
[ec2-user@ip-172-31-5-69 ~]$
```

앞서 본 프롬프트와 비슷한 모양새다. 이전 예제의 프롬프트와 겉모습이 조금 다르지만, 동일한 정보를 제공한다. 프롬프트를 통해 현재 사용자(ec2-user), 사용 중인 시스템의 호스트명(ip-172-31-5-69), 현재 디렉터리, 로그인한 사용자의 권한($)을 알 수 있다.

> NOTE_ 이번 장에서는 방금 본 것과 비슷하지만 조금씩 다른 여러 종류의 리눅스 프롬프트를 만나게 될 것이다. 앞에서도 언급했지만 이번 장에서는 4개의 리눅스 배포판, 즉 데비안 11, 아마존 리눅스 2, 알마 리눅스 9, 우분투 20.04를 사용한다. 앞부분에서는 AWS에서 리눅스를 실행하므로 지금까지 살펴본 프롬프트와 비슷한 모양이 표시된다. 뒷부분에서는 하이퍼바이저상의 가상 머신으로 실행한다. 어떤 방식으로 실행하든 사용자 정의 기능을 통해 프롬프트에 사용자 이름과 배포판 이름을 표시하도록 변경했다. 리눅스에서 프롬프트는 위치와 방법에 따라 다르게 표시될 수 있다는 점만 유의하자.

---

4 옮긴이_ '#'은 다양한 호칭을 갖고 있다. 옥토소프(octothorpe), 파운드(pound), 해시(hash) 기호, 샵(sharp), 우물 정(井) 등으로도 불린다.

홈 디렉터리에 있을 경우 물결 문자를 사용하면 프롬프트를 간편하게 표시할 수 있다. 하지만 홈 디렉터리 경로를 모른다면 현재 위치를 어떻게 정확히 말할 수 있을까? 즉, 시스템에서 홈 디렉터리의 위치는 어디인가? 현재 디렉터리의 전체 경로를 알고 싶다면 배시 셸에서 **pwd** 명령어를 실행한다.

```
admin@debian11:~$ pwd
/home/admin
```

pwd 명령어[5]는 사용자가 현재 파일 시스템 중 어느 디렉터리에 있는지를 알려준다. 현재 사용자가 있는 디렉터리를 작업 디렉터리$^{working\ directory}$라고 부른다.

파일 시스템에서 현재 위치를 알았으므로, **cd**$^{change\ directory}$ 명령어를 통해 원하는 경로로 이동하면서 파일 시스템을 탐색해보자. 예를 들어 현재 홈 디렉터리에 있었는데 bin 하위 디렉터리로 이동하고 싶다면, **cd bin**을 입력하고 Enter 를 누르자.

이동하려는 경로가 슬래시로 시작하지 않았음에 주목하자. /bin과 bin은 파일 시스템에서 전혀 다른 위치를 가리킨다.

- bin처럼 슬래시가 없다면 현재 작업 디렉터리의 bin 하위 디렉터리로 이동하겠다는 의미다.
- /bin처럼 슬래시로 시작하면 루트 디렉터리(/)의 bin 하위 디렉터리로 이동하겠다는 의미다.

그러므로 bin과 /bin은 서로 전혀 다른 위치를 가리킬 수 있다는 것을 알 수 있다. 단일 루트 파일 시스템에서는 파일과 디렉터리의 경로에 대한 개념을 정확히 이해하는 것이 중요하다. 잘못하면 의도하지 않았던 전혀 다른 파일이나 디렉터리를 대상으로 작업을 수행할 수도 있다! 특히 파일과 디렉터리를 다룰 때는 더더욱 중요하다. 이어지는 절에서 파일과 디렉터리를 다루는 방법을 자세히 살펴보자.

진행하기에 앞서 경로에 대해 몇 가지 더 알아둘 사항이 있다.

파일 시스템에서 한 단계 상위 경로로 이동하려면 간단히 ..으로 표시한다. 예를 들어 /usr/local/bin에서 /usr/local로 이동한다고 생각해보자. 각 디렉터리마다 ..으로 표시되는 특수 항목이 있는데, 현재 디렉터리의 부모 디렉터리(한 단계 위에 있는 디렉터리)를 간략히 표시

---

5 옮긴이_ 리눅스 명령어는 영문의 약어인 경우가 많다. cd는 Change Directory(디렉터리 변경), pwd는 Print Working Directory(작업 디렉터리 출력)의 약어다.

한 것이다. 따라서 현재 디렉터리인 /usr/local/bin에서 **cd ..**을 실행하면 한 단계 상위 디렉터리로 이동하게 된다.

```
admin@debian11:/usr/local/bin$ cd ..
admin@debian11:/usr/local$
```

디렉터리에서 같은 깊이를 가진 다른 디렉터리로 이동하고 싶다면 **..**을 결합해 사용할 수 있다. 예를 들어 현재 디렉터리가 /usr/local인데 /usr/share로 이동하고 싶다면 **cd ../share**를 실행한다. 그러면 **..**에 의해 한 단계 상위 디렉터리로 이동한 후 share 하위 디렉터리로 이동한다.

```
admin@debian11:/usr/local$ cd ../share
admin@debian11:/usr/share$
```

한 단계 이상의 상위 디렉터리로 이동할 경우 **..**을 여러 개 결합해 사용한다. 예를 들어 현재 디렉터리는 /usr/share인데, 루트 디렉터리인 /로 이동하고 싶다면 **cd ../../**를 실행한다.

```
admin@debian11:/usr/share$ cd ../..
admin@debian11:/$
```

지금까지 살펴본 예제에서는 **상대 경로**, 즉 현재 작업 디렉터리를 기준으로 이동하려는 경로를 표현했다. 당연히 **절대 경로**, 즉 루트 디렉터리를 기준으로 대상 경로를 표현할 수도 있다. 현재 디렉터리가 어디든 간에 절대 경로는 항상 정해져 있다. 앞에서 언급한 것처럼 슬래시로 시작하면 루트 디렉터리를 기준으로 표현한 절대 경로이며, 그렇지 않으면 현재 위치에 대한 상대 경로다.

예를 들어, 현재 루트 디렉터리(/)에 있고 /media/cdrom으로 이동하고 싶다면 슬래시로 시작할 필요가 없다. media가 루트 디렉터리(/)의 하위 디렉터리이므로 상대 경로를 이용한 **cd media/cdrom**만 실행하더라도 /media/cdrom으로 이동한다.

```
admin@debian11:/$ cd media/cdrom
admin@debian11:/media/cdrom$
```

여기서 /usr/local/bin으로 이동하려면 절대 경로를 사용하는 것이 좋다. 왜 그럴까? 현재 디렉터리와 이동할 디렉터리의 상대 경로를 보면 루트를 거치지 않고서는 이동할 방법이 없다. 이런 경우 슬래시로 시작하는 절대 경로를 사용하는 것이 가장 빠르고 쉽다.

```
admin@debian11:/media/cdrom$ cd /usr/local/bin
admin@debian11:/usr/local/bin$
```

NOTE_ /media/cdrom에서 cd ../../usr/local/bin을 실행해 /usr/local/bin으로 이동할 수 있지 않을까? 이렇게 생각했다면, 리눅스 시스템에서 절대 경로와 상대 경로의 관계를 완전히 이해한 것이다.

끝으로, 디렉터리 이동에 관한 한 가지 요령을 알려주고 싶다. 현재 /usr/local/bin에 있는데, /media/cdrom으로 이동해야 한다고 가정하자. cd /media/cdrom을 실행해 디렉터리를 변경했는데, 그제서야 이 디렉터리가 아니라 명령 실행 전의 디렉터리인 /usr/local/bin에 있었어야 한다는 사실을 알게 됐다. 다행히 이런 실수는 쉽게 번복해 고칠 수 있다. cd -를 실행하면 현재 디렉터리로 이동하기 직전의 경로로 되돌아간다. 참고로, 홈 디렉터리로 돌아가고 싶다면 언제든 아무 인자 없이 cd만 실행하면 된다. 실제 예제를 살펴보자.

```
admin@debian11:/usr/local/bin$ cd /media/cdrom
admin@debian11:/media/cdrom$ cd -
/usr/local/bin
admin@debian11:/usr/local/bin$ cd -
/media/cdrom
admin@debian11:/media/cdrom$ cd -
/usr/local/bin
admin@debian11:/usr/local/bin$
```

지금까지 살펴본 파일 시스템 탐색 방법을 모두 사용해보자.

```
admin@debian11:/usr/local/bin$ cd ..
admin@debian11:/usr/local$ cd ../share
admin@debian11:/usr/share$ cd ../..
admin@debian11:/$ cd media/cdrom
admin@debian11:/media/cdrom$ cd /usr/local/bin
admin@debian11:/usr/local/bin$ cd -
```

```
/media/cdrom
admin@debian11:/media/cdrom$ cd -
/usr/local/bin
admin@debian11:/usr/local/bin$
```

이제 리눅스 파일 시스템을 탐색하는 방법을 잘 이해했으리라 믿는다. 이어서 파일과 디렉터리를 다루는 방법을 살펴보자.

3.4.2 파일과 디렉터리 다루기

리눅스 파일 시스템, 파일 시스템의 경로, 파일 시스템 내에서의 이동 방법 등을 이해했으므로, 지금부터는 파일과 디렉터리를 다루는 방법을 알아보자. 기본적으로 네 가지 사용 방법을 살펴본다.

- 파일 및 디렉터리 생성
- 파일 및 디렉터리 삭제
- 파일 및 디렉터리의 이동, 복사, 이름 변경
- 권한 변경

먼저 파일과 디렉터리를 생성해보자.

파일 및 디렉터리 생성

두 가지 기본 명령만 알면 파일과 디렉터리를 생성할 수 있다. touch로 파일을 생성하고, mkdir로 디렉터리를 생성한다.[6]

> **NOTE_** 파일을 생성하는 방법은 다양하다. 에코echo 기능을 사용해 명령어 실행 결과를 파일로 저장할 수도 있고, 텍스트 편집기와 같은 애플리케이션을 사용해 저장할 수도 있다. 이 책에서는 어떤 작업을 수행할 수 있는 모든 방법을 소개하기보다는 작업을 시작할 수 있는 필수 정보만을 제공하는 데 중점을 둔다.

---

6 옮긴이_ mkdir은 Make Directory(디렉터리 생성)의 약어다.

touch 명령어는 비어 있는 새 파일을 생성한다. 파일이 생성되면 텍스트 편집기나 적절한 프로그램을 사용해 파일 내용을 마음대로 수정할 수 있다. 몇 가지 예제를 살펴보자.

```
[ec2-user@amazonlinux2 ~]$ touch config.txt
```

다음 명령을 실행해도 결과는 동일하다.

```
[ec2-user@amazonlinux2 ~]$ touch ./config.txt
```

이 두 명령의 실행 결과가 동일하다는 것이 금방 이해되지 않을 수 있다. 이전 절에서 현재 디렉터리의 상위 디렉터리로 이동할 때 ..을 사용했었다. 이와 비슷하게 각 디렉터리에는 마침표 하나(.)로 표시되는 특수 항목이 있는데, 이 항목은 현재 디렉터리를 가리킨다. 따라서 touch config.txt와 touch ./config.txt는 둘 다 현재 작업 디렉터리에 config.txt 파일을 생성한다.

두 구문이 모두 옳다면 왜 같은 작업을 수행하는 방법이 두 가지나 있는 것일까? 위 예제에서는 두 명령어 모두 동일한 결과를 생성하지만, 모든 명령어가 늘 그런 것은 아니다. 명령에서 현재 작업 디렉터리에 있는 파일을 사용하겠다는 의도를 좀 더 명확히 전달하려면 ./를 사용해야 한다.

```
[ec2-user@amazonlinux2 ~]$ touch /config.txt
```

위 명령에서는 절대 경로를 사용했으므로 루트 디렉터리에 config.txt 파일을 생성한다. 다만 사용자가 해당 작업을 수행할 수 있는 권한을 갖고 있어야 한다. 누구나 루트 디렉터리에 파일을 만들 수 있는 것은 아니다. 권한에 대해서는 '권한 변경' 절에서 설명한다.

> **NOTE_** 배시 셸의 **검색 경로**에 대해서는 상세히 설명하지 않았다. 어떤 명령어를 실행했을 때 배시 셸은 실행 파일이 어디에 있는지를 자동으로 찾아보는 경로 모음을 갖고 있다. 이를 검색 경로$^{search\ path}$라 하는데, 보통 /usr/bin, /usr/sbin 등에서 파일을 찾아보도록 설정돼 있다. 즉, 전체 경로를 입력하지 않더라도 배시 셸은 자동으로 이 경로에서 해당 파일이 있는지를 먼저 찾아본다. 예제와 같이 ./를 사용하거나 절대 경로를 사용해 배시 셸에게 어떤 파일을 사용하려는 것인지를 구체적으로 명확히 알려주는 것이 좋다.

`mkdir` 명령어의 사용법도 간단하다. 이 명령어는 사용자가 지정한 디렉터리를 생성한다. 예제를 살펴보자.

```
[ec2-user@amazonlinux2 ~]$ mkdir bin
```

현재 디렉터리에서 bin 디렉터리를 생성한다. 아래 명령은 절대 경로를 지정해줬으므로 완전히 다른 의미가 된다. 절대 경로와 상대 경로에 유의하자!

```
[ec2-user@amazonlinux2 ~]$ mkdir /bin
```

리눅스 명령어 중에는 세부 동작 방식을 지정하는 다양한 옵션을 제공하는 경우가 많은데, `mkdir` 명령어에도 다양한 옵션이 있다. 그중에서 가장 자주 사용하는 옵션이 -p 매개변수다. -p 매개변수를 지정하면 생성하려는 디렉터리가 이미 존재하더라도 오류가 발생하지 않으며, 상위 디렉터리가 없는 경우에는 부모 디렉터리를 모두 차례대로 생성한다.

예를 들어 /opt/sw/network 디렉터리에 파일을 저장한다고 가정해보자. 현재 디렉터리를 /opt로 이동한 다음, `mkdir sw/network`를 실행한다. 그러나 sw 디렉터리가 없기 때문에 `mkdir` 명령어를 실행하면 오류가 발생한다. 하지만 -p 옵션을 추가하면 `mkdir`은 sw 디렉터리를 만들고, 새로 만들어진 sw 디렉터리 아래에 network 디렉터리를 만든다. 이미 대상 경로가 존재하더라도 `mkdir` 명령어에서 오류가 발생하지 않으므로, 한 번에 원하는 경로를 오류 없이 생성할 수 있는 매우 유용한 방법이다.

파일 및 디렉터리 생성까지 다루면서 이제 과정의 절반을 마쳤다. 이제 나머지 절반인 파일과 디렉터리를 삭제하는 방법을 살펴본다.

파일 및 디렉터리 삭제

리눅스에서 파일과 디렉터리를 생성하는 명령어 2개를 배웠다. 마찬가지로 파일과 디렉터리를 삭제하는 명령어도 2개다. 보통 파일을 삭제할 때는 `rm`을 사용하고, 디렉터리를 삭제할 때는 `rmdir`을 사용한다. `rm` 명령어로도 디렉터리를 삭제할 수 있는데, 그 방법은 잠시 후에 살펴보자.

파일을 삭제하려면 `rm {파일명}`을 입력한다. 즉, 현재 디렉터리의 config.txt 파일을 삭제하려면 다음 두 명령어 중 하나를 실행하면 된다. 왜 그런지 이해되는가?

```
ubuntu@ubuntu2004:~$ rm config.txt
ubuntu@ubuntu2004:~$ rm ./config.txt
```

당연히 절대 경로(/home/ubuntu/config.txt)나 상대 경로(./config.txt)를 모두 사용할 수 있다.

디렉터리를 삭제하려면 rmdir {디렉터리명}을 사용한다. 하지만 삭제하려는 대상 디렉터리는 비어 있어야 한다. 파일이 들어 있는 디렉터리를 삭제하려고 시도하면 다음과 같은 오류 메시지가 표시된다.

```
rmdir: failed to remove 'src': Directory not empty
```

이런 오류를 만나게 되면 디렉터리를 먼저 비운 후 rmdir을 실행하자. rm 명령어에 -r 매개변수를 사용할 수도 있다. -r 매개변수 없이 rm 명령으로 디렉터리를 삭제하려고 하면 배시 셸은 다음과 같이 디렉터리를 삭제하려 했다는 오류만 표시된다. 다음 예제에서는 현재 디렉터리에 있는 bin 디렉터리를 삭제하려고 했다.

```
rm: cannot remove 'bin': Is a directory
```

rm -r {디렉터리명}은 전체 디렉터리의 트리 구조를 모두 삭제한다. rm은 기본적으로 확인 과정을 거치지 않고 그냥 전체 디렉터리 트리를 삭제한다. 휴지통으로 보내는 것이 아니라 그냥 사라져버린다. 확인 과정을 거친 후 삭제하길 바란다면 -i 매개변수를 추가하자.

CAUTION_ 다음 절에서 다루게 될 mv 명령어와 cp 명령어도 -i 매개변수가 주어지지 않으면 별도 확인 과정 없이 대상 경로에 파일을 덮어 쓴다. 이런 명령어는 조심해서 사용해야 한다.

파일을 생성하고 삭제하는 것만으로 충분하지 않다. 이제 파일과 디렉터리를 옮기고 복사하는 방법을 간략히 살펴보자.

파일 및 디렉터리의 이동, 복사, 이름 변경

파일과 디렉터리를 옮기거나 복사하거나 파일과 디렉터리의 이름을 바꾸고 싶다면 cp 명령어와 mv 명령어를 사용한다.

> **TIP_** 지금까지 살펴본 리눅스의 기본적인 사용법은 비교적 이해하기 쉬웠다. 하지만 '악마는 디테일에 있다'라는 말처럼 세부 내용이 중요하다. 리눅스 명령어에서 사용할 수 있는 옵션, 매개변수, 고급 사용법을 알고 싶다면 man 명령어를 활용하자. man은 설명서를 뜻하는 영단어 manual의 약어다. 예를 들어 cp 명령어에 대한 설명서를 보고 싶다면 **man cp**를 실행한다. 그러면 cp 명령어에 대한 다양한 사용법을 상세히 설명한 문서가 표시될 것이다.

파일을 복사하려면 cp {원본파일경로} {대상파일경로}를 실행한다. 마찬가지로 파일을 옮길 경우에도 mv {원본파일경로} {대상파일경로}를 실행한다. 파일명을 바꾸는 동작은 기존 파일명에서 같은 디렉터리의 새로운 파일명으로 옮긴다고 생각하자.

디렉터리를 옮기는 방법도 매우 비슷하다. mv {원본디렉터리경로} {대상디렉터리경로}를 실행한다. 파일만 갖고 있는 플랫flat 디렉터리든 파일과 하위 디렉터리까지 가진 트리tree 디렉터리든 디렉터리를 옮기는 명령은 동일하다.

디렉터리를 복사하는 것은 조금 복잡하다. cp 명령어에 -r 매개변수를 추가해 cp -r {원본디렉터리경로} {대상디렉터리경로}를 실행한다. 대부분의 경우 이 명령어를 실행하면 디렉터리가 복사되지만, 드물게 몇 가지 인자를 추가해야 하는 경우도 있다. 자세한 내용은 설명서를 참고하자. 설명서를 보는 방법은 앞에서 이미 다뤘다.

파일과 디렉터리에 대해 마지막으로 살펴볼 주제는 권한이다.

권한 변경

리눅스는 유닉스의 영향을 받은 다중 사용자 운영체제이기에 파일과 디렉터리에 대해 권한permission을 기반으로 동작한다. 리눅스는 유닉스와 유사한 자유 운영체제를 만들고자 했던 노력에서 비롯됐다는 점을 기억하자. 다중 사용자 운영체제인 리눅스는 다른 사용자의 파일을 보거나 읽거나 수정하는(혹은 이름을 바꾸는) 작업을 제한할 수 있는 방법이 필요하다. 그래서 파일 수준과 디렉터리 수준의 권한 체계가 반드시 있어야 한다.

리눅스 권한 체계는 다음 핵심 아이디어를 기반으로 동작한다.

- 소유자, 그룹, 기타 사용자로 구분해 권한을 부여한다. 소유자는 파일을 소유한 계정이다. 그룹은 파일의 그룹에 속한 사용자다. 기타 사용자는 파일의 그룹에 속하지 않은 나머지 사용자다.
- 동작을 읽기, 쓰기, 실행으로 구분해 권한을 부여한다.

이 두 아이디어를 함께 모아보자. 동작마다 2의 승수값을 부여해 읽기/쓰기/실행에 각각 4, 2, 1 값을 할당한다. 여러 작업을 허용하려면 각 동작에 부여된 값을 모두 더한다. 예를 들어 읽기와 쓰기 권한을 부여하려면 읽기는 4, 쓰기는 2이므로 이 둘을 더한 값인 6을 권한 값으로 사용한다.

소유자, 그룹, 기타 사용자의 권한 값을 계산해 파일의 권한 값을 할당한다. 예를 들어 파일의 소유자에게 파일을 읽고 쓸 수 있는 권한을 부여하고 싶다면 소유자의 권한 값은 6이 된다. 또는 읽고 쓰고 실행할 수 있는 권한을 모두 부여하고 싶다면 소유자의 권한 값은 7이 할당된다.

비슷한 방식으로 파일의 그룹이 읽을 수는 있지만 쓰기와 실행을 못하게 막고 싶다면 그룹의 권한 값을 4로 할당한다. 이제 소유자, 그룹, 기타 사용자에 대한 권한을 아래와 같이 8진수 형태로 나열할 수 있다.

```
644 (소유자 = 읽기 + 쓰기, 그룹 = 읽기, 기타 사용자 = 읽기)
755 (소유자 = 읽기 + 쓰기 + 실행, 그룹 = 읽기 + 실행, 기타 사용자 = 읽기 + 실행)
600 (소유자 = 읽기 + 쓰기, 그룹 = 없음, 기타 사용자 = 없음)
620 (소유자 = 읽기 + 쓰기, 그룹 = 쓰기, 기타 사용자 = 없음)
```

부여된 권한을 rwxr-xr-x처럼 문자열로 표현할 수 있다. 이는 소유자, 그룹, 기타 사용자로 구분한 권한 부여 대상에 따라 각각 설정된 권한, 즉 읽기(r), 쓰기(w), 실행(x)을 의미한다. 앞에서 숫자로 표시한 권한 값을 문자열로 표현하면 다음과 같다.

```
644 = rw-r--r--
755 = rwxr-xr-x
600 = rw-------
620 = rw--w----
```

읽기 권한과 쓰기 권한은 바로 이해되는데, 실행 권한은 조금 아리송하다. 실행 권한을 가진 파일은 실행할 수 있는 프로그램이라는 의미다. 프로그램에 대해서는 3.4.3절 '프로그램 실행'에서 상세히 설명한다. 디렉터리에 설정된 실행 권한은 디렉터리에 포함된 파일이나 디렉터리를 볼 수 있는 권한을 의미한다. 따라서 특정 디렉터리의 파일 목록을 보려면 디렉터리의 그룹 구성원에게 실행 권한을 부여해야 한다.

부여된 권한을 확인하고 변경할 수 있는 몇 가지 도구가 제공된다. 디렉터리의 목록을 확인할 때 주로 사용하는 ls 유틸리티를 -l 매개변수와 함께 실행하면 항목별 권한도 함께 표시된다. 권한 확인용으로 가장 널리 사용되는 도구다. [그림 3-1]은 데비안 11에서 ls -l /usr/bin 을 실행한 결과다. 목록을 보면 파일마다 할당된 권한이 표시된다.

```
●●●                              Terminal                              ⌥⌘2
-rwxr-xr-x  1 root root    96584 Jan 27  2021  xtotroff
-rwxr-xr-x  1 root root    18552 Oct  1  2021  xxd
-rwxr-xr-x  1 root root    81192 Mar  8  2021  xz
lrwxrwxrwx  1 root root        2 Mar  8  2021  xzcat -> xz
lrwxrwxrwx  1 root root        6 Mar  8  2021  xzcmp -> xzdiff
-rwxr-xr-x  1 root root     7023 Mar  8  2021  xzdiff
lrwxrwxrwx  1 root root        6 Mar  8  2021  xzegrep -> xzgrep
lrwxrwxrwx  1 root root        6 Mar  8  2021  xzfgrep -> xzgrep
-rwxr-xr-x  1 root root     5741 Mar  8  2021  xzgrep
-rwxr-xr-x  1 root root     1799 Mar  8  2021  xzless
-rwxr-xr-x  1 root root     2162 Mar  8  2021  xzmore
-rwxr-xr-x  1 root root    39680 Sep 24  2020  yes
lrwxrwxrwx  1 root root        8 Nov  7  2019  ypdomainname -> hostname
-rwxr-xr-x  1 root root     1984 Mar  2  2021  zcat
-rwxr-xr-x  1 root root     1678 Mar  2  2021  zcmp
-rwxr-xr-x  1 root root     5880 Mar  2  2021  zdiff
-rwxr-xr-x  1 root root    22936 Oct  2  2021  zdump
-rwxr-xr-x  1 root root       29 Mar  2  2021  zegrep
-rwxr-xr-x  1 root root       29 Mar  2  2021  zfgrep
-rwxr-xr-x  1 root root     2081 Mar  2  2021  zforce
-rwxr-xr-x  1 root root     7585 Mar  2  2021  zgrep
-rwxr-xr-x  1 root root     2206 Mar  2  2021  zless
-rwxr-xr-x  1 root root     1842 Mar  2  2021  zmore
-rwxr-xr-x  1 root root     4553 Mar  2  2021  znew
admin@ip-172-31-26-254:~$
```

그림 3-1 권한이 표시된 파일 목록

권한을 변경하려면 chmod 유틸리티를 사용한다. chmod로 변경할 권한을 입력할 때는 755, 500, 644처럼 8진수 값으로 표현하거나 rwxr-xr-x처럼 일반적인 기호 표기법을 사용할 수 있다. 8진수 값을 사용할 것인지 기호 표기법을 사용할 것인지는 마치 상대 경로를 사용할 것인지 아니면 절대 경로를 사용할 것인지의 문제처럼 어떤 작업을 수행하는지에 따라 달라진다.

- 모든 권한을 한 번에 설정하고 싶다면 8진수 값을 사용하자. 세 자리로 된 숫자가 아니어도 권한이 변경된다. 빠진 자리의 값은 0으로 간주돼 결국 권한 없음으로 설정된다.

- 기존 권한에서 특정 대상(소유자, 그룹, 기타 사용자)의 권한만 변경하고 나머지 대상이 가진 권한은 그대로 유지하고 싶다면 기호 표기법을 사용하자. 특정 대상의 권한만 변경할 수 있다.

이제 chmod의 사용 예제를 살펴본다. bin 디렉터리의 권한을 755로 설정해보자. 755인 경우 소유자는 읽기, 쓰기, 실행 권한을 갖고 있으며 나머지 그룹과 기타 사용자는 읽기와 쓰기 권한만 가진다.

```
[ec2-user@amazonlinux2 ~]$ chmod 755 bin
```

config.txt 파일의 소유자에 대한 권한에 읽기 권한과 쓰기 권한을 추가해보자. 다른 권한은 변경하지 않는다.

```
[ec2-user@amazonlinux2 ~]$ chmod u+rw config.txt
```

다음은 좀 더 복잡한 예제다. 파일 소유자에 대해 읽기 권한과 쓰기 권한을 추가하고, 파일 그룹의 권한에서는 쓰기 권한을 빼보자.

```
[ec2-user@amazonlinux2 ~]$ chmod u+rw,g-w /opt/share/config.txt
```

chmod 명령어를 -r 매개변수와 함께 실행하면 재귀적으로 동작한다. 즉, 모든 파일과 하위 디렉터리의 권한을 변경한다. 단, chmod의 대상이 디렉터리인 경우에만 재귀적으로 동작한다.

> **TIP_** 소유권과 그룹에 따라 파일의 권한 관리가 이뤄지므로, 리눅스에서 파일의 소유권과 그룹을 변경하는 도구를 제공하는 것은 당연하다. [그림 3-1]에서 살펴본 ls 명령어는 파일에 부여된 소유권과 그룹을 확인하는 도구다. 소유권은 chown 명령어로, 파일 그룹은 chgrp 명령어로 변경한다. 두 명령어 모두 chmod 명령어와 같이 변경 작업을 재귀적으로 수행하는 -R 매개변수를 지원한다.

지금까지 파일과 디렉터리의 사용법을 살펴봤다. 이제부터 리눅스를 사용하기 위한 핵심 주제인 프로그램 실행에 대해 이야기해보자.

3.4.3 프로그램 실행

앞에서 다룬 내용을 되돌아보면 프로그램 실행은 매우 간단하다. 프로그램을 실행하려면 다음 두 가지가 필요하다.

- 실행할 수 있는 파일(file 유틸리티를 통해 특정 파일이 실행 파일인지 아닌지를 식별할 수 있다.)
- 실행 권한(파일 소유자든, 그룹이든, 기타 사용자든 현재 사용자는 실행 권한을 갖고 있어야 한다.)

파일의 실행 권한은 이미 살펴봤으므로, 다시 다루지는 않는다. 파일에 실행 권한이 없다면 chmod, chown, chgrp 명령어를 사용해 권한을 부여해야 한다. 첫 번째 조건인 실행 파일이어야 한다는 항목은 좀 더 살펴볼 부분이 있다.

실행 파일은 어떻게 이뤄져 있는가? 보통 실행 파일은 C나 C++와 같은 프로그래밍 언어로 작성한 코드를 컴파일해 생성된 바이너리 파일이다. 하지만 배시 셸 스크립트나 파이썬, 루비처럼 스크립트 언어로 작성된 텍스트 파일도 실행할 수 있다. 배시 셸 스크립트는 셸 명령어로 이뤄진 텍스트 파일이다(파이썬은 6장에서 자세히 다룬다). 해당 파일이 실행 파일인지 궁금하다면 file 유틸리티로 확인한다. file 유틸리티는 기본적으로 설치돼 있지 않을 수도 있는데, 그런 경우라면 사용 중인 배포판의 패키지 관리 프로그램으로 설치한다.

다음은 다양한 종류의 실행 파일에 대해 file 명령어를 실행한 결과다.

```
admin@debian11:~$ file /bin/bash
/bin/bash: ELF 64-bit LSB executable, x86-64, version 1 (SYSV), dynamically
linked, interpreter /lib64/ld-linux-x86-64.so.2, BuildID[sha1]=3313b4cb119dcce
16927a9b6cc61dcd97dfc4d59, for GNU/Linux 3.2.0, stripped
admin@debian11:~$ file /usr/local/bin/kubectl
/usr/local/bin/kubectl: ELF 64-bit LSB executable, x86-64, version 1 (SYSV),
statically linked, Go BuildID=udvEuh-txVq1kB1pCAyG/K_fqce2JzNpLs4j8aaW9/fKnl1Z
SWXEi1VKww0UrK/rUvBWXXhKqBjdb_5dTXI, stripped
admin@debian11:~$ file shellscript.sh
script.sh: Bourne-Again shell script, ASCII text executable
admin@debian11:~$ file testscript.py
script.py: Python script, ASCII text executable
admin@debian11:~$ file testscript-2.rb
script.rb: Ruby script, ASCII text executable
```

NOTE_ file 명령어는 어떤 텍스트 파일이 파이썬 스크립트인지, 루비 스크립트인지, 배시 셸 스크립트인지를 구별할 수 있다. 마치 마법처럼 보일 수도 있겠지만, 사실은 **셔뱅**^{shebang}[7]이라는 리눅스 스크립트 파일의 구조와 관련이 있다. 텍스트 기반 스크립트는 첫 줄에 #!로 시작해 스크립트를 실행할 인터프리터의 경로를 적어둔다. 예컨대 데비안 11에서 파이썬 인터프리터의 경로는 /usr/bin/python3이므로 셔뱅은 #!/usr/bin/python3가 된다. 루비 스크립트는 비슷한 형태로 루비 인터프리터의 위치를 가리키는 셔뱅을 가진다. 배시 셸 스크립트의 셔뱅은 당연히 배시 셸 프로그램의 위치를 가리킨다.

두 가지 필수 요건, 즉 실행 파일을 갖고 있고 해당 실행 파일에 대한 실행 권한을 갖고 있다면 그냥 명령행에서 프로그램명만 입력하면 프로그램이 실행된다. 이것이 프로그램 실행의 전부다. 당연히 프로그램에 옵션이나 매개변수를 전달할 수도 있다. 이때 절대 경로를 사용할 것인지에 대해 주의해야 한다. 예를 들어 리눅스 시스템의 여러 경로에 testnet 프로그램이 존재할 수 있다. 이때 셸 프롬프트에서 **testnet**을 입력하면 어떤 프로그램이 실행될까? 뒤에서 설명할 배시 셸 검색 경로와 절대 경로의 사용법을 이해하면 어떤 프로그램이 실행될지를 이해하는 데 도움이 될 것이다.

이 문제를 조금 확장해보자. 절대 경로와 상대 경로는 3.4.1절 '파일 시스템 탐색'에서 이미 다뤘다. 이제 검색 경로^{search directory}의 개념을 살펴보자. 각 리눅스 시스템은 검색 경로가 있다. 검색 경로는 사용자가 파일명을 입력했을 때 해당 파일의 위치를 찾아볼 디렉터리 목록이다. 셸 프롬프트에서 echo $PATH를 실행하면 현재 설정된 검색 경로를 볼 수 있다. 아마존 리눅스 2에서 실행하면 다음과 같이 출력된다.

```
[ec2-user@amazonlinux2 ~]$ echo $PATH
/usr/local/bin:/usr/bin:/usr/local/sbin:/usr/sbin:/home/ec2-user/.local/bin:
/home/ec2-user/bin
```

testscript.py 스크립트가 /usr/local/bin 디렉터리에 존재한다면 현재 디렉터리가 어디든 스크립트 파일명인 testscript.py만 입력하면 해당 스크립트가 실행된다. 리눅스는 검색 경로에 설정된 디렉터리를 차례대로 순회하면서 사용자가 입력한 파일이 존재하는지를 살펴보고, 해당 파일이 있다면 처음 발견된 파일을 실행한다. 위의 예제와 같이 설정돼 있다면 보통 검색 경로의 첫 번째 디렉터리인 /usr/local/bin에 있는 파일이 실행된다.

---

7 옮긴이_ Sharp(#)과 Bang(!)의 합성어다. 해시뱅(hashbang), 파운드뱅(poundbang)이라고도 한다.

어쨌든 검색 경로에 현재 디렉터리가 들어 있지 않다. 홈 디렉터리에 script 디렉터리를 만들고, 여기에 shellscript.sh라는 셸 스크립트를 만들었다고 가정하자. 다음 명령어가 어떻게 동작하는지 함께 살펴보자.

```
[ec2-user@amazonlinux2 ~]$ pwd
/home/ec2-user/scripts
[ec2-user@amazonlinux2 ~]$ ls
shellscript.sh
[ec2-user@amazonlinux2 ~]$ shellscript.sh
-bash: /home/ec2-user/bin/shellscript.sh: No such file or directory
[ec2-user@amazonlinux2 ~]$ ./shellscript.sh
This is a shell script.
```

검색 경로에 포함된 디렉터리에서는 해당 셸 스크립트를 찾을 수 없으므로, 절대 경로를 사용해야 한다. 이 경우 절대 경로를 ./로 표시해줌으로써 배시 셸이 현재 디렉터리에서 스크립트 파일을 찾아 실행하도록 알려준다.

실행하려는 프로그램은 검색 경로 중 한 곳에는 존재하는 파일이어야 하며, 그렇지 않을 경우 사용자가 실행 프로그램의 경로를 정확히 지정해줘야 한다. 절대 경로에는 현재 디렉터리도 포함된다. 프로그램은 컴파일된 바이너리 파일이거나 배시 셸, 파이썬, 루비 등 인터프리터로 해석되는 텍스트 스크립트다. 여러 디렉터리에 같은 이름의 프로그램 파일이 존재한다면 배시 셸은 검색 경로에 정의된 검색 경로를 차례대로 순회하면서 실행할 프로그램을 찾는다. 이 과정에서 가장 먼저 발견된 프로그램이 실행된다.

동일한 이름을 가진 프로그램이 여러 곳에 있을 때 어떤 프로그램이 실행될 것인지가 궁금하다면 which 명령어를 사용해보자. 예를 들어 네트워크 장비에서 기동 시간을 수집해 통계를 계산하는 uptime 파이썬 스크립트를 개발했다고 가정하자. 대부분의 리눅스 배포판에는 uptime 명령어가 함께 설치돼 있다. 이 명령어는 리눅스 시스템이 언제 켜져서 얼마나 오랫동안 가동 중인지를 알려준다. which uptime을 실행하면 시스템의 검색 경로를 순회하면서 가장 먼저 발견되는 uptime 실행 파일의 전체 경로를 알려준다. 즉, 프롬프트에서 uptime만 입력했을 때 실제로 실행될 파일의 경로가 표시된다. 이 정보를 확인한 후 파이썬 스크립트의 전체 경로를 지정하거나, 필요하다면 검색 경로를 수정할 수 있다.

이제 리눅스 네트워킹을 다루기 전에 데몬이라 부르는 백그라운드 프로그램의 사용법을 살펴본다.

3.4.4 데몬 실행

리눅스에서 **데몬**^{daemon}은 백그라운드에서 실행되는 프로세스를 의미하는 용어다. 때로는 **서비스**^{service}라고 불리기도 한다. 데몬은 리눅스에서 네트워크 관련 기능, 예를 들면 리눅스 사용 사례로 소개한 DHCP 서버, HTTP 서버, DNS 서버, FTP 서버를 통해 특정 네트워크 서비스를 제공할 때 가장 자주 접하게 된다. 리눅스에서 실행되는 다양한 네트워크 서비스는 관련 서비스 데몬(또는 서비스)에서 제공하는 기능이다. 이번 절에서는 데몬을 사용하는 방법을 다룬다. 구체적으로 데몬을 시작, 종료, 재시작하는 방법과 데몬의 현재 상태를 확인하는 방법을 살펴본다.

데몬 동작 방식은 리눅스 배포판에 따라 크게 달라진다. 보통 초기화 스크립트라 부르는 시작 스크립트에서 데몬을 시작, 종료, 재시작한다. 일부 배포판에서는 데몬을 좀 더 간편하게 다룰 수 있도록 service 명령어와 같은 유틸리티를 제공하지만, 사실 이들 대부분은 배시 셸 스크립트다. 예를 들어 우분투 14.04 LTS나 CentOS 7.1에서는 /usr/sbin 디렉터리에 있는 service 명령어를 사용해 데몬을 시작, 종료, 재시작할 수 있다. 이 유틸리티는 결국 배포판에 적합한 명령어를 사용해 데몬을 제어한다. 우분투에서는 initctl 명령어를, CentOS에서는 systemctl 명령어를 사용한다.

최근 몇 년 사이 주요 리눅스 배포판은 초기화 시스템을 systemd로 전환하고 있다. RHEL, CentOS 7.x, 데비안 8.0 이후 버전, 우분투 15.04 이후 버전은 모두 systemd를 사용한다. 다양한 리눅스 배포판에서 일관된 방식으로 데몬을 다룰 수 있게 됐지만, 배포판마다 systemd의 구현 방식이 조금씩 다를 수 있다는 점에 유의하자.

systemd에 대해서는 이 책에서 다루는 내용 외에도 다뤄야 할 내용이 많다. 앞으로 살펴보게 될 systemd 예제에서는 이미 systemd가 정상적으로 동작하는 상태라고 가정한다. 즉, 시스템에 systemd의 **유닛**^{unit}이 설치돼 활성화됐으며, systemd가 유닛 파일을 인식한 상태다. 이번 절에서 소개하는 systemd 명령어의 상세 내용은 설명서를 참고하자.

이제 백그라운드 서비스를 시작해보자.

백그라운드 서비스 시작, 중지, 재시작

systemd를 초기화 시스템으로 사용하는 배포판에서는 `systemctl` 유틸리티를 사용해 백그라운드 서비스를 제어한다. 이 유틸리티는 /usr/bin/systemctl에 설치된다. 일부 배포판에서는 백엔드를 호출하는 래퍼 스크립트^{wrapper script}를 제공하지만, 이 책에서는 스크립트 대신 `systemctl`을 직접 사용한다.

systemd로 데몬을 시작하려면 `systemctl` 명령어의 `start` 하위 명령^{subcommand}을 실행한다. 하위 명령이란 `systemctl`에게 수행하려는 동작을 지시하는 매개변수를 말한다. 리눅스 네트워킹과 관련된 기능을 살펴볼 때도 이와 같이 하위 명령을 사용한다.

```
admin@debian11:~$ systemctl start {서비스명}
```

이 명령어에서 서비스명이라 표시된 부분에 systemd의 유닛명을 전달한다. 서비스명을 모른다면 `systemctl list-units` 명령어를 실행해보자. 현재 적재돼 활성화 상태인 유닛의 전체 목록을 페이지 단위로 볼 수 있다.

systemd를 사용해 실행 중인 데몬을 멈추려면 `start` 하위 명령을 `stop`으로 바꾼다.

```
[ec2-user@amazonlinux2]:~$ systemctl stop {서비스명}
```

데몬을 멈췄다가 다시 시작하려면 restart 하위 명령을 사용한다.

```
ubuntu@ubuntu2004:~$ systemctl restart {서비스명}
```

또한 systemctl은 reload 하위 명령을 통해 데몬을 완전히 종료시키지 않고 설정만을 다시
불러온다. 데몬을 매번 중단시키는 systemctl restart 명령어보다는 영향도가 낮지만, 데몬
마다 설정을 다시 읽어오는 방식이 조금씩 다를 수 있다. 즉, 모든 데몬이 새로운 설정을 자동
으로 적용하지 않는다거나 조금 다른 방식으로 설정을 다시 불러올 수 있다.

백그라운드 서비스 설정 및 상태 확인하기

systemctl은 데몬을 시작, 중지, 재시작하는 기능 외에도 백그라운드 서비스의 관리를 도와주
는 다양한 기능을 제공한다. 예를 들어 systemctl의 status 하위 명령을 사용해 데몬의 현재
상태를 확인할 수 있다. [그림 3-2]는 systemctl status를 실행한 결과다.

```
●  ●  ●                          Terminal                              ⌥⌘2
ubuntu@ip-172-31-47-187:~$ sudo systemctl status ssh.service
● ssh.service - OpenBSD Secure Shell server
     Loaded: loaded (/lib/systemd/system/ssh.service; enabled; vendor preset: e▶
    Drop-In: /usr/lib/systemd/system/ssh.service.d
             └─ec2-instance-connect.conf
     Active: active (running) since Thu 2023-04-27 21:34:34 UTC; 5min ago
       Docs: man:sshd(8)
             man:sshd_config(5)
    Process: 1257 ExecStartPre=/usr/sbin/sshd -t (code=exited, status=0/SUCCESS)
   Main PID: 1258 (sshd)
      Tasks: 1 (limit: 9399)
     Memory: 4.4M
     CGroup: /system.slice/ssh.service
             └─1258 sshd: /usr/sbin/sshd -D -o AuthorizedKeysCommand /usr/share▶

Apr 27 21:34:34 ip-172-31-47-187 systemd[1]: Starting OpenBSD Secure Shell serv▶
Apr 27 21:34:34 ip-172-31-47-187 sshd[1258]: Server listening on 0.0.0.0 port 2▶
Apr 27 21:34:34 ip-172-31-47-187 sshd[1258]: Server listening on :: port 22.
Apr 27 21:34:34 ip-172-31-47-187 systemd[1]: Started OpenBSD Secure Shell serve▶
Apr 27 21:40:18 ip-172-31-47-187 sshd[1305]: Accepted publickey for ubuntu from▶
Apr 27 21:40:18 ip-172-31-47-187 sshd[1305]: pam_unix(sshd:session): session op▶
lines 1-20/20 (END)
```

그림 3-2 systemctl status 명령 실행 결과

지금까지 시스템 유닛을 여러 차례 언급했다. 시스템 유닛은 systemd가 동작시키거나 관리해야 하는 리소스라고 생각할 수 있다. systemd는 유닛 파일이라 부르는 설정 파일을 사용해 리소스를 어떻게 동작시키고 관리할 것인지를 알게 된다. systemd 유닛 파일은 이 책의 범위를 벗어나는 주제이므로 따로 설명하지는 않는다. 다만 systemctl cat 명령을 실행하면 [그림 3-3]과 같이 systemd의 유닛 설정 파일 내용을 볼 수 있다.

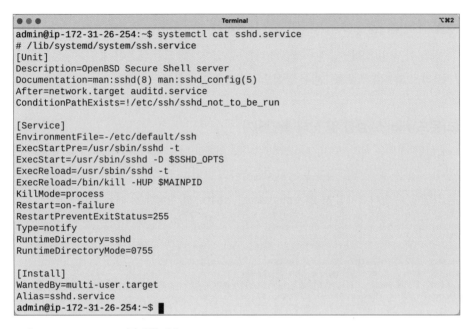

```
● ● ●                          Terminal                          ⌥⌘2
admin@ip-172-31-26-254:~$ systemctl cat sshd.service
# /lib/systemd/system/ssh.service
[Unit]
Description=OpenBSD Secure Shell server
Documentation=man:sshd(8) man:sshd_config(5)
After=network.target auditd.service
ConditionPathExists=!/etc/ssh/sshd_not_to_be_run

[Service]
EnvironmentFile=-/etc/default/ssh
ExecStartPre=/usr/sbin/sshd -t
ExecStart=/usr/sbin/sshd -D $SSHD_OPTS
ExecReload=/usr/sbin/sshd -t
ExecReload=/bin/kill -HUP $MAINPID
KillMode=process
Restart=on-failure
RestartPreventExitStatus=255
Type=notify
RuntimeDirectory=sshd
RuntimeDirectoryMode=0755

[Install]
WantedBy=multi-user.target
Alias=sshd.service
admin@ip-172-31-26-254:~$ █
```

그림 3-3 systemctl cat 명령 실행 결과

systemd의 유닛 설정을 변경하기 위해 systemctl daemon-reload 명령을 실행해 설정을 다시 읽어온다.

```
[ec2-user@amazonlinux2 ~]$ systemctl daemon-reload
```

데몬에 대한 설명은 이 정도로 마무리하고, 다음 절에서는 리눅스 네트워킹을 살펴본다. 다음 주제로 넘어가기 전에 끝으로 유용한 명령어 몇 가지를 소개한다.

기타 데몬 관련 명령어

데몬을 사용할 때 알고 있으면 유용한 몇 가지 명령어를 소개한다. 각 명령어와 함께 사용할 수 있는 다양한 매개변수가 궁금하다면 언제든지 설명서를 읽어보자. 배시 프롬프트에서 man {명령어}를 실행하면 해당 명령어의 설명서를 볼 수 있다.

- 데몬의 네트워크 연결 상태가 궁금하다면 ss 명령어를 사용한다. 이 명령어는 리스닝 네트워크 소켓의 상태를 알려주므로 특정 데몬, 즉 백그라운드 서비스의 네트워크 설정이 제대로 동작하는지 확인할 때 유용하다. ss -lnt를 실행하면 TCP 리스닝 소켓을 표시하고, ss -lnu를 실행하면 UDP 리스닝 소켓을 표시한다. 예전에는 netstat 명령어를 사용했는데, 이제 더 이상 사용하지 않고 ss 명령어로 교체됐다.
- ps 명령어는 실행 중인 프로세스의 정보를 얻고자 할 때 유용하다.

지금까지 함께 살펴본 내용은 다음과 같다.

- 리눅스의 배경과 역사
- 기본적인 파일 시스템 탐색 및 경로
- 기본적인 파일 조작 방법(파일 및 디렉터리 생성, 이동, 복사, 삭제)
- 데몬으로 불리는 백그라운드 서비스

지금까지 다룬 내용을 바탕으로 다음 절에서는 리눅스 네트워킹을 살펴보자.

3.5 리눅스에서의 네트워킹

앞서 말했듯이, 이번 장에서는 네트워크 자동화와 프로그래밍 가능한 네트워크라는 맥락 속에서 리눅스 사용법을 배운다. 리눅스에서 파이썬이나 앤서블, 진자 템플릿 언어와 같은 도구(각각 6장, 12장, 9장에서 자세히 다룬다)를 사용해보고, 네트워크를 통해 다양한 장비와 통신한다. 리눅스를 살펴보는 과정에서 네트워킹 부분은 결코 빼놓을 수 없다. 결국 이 책은 네트워크를 다루는 책이다!

NOTE_ 퍼블릭 클라우드 환경의 네트워킹은 일반적인 온–프레미스 네트워킹과 다르게 동작하는 경우가 많다. 이번 절에서는 로컬 하이퍼바이저에서 실행되는 가상 머신에 리눅스를 설치해 사용한다. 결국 알마 리눅스 9를 사용하는 아마존 리눅스 2로 변경한다. 알마 리눅스 9은 CentOS의 개발 방향성이 바뀐 이후 기존 CentOS를 계승하겠다는 배포판 중 하나로, RHEL과 일대일 수준의 완벽한 바이너리 호환성을 갖추고 있다.

3.5.1 인터페이스 관련 작업

리눅스 네트워킹에서 가장 기본이 되는 구성 요소는 **인터페이스**다. 리눅스는 여러 종류의 인터페이스를 제공한다. 가장 흔히 볼 수 있는 종류로는 물리 인터페이스$^{physical\ interface}$, VLAN 인터페이스, 브리지 인터페이스 등이 있다. 리눅스의 다른 항목들처럼 배시 셸에서 명령행 유틸리티를 실행하거나 평문 텍스트로 작성된 설정 파일을 통해 인터페이스에 대한 여러 속성을 설정한다. 시스템이 다시 시작돼도 변경했던 인터페이스 설정을 그대로 유지하고 싶다면 보통 설정 파일을 수정한다. 먼저 명령행 유틸리티의 사용법을 살펴본 다음, 인터페이스 설정 파일을 수정해 변경 사항을 유지하는 방법을 살펴본다.

명령행 유틸리티로 인터페이스 구성하기

리눅스 배포판에서 기본 초기화 시스템을 systemd로 통합한 것처럼 대부분의 주요 배포판에서는 네트워크 인터페이스용 명령행 유틸리티를 하나의 통합 세트로 묶어 배포한다. 배포판에 따라 `iproute` 패키지 또는 `iproute2` 패키지로 배포된다. 이전에 사용하던 `ifconfig`나 `route` 같은 명령어는 더 이상 사용되지 않으며, 기존 명령어는 `iproute2`에서 제공하는 `ip` 명령어로 모두 대체됐다.

NOTE_ iproute2에 관해 상세히 정리해둔 위키피디아 문서를 참고하자. 위키피디아 영문 문서의 URL은 *https://en.wikipedia.org/wiki/Iproute2*이다.

인터페이스를 설정할 때 `ip` 명령어에 2개의 하위 명령을 사용한다. `ip link`는 인터페이스 연결 상태를 확인하거나 설정할 때 사용하는 명령이며, `ip addr`은 인터페이스의 IP 주소 설정을 확인하거나 설정할 때 사용하는 명령이다. `ip` 명령어를 다른 방식으로 사용하는 방법은 뒤에서 다룬다.

ip 명령어를 사용해 기본적인 인터페이스를 설정해보자.

인터페이스 목록 보기. ip link 명령이나 ip addr 명령을 실행하면 시스템의 모든 인터페이스 목록을 얻을 수 있다. 명령에 따라 표시되는 내용은 조금씩 다르다.

인터페이스 목록에서 인터페이스의 상태까지 함께 알고 싶다면 ip link list를 실행한다.

```
[almalinux@alma9 ~]$ ip link list
1: lo: <LOOPBACK,UP,LOWER_UP> mtu 65536 qdisc noqueue state UNKNOWN mode DEFAULT
 group default qlen 1000
    link/loopback 00:00:00:00:00:00 brd 00:00:00:00:00:00
2: eth0: <BROADCAST,MULTICAST,UP,LOWER_UP> mtu 1500 qdisc fq_codel state UP mode
 DEFAULT group default qlen 1000
    link/ether 52:54:00:d2:c5:f4 brd ff:ff:ff:ff:ff:ff
    altname enp0s3
    altname ens3
```

NOTE_ ip 명령어의 기본 동작은 다루는 항목의 목록(list)을 표시하는 것이다. 따라서 모든 인터페이스의 목록을 보고 싶을 경우 ip link list 대신 ip link만 사용해도 똑같은 결과를 얻는다. 경로 정보를 알고 싶다면 ip route list 대신 ip route만 사용해도 된다. 위 예제에서는 명령어의 의도를 보다 명확하게 전달하기 위해 전체 명령어를 지정했다.

위 결과의 프롬프트를 보면, 알마 리눅스 9 가상 머신에서 실행한 것임을 알 수 있다. 앞에서 이야기한 것처럼 알마 리눅스는 RHEL과 일대일로 완벽하게 호환된다고 볼 수 있다. 이번 절에서 사용하는 세 가지 주요 배포판에서 명령어 사용법은 동일하며, 결과 역시 대부분 동일하다. 인터페이스 명명 규칙은 배포판마다 조금씩 다르다.

실행 결과에 표시된 인터페이스의 목록에서 각 인터페이스에 설정된 MTU, 관리 상태(UP), 이더넷 MAC 주소 등을 알 수 있다. 리눅스 배포판에 따라 조금씩 다른 네트워크 인터페이스 명명 규칙을 사용한다.

이 명령을 실행해보면 인터페이스의 현재 상태를 알 수 있다. 홑화살괄호 <> 안에 인터페이스 명과 인터페이스의 현재 상태가 표시된다. 인터페이스의 상태는 다음 중 하나로 설정된다.

UP

인터페이스가 활성화된 상태다.

LOWER_UP

인터페이스 연결이 사용 중이다.

NO_CARRIER(이 예제에서는 표시돼 있지 않음)

인터페이스는 활성화됐지만, 연결은 활성화되지 않은 상태다.

네트워크 장비를 다루는 데 익숙하다면 인터페이스가 '다운^{down}'됐다거나 '관리상 다운^{administratively down}'됐다는 표현이 무슨 의미인지 잘 알고 있을 것이다. 인터페이스가 다운된 상태는 연결이 없다는 의미로, 괄호에서는 인터페이스명 뒤에 NO_CARRIER로 표시된다. 인터페이스를 관리상 다운 상태로 만들면 UP, LOWER_UP, NO_CARRIER 등과 같은 상태를 알 수 없게 되므로 DOWN으로 표시된다. 다음 절에서는 ip link 명령어를 사용해 인터페이스를 관리상 다운 상태로 만들어보자.

다음은 우분투 20.04 LTS에서 ip addr list 명령을 실행해 인터페이스 목록을 얻어온 예제다.

```
ubuntu@ubuntu2004:~$ ip addr list
1: lo: <LOOPBACK,UP,LOWER_UP> mtu 65536 qdisc noqueue state UNKNOWN group default
qlen 1000
    link/loopback 00:00:00:00:00:00 brd 00:00:00:00:00:00
    inet 127.0.0.1/8 scope host lo
       valid_lft forever preferred_lft forever
    inet6 ::1/128 scope host
       valid_lft forever preferred_lft forever
2: ens3: <BROADCAST,MULTICAST,UP,LOWER_UP> mtu 1500 qdisc fq_codel state UP group
default qlen 1000
    link/ether 52:54:00:8d:04:a3 brd ff:ff:ff:ff:ff:ff
    inet 192.168.122.215/24 brd 192.168.122.255 scope global dynamic ens3
       valid_lft 2581sec preferred_lft 2581sec
    inet6 fe80::5054:ff:fe8d:4a3/64 scope link
       valid_lft forever preferred_lft forever
```

보다시피 ip addr list도 시스템의 모든 인터페이스 목록을 표시하지만, 이 명령 실행 결과에는 연결 정보와 인터페이스에 할당된 IPv4 및 IPv6 주소도 함께 표시된다.

ip link list나 ip addr list에 인터페이스명을 지정해주면 해당 인터페이스에 대한 정보만 표시한다. 즉, ip link list {인터페이스명} 또는 ip addr list {인터페이스명}을 실행한다.

```
debian@debian11:~$ ip addr list ens5
2: ens3: <BROADCAST,MULTICAST,UP,LOWER_UP> mtu 1500 qdisc pfifo_fast state UP
group default qlen 1000
    link/ether 52:54:00:7d:2b:d1 brd ff:ff:ff:ff:ff:ff
    altname enp0s3
    inet 192.168.122.104/24 brd 192.168.122.255 scope global dynamic ens3
       valid_lft 2856sec preferred_lft 2856sec
    inet6 fe80::5054:ff:fe7d:2bd1/64 scope link
       valid_lft forever preferred_lft forever
```

인터페이스 목록에서 현재 상태를 알아보는 것도 유용하지만, 실제로 인터페이스의 설정을 변경할 때 더 유용하게 사용할 수 있다. 다음 절에서는 인터페이스를 활성화하거나 비활성화하는 방법부터 살펴본다.

인터페이스 활성화/비활성화. 인터페이스 목록을 얻기 위해서도 ip link 명령을 사용하지만, 인터페이스의 상태를 관리하는 목적으로도 사용한다. 예를 들어 ip link set 명령으로 인터페이스를 비활성 상태, 즉 다운 상태로 변경한다.

```
[almalinux@alma9 ~]$ ip link set eth0 down
[almalinux@alma9 ~]$ ip link list eth0
2: eth0: <BROADCAST,MULTICAST> mtu 1500 qdisc fq_codel state DOWN mode DEFAULT
group default qlen 1000
    link/ether 52:54:00:d2:c5:f4 brd ff:ff:ff:ff:ff:ff
    altname enp0s3
    altname ens3
```

NO_CARRIER 대신 DOWN으로 표시된다는 점에 주목하자. 이는 인터페이스가 관리상 다운돼 비활성화된 상태이며, 연결에 문제가 있어서 다운된 상태가 아니라는 것을 의미한다. 결과 차이를 쉽게 볼 수 있도록 출력 메시지에서 DOWN 상태를 굵게 표시했다.

eth0 인터페이스를 활성 상태로 변경하기 위해 `ip link set` 명령어를 실행하고 상태를 up으로 설정한다.

```
[almalinux@alma9 ~]$ ip link set eth0 up
[almalinux@alma9 ~]$ ip link list eth0
2: eth0: <BROADCAST,MULTICAST,UP,LOWER_UP> mtu 1500 qdisc fq_codel state UP mode
 DEFAULT group default qlen 1000
    link/ether 52:54:00:d2:c5:f4 brd ff:ff:ff:ff:ff:ff
    altname enp0s3
    altname ens3
```

인터페이스의 MTU 설정. 인터페이스의 MTU를 설정할 경우에도 `ip link` 명령어에 `set` 하위 명령을 사용한다. 전체 명령은 `ip link set mtu {MTU크기} {인터페이스명}`이다.

실제 사례를 통해 명령어 사용법을 익혀보자. 리눅스의 eth0 인터페이스에서 다루는 프레임 크기를 좀 더 크게 설정하고 싶다고 가정하자. 다음 명령어를 실행한다.

```
[almalinux@alma9 ~]$ ip link set mtu 9000 eth0
```

지금까지 살펴봤던 다른 `ip` 명령어처럼 명령어로 변경한 설정값은 인터페이스에 바로 반영되긴 하지만, 계속 유지되지는 않는다. 즉, 시스템을 재시작하면 변경 사항이 사라져버린다. 이 변경 사항을 계속 유지하려면 인터페이스의 설정 파일을 변경해야 한다. '설정 파일로 인터페이스 설정' 절에서는 파일을 수정해 인터페이스 설정을 변경하는 방법을 살펴본다.

인터페이스의 IP 주소 할당. 인터페이스에 IP 주소를 할당하거나 인터페이스에서 IP 주소를 제거하고 싶을 때는 `ip addr` 명령을 사용한다. 이미 `ip addr list` 명령을 실행해 인터페이스 목록과 각 인터페이스에 할당된 IP 주소를 알아냈다. 이번에는 `ip addr` 명령을 사용해 인터페이스에 주소를 할당했다가 삭제해본다.

> **NOTE_** 퍼블릭 클라우드 서비스 제공업체의 리눅스 인스턴스를 사용 중이라면 이번 절에서 설명한 명령어 와 설정 파일의 동작이 조금 다를 수 있다. 예를 들어 퍼블릭 클라우드 환경에서는 IP를 관리할 때 이번 절에 서 사용한 명령어 대신 서비스 제공업체의 API를 사용하는 것이 일반적이다. 이러한 차이점은 4장에서 클라 우드 환경에서의 네트워킹을 설명할 때 보다 자세히 살펴본다.

인터페이스에 IP 주소를 할당하거나 추가하려면 `ip addr add {ip주소} dev {인터페이스명}` 명령을 실행한다. 예를 들어 데비안에서 ens3 인터페이스에 172.31.254.100/24 주소를 할당하고 싶다면 다음 명령을 실행한다.

```
debian@debian11:~$ ip addr add 172.31.254.100/24 dev ens3
```

해당 인터페이스에 이미 할당된 IP 주소가 있더라도 `ip addr add`는 기존 주소를 그대로 둔 채 새로운 주소를 추가한다. 이 예제에서 ens3 인터페이스는 이미 192.168.122.104/24 주소를 갖고 있었는데, 위 명령을 실행한 후에는 다음과 같이 설정이 변경된다.

```
debian@debian11:~$ ip addr list ens3
2: ens3: <BROADCAST,MULTICAST,UP,LOWER_UP> mtu 1500 qdisc pfifo_fast state UP
group default qlen 1000
    link/ether 52:54:00:7d:2b:d1 brd ff:ff:ff:ff:ff:ff
    altname enp0s3
    inet 192.168.122.104/24 brd 192.168.122.255 scope global dynamic ens3
       valid_lft 3523sec preferred_lft 3523sec
    inet 172.31.254.100/24 scope global ens3
       valid_lft forever preferred_lft forever
    inet6 fe80::5054:ff:fe7d:2bd1/64 scope link
       valid_lft forever preferred_lft forever
```

인터페이스에서 IP 주소를 제거하고 싶을 경우 `ip addr del {ip주소} address dev {인터페이스명}` 명령어를 실행한다. 다음 예제는 ens3 인터페이스에 할당했던 172.31.254.100/24 주소를 제거한다.

```
debian@debian11:~$ ip addr del 172.31.254.100/24 dev ens3
debian@debian11:~$ ip addr list ens3
2: ens3: <BROADCAST,MULTICAST,UP,LOWER_UP> mtu 1500 qdisc pfifo_fast state UP
group default qlen 1000
    link/ether 52:54:00:7d:2b:d1 brd ff:ff:ff:ff:ff:ff
    altname enp0s3
    inet 192.168.122.104/24 brd 192.168.122.255 scope global dynamic ens3
       valid_lft 3412sec preferred_lft 3412sec
    inet6 fe80::5054:ff:fe7d:2bd1/64 scope link
       valid_lft forever preferred_lft forever
```

이번 장에서 사용하는 주요 리눅스 배포판에서는 `ip link` 명령과 마찬가지로 `ip addr add` 명령과 `ip addr del` 명령을 같은 방식으로 사용할 수 있다. 결과 화면에서 인터페이스명의 형태가 조금씩 다를 수 있지만, 내용은 대동소이하다.

지금까지 `ip` 명령어를 사용해 인터페이스의 설정을 변경해봤다. 네트워크 장비 설정에 익숙한 대부분의 독자들에게는 리눅스에서 인터페이스를 설정하는 과정이 마치 네트워크 장비에서 설정하는 과정과 비슷하다고 느껴졌을 것이다. 하지만 이렇게 변경한 설정이 지속되지는 않는다. 즉, 시스템을 재시작하면 기껏 변경했던 설정이 사라져버린다. 이제 리눅스 인터페이스 설정 파일을 사용하는 방법을 살펴본다.

설정 파일로 인터페이스 설정

시스템이 재시작되더라도 인터페이스에 대한 설정 변경을 계속 유지하고 싶다면 `ip` 명령어를 사용하는 것만으로는 부족하다. 변경한 설정이 자동으로 계속 적용되도록 하려면 반드시 인터페이스 설정 파일을 변경해야 한다. `ip` 명령어는 리눅스 배포판에 상관없이 똑같은 방식으로 일관되게 사용할 수 있지만, 불행히도 인터페이스 설정 파일을 수정하는 방법은 리눅스 배포판마다 다르다.

예를 들어 RHEL, CentOS, 페도라 계열에서는 /etc/sysconfig/network-scripts 디렉터리에 개별 인터페이스의 설정 파일이 들어 있다. 인터페이스 설정 파일명은 `ifcfg-{인터페이스명}` 형식을 따른다. 즉, eth0이나 enp0s3과 같은 인터페이스명이 파일명에 포함된다. 인터페이스 설정 파일의 구조는 아래와 같다. 이 설정 파일 예제는 CentOS 7.1에서 가져왔지만, 최신 알마 리눅스나 록키 리눅스에서도 같은 형식의 설정 파일을 사용한다.

```
NAME="ens33"
DEVICE="ens33"
ONBOOT=yes
NETBOOT=yes
IPV6INIT=yes
BOOTPROTO=dhcp
TYPE=Ethernet
```

다음은 RHEL/페도라/아마존 리눅스 인터페이스 설정 파일에서 자주 사용하는 지시문이다.

NAME

사용자에게 표시되는 인터페이스의 명칭이다. 알기 쉬운 이름으로 설정한다. `ip` 명령어를
실행하는 경우에는 표시되지 않으며, 보통 GUI 유틸리티에서만 이 값을 이용한다.

DEVICE

설정하려는 물리 장치명을 의미한다.

IPADDR

해당 인터페이스에 할당하는 IP 주소다. DHCP 또는 부트스트랩 프로토콜을 사용할 경우
에는 이 항목을 설정하지 않는다.

PREFIX

정적 IP를 사용할 경우 할당된 IP의 네트워크 프리픽스$^{network\ prefix}$를 의미한다. **NETMASK**를
사용할 수도 있지만, **PREFIX** 사용을 권장한다.

BOOTPROTO

인터페이스의 IP 주소를 할당하는 방법을 지정한다. 위 예제에서는 **dhcp**로 설정됐으므로
DHCP 서버로부터 IP 주소를 받아온다. 보통 인터페이스가 파일에 정의된 정적 주소를 사
용한다면 **none**으로 설정된다.

ONBOOT

부팅될 때 인터페이스의 활성화 여부를 결정한다. 이 값을 **yes**로 설정하면 부팅되면서 인터
페이스가 활성화된다. **no**로 설정하면 부팅될 때 인터페이스가 비활성화된다.

MTU

인터페이스의 기본 MTU를 설정한다.

GATEWAY

인터페이스가 사용할 게이트웨이를 설정한다.

이용할 수 있는 설정 항목이 이보다 훨씬 더 많지만, 자주 보게 되는 설정 항목은 위와 같다. 모든 설정 항목이 궁금하다면 RHEL, 페도라, 아마존 리눅스에서 제공하는 설명서를 참고하자.

예전 우분투 버전과 데비안 계열에서는 /etc/network/interfaces 디렉터리에 인터페이스 설정 파일들이 들어 있다. 다음 예제는 우분투 14.04 LTS의 네트워크 인터페이스 설정 파일이다.

```
# 이 파일은 시스템에서 이용할 수 있는 네트워크 인터페이스와 이를
# 활성화하는 방법을 기술한다. 상세 정보는 interfaces(5)를 참조한다.

# 루프백 네트워크 인터페이스
auto lo
iface lo inet loopback

# 첫 번째 네트워크 인터페이스
auto eth0
iface eth0 inet dhcp

auto eth1
iface eth1 inet static
        address 192.168.100.11
        netmask 255.255.255.0
```

이전 우분투 버전과 데비안 계열에서는 모든 네트워크 인터페이스를 하나의 설정 파일에서 설정한다. 각 인터페이스의 설정 항목은 설정 스탠자configuration stanza라고 하는 **auto {인터페이스명}** 설정 구문으로 구분된다. 데비안이나 우분투에서 인터페이스 설정에 사용할 수 있는 모든 선택 항목이 궁금하다면 **man 5 interfaces**를 실행해보자. 설정 스탠자에서 자주 사용하는 설정 항목은 다음과 같다.

- 인터페이스의 IP 주소 할당 방식은 보통 inet dhcp 또는 inet static을 사용한다. 위 예제에서 eth0 인터페이스는 DHCP로 동적 IP를 받아오고, eth1 인터페이스는 정적 IP를 할당한다.
- netmask 옵션으로, 할당된 IP 주소에 대한 네트워크 마스크를 지정한다. 하지만 inet static으로 IP 주소를 정적 할당하게 되면 IP 주소에 192.168.100.10/24처럼 프리픽스를 사용할 수 있으므로 따로 netmask 지시어를 사용할 필요가 없다.
- gateway 지시어는 inet static으로, IP 주소를 정적 할당했을 때 해당 인터페이스에서 사용할 기본 게이트웨이를 지정한다.

RHEL, 알마 리눅스, 아마존 리눅스처럼 네트워크 인터페이스를 개별 설정 파일로 관리하고 싶다면 /etc/ network/interfaces 파일에 다음 한 줄을 추가한다.

```
source-directory /etc/network/interfaces.d/*
```

이 코드는 /etc/network/interfaces.d/ 디렉터리에 있는 인터페이스별 설정 파일들을 읽어서 마치 1개의 설정 파일로 통합한 것처럼 설정 작업을 진행하라는 의미다. 개별 설정 파일을 사용하는 경우 /etc/network/interfaces 파일에 이 한 줄만 쓰여 있어도 상관없다. 클라우드 인스턴스에서는 인터페이스별 설정이 /run/network/interfaces.d처럼 다른 경로에 위치하기도 한다.

> TIP_ 인터페이스 설정 파일 관리에 셰프^{Chef}, 퍼펫^{Puppet}, 앤서블^{Ansible}, 솔트^{Salt} 등과 같은 설정 관리 도구를 함께 사용하면 유연성을 한층 더 높일 수 있다. 이러한 설정 관리 도구는 시스템 관리를 위한 핵심 도구이며, 하나의 파일에 여러 섹션으로 관리하는 방식 대신 인터페이스별 설정 파일로 인터페이스를 개별 관리함으로써 전체 설정 관리 업무가 훨씬 쉬워진다. 12장에서 네트워크 자동화를 다룰 때 이 도구의 사용법을 자세히 설명한다.

우분투 17.10부터는 system-networkd라는 systemd의 확장 기능을 사용한다. systemd-networkd는 인터페이스별 설정 파일을 사용해 네트워크 연결을 설정하며, 이때 개별 설정 파일의 확장자는 .network이다. 다음 파일은 우분투 20.04에 포함된 .network 파일 중 하나다.

```
[Match]
Name=ens3

[Network]
DHCP=ipv4
LinkLocalAddressing=ipv6

[DHCP]
RouteMetric=100
UseMTU=true
```

systemd 유닛 파일을 다뤄본 적이 있다면 이 설정 파일의 문법도 바로 이해할 수 있을 것이다. systemd-networkd는 systemd처럼 INI 파일과 비슷한 문법을 사용한다. systemd-networkd의 설정 파일인 .network 파일에서 사용할 수 있는 모든 선택 항목이 궁금하다면 **man 5 systemd.network**를 실행해보자.

모든 리눅스 배포판에서 네트워크 인터페이스 설정 파일을 변경하더라도 그 변경 사항이 즉시 적용되지는 않는다. 변경 사항을 바로 적용하고 싶다면, 설정 파일을 수정하지 말고 앞에서 살펴본 **ip** 명령어를 사용해야 한다. 변경한 설정 파일을 실제로 적용하려면 인터페이스를 재시작해야 한다.

인터페이스를 재시작하는 가장 손쉬운 방법은 **ip link set** 명령을 사용해 인터페이스를 비활성화했다가(즉, 관리상 다운 상태로 만들었다가) 다시 활성화하는 것이다. 명령어 사용법은 '인터페이스 활성화/비활성화' 절에서 이미 설명했다.

다른 방법도 있긴 하지만, 배포판마다 방법이 다르다. 예를 들어 데비안 11에서는 **systemctl**을 통해 systemd 유닛 중에서 **networking** 유닛을 재시작할 수 있다.

```
debian@debian11:~$ systemctl restart networking
```

아마존 리눅스 2에서는 systemd 유닛 중에서 **network** 유닛을 재시작해야 한다.

```
[ec2-user@amazonlinux2 ~]$ systemctl restart network
```

하지만 알마 리눅스 9에는 이러한 **network**라는 systemd 유닛조차 없다.

우분투 20.04에서는 systemd-networkd가 네트워크 하위 시스템을 구동하므로, **networkctl** 명령어를 통해 systemd-networkd가 관리하는 인터페이스를 다룬다. 예를 들어 **networkctl reconfigure** 명령을 실행해 네트워크 인터페이스의 .network 설정 파일을 다시 설정한다.

```
ubuntu@ubuntu2004:~$ networkctl reconfigure ens3
```

networkctl status 명령을 실행하면 [그림 3-4]처럼 인터페이스가 다시 구성되는 과정을 볼 수 있다.

```
●●●                              Terminal                              ⌥⌘2
ubuntu@ip-172-31-47-187:~$ sudo networkctl status --no-pager -l
●         State: routable
        Address: 172.31.47.187 on ens5
                 fe80::c4e:13ff:fe77:123a on ens5
        Gateway: 172.31.32.1 on ens5
            DNS: 172.31.0.2
 Search Domains: ca-central-1.compute.internal

Apr 27 21:34:20 ip-172-31-47-187 systemd-networkd[439]: ens5: Link UP
Apr 27 21:34:20 ip-172-31-47-187 systemd-networkd[439]: ens5: Gained carrier
Apr 27 21:34:20 ip-172-31-47-187 systemd-networkd[439]: ens5: Link DOWN
Apr 27 21:34:20 ip-172-31-47-187 systemd-networkd[439]: ens5: Lost carrier
Apr 27 21:34:20 ip-172-31-47-187 systemd-networkd[439]: ens5: IPv6 successfully
enabled
Apr 27 21:34:20 ip-172-31-47-187 systemd-networkd[439]: ens5: Link UP
Apr 27 21:34:20 ip-172-31-47-187 systemd-networkd[439]: ens5: Gained carrier
Apr 27 21:34:20 ip-172-31-47-187 systemd-networkd[439]: ens5: DHCPv4 address 172
.31.47.187/20 via 172.31.32.1
Apr 27 21:34:22 ip-172-31-47-187 systemd-networkd[439]: ens5: Gained IPv6LL
Apr 27 21:34:22 ip-172-31-47-187 systemd[1]: Finished Wait for Network to be Con
figured.
ubuntu@ip-172-31-47-187:~$ █
```

그림 3-4 networkctl status 명령 실행 결과

networkctl 명령어의 사용법을 보다 자세히 알고 싶을 때 어떤 명령어를 사용해야 할지가 머릿속에 떠올랐을 것이다. man networkctl 명령을 실행하면 세부 사항을 담고 있는 문서를 볼 수 있다.

인터페이스를 재시작하거나 재구성하면 설정 파일의 변경 사항이 적용돼 실제 동작에 반영된다. 설정이 변경됐는지는 ip 명령어로 확인할 수 있다.

지금까지 살펴본 내용은 eth0이나 ens32처럼 물리 인터페이스에 대한 것이었다. 리눅스에서는 많은 항목을 마치 파일처럼 다루는 경우가 많다. 이와 비슷하게 리눅스 네트워킹과 관련된 항목은 마치 인터페이스인 것처럼 다루는 경우가 많다. 대표적 사례로 리눅스에서 VLAN을 사용하는 방식을 예로 들 수 있다. 다음 절에서는 VLAN에 대해 보다 자세히 살펴본다.

VLAN 인터페이스 사용

3.4.4절 '데몬 실행'에서 인터페이스는 리눅스 네트워킹의 기본적인 구성 요소라고 설명했다. 이번 절에서는 **VLAN**을 살펴본다. VLAN은 논리 인터페이스logical interface로, 리눅스에서는 각 VLAN마다 전용 물리 인터페이스가 없어도 동시에 여러 VLAN과 통신할 수 있다. 리눅스에서

사용하는 논리 VLAN 인터페이스는 물리 인터페이스를 특정 802.1Q VLAN ID와 함께 묶은 것이다.

VLAN에 대해서는 이미 잘 알고 있으리라 생각하고, 여기서는 VLAN의 개념을 자세히 다루지 않는다. VLAN과 그 외 네트워킹 관련 개념을 익히기에 좋은 참고 서적으로 브루스 하트펜스 Bruce Hartpence가 쓴 『Packet Guide to Routing and Switching』(O'Reilly, 2011)을 추천한다.

VLAN 인터페이스 생성, 설정, 삭제. VLAN 인터페이스를 생성하기 위해 `ip link add link {부모기기} {vlan기기} type vlan id {vlan-id}` 명령을 실행한다. 보다시피 앞에서 계속 살펴봤던 `ip link` 명령의 확장 형태다.

이 명령어의 인자를 자세히 살펴보자.

- {부모기기}에는 실제로 논리 VLAN 인터페이스 역할을 담당할 어댑터를 지정한다. eth1 또는 ens33 과 같은 값이 지정된다.
- {vlan기기}는 논리 VLAN 인터페이스에서 사용할 이름이다. 관례상 부모 장비명, 마침표, VLAN ID를 이어 붙인 문자열을 사용한다. eth1과 연결된, VLAN ID가 100인 VLAN 인터페이스라면 vlan 기기의 이름으로 eth1.100을 사용한다.
- 끝으로, {vlan-id}는 글자 그대로 논리 인터페이스에 할당하는 802.1Q VLAN ID 값이다.

예제를 통해 살펴보자. 데비안에서 논리 VLAN 인터페이스를 생성한다고 가정하자. 이 논리 인터페이스는 ens3 물리 인터페이스에 연결돼 있고 802.1Q VLAN ID로 150을 사용한다. 명령어는 다음과 같다.

```
debian@debian11:~$ ip link add link ens3 ens3.150 type vlan id 150
```

이제 `ip link list` 명령을 실행해 논리적 VLAN 인터페이스가 추가됐는지 확인해보자. 인터페이스명이 ens3.150@eth2이지만, 인터페이스를 다룰 때는 @ 기호 앞부분의 문자열만 사용한다.

```
debian@debian11:~$ ip link list ens3.150
3: ens3.150@ens3: <BROADCAST,MULTICAST> mtu 1500 qdisc noop state DOWN mode
DEFAULT group default qlen 1000
    link/ether 52:54:00:7d:2b:d1 brd ff:ff:ff:ff:ff:ff
```

해당 인터페이스가 VLAN 인터페이스인지 확인하기 위해 `ip link list` 명령에 -d 옵션을 추가해 실행한다.

```
debian@debian11:~$ ip -d link list ens3.150
3: ens3.150@ens3: <BROADCAST,MULTICAST> mtu 1500 qdisc noop state DOWN mode
DEFAULT group default qlen 1000
    link/ether 52:54:00:7d:2b:d1 brd ff:ff:ff:ff:ff:ff promiscuity 0 minmtu 0
    maxmtu 65535
    vlan protocol 802.1Q id 150 <REORDER_HDR> addrgenmode eui64 numtxqueues 1
    numrxqueues 1 gso_max_size 65536 gso_max_segs 65535
```

VLAN 인터페이스가 정상적으로 동작하려면 인터페이스를 활성화하고 IP 주소도 할당해야 한다.

```
debian@debian11:~$ ip link set ens3.150 up
debian@debian11:~$ ip addr add 192.168.150.10/24 dev ens3.150
```

당연히 시스템에 연결된 물리 스위치도 위 설정에 부합되도록 설정해야 한다. 특히 스위치 포트는 반드시 VLAN 트렁크로 설정되고 VLAN 150을 통과시키도록 설정돼야 한다. 설정 명령어는 업스트림 스위치의 제조사와 모델에 따라 다르다.

물리 인터페이스와 마찬가지로, 논리 VLAN 인터페이스를 활성화해 IP 주소를 부여한 다음 이 인터페이스에 대한 라우팅 경로를 호스트의 라우팅 테이블에 추가해야 한다.

```
debian@debian11:~$ ip route list
default via 192.168.122.1 dev ens3
192.168.122.0/24 dev ens3 proto kernel scope link src 192.168.122.104
192.168.150.0/24 dev ens3.150 proto kernel scope link src 192.168.150.10
```

VLAN 인터페이스를 삭제하려면, 먼저 비활성화해 인터페이스 상태를 다운 상태로 만든 후 해당 인터페이스를 삭제하는 순서를 권장한다.

```
debian@debian11:~$ ip link set ens3.150 down
debian@debian11:~$ ip link delete ens3.150
```

이미 언급한 바 있지만, `ip` 명령어는 현재 설정값의 변경 사항을 즉시 적용한다. 하지만 이렇게 적용된 변경 사항은 유지되지 않고, 시스템이 재부팅되면 애써 설정한 모든 VLAN 인터페이스가 사라져버린다. 변경 사항을 계속 유지하려면 인터페이스 설정 파일을 수정해야 한다.

데비안 계열 및 우분투 17.10 이전 버전에서는 단지 /etc/network/interfaces에 설정 스탠자를 추가하면 된다. 또는 /etc/network/interfaces.d에 인터페이스별 설정 파일을 추가하고, /etc/network/interfaces에서 이 파일들을 소스로 읽어오도록 설정할 수도 있다. 설정 스탠자는 다음과 비슷한 형태가 된다.

```
auto ens3.150
iface ens3.150 inet static
  address 192.168.150.10/24
```

RHEL, 페도라, 알마 리눅스에서는 /etc/sysconfig/network-scripts에 ifcfg-eth2.150 파일처럼 인터페이스별 설정 파일을 생성한다. 파일의 내용은 다음과 같다.

```
VLAN=yes
DEVICE=eth2.150
BOOTPROTO=static
ONBOOT=yes
TYPE=Ethernet
IPADDR=192.168.150.10
NETMASK=255.255.255.0
```

systemd-networkd를 사용하는 우분투에서는 이 과정이 조금 복잡하다.

1. NetDev 파일을 생성해 Kind=vlan 항목을 추가하고, VLAN ID 값을 설정한다. NetDev 파일의 확장자는 .netdev이다.
2. systemd-networkd 네트워크 파일에서 VLAN NetDev 파일을 참조해 NetDev를 물리 인터페이스로 매핑한다.
3. VLAN 인터페이스 자체에 대한 systemd-networkd 네트워크 파일을 생성한다. 이 과정에서 VLAN 인터페이스에 IP 주소를 할당한다.

비록 이 책을 쓰는 시점을 기준으로 가장 최신 버전인 데비안 11[8]에서는 systemd-networkd

---

8 옮긴이_ 현재 데비안 최신 버전은 12이다.

를 사용하지 않지만, 데비안 설명서[9]에는 systemd-networkd에 대한 유용한 추가 정보가 정말 많이 들어 있다.

VLAN 인터페이스 사용 예제. VLAN 인터페이스는 리눅스 시스템에 필요한 스위치 포트와 물리 인터페이스의 개수를 최소한으로 사용하면서 동시에 여러 VLAN과 통신해야 하는 경우에 매우 유용하게 사용할 수 있다. 예를 들어 리눅스가 한 VLAN으로는 웹 서버와 통신하고 다른 VLAN으로는 데이터베이스 서버와 통신한다고 가정하자. 물리 인터페이스가 두 VLAN의 트래픽을 넉넉히 처리할 수 있는 대역폭을 갖고 있다면, 논리 VLAN 인터페이스 2개를 물리 인터페이스 1개로 사용하는 것이 이상적이다.

인터페이스를 설정하고 관리하는 작업 외에도 리눅스 호스트의 IP 라우팅 테이블을 구성하고 관리하는 작업이 남아 있으며, 리눅스 네트워킹에서 또 한 가지 중요한 부분으로 꼽힌다. 다음 절에서는 이와 관련된 주제를 자세히 살펴본다.

3.5.2 최종 호스트로서의 라우팅

보통 인터페이스와 라우팅을 함께 설정하는 것이 자연스럽지만, 때로는 인터페이스 설정과 별개로 IP 라우팅 경로를 설정해야 하는 경우가 있다. 우선 인터페이스 설정이 호스트 라우팅 경로 설정에 어떤 영향을 미치는지 살펴보자.

`ip route` 명령은 리눅스의 라우팅 테이블을 확인하거나 수정할 때 가장 자주 사용하는 명령이다. 하지만 `ip link` 명령과 `ip addr` 명령도 라우팅 테이블에 영향을 준다.

먼저 `ip route list` 명령으로 현재 라우팅 테이블을 확인한다.

```
ubuntu@ubuntu2004:~$ ip route list
default via 192.168.122.1 dev ens3 proto dhcp src 192.168.122.215 metric 100
192.168.100.0/24 dev ens8 proto kernel scope link src 192.168.100.11
192.168.122.0/24 dev ens3 proto kernel scope link src 192.168.122.215
192.168.122.1 dev ens3 proto dhcp scope link src 192.168.122.215 metric 100
```

---

9 옮긴이_ *https://manpages.debian.org/bullseye/systemd/systemd.netdev.5.en.html*(영문). 한글로 된 데비안 설치 안내서는 *https://www.debian.org/releases/stable/i386/install.ko.pdf*에서 볼 수 있다.

명령어 실행 결과에서 몇 가지 사항을 알 수 있다.

- 기본 게이트웨이는 192.168.122.1이다. 경로를 알 수 없는 네트워크는 ens3을 통해 기본 게이트웨이로 보내진다. 기본 게이트웨이는 DHCP 또는 설정 지시어로 설정된다. 설정 지시어는 배포판마다 다른데, RHEL, CentOS, 페도라에서는 GATEWAY를 사용하고 데비안과 우분투에서는 gateway를 사용한다.
- ens3에 할당된 IP 주소는 192.168.122.215이며, 이 인터페이스는 192.168.122.0/24 네트워크와 통신할 때 사용된다.
- ens8에 할당된 IP 주소는 192.168.100.11/24이며, 이 인터페이스는 192.168.100.0/24 네트워크와 통신할 때 사용된다.

`ip link set ens8 down` 명령을 실행해 ens8 인터페이스를 비활성화하면 호스트의 라우팅 테이블은 자동으로 다음과 같이 바뀐다.

```
ubuntu@ubuntu2004:~$ ip link set ens8 down
ubuntu@ubuntu2004:~$ ip route list
default via 192.168.122.1 dev ens3 proto dhcp src 192.168.122.215 metric 100
192.168.122.0/24 dev ens3 proto kernel scope link src 192.168.122.215
192.168.122.1 dev ens3 proto dhcp scope link src 192.168.122.215 metric 100
```

ens8이 다운되면서 호스트 시스템에서는 192.168.100.0/24 네트워크 대역에 대한 경로가 없어지며 라우팅 테이블이 자동으로 갱신된다. 예상대로 `ip link` 명령과 `ip addr` 명령도 호스트의 라우팅 테이블에 영향을 미친다는 사실을 직접 확인해봤다.

`ip route` 명령을 사용하면 라우팅 테이블의 자동 변경을 줄일 수 있다. 자동 변경을 줄인다는 것이 무슨 의미일까? 다음 몇 가지 사례를 살펴보자.

- 네트워크에 대한 특정 인터페이스의 고정 경로 추가
- 네트워크에 대한 고정 경로 제거
- 기본 게이트웨이 변경

각 사례마다 구체적인 예제를 살펴보자.

지금까지 예제에서 살펴본 네트워크 설정을 그대로 사용한다고 가정한다. ens3 인터페이스는 192.168.122.0/24 대역의 IPv4 주소를 가지며, ens8 인터페이스는 192.168.100.0/24 대역의 IPv4 주소를 가진다. 이 설정에서 `ip route list` 명령을 실행하면 다음과 같은 결과를 얻는다.

```
ubuntu@ubuntu2004:~$ ip route list
default via 192.168.122.1 dev ens3 proto dhcp src 192.168.122.215 metric 100
192.168.100.0/24 dev ens8 proto kernel scope link src 192.168.100.11
192.168.122.0/24 dev ens3 proto kernel scope link src 192.168.122.215 1
92.168.122.1 dev ens3 proto dhcp scope link src 192.168.122.215 metric 100
```

이 설정을 네트워크 토폴로지 다이어그램으로 그려보면 [그림 3-5]와 같다.

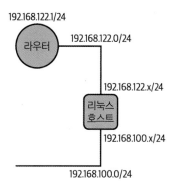

그림 3-5 네트워크 토폴로지 예제

이제 192.168.100.0/24 네트워크에 새로운 라우터를 추가했다. 192.168.101.0/24 서브넷은 이 라우터의 반대쪽에 배치했다. 새로운 네트워크 토폴로지 다이어그램은 [그림 3-6]과 같다.

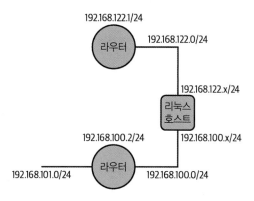

그림 3-6 변경된 네트워크 토폴로지

기존 라우팅 테이블을 사용해서는 새로 추가된 네트워크와 통신을 맺을 수 없다. 리눅스 호스트는 새로운 네트워크에 대한 경로 정보를 갖고 있지 않으므로, 모든 트래픽을 기본 게이트웨이로 보낸다. 하지만 기본 게이트웨이는 새로 추가된 네트워크에 연결할 수 없다. 이 문제를 해결하려면 다음과 같이 호스트의 ens8 인터페이스에 새로운 네트워크의 경로를 추가해야 한다.

```
debian@debian11:~$ ip route add 192.168.101.0/24 via 192.168.100.2 dev ens8
debian@debian11:~$ ip route list
default via 192.168.122.1 dev ens3 proto dhcp src 192.168.122.215 metric 100
192.168.100.0/24 dev ens8 proto kernel scope link src 192.168.100.11
192.168.101.0/24 via 192.168.100.2 dev ens8
192.168.122.0/24 dev ens3 proto kernel scope link src 192.168.122.215
192.168.122.1 dev ens3 proto dhcp scope link src 192.168.122.215 metric 100
```

이 명령어의 일반적인 사용법은 ip route add {목적지_네트워크} via {게이트웨이_주소} dev {인터페이스명}이다.

예제와 같이 데비안 리눅스 호스트에게 ens8 인터페이스로 192.168.100.2를 통해 192.168.101.0/24 대역의 네트워크와 통신할 수 있음을 알려준다. 이제 호스트는 적절한 라우터를 통해 새로 추가된 네트워크와 통신할 수 있는 경로를 획득하고 해당 네트워크와의 통신을 맺을 수 있다. 또 다른 라우터와 새로운 네트워크를 추가해 [그림 3-7]처럼 네트워크 토폴로지가 바뀌게 됐다면 한번 더 다른 경로를 추가해야 한다.

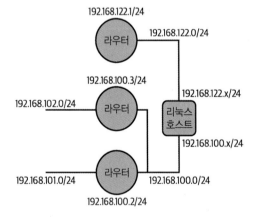

그림 3-7 최종 네트워크 토폴로지

다음 명령을 실행해 최종 토폴로지 문제를 해결한다.

```
debian@debian11:~$ ip route add 192.168.102.0/24 via 192.168.100.3 dev ens8
debian@debian11:~$ ip route list
default via 192.168.122.1 dev ens3 proto dhcp src 192.168.122.215 metric 100
192.168.100.0/24 dev ens8 proto kernel scope link src 192.168.100.11
192.168.101.0/24 via 192.168.100.2 dev ens8
192.168.102.0/24 via 192.168.100.3 dev ens8
192.168.122.0/24 dev ens3 proto kernel scope link src 192.168.122.215
192.168.122.1 dev ens3 proto dhcp scope link src 192.168.122.215 metric 100
```

ip 명령어로 설정을 변경했지만, 적용된 변경 사항이 계속 유지되지 않는다는 점을 기억하자. 라우팅 정보를 계속 유지하려면 다음과 같이 /etc/network/interfaces에 설정 스탠자를 추가해 eth1의 설정을 변경해야 한다. RHEL, 페도라, CentOS인 경우 /etc/sysconfig/network-scripts/ifcfg-eth1 파일을 수정한다.

```
auto eth1
iface eth1 inet static
        address 192.168.100.11
        netmask 255.255.255.0
        up ip route add 192.168.101.0/24 via 192.168.100.2 dev $IFACE
        up ip route add 192.168.102.0/24 via 192.168.100.3 dev $IFACE
```

설정 스탠자에서 사용한 명령어 중에서 $IFACE는 설정 중인 특정 인터페이스를 가리키며, up 지시어는 데비안과 우분투에서 해당 인터페이스가 활성화될 때 그다음에 적힌 명령어를 실행하라는 의미다. 이 예제에서는 ip route 명령을 실행해 시스템이 시작될 때마다 자동으로 경로 정보를 라우팅 테이블에 추가한다.

어떤 이유로든 라우팅 테이블에서 특정 경로를 **삭제**해야 한다면 ip route 명령을 실행한다. 이번에는 delete 하위 명령을 사용한다.

```
[almalinux@alma9 ~]$ ip route del 192.168.103.0/24 via 192.168.100.3
```

경로를 삭제할 때는 ip route del {대상_네트워크} via {게이트웨이_주소} 명령을 사용한다.

끝으로, `ip route` 명령으로 기본 게이트웨이를 변경해보자. `ip route` 명령으로 게이트웨이를 바로 변경할 수는 있지만, 변경 사항이 유지되지 않는다. 즉, 이미 여러 번 이야기했듯이 명령을 실행해 기본 게이트웨이를 변경할 수는 있지만, 변경된 설정을 계속 유지하려면 인터페이스 설정 파일을 수정해야 한다. 기본 게이트웨이를 변경하려면 다음 명령을 실행한다. 이 예제에서는 이미 기본 게이트웨이가 존재한다고 가정한다.

```
ubuntu@ubuntu2004:~$ ip route del default via 192.168.122.1 dev ens3
ubuntu@ubuntu2004:~$ ip route add default via 192.168.122.2 dev ens3
```

이 명령에서 대상 네트워크 자리에 사용된 **default** 키워드는 0.0.0.0/0을 의미한다.

또한 리눅스는 여러 개의 라우팅 테이블을 설정해놓고 규칙에 따라 리눅스에서 특정 라우팅 테이블을 사용해 트래픽을 전달하도록 설정할 수 있다. 이 기능을 **라우팅 정책**policy routing이라 한다. 예를 들어 시스템에 설치된 인터페이스마다 서로 다른 기본 게이트웨이를 사용해야 할 때가 있다. 라우팅 정책 기능을 사용하면 ens3과 ens8이 각자 자신만의 라우팅 테이블과 기본 게이트웨이 설정으로 동작한다. 이 기능은 리눅스 네트워킹 분야의 고급 주제에 속하므로 여기서는 다루지 않는다. 사용 방법이 궁금하다면 **man ip rule**과 **man ip route**를 실행해 ip rule과 ip route에 대한 설명서를 읽어보자.

이번 절에서는 호스트 측면에서 IP 라우팅 테이블을 설정해봤다. 하지만 리눅스를 완전한 IP 라우터로도 활용할 수 있다. 라우팅 정책 사용법과 마찬가지로 고급 주제이긴 하지만, 기본적인 내용만 다음 절에서 살펴보고 다음 주제로 넘어가자.

3.5.3 라우터로서의 라우팅

대다수 리눅스 사용자에게는 IP 포워딩 기능이 필요하지 않으므로, 최신 리눅스 배포판에서는 대부분 IP 포워딩 기능이 기본적으로 비활성화돼 있다. 하지만 IP 포워딩을 켜면 리눅스를 여러 IP 서브넷을 함께 연결하고 서브넷끼리 트래픽을 전달하는 **라우터**처럼 동작시킬 수 있다. 이 기능을 사용하려면 먼저 IP 포워딩 기능을 활성화해야 한다.

IP 포워딩 기능이 켜져 있는지 확인해보자. 아래 명령은 대부분의 배포판에서 제대로 동작할 것이다. 다만 배포판에 따라 설치 경로는 다를 수 있다.

```
ubuntu@ubuntu2004:~$ /usr/sbin/sysctl net.ipv4.ip_forward
net.ipv4.ip_forward = 0
ubuntu@ubuntu2004:~$ /usr/sbin/sysctl net.ipv6.conf.all.forwarding
net.ipv6.conf.all.forwarding = 0
```

TIP_ 특정 명령어가 실제로 설치되는 경로는 리눅스 배포판마다 다르다. 앞에서 사용해봤던 which 명령어를 이용해 특정 명령어가 어느 경로에 설치됐는지를 알아낼 수 있다. 물론 찾고자 하는 명령어가 검색 경로에 있어야 한다.

두 실행 결과가 0이므로, 비활성화된 상태다. 시스템을 재부팅하지 않고도 시스템 실행 상태에서 IP 포워딩 기능을 활성화할 수 있다. 다음 명령을 실행하자. 이제는 당연한 이야기이지만, 이렇게 명령어로 변경하면 시스템이 재부팅될 때 지금까지 변경했던 설정이 사라진다.

```
[almalinux@alma9 ~]$ systcl -w net.ipv4.ip_forward=1
```

ip 명령어와 마찬가지로 이렇게 명령어로 변경한 내용은 시스템에 즉시 반영되지만, 시스템이 재부팅되면 변경 사항이 유지되지 않고 사라져버린다. 변경 사항을 계속 유지하려면 반드시 /etc/sysctl.conf 파일을 수정하거나 설정 파일을 /etc/sysctl.d 디렉터리에 둬야 한다. 어떤 방법이든 설정 파일에 다음 값을 추가해야 한다.

```
net.ipv4.ip_forward = 1
```

IPv6 포워딩을 활성화하기 위해 다음 줄을 추가한다.

```
net.ipv6.conf.all.forwarding = 1
```

설정을 실제로 적용하려면 리눅스 호스트를 재부팅하거나 sysctl -p {새로운_설정값이_들어있는_파일_경로} 명령을 실행해야 한다.

NOTE_ 리눅스에서 /etc/network/interfaces.d 또는 /etc/sysctl.d 디렉터리에 개별 설정 파일을 두는 방식도 가능하다고 여러 번 언급했다. 하나의 파일로 관리하는 방식과 항목별 개별 설정 파일을 관리하는 방식

중 어느 것이 더 좋을까? 이를 두고 리눅스 시스템 관리자 사이에서도 의견이 갈리지만, 각 접근 방식마다 분명한 장단점이 있다. 설정 관리 도구를 사용한다면, 해당 도구가 파일별 설정 관리를 처리하는 데 도움을 주므로 개별 설정 파일을 사용하는 방식이 유리할 수 있다. 어떤 방식을 사용하든 동작하는 데는 아무 문제가 없다.

IP 포워딩이 활성화된 리눅스 시스템은 고정 라우팅만 처리하는 라우터처럼 동작한다. 따라서 모든 트래픽이 적절한 경로를 찾을 수 있도록 `ip route` 명령을 사용해 경로 지시문을 적용해야 한다. 리눅스에 동적 라우팅 프로토콜 데몬을 설치하면 BGP나 OSPF 같은 동적 라우팅 프로토콜에 참여해 라우터처럼 동작할 수 있다. 가장 널리 사용되는 DHCP 데몬에는 콰가Quagga[10], 버드BIRD[11] 등이 있다.

iptables 또는 이 프로젝트를 승계한 nftables[12]를 이용하면 네트워크 주소 변환NAT, Network Address Translation과 접근 제어 목록ACL, Access Control List 같은 추가 기능도 사용할 수 있다.

리눅스는 L3 트래픽의 경로도 제어할 수 있지만 L2 브리징bridging, 즉 2계층인 데이터링크DataLink 계층에서 여러 이더넷 세그먼트를 연결할 수 있다. 계속해서 리눅스 브리징의 기초적인 내용을 살펴보자.

3.5.4 브리지(스위치)

리눅스 브리지bridge를 사용하면 프로토콜에 독립적인 방식으로 여러 네트워크 세그먼트를 함께 연결할 수 있다. 즉, 브리지는 OSI의 3계층(네트워크 계층)이 아닌 2계층(데이터링크 계층)에서 동작한다. 요즘 데이터센터에서 널리 사용되는 네트워크 스위치 형태는 다중 포트 무결성 브리지multiport transparent bridging다. 하지만 리눅스에서 브리지를 사용하는 경우 대부분 커널 기반 가상 머신KVM, Kernel-Based Virtual Machine 하이퍼바이저 또는 리눅스 컨테이너처럼 다양한 가상화에서 동작하는 것에 초점이 맞춰져 있다. 따라서 이 책에서는 브리지의 기본 사항만 간략히 다루고 가상화 관점에서 브리지 설정을 살펴본다.

---

10 GNU Zebra 프로젝트에서 포크된 라우팅 소프트웨어 모음. 영문 홈페이지 주소는 *https://www.nongnu.org/quagga/*이다.

11 BIRD는 'BIRD 인터넷 라우팅 데몬'의 약어다. 영문 홈페이지 주소는 *https://bird.network.cz/*이다.

12 영문 홈페이지 주소는 *https://netfilter.org/projects/nftables/*이다.

브리지의 실제 사용 사례

브리지를 생성하고 설정하는 세부 절차를 알아보기 전에 우선 리눅스 브리지를 사용하는 실제 사례를 살펴보자.

2개의 물리 인터페이스를 가진 리눅스 호스트가 있다. 각 인터페이스의 이름은 ens3과 ens8 이다. 브리지를 생성하면 리눅스 호스트는 [그림 3-8]과 같은 상태가 된다. 브리지 생성 절차 는 다음 절에서 설명한다.

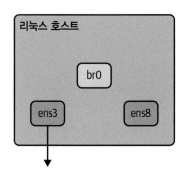

그림 3-8 인터페이스가 연결되지 않은 리눅스 브리지

브리지는 생성됐지만 아직 아무런 동작도 하지 않는다. 브리지는 네트워크 세그먼트를 결합시 키는 요소임을 기억해두자. 브리지에 연결된 네트워크 세그먼트가 없다면 브리지는 아무 일도 할 수 없다. 이제 브리지에 인터페이스를 추가한다.

ens3 인터페이스를 br0 브리지에 추가해보자. 이제 [그림 3-9]처럼 구성됐다.

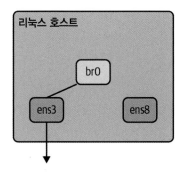

그림 3-9 물리 인터페이스가 연결된 리눅스 브리지

이제 브리지에 가상 머신을 연결한다. 보통 KVM[13] 또는 libvirt[14]를 사용한다.
이제 [그림 3-10]처럼 구성됐다.

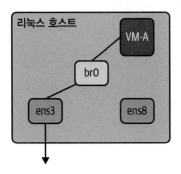

그림 3-10 물리 인터페이스와 가상 머신이 연결된 리눅스 브리지

마지막 설정에서 br0 브리지는 가상 머신과 물리 인터페이스 간의 네트워크 세그먼트를 연결
하며, 가상 머신에서 네트워크 인터페이스를 통해 물리 네트워크까지 하나의 L2 브로드캐스트
도메인을 생성한다. 가상 머신에 네트워크를 연결하는 사례가 리눅스 브리지의 대표적인 사용
사례로 꼽히지만, 이런 용도로만 사용하는 것은 아니다. 리눅스 브리지 기술을 사용하면, 리눅
스 호스트의 무선 인터페이스에 연결된 무선 네트워크를 기존 NIC로 연결된 유선 네트워크와
연결시킬 수도 있다.

리눅스 브리지로 어떤 일을 할 수 있는지 살펴봤으니 이제 리눅스 브리지를 생성해 설정하는
방법을 알아본다.

리눅스 브리지 생성 및 설정

인터페이스를 설정하고 관리하는 용도로 사용했던 ip 유틸리티를 리눅스 브리지를 구성하는
경우에도 똑같이 사용한다. 3.5.1절 '인터페이스 관련 작업'에서는 인터페이스가 리눅스 네트
워킹의 기본 구성 요소라고 설명했었다. 이와 같은 설명은 여기서도 유효하며, 리눅스는 브리
지를 인터페이스의 또 다른 형태로 취급한다.

----

13 *https://www.linux-kvm.org/page/Main_Page*(영문)

14 *https://libvirt.org/*(영문)

NOTE_ 예전에는 리눅스 브리지를 설정하기 위해 `brctl` 명령어를 사용했다. 마치 `ifconfig` 명령어가 `ip` 명령어로 완전히 대체된 것처럼, `brctl` 명령어도 `ip` 명령어로 대체됐다. 하지만 대부분의 최신 리눅스 배포판에서는 `brctl` 명령어가 여전히 포함돼 있으므로, 예전처럼 이 명령어를 사용할 수는 있다. 하지만 이번 절에서는 iproute2 패키지에 들어 있는 새로운 명령어를 위주로 설명한다.

브리지를 생성하기 위해 `ip link` 명령어에 add 하위 명령을 사용한다.

```
debian@debian11:~$ ip link add name bridge-name type bridge
```

인터페이스가 없는 브리지가 생성됐다. 지금 상태는 [그림 3-7]의 구성과 비슷하다. `ip link list` 명령을 실행해 상태를 확인해보자. 브리지를 추가할 때 브리지명으로 br0을 사용했다면 아래와 비슷한 결과를 볼 수 있다.

```
debian@debian11:~$ ip link list br0
4: br0: <BROADCAST,MULTICAST> mtu 1500 qdisc noop state DOWN mode DEFAULT
group default qlen 1000
    link/ether ba:98:99:d8:0d:5e brd ff:ff:ff:ff:ff:ff
```

새로 만들어진 브리지 인터페이스는 다운 상태로 표시된다. 이제 `ip link set {브리지명} up` 명령을 실행해 브리지 인터페이스를 활성화한다.

브리지가 생성됐으면 `ip link` 명령을 한번 더 실행해 브리지에 물리 인터페이스를 추가한다. 이 명령의 일반적인 사용법은 `ip link set {인터페이스명} set master {브리지명}`이다. 그러므로 ens3 인터페이스를 br0 브리지에 추가하려면 다음 명령어를 실행한다.

```
debian@debian11:~$ ip link set ens3 master br0
```

이제 [그림 3-8]과 비슷한 상태가 됐다.

CAUTION_ 브리지에 물리 인터페이스를 추가하면 리눅스는 이를 네트워크 인터페이스로 취급하지 않고 브리지된 포트로 취급한다. 따라서 TCP, UDP, IP 같은 프로토콜은 커널에서 무시된다. 이 과정에서 실제로 두 가지 중요한 영향을 미치게 된다. 첫째, 물리 인터페이스를 브리지에 추가하면 해당 네트워크 인터페이스를 통한 IP 기반의 연결은 끊어진다. 둘째, 브리지의 일부인 물리 인터페이스에 할당된 모든 IP 주소를 제거해야 한다. 그렇지 않으면 라우팅 테이블에 부정적인 영향을 미쳐 네트워크 연결 문제가 발생할 수 있다.

어떤 인터페이스가 브리지의 일부인지 알아낼 수 있는 방법이 있을까? 여기에 우리를 도와줄 좋은 친구가 있다. 바로 ip 명령어다.

```
[almalinux@alma9 ~]$ ip link list master br0
2: eth0: <BROADCAST,MULTICAST,UP,LOWER_UP> mtu 1500 qdisc fq_codel master
br0 state UP mode DEFAULT group default qlen 1000
    link/ether 52:54:00:d2:c5:f4 brd ff:ff:ff:ff:ff:ff
    altname enp0s3
    altname ens3
```

ip link list master {브리지명} 명령을 실행하면 해당 브리지의 일부라고 판단되는 인터페이스를 표시해준다.

브리지에서 인터페이스를 제거할 경우에도 다음과 같이 ip link 명령을 실행한다.

```
[almalinux@alma9 ~]$ ip link set interface-name nomaster
```

끝으로, 브리지를 삭제하려면 ip link del 명령에 삭제하려는 브리지명을 전달한다. 다음 명령은 br0 브리지를 삭제한다.

```
[almalinux@alma9 ~]$ ip link del br0
```

브리지를 삭제하면 브리지 자체뿐만 아니라 브리지에 연결된 인터페이스도 삭제된다는 사실에 유의하자.

지금까지 살펴본 모든 명령어는 영구적인 설정이 아니다. 리눅스에서 브리지는 인터페이스의 한 형태로 간주되므로, 설정을 명령행으로 변경한 후에도 해당 변경 사항을 계속 유지하고 싶다면 '명령행 유틸리티로 인터페이스 구성하기' 절을 다시 읽어보자. 대신 브리지는 **물리** 인터페이스가 아닌 **논리** 인터페이스로 간주된다.

리눅스는 브리지를 인터페이스로 간주하므로, 앞에서 살펴본 설정 파일과 같은 방식을 그대로 사용한다. RHEL, CentOS, 페도라에서는 /etc/sysconfig/network-scripts에 포함된 파일을 사용한다. 데비안에서는 /etc/network/interfaces 파일의 설정 스탠자를 사용하거나 /etc/network/interfaces.d에 있는 개별 설정 파일을 사용한다. systemd-networkd를 사용하는 우분투 최신 버전에서는 네트워크 기기를 설정하는 .netdev 파일과 네트워크 유닛을 설정하는 .network 파일을 사용한다.

데비안에서 사용하는 브리지 설정 파일이 어떻게 생겼는지 한번 살펴보자. 보통 브리지 자체를 설정하려면 /etc/network/interfaces 파일에 다음과 같이 설정 스탠자를 추가한다.

```
iface br0 inet manual
  up ip link set $IFACE up
  down ip link set $IFACE
  down bridge-ports ens3
```

이 설정 파일을 통해 ens3 인터페이스를 사용하는 br0 브리지가 생성된다. 브리지 멤버로 명명된 인터페이스에 대해서는 설정 스탠자에서 따로 설정하지 않아도 된다.

설정에서 br0이나 ens3에 대한 IP 주소를 할당하지 않았다. 일반적인 L2 스위치에서는 표준 포트에 IP 주소를 할당하지 않는데, 이를 그대로 본뜬 구성인 셈이라 생각하면 이해하기 쉽다. 따라서 br0은 스위치이고, ens3은 스위치의 L2 포트인 셈이다.

관리상 필요하거나 L3 기능을 활용하고 싶다면 IP 주소를 할당해야 한다. 브리지에는 IP 주소를 할당할 수 있지만, 브리지의 멤버 인터페이스에는 IP 주소를 할당할 수 없다. 브리지에 속한 물리 인터페이스는 IP 기반 트래픽을 처리하지 않는다는 점에 유의하자. 다시 한번 전통적인 네트워크 하드웨어에 비유해보자. 스위치에는 관리용 IP 주소를 할당할 수 있지만, 개별 L2 스위치 포트에는 여전히 IP 주소를 지정할 수 없다.

브리지 인터페이스에 IP 주소를 할당하려면 inet manual 부분을 바꿔야 한다. DHCP일 경우 inet dhcp로 변경하고, 고정 주소를 할당할 경우 inet static으로 변경한다. 고정 주소를 할당할 경우 IP 할당 과정에서 필요한 설정값, 특히 address, netmask 및 필요한 경우 gateway 등의 지시어로 적절히 추가한다. 왜 브리지에 IP 주소를 할당하는 것일까? 가장 큰 이유는 물리 인터페이스를 브리지에 추가할 때 발생할 수 있는 연결 문제를 피하기 위해서다.

설정 파일에서 리눅스 브리지에 관한 설정을 고쳐두면 시스템이 재부팅되더라도 변경한 설정

값은 그대로 유지된다. 설정된 값은 `ip link list` 명령을 실행하면 확인할 수 있다.

이번 장을 마치기 전에 살펴봐야 할 중요 항목 두 가지가 남아 있다. 그중 첫 번째로 배시 셸에서 스크립트를 작성하는 방법을 간략히 살펴본다. 셸 스크립트는 리눅스에서 작업을 자동화할 때 사용하는 여러 방법 중 하나다.

3.6 배시 스크립트를 이용한 리눅스 자동화

앞에서 언급한 것처럼, 이번 장의 목표는 리눅스에 대한 모든 것을 종합해서 소개하는 것이 아니라 네트워킹, 자동화, 네트워크 자동화라는 맥락 속에서 리눅스를 설정하고 실행하는 방법을 살펴보는 것이다. 앞부분에서는 네트워킹이라는 관점에서 살펴봤으니, 지금부터는 자동화 관점에서 배시 스크립트를 사용하는 방법을 간략히 설명하고자 한다. 여기서는 배시 스크립트를 개략적으로만 다루게 되므로, 좀 더 상세한 정보가 필요하다면 『배시 셸 시작하기』(한빛미디어, 2001)를 추천한다.[15]

지금까지 배시 셸을 사용한 방식은 수동이면서 대화형이었다. 즉, 사용자가 어떤 명령을 실행하고 그 결과를 직접 받는 형태로 사용해왔다. 사용자와의 상호 작용 없이 일련의 명령어를 조합해 실행하면 어떨까? 이것이 셸 스크립트의 핵심이며, 이번 절에서 다룰 주제다.

앞에서 설명한 것처럼 모든 배시 스크립트는 배시 셸 자체를 가리키는 셔뱅으로 시작한다. 지금까지 사용했던 대부분의 리눅스 시스템에서는 배시 셸이 /usr/bin/bash 경로에 설치되므로, 배시 스크립트의 셔뱅은 `#!/usr/bin/bash`이다. 셔뱅 뒷부분에 실행하고 싶은 명령어를 추가한다.

이 책의 주제는 네트워킹과 자동화이므로, 네트워크에 관한 스크립트 예제를 작성해보자. 브리지를 생성한 후, 생성한 브리지에 물리 인터페이스를 추가하는 작업을 자동화한다고 가정해보자. 일반적인 과정은 다음과 같다.

1. 브리지를 생성한다.
2. 물리 인터페이스의 IP 주소를 브리지로 옮긴다. 브리지의 일부가 되는 물리 인터페이스는 IP 기반 트래픽

---

15 옮긴이_ 오래전에 출간된 책이다. 최근 나온 책을 찾는다면 장현정이 쓴 『처음 배우는 셸 스크립트』(한빛미디어, 2021)나 아놀드 로빈스가 쓴 『배시 핵심 레퍼런스』(인사이트, 2017)를 권한다.

에 관여하지 않는다.

3. 물리 인터페이스를 브리지에 추가한다.

각 작업을 수행하는 명령어는 이미 살펴봤다.

- ip addr 명령은 인터페이스의 IP 주소를 확인하고, 추가하고, 삭제한다.
- ip link 명령은 브리지를 생성하고 물리 인터페이스를 브리지에 추가한다.

지금까지 살펴본 내용을 바탕으로 위 작업을 수행하는 스크립트를 작성하면 다음과 비슷한 골격을 갖게 된다.

```
#!/usr/bin/bash

# 브리지 인터페이스 생성
ip link add name br0 type bridge

# 물리 인터페이스에서 IP 주소와 경로 삭제
ip addr del 192.168.100.10/24 dev eth0

# 브리지에 IP 주소 추가
ip addr add 192.168.100.10/24 dev br0

# 브리지에 물리 인터페이스 추가
ip link set eth0 master br0
```

이 스크립트는 의도한 대로 동작하겠지만, 스크립트에 특정 값이 하드코딩돼 있으므로 이상적이지는 않다. 스크립트를 보다 유연하게 만들어보자. 지금까지 다루지 않았던 새로운 개념과 기능을 추가한다. 이 예제에서는 명령어의 실행 결과를 다른 명령어의 입력으로 연결하는 파이프 기능과 명령어 실행 결과를 변수에 저장하는 기능을 사용해보자.

```
# 먼저 물리 인터페이스의 첫 번째 IP 주소 확보
IP_ADDR=$(ip --brief addr list eth0 | awk '{print $3}')

# 브리지 인터페이스 생성
ip link add name br0 type bridge

# 물리 인터페이스에서 IP 주소와 경로 삭제
ip addr del $IP_ADDR dev eth0
```

```
# 브리지에 IP 주소 추가
ip addr add $IP_ADDR dev br0

# 브리지에 물리 인터페이스 추가
ip link set eth0 master br0
```

배시 셸은 파이프(|) 문자를 이용해 명령어의 출력을 다음 명령어의 입력으로 사용할 수 있다. 따라서 이 스크립트에서는 `ip --brief addr list eth0` 명령어를 실행한 결과를 awk 명령어의 입력으로 연결하는 파이프 동작을 수행한다. awk 명령어는 문자열 처리 후 IP 주소만 되돌려주는데, 이 값을 **IP_ADDR** 변수에 저장한다. 스크립트에서 변수로 저장한 값을 사용하려면 변수명 앞에 $ 기호를 붙여준다. 이제 명령어 부분에 사용된 변수는 실제 값을 갖게 된다.

이 스크립트를 어떻게 실행하는지 궁금한가? 이번 장의 앞부분에서 이미 다뤘다. 3.4.3절 '프로그램 실행'을 참고하자. 이 파일은 실행 파일이어야 하므로, chmod 유틸리티를 사용해 실행 가능으로 표시한다. 이제 스크립트를 직접 실행할 수 있다. 예를 들어 /usr/local/bin 디렉터리에 conv-to-br 스크립트 파일을 넣어두고, 이 파일을 실행 가능 파일로 표시했다고 가정하자. 또한 /usr/local/bin 디렉터리가 **PATH** 환경 변수에 포함돼 있다고 가정한다. 보통 이 디렉터리는 이미 **PATH** 환경 변수에 포함돼 있다. 셸 프롬프트에서 conv-to-br 명령어를 입력하면 스크립트가 실행된다. 스크립트가 다른 경로에 위치한다면 검색 경로에 없는 프로그램을 실행하는 방법을 소개한 부분을 다시 읽어보자.

배시 스크립트에 대해서도 더 많은 이야깃거리가 있지만, 배시 스크립트를 유용하게 사용할 수 있는 몇 가지 사례를 소개하는 것으로 마무리한다.

네트워크 인터페이스 파일 배포

배시 스크립트를 사용해 중앙 저장소로부터 파일을 안전하게 내려받고 적절한 위치로 복사할 수 있다. 예를 들어 scp 명령어로 파일을 내려받은 후 mv 명령어를 사용해 /etc/network/interfaces.d 디렉터리로 복사할 수 있다.

경로 대량 갱신

배시 셸을 이용해 리눅스 시스템의 라우팅 테이블을 자동으로 갱신할 수 있다. 어느 정도 규모가 커지면 이렇게 갱신하는 것보다 동적 라우팅 프로토콜을 사용하는 것이 더 나은 방법이다. 이미 리눅스용 DHCP 구현체가 나와 있다!

복잡한 네트워크 설정 변경

물리 인터페이스를 브리지로 옮겼던 이전 예제와 비슷한 작업을 여러 상황에서 만나게 될 것이다. 배시 스크립트를 사용하면 여러 단계에 걸친 네트워크 설정 변경 작업을 한 번에 수행할 수 있다.

배시 스크립트는 몇 가지 단점을 갖고 있다. 가장 큰 단점은 배시 스크립트가 명령형이라는 점이다(실행해야 할지 말지에 상관없이 무조건 명령을 실행할 뿐이다). 따라서 인터페이스를 추가하는 배시 스크립트를 실행하게 되면 이미 인터페이스가 추가돼 있더라도 다시 인터페이스를 추가하려고 시도한다. 이런 점에서 선언형 시스템$^{declarative\ system}$과 다른데, 선언형 시스템은 변경이 필요하다고 판단되는 경우에만 변경 작업을 수행한다. 배시 스크립트의 단점은 12장에서 소개할 고급 자동화 도구로 완화할 수 있다.

이러한 단점에도 불구하고 배시 스크립트는 리눅스 시스템에서 변경 작업을 자동화하는 데 매우 유용하게 사용되며, 자동화 툴킷에서도 자신의 역할을 톡톡히 해내고 있다. 리눅스 기반 네트워크 장비에서 리눅스 셸을 사용할 수 있고 장비를 설정하는 명령형 스크립트를 미리 작성해뒀다면, 이 스크립트를 얼마나 유용하게 활용 가능할지 상상해볼 수 있다. 다양한 인터페이스를 구성하고, IP 주소를 할당하고, 브리지를 설정하는 작업 등을 간단하게 스크립트로 작성할 수 있다.

지금까지 배시 스크립트를 다뤘다. 이제 이번 장의 마지막 주제인 eBPF와 XDP의 사용법을 살펴본다.

3.7 eBPF와 XDP를 통한 리눅스 커널의 진화

네트워크 자동화와 프로그래밍 가능성을 배우는 이 책의 독자들에게 하나의 장을 할당해 리눅스를 비중 있게 설명한 이유는 바로 eBPF 때문이다. 하지만 지금까지도 eBPF에 대한 이야기를 미뤄왔다. eBPF는 오픈소스 및 상용 제품에 빠른 속도로 도입되고 있지만, 여전히 비교적 초기 단계에 있는 기술이다.

그렇다면 eBPF는 무엇인가? eBPF는 원래 **확장된 버클리 패킷 필터**extended Berkeley Packet Filter의 약어로, '고전classic' BPF가 진화한 것이다. 버클리 패킷 필터는 **tcpdump**와 같은 도구에서 네트워크 트래픽을 수집하는 용도로 사용됐다. eBPF는 커널 소스 코드를 변경하거나 커널 모듈을 적재하지 않고도 리눅스 커널의 기능성을 확장할 수 있는 효과적이면서 안전한 방법으로 인식되고 있다.

이 점이 매우 중요하다. eBPF 이전에는 커널의 기능을 그 변경 사항의 크기와 상관없이 적재 가능한 커널 모듈loadable kernel module의 형태로만 변경할 수 있었다. 커널 자체를 변경할 수도 있지만, 보통 커널을 직접 다루지는 않는다. 커널 모듈은 리눅스 1.x부터 지원하던 방식으로, 리눅스에서 새 하드웨어를 추가로 지원할 때 사용된다. 이 방식으로 저장 장치 컨트롤러, 네트워크 카드, GPU가 지원된다. 또한 ext4나 Btrfs 같은 새로운 파일 시스템도 지원한다. 적재 가능한 커널 모듈은 커널이 실행되는 동안 시스템 재부팅 없이 동적으로 적재되거나 해제될 수 있다. 커널의 일부로 간주되므로 시스템 자원을 마음대로 사용할 수 있으며, 커널 내에서 충돌이 발생하기도 쉬웠다. 그래서 버그가 있거나 신뢰성이 떨어지는 적재 가능한 커널 모듈은 시스템 가동 시간과 안정성에 심각한 악영향을 끼친다.

반면 eBPF 프로그램은 엄격한 요구 조건을 적용한다. 모든 eBPF 프로그램은 실행되기 전에 반드시 커널에 의한 검증 절차를 거치게 돼 있다. 그러므로 시스템에 어떤 손해나 충돌을 발생시키지 않고 동작을 마칠 때까지 계속 실행되는 프로그램임을 보장할 수 있다. eBPF 프로그램은 또한 **샌드박스** 방식을 따르므로, 제한된 기능 세트만 사용할 수 있다는 제약 사항도 갖고 있다. 하지만 eBPF 코드는 일단 적재되면 마치 네이티브 커널 코드인 것처럼 동작하므로 성능 측면에서 효율이 좋다. 즉, eBPF는 커널의 일부로 동작해 우수한 성능을 얻을 수 있지만, 커널에서 충돌을 일으키지 않는다. eBPF는 커널 모듈의 장점을 취하고 단점을 버린 기술이라고 말할 수 있다.

끝으로, eBPF는 **이벤트 주도**event-driven 방식이라는 것을 알아두자. eBPF 프로그램은 이벤트에 의해 촉발돼 실행된다. 촉발 이벤트는 커널이나 애플리케이션이 특정 후킹 지점hook point을 통과할 때 발생한다. 후킹 지점으로는 시스템 호출, 함수 시작 및 종료, 커널 추적점, 네트워크 이벤트 등이 될 수 있다. 이 방식은 몇몇 사례의 성공에 중대한 영향을 미쳤는데, 그 사례를 짧게 소개한다.

eBPF는 다음 응용 사례에서 큰 성공을 거뒀다.

관찰 가능성

eBPF는 시스템 호출 이벤트와 네트워크 이벤트에 훅을 설정할 수 있어 샘플링 기반 접근 방식을 사용할 때 수반되는 오버헤드 없이 다양한 이벤트 소스를 이용할 수 있게 됐다. 예를 들어 eBPF 기반의 `tcplife`[16] 유틸리티는 커널 프로브만으로 상태 전환을 감지한다. 예전처럼 필요한 정보를 얻기 위해 수백만 개의 패킷을 캡처하거나 처리해야 할 필요가 사라진 것이다.

보안

eBPF는 보안 관련 의사결정에 필요한 맥락을 더 많이 제공한다. 모든 네트워크 동작에 대해 소켓 수준에서의 가시성과 패킷을 보안 엔진에 제공함으로써 보안 엔진은 네트워크 관련 시스템 호출을 파악하고 네트워크 동작 상태를 더 잘 이해할 수 있다.

네트워킹

이쯤 되면 당연하게 들리겠지만, eBPF는 패킷 데이터나 메타데이터를 읽거나 쓸 수 있고, 소켓과 경로를 조회할 수 있고, 소켓 옵션을 설정할 수 있고, 패킷을 다른 곳으로 보낼 수도 있다. 이러한 접근 및 제어 수준을 고려하면 eBPF를 네트워크 애플리케이션에서 얼마나 유용하게 사용할 수 있을지는 자명하다. 이런 이유로 eBPF는 컨테이너 및 쿠버네티스 환경에서 널리 사용되고 있다. 이 사례는 4장에서 좀 더 자세히 다룬다.

여러 분야 중에서 XDP^eXpress Data Path는 어디에 적합할까? XDP는 eBPF 프로그램이 결합^attachment되는 지점으로, eBPF 코드가 패킷 처리의 가장 앞 단계에서 네트워크 드라이버에 직접 결합되거나 스마트 NIC 같은 하드웨어 기기로 eBPF 코드를 오프로드[17]시킬 수 있게 됐다. 이를 통해 패킷이 커널 수준에 도달하기 전에 eBPF 코드가 패킷을 처리할 수 있게 된다. 이렇게 하는 가장 큰 이유는 성능 때문이다. 커널에 도달하기 전에 패킷을 처리하거나 스마트 NIC로 오프로드하면 성능 면에서 상당히 큰 이득을 얻을 수 있다.

---

16 옮긴이_ eBPF 기반 도구와 유틸리티의 모음으로, bcc-tools 패키지에 들어 있다.

17 옮긴이_ 오프로드(offload)는 소프트웨어에서 수행하던 작업을 하드웨어로 위임하거나 처리 부하를 분산하는 것이다. 이를 통해 성능 향상 및 부하 분산 효과를 얻을 수 있다.

NOTE_ 이번 절에서 eBPF와 XDP의 모든 측면을 다룰 수는 없다. 보다 상세한 내용은 eBPF 웹 사이트 (*https://ebpf.io/*)를 참고하자.

요약

이번 장에서는 리눅스의 역사를 간략히 살펴봤고, 네트워크 자동화와 프로그래밍 가능성으로 가는 여정에서 리눅스 운영체제를 이해하는 것이 왜 중요한지를 이야기했다. 이어서 리눅스를 사용하기 위한 몇 가지 기본적인 내용을 다뤘고, 리눅스 데몬 사용법과 리눅스 네트워크 설정 방법을 살펴봤다. 또한 리눅스를 라우터로 사용하는 방법과 리눅스 브리지 기능에 대해서도 알아봤다. 끝으로, 배시 스크립트를 이용한 기초적인 자동화 방법을 다루고 eBPF와 XDP를 간략히 살펴봤다.

다음 장에서는 지금까지 네트워크와 자동화에 중요한 영향을 미쳤을 뿐 아니라 향후에도 큰 영향력을 발휘할 클라우드에 대해 알아본다.

## CHAPTER 4

클라우드

클라우드 컴퓨팅의 기반 기술인 가상화^{virtualization}를 제외하면, 클라우드 컴퓨팅만큼 IT 산업에 큰 영향력을 미친 기술 트렌드는 거의 없다. 네트워크 엔지니어로서 "클라우드 컴퓨팅이 대체 나와 무슨 상관이 있을까?"라고 반문할지도 모르겠다. 네트워킹 기술이 클라우드 환경에서는 필요하지 않다고 생각해 클라우드 컴퓨팅에 무관심한 네트워크 엔지니어도 있다. 하지만 네트워킹과 클라우드가 서로 관련이 없다는 의견에 저자들처럼 전혀 다른 생각을 가진 엔지니어들도 있다.

네트워킹은 온-프레미스$^{on-premise}$ 환경과 마찬가지로 '클라우드'에서도 매우 중요하다. 사실 클라우드에서 네트워킹이 오히려 더 중요하다고 말하는 사람도 있다. 여기에 쉬운 스케일 인$^{scale-in}$/스케일 아웃$^{scale-out}$[1], 온-디맨드 리소스, 짧은 시간 동안만 사용하고 버리는 임시 환경 등과 같은 클라우드 컴퓨팅의 이점을 제대로 활용하려면 자동화를 도입해야 한다. 따라서 네트워크 자동화와 프로그래밍 가능성을 다루는 책이라면, 네트워크 자동화에서 클라우드 컴퓨팅이 어떤 역할을 하는지 살펴보는 것은 당연한 일이다.

다양한 클라우드 제공업체, 이들이 제공하는 서비스, 각 클라우드 서비스에 맞게 솔루션 아키텍처를 설계하는 방법 등을 다룬 여러 권의 책이 이미 출간됐고, 앞으로도 계속 출간될 것이다. 따라서 이번 장에서는 네트워크 엔지니어가 일상 업무에서 마주치게 되는 문제를 해결하기 위한 도구로 클라우드 컴퓨팅을 추가해 활용할 수 있도록 필요한 핵심 내용만을 간결하게 설명하

---

1 옮긴이_ 동적 수평 확장으로, 서버의 자원이 부족할 때 컴퓨팅 자원을 늘리거나 줄이는 것을 말한다.

고자 한다.

가장 좋은 출발점은 클라우드 컴퓨팅의 기본 정의를 확립하는 것이다.

4.1 클라우드 컴퓨팅의 간략한 정의

웹에서 '클라우드 컴퓨팅이란 무엇인가'로 검색해본 적이 있는가? 클라우드 컴퓨팅에 대해 다양한 정의가 존재하지만 미국 상무부, 특히 미국 국립표준기술연구소(NIST)에서 내린 정의가 대표적이다. 클라우드 컴퓨팅에 대한 NIST의 정의는 특별 간행물 800-145에 실려 있는데, 해당 자료에서는 클라우드 컴퓨팅의 주요 특징 및 서비스와 배포 모델을 다각도로 정의하고 있다. NIST는 특정 업체에 구애받지 않는 방식으로 클라우드의 모든 것을 설명해준다.

NIST는 클라우드 컴퓨팅의 핵심 특징을 다음 다섯 가지 항목으로 정의한다.

주문형(온-디맨드) 셀프 서비스

사용자(NIST에서는 소비자consumer라고 부름)는 클라우드 제공업체에서 제공하는 리소스를 자신의 필요에 따라 사람의 개입 없이(즉, 서비스 티켓을 제출할 필요 없이!) 프로비저닝provisioning할 수 있어야 한다.

광범위한 네트워크 접근

클라우드 환경은 태생부터 네트워크를 통해 접근할 수 있는 네트워크 환경이다. 언제 어디서나 네트워크로 접근할 수 없다면 클라우드 컴퓨팅이 아니라는 말이 나올 정도로 클라우드에서는 네트워크가 중요하다.

리소스 풀링

클라우드 제공업체의 리소스는 풀링pooling되며, 여러 테넌트tenant에게 자동으로 제공된다. 여기에는 물리적 리소스와 가상 리소스가 포함되며, 연산 능력뿐 아니라 저장 및 네트워킹에도 풀링이 적용된다.

빠른 탄력성^{elasticity}

클라우드 리소스는 '무한대'로 확장할 수 있어야 한다. 사용자 입장에서는 무한대인 것처럼 보여야 한다는 의미다. 필요에 따라 스케일-업 또는 스케일-다운이 가능해야 하며, 때로는 자동으로 확장할 수 있어야 한다.

측정되는 서비스

클라우드 리소스는 계량화돼 사용자가 쓴 만큼 요금이 부과된다. 사용량을 모니터링하고 제어할 수 있으며 사용량에 대한 보고서를 볼 수 있다.

또한 NIST는 세 가지 서비스 모델도 정의했다.

서비스형 소프트웨어^{SaaS, Software as a Service}

여기서 제공되는 '서비스'는 클라우드 인프라에서 실행되는 제공업체의 애플리케이션에 접근할 수 있다는 것을 의미한다. 하지만 클라우드 인프라는 사용자에게 노출되지 않으며, 애플리케이션과 애플리케이션 인터페이스만 사용자에게 노출된다. SaaS의 대표적인 예로 세일즈포스^{Salesforce}, 옥타^{Okta}, 마이크로소프트 365 등이 있다.

서비스형 플랫폼^{PaaS, Platform as a Service}

PaaS의 경우 사용자가 플랫폼에 접근해 애플리케이션을 배포할 수 있다. NIST의 표현을 빌리자면, 플랫폼이란 '제공업체가 지원하는 프로그래밍 언어, 라이브러리, 서비스, 도구'를 말한다. 이때 애플리케이션은 사용자가 라이선스를 구매하거나 직접 만든 것이다. 사용자는 플랫폼의 기반 클라우드 인프라에는 접근할 수 없으며, 오직 플랫폼의 인터페이스만 사용자에게 노출된다. PaaS의 예로는 헤로쿠^{Heroku}나 AWS 엘라스틱 빈스톡^{Elastic Beanstalk} 등이 있다.

서비스형 인프라^{IaaS, Infrastructure as a Service}

마지막 서비스 모델인 IaaS는 사용자가 연산, 저장, 네트워킹, 보안과 그 외 기본 리소스를 프로비저닝해 운영체제와 애플리케이션을 포함한 모든 소프트웨어를 배포할 수 있다. 사용자가 직접 클라우드 인프라에 접근할 수 없지만, 기반 리소스가 프로비저닝되는 방식은 제어할 수 있다. 예를 들어 사용자는 아마존 가상 프라이빗 클라우드(VPC)가 동작하는 기반 구성 요소에 접근할 수 없지만, VPC를 생성하고 구성할 수는 있다. IaaS의 실제 사례에는

AWS의 여러 측면, 마이크로소프트 애저가 제공하는 많은 서비스, 구글 클라우드가 제공하는 여러 서비스 등이 있다.

끝으로, NIST 정의에서는 배포 모델을 다음과 같이 설명한다.

프라이빗 클라우드

프라이빗 클라우드private cloud에서는 법인과 같은 단일 엔티티entity가 사용하는 클라우드 인프라를 프로비저닝할 수 있다. NIST의 정의에 따르면, 클라우드 인프라란 클라우드 컴퓨팅의 다섯 가지 핵심 특징을 구현하는 하드웨어와 소프트웨어의 집합이다. 이때 인프라는 온-프레미스일 수도 있고, 오프-프레미스일 수도 있으며, 위치는 중요하지 않다. 마찬가지로 해당 조직이나 제3자가 운영할 수도 있다. 여기서 중요한 차이점은 의도된 대상이 단일 법인 또는 엔티티라는 점이다.

커뮤니티 클라우드

커뮤니티 클라우드community cloud는 특별한 규제 요구 사항이나 공통 목적 관심사를 공유하는 사용자 커뮤니티에서 사용하기 위해 프로비저닝된다. 커뮤니티에 속한 1개 이상의 조직 또는 제3자가 소유할 수 있다. 마찬가지로 커뮤니티에 속한 조직 또는 제3자가 운영할 수도 있으며, 온-프레미스인지 오프-프레미스인지는 구분하지 않는다.

퍼블릭 클라우드

퍼블릭 클라우드public cloud의 클라우드 인프라는 일반 조직이 사용하기 위해 프로비저닝된다. 퍼블릭 클라우드는 기업, 정부 기관, 교육 기관 또는 이들의 조합에 의해 소유되고 관리 및 운영이 이뤄진다. 퍼블릭 클라우드는 제공업체의 구내에 존재한다. 즉, 서비스 제공업체가 클라우드 인프라를 소유하고 관리하며 운영한다.

하이브리드 클라우드

하이브리드 클라우드[hybrid cloud]는 2개 이상의 서로 다른 클라우드 인프라 구조를 표준 기술이나 특허를 가진 독점 기술을 사용해 결합한다. 이를 통해 클라우드 인프라 간에 일정 수준의 데이터 및 애플리케이션 이식성을 얻을 수 있다.

클라우드 컴퓨팅의 핵심 특징, 사용자에게 제공되는 서비스 모델, 사용자를 위해 프로비저닝되는 배포 모델이라는 세 가지 측면에서 알 수 있듯이 클라우드 컴퓨팅은 서로 다른 면모를 갖고 있다.

이번 장에서는 보통 IaaS 서비스 모델로 분류되는 퍼블릭 클라우드 배포 모델을 주로 다룬다.

> **NOTE_** '보통 IaaS 서비스 모델로 분류되는'이라고 표현한 것은 서비스 제공 방식을 분류할 때 IaaS나 PaaS 중 하나의 범주에 딱 맞아떨어지지 않는 경우도 있기 때문이다. 업계에서는 NIST에서 정의한 분류에 명확히 속하지 않는 서비스 제공 방식을 설명하기 위해 **서비스형 기능**[FaaS, Function as a Service]이나 **서비스형 데이터베이스**[DBaaS, Database as a Service]와 같은 새로운 용어를 사용하기도 한다.

클라우드 컴퓨팅의 다양한 형태를 정의했으므로, 클라우드에서 네트워킹의 기본 요소를 살펴보자.

4.2 클라우드 네트워크 기초

클라우드 환경에서 네트워킹이 조금 다르게 동작하지만, 결국 클라우드 네트워킹도 네트워킹일 뿐이다. 네트워크 엔지니어로서 갈고 닦은 대부분의 기술은 클라우드 환경의 네트워킹을 다룰 때도 계속 쓰임새가 있다. 어렵게 쌓아온 지식과 경험은 결코 쓸모없어지지 않는다.

하위 수준의 세부 사항에 대해 너무 걱정할 필요는 없다. 가상 네트워크와 같은 네트워크 구성 요소를 어떻게 구현하는지는 알 필요 없이 그냥 추상화된 구성 요소를 사용하면 된다. 하지만 라우팅 프로토콜, 라우팅 토폴로지, 네트워크 토폴로지 설계, IP 주소 계획 등과 같은 기반 기술은 여전히 잘 알아둬야 한다. 클라우드 네트워킹을 구성하고 있는 몇 가지 주요 구성 요소를 살펴보자.

4.2.1 클라우드 네트워크 구성 요소

구체적인 세부 사항은 클라우드 제공업체마다 다르지만, 주요 서비스 제공업체는 모두 다음과 같은 몇 가지 기본 기능을 제공한다.

논리 네트워크 격리

VXLAN, 범용 라우팅 캡슐화GRE, Generic Routing Encapsulation 같은 캡슐화 프로토콜을 통해 논리 네트워크 트래픽을 물리 네트워크와 분리하는 **오버레이 네트워크**overlay network를 생성하는 것처럼, 주요 클라우드 제공업체들은 네트워크 격리 메커니즘을 제공한다. '소규모 클라우드 네트워크 토폴로지' 절에서 보다 자세히 설명할 텐데, AWS에서는 이를 VPCVirtual Private Cloud, 가상 프라이빗 클라우드, 애저에서는 VNetVirtual Network, 가상 네트워크, 구글 클라우드에서는 그냥 네트워크Network라고 부른다. 명칭이 무엇이든 간에 논리 네트워크를 서로 격리하고 분리할 수 있는 수단을 제공하겠다는 기본 목적은 동일하다. 논리 네트워크는 다른 논리 네트워크와 완전히 분리돼 있다. 하지만 원하는 결과를 얻기 위해 다양한 방식으로 연결할 수 있는데, 이 내용은 잠시 후 살펴본다.

퍼블릭 및 프라이빗 주소

워크로드에는 라우팅이 가능한 퍼블릭 주소나 라우팅이 불가능한 프라이빗 주소를 할당한다. RFC 1918[2] 문서와 RFC 6598[3] 문서를 참조하자. 클라우드 제공업체는 퍼블릭 워크로드와 프라이빗 워크로드 모두에 인터넷 연결을 제공하는 메커니즘을 제공한다. 이 작업은 보통 논리 네트워크 계층에서 수행되며, 각 논리 네트워크에는 고유의 IP 주소가 할당된다. 여러 논리 네트워크 간에는 중복된 IP 주소 공간을 사용할 수 있다.

영구 주소 할당

네트워크 주소는 클라우드 제공업체의 사용자 계정에 할당된 다음 워크로드에 할당한다. 이후 워크로드에서 할당 해제한 주소를 다른 워크로드에 할당할 수 있지만, 사용자 계정에서 클라우드 제공업체에 할당된 주소를 해제해 되돌려주기 전까지는 기존 주소가 그대로 동일하게 유지된다. 이런 서비스에는 AWS의 EIP(엘라스틱 IP 주소) 서비스와 애저의 공용 IP

---

2 https://datatracker.ietf.org/doc/html/rfc1918

3 https://datatracker.ietf.org/doc/html/rfc6598

주소 서비스가 있다.

복잡한 토폴로지

논리 네트워크 격리 구성 요소[4]를 복잡한 방식으로 결합할 수 있으며, 네트워크 엔지니어는 이러한 구성 요소 간의 트래픽이 라우팅되는 방식을 제어할 수 있다. 클라우드 리소스를 아주 많이 사용하는 대기업의 경우 수백 개의 논리 네트워크를 가지며, 이들 사이트끼리 VPN으로 연결할 수도 있고 직접 관리하는 온−프레미스 네트워크로 연결할 수도 있다. 이럴 경우 네트워크의 복잡도는 가장 포괄적인 온−프레미스 네트워크의 복잡도와 비슷하거나 그 이상일 수 있다. 그러므로 이 정도로 복잡한 네트워크를 설계할 수 있고 구현을 자동화할 수 있는 숙련된 네트워크 엔지니어가 절실히 필요하다.

로드 밸런싱

클라우드 제공업체는 필요에 따라 프로비저닝되는 로드 밸런싱 방안, 즉 부하 분산 방안을 제공한다. 그리고 L4 TCP/UDP 로드 밸런싱, L7 HTTP 로드 밸런싱(TLS 종료 기능까지 사용 가능), 내부 로드 밸런싱(내부에서 VPC 또는 VNet에 있는 사용자의 프라이빗/라우팅 불가 주소 영역 간 연결), 외부 로드 밸런싱(인터넷에서 발생하는 트래픽)을 제공한다.

> **NOTE_** 클라우드 네트워킹에 이제 막 입문한 네트워크 엔지니어에게는 티모시 맥커너히[Timothy McConnaughy]가 쓴 『The Hybrid Cloud Handbook for AWS』(Carpe DMVPN, 2023)를 AWS 네트워킹 기초 입문서로 추천한다.

주요 클라우드 제공업체들은 여기서 소개하지 않은 수많은 네트워크 서비스를 제공한다. API 게이트웨이, 네트워크 수준의 접근 제어, 인스턴스 수준의 접근 제어, 심지어 추가 기능을 실행하는 서드파티 네트워크 어플라이언스 지원 등의 서비스를 이용할 수 있다. 또한 모든 네트워크 서비스는 필요에 따라 사용하는 온−디맨드 방식으로 제공된다. 사용자는 클라우드 관리 콘솔에 로그인하거나, 클라우드 제공업체의 CLI 도구를 사용하거나, 클라우드 제공업체의 API를 사용하거나, 다양한 클라우드 자동화 도구 중 하나를 사용해 필요한 만큼 네트워크 서비스

---

4 옮긴이_ 앞에서 언급한 것처럼 클라우드 서비스마다 다른 이름을 가진 구성 요소다. AWS에서는 VPC, 애저에서는 VNet, 구글 클라우드에서는 네트워크라 부른다.

의 인스턴스를 생성할 수 있다. 이때 사용할 수 있는 도구들은 12장에서 자세히 살펴본다. 이번 장의 목표는 이러한 서비스를 모두 소개하는 것이 아니라, 여러 요소가 네트워크 프로그래밍 가능성 및 자동화라는 전체적인 큰 그림에서 어떻게 서로 관계를 맺으며 동작하는지를 이해할 수 있도록 돕는 것이다.

클라우드 네트워킹 구성 요소를 개략적으로 이해했으므로, 이제 몇 가지 사례를 통해 구성 요소를 조립하는 방법을 살펴보자.

4.2.2 클라우드 네트워크 토폴로지

이전 절에서 설명한 일반적인 구조의 개념을 확고히 다질 수 있도록 이번 절에서는 퍼블릭 클라우드 제공업체 중 하나인 AWS가 제공하는 실제 서비스로 범위를 좁혀서 설명한다. AWS는 퍼블릭 클라우드 제공업체 중 가장 큰 업체로, 제공하는 서비스의 종류나 시장 점유율이라는 두 가지 측면 모두에서 선두에 있다. 따라서 처음 시작해보기에 좋은 선택이 될 것이다. 참고로 2023년 7월 공개된 가트너 보고서에 따르면 AWS는 전체 클라우드 시장의 40%를 점유하고 있다. AWS를 중심으로 설명하지만 마이크로소프트 애저, 구글 클라우드 플랫폼, 알리바바 클라우드, 오라클 클라우드, 디지털 오션 등 다른 클라우드 제공업체에서도 비슷한 개념을 적용할 수 있다.

> **TIP_** 클라우드 제공업체의 모범 설계 사례를 다루는 훌륭한 온라인 참고 자료가 다수 공개돼 있다. AWS의 경우 'AWS Well-Architected'라는 문서[5]를 먼저 읽어보길 바란다.

이번 절에서는 네 가지 시나리오로 나눠 설명한다.

- 단일 논리 네트워크만 다루는 소규모 환경
- 몇 개 정도의 논리 네트워크를 다루는 중간 규모 환경
- 수십 개의 논리 네트워크를 다루는 대규모 환경
- 온-프레미스와 클라우드 네트워크를 모두 사용하는 하이브리드 환경

----

5 https://aws.amazon.com/ko/architecture/well-architected/

소규모 클라우드 네트워크 토폴로지

소규모 클라우드 토폴로지에서는 오직 하나의 VPC를 활용한다. 처음 보기에는 너무 제한적이라고 느껴질 수 있다. '단일 VPC로 충분히 확장할 수 있을까?', '이런 종류의 토폴로지는 오직 아주 작은 규모의 사용자들, 즉 퍼블릭 클라우드에 단지 몇 개의 워크로드만 갖는 사용자들이나 사용하는 구조가 아닐까?'라는 의문이 들 수 있다.

> **NOTE_** AWS VPC와 같은 **가상 네트워크** 구조는 클라우드 네트워킹의 핵심 구성 요소다. 각 클라우드 제공업체마다 조금씩 다르게 구현했을 수도 있지만, 기본 개념은 동일하다. 가상 네트워크는 워크로드를 서로 격리하는 논리 네트워크로, 일부 2계층 기능과 3계층 기능을 가진다. 모든 클라우드 서비스는 가상 논리 네트워크에 연결돼 다른 서비스와 통신을 주고받는다. 물론 이 경우 적절한 네트워크 접근 제어가 준비돼 있어야 한다.

확장성을 다음 기준으로 고려해보자.

IP 주소 지정

VPC를 생성하려면 반드시 CIDR[6] 블록을 지정해야 한다. 또한 RFC 1918 문서와 RFC 6589 문서에 지정된 범위의 블록을 사용하는 것이 좋다. 블록의 크기는 최대 65,536개의 IP 주소를 제공하는 /16부터 겨우 16개의 IP 주소를 제공하는 /28까지 다양하게 정할 수 있다. 중복되지 않는 블록을 최대 4개까지 추가할 수 있으므로, VPC에 총 5개의 CIDR 블록을 추가하면 훨씬 많은 IP 주소를 사용할 수 있다(5개의 CIDR 블록은 30만 개 이상의 IP 주소를 제공한다).

대역폭

AWS에서는 워크로드를 인터넷에 연결할 때 두 가지 방식을 사용할 수 있다. 퍼블릭 서브넷에 있는 워크로드의 경우 **인터넷 게이트웨이**를 사용한다. AWS는 인터넷 게이트웨이를 '수평 확장되고 가용성이 높은 중복 VPC 구성 요소'로 정의하면서 '가용성 위험이나 대역폭 제약이 발생하지 않는다'고 설명하고 있다(아마존에서 제공하는 VPC 문서를 참고하자). 프라이빗 서브넷에 있는 워크로드의 경우 보통 NAT 게이트웨이를 사용하는데, AWS에 따르

----

6 옮긴이_ '사이더'라고 읽는다. 클래스 없는 도메인 간 라우팅 기법(Classless Inter-Domain Routing)의 약어다.

면 100Gbps까지 확장할 수 있다. NAT는 **네트워크 주소 변환**^{Network Address Translation}의 약어로, 라우팅할 수 없는 프라이빗 IP 주소를 라우팅 가능한 퍼블릭 IP 주소로 **매핑**^{mapping}하는 과정을 말한다.

NOTE_ 이 책에서 **퍼블릭 서브넷**은 인터넷 게이트웨이에 연결돼 있거나 인터넷 게이트웨이로 기본 라우팅 경로가 설정돼 있다. 일반적으로 퍼블릭 서브넷에 속한 리소스는 라우팅 가능한 IP 주소를 할당한다. **프라이빗 서브넷**은 NAT 게이트웨이 또는 자체 관리형 NAT 인스턴스에 연결되거나 기본 라우팅 경로가 NAT 게이트웨이로 설정돼 있다. 프라이빗 서브넷은 보통 라우팅할 수 없는 IP 주소만 사용하도록 구성된다. 라우팅할 수 없는 IP 주소는 RFC 1918 문서와 RFC 6598문서에 정의돼 있다.

가용성

단일 VPC가 여러 가용 영역에 걸쳐 있을 수 있지만, 여러 리전에 걸칠 수는 없다. AWS에서 **리전**^{region}은 데이터센터의 그룹을 일컫는 용어다. 리전 사이의 **가용 영역**^{AZ, Availability Zone}은 물리적으로 분리되고 격리된 데이터센터의 논리적 클러스터다. 각 가용 영역은 독립적인 전원, 냉각, 중복성을 갖춘 네트워크 연결을 가지며, 리전에 속한 가용 영역끼리는 저지연 고속 연결을 이루게 된다. 한 리전의 가용 영역에서 장애가 발생하더라도 다른 가용 영역에는 아무런 영향을 미치지 않으므로, 복수의 가용 영역에 걸쳐 애플리케이션을 배포하면 장애에 대한 회복탄력성이 높다. 서브넷은 단일 가용 영역 범위로 제한되며, 여러 가용 영역에 걸치도록 생성할 수는 없다.

보안

AWS는 네트워크 수준 및 호스트 수준의 트래픽 필터링 메커니즘을 제공한다. 네트워크 수준의 트래픽 필터링 메커니즘을 **네트워크 접근 제어 목록**^{Network Access Control List}(네트워크 ACL, 줄여서 NACL)이라고도 부르는데, 상태를 저장하지 않는 방식이며 네트워크 수준, 특히 서브넷 수준에서 동작한다. NACL 규칙은 규칙에 할당된 번호 순서대로 가장 낮은 번호의 규칙을 먼저 적용해 판단한다. 즉, 번호가 낮을수록 높은 우선순위를 가진다. 반면 호스트 수준의 트래픽 필터링 메커니즘은 **보안 그룹**^{security group}이라고 부른다. 보안 그룹은 상태를 갖고 인스턴스 수준에서 동작하며, 모든 규칙을 평가한 다음 트래픽 허용 여부를 결정한다. NACL과 보안 그룹을 함께 사용하면 트래픽 유형에 따라 가장 강력한 수준의 제어를 구현할 수 있고 VPC 내 워크로드 간의 트래픽 허용 여부를 결정할 수 있으므로 함께 사용하는 것이 좋다.

여러 측면을 고려하더라도 큰 제한이나 제약 사항이 없다. 단일 VPC를 활용하는 클라우드 네트워크 구조에서도 워크로드를 수천 개로 확장할 수 있고, 수용하는 워크로드에 충분한 대역폭, 가용성, 보안을 제공한다.

[그림 4-1]은 이러한 개념을 통합해 AWS에서 단일 VPC를 구축한 일반적인 설계 구조다.

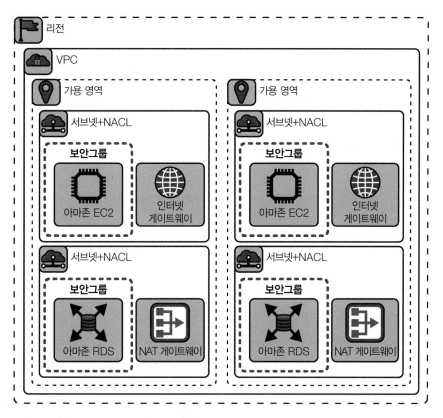

그림 4-1 단일 AWS VPC 네트워크 토폴로지

모든 요소를 AWS 관리 콘솔에서 수동으로 생성해 서로 연결해줄 수도 있지만, 네트워크 엔지니어는 IaC 도구 체계와 프로세스를 사용해 이 과정을 자동화한다. 4.2.3절 '클라우드에서 네트워크 자동화'에서 클라우드 리소스 관리에 사용할 수 있는 프로그래밍 가능한 방안들을 소개한다.

중간 규모 클라우드 네트워크 토폴로지

단일 VPC도 확장성이 뛰어나지만, 다중 VPC를 사용해야만 하는 경우가 발생한다. VPC가 AWS 리전에 걸쳐 존재할 수 없고 각 VPC는 생성된 리전으로만 제한된다는 점 때문에 다중 VPC를 사용하게 된다. 여러 리전의 워크로드를 수용할 수 있는 네트워크 토폴로지 구조가 필요하다면 다중 VPC 토폴로지를 고려해야 한다. 다중 VPC를 사용하는 또 다른 이유가 여럿 있다. 물론 단일 VPC에 수천 개의 워크로드를 넣을 수 있다고 말하긴 했지만, 반드시 그렇게 사용해야만 하는 것은 아니다.

퍼블릭 클라우드 제공업체는 탄력성이 뛰어난 인프라를 설계한 후 이를 가용성 및 내구성 SLA로 표현한다. 이러한 서비스를 능가하려면 온–프레미스 데이터센터와 동일한 방식으로 자체적으로 고가용성 아키텍처를 구축해야 한다.

토폴로지가 다중 VPC로 전환되면 네트워크 엔지니어에게 새로운 과제가 주어진다.

IP 주소 공간 관리

각 VPC는 동일하고 겹치는 CIDR 블록을 가질 수 있지만, VPC를 서로 연결하려면 겹치지 않는 CIDR 블록을 가져야 한다. 조직이 성장하면서 기존 VPC에 서브넷이 추가되거나, 현재 리전에 VPC가 추가되거나, 새로운 리전에 새로운 VPC가 필요할 수도 있다. 따라서 기존 환경의 규모가 더 커지게 되면 IP 주소를 어떻게 분할해 다중 리전의 VPC에 할당할 것인지에 대한 계획을 미리 세워둬야 한다.

연결성

AWS는 **VPC 피어링**^{VPC peering}을 통해 VPC끼리 서로 연결할 수 있다. VPC 피어링은 두 VPC 간 비전이적 연결^{nontransitive connectivity}[7]을 맺으며, VPC 라우팅 테이블에 피어 VPC에 대

---

7 옮긴이_ 피어링은 직접 접속이고, 트랜짓은 중계 접속이다.

한 경로가 포함되도록 명시적으로 갱신해야 한다. VPC의 개수가 적을 때는 VPC 피어링을 사용해 관리할 수 있겠지만, VPC 개수가 늘어나면 연결 개수뿐 아니라 갱신해야 할 라우팅 테이블의 개수도 늘어난다.

사용량 기반 요금

네트워크 엔지니어는 여러 리전의 여러 VPC에 있는 모든 워크로드끼리 필요한 연결을 맺을 수 있도록 토폴로지 구조를 설계할 수 있지만, 사용량이 증가했을 경우 가장 비용 대비 효율이 높은 연결 방식은 무엇인지를 고민해야 한다. 즉, 가용 영역 간 트래픽 요금, 리전 간 트래픽 요금, 인터넷에 있는 목적지로의 송신 요금 등을 비롯해 여러 항목을 고려해서 설계해야 한다.

이러한 새로운 고려 사항은 물론 소규모 단일 VPC 클라우드 네트워크 토폴로지의 요구 사항도 함께 고려돼야 한다.

대규모 클라우드 네트워크 토폴로지

대규모 클라우드 네트워크 토폴로지에서는 전 세계 여러 리전에 수십 개의 VPC가 존재한다. 따라서 관리해야 할 피어링 연결이 너무 많고 비전이적 연결로 인해 복잡성이 지나치게 높아지므로 더 이상 VPC 피어링은 이용할 수 있는 방안이 될 수 없다.

대규모 네트워크 토폴로지를 설계할 때는 추가로 고려해야 할 새로운 항목들이 등장한다.

중앙집중식 연결

트랜짓 VPC^{transit VPC}와 트랜짓 게이트웨이^{transit gateway}를 사용하면 비전이적 VPC 피어링 연결을 완전히 라우팅되는 방식으로 전환할 수 있다. 또한 온-프레미스 네트워크와의 전용 연결에 AWS 다이렉트 커넥트나 VPN 기능 같은 추가 방안을 통합할 수 있고, 스포크 VPC^{spoke VPC}를 인터넷에 연결할 때 허브 VPC의 NAT 게이트웨이를 이용하도록 구성하면 중앙집중식 이그레스^{egress}도 구현할 수 있다. 이 모든 사례에서 정적 라우팅 또는 BGP와 같은 동적 라우팅 프로토콜을 사용하는 라우팅 전략을 정의해야 한다.

다중 계정 아키텍처

대규모 토폴로지에서는 전체 VPC가 서로 다른 AWS 계정에 속하는 상황이 발생할 가능성이 매우 높다. 따라서 서로 다른 엔티티가 소유한 리소스 간의 연결을 안전하게 제공할 수 있도록 네트워크 토폴로지를 구성해야 한다.

앞에서 언급한 중앙집중식 연결 도구를 사용하면 클라우드 네트워크를 확장해 다른 클라우드 제공업체나 온-프레미스 네트워크에 연결할 수 있다.

하이브리드 클라우드 네트워크 토폴로지

클라우드 서비스 도입이 증가하면서 예전에 보지 못했던 새로운 상호 연결 방식이 등장했다. 퍼블릭이든 프라이빗이든 다양한 클라우드 서비스 제공업체를 연결한다거나 클라우드 제공업체 네트워크를 온-프레미스 네트워크로 연결하는 사례가 점점 보편화되고 있다. 플렉세라Flexera가 공개한 2024년 클라우드 현황 보고서[8]에 따르면, 조사 대상 조직 중 89%가 2개 이상의 클라우드 제공업체를 사용하고 있는 것으로 나타났다. 또한 AWS 아웃포스트 서비스처럼 클라우드 서비스를 사용자의 온-프레미스 데이터센터에서 실행할 수 있으므로 이러한 환경 간 경계는 점점 더 모호해지고 있다. 업계에서는 이런 상황을 **하이브리드 클라우드**hybrid cloud라는 용어로 설명한다.

다양한 인프라 서비스와 그 위에서 동작하는 애플리케이션을 관리하고 조율orchestration하는 문제도 있지만, 이러한 모든 환경을 서로 연결하는 것이 가장 먼저 해결해야 할 과제다.

하이브리드 클라우드 연결을 한 방에 해결해줄 '도깨비방망이'는 없다. 퍼블릭 클라우드 제공업체는 자사 서비스를 온-프레미스 네트워크에 연결할 방법을 제공하는데, 보통 VPN 연결 또는 AWS 다이렉트 커넥트AWS Direct Connect나 애저 익스프레스 라우트Azure ExpressRoute 같은 전용 연결 서비스를 기반으로 동작한다. [그림 4-2]는 하이브리드 클라우드 네트워크 토폴로지의 한 사례다. 온-프레미스 네트워크는 전용 연결 서비스를 통해 AWS와 애저 클라우드에 연결돼 있고, 라우팅 정보는 BGP를 통해 교환된다. 온-프레미스 네트워크를 통해 두 클라우드 제공업체를 모두 연결할 수도 있다.

---

8 https://info.flexera.com/CM-REPORT-State-of-the-Cloud

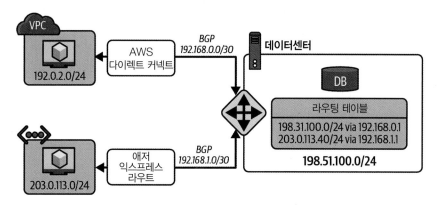

그림 4-2 하이브리드 네트워크 토폴로지

> **NOTE_** 데이터센터 네트워크를 클라우드 제공업체에 연결하면 데이터베이스나 가상 머신처럼 클라우드에 올려둔 자체 워크로드뿐만 아니라 일반 클라우드 서비스와도 연결을 맺을 수 있다. AWS의 경우, 객체 스토리지 시스템인 아마존 심플 클라우드 스토리지 서비스(S3)와 같은 다양한 서비스를 이용할 수 있다.

그러나 이러한 연결 메커니즘을 사용하더라도 클라우드 제공업체끼리 직접 연결할 수는 없다. 클라우드 제공업체를 상호 연결하려면, [그림 4-2]와 같이 온-프레미스 네트워크를 통해 라우팅하거나 VPN 연결을 생성해 오버레이 네트워크를 구축하는 등 다른 방안을 찾아봐야 한다. 이런 상호 연결을 관리하는 것이 번거롭다면 이 연결을 오케스트레이션하는 서드파티 업체를 이용할 수 있다. 대표적인 업체로는 아비아트릭스^{Aviatrix} (*https://aviatrix.com*)와 알키라 ^{Alkira} (*https://www.alkira.com*)가 있다.

어떤 방식을 택하든 모든 환경을 연결하려면 네트워크 토폴로지를 설계해야 한다. 또한 네트워크 세그먼트 간에 일관된 네트워크 주소 할당 계획과 라우팅 계획도 세워야 한다. 여기에 그동안 네트워크 엔지니어로 경력을 쌓아오면서 갈고 닦은 네트워크 기술이 필요하다.

또한 복잡도가 높아질수록 자동화의 필요성은 기하급수적으로 증가한다. 트랜짓 게이트웨이 연결, VPN 연결, 특정 연결 방식을 위한 서브넷 관리 등 관리 항목이 훨씬 많아졌으며, 이를 효과적으로 관리하려면 어떤 형태로든 자동화가 필요하다.

4.2.3 클라우드에서 네트워크 자동화

클라우드에서의 네트워킹은 온-프레미스 네트워킹과 많이 달라서 애초부터 자동화를 위해 구축됐으며, 4.1절 '클라우드 컴퓨팅의 간략한 정의'에서 소개한 NIST의 정의에 따른 클라우드 컴퓨팅의 특성으로 인해 자연스럽게 발생한 결과다. 클라우드의 네트워크 자동화는 다음 세 가지 방식으로 접근할 수 있다.

- 클라우드 제공자의 API 직접 사용하기
- 클라우드 제공자의 CLI 도구 사용하기
- 클라우드 자동화 전용 도구 사용하기

클라우드 제공자의 API 사용하기

클라우드 제공업체는 API 우선 플랫폼을 제공한다. 클라우드 리소스 프로비저닝 자동화에 사용할 수 있는 다양한 API를 제공하며, CLI 도구나 플랫폼 전용 도구로 나와 있는 것들은 사실 이러한 API를 감싼 래퍼^{wrapper}일 뿐이다.

하지만 보통 API를 직접 사용하지 않는다. API를 직접 사용하는 경우라 하더라도 API를 감싸는 프로그래밍 언어별 래퍼 구현체를 사용하는 경우가 많다. 예를 들어 AWS는 파이썬용 Boto3나 Go 언어용 AWS SDK처럼 다양한 언어별 SDK를 관리하고 있다. SDK를 사용하면 HTTP 요청과 응답 처리를 고민하지 않아도 되므로 API와의 상호 작용이 훨씬 더 쉬워진다.

> **TIP_** API는 코드의 하위 호환성을 유지하기 위해 여러 버전을 지원한다. SDK도 역시 여러 버전의 API를 지원한다.

프로그래밍 언어는 6장과 7장에서, HTTP API는 10장에서 다루게 되므로, 이 장에서 API 사용에 관한 예제는 다루지 않는다. AWS가 공개하는 REST API를 사용한 예제는 10장에서 볼 수 있다. 그때 cURL, 포스트맨^{PostMan}, 파이썬, Go 언어 등 다양한 도구로 API를 사용하는 방법을 알아본다. 클라우드 서비스 프로비저닝에 대한 예제는 아니지만, 모든 API는 동일한 원칙을 공유하므로 해당 지식을 클라우드 서비스 프로비저닝에도 적용할 수 있다.

클라우드 서비스 제공업체의 CLI 도구 사용하기

명령행 인터페이스는 클라우드 제공업체의 API와 상호 작용할 수 있는 또 다른 사용자 인터페이스다. 클라우드 제공업체에서 제공하는 CLI 도구는 해당 업체의 표준 API를 보다 사용하기 쉽도록 감싸준 래퍼인 경우가 많다. 예를 들어 AWS CLI 도구는 파이썬 SDK를 사용하는 CLI 도구다.

CLI 도구는 운영자가 클라우드 서비스를 수동으로 관리하는 경우나 자동화된 방식으로 관리하는 경우 모두 사용할 수 있다. 예를 들어 셸 스크립트에서 CLI 도구를 사용할 수도 있다. 12장에서는 AWS CLI 도구를 사용해 AWS 클라우드를 사용하는 예제와 관련 설정 파일을 살펴본다. 지금은 AWS CLI 저장소에서 AWS CLI 도구와 함께 제공하는 예제[9]를 통해 VPC를 생성해보자.

```
$ aws ec2 create-vpc \                                              ①
    --cidr-block 10.0.0.0/16 \                                      ②
    --tag-specification ResourceType=vpc,Tags=[{Key=Name,Value=MyVpc}]`  ③

{                                                                   ④
    "Vpc": {
        "CidrBlock": "10.0.0.0/16",
        "DhcpOptionsId": "dopt-5EXAMPLE",
        "State": "pending",
        "VpcId": "vpc-0a60eb65b4EXAMPLE",
        "OwnerId": "123456789012",
        "InstanceTenancy": "default",
        "Ipv6CidrBlockAssociationSet": [],
        "CidrBlockAssociationSet": [
            {
                "AssociationId": "vpc-cidr-assoc-07501b79ecEXAMPLE",
                "CidrBlock": "10.0.0.0/16",
                "CidrBlockState": {
                    "State": "associated"
                }
            }
        ],
        "IsDefault": false,
        "Tags": [
            {
```

---

9 https://github.com/aws/aws-cli/blob/develop/awscli/examples/ec2/create-vpc.rst

```
              "Key": "Name",
              "Value": MyVpc"
          }
      ]
    }
}
```

① `aws ec2 create-vpc`는 VPC를 생성하는 명령이다. ec2는 AWS의 서비스 유형[10]이며, `create-vpc`는 실제로 수행할 동작을 의미한다.

② AWS 리소스에는 필수 매개변수와 선택 매개변수가 있다. VPC에서 CIDR 블록은 필수 매개변수다.

③ 태그 또는 메타데이터는 모든 클라우드 리소스에 공통 매개변수이며, 리소스 분류를 개선하기 위해 더 많은 판단 척도를 추가할 수 있다.

④ 명령을 실행하면 AWS API 응답으로 획득한 JSON 객체를 출력한다. 이 예제의 JSON 객체에는 생성된 VPC의 세부 정보가 들어 있다.

AWS CLI 도구의 완전한 사용 설명서는 온라인 웹 페이지[11]로 볼 수 있다.

클라우드 자동화 전용 도구 사용하기

클라우드 제공업체의 API 외에도 클라우드 자동화용 전용 도구를 사용할 수 있다. 이러한 도구는 보통 코드로 인프라를 정의하는 선언적 접근 방식을 따르므로 '**코드형 인프라**IaC, Infrastructure as Code'라고도 부른다.

예를 들어 앤서블처럼 명령적 접근 방식을 따르는 도구로 클라우드를 자동화할 수 있다. 하지만 이 방식은 서비스 프로비저닝에서는 피해야 할 안티 패턴이라 생각하므로 설정 관리용으로만 사용하는 것을 제안한다. 서비스를 프로비저닝하고 나면 추가 설정을 진행해야 하므로 선언적 접근 방식과 명령적 접근 방식을 함께 사용할 수도 있다. 이 주제는 12장에서 심도 있게 다룬다.

선언적 접근 방식을 구현하고 있는 도구는 크게 두 가지 분류 기준으로 나눠볼 수 있다. 우선 도구가 단일 클라우드만 지원하는지, 멀티 클라우드를 지원하는지로 나눠볼 수 있다. 또는 인프라를 정의할 때 범용 프로그래밍 언어를 사용하는지, 도메인 전용 언어domain-specific language를

---

10 이용할 수 있는 서비스 유형 목록: *https://docs.aws.amazon.com/cli/latest/reference/#available-services*
11 *https://docs.aws.amazon.com/ko_kr/cli/latest/userguide/cli-chap-welcome.html*

사용하는지로 나눠볼 수 있다.

> **NOTE_** 일반 범용 프로그래밍 언어는 다양한 문제를 해결하기 위한 범용 언어인 반면, DSL은 일반적으로
> 특정 문제를 해결하기 위해 프로그래머가 아닌 사람들이 사용하는 것을 염두에 두고 만들어진 언어다. 그러
> 다 보니 DSL은 프로그래밍 언어에 비해 쉽게 배우고 사용할 수 있지만 유연성이 떨어진다. DSL의 예로는
> 구조화된 질의 언어인 SQL, HTML, 앤서블 플레이북에서 사용하는 YAML 기반 구문, 테라폼에서 사용되는
> 해시코프 설정 언어[HCL, HashiCorp Configuration Language] 등이 있다. YAML은 8장에서, 앤서블과 테라폼용 HCL은 12
> 장에서 보다 자세히 다룬다.

[표 4-1]에서 가장 인기 있는 몇 가지 도구를 두 가지 분류 기준으로 나눠봤다.

표 4-1 클라우드 자동화용 도구

	프로그래밍 언어	도메인 특화 언어
단일 클라우드	AWS 클라우드 개발 키트(CDK)	AWS 클라우드 포메이션, 애저 리소스 매니저
멀티 클라우드	풀루미, 테라폼용 CDK	테라폼

자신의 상황에 가장 적합한 도구를 선택해야 한다. 12장에서는 멀티 클라우드 환경에서 가장
많이 사용하는 테라폼을 소개하고 테라폼에서 사용하는 DSL을 살펴본다.

클라우드 네트워킹에 대한 소개는 이 정도로 마무리하고, 이어서 컨테이너와 클라우드 서비스
간의 관계를 알아보자.

4.3 컨테이너

기술 업계에서 벌어지는 일에 다소 무관심하더라도 **컨테이너**[Container]라는 용어는 들어본 적이 있
을 것이다. 무엇보다 컨테이너라는 이름처럼 정말 독립적으로 존재하는 객체가 아니라 OS 인
스턴스에서 실행되는 프로세스일 뿐이라는 사실을 이해하는 것이 중요하다. 이 프로세스는 운
영체제의 특정 기능을 사용할 수도 있지만 그렇지 않을 수도 있다. 그럼 컨테이너에 이렇게 많
은 관심이 쏟아지는 이유가 뭘까? 그 이유를 설명할 장점을 찾아보면 다음과 같다.

격리

컨테이너에서 실행되는 프로세스, 즉 컨테이너화된 프로세스는 **네임스페이스**^{namespace}라 부르는 OS 수준의 기능을 통해 다른 프로세스와 격리^{isolation}된다. 네임스페이스는 프로세스를 다양한 방식으로 격리하는데, 예를 들어 프로세스 식별자 또는 PID 네임스페이스를 통해 프로세스가 OS에서 실행 중인 유일한 프로세스인 것처럼 보이게 한다거나, 네트워크 네임스페이스를 통해 자체 네트워크 인터페이스를 가진 것처럼 보이게 한다거나, 사용자 네임스페이스를 통해 자체 사용자 및 그룹을 가진 것처럼 보이게 만든다. 컨테이너 런타임, 컨테이너 오케스트레이터의 존재 여부와 기타 요인에 따라 사용될 네임스페이스가 달라진다. **컨테이너 런타임**^{container runtime}은 컨테이너에서 실행할 프로세스의 설정을 담당하는 엔진이며, **컨테이너 오케스트레이터**^{container orchestrator}는 컨테이너의 수명주기를 관리하는 도구다. 널리 사용되는 컨테이너 오케스트레이션 플랫폼인 쿠버네티스를 이번 장의 뒷부분에서 다루는데, 그때 네임스페이스가 어떻게 동작하는지를 실제로 확인할 수 있다.

배포

컨테이너는 컨테이너 이미지로 빌드된다. 이때 프로세스를 실행하기 위해 필요한 모든 의존성을 **컨테이너 이미지**로 한데 묶는다. 여기에는 실행 파일, 시스템 라이브러리, 도구, 심지어 환경 변수나 기타 필수 구성 설정까지 포함된다. 컨테이너 이미지는 가상 머신과 달리 전체 커널과 운영체제를 포함하지 않고 특정 프로세스를 실행하기 위해 필요한 것들만 포함하므로, 일반적으로 가상 머신 이미지 파일보다는 훨씬 크기가 작다. 컨테이너 이미지를 만들고 나면 이미지를 저장소^{registry}로 **푸시**^{push}해 게시할 수 있고, 다른 사람들이 게시한 이미지를 저장소에서 **풀**^{pull}해 획득할 수 있다. 이와 같이 컨테이너 이미지를 손쉽게 널리 배포할 수 있다.

캐디 웹 서버^{Caddy web server}**12**와 같은 오픈소스 프로젝트를 생각해보자. 캐디 프로젝트 관리자는 프로젝트와 프로젝트의 의존성 요소를 한데 묶어 하나의 컨테이너 이미지로 제공한다. 사용자는 몇 개의 명령어를 사용해 몇 분 안에 캐디 컨테이너 이미지를 가져와서 배포할 수 있다.

---

12 옮긴이_ HTTPS를 지원하는 고성능 웹 서버로, 깃허브 저장소는 *https://github.com/caddyserver/caddy*이다.

재사용

컨테이너 이미지는 빌드하기도 쉽고, 배포하기도 쉬우며, 사용하기도 쉽다. 심지어 다른 사람이 **재사용**하기도 쉽다. 다시 캐디 웹 서버를 예로 들어보자. 캐디 서버에 자신의 웹 콘텐츠를 함께 배포하고 싶다면, 그냥 캐디 컨테이너 이미지를 기반으로 새로운 컨테이너 이미지를 만들면 된다. 또한 이렇게 만든 이미지를 기반으로 다른 사람이 또 다른 이미지를 만들어낼 때 사용할 수도 있다. 이처럼 쉽게 재사용할 수 있다는 장점은 컨테이터와 컨테이너 이미지가 갖는 중요한 특징 중 하나로, 큰 영향력을 미치고 있다.

속도

컨테이너가 호스트의 일반 프로세스보다 **빠르게** 실행될 수 없지만, 가상 머신과 같은 다른 격리 메커니즘보다는 빠르게 실행될 수 있다. 가상 머신의 디스크 이미지는 수백 또는 수천 메가바이트 정도의 크기를 갖는 데 비해 컨테이너는 수십 메가바이트 정도에 불과하므로 배포도 신속하게 이뤄진다. 끝으로, 새로운 컨테이너 이미지도 보통 몇 분 안에 만들 수 있다. 심지어 패커[Packer] (*https://packer.io*)와 같은 가상 머신 이미지 자동 생성 도구를 사용해 새로운 가상 머신 이미지를 만드는 것보다 새로운 컨테이너 이미지를 만드는 것이 훨씬 **빠**르다.

컨테이너는 2013년 도커가 도입되면서부터 인기를 얻기 시작했지만, 컨테이너 기술 자체는 그보다 더 오랜 역사를 갖고 있다. 도커가 등장하기 전에도 컨테이너는 LXC[13], 리눅스-V서버[Linux-VServer], 오픈VZ[OpenVZ], 프리BSD 제일[FreeBSD Jail], 오라클 솔라리스 컨테이너[Solaris Container] 및 솔라리스 존[Solaris Zone] 등으로 존재했다. 심지어 기원을 찾아가다 보면 **chroot**까지 거슬러 올라가기도 한다. 이 모든 기술은 호스트에서 실행되는 프로세스를 격리하기 위한 운영체제 수준의 메커니즘이다. LXC는 리소스 사용률을 제한하기 위한 제어 그룹(cgroup)과 별도로 사용자가 빌드한 리눅스 커널 없이 프로세스를 격리하기 위한 네임스페이스를 활용하는 최초의 완전한 컨테이너 구현체로 평가받고 있다.

> **NOTE_** 도커에 대해 더 자세히 알고 싶다면 아드리안 모트[Adrian Mouat]가 쓴 『제대로 배우는 도커』(BJ퍼블릭, 2016)를 추천한다.

----

13 *https://linuxcontainers.org/*

도커의 성장에 힘입어 컨테이너 관련 표준들이 하나둘 등장하기 시작했다. 대표적인 표준화 시도 중 하나는 2015년 도커, 코어OS^CoreOS[14]와 기타 업체들이 참여한 오픈 컨테이너 이니셔티브OCI, Open Container Initiative다. OCI는 이미지 사양, 런타임 사양, 배포 사양에 관한 표준 수립을 도왔다. 이미지 사양은 컨테이너 이미지 빌드 방법을, 런타임 사양은 컨테이너 이미지에서 컨테이너 인스턴스가 생성되는 방법을, 배포 사양은 저장소를 통해 컨테이너가 배포돼 공유되는 방법을 다룬다. 이러한 표준화 노력에 힘입어 표준 구현도 등장하기 시작했다. OCI 사양에 따라 컨테이너의 실행을 표준에 맞춰 구현한 runc[15], runc를 기반으로 전체 수명주기 컨테이너 런타임을 구현한 containerd[16] 등이 개발됐다. 이들은 어느 정도 기술의 표준화를 촉진하는 데 도움이 됐다.

> **NOTE_** 최근 몇 년 사이 윈도에도 컨테이너 관련 기능이 추가되면서 많이 발전했지만, 여전히 컨테이너에 대해 이야기를 나눌 때는 리눅스 전용인 경우가 대부분이다. 따라서 이번 장에서는 리눅스 컨테이너를 중점적으로 설명한다.

지금까지 컨테이너가 무엇이며 어떤 이점을 제공하는지 살펴봤다. 이제 클라우드를 설명하다가 갑자기 컨테이너를 다루는 이유에 대해 이야기해보자. 이미 살펴본 것처럼 컨테이너 관련 기술은 리눅스를 중심으로 동작하는데, 굳이 리눅스가 아닌 클라우드를 다룰 때 컨테이너를 설명하는 특별한 이유는 무엇일까?

4.3.1 컨테이너와 클라우드는 어떤 관련이 있나?

컨테이너 자체는 클라우드 컴퓨팅과 특별한 연관성이 없다. 컨테이너는 운영체제 수준의 구조이며 집에 있는 노트북에서나, 데이터센터 내 하이퍼바이저에서 실행되는 가상 머신에서나, 클라우드 인스턴스에서나 모두 똑같이 사용할 수 있다. 하지만 컨테이너는 처음 도입되고 나서 **클라우드 네이티브 컴퓨팅**의 핵심 요소로 성장했다. 클라우드 네이티브 컴퓨팅 재단CNCF, Cloud Native Computing Foundation의 정의[17]에 따르면, 클라우드 네이티브 컴퓨팅은 '클라우드 컴퓨팅의 이점

---

14 옮긴이_ 레드햇에 인수됐다가 다시 IBM에 인수됐다.

15 *https://github.com/opencontainers/runc*

16 *https://github.com/containerd/containerd*

17 *https://glossary.cncf.io/cloud-native-tech/*

을 최대한 활용해 퍼블릿, 프라이빗, 하이브리드 클라우드와 같은 역동적인 최근 환경에서 확장 가능한 애플리케이션을 구축하고 실행할 수 있는 구조'를 제공한다.

클라우드 네이티브 컴퓨팅에서 컨테이너의 중요성, 퍼블릭 클라우드 서비스 제공업체가 내놓은 컨테이너 기반 서비스[18]의 보급률 등을 고려했을 때는 클라우드를 설명하면서 컨테이너를 다루는 것이 더 적절해 보인다.

4.3.2 컨테이너와 네트워킹은 어떤 관련이 있나?

클라우드를 다루면서 컨테이너를 살펴보는 이유가 여러분에게 잘 전달됐길 바라지만, 그럼에도 여전히 더 큰 의문이 남아 있다. 과연 컨테이너는 네트워킹과 어떤 관련이 있는가? 네트워킹 프로그래밍 가능성과 자동화를 이야기하는 책에서 컨테이너를 중요하게 다뤄야 한다고 생각하게 된 몇 가지 이유가 있다.

- 컨테이너가 네트워킹을 처리하는 방식은 대부분의 네트워크 엔지니어에게 익숙한 방식과는 상당한 차이가 있다. 이러한 차이점을 이해하면 일반적인 네트워킹 구조부터 쿠버네티스 개념까지를 이어줄 수 있을 것이라 생각했다.
- 네트워크 엔지니어가 컨테이너를 다른 도구와 함께 사용할 수 있다. 예를 들어 네트워크 엔지니어들이 자주 사용하는 네트워킹 관련 도구들을 한데 모아 '네트워크 도구' 컨테이너 이미지를 만들 수 있다. 의존성을 갖는 모듈이 이미지에 모두 포함돼 있으므로, 도구가 필요한 순간이 됐을 때 컨테이너 이미지가 호환되는 모든 플랫폼에 쉽게 배포해 실행할 수 있다. 또한 컨테이너를 이용해 네트워크 개발 환경을 간단히 만들어볼 수 있는데, 이와 관련된 내용은 5장에서 컨테이너랩을 다룰 때 자세히 알아본다.
- 네트워크 장비 제조사는 자사 플랫폼, 특히 리눅스 기반으로 만들어진 플랫폼에서 컨테이너를 적극적으로 활용하고 있다. 컨테이너의 격리 메커니즘과 배포의 용이성을 잘 활용하면 네트워킹 플랫폼에 새로운 기능을 제공하는 이상적인 방법으로 사용할 수 있다.

이어서 컨테이너가 서로 격리되는 방법, 컨테이너가 다른 컨테이너 또는 외부와 통신하는 방법 등 컨테이너 네트워킹의 기본 사항에 대해 살펴본다.

---

18 옮긴이_ AWS의 엘라스틱 컨테이너 서비스(ECS), 구글의 클라우드 런, 애저의 컨테이너 인스턴스(ACI) 등이 있다.

4.3.3 컨테이너용 리눅스 네트워킹 확장

3장에서 리눅스를 다루면서 네트워킹의 기본 구성 요소에 많은 시간을 할애했던 이유는 컨테이너 역시 기본 구성 요소를 확장해 네트워킹을 구현하고 있기 때문이다. 컨테이너뿐만 아니라 쿠버네티스와 같은 컨테이너 오케스트레이션 시스템도 기본 요소를 확장한다. 따라서 기본 구성 요소를 충분히 알아두면 컨테이너에서 사용하는 개념도 쉽게 익힐 수 있다.

네트워킹 컨테이너는 리눅스 기술 중 다음 다섯 가지 기술을 활용한다.

- 네트워크 네임스페이스
- 가상 이더넷(veth) 인터페이스
- 브리지
- IP 라우팅
- IP 마스커레이딩

이 중에서 브리지와 IP 라우팅[19]은 3장에서 이미 다뤘다. 지금부터는 나머지 세 가지 기술을 알아본다. 먼저 리눅스 네트워크 네임스페이스부터 살펴본다.

리눅스 네트워크 네임스페이스

네임스페이스는 격리 메커니즘으로, 프로세스가 해당 네임스페이스에서 '볼 수 있는 것'을 제한한다. 리눅스 커널에는 여러 네임스페이스가 존재하는데, 네트워킹의 경우 **네트워크 네임스페이스**가 기본 네임스페이스다. 네트워크 네임스페이스를 사용하면 네트워크 인터페이스의 가시성 범위를 지정하거나 제한할 수 있으며, 인터페이스마다 개별 라우팅 테이블이나 개별 IP 테이블을 구성할 수 있다. 어떤 면에서 네임스페이스는 네트워킹에서 VRF[Virtual Routing and Forwarding] 인스턴스와 가장 밀접한 관련이 있다고도 볼 수 있다.

> **NOTE_** 네트워크 네임스페이스를 사용해 VRF 인스턴스를 생성할 수 있지만, 리눅스 커널 커뮤니티에서는 리눅스 내부에서 VRF 기능을 구현하려는 계획[20]을 갖고 있다. 현재 제안된 VRF 기능은 네임스페이스 안에서 별도의 논리적 L3 분리를 지원하는 방식이다. 아직 초기 단계라서 실제로 어떻게 구현될지는 알 수 없지만, 어쨌든 이런 움직임이 있다는 소식을 전하고 싶다.

---

19 옮긴이_ 리눅스 기반 시스템을 L3 라우터(IP 기반)로 동작시키는 기술이다.
20 https://docs.kernel.org/networking/vrf.html

다음은 리눅스 네트워크 네임스페이스의 몇 가지 사용 사례다.

프로세스별 라우팅

자체 네트워크 네임스페이스에서 프로세스를 실행하면 프로세스별로 라우팅 경로를 설정할
수 있다.

VRF 설정 활성화

앞서 말했듯이 네트워킹 분야에서 네트워크 네임스페이스는 VRF 인스턴스와 가장 밀접한
관련이 있다. 따라서 VRF와 유사한 구조를 활성화하는 것은 당연히 네트워크 네임스페이스
의 주요 사용 사례에 포함될 수밖에 없다.

중복되는 IP 주소 공간 지원

네트워크 네임스페이스를 사용하면 겹치는^{overlapped} IP 주소 공간을 사용할 수 있다. 따라서
동일한 주소 또는 동일한 주소 범위를 서로 다른 목적과 의미로 사용할 수 있다. 거시적으
로 봤을 때 IP 주소 공간을 완벽하게 지원하려면 오버레이 네트워킹 또는 NAT와 결합해야
한다.

컨테이너 네트워킹

네트워크 네임스페이스는 컨테이너가 네트워크에 연결되는 방식에서 핵심적인 역할을 담당
한다. 컨테이너 런타임은 네트워크 네임스페이스를 사용해 컨테이너화된 프로세스가 볼 수
있거나 사용할 수 있는 네트워크 인터페이스와 라우팅 테이블을 제한한다.

네트워크 네임스페이스에서 가장 중요하게 살펴볼 주제는 마지막 사례로 언급한 컨테이너 네
트워킹에서 네임스페이스가 사용되는 방식이다. 논의의 범위를 좁혀 도커 컨테이너 런타임에
서 네트워크 네임스페이스를 사용하는 방식을 살펴보자. 앞에서 언급한 것처럼 리눅스 컨테이
너만 다루며, 다른 운영체제의 컨테이너는 다루지 않는다.

보통 컨테이너를 실행하면 도커는 해당 컨테이너에 대한 네임스페이스를 생성한다. lsns 명령
어를 실행하면 현재 네임스페이스의 목록을 볼 수 있다. 예를 들어 컨테이너가 실행되지 않은
우분투 리눅스 시스템에서 lsns -t net 명령을 실행하면 오직 1개의 네트워크 네임스페이스

만 표시된다.

하지만 같은 시스템에서 `docker run --name nginxtest -p 8080:80 -d nginx` 명령으로 도커 컨테이너를 실행한 후 `lsns -t net`을 실행해보면 다른 결과를 볼 수 있다. 다음은 `lsns -t net -J`의 실행 결과로, -J 플래그를 함께 사용함으로써 네트워크 네임스페이스를 JSON 으로 직렬화해 표시한다.

```
{
  "namespaces": [
    {
      "ns": 4026531840,                                             ①
      "type": "net",
      "nprocs": 132,
      "pid": 1,
      "user": "root",
      "netnsid": "unassigned",
      "nsfs": null,
      "command": "/sbin/init"
    },
    {
      "ns": 4026532233,                                             ②
      "type": "net",
      "nprocs": 5,
      "pid": 15422,
      "user": "root",
      "netnsid": "0",
      "nsfs": "/run/docker/netns/b87b15b217e8",
      "command": "nginx: master process nginx -g daemon off;"  ②
    }
  ]
}
```

① 모든 리눅스 시스템은 **호스트** 네임스페이스host namespace(**루트** 네임스페이스root namespace 또는 **기본** 네임스 페이스default namespace라고도 한다)를 가진다. 네트워크 인터페이스, 라우팅 테이블 및 기타 네트워크 설정 작업과 관련된 상호 작용은 보통 기본 네임스페이스와 함께 이뤄진다.

② 컨테이너를 실행할 때 도커가 생성한 네임스페이스다. 도커가 생성한 네임스페이스인지를 여러 가지 방 법으로 확인할 수 있지만, 이 예제에서는 command 필드 값으로 확인할 수 있다.

이전 예제처럼 특정 컨테이너의 네트워크 네임스페이스가 어떤 것인지를 쉽게 확인할 수 있는 경우도 있다. 좀 더 상세한 정보를 확인하려면 다음 단계를 따라야 한다.

1. docker contrainter ls 명령을 실행해 해당 컨테이너의 ID를 얻는다.
2. docker contrainter inspect {컨테이너_ID} 명령을 실행하면 도커 런타임은 해당 컨테이너에 대한 상세 정보를 JSON 형태로 제공한다. 이때 {컨테이너_ID}는 1단계에서 획득한 컨테이너의 ID이다. JSON 출력을 파이프를 통해 jq와 같은 유틸리티로 연결하면 보다 쉽게 정보를 검색할 수 있다.
3. SandboxKey 속성을 찾는다. /var/run/docker/netns/b87b15b217e8과 비슷한 경로를 찾을 수 있을 것이다. lsns의 실행 결과와 nsfs 속성값을 비교한다. 동일한 컨테이너라면 /var로 시작하는 부분을 제외한 나머지 부분이 같다.

NOTE_ 네트워크 네임스페이스에서 컨테이너를 실행하고 싶지 않을 경우 도커에서는 --network=host 플래그를 사용한다. 이 플래그가 주어지면 도커는 호스트 네임스페이스에서 컨테이너를 실행한다.

3장에서 iproute2 패키지에 포함된 ip 명령어의 사용법을 자세히 살펴봤다. 이 명령어는 사용자가 네트워크 네임스페이스를 생성하고, 수정하고, 삭제할 수 있는 ip netns 하위 명령도 갖고 있다. 하지만 도커나 다른 컨테이너 런타임에서 생성한 네트워크 네임스페이스는 sudo를 사용해 권한을 상승시켜도 일반적으로 사용자에게 표시되지 않는다. 하지만 이번 절에서 사용한 lsns 명령어는 도커나 다른 컨테이너 런타임이 생성한 네트워크 네임스페이스도 표시한다. 지금은 네트워크 네임스페이스를 살펴보고 있지만, lsns는 네트워크 네임스페이스뿐만 아니라 모든 종류의 네임스페이스를 표시할 수 있다.

네트워크 네임스페이스의 사용 사례는 컨테이너 사용 사례보다 더 다양하다. 그러므로 컨테이너와 함께 사용한 사례 외에 네트워크 네임스페이스로 할 수 있는 사례가 궁금하다면, 이 책의 깃허브 저장소인 https://oreilly-npa-book.github.io에서 제공하는 추가 자료를 참고하자. 추가 자료에서는 ip netns 명령을 사용해 리눅스 호스트에서 네트워킹을 설정하는 방법, 네트워크 네임스페이스에서 인터페이스를 추가하거나 삭제하는 방법을 예제를 통해 설명하고 있다.

리눅스 네트워크 네임스페이스가 컨테이너 네트워킹의 핵심 구성 요소이지만, 물리 네트워크 인터페이스의 동작을 시뮬레이션하는 메커니즘이 없다면 호스트에 실제로 장착된 물리 네트워크 인터페이스 개수만큼만 컨테이너를 실행할 수 있게 돼 컨테이너에서 네트워크에 연결하는 시스템의 기능이 크게 제한될 수밖에 없었을 것이다. 이 제약 사항의 해결사로 등장한 기술이 바로 가상 이더넷 인터페이스다.

가상 이더넷 인터페이스

리눅스 커널이 네트워크 네임스페이스를 통해 네트워크를 격리시킬 수 있지만, **가상 이더넷** (**veth**) 인터페이스는 의도적으로 격리를 해제할 수 있다. veth 인터페이스는 논리 인터페이스 이므로 물리 NIC 또는 볼 수 있는 하드웨어가 아니다. 따라서 물리 인터페이스보다 훨씬 많은 veth 인터페이스를 사용할 수 있다.

또한 veth 인터페이스는 항상 쌍으로 제공된다. 그중 하나는 들어오는 트래픽을 담당하고, 다른 하나는 나가는 트래픽을 담당한다. 그래서 **veth 쌍**^{veth pair}이라고도 부른다. 다른 유형의 네트워크 인터페이스와 마찬가지로 veth 인터페이스 역시 네트워크 네임스페이스에 할당된다. veth 쌍의 한쪽 인터페이스가 네트워크 인터페이스에 할당되면 두 네트워크 네임스페이스끼리 서로 연결된다. 한 네임스페이스의 veth 인터페이스를 통해 트래픽이 들어가고, 다른 네임스페이스의 나머지 veth 인터페이스를 통해 트래픽이 나온다.

veth 인터페이스 쌍에서 한쪽을 네트워크 네임스페이스에 배치하고 다른 한쪽을 호스트 네임스페이스에 배치하는 것이 컨테이너 네트워킹의 핵심적인 기본 동작이다. 모든 컨테이너 네트워킹은 이와 같은 방식으로 동작한다.

이전 절에서 생성한 도커 컨테이너에서 컨테이너 네트워킹의 동작 방식을 확인해보자. 이 컨테이너는 `docker run --name nginxtest -p 8080:80 -d nginx` 명령으로 실행한 간단한 엔진X 컨테이너다.

엔진X 컨테이너가 사용하는 네트워크 네임스페이스는 이미 알고 있다. `lsns -t net` 명령과 `docker container inspect` 명령을 실행한 다음, 각 명령의 실행 결과에서 nsfs 속성값과 SandboxKey 속성값이 일치하는지를 확인한다.

nsenter 명령어와 앞에서 획득한 정보를 사용해 엔진X 도커 컨테이너의 네임스페이스에서 다른 명령을 실행할 수 있다. nsenter 명령어에 대한 상세한 설명을 보려면 `man nsenter`를 실행하자. nsenter 명령에 `-n` 또는 `--net` 플래그를 사용하면 다른 프로세스의 네임스페이스에서 명령을 실행할 수 있다. [예제 4-1]에서는 `--net` 플래그의 값에 엔진X 컨테이너의 네트워크 네임스페이스를 전달한다.

예제 4-1 nsenter로 네임스페이스에서 ip link 명령 실행하기

```
ubuntu2004:~$ sudo nsenter --net=/run/docker/netns/b87b15b217e8 ip link list
1: lo: LOOPBACK,UP,LOWER_UP mtu 65536 qdisc noqueue state UNKNOWN mode DEFAULT
 group default qlen 1000
    link/loopback 00:00:00:00:00:00 brd 00:00:00:00:00:00
4: eth0@if5: BROADCAST,MULTICAST,UP,LOWER_UP mtu 1500 qdisc noqueue state UP   ①
 mode DEFAULT group default
    link/ether 02:42:ac:11:00:02 brd ff:ff:ff:ff:ff:ff link-netnsid 0
```

① 인터페이스명이 eth0@if5이다. 인터페이스명이 표시된 행의 맨 앞에 있는 숫자가 인터페이스 인덱스로,
   이 예제에서는 4이다.

[예제 4-2]와 같이 호스트에서 ip link list 명령을 실행한 결과에서 (기본) 네트워크 네임
스페이스를 비교해보자.

예제 4-2 호스트 네트워크 네임스페이스에서 ip link 명령 실행 결과

```
ubuntu2004:~$ ip link list
1: lo: LOOPBACK,UP,LOWER_UP mtu 65536 qdisc noqueue state UNKNOWN mode DEFAULT
 group default qlen 1000
    link/loopback 00:00:00:00:00:00 brd 00:00:00:00:00:00
2: ens5: BROADCAST,MULTICAST,UP,LOWER_UP mtu 9001 qdisc mq state UP mode DEFAULT
 group default qlen 1000
    link/ether 02:95:46:0b:0f:ff brd ff:ff:ff:ff:ff:ff
    altname enp0s5
3: docker0: BROADCAST,MULTICAST,UP,LOWER_UP mtu 1500 qdisc noqueue state UP mode
 DEFAULT group default
    link/ether 02:42:70:88:b6:77 brd ff:ff:ff:ff:ff:ff
5: veth68bba38@if4: BROADCAST,MULTICAST,UP,LOWER_UP mtu 1500 qdisc noqueue master   ①
 docker0 state UP mode DEFAULT group default
    link/ether a6:e9:87:46:e7:45 brd ff:ff:ff:ff:ff:ff link-netnsid 0
```

① 인터페이스명에 veth가 들어 있으면 가상 이더넷 인터페이스다. 하지만 이름은 달라질 수 있으므로, 이것
   만 갖고 가상 인터페이스라고 판단할 수는 없다. 이 예제에서는 인터페이스명이 veth68bba38@if4이고,
   인터페이스 인덱스는 5라는 사실을 알 수 있다.

두 명령의 실행 결과를 연결해주는 것이 @if{X} 접미어다. 이때 X는 연결된 인터페이스의 인
덱스다. 호스트 네임스페이스에서 인터페이스명이 veth68bba38이고 인덱스가 5인 인터페이

스의 접미어에 표시된 인덱스 값이 4이다. [예제 4-1]에서 인덱스가 4인 인터페이스를 찾아보면, 엔진X 컨테이너의 네트워크 네임스페이스에 있는 eth0이라는 것을 알 수 있다. 이 인터페이스의 접미어에 사용된 인터페이스 인덱스는 5이다.

이렇게 veth 쌍을 확인할 수 있으며, 이 예제에서 도커가 컨테이너에 대한 veth 쌍을 생성했다는 사실을 알 수 있다. veth 쌍의 한쪽은 엔진X 컨테이너의 네임스페이스에 존재하며, 다른 한쪽은 호스트 네임스페이스에 존재한다. 이 구성에서는 엔진X 컨테이너의 네트워크 네임스페이스에 있는 eth0@if5로 트래픽이 들어가고, 호스트 네임스페이스에 있는 veth68bba38@if4로 트래픽이 나온다. 즉, 한쪽 네임스페이스에서 다른 네임스페이스로 이동하는 것이다.

> **TIP_** ip -d link list 명령을 실행하면 결과 메시지에 상세 정보가 표시된다. 출력에서 veth라는 단어가 포함된 줄이 있으면 해당 인터페이스가 바로 veth 쌍에 속하는 인터페이스라는 의미다. 또한 인터페이스가 브리지 인터페이스라면 bridge로 표시되고, 브리지의 일부일 경우 bridge_slave로 표시된다. @if{X} 접미어가 보이지 않는다면 ethtool -S *veth-interface* 명령을 실행한다. 결과 메시지에 peer_ifindex:가 포함될 텐데, 이때 표시되는 숫자가 바로 veth 쌍의 남은 한쪽의 인터페이스 인덱스를 의미한다.

컨테이너를 --network=host 플래그로 시작하지 않았다면, 컨테이너 트래픽은 veth 인터페이스를 통해 자체 네트워크 네임스페이스에서 호스트 네트워크 네임스페이스로 이동한다. 그런데 트래픽을 호스트 네임스페이스의 veth 인터페이스에서 물리 네트워크로는 어떻게 전송하는 것일까? 머릿속에 브리지가 떠올랐다면 정답이다! 그러고 보니 이번 절을 시작할 때 컨테이너 네트워킹의 구성 요소에 브리지가 이미 포함돼 있었다.

3.5.4절 '브리지(스위치)'에서 설명한 것처럼 [예제 4-2]에서 veth68bba38@if4의 상세 정보에 master docker0이 등장했다는 점이 가장 중요하다. 이 정보로부터 해당 인터페이스가 docker0 리눅스 브리지에 속한다는 것을 알 수 있다. 하지만 나머지 인터페이스를 살펴봐도 docker0에 속한 것을 찾을 수 없다. 그렇다면 트래픽은 어떻게 물리 네트워크에 도달할 수 있는 것일까? 바로 이 부분에서 리눅스 호스트의 도커 컨테이너가 네트워크에 연결되는 과정에서 마지막 퍼즐 조각인 IP 마스커레이딩이 등장한다.

NOTE_ veth 인터페이스는 대부분 네트워크 네임스페이스를 서로 연결하기 위해 사용하지만, 더 다양한 용도로 사용할 수 있다. 온라인으로 공개한 참고 자료에는 veth 인터페이스를 생성하고, 수정하고, 삭제하는 명령어를 비롯해 다양한 veth 인터페이스의 사용 사례가 들어 있다.

IP 마스커레이딩

지금까지 컨테이너 네트워킹을 살펴보면서 도커와 같은 컨테이너 런타임이 네트워크 네임스페이스를 이용해 컨테이너의 프로세스가 다른 컨테이너나 호스트의 네트워크 정보에 접근하지 못하도록 격리하는 방법을 알아봤다. 또한 **veth 쌍**으로 불리는 가상 이더넷 인터페이스를 사용해 컨테이너의 네임스페이스를 호스트 네트워크 네임스페이스로 어떻게 연결하는지도 살펴봤다. 3장에서 배운 인터페이스, 브리지, 라우팅에 대한 폭넓은 지식을 바탕으로 호스트 네임스페이스에서 리눅스 브리지가 veth 인터페이스와 함께 사용되는 방식도 살펴봤다. 이제 컨테이너 트래픽을 호스트를 통해 네트워크로 전송하는 과정만 남았다. IP 마스커레이딩$^{IP\ masquerading}$이 이 문제를 해결한다.

리눅스는 **IP 마스커레이딩**을 사용해 NAT 기능을 수행할 수 있다. 이미 알고 있겠지만, NAT는 하나 이상의 컴퓨터를 다른 주소를 사용해 네트워크에 연결한다. IP 마스커레이딩을 사용하면 1대 이상의 컴퓨터가 리눅스 서버의 IP 주소를 사용해 네트워크에 연결할 수 있다. RFC-2663[21] 문서에서는 이렇게 동작하는 NAT를 **네트워크 주소 포트 변환**$^{NAPT,\ Network\ Address\ Port}$ ^{Translation}이라고 정의하며 **일대다 NAT, 다대일 NAT, 포트 주소 변환**(PAT), **NAT 오버로드**라고도 부른다.

더 자세히 살펴보기 전에 도커가 다양한 형태의 네트워킹을 지원하고 있다는 점을 알아두자.

브리지

기본 네트워킹 유형이다. veth 인터페이스, 리눅스 브리지, IP 마스커레이딩을 사용해 컨테이너를 물리 네트워크에 연결한다.

호스트

호스트 모드 네트워킹을 사용하면 도커 컨테이너는 자체 네트워크 네임스페이스 안에 격리

---

21 *https://www.rfc-editor.org/rfc/rfc2663*

되지 않고, 대신 호스트(기본) 네트워크 네임스페이스를 사용한다. 따라서 컨테이너에서 노출된 포트를 호스트의 IP 주소와 함께 사용할 수 있다.

오버레이

오버레이 네트워킹은 여러 도커 호스트에 걸친 분산 네트워크를 생성한다. 오버레이 네트워크는 RFC 7348[22] 문서에 정의된 VXLAN을 사용해 구축된다. 이 네트워킹 모드는 스웜 Swarm이라는 도커의 컨테이너 오케스트레이션 메커니즘에 직접 연결된다.

ipvlan과 macvlan

ipvlan 네트워킹은 여러 IP 주소가 인터페이스의 동일한 MAC 주소를 공유하는 반면, macvlan 네크워킹은 인터페이스에 여러 개의 MAC 주소를 할당한다. macvlan 네트워킹은 일반적으로 클라우드 서비스 제공업체의 네트워크에서는 동작하지 않는다. ipvlan과 macvlan 네트워킹은 다른 네트워크 유형에 비해 흔하지는 않다.

> **TIP_** macvlan 인터페이스를 사용하는 macvlan 네트워킹은 컨테이너 네트워킹 이외의 목적으로도 사용된다. macvlan 인터페이스와 macvlan 네트워킹에 대한 자세한 정보는 온라인 참고 자료에서 확인할 수 있다.

이번 절에서는 도커를 사용한 브리지 모드 네트워킹을 중심으로 컨테이너 네트워킹에 대해 살펴봤다.

도커에서 브리지 모드 네트워킹을 사용할 경우, 컨테이너 런타임은 네트워크 네임스페이스를 사용해 컨테이너를 격리하고 veth 쌍을 이용해 컨테이너의 네트워크 네임스페이스와 호스트 네임스페이스를 연결한다. 호스트 네임스페이스의 veth 인터페이스 한쪽은 리눅스 브리지에 연결된다. 동일한 도커 네트워크에서 여러 개의 컨테이너를 시작하면 모두 동일한 리눅스 브리지에 연결되며, 동일한 도커 호스트에서 컨테이너 간 연결이 즉시 이뤄진다. 지금까지는 아주 좋다.

컨테이너가 동일한 도커 네트워크가 아닌 다른 어딘가와의 연결을 맺으려 하면, 도커는 이미 리눅스 커널에 설정된 IP 마스커레이딩 규칙을 사용해 도커 네트워크 내의 모든 컨테이너에 대

----

22 *https://www.rfc-editor.org/rfc/rfc7348*

한 다대일 NAT 동작을 수행한다. IP 마스커레이딩 규칙은 도커 네트워크가 생성될 때 함께 생성된다. 도커는 설치 시 기본 네트워크를 형성하는데, docker network create 명령을 통해 네트워크를 추가로 생성할 수 있다.

먼저 기본 도커 네트워크를 살펴보자. docker network ls 명령을 실행하면 현재 생성된 도커 네트워크의 목록을 볼 수 있다. 새로 설치한 시스템에서는 단 3개의 네트워크만 표시된다. 이때 네트워크 ID는 예제와 다른 값이 표시될 것이다.

```
cut1ubuntu2004:~$ docker network ls
NETWORK ID      NAME      DRIVER    SCOPE
b4e8ea1af51b    bridge    bridge    local
add089049cda    host      host      local
fbe6029ce9f7    none      null      local
```

docker network inspect 명령을 통해 특정 네트워크에 대한 상세 정보를 모두 볼 수 있다. 다음은 docker network inspect b4e8ea1af51b를 실행한 결과인데, 여기서 기본 브리지 네트워크의 상세 정보를 확인할 수 있다. 간략히 주요 정보를 볼 수 있도록 일부 항목을 생략했다.

```
[
    {
        "Name": "bridge",
        "Id": "b4e8ea1af51ba023a8be9a09f633b316f901f1865d37f69855be847124cb3f7c",
        "Created": "2023-04-16T18:27:14.865595005Z",
        "Scope": "local",
        "Driver": "bridge",
        "EnableIPv6": false,
        "IPAM": {
            "Driver": "default",
            "Options": null,
            "Config": [
                {
                    "Subnet": "172.17.0.0/16"                    ①
                }
            ]
        },
        "Options": {
            "com.docker.network.bridge.default_bridge": "true",
            "com.docker.network.bridge.enable_icc": "true",
```

```
                "com.docker.network.bridge.enable_ip_masquerade": "true",  ②
                "com.docker.network.bridge.host_binding_ipv4": "0.0.0.0",
                "com.docker.network.bridge.name": "docker0",                ③
                "com.docker.network.driver.mtu": "1500"
            },
            "Labels": {}
            # 간결성을 위해 생략
        }
    ]
```

① 컨테이너가 사용하는 서브넷은 172.17.0.0/16이다.

② 도커는 네트워크에 필요한 IP 마스커레이딩 규칙을 자동으로 생성한다.

③ 네트워크의 브리지명은 Options 섹션에 표시된 docker0이다.

3장과 이번 절에서 배운 리눅스 네트워크 명령어를 사용해 이 정보를 확인할 수 있다. 예를 들어 앞에서 시작한 엔진X 도커 컨테이너에 할당된 IP 주소를 알고 싶다면 nsenter 명령어와 ip addr list 명령을 결합한다.

```
ubuntu2004:~$ sudo nsenter --net=/run/docker/netns/b87b15b217e8 ip addr list eth0
4: eth0@if5: BROADCAST,MULTICAST,UP,LOWER_UP mtu 1500 qdisc noqueue state UP
 group default
    link/ether 02:42:ac:11:00:02 brd ff:ff:ff:ff:ff:ff link-netnsid 0
    inet 172.17.0.2/16 brd 172.17.255.255 scope global eth0  ①
       valid_lft forever preferred_lft forever
```

① 컨테이너가 172.17.0.0/16 네트워크에 속하는 주소를 사용하고 있는지 검사한다.

마찬가지로 ip -br link list 명령을 실행해 도커가 생성한 브리지명이 실제로 docker0임을 확인한다. 이때 -br 플래그는 '간단함'을 의미하는 영어 단어인 **brief**의 앞부분에서 따온 것이며, 결과를 간결하게 축약된 형태로 표시한다.

```
ubuntu2004:~$ ip -br link list
lo               UNKNOWN        00:00:00:00:00:00 LOOPBACK,UP,LOWER_UP
ens5             UP             02:95:46:0b:0f:ff BROADCAST,MULTICAST,UP,LOWER_UP
docker0          UP             02:42:70:88:b6:77 BROADCAST,MULTICAST,UP,LOWER_UP
veth68bba38@if4  UP             a6:e9:87:46:e7:45 BROADCAST,MULTICAST,UP,LOWER_UP
```

끝으로, IP 마스커레이딩 규칙은 **iptables** 명령어를 사용해 확인할 수 있다. iptables의 사용법은 책으로 따로 출간됐을 만큼 중요한 주제로, 좀 더 자세히 알고 싶다면 퍼디^{Purdy}가 쓴 『Linux iptables Pocket Reference』(O'Reilly, 2004)를 읽어보길 바란다. 여기서 자세히 다룰 수는 없지만, 개략적으로 iptables를 살펴보고 도커 IP 마스커레이딩 규칙이 어떤 경우에 적합한지 알아보자.

> **NOTE_** 엄밀히 말하자면 iptables는 nftables로 대체됐다. 하지만 리눅스 커뮤니티에서는 여전히 nftables 를 이야기할 때 iptables도 함께 이야기한다. 지금은 nftables가 기본 메커니즘이지만, **iptables** 명령어도 여전히 잘 동작한다.

iptables는 체인^{chain}이라는 규칙을 연결한 테이블 구조로 돼 있다. 테이블에는 필터 테이블, NAT 테이블, 맹글^{mangle} 테이블 등이 있다. 또한 체인에는 PREROUTING, INPUT, OUTPUT, FORWARD, POSTROUTING 등 여러 종류가 존재한다. 체인은 패킷 필터링 규칙들로 구성되며, 테이블마다 자신이 사용할 체인을 가진다. 체인의 규칙은 트래픽의 일치 여부를 판단하기 위한 매치^{match}와 트래픽의 처리 방법을 가리키는 타깃^{target}으로 이뤄진다. 매치는 출발지 주소, 목적지 주소, 프로토콜, 소스 포트, 대상 포트 등과 같은 트래픽의 속성을 이용할 수 있으며, 타깃은 ACCEPT, DROP, REJECT 등으로 지정한다.

이런 추가 정보를 이해한 상태에서 **iptables** 명령어를 사용해보자. [예제 4-3]은 NAT 테이블에 포함된 체인과 규칙을 모두 표시하는 명령이다.

예제 4-3 NAT 테이블의 모든 체인과 규칙을 표시하는 **iptables** 명령어

```
ubuntu2004:~$ iptables -t nat -L -n                    ①
... 일부 출력 생략...
Chain POSTROUTING (policy ACCEPT)
target      prot opt source              destination
MASQUERADE  all  --  172.17.0.0/16       0.0.0.0/0  ② ③ ④
... 일부 출력 생략...
```

① -t nat 매개변수를 지정해 **iptables**의 NAT 테이블을 사용한다. -L은 규칙 목록을 표시하라는 뜻이며, -n은 **iptables**에서 숫자를 이름으로 해석하지 말고 그대로 표시하도록 지정한다.

② 규칙이 적용될 출발지 주소를 172.17.0.0/16으로 지정한다. 이 네트워크 주소는 기본 도커 브리지 네트

워크에 할당된 서브넷 주소다.

③ 규칙이 적용될 대상을 0.0.0.0/0(모든 곳)으로 지정한다.

④ 규칙에 일치할 경우 트래픽의 타깃은 MASQUERADE이다. 이 타깃은 NAT 테이블에 포함된 POSTROUTING 체인[23]에서만 이용할 수 있다.

트래픽이 NAT 테이블의 POSTROUTING 체인에 도달했을 때쯤이면 라우팅이 이미 결정돼 있고, 호스트의 라우팅 설정에 따라 아웃바운드 인터페이스도 이미 선택돼 있다. 리눅스 라우팅의 동작 방식은 3장의 3.5.2절 '최종 호스트로서의 라우팅'과 3.5.3절 '라우터로서의 라우팅'을 참조하자. 타깃이 MASQUERADE로 설정됐으므로 iptables는 규칙에 일치하는 트래픽에 대해 아웃바운드 인터페이스의 IP 주소를 사용한다. 이 예제에서는 도커 네트워크의 서브넷에서 보내는 모든 트래픽이 대상이다. 도커 브리지 네트워크를 사용할 경우 트래픽은 물리 네트워크로 전달된다. 정리하자면, 리눅스 호스트는 라우팅 테이블에 따라 아웃바운드 인터페이스와 라우팅 경로를 결정하고 도커 컨테이너의 트래픽을 인터페이스로 전송한다. NAT 테이블의 POSTROUTING 체인에 설정된 규칙은 일치하는 트래픽에 대해 특정 인터페이스의 IP 주소를 사용해 다대일 NAT로 동작한다.

또한 iptables 규칙을 조금 다른 형태로 표시하는 **iptables-save** 명령어가 설치된 리눅스 배포판도 많다. 아래 예에서 **iptables-save** 명령어를 실행하면, 도커가 생성한 브리지 네트워크의 마스커레이딩 규칙을 어떻게 표시하는지 알 수 있다.

```
ubuntu2004:~$ sudo iptables-save -t nat
... 일부 출력 생략...
-A POSTROUTING -s 172.17.0.0/16 ! -o docker0 -j MASQUERADE
... 일부 출력 생략...
```

출력 결과에서 출발 네트워크 주소(-s 172.17.0.0/16)가 좀 더 명확하게 표시된다. ! -o docker0은 아웃바운드 인터페이스가 docker0 브리지가 아니라는 뜻이다. 즉, 172.17.0.0 /16에서 오는 트래픽은 docker0 브리지의 어떤 타깃과도 연결돼 있지 않다. 타깃은 -j MASQUERADE 플래그로 지정된다.

----

23 옮긴이_ 내부에서 외부로 전송하는 트래픽을 변환하는 체인이다.

예제를 그림으로 정리해보고, 다음 절로 넘어가자. [그림 4-3]에서 컨테이너는 네트워크 네임
스페이스에서 실행 중이며, 동일 호스트에 다른 네임스페이스가 있을 수도 있다. 네트워크 네
임스페이스는 veth 인터페이스를 통해 기본(호스트) 네임스페이스로 연결된다. veth 인터페
이스를 docker0 브리지로 연결해 호스트의 실제 인터페이스와 연결되며, 마침내 IP 마스커레
이딩을 통해 외부 망으로 연결된다.

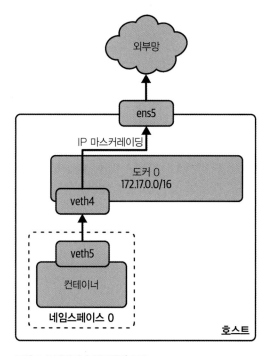

그림 4-3 컨테이너 네트워킹 요약

드디어 인기 많은 컨테이너 오케스트레이션 도구인 쿠버네티스를 살펴볼 차례가 됐다. 쿠버네
티스도 결국에는 컨테이너를 다루고 있으므로 이번 절에서 다뤘던 많은 개념이 똑같이 적용된
다. 하지만 몇 가지 유의해야 할 차이점이 있다. 다음 절에서는 이미 살펴본 컨테이너 네트워킹
을 기반으로 쿠버네티스만의 차이점에 대해 살펴본다.

4.4 쿠버네티스

쿠버네티스가 반드시 클라우드 컴퓨팅에 관한 것이라고 말할 수는 없지만, 크게 성공한 오픈 소스 프로젝트인 쿠버네티스를 설명하려면 **클라우드 네이티브**라는 용어를 사용할 수밖에 없다. 쿠버네티스를 서비스형 플랫폼인 PaaS의 한 형태라고 주장하는 사람도 있다. 어쨌든 쿠버네티스는 클라우드 컴퓨팅과 깊은 연관성을 갖게 된다. 쿠버네티스는 많은 컴퓨터 인스턴스에서 실행되는 컨테이너의 수명주기를 관리하는 **컨테이너 오케스트레이터**이므로, 클라우드 컴퓨팅 분야에서 쿠버네티스의 입지는 더욱 공고해질 수밖에 없다.

쿠버네티스의 전신은 수천 개 노드의 컴퓨팅 능력을 관리하는 구글 내부 시스템이었던 Borg와 Omega였다. 그야말로 쿠버네티스는 '클라우드로부터 탄생한' 클라우드 네이티브 시스템이다.

> **NOTE_** 쿠버네티스가 유일한 컨테이너 오케스트레이터는 아니지만, 쿠버네티스가 가장 많이 사용된다. 다른 컨테이너 오케스트레이터로는 노마드Nomad나 도커 스웜Docker Swarm 등이 있다. 오픈 시프트, 수세SUSE의 랜처Rancher처럼 쿠버네티스를 기반으로 구축되는 다양한 컨테이너 오케스트레이션 플랫폼도 많다.

쿠버네티스의 네트워킹을 다루기에 앞서, 쿠버네티스의 핵심 개념과 몇 가지 주요 용어를 살펴보자.

4.4.1 쿠버네티스 핵심 개념

쿠버네티스를 한마디로 표현하면, 컴퓨팅 용량compute capacity 단위에서 컴퓨팅 워크로드를 관리하는 분산 시스템이라고 할 수 있다. 이때 컴퓨팅 워크로드는 **컨테이너**를 의미하므로, 쿠버네티스를 컨테이너 오케스트레이션 플랫폼이라고도 부른다. 컴퓨팅 기본 단위를 **노드**라 부르는데, 각 노드는 베어 메탈 인스턴스, 클라우드 인스턴스 또는 VM웨어 vSphere와 같은 온-프레미스 하이퍼바이저에서 실행되는 가상 머신이 될 수 있다.

쿠버네티스 노드는 **클러스터**를 형성한다. 각 클러스터는 1개 이상의 노드에서 실행되는 제어 평면control plane을 가진다. 제어 평면은 클러스터에 대한 관리 기능을 제공한다. 클러스터에서 제어 평면 구성 요소를 실행하고 있는 노드를 **제어 평면 노드**라 하고, 그렇지 않은 노드를 **워크노드**라 한다.

제어 평면은 API 서버, 컨트롤러 관리자, 스케줄러 등 세 가지 구성 요소로 이뤄진다. 각 요소는 쿠버네티스 클러스터의 전반적인 운영에서 중요한 서로 다른 역할을 담당한다. 스케줄러는 워커 노드에 워크로드를 배치하고, API 서버는 사용자나 다른 시스템이 이용할 제어 평면을 공개한다. 컨트롤러 관리자는 잠시 뒤에 설명한다.

etcd는 제어 평면을 지탱하는 분산 키-값 저장소로, 보통 제어 평면 노드에서 실행되지만 필요하다면 클러스터 외부에서 실행될 수도 있다. etcd도 클러스터를 형성할 수 있지만, 쿼럼[24]을 구성해 관리하려면 인스턴스 개수가 홀수 개여야 한다. 보통 고가용성 쿠버네티스 클러스터에서는 3개의 제어 평면 인스턴스, 3개의 etcd 인스턴스를 구성한다. 하지만 제어 평면 노드와 etcd 인스턴스를 각각 1개씩만 갖고도 충분히 쿠버네티스 클러스터를 실행할 수 있다.

> **NOTE_** etcd는 쿼럼 관리를 위해 인스턴스 개수에 대한 요구 사항이 있지만, 쿠버네티스 제어 평면에는 그러한 요구 사항이 없다. 따라서 필요하다면 가용성을 고려해 제어 평면 노드를 2개로 구성할 수도 있다. 그러나 etcd를 제어 평면 노드에서 실행하는 경우가 많기 때문에 쿠버네티스 제어 평면의 인스턴스는 3개가 된다.

쿠버네티스 API 서버는 선언적 방식으로 REST API를 구현한다. 선언적 방식이란 사용자나 다른 시스템이 어떻게 작업하라고 지시하는 명령적 접근 방식과 달리 원하는 결과가 무엇인지를 기술하는 접근 방식이다. 예를 들어 쿠버네티스 API로는 3개의 워크로드를 생성하는 명령을 지시할 수 없다. 대신 쿠버네티스 클러스터에게 3개의 워크로드를 실행하길 원한다고 말하고, 실제 워크로드를 어떻게 생성할지는 쿠버네티스에게 맡긴다.

클러스터에 전달한 클러스터의 기대 상태와 현재 어떤 인스턴스가 실행되고 있는지에 대한 실제 상태를 조정하는 과정이 필요하다. 이런 과정이 쿠버네티스 내에서 지속적으로 발생하기 때문에 **조정 루프**reconciliation loop라고도 부른다. 결국 쿠버네티스는 실제 상태를 예상 기대 상태에 맞게 조정해가면서 작업을 수행하는 것이며, 이것이 쿠버네티스의 핵심 동작 방식이다.

쿠버네티스 클러스터 내의 모든 작업은 조정 루프를 통해 이뤄진다. 쿠버네티스가 알고 있는 모든 종류의 API 객체에 대해 조정 루프를 구현하는 무언가가 필요하다. 이것이 바로 **컨트롤러**이며, 컨트롤러 관리자는 쿠버네티스가 이해하는 내장 객체에 대한 컨트롤러를 관리한다. 컨트

---

24 옮긴이_ 장애 조치의 일환으로 클러스터에 참여하는 노드가 어떤 동작을 수행하기 위한 최소한의 정족수를 의미한다. etcd는 래프트 (Raft) 알고리즘으로 쿼럼을 구현했다.

롤러는 스케줄러, API 서버와 함께 쿠버네티스 제어 평면을 구성하는 세 번째 요소다. 새로운 유형의 객체는 **맞춤형 리소스 정의**CRD, Custom Resource Definition를 통해 생성할 수 있지만, 이 객체가 생성, 갱신, 삭제되는 수명주기를 이해하는 컨트롤러도 필요하다.

> **TIP_** 쿠버네티스와 관련해 브렌던 번스의 『쿠버네티스 모범 사례』(한빛미디어, 2020) 및 『매니징 쿠버네티스』(한빛미디어, 2019), 존 어런들의 『쿠버네티스를 활용한 클라우드 네이티브 데브옵스』(한빛미디어, 2021) 등을 참고하자. 또한 브렌던 번스의 『쿠버네티스 시작하기 3/e』(에이콘, 2023), 조쉬 로소의 『프로덕션 쿠버네티스』(에이콘, 2023), 빌긴 이브리암의 『쿠버네티스 패턴』(책만, 2020)과 같은 책들도 출간됐다.

쿠버네티스와 관련해 다뤄야 할 내용이 훨씬 많지만, 여기서는 나머지 내용을 이해하는 데 필요한 정도의 기본 개념을 주로 살펴봤다. 지금부터는 쿠버네티스 네트워킹의 기본 구성 요소를 살펴본다.

4.4.2 쿠버네티스의 네트워킹 구성 요소

쿠버네티스에는 몇 가지 새로운 구성 요소가 도입되지만, 여전히 기존 기술 위에 구축된다는 점을 알아두자. 이어지는 절에서는 쿠버네티스 네트워킹의 기본 구성 요소를 비롯해 컨테이너 네트워킹, IP 라우팅, 로드 밸런싱 등 이미 알고 있는 네트워킹 기술이 쿠버네티스와 어떤 연관성을 갖는지 알아본다.

파드

파드pod는 네크워크 접근과 저장소 볼륨을 공유하는 컨테이너의 묶음이다. 파드는 1개 이상의 컨테이너로 이뤄진다. 파드 내 컨테이너의 개수가 몇 개든 파드는 다음과 같은 속성을 항상 유지한다.

- 파드 내 모든 컨테이너는 함께 스케줄링되고, 함께 생성되고, 함께 소멸된다. 파드는 스케줄링의 **원자적** 단위다.
- 파드 내 모든 컨테이너는 동일한 네트워크 아이덴티티, 즉 IP 주소와 호스트명을 공유한다. 이를 위해 쿠버네티스에서 여러 컨테이너는 동일한 네트워크 네임스페이스를 공유한다. 즉, 동일한 네트워크 설정과 동일한 네트워크 아이덴티티를 공유한다는 뜻이다. 이로 인해 몇 가지 제약 사항이 발생하게 되는데, 예

를 들어 파드 내 두 컨테이너는 같은 포트를 노출할 수 없다. 컨테이너가 외부와 연결되는 방식은 기본적으로 4.3절 '컨테이너'에서 설명한 것처럼 동작하지만, 몇 가지 사소한 변경 사항이 존재한다.

- 파드의 네트워크 아이덴티티, 즉 IP 주소와 호스트명의 **수명이 짧다**. 파드가 생성될 때 동적으로 할당되고, 파드가 소멸되거나 죽으면 해제된다. 따라서 파드의 주소를 직접 호출하는 시스템이나 아키텍처를 구성해서는 안 된다. 여러 개의 파드를 실행해야 한다면 어떻게 될까? 파드가 죽고 난 후 다른 네트워크 아이덴티티로 재생성되면 어떤 일이 발생할까?

- 파드 내 모든 컨테이너는 같은 스토리지 볼륨과 마운트를 공유한다. 이를 위해 컨테이너는 볼륨과 마운트를 관리하는 네임스페이스를 공유한다.

- 쿠버네티스는 파드의 수명주기를 관리하는 더 상위 수준의 메커니즘을 제공한다. 예를 들어 쿠버네티스는 **디플로이먼트**deployment를 사용해 **레플리카 세트**replica set를 관리하고, 레플리카 세트는 클러스터에서 항상 일정 개수의 파드가 실행되도록 관리한다.

클러스터 사용자나 운영자는 보통 파드를 기술하는 YAML 파일로 쿠버네티스 API 서버를 호출해 파드를 생성한다. 이때 사용된 YAML 파일을 **매니페스트**라고 하며, 쿠버네티스 명령행 도구인 kubectl 또는 이와 비슷한 도구를 통해 API 서버로 전송한다. [예제 4-4]는 간단한 파드의 매니페스트 파일이다.

예제 4-4 쿠버네티스 파드 매니페스트

```
apiVersion: v1          ①
kind: Pod               ②
metadata:               ③
  name: assets
  labels:
    app.kubernetes.io/name: zephyr
spec:
  containers:           ④
    - name: assets
      image: nginx      ⑤
      ports:            ⑥
        - name: http-alt
          containerPort: 8080
          protocol: TCP
```

① 쿠버네티스 API는 버전을 가진다. 이 예제처럼 API 버전이 v1이라면 이 객체가 쿠버네티스 코어 API에 포함된다는 뜻이다.

② kind는 파드, 디플로이먼트, 서비스, 인그레스, 네트워크 정책 등의 쿠버네티스 구성 유형을 의미한다.

③ 모든 API 객체는 관련 메타데이터를 가진다. 때로는 단지 이름인 경우도 있지만, 이 예제와 같이 레이블을 포함하는 경우도 많다. 레이블은 쿠버네티스 이곳저곳에서 많이 사용된다.

④ 파드는 1개 이상의 컨테이너를 가진다. 이 예제의 파드는 컨테이너를 하나만 갖고 있지만, 훨씬 더 많은 컨테이너를 목록으로 포함할 수 있다.

⑤ 파드에서 컨테이너를 새로 만들 때 사용하는 컨테이너 이미지다. 이 예제에서는 파드에 컨테이너가 1개 뿐이다.

⑥ 파드는 1개 이상의 포트를 나머지 클러스터에 노출할 수 있다.

파드를 생성할 때, 쿠버네티스는 컨테이너를 직접 생성하지 않고 컨테이너 런타임에게 맡긴다. 쿠버네티스는 컨테이너 런타임 인터페이스^{CRI, Container Runtime Interface}라는 표준 인터페이스를 통해 컨테이너 런타임과 상호 작용한다. 그 외에도 컨테이너 저장소 인터페이스 표준인 CSI^{Container Runtime Interface}와 컨테이너 네트워크 인터페이스 표준인 CNI^{Container Network Interface}도 있다. CNI는 쿠버네티스 네트워킹의 중요한 부분이긴 하지만, 쿠버네티스 서비스에 대해 먼저 살펴본 다음 CNI로 넘어가보자.

서비스

파드로 직접 연결할 수 없다면 파드에서 실행 중인 애플리케이션은 어떻게 네트워크로 통신하는 것일까? 이 점이 쿠버네티스와 이전 네트워킹 모델 간의 가장 큰 차이점이다. 가상 머신을 사용할 때 가상 머신 네트워크 아이덴티티, 즉 IP 주소와 호스트명은 보통 오랫동안 유지되므로, 가상 머신에서 실행되는 애플리케이션에 접근하기 위한 연결 계획을 세울 수 있었다. 하지만 컨테이너와 쿠버네티스로 전환되면 더 이상 그럴 수가 없다. 파드의 네트워크 아이덴티티는 일시적이다. 또한 파드의 복제본이 여러 개 있다면 어떻게 해야 할까? 다른 애플리케이션이나 시스템은 어느 파드로 연결해야 할까?

쿠버네티스는 파드 또는 파드의 그룹에 연결하는 대신 **서비스**를 사용한다. [예제 4-5]는 간단한 서비스의 매니페스트다. 서비스는 두 가지 중요한 역할을 맡고 있다.

* 정의된 파드의 부분집합에 안정적인 네트워크 아이텐티티를 할당한다. 서비스가 생성되면 네트워크 아이덴티티를 할당한다. 이 네트워크 아이텐티티는 서비스가 살아 있는 동안에는 안정적으로 유지된다.

- 정의된 파드의 부분집합에 대한 로드 밸런스 역할을 수행한다. 서비스로 전송된 트래픽은 서비스에 포함된 파드의 부분집합으로 분산돼 전송된다.

예제 4-5 쿠버네티스 서비스 매니페스트

```
apiVersion: v1
kind: Service
metadata:
  name: zephyr-assets
spec:
  selector:              ①
    app.kubernetes.io/name: zephyr
  ports:
    - protocol: TCP
      port: 80           ②
      targetPort: 8080   ③
```

① selector는 레이블을 의미하며, selector에 레이블이 포함되면 해당 레이블이 있는 파드는 서비스의 일부가 된다. 즉, 레이블이 있는 파드는 서비스로 전송된 트래픽을 수신하게 된다.

② 나머지 클러스터에서 서비스에 접근할 수 있는 포트다.

③ 서비스의 파드에 의해 노출되는 포트로, 트래픽을 전송할 때 사용된다.

이 예제는 파드와 서비스 간의 관계가 어떻게 관리되는지를 보여준다. selector 레이블이 사용됐기 때문에 서비스는 일치하는 파드를 동적으로 선택한다. 레이블과 일치하는 파드는 서비스의 일부가 되며, 서비스로 전송된 트래픽을 수신하게 된다. 서비스 정의에 일치하지 않는 파드는 서비스에 포함되지 않는다.

이 예제에서 볼 수 있듯이 레이블은 app.kubernetes.io/name: zephyr처럼 단지 키-값 쌍일 뿐이다. 레이블에 아무 값이나 사용할 수는 있지만 레이블에 대해 새로 제정된 표준을 따라야 하며, 이에 따라 쿠버네티스에는 레이블의 키와 값에 허용되는 길이의 제한이 생겼다.

쿠버네티스는 다음과 같은 다양한 서비스를 지원한다.

클러스터 IP 서비스

서비스의 기본 유형으로, 클러스터 내에서만 유효한 가상 IP 주소를 서비스에 할당한다. 대응되는 DNS명도 만들어지는데, IP 주소와 DNS명은 모두 서비스가 삭제될 때까지 그대로 유지된다. 클러스터 외부에서는 클러스터 IP^{ClusterIP} 서비스에 접근할 수 없다.

노드포트 서비스

정의된 포트에 서비스를 노출한다. 노드의 IP와 해당 포트로 전송된 트래픽은 서비스의 클러스터 IP로 전달되고, 다시 서비스에 속해 있는 파드로 분배된다. 노드포트^{NodePort} 서비스는 외부 또는 수동 프로세스를 통해 서비스를 노출할 수 있다. 예를 들어 HAProxy 인스턴스를 사용해 서비스에 정의된 노드포트를 가리키도록 구성한다.

로드 밸런서 서비스

외부 로드 밸런서를 프로비저닝할 수 있는 일종의 컨트롤러가 필요하다. 이 컨트롤러는 쿠버네티스 클라우드 제공업체가 기반 클라우드 플랫폼과의 통합을 지원하기 위해 제공하는 서비스일 수도 있고, 클러스터에 설치하는 별도의 소프트웨어일 수 있다. 어떤 것이든 쿠버네티스는 노드포트 서비스를 설정하고, 외부 로드 밸런서가 할당된 노드포트로 트래픽을 전달하도록 구성한다. 로드 밸런서 서비스는 쿠버네티스 클러스터 외부로 서비스를 노출하는 기본 방식이다.

서비스는 OSI 모델의 4계층인 전송 계층^{transport layer}에서 동작한다. 4계층은 TCP 및 UDP 프로토콜이 사용되는 전송 계층이므로, 서비스는 더 상위 계층에 포함된 정보, 예를 들어 HTTP 요청에 포함된 호스트명을 인식할 수 없다. 쿠버네티스를 사용하는 대부분의 회사가 HTTP/HTTPS에서 동작하는 웹 기반 애플리케이션을 사용하므로 서비스는 위와 같은 한계를 가질 수밖에 없다. 이 문제를 해결하기 위해 쿠버네티스 커뮤니티는 인그레스를 개발했다.

인그레스

인그레스^{Ingress}는 HTTP 요청에 포함된 다양한 속성을 이용해 7계층 HTTP 라우팅을 수행한다. 인그레스를 관리하는 인그레스 관리자는 필수 동작을 수행하는 고유의 소프트웨어로, 쿠버네티스 클러스터에 배포된다. 다양한 **인그레스 컨트롤러**를 이용할 수 있는데, 대표적인 것으로는 엔진X 인그레스 컨트롤러, HAProxy 인그레스 컨트롤러, Traefik 인그레스 컨트롤러, 다양한 엔보이^{envoy} 프록시 기반의 인그레스 컨트롤러(Ambassador, Contour, Gloo 등)가 있다. 이들은 기능상 약간의 차이가 있을 수 있지만, 쿠버네티스 API를 통해 인그레스 정의를 내려받고 그에 따라 HTTP 라우팅을 수행하는 기본 기능은 동일하다.

> **NOTE_** 쿠버네티스 커뮤니티는 인그레이스를 대체하기 위한 게이트웨이 API 프로젝트를 진행하고 있다. 상세한 정보는 프로젝트 웹 사이트(*https://gateway-api.sigs.k8s.io/*)에서 볼 수 있다. 게이트웨이 API에서 제공하는 기능과 비슷하다 보니 **API 게이트웨이**로 분류되는 다양한 제품 및 프로젝트가 이러한 시도에 동참하고 있다.

인그레스 객체Ingress object라고도 부르는 인그레스 정의에는 인그레스 컨트롤러가 HTTP 라우팅을 수행하는 방법을 정의하는 규칙이 들어 있다. 예를 들어 A 서비스는 /users로, B 서비스는 API /devices로 API 요청을 처리한다고 가정하자. 인그레스 객체는 /users로 전송된 트래픽은 A 서비스(이때 서비스는 쿠버네티스 서비스를 말한다)로 전달하고, /devices로 전송된 트래픽은 B 서비스로 전달하는 것과 같은 여러 개의 규칙을 가진다. 두 경로는 api.company.com와 같은 단일 FQDN으로 노출된다.

또는 요청의 FQDN에 기반한 규칙을 정의하고 해당 FQDN에 따라 다양한 서비스로 트래픽을 보내는 인그레스 객체도 사용할 수 있다. [예제 4-6]은 인그레스 매니페스트의 한 예다.

예제 4-6 쿠버네티스 인그레스 매니페스트

```
apiVersion: networking.k8s.io/v1      ①
kind: Ingress
metadata:
  name: minimal-ingress
  annotations:
    nginX.ingress.kubernetes.io/rewrite-target: /
spec:
  ingressClassName: nginX-example
  rules:                              ②
  - http:
      paths:
      - path: /testpath               ③
        pathType: Prefix
        backend:
          service:                    ④
            name: test
```

```
    port:
        number: 80
```

① 인그레스 객체의 API 버전에는 `networking.k8s.io`처럼 API 그룹도 지정할 수 있다. API 그룹은 쿠버네티스가 성장하면서 증가하게 되는 외부 노출 API를 체계적으로 정리하는 데 도움이 된다.

② 다양한 조건에 따라 인그레스 컨트롤러가 트래픽을 보내는 규칙을 정의한다.

③ 이 예제에서는 하나의 검사 조건만 정의돼 있으며, `/test`로 시작하는 경로인지를 검사한다. 경로에 새로운 항목을 추가하면 다른 서비스로 트래픽을 전달하는 추가 규칙을 정의할 수 있다.

④ 언제나 인그레스 컨트롤러가 전달하는 트래픽의 최종 목적지는 쿠버네티스 서비스다.

TIP_ 인그레스 컨트롤러는 보통 클러스터 IP 서비스로 정의된 쿠버네티스 서비스로 트래픽을 전달한다. 이때 인그레스 컨트롤러는 반드시 서비스, 보통 로드 밸런서 서비스를 사용해 노출해야 한다. 이렇게 구성함으로써 인그레스 컨트롤러의 서비스를 통해 쿠버네티스 클러스터로 들어온 트래픽은 인그레스 컨트롤러에 의해 적절한 서비스로 전달된다. 이 방식에서는 클러스터 외부에서 인그레스 컨트롤러에만 접근할 수 있으며, 모든 다른 서비스는 인그레스 컨트롤러라는 '문'을 거쳐야 한다. 그래서 '게이트 방식'이라고도 한다.

기타 네트워킹 구성

쿠버네티스는 파드, 서비스, 인그레스만으로도 워크로드를 노출하고 연결하는 대부분의 방식을 구성할 수 있다. 하지만 몇 가지 다른 구조도 간략하게나마 언급할 만하다.

네트워크 정책

네트워크 정책은 어떤 트래픽이 파드로 드나들 수 있는지를 제어한다. 본질적으로 파드에 대한 방화벽인 셈이지만, 그렇다고 방화벽과 비교하는 것은 주의해야 한다. 쉽게 이해하는 데는 도움이 될지 몰라도, 네트워크 정책은 대부분의 방화벽과는 다른 방식으로 동작한다. 예를 들어 거부 동작이 없고, 규칙의 우선순위나 순서 같은 개념도 없다.

네임스페이스

리눅스 커널 수준의 네임스페이스와 혼동하지 말자. 쿠버네티스 네임스페이스는 파드나 서비스와 같은 API 객체를 논리적으로 분리하기 위한 것이다. 네임스페이스는 쿠버네티스가 모든 서비스에 대해 수행하는 자동 DNS 기반 서비스 디스커버리에도 영향을 미친다.

지금까지 쿠버네티스 네트워킹의 구성 요소를 이루는 상위 수준의 쿠버네티스 API 객체 몇 가지를 살펴봤다. 하지만 이보다 한 단계 아래에 있는 CNI는 상위 계층에 있는 구성 요소들이 제대로 동작할 수 있도록 연결하는 배관공 역할을 담당하는 중요한 구성 요소다. CNI는 다양한 네트워킹 모델을 쿠버네티스에 연결하기 위한 표준 메커니즘을 제공한다.

컨테이너 네트워크 인터페이스

CNI는 컨테이너 네트워크 플러그인을 구현하는 방법을 정의하는 일반 사양[25]으로, 일련의 API와 예상 설정 형식을 정의한다. 컨테이너 오케스트레이션 플랫폼인 쿠버네티스는 CNI 사양을 구현하고 있으므로, CNI 호환 플러그인은 쿠버네티스 클러스터에서 모두 사용할 수 있다.

CNI 플러그인은 파드에 IP 주소 할당, 파드 간 캡슐화, 외부 연결, 네트워크 정책 등 여러 네트워킹 기능을 1개 이상 구현하고 있다. 일부 기본 플러그인은 CNI 커뮤니티에서 관리한다.[26] 칼리코Calico[27], 시리움Cilium[28], 아마존 ECS CNI 플러그인[29]과 같이 고급 기능을 구현한 서드파티 플러그인도 많다.

CNI 사양에 플러그인이 어떻게 동작해야 하는지는 규정하지 않으며, 플러그인과 상호 작용하기 위한 특정 인터페이스를 사용하는 방법만 규정한다. CNI 플러그인은 모든 언어로 작성할 수 있지만, 바이너리 형태로 제공돼 실행할 수 있어야 한다.

> **TIP_** CNI 깃허브 저장소(*https://github.com/containernetworking/cni*)에서 CNI 사양과 이용할 수 있는 CNI 플러그인들에 대한 더 많은 정보를 얻을 수 있다.

쿠버네티스는 CNI 사양을 사용해 다양한 네트워킹 모델을 구현한다. [그림 4-4]는 두 네트워크를 함께 사용하는 방법을 보여주는 쿠버네티스 네트워크 솔루션 중 하나로, 쿠베-라우터kube-router에서 제안한 방식을 사용했다. 이 예제에서 각 쿠버네티스 호스트는 기본 쿠버네티스 네임스페이스에서 실행한 BGP 데몬을 통해 호스트의 CIDR을 BGP 프로토콜로 알린다. 외부

---

25 *https://www.cni.dev/docs/spec/#summary*

26 *https://github.com/containernetworking/plugins*

27 *https://github.com/projectcalico/calico*

28 *https://github.com/cilium/cilium*

29 *https://github.com/aws/amazon-ecs-cni-plugins*

BGP 경로 리플렉터는 BGP 피어끼리 전체 메시를 만들지 않도록 BGP 아키텍처를 단순화한다. 모든 쿠버네티스 호스트는 다른 호스트의 프리픽스뿐만 아니라 인터넷과 같은 외부 프리픽스에 대해서도 학습한다.

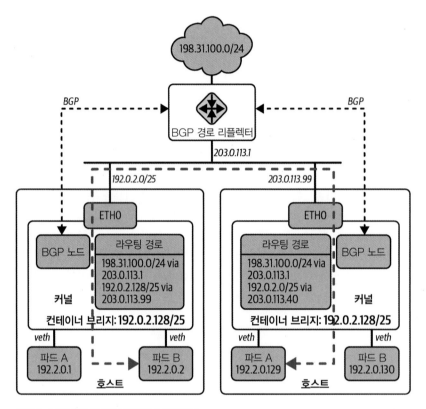

그림 4-4 BGP를 이용한 쿠버네티스 네트워킹

많은 인기를 얻고 있는 새로운 네트워킹 패턴인 서비스 메시[service mesh]를 살펴보면서 개략적으로나마 쿠버네티스를 탐색해온 여정을 마무리하자.

4.4.3 서비스 메시

최신 소프트웨어 애플리케이션에서는 마이크로서비스 아키텍처[30]를 많이 도입한다. 이 아키텍

---

30 *https://en.wikipedia.org/wiki/Microservices*(영문), *https://ko.wikipedia.org/wiki/마이크로서비스*(한글)

처는 작은 크기의 독립된 서비스를 결합해 더 유연하고 다시 사용할 수 있으며 확장 가능한 구조로 애플리케이션의 기능을 구현하는 방식이다. 하지만 마이크로서비스 아키텍처 역시 해결해야 할 과제를 안고 있는데, 그중 몇 가지는 네트워킹과 관련돼 있다. 예를 들어 모든 서비스가 서로 통신할 수 있도록 보장하는 방법, 안전하고 신뢰성 있는 통신을 하면서 이에 대한 관찰 가능성을 보장하는 방법 등을 고려해야 한다.

이러한 요구에 대한 응답으로 등장한 것이 서비스 메시 패턴이다. **서비스 메시**는 서비스-투-서비스$^{Service-to-Service}$의 처리만 전담하는 인프라 계층으로, 보통 애플리케이션 서비스와 함께 배포되는 가벼운 프록시 형태로 구현된다. 프록시는 애플리케이션으로 오가는 모든 트래픽을 가로채서 다음 기능을 제공한다.

트래픽 관리

서비스 디스커버리, 로드 밸런싱, 내결함성$^{fault\ tolerance}$

보안

암호화, 인증^{authentication} 및 인가^{authorization}, 접근 제어

관찰 가능성

애플리케이션 메트릭, 분산 추적, 로그

목표는 명확하다. 애플리케이션이 맡고 있던 일반적인 네트워킹 작업을 서비스 메시로 맡겨버리는 것이다. 이렇게 되면 애플리케이션은 네트워크 연결에 관한 자세한 사항을 고민할 필요 없이 핵심 비즈니스 로직에만 집중할 수 있다.

서비스 메시는 쿠버네티스에만 한정되지 않는다. 넷플릭스는 2017년에 이미 서비스 메시 기능을 구현한 기술 스택을 갖고 있었다. 하지만 요즘은 서비스 메시를 배포하는 플랫폼으로 쿠버네티스를 가장 많이 사용하며, 이 두 가지가 함께 사용되는 경우도 많다. 다만, 다음에 소개하는 예제 대부분은 쿠버네티스에서만 실행된다.

서비스 메시 아키텍처를 구현하려면 두 가지 주요 구성 요소가 필요하다.

데이터 평면

이 통신 계층은 실제 서비스 간 통신을 처리한다. 애플리케이션 서비스에 함께 배포되는 경량 프록시인 사이드카 프록시로 구현된다. 이때 프록시는 서비스를 오가는 모든 트래픽을 가로채서 서비스 메시 기능을 구현한다. 데이터 평면 프록시에는 엔보이, 실리움, 엔진X, HAPROXY 등이 있다.

제어 평면

이 관리 계층은 데이터 평면에 대한 설정 기능을 제공한다. 서비스 메시 설정을 가져와서 데이터 평면의 프록시에 사용할 설정으로 변환한다. 또한 서비스 디스커버리의 변경 사항을 배포하고, 데이터 평면에서 관찰 가능성 데이터를 수집한다. 가장 널리 사용되는 제어 평면에는 이스티오^{Istio}, 컨설^{Consul}, 링커디^{Linkerd} 등이 있다. 링커디는 데이터 평면 프록시도 함께 제공한다. 또는 AWS 앱 메시^{AWS App Mesh}와 같은 클라우드 전용 솔루션도 이용할 수 있다.

> **NOTE_** 안잘리 카트리^{Anjali Khatri}와 비크람 카트리^{Vikram Khatri}가 쓴 『서비스 메시 마스터』(에이콘, 2022)도 좋은 참고 자료다.

쿠버네티스에서 데이터 평면은 동일한 파드에 애플리케이션 컨테이너와 사이드카 컨테이너를 함께 배포하도록 구성된다. 애플리케이션 컨테이너의 트래픽은 사이드카 컨테이너를 통해 리디렉션되지만, 서비스 메시의 구현체마다 구체적인 수행 메커니즘은 다를 수 있다. 제어 평면은 사이드카 컨테이너에 필수 설정을 프로그래밍으로 제어함으로써 중앙집중식으로 서비스 메시의 기능을 관리한다.

서비스 메시를 또 다른 **오버레이** 추상화로 이해할 수도 있지만, 실제로는 애플리케이션에 더 가깝다. 다른 오버레이와 마찬가지로 서비스 메시도 기반 네트워크 인프라에 의존해 연결성을 제공한다. 네트워크 엔지니어는 나머지 네트워크를 서로 연결할 수 있도록 서비스 메시를 구현하거나 서비스 인프라를 위한 기반 네트워크 인프라를 제공해야 한다. 어떤 식이든 서비스 메시의 동작 원리를 이해하는 것은 이제 네트워크 엔지니어가 갖춰야 할 필수 기술이 됐다.

요약

클라우드 컴퓨팅에서도 네트워킹 기술이 필요하다는 것은 부정할 수 없는 사실이다. 사실 이번 장에서 살펴봤듯이 네트워킹 및 네트워크 자동화는 온-프레미스 환경과 마찬가지로 클라우드 기반 환경에서도 중요하다.

클라우드 네트워크 서비스, 컨테이너와 쿠버네티스 네트워킹, 서비스 메시는 모두 특정 문제를 해결하기 위한 네트워킹 기술이며 서로 배타적이지 않다. 따라서 이 기술들을 결합하면, 온-프레미스 환경을 확장하면서도 클라우드 기반 애플리케이션에 대한 완벽한 네트워킹 솔루션을 제공할 수 있다.

다음 장에서는 네트워크 자동화 세계로의 여정을 시작하기 위한 연구 개발 환경을 구축하는 방법을 살펴본다. 로컬 네트워크 개발 환경부터 시작해보자.

## CHAPTER 5

네트워크 개발자 환경

네트워크 엔지니어라면 최적의 작업 환경을 갖추는 것이 얼마나 중요한지 잘 알고 있을 것이다. 최상의 작업 환경을 갖추려면 적절한 물리적 환경도 필요하다. 적절한 키보드 선택, 여러 대의 모니터 사용, 문제 해결 도중에 잠시라도 몸을 스트레칭할 공간을 확보할 수 있는 높이 조절 책상 사용 등 여러 방안을 고려해야 한다. 또한 플랫폼이나 프로토콜에 대한 참고 자료를 손쉽게 찾아볼 수 있도록 책장도 가까이 두는 것이 좋다. 이런 고려는 디지털 환경으로도 확장할 수 있다. 온라인 참고 자료나 네트워크 컨트롤러의 사용자 인터페이스를 즐겨찾기에 추가해두면 유용하며, 자주 사용하는 터미널 프로그램에서 네트워크 장비의 CLI에 빠르게 접근하기 위한 스크립트와 바로가기를 설정해두는 것도 좋다.

소프트웨어 개발자도 코드 작성부터 최종 배포까지의 과정을 빠르고 쉽게 진행하기 위해 여러 가지 생산성 도구의 도움을 받고 있다. 이러한 도구 중에는 네트워크 자동화에서도 유용하게 사용할 수 있는 도구가 많이 있으므로, 이번 장에서는 도구에 대한 이야기를 나눠보고자 한다.

각 도구를 자세히 살펴보기 전에 먼저 개발 환경을 제대로 갖추게 되면 어떤 이점을 얻을 수 있는지 알아둘 필요가 있다.

기능 검증

개발 환경을 구축하게 되면, 작성하는 코드가 실제로 동작할 것인지를 빠르게 확인할 수 있다. 전문 개발자라고 하더라도 메모장으로 작성한 코드가 제대로 동작할 것이라고 확신하기는 어렵다. 따라서 코드 작성 중에 지속적인 피드백을 제공받을 수 있고 코드가 의도한 대로 동작하는지를 간편하게 실행해 확인할 수 있는 다양한 개발 도구를 사용한다.

일관성

팀 내에서 개발 환경을 표준화해 공유하면 새로 합류한 팀원이 팀 업무에 금세 적응할 수 있게 된다. 모든 팀원이 공통 도구를 사용하되, 각 개발자가 자신의 취향에 맞게 설정할 수 있는 유연성을 가진다면 새로운 팀원도 원활히 팀 업무에 적응해 참여할 수 있게 된다.

테스트 가능성

공식 개발 환경은 자동화된 테스트에도 유용하게 활용된다. 예를 들어 간단한 make test 명령을 실행해 테스트 스위트$^{test\ suite}$를 실행할 수 있다면, 각 개발자는 자신이 작성한 코드를 본인의 컴퓨터에서 쉽게 검증해볼 수 있다. 또한 CI 시스템에서도 같은 방식으로 사용할 수 있다. 지속적 통합은 13장에서 다룬다.

이번 장에서 '올바른' 개발 환경이 무엇인지는 정의하지 않는다. 사람은 각자 자신만의 작업 방식을 갖고 있기 때문이다. 다만, 생산성이 높은 개발 환경의 주요 속성과 이를 촉진하는 몇 가지 인기 있는 사례를 살펴본다. 이러한 내용을 바탕으로 여러분의 팀에 가장 적합한 최상의 도구와 기법을 결정하는 데 도움을 주고자 한다.

이번 장에서 다루는 주제는 다음과 같다.

- 텍스트 편집기
- 개발 도구
- 에뮬레이션/시뮬레이션 도구

5.1 텍스트 편집기

6장과 7장에서 살펴볼 파이썬이나 Go 언어와 같은 본격적인 프로그래밍 언어로 자동화 솔루션을 개발할 수 있지만, 12장에서 다루는 앤서블이나 테라폼과 같은 전용 도구를 사용해 자동화 솔루션을 개발할 수도 있다. 어떤 개발 방식을 선택하더라도 결국에는 텍스트를 입력해야 한다. 자동화 도구를 선택하더라도 보통 복잡한 워크플로를 텍스트 형식으로 정의한다. 이때 사용하는 YAML 파일(8장에서 다룬다)도 나름의 규칙을 가진 텍스트 파일이다.

기술적인 측면에서만 보면, 운영체제에 기본으로 포함된 메모장과 같은 텍스트 편집기로도 코드를 읽고 쓰는 기본 기능이 가능하다. 하지만 네트워크 자동화 솔루션을 구축할 때 사용할 텍스트 편집기가 반드시 갖춰야 할 요구 사항을 살펴보면 기본 텍스트 편집기를 왜 실제 업무에서 사용할 수 없는지 그 이유를 금방 깨닫게 될 것이다.

완벽한 텍스트 편집기라는 것은 없으며, 사람마다 작업 방식과 취향이 다르다. 그렇지만 쓸 만한 텍스트 편집기는 반드시 갖춰야 하는 핵심 항목이다. 계속해서 이러한 요구 사항을 중심으로 텍스트 편집기에 대한 이야기를 나눠본다.

널리 사용되는 텍스트 편집기 중 몇 가지를 소개하면 다음과 같다.

비주얼 스튜디오 코드[1]

VS 코드^{VS Code}라고도 하는 이 편집기는 무료로 이용할 수 있는 경량 그래픽 사용자 인터페이스 편집기다. 마이크로소프트에서 적극적으로 개발하면서 지원하고 있으며 방대한 플러그인 생태계를 자랑한다. 또한 접근성이 좋고 플러그인을 통한 추가 지원 기능 덕분에 VS 코드는 가장 널리 사용되는 편집기 중 으뜸으로 선택되고 있다.

Vim[2]

가벼우면서도 사용자 정의 기능을 완벽하게 지원하는 텍스트 편집기로, 매우 큰 생태계를 갖고 있다. 꽤 오래전부터 사용되고 있는 텍스트 편집기로, 사실상 텍스트 편집기의 표준이다. 다른 텍스트 편집기 광고에서 'Vim 키 바인딩/단축키 지원'이라는 문구를 본 적이 있을 것이다. Vim에서 편집할 때는 키보드를 주로 사용하는데, 처음 접할 때는 다소 두려울 수 있겠지만 이만한 사용자 정의 기능을 갖춘 편집기를 찾아보기는 쉽지 않다.

서브라임 텍스트[3]

최소주의^{minimalism}를 지향하는 그래픽 사용자 인터페이스 편집기로, 비주얼 스튜디오 코드와 비슷하지만 더 오래전부터 사용되던 프로그램이다. 무료 평가판을 제공하지만, 제약 없이

---

1 *https://code.visualstudio.com*

2 *https://www.vim.org.* Vim을 확장한 NeoVim(*https://neovim.io*)도 널리 사용된다.

3 *https://www.sublimetext.com*

사용하려면 개별 라이선스를 구매해야 한다. 서브라임 텍스트도 활발한 플러그인 생태계를 갖추고 있다.

여기에 소개한 편집기들은 정말 추리고 추린 것으로, 여기에 소개하지는 않았지만 각자 나름의 장단점을 가진 다양한 편집기가 매우 많이 있다. 정말이지 '최고의' 편집기라는 것은 없다. 편집기마다 고유의 작업 방식, 기능, 생태계를 갖추고 있으며, 다양한 방식으로 사용자에게 최적의 경험을 제공한다. 따라서 몇 가지 편집기를 시험 삼아 사용해보고 자신에게 가장 잘 맞는 편집기로부터 시작하자. 이번 장의 설명에 사용된 스크린샷은 비주얼 스튜디오 코드의 화면에서 가져왔다.

계속해서 자신에게 딱 맞는 텍스트 편집기를 고를 때 참고할 만한 몇 가지 주요 기능을 살펴본다.

5.1.1 구문 강조

구문 강조syntax highlighting란 단색 배경에 단색 텍스트만 가득 표시하지 않고 파일 종류에 따라 특정 키워드를 도드라지게 표시함으로써 편집기의 가독성을 향상시키는 기능이다. [그림 5-1]은 코드의 특정 키워드와 기호를 다른 색상으로 표시한 구문 강조 화면으로, 단색일 때와 비교하면 코드를 읽고 쓰기가 훨씬 쉬워진다.

> **NOTE_** 이 책 인쇄본에서는 [그림 5-1]이 흑백으로 표현돼 구문 강조로 표시된 다양한 색상을 볼 수 없다. 앞에서 소개한 편집기 중 하나를 선택해 이 기능을 직접 사용해보자.

```
oreilly-npa-book > examples > ch06-python >  push.py
1    #!/usr/bin/env python3
2
3
4    def get_commands(vlan, name):
5        commands = []
6        commands.append(f"vlan {vlan}")
7        commands.append(f"name {name}")
8        return commands
```

그림 5-1 텍스트 편집기의 구문 강조 기능

구문 강조 기능을 사용하면 한 글자씩 주의 깊게 읽지 않더라도 두뇌의 강력한 패턴 매칭 능력을 활용해 코드를 더 잘 이해할 수 있고, 또한 코드의 구조를 빠르게 파악할 수 있으므로 코드 읽기가 한결 수월해진다.

강조하는 구문은 확실히 맥락에 따라 달라져야 한다. 예를 들어 파이썬에서 사용하는 키워드와 Go 언어에서 사용하는 키워드는 서로 완전히 다르다. 좋은 텍스트 편집기는 맥락에 따른 구문 강조 기능을 기본적으로 지원하며, 최소한 맥락에 따른 구문 강조 기능을 추가할 수 있는 플러그인 생태계를 갖추고 있다.

5.1.2 사용자 맞춤 설정

텍스트 편집기는 주로 최소주의를 지향하므로, 파일을 내려받아 설치했다고 해서 모든 기능을 바로 사용할 수 있는 것은 아니다. 대부분의 텍스트 편집기는 원하는 기능을 추가하거나 수정할 수 있다. 특히, [그림 5-2]와 같이 서드파티 플러그인을 적절히 구성해 편집기에서 원래 제공하지 않았던 기능을 추가해 사용할 수 있다.

그림 5-2 플러그인을 통한 텍스트 편집기 설정 기능 선택

예를 들어 로컬 저장소의 상태를 확인하거나 커밋을 생성하는 등 깃과 관련된 모든 작업을 편집기에서 수행할 수도 있다. 깃 플러그인을 설치하면 [그림 5-3]처럼 로컬 저장소의 변경 사항을 편집기에서 한눈에 편하게 확인할 수 있다.

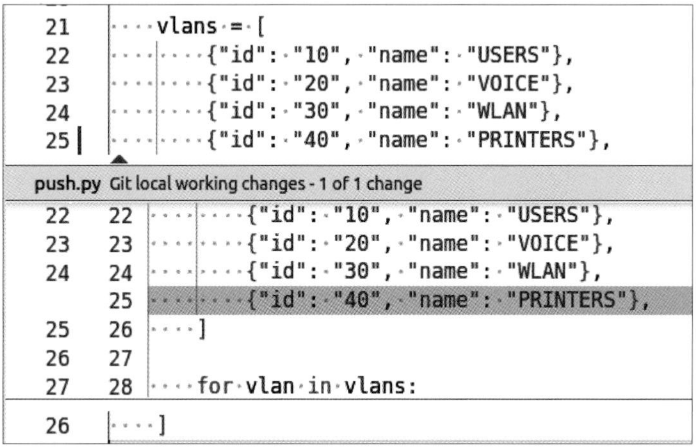

```
21      ····vlans·=·[
22      ····|····{"id":·"10",·"name":·"USERS"},
23      ····|····{"id":·"20",·"name":·"VOICE"},
24      ····|····{"id":·"30",·"name":·"WLAN"},
25|     ····|····{"id":·"40",·"name":·"PRINTERS"},

push.py  Git local working changes · 1 of 1 change

22   22  ····|····{"id":·"10",·"name":·"USERS"},
23   23  ····|····{"id":·"20",·"name":·"VOICE"},
24   24  ····|····{"id":·"30",·"name":·"WLAN"},
     25  ····|····{"id":·"40",·"name":·"PRINTERS"},
25   26  ····]
26   27
27   28  ····for·vlan·in·vlans:

26      |····]
```

그림 5-3 플러그인을 이용한 깃과의 통합

깃 명령어 사용법은 11장에서 자세히 살펴본다. 지금은 복잡한 프로젝트를 수행할 때 이처럼 작은 시각적 힌트만 제공돼도 사용상 불편함을 줄이는 데 큰 도움이 된다는 사실만 알아두자. 비주얼 스튜디오 코드와 같은 편집기에는 이 기능이 내장돼 있으며, 다른 편집기에서는 서드파티 플러그인 형태로 이 기능을 사용할 수 있다.

플러그인으로 지능적 코드 분석 기능을 추가하면 오류 감지, 자동 완성 드롭다운 메뉴, 고급 코드 탐색 기능 등 더 확장된 편집기 기능을 활용할 수 있다. 계속해서 이 기능에 대해 알아보자.

5.1.3 지능적 코드 분석

거의 모든 최신 개발 업무 프로세스에서는 단순한 구문 강조 표시를 넘어서는 몇 가지 기능이 필요하며, 이를 사용할 수 있을 것으로 기대한다. 이 기능을 한마디로 표현할 만한 일반적인 용어는 없다. 따라서 이번 절에서는 개발자가 특정 언어로 개발할 때 업무의 생산성을 높여주는 기능을 묶어 지능적 코드 분석 기능intelligent code analysis이라고 부른다.

NOTE_ 텍스트 편집기 개발자가 특정 언어에 대한 지능적 코드 분석 기능을 제공하려면 필요한 기능들을 직접 구현할 수밖에 없었다. 이는 단순하지만 시간과 노력이 많이 들어가는 작업이었고, 각 편집기 개발자마다 비슷한 작업을 수행하는 데 각자 시간과 노력을 투자해야 하는 문제가 점점 심각해졌다. 그러다 보니 편집기에 따라 어떤 언어에 대한 지원이 완전하지 않거나 아예 제공되지 않을 수도 있었다.

이러한 상황을 타개하고 편집기에서 새로운 언어를 보다 손쉽게 통합할 수 있도록 언어 서버 프로토콜 LSP, Language Server Protocol[4]을 사용하는 방안이 제안됐다. 이는 언어 지원 통합 기능을 **언어 서버**로 중앙집중화하자는 아이디어였다. 언어 서버는 보통 언어별 커뮤니티에서 개발하고 관리하므로 편집기는 모든 언어 서버와 훨씬 쉬운 방법으로 통합할 수 있게 됐다. 파이썬, Go 언어, 러스트Rust와 같은 프로그래밍 언어는 모두 자체 언어 서버를 갖고 있다.

지능적 코드 분석 기능 중 첫 번째로 살펴볼 기능은 **통합 오류 검사 기능**integrated error checking이다. 코드를 컴파일하거나 실행해야만(특히 실제 서비스 환경에서 실행해야만) 코드에 문제가 있다는 사실을 알 수 있는 것보다는 코드를 작성했을 때 바로 코드에 문제가 있음을 알 수 있다면 훨씬 유용할 것이다. 편집기를 적절히 설정하면 코드를 작성할 때 [그림 5-4]와 같은 피드백을 바로 받을 수 있다.

그림 5-4 텍스트 편집기의 오류 탐지 기능

---

4 옮긴이_ 프로젝트 홈페이지는 *https://microsoft.github.io/language-server-protocol/*이지만, 보다 상세한 정보는 *https://learn.microsoft.com/ko-kr/visualstudio/extensibility/language-server-protocol*에서 알 수 있다.

'해결하기 까다로운 오류'만큼 중요하지는 않지만 '스타일 문제'에 대해서도 최대한 빨리 알려줄 수 있다. 이러한 문제는 정상적으로 실행도 되고 컴파일도 되므로 기능상 전혀 문제가 되지 않지만, 해당 언어에 확립돼 있는 관용 구문을 위반하는 코드다. 파이썬의 예를 보자면, PEP8 가이드 문서[5]에서 파이썬 코드의 가독성을 높이기 위해 따라야 하는 관용 구문을 자세히 설명하고 있다. 이러한 가이드라인을 위반하는 코드를 작성했을 때 [그림 5-5]와 같이 바로 해당 부분을 알려준다면 금방 고칠 수 있다. 어떤 경우에는 자동으로 고쳐주기도 한다.

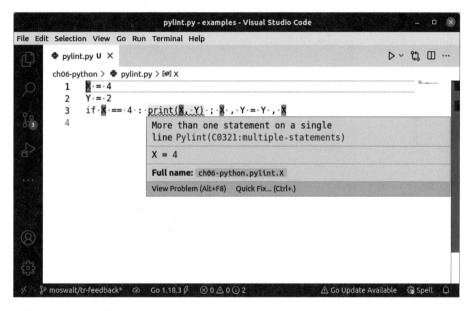

그림 5-5 텍스트 편집기의 코드 린트 기능

자동 완성autocompletion은 특히 프로그래밍 언어를 사용할 때 자주 활용하는 매우 유용한 기능 중 하나다. 사용자가 코드를 입력하면 편집기는 방금 입력한 부분이 변수인지, 함수인지, 메서드인지, 데이터 타입인지를 감지하고 이후 사용할 수 있는 적절한 항목을 드롭다운 목록으로 제시해준다. 이 목록에서 한 항목을 선택하면 나머지 부분을 완성할 수 있으며, [그림 5-6]처럼 해당 타입에서 사용할 수 있는 메서드에 대해 매개변수, 반환 타입 등과 같은 메서드 관련 정보

---

5 옮긴이_ *https://peps.python.org/pep-0008/.* PEP(Python Enhancement Proposal)는 파이썬 언어의 발전에 관한 다양한 제안들로, RFC와 비슷하다. 각 프로그래밍 언어마다 많이 사용되는 스타일 가이드 문서가 정리돼 있으며, 코드 작성 가이드라인을 잘 준수하고 있는지 검사하는 도구를 보통 린트(lint)라고 부른다.

도 함께 표시해주므로 큰 도움이 된다.

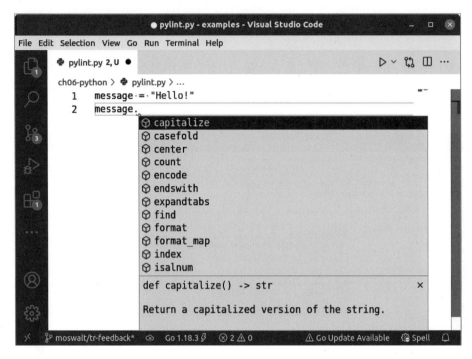

그림 5-6 자동 완성을 지원하는 텍스트 편집기

코드에 마우스를 올리면 해당 타입, 메서드, 함수에 대한 문서를 보여주는 텍스트 편집기도 많이 나와 있으며, 함수의 매개변수 순서나 데이터 타입이 기억나지 않을 때 금방 기억을 되살릴수 있어 매우 유용하다. [그림 5-7]은 Go 언어로 작성한 소스 코드 위에 마우스를 올려놓았을때 Go 언어의 strings.Split() 함수에 대한 문서가 표시된 예다.

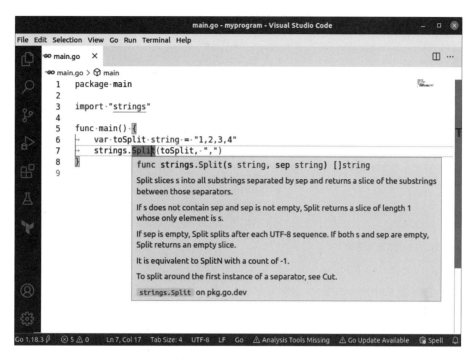

그림 5-7 텍스트 편집기에서 코드에 관련된 문서 보기

함수 정의로 이동하기, 참조된 코드 찾기, 리팩터링 적용 등의 작업은 grep이나 sed와 같은 단순 텍스트 검색 도구를 이용할 수도 있지만, 텍스트 편집기에 이 기능이 통합돼 있으면 훨씬 편리하다. 편집기는 해당 언어의 맥락에서 작성된 코드의 의미를 더 잘 이해하므로, 단순 텍스트 검색 도구를 사용하는 방식에 비해 해당 부분을 찾지 못한다거나 찾고자 하는 코드를 잘못 찾아서 엉뚱하게 변경하는 실수를 피할 수 있다. 코드를 보통 위에서 아래로 쭉 읽기보다는 타입이나 함수 호출의 계층 구조에 따라 코드베이스를 이리저리 이동해가면서 읽게 된다. 이런 경우 참조 찾기 기능이 유용하다. 편집기마다 사용법은 다를 수 있는데, 비주얼 스튜디오 코드에서는 [그림 5-8]과 같이 변수, 함수, 메서드에서 마우스 오른쪽 버튼을 클릭하면 관련 옵션이 표시된다.

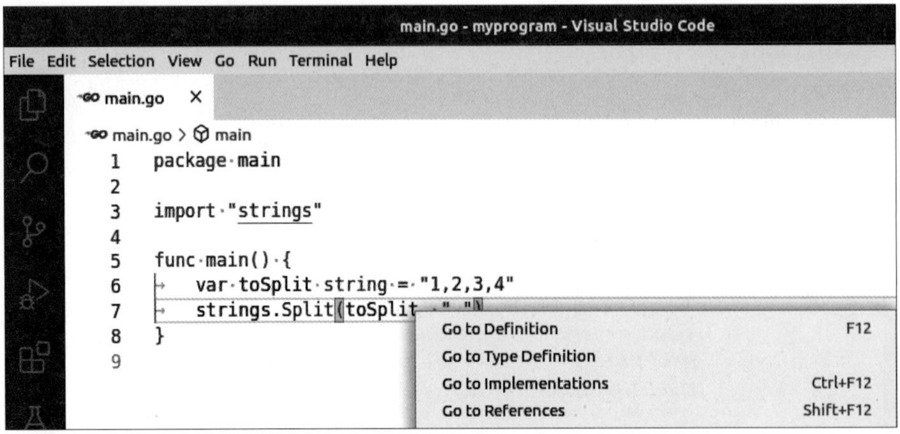

그림 5-8 정의 또는 참조로 이동하기

사용하는 언어를 보다 잘 이해할 수 있도록 구성된 편집기는 지금까지 살펴본 기능 외에도 훨씬 다양한 기능을 제공한다. 이 기능을 잘 활용하면 네트워크 자동화 솔루션을 구축할 때 엄청난 생산성 향상 효과를 누릴 수 있다.

5.1.4 텍스트 편집기 대 통합 개발 환경

통합 개발 환경IDE, Integrated Development Environment이라는 용어를 들어본 적이 있을 것이다. 소프트웨어 개발 업계에서는 한때 다소 유연하게 일반적인 텍스트 편집기도 통합 개발 환경이라 부르기도 했다. 하지만 실제로는 훨씬 더 구체적인 의미를 가진다. 통합 개발 환경은 코드를 작성하는 도구라는 점에서는 텍스트 편집기와 비슷하지만, 개발자가 특정 프레임워크나 언어를 사용할 때 도움이 되는 수많은 기능을 갖추고 있다. 통합 개발 환경의 목적은 특정 소프트웨어 개발 분야를 위한 '원스톱 상점'이 되는 것이다.

예를 들어 파이썬 코드를 작성할 경우 젯브레인즈사의 PyCharm[6]을 사용하겠지만, Go 언어로 개발할 경우에는 다른 통합 개발 환경을 사용할 것이다.

---

6 옮긴이_ 파이썬 IDE로, 제품 홈페이지는 *https://www.jetbrains.com/ko-kr/pycharm/*이다. 젯브레인즈는 PyCharm 커뮤니티 에디션을 무료로 제공한다. Go 언어 IDE로는 같은 회사에서 나온 GoLand가 있다.

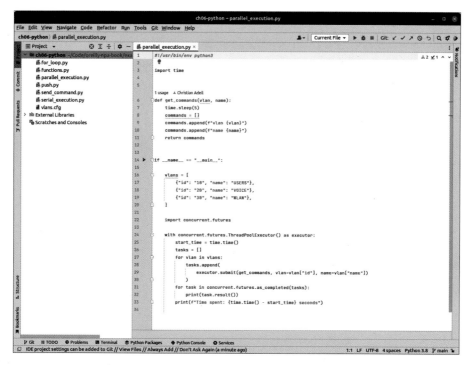

그림 5-9 젯브레인즈사의 PyCharm 파이썬 통합 개발 환경

특히 개발 관련 기능이 완전히 하나로 통합된 솔루션으로 제공되길 바라는 개발자는 IDE를 선호한다. 하지만 어떤 프로그래밍 환경에서도 사용할 수 있는 일반적인 기능을 갖춘 단순한 편집기를 좋아하는 개발자도 있다. 이들은 IDE보다 가벼우면서도 개인별 취향에 맞게 다양한 맞춤 설정 기능을 제공하는 단순한 편집기를 좋아한다. 하지만 지금까지 나온 편집기를 살펴보면, 아무래도 가벼운 편집기는 제대로 모든 기능을 갖춘 IDE와 비교할 때 기능이 부족하다는 단점이 있다.

하지만 언어 서버가 등장하면서 고급 IDE에서만 사용할 수 있었던 고급 언어 지원 기능이 대중화되고 있다. 이러한 스마트 기능을 직접 추가하고 구현하려면 엄청난 노력과 시간이 들어가기 때문에 예전에는 텍스트 편집기 개발자들이 이 기능을 구현하겠다고 계획을 세울 수가 없었다. 그러나 이제는 관련 기능이 표준화돼 각 언어별 구현이 한곳으로 중앙집중화됐으므로, 간단한 텍스트 편집기도 IDE에서 제공하던 스마트 기능을 쉽게 구현할 수 있게 돼 예전보다는 훨씬 경쟁력이 높아졌다.

여기에 정답은 없다. 대부분의 최신 텍스트 편집기는 다양한 언어를 지원하므로, 동일한 범용 사용자 인터페이스를 통해 다양한 언어로 개발할 수 있다는 장점이 있다. 또한 젯브레인즈와 같은 회사는 다양한 언어용 IDE를 개발하고 있으며, 다양한 통합 개발 환경을 통해 더 효율적으로 개발 업무를 돕고자 노력하고 있다. 따라서 어떤 도구를 선택하든 그것은 단지 개인의 취향 차이일 뿐이다.

다음 절에서는 네트워크 자동화 솔루션을 개발할 때 편집기 또는 명령행에서 직접 사용할 수 있는 유용한 개발 도구에 대해 자세히 살펴본다.

5.2 개발 도구

IDE나 텍스트 편집기에 기본적으로 통합돼 있거나 별도 플러그인으로 통합할 수 있는 도구가 많이 나와 있긴 하지만, 그 외에 네트워크 자동화 솔루션 개발, 배포 및 디버깅에 사용할 수 있는 도구나 프레임워크도 헤아릴 수 없을 만큼 다양하다. 이런 도구를 모두 살펴보는 것은 불가능하지만, 그중에서도 네트워크 자동화 관련 업무를 진행하다 보면 사용하게 될 것 같은 몇 가지 도구를 살펴보자.

개발 도구라는 용어의 정의가 너무 광범위하므로, 다음과 같이 몇 가지 사용 사례로 나눠 살펴보는 것이 좋겠다.

의존성 관리

나중에 다루게 되겠지만, 네트워크 자동화 솔루션을 밑바닥부터 만들지 않고, 보통 기존 도구나 라이브러리를 기반으로 구축한다. 이때 필요한 모듈을 의존성 모듈 또는 종속성 모듈이라고 부르는데, 이를 쉽게 관리할 수 있는 도구를 개발 단계에서 배포 단계까지 여러 과정에서 유용하게 활용할 수 있다.

패키징 및 배포 자동화

노트북에서 개발하던 스크립트나 워크플로를 실제 서비스 환경으로 배포해야 하는 순간이 언젠가는 오기 마련이다. 배포에 관련된 다양한 작업을 자동화 도구를 사용하면 보다 안전하고 예측할 수 있는 형태로 개발 결과를 배포할 수 있다.

텍스트 기반 데이터 포맷 처리

자동화 솔루션을 구축하는 경우뿐만 아니라 이를 갱신하고 배포하는 대부분의 작업에서 YAML과 같은 텍스트 기반 데이터 포맷을 다루는 경우가 많다. 포맷은 8장에서 상세히 다루겠지만, 이번 장에서는 먼저 이러한 포맷으로 작성된 설정 정보에서 변경 내용을 찾거나 관리하는 목적으로 사용할 수 있는 몇 가지 도구를 소개한다.

각 사용 사례는 상당히 이질적이지만, 다음 주요 속성을 염두에 두고 각 영역에 적합한 도구를 선택해야 한다.

- 가능하다면 도구의 입력 및 설정을 코드로 저장하고 관리할 수 있어야 한다. 즉, 이 데이터도 자동화 솔루션의 다른 부분과 함께 깃과 같은 버전 관리 시스템에 저장해 관리해야 한다. 이 개념은 11장과 13장에서 상세히 다룬다.
- 유닉스 철학에 부합하는 도구를 찾아보자. 셸 스크립트에서 도구를 사용하는 경우가 많으므로, 단순하면서도 여러 도구를 연결해 사용할 수 있는 방식으로 설계돼야 한다.

다음 절에서는 실제 도구 중 몇 가지를 살펴본다. 여기서 소개하는 것 외에도 각 분야에 특화된 전문 도구가 훨씬 많이 나와 있다는 점은 알아두자.

5.2.1 Virtualenv

이 책에서는 자동화 솔루션을 구축하기 위한 몇 가지 방안을 다룬다. 때로는 프로그래밍 언어를 본격적으로 사용해야 할 수도 있는데, 6장에서는 자동화 솔루션의 일부로 파이썬을 사용해본다. 이때도 바퀴를 재발명하듯 모든 것을 직접 만들지는 않고, 대부분 기존의 방대한 서드파티 라이브러리 생태계를 활용한다.

이러한 소프트웨어의 의존성을 관리하는 것은 생각보다 쉽지 않다. 예를 들어 2개 솔루션을 개발 중인데, 솔루션마다 특정 파이썬 패키지의 서로 다른 버전을 설치해야 한다고 생각해보자. 또는 시스템 전역 파이썬 패키지 설치 경로에 패키지를 추가 설치하기 위한 필수 권한조차 없을 수도 있다. 때로는 시스템에 설치된 파이썬 버전과는 다른 파이썬 버전으로 솔루션을 실행해야 한다.

여러 가지 이유로 파이썬 기반의 의존성을 보다 편리하게 관리해주는 **Virtualenv**[7]를 사용한다. 이 도구는 특정 디렉터리에 파이썬 실행에 관한 가상 환경을 만들고, 설치하고 싶은 의존성을 가진 모든 모듈을 가상 환경에 설치한다. 그렇게 되면 권한 상승 없이도 의존성을 가진 모듈을 설치할 수 있으며, 프로그램이나 스크립트에 관한 모든 항목을 관리할 수 있다. Virtualenv의 실제 동작은 6장에서 살펴본다.

5.2.2 Make

빌드 자동화 도구의 원조는 바로 GNU Make이다. 소프트웨어의 소스 코드를 컴파일하는 방식으로 설치할 때 아주 오래전부터 이 도구를 사용해왔다. 리눅스에서 소프트웨어 패키지를 설치할 때 소스 코드를 내려받아 컴파일해본 적이 있다면 분명 사용해본 적이 있을 것이다.

Make는 **Makefile** 텍스트 파일에 **타깃**을 정의한다. 명령행에서 타깃을 지정해 실행하면 해당 타깃으로 정의된 명령들이 수행된다. 소스 코드를 컴파일하는 경우에만 사용할 수 있는 것은 아니며, 배시 셸 스크립트를 사용하는 거의 모든 작업에 활용할 수 있다. [예제 5-1]의 Makefile에는 Go 언어 프로젝트에서 자주 사용하는 작업이 들어 있다.

> **NOTE_** 이번 장에 사용된 모든 소스 코드는 책의 깃허브 저장소인 *https://github.com/oreilly-npa-book/examples/tree/v2/ch05-netdevenv*에서 내려받을 수 있다.

예제 5-1 Makefile

```
SHELL=/bin/bash

all: build                 ①

build:
        go install ./cmd/...   ②

fmt:
        go fmt ./...           ③
```

---

7 *https://virtualenv.pypa.io/en/latest/*

```
test:
        go test ./... -cover  ④
```

① all은 별도의 타깃을 지정하지 않은 채 make 명령을 실행했을 때 수행되는 특별한 타깃이다. 이 예제에서는 build 타깃을 실행한다.

② make build는 ./cmd 디렉터리에서 바이너리를 설치한다.

③ make fmt는 코드의 형식이 제대로 작성됐는지를 검사한다.

④ make test는 프로젝트의 모든 테스트 코드를 실행한 후 커버리지 보고서를 생성한다.

Makefile은 빌드, 실행, 테스트, 린팅linting 등 프로젝트를 진행하면서 자주 사용하는 공통 작업을 한곳으로 모아두고 싶을 때 특히 유용하다. 어떤 스크립트를 실행하기 위해 어떤 인자를 어떤 순서로 전달해야 하는지를 기억할 필요 없이 간단히 make test, make lint와 같은 명령으로 실행할 수 있다.

또한 타깃끼리 의존 관계를 추가해두면, 자동으로 다른 타깃을 먼저 실행할 수도 있다. 이를 통해 Makefile은 다소 복잡한 워크플로를 정의하면서도 실제 사용자 상호 작용은 매우 단순하게 유지할 수 있다.

5.2.3 도커

앞에서 설명한 것처럼 소프트웨어 의존성을 관리하는 것은 간단한 프로그램이나 스크립트에서조차도 쉽지 않은 과제다. 개발 과정뿐만 아니라 실제 서비스 환경에서도 마찬가지다. 예를 들어 스크립트가 Requests 라이브러리[8]를 사용한다면, 스크립트를 실행하는 모든 서버에 해당 라이브러리가 설치돼 있어야 한다. 앤서블 플레이북Ansible playbook을 작성할 때 특정 모듈을 사용한다면 어떻게 할까? 시스템에 특정 라이브러리가 있어야 프로그램을 컴파일할 수 있는 다른 프로그래밍 언어는 어떻게 할까?

그동안 의존성 문제를 해결하는 가장 포괄적인 방법은 가상 머신을 사용하는 것이었다. 가상화 기술이 등장하면서 소프트웨어를 실행하기 위한 전용 하드웨어 플랫폼을 두지 않고, 모든 의존성을 설정해둔 가상 머신 이미지를 만들 수 있었다. 하지만 이 방법도 전혀 문제가 없는 것은

---

8   옮긴이_ 파이썬에서 HTTP API 통신에 널리 사용되는 서드파티 라이브러리다.

아니다. 그중 한 가지 문제점은 전체 운영체제가 설치된 이미지를 만들고, 여기에 애플리케이션과 의존성이 있는 모듈을 모두 설치하는 과정에서 엄청난 시간과 리소스가 들어간다는 점이다. 또한 전체 운영체제를 모두 갖고 있는 가상 머신 이미지는 단일 애플리케이션을 실행하기에는 너무 큰 간접 비용이 발생한다. 동일한 운영체제에서 여러 애플리케이션을 실행할 때 발생하는 의존성 충돌은 어떻게 관리할 수 있을까?

최근 이 문제를 해결할 수 있는 또 다른 방안으로 애플리케이션 컨테이너가 등장했다. 이 접근 방식은 리눅스처럼 운영체제가 제공하는 격리 기법을 활용해 동일한 운영체제의 격리된 환경에서 의존성을 모두 포함한 애플리케이션을 실행할 수 있다. 컨테이너 이미지를 만들어 실행하는 여러 방법이 있지만, 그중에서도 요즘 가장 인기 있는 방법은 도커[9]다. 도커는 **Dockerfile**로 알려진 매니페스트 파일로 특정 애플리케이션을 실행하기 위해 완전한 컨테이너 이미지를 만드는 과정을 정의한다. 이를 통해 의존성 설치, 설정 파일 추가, 환경 변수 설정 등의 작업을 실행할 수 있다. [예제 5-2]는 Dockerfile 파일의 예다.

예제 5-2 Dockerfile 파일

```
FROM python:3.8-slim-buster          ①

COPY requirements.txt requirements.txt   ②

RUN pip3 install -r requirements.txt    ③

COPY ./getip.py /getip.py             ④

CMD [ "python3", "/getip.py"]         ⑤
```

① 새로운 이미지를 만들 때 사용할 기반 이미지를 지정한다. 이 예제에서는 파이썬 3.8이 설치돼 있는 리눅스 이미지를 사용한다.

② requirements.txt 파일을 외부 파일 시스템에서 이미지의 파일 시스템으로 복사한다.

③ RUN 지시문은 컨테이너 이미지에서 해당 셸 명령어를 실행한다. 이 예제에서는 이전 단계에서 복사한 파일에 명시된 파이썬 의존성 요구 사항을 설치한다.

④ 파이썬 프로그램을 컨테이너 이미지로 복사한다.

---

9 *https://www.docker.com/*

⑤ CMD는 컨테이너가 시작될 때 실행될 명령을 지정한다. 이 예제에서는 개발한 파이썬 프로그램을 실행한다.

이렇게 매니페스트를 만들어두면 [예제 5-3]과 같이 몇 개 명령만으로도 컨테이너 이미지의 인스턴스를 빌드해 실행할 수 있다.

예제 5-3 Dockerfile을 이용한 이미지 생성

```
~$ docker build . -t getip:v1.0  ①
<...빌드 결과는 생략...>

~$ docker run --rm getip:v1.0  ②
Hello from Docker! Your IP address is 104.28.253.219
```

① 현재 디렉터리에서 Dockerfile을 사용해 도커로 getip라는 이름을 가진 컨테이너 이미지를 만든다. 또한 동일한 도커 이미지를 여러 버전으로 빌드했을 때 쉽게 구별할 수 있도록 v1.0 태그를 붙여준다.

② 도커를 사용해 방금 생성한 이미지를 실행한다. 애플리케이션이 종료되면 정리 작업까지 수행한다.

도커와 같은 간단한 컨테이너 빌드 시스템의 큰 장점 중 하나는 이전 예제에서 살펴본 것처럼 이미지를 실제 서비스 서버에서 실행할 수 있으며 애플리케이션의 의존성 설치를 걱정할 필요가 없도록 하나의 이미지로 번들돼 배포된다는 점이다! 따라서 코드를 실제 서비스 환경으로 훨씬 쉽게 배포할 수 있다.

또한 이렇게 이미지를 만들어두면 다른 개발자가 보다 쉽게 사용할 수 있다. 예를 들어 직접 만든 이미지를 중앙집중화된 저장소에 배포하면, 다른 개발자는 [예제 5-4]에서 사용했던 docker pull 명령을 실행해 저장소에 배포된 이미지를 내려받아 사용할 수 있다.

예제 5-4 저장소에서 도커 이미지 가져오기

```
~$ docker pull ghcr.io/nokia/srlinux
Using default tag: latest
latest: Pulling from nokia/srlinux
5021ece2e12c: Pull complete
Digest: sha256:39671cbffaa2e42d584ecacac2070c9fbef0cf5f0295abe13135506375d0e51e
Status: Downloaded newer image for ghcr.io/nokia/srlinux:latest
ghcr.io/nokia/srlinux:latest
```

생성한 이미지를 저장소에 배포하면 다른 사용자는 다시 이미지를 만들 필요 없이 간단히 내려받아 사용할 수 있다.

때로는 아주 간단한 애플리케이션일지라도 여러 개의 구성 요소가 필요할 수 있고, 각 구성 요소의 고유한 설정, 의존성, 확장성 때문에 단일 컨테이너 이미지로 만들 수 없는 경우도 있다. 단일 애플리케이션을 실행하기 위해 서로 통신할 수 있는 여러 개의 컨테이너 인스턴스를 생성하고 이 전체를 단일 스택으로 취급할 수 있다. 이럴 때 도커 컴포즈 파일을 사용한다. 이 파일에는 도커에서 함께 실행해야 할 서비스가 정의되며, 어떤 포트가 열려야 하는지, 어떤 순서로 애플리케이션을 실행해야 하는지 등과 같은 세부 명령이 들어 있다. 예를 들어 특정 로컬 도커 이미지 파일을 기존 레디스 컨테이너 이미지와 결합해 실행할 수 있다. [예제 5-5]는 웹 서비스와 레디스를 결합한 도커 컴포즈 파일이다.

예제 5-5 도커 컴포즈

```
version: "3.9"
services:
  web:
    build: .
    ports:
      - "8000:5000"
  redis:
    image: "redis:alpine"
```

---

10 *https://hub.docker.com/*

컨테이너와 도커의 세상을 매우 가볍게 다뤄봤다. 4장에서 도커와 같은 컨테이너 시스템의 네트워킹 관련 세부 사항을 살펴봤지만, 도커에 대해 보다 전체적으로 알아보고 싶다면 션 P. 케인[Sean P. Kane]과 칼 마티아스[Karl Mattias]가 함께 쓴 『도커: 설치에서 운영까지』(제이펍, 2016)를 읽어보자.

5.2.4 dyff

이 책에서는 YAML 데이터 포맷을 자주 사용한다. 다음 장에서 좀 더 상세히 살펴보겠지만, YAML 포맷은 사람이 읽을 수 있는 형태로 구조화된 데이터를 다룬다. YAML 자체는 사람이 읽을 수 있도록 설계됐지만, YAML을 아주 많이 사용하는 쿠버네티스나 앤서블과 같은 시스템에서는 사람이 다루기 힘든 YAML 파일을 만들어내기도 한다.

크기가 큰 YAML을 다룰 때 흔히 발생하는 문제는 무엇이 바뀌었는지 변경 사항을 파악하는 것이다. 일반적으로 파일의 두 버전 간 차이점을 확인할 때는 diff와 같은 도구를 사용한다. 일련의 스위치를 정의하는 YAML 파일이 있고, 각 스위치는 일련의 인터페이스를 갖고 있으며, 각 인터페이스에는 VLAN이 구성돼 있다고 가정해보자. 인터페이스 중 하나에 VLAN을 추가한 다음 diff와 같은 도구로 변경 사항을 확인해보더라도 어디에서 무엇이 바뀐 것인지를 알 수 없다. [예제 5-6]은 diff의 실행 결과다.

예제 5-6 diff 실행 결과

```
~$ diff before.yaml after.yaml
30c30
<           vlans: [1, 100]
---
>           vlans: [1, 50, 100]
```

변경 사항을 이 정도만 알아도 괜찮은 포맷도 있지만, YAML은 변경 사항이 발생한 맥락을 이해하는 것이 중요하다. 더 큰 YAML 데이터 구조에서는 어떤 곳에서 어떻게 바뀌었는지를 알고 있어야만 해당 변경이 미치는 영향력을 파악할 수 있다. 인프라 자동화 분야에서 YAML이 널리 사용되다 보니 YAML의 동작 방식을 이해해 파일의 변경 사항을 보여주는 dyff와 같은 도구가 등장하게 됐다. [예제 5-7]은 dyff를 실행한 결과로, 데이터의 변경 사항뿐만 아니라 데이터 구조에서 바뀐 부분의 경로까지 함께 표시된다.

```
~$ dyff between -b before.yaml after.yaml

switches.sw02.interfaces.eth3.vlans
  + one list entry added:
    - 50
```

지금까지 네트워크 자동화의 여정 속에서 접하게 될 것 같은 몇 가지 도구를 살펴봤다. 하지만 실제로는 이번 절에서 다룬 것보다 훨씬 다양한 도구를 만나게 될 것이고, 늘 새로운 사용 사례와 문제를 해결하는 새로운 도구를 만나게 될 것이다. 따라서 열린 마음으로 새로운 도구를 자주 사용해보고, 더 이상 유용하지 않은 도구는 새로운 도구로 교체한다.

다음 절에서는 개발 환경을 구축하는 데 있어 또 다른 중요한 부분인 네트워크 장비와 토폴로지를 시뮬레이션할 수 있는 도구에 대해 살펴본다.

5.3 에뮬레이션/시뮬레이션 도구

오랫동안, 네트워크 랩을 구축하려면 하드웨어를 실제로 구매해야만 했다. 2000년대 초반 x86 가상화 기술이 등장했지만, 2015년경이 돼서야 네트워크 제조사가 제품 포트폴리오에 가상 머신 이미지를 일부라도 공개하기 시작했다.

요즘은 많은 폼 팩터form factor를 가상 머신으로 이용할 수 있다. NOS를 가상 머신으로 실행할 때 소프트웨어로 흉내 내기 어려운 특정 하드웨어 기능이 있긴 하지만, 네트워크 자동화와 관련된 대부분의 사용 사례에서 큰 제약 없이 사용할 수 있다. 네트워크 자동화 솔루션을 개발하고 테스트하는 동안에는 단지 '실제' 장비에서 기대하는 것과 동일한 관리 인터페이스를 갖춘 가상 네트워크 토폴로지만 있으면 된다. 10장에서 살펴볼 관리 API와 텔레메트리 인터페이스는 보통 즐겨 사용하는 NOS 가상 버전에도 포함돼 있으므로, 이 정도면 충분히 가상 머신을 사용할 수 있다.

요즘은 대부분의 제조사에서 적어도 1개 이상의 가상 머신 이미지를 제공하므로, 이미지를 사용해 토폴로지를 구성할 수 있는 도구가 필요해졌다. 실제 서비스 환경을 모사한 가상 폼 팩터 위에서 여러 장비를 서로 연결하고, 인접 라우팅 경로를 설정하는 등의 작업을 수행해볼 수 있게 된 것이다. 그러면 구축 중인 자동화 솔루션이 실제 서비스 환경에서도 적합한지를 보다 쉽게 확인해볼 수 있다.

이러한 도구를 개발 환경에 통합하려면 다음 기능을 주의 깊게 살펴봐야 한다.

코드로 설정 가능

이번 장에서 소개한 다른 도구들과 마찬가지로 읽기 쉽고 편집하기 쉬운 텍스트 파일로 설정을 표현할 수 있다면 유용하게 사용할 수 있다. 이렇게 되면 네트워크 구성 설정을 다른 코드나 스크립트, 워크플로와 함께 관리할 수 있다. 수 기가바이트 크기의 가상 이미지 파일을 전달하는 것보다 공유 저장소를 통해 설정 파일을 공유하는 것이 훨씬 쉽다. 또한 이번 장에 소개한 많은 도구는 지속적 통합/전달(CI/CD) 파이프라인에서도 사용할 수 있으므로, 기존 또는 제안된 네트워크 변경 사항을 자동으로 검증할 수 있다. 이와 관련된 내용은 13장에서 다룬다.

연결된 토폴로지 지원

NOS의 단일 인스턴스를 가상 머신으로 실행할 수 있게 된 것만 해도 어느 정도 유용하게 사용할 수 있지만, 3장에서 다뤘던 브리지처럼 가상 네트워크 기술을 사용해 가상 머신을 연결할 수 있다는 점에서 강력한 힘이 발휘된다. 가상 머신을 서로 연결해서 솔루션이 의도한 대로 설정 변경이 이뤄지는지를 검증할 수 있고, 전체 토폴로지가 예상대로 동작하는지 전반적인 연결성을 검증할 수 있다.

지원 및 접근성

개발 환경에서 지원 부분은 복잡할 수 있으며, 도구를 사용하다가 막힌 부분을 고민하면서 시간을 낭비하고 싶지 않다. 결국 잘 동작하고 모든 사람이 사용할 수 있는 도구가 필요하다. 꼭 오픈소스일 필요는 없지만, 불안정한 도구를 사용하느라 너무 많은 시간을 낭비하고 싶지도 않을 것이다. 토폴로지를 간단히 설정해 원하는 대로 사용해볼 수 있는 안정된 도구여야 한다.

계속해서 네트워크 자동화 과정에서 자주 사용하면 좋은 에뮬레이션 및 시뮬레이션 도구 중 몇 가지를 살펴본다.

5.3.1 버추얼박스

노트북에서 가상 머신을 실행하고 싶을 때 가장 좋은 방법 중 하나는 바로 버추얼박스 VirtualBox[11]를 사용하는 것이다. 오픈소스 가상화 플랫폼으로 오랫동안 사용돼온 버추얼박스는 윈도, 리눅스, 맥OS 등 다양한 운영체제에서 동작하며, 무료로 내려받을 수 있다. 또한 [그림 5-10]과 같은 그래픽 사용자 인터페이스가 제공돼 편하게 사용할 수 있다.

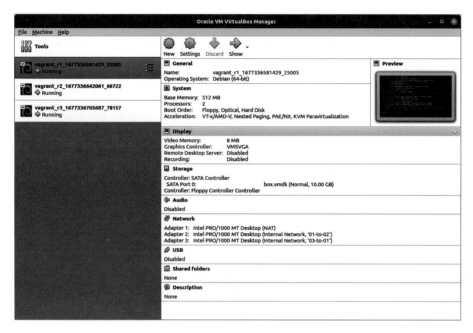

그림 5-10 버추얼박스

네트워크 장비 제조사의 웹 사이트에서 가상 이미지를 내려받은 다음, 해당 이미지를 불러와서 몇 번의 클릭으로 실행해볼 수 있다. 다음 절에서 소개하는 베이그런트와 같은 도구를 사용하면 가상 머신의 인스턴스를 생성하고 설정하는 과정을 자동화할 수 있다.

---

11 https://www.virtualbox.org/

5.3.2 베이그런트

앞서 이야기한 것처럼, 선호하는 NOS를 에뮬레이션해보고 싶을 경우 버추얼박스와 같은 플랫폼을 직접 사용할 수도 있지만, 네트워크 개발 환경으로 사용하기에는 적절치 않은 몇 가지 단점이 있다.

- 가상 머신을 변경해야 하는 경우 가상 머신 이미지를 기반으로 하는 협업이 힘들다. 작은 가상 머신 이미지라고 해도 수 기가바이트 정도의 크기이므로, 가상 머신 이미지를 다른 개발자와 공유하는 방식은 다소 비현실적이다.

- 버추얼박스에서 제공하는 그래픽 사용자 인터페이스로 설정을 바꾸는 작업은 지루하다. 이 방식으로 복잡한 가상 머신 토폴로지를 생성하려면 시간도 많이 걸릴 뿐만 아니라 오류도 발생하기 쉽다.

대신 베이그런트^{Vagrant}[12]와 같은 도구를 사용하면 전체 토폴로지를 텍스트 파일로 정의할 수 있고, 여기에 각 가상 머신의 개별 설정 및 가상 머신 간의 연결 구조까지도 정의에 포함할 수 있다. 베이그런트는 설정 파일에 정의된 명령문에 따라 버추얼박스와 같은 **프로바이더**^{provider}를 통합해 가상 머신의 생성 및 설정을 전체적으로 조율한다. 베이그런트는 가상 머신 설정을 정의할 때 루비 프로그래밍 언어와 비슷한 문법을 사용한다. [예제 5-8]은 가상 VyOS[13] 라우터 3대를 서로 연결된 토폴로지로 정의한 설정 파일이다.

예제 5-8 가상 라우터 3대를 연결하는 토폴로지를 기술한 Vagrantfile

```
Vagrant.configure(2) do |config|
    config.vm.box = "vyos/current"          ①

    config.vm.define "r1" do |r1|           ②
        r1.vm.host_name = "r1"
        r1.vm.network "private_network",   ③
                      ip: "192.168.12.11",
                      virtualbox__intnet: "01-to-02"
        r1.vm.network "private_network",
                      ip: "192.168.31.11",
                      virtualbox__intnet: "03-to-01"
    end

    config.vm.define "r2" do |r2|
```

---

12 *https://www.vagrantup.com/*

13 *https://vyos.io/*

```
            r2.vm.host_name = "r2"
            r2.vm.network "private_network",
                            ip: "192.168.23.12",
                            virtualbox__intnet: "02-to-03"
            r2.vm.network "private_network",
                            ip: "192.168.12.12",
                            virtualbox__intnet: "01-to-02"
        end

        config.vm.define "r3" do |r3|
            r3.vm.host_name = "r3"
            r3.vm.network "private_network",
                            ip: "192.168.31.13",
                            virtualbox__intnet: "03-to-01"
            r3.vm.network "private_network",
                            ip: "192.168.23.13",
                            virtualbox__intnet: "02-to-03"
        end
    end
```

① Vagrantfile에 정의된 3개의 가상 머신에서 사용할 이미지를 지정한다.

② 가상 머신을 정의한다. 토폴로지의 가상 머신 설정은 `config.vm.define` 구문과 그 안에 포함된 블록으로 기술한다.

③ 필요에 따라 각 가상 머신 네트워크를 연결한다. 이 예제에서는 3개의 가상 머신이 연결된 방식에 따라 삼각형의 변을 부르는 방식으로 네트워크명을 정해준다.

베이그런트 이미지는 박스^{box}라 부르는 특별한 형태로 배포된다. 버추얼박스에서 가상 머신을 실행하기 위해 내려받는 가상 이미지와 비슷하지만, 베이그런트에서 해당 가상 이미지를 사용할 때 필요한 수정 사항이 포함돼 있다. [예제 5-8]에서 사용한 **vyos/current** 이미지는 이미 이 형식으로 패키징돼 있으며, 베이그런트 공식 이미지 저장소인 베이그런트 클라우드를 통해 제공된다. 베이그런트는 자동으로 이미지를 내려받은 후 아무런 변경 없이 바로 동작시켜 사용할 수 있다.

안타깝게도 대부분의 네트워크 제조사는 자사 베이그런트 박스를 베이그런트 클라우드에 올려두지 않는다. 따라서 베이그런트에서 사용할 .box 파일을 직접 내려받아야 한다. 많은 장비 제조사가 단지 버추얼박스와 호환되는 이미지만 제공하고 있으며, 베이그런트에서 사용하려면 직접 패키징 작업을 해야 한다는 단점이 있다. 그나마 이런 사례에 대한 가이드가 풍부하고 다양한 도구가 있어서 도움이 된다. 예를 들어 netlab 프로젝트[14]는 범용 가상 머신 이미지를 이용해 베이그런트 박스를 생성하는 가이드를 제공하고 있다.

> **NOTE_** 일부 베이그런트 박스를 사용하려면 가상 머신 호스트에 베이그런트 플러그인을 설치해야 한다. 이 플러그인은 베이그런트가 게스트 운영체제를 인식해 올바르게 동작하도록 돕는다. 예를 들어 [예제 5-8]을 실행하려면 VyOS 플러그인을 설치해야 하는데, vagrant plugin install vagrant-cyos 명령으로 설치한다.

Vagrantfile이 들어 있는 디렉터리에서 **vagrant up** 명령만 실행하면, 베이그런트가 적절한 이미지를 내려받은 다음 가상 라우터 3대가 동작하기 시작하며 Vagrantfile에 적힌 대로 서로 연결을 맺는다. [예제 5-9]는 가상 토폴로지의 인스턴스가 만들어지는 과정에서 베이그런트가 출력한 메시지다.

예제 5-9 가상 토폴로지 시작하기

```
~$ vagrant up
Bringing machine 'r1' up with 'virtualbox' provider...
Bringing machine 'r2' up with 'virtualbox' provider...
Bringing machine 'r3' up with 'virtualbox' provider...
==> r1: Importing base box 'vyos/current'...
==> r1: Matching MAC address for NAT networking...
==> r1: Checking if box 'vyos/current' version '20230215.03.17' is up to date...
==> r1: Setting the name of the VM: vagrant_r1_1677336581429_25005
==> r1: Clearing any previously set network interfaces...
==> r1: Preparing network interfaces based on configuration...
    r1: Adapter 1: nat
    r1: Adapter 2: intnet
    r1: Adapter 3: intnet
==> r1: Forwarding ports...
    r1: 22 (guest) => 2222 (host) (adapter 1)
==> r1: Booting VM...
==> r1: Waiting for machine to boot. This may take a few minutes...
    r1: SSH address: 127.0.0.1:2222
    r1: SSH username: vyos
    r1: SSH auth method: private key
    r1:
```

---

14 *https://netlab.tools/labs/libvirt/#building-your-own-boxes*

```
    r1: Vagrant insecure key detected. Vagrant will automatically replace
    r1: this with a newly generated keypair for better security.
    r1:
    r1: Inserting generated public key within guest...
    r1: Removing insecure key from the guest if it's present...
    r1: Key inserted! Disconnecting and reconnecting using new SSH key...
==> r1: Machine booted and ready!
==> r1: Checking for guest additions in VM...
    r1: No guest additions were detected on the base box for this VM! Guest
    r1: additions are required for forwarded ports, shared folders, host only
    r1: networking, and more. If SSH fails on this machine, please install
    r1: the guest additions and repackage the box to continue.
    r1:
    r1: This is not an error message; everything may continue to work properly,
    r1: in which case you may ignore this message.
==> r1: Setting hostname...
==> r1: Configuring and enabling network interfaces...
==> r1: Rsyncing folder: ~/examples/ch05-netdevenv/vagrant/ => /vagrant
```

[r2와 r3 등의 비슷한 출력 결과는 생략]

Vagrantfile에 기술한 네트워크 설정에 따라 토폴로지가 구성되며, [예제 5-10]과 같이 SSH로 가상 머신에 접속하거나 서로 핑ping을 보낼 수 있다.

예제 5-10 가상 토폴로지로 연결하기

```
~$ vagrant ssh r1
Welcome to VyOS!

vyos@r1:~$ ping 192.168.12.12 count 1
PING 192.168.12.12 (192.168.12.12) 56(84) bytes of data.
64 bytes from 192.168.12.12: icmp_seq=1 ttl=64 time=0.431 ms

--- 192.168.12.12 ping statistics ---
1 packets transmitted, 1 received, 0% packet loss, time 0ms
rtt min/avg/max/mdev = 0.431/0.431/0.431/0.000 ms
```

베이그런트는 가상 머신을 프로비저닝한 다음, 부팅한 후 추가 설정 단계를 수행하는 **프로비저너**provisioner 기능도 제공한다. 프로비저너와 앤서블을 결합해 가상 머신이 부팅되면 앤서블 플레이북이 실행돼 설정 작업을 진행한다. 이렇게 되면 인접한 노드 간 라우팅 인접 정보나

ACL 등 보다 현실적으로 설정된 토폴로지를 구성해 실행할 수 있다. 프로비저너를 사용하려면 Vagrantfile 파일에서 가상 머신에 관한 설정 스탠자를 추가해야 한다.

예제 5-11 베이그런트 토폴로지에 프로비저너 추가하기

```
config.vm.provision "ansible" do |ansible|
    ansible.playbook = "playbook.yml"
end
```

물론 앤서블 플레이북과 Vagrantfile을 동일한 버전 관리 시스템의 저장소에 저장할 수 있으므로, 누구나 이 설정을 이용해 동일한 토폴로지를 쉽게 구축해볼 수 있다는 장점이 있다. 앤서블은 12장에서 상세히 다룬다. 앤서블을 자세히 살펴본 다음, 여기로 돌아와서 베이그런트 토폴로지에 플레이북을 추가해보자.

베이그런트 토폴로지를 모두 사용했으면 [예제 5-12]처럼 **vagrant destory** 명령을 통해 토폴로지를 쉽게 정리할 수 있다.

예제 5-12 베이그런트 토폴로지 종료하기

```
~$ vagrant destroy -f
==> r3: Forcing shutdown of VM...
==> r3: Destroying VM and associated drives...
==> r2: Forcing shutdown of VM...
==> r2: Destroying VM and associated drives...
==> r1: Forcing shutdown of VM...
==> r1: Destroying VM and associated drives...
```

베이그런트와 버추얼박스를 결합하면 노트북에서 네트워크 토폴로지를 생성해 손쉽게 시뮬레이션해볼 수 있지만, 때로는 좀 더 최신이면서 경량화된 방법이 필요하다. 다음 절에서는 네트워크 토폴로지를 시뮬레이션할 때 가상 머신 대신 컨테이너를 사용하는 새로운 도구에 대해 살펴본다.

5.3.3 컨테이너랩

베이그런트의 가장 큰 장점은 텍스트 파일로 가상 머신 토폴로지를 손쉽게 조율할 수 있다는 점이다. 하지만 가상 머신은 종종 많은 시스템 자원을 사용한다. 가상 머신이 가진 대부분의 장점은 그대로 유지하면서 대신 컨테이너 이미지를 사용할 수 있다면 정말 좋을 것이다.

다행히 비교적 최근에 새로운 도구가 등장했다. 이 도구의 이름은 **컨테이너랩**Containerlab으로, 간단한 텍스트 파일로 실험해보고 싶은 토폴로지를 생성한 다음, 컨테이너 이미지를 사용해 이러한 토폴로지를 인스턴스로 만들 수 있다. 베이그런트는 루비와 비슷한 문법을 사용해 토폴로지 구성을 정의하지만, 컨테이너랩은 [예제 5-13]과 같이 더 간단한 YAML 기반 언어를 사용하는 clab 파일에 정의한다.

예제 5-13 컨테이너랩의 토폴로지 clab 파일

```
name: example-lab                    ①
topology:
  nodes:                             ②
    srl01:
      kind: srl
      image: ghcr.io/nokia/srlinux
      startup-config: srl1.cfg       ③

    srl02:
      kind: srl
      image: ghcr.io/nokia/srlinux
      startup-config: srl2.cfg

  links:                             ④
    - endpoints: ["srl01:e1-1", "srl02:e1-1"]
```

① 전체 토폴로지명. 컨테이너랩은 이 정보를 이용해 어떤 노드가 어떤 토폴로지에 속하는지를 파악할 수 있으므로, 한 번에 여러 개의 토폴로지를 실행할 때 유용하다.

② 토폴로지에 속한 노드로, 노드가 사용할 이미지와 노드명을 지정한다.

③ 노드의 인스턴스가 생성된 다음, 노드에 적용해야 할 설정을 지정하는 매개변수다. 이 매개변수는 선택 항목이다.

④ 토폴로지의 노드 간 연결을 생성한다.

NOTE_ YAML은 8장에서 상세히 살펴보므로, 지금은 상세 구문에 대해 걱정할 필요가 없다. 지금 살펴본 파일은 단지 어떤 것인지를 살펴보기 위한 예제일 뿐이다.

[예제 5–14]와 같이 `contrainerlab deploy` 명령 하나로 토폴로지를 배포할 수 있다.

예제 5-14 컨테이너랩 배포

```
~$ containerlab deploy
INFO[0000] Containerlab v0.36.1 started
INFO[0000] Parsing & checking topology file: topology1.clab.yaml
INFO[0000] Creating lab directory: /examples/ch05-netdevenv/containerlab/clab-srl02
INFO[0000] Creating docker network: Name="clab", IPv4Subnet="172.20.20.0/24", IPv6Subnet="2001:172:20:20::/64"
INFO[0000] Creating container: "srl1"
INFO[0000] Creating container: "srl2"
INFO[0001] Creating virtual wire: srl1:e1-1 <--> srl2:e1-1
INFO[0001] Running postdeploy actions for Nokia SR Linux 'srl2' node
INFO[0001] Running postdeploy actions for Nokia SR Linux 'srl1' node
INFO[0010] Adding containerlab host entries to /etc/hosts file
+---+----------------+--------------+----------------------+------+---------+----------------+----------------------+
| # |      Name      | Container ID |        Image         | Kind |  State  |  IPv4 Address  |     IPv6 Address     |
+---+----------------+--------------+----------------------+------+---------+----------------+----------------------+
| 1 | clab-srl02-srl1 | ea5012df1061 | ghcr.io/nokia/srlinux | srl | running | 172.20.20.2/24 | 2001:172:20:20::2/64 |
| 2 | clab-srl02-srl2 | 08b9f9ec660a | ghcr.io/nokia/srlinux | srl | running | 172.20.20.3/24 | 2001:172:20:20::3/64 |
+---+----------------+--------------+----------------------+------+---------+----------------+----------------------+
```

표 형태로 표시된 관리용 주소를 사용해 [예제 5–15]에서는 SSH 또는 기타 다른 방법으로 노드에 접속한다.

예제 5-15 SSH로 컨테이너랩 토폴로지에 접속하기

```
~$ ssh admin@172.20.20.2

A:srl1# ping network-instance default 192.168.0.1 -c 1
Using network instance default
PING 192.168.0.1 (192.168.0.1) 56(84) bytes of data.
64 bytes from 192.168.0.1: icmp_seq=1 ttl=64 time=10.5 ms

--- 192.168.0.1 ping statistics ---
1 packets transmitted, 1 received, 0% packet loss, time 0ms
rtt min/avg/max/mdev = 10.518/10.518/10.518/0.000 ms
```

그러나 컨테이너랩이 뒤에서 도커 컨테이너를 조율하고 있으므로, [예제 5–16]과 같이 `docker exec` 명령을 통해 노드의 CLI도 이용할 수 있다.

```
~$ docker ps
CONTAINER ID  IMAGE                   COMMAND              CREATED        STATUS ...
08b9f9ec660a  ghcr.io/nokia/srlinux   "/tini -- fixuid -q …"  7 minutes ago  Up 7   ...
ea5012df1061  ghcr.io/nokia/srlinux   "/tini -- fixuid -q …"  7 minutes ago  Up 7   ...

~$ docker exec -it clab-srl02-srl1 sr_cli
Using configuration file(s): []
Welcome to the srlinux CLI.
A:srl1#
```

또한 containterlab graph 하위 명령어를 통해 로컬 웹 서버를 시작할 수 있으며, [그림 5-11]처럼 현재 실행 중인 토폴로지를 브라우저에서 확인할 수 있다.

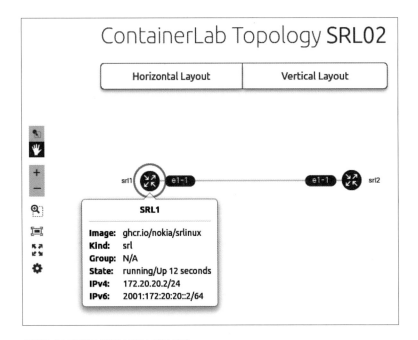

그림 5-11 컨테이너랩의 그래프 실행 화면

네트워크 토폴로지를 컨테이너로 실행하는 아이디어는 아직도 상당히 새로운 접근 방식이지만, 많은 제조사에서 학습 용도로 컨테이너 이미지를 제공하고 있다. 학습용이든, 자동화 솔루션이 동작하는지를 검증하기 위한 용도든 간에 이러한 폼 팩터는 최근에 추가된 정말 소중한 도구 중 하나임은 틀림없다.

5.3.4 기타 도구

이번 절에서 상세히 다루지는 않았지만, 널리 사용되는 네트워크 토폴로지 시뮬레이션 도구 몇 가지를 소개한다. 이 도구들은 다양한 기능과 설계 목적을 갖고 있지만, 알아두면 도움이 될 만한 도구들이다.

GNS3[15]

드래그 앤 드롭 방식으로 가상 토폴로지를 구성할 수 있는 멋진 인터페이스를 가진 인기 있는 네트워크 에뮬레이션 플랫폼이다. 과거 시스코 제품의 에뮬레이터였던 **dynamips**를 기반으로 만들어진 제품이다. 이후 새로운 기능이 많이 추가되면서, 지금은 시스코 제품 이외의 이미지도 실행할 수 있다.

EVE-NG[16]

웹 기반 사용자 인터페이스를 제공하는 멋진 네트워크 에뮬레이션 플랫폼이다. 무료 버전과 구매 버전이 있다.

테라폼[17]

IaC 자동화 분야에서 가장 인기 있는 도구다. 특히 클라우드 기반 랩 환경을 구축할 때 매우 유용하다. 테라폼은 12장에서 상세히 다룬다.

이번 장을 통해 네트워크 자동화 개발 환경에서 사용할 수 있는 다양한 도구와 기법에 대한 통찰력을 얻게 됐길 바란다. 다시 한번 강조하지만, 이 분야는 끊임없이 변화하는 분야다. 따라서 이번 장을 완전한 체크리스트로 여기기보다는 여러분의 팀에 적합한 환경을 구축할 때 필요한 영감의 원천으로 삼아주길 바란다.

----

15 *https://www.gns3.com/*

16 *https://www.eve-ng.net/*

17 *https://www.terraform.io/*

요약

자신에게 꼭 맞는 환경이야말로 최고의 네트워크 개발 환경이며, 책에서 설명한 도구와 기술은 널리 사용되는 몇 가지 사례일 뿐이다. 직접 구축해야 하는 환경은 업무 배경, 사용하는 프로그래밍 기술과 자동화 기술, 소속된 조직과 팀의 구조 및 문화에 따라 많은 영향을 받는다. 따라서 다양한 방안을 시도해보고, 새로운 도구가 출시되면 열린 마음가짐으로 적응해보도록 노력하자.

앞으로 이어질 장에서는 이렇게 구축한 개발 환경을 적극 활용해 파이썬, Go 언어, 데이터 포맷, 템플릿 등의 개념을 자세히 살펴본다.

## CHAPTER 6

파이썬

네트워크 엔지니어 입장에서 자동화와 코딩을 배우기에 이보다 더 좋은 시절은 없었다. 1장에서 살펴본 것처럼 네트워크 업계는 근본적인 변화를 겪고 있다. 1990년대 후반부터 2010년경까지 네트워킹 분야는 아키텍처나 운영에서 큰 변화를 겪지 않았다. 이 시기 동안 네트워크 엔지니어는 네트워크 장비를 설정하거나 네트워크에 발생한 문제를 해결하기 위해 똑같은 CLI 명령을 수천 번까지는 아니더라도 적어도 수백 번은 입력했을 것이다. 왜 이런 일이 벌어졌던 것일까?

네트워크 운영과 관련해 코드를 읽고 쓸 수 있는 능력의 새로운 의미가 드러나고 있다. 사실 네트워크에서 정보를 수집하거나 변경하는 간단한 스크립트 코드를 작성하는 것은 종종 네트워크 엔지니어들이 업무에 이용하던 방식이었다. 일부 엔지니어는 아예 프로그래밍 언어를 익혀 파싱 로직과 정규식을 사용해 복잡한 텍스트를 다루기도 하고, SNMP MIB를 이용해 장비 상태를 조회하기도 한다. 직접 코드를 작성해본 적이 있다면, 이런 작업이 불가능하지는 않지만 정규식을 작성하고 텍스트를 파싱하는 일에 상당한 시간과 노력이 들어간다는 사실을 잘 알고 있을 것이다.

다행히 전체적인 시장 상황이 제대로 된 방향으로 변화해나가고 있다. 네트워크 자동화에 대한 진입 장벽은 그 어느 때보다 낮아졌다. 네트워크 장비 제조사도 이러한 변화 움직임에 발맞춰 대응하고 있으며, 이 책에서 소개하는 오픈소스 진영의 네트워크 자동화용 도구도 함께 발전하고 있다. 네트워크 장비에서도 API가 제공되고, 장비 제조사 또는 커뮤니티에서 API를 편리하게 사용할 수 있는 파이썬 라이브러리를 지원하며, 자유롭게 활용할 수 있는 다양한 오픈소스 도구도 존재한다. 이제는 누구라도 이와 같이 성장하고 있는 생태계를 활용해 네트워크 자동화 여정을 시작할 수 있게 됐다. 즉, 원하는 작업을 수행하기 위해 작성하던 코드의 양이 예전에 비해 훨씬 줄었다. 작성하는 코드가 줄어들수록 개발 속도는 빨라지고 버그는 줄어든다.

파이썬의 기본 내용을 배우기에 앞서 네트워크 엔지니어 사이에서 자주 등장하는 다음 질문에 대해 잠시 생각해보자. **'네트워크 엔지니어가 굳이 코딩까지 배워야 할까?'**

6.1 네트워크 엔지니어가 코드까지 배워야 하나?

안타깝지만, 명쾌하게 '예' 또는 '아니오'로 대답하기 어렵다. 분명 이 책에는 파이썬과 Go 언어를 배우는 부분도 들어 있고, 장비의 API와 통신하는 예제 코드는 파이썬과 Go 언어로 작성됐으며, 스크립트를 확장한 앤서블, 테라폼과 같은 데브옵스 도구의 사용법도 소개한다. 따라서 어떤 언어가 됐든 프로그래밍 언어의 기본적인 내용을 알아두는 것은 가치가 있다고 생각한다. 또한 개발 능력은 IT 업계의 빠른 변화 속도를 고려했을 때 네트워크 분야에서도 부가 가치가 높은 기술이 될 것이다. 이런 현실을 고려했을 때 코드를 처음 배우기 시작하는 프로그래밍 언어로서 파이썬은 아주 훌륭한 선택이라 생각한다.

> **NOTE_** 네트워크 자동화 분야의 프로그래밍 언어로 파이썬이 가장 주목받는 데는 몇 가지 이유가 있다. 첫째, 파이썬은 동적 타입 언어로, 언제든 필요한 순간에 변수나 함수와 같은 파이썬 객체를 생성해 사용할 수 있다.[1] 즉, 객체를 사용하기 전에 먼저 객체를 정의할 필요가 없으므로, 쉽게 코드 작성을 시작할 수 있다. 둘째, 코드의 가독성이 정말 뛰어나다. 'if device in device_list'와 같은 조건문 코드를 흔히 볼 수 있는데, 척 봐도 해당 장비 목록에 특정 장비가 포함돼 있는지를 확인하는 코드임을 금방 알 수 있다. 셋째, 네트워크 장비 제조사나 오픈소스 프로젝트에서 파이썬에서 사용할 수 있는 정말 훌륭한 라이브러리와 도구를 만들어가고 있다. 파이썬 프로그래밍을 배우면 이와 같은 장점을 모두 누릴 수 있다.

모든 네트워크 엔지니어가 기본적인 스크립트를 읽고 쓸 수 있어야 할까? 분명 그렇다. 그러면 **모든 네트워크 엔지니어가 소프트웨어 개발자가 돼야 할까?** 결코 그렇지 않다. 보통 엔지니어들은 한 분야를 파고드는 경향이 있으므로, 개발자로 전향하는 네트워크 엔지니어가 있을 수도 있

---

1   옮긴이_ 파이썬은 모든 것을 객체로 취급한다.

다. 하지만 단지 네트워크 엔지니어만이 아니라 엔지니어라는 직함을 가진 사람이라면 누구나 파이썬, 루비, C, Go 언어, 러스트와 같은 고급 언어의 코드를 읽는 것을 두려워해서는 안 된다. 이미 시스템 관리자는 배시 스크립트^{bash script}, 파이썬, 루비, 파워셸^{PowerShell} 등과 같은 스크립트 도구를 활용해 일상 업무를 보다 효과적으로 수행하고 있다.

반면 네트워크 관리자는 프로그래밍 언어를 제대로 활용하지 못했는데, 이야말로 이 책을 쓰게 된 주된 이유이기도 하다. 산업이 발전하고 엔지니어의 역량이 높아지면서 네트워크 엔지니어 또한 개발자만큼은 아니지만 예전처럼 CLI만 다루는 엔지니어도 아닌, 그 둘의 중간쯤인 데브옵스와 비슷한 역할까지 담당하게 됐다. 이제는 오픈소스 설정 관리 도구와 자동화 도구를 활용해 주어진 환경에 맞는 워크플로와 자동화 작업을 수행하기 위해 필요한 코드를 작성할 수 있어야 한다.

> **CAUTION_** 조직 규모, 업무 범위, 컴플라이언스, 통제 수준에 따라 꼭 필요한 경우가 아니라면 여러 요구사항을 모두 충족시키기 위한 맞춤형 소프트웨어를 직접 작성하는 방식으로 자체 자동화 플랫폼을 구축하는 방식은 일반적이지도 않고 권장하지도 않는다. 게다가 시간 측면에서도 효율적이지 않다. 오히려 프로그래밍, 소프트웨어 개발, 특히 모든 언어와 도구에 공통적으로 사용되는 핵심 데이터 타입과 같은 기본 사항을 이해하는 것이 좋으며, 이번 장에서는 파이썬을 중심으로 이러한 기본 내용을 살펴본다.

업계가 발전하면서 이제는 장비에서도 API를 지원하므로 조금이라도 코드를 작성할 수 있어야 한다. 이번 장에서는 파이썬을 마스터한다기보다는 0%에서 시작해 대략 70% 수준까지 배워본다. 파이썬의 기본 데이터 타입뿐 아니라 프로그래밍 흐름 제어, 함수, 클래스, 모듈, 기타 활용법 등과 같은 고급 주제도 다룬다.

모든 준비를 마쳤다. 이제부터 파이썬을 배워보자!

> **NOTE_** 이번 장의 관심사는 온통 네트워크 엔지니어의 기존 기술력을 보강하기 위해 파이썬의 기본 개념을 어떻게 하면 제대로 전달할 수 있을지에 쏠려 있다. 전문 개발자를 대상으로 실제 제품 수준의 파이썬 소프트웨어를 개발하기 위한 완벽 가이드를 제공하지 않으므로, 파이썬을 보다 자세히 공부하고 싶다면 루시아누 하말류^{Luciano Ramalho}가 쓴 『전문가를 위한 파이썬』(한빛미디어, 2016)을 추천한다.
> 이번 장에서 다루는 개념은 파이썬 이외의 분야와도 밀접한 관련이 있다. 예를 들어 반복문이나 데이터 타입 등의 개념을 이해해야 앤서블, 노르니르, 테라폼 등의 도구를 제대로 활용할 수 있다.
> 끝으로 이번 장에서는 실제 네트워크 자동화 사례를 많이 다루지 않는다. 프로그래밍 언어를 배우는 과정은

기본적인 내용만 다루더라도 책 한 권으로 부족하다. 이번 장은 파이썬의 기본을 다지는 데 집중한다. 그런 다음, 10장에서는 이번 장에서 배운 개념을 다시 되돌아보면서 실제 네트워크 자동화 업무에 적용해본다.

6.2 대화형 인터프리터 사용하기

프로그래밍을 막 배우기 시작하는 사람들이나 다른 언어로 개발해본 적이 있는 사람들도 **파이썬 대화형 인터프리터**를 잘 알지 못하는 경우가 많다. 하지만 파이썬 대화형 인터프리터는 독립 실행형 스크립트standalone script를 만들기 전에 누구나 사용할 줄 알아야 하는 도구다.

인터프리터는 파이썬을 얼마나 잘 다루는지와 상관없이 모든 개발자에게 유용한 도구다. 흔히 **파이썬 셸**python shell[2]이라고 부르는데, 초보자에게는 학습 플랫폼으로 사용되고 숙련자에게는 전체 스크립트나 전체 프로그램을 작성하지 않고도 실시간 피드백을 받아가면서 코드를 테스트하는 용도로 사용된다.

파이썬 셸은 거의 모든 리눅스 배포판에 설치돼 있으며 시스코Cisco, HPE, 주니퍼Juniper, 큐뮬러스Cumulus, 아리스타Arista 등 네트워크 장비 제조사가 제공하는 여러 최신 네트워크 운영체제에도 설치돼 있다. 리눅스 터미널 창을 열거나 최신 네트워크 장비에 SSH 연결을 맺은 다음, python3 명령을 입력하고 Enter를 누르면 파이썬 대화형 인터프리터를 사용할 수 있다.

> **NOTE_** 이번 장의 모든 예제는 리눅스 터미널에서 실행하므로 $ 프롬프트가 표시된다. 하지만 파이썬 셸에서는 모든 행과 명령이 >>> 프롬프트로 시작한다. 예제에서는 우분투 20.04 LTS에 설치된 파이썬 3.8.12를 사용한다.
>
> 이 책을 쓰기 시작할 때 이미 파이썬 2.7은 단종됐다.[3] 따라서 이번 장에서는 파이썬 3에서 사용하는 문법과 라이브러리만 사용한다.
>
> 일부 환경에서는 python을 입력했을 때 파이썬 2를 가리키도록 설정됐을 수 있다. 헷갈리지 않도록 python3 명령으로 파이썬 3 대화형 인터프리터를 실행한다.

---

2 옮긴이_ REPL(Read-Eval-Print Loop) 환경으로도 불린다. 사용자 입력을 받은 후 이를 실행해 결과를 출력하는 방식으로, 프로그램은 구간마다 실행된다.

3 옮긴이_ 파이썬 2.7은 2010년 7월에 출시됐으며, 2020년 1월 1일 단종됐다. 대부분의 주요 라이브러리가 모두 파이썬 3를 완벽하게 지원하므로, 현재 레거시라는 이유로 파이썬 2를 사용할 경우는 없다. 다만 명확히 버전을 구별하기 위해 보통 python3 명령을 따로 두며, 심볼릭 링크를 만들어두면 python 명령으로도 파이썬 3를 실행할 수 있다.

python3라 입력한 후 Enter를 누르면 즉시 셸로 들어간다. 셸에 들어가면 파이썬 코드를 바로 작성할 수 있다. 텍스트 편집기나 IDE가 없어도 사용할 수 있으며, 다른 사전 준비 사항은 전혀 없다.

```
$ python3
Python 3.8.12 (default, Feb 26 2022, 00:05:23)
[GCC 10.2.1 20210110] on linux
Type "help", "copyright", "credits" or "license" for more information.
```

이번 장에서 파이썬을 자세히 살펴보겠지만, 우선 몇 가지 예제를 통해 파이썬 인터프리터의 사용법을 다뤄본다. 먼저 hostname 변수를 생성한 다음, ROUTER_1 값을 할당해보자.

```
>>> hostname = 'ROUTER_1'
```

보다시피 변수를 먼저 선언하거나 hostname 변수는 문자열 값을 가진다고 미리 정의할 필요가 없다. C, 자바와 같은 프로그래밍 언어와 대비되는 이와 같은 특징을 강조해 파이썬을 동적 언어라 부른다.

이제 hostname 변수에 저장된 값을 출력해보자.

```
>>> print(hostname)
ROUTER_1
>>>
>>> hostname
'ROUTER_1'
```

이미 변수를 생성했으므로, print 구문으로 간편하게 변수값을 출력할 수 있지만, 셸에서는 변수명만 입력하고 Enter를 눌러도 변수값이 표시된다. 이 예제에서는 hostname 변수명만 입력하고 Enter를 눌렀다. 두 방식에서 한 가지 차이점을 알 수 있다. print 구문에서는 줄 바꿈 문자EOL, End-Of-Line, 개행 문자(\n)를 해석한 후 해당 문자열을 표시하지만, 변수명만 입력한 경우에는 따로 해석하지 않는다.

예를 들어 \n이 포함된 문자열을 print 구문으로 출력하면 줄 바꿈이 적용된 채로 표시된다. 하지만 셸에서 변수명만 입력하면 \n은 따로 해석되지 않고 터미널에 그대로 표시된다.

```
>>> banner = "\n  WELCOME TO ROUTER_1  \n"
>>>
>>> print(banner)

  WELCOME TO ROUTER_1

>>>
>>> banner
'\n  WELCOME TO ROUTER_1  \n'
```

차이점을 이해할 수 있을 것이다.

파이썬 셸은 코드를 테스트하거나 검증하기 위한 훌륭한 도구다. 이전 예제에서 작은따옴표와 큰따옴표가 함께 사용된 것을 볼 수 있는데, 이런 코드를 보다 보면 '같은 줄에 두 종류의 따옴 표를 함께 사용할 수 있을까?'라는 궁금점이 생길 수도 있다. 추측만 하지 말고 파이썬 셸에서 직접 확인해보자.

```
>>> hostname = 'ROUTER_1"
  File "<stdin>", line 1
    hostname = 'ROUTER_1"
                        ^
SyntaxError: EOL while scanning string literal
```

이렇게 작은따옴표와 큰따옴표를 함께 사용한 코드를 입력해보면 파이썬에서 따옴표를 사용할 때는 짝을 맞춰야 한다는 사실을 바로 확인할 수 있다.

이번 장에 소개하는 대부분의 예제 코드는 주로 파이썬 인터프리터를 사용하므로, 자유롭게 예 제의 각 단계를 따라 하면서 코드를 테스트할 수 있다. 네트워킹에 중심을 맞추고 지금부터는 파이썬 인터프리터를 사용해보면서 파이썬의 기본 데이터 타입에 대해 알아본다.

6.3 데이터 타입

이번 절에서는 문자열, 정수와 실수를 포함하는 숫자, 불boolean, 리스트list, 딕셔너리dictionary 등 다양한 데이터 타입을 개략적으로 살펴본다. 또한 튜플tuple과 세트set도 살짝 맛본다.

문자열, 리스트, 딕셔너리는 크게 두 부분으로 나눠 설명한다. 우선 데이터 타입에 대해 살펴본 후, 몇 가지 내장 메서드를 사용해본다. **메서드**는 각 데이터 타입을 편리하게 다룰 수 있도록 파이썬에서 제공하는 기본 기능이다.

예를 들어 upper 메서드는 전달받은 문자열을 모두 대문자로 바꾼다. "router1".upper()처럼 사용하는데, 이 구문을 실행하면 ROUTER1 문자열을 반환한다. 이번 장의 예제는 다양한 메서드를 많이 사용한다.

정수와 불에 대해서는 수치 연산자와 불 표현식의 사용법도 함께 살펴본다.

끝으로, 튜플과 세트를 간략히 살펴보면서 데이터 타입에 관한 소개를 마무리한다. 두 타입은 고급 데이터 타입에 속하지만, 파이썬 입문 과정에서도 다뤄야 하는 자료구조다.

이번 장에서 다룰 데이터 타입의 특징을 정리하면 [표 6-1]과 같다. 이번 장을 읽으면서 참고 자료로 활용해보자.

표 6-1 파이썬 데이터 타입

데이터 타입	설명	약칭(타입)	문자	예제
문자열	따옴표로 감싼 일련의 문자	str	""	hostname="nycr01"
정수	따옴표 없이 숫자로만 표시	int	해당 사항 없음	EOS_QITY=5
실수	부동소수점	float	해당 사항 없음	cpu_util=52.33
불	참(True) 또는 거짓(False)	bool	해당 사항 없음	is_switchport=True
리스트	순서를 갖는 값의 시퀀스. 모든 데이터 타입을 담을 수 있다.	list	[]	vendors=['cisco', 'juni per', 'arista', 'cisco']
딕셔너리	순서를 갖는 키–값 쌍의 모음	dict	{}	facts={"vendor":"cisco", "platform":"catalyst", "os":"ios"}
세트	순서가 없는 유일한 요소들의 모음	set	set()	set(vendors) returns {'arista', 'cisco', 'juniper'}
튜플	순서를 갖는 변경할 수 없는 값의 시퀀스	tuple	()	ipaddr=('10.1.1.1', 24)

파이썬 문자열부터 살펴보자.

6.3.1 문자열

문자열은 따옴표로 감싼 일련의 문자로, 모든 프로그래밍 언어에서 가장 널리 알려진 데이터 타입이다.

> **CAUTION_** 문자열이 단순한 데이터 타입처럼 보이지만, 실상은 조금 복잡하다. 문자열은 **텍스트**[text] 또는 **바이트 스트림**[bytes], 이 두 가지 데이터 타입으로 표현할 수 있다. 파이썬 2에서는 두 타입을 모두 str(문자열 타입)로 표현했지만, 파이썬 3에서는 다른 타입으로 표현하므로 서로 호환되지 않는다.
>
> 문자열 표현 방식이 이전 버전과 어떻게 다른지는 파이썬 3 이식 지침서[4]에서 자세히 설명한다. 요약하자면, 파이썬 2의 문자열은 아스키 문자인 반면에 파이썬 3의 문자열은 기본적으로는 UTF-8로 인코딩된 유니코드 문자다. 따라서 바이트 스트림을 문자열 메서드에서 사용하려면 UTF-8, UTF-16, 아스키(ASCII) 등의 인코딩 형식 중 하나로 인코딩돼 있어야 한다.[5]

앞에서 문자열 타입의 변수를 생성하는 몇 가지 기본 예제를 살펴봤다. 그럼 문자열을 사용할 때 알아둬야 할 다른 사항을 살펴보자.

우선 final과 ipaddr이라는 이름의 문자열 변수 2개를 정의한다.

```
>>> final = 'The IP address of router1 is: '
>>>
>>> ipaddr = '192.0.2.1'
```

> **TIP_** type 내장 함수를 사용하면 특정 객체의 데이터 타입이 무엇인지 확인할 수 있다.
>
> ```
> >>> type(final)
> <class 'str'>
> ```

객체의 타입을 가장 간편하게 확인할 수 있는 방법이다. 다른 사람이 작성한 코드에서 객체의 타입을 명확히 알 수 없을 때 유용하게 사용할 수 있다.

----

4 https://docs.python.org/ko/3/howto/pyporting.html

5 옮긴이_ 적절히 인코딩된 바이트 스트림을 전달해야 문자열 객체를 생성할 수 있다. 예를 들어 '한빛미디어'를 바이트 스트림으로 전달하려면 다음과 같이 utf-8로 인코딩된 바이트 스트림을 전달해 문자열로 디코딩한다.
byte_data = b' \xed\x95\x9c\xeb\xb9\x9b\xeb\xaf\xb8\xeb\x94\x94\xec\x96\xb4'
decoded_string = byte_data.decode('utf-8')

이제 문자열을 조립하고, 합치고, **연결**해보자.

```
>>> final + ipaddr
'The IP address of router1 is: 192.0.2.1'
```

지금까지 2개의 변수, `final`과 `ipaddr`을 생성했다. 두 변수는 문자열이다. + 연산자는 두 문자열을 **연결**한 문자열을 반환한다. 반환된 문자열 값을 출력해보자. 보다시피 매우 쉽다.

`final` 변수 대신 미리 정의되지 않은 객체, 즉 문자열을 바로 사용하더라도 같은 결과를 얻는다.

```
>>> print('The IP address of router1 is: ' + ipaddr)
The IP address of router1 is: 192.0.2.1
```

문자열의 내장 메서드

파이썬 셸에서 `dir()` 내장 함수를 사용해 문자열에서 사용할 수 있는 메서드를 알아낼 수 있다. `dir` 함수의 인자로 문자열 타입의 변수를 생성해 전달하거나, 공식 데이터 타입명인 `str`을 전달한다. 그러면 사용할 수 있는 모든 메서드 목록이 표시된다. 자세한 정보가 궁금하다면 언제든 파이썬 공식 문서[6]를 활용한다.

> **TIP_** dir()은 문자열뿐만 아니라 모든 파이썬 객체를 대상으로 사용할 수 있다. 이번 장에서 이 함수를 계속 사용한다.

```
>>> dir(str)
# 출력 결과 생략
['__add__', '__class__', '__contains__', '__delattr__', '__doc__',
'endswith', 'expandtabs', 'find', 'format', 'index', 'isalnum', 'isalpha',
'isdigit', 'islower', 'isspace', 'istitle', 'isupper', 'join', 'lower',
'lstrip', 'replace', 'rstrip', 'split', 'splitlines', 'startswith',
'strip', 'upper']
```

----

6 *https://docs.python.org/ko/3/library/stdtypes.html#string-methods*

NOTE_ 이번 장에서는 예제를 단순화하고 실행 결과를 깔끔하게 유지하기 위해 실행 결과의 일부를 **생략**한다. 이 예제에서는 객체의 특수 메서드인 **던더**^{dunder}를 생략했다. 던더는 이중 밑줄(__)로 시작하는 특별한 내부 메서드로, 명시적으로 호출하지는 않지만 몇몇 마법과 같은 동작을 구현할 때 사용된다.

예를 들어보자. 6.13절 '클래스'에서 배우게 될 내용인데, 클래스 정의로부터 객체를 생성할 때 암묵적으로 생성자인 __init__() 메서드를 호출한 후 객체를 반환한다. 또한 던더 메서드를 다른 로직으로 덮어 쓰는 방식으로 사용자가 객체의 생성 방식을 바꿀 수도 있다.

다시 한번 이야기하지만, 어떤 문자열이든 dir() 함수에 전달하면 이전과 동일한 결과를 얻는다. 예를 들어 hostname='ROUTER'로 변수를 정의한 후 dir()에 hostname 변수를 인자로 전달해보자. 즉, dir(hostname)을 실행한다. dir(str)은 문자열에서 사용 가능한 메서드를 알려주는 함수이므로 dir(str)을 실행했을 때와 똑같은 결과를 얻게 된다.

---

type(), dir(), help()로 코드 파악하기

dir()의 결과에 표시된 메서드의 사용법이 궁금하다면 내장 함수 help()를 사용해보자. 내장 도움말 기능을 사용하려면 궁금한 객체 또는 변수와 특정 메서드를 인자로 전달한다. 예를 들어 hostname 변수에서 upper 메서드의 사용법이 궁금하다면 다음과 같이 help() 함수를 호출한다.

```
>>> help(hostname.upper)
Help on built-in function upper:

upper() method of builtins.str instance
    Return a copy of the string converted to uppercase.
(END)
```

도움말을 모두 다 읽었으면 **Q**^{quit}를 눌러 내장 도움말 보기를 종료한다.

지금까지 코드를 이해하는 데 도움이 되는 세 가지 함수를 소개했다.

1. type()으로 데이터 타입을 확인할 수 있다.
2. dir()로 객체에서 사용 가능한 메서드를 확인할 수 있다.
3. help()로 사용하고 싶은 메서드의 사용법을 배울 수 있다.

이제 문자열에 관한 몇 가지 메서드를 살펴보자. 여러 메서드가 있지만, 그중에서 count(), endswith(), startswith(), format(), isdigit(), join(), lower(), upper(), strip() 등을 살펴본다.

각 메서드의 사용법을 배울 때는 메서드가 어떤 값을 되돌려주는지, 원래 객체에 어떤 동작을 수행하는지를 유의하면서 살펴봐야 한다.

upper()/lower(). 대소문자 구별 없이 문자열을 비교하고 싶다면 upper()/lower() 메서드를 사용할 수 있다. 예컨대 인터페이스명을 저장하는 변수에 Ethernet1/1 값이 저장돼 있는데, 사용자는 ethernet1/1로도 입력했다고 가정하자. 이 두 문자열에 lower()/upper()를 사용한 후 대소문자 구별 없이 비교할 수 있다.

```
>>> interface = 'Ethernet1/1'
>>>
>>> interface.lower()
'ethernet1/1'
>>>
>>> interface.upper()
'ETHERNET1/1'
```

보다시피 메서드를 사용할 때는 객체명 뒤에 .메서드명()을 붙인다. 이 예제에서는 객체명을 사용했지만 대신 문자열을 사용할 수도 있다.

- 마침표(.)는 객체의 메서드(혹은 속성)에 접근하는 것을 의미한다.
- '메서드명'은 메서드의 이름이다.
- 괄호()는 메서드를 호출한다는 의미다. 곧 보게 되겠지만, 메서드는 인자를 취할 수 있다.

이제 interface.lower()를 실행하면 터미널에 ethernet1/1이 출력된다. 즉, lower()가 실행된 후 ethernet1/1이 **반환됐다.** upper()도 마찬가지다. 어떤 값이 반환된다면 이 값을 새로운 변수 또는 기존 변수에 할당할 수 있다.

```
>>> intf_lower = interface.lower()
>>>
>>> print(intf_lower)
ethernet1/1
```

이 예제에서는 메서드를 사용하고, 반환된 데이터를 다시 변수에 할당했다.

원래 변수인 interface의 값은 어떻게 됐을까? interface 변수에서 바뀐 부분이 있는지 확인해보자.

```
>>> print(interface)
Ethernet1/1
```

첫 번째 예제이므로 원래 변수인 interface에서 무엇이 바뀌었는지 확인하는 과정이 아직 명확하지 않을 수 있다. 하지만 분명한 점은 Ethernet1/1 값이 변경되지 않고 그대로 유지되고 있다는 사실이다. 걱정하지 말자. 이번 장을 계속 읽어가다 보면 원본 객체가 수정되는 경우도 많이 볼 수 있다.

startswith()/endswith(). 이름에서 짐작할 수 있듯이, startswith()는 해당 문자열이 특정 문자열로 시작하는지를 확인한다. endswith()는 해당 문자열이 특정 문자열로 끝나는지를 확인한다.

```
>>> ipaddr = '10.100.20.5'
>>>
>>> ipaddr.startswith('10')
True
>>>
>>> ipaddr.startswith('100')
False
>>>
>>> ipaddr.endswith('.5')
True
```

lower()와 upper()는 소문자/대문자로 전환된 문자열을 반환했지만, startswith()와 endswith()는 문자열이 아니라 불 타입의 객체를 반환한다. 뒤에서 살펴보겠지만, 불 값은 True(참) 또는 False(거짓) 중 하나다. startswith() 메서드와 endswith() 메서드는 인자로 전달된 문자열이 해당 객체의 시작 부분 또는 끝부분과 일치하는지를 확인한 다음, 일치하면 참, 그렇지 않으면 거짓을 반환한다.

이 메서드는 문자열의 시작 부분과 끝부분을 확인하고 싶을 때 유용하게 사용한다. 예를 들어 lower() 메서드를 사용했던 이전 예제 코드에서 인터페이스명을 검증한다거나 IP 주소의 첫 번째 또는 네 번째 옥텟^{octet} 값이 특정 값인지를 확인할 수 있다. 사용자가 처음 두 글자 정도의 문자열을 입력하면 이 문자열로 시작하는 인터페이스, 예를 들어 ethernet1/1, eth1/1, et1/1과 같은 목록을 제시하고, 그중 하나를 선택할 수 있는 인터페이스를 구현할 때 사용할 수 있다.

메서드를 결합하는 방식으로 첫 번째 메서드의 반환 값을 두 번째 메서드의 기본 문자열 객체로 사용할 수 있다.

```
>>> interface = 'Eth1/1'
>>>
>>> interface.lower().startswith('et')
True
```

첫 번째 메서드를 실행하면 lower()가 호출돼 eth1/1이 반환된다. 이 값이 et로 시작하는지를 검사한 후 반환된 불 값이 참인지를 확인해보면 이더넷 인터페이스인지 여부를 판단할 수 있다. 예상대로 예제가 동작한다.

물론 인터페이스 문자열에서 eth 뒷부분에 유효하지 않은 문자열이 포함돼 있을 수도 있지만, 이와 같이 메서드를 함께 결합해 손쉽게 사용할 수 있다는 사실을 아는 것이 중요하다.

strip(). 오래된 레거시 네트워크 장비 중에는 여전히 API를 제공하지 않는 경우가 종종 있다. 스크립트를 작성하다 보면 언젠가는 오래된 CLI 기반 장비를 다룰 수밖에 없다. 이 경우 장비에서 반환되는 값, 즉 show interfaces나 show running-config 같은 show 명령어의 실행 결과는 단순한 텍스트 덩어리다.

어떤 값을 저장하거나 출력할 때 정보에 해당하는 값이 공백으로 둘러싸인 상태를 보고 싶지는 않을 것이다. 이전 예제처럼 IP 주소를 다룬다고 가정해보자.

IP 주소를 가리키는 객체의 앞뒤에 공백이 포함된 형태, 즉 " 10.1.50.1 " 값이라고 가정해 보자. 공백이 있으므로 startswith()나 endswith()는 원하는 대로 동작하지 않는다. 이런 상황에서는 strip()을 사용해 공백을 모두 제거해야 한다.

```
>>> ipaddr = '   10.1.50.1   '
>>>
>>> ipaddr.strip()
'10.1.50.1'
```

strip()을 사용하면 앞뒤에 있는 공백을 모두 제거한 값을 돌려준다. 예제에서 다루지는 않지만, 문자열에는 문자열 객체의 왼쪽 혹은 오른쪽에 있는 공백 문자를 제거하는 lstrip() 메서드와 rstrip() 메서드가 기본으로 제공된다.

isdigit(). 문자열을 다루다 보면 종종 이 문자열이 숫자를 표현한 것인지가 궁금해지는 경우가 있다. 기술적으로 문자열과 숫자는 전혀 다른 데이터 타입이지만, 문자열로 숫자를 표현할 수 있다.

isdigit()으로 문자 또는 문자열이 **숫자**를 표현하고 있는지를 매우 간단하게 확인할 수 있다.

```
>>> ten = '10'
>>>
>>> ten.isdigit()
True
>>>
>>> bogus = '10a'
>>>
>>> bogus.isdigit()
False
```

startswith()처럼 isdigit() 역시 불 값을 반환한다. 값이 정수이면 True를, 아니면 False를 반환한다.

count(). 2진수를 다룬다고 생각해보자. IP 주소나 서브넷 마스크를 계산하다 보면 2진수를 다루게 된다. 내장 함수를 이용해 2진수를 10진수로 변환할 수 있다. 하지만 주어진 문자열에서 0이나 1이 몇 개인지 **세어보려면** 어떻게 해야 할까? 이런 경우에 count()를 사용한다.

```
>>> octet = '11111000'
>>>
>>> octet.count('1')
5
```

예제를 보면 count() 메서드를 얼마나 사용하기 쉬운지 알 수 있다. 하지만 이 메서드는 이전 예제와 달리 정수값을 반환한다.

count()의 매개변수에 단일 문자만 사용할 수 있는 것은 아니다.[7]

```
>>> octet.count('111')
1
>>>
>>> test_string = "Don't you wish you started programming a little earlier?"
>>>
>>> test_string.count('you')
2
```

format(). 앞에서 문자열을 연결하는 방법을 살펴봤다. 이제 몇 개의 문자열과 변수로 이뤄진, 네트워크 장비에 전송할 명령 구문을 만든다고 가정해보자.

예를 들어 다음 구문에서는 ping을 사용하지만, 다른 명령을 사용해도 상관없다.

```
ping 8.8.8.8 vrf management
```

> **NOTE_** 이번 장의 예제에서는 실제 장비와 연결을 맺지 않으므로, 일반적인 네트워크 CLI 명령을 사용한다. 특정 제조사와 무관하며 말 그대로 '업계 표준'에 해당하는 명령을 사용하므로 시스코 IOS, 시스코 NX-OS, 아리스타 EOS 등 다양한 시스템에서 문제없이 동작한다.

이 명령어를 만드는 스크립트를 작성할 때는 두 가지 변수가 필요하다. 명령어에서 8.8.8.8은 IP 주소이고, management는 VRF의 명칭이다. 두 변수값은 실행할 때마다 바뀔 수 있는 사용자 입력 매개변수다.

----

7 옮긴이_ 해당 문자열에 중첩된 문자열이 있을 경우, 중첩된 문자도 따로 계산된다. 즉, "1111"에서 count("11")을 실행하면 3이 반환된다.

문자열을 조합하는 첫 번째 방법부터 살펴보자.

```
>>> ipaddr = '8.8.8.8'
>>> vrf = 'management'
>>>
>>> ping = 'ping' + ipaddr + 'vrf' + vrf
>>>
>>> print(ping)
ping8.8.8.8vrfmanagement
```

최종 결과 문자열에서 띄어쓰기가 잘못돼 있으므로, 입력 객체에 공백을 추가하거나 **ping** 객체에 공백을 따로 할당해야 한다. 여기서는 **ping** 인자 사이에 공백을 추가하는 방식으로 수정한다.

```
>>> ping = 'ping' + ' ' + ipaddr + ' ' + 'vrf ' + vrf
>>>
>>> print(ping)
ping 8.8.8.8 vrf management
```

보다시피 잘 동작하고, 많이 복잡하지는 않다. 하지만 문자열이나 명령어가 길어지면 공백과 따옴표를 처리하는 코드가 다소 지저분해질 수 있다. format() 메서드를 사용하면 이런 종류의 문제를 쉽게 해결할 수 있다.

```
>>> ping = 'ping {} vrf {}'.format(ipaddr, vrf)
>>>
>>> print(ping)
ping 8.8.8.8 vrf management
```

format() 메서드는 여러 인자를 취하는데, 인자로 주어진 값은 문자열에 표시된 중괄호({}) 위치에 삽입된다. 이전 예제와 달리 원시 문자열^{raw string}에 대해 format() 메서드를 사용했다.

> **NOTE_** 모든 문자열 메서드는 변수나 원시 문자열에 사용할 수 있다. 다른 데이터 타입의 내장 메서드도 비슷한 방식으로 사용한다.

이전 예제와 달리 이번에는 미리 생성된 문자열 객체 변수에 format() 메서드를 사용해보자.

```
>>> ping = 'ping {} vrf {}'
>>>
>>> command = ping.format(ipaddr, vrf)
>>>
>>> print(command)
ping 8.8.8.8 vrf management
```

실제 코드에서는 이번 예제처럼 사용하는 경우가 훨씬 더 많다. 파이썬 스크립트에서 명령어를 미리 정의해두고, 명령어에는 사용자가 입력할 2개의 인자를 포함한다. 이 문자열을 사용해 네트워크 장비로 전송할 최종 명령어를 만든다.

NOTE_ 문자열을 이어주는 또 다른 방법으로 **%** 연산자를 사용해 문자열을 삽입할 수 있다.

```
>>> hostname = 'r5'
>>> interface = 'Eth1/1'
>>>
>>> test = 'Device %s has one interface: %s' % (hostname, interface)
>>> print(test)
Device r5 has one interface: Eth1/1
```

파이썬 3.6부터는 **f-문자열**f-string이라는 새로운 방식으로 서식화된 문자열을 만들 수 있다. 서식으로 사용할 문자열 앞에 f를 붙이고, {}를 사용해 문자열에 들어갈 표현식을 사용한다. f-문자열을 사용하면 변수를 보다 잘 표현할 수 있으므로, 파이썬 커뮤니티에서 점점 더 많이 사용하고 있다.

```
>>> f'ping {ipaddr} vrf {vrf}'
'ping 8.8.8.8 vrf management'
```

TIP_ f-문자열을 디버깅 용도로 사용할 경우 객체명 뒤에 =를 붙여보자. 값과 함께 해당 객체의 이름도 함께 표시된다.

```
>>> f'Rendering command with: {ipaddr=} {vrf=}'
"Rendering command with: ipaddr='8.8.8.8' vrf='management'"
```

join() 및 split(). 마지막으로, join()과 split()을 살펴보고 리스트 타입으로 넘어가자.

> **NOTE_** 리스트는 뒤에서 제대로 다루겠지만, 지금은 문자열 객체의 join()과 split()을 설명하기 위해 간단히 설명한다.

리스트는 글자 그대로 '목록'이다. 객체 리스트에서 각 객체는 **요소**element, 또는 항목이라 부른다. 리스트에 들어 있는 요소가 모두 같은 데이터 타입일 필요는 없다.

5개의 라우터로 구성된 환경이라면 다음과 같이 호스트명의 리스트를 표현할 수 있다.

```
>>> hostnames = ['r1', 'r2', 'r3', 'r4', 'r5']
```

네트워크 장비의 설정을 변경하는 명령어 리스트를 만들 수도 있다. 다음 예제는 스위치의 이더넷 인터페이스를 끄는 명령어를 리스트로 구성한 것이다.

```
>>> commands = ['config t', 'interface Ethernet1/1', 'shutdown']
```

보통 이와 같은 형태로 리스트를 만든다. 하지만 기존 CLI 기반 네트워크 장비를 사용 중이라면 리스트 객체를 장비로 바로 전송할 수는 없다. CLI 장비에서는 문자열 또는 개별 명령어를 사용해야 한다.

join() 메서드는 리스트를 문자열로 만들 때 사용한다. 필요하다면 리스트로 주어진 문자열을 연결할 때 그 사이에 특정 문자를 끼워 넣을 수 있다.

\n은 줄 바꿈 문자다. 장비에 명령어를 전송할 때 한 줄씩 나눠서 전송해야 한다. 즉, \n을 추가해야 한다.

이전 예제에서 commands 객체에 join() 메서드를 호출해 각 명령어 사이마다 \n이 추가된 단일 문자열을 만들 수 있다.

```
>>> '\n'.join(commands)
'config t\ninterface Ethernet1/1\nshutdown'
```

또 다른 실제 사례를 생각해보자. 시스코 넥서스 스위치에서 제공하는 NX API를 다룬다고 가정해보자. 시스코는 명령어의 문자열을 내려보낼 수 있는데, 이때 각 명령어는 세미콜론(;)으로 구분된다. 따라서 다음과 같은 코드를 사용한다.

```
>>> ' ; '.join(commands)
'config t ; interface Ethernet1/1 ; shutdown'
```

이 예제에서는 세미콜론 앞뒤에 공백을 추가했지만, 전체 과정은 동일하다.

> **TIP_** 예제에서는 세미콜론과 줄 바꿈 문자를 구분자로 사용했다. 하지만 구분자가 필요하지 않을 수도 있다.
> 아무 문자도 추가하지 않고 리스트의 각 요소를 연결하고 싶다면 ''.join(리스트명)처럼 사용한다.

join()을 사용해 리스트에서 문자열을 만들어봤다. 반대로 문자열에서 리스트를 만들려면 어떻게 할까? split() 메서드를 사용하는 것도 한 가지 방법이다.

앞에서 생성한 문자열을 다시 리스트로 만들어보자.

```
>>> commands = 'config t ; interface Ethernet1/1 ; shutdown'
>>>
>>> cmds_list = commands.split(' ; ')
>>>
>>> print(cmds_list)
['config t', 'interface Ethernet1/1', 'shutdown']
```

예제와 같이 문자열 객체에서 리스트를 만드는 것도 정말 간단하다. 네트워킹에서는 IP 주소 문자열을 네 자리 숫자값으로 변환하는 코드를 자주 사용한다. IP 주소를 문자열 형태로 전달받은 다음, split()을 호출해 리스트로 만든다. 그럼 4개 요소가 들어 있는 리스트가 반환되는데, 각 요소는 IP 주소의 옥텟 값, 즉 한 바이트에 해당한다.

```
>>> ipaddr = '10.1.20.30'
>>>
>>> ipaddr.split('.')
['10', '1', '20', '30']
```

지금까지 기본적인 문자열 사용법을 살펴봤다. 이제 숫자를 표현하는 데이터 타입을 살펴보자.

6.3.2 숫자

이번 절에서 실수(소수점을 갖는 숫자)나 허수(실수부가 0인 복소수)와 같은 다양한 숫자 타입은 자세히 다루지 않고, 주로 int로 대변되는 정수형 데이터 타입을 간략히 살펴본다. 사실 대부분의 사람들은 숫자가 무엇인지 잘 알고 있으며, 이 시점에서 특별히 다룰 만한 내장 함수도 없다. 따라서 정수에 대한 내장 메서드의 사용법보다는 파이썬 셸에서 수치 연산자를 사용하는 방법을 알아본다.

NOTE_ 파이썬에서 실수는 **부동소수**(float)로 참조되며 언제든지 type() 내장 함수를 이용해 데이터 타입을 확인해볼 수 있다.

```
>>> cpu = 41.3
>>>
>>> type(cpu)
<class 'float'>
```

숫자를 더하고 싶다면 덧셈 기호로 그냥 더해준다.

```
>>> 5 + 3
8
>>> a = 1
>>> b = 2
>>> a + b
3
```

일련의 객체를 순회할 때 카운터가 필요할지도 모르겠다. 보통 처음에 counter = 1로 설정하고, 순회할 때마다 counter = counter + 1을 수행한다. 이렇게 작성해도 잘 동작하지만, 보다 파이썬다운 코드라면 counter += 1을 사용한다.

```
>>> counter = 1
>>> counter = counter + 1
>>> counter
2
>>>
>>> counter = 5
>>> counter += 5
>>> counter
10
```

덧셈과 마찬가지로, 뺄셈에도 특별한 것이 없다. 바로 예제 코드를 보자.

```
>>> 100 - 90
10
>>> count = 50
>>> count - 20
30
```

곱셈 역시 특별한 것이 없다.

```
>>> 100 * 50
5000
>>>
>>> print(2 * 25)
50
```

곱셈 연산자(*)의 장점 중 하나는 문자열에도 사용할 수 있다는 사실이다. 따라서 다음과 같이 멋진 서식을 좀 더 깔끔하고 예쁜 코드로 만들 수 있다.

```
>>> print('=' * 50)
==================================================
```

이 예제는 기본적이지만 결과는 강력하다. 이 방법을 모른다면 매번 print('==============')를 사용해 한 줄씩 출력했을 것이다. 이 방법과 뒤에서 소개할 몇 가지 팁을 활용하면 훨씬 간단한 방법으로 텍스트를 예쁘게 출력할 수 있다.

최근 몇 년 동안 수학 문제를 풀어본 적이 없다면 나눗셈이 두려울 수도 있다. 하지만 예상대로 앞에서 살펴본 다른 사칙연산과 특별히 다르지 않다.

다음과 같이 10/2 또는 100/50을 입력해 나눗셈 결과를 살펴보자.

```
>>> 100 / 50
2
```

아마도 생각했던 답이 표시될 것이다.

하지만 다음 코드를 실행해보면 직접 나눗셈한 결과와는 다른 값이 표시된다.

```
>>> 12 / 10
1
```

보다시피 12는 10으로 **한 번**만 묶을 수 있다. 이를 **몫**이라 하고, 이 예제에서 몫은 1이다. 여기서 **나머지**는 표시되지도 않고 반환되지도 않는다. 나머지를 얻고 싶으면 나머지 연산자인 **%**를 사용해야 한다.

```
>>> 12 % 10
2
```

즉, 나눗셈 문제를 제대로 풀려면 **/** 연산자와 **%** 연산자를 함께 사용해야 한다.

> **TIP_** 정수를 문자열로 변환할 때는 str(10)으로, 반대로 문자열을 정수로 변환할 때는 int('10')으로 타입을 바꿔준다. 이를 타입 변환^{type cast}(또는 형 변환)이라고 한다.
>
> ```
> >>> str(10)
> '10'
> >>> int('10')
> 10
> ```

지금까지 파이썬에서 숫자를 다루는 방법을 간략히 살펴봤다. 이제 불 객체에 대해 살펴보자.

6.3.3 불

불^{boolean} **객체**는 파이썬에서 불(bool) 타입을 갖는 객체로, 매우 직관적이다. 먼저 [표 6-2]에 정리한 **진리표**를 통해 기본적인 불 논리를 살펴보자.

표 6-2 불 진리표

A	B	A and B(논리곱)	A or B(논리합)	Not A(부정)
False	False	False	False	True
False	True	False	True	True
True	False	False	True	False
True	True	True	True	False

진리표에는 참(True) 또는 거짓(False)만 있다. 즉, 불 논리에 따라 모든 값은 참 또는 거짓 중 한 값을 가지므로 쉽게 이해할 수 있다.

불 값은 참 또는 거짓만 될 수 있으므로, 모든 표현식은 참 또는 거짓으로 평가된다. 표와 같이 A와 B의 논리곱(A and B)은 두 값이 모두 참인 경우에만 참으로 평가된다. 논리합(A or B) 은 A와 B 중 하나라도 참인 경우 참으로 평가된다. 또한 불 값에 부정 연산을 적용하면 값이 뒤바뀐다. 즉, 거짓이면 참으로, 참이면 거짓으로 평가된다.

파이썬 관점에서 특별한 것은 전혀 없다. 불 값은 여전히 단 두 가지 값, True 혹은 False 중 하나를 가진다. 불 타입의 변수에 값을 할당할 때는 반드시 첫 글자를 대문자로 사용해야 하며, 따옴표는 사용하지 않는다.

```
>>> exists = True
>>>
>>> exists
True
>>>
>>> exists = true
Traceback (most recent call last):
  File "<stdin>", line 1, in <module>
NameError: name 'true' is not defined
```

보다시피 불 객체의 사용법은 매우 간단하다. 변수값을 할당할 때 True 값을 소문자 *t*로 적으면 제대로 동작하지 않는다는 사실을 파이썬 인터프리터의 실시간 피드백으로부터 알 수 있다.

다음 예제는 파이썬 인터프리터에서 불 표현식을 사용한 몇 가지 사례다.

```
>>> True and True
True
>>>
>>> True or False
True
>>>
>>> False or False
False
```

다음 예제에서는 불 값을 변수에 할당한 다음, 동일한 조건을 평가해보자.

```
>>> value1 = True
>>> value2 = False
>>>
>>> value1 and value2
False
>>>
>>> value1 or value2
True
```

불 표현식은 반드시 두 객체에 대해서만 사용할 수 있는 것은 아니다.

```
>>> value3 = True
>>> value4 = True
>>>
>>> value1 and value2 and value3 and value4
False
>>>
>>> value1 and value3 and value4
True
```

일반적으로 네트워크 장비에서 추출한 정보를 빨리 확인하는 용도로 불 값을 사용한다. 해당 인터페이스는 라우팅된 포트인가? 관리용 인터페이스가 설정돼 있는가? 장비에 연결할 수 있는가? 각 질문에 답하려면 복잡한 연산이 필요할 수도 있지만, 결과는 참 또는 거짓으로 저장한다.

반대 질문도 가능하다. 인터페이스가 라우팅이 아닌 스위칭되는 포트인가?[8] 또는 장비에 연결할 수 없는가? 각 질문마다 변수나 객체를 사용하는 것은 합리적이지 않다. not 연산자는 불 값을 반대로 뒤집어 반환해주므로 기존 값에 not 연산자를 사용할 수 있다.

not을 사용한 예제를 살펴보자.

```
>>> not False
>>> True
>>>
>>> is_layer3 = True
>>> not is_layer3
False
```

이 예제에서는 is_layer3 변수를 사용했다. 이 값이 참이라면, 인터페이스는 L3 포트다. is_layer3 값에 not 연산자를 사용하면 L2 포트인지 여부를 알 수 있다.

조건문(if-else 구문)은 이번 장의 뒷부분에서 소개한다. 사실 인터페이스가 3계층인지 아닌지가 궁금할 것이다. 그렇다면 if is_layer3: 구문을 사용한다. L2 인터페이스일 경우에만 동작해야 하는 코드라면 if not is_layer3: 조건문을 사용한다.

and 및 or 연산자 외에 동등 비교 연산자(==)와 부동 비교 연산자(!=)를 사용하는 표현식도 불 객체를 반환한다. 이 표현식으로 2개 이상의 객체가 서로 같은지 다른지를 비교할 수 있다.

```
>>> True == True
True
>>> True != False
True
>>> 'network' == 'network'
True
>>> 'network' == 'no_network'
False
```

---

8 옮긴이_ 즉, L2 스위치 포트인지 L3 라우터 포트인지 알 수 있다.

빈 객체

파이썬은 객체가 비었는지 여부를 간편하고 가독성 높은 방법으로 확인할 수 있다. 객체가 비어 있지 않다면 객체에 대한 평가문은 True 값을, 비어 있다면 False 값을 반환한다. 다음 예제에서 `if not devices:` 코드의 의미를 쉽게 이해할 수 있다. 영문 그대로 읽어보면, `if` 구문은 'devices가 없으면'이라는 뜻이 된다.

```
>>> devices = []
>>> if not devices:
...     print('devices is empty')
...
devices is empty
>>>
>>> hostname = 'something'
>>>
>>> if hostname:
...     print('hostname is not empty')
...
hostname is not empty
```

평가에 사용된 비어 있다는 개념은 일반적인 개념과 비슷하지만, 실제로는 객체의 `__bool__` 던더 메서드에서 구현된 평가값이다. 어떻게 동작하는지는 6.13절 '클래스'에서 살펴본다.

불 객체, 연산자, 표현식 등의 사용법을 간략히 살펴봤다. 이어서 리스트의 사용법을 익혀본다.

6.3.4 리스트

문자열 내장 메서드 중 join()과 split()을 다룰 때 리스트를 간략히 살펴봤다. 이번 절에서는 리스트에 대해 보다 자세히 알아본다.

리스트의 객체 타입은 list로, 순서를 갖는 객체의 시퀀스를 의미한다. 문자열의 join() 메서드를 살펴볼 때 사용했던 리스트를 다시 사용해보자. 예제에서는 문자열의 리스트를 사용하지만, 다른 데이터 타입의 리스트도 가능하다.

```
>>> hostnames = ['r1', 'r2', 'r3', 'r4', 'r5']
>>> commands = ['config t', 'interface Ethernet1/1', 'shutdown']
```

다음은 서로 다른 데이터 타입 객체로 이뤄진 리스트다.

```
>>> new_list = ['router1', False, 5]
>>>
>>> print(new_list)
['router1', False, 5]
```

리스트는 순서를 유지하는 일련의 객체라는 사실과 각괄호로 감싼 형태로 표현한다는 사실을
알 수 있다. 리스트를 다룰 때 가장 많이 사용하는 동작은 리스트의 개별 요소에 접근하는 것이
다.

인터페이스로 이뤄진 새로운 리스트를 만든 다음, 리스트의 각 요소를 출력해보자.

```
>>> interfaces = ['Eth1/1', 'Eth1/2', 'Eth1/3', 'Eth1/4']
```

리스트가 생성됐다. 그럼 리스트에 들어 있는 3개 요소를 하나씩 출력해보자.

```
>>> print(interfaces[0])
Eth1/1
>>>
>>> print(interfaces[1])
Eth1/2
>>>
>>> print(interfaces[3])
Eth1/4
```

리스트의 각 요소에 접근하려면 해당 요소의 **인덱스**를 각괄호로 감싸준다. 인덱스는 0부터 시
작하며, 리스트의 길이보다 하나 작은 값에서 끝난다는 것을 기억하자. 위 예제에서 첫 번째 요
소는 interfaces[0]으로, 마지막 요소는 interfaces[3]으로 접근했다.

이전 리스트의 길이는 4라는 것을 금방 알 수 있었다. 하지만 리스트의 길이를 모른다면 어떻
게 해야 할까?

다행히 이런 경우를 위해 len() 내장 함수가 제공된다.

```
>>> len(interfaces)
4
```

따라서 리스트의 마지막 요소는 list_name[len(list_name) - 1]로 접근할 수 있다.

```
>>> interfaces[len(interfaces) - 1]
'Eth1/4'
```

리스트의 마지막 요소에 접근할 때 고려해볼 수 있는 보다 파이썬다운 방법은 list_name[-1]을 사용하는 것이다. 인덱스를 음수로 전달하면 리스트의 시작부터가 아니라 끝에서부터의 위치를 계산한다.

```
>>> interfaces[-1]
'Eth1/4'
```

> **NOTE_** **함수**와 **메서드**라는 용어를 혼용하고 있지만, 지금까지는 함수보다 메서드라는 용어를 더 많이 사용했다. 이 둘의 작은 차이점이라고 한다면, 함수의 경우 부모 객체를 참조하지 않고도 호출할 수 있다는 점이다. 보다시피 객체의 내장 메서드를 사용할 때는 **객체.메서드명()** 구문으로 호출하지만, 함수는 len()처럼 객체 없이 바로 호출할 수 있다. 그래서 보통 메서드를 함수라고 부르기도 한다.

리스트에서 인덱스를 사용한 것처럼 문자열에 대해서도 인덱스를 사용할 수 있다. router 변수에 저장된 문자열이 'DEVICE'라면 router[0]은 'D'를 반환한다.

하지만 문자열은 리스트가 아니므로, 특정 인덱스 위치에 새로운 값을 할당할 수 없다. 문자열처럼 값을 수정할 수 없는 타입을 **불변형**immutable이라고 부른다. 즉, hostname ='something else'처럼 다른 값을 할당하는 코드는 문자열을 수정한 것이 아니라 새로운 문자열을 생성한다. 문자열의 요소를 수정하려고 시도하면 다음과 같은 오류가 발생한다.

```
>>> hostname[1] = 'A'
Traceback (most recent call last):
  File "<stdin>", line 1, in <module>
TypeError: 'str' object does not support item assignment
```

슬라이싱slicing은 시퀀스(리스트나 문자열)의 부분집합을 만들 때 유용하다. 콜론 앞뒤로 인덱스를 사용해 인덱스 위치까지의 모든 요소, 또는 해당 인덱스 위치 뒤에 나오는 모든 요소 등으로 이뤄진 새로운 시퀀스를 만들 수 있으며, 여러 타입으로 이뤄진 객체를 파싱할 때 매우 강력한 기능을 제공한다.

```
>>> hostname = 'DEVICE_12345'
>>>
>>> hostname[4:]
'CE_12345'
>>>
>>> hostname[:-2]
'DEVICE_123'
```

리스트의 내장 메서드

앞에서 문자열 객체의 내장 함수로 어떤 것이 있는지 알아보기 위해 dir() 함수를 사용한 것처럼 리스트에서 사용할 수 있는 내장 함수로 어떤 것이 있는지 알아보자. 리스트 타입으로 생성한 변수나 공식적인 데이터 타입명인 list를 dir 함수의 인자로 전달한다. interfaces 리스트 타입 변수에서 사용할 수 있는 내장 함수는 다음과 같다.

```
>>> dir(interfaces)
[... 던더 메서드 생략 ..., 'append', 'clear', 'copy', 'count', 'extend', 'index',
'insert', 'pop', 'remove', 'reverse', 'sort']
```

그중 몇 가지 내장 메서드를 살펴보자.

append(). 앞으로 살펴보게 될 메서드의 가장 큰 장점은 메서드명을 보고 어떻게 동작할지를 쉽게 이해할 수 있다는 점이며, 사용법도 대부분 직관적이다. append() 메서드는 기존 리스트에 요소를 추가한다.

다음 예제를 살펴보자. 이번에는 비어 있는 리스트부터 만든다. 객체에 빈 각괄호를 할당하면 비어 있는 리스트가 생성된다.

```
>>> vendors = []
```

이 리스트에 제조사를 추가해보자.

```
>>> vendors.append('arista')
>>>
>>> print(vendors)
['arista']
>>>
>>> vendors.append('cisco')
>>>
>>> print(vendors)
['arista', 'cisco']
```

append()를 사용해 리스트의 **마지막** 위치에 요소를 추가한다. 문자열 메서드와 달리 이 메서드는 원래 변수 혹은 객체를 수정할 뿐, 아무 값도 반환하지 않는다.

insert(). 리스트의 맨 뒤가 아니라 특정 위치에 요소를 **추가**하고 싶을 때가 있다. 이런 경우 insert() 메서드를 사용한다.

insert() 메서드를 사용하려면 2개의 인자가 필요하다. 첫 번째 인자는 새 요소가 저장될 위치를 가리키는 인덱스를, 두 번째 인자는 리스트에 삽입할 객체를 전달한다.

```
>>> commands = ['interface Eth1/1', 'ip address 192.0.2.1/32']
```

NOTE_ 예제에서 사용된 명령어는 보편적인 명령어로, 특정 장비 제조사나 플랫폼과 아무 관련이 없다.

이제 commands 리스트에 2개 이상의 명령어를 추가해보자. 맨 앞에 config t 명령어를, IP 주소 앞에는 no switchport를 추가한다.

```
>>> commands = ['interface Eth1/1', 'ip address 192.0.2.1/32']
>>>
>>> commands.insert(0, 'config t')
>>>
>>> print(commands)
['config t', 'interface Eth1/1', 'ip address 192.0.2.1/32']
>>>
>>> commands.insert(2, 'no switchport')
```

```
>>>
>>> print(commands)
['config t', 'interface Eth1/1', 'no switchport', 'ip address 192.0.2.1/32']
```

TIP_ 리스트의 실제 길이보다 더 큰 인덱스를 사용하더라도 리스트의 맨 마지막에 객체를 추가할 뿐 오류가 발생하지 않는다.

```
>>> commands.insert(9999, "shutdown")
>>> commands
['config t', 'interface Eth1/1', 'no switchport',
 'ip address 192.0.2.1/32', 'shutdown']
```

count(). 네트워크 장비 제조사의 인벤토리를 다루는 경우를 생각해보자. 리스트에 같은 값을 가진 객체가 1개 이상 포함될 수 있다. 이전 예제를 확장해보면 다음과 같은 리스트를 만들 수 있다.

```
>>> vendors = ['cisco', 'cisco', 'juniper', 'arista', 'cisco', 'hp', 'cumulus',
 'arista', 'cisco']
```

count() 메서드를 사용해 리스트에서 해당 객체 인스턴스가 몇 개나 포함돼 있는지 그 개수를 구할 수 있다. 이 예제에서는 시스코 장비나 아리스타 장비가 몇 대인지 구해본다.

```
>>> vendors.count('cisco')
4
>>>
>>> vendors.count('arista')
2
```

count()는 기존 객체를 수정하지 않고 정수값만 반환한다. 이는 insert(), append() 및 다음 예제에서 살펴볼 다른 메서드와는 다른 동작 방식이다.

pop() 및 index(). 지금까지 살펴본 대부분의 메서드는 원래 객체를 수정하거나 어떤 값을 반환한다. 하지만 pop() 메서드는 두 동작을 모두 수행한다.

```
>>> hostnames = ['r1', 'r2', 'r3', 'r4', 'r5']
```

이 예제는 호스트명을 담고 있는 리스트다. 네트워크에서 r5 장비를 퇴역시켰으므로 리스트에서 해당 장비를 삭제한다.

```
>>> hostnames.pop()
'r5'
>>>
>>> print(hostnames)
['r1', 'r2', 'r3', 'r4']
```

보다시피 리스트에서 제거한 요소가 반환값으로 전달되고, 동시에 원래 리스트도 변경된다. 메서드를 호출할 때 어떤 요소나 인덱스를 전달하지 않았다. 기본적으로 pop()은 리스트의 맨 마지막 요소를 뽑아낸다.

리스트에서 r2를 제거하려면 어떻게 할까? 마지막 요소를 제거하는 것이 아니라면 제거하려는 요소의 인덱스를 전달한다. 해당 요소의 인덱스는 어떻게 구할까? 이번에는 index() 메서드를 사용한다.

특정 요소의 인덱스를 알고 싶다면 index()를 사용한다.

```
>>> hostnames.index('r2')
1
```

보다시피 r2의 인덱스는 1이다.

그러므로 r2를 제거하려면 다음과 같이 실행한다.

```
>>> hostnames.pop(1)
'r2'
>>>
>>> print(hostnames)
['r1', 'r3', 'r4']
```

이를 한 단계로 합쳐 실행할 수도 있다.

```
>>> hostnames.pop(hostnames.index('r2'))
```

sort(). 리스트에서 마지막으로 살펴볼 내장 메서드는 **sort()**이다. 짐작대로 **sort()**는 리스트의 요소를 정렬한다.

다음 예제의 리스트에는 특별한 순서 없이 IP 주소가 저장돼 있다. 이 리스트 객체에 대해 **sort()**를 호출해 정렬해본다. 이 메서드는 원래 객체를 변경하며, 반환값은 없다.

```
>>> available_ips = ['10.1.1.1', '10.1.1.9', '10.1.1.8', '10.1.1.7', '10.1.1.4']
>>>
>>> available_ips.sort()
>>>
>>> available_ips
['10.1.1.1', '10.1.1.4', '10.1.1.7', '10.1.1.8', '10.1.1.9']
```

NOTE_ 이 예제에서 요소를 정렬할 때 IP 주소를 숫자가 아닌 문자열로 취급한다. 따라서 `available_ips`에 2.2.2.2가 있었다면 숫자로 봤을 때 2는 10보다 작은 수이지만, 문자열로 봤을 때 10은 2보다 작기 때문에 2.2.2.2는 정렬된 결과에서 맨 마지막 요소가 된다.

메서드를 사용할 때 어떤 사용자 정의 옵션을 이용할 수 있는지 확인해보는 것도 유용하다. 보통 단일 메서드에서 일반적인 여러 사례를 다룰 수 있도록 몇 가지 조정 옵션을 제공한다. **help()** 메서드로 상세한 내용을 살펴보자.

```
>>> help(list.sort)
Help on method_descriptor:

sort(self, /, *, key=None, reverse=False)
    Sort the list in ascending order and return None.
    ...

    The reverse flag can be set to sort in descending order.
(END)
```

sort() 메서드는 **reverse** 키워드 인자를 지원한다. 이 인자를 True로 설정하면 리스트를 **내림차순**으로 정렬한다.

```
>>> available_ips.sort(reverse=True)
>>>
>>> available_ips
['10.1.1.9', '10.1.1.8', '10.1.1.7', '10.1.1.4', '10.1.1.1']
```

지금까지 살펴본 거의 모든 리스트 예제에서 각 요소는 모두 같은 타입의 객체였다. 명령어, IP 주소, 제조사, 호스트명 모두 문자열 객체였다. 그러나 서로 다른 타입의 객체를 담고 있는 리스트도 생성할 수 있다.

특정 장비에 대한 정보를 리스트에 저장하려면 여러 객체를 담을 수 있어야 한다. 예를 들어 호스트명, 제조사, 운영체제 버전 정보를 저장한다. 이러한 장비의 속성을 리스트로 저장하면 다음과 비슷한 형태가 될 것이다.

```
>>> device = ['router1', 'juniper', '12.2']
```

리스트의 각 요소는 정수로 된 인덱스를 가지므로, 특정 속성을 알고 싶다면 해당 속성에 매핑된 인덱스를 알고 있어야 한다. 이 예제에서는 그다지 어려워 보이지 않지만, 접근해야 하는 속성이 10개, 20개, 100개라면 어떻게 될까? 매핑이야 어떻게든 가능할지 몰라도, 리스트에 들어 있는 요소의 순서를 바꾸거나 값을 갱신하는 경우는 매우 신중히 다뤄야 한다.

리스트의 개별 요소를 **이름**으로 참조할 수 있다면 요소의 저장 순서에 신경 쓰지 않아도 되니 더 좋은 방법이 되지 않을까? 그렇게 된다면 호스트명을 device[0]으로 접근하지 않고 device['hostname']으로 접근할 수 있을 것이다. 다행히 그 방법이 있다. 파이썬 딕셔너리가 정확히 지금 생각하는 방식대로 동작한다. 계속해서 새로운 데이터 타입인 딕셔너리에 대해 알아본다.

6.3.5 딕셔너리

지금까지 문자열, 정수, 불, 리스트 등 주요 공통 데이터 타입에 대해 살펴봤다. 이 타입들은 대부분의 프로그래밍 언어에 모두 존재한다. 이번 절에서는 파이썬 데이터 타입의 주요 특징 중 하나인 **딕셔너리**dictionary를 다룬다. 다른 언어에서는 딕셔너리를 **연관 배열**associative array, **맵**map, **해시맵**hashmap 등으로 부른다.

딕셔너리는 **삽입** 순서대로 저장되며, **값**에 접근할 때 정수로 된 인덱스 대신 이름, 즉 **키**[key]로 접근한다. 딕셔너리는 쉽게 말하자면 **항목**[item]이라 부르는 **키-값** 쌍의 모음이다.

> **NOTE_** 파이썬 예전 버전에서 딕셔너리는 **순서를 갖지 않는** 데이터 타입이었으므로 항목의 순서를 보장할 수 없었다. 하지만 파이썬 3.7 이후부터는 키-값 쌍이 삽입된 순서대로 저장됨을 보장한다.

이전 절에서는 다음과 같은 리스트를 만들었다.

```
>>> device = ['router1', 'juniper', '12.2']
```

device 리스트를 다음과 같은 딕셔너리로 만들 수 있다.

```
>>> device = {'hostname': 'router1', 'vendor': 'juniper', 'os': '12.1'}
```

딕셔너리는 여는 중괄호({)로 시작하고 키, 콜론, 값을 차례대로 적어주는데, 각 키-값 쌍은 쉼표(,)로 구분한다. 키-값 쌍을 모두 적었다면 닫는 중괄호(})로 끝난다.

dict 객체를 생성하고 나면 *dict[key]* 형식으로 원하는 값에 접근할 수 있다.

```
>>> print(device['hostname'])
router1
>>>
>>> print(device['os'])
12.1
>>>
>>> print(device['vendor'])
juniper
```

이전 예제와 동일한 딕셔너리를 다른 방식으로도 생성할 수 있다. 두 번째 방법을 살펴보자.

```
>>> device = {}
>>> device['hostname'] = 'router1'
>>> device['vendor'] = 'juniper'
>>> device['os'] = '12.1'
>>>
```

```
>>> print(device)
{'hostname': 'router1', 'vendor': 'juniper', 'os': '12.1'}
>>> device = dict(hostname='router1', vendor='juniper', os='12.1')
>>>
>>> print(device)
{'hostname': 'router1', 'vendor': 'juniper', 'os': '12.1'}
```

딕셔너리의 내장 메서드

늘 그렇듯 파이썬 딕셔너리에서도 알아둬야 할 몇 가지 메서드가 있다. 이제 딕셔너리의 메서드에 대해 알아보자. 다른 데이터 타입에서와 마찬가지로 어떤 메서드를 사용할 수 있는지 확인해본다. 밑줄로 시작해서 끝나는 던더 메서드는 제외했다.

```
>>> dir(dict)
['clear', 'copy', 'fromkeys', 'get', 'items', 'keys', 'pop', 'popitem',
 'setdefault', 'update', 'values']
```

get(). 앞에서는 *dict[key]* 형태로 딕셔너리의 키-값 쌍에 접근했다. 가장 널리 사용되는 방법이지만, 키가 딕셔너리에 존재하지 않는다면 KeyError 예외가 발생하는 단점이 있다. 리스트에서도 존재하지 않는 인덱스로 접근하면 IndexError 예외가 발생한다.

```
>>> device
{'hostname': 'router1', 'vendor': 'juniper', 'os': '12.1'}
>>>
>>> print(device['model'])
Traceback (most recent call last):
  File "<stdin>", line 1, in <module>
KeyError: 'model'
```

예외를 발생시켜야 하는 경우가 아니라면 get() 메서드를 사용하는 것이 보다 안전한 대안이다. 예외는 6.14절 'try/except로 실패 포용하기'에서 자세히 살펴본다.

키가 존재할 경우 get()이 어떻게 동작하는지 살펴보자.

```
>>> device.get('hostname')
'router1'
```

이제 키가 없을 경우 어떻게 동작하는지 살펴보자.

```
>>> device.get('model')
>>>
```

보다시피 해당 키를 딕셔너리에서 찾을 수 없다면 반환되는 것이 없지만, 오류가 발생하는 것
보다는 훨씬 낫다. get() 메서드에서는 키가 존재하지 않을 때 반환되는 값을 사용자가 따로
지정할 수도 있다! 한번 살펴보자.

```
>>> device.get('model', False)
False
>>>
>>> device.get('model', 'DOES NOT EXIST')
'DOES NOT EXIST'
>>>
>>> device.get('hostname', 'DOES NOT EXIST')
'router1'
```

매우 간단하다. 딕셔너리에 키가 존재하지 않으면 오른쪽에 지정한 값이 반환된다.

keys()/values(). 딕셔너리는 키-값 쌍으로 이뤄진 리스트다. keys(), values() 내장 메서
드를 사용해 키 또는 값에 따라 접근할 수 있다.

파이썬 3에서 이 두 메서드는 단순히 키나 값의 리스트를 반환하지 않고 데이터를 하나씩 가
져와서 순회할 수 있는 **뷰 객체**를 반환한다. 뷰 객체에 대해서는 6.6절 '반복문'을 참고하고, 각
항목의 순서가 유지된다는 점만 기억하자.

```
>>> device.keys()
dict_keys(['hostname', 'vendor', 'os'])
>>>
>>> device.values()
dict_values(['router1', 'juniper', '12.1'])
```

어쨌든 뷰 객체는 직접 접근할 수 없다.

```
>>> device.keys()[0]
Traceback (most recent call last):
  File "<stdin>", line 1, in <module>
TypeError: 'dict_keys' object is not subscriptable
```

특정 객체에 접근하려면 list()를 사용해 뷰 객체에 저장된 데이터를 리스트로 먼저 변환해야
한다.

```
>>> list(device.keys())[0]
'hostname'
```

pop(). 리스트를 다룰 때 pop() 내장 메서드를 살펴봤다. 딕셔너리에도 pop() 메서드가 있는
데, 사용법도 비슷하다. 리스트에서는 인덱스를 전달했지만, 딕셔너리에서는 키를 전달한다.

```
>>> device
{'hostname': 'router1', 'vendor': 'juniper', 'os': '12.1'}
>>>
>>> device.pop('vendor')
'juniper'
>>>
>>> device
{'hostname': 'router1', 'os': '12.1'}
```

pop() 메서드는 주어진 키에 관련된 값을 반환할 뿐만 아니라 원래 객체의 항목도 수정, 즉 제
거한다는 사실을 알 수 있다.

update(). 네트워크 장비에서 호스트명, 제조사, 운영체제 등과 같은 정보를 가져와 파이썬
딕셔너리에 저장하는 경우가 있다. 또한 나중에 장비에 대한 다른 정보를 담고 있는 딕셔너리
를 추가하거나 갱신할 수도 있다.

다음과 같은 2개의 딕셔너리가 있다.

```
>>> device = {'hostname': 'router1', 'vendor': 'juniper', 'os': '12.1'}
>>>
>>> oper = dict(cpu='5%', memory='10%')
>>>
```

```
>>> oper
{'cpu': '5%', 'memory': '10%'}
```

update() 메서드를 사용해 딕셔너리를 다른 딕셔너리로 갱신한다. 본질적으로 하나의 딕셔너리에 다른 딕셔너리를 더하는 것이다. device에 oper을 더해보자.

```
>>> device.update(oper)
>>>
>>> print(device)
{'hostname': 'router1', 'vendor': 'juniper', 'os': '12.1', 'cpu': '5%',
'memory': '10%'}
```

update() 메서드를 호출할 때 딕셔너리에 같은 키가 있을 경우 예전 값은 사라지고, 새로 추가한 딕셔너리의 값으로 변경된다. 다음 예제에서는 new_vendor의 데이터가 참조 딕셔너리에서 갱신돼 device의 vendor 키가 juniper에서 arista로 변경된 것을 볼 수 있다.

```
>>> new_vendor = {'vendor': 'arista'}
>>>
>>> device.update(new_vendor)
>>>
>>> print(device)
{'hostname': 'router1', 'vendor': 'arista', 'os': '12.1', 'cpu': '5%',
'memory': '10%'}
```

update()는 아무것도 반환하지 않는다. 오직 갱신돼야 하는 객체, 이 예제에서는 device 객체만 변경한다.

items(). 딕셔너리를 다룰 때 정말 자주 사용하게 되는 메서드가 바로 items()이므로, 정확히 이해해야만 한다. 물론 다른 메서드가 덜 중요하다는 이야기는 결코 아니다!

get()을 통해 개별 값에 접근해봤고, keys()와 values()를 통해 모든 키와 모든 값의 리스트를 획득해봤다. 그럼 주어진 항목의 특정 키-값 쌍을 한 번에 접근하거나 모든 항목을 순회하려면 어떻게 해야 할까? 딕셔너리를 순회하면서 키와 값을 동시에 이용하고 싶다면 items()를 사용하는 것이 가장 편리하다.

NOTE_ 반복문은 이번 장 뒷부분에서 자세히 살펴본다. items()는 for 반복문과 함께 사용되는 경우가 많으므로, for 반복문을 사용하는 예제를 살펴본다. 무엇보다도 items()와 for 반복문을 함께 사용하면 해당 항목의 키와 값을 동시에 접근할 수 있다는 점을 알아두는 것이 중요하다.

for 반복문을 이용해 딕셔너리를 순회하면서 각 항목의 키와 값을 출력하는 기본 예제부터 살펴본다. 반복문은 나중에 다루므로, 지금은 items()의 기본 활용법을 소개하는 정도로만 살펴본다.

```
>>> for key, value in device.items():
...     print(f'{key}: {value}')
...
hostname: router1
vendor: arista
os: 12.1
cpu: 5%
memory: 10%
```

for 반복문에 사용된 key와 value 변수는 사용자가 정의하는 것으로, 아무 변수명이나 사용할 수 있다.

```
>>> for my_attribute, my_value, in device.items():
...     print(f'{my_attribute}: {my_value}')
...
hostname: router1
vendor: arista
os: 12.1
cpu: 5%
memory: 10%
```

지금까지 파이썬의 주요 데이터 타입을 살펴봤으며 문자열, 숫자, 불, 리스트, 딕셔너리를 잘 다루게 됐으리라 믿는다. 다음으로 살펴볼 두 가지 데이터 타입은 세트와 튜플이다. 두 데이터 타입은 앞서 살펴본 타입들보다 더 발전된 타입이다.

6.3.6 세트와 튜플

지금 살펴볼 두 데이터 타입은 보통 파이썬 입문 과정에서는 다루지 않는다. 하지만 서두에 언급한 것처럼, 완성도를 높이는 차원에서 짧게 요약해서라도 세트와 튜플을 소개해본다.

리스트를 이해했다면 세트도 이미 이해한 것이다. **세트**^(set)는 요소의 리스트이지만, 세트 내에서 해당 요소는 중복 없이 유일하며 각 요소는 인덱스로 접근할 수 없다.

다음은 세트를 생성하는 코드로, 리스트와 비슷하지만 set()으로 감싸여 있다.

```
>>> vendors = set(['arista', 'cisco', 'arista', 'cisco', 'juniper', 'cisco'])
```

이 세트에 사용된 리스트에는 같은 값을 갖는 요소가 여러 개 있다. 다음 예제는 리스트에서 특정 제조사의 장비 대수를 구하기 위해 count() 메서드를 사용했던 코드와 비슷하다. 하지만 이번에는 사용된 장비의 제조사가 몇 곳인지 알고 싶다. 이런 경우 세트를 사용한다.

```
>>> vendors = set(['arista', 'cisco', 'arista', 'cisco', 'juniper', 'cisco'])
>>>
>>> vendors
set(['cisco', 'juniper', 'arista'])
>>>
>>> len(vendors)
3
```

vendors에는 오직 세 요소만 들어 있으므로, 3개 회사에서 만든 장비를 사용했음을 알 수 있다.

세트의 요소에 인덱스로 접근하면 어떻게 되는지 살펴보자. 세트의 요소를 순회할 때도 for 반복문을 사용한다.

```
>>> vendors[0]
Traceback (most recent call last):
  File "<stdin>", line 1, in <module>
TypeError: 'set' object is not subscriptable
```

세트 타입에서 사용할 수 있는 내장 메서드를 살펴보는 것은 연습 과제로 남겨둔다.

튜플은 흥미로운 데이터 타입으로, 리스트와 비교하면 쉽게 이해할 수 있다. 리스트와 비슷하지만 튜플의 경우 항목을 수정할 수는 없다. 즉, 리스트는 **가변**이므로 저장된 항목을 갱신, 확장, 수정할 수 있지만 튜플은 **불변**^{immutable}이므로 한번 튜필이 만들어진 다음에는 저장된 항목을 수정할 수 없다. 하지만 튜플도 리스트와 같은 방식으로 개별 요소에 접근한다.

```
>>> description = ('ROUTER1', 'PORTLAND')
>>>
>>> description
('ROUTER1', 'PORTLAND')
>>>
>>> print(description[0])
ROUTER1
```

description 변수 객체가 생성되고 나면 절대 이 변수를 수정할 수 없다. 다시 말해 이미 있는 요소를 수정할 수도 없고, 새로운 요소를 추가할 수도 없다. 또한 다른 함수나 사용자가 객체의 값을 변경하지 못하도록 막고 싶을 때 유용하게 사용할 수 있다. 튜플은 불변 타입이므로 update()나 append()와 같은 메서드가 없다.

```
>>> description[1] = 'trying to modify one'
Traceback (most recent call last):
  File "<stdin>", line 1, in <module>
TypeError: 'tuple' object does not support item assignment
>>>
>>> dir(tuple)
[... 던더 메서드 제외 ..., 'count', 'index']
```

리스트, 튜플, 세트를 개략적으로 비교해보면 다음과 같이 정리할 수 있다.

리스트

가변 타입이므로 수정할 수 있고, 개별 요소에 직접 접근할 수 있으며, 중복 값을 가질 수 있다.

세트

가변 타입이므로 수정할 수 있고, 개별 요소에 직접 접근할 수 없으며, 중복 값을 가질 수 없다.

튜플

불변 타입이므로 생성된 이후에는 갱신이나 수정을 할 수 없다. 개별 요소에 직접 접근할 수 있고, 중복 값을 가질 수 있다.

다양한 파이썬 타입의 고유한 동작 방식과 메서드에 대해 알아봤다. 프로그램에서 변수를 사용하기 전에 변수의 타입을 확인하고 싶다면 isinstance() 내장 함수를 사용한다. 이 함수는 기본 타입뿐만 아니라 사용자 정의 클래스 타입도 식별한다.

```
>>> hostname = ''
>>> devices = []

>>> if isinstance(devices, list):
...     print('devices is a list')
...
devices is a list
>>>
>>> if isinstance(hostname, str):
...     print('hostname is a string')
...
hostname is a string
```

이것으로 데이터 타입에 대한 설명을 마친다. 지금부터는 주제를 조금 바꿔 파이썬에서 조건문을 어떻게 사용할 수 있는지에 대해 알아본다.

6.4 조건문

이제는 다양한 타입의 객체를 사용하는 방법에 대해 어느 정도 이해했을 것이라 생각한다. 객체는 코드로 표현된 논리와 어우러질 때 프로그래밍의 아름다움을 꽃피우게 된다. 예를 들어 특정 조건을 만족하거나 만족하지 못할 경우 특정 작업을 수행하거나 객체를 생성할 수 있다.

조건문은 코드로 논리를 구성하는 핵심이며, 조건문을 알려면 if 구문부터 이해해야 한다. 문자열 값을 확인하는 기본 예제부터 살펴본다.

```
>>> hostname = 'NYC'
>>>
>>> if hostname == 'NYC':
...     print('The hostname is NYC')
...
The hostname is NYC
```

파이썬을 전혀 이해하지 못하더라도 위 예제 코드가 어떻게 동작할지는 짐작해볼 수 있다. 최대한 사람이 읽고 이해할 수 있도록 코드를 작성할 수 있다는 것은 파이썬이 지닌 중요한 가치 중 하나다.

if 구문을 사용할 때는 두 가지 사항에 유의하자. 첫째, **모든** if 구문은 콜론(:)으로 끝나야 한다. 둘째, if 조건이 참일 때 실행돼야 하는 코드 블록은 들여쓰기를 해야 한다. 들여쓰기에 보통 공백 문자 4개를 사용하는데, **기술적으로 보면** 몇 개의 공백 문자를 사용하는지는 그리 중요하지 않다. 오히려 일관성 있게 들여쓰기를 유지하는 것이 중요하다.

> **TIP_** 일반적으로, 파이썬 코드를 작성할 때 4칸 들여쓰기를 사용하는 것이 좋다. 파이썬 커뮤니티에서 파이썬다운 코드를 위한 표준으로 널리 받아들여지고 있는 규칙인데, 코드를 작성할 때 이 규칙을 따르게 되면 코드 공유나 협업이 훨씬 쉬워진다.

다음 예제에서는 전체 코드 블록을 들여쓰기했다.

```
>>> if hostname == 'NYC':
...     print('This hostname is NYC')
...     print(len(hostname))
...     print('The End.')
...
This hostname is NYC
3
The End.
```

기본적인 if 구문이 어떻게 이뤄지는지 살펴봤다. 여기에 조금씩 새로운 내용을 추가해본다.

호스트명이 NYC인지를 확인하는 코드인데, NYC가 아닐 경우에는 NJ인지도 확인해보고 싶다면 어떻게 해야 할까? 이런 경우 else if 구문 또는 elif 구문을 사용한다.

```
>>> hostname = 'NJ'
>>>
>>> if hostname == 'NYC':
...     print('This hostname is NYC')
... elif hostname == 'NJ':
...     print('This hostname is NJ')
...
This hostname is NJ
```

if 구문과 마찬가지로 elif 구문도 콜론으로 끝나야 한다. 조건을 만족했을 때 실행될 코드 블록은 반드시 들여쓰기를 적용해야 한다. elif 구문 또한 if 구문과 들여쓰기가 맞아야 한다.

NYC와 NJ만 유효한 호스트명으로 다루고 그 외 다른 호스트명일 경우에는 특정 코드 블록을 실행하고 싶다면 어떻게 해야 할까? 이런 경우 else 구문을 사용한다.

```
>>> hostname = 'DEN_CO'
>>>
>>> if hostname == 'NYC':
...     print('This hostname is NYC')
... elif hostname == 'NJ':
...     print('This hostname is NJ')
... else:
...     print('UNKNOWN HOSTNAME')
...
UNKNOWN HOSTNAME
```

else도 if, elif와 별반 다르지 않다. 콜론(:)을 붙여야 하며, 실행할 코드 블록은 들여쓰기를 해야 한다.

파이썬의 조건문에서 조건에 일치하는 상황이 되면 바로 조건 코드 블록을 빠져나온다. 예를 들어 hostname이 NYC였다면 조건 블록의 첫 번째 줄에서 일치하므로 print 구문(print('This hostname is NYC'))이 실행되고, 이후 해당 조건 블록을 빠져나간다. 즉, 나머지 elif나 else는 실행되지 않는다.

다음은 잘못된 들여쓰기 때문에 발생한 오류다. elif 앞에 공백이 추가되면서 오류가 발생했다.

```
>>> if hostname == 'NYC':
...     print('This hostname is NYC')
```

```
...     elif hostname == 'NJ':
  File "<stdin>", line 3
    elif hostname == 'NJ':
                       ^
IndentationError: unindent does not match any outer indentation level
```

콜론을 깜빡하고 사용하지 않았다면 다음과 같은 오류가 발생한다.

```
>>> if hostname == 'NYC'
  File "<stdin>", line 1
    if hostname == 'NYC'
                       ^
SyntaxError: invalid syntax
```

코드를 처음 배울 때는 사소한 실수를 하기 마련인데, 그렇더라도 오류 메시지가 직관적으로 표시되므로 많이 걱정하지 않아도 된다.

조건문은 이후 예제에서 계속 사용된다. 이어서 포함 개념에 대해 살펴보자.

6.5 포함

포함containment은 컨테이너 객체에 특정 요소나 객체가 포함돼 있는지를 확인하는 기능을 말한다. 방금 배운 조건문을 바탕으로 예제를 통해 in의 사용법을 알아본다. 이번 절에서는 in만 다루지만, 파이썬의 강력한 포함 확인 기능을 과소평가해서는 안 된다.

이전 예제에서 사용했던 vendors 변수에서 특정 제조사가 포함돼 있는지를 확인하려면 어떻게 할까? 우선 전체 리스트를 순회하면서 리스트에 포함된 객체마다 찾고 있는 제조사인지를 비교해볼 수 있다. 물론 이렇게도 구현할 수 있다. 하지만 그냥 in을 사용하면 어떨까?

포함을 사용하면 가독성이 좋아질 뿐 아니라 객체에 원하는 항목이 들어 있는지도 간편하게 확인할 수 있다.

```
>>> vendors = ['arista', 'juniper', 'cumulus', 'cisco']
>>>
```

```
>>> 'arista' in vendors
True
```

구문도 매우 직관적이며, 불 값을 반환한다. 이와 같이 표현식으로 포함 관계를 확인하는 것이 보다 파이썬다운 코드다.

이제 한 단계 더 나아가서 조건문을 추가해보자.

```
>>> if 'arista' in vendors:
...     print('Arista is deployed.')
...
'Arista is deployed.'
```

이 예제에서는 리스트에 특정 요소가 포함됐는지를 확인한다. 하지만 다음 예제처럼 문자열에 다른 문자열이 포함됐는지를 확인할 경우에도 사용할 수 있다. 기본적인 불 표현식으로, 조건 문에서 표현식을 그대로 사용할 수 있다.

```
>>> version = "CSR1000V (X86_64_LINUX_IOSD-UNIVERSALK9-M), Version 16.3.1"
>>>
>>> "16.3.1" in version
True
>>>
>>> if "16.3.1" in version:
...     print("Version is 16.3.1!!")
...
Version is 16.3.1!!
```

> **NOTE_** in 연산자는 __contains__ 던더 메서드로 구현된다. 이 메서드를 구현하고 있는 객체는 in 연산 자와 함께 사용할 수 있다.

앞에서 본 것처럼, 조건문과 포함을 함께 사용하면 다른 객체 내에 특정 객체나 값이 들어 있는 지를 간편하게 확인할 수 있다. 사실 해당 객체의 요소를 평가해야 하는 코드를 처음 작성할 때 는 보통 매우 길고 복잡한 조건문으로 작성하는 경우가 많지만, 보다 효과적으로 구현할 수 있 는 방법이 꼭 필요하다.

리스트, 딕셔너리와 같은 객체를 다룰 때 반복문을 사용하면 객체를 다루는 과정을 간소화할 수 있다. 다음 절에서 반복문에 대해 살펴보면 이 과정을 보다 명확히 이해할 수 있다.

6.6 반복문

드디어 반복문을 살펴볼 차례가 됐다. 객체는 점점 커지고 있으며, 특히 지금까지 살펴본 예제 보다 훨씬 더 큰 객체를 다루려면 반복문을 반드시 사용해야 한다. 장비, IP 주소, VLAN, 인터 페이스로 이뤄진 리스트를 상상해보자. 이 리스트에서 데이터를 검색하거나 데이터 집합에 들 어 있는 각 요소에 대해 특정 작업을 수행할 수 있는 효과적인 방법이 필요하다. 이런 경우에 반복문이 그 가치를 발휘한다.

이번 절에서 살펴볼 반복문은 크게 두 가지 유형, for 반복문과 while 반복문으로 나눌 수 있 다. 네트워크 엔지니어가 네트워크 장비나 일반적인 인프라 자동화 업무에서 마주치는 대부분 의 문제는 for 반복문을 사용해 해결할 수 있다. 물론 정확히 어떻게 작업을 수행하느냐에 따 라 달라지겠지만, 보통 for 반복문의 멋진 기능을 이용하면 대부분 해결할 수 있으므로 뒤에서 자세히 다룬다.

6.6.1 while 반복문

while 반복문은 특정 조건이 참일 경우 계속 특정 코드를 실행한다는 전제가 깔려 있다. 다음 예제에서는 counter 변수를 1로 설정한 다음, 이 값이 5보다 작으면 변수값을 출력하는 코드 를 계속 실행하며, 실행될 때마다 변수값을 1만큼씩 증가시킨다.

while 구문 사용법은 if-elif-else 구문과 비슷하다. while 구문은 콜론(:)으로 끝나야 하 며, 참일 경우 실행할 코드 블록은 공백 문자 4개로 들여쓰기를 한다.

```
>>> counter = 1
>>>
>>> while counter < 5:
...     print(counter)
...     counter += 1
```

```
...
1
2
3
4
```

이것으로 while 반복문에 대한 설명을 마친다. 지금부터는 앞으로의 예제에서 자주 사용하게 될 for 반복문에 대해 살펴보자.

6.6.2 for 반복문

파이썬의 for 반복문은 리스트, 문자열, 딕셔너리에 포함된 객체들을 **순회**^{iterating}할 때 정말 유용하다. 다른 프로그래밍 언어에서는 인덱스와 증분값을 반드시 지정해줘야 하는데, 파이썬에서는 그럴 필요가 없다.

파이썬에서 for 반복문을 사용하는 가장 일반적인 형태인 **for-in** 구문에 대해 알아본다. 먼저 이전 절과 마찬가지로 기본 예제부터 살펴보자.

우선 리스트에 담겨 있는 각 객체를 출력해본다. 예제 코드에서 알 수 있듯이 구문 사용법은 간단하다. 조건문이나 while 반복문에서 살펴본 형식과 매우 비슷하다. 반복문의 첫 번째 구문은 for로 시작해 콜론(:)으로 끝나며, 반복 실행될 코드는 반드시 들여쓰기를 해줘야 한다.

```
>>> vendors = ['arista', 'juniper', 'cisco']
>>>
>>> for vendor in vendors:
...     print(f'VENDOR: {vendor}')
...
VENDOR:  arista
VENDOR:  juniper
VENDOR:  cisco
```

이와 같은 형태로 주어진 객체 내의 각 요소를 순회하는 for 반복문을 **for-in** 반복문 또는 **for-each** 반복문이라 한다.

vendor 객체명은 사용자가 임의로 지정해 사용하며, 반복문이 실행될 때마다 특정 요소를 가리킨다. 이 예제에서 vendor의 값은 첫 번째 순회에서는 arista가 되고, 두 번째 순회에서는

juniper가 된다.

vendor라는 이름에 특별한 의미가 없다는 것을 확인하기 위해 객체명을 network_vendor로
바꿔보자.

```
>>> for network_vendor in vendors:
...     print(f'VENDOR: {network_vendor}')
...
VENDOR:  arista
VENDOR:  juniper
VENDOR:  cisco
```

이번에는 지금까지 배운 포함, 조건문, 반복문을 함께 사용해보자.

다음 예제에서는 새로운 vendors 리스트를 사용한다. 그중 한 곳은 정말 멋진 회사인데, 네트
워크 장비 대신 책을 만든다! 이제 관리자가 승인한 장비 제조사를 approved_vendors 리스트
로 정의해보자. 이 예제에서는 vendors를 순회하면서 각 회사가 승인된 제조사인지를 확인하
고, 승인이 안 된 제조사는 화면에 표시한다.

```
>>> vendors = ['arista', 'juniper', 'cisco', 'hanbit']
>>>
>>> approved_vendors = ['arista', 'juniper', 'cisco']
>>>
>>> for vendor in vendors:
...     if vendor not in approved_vendors:
...         print(f'NETWORK VENDOR NOT APPROVED: {vendor}')
...
NETWORK VENDOR NOT APPROVED:  hanbit
```

in 구문에 not이 함께 사용돼 기능이 더 강력해졌지만, 여전히 쉽게 코드를 읽고 이해할 수 있다.

[예제 6-1]은 조금 어려운 예제로, 딕셔너리를 순회하면서 다른 딕셔너리에서 데이터를 추출
한다. 그럼 이번 장에서 배운 몇 가지 내장 메서드를 사용해보자.

NOTE_ 이번 장에서 사용한 모든 예제 코드는 책의 깃허브 저장소인 *https://github.com/oreilly-npa-
book/examples/tree/v2/ch06-python*에서 내려받을 수 있다.

```
>>> COMMANDS = {
...     'description': 'description {}',
...     'speed': 'speed {}',
...     'duplex': 'duplex {}',
... }
>>> CONFIG_PARAMS = {
...     'description': 'auto description by Python',
...     'speed': '10000',
...     'duplex': 'auto'
... }
>>> commands_list = []
>>>
>>> for feature, value in CONFIG_PARAMS.items():
...     command = COMMANDS.get(feature).format(value)
...     commands_list.append(command)
...
>>> commands_list.insert(0, 'interface Eth1/1')
>>>
>>> print(commands_list)
['interface Eth1/1', 'description auto description by Python',
'speed 10000', 'duplex auto']
```

NOTE_ 파이썬에서는 상수, 즉 실행하는 동안 바뀌지 않는 값의 이름에는 관례상 COMMANDS, CONFIG_PARAM처럼 모두 대문자를 사용한다.

이 예제에서는 COMMANDS 딕셔너리 변수에 저장된 값을 이용해 네트워크 장비의 기능을 설정하는 CLI 명령을 만들어본다.

딕셔너리는 세 항목, 즉 키-값 쌍 3개로 이뤄져 있다. 각 항목의 키는 설정하려는 네트워크 기능이며, 각 항목의 값은 해당 기능을 설정하기 위한 명령어 문자열이다. 딕셔너리에는 속도speed, 통신 모드duplex, 설명description 등의 속성이 들어 있다. 딕셔너리의 값에 포함된 중괄호({})는 문자열의 format() 메서드를 사용해 다른 변수값으로 표시된다.

COMMANDS 딕셔너리를 생성한 다음, 실행할 명령어와 COMMANDS 딕셔너리에 정의된 명령어 문자열에 적용할 값을 저장하는 두 번째 CONFIG_PARAMS 딕셔너리를 생성한다.

이제 for 반복문과 딕셔너리 타입의 내장 메서드 중 items()를 사용해 CONFIG_PARAMS 항목을 순회한다. 순회할 때마다 CONFIG_PARAMS의 키를 사용해 COMMANDS 딕셔너리에서 명령어 문자열 값을 가져온다. 두 딕셔너리의 키 구조를 동일하게 만들었으므로 이렇게 순회할 수 있다. 명령어 문자열은 중괄호가 들어간 형태로 반환되지만, 반환된 값은 format() 메서드를 통해 CONFIG_PARAM의 값으로 적절하게 채워진다.

좀 더 상세히 살펴보자. 시간이 걸리더라도 직접 파이썬 대화형 인터프리터에서 확인해보길 바란다.

첫 번째 줄에서 commands_list는 빈 리스트인 []를 생성하고, 이후 생성된 최종 명령어를 이 리스트에 append() 메서드로 추가한다.

items() 내장 메서드를 사용해 CONFIG_PARAMS를 순회한다. 이 메서드는 이번 장 앞부분에서 간단히 살펴본 적이 있는데, items()를 사용해 딕셔너리에 저장된 키-값 쌍 항목의 키와 값을 동시에 접근할 수 있다. 이 예제에서는 3개의 키-값 쌍을 순회하며, description/auto description by Python, speed/10000, duplex/auto 쌍을 전달한다.

순회할 때마다 키-값 쌍의 값 중에서 키는 feature로, 값은 value로 참조된다. 명령어 문자열은 COMMANDS 딕셔너리에서 가져온다. 기억하겠지만, get() 메서드는 딕셔너리에서 특정 키에 대한 값을 조회할 때 사용한다. 이 예제에서는 키로 feature 변수값을 사용한다. 따라서 feature 변수값이 description이라면 description {}를, speed일 경우 speed {}를, duplex일 경우 duplex {}를 반환한다. 보다시피 반환되는 세 객체가 모두 문자열 타입이므로 format() 메서드를 사용해 CONFIG_PARAMS에서 획득한 값을 문자열에 삽입한다. get 메서드와 format 메서드를 연달아 호출하는 방식을 사용했으며, 이렇게 값이 삽입된 최종 명령문을 얻으면 commands_list에 추가한다.

끝으로, 명령어가 만들어지면 리스트의 첫 번째 항목으로 interface Eth1/1을 삽입한다. 또는 처음 리스트를 만들 때부터 commands_list = ['interface Eth1/1']로 지정할 수도 있다. 이 예제를 이해할 수 있다면 이미 파이썬을 이해하는 과정에서 큰 진전을 이룬 것이다!

지금까지 리스트와 딕셔너리를 순회하는 가장 일반적인 형태의 반복문을 살펴봤다. 이제부터는 for 반복문의 다른 사용 방식을 살펴본다.

enumerate() 함수

때로는 객체를 순회할 때 인덱스도 함께 알고 싶은 경우가 있다. 앞에서 살펴본 예제와 비슷하므로 아주 간략히 설명한다.

enumerate() 함수는 리스트를 순회하면서 인덱스를 함께 제공하므로, 해당 요소의 정확한 위치를 간편하게 파악할 수 있다.

다음 예제에서는 for 반복문에서 enumerate()를 사용한다. for 반복문의 시작 부분은 딕셔너리 예제와 비슷하지만, 키와 값을 반환했던 items()와 달리 enumerate()는 인덱스와 순환 중인 리스트 내의 객체를 반환한다. 이때 인덱스는 0부터 시작한다.

이 예제를 실행해서 인덱스와 요소의 값을 출력해보면 동작 방식을 쉽게 이해할 수 있다.

```
>>> vendors = ['arista', 'juniper', 'cisco']
>>>
>>> for index, each in enumerate(vendors):
...     print(f'{index} {each}')
...
0 arista
1 juniper
2 cisco
```

다음 예제와 같이 모든 항목의 인덱스와 값을 출력하지 않고 특정 제조사의 인덱스만 알아낼 수도 있다.

```
>>> for index, each in enumerate(vendors):
...     if each == 'arista':
...         print(f'arista index is: {index}')
...
arista index is:  0
```

루프에서 흐름 제어

반복문은 성능을 떨어뜨리는 덫이 될 수도 있다. enumerate() 예제에서는 제조사가 arista인 경우에만 관심이 있는 데도 불구하고 vendors에 포함된 전체 객체를 처음부터 끝까지 순회한다. 예제에 사용된 리스트에는 겨우 3개 항목만 들어 있으므로 큰 문제가 되지 않는다. 하지만 vendors에 수천여 개의 요소가 들어 있다면 어떻게 될까? 이미 찾고자 하는 요소를 찾았는데도 리스트를 끝까지 순회해야 할까?

다행히 파이썬에서는 반복문의 목적을 이미 달성한 경우처럼 언제든 원할 때 break 구문을 사용해 반복문 순회를 멈출 수 있다. 다음 예제에서는 각 순회 때마다 print()를 사용해 항목을 출력하고, arista를 찾게 되면 break 구문을 통해 반복문 순회를 멈추도록 코드를 수정한다.

```
>>> vendors = ['arista', 'juniper', 'cisco']
>>>
>>> for index, each in enumerate(vendors):
...     print(index)
...     if each == 'arista':
...         print(f'arista index is: {index}')
...         break
...
0
arista index is: 0
```

유용하게 사용할 수 있는 또 다른 구문으로는 continue가 있다. 이 구문은 반복 코드 블록의 실행을 건너뛰고 다음 순회로 넘어간다. 다음 예제에서는 continue를 사용해 arista의 인덱스만 출력한다.

```
>>> for index, each in enumerate(vendors):
...     print(index)
...     if each != 'arista':
...         continue
...     print(f'arista index is: {index}')
...
0
arista index is: 0
1
2
```

예제에서 break를 사용하지 않았으므로 반복문이 중단되지 않으며, 모든 항목의 **인덱스**가 출력된다. continue를 이용하면 코드를 쉽게 읽고 이해할 수 있다. 순회 코드의 앞부분에 continue 코드를 추가하면 해당 순회를 계속할지 다음 순회로 넘어갈지를 쉽게 파악할 수 있다.

지금까지 파이썬의 데이터 타입부터 조건문, 반복문까지 꽤 많은 내용을 다뤘다. 하지만 코드를 효율적으로 재사용할 수 있는 함수의 사용법은 아직 다루지 않았다. 이어서 함수에 대한 이야기를 나눠보자.

6.7 함수

이 책을 읽고 있는 독자라면 아마도 함수라는 용어를 이미 들어본 적이 있겠지만, 그렇지 않더라도 전혀 걱정할 필요가 없다. 함수를 사용하면 반복되는 중복 코드를 제거하고 코드를 쉽게 재사용할 수 있다.

네트워크 엔지니어는 매일같이 VLAN을 변경하는 설정 작업을 수행한다. 때로는 네트워크 장비에 같은 명령어를 얼마나 빨리 입력할 수 있는지를 이야기하면서 뿌듯한 마음이 들 수도 있다. 이제 함수를 사용하는 스크립트를 작성하면 동일한 코드를 **반복해서** 작성하지 않아도 된다.

스위치 세트로 구성된 몇 개의 VLAN을 구성한다고 가정하자. 시스코나 아리스타 제품에서는 다음과 비슷한 명령을 입력한다.

```
vlan 10
  name USERS
vlan 20
  name VOICE
vlan 30
  name WLAN
```

동일한 VLAN을 사용하는 10대, 20대, 50대의 장비를 설정해야 한다고 가정해보자. 사용하는 장비 대수만큼 6개의 명령어를 계속해서 입력해야 한다.

이런 상황은 실제로 함수를 사용하는 작은 스크립트로 큰 효과를 볼 수 있는 완벽한 기회다. 아직 스크립트 작성법을 다루지는 않았으므로, 계속 파이썬 셸을 사용한다.

먼저 기본적인 print() 함수를 살펴본 후 다시 VLAN 예제로 돌아와서 이야기를 이어간다.

```
>>> def print_vendor(net_vendor):
...     print(net_vendor)
...
```

```
>>>
>>> vendors = ['arista', 'juniper', 'cisco']
>>>
>>> for vendor in vendors:
...     print_vendor(vendor)
...
arista
juniper
cisco
```

이 예제에서 print_vendor()는 def를 사용해 만든 사용자 정의 함수다. 함수 이름 옆 괄호 안에 변수를 포함해 함수에 전달할 매개변수(인자)를 정의한다. 예제에서는 1개의 인자를 전달하며, print_vendor 함수 내에서는 이 값을 net_vendor 변수로 참조한다. 조건문이나 반복문처럼 함수 선언도 콜론(:)으로 끝난다. 이 함수에서는 전달받은 매개변수를 화면에 출력하는, 단일 행으로 이뤄진 코드 블록을 정의했으며 코드 블록은 들여쓰기를 한다.

함수를 정의하고 나면 바로 사용할 수 있다. 파이썬 인터프리터를 사용하는 경우에도 마찬가지다.

이 예제에서는 vendors 리스트를 순회하면서 함수로 정의된 코드를 반복 실행한다. 반복문이 순회할 때마다 제조사명을 가리키는 문자열을 print_vendor() 함수의 매개변수로 전달한다.

매개변수의 위치는 같더라도 다른 이름의 변수를 사용하고 있다. 즉, 함수를 호출하는 코드에서는 vendor를 전달했지만, 함수에서 전달받아 사용하는 곳에서는 net_vendor 변수로 참조하고 있다. 함수를 호출할 때 전달하는 변수와 함수 내에 사용하는 매개변수가 반드시 같은 이름이어야 할 필요는 없다. 하지만 같은 이름을 쓰더라도 잘 동작한다.

이제 기본적인 함수 작성법을 살펴봤으므로 VLAN 예제로 되돌아와서 VLAN 프로비저닝을 자동화하는 데 유용한 2개의 함수를 작성해본다. [예제 6-2]와 [예제 6-3]을 참조하자.

예제 6-2 get_commands() 함수

```
>>> def get_commands(vlan, name):        ①
...     commands = []
...     commands.append(f'vlan {vlan}')
...     commands.append(f'name {name}')
...     return commands                   ②
...
```

① get_commands() 함수는 2개의 인자를 전달받는다. vlan은 VLAN ID를, name은 VLAN명을 가리킨다.

② 입력받은 인자를 이용해 생성한 명령어 리스트를 반환한다.

예제 6-3 push_commands() 함수

```
>>> def push_commands(device, commands):        ①
...     print(f'Connecting to device: {device}')
...     for cmd in commands:
...         print(f'Sending command: {cmd}')    ②
...
```

① 이 함수도 2개의 인자를 전달받는다. device는 명령어를 전송할 대상 장비를, commands는 전송할 명령어 목록을 가리킨다.

② 이 함수에서 설정을 장비에 실제로 적용하지는 않는다. 다만, 명령이 실행되는 것처럼 흉내 내기 위해 장비에서 실행할 명령어를 터미널로 출력한다.

이 함수를 사용하려면 두 가지 리스트, 즉 설정할 장비의 리스트와 전송할 VLAN 리스트가 필요하다. 설정 대상 장비 리스트는 다음 코드와 비슷하다.

```
>>> devices = ['switch1', 'switch2', 'switch3']
```

VLAN을 간단한 객체로 표현하기 위해 딕셔너리의 리스트를 생성한다. 각 딕셔너리는 2개의 키–값 쌍을 갖는데, 한 쌍은 VLAN ID에 대한 정보를, 나머지 한 쌍은 VLAN명에 대한 정보를 저장한다.

```
>>> vlans = [{'id': '10', 'name': 'USERS'}, {'id': '20', 'name': 'VOICE'},
{'id': '30', 'name': 'WLAN'}]
```

파이썬에서 딕셔너리를 만드는 다양한 방식이 기억날 것이다. 그중 어떤 방법을 사용하더라도 아무 상관이 없다.

[예제 6-4]에서는 이렇게 정의한 함수를 사용한다. 다음 코드에서는 vlan 리스트를 순회한다. vlan 리스트의 각 요소는 딕셔너리라는 점을 기억해두자. 리스트의 각 요소인 딕셔너리에

대해 get() 메서드를 호출해 id 값과 name 값을 얻는다. print 함수는 두 군데에 사용됐다. get_command() 함수를 호출할 때 id와 name을 전달하며, 이 함수가 반환하는 명령어 리스트는 다시 commands 변수에 할당한다.

예제 6-4 사용자 정의 함수 사용

```
>>> for vlan in vlans:                          ①
...     vid = vlan.get('id')
...     name = vlan.get('name')
...     print(f'CONFIGURING VLAN: {vid}')
...     commands = get_commands(vid, name)      ②
...     for device in devices:                  ①
...         push_commands(device, commands)     ③
...         print()
...
```

① vlans에 대한 for 반복문과 devices에 대한 for 반복문을 결합해 각 장비마다 모든 VLAN 설정을 처리한다.

② 이미 만들어둔 get_commands() 함수를 사용해 VLAN 설정에 필요한 모든 명령어를 획득한다.

③ devices 리스트를 순회하면서 각 장비마다 VLAN 설정 명령어를 실행한다.

실행한 결과는 다음과 같다.

```
CONFIGURING VLAN: 10
Connecting to device: switch1
Sending command: vlan 10
Sending command: name USERS

Connecting to device: switch2
Sending command: vlan 10
Sending command: name USERS

Connecting to device: switch3
Sending command: vlan 10
Sending command: name USERS

CONFIGURING VLAN: 20
Connecting to device: switch1
Sending command: vlan 20
```

```
Sending command: name VOICE

Connecting to device: switch2
Sending command: vlan 20
Sending command: name VOICE

Connecting to device: switch3
Sending command: vlan 20
Sending command: name VOICE

CONFIGURING VLAN: 30
Connecting to device: switch1
Sending command: vlan 30
Sending command: name WLAN

Connecting to device: switch2
Sending command: vlan 30
Sending command: name WLAN

Connecting to device: switch3
Sending command: vlan 30
Sending command: name WLAN
```

TIP_ 모든 함수가 매개변수를 필요로 하는 것은 아니다. 또한 모든 함수가 반드시 어떤 값을 반환하는 것도 아니다.

장비가 아닌 VLAN을 기준으로 먼저 순회하다 보니, 출력 결과에서 한 장비에 대한 연결이 VLAN 개수만큼 여러 번 연결됐다가 끊어진다. for 반복문의 위치를 서로 바꿔 장비를 기준으로 먼저 순회하면 장비마다 VLAN 설정이 하나로 묶여지면서 장비와의 연결 개수도 줄일 수 있다.

지금까지 함수를 생성해 사용하는 방법, 매개변수의 유무와 상관없이 함수를 호출하고 정의하는 방법, 반복문 내에서 함수를 호출하는 방법 등에 대한 기본 내용을 살펴봤다. 다음은 파이썬에서 파일로 된 데이터를 읽는 방법과 데이터를 파일로 쓰는 방법에 대해 알아본다.

6.8 파일 처리

이번 절에서는 파일에서 데이터를 읽고 데이터를 파일로 쓰는 방법을 다룬다. 기본적인 내용만 살펴볼 것이므로, 파일 사용법에 대해 보다 자세히 알고 싶다면 다른 자료를 참고하길 바란다.

6.8.1 파일 읽기

다음 예제에서는 파이썬 인터프리터를 실행한 경로에 다음과 같은 내용을 가진 vlans.cfg 설정 텍스트 파일이 저장돼 있다고 가정한다.

```
vlan 10
  name USERS
vlan 20
  name VOICE
vlan 30
  name WLAN
vlan 40
  name APP
vlan 50
  name WEB
vlan 60
  name DB
```

파이썬에서는 open과 read를 사용하는 단 두 줄짜리 코드로 파일을 열어 내용을 읽을 수 있다.

```
>>> vlans_file = open('vlans.cfg', 'r')
>>>
>>> vlans_file.read()
'vlan 10\n  name USERS\nvlan 20\n  name VOICE\nvlan 30\n
name WLAN\nvlan 40\n  name APP\nvlan 50\n  name WEB\nvlan 60\n
  name DB'
>>>
>>> vlans_file.close()
```

파일 객체에서 read() 메서드를 호출하면 전체 파일 내용을 읽어와 문자열 객체를 반환한다.

다음 예제에서는 파일 객체의 readlines() 메서드를 사용해 파일 내용을 한 줄씩 리스트에 저장한다.

```
>>> vlans_file = open('vlans.cfg', 'r')
>>>
>>> vlans_file.readlines()
['vlan 10\n', '  name USERS\n', 'vlan 20\n', '  name VOICE\n', 'vlan 30\n',
'  name WLAN\n', 'vlan 40\n', '  name APP\n', 'vlan 50\n', '  name WEB\n',
'vlan 60\n', '  name DB']
>>>
>>> vlans_file.close()
```

[예제 6-4]의 **vlans** 객체처럼 VLAN 정보를 딕셔너리에 저장하려면, 파일을 열어서 문자열로 읽은 다음 약간의 문자열 처리 작업이 필요하다.

```
>>> vlans_file = open('vlans.cfg', 'r')
>>>
>>> vlans_text = vlans_file.read()
>>>
>>> vlans_list = vlans_text.splitlines()
>>>
>>> vlans_list
['vlan 10', '  name USERS', 'vlan 20', '  name VOICE', 'vlan 30',
'  name WLAN', 'vlan 40', '  name APP', 'vlan 50', '  name WEB',
'vlan 60', '  name DB']
```

파일 내용을 읽어와 **vlans_text** 변수에 문자열로 저장한다. 문자열의 **splitlines()** 내장 함수를 사용해 리스트를 생성하는데, 이때 파일 한 줄씩 리스트의 요소로 저장된다. 이렇게 만들어진 **vlans_list** 리스트는 읽은 파일에 저장된 명령어 개수와 동일하다.

[예제 6-5]에서 원본 텍스트를 딕셔너리의 리스트 형태로 정규화해보자.

예제 6-5 원본 텍스트를 딕셔너리의 리스트로 정규화하기

```
>>> vlans = []
>>> for item in vlans_list:                          ①
...     if 'vlan' in item:
...         temp = {}                                 ②
...         id = item.strip().strip('vlan').strip()   ③
...         temp['id'] = id
...     elif 'name' in item:
...         name = item.strip().strip('name').strip()
...         temp['name'] = name
```

```
...          vlans.append(temp)
...
>>>
>>> vlans
[{'id': '10', 'name': 'USERS'}, {'id': '20', 'name': 'VOICE'},
{'id': '30', 'name': 'WLAN'}, {'id': '40', 'name': 'APP'},
{'id': '50', 'name': 'WEB'}, {'id': '60', 'name': 'DB'}]
>>>
```

① 리스트를 생성한 다음, for 반복문으로 각 리스트 항목을 순회한다. item 변수는 리스트를 순회하면서 리스트에 들어 있는 각 항목을 가리킨다. 즉, item 변수의 값은 첫 번째 순회에서는 'vlan 10'이, 두 번째 순회에서는 ' name USERS'가 된다.

② for 반복문 내에서 id와 name의 카-값 쌍으로 이뤄진 딕셔너리 항목의 리스트를 만든다. 먼저 temp 임시 딕셔너리에 카-값 쌍을 추가한다. VLAN명까지 임시 딕셔너리에 추가되면 리스트의 마지막 항목으로 추가한다. 입력 데이터가 특정 순서대로 작성돼 있다고 가정하며, temp 변수는 다음 VLAN을 찾을 때만 다시 초기화된다.

③ strip() 함수를 사용한다. strip() 함수는 공백뿐만 아니라 문자열 객체 내의 특정 부분 문자열을 삭제할 수 있다. 또한 단일 파이썬 구문에서 여러 메서드를 함께 연결할 수 있다. 예를 들어 ' name WEB' 값에 strip()을 호출하면 'name WEB'이 반환된다. 여기에 다시 strip('name')을 호출하면 ' WEB'이 반환된다. 한번 더 strip()을 호출하면 남아 있던 공백이 제거되면서 원래 구하려던 'WEB' 문자열을 얻는다.

NOTE_ 이전 예제에서 사용한 방법이 VLAN 정보를 읽어오는 유일한 방법은 아니다. 예제에서는 모든 VLAN에 대해 VLAN ID와 이름이 있다고 **가정하지만**, 이 가정은 특정 개념을 전달하기 위한 것일 뿐이며 일반적인 상황은 아니다. VLAN 항목이 보이면 temp 변수는 초기화하고, 'name' 항목이 보이면 temp를 리스트에 추가한다. 이름이 없는 VLAN이 있다면 제대로 동작하지 않는다. 이런 경우 나중에 살펴볼 try/except 구문으로 파이썬 예외 처리를 적용할 수 있다.

6.8.2 파일 쓰기

다음 예제에서는 데이터를 파일로 쓰는 방법에 대해 알아본다. 이전 예제에서 생성한 vlans 객체를 그대로 사용한다.

```
>>> vlans
[{'id': '10', 'name': 'USERS'}, {'id': '20', 'name': 'VOICE'},
{'id': '30', 'name': 'WLAN'}, {'id': '40', 'name': 'APP'},
{'id': '50', 'name': 'WEB'}, {'id': '60', 'name': 'DB'}]
```

VLAN 정보를 새 파일로 쓰기 전에 몇 가지 VLAN 정보를 추가해보자.

```
>>> add_vlan = {'id': '70', 'name': 'MISC'}
>>> vlans.append(add_vlan)
>>>
>>> add_vlan = {'id': '80', 'name': 'HQ'}
>>> vlans.append(add_vlan)
>>>
>>> print(vlans)
[{'id': '10', 'name': 'USERS'}, {'id': '20', 'name': 'VOICE'},
{'id': '30', 'name': 'WLAN'}, {'id': '40', 'name': 'APP'},
{'id': '50', 'name': 'WEB'}, {'id': '60', 'name': 'DB'},
{'id': '70', 'name': 'MISC'}, {'id': '80', 'name': 'HQ'}]
```

이제 vlans 리스트에는 여덟 가지 종류의 VLAN 정보가 들어 있다. 이 데이터를 새로운 파일로 쓰되, 파일 서식은 그대로 유지되도록 적절히 공백을 추가한다.

먼저 새 파일을 연다. 아직 파일은 존재하지 않는다. 쓰기 모드로 존재하지 않는 파일명에 대해 파일을 열면 새로운 파일이 생성된다.

```
>>> write_file = open('vlans_new.cfg', 'w')
```

파일을 열었으면, 다시 get() 메서드를 사용해 딕셔너리에서 파일로 저장할 VLAN 값을 조회한다. 파일의 write() 메서드를 사용해 데이터를 파일로 저장한다. 끝으로, 파일을 닫아준다.

```
>>> for vlan in vlans:
...     id = vlan.get('id')
...     name = vlan.get('name')
...     write_file.write(f'vlan {id}\n')
...     write_file.write(f'  name {name}\n')
...
>>>
>>> write_file.close()
```

다음과 같은 vlan_new.cfg 파일이 생성된다.

```
$ cat vlans_new.cfg
vlan 10
  name USERS
vlan 20
  name VOICE
vlan 30
  name WLAN
vlan 40
  name APP
vlan 50
  name WEB
vlan 60
  name DB
vlan 70
  name MISC
vlan 80
  name HQ
```

파일 객체를 좀 더 사용하다 보면 흥미로운 상황도 생길 수 있다. 예를 들어 파일을 깜빡하고 닫지 않으면, 데이터가 분명 있어야 하는데 왜 파일에서 볼 수 없는지 궁금할 수도 있다!

NOTE_ 기본적으로 write() 메서드로 파일에 저장하려던 데이터는 버퍼에 저장돼 있으며, 파일을 닫을 때 버퍼에 저장돼 있던 데이터가 파일로 쓰여진다. 이 설정은 변경할 수 있다.

콘텍스트 관리자인 with 구문을 사용하면 이 과정을 보다 편리하게 관리할 수 있다. 콘텍스트 관리자는 런타임 콘텍스트를 정의하는 파이썬 객체로, 콘텍스트에 진입할 때 수행할 작업과 콘텍스트를 종료할 때 수행할 작업을 정의한다. 이 예제에서는 open() 메서드의 반환 객체를 콘텍스트 관리자로 사용했기 때문에 콘텍스트가 종료될 때 파일이 **자동으로** 닫힌다.

```
>>> with open('vlans_new.cfg', 'w') as write_file:
...     write_file.write('vlan 10\n')
...     write_file.write('  name TEST_VLAN\n')
...
```

NOTE_ 파일을 열 때는 open('vlans.cfg', 'r') 구문처럼 2개의 매개변수를 전달한다. 첫 번째 매개변수는 파일명으로, 파일의 상대 경로 또는 절대 경로다. 두 번째 인자는 **모드**로, 선택 항목이다. 별도로 모드를 지정하지 않으면 기본적으로 읽기 전용인 r 모드로 설정된다. 파일을 오직 쓰기 모드로만 여는 w 모드(이미 존재하는 파일명인 경우 기존 내용이 사라진다), 파일에 내용을 추가하는 a 모드, 읽기 및 쓰기용으로 여는 r+ 모드 등 다양한 모드를 사용할 수 있다. 보다 상세한 내용은 공식 파이썬 문서[9]를 참조하자.

파이썬 3부터 파일 내용은 바이트(**bytes**)로 처리되며, 암묵적으로 UTF–8 인코딩을 사용하는 텍스트로 **인코딩된다**. 인코딩 방식은 encoding 키워드 인자를 사용해 바꿀 수 있다.

```
>>> vlans_file = open('vlans.cfg', 'r', encoding='ascii')
```

지금까지는 동적 파이썬 인터프리터를 사용했다. 인터프리터는 새로운 메서드, 함수, 코드의 일부를 작성하고 테스트할 때 사용하는 강력한 도구다. 하지만 인터프리터의 기능이 아무리 훌륭하더라도 독립적으로 실행할 수 있는 프로그램과 스크립트를 작성해야 한다. 다음 절에서 이와 관련된 내용을 다룬다.

6.9 파이썬 프로그램 만들기

파이썬 셸에서 수행했던 작업을 기반으로 독립적으로 실행할 수 있는 파이썬 스크립트나 프로그램을 만드는 방법을 알아보자. 이번 절에서는 지금까지 배운 내용을 기반으로 몇 분 내에 스크립트를 손쉽게 만들 수 있다.

NOTE_ 5장에서 소개한 vi, Vim, 서브라임 텍스트, 노트패드++ 또는 파이참[PyCharm], 비주얼 스튜디오 코드[VS Code]와 같은 IDE를 반드시 사용할 필요는 없다. 텍스트 편집기는 자유롭게 편한 것을 사용하자.

몇 가지 예제를 살펴보자.

---

9 https://docs.python.org/3/library/functions.html#open

6.9.1 기본적인 파이썬 스크립트 생성하기

맨 먼저 확장자가 '.py'인 새 파이썬 스크립트 파일을 만들어야 한다. 리눅스 터미널에서는 **touch new_script.py** 명령으로 새 파일을 만든 다음, 텍스트 편집기로 열 수도 있다. 예상대로 이 파일은 텅 빈 상태다.

처음 만들 스크립트는 단순히 터미널에 문자열을 출력하는 스크립트다. net_script.py 파일을 만든 다음, 아래와 같은 다섯 줄의 코드를 추가한다.

```
#!/usr/bin/env python3

if __name__ == "__main__":
    print('^' * 30)
    print('HELLO NETWORK AUTOMATION!!!!!')
    print('^' * 30)
```

스크립트 파일을 만들었으니 이제 실행해보자. 리눅스 터미널에서 파이썬 스크립트를 실행하려면 python3 명령을 사용해야 한다. 다음과 같이 실행하려는 스크립트 파일명을 명령어에 추가한다.

```
$ python3 net_script.py
^^^^^^^^^^^^^^^^^^^^^^^^^^^^^^
HELLO NETWORK AUTOMATION!!!!!
^^^^^^^^^^^^^^^^^^^^^^^^^^^^^^
```

이제 됐다. 설명을 잘 따라왔다면 방금 파이썬 스크립트가 만들어진 것이다. if __name__ == "__main__": 구문 아래의 코드는 파이썬 인터프리터에서 작성했던 코드와 같다는 것을 알 수 있다.

비록 선택 사항이긴 하지만 파이썬 스크립트를 작성할 때 사용하는 것이 좋은 2개의 고유 구문을 살펴보자.

6.9.2 주석

파이썬 코드는 보통 별도의 **주석문**이 없어도 쉽게 읽고 이해할 수 있다. 그러나 주석이 남겨져 있으면 신입 개발자가 코드를 검토하거나 고치거나 개선해야 할 때 도움을 줄 수 있으며, 오랜만에 해당 코드를 다시 살펴보는 경우에도 원래 작업했을 당시의 맥락을 이해하는 데 도움이 된다.

이 책이 **클린 코드**clean code의 모범 사례를 다루는 책은 아니지만, 코드의 의도가 명쾌하게 전달되지 않을 경우 주석을 사용해서라도 명확한 의도와 의미를 전달하는 것은 코드 작성에서 우선적으로 따라야 할 가장 중요한 원칙 중 하나임은 분명하다.

파이썬에서는 # 문자로 인라인 주석을 표시한다. #은 해시 태그, 우물 표시, 파운드 표시 등으로 불린다.

```
commands = []
# 명령의 순서가 중요하므로 변경하지 않는다.
commands.append(f'vlan {vlan}')
# 명명 규칙에 따라 vlan명에 vlan ID를 포함시킨다.
commands.append(f'name {name}_{vlan}')
```

일부 파이썬 린터linter는 #으로 시작하는 주석에 따라 코드 검사 방식이 달라지기도 한다.[10]

이제 파이썬 스크립트를 작성할 때 선택 사항임에도 사용을 권장하는 특수한 주석 형태인 셔뱅에 대해 살펴보자. 앞서 3장에서 리눅스를 다룰 때 셔뱅을 소개한 바 있다.

셔뱅

셔뱅shebang이란 스크립트의 첫 줄에 적힌 #!/usr/bin/env python3와 유사한 코드를 말한다. 파이썬 프로그램에서 이 한 줄짜리 코드는 특별한 의미를 지닌다.

셔뱅은 한 줄짜리 코드로, 첫 글자는 #으로 시작하지만 주석은 아니다. 셔뱅은 반드시 파이썬 프로그램의 첫 번째 줄에서만 사용한다.

셔뱅은 프로그램을 실행할 때 사용할 파이썬 인터프리터의 위치를 시스템에게 알려준다. 물론 프로그램의 파일 권한도 적절히 부여된 상태여야 한다. 즉, 파일에 대한 실행 권한을 갖고 있어야 한다는 의미다. 셔뱅이 없는 스크립트는 반드시 명령행에서 **python** 명령을 사용해 스크립

---

10 옮긴이_ flake8과 같은 린터 도구를 사용할 때 코드에 # noqa 주석을 붙임으로써 특정 문법 체크를 무시할 수 있다. 예를 들어 # noqa: E123으로 주석을 남겨두면 린터는 다음 구문에서 E123 규칙에 대한 검사를 수행하지 않는다. 자세한 사용법은 린터별 설명 문서에서 확인할 수 있다.

트를 실행해야 한다. 이 책에서 사용한 모든 예제에는 셔뱅이 포함돼 있다.

다음과 같이 작성된 hello.py 스크립트를 갖고 있다고 가정하자.

```
if __name__ == "__main__":
    print('Hello Network Automation!')
```

스크립트 파일명이 hello.py라면 이 스크립트는 $ python3 hello.py 구문으로 실행할 수 있지만, $ ./hello.py 구문으로는 실행되지 않는다. ./hello.py 구문으로 스크립트를 실행하고 싶다면 시스템에게 해당 스크립트를 실행할 수 있는 방법을 알려줘야 하므로, 반드시 스크립트에 셔뱅을 추가해야 한다. 또한 파일에 실행 권한을 부여하기 위해 chmod +x hello.py 명령을 실행해야 한다는 점도 잊지 말자.

```
#!python3

if __name__ == "__main__":
    print('Hello Network Automation!')
```

셔뱅을 python3로 설정했으므로, 실행 시스템에 기본 설치된 파이썬 3.8.12 버전을 사용한다. which python3 명령을 실행하면 정확한 파이썬의 위치와 버전을 확인할 수 있다.

```
$ which python3
/usr/bin/python3
```

컴퓨터에 파이썬 버전이 여러 개 설치돼 있다면 셔뱅을 이용해 특정 버전을 직접 참조할 수도 있다. 예를 들어 #!/usr/bin/python3.9로 입력하면 파이썬 3.9로 해당 스크립트를 실행한다. 하지만 이 방식은 유연성이 떨어지는 단점이 있다. 예를 들어 가상 환경에서 문제가 발생할 수 있는데, 이 부분은 6.12.1절 'Virtualenv를 이용해 의존성 격리하기'에서 다룬다.

스크립트에서 고정된 버전이 아니라 환경 변수로 지정한 파이썬 버전을 사용하도록 셔뱅을 /usr/bin/env python3로 작성하는 것이 더 나은 방법이다.

이제 셔뱅이 무엇인지 이해했으므로, 계속해서 파이썬 스크립트를 작성할 때 많이 사용하는 구문을 살펴보자.

6.9.3 인터프리터로 작성한 코드를 스크립트로 전환하기

파이썬 스크립트에서 if __name__ == "__main__":과 같은 코드를 자주 볼 수 있다. 따옴표가 없는 __name__은 변수이고, 따옴표가 있는 "__main__"은 문자열이다. 파이썬 프로그램이 독립 실행형 스크립트로 실행되면 자동으로 __name__ 변수값이 "__main__"으로 설정된다. 따라서 프로그램이 python3 *script*.py로 실행되면 if __name__ == "__main__": 구문의 하위 코드가 실행된다.

그러면 언제 __name__ 변수값이 "__main__"이 아닌 값을 갖게 되는지도 궁금할 수 있다. 이와 관련된 내용은 6.10절 '모듈'에서 살펴본다. 다만 매우 간략하게 이야기하자면, 파이썬 파일에서 특정 객체를 가져오지만 해당 파일을 독립 실행형 프로그램으로는 사용하지 않을 때, 즉 모듈로 사용될 때 다른 값을 가진다.

[예제 6–6]에서는 6.7절 '함수'에서 사용한 코드를 그대로 사용한다. 이 예제를 보면 파이썬 인터프리터에서 작성한 코드를 독립 실행형 파이썬 스크립트로 바꾸는 것이 얼마나 쉬운지를 바로 알 수 있다.

예제 6-6 명령어 푸시 시뮬레이션 스크립트

```
#!/usr/bin/env python3                    ①

def get_commands(vlan, name):             ②
    commands = []
    commands.append(f'vlan {vlan}')
    commands.append(f'name {name}')
    return commands

def push_commands(device, commands):      ②
    print(f'Connecting to device: {device}')
    for cmd in commands:
        print(f'Sending command: {cmd}')

if __name__ == "__main__":                ③

    devices = ['switch1', 'switch2', 'switch3']

    vlans = [
        {'id': '10', 'name': 'USERS'},
        {'id': '20', 'name': 'VOICE'},
```

```
            {'id': '30', 'name': 'WLAN'}
    ]

    for vlan in vlans:                        ④
        vid = vlan.get('id')
        name = vlan.get('name')
        print(f'CONFIGURING VLAN: {vid}')
        commands = get_commands(vid, name)
        for device in devices:
            push_commands(device, commands)
            print()
```

① 셔뱅을 통해 스크립트에서 사용할 파이썬 인터프리터를 시스템에 알려준다.

② 함수는 사용하기 전에 정의한다.

③ if 구문은 다른 파일에서 이 코드를 가져온 경우가 아니라 직접 실행된 경우에만 if 하위 코드 블록이 실행된다.

④ [예제 6-4]에서 정의한 중첩 for 반복문을 그대로 실행한다.

이제 python3 push.py 또는 ./push.py 명령으로 스크립트를 실행할 수 있다. 그럼 [예제 6-4]와 같이 파이썬 인터프리터에서 실행했을 때와 정확히 동일한 결과를 얻게 된다.

> **TIP_** 파이썬 스크립트를 실행할 때 -i 플래그를 사용하면, 스크립트를 실행한 후 종료되지 않고 인터프리터로 진입한다. 그러면 스크립트에서 생성한 모든 객체에 접근할 수 있게 되므로, 테스트할 때 유용하게 사용할 수 있다.
> 스크립트를 실행할 때 -i 플래그를 설정하면 어떻게 되는지 확인해보자.

```
$ python3 -i push.py
>>>
>>> print(devices)
['switch1', 'switch2', 'switch3']
>>>
>>> print(commands)
['vlan 30', 'name WLAN']
```

스크립트가 실행된 후 바로 파이썬 셸로 연결되므로, 프로그램 실행 종료 시점에 존재하는 모든 객체에 접근할 수 있는 아주 멋진 기능이다.

네트워크에서 다양한 설정 변경을 수행하는 여러 개의 스크립트를 작성해야 한다면, 거의 모든 스크립트에서 push_commands() 함수를 사용해야 한다. 이 함수를 스크립트마다 복사해 붙여 넣은 다음 사용할 수도 있지만, 최적의 방안은 아니다. 함수의 버그를 고쳐야 하는 상황이 발생하면 모든 스크립트에서 해당 코드를 수정해야 한다.

함수를 사용해 단일 스크립트에서 공통 코드를 재사용했던 것처럼, 파이썬은 스크립트/프로그램 사이에서 코드를 공유하면서 재사용할 수 있는 방법을 제공한다. 그 방법은 바로 모듈이다. 다음으로는 이전 예제 코드를 공통 파이썬 모듈로 만들어 사용해본다.

6.10 모듈

이전 절에서 작성한 push.py 파일을 사용해 파이썬 모듈로 개선해보자. **모듈**module은 다른 파이썬 프로그램에서 사용할 수 있지만 그 자체로는 단독 실행할 수 있는 스크립트나 프로그램이 아닌, 파이썬 객체 등의 정보를 담고 있는 파이썬 파일의 한 종류라고 생각할 수 있다.

이 예제에서는 push.py 파일이 있는 디렉터리에서 파이썬 인터프리터를 실행한다.

새로운 장비 목록으로 전송할 새로운 명령어 리스트를 만든다고 가정하자. 이미 특정 장비로 명령어 목록을 전송하는 push_commands() 함수를 다른 파일에서 작성했던 기억이 떠올랐다. 따라서 새로운 프로그램이나 인터프리터에서 똑같은 함수를 다시 만들지 않고 push.py 파일에 들어 있는 push_commands() 함수를 재사용할 수 있다. 어떻게 동작하는지 예제를 통해 살펴보자.

파이썬 셸에서 import push를 입력해 push.py 파일의 모든 객체를 가져온다.

```
>>> import push
```

dir(push) 명령을 실행해 방금 가져온 객체를 살펴보자.

```
>>> dir(push)
['__builtins__', '__cached__', '__doc__', '__file__', '__loader__', '__name__',
 '__package__', '__spec__', 'get_commands', 'push_commands']
```

표준 파이썬 데이터 타입과 마찬가지로 push 역시 밑줄로 시작해서 끝나는 던더 메서드도 있고, push.py 파일에 정의된 두 함수인 get_commands와 push_commands도 볼 수 있다.

기억하겠지만, push_comands()는 2개의 인자를 사용하는 함수였다. 첫 번째 인자는 장비였고, 두 번째 인자는 명령어의 리스트였다. 이제 인터프리터에서 push_commands()를 사용해보자.

```
>>> device = 'router1'
>>> commands = ['interface Eth1/1', 'shutdown']
>>>
>>> push.push_commands(device, commands)
Connecting to device: router1
Sending command: interface Eth1/1
Sending command: shutdown
```

여러 개의 모듈을 가져왔다면 객체 이름이 중복될 수 있다. import push를 사용하면 push. push_commands처럼 객체가 존재하는 모듈을 직접 지정할 수 있는 장점이 있다. 하지만 다른 방식으로도 객체를 가져올 수 있다.

다음 예제에서는 from import를 사용해 객체를 가져온다. from push import push_ commands 코드를 사용하면 push 모듈을 참조하지 않고도 바로 push_commands()를 사용할 수 있다.

```
>>> from push import push_commands
>>>
>>> push_commands(device, commands)
Connecting to device: router1
Sending command: interface Eth1/1
Sending command: shutdown
```

TIP_ import 구문을 사용할 경우 가능한 한 구체적으로 모듈을 지정하고, 코드에서 사용할 객체만 가져오는 것이 좋다. from push import *처럼 와일드카드 문자를 이용한 모듈 가져오기 방식은 사용하면 안 된다. 이 구문은 모듈에 정의된 모든 객체를 가져오므로 과부하가 발생할 수 있으며, 사용자가 정의한 객체와 모듈에서 정의한 객체끼리 네임스페이스 충돌을 일으킬 수도 있다. 또한 객체가 어디에 정의돼 있고 출처가 어디인지를 파악하기가 어려워지므로 문제 해결 과정도 복잡해진다.

모듈의 객체를 가져올 때 from import as 구문을 사용해 객체의 이름을 바꿀 수도 있다. 객체의 이름이 마음에 들지 않거나 너무 길다고 생각되면, 모듈을 가져올 때 다음 예제와 같이 객체의 이름을 변경한다.

```
>>> from push import push_commands as pc
>>>
>>> pc(device, commands)
Connecting to device: router1
Sending command: interface Eth1/1
Sending command: shutdown
```

객체 이름을 더 짧고 직관적인 이름으로 변경하는 것이 얼마나 쉬운지를 예제를 통해 잘 알 수 있다.

함수를 재사용하는 것은 좋지만, 이렇게 가져온 함수의 구체적인 목적이나 사용법을 모를 수도 있다. 다음 단계에서는 함수의 재사용을 보다 쉽게 만들어주는 문서화 방법을 배워본다.

6.10.1 함수 문서화

다른 사람이 사용할 함수를 만들 때는 함수의 사용법을 알려주는 문서를 남겨두는 것이 큰 도움이 된다. 파이썬에서는 함수, 메서드, 클래스를 설명하는 **독스트링**docstring을 추가할 수 있다. 독스트링은 삼중 큰따옴표(""")로 선언하며, 해당 객체가 예상하는 입력 인자와 반환값 등에 대한 정보를 문서화한다.

```
def get_commands(vlan, name):
    """Get commands to configure a VLAN.

    Args:
        vlan (int): vlan id
        name (str): name of the vlan

    Returns:
        List of commands is returned.
    """

    commands = []
```

```
        commands.append(f'vlan {vlan}')
        commands.append(f'name {name}')
        return commands
```

push.py 모듈을 가져오는 방법을 배웠다. 이제 독스트링을 추가한 모듈의 수정 버전을 다시 가져와서 get_commands() 함수에 대한 도움말을 찾아본다. help() 함수로 특정 함수의 독스트링을 모두 볼 수 있다. 또한 문서가 제대로 작성됐다면 매개변수나 반환값에 대한 정보도 함께 볼 수 있다.

```
>>> import push
>>>
>>> help(push.get_commands)

Help on function get_commands in module push:

get_commands(vlan, name)
    Get commands to configure a VLAN.

    Args:
        vlan (int): vlan id
        name (str): name of the vlan

    Returns:
        List of commands is returned.
(END)
```

TIP_ 일부 코드 편집기에서는 맥락을 인식해 함수명을 입력하면 독스트링 정보를 자동으로 도움말 형태로 표시해준다.

지금까지 스크립트 작성법과 함수가 제공되는 파이썬 모듈의 작성법을 다뤘고, 다른 프로그램이나 스크립트에서 기존 코드나 모듈을 재사용하는 방법도 알아봤다.

6.11 스크립트에 인자 전달하기

이전 절에서 파이썬 스크립트 작성법과 파이썬 모듈 사용법을 살펴봤다. sys 모듈은 파이썬과 함께 설치되는 표준 라이브러리 중 하나로, 명령행 인자로 지정한 인자를 파이썬 스크립트로 손쉽게 전달하는 방법을 제공한다. 구체적으로는 모듈의 argv 속성을 사용한다.

send_command.py 스크립트 파일을 살펴보자. 이 스크립트에는 단일 print 구문만 들어 있다.

```python
#!/usr/bin/env python3

import sys

if __name__ == "__main__":
    print(sys.argv)
```

CAUTION_ sys.args는 파이썬 스크립트 형태로 실행할 경우에만 사용할 수 있으며, 인터프리터에서는 존재하지 않는다.

이제 스크립트를 실행해본다. 장비에 로그인해서 show 명령어를 수행할 때 필요한 데이터를 인자로 전달해보자.

```
ubuntu2004:~$ python3 send_command.py username password 10.1.10.10 "show version"
['send_command.py', 'username', 'password', '10.1.10.10', 'show version']
```

sys.argv 변수는 리스트 타입이라는 사실을 알 수 있다. 실제로 리눅스 명령행에서 전달한 인자가 리스트에 들어 있다. 이 결과를 보면 리스트가 어떻게 만들어졌을지도 짐작해볼 수 있다. send_command.py username password 10.1.10.10 "show version" 명령에 대해 공백으로 분할(str.split(" "))하는 동작을 실행해 총 5개의 인자로 이뤄진 리스트가 만들어졌을 것이다.

끝으로, sys.argv의 첫 번째 요소는 항상 스크립트명이라는 점을 알아두자.

sys.argv의 값을 임의의 변수로 할당하면 그다음부터는 명령행 매개변수를 보다 간편하게 사용할 수 있다. 다음 예제에서는 명령행 인자의 값을 인덱스로 조회한다.

```
#!/usr/bin/env python3

import sys

if __name__ == "__main__":
    args = sys.argv
    print(f"Username: {args[1]}")
    print(f"Password: {args[2]}")
    print(f"Device IP: {args[3]}")
    print(f"Command:  {args[4]}")
```

이 스크립트를 실행하면 다음 결과를 얻게 된다.

```
$ python3 send_command.py username password 10.1.10.10 "show version"
Username:  username
Password:  password
Device IP: 10.1.10.10
Command:   show version
```

CAUTION_ sys.argv를 사용할 경우 입력 오류 처리 방법을 고려해야 한다(최소한 리스트의 길이는 확인해야 한다). 또한 스크립트 사용자는 전달해야 하는 요소의 정확한 순서를 알고 있어야 한다.

이 예제에서 예상했던 4개 인자보다 적은 개수의 인자로 스크립트를 실행하면 리스트에 존재하지 않는 인덱스로 접근하기 때문에 IndexError가 발생한다.

```
$ python3 send_command.py
Traceback (most recent call last):
  File "/your/path/examples/ch06-python/send_command.py",
    line 8, in <module> print(f"Username:  {args[1]}")
IndexError: list index out of range
```

보다 발전된 형태의 인자 처리가 필요한 경우 **argparse** 모듈을 사용할 수 있다. 이 모듈은 인자를 플래그 형태로 전달하는 직관적인 방식도 지원하며, 내장 도움말 메뉴 기능도 사용할 수 있다. 이 모듈은 이 책에서 다루는 범위를 벗어나므로 자세히 알고 싶다면 공식 문서를 참조하자.

지금까지 읽은 내용을 바탕으로 보다 의미 있는 네트워크 작업을 수행할 수 있다. 예를 들어 10장을 읽고 나면 매개변수를 기반으로 실제로 장비에 연결을 맺어서 show 명령이나 이와 비슷한 명령을 실행하는 스크립트를 작성할 수 있을 것이다.

6.12 PIP를 사용해 파이썬 패키지 설치하기

파이썬을 사용하다 보면 서드파티 소프트웨어를 설치할 필요가 생긴다. 예를 들면, 네트워크 장비 자동화에 널리 사용되는 파이썬용 SSH 클라이언트 Netmiko 모듈이 필요하다. 이 모듈의 실제 사용법은 10장에서 다룬다. Netmiko를 비롯해 파이썬 소프트웨어는 보통 파이썬 패키지 인덱스인 파이파이^{PyPI}로 배포한다. 이와 관련해 더 자세히 알고 싶다면 파이파이 저장소인 *https://pypi.python.org/pypi*에 직접 방문해 둘러보거나 검색해보자.

> **CAUTION_** pip는 기본적으로 시스템 경로에 패키지를 설치한다. 파이썬 패키지는 가상 환경으로 격리해 설치하는 것이 좋은데, 이와 관련된 내용은 6.12.1절 'Virtualenv를 이용해 의존성 격리하기'에서 다룬다.

pip 프로그램으로 Netmiko 등 파이파이에서 호스팅하는 모든 소프트웨어를 사용자 컴퓨터에 설치할 수 있다. pip 설치 프로그램은 파이파이에서 소프트웨어를 내려받은 후 사용자 컴퓨터에 설치한다.

> **NOTE_** 파이썬 2에서 사용되던 pip 프로그램은 pip3로 개선됐다. pip3는 파이썬 3 이상에서 사용할 수 있는 패키지를 설치한다. 물론 소프트 링크$^{soft\ link}$로 pip가 pip3를 가리키도록 설정할 수 있지만, 버전을 명확히 알 수 있도록 이 책에서는 pip3를 사용한다.

리눅스 머신에서는 단 한 줄의 pip3 명령어로 Netmiko를 설치할 수 있다.

```
ubuntu2004:~$ pip3 install netmiko
# 출력 생략
```

이 명령을 실행하면 기본적으로 해당 파이썬 패키지의 최신 안정 버전^{stable version}을 시스템 경로에 설치한다. 시스템 경로는 운영체제마다 다르다. 때로는 테스트해보지 않은 새로운 버전이 설치돼 배포되지 않도록 해당 패키지의 특정 버전을 지정해 설치해야 할 수도 있는데, 특정 버전으로 지정하므로 **피닝**^{pinning}이라고 부른다. 다음 명령은 지정된 Netmiko 3.4.0 버전을 설치한다.

```
ubuntu2004:~$ pip3 install netmiko==3.4.0
# 출력 생략
```

소프트웨어 버전을 업데이트할 때도 **pip3**를 사용할 수 있다. 예를 들어 설치된 Netmiko 버전은 3.4.0인데 새로운 버전이 출시됐다면, 명령행에서 **--upgrade**나 **-U** 플래그를 사용해 최신 버전으로 업그레이드할 수 있다.

```
ubuntu2004:~$ pip3 install netmiko --upgrade
# 출력 생략
```

소스 코드를 이용해 파이썬 패키지를 설치하는 경우도 종종 있다. 예를 들어 11장에서 소개할 버전 관리 시스템인 깃허브에서 소스 코드를 가져와 설치할 수도 있다. 파이파이에서는 소스 코드를 배포하지 않지만, 깃허브에 있는 개발 버전 코드는 아직 모두에게 공개되지 않았더라도 꼭 수정돼야 할 버그들은 이미 고쳐진 상태일 수도 있다.

파이썬 프로젝트의 소스 코드를 가져오면, 프로젝트의 루트 경로에 requirements.txt와 setup.py 파일이 들어 있다. 이 파일을 사용해 필요한 파이썬 패키지를 설치할 수 있으며, 요구 사항 파일에는 애플리케이션을 실행하는 데 필요한 모듈 목록이 적혀 있다. 예를 들어 Netmiko의 현재 requirements.txt는 다음과 같다.

```
paramiko>=2.0.0
scp>=0.10.0
pyyaml
pyserial
textfsm
```

Netmiko는 5개의 의존성을 갖고 있음을 알 수 있다. 의존성은 종속성 또는 deps라고도 하는

데,[11] 단일 명령을 실행해 파이파이로부터 의존성을 모두 설치할 수 있다.

```
ubuntu2004:~$ pip3 install -r requirements.txt
# 출력 생략
```

소스 코드 디렉터리에 있는 setup.py를 실행해 Netmiko와 요구 사항까지 소스 코드로부터 모두 설치할 수도 있다.

```
ubuntu2004:~$ python3 setup.py install
# 출력 생략
```

기본적으로 setup.py로 소프트웨어를 설치하면 시스템 경로에 설치된다. 해당 프로젝트에 적극적으로 개발하면서 기여하고 싶다면, 현재 작업 중인 디렉터리에 있는 코드를 사용해 애플리케이션을 설치할 수 있다.

```
ubuntu2004:~$ python3 setup.py develop
# 출력 생략
```

이렇게 설치되면 로컬 디렉터리에 있는 Netmiko 파일을 사용해 실행된다. 외부 라이브러리의 문제를 해결하는 경우라면 install 옵션을 사용해 시스템 경로에 설치된 Netmiko 파일을 사용해야 한다.

> TIP_ 저장소를 로컬에 복제하지 않고 소스 코드에서 파이썬 프로젝트를 설치하는 더 간편한 방법도 있다. 직접 개발에 참여하지는 않더라도 특정 버전이나 브랜치, 특정 버전의 코드를 사용하고자 할 때 매우 유용한 방법이다. 커밋이나 브랜치는 11장에서 자세히 다룬다. develop 브랜치의 코드처럼 특정 브랜치에 저장된 코드를 가져와서 설치하고 싶다면 저장소 URL 뒤에 @develop을 추가한다. 특정 커밋이나 태그도 같은 방식으로 지정할 수 있다. 해당 라이브러리가 아직 파이파이로 출시되지 않았거나, 개발은 됐지만 아직 배포되지 않은 기능을 사용하고 싶을 때 유용하다.
>
> ```
> ubuntu2004:~$ pip3 install \
>     git+https://github.com/ktbyers/netmiko.git@develop
> # 출력 생략
> ```

---

11 옮긴이_ 여기서 말하는 의존성은 리눅스의 패키지 관리자에서 설명한 것과 동일한 개념이다. 특정 프로그램을 실행하는 데 필요한 프로그램 또는 라이브러리를 의미한다.

6.12.1 Virtualenv를 이용해 의존성 격리하기

pip3는 기본적으로 패키지를 전역 파이썬 환경에 설치한다. 이렇게 설치하면, 단일 목적 애플리케이션에서는 단 하나의 프로세스를 컨테이너에서 실행하는 것처럼 잘 동작하지만 로컬 개발 환경에서는 점점 골치 아픈 문제를 겪을 수 있다.

예를 들어 첫 번째 파이썬 프로젝트에서 외부 라이브러리의 특정 버전을 설치해야 한다고 가정해보자. 신규 프로젝트가 시작됐는데, 이 프로젝트에서는 기존 라이브러리의 다른 버전을 사용해야 하는 의존성을 갖고 있다. pip3는 라이브러리를 전역 환경에 설치하므로 문제가 발생한다.

하지만 걱정할 필요가 없다. 파이썬은 **가상 환경**^{virtualenv, virtual environment}을 만드는 해결 방안을 제공한다. 가상 환경으로 격리된 파이썬 환경에서는 특정 프로젝트의 모든 의존성을 전역 환경이 아닌 사용자가 원하는 폴더에 배치할 수 있다. 보통 프로젝트 내에 .venv 폴더를 두고 프로젝트에서 사용하는 라이브러리를 모두 이 디렉터리에 설치하는 방식을 가장 선호한다.

python3 -m venv 명령 뒤에 폴더명을 지정해 새로운 파이썬 가상 환경을 생성한다. 이 명령을 실행하면 해당 폴더에 새로운 파이썬 환경을 만들고, 파이썬 패키지를 가상 환경 폴더 아래에 설치한다.

```
ubuntu2004:~$ python3 -m venv .venv
ubuntu2004:~$ ls .venv
bin  include  lib  lib64  pyvenv.cfg
```

지금은 가상 환경만 만들었을 뿐 아직 **활성** 상태가 아니므로 생성한 가상 환경을 사용하지 않는다. 이제 가상 환경을 활성화해보자. source 명령으로 가상 환경에 포함된 bin/activate를 실행한다. 전역 환경이 아닌 가상 환경이 활성화되면 **경로**의 프롬프트가 가상 환경명인 (.venv)로 변경돼 가상 환경에서 실행 중임을 알 수 있다. 이제 파이썬 바이너리의 경로를 확인해보면 .venv 폴더에 있는 파이썬을 가리킨다.

```
ubuntu2004:~$ source .venv/bin/activate
(.venv) ubuntu2004:~$
(.venv) ubuntu2004:~$ which python
/home/ntc/.venv/bin/python
```

앞에서 Netmiko를 설치했던 사실을 기억할 것이다. 하지만 가상 환경에서 설치된 패키지를 확인해보면 아무것도 설치돼 있지 않다. 마찬가지로 가상 환경이 활성화된 상태에서 설치한 모든 패키지는 해당 가상 환경에만 유지되며, 전역 환경이나 다른 가상 환경에는 어떠한 영향도 미치지 않는다.

```
(.venv) ubuntu2004:~$ pip3 list
Package    Version
---------- -------
pip        21.2.4
setuptools 57.5.0
wheel      0.37.1
```

끝으로, 전역 모드로 돌아오기 위해 가상 환경을 **비활성화**하자.

```
(.venv) ubuntu2004:~$ deactivate
ubuntu2004:~$ which python
/usr/bin/python
```

> **TIP_** 파이썬에서는 의존성 관리, 설치, 패키징을 도와주는 Pipenv, Poetry 등과 같은 패키지를 사용할 수 있다. 이 패키지들도 매우 유용하니 한 번씩 사용해보기를 강력히 추천한다.

파이썬 프로젝트마다 서로 다른 가상 환경을 유지하는 것은 모범 사례로 권장된다. 이렇게 관리하면, 다른 프로젝트의 패키지 의존성에서 파생된 일관성 없는 패키지 버전 때문에 겪게 될 문제를 피할 수 있으므로 훨씬 수월하게 작업할 수 있다.

지금까지 다른 사람이 작성한 코드를 설치하고 가져오는 방법을 다뤘고, 6.3절 '데이터 타입'에서는 파이썬의 내장 데이터 타입을 살펴봤다. 다음 절에서는 자신만의 데이터 타입인 **클래스**를 정의하는 방법을 알아본다.

6.13 클래스

프로그래밍 언어에서 **클래스**는 **데이터**(속성)와 해당 데이터에 관한 **프로시저**(메서드)를 가진다. 클래스는 파이썬에서 객체 지향 프로그래밍OOP, Object Oriented Programming을 가능하게 만드는 주요 추상화 기능 중 하나다(다른 프로그래밍 언어에서도 비슷하다). OOP는 실제 엔티티를 모델링하고 엔티티 간의 상호 작용을 모델링함으로써 보다 읽기 쉽고, 유지 보수가 가능하며, 심지어 테스트도 쉽게 수행 가능한 코드를 작성할 수 있게 된다.

하지만 자신의 클래스를 정의하기 전에 다른 사람이 정의한 클래스를 사용하는 방법부터 알아야 한다.

6.13.1 클래스 사용

다른 모듈의 클래스를 이용하려면 6.10절 '모듈'에서 함수를 가져올 때 사용한 것처럼 import 구문을 사용한다. 여기서는 vendors.cisco.device 패키지에 들어 있는 Device 클래스를 가져와 보자. 코드는 ch6-python 디렉터리에 들어 있다.

```
>>> from vendors.cisco.device import Device
```

클래스는 객체의 추상화된 표현에 불과하다. 따라서 객체의 구체적인 인스턴스를 생성하려면 클래스의 인스턴스를 생성해야 한다. 이 과정을 **인스턴스화**instantiate라 한다. 인스턴스화 구문은 함수를 호출하는 과정과 비슷한데, 클래스의 인스턴스를 반환하는 함수를 호출한다고 생각할 수 있다.

그런 다음, Device 클래스의 인스턴스를 생성해 Device 객체를 얻는다. 함수와 마찬가지로 인스턴스를 **설정**할 때 사용할 인자를 전달할 수 있으며, 클래스의 인스턴스를 생성하는 과정에서 실제로는 **생성자**로 알려진 __init()__ 메서드를 호출한다. 다음 조각 코드는 Device 클래스로부터 객체 3개를 생성한 다음, 이를 서로 다른 변수에 저장한다.

```
>>> switch1 = Device(ip='10.1.1.1', username='cisco', password='cisco')
>>> switch2 = Device(ip='10.1.1.2', username='cisco', password='cisco')
>>> switch3 = Device(ip='10.1.1.3', username='cisco', password='cisco')
```

각 변수는 별개의 Device 인스턴스다.

```
>>> type(switch1)
<class 'vendors.cisco.device.Device'>
```

일단 클래스 객체가 초기화되면 해당 객체의 **메서드**를 사용할 수 있다. 지금부터는 앞에서 배운 데이터 타입의 내장 함수를 사용하는 것과 비슷하게, '{클래스객체명}.{메서드명}' 구문을 사용할 수 있다.

```
>>> switch1.show('show version')
```

> **TIP_** 다시 말해, 클래스의 메서드 객체를 사용하는 것은 문자열, 리스트, 딕셔너리와 같은 데이터 타입의 메서드를 사용하는 것과 비슷하다.

switch2와 switch3에 대해 show 메서드를 실행해보면 각 객체는 Device의 다른 인스턴스이고, show() 메서드는 각 인스턴스에 연결된 데이터를 사용하므로 예상대로 장비별 관련 데이터를 얻을 수 있다.

이제 클래스를 사용하는 방법을 알아봤으니, 자신만의 첫 번째 클래스를 만들어보자!

6.13.2 자신의 클래스 만들기

이전 절에서는 자신만의 클래스를 만들 때 정의해야 하는 두 가지 주요 요소를 소개했다.

- 인스턴스 데이터(속성)를 초기화하는 **생성자** 메서드(__init__())
- 이 클래스의 객체가 노출할 메서드

6.13.1절 '클래스 사용'의 예제를 참고해 [예제 6-7]에서 Device 클래스를 구현해본다. 먼저 __init__() 메서드를 구현한다.

```
>>> class Device:
...     def __init__(self, ip, username, password):
...         self.host_ip = ip
...         self.user = username
...         self.pswd = password
...
>>> router = Device(ip='192.0.2.1', username='abc', password='123')
>>>
>>> router.host_ip
'192.0.2.1'
>>>
>>> router.__dict__
{'host_ip': '192.0.2.1', 'user': 'abc', 'pswd': '123'}
```

클래스 정의 구문은 class 키워드로 시작한다. 관례상 클래스명은 대문자로 시작하지만, 필수는 아니다.

이어 def를 사용해 __init__() 생성자 메서드를 선언한다. 이 메서드는 클래스를 Device()로 인스턴스화할 때 마법처럼 호출되는 던더 메서드로, 실제 인스턴스 객체를 반환한다. 새로 생성된 객체는 메서드를 정의할 때 self로 참조된다. 더 많은 클래스 메서드를 만들 경우 self를 사용해 클래스의 인스턴스를 표현한다. 하지만 self 키워드 또한 단지 관행일 뿐이며, 실제로는 파이썬 키워드가 아니라 단지 클래스 메서드가 취하는 첫 번째 인자일 뿐이다.[12] [예제 6-7]에서는 __init__() 메서드에서 입력 인자로 객체의 속성만 저장한다. 하지만 이 메서드에 더 복잡한 논리를 포함할 수도 있다.

클래스 정의가 끝나면 클래스를 인스턴스화해 router 변수에 할당한다. 이제부터는 router.host_ip처럼 인스턴스의 속성 데이터를 이용할 수 있다. 속성을 접근하는 방법은 메서드를 호출하는 것과 비슷하지만, 괄호를 붙이지 않는다.

끝으로, 클래스의 모든 속성을 딕셔너리 형태로 반환하는 숨김 속성인 __dict__에 접근할 수 있다. 직접 명시적으로 정의하지 않았기 때문에 마법처럼 보일 수도 있겠지만, [예제 6-9]에서 **상속**을 배우면 이해될 것이다.

....

12 옮긴이_ 예를 들어 다른 언어처럼 this를 사용할 수도 있다. 그러나 파이썬 커뮤니티에서는 self를 사용하므로, 관례를 따르는 것이 코드 가독성에 도움이 된다.

클래스에서 메서드를 정의하는 방법은 함수를 정의하는 방법과 매우 비슷하다. 다만, 클래스가 인스턴스화될 때 생성된 인스턴스 객체를 가리키는 self에 대한 콘텍스트 참조값이 있다는 점만 다르다. [예제 6-8]을 보자.

예제 6-8 클래스에 메서드 추가하기

```
>>> class Device:
...     def __init__(self, ip, username, password):
...         # 생성자 코드 생략
...
...     def show(self, command):                        ①
...         return f'{command} output from {self.host_ip}'  ②
...
>>> router = Device(ip='192.0.2.1', username='abc', password='123')
>>>
>>> router.show('show version')
'show version output from 192.0.2.1'
```

① Device 클래스의 show() 메서드는 클래스 내부 속성인 self.host_ip와 메서드 인자인 command를 조합한 문자열을 반환한다.

② 클래스 메서드에서 보통 self라는 이름을 갖는 첫 번째 인자를 통해 클래스 인스턴스 객체에 접근할 수 있다.

때로는 새로운 클래스를 완전히 처음부터 생성하는 것이 아니라 기존 클래스에 새로운 속성이나 새로운 메서드를 단지 추가하기만을 원할 수도 있다. 이런 경우 **상속**inheritance을 통해 클래스를 **확장**하는 것이 현명하다. 이 주제에 대해 자세히 다루지 않겠지만, [예제 6-9]를 보면 **부모** 클래스의 정의(속성과 메서드)는 그대로 유지하면서 클래스를 확장해 편의 기능을 제공하는 것이 얼마나 간단한지 알 수 있다.

예제 6-9 클래스 확장하기

```
>>> class Router(Device):                               ①
...     def disable_routing(self):                      ②
...         return f'Routing is disabled for {self.host_ip}'
...
>>>
>>> router = Router(ip='192.0.2.1', username='abc', password='123')  ③
```

```
>>>
>>> router.show('show version')                                      ④
'show version output from 192.0.2.1'
>>>
>>> router.disable_routing()
'Routing is disabled for 192.0.2.1'
```

① [예제 6-7]처럼 새로운 Router 클래스를 정의한다. 하지만 이 클래스는 Device 인자를 갖고 있다. 이때
   Router는 다른 이름을 갖고 있는 원래 Device 클래스의 사본이 된다.

② 부모 클래스로부터 상속받은 후 def disable_routing(self)로 새로운 메서드를 추가하고, 다른 클
   래스 속성도 추가한다. 새로운 메서드를 추가한 것처럼 자식 클래스에서 기존 메서드를 재정의해 기존 동
   작 방식을 덮어 쓸 수 있다.

③ 새로운 __init__() 메서드를 정의하지 않았지만, router 객체의 초기화 과정(router = Router
   (...))은 [예제 6-8]과 완전히 동일하다.

④ 부모 클래스의 메서드는 자식 클래스에서도 그대로 사용할 수 있다.

또한 다른 클래스를 상속한 클래스에서 생성한 객체는 원래 클래스에도 **속하게** 된다. 예제 코
드에서 볼 수 있듯이 router는 Device인 동시에 Router이기도 하다. isinstance() 함수를
사용해 확인해보자.

```
>>> isinstance(router, Router)
True
>>> isinstance(router, Device)
True
```

객체 지향 프로그래밍 방식으로 프로그램을 개발하기 위한 기본 지식으로 파이썬 클래스의 겉
모습만 살짝 맛봤다. 다음 절에서는 코드 실행을 보다 견고하게 만드는 방법을 배워본다.

6.14 try/except로 실패 포용하기

코드를 작성할 때는 프로그램이 충돌 없이 매끄럽게 실행되길 바라지만, 코드가 점점 복잡해지
고 처리해야 할 것도 많아지면 오류 없이 실행됨을 보장하는 것 자체가 큰 도전 과제가 된다.

모든 프로그래밍 언어에서는 오류를 다룰 수 있는 패턴이나 메커니즘을 제공한다. 파이썬에서는 오류 처리를 예외와 try/except 블록으로 구현한다. 이미 이전 예제 코드에서 KeyError 등과 같은 예외를 만나봤다.

함수와 메서드는 **예외**를 발생시킴으로써 뭔가 특별한 일(이벤트)이 발생했다는 것을 알린다. 파이썬은 raise 구문을 사용해 특정 이벤트가 발생했음을 함수의 호출자에게 알려준다. 보통 이러한 이벤트는 뭔가 잘못됐다는 것을 의미하므로, 호출자는 반드시 이벤트를 처리해야 한다. 하지만 예외가 항상 부정적인 것을 뜻하지는 않는다.

호출자 관점에서는 try/except 블록으로 예외를 처리한다. **try** 블록은 예외가 발생할 수 있는 실행 코드다. **except** 블록은 특정 예외를 포착해 적절히 처리하는 코드다.

딕셔너리에 존재하지 않는 **키**로 접근하면 KeyError 예외가 발생하는 것은 이미 알고 있다. 이제 try/except 블록을 사용해 실행이 중단되지 않도록 코드를 작성해보자.

```
>>> device = {'hostname': 'router1', 'vendor': 'juniper', 'os': '12.1'}
>>>
>>> device["random_key"]
Traceback (most recent call last):
  File "<stdin>", line 1, in <module>
KeyError: 'random_key'
```

이와 같이 try/except 블록을 사용하지 않고 random_key 키로 딕셔너리에 접근하면 역추적 정보(Traceback)가 표시된다. 역추적 정보에는 코드에서 어떤 부분을 실행하다가 실패가 발생하면서 실행이 중단됐는지에 대한 정보가 들어 있으므로, 코드의 문제점을 분석하고 디버깅하는 데 도움이 된다. 역추적 정보를 아래에서 위로 읽어가면 문제점을 보다 잘 이해할 수 있다.

KeyError

발생한 예외는 키 관련 오류다.

'random_key'

오류 메시지로, 이 예제에서는 딕셔너리에 접근할 때 사용했던 키 값을 알려준다.

```
File "<stdin>", line 1, in <module>
```

호출된 코드의 파일명과 행 번호를 알려준다. 이 예제에서는 대화형 인터프리터 모드를 사용하고 있으므로 표준 입력(stdin)이라고 알려준다.

이제 try/except 블록을 사용해 KeyError 예외가 발생하면 메시지를 출력하되 코드 실행은 계속 진행되도록 예외를 처리해보자.

```
>>> try:
...     device["random_key"]
... except KeyError:
...     print('The key is not present')
...
The key is not present
```

파이썬에는 모든 예외의 부모 클래스인 Exception 클래스가 들어 있다. 실제로 KeyError 예외도 Exception 클래스에서 상속된 자식 클래스다. 따라서 예상치 못한 실패가 발생하더라도 와일드카드로 Exception을 사용해 모든 예외를 포착하면 코드 실행은 중단되지 않는다. 하지만 실제 프로그래밍 오류가 감춰질 수 있으므로 주의해서 사용해야 한다.

Exception 클래스를 보다 **특별히** 만들어주는 몇 가지 던더 메서드가 있다. 클래스에 대해 배운 내용을 이 클래스에서도 그대로 사용할 수 있으므로, Exception 클래스를 부모 클래스로 삼아 상속을 통해 자신만의 **예외** 클래스를 만들고, 메서드를 재정의하거나 추가 속성을 추가한 후 이 정보를 try/except 블록에서 사용할 수도 있다. 파이썬 라이브러리를 만들 때 예외 클래스는 사용자가 노출하는 다른 함수나 클래스 외에 특정 예외 상황을 표현하는 데도 사용할 수 있다.

이번 장을 마무리하기 전에 새로운 고급 프로그래밍 패러다임인 병렬 코드 실행을 소개해본다.

6.15 파이썬 프로그램의 병렬 실행

기본적으로 파이썬 프로그램은 **직렬** 실행 패턴을 따른다. 코드는 진입점에서 시작해 한 작업씩 실행하면서 다음 작업으로 넘어간다. 따라서 두 번째 작업은 이전 작업이 완료되기 전까지는 실행되지 않는다. 이렇게 동작하더라도 프로그램의 크기가 작거나 각 작업에 걸리는 시간이 길지 않다면 특별히 문제가 되지는 않는다. 하지만 한 작업이 너무 오래 걸려서 외부 프로세스가 완료되기를 기다리게 되는 경우라면 어떻게 할까? 소중한 자산인 CPU를 아무 일도 하지 않고 응답을 얻을 때까지 그대로 내버려둬야 할까? 혹 멀티 코어 CPU라면 작업을 대기하지 말고 각 코어로 작업을 나눠서 처리하는 것은 어떨까?

이 문제를 해결하려면 여러 작업을 동시에 수행할 수 있어야 한다. [그림 6-1]은 작업을 직렬로 실행할 때와 병렬로 실행할 때의 차이점을 보여준다.

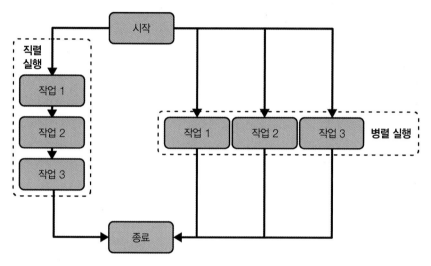

그림 6-1 직렬 실행 대 병렬 실행

일반적인 네트워크 자동화 사례는 대부분 API나 원격 네트워크 장비와 상호 통신하는 것처럼 **입출력 중심** 작업, 즉 입출력 데이터를 기다리면서 **블로킹**blocking 상태가 되는 경우가 대부분이다. 이러한 작업은 스레드를 사용해 병렬화할 수 있다. **스레드**thread는 **동시에** 실행할 수 있는 별도의 실행 흐름이다.

파이썬은 병렬화를 위한 다양한 구현 방안을 지원한다. 여기서 모든 방안을 다루지는 않지만, ThreadPoolExecutor 유틸리티를 사용해 병렬 처리하는 예제를 한번 살펴보자.

NOTE_ CPU 의존적인 작업일 경우, 다중 스레드를 사용하는 것보다는 다중 프로세스로 부하를 분산시켜야 할 수도 있다. 이 경우 ThreadPoolExecutor를 사용하는 것과 비슷한 방식으로 ProcessPoolExecutor 를 사용한다.

우선 시간이 오래 걸리는 입출력 작업을 흉내 내기 위해 [예제 6-2]에서 정의했던 get_commands() 함수에 **블로킹** 호출인 time.sleep(5)를 추가한다.

```
>>> import time
>>>
>>> def get_commands(vlan, name):
...     time.sleep(5)
...     commands = []
...     commands.append(f'vlan {vlan}')
...     commands.append(f'name {name}')
...     return commands
...
```

[예제 6-10]을 실행해보면 예상대로 get_commands() 함수가 세 번 반복해 실행되지만, 이전 작업이 끝나야 다음 작업이 호출되는 직렬 방식으로 호출되므로 총 15초가 걸린다.

예제 6-10 직렬 실행

```
>>> def run_task(vlans):                                              ①
...     start_time = time.time()
...     for vlan in vlans:
...         result = get_commands(vlan=vlan['id'], name=vlan['name'])
...         print(result)
...     print(f'Time spent: {time.time() - start_time} seconds')      ②
...
>>> vlans = [{'id': '10', 'name': 'USERS'}, {'id': '20', 'name': 'VOICE'},
{'id': '30', 'name': 'WLAN'}]
>>>
>>> run_task(vlans)
['vlan 10', 'name USERS']
['vlan 20', 'name VOICE']
['vlan 30', 'name WLAN']
Time spent: 15.008316278457642 seconds
```

① run_task() 함수에서 반복문을 실행한다.

② 함수 종료 시각에서 함수 진입 시각을 빼면 함수에서 걸린 시간을 구할 수 있다. time.time() 함수는 유닉스 표준시를 기준으로 현재까지 경과한 시간을 초 단위로 반환한다.

[예제 6-11]에서는 ThreadPoolExecutor를 사용해 세 작업을 동시에 실행했으므로 15초 대신 단 5초만 걸린다. 수백 대의 장비에서 30초씩 걸리는 작업을 수행해야 할 경우 이 차이가 어떤 결과를 불러올지 생각해보자. 처음에는 코드가 다소 어려워 보일 수도 있지만, 이 방법의 매력을 제대로 느낄 수 있길 바란다.

예제 6-11 병렬 실행

```
>>> import concurrent.futures
>>>
>>> with concurrent.futures.ThreadPoolExecutor() as executor:   ①
...     start_time = time.time()
...     tasks = []
...     for vlan in vlans:                                       ②
...         tasks.append(
...             executor.submit(
...                 get_commands, vlan=vlan['id'], name=vlan['name']
...             )
...         )
...     for task in concurrent.futures.as_completed(tasks):      ③
...         print(task.result())
...     print(f'Time spent: {time.time() - start_time} seconds')
...
['vlan 10', 'name USERS']
['vlan 20', 'name VOICE']
['vlan 30', 'name WLAN']
Time spent: 5.001068830490112 seconds
```

① concurrent.features에서 ThreadPoolExecutor 클래스를 가져와 사용한다. 이제 get_commands() 함수를 동시에 실행하도록 구현한다. 이 클래스를 executor 변수를 통해 콘텍스트 관리자로 사용하면 블록 완료 시에 자동으로 스레드가 정리된다.

② 첫 번째 반복문은 executor를 사용해 **향후** 수행할 작업을 추가한다.

③ 두 번째 반복문은 병렬 실행된 작업을 반복하면서 작업이 완료됐을 때 그 결과를 획득한다.

이 예제를 살펴보면 파이썬에서 병렬화를 활용할 때 얻게 되는 잠재력을 느낄 수 있을 것이다. 이 코드를 하나하나씩 자세히 들여다보거나 asyncio 등의 다른 방법을 소개하는 내용은 이 책의 범위를 벗어나므로 여기서 다루지 않는다.

이 패러다임은 코드를 작성할 때 반드시 고려해야 하는 다음과 같은 몇 가지 부수 효과도 갖고 있다.

- 코드를 병렬로 실행하면 기본적으로 작업이 끝나는 순서를 제어할 수 없다. 따라서 작업 실행 간 의존관계가 있다면 **세마포어**semaphore 등을 사용해 작업의 실행 순서를 조정해줘야 한다.
- 병렬화를 사용할 경우 기존 함수를 조금씩 다시 작성해야 할 수도 있다. 예를 들어 async/await 패턴을 사용해 비동기 동작을 처리하도록 수정해야 할 수도 있다.
- 동일한 메모리 객체를 사용하는 다중 작업은 데이터 불일치를 발생시킬 수 있다. 예를 들어 두 작업이 동시에 같은 변수의 값을 갱신할 수도 있다. 이런 문제는 **잠금** 메커니즘을 이용해 동시 접근을 막음으로써 해결할 수 있다.
- 대상 엔드포인트에서 많은 세션을 처리할 준비가 되지 않았는데 병렬 작업 개수를 늘려 동시 연결 개수를 증가시키면 과부하가 걸릴 수 있다. 대상 엔드포인트의 동시성 영향도를 확인하면서 점진적으로 병렬 작업 수를 늘려나가야 대상 엔드포인트가 완전히 중단되는 상황을 피할 수 있다.

이러한 점을 고려해야 하지만, 코드를 병렬로 적절히 실행되도록 설계하면 많은 시간을 절약할 수 있다. 이 마지막 '초능력'에 대해 소개하는 것으로 파이썬에 대한 장을 끝맺는다. 아무쪼록 파이썬 애플리케이션을 개발하기 위한 기본 지식을 얻었길 바란다.

이제 첫 번째 파이썬 프로그램을 작성하는 데 필요한 모든 준비가 끝났다. 보너스 항목으로 파이썬 설계 철학을 자세히 알아볼 수 있는 간단한 방법을 살짝 알려주겠다. import this를 실행해서 그 결과를 확인해보자.

요약

이번 장에서는 네트워크 엔지니어가 파이썬을 사용할 때 알아야 하는 아주 기본적인 내용만을 설명했다. 데이터 타입, 조건문, 반복문, 함수, 파일 처리 등과 같은 기본 개념을 배웠고, 다른 파이썬 프로그램/스크립트에서 재사용할 수 있도록 동일한 코드를 파이썬 모듈로 만드는 방법을 살펴봤다. 또한 클래스, 오류 처리 등과 같은 고급 주제도 다뤘다. 끝으로는 병렬 실행을 간략히 살펴보면서 이번 장을 마무리했다. 이러한 주제를 참고해 보다 자세히 익혀두면 파이썬과 네트워크 자동화의 여정을 계속 이어나가는 데 큰 도움이 될 것이다.

이번 장에서 다룬 내용을 기반으로 8장에서는 YAML, JSON, XML 등과 같은 데이터 포맷을 살펴본다. 앞서 배운 파이썬 모듈 사용법을 활용해 데이터 타입을 다루는 절차를 단순화하면서 YAML, JSON, 파이썬 딕셔너리 간의 직접적인 상관관계도 확인할 수 있다.

한편 네트워크 자동화 분야에서 사용되는 프로그래밍 언어로 파이썬만 있는 것은 아니다. 이어지는 7장에서는 최근 자동화 분야에서 주목받고 있는 또 다른 프로그래밍 언어인 Go 언어에 대해 알아보면서, 이 두 언어 간의 공통점과 차이점을 살펴본다.

## CHAPTER 7

Go 언어

이 책의 이전 판을 집필할 때만 해도 네트워크 자동화는 태동기였다. 일반적인 사용 사례를 해결하는 데도 매우 다양한 도구가 존재했기 때문에 이 책에서는 네트워크 자동화 분야의 다양한 도구와 기술을 다뤘다. 그 당시만 해도 네트워크 자동화는 여전히 태동기였지만, 가장 일반적인 사용 사례를 해결하기 위한 다양한 도구가 존재했다. 기존 도구로도 충분히 해결하지 못하는 경우에도 대안은 항상 존재했다. 파이썬의 인기와 접근성을 고려한다면 네트워크 자동화 관련 책에서 하나의 장으로 따로 자세히 다루는 것도 당연한 일이다. 기존 도구만으로는 해결할 수 없는 문제를 마주하게 되면 네트워크 자동화 전문가는 배운 지식을 활용해 직접 자신의 필요에 맞는 파이썬 스크립트를 작성함으로써 기존 생태계의 부족한 부분을 메울 수 있었다.

하지만 자동화에서 활용할 수 있는 기술로 파이썬만 있는 것은 아니다. 요즘 여러 언어 중에서도 특히 Go 언어가 중대규모부터 소규모까지 다양한 규모의 네트워크 자동화에 사용되는 사례를 자주 접하게 된다. Go 언어[1]는 원래 2007년에 구글이 설계해 만든 프로그래밍 언어이지만, 요즘은 전 세계 수천여 개 이상의 회사에서 사용되고 있다. '2021년 Go 언어 개발자 설문조사2021 Go Developer Survey'에 따르면, 응답자 중 76%가 직장에서 업무 목적으로 Go 언어를 사용한다고 밝혔다. 예상대로 상당수의 기술 중심 기업에서 Go 언어를 사용 중이었으며 헬스케어, 소매업, 제조업에서도 사용한다고 응답했다. 그중에서도 응답자의 40%는 Go 언어를 자동화

---

[1] 옮긴이_ 프로그래밍 언어인 Go는 사전적으로 '간다'라는 뜻을 지니지만 '바둑'을 의미하기도 한다. 그로 인해 구글에서 'Go'로 검색하면 바둑과 프로그래밍 언어가 함께 검색되는 문제가 발생했다. 이 문제를 해결하고자 프로그래밍 언어를 'golang'으로 부르기 시작했다. 이 점을 고려해 이 책에서는 golang의 우리말 표현인 'Go 언어'로 표기했다.

또는 스크립트 용도로 사용 중이라고 밝혔다. 이와 같은 결과에서 확실히 알 수 있듯이, 비교적 젊은 Go 언어는 네트워크 자동화 분야에서 활용할 수 있는 강력한 무언가를 갖고 있다.

Go 언어를 자세히 살펴보기 전에 업계에서 벌어지고 있는 세 가지 주요 트렌드를 살펴보면, 이번 장이 이 책에서 어떤 맥락을 지니는지 이해하는 데 도움이 될 것이다.

전문 기술에 대한 수요 증가

네트워크 자동화에 대한 다양한 도구가 쏟아져 나왔음에도 불구하고, 자동화와 관련된 프로그래밍 기술의 수요는 감소하지 않고 오히려 **증가**했다. 이런 상황을 예상하지 못했던 것은 아니다. 한 분야가 성숙해지면 공통된 일반 문제는 기성 도구로 해결할 수 있게 되며, 그다음부터는 각 조직이나 환경에 특화된 전문적인 도구가 필요해진다. 그 덕분에 어떤 기능을 제공하는 언어와 도구가 필요한지를 잘 알 수 있게 됐다.

클라우드 네이티브

Go 언어는 클라우드 기술 분야에서 믿기 어려울 정도로 탄탄한 토대를 갖추고 있다. 2010년대 초반에 이뤄진 서버 가상화의 진전은 네트워크의 민첩성 향상에 대한 엄청난 영향과 수요를 불러일으켜 결국 SDN의 개발로 이어지게 됐다. 클라우드 네이티브로의 이행은 네트워크 엔지니어가 익히고 사용해야 하는 기술 및 작업 방식에도 큰 영향을 미치고 있다. 다른 어떤 언어보다도 Go 언어는 네트워크 자동화 분야와 최신 애플리케이션 인프라를 통합하는 데 있어 최고의 선택이다.

성장하는 커뮤니티

클라우드 네이티브 환경으로 옮겨가면서 클라우드에 대한 Go 언어의 지원과 Go 언어용 라이브러리가 폭발적으로 늘어났던 것처럼, 최근 몇 년 사이에 네트워크 자동화에서 사용할 수 있는 Go 언어 기반의 도구, 라이브러리, 교육 자료가 급증하고 있다. 파이썬은 광범위하고 성숙한 네트워크 자동화 생태계를 갖추고 있는, 네트워크 자동화 분야에서 그 누구도 부인할 수 없는 절대 강자의 위상을 여전히 누리고 있다. 하지만 Go 언어를 중심으로 한 네트워크 자동화 관련 커뮤니티도 크게 성장하고 있으며, 그 격차도 많이 줄어들었다.

이런 이유로 2판을 준비하면서 Go 언어를 다루는 장을 추가하게 됐다. 지금부터 Go 언어를 간략히 소개한 다음, 네트워크 자동화 분야에서 Go 언어의 응용 사례를 알아본다. 이후 절에서는 위에서 언급한 항목을 하나씩 자세히 들여다보면서 맞춤형 솔루션이 필요할 경우 파이썬 대신 Go 언어를 대안으로 고려할 수 있을지 그 가능성을 살펴본다.

파이썬과 마찬가지로 Go 언어에 대한 내용을 하나의 장에 모두 담을 수 없다. 프로그래밍 언어의 기본 개념을 소개하는 것만으로도 책 한 권을 쓸 수 있을 정도다. 따라서 이 책에서는 Go 언어에 대한 탄탄한 기반 지식을 다질 수 있도록 몇 가지 예제를 통해 기본적인 내용만 다룬다. 긴 여정의 출발점에 서 있다고 생각하자. 이번 장의 마지막 부분에서는 계속 공부해볼 만한 멋진 주제를 소개한다. 함께 이 과정을 진행하다 보면, Go 언어의 고유한 강점을 알게 되고 어떤 경우에 Go 언어를 사용하는 것이 더 적절한지 충분히 이해하게 될 것이다.

7.1 왜 Go 언어인가?

네트워크 자동화 분야에서 이미 파이썬이 압도적으로 많이 사용되고 있는데 굳이 다른 프로그래밍 언어를 배워야 하는지, 여러 언어 중에서도 왜 Go 언어를 배워야 하는지 등이 궁금할 것이다. 이 질문에 대한 답을 찾아보기 전에 보다 근본적인 질문에 대한 답을 고민해보자. 일반적인 네트워크 자동화 전문가는 프로그래밍 언어에 대해 어떤 점을 기대할까? 그동안은 파이썬이 유일한 대안이었기 때문에 업계에서 굳이 제기하지 않았던 질문이지만, 이제는 한 번쯤 고려해봐야 하는 중요한 질문이라 생각한다. 이 질문을 통해 프로그래밍 언어에 대한 요구 사항을 이해할 수 있다면 업계가 왜 그토록 파이썬을 선호하는지도 이해할 수 있을 것이며, 언어마다 갖고 있는 고유의 장점을 고려해 해당 작업에 적절한 언어를 판별하는 데도 도움이 될 것이다.

네트워크 자동화 분야에서 사용할 프로그래밍 언어가 갖춰야 할 조건은 다음과 같다.

개발 속도

대부분의 네트워크 엔지니어는 전문 개발자가 아니며, 그렇게 될 필요도 없다(회사도 전문 개발자가 되는 것을 바라지 않는다). 언어는 가치 있는 결과를 쉽게 만들 수 있고, 이를 빠르게 반복할 수 있을 정도로 단순해야 한다. 이 요구 사항은 결국 두 가지 세부 항목으로 정리해볼 수 있다. 첫째, 언어를 쉽게 익혀서 사용할 수 있어야 한다. 신입 팀원이 새로운 언어와 패턴을 익힌다고 했을 때, 1~2주 이내에 어느 정도의 생산성을 발휘할 수 있어야 한다. 둘째, 언어는 유지 보수 부담이 적어야 한다. 문제가 발생하면 신속하고 간단하게 해결할 수 있을 정도로 작업하기 쉬우면서도 유지 보수가 용이해야 한다.

생태계

다시 말하지만, 네트워크 자동화 전문가가 모든 것을 처음부터 작성하는 경우는 없다. 그러므로 이미 구축된 라이브러리 및 도구의 생태계를 잘 활용할 수 있어야 한다. 언어를 선택할 때는 진행하려는 작업과 비슷한 작업을 수행 중이거나 이미 그 작업을 해본 사람이 있는지, 그 과정에서 겪었던 문제점과 해결 방법을 공유하면서 개발 경험을 개선할 수 있도록 서로 도와주는 커뮤니티가 있는지 등을 고려해야 한다.

운영 안정성

네트워크 엔지니어가 작성하는 코드는 네트워크를 제어한다. 네트워크는 조직의 모든 것을 뒷받침하므로, 네트워크를 다루는 코드는 정말 견고해야 한다. 예를 들어 최신 언어는 정적 타입 검사, 경쟁 조건 탐지, 메모리 안전성 보호 장치 등을 통해 운영 안정성을 확보하려고 노력한다. 다른 요구 사항을 위반하지 않으면서 안정적인 서비스를 만들 수 있는 틀이 갖춰진 언어를 선택하자.

> **NOTE_** 네트워크 자동화와 관련된 요구 사항을 고려했을 때, 완벽하게 딱 맞는다거나 흠이 전혀 없는 언어는 존재하지 않는다. 절대적인 기준만으로 평가하기에는 미묘한 차이점들이 너무 많다. 예를 들면 파이썬은 여러 구현체가 존재하는데, 구현체마다 장단점이 다르다. 또한 파이썬과 Go 언어에는 나름의 장단점을 지닌 다양한 디자인 패턴이 있다. 이런 점을 고려해 일반적인 네트워크 자동화 전문가의 관점에서 바라보되 주관적인 기준을 갖고 요구 사항을 충족하는지를 판단할 수밖에 없다. 이번 장의 목표는 어떤 언어를 선택할지 스스로 판단할 수 있도록 안내하는 것이다.

파이썬과 Go 언어는 이와 같은 요구 사항을 충족하고 있을까? 분명 두 언어는 모든 요구 사항을 충족한다. 단, 세 가지 조건을 모두 충족하더라도 강점과 약점은 서로 다를 수 있다. 예를 들어보자.

- 파이썬과 Go 언어는 개발 속도에 대한 요구 사항을 매우 잘 충족한다. 두 언어 모두 정말 쉽게 도입할 수 있고, 장기적으로도 유지 보수에 따른 부담이 거의 없다. Go 언어의 장점 중 하나는 처음부터 단순성을 지향하면서 설계됐다는 사실이다. 따라서 어떤 작업을 구현할 때 너무 많은 가능성을 열어두지 않고 한두 가지 방안만 제공한다. 즉, Go 코드를 전반적으로 이해할 수 있게 되면 다른 사람의 코드도 그다지 어렵지 않게 읽고 이해할 수 있다.

- 의심의 여지없이 파이썬은 네트워크 자동화 생태계를 선도하고 있다. Go 언어 커뮤니티도 빠른 속도로 성장하고는 있지만, 네트워크 자동화 커뮤니티를 선도하는 파이썬을 넘어서기는 쉽지 않을 것이다. 그러나 Go 언어를 선호하는 특정 분야의 커뮤니티가 존재한다. 예를 들어 클라우드 기반 커뮤니티는 처음부터 Go 언어를 중심으로 모였고, 그 생태계에서 만들어진 기술(10장에서 다룰 gRPC, gNMI 등)은 Go 언어를 편애하거나 오랫동안 Go 언어를 지원하고 있다.

- 안정성과 신뢰성 측면에서도 Go 언어는 보다 현대적인 체계를 갖추고 있으며, 코드의 안전에 관한 많은 기능을 컴파일러에 내장하고 있다. 물론 파이썬으로도 안정적이면서 신뢰할 만한 서비스를 만들 수 있지만, 파이썬이 가진 런타임 중심이라는 특성으로 인해 상당한 양의 추가 작업이 필요할 수 있다. 또한 Go 언어로 개발된 프로그램은 정적으로 링크된 단일 바이너리 형태로 컴파일된다. 일단 Go 언어로 작성한 프로그램을 컴파일하고 나면, 프로그램을 실행하기 위해 Go 언어 런타임을 설치할 필요도 없고 서드파티 라이브러리를 설치할 필요도 없다. 그 덕분에 운영 부담이 낮아지는 경향이 있다.

보다시피 두 언어 모두 요구 사항을 충족하고 있다. 파이썬이 조만간 사라지지는 않겠지만, 특정한 상황에서는 Go 언어가 더 적합하며 보다 매력적인 대안이 될 수 있다.

TIP_ 이런 주제를 처음 접할 때 많은 사람들이 '무엇을 먼저 배우는 게 좋을지' 궁금해한다. 어떤 것을 선택하더라도 틀리지는 않으니 안심하자. 특히 막 시작한 단계라면 더더욱 잘못된 선택이라는 것은 없다. 여러 언어 중 특정 언어를 선택하게 되는 여러 이유가 있겠지만, 보통 뻔한 이유 때문인 경우가 많다. 예를 들어 주로 파이썬을 사용하는 회사라면 파이썬에 집중하는 것이 가장 좋은 방안이다. 반면 아직 명확히 확립된 기술 스택이 없다면 Go 언어와 같이 보다 최신인 언어를 선택하는 것이 유리하다. 따로 고려해야 할 조건이 없다면 최종 선택은 대부분 여러분에게 달려 있다. 최종 선택을 하기 전에 두 언어를 상위 수준에서 검토해보고, 각 언어로 조금씩 코드를 작성해보자. 그리고 나서 한 언어를 선택하면 된다.

이번 장은 Go 언어가 파이썬보다 더 좋다고 홍보하는 내용이 아니며, 두 언어를 모두 배워야 한다거나 둘 중 하나라도 배우라고 권하는 것도 아니다. 다만 자신이 처한 상황에 가장 적합한 방법을 선택할 수 있도록 사용 가능한 모든 접근 방식의 장단점을 최선을 다해 설명할 뿐이다.

7.1.1 Go 언어가 파이썬보다 빠른가?

두 언어를 비교하다 보면 어쩔 수 없이 속도를 비교하게 된다. 파이썬은 다른 언어에 비해 느리다고 평가되는데, 다른 런타임을 선택하는 등의 방법으로 최적화하면 속도를 개선할 수 있다. 하지만 파이썬이 느리다는 것은 대부분의 파이썬 개발자에게도 불가피한 사실로 받아들여지고 있다. 외부 기관이 수행하는 일부 테스트에서는 Go 언어가 파이썬에 비해 수배 정도 더 빠른 속도를 보인다는 당연한 결과가 나오기도 했다.

하지만 언어의 속도가 네트워크 자동화에서 얼마나 중요한 요소일까? 속도는 아예 요구 사항 목록에 들어 있지도 않았다. 대부분의 네트워크 자동화 사용 사례에서 성능과 관련된 문제를 해결할 수 있는 유일한 대안이 Go 언어라는 주장은 생뚱맞다. 네트워크 자동화 사례를 살펴보면, **대부분**의 경우 입출력 대기에 많은 시간을 소모한다. 따라서 다른 언어를 선택해 얻을 수 있는 성능 개선 효과는 대부분 미미하다. 그렇다고 속도를 완전히 무시할 수 있다는 말은 아니며, 일부 사례에서는 분명 성능이 중요한 요구 조건일 수도 있다. 이런 상황을 마주하기 전까지는 앞에서 살펴봤던 요구 사항을 우선적으로 고려하자.

7.1.2 Go 언어가 파이썬보다 어려운가?

처음 Go 언어를 배우는 사람들, 특히 파이썬과 같은 언어를 사용해본 적이 있는 사람들은 Go 언어가 상대적으로 익숙해지기 어렵다고들 이야기한다. 이러한 인식은 다음과 같은 형태로 표현된다.

- Go 언어가 정적 타입 언어인 것과 달리 파이썬은 동적 타입 언어다(다음 절에서 자세히 설명한다). 예컨대 파이썬은 함수의 매개변수 데이터 타입에 훨씬 더 관대한 편이다.
- Go 언어는 컴파일 언어다. 즉, 동작하는 프로그램을 만들려면 '별도의 번거로운 과정'을 반드시 거쳐야 한다.
- Go 언어는 코드에서 유효하지 않은 타입이나 사용하지 않는 변수를 쓴 곳이 보이면 이 문제를 해결할 때까지 컴파일조차 할 수 없다.

이런 이야기를 들어보면, 외부 관찰자 입장에서 Go 언어가 파이썬에 비해 더 어려운 언어로 느껴지는 이유를 어렵지 않게 이해할 수 있다. 확실히 파이썬은 Go 언어에 비해 훨씬 더 관대한 편이다.

Go 언어와 같은 최신 시스템 언어는 컴파일러가 예전보다 더 많은 작업을 담당하는 방향으로 개발되고 있다. 컴파일 시점에 더 많은 오류를 잡아낼수록 실행 시점에 처리해야 하는 오류가 더 적어지기 때문이다. 초보 엔지니어에게는 별도의 컴파일 과정을 거쳐야 하는 상황이나 컴파일 과정에서 만나게 되는 다양한 오류가 방해꾼이나 장애물처럼 느껴질 수도 있다. 하지만 경험이 많은 엔지니어들은 잠시 하던 일을 멈추게 되더라도 코드를 작성하는 시점에 문제점을 바로 파악할 수 있다는 사실에 오히려 고마워할 것이며, 실행 시점 **이전에** 최대한 많은 문제를 해결하길 원한다. 실행 시점에 발생하는 문제를 해결하려면 개발자와 팀 전체에 심각한 비용 부담을 초래하기 때문이다.

Go 언어는 파이썬과 마찬가지로 **가비지 수집기**garbage collector**가 있는 언어**다. 따라서 사용되지 않는 메모리 참조를 찾아 정리해주는 백그라운드 프로세스가 런타임에 포함돼 있으므로, 작성하는 코드에만 집중할 수 있다. 반면 C/C++와 같은 언어는 메모리 할당 및 해제를 손수 수행해야 하므로 번거로울 뿐만 아니라, 이로 인해 메모리 관리 버그에 취약할 수 있다. 따라서 앞서 살펴본 특징 때문에 Go 언어로 코드를 작성하는 것이 어렵다고 말할 수 있겠지만, 파이썬과 유사한 메모리 관리 기능을 제공해줌으로써 전체적으로 다른 컴파일 언어에 비해 진입 장벽이 훨씬 낮다는 점을 기억해두자.

이러한 요구 사항에 매몰되지 않는 것도 중요하다. 결국 도입 속도 역시 여러 요구 사항 중 하나에 불과할 뿐이다. 우리에게는 쉽게 익힐 수 있으면서도 실제 서비스 운영 환경에서 안정적이며 회복탄력성을 갖춘 언어가 필요하다. 다행히 Go 언어는 이런 측면에서 유리한 점을 많이 갖고 있다. 학습 곡선이 파이썬처럼 가파르지 않더라도 컴파일 시점의 내장 검사 기능을 통해 안정성과 유지 보수성 같은 어마어마한 가치를 그냥 얻을 수 있다.

Go 언어를 왜 배워야 하는지 살펴봤으므로, 지금부터는 이 강력한 언어를 사용하기 위해 반드시 알아둬야 할 기본 개념을 자세히 소개한다.

> **NOTE_** 6장에서도 이야기했지만, Go 언어의 기본 개념을 알고 있어야 복잡한 실제 네트워크 자동화 워크플로 문제를 해결하는 과정에 Go 언어를 제대로 적용할 수 있다. 여기서 다루는 개념은 네트워크 자동화와 관련이 있는 것으로, 이번 장에서는 Go 언어의 탄탄한 기초를 다지기 위한 기본 개념을 정립하는 데 초점을 맞춘다. 이번 장에서 배운 내용을 바탕으로 10장에서는 널리 사용되는 Go 라이브러리와 API를 사용한다.

7.2 Go 언어의 기본 개념

프로그래밍 언어를 처음 배울 때는 'Hello World'를 출력하는 예제, 즉 짧은 문자열을 터미널에 출력하는 가장 기본적인 프로그램 예제부터 살펴보는 것이 도움이 된다. 그럼 예제를 따라 작성한 후 프로그램을 실행하고 결과를 출력해봄으로써, 앞으로 구축하게 될 프로그램을 만들어가는 첫걸음을 내디뎌보자. [예제 7-1]부터 시작한다.

> **NOTE_** 이번 장의 모든 예제 코드는 깃허브 저장소인 *https://github.com/oreilly-npa-book/examples/tree/v2/ch07-go*에서 내려받을 수 있다.

예제 7-1 Go 언어로 만든 첫 번째 프로그램

```
package main                                    ①

import "fmt"                                     ②

func main() {                                    ③
    fmt.Println("Hello, network automators!")   ④
}
```

① 패키지를 이용해 코드의 논리적 계층 구조를 만든다. 이 예제에서는 실행 가능한 프로그램을 만들기 위해 패키지명을 main으로 지정한다. 패키지에 대해서는 다음 예제에서 보다 자세히 설명한다.

② import 키워드를 사용해 코드에서 다른 패키지를 가져와 사용한다. 예제에서는 표준 라이브러리 중 서식화된 입출력을 지원하는 fmt 패키지를 사용한다.

③ main() 함수는 실행 프로그램의 기본 진입점이다. 컴파일된 Go 프로그램을 실행하면 프로그램의 논리적 흐름은 이 코드에서 시작한다. Go 언어에서는 파이썬만큼 들여쓰기가 중요하지 않지만, gofmt와 같은 서식 정리 도구를 사용해 동일 범위를 기준으로 자동으로 들여쓰기를 정리할 수 있다.[2]

④ Println()은 앞에서 가져온 fmt 패키지에 들어 있는 함수다. 이 함수는 문자열을 한 줄씩 터미널로 출력하며, 이후 예제에서도 계속 사용한다. 이 함수를 호출하려면 반드시 fmt 모듈을 먼저 가져와야 한다는 점을 기억해두자!

....

2 옮긴이_ 파이썬은 들여쓰기로 범위(scope)를 지정하지만, Go 언어는 공식적으로 중괄호를 사용해 범위를 지정한다.

NOTE_ 이번 장에서 소개하는 예제 코드는 간략한 설명을 위해 일부 코드를 생략한다. 따라서 별다른 언급이 없다면 이후 예제 코드는 방금 살펴본 예제 코드와 유사한 구조, 즉 main 패키지에서 main() 함수 내에 작성된 코드라고 할 수 있다. 전체 코드는 *https://github.com/oreilly-npa-book/examples/tree/v2/ch07-go*에서 볼 수 있다.

[예제 7–2]와 같이 배시 터미널에서 **go run** 명령을 실행하면 컴파일을 거쳐 프로그램이 만들어지고, 이렇게 만들어진 프로그램은 별도 명령을 입력하지 않아도 바로 실행된다. 단일 명령으로 마치 파이썬 스크립트를 작성해 실행하는 것과 같은 스크립팅 경험을 얻을 수 있으며, Go 언어가 가진 고유의 장점을 모두 사용할 수 있다.

예제 7-2 Go 언어로 작성한 첫 번째 프로그램 실행하기

```
~$ go run 1-first-program.go
Hello, network automators!
```

TIP_ go run 명령은 Go 언어로 작성한 코드를 빨리 실행할 수 있는 좋은 방법이지만, 제약 사항도 있다. 또한 Go 언어가 설치돼 있지 않은 다른 컴퓨터에 배포하기 위한 재사용 가능한 바이너리를 만들려면 go build 명령과 go install 명령을 사용해야 한다.

이제 앞으로 구축할 프로그램의 토대가 만들어졌으므로, 계속해서 몇 가지 개념을 살펴본다. 우선 파이썬과 비교해보면서 변수와 공통 타입에 대해 알아본다.

7.2.1 타입과 변수

거의 모든 프로그래밍 언어와 마찬가지로 Go 언어도 기본 타입을 갖고 있다. 파이썬과 비교해보면 많은 부분이 비슷하거나 그에 상응하는 타입이 존재하며, 동작 방식도 거의 동일하다. [표 7–1]은 Go 언어에서 가장 많이 사용되는 데이터 타입들이다.

표 7-1 자주 사용되는 Go 언어의 기본 데이터 타입

타입	타입명	값 예제	설명
bool	불형	False	불 값. 참(true) 혹은 거짓(false)
int	정수형	3	가장 일반적으로 사용하는 숫자값. 정수에 사용
float	실수형	3.0	정수가 아닌 숫자까지 포함하는 숫자값
string	문자열	"hello"	일련의 문자

Go 언어는 몇 가지 변형 타입도 갖고 있다. 예를 들어 int는 **부호가 있는 정수**^{signed integer}라는 뜻이며, 음수와 양수를 모두 표현할 수 있다. 반면 uint는 부호가 없는 정수^{unsigned integer}라는 뜻으로, 양의 값만을 가질 수 있다.

uint, int, float 타입의 경우 타입명 뒤에 uint8, float64처럼 숫자를 붙여줘 해당 데이터 타입이 사용하는 메모리 크기를 고정시킬 수 있다. uint8은 8비트 크기의 부호가 없는 정수값[3]을 표현할 수 있으며, float64는 64비트로 표현되는 부동소수값이다.

uint, int처럼 크기가 따로 지정돼 있지 않다면 대상 시스템에 따라 사용하는 메모리의 크기가 달라진다. 예를 들어 int 타입은 32비트 시스템에서는 32비트, 64비트 시스템에서는 64비트를 사용한다. 최대한 유연한 타입을 사용하는 것이 일반적이며 Go 언어의 모범 사례로 권장된다.

뒤에서 몇 가지 추가 기본 타입을 비롯해 외부에서 정의하는 타입 및 구조체에 대해 알아본다. 하지만 현재는 간단한 기본 타입만 알고 있어도 충분하다. 이어서 Go 언어에서 변수와 타입을 사용하는 방법을 알아본다.

Go 언어에서 변수

다른 프로그래밍 언어와 마찬가지로 변수는 Go 언어의 기본 구성 요소 중 하나다. 변수는 특정 타입의 값에 대한 고유의 참조, 이상적으로는 변수를 통해 값을 설명하는 참조를 만든다. "Hello, network gophers!" 문자열을 전달하는 대신 이 값을 변수, 예를 들어 myString1 변수의 값으로 할당한 뒤, 이렇게 정의한 변수를 사용해 특정 값을 참조할 수 있다. 변수라는 이름에서 알 수 있듯이 동일한 참조에 새로운 값을 다시 할당할 수도 있으므로, 값은 오직 한

---

3 옮긴이_ 보통 바이트(byte)라고 부른다.

곳에서만 변경해야 한다.

Go 언어에서는 다양한 방식으로 변수를 만들 수 있다. 보통 변수를 값으로 초기화할지, 아니면 타입의 기본값이나 0에 해당하는 값으로 설정할지에 따라 사용법이 달라진다. 명시적으로 데이터 타입을 지정할 수도 있고, 변수 초기화에 사용된 값에 따라 컴파일러가 타입을 유추하게끔 작성할 수도 있다.

[예제 7-3]에서는 여러 방식으로 변수를 만든다.

예제 7-3 Go 언어의 변수 초기화 방법

```
var myString1 string = "Hello, network gophers!"   ①

var myString2 string                               ②

var myString3 = "Hello, network gophers!"          ③

myString4 := "Hello!"                              ④

var (                                              ⑤
    myString5 string
    myString6 = "Hello, network gophers!"
)

// 아래 방식으로는 변수를 사용할 수 없다.
// 명시적인 타입 선언도 없고 타입을 유추하기 위한 값도 찾을 수 없으므로,
// 컴파일 오류가 발생하게 된다.
var whatIsThis
```

① 가장 명시적인 형식이다. 변수를 값으로 초기화하며, 데이터 타입도 명시적으로 지정한다.

② 초기값을 생략하면 기본적으로 해당 데이터 타입의 0에 해당하는 값[4]이 할당된다. 이 예제에서는 빈 문자열("") 값이 할당된다. 타입마다 0에 해당하는 값이 다른데, bool 타입은 false이고 int 타입은 0이다.

③ Go 컴파일러는 전달받은 값에 따라 변수의 데이터 타입을 유추한다.

④ := 연산자를 사용하면 전달받은 값에 따라 데이터 타입을 유추하는 방식을 축약해 표현할 수 있다.

⑤ var 키워드를 사용해 여러 변수의 선언을 하나로 묶을 수 있으므로, 가독성이 좋아진다.

---

4 옮긴이_ 제로값(zero-value)이라고도 한다.

이 코드를 프로젝트에 그대로 복사한 다음 컴파일해보면 '*variable name declared but not used*(변수명이 선언됐으나 사용되지 않음)' 메시지가 표시되면서 컴파일되지 않을 것이다. 이는 파이썬과 Go 언어의 대표적인 차이점 중 하나다. 파이썬에서는 사용되지 않는 변수가 코드에 남아 있더라도 프로그램을 실행하는 데 전혀 문제가 없지만,[5] Go 언어는 사용되지 않는 변수가 있을 경우 해당 프로그램을 컴파일조차 할 수 없다. 이 오류를 해결하려면 선언된 변수를 참조해 **사용해야** 하는데, 함수 호출 시 매개변수로 사용하는 것이 한 가지 예다.

> **NOTE_** 이처럼 Go 언어의 규칙이 다른 언어에 비해 엄격하다 보니 네트워크 업계에서는 Go 언어가 사용하기 불편하다고 여기는 경우도 많다. 파이썬에서는 변수를 선언해놓고 사용하지 않더라도 아무 문제가 없는데, Go 언어는 왜 파이썬처럼 유연하게 스크립트를 작성할 수 없는 것일까? 조금만 달리 생각해보자. 네트워크 장비에서 ACL을 설정하다 보면, 알 수 없는 문제가 발생할 것 같아서 설정 항목을 삭제하지 않고 그냥 내버려두기도 한다. 이렇게 계속 방치하다 보면 ACL 목록이 점점 커지다가, 결국에는 다루기도 힘들고 관리하기도 어려워진다. Go 언어는 이런 문제가 발생하지 않도록 예방 차원에서 사용되지 않는 변수를 미리 알려주는 호의를 베풀고 있는 것이다. 또한 가독성과 유지 보수성을 향상시키는 데도 도움이 된다.

Go 언어에서 변경되지 않는 값은 다른 방식으로 표현하는데, 이를 **상수**라 한다. 변수는 언제든지 새로운 값을 다시 할당할 수 있지만, 상수는 새로운 값으로 다시 할당할 수 없으며 항상 초기화된 값을 유지한다.

상수를 사용하면 다음과 같은 몇 가지 이점이 따른다. 상수는 설계상 값이 바뀌지 않으므로, 컴파일러가 변수에는 적용할 수 없는 최적화 기법을 상수에는 적용할 수 있다. 또한 상수는 더 큰 값을 표현하는 용도로 사용할 수 있다. 예를 들어 상수로 표현된 부동소수형 값은 float64 타입보다 더 높은 정밀도를 가진 값을 표현할 수 있다.

상수 사용법은 변수 사용법과 비슷하지만, 몇 가지 미묘한 차이점이 존재한다. const 키워드를 사용해야 하며, 변수와 달리 상수는 코드에서 사용되지 않더라도 코드를 컴파일하는 과정에서 문제가 되지 않는다. [예제 7-4]는 상수를 선언하는 몇 가지 방법을 보여준다.

---

5 옮긴이_ 파이썬에서도 별도의 린트 도구를 통해 사용하지 않는 변수를 찾아 제거하는 것이 일반적이다.

예제 7-4 Go 언어의 상수 초기화

```go
const myString string = "Hello, network gophers!"                         ①

// myString = "new value"                                                 ②

const Pi = 3.14159265358979323846264338327950288419716939937510582097494459  ③

const (                                                                   ④
    myString2 = "Hello, network gophers!"
    retries   = 3
)
```

① 가장 명시적인 형태로 상수를 선언한다.

② myString은 위에서 이미 상수로 선언했으므로, 이런 코드가 있다면 컴파일되지 않는다. 상수에 값을 다시 할당할 수는 없으므로, 이 줄을 주석으로 처리한다.

③ 명시적으로 지정된 데이터 타입이 없으므로, 변수처럼 컴파일러가 할당된 값에서 데이터 타입을 유추한다.

④ 변수와 마찬가지 방식으로 여러 개의 상수를 할당하는 블록을 사용할 수 있다.

특정 값을 이미 알고 있고 그 값이 변경되지 않는다는 것을 보장할 수 있다면 상수를 사용해야 한다. VLAN이나 VXLAN 식별자의 최대 크기, 기가비트 이더넷 인터페이스의 속도 등을 표현하는 데는 상수를 사용하는 것이 좋다.

정적 타입 대 동적 타입

다른 언어, 특히 파이썬을 사용해본 적이 있다면 지금까지 설명한 대부분의 내용이 그다지 새롭지 않을 것이다. 따라서 명백한 구문상의 차이를 제외하면, 사용하는 언어와 상관없이 쉽게 이해할 수 있다. 파이썬도 문자열, 정수 같은 타입과 변수라는 개념을 갖고 있다. 하지만 이 두 언어는 타입을 검증하고 강제하는 방식에서 큰 차이를 나타낸다.

파이썬은 **동적 타입 체계**를 따른다. 파이썬은 코드가 실행되기 전까지는 타입이 유효한지를 검사하지 않는다. 함수의 매개변수 타입이 다른 경우처럼 프로그램에서 타입을 잘못 사용한 코드가 있더라도 해당 코드 부분을 실행하기 전까지는 프로그램이 정상적으로 실행된다. [예제 7-5]는 문자열과 정수를 더하는 코드로, 잘못된 타입을 사용하는 전형적인 사례다.

예제 7-5 파이썬의 TypeError 오류

```
>>> x = 1
>>> y = "2"
>>> x + y
Traceback (most recent call last):
  File "<stdin>", line 1, in <module>
TypeError: unsupported operand type(s) for +: 'int' and 'str'
```

프로그램 코드를 이렇게 작성하더라도, 실제로 해당 코드 줄을 실행하기 전에는 아무런 오류가 발생하지 않는다. 모두가 깊이 잠들어 있을 새벽 2시에 네트워크 자동화 시스템이 이런 종류의 오류를 처리하지 못해 멈췄다고 상상해보자.

반면 Go 언어는 **정적 타입 체계**를 따르므로, 컴파일할 때 타입을 검사한다. 따라서 잘못된 타입을 사용했을 경우에는 해당 오류를 해결해야만 프로그램을 컴파일할 수 있다. [예제 7-6]은 파이썬으로 작성한 [예제 7-5]를 Go 언어로 다시 작성한 것이다. 하지만 이 코드를 컴파일하면 'invalid operation: x + y (mismatched types int and string)(잘못된 연산: x+y(int와 string은 서로 일치하지 않는 타입))'이라는 메시지가 출력되면서 컴파일이 중단된다.

예제 7-6 Go 언어에서의 타입 불일치

```
x := 1
y := "2"
z := x + y
```

또한 일단 변수가 초기화되고 나면 변수의 타입을 바꿀 수 없다. [예제 7-7]에서는 정수 타입으로 초기화한 변수 x에 문자열 값을 할당했기 때문에 컴파일되지 않는다.

예제 7-7 Go 언어에서 데이터 타입 바꾸기 시도

```
var x = 1
x = "foo"
```

이 예제에서 눈여겨봐야 할 또 다른 중요한 점은 변수 x가 초기값에 따라 암묵적으로 정수형(int)으로 초기화됐다는 사실이다. 이렇게 타입이 유추되더라도 여전히 정적 타입 체계의 규

칙을 따른다. 따라서 변수 x는 명시적으로 정수형 타입으로 선언한 것과 같다. 타입 유추는 순전히 편의 기능일 뿐이다.

엄격한 타입 적용은 이와 같이 간단한 예제에서 본 것보다 훨씬 큰 영향력을 미치는데, 다음 절에서 그 결과를 확인해보자.

> **NOTE_** 다시 한번 이야기하지만, 지금까지 설명한 개념이 겉으로 보기에는 다소 방해 요소처럼 느껴질 수 있다. 하지만 우리는 일상 업무를 빨리 처리하길 원하는 바쁜 네트워크 엔지니어일 뿐이며, 일상 업무 중 대부분은 코드 작성과 관련이 없다.
> 그러나 대부분의 프로그래머를 비롯해서 자신이 작성한 소프트웨어를 사용해 네트워크를 운영하는 네트워크 엔지니어라면, 한밤중에 이러한 오류를 맞닥뜨리기보다는 최대한 근무 시간 중에 미리 오류를 처리하고 싶을 것이다.
> 런타임 오류를 완벽하게 막아주는 컴파일러는 없지만, Go 언어와 같은 최신 시스템 언어는 컴파일러를 최대한 똑똑하게 만들려고 노력 중이다. 그에 따라 개발 프로세스가 최대한 원활하게 진행되면서 더 단순하고 안정적인 프로그램을 만들 수 있게 된다.

프로그래밍 언어를 **강한 타입**이나 **약한 타입**이라는 용어로 설명하는 것을 들어본 적이 있을 것이다. 이번 절에서 다룬 동적 타입 및 정적 타입의 구분과도 다소 관련이 있는 개념이지만, 결국 타입 체계를 바라보는 다양한 표현 방식을 설명하는 용어다. 정적 타입과 동적 타입은 코드를 컴파일할 때 타입의 유효성을 검사하는지, 아니면 실행할 때 검사하는지에 따라 구분된다. 공식적인 정의는 없지만, **강한 타입이냐 약한 타입이냐**는 보통 일치하지 않는 타입이 있을 때 언어가 얼마나 너그럽게 처리할 수 있는지에 따라 결정된다.

앞서 살펴본 [예제 7-5]와 [예제 7-6]을 다시 떠올려보자. 숫자값 1과 문자열 값 "2"를 더하는 코드가 있었다. 파이썬은 런타임에 오류를 발생시키지만, Go 언어는 아예 컴파일도 못하게 오류를 발생시킨다. 두 언어에서 오류가 발생하는 시점은 다르지만, 모두 명시적 타입 변환 없이 이러한 동작을 허용하지 않는 강한 타입 체계를 따르고 있다.

반면 약한 타입 언어로 언급되는 자바스크립트에서는 가능하다면 언제든 암묵적 타입 변환을 시도한다. 1 + "2" 동작을 실행하면 자동으로 숫자값 1이 문자열로 변환되며, 결국 이 코드는 두 문자열을 연결해 최종 문자열 "12"를 얻게 된다. 이렇게 동작하면 런타임 오류는 발생하지 않겠지만, 프로그래머의 실제 의도에 완전히 반하는 동작을 수행하게 되므로 나중에 심각한 문제가 될 수 있다.

지금까지 Go 언어의 타입과 변수에 대한 기본 내용을 익혔으므로, 실제 애플리케이션의 중추 역할을 담당하는 흐름 제어에 대해 알아보자.

7.2.2 흐름 제어

흐름 제어^{flow control}는 특정 언어에 국한되는 용어가 아니며, 프로그래밍에서 작업을 수행해야 하는 순서를 지정하거나 프로그램의 진행 순서를 어떻게 결정할 것인지 설명하는 논리적 구조를 일컫는 용어다. 이미 6장을 읽었다면 이번 절에서 다룰 내용은 낯설지 않을 것이다.

파이썬에서 흐름 제어는 반복문, 조건문, 일치문을 통해 수행된다. 사실 이러한 요소는 다양한 프로그래밍 언어에 공통적으로 사용되므로, 어떤 프로그래밍 언어를 배우고 나면 다른 언어를 배우는 것은 처음 언어를 배울 때보다 쉬워진다.

조건문부터 시작해보자. 파이썬을 비롯한 다른 프로그래밍 언어와 마찬가지로 Go 언어도 `if` 구문을 사용한다. Go 언어에서는 표현식을 불 값인 참 또는 거짓으로 평가한다. 표현식은 불 값 하나만 사용하는 간단한 표현식일 수도 있고, 논리 연산자나 산술 연산자를 사용해 여러 조건을 연결한 복잡한 표현식일 수도 있다. 그러나 결국에는 참 또는 거짓으로 평가된다. [예제 7-8]은 Go 언어의 간단한 조건문을 사용하고 있다.

예제 7-8 Go 언어의 조건문

```
var snmpConfigured bool = true          ①
if snmpConfigured {                     ②
    fmt.Println("SNMP is configured!")  ③
}
```

① 예제에서는 명시적으로 불 타입의 변수에 값을 할당한다. 하지만 설정 파일을 파싱한 결과 등 다양한 방식으로 값을 할당할 수 있다.

② snmpConfigured 변수 자체가 불 타입이므로, 그대로 표현식으로 사용할 수 있다.

③ 조건문이 참일 경우에만 중괄호 사이의 코드가 실행된다.

! 연산자는 논리 부정에 사용된다. [예제 7-9]와 같이 표현식의 일부 논리 값 또는 전체 논리

값을 부정할 수 있다.

예제 7-9 Go 언어의 부정 조건 표현식

```
// 이 경우 '!'는 snmpConfigured의 값을 뒤집는다.
// 따라서 snmpConfigured가 거짓인 경우에만 내부 구문이 실행된다.
if !snmpConfigured {
    fmt.Println("SNMP is not configured.")
}
```

동일한 구문에 대해 여러 결과를 처리하고 싶은 경우도 있다. 이럴 때는 [예제 7-10]과 같이 else 키워드를 사용한다.

예제 7-10 Go 언어의 else 구문 사용하기

```
// 조건문에서 else 키워드를 사용해 참인 경우와 거짓인 경우를 모두 처리한다.
if snmpConfigured {
    fmt.Println("SNMP is configured!")
} else {
    fmt.Println("SNMP is not configured.")
}
```

불 타입은 참 또는 거짓만 가능하다. 정수와 같은 다른 타입들은 훨씬 다양한 값을 가질 수 있다. 이 경우 다음과 같은 방식으로 추가 조건을 지정할 수 있다.

- 관계 연산자: ~보다 큼(>), ~보다 작음(<) 연산자로 수치 범위를 지정할 수 있다.
- else if 절을 사용하면 이전 표현식이 참이 아닐 경우 별도의 표현식을 평가하도록 지정할 수 있다.
- 논리합(||) 또는 논리곱(&&) 같은 논리 연산자를 사용해 한층 복잡한 표현식을 만들 수 있다.

[예제 7-11]은 보다 복잡한 표현식을 사용한 예다.

예제 7-11 Go 언어에서 복잡한 조건문 사용하기

```
var vlanID int = 1024
if vlanID < 100 {
    fmt.Println("VLAN ID is less than 100")
} else if vlanID > 100 && vlanID < 1000 {
    fmt.Println("VLAN ID is between 100 and 1000")
```

```
    } else {
        fmt.Println("VLAN ID is greater than 1000")
    }
```

때로는 일부 코드를 여러 번 반복 실행하길 원할 수 있다. 이럴 때는 반복문을 사용한다.

Go 언어에서는 for 반복문만 사용할 수 있다. for 반복문으로도 파이썬처럼 세트로 주어진 값을 순회할 수 있고 특정 조건을 충족할 때까지 일련의 지시문을 실행할 수도 있다.

반복문이 실행되는 횟수는 반복 조건문의 결과에 따라 달라진다. 일반적으로 조건문에 사용된 표현식이 참으로 평가되는 동안 반복문은 계속 실행되고, 주어진 표현식이 거짓으로 평가되면 반복문은 종료된다. 이런 이유로 많은 프로그래밍 언어에서 조건 표현식을 **종료 조건**^exit condition 이라고도 부른다.

[예제 7-12]에서는 카운터 변수 i의 값을 초기화한 다음, 반복 실행하면서 i의 값이 5 이하라 면 변수값을 화면에 출력하고, i의 값을 1씩 증가시킨다.

예제 7-12 카운터를 이용하는 간단한 반복문

```
// 1부터 5까지 반복하면서 VLAN ID를 출력한다.
// 순회할 때마다 카운터를 1씩 증가시키다가 5보다 큰 값이 되면 반복문을 중단한다.
i := 1
for i <= 5 {
    fmt.Printf("VLAN %d\n", i)
    i = i + 1
}
```

TIP_ Printf()는 fmt 패키지에 포함된 함수다. 이 함수는 Println()과 비슷하지만, 서식 문자열에 VLAN ID 값을 동적으로 삽입해 출력할 수 있다. 사용할 수 있는 서식 문자열의 구문은 fmt 패키지의 문서를 참조한다.

변수 i의 값이 5보다 커지면 반복 조건은 더 이상 참으로 평가되지 않으므로 반복 실행이 중단된다. 이 반복문의 실행 결과는 다음과 같다.

```
VLAN 1
VLAN 2
VLAN 3
VLAN 4
VLAN 5
```

간단한 반복문이라면 보통 [예제 7-13]처럼 사용하는 경우가 많다. 변수 i의 값을 초기화하고, 반복을 끝낼 종료 조건과 변수 i의 증분값을 모두 코드 한 줄에 적는다. 사용한 구문은 달라졌지만, 이 코드는 [예제 7-12]와 똑같이 동작한다.

예제 7-13 고전 방식의 단순 반복문

```
for i := 1; i <= 5; i++ {
    fmt.Printf("VLAN %d\n", i)
}
```

때로는 반복문의 동작을 보다 세밀하게 제어하고 싶을 때가 있다. 예를 들어 반복문 내부의 지시시문은 반복문이 반복될 때마다 실행되는데, 이 지시문을 끝까지 실행하지 않고 다음 반복으로 넘어가거나 반복을 멈출 수는 없을까?

이런 경우 continue 키워드와 break 키워드를 사용한다. 이 두 키워드는 Go 언어에서도 파이썬과 거의 동일하게 동작한다.

continue 키워드를 사용하면 이후 지시문을 건너뛰고, 다음 반복을 실행한다. [예제 7-14]에서는 변수 i의 값이 3인지 검사하는 조건문을 함께 사용했다. i의 값이 3이라면 변수 i의 값을 출력하기 전에 나머지 지시문은 건너뛴 후 다음 반복을 계속 실행한다.

예제 7-14 반복문에서 continue 키워드 사용

```
// continue 키워드를 사용하면 일반적인 경우보다 빨리 다음 순회로 넘어갈 수 있다.
for i := 1; i <= 5; i++ {
    if i == 3 {
        continue
    }

    // i == 3일 경우 continue 구문 때문에 이 코드는 실행되지 않는다.
    fmt.Printf("VLAN %d\n", i)
}
```

break 키워드는 종료 조건에 아직 도달하지 않았지만 반복문 전체를 종료하고 싶을 때 사용한다. [예제 7-15]에서는 종료 조건도 없는 무한 반복문에서 break 키워드를 사용한다. 이와 같은 방식으로 반복문 실행을 멈춰야 할 순간을 정확하게 제어할 수 있다.

예제 7-15 반복문에서 break 키워드 사용하기

```
vlanID = 1

for {                                          ①
    fmt.Printf("Looking at VLAN %d\n", vlanID)  ②

    if vlanID > 5 {
        break                                   ③
    }

    vlanID++
}
```

① 예제에서는 반복문의 종료 조건이 아예 없다. 이런 경우 break 구문이나 return 구문을 사용하지 않으면 무한 반복이 실행된다.

② 이 줄은 반복문이 실행되는 동안 매번 실행된다.

③ 반복문의 종료 조건이 없으므로, 여기에 사용된 break 구문이 반복문을 멈추는 유일한 방법이다.

이 예제에서는 vlanID의 값이 5보다 크면 break 구문을 호출한다. 반복문의 지시문 끝부분에서 break 구문을 호출했기 때문에 vlanID 값이 5보다 크더라도 이전 지시문은 그대로 실행된다. 따라서 종료 조건을 사용한 고전 방식의 반복문과 달리 이 예제는 여섯 줄의 결과가 표시된다.

```
Looking at VLAN 1
Looking at VLAN 2
Looking at VLAN 3
Looking at VLAN 4
Looking at VLAN 5
Looking at VLAN 6
```

한 가지 유념해야 할 부분은 기본적으로 continue문이나 break문은 해당 구문이 사용된 위치

의 반복문에만 해당 기능이 적용된다는 사실이다. 앞서 살펴본 예제는 모두 반복문이 1개뿐이었으므로 쉽게 실행 흐름을 파악할 수 있었다. 하지만 예를 들어 중첩 반복문 안에서 이러한 키워드를 사용했다면, 컴파일러가 어떤 반복문에 대한 지시문인지를 파악하기가 까다로워진다.

이어지는 절에서는 이 문제를 해결하는 방법을 소개하고, 컬렉션 타입을 살펴보면서 반복문에서 컬렉션을 사용하는 방법을 알아본다.

7.2.3 컬렉션 타입

지금까지 문자열, 정수, 불 등과 같은 Go 언어의 기본 데이터 타입을 살펴봤다. 하지만 때로는 이런 데이터 타입의 단일 인스턴스로는 충분하지 않고 여러 개의 값을 함께 사용해야 하는 경우가 있다.

프로그래밍 작업을 하다 보면 이런 경우를 흔히 접하게 되므로, 비록 용어는 다르더라도 모든 최신 프로그래밍 언어에서는 이 작업을 도와주는 기능을 제공하고 있다.

언어마다 자신만의 고유한 방식으로 일련의 값을 저장할 수 있으며, 해당 언어만 갖는 동작 방식을 따를 수도 있다. 파이썬과 같은 동적 언어에서는 **리스트**를 사용한다. 리스트는 배열과 비슷하지만 값을 저장할 수 있는 길이를 늘였다 줄였다 할 수 있으며, 다양한 타입의 값을 저장할 수 있는 등 배열보다 더 유연한 특징을 갖고 있다.

전산학 수업에서 배우는 가장 일반적인 컬렉션 타입이 바로 **배열**array이다. 배열은 단순히 특정 타입의 값을 고정된 크기의 영역에 저장한다. Go 언어에서는 [예제 7-16]과 같이 배열을 사용한다.

예제 7-16 Go 언어의 배열

```
// 길이가 3인 정수(int) 타입 배열 변수 "vlans"를 선언한다.
var vlans [3]int

// 초기화되면 인덱스로 배열에 값을 설정할 수 있다.
// 배열은 고정된 길이를 가지므로, 틀린 인덱스를 사용하면
// 컴파일러가 경고 메시지를 표시한다.
//
// 잊지 말자. 슬라이스와 배열의 인덱스는 0부터 시작한다!
vlans[0] = 1
```

```
// 배열을 선언하면서 동시에 초기화할 수 있다.
vlans2 := [3]int{1, 2, 3}
```

NOTE_ 배열은 보통 Go 언어와 같이 컴파일되는 정적 타입 언어에서 사용하는 컬렉션 타입이다. 컴파일러는 배열을 저장하는 데 필요한 메모리의 크기를 쉽게 계산할 수 있다. 64비트 컴퓨터에서 정수(int) 타입은 64비트를 차지한다. 따라서 [예제 7-16]에서 사용한 정수 배열의 크기는 3으로 정해져 있으므로, 값을 배열에 저장하기 위해 필요한 최소 메모리는 192비트다. 실제로는 패딩padding이 추가되므로 이 크기보다는 좀 더 큰 메모리 공간을 사용한다.

그러나 배열은 유연성이 떨어지므로, 실제로 배열이 사용된 Go 코드를 보는 경우는 거의 없을 것이다. 예를 들어 배열의 길이는 고정돼 있다. 배열에 어떤 요소를 추가하고 싶다면 원하는 길이의 배열을 새로 만든 다음, 이전 배열의 값을 새로 만든 배열로 직접 복사해야 한다.

다행히 Go 언어는 다른 방안을 제공한다. 바로 슬라이스다. **슬라이스**slice는 일련의 값을 저장한다는 측면에서는 배열과 비슷하지만, 훨씬 유연하게 동작한다. 예를 들어 슬라이스는 크기가 고정돼 있지 않으므로, 필요한 경우 크기가 커질 수 있다. 이런 이유로 Go 언어에서는 배열보다 슬라이스를 훨씬 많이 사용한다.

하지만 Go 언어에서 슬라이스와 배열은 동떨어져 있는 별개의 개념이 아니다. 사실 슬라이스는 배열을 기반으로 얇은 추상화 기능을 구현한 것에 불과하지만, 이 추상화 덕분에 유연성이라는 장점을 얻게 된 것이다. 단순하게 바라보면, 슬라이스란 배열의 **뷰**view라고 생각해볼 수 있다. Go 언어 블로그에서는 슬라이스를 '배열 세그먼트의 디스크립터descriptor, 기술자'라고 설명한다. 슬라이스와 내장 함수를 사용하면 슬라이스에서 사용하는 **기반** 배열의 관리를 Go 언어가 전부 알아서 처리한다는 장점을 누릴 수 있다.

슬라이스는 [예제 7-16]과 비슷한 방식으로 초기화한다. 다만 슬라이스의 크기는 생략한다. [예제 7-17]은 Go 언어에서 슬라이스를 초기화하는 몇 가지 방법을 보여준다.

예제 7-17 슬라이스 초기화 방법

```
var intSlice []int                    ①

var stringSlice []string              ②
```

```
var vlanSlice = []int{11, 22, 33, 44, 55}   ③

vlanSlice2 := []int{11, 22, 33, 44, 55}   ④
```

① 슬라이스를 초기화하는 방법은 배열을 초기화하는 방법과 비슷하다. 단지 크기만 생략하면 된다. 단, 슬라이스는 비어 있는 상태이므로, 슬라이스를 사용하려면 값을 추가해야 한다.

② 어떤 타입에 대해서든 슬라이스를 만들 수 있다. 이 예제에서는 문자열에 대한 슬라이스를 생성한다!

③ 중괄호를 사용하는 리터럴 방식을 통해 슬라이스를 초기화하면서 동시에 값도 할당할 수 있다.

④ ③과 동일하다.

앞에서 이야기한 것처럼 슬라이스는 배열보다 유연하며, 이 유연함에 따른 여러 강점 중 하나는 바로 크기가 고정돼 있지 않다는 점이다. 필요에 따라 append() 내장 함수를 사용해 슬라이스에 요소를 추가할 수 있다. [예제 7-18]을 살펴보자.

예제 7-18 슬라이스에 요소 추가하기

```
// append()는 이전 예제의 원본 슬라이스와 새로 추가할 요소를 인자로 전달받은 다음,
// 새로운 슬라이스를 반환한다.
// 첫 번째 인자에 'vlanSlice'를 전달하지 않으면 새로운 결과값으로 덮어 쓰여진다.
vlanSlice = append(vlanSlice, 66)

fmt.Println(vlanSlice) // 출력: [11 22 33 44 55 66]
```

앞에서 설명한 것처럼, 슬라이스는 Go 언어가 관리하는 기반 배열에 대한 뷰일 뿐이다. 이 뷰는 두 가지 속성을 갖고 있다.

길이length

슬라이스가 표현하는 기반 배열 세그먼트의 현재 크기

용량capacity

슬라이스의 최대 크기. 즉, '기반 배열의 크기'

[예제 7-19]와 같이 cap() 함수와 len() 함수를 사용하면 해당 슬라이스의 용량과 길이를 알수 있다.

예제 7-19 슬라이스의 용량과 길이

```
// vlanSlice가 5개의 요소를 갖도록 다시 정의하자.
vlanSlice = []int{11, 22, 33, 44, 55}

// 출력: vlanSlice cap is 5, len is 5
//
// cap() 함수는 슬라이스의 용량을, len() 함수는 슬라이스의 길이를 반환한다.
// 슬라이스를 초기화하면 기반 배열의 용량은 5이며,
// 슬라이스가 제공하는 뷰에 대한 기반 배열의 세그먼트 역시 5가 된다.
fmt.Printf("vlanSlice cap is %d, len is %d\n", cap(vlanSlice), len(vlanSlice))
```

[예제 7-19]에서 정의한 슬라이스에 새로운 값을 추가한 다음, 출력 구문을 살펴보면 두 속성의 차이점을 확인할 수 있다.

예제 7-20 데이터를 추가한 이후 바뀐 슬라이스의 용량과 길이

```
vlanSlice = append(vlanSlice, 66)

// 출력: vlanSlice cap is 10, len is 6
//
// 값을 추가하면 슬라이스 길이는 예상대로 6으로 늘어났다.
// 하지만 용량은 10이 됐다. 기반 배열의 최대 용량에 도달하게 돼
// append()가 새로운 용량을 할당했기 때문이다.
fmt.Printf("vlanSlice cap is %d, len is %d\n", cap(vlanSlice), len(vlanSlice))

// 값을 한번 더 추가한다.
vlanSlice = append(vlanSlice, 77)

// 출력: vlanSlice cap is 10, len is 7
//
// 값을 한번 더 추가하면, 길이는 7로 늘어났지만 용량은 변화가 없다.
// 용량이 길이보다 크기 때문에 append()는 새로운 기반 배열을 할당하지 않는다.
// 이미 추가 요소를 더 수용할 수 있을 정도로 충분한 여유 공간이 확보된 상태다.
fmt.Printf("vlanSlice cap is %d, len is %d\n", cap(vlanSlice), len(vlanSlice))
```

NOTE_ 메모리 재할당 방식은 코드가 실행되는 플랫폼과 데이터 타입에 따라 달라질 수 있으므로, append()를 호출하더라도 다른 재할당 값이 출력될 수 있다. 여기서 기억해둬야 할 중요한 점은 이러한 재할당 작업을 직접 관리하지 않더라도 Go 언어가 알아서 처리해준다는 사실이다.

슬라이스는 요소를 동적으로 추가할 수 있는 장점이 있지만, 잠재돼 있는 단점도 고려해야 한다. 슬라이스에 요소를 반복해 추가하다 보면 슬라이스의 길이가 용량보다 더 커질 수 있다. 이런 상황이 되면 새로운 기반 배열을 할당한 후, 사용하던 기반 배열의 각 요소를 가져와 새로운 기반 배열로 복사해야 한다.

여기서 한 가지 좋은 소식은 append()가 모든 작업을 알아서 처리해주므로 직접 구현할 필요는 없다는 점이다. 그러나 이러한 동작 방식은 성능에 상당히 부정적인 영향을 미칠 수 있다. 특히 슬라이스의 크기가 클수록 성능에 미치는 영향력도 커진다. 수백만 개의 요소로 이뤄진 슬라이스에 새로운 요소를 추가한다고 상상해보자!

이 문제를 해결하는 한 가지 방법은 make()를 사용해 슬라이스를 초기화하는 것이다. 이 함수를 사용하려면 생성할 슬라이스의 타입과 길이를 반드시 지정해줘야 한다. 또한 [예제 7-21]과 같이 필요하다면 슬라이스의 용량도 지정할 수 있다.

예제 7-21 make()로 슬라이스 용량 설정하기

```
preallocatedVlanSlice := make([]int, 2, 50)    ①

// 출력: preallocatedVlanSlice cap is 50, len is 2
fmt.Printf("preallocatedVlanSlice cap is %d, len is %d\n",
    cap(preallocatedVlanSlice), len(preallocatedVlanSlice))

preallocatedVlanSlice[0] = 1                    ②
preallocatedVlanSlice[1] = 2                    ②

for i := 3; i <= 50; i++ {                       ③
    preallocatedVlanSlice = append(preallocatedVlanSlice, i)
}

// 출력: preallocatedVlanSlice cap is 50, len is 50
fmt.Printf("preallocatedVlanSlice cap is %d, len is %d\n",
    cap(preallocatedVlanSlice), len(preallocatedVlanSlice))
```

① make()를 사용해 미리 슬라이스의 길이와 용량을 선언해주면 슬라이스의 유연성뿐만 아니라 기반 배열의 크기를 예측할 수 있게 되고, 그에 따라 성능상 이득도 함께 얻을 수 있다.

② 슬라이스의 길이가 2이므로 첫 번째 두 요소를 설정하기 위해 인덱스에 0과 1을 사용한다.

③ 이 길이를 넘어서게 되면 반드시 append()를 사용해야 한다. 현재 슬라이스의 용량이 50이므로 append()는 기반 배열을 새로 할당하지 않은 상태로 48개의 요소를 더 추가할 수 있다. 그때까지는 단지 길이만 커지면서 참조 인덱스를 증가시키므로 효율적이다!

슬라이스가 어느 정도까지 커질지를 미리 알고 있을 경우, make()를 사용하면 append()를 호출할 때 발생하는 재할당의 비용을 효과적으로 피할 수 있다.

앞에서 배운 반복문을 사용해 슬라이스를 순회할 수 있다. 이 방법은 슬라이스의 각 요소에 대해 어떤 작업을 수행하고 싶을 경우에 유용하다. [예제 7-22]에서는 슬라이스를 순회하면서 각 요소를 화면에 출력한다.

예제 7-22 for 반복문으로 슬라이스 순회하기

```go
var vlanSliceIter = []int{11, 22, 33, 44, 55}

for i := 0; i < len(vlanSliceIter); i++ {     ①
    fmt.Printf("vlanSliceIter index %d has a value of %d\n", i, vlanSliceIter[i])
}

for i := range vlanSliceIter {               ②
    fmt.Printf("vlanSliceIter index %d has a value of %d\n", i, vlanSliceIter[i])
}

for i, val := range vlanSliceIter {          ③
    fmt.Printf("vlanSliceIter index %d has a value of %d\n", i, val)
}
```

① 카운터 변수를 사용하는 for 반복문을 사용해 슬라이스를 순회할 수 있다. 카운터 변수값은 0부터 시작하며, 슬라이스 인덱스의 마지막 값까지 증가하면서 슬라이스의 각 요소를 순회한다.

② range 키워드를 사용해 동일한 작업을 수행할 수 있다. 순회할 때마다 변수 i에 슬라이스의 다음 인덱스가 설정된다.

③ range 키워드는 인덱스와 인덱스에 해당하는 값을 함께 제공한다.

range 키워드를 앞에서 배운 break문, continue문과 함께 사용하면 [예제 7–23]과 같이 특정 요소만 다루거나 전체 순회를 중단해야 하는 시점을 제어할 수 있다.

예제 7-23 슬라이스 순회 중단하기

```
// 배열이나 슬라이스에서 특정 값을 검색할 때
// 원하는 값을 찾았다면 break 구문으로 순회를 멈출 수 있다.
toFind := 33
for i, val := range vlanSliceIter {
    if val == toFind {
        fmt.Printf("Found! Index is %d\n", i)

        // 원하는 값을 찾았으므로, 더 이상의 순회는 의미가 없다.
        // break 구문으로 슬라이스 순회를 멈춘다.
        break
    }
}
```

앞에서 언급한 것처럼 continue문과 break문은 기본적으로 사용된 위치의 반복문에 적용된다. 그러므로 [예제 7–23]처럼 반복문이 하나만 있는 경우는 정말 간단하다. 하지만 여러 반복문이 중첩돼 있다면, 컴파일러는 가장 안쪽 반복문에 대해 해당 구문을 적용한다고 가정하기 때문에 이 키워드만으로 의도를 충분히 전달할 수 없다. 이 문제를 해결하려면 **레이블**label을 사용해 로컬 범위가 아닌 대상 반복문의 범위를 참조하도록 지정해줘야 한다. 깊게 중첩된 반복문의 경우 레이블로 지정한 반복문을 빠져나올 수 있다.

다양한 타입의 중첩된 슬라이스로 이뤄진 자료구조로 네트워크 장비를 표현한다고 가정해보자. 장비마다 여러 인터페이스를 가지며, 각 인터페이스는 일련의 VLAN으로 구성돼 있다. 이때 VLAN 400으로 설정된 첫 번째 장비와 인터페이스를 찾고 싶다면 중첩 반복문을 사용해야 한다. 일단 찾고자 하는 항목을 발견한 후에는 계속 순회를 이어가는 것이 무의미하므로, 바로 모든 반복문의 실행을 중단하고 싶다.

[예제 7–24]에서는 중첩 반복문 중 가장 바깥쪽 범위에 레이블을 표시한다. 따라서 가장 안쪽 반복문에서 break문을 사용했지만, 가장 바깥쪽 반복문이 중단된다.

NOTE_ [예제 7-24]에서는 구조체를 사용하고 있으며, .interface, .vlans처럼 순회하는 슬라이스를 간편하게 참조한다. 이 이름은 예제 코드에 표시하지 않은 다른 부분에서 정의한 것으로, 구조체를 살펴볼 때 설명한다. 전체 예제 코드는 언제든지 깃허브 저장소인 *https://github.com/oreilly-npa-book/examples/tree/v2/ch07-go*에서 내려받을 수 있다.

예제 7-24 반복문에서 레이블 사용하기

```
deviceloop:                                    ①
    for _, device := range devices {           ②
        for i, iface := range device.interfaces {  ③
            for _, vlanID := range iface.vlans {    ④

                if vlanID == 400 {
                    fmt.Printf("Device %s has vlan 400 configured on interface %d\n",
                        device.hostname, i)
                    break deviceloop                ⑤
                }
            }
        }
    }
```

① ②번 행 바로 앞부분에서 바깥쪽 반복문에 대해 deviceloop 레이블을 선언한다. 중첩 반복문을 사용하더라도 위치와 상관없이 레이블 이름으로 바깥쪽 반복문을 참조해 continue문이나 break문을 적용할 수 있다.

② 장비 슬라이스를 순회하는 바깥쪽 반복문이다.

③ 장비의 인터페이스 슬라이스를 순회하는 중간 반복문이다.

④ 인터페이스의 VLAN ID 슬라이스를 순회하는 가장 안쪽 반복문이다.

⑤ 그냥 break문만 사용했다면 가장 안쪽 반복문의 실행이 멈춰질 것이다. 하지만 앞에서 선언한 deviceloop 레이블을 참조했으므로, 가장 바깥쪽 반복문의 실행이 멈춰진다. 즉, 3개의 반복문이 모두 실행을 멈춘다.

continue도 비슷한 방식으로 동작한다. 특정 장비의 인터페이스만 순회하지 않고 다음 장비로 넘어가서 계속 인터페이스를 찾아보고 싶을 수 있다. 이 예제에서는 VLAN 400으로 설정된 인터페이스를 갖는 모든 장비를 출력한다. 그러나 그 과정에서 불필요한 순회는 수행하지 않고 다음으로 넘어갈 수 있다.

> **CAUTION_** 레이블은 사용된 위치가 실행 흐름에서 의미를 갖게 되므로, 중첩 반복문 문제를 해결하기 위해 사용한 레이블 때문에 코드의 유지 보수성이 나빠질 수 있다. [예제 7-24]는 간단한 코드여서 큰 문제는 없었다. 하지만 레이블을 사용하게 되면 프로그램의 실행 흐름에 따라 코드를 읽고 이해하는 것이 어려워지며, 프로그램이 점차 발전하는 과정을 거치면서 복잡도는 높아지기만 한다. 따라서 레이블을 사용했다는 것은 기존 코드를 좀 더 작은 단위로 나눠야 할 때가 됐음을 알려주는 것일 수도 있다. 이후 이어지는 절에서는 함수를 사용해 코드의 재사용 블록을 만드는 방법을 알아본다. 함수를 사용하면 보다 유지 보수를 쉽게 할 수 있는 방식으로 이 문제를 해결할 수 있다.

보다시피 슬라이스는 일련의 값을 저장하는 강력한 도구다. 그러나 Go 언어의 컬렉션 타입에는 슬라이스만 있는 것이 아니며, 경우에 따라서는 슬라이스가 최상의 선택이 아닐 수도 있다. 예를 들어 이전 예제와 같이 슬라이스에서 어떤 값을 찾는 과정에는 해당 항목의 인덱스를 모른다는 의미가 내포돼 있다. 따라서 원하는 항목을 찾을 때까지 슬라이스를 순회할 수밖에 없다. 덩치가 큰 슬라이스라면 순회하는 시간도 오래 걸릴 것이다.

때로는 키-값 데이터 구조가 더 적절한 방안일 수 있다. 즉, 주어진 **키**와 키에 대한 값을 키-값 쌍으로 구성해 저장하는 방식이다. 일단 키-값 쌍을 저장하고 나면, 값이 메모리의 어느 곳에 저장됐는지를 알지 못하더라도 키를 통해 값을 간편하게 찾을 수 있다. 또한 슬라이스, 배열과 달리 순회가 필요하지 않으므로 검색 수행 속도가 매우 빠르다.

많은 프로그래밍 언어에서 이런 종류의 데이터 구조를 사용할 수 있지만, 부르는 명칭은 저마다 다르다. 6장 '파이썬'에서는 딕셔너리라는 명칭을 사용했는데, Go 언어에서는 키-값 데이터 구조체를 **맵**map이라고 부른다. 맵을 초기화하는 방법은 슬라이스와 비슷하다. 그러나 사소한 몇 가지 차이점이 존재하고, 중요하게 고려해야 하는 사항도 있다. [예제 7-25]에서는 맵의 기본적인 사용법을 살펴본다.

예제 7-25 맵 초기화

```
// 조심! - 이 구문은 맵을 선언만 할 뿐 초기화하지 않는다.
var nilMap map[string]int
// 초기화하지 않은 맵에 값을 쓰려고 하면 런타임 패닉이 발생한다.
nilMap["foo"] = 80
```

```
// 맵을 선언하면서 동시에 초기화하는 것이 훨씬 안전하다.
// 다음은 문자열 타입의 키와 정수형 타입의 값을 갖는 맵을 선언하고 초기화한다.
// 아래 방법 모두 동일한 결과를 얻는다.
var myMap = make(map[string]int)
var myMap2 = map[string]int{}
myMap3 := map[string]int{}

// 중괄호를 사용하는 방법을 '리터럴(literal)' 메서드라고 부른다.
// 이 방식으로 맵을 초기화하면서 동시에 값을 할당할 수 있다.
vlanMap := map[string]int{
    "VLAN_100": 100,
    "VLAN_200": 200,
    "VLAN_300": 300,
}
```

6장을 이미 공부했다면, 맵을 읽고 쓰는 구문에서 사소한 차이가 있지만 대체로 익숙하게 코드를 이해할 수 있을 것이다. [예제 7-26]에서는 맵에서 값을 읽고, 새로운 키에 대한 값을 쓰고 (이미 키가 존재한다면 기존 값을 새로운 값으로 덮어 쓰고), 기존 키를 삭제해본다.

예제 7-26 맵에서 키를 읽고, 쓰고, 삭제하기

```
vlan := vlanMap["VLAN_300"]        ①
fmt.Printf("vlan is %d\n", vlan)

vlanMap["VLAN_400"] = 401          ②
vlanMap["VLAN_400"] = 400          ③

delete(vlanMap, "VLAN_300")        ④
fmt.Println(vlanMap)

fmt.Println(vlanMap["VLAN_999"])   ⑤
// 출력: 0
```

① 원하는 키를 사용해 맵에서 값을 읽는다. 이 값을 새로운 변수 vlan에 할당한다.

② 이 구문은 맵에 키-값 쌍을 추가한다. 키는 문자열 타입이고 값은 정수 타입임을 알 수 있다. 이 데이터 타입은 맵을 생성할 때 선언한 타입과 일치한다.

③ 기존 키에 대한 값을 덮어 쓴다.

④ delete() 함수로 맵에서 키-값 쌍을 삭제한다. 키-값 쌍을 삭제하려면 두 가지 인자가 필요하다. 첫 번째 인자는 맵 자체이고, 두 번째 인자는 삭제하려는 키다.

⑤ 맵에 존재하지 않는 키로 값을 읽으려 시도하면 값으로 사용하는 데이터 타입의 0에 해당하는 값이 반환된다. 이 예제에서는 0이 된다.

[예제 7-26]에서 반드시 알아둬야 할 중요한 사실은 맵에 존재하지 않는 키로 조회하더라도 오류가 발생하지 않는다는 점이다. 파이썬 등의 다른 언어에서는 존재하지 않는 키로 읽기를 시도하면 오류가 발생하지만, Go 언어에서는 맵의 값에 사용된 데이터 타입의 제로값을 반환한다.

> **TIP_** 타입의 **제로값** 즉 0에 해당하는 값은 해당 타입의 **기본값**을 다르게 표현한 것이다. 문자열 변수를 생성했지만 구체적인 값으로 초기화하지 않았다면, 이 변수의 값은 빈 문자열("")이 된다. 또한 불 변수의 경우 거짓(false)으로 할당되고, int 변수의 경우 0으로 할당된다. 이 예제에서는 맵의 값으로 사용된 타입이 정수이므로, 존재하지 않는 키로 값을 읽게 되면 0이라는 값을 되돌려받는다.

맵에 존재하지 않는 키로 조회했지만 오류가 발생하지 않고 값에 대한 제로값을 얻게 되므로, 해당 키가 실제로 존재하는지를 확인할 수 있는 방법이 중요해진다. 맵에 존재하는 키로 값을 조회했는데 그 값이 해당 타입의 제로값인 경우를 생각해보자. 이런 상황은 당연히 발생할 수 있다. 두 경우 모두 제로값을 얻게 되므로, 반환값만 갖고 맵에 실제로 키가 존재하는지를 판단하는 것은 불가능하다.

맵에서 특정 키에 대한 값을 쓰려고 할 때도 문제가 된다. 아직 해당 키가 존재하지 않는 상태라면 키-값 쌍을 추가하는 것은 전혀 문제가 되지 않는다. 하지만 이미 해당 키가 존재한다면 기존 키에 해당하는 값을 아무런 오류 없이 덮어 쓰게 될 텐데, 항상 이렇게 동작하길 원하지는 않는다. 이런 경우 키가 존재하는지 여부에 따라 기존 값을 교체할 것인지 여부를 판단할 수 있다.

다행히 Go 언어는 이런 경우에 사용할 수 있는 방안을 제공하고 있다. 맵에 키가 존재하는지 확인하는 방법과 if 조건문을 함께 사용하면 키의 존재 여부에 따라 다른 동작을 실행할 수 있다. [예제 7-27]에서 실제 사용법을 살펴본다.

```
if val, found := vlanMap["VLAN_999"]; found {          ①
    fmt.Printf("Found vlan %d\n", val)                 ②
}

if _, found := vlanMap["VLAN_999"]; !found {           ③
    fmt.Println("Did not find VLAN_999 in the map")    ④
}

if val, found := vlanMap["VLAN_400"]; found {
    fmt.Printf("Found vlan %d\n", val)                 ⑤
}
```

① 맵에 저장된 값을 키를 사용해 읽어오는 구문과 동일하다. 하지만 두 번째 불 타입 값을 선택적으로 반환 받을 수 있으며, 이 값은 found 변수에 할당된다. 구문 뒤에 이어서 세미콜론을 추가하고 found 변수명 을 적어준다. 그러면 조건문은 found 값을 검사한다. 이 값이 참이면 이미 해당 키가 맵에 있는 것이다. 불은 조건문의 전체 표현식으로 사용될 수 있다는 점을 기억하자.

② 존재하지 않는 키를 사용했다. 하지만 ①의 조건문은 키를 찾을 수 있을 경우에만 참이 되므로 이 코드는 실행되지 않는다.

③ found에 부정 연산자를 사용하면 반대 경우도 테스트할 수 있다. 이 방법으로 맵에 키가 없는지를 쉽게 확인할 수 있다. 예제에서는 키가 없는 경우에 조회된 값은 쓸모없다고 생각했으므로 val 변수 자리에 공 백 식별자인 밑줄(_)을 사용한다. 공백 식별자는 컴파일러가 조회된 값을 사용하지 않고 버리도록 알려 준다.

④ 여전히 존재하지 않는 키를 사용했지만, 이전 조건문과 달리 키가 없을 경우에만 조건문이 참이 되므로 이 코드는 실행된다.

⑤ 조건문에서 키 존재 여부를 확인한 다음, 맵에서 해당 키를 찾았다. 따라서 이 출력 구문은 실행된다.

당연히 조건문에 출력 구문 이외의 코드를 추가할 수 있다. 예를 들어 키가 존재하면 해당 키를 삭제하고, 키가 없을 경우에만 키에 해당하는 값을 저장하도록 작성할 수 있다. 맵에 해당 키가 있는지 여부를 알아낼 수 있게 됐으므로, 맵의 상태에 따라 프로그램의 동작을 결정할 수 있다.

슬라이스와 마찬가지로 맵도 키-값 쌍을 순회할 수 있다. [예제 7-28]을 보자. range 키워드 로 슬라이스를 순회한 구문과 비슷하다.

```
// 슬라이스를 사용한 것처럼 range 키워드를 사용하면
// 맵의 키-값 쌍을 손쉽게 순회할 수 있다.
// 슬라이스와 달리 맵은 순서를 갖지 않는다는 점을 알아두자.
for key, value := range vlanMap {
    fmt.Printf("%s has a value of %d\n", key, value)
}

// 맵에서 값은 필요 없고 키만 얻고 싶다면 두 번째 변수를 생략할 수 있다.
for key := range vlanMap {
    fmt.Printf("Found key %s\n", key)
}
```

지금까지 Go 언어의 내장 타입에 대해 알아봤다. 정수, 문자열, 불 등의 단일 데이터 타입도 살펴봤고, 맵과 슬라이스 등의 컬렉션 타입도 살펴봤다. 또한 조건문, 반복문과 같은 흐름 제어에 대해서도 알아봤다. 아주 간단한 프로그램이나 스크립트도 이 개념을 대부분 사용한다. 하지만 스크립트 코드가 점점 커지게 되면 코드를 재사용할 수 있는 단위로 나눠야 한다. 지금부터는 Go 언어에서 이 역할을 담당하는 함수를 살펴보자.

7.2.4 함수

대부분의 프로그래밍 언어에서는 특정 작업을 독립적으로 수행하는 코드 블록, 즉 **함수**^{function}를 생성할 수 있다. 함수를 사용해 얻을 수 있는 장점은 다음과 같다.

재사용할 수 있는 코드

함수는 개발자 자신이나 다른 개발자가 재사용할 수 있는 코드 블록을 생성한다. 예를 들어 표준 라이브러리인 fmt 패키지에는 이번 장에서 자연스럽게 사용해온 Println() 함수가 들어 있다. 텍스트를 표준 출력 장치(화면)에 표시하려면 어떻게 해야 하는지 자세히 알고 있지 않더라도, 그냥 함수만 호출하면 나머지는 해당 함수에서 모두 구현하고 있다. 복잡한 수준의 작업을 수행하는 함수를 적절히 나눠 만들어두면 향후 프로그래밍을 보다 생산적으로 수행할 수 있다.

가독성 및 유지 보수성 개선

함수는 특정 작업을 수행하는 데만 집중하므로 해당 작업이 어떤 작업인지를 더 쉽게 추론할 수 있다. 함수의 코드는 오직 단일 작업을 수행하기 위한 코드이므로, 나머지 프로그램에서는 함수 내부에서 어떻게 처리하는지를 고민할 필요 없이 함수를 호출해 사용하면 된다.

이번 장에서 이미 함수를 계속 사용했다. 지금까지 살펴본 모든 예제는 main() 함수 안에서 실행됐다. main 패키지에 들어 있는 main 함수는 최종 바이너리가 만들어져 실행될 때 자동으로 맨 처음 실행되는 함수다. [예제 7-29]는 이 과정을 보여주는 간단한 프로그램 코드다.

예제 7-29 main 함수

```
// main 함수도 다른 함수와 비슷하다. 다만 main 패키지 내에 정의된 main 함수는
// 프로그램이 실행될 때 자동으로 호출된다.
func main() {
    fmt.Println("Hello, network automators!")
}
```

자신만의 함수도 정의할 수 있다. [예제 7-30]에서는 doPrint() 함수를 직접 정의했고, 이 함수에서는 실제로 fmt.Println() 함수를 호출한다. main에서는 직접 정의한 함수를 호출한다.

예제 7-30 함수의 기본 형태

```
func main() {
    doPrint()
}

func doPrint() {
    fmt.Println("Hello network automators!")
    fmt.Println("Welcome to Network Programmability and Automation!")
    fmt.Println("Enjoy this chapter on the Go programming language.")
}
```

여러 작업을 묶어서 반복 실행하고 싶을 경우에도 함수를 사용할 수 있다. 그렇게 하면, 여러 작업을 수행하는 함수 하나만 호출하므로 main()의 코드는 훨씬 단순하게 유지되고 이해하기도 쉬워진다.

분명 이런 방식으로 함수를 사용할 수는 있지만, 완전히 독립적인 작업만 수행하는 함수가 늘

쓸모 있는 것은 아니다. 때로는 **입력**받은 값에 따라 특정 작업을 수행할 수 있어야 한다. 어떤 작업을 수행할 것인지는 함수 안에 정의할 수 있을지 몰라도, 해당 작업을 수행하기 위해 프로그램의 다른 부분에서 일종의 데이터와 같은 것을 전달받아야 하는 경우가 종종 있다. 예를 들어 fmt.Println() 함수에서 표준 출력 장치로 출력하고 싶은 문자열을 전달할 수 없다면 이 함수는 아무런 쓸모가 없을 것이다.

이런 까닭에 많은 함수가 1개 이상의 **매개변수**를 갖고 있다. 매개변수는 함수 범위 내에서 초기화돼 변수처럼 동작하지만, 함수를 호출할 때 전달한 값으로 할당된다. 매개변수는 일반 변수와 동일하게 엄격한 타입 규칙을 따르며, 매개변수의 타입은 함수 선언부에 명시적으로 선언해야 한다. [예제 7-31]에서 printMessage() 함수는 문자열 타입의 msg 매개변수를 가진다. 함수 내에서는 다른 문자열 변수처럼 msg 변수를 참조할 수 있다.

예제 7-31 매개변수를 사용하는 함수

```
func printMessage(msg string) {
    fmt.Printf("Hello network automators, today we're learning %s!\n", msg)
}
```

NOTE_ 계속 반복해서 이야기하지만, 이런 엄격한 타입 체계가 싫어서 파이썬과 같은 언어가 더 좋다고 말하는 사람도 있다. 파이썬과 같은 언어에서는 함수의 매개변수 타입을 명시적으로 정의할 필요가 없으므로 배우기 쉽게 느껴진다. 하지만 이와 같은 유연성은 프로그래머에게 적지 않은 복잡성을 수반하게 만든다. 결국 함수를 실행할 때마다 잘못된 타입을 사용해 오류가 발생하지는 않았는지를 매번 검사하는 기능을 추가해야 한다.

엄격한 타입 체계가 겉으로는 지나치게 성가신 것처럼 보일 수 있겠지만, 동적 언어를 사용할 때 발생할 수 있는 런타임 검사를 할 필요가 없어짐으로써 얻게 되는 시간적 여유와 에너지 절약을 당연한 것으로 받아들여서는 안 된다. 또한 엄격한 타입 체계는 코드를 더 쉽게 이해할 수 있도록 도와준다. 컴파일러가 똑똑해질수록 프로그램의 유지 보수가 편안해지며 프로그램은 더 안정적으로 동작한다는 사실을 기억하자.

함수는 매개변수로 입력을 받을 수도 있지만, 호출부에서 사용할 수 있는 값을 반환할 수도 있다. 보통 새로운 변수를 초기화한 후 반환값으로 사용한다. 매개변수와 마찬가지로 반환값의 타입도 명시적으로 선언해야 한다. [예제 7-32]에서는 IPv4 프리픽스로 표현된 네트워크의 이용 가능한 IP 주소의 개수를 구하는 함수를 정의한다. 이 함수를 호출하는 코드에서는 반드시 정수(int) 타입의 매개변수로 프리픽스의 길이를 전달해야 한다. 그러면 함수는 이용할 수 있는 주소의 개수를 정수(int) 타입의 값으로 반환한다.

예제 7-32 매개변수와 반환값을 갖는 함수

```
func totalIPv4Addresses(prefixLen int) int {     ①
    x := 32 - prefixLen                          ②

    addrCount := math.Pow(2.0, float64(x))       ③

    return int(addrCount)                        ④
}
```

① totalIPv4Addresses()는 주어진 길이의 IPv4 프리픽스에 속하는 IP 주소의 개수를 계산하는 함수다. prefixLen은 정수 타입의 매개변수다. 함수의 반환값 타입도 정수 타입이며, 함수의 매개변수 목록이 들어 있는 괄호 다음에 선언된다.

② IPv4 주소의 개수는 2^x개인데, 이때 x는 32에서 prefixLen 값을 뺀 값이다. 먼저 x 값을 계산한다.

③ Go 언어에는 지수 연산자가 없으므로, math 패키지에 들어 있는 Pow() 함수를 사용한다. Pow() 함수는 2개의 매개변수가 필요한데, 둘 다 float64 타입이다. 따라서 두 번째 매개변수는 내장 함수 float64()를 이용해 값의 타입을 변환한다. 첫 번째 인자인 2.0은 이미 float64 타입이다.

④ math.Pow()는 float64 타입의 값을 반환한다. 그러므로 이 값을 함수의 반환값으로 사용하려면 먼저 함수의 반환값 타입인 int 타입으로 변환해야 한다. return 키워드는 함수 실행을 즉시 중단하고 주어진 값을 반환한다.

이 함수는 값을 반환하므로, [예제 7-33]과 같이 함수 반환값을 새로운 변수에 할당해 사용할 수 있다.

예제 7-33 매개변수와 반환값이 있는 함수 호출하기

```
func main() {
    // totalIPv4Addresses()에 전달할 프리픽스의 길이를 담고 있는 변수
    prefixLen := 22

    // totalIPv4Addresses를 호출할 때 필수 매개변수로 변수 prefixLen을 전달한다.
    // 22라는 값을 바로 전달할 수도 있지만, 아래 로그 메시지에서
    // 이 값을 사용하기 위해 변수를 전달한다.
    //
```

```
    // 반환값을 새로운 변수 "addrs"에 할당한다.
    addrs := totalIPv4Addresses(prefixLen)

    fmt.Printf("There are %d addresses in a /%d prefix\n", addrs, prefixLen)
    // 출력: There are 1024 addresses in a /22 prefix
}
```

[예제 7-34]는 함수에서 여러 개의 매개변수나 여러 개의 반환값을 사용하는 방법을 보여준다.

예제 7-34 여러 개의 매개변수와 반환값을 갖는 함수

```
func main() {
    // 입력 매개변수와 반환값을 쉼표로 구분한다.
    sum, product := sumAndProduct(2, 6)
    fmt.Printf("Sum is %d, product is %d\n", sum, product)
}

// sumAndProduct는 두 정수 x, y를 받아서 합과 곱을 각각 반환한다.
//
// 입력 매개변수 x, y는 쉼표로만 구분했다. 두 매개변수 모두 정수이므로
// 매개변수 목록 뒤에서 한 번만 정수(int)로 지정할 수 있다.
//
// 또한 반환값 타입 역시 쉼표로 구분되며, 괄호로 감싸준다.
func sumAndProduct(x, y int) (int, int) {
    sum := x + y
    product := x * y
    return sum, product
}
```

지금까지 살펴본 함수는 기본 연산을 수행하는 매우 간단한 형태의 함수였으므로 실행 결과를 예측할 수 있었다. 하지만 네트워크나 파일의 입출력을 처리하는 함수에서는 해당 동작을 수행하다가 실패할 수도 있다. 실패했을 경우 어떻게 대응할지를 판단하려면 해당 동작의 성공 여부를 알 수 있어야 한다. 그래야만 동작이 실패했을 경우 사용자에게 메시지를 남기거나 실패했던 동작을 재시도할 수 있다.

Go 언어에서는 이러한 오류를 다루기 위해 특별히 error 타입을 사용한다. [예제 7-35]에서는 createVLAN() 함수의 선언부에 이 데이터 타입이 사용된 것을 볼 수 있다.

예제 7-35 error 타입을 반환하는 함수

```
func createVLAN(id uint) error {                    ①

    if id > 4096 {                                  ②
        return errors.New("VLAN ID must be <= 4096")  ③
    }

    fmt.Printf("Creating VLAN with ID of %d\n", id)  ④
    return nil
}
```

① createVLAN()은 부호가 없는 양의 정수값을 매개변수로 취하는데, 이 값은 VLAN ID를 의미한다. 함수 동작 중 문제가 발생하면 error 타입을 반환한다.

② id 매개변수에 사용된 uint 데이터 타입은 수십억 정도의 정수값을 표현할 수 있지만, VLAN ID는 4096 이하의 값을 사용해야 한다. 따라서 ID 값이 유효 범위의 최대값을 넘는지 검사한 후, 만약 최대값보다 큰 값일 경우에는 새로운 오류를 반환하도록 조건문을 추가한다.

③ New()는 errors 패키지에 들어 있는 함수로, 사용자 정의 오류 메시지를 사용해 새로운 오류값을 초기화한다.

④ id 값을 VLAN ID로 사용할 수 있는 경우에만 실행한다. VLAN 생성을 흉내 내기 위해 로그 메시지를 출력하고, 오류가 발생하지 않았음을 알려주기 위해 오류값으로 nil을 반환한다.

Go 언어에서 오류를 반환하는 함수를 호출했다면 반드시 이 오류값을 명시적으로 확인해야 한다. 대부분의 경우 함수가 값을 반환하면 오류값부터 검사해야 한다. 파이썬의 경우 오류를 적절히 해결하지 못하면 예외를 발생시켜 프로그램을 종료한다. 그러나 Go 언어는 오류가 발생했는지를 판단하기 위해 반환된 오류값이 nil 값인지를 명시적으로 확인한다. [예제 7-36]은 함수를 호출한 후 오류를 처리하는 일반적인 방식을 보여준다.

예제 7-36 오류 처리

```
// 오류 반환 타입은 변수 err에 할당하는 것이 관례다.
err := createVLAN(50)

// err의 값이 nil이 아니라면 오류가 발생했다는 뜻이다.
// 따라서 함수를 호출하자마자 이 값을 확인해야 한다.
if err != nil {
    // 가능하다면 발생한 오류를 복원하는 단계를 이곳에 구현한다.
```

```
    fmt.Println(err)
}
```

앞에서 continue문과 break문을 사용해 Go 언어의 반복문을 보다 세밀하게 제어해봤다. [예제 7-24]에서는 중첩 반복문을 사용했을 때 continue문과 break문이 적용될 반복문의 범위가 모호하지 않도록 레이블을 사용했다. 그러나 방금 배운 내용을 활용해 함수를 사용하면 레이블을 사용하는 것보다 더 편리하게 유지 보수할 수 있는 코드를 작성할 수 있다.

함수 내부의 어디에서든 return 키워드를 만나게 되면 현재 어떤 범위에 있는지와 무관하게 함수를 중단한다. 즉, 조건문이나 반복문 등의 범위에서 코드가 실행 중이더라도 함수 자체의 실행이 중단된다. 따라서 [예제 7-37]과 같이 함수 내에서 return을 적절히 사용해 함수 코드의 실행을 중단할 수 있으며, 중첩 반복문에 관한 코드를 보다 쉽고 편하게 읽을 수 있다.

예제 7-37 중첩 반복문을 중단하고 함수에서 빠져나가기

```
func returnFromNestedLoops() {
    for _, device := range devices {    ①
        for i, iface := range device.interfaces {
            for _, vlanID := range iface.vlans {
                if vlanID == 400 {
                    fmt.Printf("Device %s has vlan 400 configured on interface %d\n",
                        device.hostname, i)
                    return                 ②
                }
            }
        }
    }
}
```

① 이곳에 더 이상 레이블을 사용할 필요가 없다.

② return 키워드는 현재 함수의 실행을 즉시 중단하므로, 사실상 3개의 모든 반복문이 중단된다.

때로는 레이블을 사용하는 것보다 **return**을 사용하는 것이 훨씬 가독성이 좋을 수 있다. 이 예제에서는 계속 추적하기 까다로운 레이블을 사용하지 않았고, 함수 내에 중첩 반복문 구조가 들어 있으므로 코드가 어떻게 동작할지를 유추할 수 있게 돼 코드를 쉽게 이해할 수 있었다.

이어서 지금까지 사용했던 정수, 문자열 같은 내장 데이터 타입에서 벗어나 사용자가 데이터 타입을 정의하는 방법과 이를 활용하는 Go 언어의 다양한 기능을 알아본다.

7.2.5 구조체

때로는 정수, 불, 문자열 등과 같은 내장 데이터 타입만으로는 복잡한 논리적, 물리적 구조를 표현하기에 부족할 수 있다. 예를 들어 스위치, 라우터와 같은 네트워크 장비를 표현하려면 어떤 내장 데이터 타입을 사용해야 할까? 문자열로 표현할 수 있을까? 장비의 호스트명은 문자열로 표현할 수 있겠지만, 그것이 표현할 수 있는 전부다. 장비의 포트 배치, 설정, 운영 상태 등은 어떻게 표현할까? 좀 더 간단한 예제를 생각해보자. VLAN 구성을 관리하는 프로그램에서도 VLAN을 표현하려면 VLAN ID와 VLAN 이름이라는 두 가지 속성이 필요하다.

이해하기 쉽고 유지 보수가 용이한 코드를 작성하려면 이와 같은 구조를 모델링하는 방법이 중요하다. Go 언어에서는 자신만의 타입을 **구조체**로 정의할 수 있다. 구조체는 타입을 가진 속성, 즉 필드[field]로 이뤄진다. 이때 필드의 타입으로는 내장 데이터 타입뿐만 아니라 다른 구조체 타입도 사용할 수 있다. [예제 7-38]에서 사용된 **vlan** 구조체 타입은 **id**와 **name**이라는 2개의 필드로 정의된다.

예제 7-38 구조체 정의

```
// 사용자 정의 구조체인 vlan을 정의한다.
// 단지 정의만 해둘 뿐이다. 나중에 구조체의 인스턴스를 실제로 생성한다.
type vlan struct {

    // id와 name은 vlan 구조체의 필드다.
    // 각 필드마다 타입 정의를 가진다(이 경우 uint와 string으로 정의한다).
    id    uint
    name  string
}
```

NOTE_ Go 언어는 파이썬에 비해 객체 지향 언어의 특성을 훨씬 적게 갖고 있다. Go 언어는 파이썬 등에서 볼 수 있는 전통적인 객체 지향 언어의 특징인 상속 등을 지원하지 않는다. Go 언어의 구조체는 6장에서 살펴본 파이썬의 클래스와 매우 비슷한 개념으로 생각할 수 있다. 파이썬 클래스와 마찬가지로 구조체는 속성(필드)과 동작(메서드)으로 실제 객체를 모델링한다.

[예제 7-39]에서는 vlan 타입 구조체의 인스턴스를 생성해 단일 변수에 값을 저장한다. 변수는 하나의 객체이며, 각 필드의 값으로 VLAN의 ID와 이름을 모두 저장한다.

예제 7-39 구조체의 인스턴스 생성

```
// 리터럴 구문을 사용해 vlan 타입의 인스턴스를 생성한다.
//
// 각 필드를 값으로 채울 수도 있고, 그대로 남겨둘 수도 있다.
// 그대로 남겨두면 해당 필드 타입의 제로값으로 설정된다.
myVlan := vlan{
    id:   5,
    name: "VLAN_5",
}

// 인스턴스를 생성했으므로 필드에 값을 설정할 수 있다.
myVlan.id = 6
myVlan.name = "VLAN_6"
```

앞에서 언급한 것처럼 유효한 VLAN ID는 반드시 4096 이하의 값을 가져야 한다. 그러나 위와 같이 바로 구조체의 인스턴스를 생성하게 되면 id 필드의 값에 uint 타입이 표현할 수 있는 모든 정수값을 설정할 수 있게 되므로, 유효한 VLAN ID보다 큰 값이 저장될 수 있다.

이처럼 제약 사항을 확인해야 하는 경우 [예제 7-40]과 같이 생성자 함수를 사용해 구조체의 인스턴스를 만들기도 한다. 이 함수는 구조체 타입의 인스턴스 생성에 필요한 매개변수를 전달받은 다음, 매개변수로 전달된 값이 유효한지를 추가로 검사한다.

예제 7-40 생성자 함수로 구조체 인스턴스 생성하기

```
func NewVLAN(id uint, name string) (vlan, error) {        ① ②
    if id > 4096 {
        return vlan{}, errors.New("VLAN ID must be <= 4096")   ③
    }
```

```
    return vlan{                                          ④
        id,
        name,
    }, nil
}
```

① NewVLAN()은 생성자 함수로 vlan 인스턴스를 생성해 반환한다. 이때 id 필드는 항상 유효한 VLAN ID 값이라는 점을 보장할 수 있다. 함수 이름은 대문자로 시작했는데, 이는 **익스포트**export된 함수, 즉 현재 패키지 밖에서도 이용할 수 있는 함수라는 의미다.

② 이 함수는 반환 타입이 둘이다. 첫 번째 반환값은 vlan 타입이고, 두 번째 반환값은 error 타입이다.

③ error에 nil이 아닌 값을 반환할 경우에는 관례상 함께 반환하는 구조체 타입을 제로값 형태로 반환한다. ④에서와 같이 빈 중괄호를 사용해 구조체의 제로값을 반환한다.

④ id 매개변수의 값이 유효 조건을 만족한다는 점을 이미 확인했으므로, 여기서는 id 변수와 name 변수를 필드로 전달해 vlan 타입의 인스턴스를 생성한 후 return 구문으로 반환한다.

실무에서는 구조체의 인스턴스를 생성할 때 단순히 고정 값으로 필드 값을 채우는 것 이상의 작업이 필요한 경우가 많다. 구조체를 필요한 정보로 채워 넣으려면 복잡한 구성 작업이 필요한 상황도 이따금씩 발생한다. 구조체의 인스턴스를 생성하는 데 필요한 로직을 생성자 함수에 모두 포함시키면 사용자는 손쉽게 단일 함수만 호출해 구조체의 인스턴스를 획득할 수 있다.

> **NOTE_** [예제 7-40]에서 생성자 함수를 익스포트된 함수라고 설명했다. 즉, 현재 패키지 밖에서도 이 함수를 이용할 수 있다는 의미다. 생성자 함수는 보통 익스포트된 함수로 정의한다. 생성자 함수는 구조체 인스턴스를 생성하기 위한 보다 안정적인 API를 제공하며, 예제와 같이 ID 범위에 대한 검사 등 추가 작업도 함께 수행한다. 익스포트된 함수의 차이점은 7.4절 '패키지와 모듈'에서 다룬다. 당분간은 지금처럼 main 패키지 안에서만 해당 함수를 사용한다.

구조체의 필드를 정의할 때 다른 구조체 타입도 사용할 수 있다. [예제 7-41]에서는 device 구조체를 정의할 때 [예제 7-38]에서 정의한 vlan 구조체를 필드 타입으로 사용한다.

예제 7-41 구조체 필드 타입으로 다른 구조체 사용하기

```
type device struct {
    hostname string
```

```
    // 아래 vlan은 device 구조체의 필드로, vlan 인스턴스의 슬라이스 타입이다.
    vlans []vlan
}
```

하지만 구조체로 모델링하려는 물리적 혹은 논리적 구조는 단순히 메모리에 저장하는 속성으로만 이뤄지지는 않는다. 구조체가 무언가를 표현하는 것이라면 구조체가 어떤 동작을 하는지도 표현할 수 있어야 한다. 따라서 구조체의 동작을 표현할 수 있는 방법, 즉 메서드를 가질 수 있다.

7.2.6 메서드

메서드는 매개변수, 반환 타입, 함수에서 사용했던 **return**과 같은 키워드를 사용한다는 점에서 함수와 비슷하지만, **리시버**receiver를 가진다는 점에서 함수와 큰 차이가 있다. 리시버는 함수의 매개변수와 비슷하며 매개변수와 마찬가지로 함수 본문에서 사용할 수 있지만, 항상 정의된 구조체의 인스턴스를 의미한다. 또한 리시버는 함수의 매개변수를 선언하는 위치가 아니라 메서드명 앞에 선언한다.

실제 동작하는 모습을 살펴보자. [예제 7-42]에서는 [예제 7-41]에서 정의한 **device** 타입에 대해 장비의 호스트명을 화면에 출력하는 메서드를 정의한다.

예제 7-42 구조체에 메서드 정의하기

```
type device struct {
    hostname string
    vlans []vlan
}

// printHostname은 명시적인 매개변수를 갖지 않는다.
// 하지만 device 타입의 리시버 d를 가진다.
func (d device) printHostname() {
    // 메서드 본문에서 d를 참조해 구조체 인스턴스의 필드를 이용할 수 있다.
    fmt.Println(d.hostname)
}
```

메서드는 구조체의 **인스턴스**에 선언된 함수로 정의할 수 있으므로, [예제 7-43]에서는 **device** 구조체의 인스턴스를 먼저 생성한 다음 이 인스턴스에 **printHostname()** 메서드를 호출한다.

예제 7-43 메서드 호출

```
// 메서드는 구조체 인스턴스에 정의된다.
// 그러므로 myDevice 변수에 device의 인스턴스를 먼저 생성해야 한다.
myDevice := device{hostname: "r1"}

// 패키지(예: fmt)에 들어 있는 함수는 호출할 수 있지만
// 메서드는 위와 같이 구조체의 인스턴스를 생성한 다음에 호출할 수 있다.
//
//
// 이 메서드가 hostname 매개변수를 가질 필요가 없다.
// 암묵적으로 리시버가 전달되므로, 메서드는 이미 리시버의 hostname 필드에 접근할 수
있다.
myDevice.printHostname() // 출력: "r1"
```

호스트명을 설정하는 메서드를 만들면 어떨까? 설정 메서드를 구현해 호스트명의 길이 제한 조건을 검사하는 등 다양한 방식으로 이용할 수 있다. [예제 7-44]에서는 메서드 외부에서 구조체 인스턴스에 필드 값을 할당하는 것처럼 리시버의 필드에도 새로운 값을 할당한다.

예제 7-44 setHostname() 메서드 정의

```
func (d device) setHostname(hostname string) {
    // hostname 매개변수의 길이가 10보다 크면, 슬라이싱을 통해
    // 열 글자까지만 유지하고 나머지는 잘라버린다.
    if len(hostname) > 10 {
        hostname = hostname[:10]
    }

    // 결과값을 리시버 d의 hostname 필드에 할당한다.
    d.hostname = hostname
}
```

하지만 이 메서드를 실행한 다음 printHostname()을 호출해보면 [예제 7-45]와 같이 조금 이상한 결과를 얻게 된다.

예제 7-45 setHostname()을 호출했음에도 의도대로 호스트명이 갱신되지 않음

```
myDevice.printHostname() // 출력: "r1"
myDevice.setHostname("r2")
myDevice.printHostname() // 출력: "r1" ??
```

흥미롭게도 setHostname()을 호출할 때 r2 값을 전달했지만, 다시 printHostname()을 호출하면 여전히 r1이 출력된다. r1 값은 이전 예제에서 구조체를 초기화할 때 사용했던 이전 호스트명이다.

왜 이렇게 동작하는지를 이해하려면 포인터 개념을 알아야 한다. 프로그래밍을 처음 접했거나 주로 파이썬으로 개발해왔다면 포인터 개념을 자주 접하지는 못했을 것이다. 저수준 코드를 작성하지 않았다면 다소 고급 주제로 느껴지겠지만, 겁먹을 필요는 없다. Go 언어는 다른 언어에 비해 훨씬 쉽게 포인터 개념을 다룰 수 있다.

대부분의 프로그래밍 언어에서는 함수나 메서드를 호출하면 프로그램이 내부적으로 **스택**^{stack}이라 알려진 메모리 영역에 실행할 함수를 위한 추가 메모리를 할당한다. 특정 함수를 위해 할당된 스택 영역을 **스택 프레임**^{stack frame}이라 부르는데, 이는 함수가 실행되는 동안 함수에서 필요한 값을 저장하기 위해 사용하는 메모리 영역이다. 물론 일반적으로 매우 빠르게 동작한다.

Go 언어는 보통 **값에 의한 전달**^{call by value} 방식의 언어라고 말한다. 이 동작 방식을 살펴보면, 함수나 메서드를 호출할 때마다 스택 메모리를 할당하고 함수의 모든 인자를 스택 메모리 공간으로 **복사한다**. 메서드에서는 리시버도 함께 복사하므로, [그림 7-1]과 같이 리시버 필드의 구성 역시 스택 프레임 공간으로 복사된다.

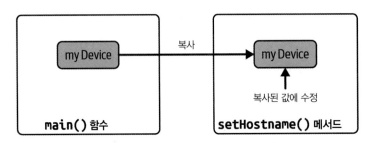

그림 7-1 값 리시버 변경

[예제 7-44]에서 리시버 d의 hostname 필드 값을 변경했지만, 사실 이 코드는 메서드에 있는 리시버 복사본의 필드 값을 변경한 것이다. 메서드 밖에 있는 myDevice, 즉 메서드가 복사해서 가져온 원본은 main() 함수에 선언돼 있고, 원본의 값은 이전 호스트명인 r1 값을 그대로 유지하고 있다. 복사본의 값만 변경했으므로, 함수가 종료되면 복사본은 버려지면서 원본 myDevice는 아무런 영향을 받지 않은 상태로 유지된다.

그렇다면 원본 값을 변경할 수 있는 방법이 필요하다. 하지만 Go 언어는 함수나 메서드를 호출할 때 모든 값이 복사하는 방식으로 전달되는데 어떻게 원본을 변경할 수 있을까? Go 언어에서는 **포인터**를 사용한다. 이때 사용되는 리시버를 **포인터 리시버**pointer receiver라 부른다. 포인터는 그 이름에서 알 수 있듯이 값이 저장된 특정 메모리 주소를 가리킨다. 예제에서 구조체를 구성하는 모든 필드의 값을 메서드의 스택으로 복사하는 대신 포인터, 즉 구조체의 값을 가리키는 메모리상의 주소를 복사한다. 이렇게 되면 [그림 7-2]와 같이 setHostname()에서 원본 값을 변경할 수 있다.

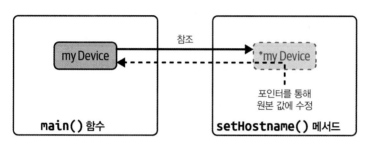

그림 7-2 포인터 리시버를 통한 원본 값 변경

메서드에서 구조체의 포인터로 전달받은 필드의 값을 변경하므로, 스택 프레임이 사라지더라도 구조체 인스턴스 원본의 값이 변경돼 변경된 값이 유지된다. 경우에 따라서는 언어 런타임에서 원본 값을 스택이 아닌 **힙**heap 메모리 영역에 저장할 수도 있다. 하지만 힙 영역의 메모리를 할당하는 비용은 스택 메모리 영역을 사용하는 것보다 비싸다. 그러나 원본 값을 변경해야 한다면 이러한 절충안도 고려해볼 만하다.

예제의 setHostname() 메서드에서 값 리시버 대신 포인터 리시버를 사용하도록 변경해야 한다. 다행히 변경하는 방법은 정말 간단하다. 리시버 타입 바로 앞에 별표(*)를 추가해주면, 이제부터 리시버는 device의 사본이 아니라 device의 **포인터**임을 의미한다. 따라서 리시버 d의 필드 값을 변경하면 main() 함수에서 생성한 원본 myDevice 인스턴스의 필드 값이 변경된다. [예제 7-46]에서는 포인터 리시버를 사용해 device 구조체의 hostname 필드 값을 변경한다.

예제 7-46 포인터 리시버를 사용하는 setHostname() 메서드

```
// device 리시버 타입 앞에 별표가 붙어 있으므로, 포인터 리시버를 가진다.
// 즉, 여기서 hostname 필드 값을 설정하면 이 구조체 인스턴스의 원본 값도 바뀐다.
```

```
func (d *device) setHostname(hostname string) {
    // hostname 매개변수의 길이가 10보다 크면, 슬라이싱을 통해
    // 열 글자까지만 유지하고 나머지는 잘라버린다.

    if len(hostname) > 10 {
        hostname = hostname[:10]
    }

    // 결과값을 리시버 d의 hostname 필드에 할당한다.
    d.hostname = hostname
}

func main() {

    myDevice := device{hostname: "r1"}

    // setHostname() 메서드를 포인터 리시버와 함께 선언했으므로
    // 여기서 myDevice 변수로 표현되는 원본 인스턴스의 hostname 필드 값이 바뀐다.
    myDevice.setHostname("r2")
    myDevice.printHostname() // 결과: r2
}
```

NOTE_ 단지 기존 구조체나 메서드를 사용하는 경우라면, 대부분 값 리시버인지 포인터 리시버인지를 신경 쓸 필요가 없다. Go 언어가 알아서 처리해줄 뿐만 아니라 두 경우 모두 함수를 **호출하는** 방법에서 바뀐 점이 없기 때문이다. 하지만 항상 옳다고만 할 수는 없는데, 다음 절에서 예외적인 경우를 자세히 살펴본다.

'모든 곳에 포인터 리시버를 사용하면 안 될까?'라는 의문이 생길 수도 있다. 항상 포인터 리시버를 사용하게 되면 이런 문제가 아예 발생하지 않을 것이므로 더 편리하게 보일 수도 있다. 프로그램이 성능에 특별히 민감하지 않다면 그렇게 하는 것도 실용적인 접근 방식일 수 있지만, 그렇지 않다면 여러 가지를 더 많이 고려해야 한다.

예를 들어 스택으로 값을 복사하는 방식이 좋지 않은 것처럼 보일 수 있지만, 스택 메모리는 컴파일할 때 미리 계산돼 프로그램이 시작될 때 할당되므로 보통 실행 속도가 매우 빠르다. 반면 포인터 리시버를 사용하면 힙 메모리를 할당하는 경우가 많은데, 힙 메모리는 런타임에서 운영체제에게 매번 요청해 만들어야 하므로 연산 비용이 많이 든다. 따라서 리시버 값의 크기가 작고 수정할 필요가 없을 경우에는 포인터 리시버를 사용하지 않는 것이 최선이다. 하지만 리시

버 값이 클 경우, 특히 메서드를 여러 번 반복 호출하게 된다면 포인터 리시버를 사용하는 것이 좋은 방안이다. 스택으로 모든 값을 복사하려면 비용이 많이 들지만, 포인터는 일단 포인터가 가리킬 메모리를 할당하고 나면 포인터를 전달하는 연산 비용이 매우 저렴하다. 이런 경우라면 값을 변경하지 않더라도 포인터 리시버를 사용하는 것이 더 나을 수도 있다.

> **CAUTION_** Go 언어를 비롯한 많은 프로그래밍 언어에서 단순히 코드만 보고 스택에 할당하는 것이 나을지, 힙에 할당하는 것이 나을지를 늘 판단할 수 있는 것은 아니다. 수많은 고려 사항과 구현에 관련된 최적화 항목에 따라 결정이 달라질 수 있다. 하지만 이와 관련된 내용은 이번 장에서 다룰 범위를 훌쩍 뛰어넘는 주제이므로 따로 설명하지 않는다.

불행히도 성능 분석에 대해 확실한 한 가지 해결 방안을 제시할 수는 없다. 성능이 중요하다면 프로파일러를 사용해 프로그램에서 최적화할 수 있는 영역이 어디인지를 찾아봐야 한다. 대부분의 경우, 특히 막 프로그래밍을 시작하는 초보 네트워크 자동화 프로그래머라면 성능에 대해 너무 걱정하지 않아도 된다. 그 대신에 메서드를 정의할 때 원본 값을 변경해야 한다면 포인터 리시버, 그렇지 않다면 값 리시버를 사용해야 한다는 일반적인 가이드라인을 따르자.

이어서 엄격한 타입 체계의 장점은 유지한 채로 더욱 유연한 API를 만들 수 있는 Go 언어의 강력한 기능인 인터페이스에 대해 알아본다.

7.2.7 인터페이스

이전 예제에서 살펴본 것처럼 구조체도 함수의 매개변수로 사용할 수 있으므로, 정수, 문자열처럼 단순한 내장 데이터 타입뿐만 아니라 보다 복잡한 데이터 타입도 함수에 전달할 수 있다. 하지만 엄격하게 정의된 구체 타입을 사용해야 한다는 점 때문에 유연성이 떨어질 수 있다.

네트워크 장비의 호스트명을 출력하는 함수를 설계해보자. 이미 Router 사용자 정의 타입을 만들어뒀다. 이 타입은 hostname 필드를 비롯해 라우터와 관련된 VRF 목록 등의 추가 필드를 갖고 있다. [예제 7-47]은 이 타입을 사용하는 함수다.

예제 7-47 구체 타입을 함수의 매개변수로 사용하기

```
type Router struct {
    hostname string
    vrfs     []string
}

// 이 함수는 구체 타입인 'Router' 구조체를 전달받는다.
// 그러므로 함수를 호출할 때 다른 타입은 사용할 수 없다.
func printHostname(device Router) {
    fmt.Printf("The hostname is %s\n", device.hostname)
}
```

이 방식에는 한 가지 큰 단점이 있는데, **device** 매개변수가 Router 타입이어야 한다. 즉, Firewall이나 Switch와 같은 다른 타입이 hostname 필드를 갖고 있더라도 **device** 타입 대신 이 함수에서 사용할 수 없다. 어쩔 수 없이 매개변수로 사용할 여러 타입마다 함수를 따로 만들 수밖에 없다. 그러다 보면 코드가 점점 지저분해진다. 더 나은 방법은 없을까?

있다! 이런 경우 실제로 필요한 것은 특정 타입이 아니라 타입이 가져야 하는 특정 동작인 경우가 많다. 위 예제에서 매개변수의 타입에는 관심이 없지만, 매개변수가 hostname 필드를 가져야 한다는 점은 중요하다. 현재 Go 언어에서는 매개변수에서 특정 필드를 갖는 모든 타입을 허용할 방법이 없지만(제너릭과는 미묘한 차이가 있다), 특정 **메서드**를 구현하고 있는 모든 타입을 허용할 수는 있다. 이때 사용되는 방법이 바로 인터페이스다.

인터페이스를 사용하면 특정 타입이 수행하길 원하는 동작을 기술할 수 있다. 반드시 하나 이상의 메서드(매개변수와 반환 타입을 가짐) 세트가 필요하며, 매개변수를 선언할 때 구체 타입 대신 인터페이스 타입을 사용한다. 인터페이스에 기술된 요구 사항을 구현하는 구체 타입은 모두 해당 메서드를 사용할 수 있다. 이와 같이 인터페이스에 기술된 메서드를 모두 구현하는 구체 타입에 대해 해당 인터페이스를 '만족한다' 또는 '구현한다'라고 일컫는다. [예제 7-48]은 인터페이스를 사용해 GetHostname() 메서드를 구현하고 있는 모든 타입을 포착하는 방법을 보여준다.

예제 7-48 인터페이스를 함수의 매개변수로 사용하기

```
type Hostnamer interface {          ①
    GetHostname() string
```

```
}

type Router struct {
    hostname string
    vrfs     []string
}

func (r Router) GetHostname() string {   ②
    return r.hostname
}

func printHostname(device Hostnamer) {   ③
    fmt.Printf("The hostname is %s\n", device.GetHostname())
}
```

---

① 이 인터페이스 타입은 매개변수 없이 단일 문자열 반환 타입만 갖는 GetHostname() 메서드를 구현하는 구체 타입이다.

② 이 메서드를 구현했으므로 Router 타입은 Hostnamer 인터페이스를 만족한다.

③ 함수에서는 device 매개변수의 타입으로 Hostnamer 인터페이스를 사용한다. 따라서 해당 인터페이스를 구현하는 타입이라면 타입이 무엇이든 이 함수를 사용할 수 있다.

이제는 Router 구체 타입만 사용할 수 있는 것이 아니며, Hostnamer 인터페이스를 만족하는 모든 타입을 함수에서 사용할 수 있으므로 유용성이 높아졌다. 예를 들어 [예제 7-49]에서는 Firewall과 Switch에도 Hostnamer 인터페이스를 구현한다.

예제 7-49 Hostnamer 인터페이스에 대한 구체 타입 추가

```
type Switch struct {
    hostname string
    vlans    []int
}

func (s Switch) GetHostname() string {
    // r.hostname을 그대로 반환해야 하는 것은 아니다.
    // 메서드 안에서 Hostnamer 인터페이스를 어떻게 구현하더라도 아무 영향을 미치지
않는다.
    // 이 구현에서는 호스트명 앞에 'switch-'를 붙였다!
    return fmt.Sprintf("switch-%s", s.hostname)
}
```

```go
type Firewall struct {
    hostname string
    zones    []string
}

func (f Firewall) GetHostname() string {
    return fmt.Sprintf("firewall-%s", f.hostname)
}
```

각 구체 타입이 Hostnamer 인터페이스를 만족하므로 모두 printHostname()의 매개변수로 사용할 수 있다.

인터페이스에 정의한 메서드의 구체적인 구현 내용은 중요하지 않지만, 메서드의 서명signature은 반드시 동일해야 한다. [예제 7-49]의 GetHostname() 메서드에서는 호스트명 앞에 switch- 또는 firewall- 문자열을 붙인 후 반환한다.

> **NOTE_** Go 언어는 컴파일할 때 인터페이스를 만족하는지 확인하므로, 인터페이스의 매개변수 타입이 해당 인터페이스를 구현하지 않았다면 아예 컴파일되지 않는다. 이런 확인 과정은 암묵적으로 이뤄진다. Go 컴파일러는 printHostname()에서 봤듯이 프로그램에서 실제로 특정 타입을 매개변수로 사용했을 경우에만 해당 타입에 기대되는 인터페이스를 구현하고 있는지를 확인한다. 이런 동작 방식은 해당 타입이 전혀 사용되지 않더라도 인터페이스나 특질trait을 만족한다고 명시적으로 선언해야 하는 러스트, 자바 등의 언어와 대조된다.

잠시 메서드의 리시버로 되돌아가보자. 리시버는 암묵적으로 전달된 매개변수로, 메서드가 정의된 객체의 인스턴스에 대한 핸들을 제공한다. 값 리시버와 포인터 리시버가 있으며, 모두 나름의 장단점을 갖고 있다.

함수를 호출하는 대부분의 경우 값 리시버를 사용하는지, 포인터 리시버를 사용하는지는 전혀 신경 쓸 필요가 없다. 이는 세부 구현과 관련된 사항으로, 메서드를 호출하는 방법은 동일하다. 하지만 인터페이스를 사용한다면 예외적으로 약간의 추가 작업이 필요하다. 이와 관련된 내용을 좀 더 알아보자.

이전 예제에서 Trimmable 인터페이스를 정의한다. 이 인터페이스는 Hostnamer 인터페이스와 동일한 메서드를 포함하고 있으며, 추가로 TrimHostname() 메서드를 포함한다. Router

타입이 Trimmable 인터페이스를 만족하도록 TrimHostname() 메서드를 구현한다. 끝으로, Trimmable 인터페이스 타입을 매개변수로 전달받는 printHostnameTrimmed() 함수를 새로 만든다. 이 함수는 호스트명의 최대 표시 길이를 정수 타입의 매개변수로 전달받는다. 이 길이보다 긴 호스트명은 축약돼 표시된다. [예제 7-50]의 코드를 살펴보자.

예제 7-50 포인터 리시버 메서드를 가진 Trimmable 인터페이스 구현

```
type Trimmable interface {                                      ①
    TrimHostname(int)
    GetHostname() string
}

func (r *Router) TrimHostname(length int) {                     ②
    if len(r.hostname) > length {                               ③
        r.hostname = r.hostname[:length]
    }
}

func printHostnameTrimmed(device Trimmable, trimLength int) {
    device.TrimHostname(trimLength)                             ④

    fmt.Printf("The device hostname trimmed to %d characters is %s\n",  ⑤
        trimLength, device.GetHostname())
}
```

① 보다시피 인터페이스는 1개 이상의 메서드를 지정한다.

② 보통 리시버의 필드 값을 변경하려면 포인터 리시버를 사용한다는 점을 기억하자. 포인터 리시버를 사용하지 않으면 리시버 복사본의 값을 변경할 뿐이다.

③ 이 구문에서 length 매개변수보다 긴 호스트명 문자열을 잘라낸다. 물론 짧은 경우라면 아무 일도 일어나지 않는다.

④ Trimmable 인터페이스에는 TrimHostname() 메서드를 사용할 수 있다고 정의돼 있으므로, 여기서 해당 메서드를 사용한다.

⑤ Trimmable 인터페이스에는 GetHostname() 메서드도 사용할 수 있다고 정의돼 있으므로, 축약된 호스트명을 가져올 때도 사용한다.

그럼 Router 인스턴스를 생성해 printHostnameTrimmer()에 전달하면 어떻게 동작할까? [예

제 7-51]과 같이 시도해본다.

예제 7-51 컴파일 오류 – Router가 Trimmable을 구현하지 않음

```
rtr := Router{hostname: "rtr1-dc1"}

// 컴파일 실패!
//
// 컴파일러 오류 메시지
// ./10-interfaces.go:23:23: cannot use rtr (variable of type Router) as
//       type Trimmable in argument to printHostnameTrimmed:
// Router does not implement Trimmable (TrimHostname method has pointer receiver)

printHostnameTrimmed(rtr, 4)
```

이 코드는 컴파일되지 않는다! 컴파일러가 알려주는 메시지는 얼핏 암호문처럼 복잡해 보이지만, Router가 Trimmable 인터페이스를 구현하지 않았다고 말하고 있다.

Router 타입에서 TrimHostname() 메서드를 정의한 방법에는 아무런 문제가 없기 때문에 오해의 소지가 있어 보인다. 이론상으로 Router 타입이 Trimmable 인터페이스를 만족하므로 이 메서드는 매개변수로 사용할 수 있어야 한다. 오히려 문제는 printHostTrimmed() 함수에 전달한 내용에 있다.

Go 언어에서 타입의 **메서드 세트**^{method set}는 해당 타입에서 호출할 수 있는 메서드를 결정한다. 이전 예제에서 살펴본 것처럼 타입은 값, 포인터, 인터페이스 등 여러 형태로 표현될 수 있다. 어떤 타입을 사용하는지에 따라 이용할 수 있는 메서드 세트도 달라진다. [예제 7-51]에서는 printHostnameTrimmer()에 값을 전달한다. 하지만 이러한 값에 대한 메서드 세트에는 포인터 리시버로 정의된 메서드가 포함돼 있지 않으므로, TrimHostname() 메서드는 존재하지 않는 것과 마찬가지인 셈이 된다! 이로 인해 컴파일러는 Trimmable 인터페이스를 구현하지 않았다고 판단한 것이다.

반면 타입에 대한 **포인터**의 메서드 세트는 값 리시버 타입의 메서드뿐만 아니라 TrimHostname()과 같은 포인터 리시버 타입의 메서드도 모두 포함한다. 따라서 Trimmable 인터페이스를 구현한 Router를 사용하려면 printHostnameTrimmed() 함수를 호출할 때 값이 아니라 포인터로 전달해야 한다. 다행히 이 작업은 [예제 7-52]와 같이 쉽게 변경할 수 있다.

```
// 앰퍼샌드(&) 기호를 사용해 값에 대한 포인터를 만든다.
// rtr은 Router 타입이지만, rtrPointer는 Router 타입에 대한 포인터인 *Router 타입이다.
rtrPointer := &rtr

// printHostnameTrimmed()에 값 대신 포인터(*Router)를 전달했으므로 이제 동작한다.
// Trimmable을 만족하기 위해 필요한 메서드가 이제 메서드 세트에 포함됐다는 의미다.
printHostnameTrimmed(rtrPointer, 4)

// 또한 별도 변수를 정의하지 않고도 한 번에 모든 작업을 수행할 수 있다.
printHostnameTrimmed(&rtr, 4)
```

인터페이스를 사용하면, 정적 타입 체계가 제공하는 컴파일 시점의 안전성이라는 장점은 그대로 누리면서 동시에 재사용할 수 있는 인체공학적 API를 만들기 위해 필요한 유연성도 갖추게 된다. 인터페이스는 Go 프로그램 및 라이브러리에서 다양한 형태로 사용되고 있으며, Go 언어의 표준 라이브러리로 제공되는 많은 함수에서 인터페이스 매개변수를 사용한다.

이것으로 Go 언어의 기본 개념에 대한 학습을 마무리한다. 지금까지 살펴본 개념을 기반으로 삼아 Go 언어와의 여정을 시작할 준비를 마쳤다. 다음 절에서는 Go 언어를 효과적으로 활용하기 위해 반드시 알아둬야 할 몇 가지 고급 개념을 알아본다.

7.3 고급 개념

지금까지 Go 언어의 아주 기본적인 개념들을 중점적으로 살펴봤다. Go 언어로 뭔가를 만들기 위해서는 반드시 알고 있어야 하는 내용인데, 그중 일부는 다른 개념에 비해 훨씬 수월하게 이해할 수 있었을 것이다. 예를 들어 파이썬을 사용해본 적이 있다면 반복문이나 조건문은 이미 익숙하기에 쉽게 이해할 수 있었겠지만, 인터페이스나 엄격한 타입 체계와 같은 개념은 이전에 다뤄본 적이 없다면 다소 어렵게 느껴졌을 것이다. 하지만 Go 언어를 제대로 활용하고 싶다면 이 모든 개념을 명확히 이해해야 한다.

이번 절에서는 기본 개념보다 좀 더 어려운 고급 주제를 살펴본다. 여기서 '고급 주제'라는 표현을 썼는데, 이 내용을 몰라도 된다거나 절대 마주치지 않을 주제라는 뜻은 아니다. 오히려, 이 책에서 조금 다루긴 하지만 제대로 이해하려면 별도의 노력이 필요하다는 의미다. 여기서는 고급 주제에 관한 내용을 간략히 소개하는 수준에서 예제를 통해 설명한다.

이번 절에서는 개념을 간략히 소개한 다음, 특히 네트워크 자동화 관점에서 해당 개념이 왜 중요한지를 최대한 간단히 설명한다. 기본적인 이해를 바탕으로 이 책 이외의 다양한 참고 자료를 통해 더 자세한 내용을 살펴볼 수 있으며, 도움이 될 만한 참고 자료는 끝부분에서 소개한다.

7.3.1 동시성

Go 언어를 이야기할 때마다 강력한 동시성을 지원한다는 말을 들어본 적이 있을 것이다. 대체 무슨 말일까?

자동화 워크플로를 실행하는 스크립트나 프로그램은 보통 순차적으로 일련의 작업을 수행한다. 즉, [그림 7-3]처럼 작업 A를 마친 후 작업 B를 수행하고, 작업 B를 마친 후 작업 C를 수행한다.

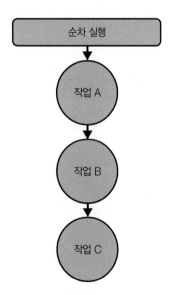

그림 7-3 순차 실행

동시성^{concurrency}은 프로그램이 한 번에 여러 작업을 처리할 수 있는 능력을 일컫는다. [그림

7-4]와 같이 작업 A와 작업 B를 동시에 실행한 후, 두 작업을 모두 마치면 작업 C를 수행한다.

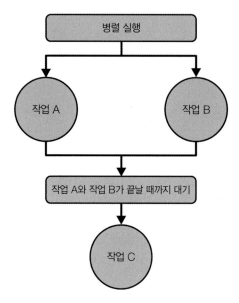

그림 7-4 병렬 실행

Go 언어의 강점으로 동시성을 자주 거론하는 데는 두 가지 이유가 있다. 첫째, Go 언어는 원래 동시성을 기본적으로 지원한다. 즉, 별도의 서드파티 라이브러리를 사용하지 않더라도 언어 자체에 동시성 지원 기능이 내장돼 있다. 둘째, Go 언어는 다른 언어에 비해 매우 간단한 방식으로 동시성을 지원한다.

Go 언어에서 가장 널리 사용되는 기능 중 하나가 동시성이라고 한다면, Go 언어를 배우기 위해 동시성도 따로 배워야 할까? 결코 그렇지 않다. 파이썬과 같은 언어에서도 동시성 프레임워크를 따로 배우지 않고 능숙하게 사용할 수 있다. 물론 6장에서 파이썬의 동시성 프레임워크를 다루고 있으니 관심이 있다면 참조하자. 동시성을 사용하지 않더라도 안정적이면서 효율적인 프로그램을 만들 수 있고, 이를 실제 운영 환경에 배포해 사용할 수 있다.

이 책에서 다루는 다른 개념과 마찬가지로 동시성 또한 특정 문제를 해결하기 위한 도구일 뿐이다. Go 언어는 최대한 간단한 방식으로 동시성 기능을 사용할 수 있지만, 여전히 동시성을 사용하게 되면 수반될 수밖에 없는 복잡성을 피하려면 몇 가지 사항을 알아둬야 한다. 어쨌든 다른 방법처럼 때로는 동시성이 해당 작업에 대한 적절한 도구일 수 있으므로, 어떤 경우에 이 도구를 잘 활용할 수 있는지를 알아두는 것도 중요하다.

Go 언어는 기본 구성 블록 중 하나인 고루틴^{goroutine}을 통해 동시성을 지원한다. '코루틴^{coroutine}'이라는 기존 용어를 살짝 변형한 고루틴은 나머지 코드를 실행하면서 함수나 메서드를 병렬로 실행하는 경량 스레드다. 고루틴은 정말 쉽고 간편하게 생성할 수 있는데, 함수나 메서드를 호출하기 전에 **go** 키워드를 앞에 붙여주면 된다. [예제 7-53]을 살펴보자.

예제 7-53 간단한 고루틴

```
// time.Sleep()을 호출하면 블록 상태가 된다.
// 즉, 타이머가 만료될 때까지 프로그램의 나머지 실행은 멈춘다.
time.Sleep(1 * time.Second)

// 이제 time.Sleep()을 호출해도 고루틴으로 실행되기 때문에 프로그램의 실행이 중단되
지 않는다.
// 타이머는 여전히 시간이 줄어들고 있지만, 별도의 가벼운 스레드에서 실행되고 있으므로
// 이후 지시문(혹은 지시문들)이 바로 실행된다.
go time.Sleep(10 * time.Second)

// 10초 뒤가 아니라 바로 이 메시지가 표시된다.
fmt.Println("Program finished!")
```

이 코드는 그다지 유용하지 않다. 고루틴 실행 코드가 완료되기도 전에 프로그램이 종료된다. 보통 고루틴을 이용해 동시성 작업을 시작했다면 후속 작업을 진행하기 전에 고루틴 작업이 끝나기를 기다려줘야 한다. 비슷한 다수 작업을 병렬로 처리하기 위해 한 번에 많은 고루틴을 실행한 경우도 마찬가지다. 이런 경우 **sync** 패키지에 들어 있는 대기 그룹(**WaitGroup**)을 사용한다. [예제 7-54]에서 알 수 있듯이, 대기 그룹은 본질적으로 여러 고루틴의 상태를 추적하면서 관련 작업이 모두 끝날 때까지 다음 실행을 막아주는 카운터다.

예제 7-54 고루틴 종료 대기

```
var wg sync.WaitGroup
var numGoroutines = 5

wg.Add(numGoroutines)              ①

for i := 1; i <= numGoroutines; i++ {   ②
    go func(i int) {
```

```
        defer wg.Done()                    ③

        fmt.Printf("Goroutine started with duration of %d seconds\n", i)
        time.Sleep(time.Duration(i) * time.Second)
        fmt.Printf("%d second goroutine finished!\n", i)
    }(i)
}

wg.Wait()                                  ④

fmt.Println("Program finished!")
```

① Add() 메서드에 대기할 고루틴의 개수를 전달해 대기 그룹을 구성한다.

② 이 반복문에서 빠른 속도로 반복하면서 고루틴을 시작한다.

③ 대기 그룹의 값에서 1만큼을 뺀다. defer 구문은 이 함수의 **마지막**에 실행된다는 점을 기억하자.

④ Wait() 메서드는 고루틴의 작업이 모두 완료될 때까지 다음 코드의 실행을 막는다. 대기할 고루틴의 개수는 Add() 메서드에서 설정했다.

이 프로그램을 실행하면 [예제 7-55]와 비슷한 결과를 볼 수 있다. 고루틴은 특별한 순서 없이 시작되므로 대기 시간은 임의 순서대로 표시된다. 하지만 고루틴마다 다른 휴지 시간을 설정했기 때문에 그 시간 순서대로 고루틴이 완료된다. 이보다 더 중요한 사실은 대기 그룹을 사용했으므로 프로그램이 바로 종료되지 않고 모든 고루틴의 작업이 끝날 때까지 대기한다는 점이다.

예제 7-55 고루틴 종료 대기 결과

```
~$ ~go run 11-concurrency.go
Goroutine started with duration of 5 seconds
Goroutine started with duration of 3 seconds
Goroutine started with duration of 4 seconds
Goroutine started with duration of 1 seconds
Goroutine started with duration of 2 seconds
1 second goroutine finished!
2 second goroutine finished!
3 second goroutine finished!
4 second goroutine finished!
5 second goroutine finished!
Program finished!
```

고루틴을 동기화하는 수단으로 **채널**^{channel}도 자주 활용된다. 채널은 보통 고루틴끼리 값을 주고받는 용도로 사용된다. 채널을 통해 전송된 값을 다른 고루틴에서 수신할 때까지 다음 코드의 실행이 멈추게 되므로 마치 대기 그룹과 같은 방식의 동기화 기능을 여러 곳에서 사용할 수 있게 되며, 고루틴의 경계를 넘나들면서 값을 주고받을 수 있는 정말 강력한 기능을 제공한다. [예제 7-56]을 통해 실제로 채널을 사용하는 방법을 살펴보자.

예제 7-56 채널을 통한 고루틴 동기화

```
fChan := make(chan float32)        ①

getDeviceCPU := func() float32 {   ②
    time.Sleep(250 * time.Millisecond)
    return rand.Float32()
}

go func(iChan chan float32) {      ③
    for {
        cpu := getDeviceCPU()

        if cpu >= 0.8 {            ④
            iChan <- cpu          ⑤
        }
    }
}(fChan)

for {                             ⑥
    fmt.Println(<-fChan)          ⑦ ⑧
}
// 출력:
// 0.9405091
// 0.81363994
// 0.8624914
// 0.865335
// 0.975241
```

① 채널은 데이터 타입과 길이를 가진다. 이 예제에서는 float32 타입을 사용한다. make()에서 길이 매개변수를 따로 지정하지 않으면 길이가 0으로 전달돼 버퍼링이 없는 채널이 만들어진다.

② getDeviceCPU() 함수는 네트워크 장비로부터 현재 CPU 사용량을 API로 조회하는 동작을 흉내 낸다.

③ 이 코드에서는 API 호출을 통해 장비의 CPU 사용량을 조회하는 공통 작업을 수행한다. 계속 장비를 모

니터링하면서 조회한 결과값을 채널로 전송하는 무한 반복문이다.

④ CPU 사용량이 0.8 미만일 경우에는 신경 쓰지 않는다. 하지만 0.8 이상이라면 채널을 통해 메인 고루틴으로 통지한다.

⑤ 송신 구문이므로 채널의 **왼쪽**에 <- 연산자를 표시한다. 이 채널이 전송한 값을 메인 고루틴이 수신할 때까지 이 고루틴의 코드 실행은 대기 상태로 멈춰 있게 된다.

⑥ 무한 반복문을 사용하고 있으므로, 프로그램은 계속해서 채널을 통해 값을 수신할 수 있다.

⑦ 채널은 고루틴 간의 동기화에도 쓰이지만, 값을 전달하는 용도로도 사용된다. 이때 값을 수신했다는 것은 동시에 다른 고루틴이 값을 전송했다는 뜻이다. 따라서 앞에서 실행한 고루틴이 채널을 통해 값을 전송할 때까지 메인 고루틴의 실행은 대기 상태로 멈춰 있게 된다.

⑧ 수신 구문이므로 채널의 **오른쪽**에 <- 연산자를 표시한다.

CAUTION_ 길이를 0보다 크게 지정하면 **버퍼가 있는 채널**buffered channel이 만들어진다. 버퍼가 있는 채널은 버퍼가 없는 채널과 달리 버퍼가 가득 찬 경우에만 전송 작업 실행이 멈춰진다. 버퍼가 없는 채널은 버퍼의 크기가 0인 것으로, 채널을 통해 전송된 값이 수신될 때까지 항상 대기 상태로 멈춰 있는다. 버퍼가 있는 채널을 사용한 사례가 있긴 하지만, 채널의 동기화라는 장점이 무뎌지므로 Go 언어 커뮤니티에서는 버퍼가 있는 채널을 잘 사용하지 않는다. 버퍼가 없는 채널을 기본으로 사용하고, 꼭 필요한 경우에만 버퍼가 있는 채널을 사용한다.

10장에서 채널과 고루틴을 실제로 사용하는 예제를 만날 수 있다. gNMI와 같은 최신 네트워크 자동화 RPC 프레임워크에서는 이 두 개념을 유용하게 사용하고 있다.

고루틴을 사용하다 보면 공유 리소스에 대한 접근이 필요할 수 있다. 가장 실용적인 해결책은 고루틴에서 채널이나 이와 비슷한 메커니즘을 사용하지 않고 다른 고루틴에서 관리하는 리소스에 직접 접근하는 것이다. 값이 아닌 포인터를 고루틴에 전달하거나 맵, 슬라이스 등 널리 사용되는 참조형 타입에 넣어 전달한다. 메서드에서 값 리시버와 포인터 리시버의 동작 방식을 살펴본 것처럼, 포인터를 사용해 메모리상의 동일 영역에 대한 핸들을 전달할 수 있다.

그러나 고루틴과 마찬가지로 동시성 코드를 작성할 때도 주의를 기울여야 한다. 공유 리소스에 대한 동시 접근은 신중하게 이뤄져야 한다. 예를 들어 여러 고루틴에서 동시에 특정 맵에 값을 쓰려고 시도할 경우 Go 런타임이 이를 감지하면 패닉이 발생하면서 프로그램이 종료된다.

이런 상황을 피하려면 특정 순간에는 단 하나의 고루틴만 공유 리소스에 접근해야 한다. 이를 위해 뮤텍스mutex를 이용하는 방법이 가장 널리 사용되는데, 뮤텍스의 동작 방식은 도서관에서 책을 대출하는 과정과 비슷하다. 도서관에서는 누구나 원하는 책을 대출해 읽을 수 있지만, 누군가 그 책을 읽고 있다면 책이 반납돼 이용할 수 있을 때까지 기다려야 한다. 대출했던 책을 반납하면 다른 사람이 책을 읽기 위해 똑같은 과정을 반복한다.

뮤텍스도 매우 비슷한 방식으로 동작한다. 공유 리소스에 접근할 때 먼저 리소스에 대한 뮤텍스를 잠그는데, 이는 책을 대출하는 절차와 비슷하다. 리소스에 대해 원하는 작업을 모두 마쳤다면 뮤텍스의 잠금을 해제하는데, 이는 책을 반납하는 절차와 비슷하다. [예제 7-57]에서는 동시에 여러 네트워크 장비의 CPU 사용량을 모니터링하며, 조회한 측정 결과값을 공유 맵에 갱신한 후 차례대로 콘솔창에 표시한다.

예제 7-57 뮤텍스로 공유 리소스 보호하기

```
var cpuMap = make(map[string]float32)      ①
var cpuMapMut = sync.Mutex{}

getDeviceCPU := func() float32 {           ②
    return rand.Float32()
}

monitorFunc := func(hostname string) {     ③
    for {
        cpu := getDeviceCPU()
        cpuMapMut.Lock()                   ④
        cpuMap[hostname] = cpu             ⑤
        cpuMapMut.Unlock()                 ⑥
    }
}

go monitorFunc("sw01")                     ⑦
go monitorFunc("sw02")
go monitorFunc("sw03")

for {                                      ⑧
    time.Sleep(1 * time.Second)
    fmt.Printf("cpuMap: %v\n", cpuMap)
}
```

① 맵과 뮤텍스를 선언한다. 바깥쪽 범위에서 선언했으므로, 나중에 실행한 고루틴에서도 직접 참조할 수 있다.

② getDeviceCPU() 함수는 API 호출을 통해 네트워크 장비의 현재 CPU 사용량을 조회하는 동작을 흉내 낸다.

③ monitorFunc() 함수는 고루틴으로 실행되는 함수다. for 무한 반복문을 사용해 계속 뮤텍스를 잠갔다 해제했다 하면서 cpuMap의 값을 갱신한다.

④ 다른 고루틴에서 이미 뮤텍스를 잠갔으면 코드가 더 이상 실행되지 않고 멈춰진다. 이 고루틴에서 뮤텍스 를 성공적으로 잠근 다음에 멈췄던 실행을 이어서 진행한다. 이와 같은 방식으로 동시에 실행된 여러 고 루틴에서 맵의 값을 안전하게 쓸 수 있다.

⑤ 이제 뮤텍스를 잠갔으므로 안전하게 맵에 값을 쓸 수 있다. 뮤텍스나 다른 동기화 도구를 사용하지 않으 면 여러 코루틴이 동시에 맵에 접근할 수 있게 되며, 결국 충돌이 발생해 프로그램이 종료되고 만다.

⑥ 작업을 마쳤다면 다른 고루틴에서 해당 뮤텍스를 사용할 수 있도록 뮤텍스 잠금을 해제해줘야 한다! 때로 는 함수가 끝나면 자동으로 Unlock 함수를 호출하도록 defer를 사용하는 코드도 볼 수 있다.

⑦ 3개의 고루틴을 실행한다. 장비마다 고루틴을 하나씩 생성한다.

⑧ 계속해서 맵의 내용을 터미널에 출력한다.

Go 언어에서 뮤텍스는 공유 리소스와 직접적인 연관성이 없으며, 뮤텍스를 잠근 후에 리소스 에 접근하는 것은 사용자의 책임이다. 리소스에 접근하려면 반드시 뮤텍스를 미리 잠금 설정해 야 하는 언어도 있다. 라이브러리를 개발할 경우 사용자가 뮤텍스의 잠금 및 해제를 신경 쓰지 않도록 보통 함수로 감싸준다. 그러나 직접 고루틴을 사용하거나 공유 리소스를 다뤄야 한다면 뮤텍스는 반드시 이해해야 하는 주요 개념 중 하나다.

여러 네트워크 장비에서 똑같은 작업을 수행해야 할 경우 고루틴과 일반적인 동시성 도구를 사용하면 강력한 효과를 볼 수 있으며, 때로는 반드시 사용해야 하는 경우도 있다. 하지만 이 전 예제들에서 봤듯이 고루틴을 사용하게 되면 속도는 빨라지지만 프로그램의 구조는 복잡해 진다. 아무리 Go 언어가 동시성과 관련된 코드를 쉽게 작성할 수 있도록 설계됐다 하더라도, 동시성 코드를 작성하는 것은 단순히 함수 호출부 앞에 go 키워드를 붙이는 것 이상의 의미를 가진다. 동시성 코드를 작성하면 또 다른 방식으로 풀어야 하는 새로운 종류의 문제를 만나게 된다.

다시 말해, 잘못된 이유로 프로그램에 동시성을 도입하지 않도록 주의를 기울여야 한다. 동시 성이 프로그램을 자동으로 빠르게 만들어주는 '만병통치약'은 아니다. Go 언어와 같은 최신 언 어는 동시성을 사용하지 않아도 상당히 빠르게 동작하며, 동시성을 사용하지 않고 순차적으로 어떤 작업을 수행하는 것이 비효율적이라고 느껴지는 부분이 실제로는 책에서 배운 것만큼 문제가 되지 않을 수도 있다. 즉, 동시성을 활용하는 것이 적절한 상황이라면 이번 장에서 배운 Go 언어처럼 동시성을 손쉽게 적용할 수 있는 도구를 사용하는 것이 좋다.

7.3.2 제너릭

이전 절에서 인터페이스를 살펴봤다. 인터페이스는 정수, 문자열, 특정 구조체 같은 특정 구체 타입만 다루게 하지 않고, 특정 동작을 수행하는 타입을 매개변수로 사용할 수 있게 함으로써 API에 약간의 유연성을 부여할 수 있다. 하지만 여기에는 중요한 주의 사항도 함께 따라온다. 예를 들어 인터페이스는 메서드 세트가 필요하며, 인터페이스의 매개변수로 사용되는 모든 타입은 반드시 인터페이스의 해당 메서드를 구현해야 한다. 다양한 데이터 타입을 매개변수로 유연하게 다루고 싶은데 해당 데이터 타입이 특정 메서드를 구현하지 않았다면 인터페이스는 좋은 해결책이 아니다.

Go 언어는 꽤 오랫동안 변화 없이 답보 상태에 있다가, 1.18 버전에 이르러 드디어 다른 프로그래밍 언어에서 잘 정립된 **제너릭**generic 개념을 도입했다. 1.18 버전이 나오기 전에는 인터페이스를 사용해 구체 타입을 유연하게 다뤘지만, 이제는 제너릭을 사용해 훨씬 더 큰 유연성을 얻을 수 있다. 제너릭은 타입이 특정 메서드 세트에 부합해야 하는 방식이 아니라 **타입 세트**를 지정하는 방식으로 동작한다. 단순히 특정 메서드를 구현하는 타입뿐만 아니라 거의 모든 타입을 사용할 수 있으므로 더 넓은 범위를 다룰 수 있다. 제너릭이 실제로 어떻게 동작하는지를 [예제 7-58]에서 살펴보자.

예제 7-58 제너릭을 사용한 데이터 타입의 유연성

```
func main() {
    fmt.Println(Min(3, 5))              ①
    fmt.Println(Min(2.5, 6.3))
    fmt.Println(Min("foo", "fooooo"))
}

type comparable interface {            ②
    int ¦ float64 ¦ string
}
```

```
func Min[T comparable](x, y T) T {   ③
    if x < y {
        return x
    }
    return y
}
```

① Min은 제너릭 매개변수를 사용하므로, 매개변수 x와 y의 값으로 다양한 데이터 타입의 값을 전달할 수 있다. 이 예제에서는 정수, 실수, 문자열을 전달한다. 사용한 데이터 타입들은 모두 comparable 인터페이스에 선언돼 있으므로, 아무런 문제 없이 잘 동작한다.

② comparable 인터페이스에 메서드를 선언하지 않았으며, < 연산자로 값을 비교할 수 있는 타입을 지정한다. 이 타입 목록에 속한 타입은 Min() 함수에 매개변수로 전달할 수 있다. 이 구문은 Go 1.18 버전부터 인터페이스에서 바뀐 부분이다. 메서드 세트, 타입 세트(또는 둘 모두)를 정의할 수 있다.

③ comparable 인터페이스를 구현해야 하는 제너릭 타입 T를 선언한다. 제너릭 타입 T를 참조해 매개변수 x와 y를 선언했으므로, x와 y 모두 comparable 인터페이스를 구현해야 한다. 또한 두 변수 모두 제너릭 타입 T로 지정했으므로 함수를 호출할 때 두 매개변수의 타입은 동일해야 한다. 제너릭이 없다면, 각 데이터 타입마다 인터페이스를 구현하는 메서드를 작성해 인터페이스를 사용하거나 매개변수로 사용할 데이터 타입마다 MinInt, MinFloat 등과 같은 Min() 함수의 복사본을 만들어야 한다.

메서드 세트가 아니라 데이터 타입 세트를 다룬다는 점 외에 제너릭은 구현 측면에서도 기존 인터페이스의 사용법과 다르다. Go 언어에 제너릭이 도입되기 이전에는 [예제 7-58]에서 사용되는 구체 타입마다 비교 연산에 사용할 Min 함수, 즉 MinInt, MinFloat64 등을 사용자가 직접 구현해야 했다. 제너릭을 사용하면 컴파일러가 코드를 컴파일할 때 대신 이 작업을 수행한다. 컴파일러는 전달된 모든 구체 타입에 대한 제너릭 함수의 복사본을 만든다. 개발자는 이렇게 생성되는 함수의 복사본 코드를 볼 수 없으며, 복사본 코드는 최종 결과 바이너리에만 존재한다.

프로그래머는 제너릭 타입만 사용해 코드를 단순하게 유지할 수 있는데, 이를 단형성화 monomorphization라고 한다. 이 기법을 통해 정적 타입 체계의 장점은 취하면서도 메서드 세트를 가진 인터페이스를 사용해야 주어졌던 유연성을 함께 얻을 수 있다.

CAUTION_ 때로는 제너릭을 사용하는 것이 인터페이스, 메서드 세트를 사용하는 기존 방식보다 훨씬 효과적일 수 있다. 예를 들어 기존 인터페이스를 사용할 경우 프로그램은 참조한 실제 데이터의 구체 타입을 알아내기 위해 런타임 시점에 타입을 조회한다. 제너릭을 사용하면 컴파일하는 과정에서 데이터 타입과 함수의 매핑 작업이 이뤄지므로, 이러한 타입 조회 과정이 필요 없게 된다. 하지만 제너릭을 사용하는 경우 컴파일된 최종 바이너리의 크기는 당연히 더 커질 수밖에 없다.

제너릭을 사용했을 때 프로그램의 속도를 **유의미하게** 향상시킬 수 있을지는 어떤 방식으로 사용되는가에 따라 크게 달라진다. 제너릭 사용 여부를 결정할 때는 가독성과 유지 보수성을 최우선으로 고려해야 하며, 얼마나 성능이 향상됐는지는 프로그램 프로파일링 데이터로 분석돼야 한다.

제너릭은 특정 종류의 문제를 해결하는 데 유용한 도구이지만, 제너릭을 사용하지 않고도 모든 자동화 사례에 Go 언어를 적용할 수 있다. 이 책을 집필하고 있는 현시점에서도 여전히 제너릭은 Go 언어에서 매우 새로운 개념이며, 이와 관련된 생태계와 모범 사례가 확립될 때까지는 수년의 시간이 필요할 것이다. 따라서 이번 절에서 살펴본 다른 주제와 마찬가지로 정말 제너릭이 필요하다고 판단되는 경우에만 제너릭을 사용하자.

이어서 Go 코드를 체계화하고 공유하는 방법인 패키지와 모듈에 대해 알아본다.

7.4 패키지와 모듈

다른 프로그래밍 언어와 마찬가지로 Go 언어도 코드양이 늘어날수록 코드를 논리적 그룹으로 정리해야 한다. 예를 들어 네트워크 장비와의 상호 작용을 담당하는 Go 파일이 있다고 가정하자. 어떤 파일은 설정 파일 생성 작업을 담당하고, 어떤 파일은 단일 진실 공급원 플랫폼에서 의도된 상태를 검색하는 역할을 담당한다. 파일이 점점 많아지다 보면 파일 간 논리 그룹의 경계가 모호해지면서 코드베이스를 관리하기가 힘들어진다.

패키지는 코드 관리 문제를 해결하는 한 가지 방법으로, 코드를 논리적 그룹으로 좀 더 체계화할 수 있다. 예를 들어 이전 예제는 devices, generator, ssot라는 3개의 패키지로 관리할 수 있다. [예제 7-59]는 패키지를 파일 시스템에 저장하는 일반적인 구조다.

예제 7-59 Go 패키지의 파일 구조

```
myprogram
├── devices
│    ├── arista.go
```

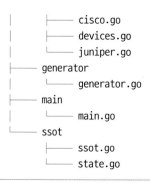

```
        |       ├──── cisco.go
        |       ├──── devices.go
        |       └──── juniper.go
        ├──── generator
        |       └──── generator.go
        ├──── main
        |       └──── main.go
        └──── ssot
                ├──── ssot.go
                └──── state.go
```

Go 프로그램을 실행하면 자동으로 `main()` 함수가 호출된다는 점을 기억하고 있을 것이다. 이 함수는 main 패키지에 반드시 들어 있어야 한다. [예제 7-1]을 다시 살펴보면 `package` 키워드로 main 패키지를 선언했음을 알 수 있다. [예제 7-59]에서는 main 패키지 외에도 3개의 다른 패키지를 사용하고 있다. 다른 세 패키지를 참조하고 있으므로, 이들 패키지에 포함돼 있는 함수를 호출하거나 패키지에 들어 있는 타입을 사용할 수 있다.

이번 장에서는 이미 다른 패키지를 여러 번 사용해봤다. 이미 이야기한 것처럼 Go 언어의 표준 라이브러리인 `fmt` 패키지에 포함된 `Println()` 함수와 `Printf()` 함수를 사용했다. 다음 절에서는 이 의미를 자세히 설명한다. 마찬가지로 main 패키지에서 generator 패키지에 포함된 `Generate()` 함수를 호출하고 싶다면 `generator.Generate()`와 같이 호출할 수 있다.

다른 패키지에 포함된 함수나 데이터 타입을 사용할 경우 함수명이나 타입명이 항상 대문자로 시작한다는 점을 눈치챘을 것이다. Go 언어에서는 이름이 대문자로 시작하는지에 따라 패키지 외부에서 사용할 수 있는지가 결정된다. 이 규칙은 함수, 메서드, 구조체, 인터페이스, 심지어 필드 등 많은 구성 요소에 적용된다. 식별자가 대문자로 시작하는 경우 **익스포트됐다**exported고 말하며, 해당 패키지 내부 및 외부의 코드에서 해당 구성 요소를 사용할 수 있다. 식별자가 소문자로 시작하면 **익스포트가 안 된 것**이므로, 해당 패키지 내부에서만 사용할 수 있다. 이 개념은 다른 언어에서의 **public, private** 개념과 비슷하다고 할 수 있다. 이 구문을 통해 패키지의 API 서피스API surface, 즉 패키지와 해당 패키지를 사용하려는 프로그래머 간의 안정적이고 명확한 상호 작용 지점을 보다 정교하게 정의할 수 있다.

그러나 패키지 역시 Go 언어 프로그램을 체계적으로 관리할 수 있게 도와주는 도구 중 하나일 뿐이다. Go 언어에서는 연관 패키지를 **모듈**module로 묶어 하나의 저장소로 통합해 배포할 수 있다. 실제로 Go 모듈은 해당 깃 저장소의 루트 경로를 통해 배포한다. 특히 다른 개발자가 사용할 Go 라이브러리를 개발하고 있다면 모듈을 사용해 라이브러리를 보다 손쉽게 배포할 수 있다.

모듈은 코드에서 사용한 서드파티 라이브러리를 관리하는 메커니즘으로도 사용된다. 지금까지 살펴본 예제에서는 표준 라이브러리만 사용했으며, 서드파티 라이브러리는 아직 자세히 다루지 않았다. 표준 라이브러리 이외의 외부 모듈을 사용하고 싶다면 다른 모듈에 대한 의존성을 적절히 처리할 수 있도록 자체 모듈을 구성해야 한다. 7.4.2절 '서드파티 모듈 및 패키지'에서는 서드파티 코드를 프로젝트에서 사용하기 위해 모듈을 어떻게 사용하는지 자세히 알아본다.

이번 장의 시작 부분에서는 네트워크 자동화 사용 사례에 유용한 도구와 패키지의 생태계가 성장하고 있으므로 Go 언어는 네트워크 자동화 분야에서 알아둬야 할 중요한 언어라고 소개했었다. 이제 패키지와 모듈에 관한 기본적인 내용을 이해했으므로 보다 자세히 패키지와 모듈을 살펴보자. 앞으로의 자동화 여정에서 알아두면 좋은 몇 가지 인기 있는 패키지를 소개한다. 일부는 Go 언어의 표준 라이브러리이지만, 타사에서 개발한 서드파티 라이브러리도 많다.

> **NOTE_** 이번 절에서는 네트워크 자동화 과정에서 사용할 가능성이 높은 인기 패키지를 소개하고자 최선을 다했지만, 모든 패키지를 다루는 것은 불가능할 뿐 아니라 패키지 하나도 제대로 사용해보려면 만만치 않음을 알 수 있다. 게다가 Go 언어의 네트워크 자동화 생태계는 끊임없이 성장하며 변화하는 중이므로, 지금 소개하는 패키지 중 상당 부분은 향후 몇 년 이내에 크게 바뀔 수 있다. 따라서 이번 절은 일반적인 네트워크 자동화 사례에서 사용할 가능성이 높은 패키지를 둘러보는 데 중점을 둔다. 이번 절이 끝나면 자동화 여정을 함께할 수 있는 탄탄한 기반을 갖추게 될 것이다.

7.4.1 표준 라이브러리 패키지

프로그래밍 언어가 언어 사양과 그 사양을 기계 코드로 변경하는 컴파일러로만 이뤄지는 경우는 거의 없다. 보통 공통으로 사용되는 타입과 함수를 함께 제공하는데, 그중 일부는 아예 기본 **내장된** 형태로 제공된다. 즉, 언어의 사양에 녹아들어 있으므로, 별도의 절차 없이 바로 사용할 수 있다.

Go 언어에는 int, string 등의 기본 데이터 타입과 make(), new() 등의 기본 함수가 내장돼 있다. 기본 내장 기능을 사용하는 경우에도 패키지 가져오기import는 필요하지만, 패키지를 따로 설치할 필요는 없다. fmt 패키지가 대표적인 사례다. 이번 장에서는 Println()과 Printf()를 자유롭게 사용했는데, 두 함수 모두 fmt 패키지에 포함돼 있다.

fmt 패키지는 Go 언어의 **표준 라이브러리** 중에서 가장 많이 사용되는 패키지다. 보통 표준 라이브러리를 줄여서 stdlib 또는 std라 부르는데, Go 언어로 작성하는 모든 프로그램에서 공통 작업을 처리하는 데 필요한 패키지를 모아둔 것이다. 여기에 포함된 패키지는 Go 언어 1 버전과의 호환성이 보장되는 매우 안정된 API를 제공한다. 따라서 Go 언어의 버전을 올리더라도 표준 라이브러리의 데이터 타입이나 함수를 사용하는 코드가 깨질 염려는 없다.

Go 언어는 강력한 표준 라이브러리를 갖추고 있는데, 특히 네트워크 자동화 사례에 유용하게 사용할 수 있는 여러 패키지를 갖고 있다. 그중 몇 가지는 이미 사용해봤다. 다시 한번 말하지만, fmt 패키지는 Println()과 Printf() 같은 함수뿐만 아니라 서식화된 입출력 처리에 필요한 함수를 다양하게 제공한다. 또한 프로그램에서 동시성을 사용해야 한다면 sync 패키지를 잘 활용할 수 있어야 한다.

strings

우선 문자열 데이터를 다루는 작업에 관한 패키지를 살펴보자. 접두어나 접미어와 같은 부분 문자열을 찾거나, 문자열의 일부를 잘라내거나, 문자열 데이터를 파싱해야 한다면 가장 먼저 string 패키지부터 살펴봐야 한다. 이 패키지에는 문자열을 파싱하고, 수정하고, 검색하는 등의 일반적인 공통 작업에 유용한 함수가 다수 들어 있으며, 네트워크 자동화에도 이러한 함수를 꽤 많이 사용한다. [예제 7-60]은 패키지에 포함된 함수 중 자주 사용하는 몇 가지 함수의 사용법을 보여준다.

예제 7-60 strings 패키지를 사용해 문자열 다루기

```
exampleString := `
Hello network automators! Welcome to Network Programmability and Automation.
`

doesContain := strings.Contains(exampleString, "Automation")          ①
fmt.Println(doesContain) // 출력: true
```

```
substringIndex := strings.Index(exampleString, "Welcome")         ②
fmt.Println(substringIndex) // 출력: 27

strSplit := strings.Split(exampleString, " ")                     ③
fmt.Println(strSplit[4]) // 출력: "Welcome"

strTrimmed := strings.TrimSpace("   Automation!   ")              ④
fmt.Println(strTrimmed)      // 출력: "Automation!"
fmt.Println(len(strTrimmed)) // 출력: "11"

strReplaced := strings.ReplaceAll(exampleString, "network", "gopher")  ⑤
fmt.Println(strReplaced)
// 출력:
// "Hello gopher automators! Welcome to Network Programmability and Automation."
```

① Contains()는 첫 번째 매개변수 문자열에 두 번째 매개변수로 주어진 부분 문자열이 포함돼 있는지를 검사한 후 true 또는 false를 반환한다.

② strings.Index()는 처음 발견한 부분 문자열의 인덱스, 즉 문자열 내의 위치를 반환한다.

③ strings.Split()은 입력 문자열을 주어진 구분자로 나눈 문자열 슬라이스([]string)를 생성한다. 이 예제에서는 공백 문자를 구분자로 사용했으므로, 주어진 문자열을 단어 단위로 구분한 슬라이스로 반환한다. 이와 반대로 strings.Join()은 []string 문자열 슬라이스를 주어진 구분자로 연결한 단일 문자열을 반환한다.

④ strings.TrimSpace()는 문자열의 시작 부분과 끝부분에 있는 공백 문자를 간편하게 제거하는 편리한 함수다. strings 패키지는 다양한 목적에 맞는 트림trim 함수, 예를 들어 Trim(), TrimPrefix()/TrimSuffix(), TrimLeft()/TrimRight() 등의 함수를 제공한다.

⑤ strings.ReplaceAll()은 주어진 부분 문자열을 찾은 후, 이를 다른 문자열로 변경한다. 특정 횟수만큼 변경하고 싶다면 strings.Replace()를 사용한다.

strconv

[예제 7-61]에서는 또 다른 문자열 관련 패키지인 **strconv**의 사용 사례를 보여준다. 이 패키지에는 문자열, 정수 등 다른 내장 데이터 타입 간의 파싱 및 변환에 관련된 함수가 들어 있다.

예제 7-61 strconv 패키지를 이용한 다른 타입과 문자열 타입의 변환

```
// strconv.Atoi는 문자열을 정수로 변환한다.
// 변환된 정수값을 반환한다. 정수 오버플로나 정수가 아닌 문자열 변환 과정에서
```

```
// 파싱이 실패하게 되면 err도 반환한다.
i, err := strconv.Atoi("-42")
if err != nil {
    fmt.Printf("Unable to convert string to integer: %s\n", err)
} else {
    fmt.Printf("Parsed integer is %d\n", i)
}

// strconv.ItoA는 반대로 정수를 문자열로 반환한다.
// 이 과정은 실패할 수 없기 때문에 함수의 반환 타입은 하나뿐이다.
i42 := strconv.Itoa(42)
fmt.Printf("i42 as a string is %s\n", i42)
```

strconv에는 불이나 부동소수형 등의 다른 데이터 타입을 다루는 함수도 들어 있다.

regexp

네트워크 자동화 분야에서 문자열을 다루려면 strings에서 제공하는 기본적인 문자열 찾기 함수만으로는 부족하며, 고급 문자열 검색 기능이 필요하다. 다른 언어나 도구에서는 **정규 표현식**^{regular expression}을 도입해 고급 문자열 검색 및 변경 작업을 수행한다. 다행히 Go 언어의 표준 라이브러리에도 정규 표현식을 지원하는 강력한 regexp 패키지가 들어 있다. [예제 7-62]는 regexp 패키지를 사용해 네트워크 자동화 과정에서 자주 볼 수 있는 파싱 작업을 수행한다.

예제 7-62 regexp 패키지를 사용해 Go 언어에서 정규 표현식 사용하기

```
outputStr := `
eth0: flags=4099<UP,BROADCAST,MULTICAST>  mtu 1500
    inet 172.17.0.1  netmask 255.255.0.0  broadcast 172.17.255.255
    ether 02:12:2a:24:5b:98  txqueuelen 0  (Ethernet)
`                                                              ①

re, err := regexp.Compile(`([0-9a-f]{2}:){5}[0-9a-f]{2}`)     ②
if err != nil {
    panic(err)
}

fmt.Println(re.MatchString(outputStr))                        ③
// 출력: true

fmt.Println(re.FindString(outputStr))                         ④
```

```
// 출력: 02:12:2a:24:5b:98

fmt.Println(re.ReplaceAllString(outputStr, "00:00:00:00:00:00"))  ⑤
// 출력:
//
// eth0: flags=4099<UP,BROADCAST,MULTICAST>  mtu 1500
//      inet 172.17.0.1  netmask 255.255.0.0  broadcast 172.17.255.255
//      ether 00:00:00:00:00:00  txqueuelen 0  (Ethernet)
```

① outputStr은 regexp 패키지로 파싱할 여러 줄로 이뤄진 긴 문자열로, 파일에서 읽어온 내용이나 API의 호출 결과를 사용해도 괜찮다.

② 이 정규 표현식은 MAC 주소를 의미한다. regexp.Compile()은 후속 작업에서 사용할 *regexp.Regexp 객체를 반환한다. 이후 모든 후속 작업은 이때 반환된 인스턴스인 re의 메서드를 통해 실행한다. 이는 대부분의 정규 표현식 구현체가 공통적으로 따르는 절차로, Go 언어뿐만 아니라 다른 언어에서도 비슷한 방식을 사용한다. 또한 후속 작업을 진행하기 전에 해당 정규 표현식이 유효한지를 확인할 수 있다.

③ 반환된 re 인스턴스에서 MatchString() 메서드를 호출하면 outputStr 문자열에서 정규 표현식과 일치하는 부분 문자열이 있는지를 확인해 true 또는 false로 알려준다.

④ FindString()은 한 걸음 더 나아가 정규 표현식과 일치하는 첫 번째 부분 문자열을 찾아서 반환한다. FindAllString(), FindAllStringIndex() 메서드는 일치하는 문자열을 모두 찾은 다음, 문자열 슬라이스([]string) 타입으로 반환한다. 이 슬라이스를 사용해 일치하는 문자열을 확인하거나 순회할 수 있다.

⑤ ReplaceAllString()은 정규 표현식과 일치하는 모든 부분을 주어진 문자열로 변경한다. 예제에서는 MAC 주소를 찾아서 0으로 변경하고, 그 외 부분은 변경하지 않는다.

encoding

Go 언어에서 특히 네트워크 관련 작업을 실행하다 보면 데이터 구조를 JSON, XML과 같은 포맷으로 직렬화하거나 역직렬화하는 일이 많다. 예를 들어 네트워크 장비의 HTTP API를 사용할 때처럼 이기종 시스템끼리 데이터를 주고받아야 할 경우 [예제 7-63]과 같이 encoding 패키지를 유용하게 사용할 수 있다. 특히 JSON과 XML을 다룬다면 encoding/json과 encoding/xml이 유용한 기능을 많이 제공한다.

예제 7-63 encoding 패키지를 사용해 JSON 및 XML 직렬화하기

```
type NetworkInterface struct {                    ①
```

```go
    Name    string `xml:"name" json:"name"`   ②
    Speed int
}

type Device struct {
    Hostname    string
    Interfaces []NetworkInterface
}

r1 := Device{
    Hostname: "r1",
    Interfaces: []NetworkInterface{
        {
            Name:   "eth0",
            Speed: 1000,
        },
    },
}

jsonOut, err := json.Marshal(&r1)
if err != nil {
    panic(err)
}
fmt.Println(string(jsonOut))
// 출력:  {"Hostname":"r1","Interfaces":[{"name":"eth0","Speed":1000}]}

xmlOut, err := xml.Marshal(&r1)
if err != nil {
    panic(err)
}
fmt.Println(string(xmlOut))
// 출력:  <Device><Hostname>r1</Hostname><Interfaces>
//              <name>eth0</name><Speed>1000</Speed></Interfaces></Device>
```

① encoding 패키지를 비롯한 직렬화 및 역직렬화 관련 패키지는 익스포트된 데이터 타입과 필드만 처리한다. 즉, 타입명과 필드명은 반드시 대문자로 시작해야 한다.

② 필드명 뒤에 붙은 이상한 문자열의 정체가 궁금할 것이다. 이 문자열은 **구조체 태그**struct tag로, 필수는 아니지만 JSON, XML로의 직렬화, 역직렬화에 사용되는 구조체에서 자주 볼 수 있다. 구조체 태그는 단지 메타데이터일 뿐 그 자체로는 다른 목적이 없다. 다만, xml과 json 패키지는 구조체 태그가 있다면 구조체에 정의된 실제 필드명 대신 이 구조체 태그명을 직렬화 및 역직렬화에 사용한다.

JSON과 XML은 8장에서 자세히 살펴본다. [예제 7-63]은 널리 사용되는 데이터 포맷을 다루는 첫 번째 코드로 살펴보기에 적당하다.

net

Go 표준 라이브러리에는 강력한 네트워킹 패키지인 **net**이 들어 있다. 이 패키지에는 TCP 연결을 맺는 것부터 본격적인 애플리케이션 수준의 네트워크 상호 작용에 이르기까지 네트워크 스택을 다룰 때 필요한 다양한 종류의 데이터 타입과 유용한 함수가 들어 있다.

10장에서 살펴보겠지만, REST API를 사용할 때 이 패키지에서 제공하는 클라이언트 라이브러리를 사용하는 경우가 많다. 하지만 항상 그런 것은 아니며, 때로는 HTTP API에 직접 질의해야 하는 경우도 있다. Go 언어의 **net** 패키지에는 특별한 **net/http** 하위 패키지가 들어 있으므로, 제공된 HTTP 클라이언트를 쉽고 편리하게 사용할 수 있다. **net/http** 패키지는 [예제 7-64]와 같이 공개 HTTP API에 질의할 때 사용할 수 있다.

예제 7-64 net/http 패키지를 사용해 HTTP API에 질의하기

```
resp, err := http.Get("https://api.ipify.org?format=json")          ①
if err != nil {
    panic(err)
}
defer resp.Body.Close()
body, err := io.ReadAll(resp.Body)
if err != nil {
    panic(err)
}

ipifyResponse := struct {                                           ②
    IP string `json:"Ip"`
}{}
err = json.Unmarshal(body, &ipifyResponse)
if err != nil {
    panic(err)
}
fmt.Println(ipifyResponse.IP)

client := &http.Client{}                                            ③
req, err := http.NewRequest("GET", "https://api.ipify.org?format=json", nil)   ④
if err != nil {
    panic(err)
```

```
        }
        req.Header.Add("My-Header", `foo`)                              ⑤
        resp, err = client.Do(req)                                      ⑥
```

① net/http 패키지에는 Get()과 같은 고차원 함수가 들어 있으므로, 기본값으로도 간편하게 요청을 보낼 수 있다.

② [예제 7-63]과 같이 원 JSON 문자열을 구조체 데이터 타입으로 언마샬링unmarshal한다.

③ 때로는 고수준 함수를 사용하지 않고 보다 세밀하게 제어하고 싶을 경우도 있다. 예를 들어 요청을 보낼 때 별도의 HTTP 헤더를 추가해야 한다면 직접 클라이언트 객체와 요청 객체를 생성해야 한다.

④ HTTP GET 방식은 URL과 마찬가지로 http.NewRequest의 매개변수로 정의된다.

⑤ 요청 객체를 생성한 후 이곳에서 HTTP 헤더를 정의한다.

⑥ 모든 준비를 마쳤다면, 요청 객체를 앞에서 생성한 클라이언트 객체에 대한 Do() 메서드의 매개변수로 전달한다.

앞으로 자주 사용하게 될 예제다. net/http 패키지에는 예제에서 소개한 것보다 훨씬 유용한 기능이 많이 들어 있다. 예제에서는 net 패키지를 HTTP API를 질의하는 용도로만 사용했지만, 자체 HTTP API 서버를 만들 때도 사용할 수 있다! 또한 10장에서 네트워크 장비의 RESTCONF 서버에 질의를 보낼 때도 이 패키지를 사용한다.

net 패키지에는 알아둬야 할 유용한 기능이 많다. 자체 TCP 클라이언트 또는 서버를 만들 수 있고, DNS 서비스를 이용해 도메인명을 해석할 수 있으며, 로컬 시스템의 네트워크 인터페이스를 조회할 수도 있다. 하지만 IP 주소와 네트워크를 다루는 경우가 가장 많을 것이다. [예제 7-65]는 IP 주소 및 네트워크 관련 데이터 타입과 함수의 다양한 사용 방법을 보여준다.

예제 7-65 net 패키지로 IP 주소 및 네트워크 다루기

```
        var ipFromByteSlice net.IP = []byte{192, 168, 0, 1}   ①
        fmt.Println(ipFromByteSlice)

        addrOne := net.ParseIP("192.168.0.1")                 ②
        addrTwo := net.ParseIP("2001:db8::1")
        fmt.Println(addrOne)
        fmt.Println(addrTwo)

        network := net.IPNet{                                 ③
```

```
        IP: net.ParseIP("192.168.0.0"),
        Mask: net.CIDRMask(24, 32),                        ④
    }

    fmt.Println(network.Contains(addrOne))                 ⑤
     // 출력: true
    fmt.Println(network.Contains(addrTwo))
     // 출력: false
```

① net.IP 데이터 타입은 IP 주소를 표현하는 데 사용된다. 유용한 메서드도 많지만, 본질적으로 IP 주소는 바이트의 슬라이스일 뿐이다. 따라서 바이트 슬라이스로부터 net.IP 인스턴스를 초기화할 수 있다.

② 간편하게 net.ParseIP()를 사용해 문자열로부터 IP 주소의 인스턴스를 만들 수 있다. net.IP 인스턴스가 필요할 때 다른 방법보다 간편해 널리 애용되는 방법으로, 바이트 슬라이스를 유연하게 표현할 수 있어 IPv4 주소와 IPv6 주소를 모두 전달할 수 있다. 바이트 슬라이스의 크기에 따라 적절한 버전의 IP 주소를 사용한다.

③ net.IPNet은 네트워크와 서브넷을 표현한다. IP(net.IP)와 서브넷 마스크(net.CIDRMask), 두 필드로 정의된다. net.IP와 마찬가지로 net.IPNet도 v4와 v6 모두에 사용할 수 있다.

④ 24비트 길이의 비트 마스크를 정의하고 있지만, 전체 길이는 32비트다. 즉, v4 서브넷 마스크인 255.255.255.0을 의미한다.

⑤ network 패키지에 들어 있는 Contains() 메서드를 사용하면 해당 IP 주소가 특정 네트워크에 속하는 지를 쉽게 판별할 수 있다.

net/netip 패키지는 비교적 최근에 표준 라이브러리로 추가됐다. 원래 테일스케일^{tailscale}에서 개발한 서드파티 모듈[6]이었는데, Go 1.18 버전부터 표준 라이브러리에 포함됐다. 이 패키지에는 [예제 7-65]에서 사용한 net.IP 타입 대신 사용할 수 있는 데이터 타입과 관련 함수가 들어 있다. [예제 7-66]은 새로운 netip.Addr 데이터 타입과 함수의 사용법을 보여준다.

예제 7-66 net/netip 패키지

```
    // ParseAddr은 문자열을 IP 주소(v4 및 v6)로 파싱한다. 최종 netip.Addr 타입의 값을
    // 획득하면 파싱한 주소의 속성을 IsGlobalUnicast()나 IsLoopback()과 같은 메서드를
    // 호출해 금방 확인할 수 있다.
    ipv6, err := netip.ParseAddr("2001:db8::1")
    if err != nil {
```

....

6 https://tailscale.com/blog/netaddr-new-ip-type-for-go

```
    panic(err)
}
fmt.Println(ipv6.IsGlobalUnicast()) // 출력: true

// IPv4 주소에 대해 ParseAddr도 사용할 수 있지만, AddrFrom4() 함수를 사용할 수도 있다.
// 이 함수는 주소를 4바이트 크기의 배열로 전달할 수 있으며, 오류를 처리할 필요가 없다.
// (이 경우 파싱 작업은 필요하지 않다.)
fmt.Println(netip.AddrFrom4([4]byte{127, 0, 0, 1}).IsLoopback()) // 출력: true

// ParsePrefix()를 사용해 문자열에서 전체 프리픽스를 파싱한다.
prefixString := "192.168.0.0/24"
prefix, err := netip.ParsePrefix(prefixString)
if err != nil {
    panic(err)
}
```

NOTE_ 이 책을 쓰고 있는 현재, netaddr 모듈은 Go 1.18 버전의 표준 라이브러리에 포함되지 못한 채로 netipx 패키지에 남아 있다. 이 모듈에는 IP 주소의 범위를 다루기 위한 데이터 타입과 함수가 들어 있는데, 특정 프리픽스에 대해 사용할 수 있는 모든 IP 주소를 순회하고 싶을 때 이 모듈을 유용하게 사용할 수 있다. 이 모듈 역시 머지않은 미래에 Go 표준 라이브러리에 포함될 것으로 보인다.

time

네트워크 자동화 워크플로에서 시간을 다루는 것은 일반적인 작업이므로, 오히려 time 패키지가 필요 없는 곳을 찾아보기가 더 어려울 것이다. [예제 7-67]에서는 네트워크 자동화 프로젝트에서 자주 볼 수 있는 시간 관련 기능을 사용한다. 예를 들어 다른 작업이 완료될 때까지 일정 시간 동안 실행을 잠시 멈추고 대기하는 경우도 많다. 날짜와 시간을 비교하거나 경과 시간에 따라 이벤트를 발생시키는 작업도 네트워크 자동화 관련 Go 프로그램에서 자주 사용되는 기능 중 하나다.

예제 7-67 time 패키지 사용하기

```
now := time.Now()                                                  ①
fmt.Println(now)

moonLanding := time.Date(1969, time.July, 20, 20, 17, 45, 0, time.UTC)  ②
```

```
var oneSecond time.Duration = 1000000000                              ③

tenSeconds := 10 * time.Second                                        ④

fmt.Println(time.Since(moonLanding))                                  ⑤

time.Sleep(tenSeconds)                                                ⑥
```

① time.Time 데이터 타입은 시간상 특정 시점을 가리킨다. Now() 함수를 호출하면 현재 시점을 가리키는 값을 얻을 수 있다.

② 특정 날짜 및 시간을 가리키는 time.Time 인스턴스를 생성할 수 있다.

③ time.Duration은 int64의 별칭alias 데이터 타입이며 나노초 단위로 시간 간격을 표현한다. 이 예제에 서는 1초 동안의 시간 간격을 의미한다.

④ time 패키지에는 time.Second처럼 편의를 제공하기 위한 상수도 들어 있다. 이러한 상수를 적절히 활 용하면 가독성이 좋은 방식으로 시간 간격을 손쉽게 표현할 수 있다.

⑤ time.Since()는 이벤트가 발생한 과거 시점부터 현재 시점까지의 시간 간격을 구할 때 자주 사용한다.

⑥ 끝으로, 정말 유용한 Sleep() 함수를 사용한다. 이름에서 알 수 있듯이, 이 함수는 주어진 시간 동안 현재 고루틴의 실행을 잠시 멈춘다.

이러한 일반적인 작업 외에도 동시성에서 배운 내용을 확장해 다른 채널과 **time.After()** 함 수를 함께 사용하면 더 복잡한 이벤트 처리 시스템을 만들 수 있다.

OS

os 패키지는 기반 운영체제의 개념을 활용할 때 매우 유용하며 [예제 7-68]처럼 파일을 읽고 쓰는 작업에 사용할 수 있다.

예제 7-68 os 패키지를 사용해 파일 읽고 쓰기

```
// os.ReadFile을 사용하면 텍스트 파일을 쉽게 읽을 수 있다.
dat, err := os.ReadFile("sampleconfig.yaml")
if err != nil {
    panic(err)
}
fmt.Println(string(dat))
```

```go
// 데이터를 파일로 저장한다. 먼저 구조체를 JSON으로 마샬링한 다음, 그 결과를 파일로
// 저장한다.
jsonOut, err := json.Marshal(struct {
    Hostname    string
    Interfaces  []string
}{
    "sw01",
    []string{"eth0", "eth1", "eth2"},
})
if err != nil {
    panic(err)
}
// ReadFile이 []byte 값을 반환하는 것처럼 WriteFile도 동일한 타입의 인자를 사용한다.
// 다행히 json.Marshal이 반환하는 타입과 같다.
err = os.WriteFile("sampleconfig.json", jsonOut, 0644)
if err != nil {
    // 여기서 panic()을 호출하지 않고 os.Exit 함수로 프로그램을 우아하게 종료한다.
    // 그러면 운영체제에 오류 코드를 반환할 수 있다.
    fmt.Printf("Unable to write file: %s\n", err)
    os.Exit(1)
}
```

또한 [예제 7-69]와 같이 프로그램의 종료 코드 값을 반환하거나 인입되는 시그널을 간편하게
처리할 수 있다.

예제 7-69 os 패키지를 사용해 시그널 처리하기

```go
sigs := make(chan os.Signal, 1)                        ①

signal.Notify(sigs, syscall.SIGINT, syscall.SIGTERM)   ②
go func() {                                             ③
    for {
        fmt.Println("Doing some work...")
        time.Sleep(1 * time.Second)
    }
}()

<-sigs                                                 ④

fmt.Println("exiting")                                 ⑤
os.Exit(0)
```

① os, os/signal, syscall 패키지를 함께 사용하면 운영체제에서 인입되는 시그널을 우아하게 처리할 수 있다. 이 예제에서는 os.Signal 데이터 타입의 채널을 생성한다.

② 채널과 처리할 시그널 목록을 signal.Notify()로 전달한다.

③ 실제 수행할 작업을 흉내 내는 고루틴을 시작한다.

④ 앞에서 목록으로 전달한 시그널 중 하나가 운영체제로부터 애플리케이션으로 전달되면, 채널이 시그널을 수신해 후속 코드를 실행한다. 하지만 시그널이 수신되기 전에는 버퍼가 없는 채널이므로 코드 실행은 계속 진행되지 않고 멈춤 상태로 유지된다.

⑤ 예제에서는 간단한 출력 구문을 사용했지만, 프로그램이 종료되기 전에 추가로 실행하고 싶은 정리 코드를 이 부분에 추가할 수 있다.

지금까지 살펴본 패키지 외에 다음과 같은 패키지들도 추가로 살펴볼 만하다.

io

여러 곳에서 보게 될 패키지 중 하나다. 이미 [예제 7-64]에서 net/http를 다룰 때 사용했던 resp.Body 객체에서 io.Reader 인터페이스를 구현하기 위해 사용했다.

encoding/binary

바이너리 포맷을 인코딩 및 디코딩할 때 사용한다. 패키지의 사용법은 직접 다루지 않겠지만, 8장에서 다양한 바이너리 포맷에 대해 알아볼 것이다.

text/template

Go 언어의 막강한 템플릿 기능을 사용할 수 있다. 9장에서 자세히 살펴본다.

지금까지 다양하고 강력한 몇 가지 라이브러리를 살펴봤지만, 여전히 겉만 살짝 맛본 수준이다. Go 표준 라이브러리에는 훨씬 다양한 패키지가 포함돼 있으므로, Go 언어에 함께 제공되는 전체 패키지 목록을 꼼꼼히 읽어보는 것도 좋은 방법이다. 지금부터는 네트워크 자동화를 지원하기 위해 등장한 서드파티 라이브러리 및 생태계에 대해 알아본다.

7.4.2 서드파티 모듈 및 패키지

Go 언어가 강력한 표준 라이브러리를 갖추고 있지만, 표준 라이브러리만으로 모든 사용 사례를 해결할 수는 없다. 오히려 다른 사람이 작성해 깃허브와 같은 플랫폼에 공개한 코드를 이용하면 쉽게 문제를 해결할 수도 있다. Go 코드는 모듈로 배포되며, 모듈을 사용하려면 자신이 작성한 코드를 자체 모듈로 초기화하는 방법부터 살펴봐야 한다.

다행히 지금까지 코드를 빌드하는 데 사용해왔던 도구에는 Go 언어의 일반적인 개발 작업에 필요한 대부분의 기능이 내장돼 있다. 모듈 및 서드파티 의존성을 다루는 기능도 마찬가지다. [예제 7-70]은 새로운 Go 모듈을 초기화하는 방법을 보여준다. 이 명령은 배시 터미널에서 실행해야 한다.

예제 7-70 Go 모듈 초기화

```
mkdir myfirstmodule && cd myfirstmodule              ①
go mod init github.com/oreilly-npa-book/myfirstmodule  ②
```

① 새 디렉터리인 **myfirstmodule**을 생성하고, 생성된 디렉터리로 이동한다.

② go mod init 뒤에 나오는 인자는 **모듈의 경로**를 가리키며, 모듈에 포함된 패키지의 접두어다. 보통 모듈이 포함된 깃 저장소의 위치를 사용하는 것이 관례다. 반드시 따라야 하는 것은 아니지만, 관례상 go get 명령을 사용하면 이 모듈의 소스 코드를 쉽게 찾아 내려받을 수 있다.

go mod init 명령을 실행하면 현재 디렉터리에 go.mod 파일이 새로 생성된다. 이 파일의 내용은 매우 단순한데, 모듈의 경로와 초기화에 사용된 Go 언어 버전 등의 정보가 들어 있다. 새로 초기화된 go.mod 파일은 [예제 7-71]과 비슷한 모습이다.

예제 7-71 go.mod 파일의 기본 골격

```
~$ cat go.mod
module github.com/oreilly-npa-book/myfirstmodule

go 1.18
```

모듈이 초기화됐으므로, 지금부터는 코드에서 서드파티 라이브러리를 사용하는 방법을 알아본다. 구조화된 로깅 기능을 제공해 많은 인기를 얻고 있는 Logrus 패키지를 사용해보자. [예제

7-72]와 같이 main.go 파일을 만든다.

예제 7-72 myfirstmodule **프로그램의 소스 코드**

```
package main

import (
    "fmt"

    // 일반적으로 표준 라이브러리 및 내부 모듈을 가져오는 것과 구별되도록
    // 서드파티 의존성을 별도 영역으로 나눈다.
    //
    // 패키지 경로 앞에 패키지의 원래 이름이나 다른 이름으로 별칭을 지정할 수 있다.
    // 아래 예에서는 logrus 패키지의 별칭으로 log를 사용한다.
    log "github.com/sirupsen/logrus"
)

func main() {
    vlanIDs := []int{
        100, 200, 300,
    }

    log.Infof("Hello from logrus! There are %d VLANs in the vlanIDs slice.",
        len(vlanIDs))

    fmt.Println("End of program.")
}
```

보다시피 [예제 7-72]의 import 블록 안에서 logrus 패키지를 참조한다. 프로그램을 컴파일해 실행해보려면, logrus 패키지의 소스 코드를 실제로 내려받은 후 프로그램과 함께 컴파일할 수 있게 준비해야 한다. 이때 [예제 7-73]과 같이 두 종류의 **go mod** 하위 명령을 사용한다.

예제 7-73 모듈 의존성 내려받기

```
# go.mod 파일이 프로그램에서 필요한 것과 일치하는지를 확인하는 명령어다.
# 빠진 모듈은 다운로드해 추가하고, 사용하지 않는 모듈은 제거한다.
~$ go mod tidy

# 기본적으로 모듈은 시스템의 모듈 캐시 경로로 다운로드된다.
# 그러나 모듈의 소스를 코드와 함께 저장하고 싶다면 그 모듈을 '벤더링(vendoring)'한다.
# 이렇게 지정한 모듈은 글자 그대로 모듈 디렉터리인 vendor의 하위 디렉터리에 저장된다.
~$ go mod vendor
```

이 단계까지 따라 했다면 go.mod 파일에 흥미로운 부분이 많이 추가된 것을 볼 수 있다. 특히 의존성이 있는 서드파티 모듈과 모듈의 버전 정보 등이 추가됐다는 사실을 눈여겨봐야 한다. 변경된 파일은 [예제 7-74]와 같다.

예제 7-74 변경된 go.mod 파일의 내용

```
module github.com/oreilly-npa-book/myfirstmodule

go 1.18

require github.com/sirupsen/logrus v1.9.0

require golang.org/x/sys v0.0.0-20220715151400-c0bba94af5f8 // indirect
```

TIP_ 코드에서 직접 참조하지 않았던 모듈이 go.mod 파일에 나열돼 있다. [예제 7-74]에서 모듈 정보 뒤에 `// indirect`가 붙어 있는 항목은 의존성 모듈과 관련이 있는 모듈이다. Go 도구는 프로그램을 컴파일하기 위해 프로그램의 전체 의존성 관계 구조를 탐색하면서 의존성을 가진 모든 모듈이 시스템에 설치돼 있는지를 확인한다.

Go 모듈을 사용하다 보면 다른 하위 명령이나 도구를 접하게 된다. 여기서는 자체 모듈을 초기화하고 다른 서드파티 모듈을 가져오는 기초적인 내용만 다룬다. 다른 모듈을 가져오는 것으로 첫걸음을 뗐다. 그다음으로는 서드파티 모듈을 어디에서 구할 수 있는지, 그 품질은 어떤지를 판단하는 방법을 알아보자. 특히 네트워크 자동화 작업에 유용한 몇 가지 서드파티 모듈을 소개한다.

새로운 모듈을 찾고 싶다면 Go 패키지 및 모듈에 대한 검색 엔진인 *https://pkg.go.dev*에서 출발하는 것이 좋다. 아마도 '네트워크 자동화network automation'를 검색해보겠지만, 원하는 키워드로 검색하면 이에 일치하는 Go 패키지 검색 결과를 바로 확인할 수 있다. 해당 모듈의 README 파일도 볼 수 있고, 깃허브와 같은 코드 저장소에 대한 링크도 제공되므로 사용 목적에 맞는 모듈인지를 보다 철저히 검토할 수 있다.

흥미로운 질문이 이어질 수 있다. 어떤 모듈이 좋은 모듈인지는 어떻게 알 수 있을까? 서드파티 모듈을 자동화 프로젝트에 도입해 운영 환경에까지 배포하는 경우가 많으므로, 서비스에 추가되는 코드는 다소 엄격하게 평가해야 한다. 어떤 항목을 기준으로 평가해야 할까?

안타깝지만 여기에 정답은 없다. 대부분의 프로그래머는 언어별 서드파티 라이브러리를 조사할 때 다양한 기준을 사용하며, 조직에서 사용하는 기준도 마찬가지다. 기존 기업의 네트워크 부서에서 일하는 개발자라면 회사에 정해진 표준이 없을 수도 있다. 소프트웨어 모범 사례가 잘 정립된 회사라면 서드파티 코드를 평가하기 위한 명확한 절차가 이미 정해져 있을 수 있다. 이는 다소 난해할 수 있으므로, 대부분의 상황에 적합한 상식적인 가이드라인을 중심으로 소개한다.

코드 감사 가능성

프로젝트에서 서드파티 모듈을 사용한다는 것은 직접 작성한 코드와 마찬가지로 프로그램의 일부가 된다는 의미다. 따라서 다른 사람의 코드, 특히 도입을 고려하는 모듈의 코드를 읽는 데 익숙해져야 한다. 코드를 읽으면서 모듈의 의도를 명확히 이해해보자. 한두 시간 정도 코드를 읽어봤는 데도 불구하고 어떻게 동작하는지, 어떤 작업을 수행하는 것인지 잘 모르겠다면 해당 코드를 프로젝트에 가져와 사용하는 것은 좋은 생각이 아닐 수 있다.

적합성

모듈이 실제로 원하는 기능을 수행하는가? 구체적인 사용 사례마다 다양한 해결책을 선택할 수 있으며, 각 해결책은 고유의 설계상 제약 사항과 장단점을 갖고 있다. 이 점을 잘 숙지하고, 목적에 가장 부합하는 모듈을 선택하자.

테스트

모듈에 단위 테스트와 같은 테스트 스위트가 함께 제공되는가? 테스트는 기능을 종합적으로 검사하는가? 코드가 주장하는 대로 동작하는지를 적절한 방식으로 검증하고 있는가? 기존 코드와 코드 변경 사항에 대해 지속적인 테스트로 확인하는 CI/CD 인프라 구조를 갖추고 있는가?

API 안정성

모듈의 API 변경은 보장되는가? 특히 지금도 활발히 개발 중인 신규 모듈이라면 API 변경이 잦을 수 있으며, 이로 인해 모듈을 새 버전으로 업데이트할 때 직접 작성한 코드를 변경해야 할 수도 있다. 이런 상황이 항상 나쁘다고 말할 수는 없지만, 특정 모듈에 의존하기 전에 반드시 고려해봐야 할 사항임은 분명하다.

활발한 개발 상태

모듈을 프로젝트로 도입한 이후에 해당 모듈의 문제점을 발견할 수도 있다. 해당 모듈의 개발자가 여전히 활발하게 모듈을 개선하고 있다면 도움을 받을 수 있다. 아무 반응도 없는 풀리퀘스트pull request의 백로그 또는 이슈 및 버그 보고를 접하게 되거나 가장 최근 커밋 날짜가 몇 달 또는 몇 년이 지난 상태라면 좋지 않은 신호다. 단, 활발한 개발 상태가 만병통치약은 아니라는 점을 명심하자. **기능이 완결된** 고품질 라이브러리는 이미 초기 설계 목표를 달성한 덕분에 잔여 작업이 없어 오히려 조용한 개발 상태인 것처럼 보일 수도 있다.

다시 한번 말하지만, 서드파티 라이브러리를 프로그램에서 사용한다는 것은 직접 작성하는 코드와 마찬가지로 프로그램의 일부가 된다는 의미이므로, 진지하게 고려한 후 사용해야 한다. Go 모듈이 깃허브에 공개돼 있다고 해서 '좋은 모듈'이나 '잘 동작하는 모듈'을 의미하지는 않으므로, 반드시 직접 검토하는 과정이 필요하다. 앞에서 소개한 가이드라인은 Go 라이브러리를 평가하는 데 특히 효과적이지만, 다른 언어에도 적용할 수 있는 조언이다.

분명 달성하려는 목표에 따라 필요한 라이브러리가 크게 달라진다. 네트워크 자동화 과정에서 여러 공통 문제를 해결하기 위해 사용하는 다양한 인기 라이브러리 중 몇 가지를 소개한다.

ygot[7]

YANG 모델을 기반으로 Go 코드를 생성해서 모델에 적합한지 데이터를 검증하거나 모델에 적합한 데이터를 생성할 수 있다.

goSNMP[8]

Go에서 SNMP를 다룬다.

---

7 https://github.com/openconfig/ygot
8 https://github.com/gosnmp/gosnmp

Protobuf[9]

바이너리 직렬화 포맷인 프로토콜 버퍼를 다룬다. 8장에서 자세히 살펴보고, 10장에서는 이 라이브러리를 기반으로 gRPC에 대해 알아본다.

goBGP[10]

Go 언어로 작성된 오픈소스 BGP 구현체다. 독립 실행 라우팅 스택standalone routing stack으로 사용할 수 있지만, 애플리케이션에서 라이브러리 형태로 통합해 사용할 수도 있다.

netlink[11]

넷링크netlink를 통해 리눅스 네트워킹 스택과 상호 작용한다.

gotextfsm[12]

TextFSM(텍스트 구문 분석 언어)을 사용할 수 있다.

goeapi[13]

아리스타의 eAPI를 다룬다. eAPI는 대부분의 아리스타 제품에서 쓸 수 있는 프로그래밍 가능 방안이다.

Go 언어에서 API를 다룰 경우 다음과 같은 서드파티 라이브러리를 자주 사용한다. 이 라이브러리들은 10장에서 자세히 살펴본다.

gRPC[14]

최신 경량 RPC 프레임워크인 gRPC를 사용하기 위해 반드시 필요한 라이브러리다.

---

9 https://github.com/golang/protobuf

10 https://github.com/osrg/gobgp

11 https://github.com/vishvananda/netlink

12 https://github.com/sirikothe/gotextfsm

13 https://github.com/aristanetworks/goeapi

14 https://github.com/grpc/grpc

gNMI[15]

gRPC 기반의 설정 적용 및 상태 조회 프로토콜인 gNMI를 사용하기 위한 오픈컨피그 OpenConfig의 공식 라이브러리다.

gNMIc[16]

gNMI용 CLI 클라이언트 및 수집기용 라이브러리다.

이 목록이 네트워크 자동화에 필요한 모든 라이브러리를 보여주는 것은 아니지만, 시작해보는 목적으로는 충분하다. 라이브러리를 찾아보려면 반드시 요구 사항이 무엇인지를 명확히 이해해야 한다. 그렇게 해야만 장단점을 고려하면서 목적에 가장 부합하는 라이브러리를 찾을 수 있다.

요약

이번 장도 다른 장과 마찬가지로, 네트워크 자동화 과정에서 만나는 문제를 해결하기 위해 적절히 범위를 조절하면서도 최대한 다양한 도구를 소개하고자 노력했다. 이번 장을 다 읽고 나서 Go 언어를 실무에 사용해보더라도 파이썬을 사용하는 것이 더 적절한 상황을 만나게 될 것이다. 원래 그런 것이다. '적합한 작업에 맞는 적절한 도구'라는 말처럼 끊임없이 변화하는 네트워크 자동화 분야나 소프트웨어 개발 분야에서 절대적인 '정답'이 통용될 여지는 거의 없다.

Go 언어는 파이썬처럼 도입이 쉬우면서도 다른 언어에 비해 손쉬운 방법으로 안정성과 성능을 제공하므로, 오늘날 네트워크 자동화 엔지니어가 알아둘 만한 매력적인 장점을 가진 도구 중 하나임이 분명하다. 스스로 프로그래머라고 생각하지 않더라도 Go 언어는 한 번쯤 다뤄볼 만한 가치가 있으며, 익숙해지면 여러 용도로 유용하게 활용할 수 있다.

프로그래밍 언어와 같은 방대한 주제를 하나의 장에서 모두 다룬다는 것은 불가능하다. 따라서 지금부터는 직접 실무에 적용해보면서 Go 언어로 프로토타입을 만들어보는 것이 좋다. 실무 과제를 통해 새로운 기술을 배우는 것도 강력한 학습 전략 중 하나다. 니콜라스 레이바Nicolas

---

15 *https://github.com/openconfig/gnmi*
16 *https://github.com/openconfig/gnmic*

Leiva와 마이클 카신Michael Kashin이 함께 저술한 『Network Automation with Go』(Packt, 2022)도 좋은 책이다. Go 언어에 대해 보다 자세히 알아보고 싶다면 이 책을 추천한다. 또한 Go 투어Go Tour 사이트[17]는 아무것도 설치하지 않고도 브라우저에서 바로 Go 언어를 체험해볼 수 있는 매우 흥미롭고 효과적인 방법이다.

8장에서는 네트워크 자동화에 사용되는 다양한 데이터 포맷을 다뤄보면서 파이썬과 Go 언어를 사용해보자.

----

17 *https://go.dev/tour/*

## CHAPTER 8

데이터 포맷과 모델

API에 대해 조금이라도 공부해본 적이 있다면 JSON, XML, YAML 등과 같은 데이터 포맷이나 데이터 모델링, 모델 주도 API[model-driven API] 같은 개념을 들어본 적이 있을 것이다. 또한 **데이터 직렬화**, **마크업 언어**와 같은 용어도 이미 접해봤을 텐데, 이런 용어가 무엇을 의미하고 네트워크 자동화에는 어떻게 적용되는지가 궁금하다.

이 개념들은 네트워크 자동화용 운영 시스템을 비롯해 상당히 복잡한 최신 소프트웨어 시스템의 핵심을 형성한다. 스위치의 호스트명을 바꾸는 간단한 스크립트를 작성하는 경우에도 특정 시점이 되면 스크립트가 네트워크를 통해 스위치로 작업에 필요한 정보를 송신해야 하며, 이를 수신한 스위치는 필요한 정보를 정확히 해석해야 한다. 어떻게 하면 스크립트와 스위치가 같은 언어로 정보를 주고받을 수 있을까?

앞에서 소개한 데이터 포맷이 바로 공용 언어로 사용된다. 널리 사용되는 모든 프로그래밍 언어에서 이러한 포맷을 폭넓게 지원하고 있으며, 네트워크 자동화에 사용되는 거의 모든 라이브러리나 도구에서 이 포맷들을 지원한다. 네트워크 장비의 내장 소프트웨어가 모든 기능을 갖춘 패브릭 관리자 프로그램을 사용하든, 노트북에서 실행되는 간단한 스크립트를 사용하든 상관없이 외부 엔티티[entity]와 프로그래밍 방식으로 안정적인 통신을 주고받기 위해 이러한 포맷을 사용한다.

따라서 네트워크 자동화 전문가로서 효율적으로 업무를 수행하려면 이러한 포맷을 이해하고, 각 포맷에 표현된 데이터를 다룰 줄 알아야 한다. 이번 장에서는 데이터 포맷을 표현하고 전달하고 저장하고 모델링하기 위한 다양한 기술과 도구를 살펴본다. 특히 네트워크 자동화에서 가장 자주 사용되는 기술과 도구를 중점적으로 알아본다.

8.1 구조화된 데이터 포맷의 장점과 기초

프로그래머는 보통 데이터를 저장하고 다루기 위해 매우 다양한 도구를 사용한다. 데이터를 사용하기 위해 간단한 스칼라값(단일 값)이나 컬렉션(배열, 해시맵) 또는 사용 중인 언어 구문에 맞게 사용자 정의 타입을 만든다. 세부적인 방식은 조금씩 다를 수 있지만, 모든 프로그래밍 언어는 개발자가 문제를 해결할 수 있는 다양한 방법을 제공하기 위해 여러 기본 데이터 타입을 제공한다. 단일 프로그램 내에서 데이터를 주고받는 작업이라면 이 정도 기술만으로도 충분한 경우가 많다. 컴파일러는 특정 타입에 대해 어느 정도 크기의 메모리를 할당해야 하는지를 정확히 알고 있으므로, 개발자가 필요에 따라 적절한 타입을 참조하면 나머지 일은 모두 컴파일러가 알아서 처리한다.

하지만 때로는 좀 더 추상화된, 전달할 수 있는 형태의 포맷이 필요한 경우가 있다. 예를 들어 비개발자가 프로그램에 데이터를 입력하거나 프로그램에서 데이터를 조회해야 할 수도 있다. 프로그램끼리 서로 통신해야 하는 경우도 있으며, 각 프로그램은 다른 언어로 개발될 수도 있다. 이런 상황은 네트워크 장비에서 자동화 스크립트를 실행하는 전통적인 클라이언트–서버 애플리케이션에서 자주 볼 수 있다.

이번 장에서 살펴볼 데이터 포맷은 위와 같은 사용 사례에서 활용할 수 있도록 설계됐다. 각 포맷은 일반 소프트웨어 시스템 간의 통신 표준으로 잘 정립돼 있으므로, 어떤 언어나 도구를 사용하더라도 잘 지원된다. 이 포맷을 사용하면 메모리에서 일련의 바이트로 표현되는 데이터를 잘 설명할 수 있다.

> **NOTE_** 표준화된 데이터 포맷이 없다면 네트워크는 제대로 동작할 수 없다! 전 세계적으로 분산된 인터넷 시스템에서 효과적으로 통신하려면 모든 네트워크 구성 요소가 예상할 수 있는 공통 언어가 필요하다. 이 필요성에 공감해 BGP, OSPF, TCP/IP 등의 다양한 표준 프로토콜이 제정됐다.

이번 장에서 다루는 포맷은 특히 네트워크 자동화에 매우 유용한 세 가지 특징을 갖고 있다.

구조화

합의된 규칙을 따르는 데이터 포맷은 기계가 이해하기 쉽도록 설계된다. 컴퓨터는 문자 그대로만 이해할 수 있으므로, 엄격하게 정의된 예측 가능한 구조 없이 사람처럼 직관적으로 데이터를 이해할 수 없다. 예를 들어 라우터나 스위치에서 show 명령을 실행하면 화면에 비정형 데이터가 출력된다. 사람은 서식화된 출력 결과를 이해할 수 있지만, 컴퓨터가 쉽게 파싱해 데이터의 의미를 이해하는 이상적인 형태는 아니다.

지원

포맷이 표준화돼 널리 채택됐으므로, 이 포맷을 사용하기 위한 코드를 직접 작성해야 하는 경우는 거의 없다. 이미 만들어져 있는 기존 소프트웨어나 도구를 그대로 사용할 수 있으며, 기존 소프트웨어의 완성도도 매우 높은 편이다. 파이썬이나 Go 언어처럼 많은 프로그래밍 언어에서는 파일 시스템 또는 네트워크상에 있는 포맷 데이터를 쉽게 불러오는 방법이나 해당 포맷으로 저장할 수 있는 방법을 기본적으로 지원한다.

이식성

파이썬의 **피클**Pickle, Go 언어의 **곱**Gob처럼 고유의 자체 중간 표현을 사용하는 언어도 있지만, 이번 장에서 살펴볼 포맷은 특정 언어에 구애받지 않는다. 즉, 매우 다양한 소프트웨어 생태계에서 동작한다.

세 항목 모두 주의 깊게 살펴봐야 하는 중요한 특징이지만, 첫 번째 특징은 예제를 통해 좀 더 깊이 생각해보자. 컴퓨터는 왜 show 명령의 간단한 출력을 이해하지 못하면서 구조적 데이터 포맷은 더 쉽게 이해할 수 있는 것일까?

사용자가 명령을 실행하면 네트워크 장비에 설치된 소프트웨어는 가장 먼저 하위 시스템이나 다른 네트워크 장비에서 필요한 데이터를 수집한다. 이 단계에서 수집된 정보는 메모리상의 바이트에 불과하다. 소프트웨어는 수집된 정보를 사람이 쉽고 빠르게 이해할 수 있는 형태로 표현한다.

```
root@vqfx1> show interfaces em0
Physical interface: em0      , Enabled, Physical link is Up
  Interface index: 8, SNMP ifIndex: 17
  Type: Ethernet, Link-level type: Ethernet, MTU: 1514, Speed: 1000mbps
  Device flags   : Present Running
  Interface flags: SNMP-Traps
  Link type      : Full-Duplex
  Current address: 52:54:00:b1:f5:8d, Hardware address: 52:54:00:b1:f5:8d
  Last flapped   : 2019-01-10 17:49:55 UTC (00:17:33 ago)
    Input packets : 1039
    Output packets: 778
```

전문 지식이 없는 사람이라 할지라도 출력 결과에서 특별한 노력 없이 인터페이스명이 em0이라는 사실을 금방 알아차릴 수 있다. 사람의 두뇌는 **Physical Interface**와 같은 문구를 활용해 데이터를 유연하게 인식하는 도구를 갖고 있다. 꼭 이 정보가 아니더라도 사람은 원하는 정보를 쉽게 찾아낼 수 있다.

하지만 컴퓨터는 출력 결과에서 인터페이스명이 어디에 있는지조차도 명확히 파악하지 못한다. Physical interface라는 문구가 사람에게는 그 뒤에 이어지는 문장이 무엇에 대한 것인지를 알려주는 유용한 지침이 될 수 있지만, 컴퓨터에게는 다른 부분과 별반 차이 없는 글자일 뿐이다. 프로그램이 출력 결과에서 의미 있는 데이터를 획득하려면 다음과 같은 몇 가지 주요 질문에 먼저 대답할 수 있어야 한다.

- 획득하려는 값이 텍스트에서 어느 부분인지 어떻게 알아낼 수 있는가? 콜론 앞 또는 뒤에 있는 텍스트가 찾고자 하는 값인가? 쉼표는 어떻게 처리하는가? 어떤 경우에는 한 줄에 하나의 값만 표시되지만 어떤 경우에는 한 줄에 여러 값이 표시되기도 하는데, 그 차이는 무엇인가?
- 출력 형식에 일관된 규칙이 없다면 어떻게 처리해야 하는가?
- show bgp neighbor처럼 다른 명령을 사용했을 때 출력 형식이 달라지면 어떻게 처리해야 하는가? 명령마다 별도의 프로그램이나 함수를 작성해야 하는가?
- 네트워크 장비 제조사에서 UX 전문가를 채용해 사람이 더 읽기 좋게 출력 형식을 개선하면 어떻게 되는가?

파싱 프로그램이나 파싱 함수를 작성하려면 이 질문에 답을 할 수 있어야 하는데, 이에 대한 답을 구하는 과정은 생각보다 많은 시간과 에너지가 추가로 들어간다. 반면 JSON, XML처럼 구조화된 포맷을 이용하면 이러한 고민이 금방 해결된다.

예를 들어 이미 자동화에서 자주 사용하는 일부 설정 모델은 XML, JSON과 같은 포맷으로 데이터를 표현한다. 앞에서 실행했던 show 명령을 [예제 8-1]처럼 Junos OS에서 실행해보면 XML로 표현된 결과를 간편하게 얻을 수 있다.

NOTE_ 이번 장에 사용된 전체 예제 코드는 이 책의 깃허브 저장소인 *https://github.com/oreilly-npa -book/examples/tree/v2/ch08-dataformats*에서 구할 수 있다.

예제 8-1 Junos 장비에서 명령 실행 결과를 XML-RPC 포맷으로 출력하기

```
root@vqfx1> show interfaces em0 | display xml
<rpc-reply xmlns:junos="http://xml.juniper.net/junos/15.1X53/junos">
    <interface-information>
        <physical-interface>
            <name>em0</name>
            <admin-status junos:format="Enabled">up</admin-status>
            <oper-status>up</oper-status>
            <local-index>8</local-index>
            <snmp-index>17</snmp-index>
            <if-type>Ethernet</if-type>
            <link-level-type>Ethernet</link-level-type>
            <mtu>1514</mtu>
            <speed>1000mbps</speed>
```

... 이후 생략 ...

이전 예제의 출력 결과와 비교했을 때 오히려 이 예제의 출력 결과를 읽는 것이 더 까다로워졌다고 생각할 수 있다. 맞는 지적이다. 또한 같은 데이터를 표현하고 있지만 텍스트의 길이가 더 길어졌으므로 비효율적인 출력 방식이라고 주장할 수도 있다.

그러나 프로그래밍 관점에서는 이상적인 응답 형태다. [예제 8-1]에 포함된 데이터는 프로그램으로 파싱할 수 있으므로, 예전처럼 사람이 읽을 수 있도록 표시했던 출력 메시지를 다루던 코드에 비해 다음과 같이 훨씬 많은 장점을 가진다.

- XML은 안정적인 규칙으로 작성된다. 따라서 저수준 텍스트 파싱 로직을 반복해서 다시 작성할 필요가 없으므로, 오로지 표현된 데이터에만 신경 쓸 수 있게 된다.
- 일관된 방식으로 구조를 구별할 수 있다. 태그는 '<'로 시작해 '>'로 끝나며, <tag>처럼 태그를 열었다면

반드시 </tag>처럼 태그를 닫아준다.

- 데이터에 해당하는 부분을 간편하게 파싱할 수 있다. 태그로 감싸인 부분이 실제 값이며, 그 외 나머지는 단지 구조를 표현하고 있을 뿐이다.
- 이 포맷은 원래 계층적이다. 태그가 열리고 닫히는 순서에 따라 값 또한 부모-자식 관계를 가진다.
- 메타데이터, 즉 데이터에 대한 데이터(예: xmlns 태그)를 표현하는 규칙이 정립돼 있다.

일부 항목은 XML에만 국한된 사항이지만, 모든 구조화된 포맷은 각자의 방식으로 이와 동일한 장점을 제공한다.

즉, 지금부터 설명하는 구조화된 데이터 포맷은 작성된 언어와 상관없이 소프트웨어 시스템끼리 서로 안정적으로 예측 가능하게 통신할 수 있도록 설계됐다.

8.1.1 구조적 데이터를 이용할 수 없을 때: 스크린 스크래핑

이 책의 1판을 집필할 당시만 하더라도, 플랫폼에서 자동화 도구나 스크립트에서 사용할 수 있도록 JSON, XML처럼 구조화된 포맷을 사용하지 않고 사람만 읽고 이해할 수 있는 텍스트 결과가 제공되는 경우가 많았다. 이런 경우에는 **스크린 스크래핑**screen scraping 기술로 네트워크 장비의 데이터를 획득했다. 이 기술은 SSH와 같은 프로토콜을 사용해 일련의 터미널 명령을 전송하고, 텍스트로 표현된 결과를 그대로 가져와서 마치 사람이 인식하는 것처럼 보다 구조화된 형태로 서식화해 데이터를 사용한다. 파이썬과 같은 프로그래밍 언어를 사용하든, 더 추상화된 프레임워크를 제공하는 다른 도구를 사용하든 결국에는 원래 텍스트 결과를 파싱하는 저수준의 규칙을 직접 만들거나 다른 사람이 만들어 공개해둔 규칙을 사용해야만 한다. 요즘은 이런 방식의 플랫폼이 점점 드물어지고 있다.

스크린 스크래핑은 자동화 소프트웨어를 변화에 취약하게 만들 뿐만 아니라 여러분의 시간, 더 넓게 보자면 여러분이 일하는 조직의 시간까지 많이 낭비하게 만든다. 다만 show 명령을 실행해 얻은 결과 텍스트 뭉치를 파싱하는 프로그램을 만드는 것이 불가능하지는 않다는 사실만 알아두자. 터미널에 표시되는 결과는 비정형 데이터[1]이며, 이런 결과를 만들어내는 하위 시스템

---

1 옮긴이_ 구조화된 데이터를 정형 데이터, 비구조화된 데이터를 비정형 데이터라고도 표현한다. 이 책에서 구조적인 측면을 강조할 때는 '구조화/비구조화'라는 용어로, 데이터의 의미를 강조할 때는 '정형/비정형'이라는 용어로 번역했다. 정형 데이터는 미리 정의된 구조(스키마)를 가진다.

은 애초부터 프로그래밍 방식으로 이용할 수 있도록 설계되지 않았다는 점만 기억하자. 스크린 스크래핑 스크립트를 잘 다루는 사람조차도 스크린 스크래핑 방식은 안전하지 않다고 이야기한다. 일부 플랫폼은 한 번에 너무 많은 명령을 전송했을 때 말 그대로 충돌이 발생하며, 이런 기술을 토대로 견고한 자동화 시스템을 구축할 수 없게 된다.

반면 자신의 사용 사례에 최적인 아키텍처를 선택한다면 가치 있는 성과를 더 빨리 얻을 수 있고, 수십 년 전에 이미 해결됐던 문제를 새삼 다시 다룰 필요가 없어진다. 네트워크 자동화 전문가는 자신이 속한 조직에 최대한 빨리 효과적으로 가치를 제공할 수 있어야 하므로, 파싱 로직을 끊임없이 작성해야 할 필요가 없는 경우라면 그 방안을 선택해야 한다.

어떤 포맷이 사용되든, 구조화된 데이터 포맷을 지원하지 않는 플랫폼은 점차 사라질 것이다. 따라서 진지하게 자동화를 구상하는 단계라면 구조화된 데이터 포맷을 지원해야 한다는 항목을 플랫폼의 요구 사항에 포함시켜야 한다. 이렇게 되면 스크린 스크래핑 작업에 들어가는 시간도 절약될 뿐만 아니라 변화에 취약한 도구를 더 이상 사용하지 않아도 된다.

8.1.2 데이터 타입

6장과 7장에서 살펴본 것처럼 최신 프로그래밍 언어에서는 다양한 데이터 타입을 사용한다. 내용이 이전 장에서 이어지므로, 데이터 타입 개념에 익숙하지 않다면 이전 장을 먼저 읽는 것이 좋다. 단일 값을 표현하는 스칼라값은 그 유형에 따라 **문자열**, **정수**, **불** 등의 타입으로, 값의 컬렉션은 **리스트**나 **배열** 타입으로, 키-값 쌍으로 된 값은 **딕셔너리** 타입으로 표현한다.

하지만 용어는 어떤 데이터 포맷이나 프로그래밍 언어를 사용하는가에 따라 조금씩 다르게 불릴 수 있으며, 해당 분야에서 통용되는 용어를 사용하면 아무 문제가 없다. 다시 말해, 모든 분야를 아우르는 하나의 통일된 용어를 사용하는 것보다는 용어에 대한 기본 개념을 이해하는 것이 훨씬 더 중요하다.

8.1.3 문서 대 데이터

일부 포맷과 관련해 **마크업 언어**^{markup language}라는 용어를 들어봤을 것이다. 이 용어는 앞으로 살펴볼 포맷의 역사에서 큰 부분을 차지하고 있는 개념이므로, 정확히 이해해야 한다. 이 포맷을 먼저 다루는 이유를 명확히 짚고 넘어가자.

마크업 언어는 **문서 지향 언어**^{document-oriented language}라고도 부르는데, 대표적인 예가 HTML이다. HTML 포맷은 헤더, 이미지를 비롯해 자바스크립트, CSS 파일처럼 의존성을 가진 외부 파일에 대한 링크 등을 태그로 표현한다.

```
<html>
    <body>
        <div>
            <p>Hello, World!</p>
        </div>
    </body>
</html>
```

HTML과 같은 마크업 언어는 궁극적으로 문서를 기술하고 주석을 남기는 목적으로 사용된다. 구성된 문서는 의존성이 있는 파일과 함께 렌더링 과정을 거쳐 브라우저에서 웹 페이지로 표시된다.

이번 장에서는 이러한 활용 사례를 중점적으로 살펴보지 않는다. 일부 포맷, 특히 XML은 웹 페이지를 구성하는 용도로도 사용할 수 있지만, 데이터 포맷은 **데이터 직렬화**^{data serialization}, 즉 문서가 아니라 데이터를 구조화된 방식으로 표현하기 위한 방법이다. 포맷을 살펴보는 가장 큰 이유는 소프트웨어 시스템끼리 데이터를 서로 주고받는 방식을 이해하기 위함이라는 점을 잊지 말자.

요약하자면, 마크업 언어는 **문서**를 기술하는 언어이고 데이터 직렬화 포맷은 **데이터**를 기술하는 언어다. 이번 장은 두 번째 사용 사례에 초점을 맞춰 설명한다.

8.1.4 데이터 포맷의 분류

이번 장에서 살펴볼 데이터 포맷은 크게 두 가지 범주로 나눌 수 있다.

텍스트 포맷

데이터를 먼저 UTF-8과 같은 중간 형식으로 직렬화한 다음, 바이트 단위로 인코딩해 파일로 저장하거나 네트워크로 전송한다.

바이너리 포맷

데이터를 효율적인 바이너리 포맷으로 직접 인코딩한다.

텍스트 데이터 포맷부터 살펴보자.

8.2 텍스트 데이터 포맷

지금까지 텍스트 기반 포맷 중 몇 가지 포맷을 살펴봤지만, 이제는 좀 더 자세히 살펴볼 차례다. 텍스트 포맷은 다음과 같은 장점을 가진다.

- 표준 텍스트 편집기로 쉽게 편집할 수 있으며, 브라우저에 있는 개발자 도구의 검사 기능을 사용하면 데이터를 명확하게 확인할 수 있다.
- 표준으로 잘 확립돼 있으며, 포맷을 지원하는 라이브러리나 도구를 손쉽게 구할 수 있다.
- 다양한 프로그래밍 언어의 공통 자료구조로 바로 매핑할 수 있을 만큼 충분히 추상화돼 있다.

> **NOTE_** 텍스트 포맷의 가장 큰 단점은 비효율성이다. 주고받으려던 원래 데이터(문자열, 정수, 배열, 키–값 쌍) 외에도 데이터를 표현하기 위해 다양한 문자가 사용된다. JSON은 중괄호, 각괄호 등을 사용하고, XML은 <, >로 감싼 태그를 사용한다.
>
> 텍스트 포맷은 보통 이와 같은 부가 정보를 담기 위해 더 많은 저장 공간과 대역폭을 사용한다. 또한 데이터를 주고받는 과정에서 더 많은 처리 작업이 필요하다. 이러한 비효율성은 대량의 데이터를 전송해야 하는 경우 심각한 문제를 야기할 수 있다. 다행히 네트워크 자동화 사례 및 워크플로에서 문제가 되는 경우는 거의 없다.

데이터를 저장하든 전송하든, 자동화 도구나 스크립트가 획득하는 데이터는 궁극적으로 0과 1의 **비트**로 표현된다. 대부분의 경우 8비트를 하나로 묶은 **바이트** 단위로 처리한다. 이 데이터를 **원 바이너리 데이터**raw binary data라고 부르기도 한다. 0과 1로 표현된 데이터를 실제로 사용하려면 우선 데이터를 다룰 수 있는 형태로 변환해야 한다. 예를 들어, API 응답으로 수신된 일련의 바이트가 최종적으로 파이썬의 리스트 객체로 해석돼야 한다는 사실을 컴퓨터에게 전달해주지 않으면 그 사실을 알 방법이 전혀 없다.

원 바이너리 포맷을 사용할 수 있는 형태로 바꾸거나 반대로 사용할 수 있는 형태를 원 바이너리 포맷으로 바꾸려면 다음 두 과정을 거쳐야 한다.

1. 디코딩 및 역직렬화
2. 직렬화 및 인코딩

[그림 8–1]은 텍스트 포맷을 데이터로 인식하는 과정을 도식화한 것이다. API의 응답 페이로드라고 생각해보자. 컴퓨터는 우선 원시 비트를 UTF–8과 같은 텍스트 인코딩 표준으로 **디코딩**^{decoding}해야 한다.

그림 8-1 텍스트 데이터 포맷의 디코딩 및 역직렬화 과정

디코딩 과정을 거치면 사실상 하나의 큰 문자열을 얻게 된다. 예를 들어 페이로드가 JSON 포맷이었다면 [예제 8–2]처럼 생긴 문자열을 얻게 된다.

예제 8-2 디코딩된 JSON 문자열

```
"{\"vendors\":[\"Cisco\",\"Juniper\",\"Arista\"]}"
```

이 포맷으로 전송된 데이터를 **역직렬화**^{deserialized}해 프로그래밍 언어나 도구에서 사용하는 타입과 구조체 형태로 만든다. 예를 들어 위 JSON 문서는 vendors라는 키를 갖는 파이썬 딕셔너리로 깔끔하게 매핑된다. JSON 배열에 나열된 3개 요소는 파이썬 리스트 타입으로 매핑돼 딕셔너리의 값으로 할당된다. 데이터를 디코딩해 역직렬화해야만 응답 페이로드에 담겨 있던 데이터를 유용한 작업에 사용할 수 있다.

데이터 타입을 전송하거나 저장하는 경우에도 동일한 과정을 역순으로 거친다. [그림 8–2]에서 볼 수 있듯이 데이터는 먼저 특정 텍스트 포맷으로 **직렬화**된 다음, 바이트로 **인코딩**^{encoding}돼 전송되거나 저장된다.

그림 8-2 텍스트 포맷의 직렬화 및 인코딩

이 접근 방식은 약간의 효율성을 희생하는 대신 향상된 이식성과 중간 데이터를 이해하고 변경할 수 있는 잠재력을 얻게 된다. 이어서 구체적인 포맷을 자세히 살펴본다.

8.2.1 YAML

인터넷이나 프레젠테이션 발표에서 소개된 네트워크 자동화에 관한 흥미로운 사례를 접한 후 더 자세히 알고 싶은 마음이 생겨서 이 책을 읽게 됐다면 YAML에 대해 들어봤을 것이다. YAML은 특히 인간 친화적인 데이터 포맷이므로, 많은 네트워크 자동화 도구나 프로젝트 추진 단체에서 사용되고 있다. 예를 들어 앤서블은 플레이북, 변수 파일, 인벤토리 파일 등을 기술하는 용도로 YAML 포맷을 사용한다. 실제로 어떻게 사용하는지에 대한 사례는 12장에서 보다 자세히 살펴본다.

> **NOTE_** 앞에서 마크업 언어와 데이터 직렬화 포맷의 차이점을 살펴봤다. YAML은 어느 범주에 잘 들어맞는지 궁금할 것이다. 다행히 YAML 표준 사양 웹 사이트(*https://www.yaml.org*)에 따르면 **YAML**의 이름은 '**마크업 언어가 아니다**'*YAML Ain't Markup Language*'라는 뜻이며, 모든 프로그래밍 언어에서 사용할 수 있는 인간 친화적인 데이터 직렬화 언어라고 명시돼 있다. 따라서 YAML은 주로 데이터 직렬화에 사용하기 위해 고안된 언어로, 최대한 인간 친화적이어야 한다는 목적이 추가된 것이다.

YAML은 리스트, 키-값 쌍, 문자열, 정수 등을 표현한다는 점에서 XML, JSON 등의 다른 데이터 포맷과 서로 비슷하게 동작하는 것처럼 보인다. 그러나 곧 알게 되겠지만, YAML은 사람이 읽을 수 있는 고유의 표현 방식을 사용한다. YAML 문법과 기본 자료구조의 매핑 관계를 이해하고 나면 YAML을 매우 쉽게 읽고 쓸 수 있다.

이런 이유로 많은 자동화 도구에서 자동화 워크플로를 정의하거나 VLAN 목록처럼 작업 대상 데이터를 전달하는 용도로 YAML을 많이 사용한다. 또한 YAML은 13장에서 살펴볼 IaC 접근 방식에서도 유용하게 사용된다.

이 책을 쓰는 현재 YAML의 최신 버전은 1.2.2이며 *https://www.yaml.org*에 공개돼 있다. 웹 사이트에는 YAML을 구현하는 소프트웨어 프로젝트 목록도 함께 제공된다. 보통 YAML 파일을 특정 언어에서 사용하는 자료구조로 읽어와 사용할 수 있는 라이브러리가 구현돼 있다. 선호하는 언어가 있다면, 웹 사이트에 소개된 라이브러리 중 하나를 선택해 이번 장에서 소개하는 YAML 예제를 직접 구현해보는 것도 도움이 될 것이다.

몇 가지 예제를 살펴보자. 네트워크 장비 제조사 목록을 YAML로 표현해본다. 이전 절을 주의 깊게 읽었다면 제조사명은 문자열로 표현해야 한다고 생각했을 것이다. 그렇다! 이 예제는 정말 간단하다.

```
- Cisco
- Juniper
- Brocade
- VMware
```

이 YAML 문서는 4개 항목으로 이뤄져 있으며, 각 항목은 문자열 타입이다. YAML의 장점 중하나는 문자열을 표시할 때 일반적으로 작은따옴표나 큰따옴표를 쓸 필요가 없다는 점이다. PyYAML과 같은 YAML 파서는 자동으로 문자열을 찾아내 인식한다. 각 항목 앞에는 하이픈 (-)이 표시돼 있다. 4개의 문자열 모두 들여쓰기 깊이가 동일하므로, 길이가 4인 문자열 리스트를 구성한다는 것을 알 수 있다.

YAML은 파이썬 타입 시스템과 매우 비슷한 유연성을 갖고 있다. 이러한 유연성을 보여주는 대표적인 사례가 바로 리스트에서 여러 데이터 타입을 함께 사용할 수 있다는 점이다.

```
- Core Switch
- 7700
- false
- ['switchport', 'mode', 'access']
```

이 예제도 길이가 4인 리스트로 이뤄진 YAML 문서다. 그러나 리스트를 이루는 항목의 타입이 제각각 다르다. 리스트의 첫 번째 항목인 Core Switch는 문자열이고, 두 번째 항목인 7700은 정수다. 세 번째 항목은 불 값이다. PyYAML과 같은 YAML 해석 모듈이 데이터 타입을 자동으로 해석한다. 특히 pyYAML은 사용자가 전달하려는 데이터 타입을 유추하는 능력이 뛰어나다.

네 번째 항목은 보다시피 3개의 문자열이 들어 있는 리스트다. 예제와 같이 YAML에서도 중첩 자료구조를 사용할 수 있다. 또한 데이터를 표현하는 다양한 방식도 볼 수 있다. 바깥쪽 리스트는 한 줄에 한 항목씩 표시하고, 각 항목은 하이픈으로 시작된다. 반면 안쪽 리스트는 각괄호와 쉼표를 사용해 모든 항목을 한 줄로 표시한다. 이처럼 리스트는 두 가지 방식으로 표현할 수 있다.

> **TIP_** 때로는 주고받을 데이터 타입을 파서가 잘 유추할 수 있도록 도와줄 수 있다. 예를 들어 두 번째 항목이 정수가 아니라 문자열로 해석돼야 한다면 "7700"처럼 따옴표로 묶어준다. 문자열에 YAML 문법에서 사용하는 문자가 들어 있다면 해당 문자열을 따옴표로 감싸줘야 한다. 예를 들어 문자열에 콜론(:)이 포함돼 있다면 이 문자열을 따옴표로 감싸줘야 한다. 상세한 정보는 사용 중인 YAML 파서의 설명서를 참고하자.

이번 장의 시작 부분에서 키-값 쌍을 간단히 살펴봤다(파이썬에서는 키-값 쌍을 딕셔너리라고 부른다). YAML은 이 자료구조도 간단하게 지원한다. 4개의 키-값 쌍을 어떻게 표현할 수 있는지 [예제 8-3]을 살펴보자.

예제 8-3 여러 타입이 함께 사용된 YAML 딕셔너리

```
Juniper: Also a plant
Cisco: 6500
Brocade: True
VMware:
  - esxi
  - vcenter
  - nsx
```

이 예제에서 콜론 왼쪽에 있는 문자열은 딕셔너리의 키가 되고, 콜론 오른쪽 부분은 각 키에 대한 값이 된다. 예를 들어 파이썬 딕셔너리에서는 찾고자 하는 값에 대한 키를 참조해 값을 쉽게 조회할 수 있다.

리스트와 마찬가지로 딕셔너리의 값에 다양한 데이터 타입을 사용할 수 있다. [예제 8-3]에서는 키-값 쌍에서 다양한 데이터 타입의 값을 저장한다.

리스트처럼 YAML 딕셔너리도 다양한 방식으로 표현할 수 있다. 문서가 표현하고 있는 데이터 관점으로 바라봤을 때 다음 예제는 이전 예제와 완전히 동일한 데이터를 표현한다.

```
{Juniper: Also a plant, Cisco: 6500, Brocade: true,
VMware: ['esxi', 'vcenter', 'nsx']}
```

대부분의 파서는 두 YAML 문서를 정확히 동일한 문서로 해석한다. 하지만 첫 번째 문서 스타일을 더 쉽게 읽을 수 있다. 두 번째 문서는 YAML과 JSON이 얼마나 비슷한지를 잘 보여준다. 하지만 두 번째 문서 스타일이 실제로 사용되는 경우는 거의 없다. 다시 한번 말하지만, YAML의 목적은 사람이 읽기 쉬운 포맷을 만드는 것이므로, 이 목적에 보다 잘 부합하는 관례를 따르자.

끝으로, 해시 기호는 주석을 의미한다. 한 줄로 된 주석을 넣거나 기존 데이터 뒤에 붙여 사용할 수 있다.

```
- Cisco     # ocsiC
- Juniper   # repinuJ
- Brocade   # edacorB
- VMware    # erawMV
```

YAML 파서는 해시 기호 뒤에 나오는 문자열을 주석으로 처리해 모두 무시한다.

보다시피 YAML은 사람에게 친숙한 방식으로 구조적 데이터를 소프트웨어 시스템에 전달한다. 그러나 데이터 포맷의 역사로 따지자면 YAML은 최근에 등장한 포맷이다. 따라서 사람의 개입이 거의 없는 소프트웨어 구성 요소 간의 직접 통신에는 XML이나 JSON이 더 널리 사용될 뿐 아니라 이용할 수 있는 도구도 더 많고 훨씬 성숙해 있다.

파이썬에서 YAML 다루기

범위를 좁혀서 YAML 인터프리터가 YAML 문서로 작성된 데이터를 어떻게 읽어오는지 예제를 통해 꼼꼼히 살펴보자. 다양한 데이터 표현 방법을 살펴보기 위해 앞에서 사용했던 예제 문서를 다시 사용한다.

```
Juniper: Also a plant
Cisco: 6500
```

```
Brocade: true
VMware:
  - esxi
  - vcenter
  - nsx
```

예제 YAML 문서가 로컬 파일 시스템에 example.yml 파일로 저장돼 있다고 가정한다. 파이썬으로 YAML 파일을 읽어서 파싱한 다음, 문서의 데이터를 변수로 저장해보자.

파이썬의 기본 문법을 알고 있으면 앞에서 언급한 서드파티 YAML 파서인 PyYAML을 활용해 YAML 문서를 간편하게 읽을 수 있다.

```
import yaml
with open("example.yml") as f:
    result = yaml.load(f)
    print(result)
    type(result)

{'Brocade': True, 'Cisco': 6500, 'Juniper': 'Also a plant',
'VMware': ['esxi', 'vcenter', 'nsx']}
<type 'dict'>
```

> **TIP_** 파이썬 조각 코드 예제는 PyYAML 파이썬 패키지에 포함된 **yaml** 모듈을 사용한다. 6장에서 설명한 대로 pip로 서드파티 모듈을 손쉽게 설치할 수 있다.

예제를 보면 YAML 파일을 파이썬 딕셔너리로 읽어오는 작업이 얼마나 쉬운지를 잘 알 수 있다. 우선 파이썬에서 텍스트 파일을 읽을 때와 마찬가지로 콘텍스트 관리자를 사용해 읽으려는 파일을 연다. 그런 다음, yaml 모듈의 load() 함수를 사용해 result 딕셔너리로 파일을 읽는다. 이후 코드는 문서를 제대로 읽어왔다는 사실을 확인하기 위한 코드다.

8.2.2 XML

이전 절에서도 언급한 것처럼 YAML은 사람과 기계 사이의 상호 작용에 적합한 방법이지만, 소프트웨어 요소끼리 서로 통신할 경우에는 XML이나 JSON과 같은 다른 텍스트 포맷을 더 선호한다. 이번 절에서는 XML^{Extensible Markup Language, 확장 가능한 마크업 언어}을 사용해보면서 어떤 경우에 XML이 적합한지, XML을 사용하기 위한 도구에는 어떤 것이 있는지를 살펴본다.

XML 규격은 월드 와이드 웹 컨소시엄^{W3C, World Wide Web Consortium}에서 정의하고 관리한다. XML은 앞서 존재하던 표준 범용 마크업 언어(SGML) 포맷에서 파생됐다. XML은 SGML의 하위 집합으로 간주되므로, 결과적으로 기존 SGML 파서를 사용해 XML을 파싱할 수 있다.

XML은 1990년대 후반에 처음 등장했다. 당시 웹은 정적 HTML 페이지만 사용할 수 있었는데, 가벼운 갱신 방식을 사용해 동적 콘텐츠를 제공하는 방식으로 전환되는 중이었다. 이런 변화의 가운데 HTML이 가진 한계는 명확했다. HTML은 웹 페이지의 형식과 구조를 기술하기 위한 언어였으므로, 결과적으로 매우 정적이고 확장성이 떨어질 수밖에 없었다. XML은 웹 페이지를 주로 표현하기 위한 마크업이라기보다는 다양한 데이터를 네트워크로 쉽게 전송하기 위해 등장한 언어다. XML의 등장 초기에 주로 좀 더 동적인 웹을 만들기 위한 용도로 사용됐지만, XML 자체는 모든 데이터를 표현할 수 있는 범용 포맷이었다.

XML은 AJAX^{Asynchronous JavaScript and XML, 비동기 자바스크립트와 XML}의 구현에서 최초로 널리 사용되기 시작했다. AJAX는 웹 콘텐츠를 보다 동적으로 만들 수 있는 최초의 웹 개발 기술이었다. 웹 애플리케이션은 AJAX를 이용해 백그라운드에서 데이터를 주고받을 수 있게 됐고, 이렇게 주고받은 데이터를 이용해 애플리케이션 내의 컴포넌트를 동적으로 갱신할 수 있었다. 따라서 예전처럼 전체 페이지를 새로 읽어야 할 필요가 사라져버렸다. 또 다른 사용 사례로는 SOAP이 있다. SOAP은 XML에 기반한 RPC 기술이다. 이 책을 쓰는 현시점에서 두 사용 사례는 보다 가볍게 사용할 수 있는 최신 기술로 대체됐다.

최신 네트워크 자동화 분야에서 XML을 가장 잘 활용하고 있는 사례는 NETCONF 프로토콜이다. 덧붙여 말하자면, REST API의 데이터 포맷으로는 보통 JSON을 많이 사용하지만 XML도 사용할 수 있다. 이 주제에 대해서는 10장에서 논의한다.

XML과 YAML은 몇 가지 비슷한 점을 갖고 있다. 둘 다 계층적이라는 점도 그중 하나인데, [예제 8-4]와 같이 손쉽게 부모 구조를 가진 데이터를 포함할 수 있다.

예제 8-4 간단한 XML 문서

```
<device>
  <vendor>Cisco</vendor>
  <model>Nexus 7700</model>
```

```
<osver>NXOS 6.1</osver>
</device>
```

이 예제에서 `<device>` 요소를 **루트**^{root}라고 부른다. XML 문서에서 공백이나 들여쓰기는 특별한 의미를 갖지 않는다. 루트는 문서에서 맨 앞에 있는, 가장 바깥쪽 XML 태그이므로 금방 찾을 수 있다. 루트는 `<vendor>`, `<model>`, `<osver>`의 부모 노드다. 거꾸로 말하자면 이들은 `<device>` 요소의 **자식** 노드^{child node}다. 중첩 요소는 서로 형제 노드^{sibling node}라고 부른다. 이 예제에서 보다시피 XML의 계층 구조는 네트워크 장비의 메타데이터를 저장하는 데 유용하다. XML 문서에서 여러 개의 `<device>` 태그 인스턴스가 있다면, 즉 `<device>` 요소가 여러 개라면 반드시 더 큰 `<deivces>` 태그 안으로 중첩시켜야 한다.

각 자식 요소는 그 안에 데이터를 갖고 있다. 루트 요소는 XML 자식 요소를 갖고 있으며, 자식 태그는 텍스트 데이터를 갖고 있다. 데이터 타입으로 바라보자면 텍스트 데이터는 파이썬 프로그램에서 문자열 값으로 표현될 가능성이 높다.

또한 XML 요소는 특성^{attribute}을 가질 수 있다.

```
<device type="datacenter-switch" />
```

데이터와 관련 있는 메타데이터라면 자식 요소로 기술하는 것보다는 속성을 이용하는 것이 더 낫다. 물론 필요하다면 두 가지 방법을 모두 사용할 수 있다. 무엇보다도 데이터와 메타데이터(데이터에 대한 데이터)의 차이점을 이해하고, 이를 기술할 수 있는 적절한 방법을 사용하는 것이 중요하다.

XML 문서에서는 사용 사례에 따라 여러 가지 이름의 태그를 사용할 수 있다. 따라서 자체 XML 데이터 구조에서 사용한 태그명이 서로 충돌을 일으킬 수 있다. 예를 들어 멋진 새 스마트폰을 설명하기 위해 `<device>` 태그를 사용했다고 하자.

```
<device>Palm Pilot</device>
```

하지만 ToR 스위치를 기술하는 용도로 `<device>` 태그를 사용하고 싶다면 어떻게 해야 할까? 다행히 XML 사양에는 네임스페이스 시스템이 구현돼 있어서 이와 같은 충돌을 명확히 구별해줄 수 있다. XML은 네임스페이스를 정의할 수 있으며, `xmlns` 특성을 사용해 네임스페이스를 참조한다. [예제 8-5]를 살펴보자.

예제 8-5 XML 네임스페이스

```
<root>
  <e:device xmlns:c="https://example.org/enduserdevices">Palm Pilot</e:device>
  <n:device xmlns:m="https://example.org/networkdevices">
    <n:vendor>Cisco</n:vendor>
    <n:model>Nexus 7700</n:model>
    <n:osver>NXOS 6.1</n:osver>XML Schema Definition
  </n:device>
</root>
```

XML 기본 구성 요소는 매우 단순하다. 하지만 XML로 뭔가 의미 있는 작업을 수행하려면 파이썬과 같은 프로그래밍 언어에서 XML을 다루는 도구를 사용할 수 있어야 한다.

파이썬에서 XML 다루기

파이썬은 표준 라이브러리인 xml 모듈에서 XML 문서를 만들고 검색할 수 있는 기능을 기본적으로 지원한다. lxml과 같은 인기 많은 서드파티 라이브러리는 표준 모듈과 비슷한 API를 제공하지만, 기반 구현은 전혀 다르다. 간단히 설명하기 위해 예제에서는 파이썬의 기본 기능만 사용한다.

XML은 태생부터 계층적이므로, 트리 구조가 잘 어울린다. [그림 8-3]을 보면 좀 더 분명해지는데, 이 그림은 [예제 8-4]의 기본 XML 문서를 시각적으로 표현한다.

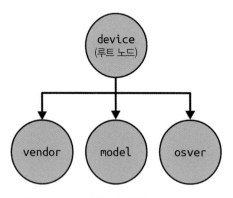

그림 8-3 XML 트리 구조의 시각화

이와 같은 시각화는 파이썬과 같은 프로그래밍 언어를 사용해 XML 문서를 탐색할 때 유용하게 활용된다.

트리에서 특정 정보를 검색하는 몇 가지 방법이 제공되는데, 각 방법마다 장단점이 있다. 이번 절의 예제에서는 가장 실용적이면서 이해하기 쉬운 방법을 사용한다.

> **NOTE_** 이번 절에서는 트리 구조와 트리 구조를 순회하는 방법을 매우 간략히 설명한다. 자료구조와 알고리즘에 대한 강좌 및 학습 자료를 참고하면 다양한 형태의 트리 구조와 각각의 용도를 좀 더 깊이 있게 이해할 수 있다.

파이썬에서 XML을 다루는 API는 요소 트리라는 개념에 기반한다. 요소 트리element tree는 말 그대로 XML 요소로 이뤄진 트리 구조다. YAML과 JSON 포맷은 딕셔너리와 리스트 같은 자료 구조로 바로 매핑되는데, XML은 이와 전혀 다른 방식으로 동작하므로 처음 봐서는 잘 이해되지 않을 수도 있다. 그러나 트리 구조의 기본만 이해하고 나면 요소 트리 API가 매우 단순하게 느껴질 것이다.

표준 라이브러리에서 직접 `ElementTree` 클래스를 불러온다. 다음 예제에서는 좀 더 용이하게 이 클래스를 참조하기 위해 **ET**라는 간단한 별칭을 설정한다.

```
>>> import xml.etree.ElementTree as ET
```

XML 데이터를 몇 가지 방법으로 읽을 수 있는데, 그중에서 `ET.parse()`를 사용해 파일 시스템에 저장된 문서 파일을 읽는다. 문자열 변수에서 XML 데이터를 읽을 수도 있는데, 보통 API 응답을 다룰 때 사용한다. 다음 예제에서는 **data** 변수를 선언한 다음, `ET.fromstring()` 메서드를 사용해 문자열로 된 XML 문서를 읽어오는 방식으로 새로운 요소 트리를 만들어본다.

```
data = """
<devices>
    <device name="sw01">
        <vendor>Cisco</vendor>
        <model>Nexus 7700</model>
        <osver>NXOS 6.1</osver>
    </device>
    <device name="sw02">
```

```
            <vendor>Arista</vendor>
            <model>Arista 7800</model>
            <osver>EOS 4.27</osver>
        </device>
        <device name="sw03">
            <vendor>Juniper</vendor>
            <model>QFX 10008</model>
            <osver>Junos 21.3</osver>
        </device>
    </devices>
    """

tree = ET.fromstring(data)
```

방금 생성한 새로운 tree 변수의 값을 출력해보자.

```
>>> print(tree)
<Element 'devices' at 0x7f953cc8e1d0>
```

이 변수의 타입은 Element이며, 전체 트리를 표현하는 것이 아니라 루트 요소만 표현한다. 즉, XML 문서의 가장 바깥쪽 태그인 <devices>를 가리킨다. 이 Element 타입 변수는 접근 가능한 자식 요소를 참조하고 있으며, 자식 요소는 다시 자신의 자식 요소를 갖는 식으로 참조 구조가 만들어진다.

특정 요소의 자식에 접근할 경우 주로 순회 방식을 사용한다. 해당 요소를 순회하는 for 반복문을 만들고, 반복할 때마다 얻어지는 항목은 해당 요소의 자식 요소 중 하나를 가리킨다.

```
>>> for device in tree:
...     print(f"Device {device} found!")
...
Device <Element 'device' at 0x7f953cc3c590> found!
Device <Element 'device' at 0x7f953cbeb6d0> found!
Device <Element 'device' at 0x7f953cbeb860> found!
```

물론 이렇게 순회하더라도 각 장비에 대해 많은 정보를 알려주지는 않으며, 오직 장치 요소 3개가 자식 요소로 존재한다는 것만 알 수 있다. model이나 vendor와 같은 요소는 device 요소의 자식 요소이므로 더 많은 정보를 얻기 위해 더 깊이 트리를 들어가봐야 한다. 특정 노드의 자식 노드 중에서 찾고 싶은 노드가 있을 경우 find() 메서드는 지정한 태그와 처음으로 일치하는 노드를 반환한다.

```
>>> for device in tree:
...     model = device.find('model').text
...     print(f"Device model is {model}")
...
Device model is Nexus 7700
Device model is Arista 7800
Device model is QFX 10008
```

이미 tree의 자식 노드를 순회하면서 device 요소를 조회했으므로, 이번에는 device 요소에서 find() 메서드를 직접 사용해 자식 노드를 찾아보자.

특히 중첩이 많은 구조에서 특정 요소를 접근하고 싶을 경우 iter() 메서드가 유용하다. 이 메서드를 사용하면 특정 태그를 가진 모든 트리 요소를 순회할 수 있다.

```
>>> for vendor in tree.iter('vendor'):
...     print(vendor.text)
...
Cisco
Arista
Juniper
```

이 방법을 사용하면 중첩 for 루프나 연쇄적인 find(), findall() 메소드를 호출할 필요가 없어진다. 예제에서는 전체 트리에서 vendor 요소를 요청한 후 그 결과를 순회한다.

큰 트리에서 검색하는 작업은 좀 더 복잡하다. 다행히 파이썬은 XML 문서에서 검색을 간편하게 도와주는 표현 언어인 XPath를 제한적이나마 지원한다. 간단한 XPath 표현식을 findall() 메서드의 인자로 전달하면 트리에서 해당 표현과 일치하는 모든 요소를 찾아 반환한다.

```
>>> for model in tree.findall("./device/model"):
...     print(model.text)
Nexus 7700
Arista 7800
QFX 10008
```

요소 이름뿐만 아니라 메타데이터의 특성(예컨대 name 특성)을 함께 사용해 찾고 싶은 노드를 지정할 수 있으므로, 정말 막강한 능력을 발휘한다. 장비명이 sw01인 모델을 찾고 싶다고 가정해보자.

```
>>> tree.find("./device[@name='sw01']/model").text
'Nexus 7700'
```

위 표현식에서는 device 태그에서 찾고 싶은 특성과 값을 경로에 지정한다. 하지만 /model 부분을 그대로 표현식에 남겨뒀기 때문에 여전히 model 요소의 핸들을 얻게 된다.

더 자세히 살펴봐야 할 내용이 아직 많이 남아 있지만, XPath는 이번 절에서 자세히 다루기에 너무 방대한 주제다. 앞으로도 XML을 자주 다룰 계획이라면, 특히 대용량 XML 문서를 다뤄야 한다면 XPath는 반드시 익혀둬야 할 중요한 도구다. XPath에 대한 추가 자료가 필요하다면 xml 모듈에 관한 파이썬 공식 문서에 포함된 유용한 여러 예제도 함께 살펴보는 것이 좋다.

> **TIP_** XML 데이터를 다루는 또 다른 도구로 XQuery가 있다. XPath는 보통 XML 문서에서 데이터의 위치를 지정하기 위해 한 줄로 된 간단한 표현식을 사용하는 반면, XQuery는 관계형 데이터베이스의 SQL과 비슷한 본격적인 질의 언어다. 두 기술이 비슷한 기능을 수행하기 때문에 모두 배워야 하는 것인지 궁금할 수 있는데, 네트워크 자동화 분야에서 XQuery를 사용할 일은 거의 없다. 따라서 대부분의 경우 파이썬과 XPath를 조금만 사용해도 필요한 모든 정보를 얻을 수 있다.

XML은 네트워크 자동화의 역사에서 잘 알려진 포맷 중 하나이지만, 적어도 또 다른 텍스트 포맷인 JSON만큼은 반드시 알아둬야 한다.

8.2.3 JSON

JSON은 자바스크립트 객체 표기법^{JavaScript Object Notation}의 약어로, 마지막으로 살펴볼 텍스트 데이터 포맷이며 현재 가장 널리 사용된다. 먼저 고안된 XML 포맷도 있고 사람이 읽을 수 있는 포맷으로 설계된 YAML 포맷도 있지만, 네트워크 애플리케이션끼리 구조화된 데이터를 전송하기 위한 포맷, 특히 HTTP를 사용하는 애플리케이션이라면 JSON 포맷이야말로 두말할 필요도 없는 이 분야의 명실상부한 챔피언이다. 10장과 12장에서 살펴보게 될 네트워크 API

통신과 관련된 많은 도구와 라이브러리가 네트워크를 통해 구조화된 데이터를 주고받을 때 JSON을 이용한다.

JSON의 기원은 XML과 비슷한데, 다만 좀 더 최근에 발생했을 뿐이다. JSON 역시 동적인 웹 콘텐츠를 만들기 위해 가벼운 방식으로 데이터를 주고받고자 만들어졌으며, 자바스크립트 언어의 하위 집합에 기반하므로 그 이름에 '자바스크립트 객체'가 붙게 됐다. JSON 사양에 사용된 타입은 자바스크립트의 타입을 거의 그대로 반영한다. 그러나 JSON은 언어에 독립적인 형식으로, 다양한 프로그래밍 언어와 자동화 도구에서 잘 지원된다. Go 언어나 파이썬과 같은 언어는 표준 라이브러리에서 JSON을 지원한다.

JSON은 몇 번의 표준화 과정을 거쳤지만, 현재까지도 처음 만들어질 당시의 ECMA-404 표준안을 대부분 준수하고 있다. JSON의 현재 인터넷 표준은 RFC 8295[2]에 기술돼 있다. RFC 8259의 분량이 겨우 16쪽밖에 되지 않을 정도로 JSON은 놀라울 만큼 간단한 형식이다.

JSON을 설정에 사용한 사례도 있다. 노드[3] 패키지 관리자[NPM, Node Package Manager]는 JSON으로 npm 패키지 구성 정보를 기술한다. AWS, GCP와 같은 클라우드 공급업체도 JSON을 사용해 다양한 명령행 유틸리티의 기능을 설정한다. JSON은 YAML보다 더 많은 장점을 갖고 있는데, YAML과 달리 특정 데이터 블록의 범위를 표시하기 위해 들여쓰기를 사용하지 않고 보다 명시적으로 중괄호({})와 각괄호([])를 사용한다. 파이썬처럼 들여쓰기로 범위를 표현하는 데 익숙하지 않은 사람들은 JSON 문서를 보다 쉽게 읽고 수정할 수 있다. 어쨌든 이것은 전적으로 개인의 취향 문제다.

> **NOTE_** JSON은 YAML의 하위 집합으로 인식되고 있다. 실제로 많이 사용되는 YAML 파서는 JSON 데이터를 마치 YAML 데이터인 것처럼 파싱한다(앞에서 살펴본 YAML의 또 다른 표현 방식은 JSON과 매우 비슷하다). 하지만 이 둘의 관계를 상세히 들여다보면 미묘한 차이가 존재한다. 자세한 내용은 YAML 사양을 참조하자.

XML과 직접 비교해보면 JSON이 좀 더 가볍다는 것을 쉽게 알 수 있다. 보통 동일한 기반 데이터를 기술하는 텍스트 구조가 더 작다. 저자의 명단을 XML로 표현하면 다음과 같다.

---

2 *https://datatracker.ietf.org/doc/html/rfc8259*

3 옮긴이_ 노드JS는 크롬에서 사용하는 자바스크립트 엔진인 V8을 사용하는 자바스크립트 런타임이다. 홈페이지는 *https://nodejs.org/en*이다.

```
<authors>
    <author>
        <firstName>Christian</firstName>
        <lastName>Adell</lastName>
    </author>
    <author>
        <firstName>Scott</firstName>
        <lastName>Lowe</lastName>
    </author>
    <author>
        <firstName>Matt</firstName>
        <lastName>Oswalt</lastName>
    </author>
</authors>
```

[예제 8-6]은 동일한 자료구조를 JSON 포맷으로 표현한 것이다.

예제 8-6 XML과 동일한 데이터를 담고 있는 JSON

```
{
    "authors":[
        {
            "firstName": "Christian",
            "lastName": "Adell"
        },
        {
            "firstName": "Scott",
            "lastName": "Lowe"
        },
        {
            "firstName": "Matt",
            "lastName": "Oswalt"
        }
    ]
}
```

JSON이 데이터를 보다 가볍게 표현할 수 있는 방식임을 알 수 있다. 그 결과 동일한 기반 데이터를 더욱 효과적으로 전송할 수 있었다. 이 점은 특히 2000년대 초반의 웹 성능에 의미 있는 영향을 미쳤다.

JSON은 매우 직관적인 기본 타입을 갖고 있다. 대부분의 프로그래밍 언어에서 볼 수 있는 타입과 비슷하며, 소소한 용어 차이만 있을 뿐이다. 따라서 JSON 데이터는 YAML 환경에 매우 잘 매핑된다는 것을 알 수 있다.

숫자

부호가 있는 10진수

문자열

문자의 컬렉션. 단어 또는 문장을 이룬다.

불

참(True) 또는 거짓(False)

배열

각괄호([])로 감싼 순서를 갖는 값들의 리스트. 모든 항목이 동일한 타입일 필요는 없다.

객체

순서를 갖지 않는 키-값 쌍의 컬렉션. 키는 반드시 문자열이어야 한다. 중괄호({})로 감싸 준다.

널null

빈 값. null 키워드를 사용한다.

[예제 8-6]에서 이들 중 몇 개 타입을 사용했다. 전체 문서는 중괄호로 감싸여 있으므로, 가장 바깥쪽(루트) 요소의 타입은 객체이며, 이는 키-값 쌍을 가진다는 의미다.

> **NOTE_** JSON 문서에서는 루트, 즉 가장 바깥쪽에 있는 타입이 객체인 경우를 자주 볼 수 있지만, 반드시 객체여야 하는 것은 아니다. 가장 바깥쪽 타입이 여러 타입 항목으로 이뤄진 배열인 경우도 있다.

이 예제에서 객체는 오직 1개의 키-값 쌍을 가진다. JSON 객체에서 키는 항상 문자열이어야 한다는 점에 유의하자. 키는 **authors**이고, 값은 배열이다. 배열은 YAML에서 살펴본 리스트 형식과 동일하다. 순서를 갖는 0개 이상의 값으로 이뤄진 리스트는 각괄호([])를 사용해 표현한다.

이 리스트에는 쉼표와 줄 바꿈으로 구별된 3개의 객체가 들어 있고, 각 객체는 키-값 쌍을 2개씩 갖고 있다. 첫 번째 쌍은 저자의 이름(firstName)을, 두 번째 쌍은 저자의 성(lastName)을 가리킨다.

파이썬에서 JSON 다루기

JSON은 수많은 언어의 폭넓은 지원을 받고 있다. JSON 문서가 프로그래밍 언어의 기본 자료구조로 바로 매핑되는 경우도 많은데, 파이썬에서는 딕셔너리와 리스트, Go 언어에서는 슬라이스와 맵, 구조체로 매핑된다. 이제 파이썬에서 JSON을 다루는 방법을 구체적인 예제를 통해 살펴보자.

다음과 같이 간단한 JSON 데이터가 저장된 텍스트 파일이 있다.

```
{
  "hostname": "CORESW01",
  "vendor": "Cisco",
  "isAlive": true,
  "uptime": 123456,
  "users": {
    "admin": 15,
    "storage": 10,
  },
  "vlans": [
    {
      "vlan_name": "VLAN30",
      "vlan_id": 30
    },
    {
      "vlan_name": "VLAN20",
      "vlan_id": 20
    }
  ]
}
```

파이썬의 표준 라이브러리에는 JSON을 다룰 수 있는 json 패키지가 포함돼 있다. [예제 8-7]에서는 JSON 파일을 읽은 다음, 이를 파이썬 딕셔너리로 변환하고, 딕셔너리에 저장된 유용한 몇 가지 정보를 출력한다. 코드를 이해하는 데 도움을 주고자 상세한 설명은 행간 주석으로 덧붙였다.

예제 8-7 JSON을 파이썬 딕셔너리로 불러오기

```python
# 파이썬 표준 라이브러리에는 JSON을 매우 잘 다루는 도구가 포함돼 있다.
# 즉, 파이썬 기본 모듈만으로도 JSON 파일을 잘 다룰 수 있다.
import json

# data 변수에 JSON 파일을 불러온다.
with open("json-example.json") as f:
    data = f.read()

# 다루는 JSON 문서는 객체이므로, json.load()를 호출하면 딕셔너리가 반환된다.
# 문서가 배열이었다면 리스트가 반환됐을 것이다.
json_dict = json.loads(data)

# 파이썬 자료구조에 들어 있는 정보를 출력한다.
print("The JSON document is loaded as type {0}\n".format(type(json_dict)))
print("Now printing each item in this document and the type it contains")
for k, v in json_dict.items():
    print(
        "-- The key {0} contains a {1} value.".format(str(k), str(type(v)))
    )
```

마지막 부분의 코드는 불러온 데이터가 파이썬 자료구조로 어떻게 표현되는지를 명확히 보여준다. 파이썬 프로그램을 실행하면 [예제 8-8]과 같이 출력된다.

예제 8-8 JSON 파일을 파이썬 딕셔너리로 불러오기

```
~ $ python json-example.py

The JSON document is loaded as type <type 'dict'>

Now printing each item in this document and the type it contains
-- The key uptime contains a <type 'int'> value.
-- The key isAlive contains a <type 'bool'> value.
-- The key users contains a <type 'dict'> value.
-- The key hostname contains a <type 'unicode'> value.
```

```
-- The key vendor contains a <type 'unicode'> value.
-- The key vlans contains a <type 'list'> value.
```

NOTE_ 처음으로 unicode 데이터 타입을 만나게 됐다. 파이썬에서 문자열(**str**) 타입은 단지 바이트의 시퀀스일 뿐이지만, unicode 타입은 바이트가 실제로 어떠한 방식으로 인코딩돼 있는지까지 알려준다. JSON 사양에서 텍스트는 유니코드로 인코딩돼야 한다고 명시돼 있으므로 unicode 데이터 타입이 사용됐다. 텍스트 인코딩이라는 개념을 처음 접했다면 유니코드를 문자열의 특별한 타입처럼 간주할 수 있으며, 6장에서 살펴본 문자열 타입의 작업을 모두 사용할 수 있다.

이제 JSON 문서를 파이썬 자료구조로 불러왔으므로, 6장에서 배운 도구와 기법을 사용해 원하는 정보를 찾을 수 있다.

반대 동작도 가능하다. 즉, 파이썬 자료구조를 JSON 문서로 만들 수 있다. [예제 8-9]에서는 파이썬 리스트 타입인 vendors를 만든 다음, json.dumps() 메서드를 사용해 이 배열이 포함된 JSON 문서를 만든다.

예제 8-9 파이썬 리스트를 JSON 배열로 내보내기

```
>>> import json
>>> vendors = []
>>> vendors.append("Cisco")
>>> vendors.append("Arista")
>>> vendors.append("Juniper")
>>> print(json.dumps(vendors, indent=2))
[
  "Cisco",
  "Arista",
  "Juniper"
]
```

8.3 바이너리 데이터 포맷

지금까지 텍스트 데이터 포맷에 대해 살펴봤다. 텍스트 데이터 포맷은 중간 표현을 활용해 이식성을 개선하며, 대부분의 언어와 도구는 JSON과 같은 텍스트 포맷을 쉽게 이해할 수 있다.

그러므로 네트워크를 통해 데이터를 전송할 경우, 텍스트 포맷을 사용하면 다른 언어로, 다른 팀에 의해, 다른 대륙에서 작성되더라도 상대방 데이터를 쉽게 이해할 수 있다.

다행히 중간 단계는 이식성을 얻기 위해 약간의 효율성을 희생하지만, 네트워크 자동화에서 성능의 비효율성 때문에 텍스트 포맷을 사용하는 데 있어 문제가 되는 경우는 거의 없다. 하지만 텍스트 포맷으로 직렬화 및 역직렬화하는 데 필요한 추가 시간과 저장 공간/대역폭이 반드시 피해야 할 비효율적인 것으로 간주되는 상황이 존재한다. 이러한 경우에는 좀 더 효율적인 바이너리 포맷을 사용해야 한다. 바이너리 포맷을 이해하려면 먼저 데이터 타입에 대해 보다 자세히 살펴본 다음 실제 내부 동작이 어떻게 수행되는지 알아봐야 한다.

정적 타입 언어의 타입 체계는 보통 컴파일러가 데이터를 표현할 때 사용하는 다양한 길이의 바이트를 말하는 것으로 생각할 수 있다. 예를 들어 Go 언어는 int 타입에 32비트 정수, 즉 4바이트 메모리를 할당한다. 따라서 기본 타입을 사용하는 필드로 자체 타입을 정의하면 구성 필드에 필요한 메모리 크기를 더한 만큼의 메모리를 차지하게 된다. [예제 8-10]을 보자.

예제 8-10 간단한 Go 언어 구조체

```
type Coords struct {
    X int32
    Y int32
}
```

이 타입은 64비트 메모리 덩어리를 다른 방식으로 표현한 것이다. 코드는 컴파일러에게 이 타입에 사용된 필드가 2개이며 두 필드는 각각 다른 용도로 32비트 크기의 메모리를 사용한다고 알려준다.

짐작할 수 있듯이 이러한 매핑은 언어마다 달라진다. Go 언어가 자신의 타입 체계를 메모리로 매핑하는 방식은 파이썬, 러스트, C 언어에서 매핑하는 방식과 완전히 다르다. 하지만 여러 언어로 작성된 애플리케이션끼리는 여전히 어떻게든 통신을 주고받아야 한다. 이 문제를 해결하기 위해 애플리케이션은 앞에서 다룬 텍스트 포맷 중 한 가지 방식으로 데이터를 직렬화할 수 있지만, 이 과정에서는 일부 사용 사례에서 받아들일 수 없는 연산 비용과 저장 비용이 발생하게 된다. 바로 이런 문제를 해결하기 위해 바이너리 데이터 포맷이 등장하게 됐다.

텍스트 포맷은 정보를 저장하거나 전달할 때 인코딩-디코딩과 직렬화-역직렬화라는 두 단계를 거치지만, 바이너리 데이터 포맷은 한 단계로 이 과정을 모두 수행한다는 것이 가장 큰 차이점이다. 바이너리 데이터 포맷을 사용하면 애플리케이션이 데이터를 JSON, XML과 같은 중간 포맷으로 먼저 직렬화해야 할 필요가 없어지며, 대신 네트워크 요청이나 파일 시스템에서 원시 바이트를 읽은 다음, 그 바이트를 [그림 8-4]처럼 바로 자료구조로 매핑할 수 있다.

그림 8-4 바이너리 데이터 포맷의 디코딩/역직렬화 및 직렬화/인코딩

> **NOTE_** 물론 JSON 메시지도 전송하거나 저장하려면 결국에는 바이너리로 변환된다. 컴퓨터가 수행하는 작업은 본질적으로 0과 1의 뭉치를 처리하는 것이다. 하지만 바이너리 데이터 포맷은 텍스트 포맷의 직렬화 과정이 필요하지 않으므로, 이 과정이 생략되면서 결국 전체 과정에서 더 적은 비트만 사용하게 된다. 바이너 리 데이터 포맷은 데이터를 보다 저수준으로 표현한 것으로 볼 수 있다.

CCNA[Cisco Certified Network Associate]나 CompTIA 네트워크+[CompTIA Network+] 자격증을 취득하기 위해 공부했던 내용만으로도 바이너리 데이터 포맷이 네트워크 분야에서 어떻게 사용되는지를 충분히 확인할 수 있다. 패킷 헤더는 원시 비트와 바이트로 이뤄진다. IPv4 패킷에서 46번째 비트부터 72번째 비트까지는 패킷의 TTL을 의미하고, 출발 주소와 도착 주소는 모두 32비트 크기로 표현된다는 것을 이미 알고 있다. 각 필드가 표현하는 개념을 이해하고 이 개념을 표현하는 데 필요한 비트 수를 알고 있기에 이러한 패킷의 내용을 이해할 수 있는 것이다. 가장 중요한 사실은 이와 같이 비트가 구성되는 방식이 표준화돼 있고 이 표준을 엄격하게 준수해야만 통신이 이뤄진다는 점이다. 그렇지 않으면 두 네트워크 종단끼리 효과적으로 통신하는 것은 불가능하다.

지금 다루고 있는 바이너리 데이터 포맷도 별반 다르지 않다. 바이너리 포맷도 다양한 자료구조를 표현하기 위해 최대한 효율적으로 전송/저장하고 인코딩/디코딩할 수 있는 방식으로 고안된 것이다. 그렇지 않다면 어떤 일이 벌어질지 상상해보자. IPv4 패킷 헤더가 JSON 포맷으로 돼 있다면 라우터가 패킷을 처리하기 위해 먼저 역직렬화를 거쳐야 한다. 정말 어처구니없을 정도로 비효율적인 설계 아닌가! 그렇다면 왜 이렇게 불합리한 것처럼 보임에도 불구하고 자동화 관련 API에서 JSON과 같은 포맷을 사용하는 것일까? 왜 모든 곳에서 바이너리 데이터 포맷을 사용하지 않는 것일까? 실제로 일부 API는 바이너리 포맷을 사용하는 방향으로 나아가고 있다. 10장에서 다루겠지만, 바이너리 데이터 포맷은 gRPC처럼 최신 기술에서 점점 더 많이 사용되고 있다. 하지만 JSON 기반 API는 사라지지 않을 것이다. 텍스트 데이터 포맷은 가독성이 좋고, 디버깅이 쉬우며, 광범위한 애플리케이션의 지원을 받고 있다는 나름의 장점을 갖고 있다. 이 사실을 간과해서는 안 된다.

애플리케이션 개발자는 여러 사항을 고려해 바이너리 포맷을 사용할지, 텍스트 포맷을 사용할지를 결정해야 한다. 하지만 이 책은 네트워크 자동화를 중점적으로 다루므로, 고려 범위를 조금 좁혀볼 수 있다. 먼저 바이너리 데이터 포맷을 사용해 얻는 효율성이 정말 필요한 사례가 네트워크 자동화에는 그렇게 많지 않다는 점을 알아두자. 네트워크 자동화 워크플로를 실행할 때 컴퓨터는 대부분의 시간을 유휴 상태idle로 대기하게 된다. 보통 스크립트나 도구는 몇 가지 API 요청을 보낸 다음 응답을 대기한다. 이런 사용 사례에서는 텍스트 데이터 포맷을 사용하더라도 전혀 문제가 되지 않는다.

네트워크 자동화 전문가가 바이너리 데이터 포맷을 좋아하는 두 가지 이유는 다음과 같다.

개발자 선호

지금까지 살펴본 것처럼 모든 데이터 포맷은 해당 포맷을 다룰 수 있는 고유의 도구나 기술이 함께 제공된다. 개발자는 특정 도구를 사용하는 데 익숙하기 마련이며, 특별한 이유가 없다면 기존에 알고 있는 도구를 계속 사용하는 것이 더 유용할 것이다. 때로는 장비 제조사에서 특정 형식만 사용하는 API를 내놓기도 한다. 이런 API를 사용하는 스크립트를 작성해야 한다면 이러한 포맷을 다루는 방법 또한 이해해야 한다.

성능

이는 당연하게 여길 수 없는 미묘한 부분이다. 다시 말하지만, 네트워크 자동화 과정에서 수행되는 대부분의 작업은 컴퓨터가 처리하기에 사소한 작업들이다. 그러나 일부 사례에서는, 예컨대 스트리밍 네트워크 텔레메트리 시스템을 구현한다면 바이너리 포맷이 제공하는 효율성의 이점을 누릴 수 있다. 이때 가장 중요한 질문은 '얼마나 많은 정보가 전송되며, 얼마나 자주 전송되는가?'이다. 스트리밍 텔레메트리에서는 정보가 매우 빈번하게 갱신되며, 갱신될 때마다 상당량의 데이터를 전송해야 하므로 바이너리 데이터 포맷을 사용하는 경우가 많다.

> **CAUTION_** 바이너리 포맷이 텍스트 포맷에 비해 **항상** 더 빠르고 더 효율적이라고 말할 수는 없다. 각 기술의 구현 방식이나 포맷에 배치된 데이터의 구조에 따라 성능상 미묘한 차이가 발생하는데, 오히려 텍스트 포맷이 바이너리 포맷보다 뛰어난 효율을 보여줄 수도 있다. 성능 측면에서는 분명 바이너리 포맷이 유리하지만, 최종 효율 면에서도 언제나 그렇다고는 말할 수 없다.

바이너리 데이터 포맷의 세부적인 장점과 단점은 대부분 어떤 포맷을 사용했느냐에 따라 달라지므로, 몇 가지 구체적인 포맷을 통해 자세히 살펴봐야 한다. 바이너리 데이터 포맷으로 거론되는 몇 가지 포맷이 있지만, 우선 프로토콜 버퍼부터 시작해보자.

8.3.1 프로토콜 버퍼

네트워크 자동화 과정에서 가장 많이 접하게 되는 바이너리 데이터 포맷은 **프로토버퍼**protobuf로 알려진 프로토콜 버퍼Protocol Buffers 포맷이다. 공식 웹 사이트[4]에서는 프로토콜 버퍼를 구글 내부에서 XML을 대체하기 위해 만든 더 작고 **빠른** 포맷으로 소개하고 있다.

시간이 지나면서 프로토콜 버퍼의 사양과 도구는 오픈소스가 돼 이제는 누구나 사용할 수 있게 됐다. 애플리케이션끼리 정보를 저장하거나 전달하기 위해 이전에는 XML처럼 잘 알려진 텍스트 포맷을 사용하거나(이 방법은 구글의 운영 기준에서는 매우 느린 방식이다) 파이썬, Go 언어와 같은 프로그래밍 언어에 특화된 바이너리 포맷을 사용해야만 했다. 언어에 특화된 바이너리 포맷은 성능 문제를 어느 정도 해결해주지만, 해당 포맷의 언어와 생태계에 종속되는 단점이 있다.

반면 프로토콜 버퍼는 언어에 구애받지 않는다. 최신 버전에서는 공식적으로 9개의 언어를 지원하고 있으며, 지원하는 언어도 계속 늘어나고 있다. 이는 다음 두 가지 핵심 구성 요소 덕분이다.

---

4 *https://protobuf.dev/*

- **스키마 정의 언어**: 특정 애플리케이션 개발 언어(예: 파이썬 또는 Go 언어)에 종속되지 않으면서 서비스와 메시지를 지정할 수 있다.
- **소스 코드 자동 생성 도구**: 스키마 정의 언어에 기반해 애플리케이션 개발에 사용할 언어로 된 코드를 자동으로 생성하는 도구다.

다음 절에서 이 두 측면을 살펴보자.

프로토콜 버퍼 정의

JSON이나 XML과 같은 텍스트 포맷은 대부분 자기 기술적self-describing이다. 즉, 자신이 저장하는 데이터 타입을 알려주는 텍스트 규칙이 포맷 내부에 정의돼 있다. 반면, 대부분의 바이너리 데이터 포맷은 자기 기술적이지 않다. 보통 알 수 없는 바이트 덩어리일 뿐, 커뮤니케이션 양쪽 끝에서 스트림을 서로가 이해할 수 있는 타입으로 변환하려면 외부 타입 정의가 필요하다.

프로토콜 버퍼도 예외는 아니다. 프로토콜 버퍼로 통신하려면 개발자가 먼저 .proto 확장자를 사용하는 **프로토콜 인터페이스 정의 언어**로 메시지 포맷을 정의해야 한다. 이 언어를 사용하면 결국 바이너리 데이터로 직렬화돼 다른 애플리케이션으로 전송되는 복잡한 타입을 정의할 수 있다. 프로토콜 버퍼는 특정 개발 언어에 구애받지 않으면서, 이해하기 힘든 바이너리 데이터 표현을 사람이 수정할 수 있는 방법을 제공한다. 즉, 바이너리 데이터에 대한 로제타석Rosetta Stone[5]인 셈이다. 다만 프로토콜 버퍼 기반의 통신 채널 양단에서 동일한 프로토콜 버퍼를 정의한 사본을 모두 갖고 있어야 통신이 이뤄진다.

프로토버퍼 언어에서는 **타입**을 **메시지**라고 부른다. 이를 통해 프로토콜 버퍼로 직렬화할 사용자 정의 타입을 정의할 수 있다. [예제 8-11]을 살펴보자.

예제 8-11 프로토콜 버퍼의 메시지

```
message Router {
    int32 id = 1;
    string hostname = 2;
}
```

---

5 옮긴이_ 기원전 196년의 고대 이집트에서 돌로 만든 비석으로, 고대 이집트 언어로 된 법령이 세 가지 고대 언어로 번역돼 있다. 이 돌 비석에 기록된 내용을 바탕으로 이집트 상형 문자를 해독할 수 있다.

[예제 8-11]의 프로토콜 메시지를 보다 자세히 살펴볼 필요가 있다.

- message Router는 메시지의 최상위 선언으로, Router 메시지를 선언한다. 이렇게 정의한 메시지는 다른 메시지에서 사용하거나, 나중에 다룰 서비스의 인자 또는 반환값으로 사용할 수 있다.

- 2개의 단일 값 필드를 사용한다. id는 부호를 갖는 32비트 정수 타입(int32)이고, hostname은 문자열 타입(string)이다.

- 각 필드의 오른쪽에 숫자가 표시돼 있는데, 이를 **필드 식별자**field identifier라고 한다. 직렬화된 프로토콜 버퍼 데이터의 순서는 상세 구현에 대한 것이므로, 언제든 달라질 수 있다. 그러나 원 바이너리를 올바른 필드로 역직렬화하는 데는 도움이 된다.

[예제 8-11]의 텍스트 데이터는 실제로 전송되지 않는다는 점에서 지금까지 살펴봤던 XML, JSON과 같은 텍스트 포맷과는 다르다. 이 데이터는 사람이 편집할 수 있는 사양일 뿐이며, 단지 프로토콜 버퍼 도구에서 읽은 다음 좀 더 효율적인 포맷으로 '컴파일'할 때 사용된다. [예제 8-10]처럼 클래스나 구조체를 정의해두면 프로그램은 컴퓨터에서 어떤 식으로 메모리 덩어리를 할당해 읽어야 하는지를 알 수 있다. 같은 방식으로 프로토콜 버퍼 메시지를 .proto 파일로 정의함으로써 소프트웨어는 주고받는 원시 바이너리 데이터를 이해할 수 있게 된다.

int32나 string과 같은 기본 타입으로 충분하지 않은 경우 프로토콜 버퍼 메시지는 다른 메시지를 참조할 수 있다. 두 번째 메시지 타입으로 Interface를 추가한 다음, 이 메시지를 Router 메시지의 필드로 추가한다.

```
message Router {
    int32 id = 1;
    string hostname = 2;
    repeated Interface interfaces = 3;
}

message Interface {
    int32 id = 1;
    string description = 2;
}
```

repeated 키워드는 프로토콜 버퍼에서 리스트나 배열에 해당한다. interfaces 필드는 Interface 메시지 타입의 단일 인스턴스가 아니라 여러 개의 인스턴스일 수도 있다는 의미다.

프로토콜 버퍼에서 서비스를 정의할 수 있다. 서비스는 RPC 함수 집합을 기술하며, 기본 타입 및 사용자가 정의한 메시지를 매개변수 또는 반환 타입으로 사용한다.

```
service RouterService {
    rpc GetRouter(RouterRequest) returns (Router);
}
```

TIP_ 서비스를 선언함으로써 gRPC나 gNMI와 같은 프레임워크의 서비스 엔드포인트를 정의할 수 있다. 이때 사용되는 데이터 표현 기술 중 프로토콜 버퍼가 가장 많이 사용되는데, 10장에서 보다 자세히 다룬다.

지금까지 프로토콜 버퍼 정의를 매우 간략히 소개하는 수준으로 다뤄봤다. 직접 정의를 작성해야 한다거나 기존 정의를 읽고 이해해야 할 필요가 있다면 다양한 기본 타입과 주요 키워드를 알아둬야 한다. 해당 내용을 더 자세히 알고 싶다면 프로토콜 버퍼 언어 가이드Protocol Buffers Language Guide 문서[6]가 길잡이가 돼줄 것이다.

프로토콜 버퍼 도구 및 코드 생성

프로토콜 버퍼를 동작시키는 두 번째 중요한 구성 요소는 앞에서 살펴본 메시지와 서비스 정의로부터 원하는 프로그래밍 언어로 작성된 코드를 자동으로 생성하는 도구다. 애플리케이션은 이렇게 자동으로 생성된 코드를 사용해 해당 정의에 따라 바이너리로 인코딩된 프로토콜 버퍼 데이터를 훨씬 쉽게 주고받을 수 있다.

이전 절에서 프로토콜 버퍼 정의의 각 부분을 살펴봤다. 전체 동작 예제는 [예제 8-12]에서 볼 수 있다.

예제 8-12 전체 프로토콜 버퍼 정의

```
syntax = "proto3";
package networkstuff;

service RouterService {
    rpc GetRouter(RouterRequest) returns (Router);
}
```

---

6 *https://protobuf.dev/programming-guides/proto3/*

```
message RouterRequest {
    int32 id = 1;
}

message Router {
    int32 id = 1;
    string hostname = 2;
    repeated Interface interfaces = 3;
}

message Interface {
    int32 id = 1;
    string description = 2;
}
```

우선 protoc의 사용에 익숙해져야 한다. protoc는 프로토콜 버퍼를 사용하는 코드를 작성하려면 반드시 설치돼야 하는 **프로토콜 버퍼 컴파일러**로, 지금까지 살펴본 일반적인 메시지 정의를 파이썬이나 Go 언어와 같은 프로그래밍 언어에서 사용할 수 있는 '진짜' 코드로 바꿔준다. protoc를 내려받아 설치하는 방법은 프로토콜 버퍼의 공식 웹 사이트[7]에서 확인할 수 있다.

일단 설치하고 나면 protoc를 사용해 다양한 언어 코드를 생성할 수 있다. 심지어 배시 명령행에서 한 번에 여러 언어로 작성된 코드를 생성할 수도 있다. 다음 예제에 사용된 명령은 protoc를 이용해 로컬 디렉터리에 Go 언어 코드와 파이썬 코드를 생성한다. 이때 프로토콜 버퍼 메시지는 [예제 8-12]와 같이 networkstuff.proto 파일에 정의한다.

```
protoc --go_out=. --python_out=. networkstuff.proto
```

이 명령을 실행하면 2개의 파일이 생성되는데, 하나는 파이썬 코드인 networkstuff_pb2.py이고 다른 하나는 Go 언어 코드인 networkstuff.pb.go이다. 이 파일에는 프로토콜 버퍼 소스 코드에 정의된 메시지와 서비스에 대해 각 언어에 맞게 구현된 타입 정의 및 생성자가 포함돼 있다. 코드에서 이 파일을 참조해 해당 타입을 사용할 수 있다.

생성된 파이썬 코드를 어떻게 사용할 수 있는지 좀 더 자세히 살펴보자. 현재 디렉터리에서 대화형 파이썬 셀을 열고 새로 생성된 모듈을 불러온다.

---

7 *https://protobuf.dev/*

```
>>> import networkstuff_pb2
```

이 모듈에는 프로토콜 버퍼의 각 메시지가 클래스 형태로 포함돼 있으므로, 이 클래스를 사용해 인스턴스를 만든다.

```
>>> router = networkstuff_pb2.Router()
>>> router.id = 1337
>>> router.hostname = "r1"
```

파이썬 구현체가 매우 똑똑하게 처리하는 과정을 확인할 수 있다. 보통 파이썬 클래스의 인스턴스에 속성을 추가할 수 있지만, 프로토콜 버퍼에서 생성한 클래스의 인스턴스에 임의의 속성을 추가하면 예외가 발생한다.

```
>>> router.foo = "bar"
Traceback (most recent call last):
  File "<stdin>", line 1, in <module>
AttributeError: Assignment not allowed (no field "foobar" in message object).
```

속성명을 단순 실수로 잘못 입력해 발생하는 사고를 막을 수 있는 약간의 안전장치가 갖춰진 셈이다. 하지만 여전히 파이썬 코드일 뿐이다. 따라서 실행 시간까지는 어떠한 확인 과정도 이뤄지지 않지만, 그래도 없는 것보다는 낫다(Go 언어는 이와 같은 실수를 컴파일 시점에 찾아준다).

router.interfaces 속성의 add 메서드를 사용해 새로운 Interface 객체의 인스턴스를 생성한다.

```
>>> if1 = router.interfaces.add()
>>> if1.id = 1
>>> if1.description = "outside interface"
>>> if2 = router.interfaces.add()
>>> if2.id = 2
>>> if2.description = "inside interface"
```

이제 프로토콜 버퍼에 정의한 Router 객체를 파이썬에서 사용할 인스턴스로 생성했고, 속성을 예제 데이터로 채워 넣었다. SerializeToString() 메서드를 호출해 해당 인스턴스가 바이트 수준에서 어떻게 표현되는지 살펴보자. 이 메서드는 객체를 파이썬 바이트 문자열 형태로 출력한다.

```
>>> router.SerializeToString()
b'\x08\xb9\n\x12\x02r1\x1a\x15\x08\x01\x12\x11outside interface\x1a\x14...'
```

이제 바이너리 데이터를 파일 시스템에 저장해보자.

```
>>> f = open('serialized.bin', 'w+b')
>>> f.write(router.SerializeToString())
>>> f.close()
```

배시 셸로 돌아와서 hexdump와 같은 도구로 파일에 저장된 원시 바이트를 확인해보자.

```
~$ hexdump serialized.bin
0000000 b908 120a 7202 1a31 0815 1201 6f11 7475
0000010 6973 6564 6920 746e 7265 6166 6563 141a
0000020 0208 1012 6e69 6973 6564 6920 746e 7265
0000030 6166 6563
0000034
```

끝으로, 이 예제를 완전히 마무리 짓기 위해 protoc를 사용해 원시 바이트를 다시 읽을 수 있는 형태로 디코딩해보자. 디코딩을 하려면 원본 .proto 파일, 디코딩할 메시지명과 바이너리 파일이 필요하다. 이때 파일은 표준 입력(stdin)으로 전달한다.

```
~$ protoc --decode networkstuff.Router networkstuff.proto < serialized.bin

id: 1337
hostname: "r1"
interfaces {
  id: 1
  description: "outside interface"
}
interfaces {
  id: 2
  description: "inside interface"
}
```

최신 프로토콜 버퍼 사양은 JSON 표준 인코딩[8]을 지원하므로, 전통적인 포맷을 사용하는 시스템을 다루는 경우에도 매우 유용하다. 메시지 타입을 프로토콜 버퍼에 정의해 바이너리 데이터로 직렬화할 수도 있지만, 필요에 따라 JSON 포맷으로 생성할 수도 있다.

JSON 포맷으로 생성하는 방법은 언어마다 다를 수 있지만, 파이썬용 프로토콜 버퍼 라이브러리에는 프로토콜 버퍼 타입을 JSON으로 다룰 수 있는 패키지가 포함돼 있다.

```
>>> from google.protobuf.json_format import MessageToJson
>>> print(MessageToJson(router))
{
  "id": 1337,
  "hostname": "r1",
  "interfaces": [
    {
      "id": 1,
      "description": "outside interface"
    },
    {
      "id": 2,
      "description": "inside interface"
    }
  ]
}
```

사실 네트워크 자동화 전문가가 프로토콜 버퍼를 사용해 직렬화된 바이너리 데이터를 파일 시스템에 쓰는 경우는 거의 없다. 하지만 지금까지 살펴본 내용을 바탕으로 gRPC와 같은 최신 RPC 프레임워크에서 프로토콜 버퍼를 활용할 수 있게 되면 정말 흥미로운 일들이 펼쳐질 수 있다. 단지 메시지 정의뿐만 아니라 우리가 정의한 서비스를 표현하는 함수에서도 protoc에서 생성한 코드를 활용할 수 있다. API 클라이언트는 파이썬으로 작성하고 API 서버는 Go 언어로 작성하더라도 아무런 문제가 되지 않는다. 훨씬 다양한 조합도 가능하다. 동일한 프로토콜 버퍼 정의를 사용한다면 서버와 클라이언트의 개발 언어와 상관없이 통신이 이뤄진다. 이와 관련된 내용은 10장에서 훨씬 자세히 다룬다.

프로토콜 버퍼는 경량의 최신 바이너리 포맷으로, 이미 네트워크 자동화 분야에 폭넓게 사용되고 있다. 하지만 프로토콜 버퍼 외에도 사용 가능한 바이너리 데이터 포맷들이 존재하므로 다

---

8 https://protobuf.dev/programming-guides/proto3/#json

음 주제로 넘어가기 전에 그중 몇 가지를 살펴본다.

8.3.2 기타 바이너리 데이터 포맷

네트워크 자동화 분야에서 프로토콜 버퍼만 알아도 충분하다고 생각할 만큼, 프로토콜 버퍼는 최신 네트워크 프로그래밍에서 사용하는 독보적인 바이너리 포맷으로 자리매김했다. 하지만 몇 가지 다른 바이너리 포맷을 사용하게 될 수도 있다. 이러한 몇 가지 대안을 알아두면 유용하므로, 간략하게 대안 포맷을 소개하고 해당 포맷의 장단점을 살펴보자.

피클

피클^{Pickle}은 파이썬 객체를 직렬화하는 바이너리 포맷이다. 파이썬에서만 사용할 수 있으며, 다른 언어에서는 제대로 동작하지 않는다. 하지만 파이썬 프로그램에서 사용하는 모든 객체를 직렬화할 수 있으며, 동일한 객체를 두 번 직렬화하지 않는 중복 제거 기능과 하위 버전 호환성과 같은 장점을 갖고 있다.

곱

곱^{Gob}은 Go 언어의 타입을 직렬화하는 바이너리 포맷이다. 프로토콜 버퍼처럼 빠른 속도를 장점으로 내세우고 있고, 훨씬 사용하기가 편리하며, .proto 파일처럼 별도의 인터페이스 언어가 필요하지 않다. 코드에서 타입을 정의하면 **gobs** 패키지가 리플렉션^{reflection} 기법을 사용해 각 타입에 최적인 직렬화 방식을 선택한다.

BSON

BSON은 JSON류의 문서를 바이너리로 인코딩해 직렬화한다. 이 포맷은 원래 몽고DB라는 문서형 데이터베이스에서 내부 데이터를 표현하기 위한 용도로 만들어졌다. 텍스트 방식의 JSON보다는 효율적이지만, 직렬화된 데이터 내부에 필드명과 같은 정보도 함께 표현되므로 다른 바이너리 포맷보다는 효율이 다소 떨어진다. JSON 사양에서는 지원되지 않는 몇 가지 추가 타입을 사용할 수 있다.

플랫버퍼

플랫버퍼FlatBuffer는 프로토콜 버퍼와 비슷하며, 두 기술 모두 처음에는 구글에서 개발됐다. 그러나 프로토콜 버퍼와 달리, 플랫버퍼는 플랫 바이너리 버퍼의 형태로 직렬화된 데이터를 별도의 언팩unpack 과정이나 역직렬화 과정을 거치지 않고 바로 접근할 수 있다. 또한 전체 버퍼를 한 번에 역직렬화할 필요 없이 버퍼 일부를 역직렬화할 수 있기 때문에 비디오 게임 처럼 성능에 매우 민감한 애플리케이션에서 사용하기 좋다.

아파치 스리프트

아파치 스리프트Apache Thrift도 RPC 프레임워크, 인터페이스 정의 언어, 코드 생성 도구를 갖춘 바이너리 포맷이라는 점에서 프로토콜 버퍼와 비슷하다. 원래 페이스북에서 만들었지만, 이후 아파치 프로젝트로 옮겨졌다. 스리프트와 프로토콜 버퍼는 보통 거의 비슷한 성능을 나타내며, 성능 비교 실험에서 두 기술이 공동 1위를 차지하는 경우가 대부분이다. 스리프트는 전체 RPC 구현체를 제공하지만, 프로토콜 버퍼는 포맷을 사용하기 위해 구현해야 하는 RPC 스텁stub 함수만 생성한다.

이러한 다양한 포맷과 각각의 장단점을 알아두면 여러모로 유용하다. 어떤 바이너리 데이터 포맷을 사용할 것인지는 거의 항상 네트워크 자동화 전문가가 선택하게 된다. 네트워크 플랫폼은 보통 여러 포맷 중 하나를 결정하고, 사용자가 코드를 작성할 때 필요한 메시지 정의를 제공하거나 그냥 바로 사용할 수 있는 미리 만들어진 라이브러리를 제공한다.

이어서 데이터 모델링에 대해 알아본다. 데이터 모델링을 사용하면 앞서 살펴본 포맷으로 전송된 데이터에 대해 추가 제약 조건을 설정할 수 있다.

8.4 데이터 모델링

지금까지 다양한 데이터 포맷을 살펴봤다. YAML, XML, JSON과 같은 텍스트 포맷은 사람이 읽을 수 있고, 이식 가능한 방식으로 데이터를 표현하는 능력이 뛰어났다. 프로토콜 버퍼와 같은 바이너리 데이터 포맷은 성능이 더 중요할 때 유용하게 사용된다. 모든 포맷은 기본 타입 체계를 갖고 있으므로, 프로그램은 주어진 일련의 바이트나 텍스트에서 그 값이 문자열인지, 정수인지, 불 값인지를 식별할 수 있다. 결국 이러한 포맷은 API 기반 통신과 같은 작업을 용이하게 수행하기 위해 직렬화 및 역직렬화할 수 있는 방식으로 데이터를 표현한 것이다.

그러나 때로는 단순한 직렬화 이상의 기능이 필요하다. 네트워크 장비에 대한 호스트명을 API로 갱신하는 경우를 생각해보자. 이 API 엔드포인트에 대한 요청은 [예제 8-13]과 비슷한 형태의 JSON 요청 페이로드가 사용된다.

예제 8-13 JSON 페이로드 예제

```
{
  "hostname": ""
}
```

이 JSON 객체는 hostname이라는 단일 키를 갖고 있으며, 값은 장비의 새로운 호스트명으로 사용할 문자열이다. 이 예제에 사용된 호스트명은 유효한 문자열이지만 내용이 비어 있다. JSON 포맷으로 보면 구문상 완벽하기 때문에 JSON 파서는 아무런 문제 없이 이 문서를 역직렬화할 수 있다.

그러나 이 페이로드를 실제로 API 엔드포인트로 전송하면 json 문서는 유효하지만, 신규 호스트명을 빈 문자열로 보냈기 때문에 호스트명이 빈 문자열로 갱신되는 문제가 발생할 수 있다. 물론 API 서버에서 [예제 8-14]와 같이 조건문을 사용해 필드 값이 비어 있는지 여부를 검사할 수도 있다.

예제 8-14 문자열이 비어 있는지 명시적으로 확인하기

```
req = json.loads(json_str)
if req["hostname"] == "":
    raise Exception("Hostname field must not be empty")
```

또는 호스트명이 너무 길면 어떻게 될까? 실제 네트워크 장비에서는 사용할 수 없는 특수 문자가 JSON에 포함되면 어떻게 될까? 이런 점까지 고려해서 대응책을 마련한다 하더라도 오직 hostname 필드에만 적용될 것이다. 좀 더 복잡한 JSON 페이로드는 어떻게 될까? 페이로드에서 더 다양한 타입의 필드가 훨씬 많이 사용될 수 있다. 예를 들어 정수, 배열, 중첩된 객체를 가질 수 있으며, 각 필드마다 타입 고유의 유효성 문제를 가진다. 해당 JSON 배열이 비어 있지는 않은지, 배열에 들어 있는 항목은 5개 이하인지, 또는 중복 항목이 없는지 등을 확인해야 할

수도 있다.

서버에서 각 필드의 모든 경우를 코드로 검사하는 방식은 데이터가 조금만 복잡해져도 지속할 수 없다. 설령 모든 경우를 다 파악하더라도 API를 사용하는 코드 개발자에게 나쁜 경험을 선사할 것이다. API 서버에서 데이터 유효성 검사 과정을 모두 구현하게 되면 클라이언트에서는 데이터가 왜 유효하지 않은지를 알 수 없으므로, 유효한 데이터를 전송하는 방법을 파악하기가 매우 힘들어진다. API 관리자는 이 모든 검사 과정을 상세히 설명하는 문서를 관리해야 하며, 항상 수동으로 최신 상태를 유지해야 한다(이와 같은 접근 방식으로 성공하는 경우가 얼마나 드문지 예상할 수 있을 것이다).

데이터 모델링data modeling은 이 문제를 해결하기 위해 고안된 도구와 기술의 집합체다. 일반적으로 데이터 포맷은 구조적 데이터를 직렬화하는 역할을 수행하지만, 데이터 모델링은 여기서 한 단계 더 들어가서 구조적 데이터가 반드시 준수해야 하는 제약 사항을 제공한다. 이를 통해 데이터가 구체적인 사용 사례나 비즈니스 프로세스에 부합될 수 있도록 세부 규칙과 관계를 더 상세히 기술할 수 있게 된다.

보통 데이터 간의 제약 조건이나 관계를 기술하는 데 특화된 데이터 모델링 언어를 사용한다. 이 언어는 API 서버처럼 데이터 모델을 활용하는 애플리케이션과 함께 개발되는 경우가 많다. 데이터 모델링은 네트워크 자동화 분야에서 다음과 같은 주요 장점과 기능을 제공한다.

- 데이터 모델은 언어에 구애받지 않는 경우가 많으며, 여러 애플리케이션에서 동일한 모델을 사용할 수 있다. 예를 들어 파이썬으로 개발한 API 클라이언트와 Go 언어로 개발한 API 서버에서 함께 사용할 수 있다. 또는 한곳에서 데이터 모델을 확인하고 갱신할 수 있다.
- 이 접근 방식은 애플리케이션이 아니라 데이터에 초점을 맞추고 있다. 따라서 비개발자(또는 다양한 언어를 사용하는 개발자)가 특정 언어의 문법을 잘 알지 못하더라도 큰 어려움 없이 데이터 모델을 쉽게 이해할 수 있다.
- 제약 조건을 강제하는 애플리케이션 코드를 생성하는 방법도 제공하는 데이터 모델링 기법도 많다. 데이터 모델만 있으면 API 호출에 필요한 올바른 페이로드를 안정적으로 생성하는 코드를 자동으로 얻을 수 있으므로, API를 다룰 때 매우 유용하다.

사실 데이터 모델링의 대표적인 예는 **데이터베이스 스키마**database schema다. 데이터베이스에서 데이터의 구성과 구조를 기술하는 스키마를 사용하면 특정 데이터 타입의 열을 지정할 수도 있지만, 데이터 간의 관계나 제약 조건, 예를 들어 특정 데이터는 유일해야 한다는 등의 조건도 지정할 수 있다. 예를 들어 관계형 데이터베이스 시스템에서 **프라이머리 키**primary key는 해당 행을 고유하게 식별할 수 있는 용도로 해당 열의 값을 사용할 수 있다는 특별한 조건을 해당 열에 지정한다. 프라이머리 키가 고유값 제약 조건을 강제함으로써, 다른 행에서 이미 사용하고 있는 값을 새로운 행의 프라이머리 키로 사용하려고 하면 데이터 추가가 거부된다.

> **CAUTION_** 데이터 모델링이 소프트웨어 개발자 영역에 속하는 것으로 보일 수 있다. 지금 살펴본 개념들 중 일부는 전문 개발자의 일상 업무에 더 부합하는 것이 사실이지만, 그렇다고 해서 네트워크 자동화 전문가가 직접 데이터 모델을 만들지 않아도 된다거나 데이터 모델링을 뒷받침하는 개념, 관련 기술 및 기존 데이터 모델을 몰라도 될 만큼 네트워크 자동화에 유용한 기술이 아니라는 뜻은 아니다.
>
> 견고한 데이터 모델을 만들려면 필드 몇 개를 조합하는 기술만으로는 부족하다. 때로는 데이터 간의 관계, 카디널리티cardinality[9], 데이터 정규화(때로는 역정규화)에 대한 깊은 이해가 필요할 수도 있다. 이런 주제는 숙련된 전문 소프트웨어 개발자조차 제대로 이해하기 어려운 내용이다.
>
> 따라서 이번 절에서는 사용 사례에 대한 데이터 모델링이 가질 수 있는 모든 측면을 다루지 않는다. 오히려 데이터 모델에 관한 주요 개념, 데이터 모델을 만들고 발전시켜나가기 위한 구체적인 도구와 기법, 네트워크 자동화 엔지니어가 이를 최대한 활용할 수 있는 방법에 대한 통찰력을 전하는 데 집중한다.

이번 장에서는 데이터베이스 스키마를 자세히 다루지 않지만, 지금까지 살펴본 데이터 포맷에 스키마의 개념을 매우 광범위하게 적용할 수 있다. 스키마에 대한 가장 일반적인 정의는 데이터의 구조를 기술하는 방식이다. 따라서 이번 절에서는 **데이터 모델**과 **스키마**라는 용어를 혼용해 사용한다. 두 용어 모두 우리의 목표를 달성하는 데 있어 매우 비슷한 개념이다.

시작하기에 앞서 이번 장의 나머지 부분을 읽을 때 염두에 둬야 할 몇 가지 주요 사항을 살펴보자.

- 데이터 모델링은 데이터가 반드시 준수해야 하는 스키마를 만드는 작업이 포함된다. 이를 통해 단순한 직렬화를 넘어 비즈니스 로직이나 사용 사례에 관련된 보다 확고한 데이터 구조를 갖출 수 있게 된다.
- 데이터 모델링 언어와 도구는 직렬화 포맷이 아니며, 정보를 전달하기 위한 용도가 아니라 정보를 기술하는 용도로 사용된다. 패킷 캡처나 브라우저 네트워크 추적 기능을 사용하더라도 이러한 모델링 기술을 볼 수는 없다.
- 일부 데이터 모델링 기술은 특정 직렬화 포맷에서만 사용할 수 있다. 일부 기술은 보다 광범위하게 여러 직렬화 포맷에 적용될 수 있다.

----

9 옮긴이_ 특정 데이터 집합에서 고유한 값의 개수를 의미한다. 중복된 값이 적으면 카디널리티가 높다.

- 현존하는 모든 데이터 모델링 도구를 다루지는 않는다. 다시 말해 네트워크 자동화 과정에서 가장 많이 접하게 되는 도구만 살펴본다.

네트워크 자동화라는 맥락에서 데이터 모델은 문법 교과서와 비슷하다고 생각해볼 수 있다. 이 문법 교과서는 친구와 대화를 나눌 때 구체적으로 어떤 말을 해야 하는지는 알려주지 않고 단지 두 사람이 대화를 나누기 위해 따라야 하는 대화 규칙만 알려준다. 또한 대화를 나눌 때는 문법 교과서를 되뇌는 것이 아니라 교과서에 실린 규칙에 맞춰 말하고 싶은 내용을 전달한다. 이와 마찬가지로, 데이터 모델은 특정 통신 메커니즘이 반드시 따라야 하는 구체적인 규칙과 제약 조건을 알려준다. 따라서 양쪽이 모두 동일한 '문법 교과서'에 따라 이야기를 나눈다면 의사소통이 가능하다.

8.4.1 YANG

네트워크 자동화 과정에서 가장 많이 접하게 될 데이터 모델링 기술은 의심의 여지 없이 YANG이다. 원래 IETF RFC 6020[10]으로 공개됐는데, 10장에서 자세히 살펴볼 NETCONF 프로토콜에 특화된 데이터 모델링 언어로 설계됐다. 그러나 최신 버전인 RFC 7950[11]이 발표되면서 YANG은 NETCONF, XML과의 결합도가 약해지기 시작했으며, RFC 7951[12]에서는 JSON처럼 다른 직렬화 포맷이나 RESTCONF(HTTP 전송 계층 위에 NETCONF 구현)와 같은 다른 API에서도 사용할 수 있게 됐다. 그럼에도 YANG의 주목적은 여전히 NETCONF RPC를 통해 전송되는 설정 및 동작 상태 데이터를 모델링하는 것이다.

특정 NOS나 API를 소개할 때 'YANG 기반'이나 'YANG 기반으로 구축된 모델'이라는 표현을 본 적이 있을 것이다. 이는 데이터 모델을 중심에 두고 프로그래밍 가능한 네트워크 시스템을 구축하는 아키텍처 접근 방식을 한 문장으로 압축한 표현이다. 데이터 모델에서 출발하면 장비 제조사는 API 서버, 클라이언트, 내부 시스템을 구현할 때 작성해둔 모델에서 자동으로 코드를 생성할 수 있으므로 일반적으로 다른 방식에 비해 더 나은 접근 방식이라 할 수 있다. 또한 수작업으로 API 바인딩을 구현하는 것보다는 훨씬 취약점이 적으면서 작업 부담도 줄어든다.

---

10 *https://datatracker.ietf.org/doc/html/rfc6020*

11 *https://datatracker.ietf.org/doc/html/rfc7950*

12 *https://datatracker.ietf.org/doc/html/rfc7951*

CAUTION_ YANG의 접근 방식을 간단한 용어로 축약하다 보니 안타깝게도 YANG이 RESTCONF나 NETCONF와 같이 API에서 사용하는 직렬화 포맷처럼 보인다는 부수 효과가 발생했다. 이는 YANG에 대해 널리 퍼져 있는 잘못된 인식일 뿐이다. YANG은 JSON이나 XML과 같은 직렬화 포맷이 아니며, API 요청/응답 트래픽을 패킷 캡처하더라도 YANG 구문을 볼 수 없다. 실제로 데이터 모델로 YANG을 활용하는 API에서는 클라이언트/서버끼리 데이터를 전송할 때 주로 XML을 직렬화 포맷으로 사용한다. 그렇기 때문에 이번 절의 예제에서는 XML을 많이 사용하는데, 이 과정에서 YANG으로 모델링한 데이터가 API 요청에서 직렬화되는 방식을 확인할 수 있다.

많은 기업과 단체에서 YANG을 데이터 모델링 언어로 많이 채택하고 있다. 네트워크 장비 제조사도 자체 시스템을 구축할 때 모델 주도 기법을 사용한다. 오픈컨피그와 같은 최종 사용자 중심 조직에서는 장비 제조사에 중립적인 일반적인 데이터 모델 세트를 만들고 있다. IETF 또한 제조사에 중립적인 모델을 자체적으로 만드는 워킹 그룹을 꾸려 운영 중이다.

다른 데이터 모델링 기술과 마찬가지로 YANG은 네트워크 설정이나 상태 테이블에 있는 데이터 등에 대해 제약 조건을 정의할 수 있다. 예를 들어 VLAN ID는 반드시 1부터 4094 사이의 값이어야 한다는 제약 조건을 지정할 수 있다. 또한 인터페이스의 동작 상태도 반드시 'up' 또는 'down'이어야 한다고 강제할 수 있다. 이처럼 모델을 통해 네트워크 시스템 내부 또는 네트워크 시스템 간의 데이터 동작을 정의할 수 있다.

다양한 유형의 YANG 모델이 존재한다. 그중 일부 모델은 최종 사용자가 만들기도 하지만, 일부는 장비 제조사나 오픈 워킹 그룹에서 만든다.

- 업계 표준 모델에는 IETF나 오픈컨피그 워킹 그룹과 같은 단체에서 만든 모델도 포함된다. 이러한 모델은 제조사나 플랫폼에 중립적이다. 개방형 표준 그룹에서 만든 모델들은 특정 기능에 대한 기본 옵션 세트를 제공한다.

- 물론 제조사 전용 모델도 존재한다. 거의 모든 제조사가 MC-LAG(다중 섀시 링크 집계 그룹^{multichassis link aggregation groups})용 자체 솔루션을 갖고 있으며, 각 솔루션마다 설정 및 상태 데이터에 조금씩 차이가 있다. 그러므로 제조사마다 자사 구현 방식에 특화된 데이터 모델을 구축할 수밖에 없다.

- 단일 제조사에서 만든 플랫폼도 특정 기능을 구현한 방식이 조금씩 다를 수 있으므로 전용 모델을 사용할 수밖에 없다.

앞에서 설명한 것처럼 XML은 트리 구조와 매우 비슷하다. YANG은 XML로 직렬화된 데이터를 모델링하는 용도로 설계됐기 때문에 YANG이 제공하는 기본 타입 또한 이 구조 패턴을 따르는 것은 당연하다. 사실 YANG의 핵심 개념 중 하나는 리프leaf인데, 이는 단일 값만 갖는 자식이 없는 단일 데이터 조각을 의미한다.[13] type 구문에서 해당 요소의 타입을 문자열로 지정했지만, 다른 타입도 사용할 수 있다.

```
leaf hostname {
    type string;
    mandatory true;
    config true;
    description "Hostname for the network device";
}
```

이 정보는 [예제 8-15]의 XML 문서에 깔끔하게 매핑된다.

예제 8-15 YANG 모델을 만족하는 XML 문서

```
<hostname>sw01</hostname>
```

리프 구문은 상당히 유연하지만, 여전히 기술하는 데이터에 약간의 제약 조건을 강제하고 있다. 예를 들어 mandatory true; 구문 때문에 해당 필드는 비어 있거나 빈 문자열이 될 수 없다. [예제 8-15]에서 sw01 문구를 생략하면 YANG 데이터 모델에 대해 유효하지 않게 된다.

XML은 동일 요소의 여러 인스턴스를 가질 수 있다는 점도 기억하고 있을 것이다. 실제로 여기에 적합한 예제가 바로 장비에 설정하는 DNS 서버 목록이다. leaf-list 구문을 사용해 이런 종류의 데이터를 모델링한다.

```
leaf-list name-server {
    type string;
    ordered-by user;
    description "List of DNS servers to query";
}
```

ordered-by 구문은 데이터 구조 내에서 요소의 순서를 주어진 대로 유지할 것인지, 또는 시스템 구현체에 적합하다고 판단되는 순서에 따라 요소를 정렬할 수 있는지를 제어할 수 있다.

---

13 옮긴이_ YANG은 리프 노드, 리프 리스트 노드, 컨테이너 노드, 리스트 노드 등의 유형을 가진다.

VLAN을 정의하는 경우 VLAN 항목의 순서는 실제로 중요하지 않으므로 후자를 사용한다. 하지만 DNS 서버 목록이나 접근 제어 목록 등에서는 정의된 순서가 매우 중요하므로 **ordered-by user;** 구문을 사용한다.

다시, 이 모델에 딱 들어맞는 XML 데이터의 예를 살펴보자.

```
<name-server>1.1.1.1</name-server>
<name-server>8.8.8.8</name-server>
```

지금까지 중첩된 데이터가 포함되지 않은 요소만 살펴봤다. YANG에서는 이런 요소를 트리의 리프(잎)라고 한다. 하지만 지금까지 살펴본 것처럼 일반적으로 데이터를 표현할 때 중첩된 구조를 사용하는 경우가 더 현실적이다. 예를 들어 특정 VLAN을 설명하기 위해 여러 필드가 필요할 수 있다. 적어도 VLAN ID와 사람이 이해할 수 있는 이름이 필요하다. 이 필드는 일반 vlan 요소의 자식 요소로 표현할 수 있다.

```
<vlan>
    <id>100</id>
    <name>web_vlan</name>
</vlan>
<vlan>
    <id>200</id>
    <name>app_vlan</name>
</vlan>
```

YANG은 여러 가지 방식으로 리스트를 정의한다. 그러나 **leaf-list** 구문과 달리 **list** 구문은 리스트의 요소가 부모 요소인 경우에만 사용할 수 있다. 즉, [예제 8-16]과 같이 중첩 요소를 포함하는 경우에만 사용할 수 있다는 뜻이다.

예제 8-16 YANG에서 list **구문 사용하기**

```
list vlan {
    key "id";
    unique "name";
    leaf id {
        type int16;
    }
    leaf name {
```

```
        type string;
    }
}
```

그 외에도 몇 가지 유용한 제약 조건이 적용돼 있다. key 구문은 이 목록에 있는 요소의 고유 식별자로 id 필드를 사용한다는 뜻으로, 데이터베이스의 프라이머리 키와 거의 비슷하다. 또한 unique 구문은 이 목록의 요소들이 모두 중복되지 않는 name 값을 가진다는 의미다. 키로 사용하지 않더라도 여전히 고유값을 가져야 하는 경우에 유용하다. VLAN 이름은 중복되지 않아야 하므로, 이런 경우에 유용하게 사용할 수 있다.

하지만 여기에 중요한 제약 조건 하나가 빠져 있다. VLAN ID의 데이터 타입이 int16인데, VLAN ID는 양수만 사용할 수 있고 최대값이 4094임을 고려하면 타입이 허용하는 범위가 너무 넓다(부호를 갖는 16비트 정수형은 −32768부터 32767까지의 값을 표현할 수 있다). 안타깝게도 8비트 정수로는 표현할 수 있는 값의 범위가 너무 좁다. 어떻게 해결할 수 있을까?

이러한 종류의 제약 조건을 강제하기 위해 자체 데이터 타입을 정의한다. typedef 구문을 이용해 vlanid라는 이름의 새로운 데이터 타입을 선언한다.

```
typedef vlanid {
    type int16 {
      range "1 .. 4094";
    }
}
```

이 코드에서 새로 정의한 데이터 타입은 기본 데이터 타입 중 int16을 상속받지만, range 구문을 통해 반드시 1부터 4094까지의 값만 가질 수 있다는 추가 제약 사항을 지정한다. 따라서 이 데이터 타입을 참조하는 요소는 16비트 정수 타입이지만, 따로 정의한 세부 범위에 들어가는 값을 가져야 한다.

새로 정의한 데이터 타입을 사용해 [예제 8-16]의 리프 노드를 수정해보자.

```
list vlan {
    key "id";
    unique "name";
    leaf id {
        type vlanid;
```

```
    }
    leaf name {
        type string;
    }
}
```

물론, XML 문서의 루트에 일련의 vlan 요소들이 있다면 이상해 보일 것이다. 이런 경우에는 보통 vlans처럼 부모 요소 사이에 중첩되도록 배치된다.

```
<vlans>
    <vlan>
        <id>100</id>
        <name>web_vlan</name>
    </vlan>
    <vlan>
        <id>200</id>
        <name>app_vlan</name>
    </vlan>
</vlans>
```

이제 YANG에서 container 구문을 사용한다.

```
container vlans {
    list vlan {
        key "id";
        unique "name";
        leaf id {
            type vlanid;
        }
        leaf name {
            type string;
        }
    }
}
```

지금까지 살펴본 것은 YANG 구문에서 가장 일반적인 기본 요소 중 일부를 맛본 것에 불과하며, YANG에는 미처 다루지 못한 다양한 용어와 개념이 들어 있다. YANG RFC 문서는 놀라울 정도로 읽기 쉽고 매우 꼼꼼한 방식으로 용어와 개념을 설명하고 있으므로, 더 자세한 내용을 알고 싶다면 RFC 문서를 매우 유용한 참고 자료로 활용할 수 있다. 또한 YANG의 기초와 실제 응용 사례를 다루는 온라인 참고 자료도 많이 있으니 참고하길 바란다.

이번 절을 마치지 전에 YANG 생태계가 제공하는 몇 가지 도구를 사용해 YANG 모델을 실제로 이용하는 몇 가지 방법을 소개하면 보다 많은 도움이 될 것이다. 가장 많은 인기를 얻고 있는 도구 중 하나인 pyang을 살펴보자. pyang은 파이썬 기반 라이브러리이면서 YANG을 다룰 수 있는 명령행 도구이기도 하다. pyang과 pyang용으로 만들어진 몇 가지 플러그인을 활용하면 해당 모델이 YANG RFC를 준수하는지 검증할 수 있고, 특정 XML 문서가 해당 모델에 유효하게 작성된 문서인지를 검사할 수 있으며, 심지어 모델로부터 파이썬 클래스 계층 구조를 생성할 수도 있다.

pyang이 설치되면, 배시 명령행에서 다음 명령을 실행해 해당 YANG 모델의 유효성을 확인할 수 있다.

```
~$ pyang config.yang
```

YANG 모델을 파싱하다가 유효성 오류가 발생하면 해당 오류를 결과 출력으로 알려준다.

pyang은 YANG 모델을 몇 가지 출력 형식으로 변경할 수 있다. 그중에서 tree로 지정하면 모듈의 전체 구조와 각 구문 및 데이터 타입을 트리 형태로 보여준다.

```
~$ pyang config.yang -f tree
module: config
  +--rw hostname         string
  +--rw vlans
  |  +--rw vlan* [id]
  |     +--rw id      vlanid
  |     +--rw name?   string
  +--rw name-servers
     +--rw name-server*   string
```

다른 유용한 출력 형식으로 sample-xml-skeleton을 사용할 수 있다. 이는 XML 예제 문서의 골격을 표시한다.

```
~$ pyang config.yang -f sample-xml-skeleton
<?xml version='1.0' encoding='UTF-8'?>
```

```xml
<data xmlns="urn:ietf:params:xml:ns:netconf:base:1.0">
  <hostname xmlns="https://example.org/config"/>
  <vlans xmlns="https://example.org/config">
    <vlan>
      <id/>
      <name/>
    </vlan>
  </vlans>
  <name-servers xmlns="https://example.org/config">
    <name-server>
      <!-- # entries: 0.. -->
    </name-server>
  </name-servers>
</data>
```

pyangbind는 pyang의 플러그인으로, YANG 모델로부터 파이썬 모듈을 자동으로 생성해준다. 이 모듈을 사용하면 XML이나 JSON 등으로 직렬화할 수 있다. pyangbind의 플러그인 데이터 디렉터리는 --plugindir 플래그로 참조한다. 이런 방식으로 새로운 출력 형식인 pybind를 사용할 수 있다.

```
~$ PYANG_PLUGIN_DIR=$(pwd)/venv/lib/python3.8/site-packages/pyangbind/plugin
~$ pyang --plugindir $PYANG_PLUGIN_DIR -f pybind -o yangconfig.py config.yang
```

이 명령은 yangconfig.py 파이썬 파일을 생성한다. 파일이 있는 디렉터리에서 파이썬 대화형 인터프리터를 실행해 세션에서 이 파일을 불러온다. 이 모듈에는 config 클래스가 들어 있는데, 이 클래스의 인스턴스를 만들어 cfg 변수에 저장한다.

```python
from yangconfig import config
cfg = config()
```

현재 cfg는 기본적으로 YANG 데이터 모델을 파이썬에서 동일하게 구현한 것이지만, 내용이 비어 있다. 모델링 규칙을 준수하는 정보로 이 인스턴스의 정보를 채울 수 있는데, 예를 들어 호스트명을 채워보자.

```python
cfg.hostname = "sw01"
```

네임 서버는 리프 리스트로 저장되므로 여러 개를 추가해야 한다.

```
cfg.name_servers.name_server.append("1.1.1.1")
cfg.name_servers.name_server.append("8.8.8.8")
```

VLAN은 좀 더 복잡하다. 이 항목은 일반 리프로 모델링됐다. 즉, add()로 새로운 VLAN을 추가하려면 VLAN의 키를 지정해줘야 한다(사용한 모델에서 VLAN ID에 해당한다). 그런 다음, 같은 키를 참조해 name과 같은 다른 속성을 설정한다.

```
cfg.vlans.vlan.add(100)
cfg.vlans.vlan[100].name = "VLAN_100"
```

VLAN ID는 사용자 정의 데이터 타입을 사용해 반드시 1부터 4096 사이의 정수값이어야 한다고 지정해줬다. VLAN에 이 범위를 벗어나는 ID를 추가하면 다음과 같이 예외가 발생한다.

```
>>> cfg.vlans.vlan.add(5000)

 (traceback omitted for brevity)

ValueError: 5000 does not match a restricted type
```

이제 이 인스턴스를 XML이나 JSON으로 직렬화할 수 있다. 또한 pyangbind를 사용해 기존 XML이나 JSON 문서를 동일한 클래스 구조로 역직렬화할 수 있다. pyangbind의 리드미README 파일에는 다양한 사용 사례가 함께 소개돼 있다.

이번 장에서 살펴본 대부분의 주제와 마찬가지로, 앞에서 살펴본 사례는 YANG으로 할 수 있는 일을 조금 맛본 것에 불과하다. 네트워크 데이터를 보다 구조화된 모델 기반 접근 방식으로 다루는 데 관심이 있다면 YANG부터 살펴보는 것이 가장 효과적이다. 하지만 추가로 다른 모델링 언어도 알고 있어야 한다. 계속해서 다른 언어도 살펴보자.

8.4.2 JSON 스키마

JSON은 정말 인기 있는 데이터 포맷으로, 특히 프런트엔드 웹 개발자들 사이에서 큰 인기를 누리고 있다. 그 결과 다양한 도구와 관련 사양을 갖춘 건강한 생태계가 이뤄졌다. **JSON 스키마**JSON Schema는 JSON 문서를 쉽게 작성하고 검증하기 위한 데이터 모델링 기술이다. JSON을 데이터 포맷으로 사용한다면, 모델을 생성하거나 사용하는 데이터를 검증하기 위한 스키마를 생성할 때 JSON 스키마를 사용하는 것이 안전한 방법이다.

다른 데이터 모델링 기술처럼 JSON 스키마에도 일련의 데이터를 어떤 식으로 배치하는지를 기술하기 위해 여러 기본 타입과 제약 조건이 포함돼 있다. 예상대로 데이터 타입 체계에는 문자열, 숫자, 배열, 객체 등이 정의돼 있으며, JSON의 타입 체계와 매우 비슷하다. JSON 스키마는 이러한 데이터 타입에 적용되는 제약 조건을 설명하는 다양한 도구를 제공한다.

YANG에서 다룬 작업과 비슷한 예제에서 시작해보자. [예제 8-17]에서는 XML 대신 JSON을 사용한다.

예제 8-17 모델링할 JSON 문서

```
{
    "hostname": "sw01",
    "vlans": [
        {
            "id": 100,
            "name": "VLAN_100"
        },
        {
            "id": 200,
            "name": "VLAN_200"
        }
    ],
    "nameservers": [
        "1.1.1.1",
        "8.8.8.8"
    ]
}
```

이 JSON 문서에는 3개의 필드를 갖는 객체 타입이 들어 있다.

hostname
단순한 문자열로, 장비의 호스트명이다.

nameservers

문자열 배열로, 네임 서버 정보가 들어 있다.

vlans

객체의 배열로, `id`와 `name`이라는 2개의 필드를 가진다. 각 객체는 다른 VLAN을 가리킨다.

이전 절에서 살펴본 것처럼, 이 예제에 사용된 데이터에서 기본 타입 체계에 들어 있는 제약 조건 외에 몇 가지 추가 제약 조건도 준수하는지 확인해야 한다.

- vlan과 nameservers 배열은 비어 있지 않아야 하며, 중복 항목을 포함하지 않아야 한다.
- VLAN ID는 반드시 1과 4094 사이의 값이어야 한다.
- 3개 필드인 hostname, vlans, nameservers가 모두 존재해야 한다. 즉, 문서에서 이 필드 중 하나라도 누락되면 안 된다.

JSON 스키마 문서도 사실은 미리 정의된 용어와 필드의 집합을 사용하는 JSON이다. 외부 데이터 타입을 정의하는 새로운 JSON 스키마 문서를 작성해보자. 설정 데이터는 JSON 객체이므로 `type` 속성으로 객체 타입을 지정한다. 스키마에서는 `title`(제목)과 `description`(설명) 같은 유용한 메타데이터도 함께 제공할 수 있다. 사용할 JSON 스키마의 버전을 `$schema` 속성으로 지정한다. 스키마 파일을 사용하는 도구는 이 정보를 사용해 스키마를 파싱하고 데이터의 유효성을 검증할 때 사용할 규칙을 알 수 있다. [예제 8-18]은 JSON 스키마를 정의한 예다.

예제 8-18 JSON 스키마 정의

```
{
    "$schema": "https://json-schema.org/draft/2020-12/schema",
    "title": "Config",
    "description": "A bit of configuration data for a network device",
    "type": "object",
    "properties": {
        ......일부 내용 생략......
    },
    "required": ["hostname", "vlans", "nameservers"]
}
```

이 정의에는 이후 예제에서 자주 보게 될 2개의 필드가 들어 있다. required 키는 JSON 문서에서 필수 키를 의미하며, JSON 문서가 유효하려면 반드시 해당 키가 존재해야 한다. properties 속성을 사용하면 키에 적용할 추가 제약 조건을 지정할 수 있다. 구체적인 예제를 통해 각 속성을 살펴보자. 다음 세 가지 예제는 properties 내에 포함된다.

hostname 키는 매우 간단하다. 문자열이며, 최소 길이와 최대 길이를 강제한다는 것을 알 수 있다.

```
"hostname": {
    "type": "string",
    "minLength": 1,
    "maxLength": 20
}
```

nameservers 속성은 값의 배열이어서 조금 복잡하다.

```
"nameservers": {
    "type": "array",
    "items": {
        "type": "string"
    },
    "minItems": 1,
    "uniqueItems": true
}
```

이 속성을 array 데이터 타입으로 지정해줘야 하며, 배열에 포함된 각 요소의 타입을 설명하기 위해 items 필드를 사용해야 한다. 이 예제에서는 문자열(string)이다. minItems 필드를 사용해 배열이 적어도 1개 이상의 항목을 가져야 한다고 지정한다. uniqueItems를 true로 설정했으므로, 배열에는 같은 값을 갖는 항목이 중복될 수 없다.

끝으로, vlans는 객체의 배열이므로 좀 더 복잡하다.

```
"vlans": {
    "type": "array",
    "items": {
        "type": "object",
        "properties": {
```

```
            "id": {
                "type": "integer",
                "minimum": 1,
                "maximum": 4094
            },
            "name": {
                "type": "string"
            }
        },
        "required": ["id", "name"]
    },
    "minItems": 1,
    "uniqueItems": true
},
```

다행히 JSON 문서의 이 부분에 사용된 용어들은 대부분 이미 살펴본 것들이다. vlans의 타입은 배열이며, 각 항목의 타입은 객체(object)다. 따라서 배열에 포함된 각 객체의 속성을 properties 필드에 기술해야 한다. id와 name은 각 항목의 필수 키여야 하므로 다시 required 필드를 사용하며, id는 정수값이면서 1과 4094 사이의 값이어야 한다고 지정한다.

모든 제약 조건을 한곳으로 모은 전체 JSON 스키마는 다음과 같다.

```
{
    "$schema": "https://json-schema.org/draft/2020-12/schema",
    "title": "Config",
    "description": "A bit of configuration data for a network device",
    "type": "object",
    "properties": {
        "hostname": {
            "type": "string",
            "minLength": 1,
            "maxLength": 20
        },
        "vlans": {
            "type": "array",
            "items": {
                "type": "object",
                "properties": {
                    "id": {
                        "type": "integer",
                        "minimum": 1,
```

```
                        "maximum": 4094
                    },
                    "name": {
                        "type": "string"
                    }
                },
                "required": ["id", "name"]
            },
            "minItems": 1,
            "uniqueItems": true
        },
        "nameservers": {
            "type": "array",
            "items": {
                "type": "string"
            },
            "minItems": 1,
            "uniqueItems": true
        }
    },
    "required": ["hostname", "vlans", "nameservers"]
}
```

[예제 8–18]에서 설명한 JSON 문서를 저장한 것처럼 이 스키마도 JSON 파일로 저장한다.

다양한 목적으로 JSON 스키마를 다루기 위한 여러 도구가 다양한 개발 언어로 만들어져 있으며, JSON 문서가 주어진 스키마에 부합하는지를 간단히 검증해보는 용도로 가장 많이 사용된다. 이런 경우 파이썬으로 개발된 jsonschema를 많이 사용하는데, 파이썬 스크립트에서 라이브러리 형태로 사용해 유효성 검사를 수행할 수 있고, 함께 제공되는 명령행 도구를 사용해 배시 명령행에서 직접 문서의 유효성을 검증할 수도 있다.

```
~$ jsonschema --instance data.json schema.json
```

아무런 메시지도 출력되지 않는다면 유효한 JSON 문서다. 스키마가 제대로 동작하는지를 확인하기 위해 JSON 문서에 유효하지 않은 데이터를 넣어본다. 예를 들어 유효하지 않은 VLAN ID를 설정해보자.

```
~$ jsonschema --instance data.json schema.json
50000: 50000 is greater than the maximum of 4094
```

또는 nameservers 속성을 생략해보자.

```
~$ jsonschema --instance data.json schema.json
{
    'hostname': 'sw01',
    'vlans': [
        {'id': 100, 'name': 'VLAN_100'},
        {'id': 200, 'name': 'VLAN_200'}
    ]
}: 'nameservers' is a required property
```

보다시피 JSON 스키마는 JSON 데이터의 유효성을 확인할 수 있는 강력한 도구다. JSON을 데이터 포맷으로 사용할 예정이라면 JSON 스키마를 사용하는 것이 좋은 선택이다.

> **TIP_** YAML과 JSON은 가까운 '친척' 관계라 할 수 있으므로, 일부 도구는 YAML 데이터도 마치 JSON 인 것처럼 아무 문제 없이 유효성 검사를 수행할 수 있다. 또한 YAML 문서를 JSON 문서로 변환해 기존의 JSON 전용 도구를 사용할 수도 있다.

이어서 XML의 데이터가 유효한지 확인하는 방법을 살펴보자.

8.4.3 XML 스키마 정의

XML도 전용 모델링 언어인 **XSD**^{XML Schema Definition, XML 스키마 정의}를 갖고 있다. XSD는 대부분의 다른 모델링 언어와 마찬가지로 데이터 모델에서 기술하는 스키마에 부합하는 소스 코드 자료구조를 생성하는 데 가장 널리 사용된다. 이렇게 생성한 소스 코드를 사용해 스키마를 준수하는 XML 문서를 한 땀 한 땀 손수 작성할 필요 없이 자동으로 생성할 수 있다.

파이썬에서 어떻게 이 작업을 수행하는지 구체적인 예제로 살펴보기 위해 다시 한번 XML 예제를 사용해보자.

```
<device>
  <vendor>Cisco</vendor>
  <model>Nexus 7700</model>
  <osver>NXOS 6.1</osver>
</device>
```

자동 생성된 코드로 위의 XML을 콘솔창으로 출력해본다. 먼저 XSD 문서를 생성한 다음, 서드파티 도구를 사용해 문서에 대한 파이썬 코드를 생성한다. 이어서 코드를 사용해 필요한 XML을 출력한다.

먼저 작성하려는 데이터를 기술하는 XSD 스키마 파일을 작성한다.

```
<?xml version="1.0" encoding="utf-8"?>
<xs:schema elementFormDefault="qualified" xmlns:xs="http://www.w3.org/2001/
XMLSchema">
  <xs:element name="device">
  <xs:complexType>
    <xs:sequence>
      <xs:element name="vendor" type="xs:string"/>
      <xs:element name="model" type="xs:string"/>
      <xs:element name="osver" type="xs:string"/>
    </xs:sequence>
  </xs:complexType>
</xs:element>
</xs:schema>
```

<device> 요소는 3개의 자식 요소가 있으며, 각 자식 요소의 데이터는 문자열이라고 스키마 문서에 적혀 있다. 이 예제에서 사용하지는 않았지만, XSD 사양을 이용해 자식 요소가 필요한지 여부도 지정할 수 있다. 즉, <device> 요소는 반드시 <vendor> 자식 요소를 가져야 한다고 지정할 수도 있다.

배시 셸에서 PyXB 도구를 실행해 스키마를 표현하는 클래스 객체가 포함된 파이썬 파일을 생성한다.

```
~$ pyxbgen -u schema.xsd -m schema
```

이 명령은 해당 디렉터리에 schema.py 파일을 생성한다. 이제 파이썬을 실행하고 프롬프트에서 스키마 파일을 읽어와 사용할 수 있다. [예제 8-19]에서는 객체의 인스턴스를 생성해 일부 속성을 설정한 다음, toxml() 함수를 사용해 XML로 직렬화한다.

예제 8-19 파이썬을 사용해 XSD 스키마로부터 XML 문서 생성하기

```
>>> import schema
>>> dev = schema.device()
>>> dev.vendor = "Cisco"
>>> dev.model = "Nexus"
>>> dev.osver = "6.1"
>>> dev.toxml("utf-8")
'<?xml version="1.0" encoding="utf-8"?><device><vendor>Cisco</vendor><model>Nexus
</model><osver>6.1</osver></device>'
```

다음으로는 프로토콜 버퍼를 사용하는 경우 어떻게 데이터의 유효성을 확인할 수 있는지를 살펴보자.

8.4.4 프로토콜 버퍼의 모델링 및 유효성 검사

프로토콜 버퍼에는 기본 타입 체계 외에 데이터 모델링이나 유효성 검증 기능이 들어 있지 않다. 그러므로 이 기능이 필요하다면 서드파티 옵션을 살펴봐야 한다. 가장 인기 있는 방안은 프로토콜 버퍼 컴파일러 protoc의 플러그인 중 하나인 protoc-gen-validate를 사용하는 것이다. 이 플러그인은 엔보이[envoy] 프록시 프로젝트에서 관리되고 있다.

이 플러그인을 사용하면 앞에서 살펴봤던 프로토콜 버퍼 정의 내에서 유효성 규칙을 지정할 수 있다. id와 name이라는 필드를 가진 vlan 메시지에 이 규칙을 적용해보자.

```
message Vlan {
    int32 id = 1;
    string name = 2;
}
```

플러그인에서 인식할 수 있도록 필드 식별자 번호 뒤에 각괄호로 검증 규칙을 추가한다.

```
message Vlan {
    int32 id = 1 [(validate.rules).int32 = { gte: 1,  lte: 4094 }];
```

```
    string name = 2 [(validate.rules).message.required = true];
}
```

이 플러그인으로 컴파일해 생성된 코드는 Vlan.Validate()처럼 타입마다 유효성 검사 메서드를 생성한다. 이 메서드는 해당 클래스 인스턴스나 구조체가 유효성 규칙에 기술된 제약 조건을 준수하는지 여부를 확인한다.

요약

데이터 포맷과 데이터 모델은 네트워크 자동화 과정에서 수행하는 모든 작업의 핵심이다. 설정 관리와 문제 해결뿐 아니라 빠른 보고서 생성까지도 아우르는 성공적인 자동화 과정을 완수하려면 이러한 기본 사항을 명확히 이해해야 한다. 지금까지 살펴본 것처럼 특정 기술은 등장했다가 사라지기도 하지만, 구조화된 데이터의 필요성이나 데이터의 레이아웃, 데이터가 준수해야 하는 여러 조건을 기술할 수 있는 기능 등은 절대 변하지 않는다.

이번 장에 대한 몇 가지 생각을 정리해보면 다음과 같다.

- 성공적으로 자동화 프로세스를 추진하려면 정형 데이터가 반드시 필요하다. 비정형 데이터 포맷은 사람이 사용하기에는 이상적일 수 있지만, 자동화 시스템 및 스크립트에서 쉽게 파싱하거나 내용을 이해할 수 있도록 설계된 것이 아니다.
- 이번 장에서 살펴본 언어나 포맷은 모두 완벽한 방법이라고 할 수는 없다. 각각 특정 장단점을 염두에 두고 설계됐으므로, 자신의 상황에 가장 적합한 방안을 찾아내는 것은 여러분의 몫이다.
- 새로운 데이터 모델링 방법과 언어가 계속 등장하고 있다. 예를 들어 최근에는 스키마 정의 언어와 템플릿 시스템을 조금씩 혼합한 CUE 언어[14]가 인기를 얻고 있다. 또한 이번 장에서 살펴본 몇몇 기술은 시간이 지나면서 인기가 떨어지고 있다. 이러한 변화는 자연스럽고 발전 과정에서 예상되는 현상이므로, 새로운 도구의 장단점 및 절충 방안, 자신의 목표에 부합하는 정도 등을 면밀히 검토하고 평가해야 한다.

다음 장에서는 이번 장에서 다룬 포맷에서 획득한 데이터를 사용해 일관되고 템플릿화된 구성을 자동으로 생성해본다.

---

14 옮긴이_ 오픈소스로 개발 중인 데이터 검증용 언어. 홈페이지는 *https://cuelang.org/*이다.

## CHAPTER 9

템플릿

네트워크 엔지니어가 맡고 있는 대부분의 업무는 CLI를 사용하는 작업들로, 변경 사항에 맞춰 특정 키워드를 사용하는 구문을 만들어 반복 실행하는 경우가 많다. 이런 방식으로 작업하다 보면 시간이 지나면서 효율성도 떨어지고 오류가 발생하기도 쉽다. 예를 들어 시스코 IOS 장비에서 BGP 이웃 관계를 설정하는 방법은 명료하다. 하지만 BGP 커뮤니티 설정을 추가하는 기능처럼 자잘하면서도 번잡한 설정 방법은 또렷이 기억나지 않는 경우가 많다. 네트워킹에서는 동일한 작업을 여러 가지 다양한 방법으로 수행할 수 있으며, 조직마다 서로 다른 방법을 사용하기도 한다.

네트워크 자동화를 적용했을 때 얻을 수 있는 큰 장점 중 하나가 바로 **일관성**이다. 즉, 실제 서비스 환경의 네트워크 인프라를 예측 가능한 형태로 반복적으로 변경해 원하는 결과를 얻는다. 이 장점을 달성하기 위한 가장 효과적인 방법은 네트워크에 관한 자동화된 상호 작용을 모두 템플릿으로 만드는 것이다.

네트워크 설정을 템플릿으로 만들면 조직에서 사용하는 설정을 표준화할 수 있을 뿐만 아니라 네트워크 관리자와 **사용자**(헬프 데스크, 네트워크 운영 센터, IT 엔지니어 등)는 필요한 몇 개 값을 동적으로 입력하면 된다. 템플릿은 정책에 맞게 필요한 모든 설정 명령이 포함되므로, 변경에 필요한 정보의 개수가 대폭 줄어들면서 업무가 빨라질 뿐만 아니라 일관성(그리고 이를 통한 안전성)까지 얻을 수 있다.

이번 장에서는 일반적인 템플릿 도구를 소개하고, 구체적인 구현 방안 및 이러한 도구를 활용해 네트워크 설정 템플릿을 만드는 방법까지 살펴본다.

9.1 최신 템플릿 언어의 등장

템플릿은 아주 오래전부터 사용돼온 기술이다. 검색 엔진에서 '템플릿 언어'를 찾아보기만 해도 다양한 템플릿 및 관련 프로그래밍 언어에서 사용하는 방법이 함께 표시된다.

대부분의 템플릿 언어는 웹 개발 업계에서 가장 왕성하게 활용되고 있으며, 대부분의 웹 페이지는 템플릿을 기반으로 동작한다. 소셜 사이트에서 보여지는 각 사용자의 프로필 페이지는 사용자마다 HTML 파일을 만들어 표시하는 것이 아니라, 하나의 템플릿을 만들어두고 백엔드에서 제공하는 동적 데이터를 템플릿에 주입해 표시하는 것이다.

요약해보면, 템플릿 언어는 정말 다양한 방식으로 활용될 수 있다. 템플릿은 웹 개발에서 처음 사용되기 시작했지만, 이번 장에서는 템플릿을 네트워크 설정에 사용하는 방법을 알아본다. 하지만 문서나 보고서를 비롯해 텍스트로 표시되는 모든 곳에 템플릿을 적용할 수 있다.

템플릿을 사용하려면 세 단계가 필요하다는 것을 기억하자. 첫째, 우선 템플릿을 작성해야 한다. 둘째, 템플릿을 렌더링rendering해 네트워크 설정처럼 의미 있는 결과를 만들어낼 데이터가 필요하다. 셋째, 데이터를 템플릿에 주입한다. 12장에서 살펴볼 앤서블과 같은 자동화 도구에서 사용할 수도 있고, 이번 장에서 설명하는 것처럼 파이썬과 같은 프로그래밍 언어를 직접 사용해 데이터를 주입할 수 있다. 하지만 달랑 템플릿만으로는 그다지 유용하지 않다.

> **TIP_** 대부분의 템플릿 언어는 순수한 의미에서 완전한 프로그래밍 언어라고 말할 수 없다. 대부분은 작성한 템플릿에 데이터를 주입하는 프로그래밍 언어와 밀접한 관련이 있기 때문에 각 템플릿 언어는 상위 언어와 닮게 되는 경우가 많다. 대표적인 사례로 이번 장에서 다루게 될 진자 템플릿 언어가 있다. 진자는 파이썬 커뮤니티에서 개발한 템플릿 언어이므로 파이썬과 닮은 점이 매우 많다. 따라서 코드를 직접 작성하거나 앤서블과 같은 기존 도구를 사용한다면 어떤 프로그래밍 언어를 사용할 수 있는지 먼저 판단하고, 그에 따라 어떤 템플릿 언어를 사용할 것인지를 고려하는 것이 좋다.

앞에서 언급한 것처럼 템플릿 언어는 완전히 새로운 개념이 아니다. 하지만 템플릿 생태계를 들여다보면 늘 새로운 아이디어와 언어가 등장하고 있다. 템플릿 언어의 역사를 되돌아보면, 웹에서 중요하게 여기는 동적 콘텐츠를 생성하기 위해 많은 템플릿 언어가 만들어졌다. 요즘에는 당연한 것으로 여겨지지만, 대부분의 웹 사이트가 정적인 콘텐츠로 만들어지던 웹 초창기에는 데이터를 동적으로 불러와서 페이지를 만드는 것만으로도 진일보한 기술이었다.

9.1.1 웹 개발용 템플릿 사용하기

파이썬 기반 웹 프레임워크인 장고[1]Django는 템플릿화된 문서의 개념을 매우 잘 활용하고 있다. 장고는 웹 개발자가 늘 하던 방식으로 웹 콘텐츠를 생성할 수 있는 템플릿 언어를 갖추고 있으며, 페이지의 일부를 동적으로 만들어낼 수도 있다. 개발자는 템플릿 언어를 사용해 사용자가 페이지를 요청할 때 정적 페이지의 일부를 동적 데이터로 채워 넣을 수 있다.

다음은 간단한 예제다. 이 코드는 HTML 문서와 매우 비슷하지만, {{ }} 표기가 돼 있는 특별한 영역은 변수로 대체된다.

```
<h1>{{ title }}</h1>

{% for article in article_list %}
<h2>
  <a href="{{ article.get_absolute_url }}">
    {{ article.headline }}
  </a>
</h2>
{% endfor %}
```

사용자가 이 페이지를 불러오면 장고는 템플릿을 렌더링한다. 장고 프레임워크는 `title` 변수와 `article_list` 변수를 채워 넣고, 온전히 실제 데이터로 채워진 페이지를 사용자에게 전달한다. 따라서 사용자가 조회할 항목에 대해 정적 HTML 페이지를 일일이 전부 만들 필요가 없으며, 템플릿에 채워지는 데이터는 웹 애플리케이션의 백엔드에서 로직으로 관리된다.

NOTE_ 장고에서 사용하는 템플릿 언어는 진자 템플릿 언어와 비슷하지만 똑같지는 않다. 구문에 대해서는 곧 자세히 살펴볼 것이므로, 지금은 템플릿의 개념과 이를 통해 얻을 수 있는 일관성이라는 가치에만 집중하자.

얼마나 다양한 템플릿 언어를 사용할 수 있는지에 대해 자세히 살펴보는 것은 이번 장의 범위를 벗어나지만, 어떤 언어가 있는지 정도는 알아두자. 파이썬에서는 앞에서 살펴본 장고와 진자 언어 외에도 마코[2]Mako나 겐시[3]Genshi 같은 여러 선택지가 있다. Go 언어나 루비는 기본 템플

---

1 https://www.djangoproject.com/

2 https://www.makotemplates.org/

3 https://genshi.edgewall.org/

릿 시스템을 내장하고 있다. 다시 한번 강조하지만, 템플릿을 데이터로 채우는 중요한 작업을 파이썬이나 Go 언어와 같은 프로그래밍 언어가 담당한다. 따라서 어떤 프로그래밍 언어를 사용하는지가 어떤 템플릿 언어를 사용할 것인지를 결정하는 중요한 판단 기준이 된다. 대체로 해당 프로그래밍 언어용으로 만들어진 템플릿 시스템을 사용하는 것이 가장 좋다.

9.1.2 템플릿 사용 확대

이번 장에서 살펴볼 템플릿의 개념은 특정 사용 사례에만 국한되지 않고, 모든 텍스트 매체에 적용될 수 있다. 결국, 템플릿은 데이터를 특정 텍스트 형식으로 변환하는 방법일 뿐이다. [그림 9-1]은 이 과정을 보여준다.

그림 9-1 템플릿에서 최종 결과물이 생성되는 과정

이번 장에서 논의하는 모든 템플릿 기술은 보통 위와 같은 방식으로 동작한다. 따라서 템플릿은 보고서 작성이나 설정 파일 생성 및 설정 작업 등 텍스트를 기반으로 삼고 있는 모든 작업에 유용하게 활용될 수 있다. 예를 들어 네트워크 장비에서 가져온 데이터를 기반으로 멋진 보고서를 만들어 동료에게 이메일로 보낼 수도 있다. [예제 9-1]은 진자 템플릿을 이용해 VLAN 목록에 대한 보고서를 생성한다.

> **NOTE_** 이번 장에서 사용한 모든 예제 코드는 책의 깃허브 저장소인 *https://github.com/oreilly-npa-book/examples/tree/v2/ch09-templates*에서 내려받을 수 있다.

예제 9-1 보고서 생성을 위한 진자 템플릿

```
| VLAN ID | NAME | STATUS |
| ------- |------| -------|
{% for vlan in vlans %}
```

```
| {{ vlan.get('vlan_id') }} | {{ vlan.get('name') }} | {{ vlan.get('status') }} |
{% endfor %}
```

실제로 텍스트만 다루므로 위와 같은 템플릿을 작성했다. 템플릿의 실제 사용 사례나 진자와 같은 특정 템플릿 기술을 자세히 살펴볼 기회가 있다면 항상 템플릿이 갖는 일반적인 속성을 염두에 둬야 한다. 템플릿은 이번 장에서 소개하는 사용 사례보다 훨씬 다양한 용도로 활용될 수 있다.

9.2 네트워크 자동화에서 템플릿이 지닌 가치

이쯤 되면 왜 웹 개발에 대해 이야기하고 있는지, 템플릿이 네트워크 자동화에 얼마나 많은 도움을 줄 수 있는지가 궁금할 것이다. 웹에서 사용하든, 그렇지 않든 간에 템플릿이 지닌 일반적인 가치를 이해하는 것이 중요하다. 템플릿은 일관성을 제공한다. 템플릿을 사용하면 HTML 태그로 가득 채워진 텍스트 파일을 한 땀 한 땀 작성하거나 일일이 CLI 명령을 입력하지 않아도 된다. 대신 파일에서 어느 부분이 정적으로 유지되고 어느 부분이 동적으로 바뀌는 부분인지를 선언한다.

네트워크 분야에서 오랫동안 근무한 네트워크 엔지니어라면 새로운 네트워크 장비, 스위치, 라우터 등을 도입할 때마다 설정 파일을 준비해왔을 것이다. 데이터센터를 구축하려면 수많은 스위치에 대한 설정 작업을 준비해야 할 수도 있다. 시간을 최대한 효과적으로 활용하기 위해 미리 설정 파일을 만들어뒀다가, 스위치가 랙[rack]에 장착돼 케이블에 연결되면 네트워크 엔지니어가 터미널로 연결해 설정을 붙여 넣는 방식으로 설정해왔다.

이런 방식으로 장비를 계속 배포하고 있다고 가정해보자. 조직에서 새로 구축하고 있는 데이터센터에 사용될 모든 스위치를 설정해야 한다. 분명 스위치마다 개별 설정 파일을 준비해야 할 것이다. 하지만 동일한 SNMP 커뮤니티 문자열이나 동일한 관리자 비밀번호, 동일한 VLAN 구성(적어도 ToR 스위치처럼 비슷한 기기 유형일 경우) 등 비슷한 설정 부분도 많을 것이다.

해당 기기에만 적용되는 설정이 있을 수도 있다. 또한 기기마다 다른 설정도 있다. 보통 라우터나 L3 스위치는 장비 주소를 지정해야 하며, 토폴로지에서 어느 위치에 설치되는가에 따라 장비마다 다른 라우팅 프로토콜을 설정해야 할 수도 있다. 어떤 스위치를 어떤 값으로 설정할 것인지 결정하는 과정은 시간도 오래 걸리지만, 오류가 발생할 가능성도 높다. 템플릿을 이용하면 공통 기본 설정을 표준화해 각 장비에 할당돼야 하는 올바른 값으로 채워 넣을 수 있다. 이 과정을 간소화할 수 있는 가장 좋은 방법은 템플릿에 채워질 데이터를 템플릿과 구분하는 것이다.

템플릿이 제공하는 가장 큰 가치는 네트워크 엔지니어가 설정의 일관성을 얻을 수 있다는 점이다. 템플릿을 적절히 구성해 사용하면 네트워크 설정이 변경될 때마다 발생할 수 있는 인적 오류를 줄일 수 있다. 실제 서비스 환경에서 일어나는 복잡한 변경 작업을 자동화된 방식으로 처리하는 것은 좋지 않다는 생각에 템플릿 도입을 주저하는 경우도 많다. 하지만 규칙을 잘 지키고 템플릿을 적절히 테스트할 수 있다면 네트워크 운영 작업을 개선할 수 있다. 템플릿을 도입한다고 해서 인적 오류가 없어지지는 않겠지만, 적절히 사용하면 실수가 크게 줄어들면서 장애도 줄어든다.

새로운 네트워크 장비를 배포할 때 템플릿을 사용하면 네트워크 엔지니어의 시간을 많이 절약할 수 있는 장점을 바로 확인할 수 있으므로, 템플릿의 가치를 입증하는 간단하지만 강력한 방법이다. 하지만 템플릿을 이런 방식으로만 사용할 수 있다고 생각해서는 안 된다. 많은 네트워크 자동화 프로젝트에서는 사람이 아닌 앤서블과 같은 자동화 소프트웨어가 템플릿을 사용해 네트워크 장비의 설정 변경을 실시간으로 서비스 환경에 내보내는 용도로도 사용한다.

이어서 네트워크 자동화 업무 중 템플릿 기반 설정 및 문서 생성에 가장 널리 사용되는 몇 가지 방법에 대해 살펴본다.

9.3 진자

이번 장의 도입부에서 진자Jinja[4]를 간략히 언급했지만, 이제는 자세히 살펴볼 시간이다. 이번 장에서 다른 몇 가지 선택지를 간략하게나마 살펴보겠지만, 진자는 아주 자세히 살펴본다. 현재 진자는 파이썬과 같은 프로그래밍 언어와 자동화 도구에서 광범위한 지원을 받고 있으므로 네트워크 자동화 분야에서 가장 인기 있는 템플릿 언어라고 말할 수 있다.

---

4 옮긴이_ 진자는 일본의 사찰을 일컫는 '신사(神社)'의 영문 차음 표기다. 공식 웹 사이트에서는 사찰을 뜻하는 템플(temple)과 템플릿의 발음이 비슷해 선택한 이름이라고 밝히고 있다.

간단한 예제로 스위치 인터페이스를 설정하는 템플릿부터 만들어본다. 다음은 템플릿으로 변환하려는 스위치 포트의 예제 설정이다. 템플릿을 만들면 서비스 환경에 배포된 수백 대의 스위치 포트를 설정할 수 있다.

```
interface GigabitEthernet0/1
 description Server Port
 switchport access vlan 10
 switchport mode access
```

이 조각 코드를 템플릿으로 쉽게 만들 수 있다. 어떤 부분이 바뀌지 않고 그대로 유지되는지, 어떤 부분이 동적으로 계속 바뀌는지만 판단하면 된다. [예제 9-2]에서는 특정 인터페이스명을 삭제하고, 그 자리는 템플릿을 실제 설정으로 렌더링할 때 채워 넣을 값을 가리키는 변수로 바꾼다.

예제 9-2 스위치 포트 설정 템플릿에서 인터페이스명을 매개변수로 변경하기

```
interface {{ interface_name }}
 description Server Port
 switchport access vlan 10
 switchport mode access
```

해당 위치는 템플릿을 렌더링할 때 전달하는 `interface_name` 변수의 값으로 채워진다.

이 템플릿은 각 네트워크 인터페이스의 설정이 모두 동일하다고 가정한다. 일부 인터페이스의 VLAN 설정이나 인터페이스 설명이 다르다면 어떻게 할까? 이런 경우에는 [예제 9-3]처럼 설정의 또 다른 부분도 변수로 변경해야 한다.

예제 9-3 여러 변수가 사용된 스위치 포트 설정 템플릿

```
interface {{ interface_name }}
 description {{ interface_description }}
 switchport access vlan {{ interface_vlan }}
 switchport mode access
```

매우 간단한 예제이지만 변수명 충돌이 발생하기 쉽다.

템플릿을 렌더링할 때 보통 파이썬과 같은 프로그래밍 언어의 클래스나 딕셔너리 등의 개념을 활용할 수 있다. 이러한 자료구조는 여러 데이터 인스턴스를 저장할 수 있으므로, 이 값을 순회하면서 해당 변수를 여러 번 사용해 최종 결과를 만들어낸다. 반복문은 뒤에서 살펴보겠지만, 지금은 [예제 9-4]와 같이 파이썬 클래스나 딕셔너리를 사용해 템플릿을 다시 작성한다.

예제 9-4 딕셔너리를 사용한 스위치 포트 설정 템플릿

```
interface {{ interface.name }}
 description {{ interface.description }}
 switchport access vlan {{ interface.vlan }}
 switchport mode access
```

사소한 변경이지만 중요한 의미를 가진다. 이제 interface 객체를 템플릿에 바로 전달할 수 있다. interface가 파이썬 클래스라면 name, description, vlan과 같은 클래스 속성을 사용할 수 있다. interface가 딕셔너리인 경우도 마찬가지다. 다만 딕셔너리를 사용할 경우 속성이 아니라 딕셔너리의 키로 인식하므로 템플릿이 키에 해당하는 값으로 렌더링된다는 점만 다르다.

9.3.1 파이썬에서 진자 템플릿 렌더링해보기

이전 예제에서는 스위치 포트 설정에 사용할 기본적인 진자 템플릿을 만들었다. 하지만 아직 템플릿을 어떻게 렌더링하는지, 템플릿에서 최종 산출물을 얻으려면 어떻게 데이터를 전달해야 하는지는 살펴보지 않았다. 이제 파이썬과 진자2 라이브러리를 사용해보자.

> **NOTE_** 템플릿 언어의 이름은 진자이지만, 파이썬에서 사용하는 라이브러리의 공식 명칭은 진자2[Jinja2]이다.

[예제 9-4]에서 만든 템플릿 조각 코드를 사용해 파이썬에서 실제 데이터를 각각의 필드에 채워 넣어보자. 파이썬 인터프리터를 사용해 코드의 동작 순서를 한 단계씩 자세히 살펴본다.

> **TIP_** 진자2 렌더링 엔진은 파이썬 표준 라이브러리가 아니므로, 따로 설치해야 한다. 파이파이에서 제공되는 다른 파이썬 패키지를 설치하듯 진자2 역시 pip로 설치한다. 6장에서 설명한 것처럼 pip3 install jinja2 명령을 실행한다.

진자2 라이브러리가 설치됐다면, 가장 먼저 템플릿 렌더링에 필요한 객체를 불러와야 한다.

```
>>> from jinja2 import Environment, FileSystemLoader
```

다음은 렌더러가 템플릿의 위치를 알 수 있도록 환경을 설정한다.

```
>>> ENV = Environment(loader=FileSystemLoader('.'))
>>> template = ENV.get_template("template.jinja")
```

첫 번째 줄에서 **Environment** 객체를 설정한다. 템플릿 파일이 파이썬 인터프리터가 실행된 디렉터리에 존재하므로 현재 디렉터리를 의미하는 마침표(.)를 인자로 전달해 객체를 생성한다. 두 번째 줄에서는 해당 환경에서 템플릿 객체를 얻기 위해 [예제 9-4]에서 작성한 템플릿 파일인 template.jinja을 지정한다.

이제 모든 준비를 마쳤다. 다음은 데이터가 필요한데, 이 예제에서는 딕셔너리를 사용한다. 딕셔너리의 키는 템플릿에서 필드명으로 참조돼 해당 값이 적용된다.

```
>>> interface_dict = {
...     "name": "GigabitEthernet0/1",
...     "description": "Server Port",
...     "vlan": 10,
...     "uplink": False
... }
```

CAUTION_ 예시를 들기 위해 템플릿에 채워 넣을 데이터를 직접 파이썬 코드의 자료구조로 만들었을 뿐, 실제로 이와 같이 스크립트에서 데이터를 정적으로 선언하는 경우는 드물다. 보통 API 호출을 통해 얻은 데이터나 디스크에서 읽어온 데이터를 사용한다.

이제 템플릿을 렌더링하는 데 필요한 모든 것을 갖췄다. 템플릿 객체의 render() 함수를 호출해 템플릿 엔진으로 데이터를 전달한 다음, print() 함수를 실행해 렌더링된 결과를 화면에 출력해보자.

```
>>> print(template.render(interface=interface_dict))
interface GigabitEthernet0/1
 description Server Port
 switchport access vlan 10
 switchport mode access
```

템플릿 객체의 **render()** 함수에 전달한 인자를 눈여겨볼 필요가 있다. 특히 인자의 이름에 주목하자. 키워드 인자인 **interface**는 진자 템플릿에 사용된 **interface** 변수를 참조한다. 이와 같은 방식으로 **interface** 딕셔너리가 템플릿 엔진으로 전달된다. 템플릿 엔진은 **interface**에 대한 참조 또는 해당 딕셔너리의 키가 사용된 참조 부분을 만나면 이와 같이 전달된 딕셔너리를 사용해 해당 부분을 실제 값으로 변경한다.

보다시피 예상했던 렌더링 결과를 얻었다. 그러나 반드시 파이썬 딕셔너리를 사용해야 하는 것은 아니다. 보통 다른 파이썬 라이브러리에서 획득한 데이터를 진자 템플릿으로 전달하는데, 이 경우에는 파이썬 클래스 형태로 전달된다.

[예제 9-5]는 방금 실행한 코드와 비슷하지만, 딕셔너리 대신 클래스를 사용한다.

예제 9-5 파이썬 클래스를 사용해 데이터를 채워 넣는 진자 템플릿

```
from jinja2 import Environment, FileSystemLoader
ENV = Environment(loader=FileSystemLoader('.'))
template = ENV.get_template("template.jinja")

class NetworkInterface(object):
    def __init__(self, name, description, vlan, uplink=False):
        self.name = name
        self.description = description
        self.vlan = vlan
        self.uplink = uplink

interface_obj = NetworkInterface("GigabitEthernet0/1", "Server Port", 10)
print(template.render(interface=interface_obj))
```

이전 예제와 동일한 결과를 얻는다. 진자 템플릿에 데이터를 채워 넣는 올바른 방법은 단 한 가지만 있는 것이 아니며, 어디에서 데이터를 얻는가에 따라 다른 방식으로 데이터를 채워 넣을 수 있다. 다행히 파이썬의 진자2 라이브러리를 사용하면 보다 유연하게 데이터를 채울 수 있다.

9.3.2 조건문 및 반복문 사용하기

이제 실제로 사용할 템플릿을 만들어보자. 이전 예제는 텍스트 파일에 동적 데이터를 주입하는 방법을 이해하는 데는 도움이 됐지만, 네트워크 설정 자동화를 위한 네트워크 템플릿을 확장하는 과정의 시작에 불과하다.

> **CAUTION_** 진자를 이용하면 파이썬과 유사한 로직을 템플릿 파일에 내장해 조건문으로 결정을 내릴 수 있다. 또는 여러 데이터를 하나의 청크chunk로 압축한 다음 템플릿을 렌더링할 때 for 반복문에서 한 항목씩 꺼내와unpack 사용할 수도 있다. 강력한 기능이지만, 자칫 잘못 사용하면 크게 실수할 수 있으니 사용할 때 조심해야 한다. 템플릿에 모든 종류의 고급 로직을 넣는 데 열중하지 않는 것이 좋다. 진자가 정말 유용한 기능을 제공해주지만, 완전한 프로그래밍 언어는 아니므로 건전한 균형 감각을 유지하는 것을 권장한다. 진자 FAQ[5], 특히 '템플릿에 로직을 추가하는 것은 좋지 않은 생각 아닌가요?Isn't It a Bad Idea to Put Logic in Templates?'라는 제목의 절을 읽어보면 이에 대한 몇 가지 팁을 얻을 수 있다.

조건문을 사용하는 스위치 포트 설정 만들기

스위치 포트 설정 예제를 계속 살펴본다. 이번 예제에서는 템플릿 파일에서 조건문을 사용해 렌더링할 정보를 결정한다.

스위치 포트 인터페이스 중 일부는 VLAN의 트렁크로 사용하고, 나머지는 **접근 모드**로 사용하는 경우가 종종 있다. 대표적인 사례로 액세스 계층 스위치는 2개 이상의 인터페이스가 업링크uplink 포트로 사용되며, 모든 VLAN을 허용하도록 설정해야 한다. 불 타입의 uplink 속성을 사용해 인터페이스가 업링크로 사용되면 참(True)으로, 접근 포트로 사용되면 거짓(False)으로 설정되도록 이전 예제 코드를 수정한다. 템플릿에서 조건문으로 이 값을 확인한다.

```
interface {{ interface.name }}
 description {{ interface.description }}
{% if interface.uplink %}
 switchport mode trunk
{% else %}
 switchport access vlan {{ interface.vlan }}
 switchport mode access
{% endif %}
```

---

5 https://jinja.palletsprojects.com/en/latest/faq/

TIP_ 이번 절에서 다루는 일부 예제의 실행 결과를 보면 렌더링된 텍스트 줄 사이에 공백, 특히 빈 줄이 하나씩 추가돼 있다. 이 현상은 진자에서 최종 텍스트를 렌더링할 때 템플릿의 문법을 제거하는 방식 때문에 발생한다. 다음과 같이 치환 구문 바로 앞이나 뒤에 하이픈 문자를 추가하면 진자 렌더링 작업 중 해당 부분의 앞뒤에 발생하는 추가 공백을 제거할 수 있다.

```
{% for item in seq -%}
```

예제 코드를 단순하게 유지하기 위해 이 옵션을 사용하지는 않았지만, 생성된 공백으로 인해 렌더링된 결과의 데이터에 큰 영향을 미친다면 이 옵션을 사용해 최종 텍스트를 보다 깔끔하게 유지해야 한다.

정리해보자면, `interface`의 `uplink` 속성이 참일 경우 해당 인터페이스를 VLAN 트렁크로 설정하고, 그렇지 않을 경우 접근 모드로 설정한다.

이전 예제에서 새로운 문법이 등장했다. `{% ... %}`는 일종의 로직 코드가 들어 있음을 알려주는 진자의 특수 태그다. 이 템플릿은 `GigabitEthernet0/1`을 VLAN 트렁크로, 나머지 인터페이스는 접근 모드인 VLAN 10으로 설정한다.

반복문으로 여러 스위치 포트 설정하기

지금까지 단일 인터페이스만 설정해봤다. 이번에는 진자 반복문을 사용해 여러 개의 스위치 포트에 대한 설정을 만들어본다. 이를 위해 파이썬에서 사용하는 것과 매우 비슷한 구문인 `for` 반복문을 사용한다.

```
{% for n in range(10) %}
interface GigabitEthernet0/{{ n+1 }}
 description {{ interface.description }}
 switchport access vlan {{ interface.vlan }}
 switchport mode access
{% endfor %}
```

이 코드에서도 모든 로직 관련 구문을 담아두기 위해 `{% ... %}` 구문을 사용하고 있다. 이 템플릿에서는 `range()` 함수를 호출해 반복할 정수 리스트를 제공한다. `range()` 함수는 0부터 시작하지만, 보통 스위치 포트는 1부터 시작하므로 반복할 때마다 n+1 값을 출력한다.

조건문과 반복문을 함께 사용해 스위치 포트 설정하기

지금은 10개의 스위치 포트에 모두 동일한 설정이 적용된다. 그중 일부 포트를 다르게 설정하려면 어떻게 해야 할까? 진자의 조건문 예제를 살펴보자. 첫 번째 포트를 VLAN 트렁크로 사용하는 경우를 생각해보자. 지금까지 배운 조건문과 반복문을 조합해 다음과 같이 작성할 수 있다.

```
{% for n in range(10) %}

interface GigabitEthernet0/{{ n+1 }}
 description {{ interface.description }}
{% if n+1 == 1 %}
 switchport mode trunk
{% else %}
 switchport access vlan {{ interface.vlan }}
 switchport mode access
{% endif %}

{% endfor %}
```

이제 GigabitEthernet0/1 포트는 VLAN 트렁크로 설정되고, GigabitEthernet0/2 포트부터 10 포트까지는 접근 모드로 설정된다. 인터페이스 설명 부분도 비슷한 방식으로 데이터를 사용한다.

```
interface GigabitEthernet0/1
 description TRUNK INTERFACE
 switchport mode trunk
interface GigabitEthernet0/2
 description ACCESS INTERFACE
 switchport mode access
interface GigabitEthernet0/3
 description ACCESS INTERFACE
 switchport mode access
...
```

딕셔너리를 순회하면서 설정 생성하기

이전 절에서 딕셔너리의 키를 진자 템플릿에서 사용하는 방법을 살펴봤다. 딕셔너리와 리스트를 for 반복문으로 순회한다면 어떨까? 다음과 같이 파이썬 코드에서 정의한 리스트를 템플릿의 interface_list로 전달한다고 가정해보자.

```
intlist = [
    "GigabitEthernet0/1",
    "GigabitEthernet0/2",
    "GigabitEthernet0/3"
]
print(template.render(interface_list=intlist))
```

반복문에서는 interface_list를 참조해 리스트 항목에 있는 스위치 포트를 설정한다. 카운터로 사용했던 변수 n이 더 이상 필요하지 않으므로 중첩 조건문도 함께 수정했다.

```
{% for iface in interface_list %}

interface {{ iface }}
{% if iface == "GigabitEthernet0/1" %}
 switchport mode trunk
{% else %}
 switchport access vlan 10
 switchport mode access
{% endif %}

{% endfor %}
```

이제 반복문이 실행될 때마다 리스트의 현재 항목을 iface로 참조해 가져온다.

이 방식은 리스트뿐만 아니라 딕셔너리에 대해서도 똑같이 사용할 수 있다. 아래 코드는 딕셔너리를 만들어 진자 템플릿에 전달하는 파이썬 조각 코드다. 이번에는 간단히 인터페이스명을 키로, 관련 포트 설명을 값으로 사용한 딕셔너리를 전달한다.

```
intdict = {
    "GigabitEthernet0/1": "Server port number one",
    "GigabitEthernet0/2": "Server port number two",
    "GigabitEthernet0/3": "Server port number three"
}
print(template.render(interface_dict=intdict))
```

파이썬 코드와 같은 방식으로 딕셔너리를 순회하도록 반복문을 수정한다.

```
{% for name, desc in interface_dict.items() %}
interface {{ name }}
  description {{ desc }}
{% endfor %}
```

for name, desc... 구문은 반복문이 반복될 때마다 딕셔너리의 키는 name 변수에, 해당 키의 값은 desc 변수에 저장한다. 이 값들이 제대로 언패킹되려면 예제 코드와 같이 .items()를 반드시 추가해야 한다.

이제 템플릿 본문에서 name과 desc로 깔끔하게 참조할 수 있다. 실행한 결과는 다음과 같다.

```
interface GigabitEthernet0/1
  description Server port number one

interface GigabitEthernet0/2
  description Server port number two

interface GigabitEthernet0/3
  description Server port number three
```

NOTE_ 파이썬 예전 버전에서 딕셔너리는 순서를 갖지 않는 자료구조였으므로, 예제와 같이 정의된 순서대로 표시되는 것을 보장할 수 없었다. 파이썬 3.7부터는 딕셔너리도 예제와 같이 리터럴에 대한 삽입 순서를 유지한다.

딕셔너리의 리스트에서 인터페이스 설정 만들기

이번 절에서는 리스트와 딕셔너리를 조합해 템플릿에 실제로 적용해본다. 각 인터페이스는 name, description, uplink처럼 네트워크 인터페이스의 속성을 키로 갖는 딕셔너리다. 각 딕셔너리는 리스트에 저장되고, 템플릿에서는 리스트를 순회하면서 설정을 생성한다.

방금 이야기한 자료구조를 파이썬 코드로 먼저 작성해보자.

```
interfaces = [
    {
        "name": "GigabitEthernet0/1",
        "desc": "uplink port",
        "uplink": True
    },
    {
        "name": "GigabitEthernet0/2",
        "desc": "Server port number one",
        "vlan": 10
    },
    {
        "name": "GigabitEthernet0/3",
        "desc": "Server port number two",
        "vlan": 10
    }
]
print(template.render(interface_list=interfaces))
```

리스트를 순회하면서, 각 리스트에 저장된 항목마다 해당 딕셔너리의 키를 참조하는 막강한 템플릿이 만들어졌다. [예제 9-6]은 반복문과 조건문에 대해 배운 기법을 총망라한 최종 템플릿이다.

예제 9-6 진자에서 딕셔너리로 이뤄진 리스트 순회하기

```
{% for interface in interface_list %}
interface {{ interface.name }}
  description {{ interface.desc }}
  {% if interface.uplink %}
    switchport mode trunk
  {% else %}
    switchport access vlan {{ interface.vlan }}
    switchport mode access
  {% endif %}
{% endfor %}
```

TIP_ 진자에서 딕셔너리의 데이터에 접근할 때 전통적인 파이썬 문법(dict['key'])이나 앞에서 살펴본 축약형 문법(dict.key)을 모두 사용할 수 있다. 두 방식은 동일하게 동작하며, 존재하지 않는 키로 접근하면 키 오류가 발생한다. 그러나 진자에서는 get() 메서드를 사용해 dict.get(key, 'UNKNOWN')과 같이 해당

키가 딕셔너리에 있으면 키에 대한 값을, 해당 키가 딕셔너리에 없으면 메서드에서 지정한 기본값을 적용할 수 있다.

앞에서 언급한 것처럼 파이썬 애플리케이션에 데이터를 내장하는 것은 좋지 않은 방식이다(이전 예제에서 딕셔너리의 **interface** 리스트를 참고하자). 데이터를 코드에 저장하지 않고 대신 YAML 파일로 저장한 다음, 애플리케이션에서 해당 데이터를 불러와 템플릿을 렌더링하는 방식으로 다시 작성해보자. 이와 같은 방식으로 변경하면 파이썬을 사용할 줄 모르는 사람도 간단한 YAML 파일만 변경함으로써 새로운 네트워크 설정 파일을 얻을 수 있다.

[예제 9-7]은 [예제 9-6]의 **interfaces** 리스트를 YAML 파일로 작성한 것이다.

예제 9-7 스위치 포트 설정용 YAML 파일

```
---
- name: GigabitEthernet0/1
  desc: uplink port
  uplink: true
- name: GigabitEthernet0/2
  desc: Server port number one
  vlan: 10
- name: GigabitEthernet0/3
  desc: Server port number two
  vlan: 10
```

8장에서 살펴봤듯이 파이썬에서 YAML 파일을 불러오는 것은 간단한 작업이다. 기억을 되살리는 차원에서 전체 파이썬 코드를 살펴보자. 코드에 정적인 딕셔너리의 리스트를 내장하지 않고, 대신 YAML 파일에서 데이터를 읽어온다.

```
from jinja2 import Environment, FileSystemLoader
import yaml

ENV = Environment(loader=FileSystemLoader('.'))

template = ENV.get_template("template.jinja")

with open("data.yml") as f:
    interfaces = yaml.safe_load(f)
    print(template.render(interface_list=interfaces))
```

[예제 9-6]에서 작성한 템플릿을 그대로 사용해 동일한 결과를 얻을 수 있다. 하지만 이제는 템플릿에 채워지는 데이터를 외부 YAML 파일에서 가져오므로, 코드를 유지 보수하기가 예전보다 쉬워진다. 파이썬 파일에는 데이터를 가져오는 로직과 템플릿을 렌더링하는 로직만 들어 있기 때문에 템플릿 렌더링 시스템의 유지 보수가 쉬워진다.

지금까지 기본적인 반복문과 조건문을 살펴봤는데, 이번 절에서 다룬 내용은 사용할 수 있는 기능 중 일부일 뿐이다. 이러한 개념을 익혀 자신의 실제 사용 사례에 맞게 적용해보자.

9.3.3 진자 필터

지금까지 리스트, 딕셔너리 등의 자료구조를 사용하는 방법과 반복문, 조건문 등의 기본 로직을 구성하는 방법을 살펴봤다. 이 방법도 유용하지만, 때로는 좀 더 고급 기능이 필요한 경우가 있다. 템플릿을 렌더링하기 전에 일부 문자열을 대문자로 바꿀 수 있을까? 또는 문자열 순서를 거꾸로 뒤집어야 할 수도 있다. 이러한 작업들은 이번 장에서 지금까지 살펴본 내용만으로는 구현하기가 무척 힘들거나 심지어 불가능할 수도 있다.

진자 필터는 이와 유사한 문제에 대해 매우 막강한 해결책을 제공해준다. 필터filter는 템플릿의 어디에서나 호출할 수 있는 모듈화된 작은 함수로 생각할 수 있다. 보통 데이터나 텍스트(예: 템플릿 환경으로 전달되는 변수)를 입력받아 데이터에 특별한 작업을 수행한 다음, 결과를 출력하는 방식으로 동작한다.

템플릿에서 필터를 사용하는 문법은 간단하다. 리눅스 배포판의 터미널에서 어떤 명령의 출력을 다른 명령으로 연결하는 파이프와 동일한 방식으로, 진자 구문의 실행 결과를 다른 필터로 파이프처럼 연결한다. 그러면 필터를 거친 최종 결과가 템플릿의 출력 텍스트로 렌더링된다.

[예제 9-8]에서는 익숙한 이중 중괄호 구문을 사용해 hostname 변수를 사용하도록 지정한다. 하지만 hostname에 저장된 변수값을 템플릿에서 최종 출력으로 렌더링하기 전에 파이프 문자(|)를 사용해 myfilter 필터로 연결한다. 템플릿의 해당 부분은 필터를 거친 결과로 채워진다.

예제 9-8 진자 필터의 기본 사용법

```
{{ hostname|myfilter }}
```

이 예제는 조금 작위적이므로, 실제로 진자 필터를 사용하는 사례를 살펴보자.

upper 진자 필터

이전 템플릿을 그대로 사용하되, 각 인터페이스의 설명 부분이 모두 대문자로 설정되도록 upper 내장 필터를 사용한다.

```
{% for interface in interface_list %}
interface {{ interface.name }}
  description {{ interface.desc|upper }}
  {% if interface.uplink %}
    switchport mode trunk
  {% else %}
    switchport access vlan {{ interface.vlan }}
    switchport mode access
  {% endif %}
{% endfor %}
```

파이썬용 진자2 라이브러리에 포함된 필터로, 파이프로 전달된 텍스트를 대문자로 바꿔준다.

진자 필터 연결하기

리눅스에서 여러 명령을 파이프로 계속 연결해 실행하는 것처럼 진자 필터도 여러 개의 필터를 이어서 사용할 수 있다.

```
{% for interface in interface_list %}
interface {{ interface.name }}
  description {{ interface.desc|upper|reverse }}
  {% if interface.uplink %}
    switchport mode trunk
  {% else %}
    switchport access vlan {{ interface.vlan }}
    switchport mode access
  {% endif %}
{% endfor %}
```

이 템플릿을 실행하면 다음과 같은 결과를 얻게 된다.

```
interface GigabitEthernet0/1
  description TROP KNILPU
  switchport mode trunk
```

```
interface GigabitEthernet0/2
  description ENO REBMUN TROP REVRES
  switchport access vlan 10
  switchport mode access

interface GigabitEthernet0/3
  description OWT REBMUN TROP REVRES
  switchport access vlan 10
  switchport mode access
```

정리해보자면, 원래 GigabitEthernet0/1의 설명문으로 전달된 텍스트는 uplink port였다. upper 필터를 거치면서 UPLINK PORT로 변경되고, 이 값이 다시 reverse 필터를 거치면서 TROP KNILPU로 변경된 후 템플릿 인스턴스의 최종 결과로 출력된 것이다.

사용자 정의 진자 필터 만들기

이 외에도 다양하게 활용할 수 있는 필터들이 기본적으로 제공되며, 각 필터의 사용법은 진자 사양 문서에 잘 정리돼 있다. 하지만 나만의 필터를 만들 수는 없을까? 진자2 라이브러리에는 들어 있지 않더라도 네트워크 자동화에 관한 특별한 기능을 수행하는 사용자 정의 필터가 필요할 수도 있다.

다행히 진자 라이브러리는 사용자 정의 필터를 구현할 수 있는 방법을 마련해뒀다. [예제 9-9]는 새로운 함수인 get_interface_speed()를 정의하는 파이썬 코드다. 주어진 문자열 인자에 gigabit이나 fast와 같은 키워드가 있으면 현재 Mbps 값을 반환하는 간단한 함수다. 이전 예제와 마찬가지로 템플릿에 사용되는 데이터는 모두 YAML 파일에서 읽어온다.

예제 9-9 사용자 정의 진자 필터를 사용하는 파이썬 스크립트 코드

```
from jinja2 import Environment, FileSystemLoader        ①
import yaml                                             ①

ENV = Environment(loader=FileSystemLoader('.'))         ②


def get_interface_speed(interface_name):
    """ get_interface_speed returns the default Mbps value for a given
        network interface by looking for certain keywords in the name
    """
```

```
    if 'gigabit' in interface_name.lower():
        return 1000
    if 'fast' in interface_name.lower():
        return 100

ENV.filters['get_interface_speed'] = get_interface_speed    ③
template = ENV.get_template("template.jinja")

with open("data.yml") as f:                                 ④
    interfaces = yaml.safe_load(f)
    print(template.render(interface_list=interfaces))
```

① 진자2와 PyYAML 라이브러리를 불러온다.

② 템플릿 환경을 선언한다.

③ 필터를 선언한 다음, ENV 객체에 추가한다. 템플릿 엔진은 template.render()를 호출할 때 이 함수를 실행하므로, 지금은 get_interface_speed 함수를 전달만 할 뿐 실행되지는 않는다.

④ YAML 파일에서 데이터를 읽어온 후 템플릿으로 전달해 렌더링한다.

[예제 9–10]과 같이 템플릿을 살짝 고쳐서 interface.name을 get_interface_speed 필터로 전달한다. 최종 결과에는 이 함수가 반환하는 정수가 출력된다. 모든 인터페이스명에 'Gigabit Ethernet'이 들어 있으므로, 속도^{speed}는 모두 1000으로 설정된다.

예제 9-10 사용자 정의 필터를 활용한 진자 템플릿 파일

```
{% for interface in interface_list %}
interface {{ interface.name }}
  description {{ interface.desc|upper|reverse }}
  {% if interface.uplink %}
  switchport mode trunk
  {% else %}
  switchport access vlan {{ interface.vlan }}
  switchport mode access
  {% endif %}
  speed {{ interface.name|get_interface_speed }}
{% endfor %}
```

TIP_ 항상 자체 함수를 만들어야 진자 필터로 사용할 수 있는 것은 아니다. 많은 라이브러리에서 제공하는 유용한 함수를 진자2 환경으로 바로 전달해 사용할 수 있다.

9.3.4 템플릿 상속

네트워크 설정에 사용되는 템플릿이 점점 커지고 개수도 많아지다 보면 템플릿을 더 작고 더 특화된 조각으로 나누고 싶어진다. 보통 VLAN 설정에 대한 템플릿, 인터페이스에 대한 템플릿, 라우팅에 대한 템플릿을 따로 구분해 작성한다. 이러한 정리 기능을 사용할지 여부는 선택 사항이지만, 사용한다면 더 많은 유연성을 얻을 수 있다. 다만 '개별 단위로 나눈 템플릿을 어떻게 하면 의미 있는 방식으로 서로 연결해 전체 설정을 구성할 수 있는가?'라는 문제가 남는다.

진자는 템플릿 파일에서 상속을 허용하므로, 위 문제에 대한 편리한 해결 방안으로 활용할 수 있다. 예를 들어 VLAN 설정만 들어 있는 vlans.jinja 파일이 있다고 가정하자. 이 파일을 상속받아 다른 템플릿 파일에서 VLAN 설정을 만들 수 있다. 인터페이스 설정에 대한 템플릿을 작성할 때는 다른 템플릿을 사용해 VLAN 설정을 생성하고 싶을 수도 있다. [예제 9-11]은 include 구문을 이용해 이 작업을 수행한다.

예제 9-11 include를 사용해 진자 템플릿 상속하기

```
{% include 'vlans.jinja' %}

{% for name, desc in interface_dict.items() %}
interface {{ name }}
  description {{ desc }}
{% endfor %}
```

위 코드는 vlans.jinja를 렌더링한 결과 텍스트를 이 템플릿의 렌더링된 결과에 포함해 출력한다. include 구문을 사용해 각 부품처럼 모듈화된 부분을 모아 완전한 스위치 설정을 조합하는 방식으로 템플릿을 완성할 수 있다. 이 방법은 여러 템플릿 파일을 체계적으로 관리할 때 유용하다.

진자의 또 다른 상속 도구는 block 구문이다. 이 기능은 파이썬처럼 프로그래밍 언어의 객체 상속을 흉내 낸 기능으로, 강력하지만 더 복잡한 상속을 구현할 수 있다. 블록^{block}을 사용하면 하위 템플릿에서 재정의할 수 있는 부분을 지정할 수 있다. 하위 템플릿이 없다면 기본 텍스트가 포함된 결과가 출력된다.

[예제 9-12]는 상위 템플릿에서 블록을 선언하는 방법을 보여준다.

예제 9-12 진자 블록 정의하기

```
{% for interface in interface_list %}
interface {{ interface.name }}
  description {{ interface.desc }}
{% endfor %}
!
{% block http %}
  no ip http server
  no ip http secure-server
{% endblock %}
```

스위치의 내장 웹 서버 기능을 끄도록 설정하므로 no-http.jinja 파일이라고 부른다. 하지만 블록을 사용해 유연성을 향상시킬 수 있다. 이 블록을 재정의하기 위해 yes-http.jinja 하위 템플릿을 만든 다음, 내장 웹 서버를 사용하고 싶은 경우 웹 서버 기능을 켜도록 설정해본다. [예제 9-13]을 참고하자.

예제 9-13 진자 블록 참조

```
{% extends "no-http.jinja" %}
{% block http %}
  ip http server
  ip http secure-server
{% endblock %}
```

단지 하위 템플릿을 렌더링하는 것만으로도 내장 웹 서버를 켤 수 있다. [예제 9-13]의 첫 번째 줄에서 상위 템플릿인 no-http.jinja를 상속받아 확장한다. 따라서 모든 인터페이스 설정은 렌더링된 결과에 그대로 남아 있다. 하지만 상위 템플릿에 정의돼 있던 http 블록을 하위 템플릿에서 재정의했으므로, 이 블록은 상위 템플릿에 정의된 설정 대신 하위 템플릿에 정의된 설정으로 치환된다. 설정의 일부를 변경하고 싶지만 기존의 변수 치환 방식을 사용하기에는 적절치 않을 경우에 블록을 유용하게 사용할 수 있다.

보다 상세히 알고 싶다면 진자 문서 중에서 템플릿 상속을 설명하는 부분[6]을 읽어보자. 즐겨찾기에 추가해두고 자주 참고할 만큼 좋은 자료다.

9.3.5 변수 생성

진자에서는 set 구문을 사용해 템플릿에서 사용할 변수를 생성한다. 보통 변수를 간략히 표시하기 위해 사용하는 경우가 많다. 중첩 딕셔너리나 중첩 파이썬 객체를 순회하다 보면 템플릿에서 특정 값을 여러 번 재사용해야 하는 경우가 발생한다. set 구문을 사용하면 속성이나 키를 표현하기 위해 길게 표기하지 않고 짧은 이름으로 값을 표현할 수 있다.

```
{% set int_desc = sw01.config.interfaces['ge0/1']['description'] %}
{{ int_desc }}
```

진자가 네트워크 자동화 분야에서 가장 널리 사용되는 독보적인 템플릿 도구임은 분명하지만, 그렇다고 진자만 사용하는 것은 아니다. 때로는 다른 도구가 더 적절할 수 있다. 다음 절에서는 그중 몇 가지 도구를 살펴본다.

9.4 XSLT: 확장 가능한 스타일시트 언어 변환

8장에서 살펴봤던 XML은 보통 자동화 등의 목적을 위해 주요 NOS에서 매우 널리 사용되는 데이터 포맷이며, XML에 대한 도구 생태계도 잘 갖춰져 있어 더욱 유용하게 사용할 수 있다.

그중 하나가 매우 강력한 기능을 갖춘 템플릿 포맷인 **XSLT**이다. 일반적으로 XSLT는 XML 데이터를 변환하는 용도로 사용된다. 즉, XSLT를 사용하면 XML 내의 데이터를 XHTML이나 다른 XML 문서로 변환할 수 있다. 하지만 진자처럼 임의의 문서 포맷에 대한 템플릿을 만드는 용도로도 사용될 수 있다. XML 생태계와 서로 잘 들어맞으므로 XML을 자주 사용한다면 반드시 익혀둬야 할 중요한 기술 중 하나다.

---

6   *https://jinja.palletsprojects.com/en/3.1.x/templates/#template-inheritance*

의미 있는 데이터를 XSLT 템플릿으로 채워 넣어 원하는 문서를 만드는 파이썬 예제를 살펴보자. 가장 먼저 필요한 것은 템플릿에 채워 넣을 원본 데이터다. 다음 XML 문서로도 충분하다.

```
<?xml version="1.0" encoding="UTF-8"?>
<authors>
    <author>
        <firstName>Christian</firstName>
        <lastName>Adell</lastName>
    </author>
    <author>
        <firstName>Scott</firstName>
        <lastName>Lowe</lastName>
    </author>
    <author>
        <firstName>Matt</firstName>
        <lastName>Oswalt</lastName>
    </author>
</authors>
```

저자 목록으로 이뤄진 XML 문서로, 각 저자 정보는 `<firstName>` 요소와 `<lastName>` 요소를 갖고 있다. 이 데이터와 XSLT를 사용해 저자 목록을 HTML 문서로 된 표로 바꿔보자. 이 작업을 수행하는 XSLT 템플릿은 [예제 9-14]와 같다.

예제 9-14 XSLT 템플릿

```
<xsl:stylesheet xmlns:xsl="http://www.w3.org/1999/XSL/Transform" version="1.0">
<xsl:output indent="yes"/>
<xsl:template match="/">
  <html>
  <body>
  <h2>Authors</h2>
    <table border="1">
      <tr bgcolor="#9acd32">
        <th style="text-align:left">First Name</th>
        <th style="text-align:left">Last Name</th>
      </tr>
```

```
        <xsl:for-each select="authors/author">
        <tr>
          <td><xsl:value-of select="firstName"/></td>
          <td><xsl:value-of select="lastName"/></td>
        </tr>
        </xsl:for-each>
      </table>
    </body>
  </html>
  </xsl:template>
</xsl:stylesheet>
```

여기서 주목할 만한 몇 가지 사항이 있다.

- 유효한 HTML 문서 내부에 기본적인 for-each 구조가 내장돼 있다. 템플릿 언어에서는 대부분 이와 같이 정적 텍스트는 그대로 유지하고, 필요한 곳에 약간의 로직 코드를 추가하는 형태를 사용한다.
- for-each 구문에서는 XML 문서에서 어떤 부분을 데이터로 사용할 것인지를 기술하는 **위치 인자** coordinate argument를 사용한다. authors/author와 같은 방식으로 위치를 지정하는데, 이를 **XPath**라 한다. XML 문서나 도구에서 XML 트리상의 위치를 지정하는 구문이다.
- value-of 구문을 사용해 XML 데이터의 값을 텍스트로 동적으로 삽입한다.

XSLT 템플릿은 template.xslt로, 데이터 파일은 data.xml로 저장한다. 파이썬 인터프리터에서 이 두 파일을 결합해 최종 HTML 출력을 생성한다.

```
from lxml import etree
xslRoot = etree.fromstring(bytes(open("template.xslt").read(), encoding='utf8'))
transform = etree.XSLT(xslRoot)

xmlRoot = etree.fromstring(bytes(open("data.xml").read(), encoding='utf8'))
transRoot = transform(xmlRoot)
```

이 코드는 [그림 9-2]와 같이 유효한 HTML 표를 생성한다.

Authors

First Name	Last Name
Christian	Adell
Scott	Lowe
Matt	Oswalt

그림 9-2 XSLT로 생성한 HTML 표

XSLT에서는 다음과 같은 로직 구문을 사용할 수 있다.

<if>

특정 조건을 만족하면 주어진 요소를 출력한다.

<sort>

요소를 정렬한 후 출력한다.

<choose>

if 구문의 고급 버전이다. else if 또는 else와 같은 논리에 사용할 수 있다.

이러한 개념을 활용하면 XML에 정의된 설정 데이터에서 네트워크 설정 템플릿을 만들 수 있다. [예제 9-15]를 살펴보자.

예제 9-15 XML 인터페이스 데이터

```
<?xml version="1.0" encoding="UTF-8"?>
<interfaces>
    <interface>
        <name>GigabitEthernet0/0</name>
        <ipv4addr>192.168.0.1 255.255.255.0</ipv4addr>
    </interface>
    <interface>
        <name>GigabitEthernet0/1</name>
        <ipv4addr>172.16.31.1 255.255.255.0</ipv4addr>
    </interface>
    <interface>
        <name>GigabitEthernet0/2</name>
```

```
        <ipv4addr>10.3.2.1 255.255.254.0</ipv4addr>
    </interface>
</interfaces>
```

이 데이터를 사용해 유효한 네트워크 설정 문서를 새로 렌더링할 수 있도록 [예제 9-16]과 같
은 XSLT 템플릿을 생성한다.

예제 9-16 라우터 설정용 XSLT 템플릿

```
<xsl:stylesheet version="1.0" xmlns:xsl="http://www.w3.org/1999/XSL/Transform">
    <xsl:template match="/">
        <xsl:for-each select="interfaces/interface">
interface <xsl:value-of select="name"/>
    ip address <xsl:value-of select="ipv4addr"/>
        </xsl:for-each>
    </xsl:template>
</xsl:stylesheet>
```

XML과 XSLT 문서에서 HTML을 생성해낸 것과 동일한 방식으로 기본적인 라우터 설정 파일
을 생성한다.

```
interface GigabitEthernet0/0
    ip address 192.168.0.1 255.255.255.0
interface GigabitEthernet0/1
    ip address 172.16.31.1 255.255.255.0
interface GigabitEthernet0/2
    ip address 10.3.2.1 255.255.254.0
```

보다시피 XSLT를 사용해 네트워크 설정을 만들 수 있지만, 사용법이 조금 불편하다. 네트워크
자동화에 유용한 기능을 많이 제공하는 진자야말로 네트워크 설정을 생성하는 데 훨씬 더 유용
한 템플릿 언어라는 사실을 새삼 느낄 수 있다.

9.5 Go 언어 템플릿

Go 언어의 표준 라이브러리에는 템플릿 기능을 제공하는 **text/template** 패키지가 포함돼 있으므로, 바로 패키지를 불러와 사용할 수 있다. 이 패키지는 Go 언어와 긴밀히 동작하는 템플릿 언어다. 따라서 Go 언어를 사용한다면, 템플릿을 만들고 렌더링하기 위한 강력한 방안으로 사용할 수 있다.

이 패키지에 구현된 템플릿 언어는 Go 언어 전용이므로 Go 언어와 다소 비슷한 키워드와 문법을 사용한다. 하지만 진자와 같은 다른 템플릿 언어에서 사용하는 익숙한 개념도 공유한다. 예를 들어 Go 템플릿에서도 실제 텍스트 치환 구문을 표시하기 위해 중괄호 쌍({{ }})을 사용한다.

먼저 Go 언어 프로그램에서 문자열 리터럴로 된 간단한 템플릿을 만든 다음, 그 결과를 터미널로 출력해본다. [예제 9-17]을 살펴보자.

예제 9-17 간단한 Go 템플릿

```
package main

import (
  "os"
  "text/template"
)

func main() {
  // template.Template 타입의 Parse() 메서드를 사용해
  // 인라인 템플릿을 생성한다.
  //
  // simpleTemplate은 이 예제에서 사용하는 임의의 이름이다.
  tmpl, err := template.New("simpleTemplate").Parse(`{{ "foobar" | print }}`)
  if err != nil {
    panic(err)
  }

  // Execute를 호출해 템플릿을 렌더링한다.
  // 이때 첫 번째 인자로 os.Stdout을 전달했으므로,
  // 터미널에서 결과를 확인할 수 있다.
  err = tmpl.Execute(os.Stdout, nil)
  if err != nil {
    panic(err)
```

```
        }
}
```

NOTE_ [예제 9-17]은 go run 명령으로 실제 실행해볼 수 있는 Go 템플릿이지만, 다음 예제부터는 설명
에 관한 코드만 표시한다. 동작하는 전체 예제 코드는 *https://github.com/oreilly-npa-book/examples/*
*tree/v2/ch09-templates*에서 내려받을 수 있다.

여기서는 변수를 치환하지도 않았다. Go 템플릿에서는 템플릿 자체에서 문자열 리터럴을 정
의할 수 있으므로 이스케이프 처리된 큰따옴표를 사용할 수 있다. 따라서 이 예제를 실행하면
단순히 foobar 텍스트만 표시된다.

결과를 항상 표준 출력 장치(stdout)로 보내야 하는 것은 아니다. Execute()의 첫 번째 인자
에는 io.writer 인터페이스를 만족하는 모든 값을 사용할 수 있으므로, [예제 9-18]과 같이
os.Create()를 통해 파일을 연 다음, 그 파일 핸들을 전달할 수 있다. 그러면 템플릿이 파일
로 렌더링된다.

예제 9-18 템플릿을 파일로 렌더링하기

```
tmpl, err := template.New("simpleTemplate").Parse(`{{ "foobar" | print }}`)   ①
if err != nil {
  panic(err)
}

file, err := os.Create("./output.txt")                                        ②
if err != nil {
  panic(err)
}

err = tmpl.Execute(file, nil)                                                 ③
if err != nil {
  panic(err)
}
```

① template.Template 타입의 Parse() 메서드를 사용해 인라인 템플릿을 생성한다.

② 결과를 저장할 파일을 생성한다.

③ io.Writer 인터페이스를 만족하는 모든 객체를 Execute()의 첫 번째 인자로 전달할 수 있다. 이 예제
에서는 os.Create가 반환하는 file을 전달한다.

나머지 예제에서는 코드를 간단히 유지하기 위해 결과를 표준 출력 장치(stdout)로 출력한다.

보다 실질적인 예제를 살펴보자. 진자와 마찬가지로 Go 템플릿 역시 네트워크 자동화 분야에
서는 일종의 구조화된 데이터를 미리 정의된 출력 양식에 채워 넣는 용도로 가장 많이 사용된
다. 템플릿에는 어느 정도 일관성을 유지하는 텍스트를 정의하고, 사용자가 전달하는 매개변수
나 API 호출로 가져온 데이터를 템플릿에 전달해 필요한 부분을 채워 넣는다.

예를 들어 템플릿에 전달할 Switch 구조체가 있고, 이 구조체는 템플릿에서 사용될 Hostname
과 InterfaceCount 필드를 가진다고 가정하자. [예제 9-19]를 보자.

예제 9-19 구조체 형태의 데이터를 템플릿에 전달하기

```
type Switch struct {                    ①
  Hostname        string
  InterfaceCount uint
}

sw01 := Switch{"sw01", 48}              ②

tmpl, err := template.New(
    "switchTemplate").Parse("Device {{.Hostname}} has {{.InterfaceCount}}
interfaces\n"
)                                        ③
if err != nil {
  panic(err)
}

err = tmpl.Execute(os.Stdout, sw01)     ④
if err != nil {
  panic(err)
}
```

① 스위치를 표현하는 구조체를 먼저 정의한다.

② 이 구조체를 변수 sw01로 인스턴스화한다.

③ field {이름} 구문을 사용해 구조체의 필드를 참조한다.

④ 입력으로 사용할 구조체를 Execute()의 두 번째 인자로 전달한다.

구조체의 Hostname 필드 값을 참조할 때 마침표를 사용했다. 패키지 문서에서는 이 기호를 문자 그대로 점^{dot}이라고 부르며, 템플릿 콘텍스트에 전달되는 모든 타입을 참조할 때 사용할 수 있다. 이 예제에서는 이름 앞에 점을 붙여 참조한 필드가 단순한 구조체였지만, 다음 몇 가지 예제에서 볼 수 있듯이 항상 그런 것은 아니다.

실행해보면 다음과 같이 출력된다.

```
Device sw01 has 48 interfaces
```

단일 구조체 대신 여러 개의 Switch 요소로 이뤄진 슬라이스를 전달해 range 키워드로 슬라이스의 항목을 순회할 수도 있다.

```go
type Switch struct {
  Hostname       string
  InterfaceCount uint
}

// switches는 모든 스위치 인스턴스를 표현하는 슬라이스다.
switches := []Switch{
  {"sw01", 48},
  {"sw02", 24},
  {"sw03", 48},
}

// 진자를 사용했을 때처럼 아래 tmplStr과 같이 여러 행으로 템플릿을 정의하는
// 방법이 더 좋다. 아니면 렌더링하기 전에 별도 파일을 읽는 것이 좋다.
tmplStr := `
{{range $i, $switch := .}}
Device {{$switch.Hostname}} has {{$switch.InterfaceCount}} interfaces
{{end}}
`
```

이 경우 점은 슬라이스를 가리키며, 템플릿에서는 range $i, $switch := . 구문으로 슬라이스를 순회한다. Go 언어에서 슬라이스를 순회하는 방식과 비슷하다. 슬라이스는 짧은 변수 선언 연산자 :=의 오른쪽에 두고, i와 switch는 각 요소의 인덱스와 슬라이스 요소의 사본을

가리킨다.

Go 템플릿은 조건문도 지원한다. 불 타입인 Enabled 필드의 값에 따라 특정 행을 선택적으로 출력할 수 있다.

```go
type Switch struct {
    Hostname       string
    InterfaceCount uint
    Enabled        bool
}

// switches는 모든 스위치 인스턴스를 표현하는 슬라이스다.
switches := []Switch{
    {"sw01", 48, true},
    {"sw02", 24, true},
    {"sw03", 48, false},
}

tmplStr := `
{{range $i, $switch := .}}
{{if $switch.Enabled}}
Device {{$switch.Hostname}} has {{$switch.InterfaceCount}} interfaces
{{end}}
{{end}}
`
```

지금까지 살펴본 구조체는 매우 단순한 형태였다. 이 구조체를 맵으로 단순화해 순회하는 것도 가능할까? 물론이다!

```go
switches := map[string]int{
    "sw01": 48,
    "sw02": 24,
    "sw03": 48,
}

// 이제 map을 순회하므로, 각 키-값 쌍을 표현하는 range 키워드 뒤에
// 2개의 변수를 사용한다.
tmplStr := `
{{range $hostname, $ifCount := .}}
Device {{$hostname}} has {{$ifCount}} interfaces
{{end}}
```

진자를 다룰 때 템플릿 내에서 데이터를 추가로 조작하기 위해 필터를 사용하는 방법과 사용자 정의 필터를 정의하는 방법을 살펴봤다. Go 템플릿에서도 같은 동작을 수행할 수 있지만, 사용하는 용어가 조금 다르다. Go 템플릿은 파이프 연산자(|)로 구분되는 일련의 명령을 실행하는 **파이프라인**pipeline 기능을 제공한다. Go 언어에서 제공하는 몇 가지 기본 명령이 있지만 여기에서는 직접 명령을 정의하는 방법을 살펴본다. 용어는 다르지만, 해당 구문은 진자와 매우 비슷하다.

data 인자로 Switch 구조체를 전달했던 템플릿 예제로 되돌아가보자. 이제 인터페이스 개수를 정수 필드 대신 문자열 슬라이스로 표현할 수 있으므로 실제 사용될 각 인터페이스명을 전달할 수 있다. 이렇게 되면 인터페이스명을 순회하면서 인터페이스명을 출력할 수도 있지만, [예제 9-20]과 같이 해당 필드를 len으로 전달하는 파이프라인을 사용해 전체 인터페이스 개수를 출력할 수도 있다.

예제 9-20 Go 템플릿 파이프라인

```
// 소형 스위치
sw01 := Switch{"sw01", []string{
  "ge-0/0/1",
  "ge-0/0/2",
  "ge-0/0/3",
  "ge-0/0/4",
}}

tmplStr := "Device {{.Hostname}} has {{ .Interfaces | len }} interfaces\n"
```

내장된 len 명령은 전달된 값이 아니라 값의 길이를 출력한다. 실행하면 다음과 같은 결과를 얻는다.

```
Device sw01 has 4 interfaces
```

다른 명령도 이용할 수 있다. slice로 인자를 잘게 나눌 수 있고, and와 or로 두 인자가 비어 있는지를 비교할 수 있으며, call을 통해 함수를 호출할 수 있다. 또한 자신만의 함수를 만들어 템플릿 콘텍스트에서 사용 가능하도록 설정할 수 있다. 예를 들어 문자열 인터페이스명에서 속도와 위치 상세 정보를 파싱하는 IfParse() 함수를 만들어보자.

```go
type Interface struct {
  Speed int
  FPC   int
  PIC   int
  Port  int
}

func IfParse(ifaceStr string) Interface {

  iface := Interface{}

  ifSplit := strings.Split(ifaceStr, "-")

  speeds := map[string]int{
    "ge": 1,
    "xe": 10,
    "et": 40,
  }
  iface.Speed = speeds[ifSplit[0]]

  locSplit := strings.Split(ifSplit[1], "/")

  fpc, _ := strconv.Atoi(locSplit[0])
  iface.FPC = fpc

  pic, _ := strconv.Atoi(locSplit[1])
  iface.PIC = pic

  port, _ := strconv.Atoi(locSplit[2])
  iface.Port = port

  return iface
}
```

이 함수를 사용하려면 템플릿에서 함수를 참조할 때 사용할 이름으로 매핑시켜야 한다. template 패키지의 FuncMap() 함수는 이러한 매핑 정보를 생성한다. 매핑하고 나면 [예제 9-21]과 같이 템플릿 객체의 Funcs() 메서드를 사용해 함수 맵을 반드시 전달해야 한다.

예제 9-21 Go 템플릿에서 사용자 정의 함수 사용하기

```go
fmap := template.FuncMap{"ifparse": IfParse}                    ①
```

```
sw01 := Switch{"sw01", []string{
  "ge-0/0/1",
  "ge-0/0/2",
  "ge-0/0/3",
  "ge-0/0/4",
}}

tmplStr := `
{{range $i, $interface := .Interfaces}}
{{with $loc := $interface | ifparse}}
Interface {{$interface}}    port {{$loc.Port}}
{{end}}
{{end}}
`                                                                          ②

tmpl, err := template.New("switchTemplate").Funcs(fmap).Parse(tmplStr)    ③
if err != nil {
  panic(err)
}
```

① 템플릿에서 참조할 이름으로 함수 매핑을 생성한다.

② 이 템플릿에서는 $interface를 파이프라인을 사용해 사용자 정의 함수인 ifparse로 연결함으로써 새
   로운 변수 loc에 할당한다. ifparse가 Interface 타입을 반환하므로, 해당 구조체의 필드를 직접 참조
   할 수 있다.

③ 반드시 Funcs() 메서드를 사용해 FuncMap을 전달해야 한다.

실행한 결과는 다음과 같다.

```
Interface ge-0/0/1    port 1
Interface ge-0/0/2    port 2
Interface ge-0/0/3    port 3
Interface ge-0/0/4    port 4
```

Go 템플릿에서 살펴봐야 할 내용이 훨씬 많이 남아 있지만, 여기서는 기본적인 내용만 다뤘
다. 다시 한번 말하지만, Go 언어를 사용할 수 있고 진자를 다룰 때 익혔던 기본 개념에 익숙
하다면 Go 템플릿도 훨씬 더 잘 활용할 수 있다.

요약

이번 장에서 살펴본 것처럼, 템플릿을 사용하기 위해 Go 언어나 파이썬과 같은 프로그래밍 언어를 직접 사용할 필요는 없다. 12장에서 논의하겠지만, 앤서블과 노르니르 등의 도구는 진자2와 같은 템플릿 언어를 기본적으로 지원하고 있으므로, 해당 플랫폼에서 사용 가능한 데이터로 템플릿을 채워 넣을 수 있다.

네트워크 자동화에서 템플릿을 사용할 때는 다음 몇 가지 사항을 고려하자.

- 템플릿은 단순하게 유지한다. 반복문과 조건문을 활용해 템플릿을 개선하는 것도 좋지만, 너무 지나쳐서는 안 된다. 진자는 파이썬과 같이 모든 기능을 갖추고 있는 범용 프로그래밍 언어만큼 견고하지는 않으므로, 템플릿에서 지나친 고급 기능의 사용은 배제하자.

- 중복할 필요가 없는 일부 설정은 템플릿 상속을 활용해 재사용하자.

- 구문과 데이터는 따로 처리해야 한다는 점을 기억하자. 예를 들어 VLAN ID는 별도의 데이터 파일(예: YAML)에 저장하고, CLI 구문은 전용 템플릿으로 해당 VLAN 설정을 구현하자.

- 템플릿은 단지 텍스트 파일일 뿐이므로, 다른 사람과의 협업 및 변경 추적을 위해 깃과 같은 버전 관리 시스템을 사용하자. 이와 관련된 내용은 11장에서 자세히 설명한다.

## CHAPTER 10

네트워크 API 사용하기

더 나은 네트워크 엔지니어가 되기 위해 파이썬, Go 언어, 데이터 포맷부터 진자를 이용한 설정 템플릿에 이르기까지 다양한 핵심 기반 기술과 기법을 알아봤다. 이번 장에서는 지금까지 살펴본 기술을 사용해 다양한 유형의 네트워크 API를 실제로 호출해보면서 네트워크 자동화 여정을 시작한다.

2장에서 소개한 것처럼, 요즘 출시되는 네트워크 플랫폼은 다양한 방식을 지원한다. 예전처럼 명령행 도구인 CLI나 SNMP를 이용할 수도 있지만, 새로운 방식도 이용할 수 있다. 즉, NETCONF, RESTCONF, gNMI[gRPC Network Management Interface] 같은 네트워크 전용 API도 사용할 수 있지만, HTTP 기반 API 또는 리눅스 셸처럼 다목적 API나 도구도 사용할 수 있다. 장비에서 모든 방식을 지원하지는 않으므로, 어떤 방식이 지원되는지 확인한 후 네트워크 자동화 방법을 결정해야 한다.

어떤 방식을 선택하든 자동화 업무에는 아무 문제 없이 사용할 수 있지만 각 방식마다 장단점이 있다. 이번 장에서는 파이썬과 Go 언어를 사용해 API를 사용하는 프로그램을 작성한다.

프로그램으로 네트워크를 관리하는 방법을 보다 쉽게 이해할 수 있도록 크게 두 부분으로 나눠 설명한다.

네트워크 API에 대한 이해

REST 방식과 비REST 방식의 HTTP 기반 API, NETCONF, RESTCONF, gRPC/gNMI 등 다양한 네트워크 API의 아키텍처와 기반 기술을 알아본다. 각 API마다 주로 사용하는 도구에는 어떤 것이 있는지 살펴보고, 그 사용법도 함께 소개한다.

네트워크 API를 사용한 자동화
널리 사용되는 파이썬 및 Go 언어 라이브러리를 이용해 네트워크 환경을 다루는 애플리케이션을 만든다. 파이썬의 requests 모듈과 Go HTTP 라이브러리를 이용해 RESTCONF를 포함한 HTTP 기반 API를 사용한다. 또한 NETCONF를 지원하는 파이썬 ncclient 모듈, gNMI를 지원하는 Go 언어의 gNMIc 라이브러리, SSH로 네트워크 장비를 자동화하는 파이썬 netmiko 라이브러리도 사용한다.

이번 장을 읽을 때는 한 가지만 유념하자. 이번 장은 API에 대한 설명서가 아니고 특정 API의 사용법을 상세히 다루는 지침서도 아니다. 여러 제조사의 장비를 다뤄야 하므로, 공통 API이더라도 제조사에 따라 조금씩 차이가 있다는 점을 예제를 통해 살펴본다. 또한 API 간의 공통된 패턴은 무엇이고 API 고유의 차이점은 무엇인지도 중점적으로 알아본다.

10.1 네트워크 API에 대한 이해

네트워크 장비에서 가장 흔히 볼 수 있는 API 유형은 크게 네 가지로, HTTP 기반 API, NETCONF, RESTCONF, gRPC/gNMI 등이다. 우선 각 API 유형의 기본 개념부터 살펴보자. 개념을 훑어본 다음, 실제 예제를 통해 각 제조사 API를 사용해본다.

> **NOTE_** 네트워크 API 유형별로 한두 개 정도의 플랫폼을 사용한다. 하지만 그렇다고 해서 특정 플랫폼이 해당 API만 지원한다는 뜻은 아니다. 플랫폼마다 여러 유형의 인터페이스를 지원하지만, 다양한 제조사와 여러 인터페이스를 설명하기 위해 해당 API를 사용할 플랫폼을 임의로 선택했다.

이제 네트워크 API를 살펴보자. 이 책에서는 API마다 특정 제조사에 종속되지 않는 도구와 라이브러리를 사용한다. 예를 들어 RESTCONF를 포함한 HTTP 기반 API를 사용할 때는 cURL을, NETCONF API를 사용할 때는 SSH상에서 NETCONF를, gNMI 인터페이스를 사용할 때는 gNMIc를 사용한다.

이번 절에서는 단 한 줄의 코드 작성 없이 네트워크 API를 사용하고 테스트하는 방법을 알아본다. 우선 각 API 유형의 개념부터 익힌 후, 사용법을 살펴본다. 실제 서비스 환경의 네트워크를 자동화할 때 사용할 수 있는 도구나 기술은 여기서 다루지 않고, 10.2절 '자동화용 네트워크 API 사용하기'에서 다룬다.

HTTP 기반 API부터 하나씩 자세히 살펴보자.

10.1.1 HTTP 기반 API에 익숙해지기

HTTP 기반 API는 흔히 볼 수 있는 프로세스 간 연결 방식으로, 네트워크 관리에만 사용되는 기술은 아니다. 이번 절에서 소개하는 대부분의 개념은 다른 분야에서도 똑같은 의미로 적용된다. 10.2절 '자동화용 네트워크 API 사용하기'에서는 HTTP API를 통해 네트워크 관리를 자동화하는 방법을 살펴본다. 예를 들어 12장에서는 테라폼의 HTTP API를 사용해 동적 네트워크 인프라를 프로비저닝하는 방법을 다룬다. 또한 HTTP API를 이용해 진실 공급원(SoT)으로부터 네트워크 장비 인벤토리 데이터를 가져와 앤서블에서 사용할 동적 인벤토리를 생성하는 방법도 살펴본다.

HTTP 기반 네트워크 API는 다시 두 가지 형태, 즉 REST API와 비REST API로 나눌 수 있다. REST API에서 **REST**라는 단어가 어떤 의미인지 자세히 알아보자. REST 아키텍처와 원칙에 대해 알아보고, 비REST API와는 어떻게 다른지 비교해본다.

REST API

REST API는 2000년대 초반에 등장한 기술이지만, 지금도 네트워크 업계에서 가장 널리 사용되고 있는, 사람들이 선호하는 API 구현 방식 중 하나다. 요즘 사용하는 네트워크 인프라 관련 API는 대부분 HTTP 기반의 REST API이다. 네트워크 장비나 SDN 컨트롤러에서 REST API를 지원한다면, 이는 곧 API를 사용해 클라이언트와 서버 간 통신이 이뤄진다는 의미다.

파이썬 스크립트나 웹 UI를 제공하는 애플리케이션이 클라이언트가 되며, 네트워크 장비나 컨트롤러는 서버로 동작한다. 또한 HTTP를 통해 데이터를 주고받으므로, 브라우저에서 웹 페이지를 보는 것과 동일한 방식으로 URL을 통해 특정 작업을 수행한다. 웹 사이트를 클릭하면 HTTP GET 메서드가 호출되고 웹 페이지에서 양식을 채운 후 전송 버튼을 누르면 HTTP

POST 메서드가 호출된다는 점을 알고 있다면, 이미 REST API의 기본 사용법을 알고 있는 셈이다.

먼저 웹 사이트에서 데이터를 가져오는 방법과 네트워크 장비에서 REST API를 이용해 데이터를 가져오는 방법을 비교해보자. 두 방법 모두 [그림 10-1]과 같이 웹 서버로 HTTP GET 요청을 전송한다.

[그림 10-1]에서 볼 수 있듯이 두 방식의 가장 큰 차이점은 바로 웹 서버와 주고받는 데이터 포맷이다. 웹 사이트의 경우 브라우저는 HTML 데이터를 수신하고, 이를 해석해 웹 페이지로 표시한다. 반면 REST API를 URL 형태로 노출하는 웹 서버에 HTTP GET 요청을 보내면 대부분 JSON이나 XML 형태로 돼 있는 데이터를 수신한다. 포맷에 대해서는 8장에서 살펴봤다. 클라이언트는 JSON, XML 포맷의 응답 데이터를 해석해 사용한다. REST HTTP API의 사용법을 살펴보기 전에 지금까지 나눈 이야기를 그림으로 정리해보면 다음과 같다.

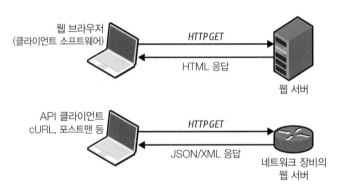

그림 10-1 HTTP GET 응답을 이용하는 REST API의 동작 방식

지금까지 REST API를 개략적으로 살펴봤다. 그럼 한 걸음 더 나아가 REST API의 기원에 대해 알아보자. REST API는 2000년 로이 필딩Roy Fielding이 자신의 박사 학위 논문[1]에서 제시한 최신 웹 기반 API 구조다. 로이 필딩은 「네트워크 기반 소프트웨어 아키텍처의 구성 방식과 설계Architectural Styles and the Design of Network-based Software Architectures」라는 논문에서 REST라 명명한 아키텍처를 정의하고, 인터넷 기반 네트워크 기능을 갖춘 시스템의 동작 방식을 상세히 기술했다.

---

1 학위 논문은 https://ics.uci.edu/~fielding/pubs/dissertation/top.htm에 공개돼 있다. 로이 필딩이 직접 REST 방식을 설명한 동영상은 유튜브(https://www.youtube.com/watch?v=w5j2KwzzB-0)에서 볼 수 있다.

어떤 인터페이스를 REST API라고 부를 수 있으려면 여섯 가지 아키텍처 요건을 만족해야 한다. 그중에서 이번 장에 관련된 세 가지 요건을 살펴보자.

클라이언트-서버

서버의 요구 사항을 단순화하면서 시스템의 사용성을 개선하기 위한 요구 사항이다. 클라이언트-서버 구조로 개발하면 서버 구성 요소를 바꾸지 않고도 클라이언트 애플리케이션의 이식성과 변경 가능성을 확보할 수 있다. 즉, 동일한 서버 리소스인 백엔드 API를 사용해 다양한 형태의 API 클라이언트, 예컨대 웹 UI나 CLI 도구를 만들 수 있다.

상태 없음

클라이언트와 서버 간 통신에서 상태를 저장하지 않아야 한다. 즉, 클라이언트는 서버가 작업을 수행하는 데 필요한 모든 데이터를 한 번에 전송해야 한다. 이 방식은 클라이언트와 서버 사이에 지속되는 연결이 존재하고 이 연결을 통해 데이터를 주고받는 SSH와 대비된다.

통일된 인터페이스

동일한 API 호출 범위 내의 개별 리소스는 HTTP 요청 메시지로 구별한다. 예를 들어 REST HTTP 기반 시스템에서 URL은 특정 리소스를 가리킨다. 네트워킹에서 리소스는 호스트명, 인터페이스, 라우팅 프로토콜 설정 또는 장비에 포함된 다양한 리소스 등 네트워크 장비의 다양한 설정 항목이 될 수 있다. 통일된 인터페이스는 클라이언트가 리소스를 생성, 수정, 삭제하기 위해 리소스에 대한 충분한 정보를 갖고 있어야 함을 명시하고 있다.

REST 아키텍처의 여섯 가지 핵심 요건 중 단 세 가지만 살펴봤지만, REST 시스템은 매일 인터넷을 사용할 때 웹 브라우저가 동작하는 방식과 비슷하다는 사실을 이미 알고 있을 것이다. 이론상으로는 전송 방식으로 다른 프로토콜을 이용할 수 있지만, REST API는 보통 HTTP로 구현된다. 따라서 REST API를 제대로 이해하려면 HTTP의 기본 내용도 알아야 한다.

HTTP 요청 방식. 이 책에서 살펴볼 모든 REST API는 HTTP 기반 API이지만, REST 원칙을 준수하지 않는 HTTP 기반 API도 살펴본다. 사용하는 API가 어떤 유형이든 HTTP는 알아둬야 한다. API는 HTTP를 기반으로 메시지를 주고받으므로, 인터넷의 HTTP 요청 형식과 응답 코드에 대해 알아보자.

HTTP에서 사용하는 메서드로는 GET, POST, PATCH, PUT, DELETE 등이 있다. 이름에서도 짐작할 수 있듯이 GET 메서드는 서버에 데이터를 요청할 때 사용하며, DELETE 메서드는 서버에 있는 리소스를 삭제하고 싶을 때 사용한다. P로 시작하는 세 가지 나머지 메서드(POST, PATCH, PUT)는 서버에 있는 리소스를 변경하고 싶을 때 사용한다. [표 10-1]은 네트워크 관점에서 바라본 각 메서드의 의미다.

표 10-1 HTTP 요청 메서드

요청 타입(메서드)	REST API에서 갖는 의미	네트워크 API에서 갖는 의미
GET	특정 리소스 조회	설정 조회, 운영 데이터 조회
PUT	리소스 생성 또는 교체	설정 변경
PATCH	리소스 객체 생성 또는 갱신	설정 변경
POST	리소스 객체 생성	설정 변경
DELETE	특정 리소스 삭제	특정 설정 삭제

HTTP 응답 코드. REST API의 동작 방식이 웹 브라우저의 동작 방식과 동일한 것처럼, 응답 코드도 동일한 코드 체계를 사용한다.

웹 사이트에 잘못된 사용자 정보로 로그인하려 했을 때 '401 Unauthorized(인증 안 됨)' 메시지를 본 적이 있는가? 시스템에 로그인하는 REST API에서도 잘못된 인증 정보를 보내면 동일한 응답 코드를 받게 된다. 서버에서 요청 작업을 수행하는 과정에서 성공하든 문제가 발생하든 그 상황에 맞는 응답 코드를 전달한다. [표 10-2]는 HTTP 기반 API를 사용할 때 흔히 만나게 되는 몇 가지 응답 코드 유형으로, 이 목록에 표시되지 않은 다른 코드 유형도 사용된다는 점을 알아두자.[2]

표 10-2 HTTP 응답 코드 유형

응답 상태 코드	설명
1XX	정보성 응답
2XX	성공 응답

---

2 옮긴이_ MDN 문서에서 여러 가지 HTTP 응답 코드의 의미를 확인할 수 있다. *https://developer.mozilla.org/ko/docs/Web/HTTP/Status*를 참조하자.

3*XX*	리디렉션
4*XX*	클라이언트 측 오류
5*XX*	서버 측 오류

HTTP 기반 API의 응답 코드는 표준 HTTP 응답 코드와 별반 다르지 않다는 점만 알아두자. 여기서는 응답 상태 코드를 크게 구분한 목록만 살펴봤으므로, 개별 상세 응답 코드를 찾아보는 것은 연습 과제로 남겨둔다.

cURL로 HTTP 기반 API 사용하기

cURL[3]은 URL 작업에 사용하는 명령행 도구다. 즉, 리눅스 명령 셸에서 cURL을 사용해 HTTP 요청을 전송할 수 있다. cURL은 URL을 사용하므로, HTTP 외에도 FTP, SFTP, TFTP, TELNET 등의 다양한 통신 프로토콜을 사용할 수 있다. 리눅스 명령행에서 `man curl` 명령을 실행하면 cURL의 다양한 기능을 자세히 확인할 수 있다.

> **NOTE_** cURL은 리눅스뿐만 아니라 맥OS나 윈도 등 다양한 운영체제에서 사용할 수 있다. 각 운영체제별 설치 방법은 *https://curl.se/docs/install.html*에서 확인할 수 있다.

cURL 대용 프로그램도 많다.[4] 명령행 도구인 것도 있지만, 그래픽 사용자 인터페이스(GUI)를 제공하는 도구도 나와 있다. 두 방식에서 사용하는 개념은 동일하므로, 기본 아이디어를 이해한다면 아무런 어려움 없이 원하는 방식으로 사용할 수 있다. 하지만 포스트맨Postman[5]처럼 직관적인 웹 기반 GUI 도구는 사용법을 쉽게 배울 수 있고, HTTP API 테스트도 용이하다는 장점이 있다. 이러한 도구만 잘 활용할 수 있으면 코드를 작성하는 부담 없이 API 사용에만 집중할 수 있다. [그림 10-2]를 보면 어떤 느낌인지 금방 이해될 것이다.

먼저 cURL로 시스코 머라키Meraki[6]에서 제공하는 HTTP 기반 REST API를 사용해보자. 머

---

3 옮긴이_ '컬'이라고 부른다. 1998년에 시작된 오픈소스 프로젝트로, 현재 8.5 버전까지 나와 있다. 프로그래밍 언어에서 사용할 수 있는 라이브러리 형태로도 제공된다. 공식 홈페이지는 *https://curl.se/*이다.

4 옮긴이_ CUI 방식의 도구로는 wget, HTTPie 등이 많이 사용된다. GUI 방식으로는 Insomnia 등이 있다. 통합 개발 환경(IDE)에서도 플러그인을 사용해 API를 호출할 수 있다.

5 *https://www.postman.com/*

6 *https://www.cisco.com/c/m/ko_kr/solutions/small-business/meraki.html*

라키 API 문서는 *https://developer.cisco.com/meraki/api-latest/*에서 볼 수 있다. 시스코 머라키는 클라우드 네트워크 컨트롤러 솔루션으로, API를 사용해 네트워크 인프라를 다루는 방식을 이해하는 데 도움이 된다. 최신 NOS는 보통 RESTCONF 인터페이스를 구현한 REST API를 제공하는데, 모든 장비에서 항상 사용할 수 있는 것은 아니다. 이와 관련된 내용은 10.1.3절 'RESTCONF 사용하기'에서 자세히 다룬다.

HTTP GET 메서드로 정보 조회하기. 이제 막 REST API를 사용해보는 것이므로, 먼저 간단한 HTTP GET 요청으로 전체 조직 정보를 조회해보자. 조직 정보를 제공하는 API의 URL은 *https://api.meraki.com/api/v1/organizations*이다.

> **NOTE_ 조직**organization은 동일한 계정의 다중 테넌트tenant를 지원하기 위해 만들어진 시스코 머라키의 추상 개념이다. 각 조직마다 서로 다른 네트워크 리소스를 가진다.

[예제 10-1]에서는 cURL을 사용해 시스코 머라키 URL을 호출하고, 응답으로 모든 조직에 대한 목록을 얻는다.

> **NOTE_** 이번 장에 사용된 모든 예제 코드는 깃허브 저장소인 *https://github.com/oreilly-npa-book/examples/tree/v2/ch10-apis*에서 내려받을 수 있다.

예제 10-1 머라키 조직 정보를 조회하는 cURL 명령

```
$ curl 'https://api.meraki.com/api/v1/organizations' \            ① ②
  -H 'X-Cisco-Meraki-API-Key: 6bec40cf957de430a6f1f2baa056b99a4fac9ea0' \   ③
  -L                                                              ④

# 응답 생략
```

① URL은 평범하다. 모든 시스코 머라키 사용자가 이 URL을 함께 사용한다. 머라키는 4장에서 설명한 대로 서비스형 인프라(IaaS) 방식으로 제공된다.

② HTTP 메서드를 따로 지정하지 않으면 cURL은 기본적으로 GET 동작을 수행한다. 다음 예제에서는 -X 플래그로 다른 메서드를 사용한다. 사용할 수 있는 cURL의 다양한 명령 옵션이 궁금하다면 man cURL 명령을 실행해보자. 여러 옵션에 대한 자세한 설명을 볼 수 있다.

③ -H 또는 --header는 HTTP 요청을 보낼 때 HTTP 헤더를 추가하기 위해 사용한다. HTTP 헤더는 키-값 쌍 형태의 값으로, 인증 토큰과 같은 메타 정보를 서버에 전달할 때 유용하게 사용된다.

④ -L 또는 --location은 요청에 대한 새로운 리디렉션 URL을 알려주면 새로운 URL로 다시 HTTP 요청을 수행한다.

> **NOTE_** [예제 10-1]에서는 시스코 개발자 허브에 공개된 시스코 머라키 API 토큰을 사용했다. 토큰이 여전히 유효하다면 같은 토큰을 계속 사용한다. 하지만 토큰이 무효화됐다면 개발자 허브에서 새로 가져온 토큰으로 API를 호출해야 한다.

API URL의 경로에 /v1/이 포함돼 있다. 보통 API의 대상 버전을 지정할 때 흔히 사용하는 방식이다. 다른 애플리케이션과 마찬가지로 API도 시간이 지나면 리소스를 추가, 변경, 삭제하면서 발전한다. 애플리케이션에서 API의 급격한 변경 사항 없이 예측하는 기존 동작을 한동안 이용할 수 있도록 API 버전을 관리하기 위해 이와 같은 형태로 버전을 지정하는 경우가 자주 있다. 예를 들어 새로운 버전에서 특정 리소스가 삭제됐더라도 예전 버전의 리소스를 계속 사용할 수 있다. 하지만 버전을 URL 경로에 포함하지 않고 api_version처럼 URL의 질의 매개변수로 지정할 수도 있다. 다음 예제처럼 버전을 매개변수로 지정할 경우 API의 버전과 상관없이 동일한 URL 경로를 사용하게 되며, 버전에 대한 URL 질의 매개변수만 추가된다.

```
$ curl https://my_application.com/api/my_path?api_version=1.3
```

[예제 10-1]의 cURL 명령의 실행 결과를 이 책에 싣지 않았지만, 각 정보가 따옴표로 감싸인 채로 출력돼 터미널에서 결과 메시지를 읽기가 쉽지 않다. 이럴 때는 [예제 10-2]와 같이 실행 결과가 python3 -m json.tool 명령의 입력으로 사용되도록 파이프로 연결해준다. 그러면 응답 결과가 깔끔한 형태로 다듬어져 출력되므로, 결과 메시지를 훨씬 수월하게 읽을 수 있다.[7]

---

7 옮긴이_ 응답이 JSON 포맷으로 돼 있다면 jq(https://jqlang.github.io/jq/)도 사용해보자. 그럼 명령행에서 JSON을 깔끔하게 출력해줄 뿐만 아니라 원하는 정보를 손쉽게 조회할 수 있다.

예제 10-2 파이썬 json.tool을 사용해 JSON 응답을 깔끔하게 출력하기

```
$ curl 'https://api.meraki.com/api/v1/organizations' \
  -H 'X-Cisco-Meraki-API-Key: 6bec40cf957de430a6f1f2baa056b99a4fac9ea0' \
  -L \
  | python3 -m json.tool

[
  {
    "id": "573083052582915028",
    "name": "Next Meraki Org",
    "url": "https://n18.meraki.com/o/PoiDucs/manage/organization/overview",
    "api": {
      "enabled": true
    },
    "licensing": {
      "model": "co-term"
    },
    "cloud": {
      "region": {
          "name": "North America"
      }
    }
  },
  # 기타 조직 정보는 생략
]
```

응답으로 획득한 JSON 객체는 각괄호로 감싸여 있으므로, 파이썬에서 리스트로 변환된다. 리스트를 이루는 각 항목의 타입은 딕셔너리로, 조직 정보와 조직의 모든 속성이 들어 있다. 이 예제에서는 API의 응답을 JSON 포맷으로 수신했지만, API 요청의 **Accept** 헤더를 통해 응답 객체의 포맷을 클라이언트가 원하는 포맷으로 바꿀 수 있다. 하지만 이 API는 JSON 포맷만 지원하므로 헤더에서 다른 포맷을 지정하더라도 아무런 영향을 받지 않고 JSON 포맷으로만 반환된다.

cURL을 사용한 예제를 포스트맨으로 실행하면서 두 도구의 사용법을 비교해보자. [그림 10-2]는 이전 예제에 사용된 HTTP GET 요청을 포스트맨에서 전송하는 화면이다.

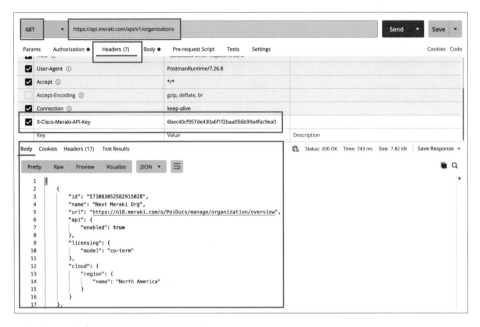

그림 10-2 포스트맨을 이용한 HTTP GET 요청

CAUTION_ 포스트맨을 실제로 실행한 화면이 이 책에 실린 포스트맨의 실행 화면과 조금씩 다를 수 있다. 제품이 발전하면서 사용자 인터페이스도 개선되므로 모습은 조금씩 달라질 수 있지만, 개념은 동일하게 유지된다.

[그림 10-2]를 보면, [예제 10-1]과 똑같은 요청과 응답이지만 훨씬 보기 좋게 표시된다. 이번 절에서 소개하는 모든 예제는 이처럼 포스트맨으로도 똑같이 실행할 수 있다.

TIP_ 포스트맨은 자주 사용하는 API 예제를 컬렉션으로 묶어 공개할 수 있다. 이때 사용자가 정의할 수 있는 변수까지 사용하면 컬렉션을 다양한 용도로 재사용할 수 있다. 컬렉션은 API의 공통 동작을 이해하기 위한 훌륭한 참고 자료다. 예를 들어 닉 루소Nick Russo는 흥미로운 네트워킹 API 컬렉션을 관리하면서 *https://www.postman.com/njrusmc/workspace/public-collections/overview*에 공개하고 있다.

일반적으로 REST API 뒤에는 다양한 리소스가 **연관돼** 있다. 시스코 머라키 문서에 따르면 각 조직은 **네트워크** 리소스를 가질 수 있다. 따라서 조직에 대한 API 엔드포인트와 마찬가지로 네트워크에 대한 엔드포인트도 존재한다. 이 엔드포인트의 경로는 /api/v1/organizations/ {organizationId}/networks이며, 여기서 {organizationID}는 특정 조직의 식별자를 의미한다.

식별자는 [예제 10-2]에서 조회한 조직의 속성 중 가장 많이 사용되는 속성으로, 딕셔너리의 **id** 키에 해당하는 값이다. 이 ID 값을 이용하면 각 조직에 속한 중첩된 네트워크 구조를 계속 탐색할 수 있다. 이 API가 중첩된 속성을 갖고 있는 것도 흥미로운데, 모든 네트워크 목록을 바로 얻을 수는 없지만 네트워크가 속한 조직을 참조해 네트워크 목록을 얻을 수 있다. [예제 10-3]에서는 조직 ID로 해당 조직에 속한 네트워크의 목록을 조회한다.

예제 10-3 cURL로 머라키 네트워크 조회하기

```
$ curl 'https://api.meraki.com/api/v1/organizations/573083052582915028/networks' \   ①
  -H 'X-Cisco-Meraki-API-Key: 6bec40cf957de430a6f1f2baa056b99a4fac9ea0' \
  -L \
  | python3 -m json.tool

[
  {                                                                                    ②
    "id": "L_573083052582989052",                                                      ③
    "organizationId": "573083052582915028",
    "name": "Long Island Office",
    "productTypes": [
      "appliance",
      "camera",
      "switch"
    ],
    "timeZone": "America/Los_Angeles",
    "tags": [
      "tag1",
      "tag2"
    ],
    "enrollmentString": null,
    "url": "https://n18.meraki.com/Long-Island-Offi/n/kWaHAbs/manage/usage/list",
    "notes": "Combined network for Long Island Office",
    "isBoundToConfigTemplate": false
  },
  # 다른 네트워크 정보 생략
]
```

① 특정 조직에 속한 네트워크를 조회하기 위해 요청 URL 경로에 조직 ID를 포함한다.

② 응답으로 각 네트워크를 표현한 딕셔너리의 리스트를 얻는다. 딕셔너리에는 각 네트워크의 속성이 들어 있다.

③ 조직을 조회했던 이전 예제와 비슷하게, 네트워크도 id 키의 값으로 고유의 식별자를 가진다.

계속해서 'HTTP 요청 방식' 절에서 소개한 다른 HTTP 요청 메서드를 살펴본다. 특히 리소스를 변경할 때 사용하는 POST 방식부터 살펴보자.

HTTP POST 메서드로 신규 리소스 생성하기. [예제 10-3]에서는 특정 조직에 속한 네트워크를 조회했다. [예제 10-4]에서는 해당 조직에 새로운 네트워크를 생성해본다.

예제 10-4 머라키 네트워크를 생성하는 cURL 명령

```
curl -X POST 'https://api.meraki.com/api/v1/organizations/573083052582915028/networks' \ ①
  -H 'X-Cisco-Meraki-API-Key: 6bec40cf957de430a6f1f2baa056b99a4fac9ea0' \
  -L \
  -d '{"name": "my new automated network", "productTypes": ["switch"]}' \      ②
  -H 'Content-Type: application/json' \                                        ③
  ¦ python3 -m json.tool

{
    "id": "N_573083052583237701",
    "organizationId": "573083052582915028",
    "productTypes": [
        "switch"
    ],
    "url": "https://n18.meraki.com/my-new-automated/n/mQ9KWds/manage/usage/list",
    "name": "my new automated network",
    "timeZone": "America/Los_Angeles",
    "enrollmentString": null,
    "tags": [],
    "notes": null,
    "isBoundToConfigTemplate": false
}
```

① 새로운 객체를 생성할 때는 HTTP 메서드 중에서 POST 방식을 사용한다. cURL에서는 -X 플래그를 사용해 POST 방식으로 지정한다. POST 메서드를 사용할 경우 **데이터**를 함께 전달해야 한다.

② -d 플래그 또는 --data를 사용해 새로 생성할 네트워크의 속성을 JSON 형태로 전달한다. 각 속성은

키-값 쌍의 형태로 지정하는데, 이 예제에서는 name 속성과 productTypes 속성을 전달한다.

③ Content-Type 헤더로 데이터 포맷을 지정한다. 이 예제에서는 JSON을 사용했지만, XML처럼 다른 포맷도 사용할 수 있다.

TIP_ 올바른 API 요청을 구성하려면 API 문서를 꼼꼼히 읽어봐야 한다. API 문서에는 API 정의 및 사양이 기술돼 있는데, API 호출이 성공하려면 URL을 어떤 식으로 구성해야 하는지, HTTP 요청 방식은 무엇을 사용해야 하는지, 헤더에는 어떤 값이 추가로 전달돼야 하는지, 요청 본문에는 어떤 정보가 있어야 하는지 등이 자세히 적혀 있다. 예를 들어 이전 예제에서는 POST 요청에 반드시 필요한 속성만 전달했는데, 그 외에도 timeZone이나 tags와 같은 선택적 속성도 필요하다면 함께 전달할 수 있다. 이처럼 모든 속성이 **API 문서**에 정의돼 있다. 필수 속성에 대한 힌트를 GET 요청의 응답 결과에서 얻을 수도 있다. POST에서 사용한 일부 데이터는 [예제 10-3]에서 살펴본 네트워크에 대한 GET 요청의 응답 메시지에서 가져온 값을 사용했다.

이제 REST 원칙을 따르는 HTTP API를 이해했으니 REST 원칙을 따르지 않는 HTTP API에 대해서도 함께 살펴보자.

REST 원칙을 따르지 않는 HTTP API

HTTP 기반의 API 구현 방식 중 REST API가 가장 널리 사용되지만, REST 원칙을 따르지 않는 HTTP 기반 API도 있다. 이러한 API를 이 책에서는 HTTP API라고 부른다.[8] 네트워크 업계가 REST 인터페이스와 같은 최신 인터페이스를 도입하는 과정에서 일부 API는 여전히 CLI로 구축됐다. 즉, API를 호출하면 온전히 구조화된 데이터를 전송하는 방식이 아니라 장비에 실제로 어떤 명령어를 전송하는 방식으로 구현됐다. 물론 네트워크 플랫폼의 CLI나 웹 UI가 기반 API를 사용하는 방식으로 구현하는 것이 가장 바람직하겠지만, 이미 기존 명령어를 사용할 수 있도록 구축된 기존 레거시 시스템에서는 기반 시스템을 완전히 재설계하는 것보다는 이렇게 API를 추가하는 방식이 더 쉽기 때문에 HTTP API도 자주 사용된다.

REST API와 HTTP API에는 크게 두 가지 차이점이 있다. REST API는 대상 서버에 요청을 보낼 때 동사로 된 HTTP 메서드(GET, POST, PATCH 등)를 사용해 리소스에 대한 변경 유형을 알려준다. 예를 들어 네트워킹 맥락에서 바라봤을 때 GET 동사는 단지 데이터를 획득한다는 뜻이므로, HTTP GET 요청으로는 설정을 변경할 수 없다. 하지만 HTTP API에서는 어

---

8 옮긴이_ 엄격히 말하자면, HTTP API라는 용어는 REST API를 포함한다. 그러나 REST API가 보다 세부적인 구현 방식인 까닭에 REST 원칙을 따르지 않는 API를 HTTP API라고도 부르는 현실을 반영해 이 용어를 사용한다.

떤 형태의 변경 작업인지와는 상관없이 동일한 HTTP 메서드를 사용할 수 있다. 즉, 설정 데이터를 조회하거나 변경하는 경우 모두 POST 방식으로 HTTP 요청을 보낸다. 또 다른 차이점도 있는데, HTTP API는 리소스마다 다른 URL로 접근하지 않고 항상 같은 URL을 사용하는 경우가 많다. [예제 10-5]를 통해 두 차이점을 직접 확인해보자.

REST API가 인기를 얻기 전에는 HTTP API에 속하는 구현 방법 중 RPC가 가장 널리 사용됐다. RPC는 데이터 페이로드에 메서드와 기타 속성을 포함시켜 전송하는 HTTP API로, 원격 시스템에 있는 함수를 호출하는 용도로 사용됐다. 또한 RPC는 데이터를 어떻게 표현했는지에 따라 XML-RPC 또는 JSON-RPC로 불렸다. 이처럼 명령-동작 패턴으로 구현하는 접근 방식은 더 뛰어난 성능을 보여주지만, 예측 가능성 측면에서는 모호한 점이 더 많다.

> NOTE_ 한 서버에서 REST 방식과 RPC 방식을 모두 제공할 수 있으며, 각기 장단점이 있으므로 상황에 따라 더 좋은 방식을 이용할 수 있다. 10.1.2절 'NETCONF 사용하기'와 'gRPC 이해하기' 절에서 보다 많은 RPC 사용 사례를 살펴본다.

JSON-RPC API의 대표적인 사례로는 아리스타 eAPI가 있다. 아리스타 eAPI는 RPC 엔드포인트인 **/command-api**를 통해 HTTP API로 CLI 명령을 실행한다. [예제 10-5]에서는 cURL의 JSON 페이로드를 적절히 구성해 CLI 명령 실행을 요청한다.

예제 10-5 아리스타 eAPI로 CLI 명령 실행하기

```
$ curl --insecure \
  -H "Content-Type: application/json" \
  -X POST \                                                 ①
  -d '{"jsonrpc":"2.0", "method":"runCmds", "params":{ "version":1,
  "cmds":["show version"], "format":"text"}, "id":""}' \    ②
  https://ntc:ntc123@eos-spine1/command-api \               ③
  | python3 -m json.tool

{
    "jsonrpc": "2.0",
    "id": "",
    "result": [
        {                                                   ④
            "output": " vEOS\nHardware version:    \nSerial number:      \n
            System MAC address:  5254. 0097.1b5e\n\nSoftware image version:
```

```
        4.22.4M\nArchitecture:              i686\nInternal build version:
        4.22.4M-15583082.4224M\nInternal build ID:
        08527907-ec51-458e-99dd-e3ad9c80cbbd\n\nUptime:
        15 weeks, 4 days, 13 hours and 22 minutes\nTotal memory:
        2014520 kB\nFree memory:              1335580 kB\n\n"
      }
   ]
}
```

① 데이터를 조회하는 작업에 POST 방식을 사용한다. 앞서 설명한 것처럼, HTTP API에서는 메서드가 특별한 의미를 갖지 않는다. 실제로 같은 메서드를 사용하더라도 데이터로 전달하는 CLI 명령에 따라 상태를 조회할 수도 있고, 변경할 수도 있다.

② 원격에서 실행할 **동작**operation을 JSON 포맷으로 정의한다. method에는 runCmds를, cmds에는 실제 장비에서 실행할 모든 명령의 목록을 전달한다.

③ 인증 과정에 필요한 매개변수인 ntc:ntc123@을 URL 형태로 전달한다. 이 방식은 표준 HTTP 헤더인 Authorization으로 인증 정보를 전달하는 것과 동일하다.

④ 명령을 실행한 결과가 result 키의 값으로 반환된다. 이 예제에서는 show version 명령을 실행한 결과가 서식화되지 않은 원시 텍스트 형태로 들어 있다. 이 결괏값은 SSH로 연결해 해당 CLI 명령을 실행한 것과 동일하다.

NOTE_ RPC 외에 또 다른 REST API의 대안들도 등장했다. 예를 들면 2015년 페이스북(현 메타)에서 발표한 그래프QL GraphQL이 있다. 이 방식에서는 데이터 사용 방식을 단순화한 데이터 질의 언어를 정의함으로써 서버가 제공할 데이터의 구조와 필터링 방식을 클라이언트에서 정의한다. 그래프QL을 사용하면 전송되는 데이터의 양은 줄어들지만, 결과 캐싱에는 방해가 된다. 그래프QL은 진실 공급원으로부터 데이터를 조회할 때처럼 하나의 객체에 관련된 데이터(중첩 리소스도 포함)를 수집할 때 유용하다. 보다 자세한 내용은 14장에서 살펴본다.

네트워크 장비에서 다양한 형태의 HTTP 기반 API를 사용할 때는 다음 사항을 고려해야 한다.

• HTTP API는 데이터 인코딩 방식에 XML 또는 JSON을 사용할 수 있지만, 장비는 둘 중 하나만 구현했을 수도 있다. 장비가 지원할 인코딩 방식은 API를 쓰는 사람이 아니라 API를 만든 사람이 결정한다.

• API를 사용해볼 때는 cURL이나 포스트맨과 같은 도구가 유용하다. 그러나 HTTP API와 상호 작용하는 코드를 작성하려면 HTTP 통신을 **이해하는** 라이브러리가 필요하다. 파이썬에서는 Requests 라이브러리, Go 언어에서는 net/http 패키지 등이 널리 사용되는데, 자세한 사항은 10.2절 '자동화용 네트워

크 API 사용하기'에서 알아본다.

- 설정을 변경하는 경우에는 HTTP 메서드에 각별히 신경 써야 한다. 틀린 메서드를 사용하면 의도치 않은 결과를 초래할 수 있다.

- 올바른 API 요청을 구성하려면 URL, 헤더, HTTP 메서드, 요청 본문 등에 대한 지식이 필요하다. API 문서를 통해 어떤 정보가 필요한지 파악한다.

지금까지 HTTP 기반 API를 살펴봤다. 이제부터는 관심을 돌려 NETCONF API에 대해 알아보자.

10.1.2 NETCONF 사용하기

NETCONF는 RFC 6241[9]에 정의된 네트워크 설정 관리 프로토콜로, 처음부터 설정 관리, 네트워크 장비의 설정 및 운영 상태 관련 데이터 조회용으로 설계됐다. NETCONF는 설정 상태와 운영 상태를 명확히 구분한다. API를 통해 설정 상태 또는 운영 상태를 조회할 수 있고, 설정을 변경할 수도 있다.

> **NOTE_** 이전 절에서 살펴본 REST API는 신기술이라기보다는 네트워크 장비와 SDN 컨트롤러 분야에서 새롭게 도입된 기술이라고 말할 수 있다. 마찬가지로 NETCONF API도 신기술이 아니다. NETCONF를 정의한 최초 RFC는 2006년에 발표됐으며, 업계 표준 프로토콜로 거의 20년 넘게 사용되고 있다. 다양한 네트워크 장비에 오랫동안 탑재돼왔지만, 거의 사용되지 않는 한정된 API인 경우가 많았다.

NETCONF의 주요 특징 중 하나는 다양한 설정 데이터 저장소configuration data store를 활용한다는 점이다. 대부분의 네트워크 엔지니어는 실행 중 설정running configuration이나 시작 설정startup configuration이라는 개념에 익숙할 것이다. 보통 2개의 설정 파일을 떠올리지만, NETCONF의 맥락에서는 2개의 설정 데이터 저장소다.

NETCONF 구현체에서는 종종 **후보 설정**candidate configuration이라는 제3의 데이터 저장소를 사용하기도 한다. 후보 설정 데이터 저장소에는 아직 장비에 적용되지 않은 설정 객체(CLI로 설정하는 경우 CLI 명령)가 들어 있다. 예를 들어 후보 설정을 지원하는 장비에서는 설정 명령을

---

9 https://www.rfc-editor.org/rfc/rfc6241

입력하더라도 즉시 적용되지는 않는다. 변경은 후보 설정에 잠시 동안 저장됐다가, **커밋**^{commit} 명령을 실행하면 후보 설정이 실행 중 설정으로 덮어 쓰여지면서 해당 변경 사항이 실제로 장비에 적용된다.

거의 20년 전에 NETCONF RFC에서 후보 설정 데이터 저장소가 처음 정의됐지만, 사용된 것은 몇 년 되지 않는다. 업계의 당면 과제 중 하나는 후보 설정 데이터 저장소 기능을 구현한 NETCONF 구현체를 확보하는 것이었다. 하지만 아예 구현체가 없었던 것은 아니다. 사실 성공적으로 구현한 장비도 있었다. 주니퍼 Junos OS는 수년 동안 NETCONF 구현을 잘 지원해오고 있으며, 후보 설정 기능도 지원한다. 최근에는 시스코, 화웨이, 노키아 등과 같은 제조사에서 후보 설정 데이터 저장소를 지원하는 제품을 출시하고 있다.

> **TIP_** 같은 제조사에서 만든 장비라 할지라도 장비마다 지원하는 기능이 다를 수 있으므로, 항상 하드웨어 및 소프트웨어 플랫폼을 확인해야 한다. 후보 설정 기능의 지원 여부는 그중 한 가지 사례에 불과하다.

후보 설정에서 다양한 설정을 변경하더라도 커밋 명령을 실행하기 전까지는 실제로 장비에 적용되지 않는다고 설명했다. 이는 결국 NETCONF 장비의 또 다른 특징인 설정 **트랜잭션** 기능으로 이어진다. 예제에서는 모든 설정 객체(명령어)가 하나의 트랜잭션으로 적용(커밋)되므로, 모든 명령이 전부 적용되거나 아예 하나도 적용되지 않는다. 일련의 명령을 직접 입력하다가 중간에 실행한 실행 명령이 실패하게 되면 일부 설정만 적용돼 반쪽짜리 설정이 되고 마는 것과는 대비된다.

또한 다른 인터페이스에는 없는 NETCONF의 고유 기능 중 하나로 **네트워크 단위의** 트랜잭션 ^{network-wide transaction}이 있다. 예를 들어 엔드-투-엔드 L3 VPN 서비스를 프로비저닝하는 경우처럼 여러 장비의 설정을 변경해야 하는 상황이라면 변경 사항이 모두 성공적으로 적용되거나, 아무것도 적용되지 않고 롤백된다. 롤백된 상태를 **중단** 단계^{abort phase}라고 한다.

NETCONF의 두 가지 주요 특징을 말하라면, 후보 설정 기능과 원자적 트랜잭션 기능을 꼽을 수 있다. 계속해서 NETCONF 프로토콜의 기반 스택을 자세히 살펴보자.

NETCONF 프로토콜 스택

NETCONF 스택은 [표 10-3]과 같이 콘텐츠 표현, 작업 유형, 메시지, 사용 가능한 전송 계층 등 네 가지 기본 계층으로 나눠진다. 클라이언트와 서버 간 주고받는 XML 객체에서 각 계층이 어떤 역할을 담당하는지 실제 예제를 통해 알아보자.

표 10-3 NETCONF 프로토콜 스택

계층	예
콘텐츠	데이터 모델(YANG, XSD)의 XML 표현
작업	get-config, get, copy-config, lock, unlock, edit-config, delete-config, kill-session, close-session, commit, validate 등
메시지	rpc, rpc-reply, hello
전송	SSHv2, SOAP, TLS, BEEP

> **NOTE_** NETCONF는 데이터 인코딩에 XML만 사용한다. 반면 REST API는 JSON과 XML로 인코딩할 수 있다.

전송^transport. NETCONF의 전송 계층은 보통 자체 SSH 하위 시스템을 통해 SSH를 사용한다. 이 책에 소개한 예제에서는 모두 SSH 위에서 동작하는 NETCONF를 사용하지만, 기술적으로는 SOAP, TLS, 또는 NETCONF 요구 사항을 만족하는 임의의 프로토콜을 전송 계층으로 사용해 NETCONF를 구현할 수 있다.

다음은 전송 프로토콜이 만족해야 하는 요구 사항 중 일부다.

- 클라이언트와 서버 사이에는 연결이 유지되는 연결 지향 세션이 있어야 한다.
- NETCONF 세션은 인증, 데이터 무결성, 기밀성, 재연 방지 방안을 제공해야 한다.
- NETCONF는 다른 전송 프로토콜을 사용하도록 구현할 수 있지만, 최소한 SSH는 **반드시** 지원해야 한다.

> **NOTE_** REST API의 인기가 워낙 높다 보니 NETCONF를 개선한 새로운 프로토콜이 만들어지지 않고, NETCONF의 기능성을 REST 원칙에 맞게 구현한 RESTCONF 인터페이스가 만들어졌다. 이 접근 방식은 10.1.3절 'RESTCONF 사용하기'에서 자세히 다룬다.

메시지^{message}. NETCONF 메시지는 RPC 기반 통신 모델을 기반으로 삼고 있기 때문에 모든 메시지가 XML로 인코딩된다. RPC 기반 모델을 사용하면 전송 방식과는 무관하게 XML을 사용한다. NETCONF는 `<hello>`, `<rpc>`, `<rpc-reply>` 등 세 가지 메시지 타입을 지원한다. XML로 인코딩된 실제 객체를 살펴보면 NETCONF를 이해하는 데도 도움이 되므로, NETCONF RPC 요청을 살펴보자.

연결이 맺어지면 NETCONF 서버는 `<hello>` 메시지를 전송하는데, 여기에 서버가 지원하는 데이터 모델 및 작업 등의 **캐퍼빌리티**^{capability}를 노출한다.

```
<hello xmlns="urn:ietf:params:xml:ns:netconf:base:1.0">
  <capabilities>
    <capability>urn:ietf:params:netconf:base:1.1</capability>
    <!-- 나머지도 XML 형태로 표시된다.... -->
  </capabilities>
</hello>
```

> **NOTE_** XML 네임스페이스(xmlns)와 같은 XML 관련 개념을 복습하길 원한다면 8장을 다시 읽어보자.

일단 `<hello>` 메시지가 수신된 이후에는 `<rpc>` 또는 `<rpc-reply>` 타입의 메시지만 주고받는다. 메시지 타입은 항상 인코딩된 객체의 가장 바깥쪽 태그, 즉 루트가 된다.

```
<rpc message-id="101">
    <!-- XML로 인코딩된 요청 정보... -->
</rpc>
```

NETCONF에서 모든 `<rpc>` 메시지에는 반드시 `message-id` 속성이 들어 있다. 위 예제에서도 이 속성을 찾을 수 있는데, 클라이언트가 서버로 전송하는 임의의 문자열이다. 클라이언트에서 어떤 요청 메시지에 대한 응답 메시지인지를 알 수 있도록 서버는 응답을 보낼 때 클라이언트가 보낸 이 ID 값을 응답 메시지의 헤더에 그대로 되돌려준다.

다른 메시지 타입으로 `<rpc-reply>`가 있다. NETCONF 서버는 클라이언트가 보내준 `message-id` 속성과 다른 속성(예: XML 네임스페이스)을 사용해 응답한다.

```
<rpc-reply message-id="101" xmlns="urn:ietf:params:xml:ns:netconf:base:1.0">
  <data>
      <!-- XML로 된 응답 내용... -->
  </data>
</rpc-reply>
```

<rpc-reply> 예제의 XML 네임스페이스는 클라이언트에서 보낸 <rpc> 메시지에 포함된 네임스페이스라고 가정한다. NETCONF 서버에서 보내는 실제 응답 데이터는 <data> 태그 안에 포함된다는 점에 주목하자.

계속해서 서버에서 실행될 구체적인 NETCONF 작업을 NETCONF 요청에서 어떻게 지정하는지에 대해 알아본다.

작업^{operation}. 가장 바깥쪽 XML 요소는 항상 전송되는 메시지 타입으로, <rpc> 또는 <rpc-reply>이다. 클라이언트에서 서버로 NETCONF 요청을 보낼 때 그다음 요소, 즉 메시지 타입의 자식 요소로 NETCONF (RPC) 요청 작업을 전달한다. [표 10-3]에서 봤던 사용 가능한 NETCONF 작업 중 몇 가지를 살펴보자.

이번 장에서 살펴볼 두 가지 기본 작업은 <get>과 <edit-config>이다. <get> 작업은 장비의 실행 설정과 장비의 상태를 조회한다.

```
<rpc message-id="101" xmlns="urn:ietf:params:xml:ns:netconf:base:1.0">
  <get>
    <!-- XML 응답... -->
  </get>
</rpc>
```

<get>이 <rpc> 메시지에 자식 요소로 들어 있으므로 클라이언트가 요청한 NETCONF <get> 작업임을 알 수 있다.

실행 설정에서 특정 부분만 조회하려면 <get> 계층 구조에서 필터 타입을 지정한다. 필터 타입으로 하위 트리 필터^{subtree filter}와 XPath 필터를 사용할 수 있다. 먼저 **하위 트리** 필터부터 살펴보자. 이 필터는 전체 XML 트리 계층 구조에서 해당 요청에서 조회하고 싶은 하위 트리를 XML 문서로 지정한다. '시스코 IOS XE에서 ncclient 사용하기' 절에서는 **XPath** 필터를 질의 경로에 주입한다.

[예제 10-6]에서는 <native> 요소와 *http://cisco.com/ns/yang/cisco-ios-xe-native* 네임스페이스를 통해 XML 데이터 객체를 참조한다. 이 데이터 객체는 대상 장비에 존재하는 특정 데이터 모델을 XML로 표현한 것이다. 이 데이터 모델은 전체 실행 중 설정을 XML로 표현하고 있지만, 예제에서는 <interface> 설정 계층 구조만 조회하도록 요청한다.

NOTE_ 이번 장에서 보게 되는 실제 JSON 객체 및 XML 객체는 표준 모델이거나 제조사 전용 모델이다. 제조사 전용 모델은 native 태그를 사용하는 경우가 많다.

다음 두 예제는 시스코 IOS XE 장비의 <get> 작업을 요청할 때 사용한 XML 문서다.

예제 10-6 인터페이스 설정을 조회하는 NETCONF GET 요청

```
<rpc message-id="101" xmlns="urn:ietf:params:xml:ns:netconf:base:1.0">
  <get>
    <filter type="subtree">
      <native xmlns="http://cisco.com/ns/yang/Cisco-IOS-XE-native">   ①
        <interface></interface>
      </native>
    </filter>
  </get>
</rpc>
```

① 사용자 정의 xml 네임스페이스가 시스코 도메인이므로, 제조사 전용 데이터 모델을 사용하고 있다.

CAUTION_ 이 책을 집필하는 중에도 제조사가 정의한 데이터 모델이 바뀌었는데, 변경 사항을 이 책에 반영하고자 제조사 모델 참조에 관한 내용을 수정했다. 나중에도 또다시 바뀔 수 있으므로, 항상 어떤 기능이 지원되는지를 파악하고 있어야 한다.

NETCONF 서버가 반환하는 응답의 범위를 좁히기 위해 filter 태그의 XML 트리에 몇 개 요소를 추가한다. 이 예제에서는 모든 인터페이스에 대한 설정 객체 대신 오직 GigabitEthernet1의 설정 객체만 조회하기 위해 filter에 2개 요소를 추가한다.

```
<filter type="subtree">
  <native xmlns="http://cisco.com/ns/yang/Cisco-IOS-XE-native">
    <interface>
      <GigabitEthernet>
        <name>1</name>
      </GigabitEthernet>
    </interface>
  </native>
</filter>
```

다음으로 살펴볼 가장 일반적인 NETCONF 작업은 <edit-config>이다. 이 작업은 설정을 변경할 때 사용한다. 특히 이 작업은 설정 객체가 적용될 설정 데이터 저장소를 지정한다. 즉, 실행 중 설정, 시작 설정, 후보 설정 중 하나를 지정해줘야 하는데, [예제 10-7]에서는 실행 중 설정에 정적 라우팅 경로를 추가한다.

예제 10-7 NETCONF edit-config로 정적 라우팅 경로 추가하기

```
<rpc message-id="101" xmlns="urn:ietf:params:xml:ns:netconf:base:1.0">
  <edit-config>   ①
    <target>
      <running/>
    </target>
    <config>      ②
      <configuration>
        <routing-options>
          <static>
            <route>
              <name>0.0.0.0/0</name>
              <next-hop>10.1.0.1</next-hop>
            </route>
          </static>
        </routing-options>
      </configuration>
    </config>
  </edit-config>
</rpc>
```

① <edit-config> 작업에서 <target> 태그를 사용해 해당 작업이 적용될 설정 데이터 저장소를 지정한 다. 따로 지정하지 않으면 기본적으로 실행 중 설정 저장소가 선택된다.

② 대상 데이터 저장소에 적재하려는 데이터 모델 계층 구조를 <config> 요소 내부에 정의한다. 이 구조는 해당 플랫폼에서 지원하는 NETCONF 캐퍼빌리티에 따라 달라진다.

> **NOTE_** 제조사는 플랫폼 전용 옵션을 구현할 수 있다. 예를 들어 주니퍼 Junos OS는 <edit-config>에 대한 옵션을 제공한다. [예제 10-7]에서는 <config>를 사용하며, 그 내부에 XML 설정 객체를 추가해 Junos OS 장비에 정적 라우팅 경로를 추가하고 있다. 하지만 Junos OS에서는 <edit-config> 내에 <config-text>를 사용할 수 있다. 이 경우 XML 설정 객체 대신 중괄호 또는 set 구문을 사용하는 텍스트로 설정 요소를 추가한다.

<edit-config> 작업은 장비에서 설정 객체의 적용 방식을 보다 유연하게 지정할 수 있도록 operation 속성도 지원한다. operation 속성은 merge, replace, create, delete, remove 중 하나로 지정되며, 기본값은 merge이다. 이전 예제에서 라우팅 경로를 삭제할 경우 delete 나 remove를 사용하면 되는데, 존재하지 않는 객체를 delete로 삭제하면 오류가 발생한다는 차이점이 있다. 객체를 생성하기 위해 create를 사용할 수 있지만, 이 작업 역시 이미 해당 객체가 존재하면 오류가 발생한다. 이런 이유로 설정을 변경하고 싶다면 주로 merge를 사용한다.

끝으로, 설정 데이터 객체에서 해당 XML 계층 구조를 교체하고 싶다면 replace 작업을 사용한다. 정적 라우팅 경로 예제에서 replace를 사용하면 따로 설정했던 정적 라우팅 경로는 모두 자동으로 삭제되고, 기본 정적 라우팅 경로만 장비에 남게 된다.

> **NOTE_** operation 옵션이 여전히 헷갈린다고 해서 걱정할 필요는 없다. 이번 절에서 NETCONF를 통한 장비 탐색 및 자동화 작업을 시작할 때 장비 유형별로 다양한 XML 객체를 사용해 NETCONF merge나 replace 작업을 수행하는 예제를 더 많이 살펴볼 수 있다.

<get>, <edit-config>에서 사용하는 XML 문서의 구조를 살펴봤다. 다음은 나머지 기본 NETCONF 작업이다.

<get-config>
특정 설정 객체(실행 중, 후보, 시작 저장소 중 하나)의 전체 설정 또는 일부 설정을 조회한다.

<copy-config>

설정 데이터 저장소를 생성하거나 다른 설정 저장소의 내용으로 교체한다. 이 작업은 대상 저장소의 전체 설정을 교체한다.

<delete-config>

설정 데이터 저장소를 삭제한다. 실행 중 설정 데이터 저장소는 삭제할 수 없다는 점에 유의하자.

<lock>

변경하려는 설정 데이터 저장소를 NETCONF 클라이언트와 같은 다른 시스템에서 동시에 변경하지 못하도록 특정 설정 데이터 저장소의 잠금을 설정한다.

<unlock>

특정 설정 데이터 저장소의 잠금을 해제한다.

<close-session>

NETCONF 세션을 깔끔하게 종료한다.

<kill-session>

NETCONF 세션을 강제로 즉시 종료한다.

NETCONF 작업의 전체 목록은 아니지만, NETCONF 구현 장비라면 반드시 지원하는 주요 작업이다. NETCONF 서버는 <commit>, <validate> 등으로 지원 작업을 확장할 수 있다. 이와 같이 확장 작업을 사용하려면 장비에서 **NETCONF 캐퍼빌리티** 의존 기능을 반드시 사용할 수 있어야 한다.

<commit> 작업은 장비의 후보 설정을 새로운 실행 중 설정으로 적용한다. <commit> 동작을 사용하려면 장비에서 후보 설정 저장소 기능을 반드시 지원해야 한다.

<validate> 작업은 주어진 설정 저장소의 (실행 중, 후보, 시작) 내용이 유효한지를 검증한다. 이때 수행하는 유효성 검증은 해당 설정을 장비에 적용하기 전에 문법과 구문이 제대로 작

성돼 있는지를 확인하는 과정이다.

콘텐츠content. NETCONF 프로토콜 스택에서 마지막으로 살펴볼 계층은 콘텐츠다. 콘텐츠는 RPC 작업 태그 요소에 포함되는 실제 XML 문서를 일컫는데, NETCONF 작업의 실제 콘텐츠는 이미 이전 예제를 통해 살펴봤다.

[예제 10-6]에서는 시스코 IOS XE 장비의 인터페이스 설정만 알고 싶었기 때문에 다음과 같은 콘텐츠를 사용한다.

```
<native xmlns="http://cisco.com/ns/yang/cisco-ios-xe-native">
  <interface>
  </interface>
</native>
```

콘텐츠를 살펴볼 때 가장 중요한 점은 장비가 지원하는 특정 스키마나 데이터 모델을 XML로 표현하고 있다는 사실이다. 스키마와 데이터 모델은 8장에서 살펴봤다.

NETCONF의 기본 개념에 대한 짧은 소개는 이것으로 마치고, 지금부터는 실제 NETCONF API의 상호 작용이 어떻게 이뤄지는지 분석해본다.

NETCONF 분석

새로운 API를 배울 때는 코드를 작성하지 않고도 API를 살펴볼 수 있는 관련 도구의 사용법을 익히는 것이 도움이 된다. HTTP 기반 API의 사용법을 배우기 위해 cURL을 사용했던 것처럼, NETCONF의 사용법을 배우기 위해 SSH 클라이언트를 사용해 대화식 NETCONF 세션을 만들어보자. 코드를 작성하지 않고도 요청을 보내거나 또는 응답을 받아보면서 적절한 NETCONF 요청을 구성하는 방법을 배울 수 있을 것이다.

> **CAUTION_** 이와 같이 SSH 세션에서 대화식으로 NETCONF를 사용하는 방법은 NETCONF의 사용법을 **배우고 분석하는 데는** 유용할지 몰라도, 직관적이지 않고 친절하지 않으며 더욱이 실수에도 취약하다. 따라서 학습이나 실험 외의 목적이라면, 특히 실제 운영 인프라를 다룬다면 뒤에서 소개할 더 상위 수준의 라이브러리나 도구를 사용해야 한다. 상위 수준의 라이브러리나 도구를 활용하면 NETCONF 작업과 구문의 세부적인 부분까지 훨씬 더 효과적이고 예측 가능한 방식으로 관리할 수 있다.

다음 두 예제를 통해 서로 다른 두 플랫폼인 Junos와 시스코 ISO XE에서 NETCONF가 어떻게 동작하는지를 살펴본다.

주니퍼 Junos에서 NETCONF 사용하기. Junos가 실행 중인 주니퍼 vMX에 대한 예제부터 살펴보자. 먼저 NETCONF의 기본 포트 번호인 830으로 장비와 SSH 연결을 맺는다. 표준 리눅스 명령어인 **ssh**를 사용해 장비에 연결한다.

```
$ ssh -p 830 ntc@vmx1 -s netconf
```

> **NOTE_** 장비와 SSH 연결을 맺을 때 제조사 구현에 따라 -s netconf 옵션을 사용해야 할 수도 있다. 이때 -s는 이 연결에서 사용할 SSH 하위 시스템을 의미한다.

연결이 맺어지고 인증 과정을 거친 후 NETCONF 서버인 라우터는 hello 메시지에 대한 응답으로 [예제 10-8]과 같이 해당 장비에서 지원하는 NETCONF 작업, 캐퍼빌리티, 모델 및 스키마, 세션 ID를 모두 전송한다.

예제 10-8 NETCONF hello 메시지에 대한 서버 측 응답

```
<nc:hello xmlns:nc="urn:ietf:params:xml:ns:netconf:base:1.0">
  <nc:capabilities>
    <nc:capability>urn:ietf:params:netconf:base:1.0</nc:capability>
    <nc:capability>urn:ietf:params:netconf:capability:candidate:1.0</nc:capability>
    <nc:capability>urn:ietf:params:netconf:capability:confirmed-commit:1.0</
```

```
nc:capability>
    <--- 출력 생략 --->
    <nc:capability>http://xml.juniper.net/netconf/junos/1.0</nc:capability>
    <nc:capability>http://xml.juniper.net/dmi/system/1.0</nc:capability>
  </nc:capabilities>
  <nc:session-id>77470</nc:session-id>
</nc:hello>
]]>]]>
```

캐퍼빌리티는 NETCONF 인터페이스를 통해 장비에서 어떤 작업을 할 수 있는지를 알려준다.

서버의 캐퍼빌리티를 수신하면서 NETCONF 연결 설정 프로세스가 시작된다. 다음 단계로는 클라이언트의 캐퍼빌리티를 알려줘야 한다. 서버에 NETCONF 요청을 보내기 전에 이와 같은 방식으로 캐퍼빌리티 정보를 서로 교환해야 한다.

캐퍼빌리티를 교환하기 위해 다음과 같은 hello 객체를 장비로 전송한다.

```
<?xml version="1.0" encoding="UTF-8"?>
<hello xmlns="urn:ietf:params:xml:ns:netconf:base:1.0">
  <capabilities>
    <capability>urn:ietf:params:netconf:base:1.0</capability>
    <capability>http://xml.juniper.net/netconf/junos/1.0</capability>
  </capabilities>
</hello>
]]>]]>
```

위 XML 문서의 끝부분에 있는]]>]]>에 주의하자. 이 문자열은 요청이 완료됐으니 해당 요청을 처리할 수 있다는 의미로 사용된다. NETCONF는 지원하는 캐퍼빌리티에 따라 두 가지 유형의 메시지 구분자를 사용할 수 있다.

urn:ietf:params:netconf:base:1.0

]]>]]>와 개행 문자를 묶어 구분자로 사용한다. [예제 10-8]과 같이 Junos 장비에서는 모든 NETCONF 예제에서 이 구분자를 사용한다.

urn:ietf:params:netconf:base:1.1

청크 프레임^{chunk frame} 구분자는 <숫자>와 # 문자를 사용한다. 이 구분자가 사용된 예제는 '시스코 IOS XE에서 NETCONF 사용하기' 절에서 볼 수 있다.

하위 호환성을 위해 hello 메시지는 항상]]>]]> 구분자를 사용한다.

> **NOTE_** 대화형 NETCONF 세션을 사용할 때는 명시적으로 구분자를 사용해야 한다. 라이브러리를 사용
> 하면 이와 같은 저수준 동작이 추상화돼 라이브러리가 묵묵히 구분자를 덧붙여준다.

SSH 클라이언트로 대화형 세션을 맺었다고는 하지만, 친숙한 대화형 CLI와는 사뭇 다를 것이
다. 도움말 메뉴나 물음표 도움말을 사용할 수 없고, 매뉴얼 페이지도 이용할 수 없다. 보통 이
런 경우 뭔가 고장 났거나 터미널이 멈춘 것으로 생각할 수도 있겠지만, 그렇지 않다. XML 문
서를 복사해 세션 터미널에 붙여 넣었을 때 오류가 발생하지 않는다면 모든 작업이 정상적으
로 동작한 것이다. 대화형 세션을 종료하려면 키보드에서 Ctrl + C 를 눌러야 하며, 대화형
NETCONF 세션을 안전하게 종료할 수 있는 다른 방법은 없다.

일단 클라이언트가 캐퍼빌리티를 응답으로 보냈다면, 이제 NETCONF 요청을 보내기 위한 모
든 준비를 마친 것이다. 텍스트 편집기를 이용해 XML 문서를 따로 작성한다.

이 시점에서는 장비와 연결이 성공적으로 맺어져 있고 서로 캐퍼빌리티 정보를 주고받았으므
로, 실제 NETCONF 요청을 전송할 수 있는 상태다. 첫 번째 예제에서는 장비의 **fxp0** 인터페
이스 설정을 조회한다. 텍스트 편집기에서 [예제 10-9]와 같은 XML 문서를 작성해 복사한 다
음, 대화형 세션으로 붙여 넣는다.

예제 10-9 Junos에서 NETCONF GET 작업

```xml
<?xml version="1.0" encoding="UTF-8"?>
<rpc message-id="101" xmlns="urn:ietf:params:xml:ns:netconf:base:1.0">
  <get>
    <filter type="subtree">
      <configuration>
        <interfaces>
          <interface>
            <name>fxp0</name>
          </interface>
        </interfaces>
      </configuration>
```

```
      </filter>
    </get>
  </rpc>
]]>]]>
```

요청을 보내자마자 거의 실시간으로 장비에서 [예제 10-10]과 같은 XML RPC 응답을 회신한다.

예제 10-10 NETCONF GET 응답

```
<nc:rpc-reply xmlns:nc="urn:ietf:params:xml:ns:netconf:base:1.0"
  xmlns:junos="http://xml.juniper.net/junos/18.2R1/junos"
  message-id="101" xmlns="urn:ietf:params:xml:ns:netconf:base:1.0">
  <nc:data>
    <configuration xmlns="http://yang.juniper.net/junos/conf/root"
      junos:commit-seconds="1653021086"
      junos:commit-localtime="2022-05-20 04:31:26 UTC" junos:commit-user="ntc">
      <interfaces xmlns="http://yang.juniper.net/junos/conf/interfaces">
        <interface>
          <name>fxp0</name>
          <unit>
            <name>0</name>
            <description>MANAGEMENT_INTERFACE__DO_NOT_CHANGE</description>
            <family>
              <inet>
                <address>
                  <name>10.0.0.15/24</name>
                </address>
              </inet>
            </family>
          </unit>
        </interface>
      </interfaces>
    </configuration>
    <database-status-information></database-status-information>
  </nc:data>
</nc:rpc-reply>
]]>]]>
```

드디어 네트워크 장비의 NETCONF 인터페이스로 첫 번째 요청을 송신하고, 이에 대한 응답을 성공적으로 수신했다. cURL이 반환된 데이터를 별도 처리 과정 없이 그대로 출력했던 것처럼 이 데이터도 NETCONF 서버에서 반환한 응답을 그대로 출력한 것이다. 즉, 응답이 제대로 수신됐다면 fxp0 인터페이스의 설정을 조회하기 위해 보낸 XML 요청이 유효하다는 것을 알 수 있다. 또한 어떤 형태의 응답이 올 것인지를 알고 있으므로 파이썬과 Go 언어를 사용해 장비 관리 업무를 쉽게 자동화할 수 있다.

장비에서 NETCONF <get> 동작을 수행하는 예제를 살펴봤으니 <edit-config> 동작으로 설정을 변경하는 예제를 살펴보자.

설정을 변경하려면 적절한 XML 요청을 만들어야 한다. 먼저 get 요청에 대한 응답을 살펴보면서 설정 작업 요청에서 사용할 객체의 전체 구조를 파악한다. 이는 운영체제에서 다양한 CLI 명령을 사용할 줄 아는 것과 비슷하다.

> NOTE_ 이 예제에서는 urn:ietf:params:xml:ns:yang:ietf-interfaces 표준 인터페이스를 사용할 수 없으므로, 대신 제조사 전용 데이터 모델을 사용한다. 표준 인터페이스에 대한 모델을 [예제 10-8]의 결과에서 찾을 수 없었다.

[예제 10-10]에서 fxp0 인터페이스가 어떻게 설정돼 있는지를 파악했다. 내부 필터 부분을 삭제하면 다른 인터페이스의 설정 정보도 조회할 수 있다. 또한 fxp0 인터페이스의 현재 설정 데이터 구조를 활용하면 다른 인터페이스를 설정하는 데 필요한 데이터를 좀 더 간편하게 준비할 수 있다.

첫 번째 예제로, ge-0/0/0 인터페이스의 IP 주소를 NETCONF 인터페이스를 사용해 192.0. 2.1/24로 설정해보자. [예제 10-10]의 get 요청 결과에서 수정하려는 객체에 필요한 데이터를 얻는다. 갱신하려는 두 항목은 다음과 같다.

- NETCONF <edit-config> 작업으로 설정을 변경하려면 <data> 태그로 반환된 객체를 <config> 태그 안에 포함시켜야 한다.
- 대상 장비의 지원 여부에 따라 설정 객체를 적용할 대상 데이터 저장소를 지정한다. 예를 들어 실행 중 저장소, 시작 저장소, 후보 저장소 중 한 곳으로 지정한다.

이렇게 변경한 XML 메시지는 [예제 10-11]과 같다.

```xml
<?xml version="1.0" encoding="UTF-8"?>
<rpc message-id="101" xmlns="urn:ietf:params:xml:ns:netconf:base:1.0">
  <edit-config>
    <target>
      <candidate />
    </target>
    <config>
      <configuration xmlns="http://yang.juniper.net/junos/conf/root">
        <interfaces xmlns="http://yang.juniper.net/junos/conf/interfaces">
          <interface>
            <name>ge-0/0/0</name>
            <unit>
              <name>0</name>
              <description>Interface with changed IP</description>
              <family>
                <inet>
                  <address>
                    <name>192.0.2.1/24</name>
                  </address>
                </inet>
              </family>
            </unit>
          </interface>
        </interfaces>
      </configuration>
    </config>
  </edit-config>
</rpc>
]]>]]>
```

일단 텍스트 편집기로 XML 문서를 작성한 다음, 간편하게 복사하고 현재 연결된 NETCONF 세션에 붙여 넣는다.

지금까지 살펴본 모든 예제에서는 원하는 NETCONF 작업을 손쉽게 수행할 수 있었지만, 실제로 각 플랫폼에서 사용되는 XML 문법과 데이터 모델에 익숙해지려면 더 많은 시간이 필요하다. 다행히 NETCONF는 문제 해결에 도움이 되는 유용한 오류 메시지를 제공한다. 예를 들어 [예제 10-11]에서는 변경이 적용될 **대상** 설정 데이터 저장소를 후보 설정 저장소로 지정했다. 이를 다른 저장소, 예를 들어 **실행 중** 설정 저장소로 지정하게 되면, 요청된 NETCONF 작업을 해당 플랫폼에서 바로 변경할 수 없다는 오류 메시지가 표시된다. 이런 경우 후보 설정 저장소에서 변경한 콘텐츠를 **commit** 작업을 사용해 실행 중 저장소에 적용해야 한다.

시스코 IOS XE에서 NETCONF 사용하기. Junos NETCONF 예제와 비교할 겸 또 다른 NETCONF 구현체인 시스코 ISO XE를 사용해보는 것도 재미있다.

[예제 10-8]과 마찬가지로 SSH를 사용해 NETCONF 세션을 맺고, 장비로부터 hello 메시지를 수신한다.

```
$ ssh -p 830 ntc@csr1 -s netconf
<?xml version="1.0" encoding="UTF-8"?>
<hello xmlns="urn:ietf:params:xml:ns:netconf:base:1.0">
<capabilities>
<capability>urn:ietf:params:netconf:base:1.0</capability>
<capability>urn:ietf:params:netconf:base:1.1</capability>
<capability>http://tail-f.com/ns/netconf/actions/1.0</capability>
<capability>http://cisco.com/ns/cisco-xe-ietf-ip-deviation?...
   revision=2016-08-10</capability>
<capability>http://openconfig.net/yang/policy-types?...
   revision=2016-05-12</capability>
<capability>urn:ietf:params:xml:ns:yang:smiv2:RFC-1212?module=RFC-1212</capability>
<--- 내용 일부 생략 --->
```

NETCONF 인터페이스를 통해 해당 장비에서 지원하는 기능을 모두 알 수 있다. 가장 큰 차이점은 두 플랫폼에서 지원하는 캐퍼빌리티 개수로, 시스코 IOS XE가 Junos보다 훨씬 많다. 그렇다고 해서 Junos 장비가 IOS XE보다 **기능이나 성능**이 떨어진다는 의미는 아니다. 단지 두 플랫폼이 서로 다른 데이터 모델과 기능을 지원한다는 뜻이다.

각 출력에서 참조하는 **조직**이 다르다는 점도 흥미롭다. 예상대로 둘 다 IETF에 정의된 NETCONF 기본 작업을 지원하지만, 각 제조사별로 자체 확장 기능을 제공한다. 주니퍼는 xml.juniper.net이라는 자체 데이터 모델을 사용하고, 시스코 역시 cisco.com과 tail-f.com이라는 자체 데이터 모델을 사용한다. 이 출력 결과에서는 openconfig.net 주소를 사용하는 오픈컨피그 모델도 지원한다는 점을 알 수 있다. 끝으로, SNMP에서 사용하는 구조적 데이터를 NETCONF에서 그대로 사용할 수 있도록 SMIv2를 RFC 6643에 정의해둔 YANG 모델로 변환하는 데이터 모델도 많이 지원한다는 사실을 알 수 있다. 데이터 모델의 정의는 10.1.5절 'NETCONF, RESTCONF, gNMI 비교'에서 보다 자세히 다룬다.

이 예제에서는 hello 메시지에 base:1.1을 사용해 청크 프레임 구분자를 사용하겠다는 의도를 알린다. 참고로, 이 플랫폼만 청크 프레임 구분자를 지원하므로 Junos 장비의 NETCONF 예제에서는 base:1.1을 사용하지 않았다.

```
<hello xmlns="urn:ietf:params:xml:ns:netconf:base:1.0">
    <capabilities>
        <capability>urn:ietf:params:netconf:base:1.0</capability>
        <capability>urn:ietf:params:netconf:base:1.1</capability>
    </capabilities>
</hello>
]]>]]>
```

get-config 작업을 실행하려면, **원본**source 데이터 저장소를 지정하고 메시지 앞뒤에 청크 프레임 구분자를 사용한다. 숫자는 임의로 선택한다.

```
#200
<rpc xmlns="urn:ietf:params:xml:ns:netconf:base:1.0" message-id="101">
  <get-config>
    <source>
      <running/>
    </source>
  </get-config>
</rpc>
##
```

이 XML 요청을 보내면 전체 **실행 중** 설정을 XML 포맷으로 출력한다. 필터를 사용해 표시할 데이터의 범위를 좁힐 수 있다.

> **TIP_** 이미 여러 번 언급했지만, 정말 중요한 내용이므로 다시 한번 이야기한다. API를 사용하려면 적절한 요청 객체를 만들어야 한다. 처음 시작하는 단계에서는 어렵게 느껴지는 경우가 많겠지만, 이 객체의 구조를 쉽게 파악할 수 있는 방법을 찾아야 한다. API 문서, XSD 또는 YANG 모듈처럼 기반 스키마를 정의한 파일을 사용하기 위한 도구, 장비의 CLI 명령 등을 잘 활용해보자. 예를 들어 시스코의 넥서스와 주니퍼의 Junos OS 에서는 특정 요청에 대해 XML 문서를 어떻게 구성해야 하는지를 정확히 보여주는 CLI 명령도 존재한다.

NETCONF를 마무리 짓고, 다른 네트워크 관리 인터페이스에 대해 알아보자. NETCONF는 오직 XML 인코딩과 SSH 전송만 사용하며 다른 인터페이스처럼 데이터 모델 기반 작업을 지원한다는 사실을 기억해두자(SSH 이외의 다른 프로토콜을 전송 계층으로 사용하는 예제도 뒤에서 살펴본다).

NETCONF를 자세히 알아봤으니, 지금부터는 '사촌' 격인 RESTCONF를 자세히 살펴본다.

10.1.3 RESTCONF 사용하기

10.1.1절 'HTTP 기반 API에 익숙해지기'에서 널리 사용되는 REST API의 동작 원리를 알아봤고, 10.1.2절 'NETCONF 사용하기'에서 데이터 모델을 기반으로 네트워크 관리 작업을 노출하는 방식이 갖는 장점을 살펴봤다. 네트워크 자동화 커뮤니티에서 이 두 방식을 통합해야 한다고 요구하는 것은 그리 놀랄 만한 일은 아니었으며, 이에 대한 응답으로 RFC 8040[10]으로 정의된 RESTCONF가 등장해 많은 NOS에서 도입됐다.

REST 원칙을 준수하게 되면 NETCONF에 비해 단순화되면서 몇 가지 제약 사항을 갖게 된다.

- RESTCONF는 네트워크 단위의 트랜잭션을 지원하지 않는다. 네트워크 단위의 트랜잭션을 지원하려면 상태 저장 통신이 필요하다. 따라서 시스템 간 상호 작용 과정에서 동작이 실패하게 되면 클라이언트가 이 상황을 관리해야 한다.
- RESTCONF는 데이터 저장소 개념을 폐기한다. 오직 1개의 단일 데이터 저장소만 갖는데, 이는 **실행 중** 데이터 저장소와 동일하다.
- 잠금 기능을 지원하지 않는다.

CAUTION_ NETCONF와 RESTCONF를 상호 배타적인 기술로 바라보지는 말자. 오히려 정반대다. 장비는 동일한 백엔드 기능을 기반으로 두 가지 인터페이스를 모두 제공할 수 있으므로, 특정 사용 사례에서 가장 적합한 방법을 선택하는 것은 사용자의 몫이다. 하지만 두 인터페이스를 혼용하게 되면 호환성 문제를 일으킬 수 있다. 예를 들어 NETCONF로 데이터 저장소를 잠근 다음, RESTCONF로 저장소에 접근하면 오류가 발생한다.

REST API와 NETCONF의 개념을 결합한 RESTCONF는 두 프로토콜의 특징을 모두 가진다.

---

10 https://www.rfc-editor.org/rfc/rfc8040

RESTCONF는 HTTP 요청을 전송할 때 GET, PUT, PATCH, POST, DELETE 등과 같은 표준 메서드를 사용한다. [표 10-4]는 NETCONF 작업에 상응하는 HTTP 요청을 정리한 것이다.

표 **10-4** RESTCONF-NETCONF 작업 간 상호 관계

RESTCONF	NETCONF
GET	`<get>`/`<get-config>`
POST	`<edit-config>>`(nc:operation="create")
PUT	`<edit-config>>`(nc:operation="create/replace")
PATCH	`<edit-config>>`(nc:operation, 콘텐츠에 따라 다름)
DELETE	`<edit-config>>`(nc:operation="delete")

RESTCONF는 JSON과 XML 인코딩을 모두 지원하므로 네트워크 개발자가 선호하는 인코딩 포맷을 선택한다. 콘텐츠 데이터의 구조는 NETCONF처럼 YANG 모델을 사용해 정의한다.

시스코 IOS XE에서 RESTCONF 살펴보기

RESTCONF는 또 다른 형태의 REST API이므로 'cURL로 HTTP 기반 API 사용하기' 절에서 수행한 것처럼 cURL을 사용해 API를 사용해볼 수 있다. 이번 절에서는 시스코 IOS XE 플랫폼의 기본적인 RESTCONF 동작을 살펴본다. NETCONF와 마찬가지로 RESTCONF가 지원된다면 이 인터페이스를 먼저 활성화해야 한다.

> **TIP_** RESTCONF에 대한 유용하고 체계적인 자료가 시스코 데브넷^{Cisco DevNet} 학습 과정[11]에 공개돼 있다. 이번 장에서 다루는 다른 인터페이스에 대한 내용도 잘 정리돼 있으니 꼭 방문해보자.

우선 잘 알려진 경로(`/.well-known/host-meta`)를 사용해 API 내에서 RESTCONF의 경로를 찾는다.

---

11 *https://developer.cisco.com/learning/search/tracks/*

```
$ curl https://csr1/.well-known/host-meta -k -u 'ntc:ntc123'   ①

<XRD xmlns='http://docs.oasis-open.org/ns/xri/xrd-1.0'>        ②
    <Link rel='restconf' href='/restconf'/>
</XRD>
```

① -u(--user)는 cURL의 옵션 중 하나로, 기본 인증에 사용되는 사용자명과 비밀번호를 전달한다. 기본 인
   증은 사용자명과 비밀번호로 이뤄진 평문을 Base64로 인코딩한 다음 네트워크로 전송한다. 따라서 실
   제 운영 환경에서 이 방식을 사용하는 것은 권장하지 않는다.

② 기본적으로 API의 응답 메시지는 XML 포맷인데, HTTP Accept 헤더로 다른 포맷을 지정할 수 있다.

CAUTION_ 문자열을 Base64로 인코딩하는 것과 암호화는 서로 다른 의미다. 파이썬에 포함된 base64
모듈을 사용하면, 문자열을 쉽게 Base64로 인코딩할 수 있고 Base64로 인코딩된 문자열을 원래 문자로 쉽
게 디코딩할 수 있다.

```
>>> import base64
>>>
>>> encoded = base64.b64encode('ntc:ntc123')
>>> encoded
'bnRjOm50YzEyMw=='
>>>
>>> text = base64.b64decode(encoded)
>>> text
'ntc:ntc123'
>>>
```

이제 RESTCONF API의 위치가 **/restconf**라는 사실을 알아냈으므로 API를 사용해보자.

```
$ curl -k -X GET https://csr1/restconf \
    -H 'Accept: application/yang-data+json' \   ①
    -u 'ntc:ntc123'

{
  "ietf-restconf:restconf": {
    "data":{},                            ②
    "operations":{},                      ③
    "yang-library-version":"2016-06-21"
  }
}
```

① Accept 헤더값을 application/yang-data+json으로 지정하면 기본값인 XML 포맷 대신 JSON 포 맷으로 된 응답을 수신한다.

② data 경로에는 모든 데이터 리소스가 포함된다.

③ operations 경로에는 데이터 모델 전용 작업이 포함된다.

이제 NETCONF와 마찬가지로, RESTCONF 인터페이스에서 제공되는 **캐퍼빌리티**를 조회한 다. /restconf/data/netconf-state/capabilities 경로의 API를 호출하면 '시스코 IOS XE에서 NETCONF 사용하기' 절의 [예제 10-8]과 매우 비슷한 결과 목록을 얻을 수 있다.

```
$ curl -k -X GET https://csr1/restconf/data/netconf-state/capabilities \
    -H 'Accept: application/yang-data+json' \
    -u 'ntc:ntc123'

{
  "ietf-netconf-monitoring:capabilities": {
    "capability": [
      "urn:ietf:params:netconf:base:1.0",
      "urn:ietf:params:netconf:base:1.1",
      "http://cisco.com/ns/yang/Cisco-IOS-XE-native?module=Cisco-IOS-XE-native&
        revision=2019-11-01",  ①
      # 결과 일부 생략
    ]
  }
}
```

① 이 모델에는 시스코 IOS XE의 전체 기본 설정 모델이 들어 있다.

[예제 10-12]에서는 /restconf/data/ 경로에 있는 Cisco-IOS-XE-native:native에 대해 알아보자.

예제 10-12 RESTCONF로 GET 설정 얻기

```
$ curl -k -X GET https://csr1/restconf/data/Cisco-IOS-XE-native:native \
    -H 'Accept: application/yang-data+json' \
    -u 'ntc:ntc123'

{
  "Cisco-IOS-XE-native:native": {
```

```
    "version": "17.1",
    "memory": {
      "free": {
        "low-watermark": {
          "processor": 72107
        }
      }
    },
    # 결과 일부 생략
  }
}
```

계속해서 PATCH 동작과 PUT 동작으로 RESTCONF API를 사용해 설정을 갱신하거나 작업을 실행하는 과정을 살펴본다.

RESTCONF로 설정 갱신하기. 다른 REST API처럼 POST, PATH, PUT, DELETE 동작으로 API의 콘텐츠를 변경할 수 있다. 다음 예제에서는 기존 OSPF 설정에 2개의 OSPF 네트워크 구문을 추가한다. 먼저 PATCH 동작으로 현재 설정 상태를 갱신해보자.

앞서 이야기했듯이, API를 사용하려면 API가 이해할 수 있는 예상 데이터 모델의 구조를 알고 있어야 한다. 공개된 캐퍼빌리티에서 데이터 모델의 구조를 확인할 수도 있지만, [예제 10-12]와 같이 GET 동작의 응답으로 획득한 데이터 모델을 살펴보는 것이 더 빠르다. 이전 출력은 전체 설정을 조회한 결과이지만, 경로에 원하는 섹션을 추가하면 특정 섹션의 설정만 조회할 수 있다. 예를 들어 이전 경로에 router/를 추가하면 OSPF 현재 설정 중 router에 대한 부분만 조회한 결과를 얻을 수 있다.

```
"router": {
  "Cisco-IOS-XE-ospf:router-ospf": {
    "ospf": {
      "process-id": [
        {
          "id": 10,
          "network": [
            {
              "ip": "192.0.2.0",
              "wildcard": "0.0.0.7",
              "area": 0
            },
            {
```

```
              "ip": "192.0.2.64",
              "wildcard": "0.0.0.7",
              "area": 0
          }
        ],
        "router-id": "192.0.2.1"
      }
    ]
  }
 }
}
```

이제 [예제 10-13]에서는 PATCH 동작을 요청한다. 2개의 새로운 네트워크에 대한 정보가
포함된 페이로드 데이터를 함께 요청해 OSPF 설정을 갱신한다.

예제 10-13 RESTCONF PATCH로 OSPF 구문 추가하기

```
$ curl -k
  -X PATCH "https://csr1/restconf/data/Cisco-IOS-XE-native:native/router/router-ospf" \  ①
  -H 'Content-Type: application/yang-data+json' \
  -H 'Accept: application/yang-data+json' \
  -u 'ntc:ntc123' \
  -d $'{
"router-ospf": {
  "ospf": {
    "process-id": [
      {
        "id": 10,
        "network": [                                                       ②
          {
            "ip": "192.0.2.128",
            "wildcard": "0.0.0.7",
            "area": 0
          },
          {
            "ip": "192.0.2.192",
            "wildcard": "0.0.0.7",
            "area": 0
          }
        ]
      }
    ]
```

```
      }
    }
  }'
```

① URL 경로에서 이 동작의 대상을 router-ospf 리프 노드로 지정한다.

② 기존 네트워크에 새로운 네트워크를 추가하는 것이므로 process-id는 이전과 똑같은 값인 10이 된다. 이전 GET 동작을 다시 실행해보면 총 4개의 OSPF 네트워크로 구성된 갱신 결과가 표시된다.

PATCH 메서드 대신 PUT 메서드를 사용하면 전체 router-ospf 정보를 새로운 설정으로 교체한다. 이 방법을 사용하면 기존 CLI를 사용하는 것보다 훨씬 효율적으로 설정을 관리할 수 있다. CLI에서 설정을 추가하는 작업은 간단하지만, 기존 설정을 삭제하거나 무효화하는 작업은 복잡하다. 예를 들어 50개의 네트워크 구문이 실행 중인 단일 OSPF 인스턴스가 있다고 가정해보자. 설계 변경으로 인해 2개의 네트워크 구문만 필요하다면 나머지 48개 구문에 대해 일일이 no 명령을 실행해 무효화해야 한다. 네트워크 장비의 모든 설정 유형을 하나하나 수정해야 하므로, 모든 설정을 변경하려면 얼마나 번거롭고 지루할 것인지가 눈앞에 선하다. 이런 경우, 기존 방식과 다르게 접근해 네트워크 장비에 있어야 할 설정에 초점을 맞춘다면 좀 더 쉽게 설정을 변경할 수 있지 않을까? 새로운 API와 사고방식의 전환 덕분에 이러한 접근 방식을 취하는 것이 점점 현실화되고 있는데, 이를 **선언적 구성**declarative configuration이라고 한다.

NOTE_ HTTP PUT 메서드를 사용해 설정을 변경하는 예제는 'net/http를 사용해 RESTCONF로 설정 갱신하기' 절에서 볼 수 있다.

YANG PATCH HTTP 동작 이해하기. REST 원칙을 따르는 RESTCONF는 NETCONF와 비교할 때 두 가지 한계점을 갖고 있다. 첫째, HTTP 호출 방식은 상태를 전달해서는 안 되므로, 트랜잭션은 단일 HTTP 호출 단위로만 가능하다. 둘째, HTTP 요청은 GET, POST 등 HTTP 메서드로 정의된 생성, 조회, 갱신, 삭제라는 CRUD 동작 중 한 가지 동작만 구현한다. 다행히도 단일 HTTP 요청에서 다양한 동작 유형을 조합할 수 있는 새로운 HTTP 매체 타입인 YANG PATCH를 사용하면 두 번째 제약 사항을 해소할 수 있다.

먼저 대상 플랫폼이 해당 기능을 지원하는지 확인해야 한다. 이 예제에서는 restconf-state/capabilities 엔드포인트에서 urn:ietf:params:restconf:capability:yang-patch:1.0 기능이 지원되는지를 확인한다.

```
$ curl -k -X GET \
    https://csr1/restconf/data/ietf-restconf-monitoring:restconf-state/capabilities \
    -H 'Accept: application/yang-data+json' \
    -u 'ntc:ntc123'

{
  "ietf-restconf-monitoring:capabilities": {
    "capability": [
      # 결과 일부 생략
      "urn:ietf:params:restconf:capability:yang-patch:1.0",   ①
    ]
  }
}
```

① restconf-state/capabilities 엔드포인트에서 yang-patch를 지원하는 장비임을 확인했다.

YANG PATCH의 동작 방식을 살펴보기 위해 루프백 인터페이스를 추가한 다음 삭제해보자. 먼저 YANG PATCH를 사용해 Loopback0을 생성한 다음, 두 번째 요청에서는 생성한 루프백을 삭제하고 새로운 Loopback1을 추가한다.

[예제 10-14]는 새로운 Loopback0 인터페이스를 생성하는 YANG PATCH 페이로드다. value에 사용하게 될 예상 데이터 구조를 미리 알고 있어야 한다는 점을 기억하자.

예제 10-14 단일 동작만 수행하는 YANG PATCH

```
<yang-patch xmlns="urn:ietf:params:xml:ns:yang:ietf-yang-patch">
  <patch-id>add-Loopback0-patch</patch-id>   ①
  <edit>                                      ②
    <edit-id>edit1</edit-id>
    <operation>create</operation>            ③
    <target>/Loopback=0</target>             ④
    <value>                                  ⑤
        <Loopback xmlns="http://cisco.com/ns/yang/Cisco-IOS-XE-native">
          <name>0</name>
        </Loopback>
    </value>
  </edit>
</yang-patch>
```

① YANG PATCH 요청을 식별하는 데 사용되는 고유 ID이다.

② YANG PATCH는 **순서가 있는** 수정 작업의 목록이다. 수정 작업마다 고유 식별자인 edit-id를 가진다.

③ 작업 유형으로, create, delete, insert, merge, move, replace, remove 중 하나로 지정한다.

④ 작업이 적용될 대상 노드를 지정한다.

⑤ 선택 항목이다. 예를 들어 move 동작에는 필요하지 않지만, create 동작에서는 생성하려는 콘텐츠를 전달해야 한다.

이제 Content-Type을 특별히 application/yang-patch+xml로 설정한 후 이 페이로드를 HTTP PATCH 메서드로 전송한다. @은 데이터 페이로드를 명령행에서 직접 입력하지 않고, 저장된 데이터 파일을 사용한다는 뜻이다.

```
$ curl -k -X PATCH "https://csr1/restconf/data/Cisco-IOS-XE-native:native/interface" \
    -H 'Content-Type: application/yang-patch+xml' \
    -H 'Accept: application/yang-data+xml' \
    -u 'ntc:ntc123' \
    -d '@create-loopback-0.xml'

<yang-patch-status xmlns="urn:ietf:params:xml:ns:yang:ietf-yang-patch">
  <patch-id>add-Loopback0-patch</patch-id>
  <ok/>
</yang-patch-status>
```

NOTE_ YANG PATCH는 HTTP 메서드가 아니라 콘텐츠 타입^{content type}임을 기억하자.

[예제 10-14]를 통해 YANG PATCH 타입의 핵심을 이해할 수 있었지만, 단일 동작일 경우 이처럼 특별한 타입을 사용하지 않고도 수행할 수 있다. [예제 10-15]에서는 새로운 인터페이스인 Loopback1을 추가하고, 이전 인터페이스인 Loopback0를 삭제하는 작업을 단일 HTTP 요청으로 처리한다.

예제 10-15 두 가지 작업을 한 번에 수행하는 YANG PATCH

```
<yang-patch xmlns="urn:ietf:params:xml:ns:yang:ietf-yang-patch">
  <patch-id>add-remove-loopback-patch</patch-id>
```

```
<edit>
  <edit-id>edit1</edit-id>
  <operation>create</operation>
  <target>/Loopback=1</target>
  <value>
      <Loopback xmlns="http://cisco.com/ns/yang/Cisco-IOS-XE-native">
        <name>1</name>
      </Loopback>
  </value>
</edit>
<edit>
  <edit-id>edit2</edit-id>
  <operation>remove</operation>
  <target>/Loopback=0</target>
</edit>
</yang-patch>
```

TIP_ YANG PATCH 페이로드 내의 작업 순서는 중요하지 않으며, 단일 장비에 대해 최종 설정 결과 상태가 원자적 트랜잭션^{atomic transaction}으로 이뤄진다는 점이 중요하다. 즉, **모든** 동작이 잘 수행돼 적용되거나, 아니면 하나도 적용되지 않고 모두 거부된다.

YANG PATCH 매체는 모든 HTTP 메서드를 대체한다. 따라서 원한다면 모든 CRUD 작업을 YANG PATCH로 모아서 실행할 수 있다.

RESTCONF 작업 발견. NETCONF처럼 RESTCONF도 모델링된 **데이터** 관리뿐만 아니라 **작업** 실행도 지원한다. 지원되는 작업의 목록은 /restconf/operations 경로에서 획득할 수 있다.

```
$ curl -k -X GET https://csr1/restconf/operations \
    -u 'ntc:ntc123' \
    -H 'Accept: application/yang-data+json' \
    | python3 -m json.tool

{
    "ietf-restconf:operations": {
        "Cisco-IOS-XE-rpc:factory-reset":                        ①
            "/restconf/operations/Cisco-IOS-XE-rpc:factory-reset",
```

```
        "ietf-event-notifications:establish-subscription":  ②
          "/restconf/operations/ietf-event-notifications:establish-subscription",
        "ietf-event-notifications:create-subscription":  ②
          "/restconf/operations/ietf-event-notifications:create-subscription",
      # 일부 결과 생략
    }
  }
```

① 다양한 소스에 주목하자. 일부는 제조사 전용이다. 이 예제에서는 시스코에서 정의한 작업을 사용한다.

② 나머지는 IETF에서 정의한 작업이다.

이제 RESTCONF 인터페이스에 대한 탐색 과정을 마무리하자. 10.2.2절 'Go 언어 net/http 패키지'에서는 RESTCONF를 다시 살펴보면서 Go 언어의 net/http 패키지를 사용해 자동화를 구현해본다. NETCONF와 RESTCONF를 살펴봤으니, 이어서 또 다른 네트워크 관리 인터페이스인 gNMI에 대해 알아보자.

10.1.4 gRPC와 gNMI 사용하기

gRPC 네트워크 관리 인터페이스gRPC Network Management Interface라는 이름에서 알 수 있듯이 gNMI는 gRPC 위에서 동작하는 네트워크 관리 인터페이스다. 이 인터페이스는 네트워크 관리의 두 가지 목적인 설정 관리와 상태 조회를 데이터 모델 지향 방식으로 해결함으로써 SNMP부터 NETCONF에 이르기까지 네트워크 관리 영역에서 볼 수 있었던 몇 가지 한계를 극복하고자 했다. gNMI는 NETCONF와 RESTCONF처럼 데이터 모델 인터페이스이지만, 다음과 같은 몇 가지 독특한 특징을 갖고 있다.

- 전송 계층으로 SSH나 HTTP 대신 gRPC를 사용하며, 인코딩에는 프로토콜 버퍼를 사용한다.
- 구글이 주도하는 오픈컨피그 컨소시엄에서 관련 표준을 정의하고 관리한다. 반면 NETCONF와 RESTCONF는 IETF 표준이다.

gNMI는 유용하고 간단한 기능을 빠르게 개발해 제공하면서 대안 네트워크 관리 프로토콜로 인기를 얻고 있다. 노키아 서비스 라우터 운영체제(SROS)와 SR 리눅스, 시스코 IOS XR, IOS XE, NX-OS, 아리스타 EOS, Junos OS, SoNiC 등 널리 사용되는 대부분의 NOS에서 이 인터페이스를 지원한다. 10.1.5절 'NETCONF, RESTCONF, gNMI 비교'에서는 gNMI와 다른 데이터 모델 인터페이스를 상세히 비교한다.

gNMI를 보완하는 gRPC 네트워크 운영 인터페이스gNOI, gRPC Network Operations Interface[12]는 핑ping, 재부팅reboot과 같은 네트워크 장비에 대한 운영 명령을 정의한다. gNOI는 이 책에서 다루지 않지만 gNMI와 동일한 원칙을 따른다.

gNMI의 캐퍼빌리티를 살펴보기 전에 이 모든 것을 가능하게 해주는 gRPC 프레임워크를 먼저 소개해본다.

gRPC 이해하기

gRPC는 구글에서 처음 만들어졌으며, 원래 이름은 '**스터비**Stubby'였다. 지금은 공개 프로젝트로 발전돼 CNCF[13]에서 관리하고 있다. gRPC의 특징을 살펴보기 전에 gRPC가 탄생한 배경부터 알아보자.

구글 애플리케이션 스택은 분산 마이크로서비스 형태로 개발된다. 각 애플리케이션은 서로 다른 프로그래밍 언어로 구현될 수 있으며, RPC 작업을 실행하려면 고성능 통신이 필요하다. gRPC는 이러한 요구 사항을 만족하도록 설계돼 데이터센터 내부와 최종 사용자 애플리케이션 같은 다양한 환경에서 유용하게 사용할 수 있다. gRPC는 저지연 통신을 제공하고 로드 밸런싱, 추적 등과 같은 추가 기능을 확장할 수 있도록 설계됐다.

gRPC 설계에 반영된 몇 가지 원칙[14]이 있는데, 그중 몇 가지 중요한 원칙은 다음과 같다.

고성능

서비스 간의 효율적인 고속 통신은 gRPC 설계의 핵심 원칙이다. 예를 들어 동적 경로 대신 정적 경로를 사용하는 것은 REST API와 대비되는 큰 차이점이다. 동적 경로를 사용하는 호출을 처리하려면 경로에 포함된 질의 매개변수를 파싱해야 하므로, 처리 속도가 느려지고 복잡해진다. gRPC에서는 모든 정보가 메시지 본문에 들어 있다.

---

12 *https://github.com/openconfig/gnoi*
13 클라우드 네이티브 컴퓨팅 재단. *https://www.cncf.io/*
14 *https://grpc.io/blog/principles/*

페이로드에 구애받지 않음

프레임워크는 프로토콜 버퍼, JSON, XML 등 다양한 데이터 직렬화용 콘텐츠 타입 및 인코딩을 지원하는데, 고성능을 구현하기 위해 대부분의 경우 프로토콜 버퍼를 사용한다. 이번 절에서는 8장에서 다뤘던 이 데이터 포맷을 사용한다.

여러 가지 커뮤니케이션 패턴

gRPC는 전통적인 클라이언트 요청-서버 응답(**단항**unary) 패턴부터 단방향 및 양방향 스트리밍 패턴까지 다양한 커뮤니케이션 패턴을 사용한다. 또한 동기 또는 비동기 모드로 동작할 수 있어 확장성을 얻을 수 있고, 스트리밍 처리가 가능하다.

언어 독립적

널리 사용되는 다양한 언어(예를 들어 파이썬이나 Go 언어)로 gRPC 클라이언트와 서버를 만들 수 있다. 또한 크로스 플랫폼 환경에서도 사용할 수 있다. gRPC 예제에서는 클라이언트를 파이썬으로, 서버를 Go 언어로 구현해본다.

*https://grpc.io*를 방문하면 gRPC에 대해 더 자세히 알아볼 수 있다.

gRPC를 전송 프로토콜로 사용하면 많은 유연성을 얻을 수 있다. TCP 기반으로 동작하며, 미리 정의된 포트 번호가 없기 때문에 사용할 포트 번호를 애플리케이션에서 정의할 수 있다. 미리 정의한 호출이나 메시지도 없으므로, 이를 정의하는 것은 애플리케이션의 몫이다. 네트워크 관리에 어떤 식으로 구현할 수 있는지는 'gNMI 인터페이스' 절에서 확인할 수 있다.

gRPC와 같은 프로토콜의 동작 방식은 예제를 통해 이해하는 것이 가장 좋다. 좀 더 예제를 자세히 살펴보자.

gRPC 예제

[그림 10-3]은 예제로 만들 gRPC 서비스의 얼개이며, 클라이언트는 파이썬으로, 서버는 Go 언어로 개발한다. gRPC 서비스는 [예제 8-12]의 프로토콜 버퍼 파일로 정의된다. 이 예제에 사용된 모든 파일은 *https://github.com/oreilly-npa-book/examples/tree/v2/ch10-apis/grpc*에서 내려받을 수 있다.

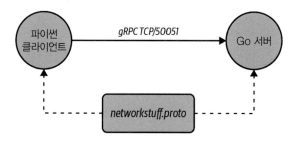

그림 10-3 gRPC 통신 서비스

8장에서 정의한 프로토콜 버퍼 파일(networkstuff.proto)에는 데이터 타입에 해당하는 메시지와 RPC 동작에 해당하는 서비스가 정의된다. [예제 8-12]와 비교했을 때, 이 예제에서는 Go 언어용 코드를 자동으로 생성하기 위해 한 줄의 코드인 option go_package = "./ networkstuff";만 추가했다.

Go 언어로 gRPC 서버 만들기. gRPC의 핵심 기능 중 하나는 프로토콜 버퍼 정의로부터 바인딩 코드를 생성할 수 있다는 점이다. 즉, 각 메시지와 서비스는 타입 구조체와 함수로 변환된다. 필요한 파일이 자동으로 생성되므로, 직접 코드 파일을 작성할 필요가 없다. 수동으로 정의하는 Go 언어 소스 파일은 server.go 파일뿐이며, 폴더에 있는 나머지 go 파일은 프로토콜 버퍼 컴파일러가 자동으로 생성한 파일들이다.

> **NOTE_** gRPC 바인딩 코드를 자동으로 생성하려면 프로토콜 버퍼 컴파일러가 설치돼 있어야 한다. 다양한 플랫폼에서 설치하는 방법은 gRPC 문서 웹 사이트[15]에 설명돼 있다.

자동 생성된 networkstuff 모듈을 사용하려면 새로운 Go 모듈인 grpc_example을 정의해 초기화해야 한다. grpc_example 모듈에 포함된 server.go 파일은 자동 생성된 바인딩을 사용해 gRPC 서비스를 노출한다. gRPC 서비스를 세 부분으로 나눠 분석해보자.

[예제 10-16]은 gRPC 서버 역할을 담당할 server.go 코드의 시작 부분이다.

---

15 *https://grpc.io/docs/protoc-installation/*

```go
package main

import (
    "context"
    "encoding/json"
    "fmt"
    "log"
    "net"

    // 구글에서 관리하는 Go 언어용 gRPC 구현체
    "google.golang.org/grpc"

    // 이전에 만든 자체 패키지로, go.mod 파일에서는 대체를 통해
    // ./networkstuff를 가리키도록 갱신했다.
    pb "github.com/pkg/networkstuff"
)

// pb.RouterServiceServer에 라우터의 로컬 캐시를 추가 확장한 사용자 정의 구조체
type routerServiceServer struct {
    pb.UnimplementedRouterServiceServer
    localRouters []*pb.Router
}

// pb.RouterServiceServer의 인터페이스 정의와 일치하기 위해 동일한 서명을 가진 메서드
func (s *routerServiceServer) GetRouter(ctx context.Context,
    router_request *pb.RouterRequest) (*pb.Router, error) {
    // 라우터 식별자에 일치하는 라우터 로컬 캐시를 사용한다.
    for _, router := range s.localRouters {
        if router.Id == router_request.Id {
            return router, nil
        }
    }
    // 라우터를 찾지 못했으므로, 이름 없는 라우터를 반환한다.
    return &pb.Router{}, nil
}

// -> 2부로 이어짐
```

파일의 첫 부분에서는 코드에 필요한 모듈을 불러오는데, 특히 **grpc**와 **networkstuff**를 불러오는 것에 주목하자. 그런 다음, networkstuff_grpc.pb.go에서 가져온 **RouterService Server** 인터페이스를 구현한 **routerServiceServer** 구조체를 정의한다. 여기에 조금 부실하

지만 데이터 저장소 역할을 담당할 Routers 객체의 리스트도 정의한다. GetRouter 메서드는 인터페이스에 필요하며, localRouters 리스트에서 해당 요소를 반환한다. 구조체 인터페이스 구현에 대한 자세한 내용은 7장을 참조하자.

> **NOTE_** gRPC 패키지는 Go 언어에 포함된 패키지[16] 중 하나이지만, *https://github.com/grpc/grpc-go*에서도 구할 수 있다.

server.go 파일을 계속 살펴본다. [예제 10-17]에서는 gRPC 서버가 제공할 모든 데이터를 담고 있는 **server** 변수를 볼 수 있다. 데이터를 외부 데이터베이스나 JSON 파일에서 불러올 수 있지만, 이 예제에서는 객체를 직접 초기화한다.

예제 10-17 gRPC Go 구현 – server.go, 2부

```
// -> 1부에서 이어짐
// 서버에는 grpc를 통해 노출되는 데이터가 들어 있다.
var server = &routerServiceServer{
    localRouters: []*pb.Router{
        &pb.Router{
            Id:       1,
            Hostname: "Router A",
            Interfaces: []*pb.Interface{
                &pb.Interface{
                    Id:          1000,
                    Description: "Gi 0/0/0",
                },
                &pb.Interface{
                    Id:          1001,
                    Description: "Gi 0/0/1",
                },
            },
        },
    // 일부 코드 생략
    },
}
// -> 3부로 이어짐
```

----

16 *https://pkg.go.dev/google.golang.org/grpc*

끝으로, [예제 10-18]에서는 TCP 연결을 제공하기 위해 새로운 TCP 소켓을 정의하고 초기화한다.

예제 10-18 gRPC Go 구현 – server.go, 3부

```go
// -> 2부에서 이어짐

func main() {
    // 50051 포트로 TCP 서버 리스너를 생성한다.
    lis, err := net.Listen("tcp", fmt.Sprintf("localhost:%d", 50051))
    // Go 언어에서 오류를 다루는 일반적인 패턴이다.
    if err != nil {
        log.Fatalf("failed to listen: %v", err)
    }
    // 기본값으로 gRPC 서버를 시작한다.
    var opts []grpc.ServerOption
    grpcServer := grpc.NewServer(opts...)

    // gRPC 서버에 대한 사용자 정의 RouterServiceServer 구현체를 등록한다.
    pb.RegisterRouterServiceServer(grpcServer, server)
    // 요청을 처리하기 위해 TCP 포트 50051로 gRPC 서버를 연결한다.
    grpcServer.Serve(lis)
}
```

server.go 파일이 준비됐다면 이제 gRPC 서버를 시작할 수 있다. 다음 명령으로 서버를 실행해 gRPC 연결 수신 대기 상태로 만들어두고, 다른 터미널 창으로 이동한다.

```
ch10-apis/grpc$ go run server.go
```

파이썬으로 gRPC 클라이언트 만들기. gRPC는 여러 언어로 바인딩 코드를 생성할 수 있다. gRPC 예제에서는 파이썬으로 gRPC 클라이언트를 만들어본다. 먼저 Go 언어에서 했던 작업과 마찬가지로 **grpcio**와 **grpcio-tools** 라이브러리를 사용해 파이썬 바인딩을 자동으로 생성한다. 이러한 라이브러리를 사용해 예제에서 사용할 파이썬 코드를 작성했는데, 코드는 *https://github.com/oreilly-npa-book/examples/tree/v2/ch10-apis/grpc*에서 확인할 수 있다.

[예제 10-19]에서는 생성된 gRPC 코드를 파이썬 인터프리터에서 사용해 다른 터미널 창에서

실행 중인 gRPC 서버로 클라이언트 요청을 전송한다.

예제 10-19 파이썬 gRPC 클라이언트의 사용법

```
>>> import grpc                                     ①
>>> import networkstuff_pb2_grpc as pb2_grpc        ①
>>> import networkstuff_pb2 as pb2                  ①
>>> channel = grpc.insecure_channel("localhost:50051")  ②
>>> stub = pb2_grpc.RouterServiceStub(channel)      ③
>>> router_request = pb2.RouterRequest(id=1)        ④
>>> result = stub.GetRouter(router_request)         ⑤
>>> type(result)
<class 'networkstuff_pb2.Router'>
>>> result                                          ⑥
id: 1
hostname: "Router A"
interfaces {
  id: 1000
  description: "Gi 0/0/0"
}
interfaces {
  id: 1001
  description: "Gi 0/0/1"
}
```

① grpc 라이브러리와 프로토콜 버퍼에서 자동 생성된 바인딩 코드를 불러온다.

② 인증서 유효성을 검사하지 않는 TCP 연결로 grpc **인시큐어**insecure 채널을 만든다.

③ 프로토콜 버퍼 사양을 사용해 TCP 연결상의 단일 gRPC 클라이언트인 스텁(stub)을 정의한다.

④ 파이썬 클래스에 내장된 프로토콜 버퍼 사양과 확인하고자 하는 라우터의 ID를 사용해 적절한 요청을 생성한다.

⑤ stub과 router_request를 사용해 미리 정의된 GetRouter 메서드를 호출한다.

⑥ 끝으로, 프로토콜 버퍼 사양으로 직렬화된 Router 타입의 응답인지를 확인한다.

존재하는 ID(id=2)나 존재하지 않는 ID로 gRPC 요청을 생성해 클라이언트가 어떻게 동작하는지 살펴보는 것은 연습 과제로 남겨둔다. 아마도 라우터 B 또는 다른 ID에 대한 빈 라우터를 얻게 될 것이다.

gRPC를 개략적으로 살펴봤다. 이제 gRPC를 사용해 네트워크를 관리하는 gNMI 인터페이스에 대해 알아보자.

gNMI 인터페이스

gNMI는 CapabilityRequest, GetRequest, SetRequest, SubscribeRequest 등의 작업을 정의하고 있는 소규모 gRPC 작업 세트로, 오픈컨피그 프로젝트의 일부인 gnmi.proto 파일에 정의돼 있다. 이 파일은 *https://github.com/openconfig/gnmi/tree/master/proto/gnmi*에서 구할 수 있다.

10.1.5절 'NETCONF, RESTCONF, gNMI 비교'에서 NETCONF, RESTCONF와 gNMI 간의 차이점을 살펴본다. 하지만 이러한 데이터 모델 주도 인터페이스는 공통점도 많이 갖고 있다. [표 10-5]에서는 NETCONF와 gNMI의 기본 작업을 비교해봤다. 사용 가능한 gNMI 작업에 대한 상세 정보는 gNMI 사양 문서[17]에서 확인할 수 있다.

표 10-5 NETCONF와 gNMI 작업 관계

gNMI	NETCONF
CapabilityRequest	hello
GetRequest	get/get-config
SetRequest	edit-config
SubscribeRequest	establish-subscription

gNMI는 구글이 주도하는 오픈컨피그 컨소시엄이 크게 기여했을 뿐 아니라 관찰 가능성 분야에서 다이얼-인 스트리밍 텔레메트리$^{dial-in\ streaming\ telemetry}$를 최초로 구현한 덕분에 업계에서 큰 인기를 얻고 있다. 이와 관련된 내용은 '모델 주도 텔레메트리' 절에서 자세히 알아본다.

gNMI를 간략히 소개했으니, 지금부터는 직접 사용해보면서 동작 원리를 이해해본다.

gNMIc로 gNMI 살펴보기

gNMIc CLI 클라이언트를 사용해 gNMI를 살펴보자. 이 오픈소스 클라이언트는 오픈컨피그 프로젝트에 포함돼 있으며 *https://github.com/openconfig/gnmic*에서 구할 수 있다.

....

17 *https://github.com/openconfig/reference/blob/master/rpc/gnmi/gnmi-specification.md#3-service-definition*

```
$ bash -c "$(curl -sL https://get-gnmic.openconfig.net)"
```

아리스타 스위치에서 gNMI를 사용해보자. gNMI는 사용하는 TCP 표준 포트가 특별히 정의 돼 있지 않으므로, 맨 먼저 사용 중인 TCP 포트를 확인해야 한다. 플랫폼 문서를 찾아보거나 플랫폼 설정에서 직접 확인해볼 수 있다. 아리스타의 기본 포트는 TCP/6030이지만, 필요에 따라 포트 번호를 변경할 수 있다.

그런 다음, [예제 10–20]에서는 NETCONF의 hello에 해당하는 `CapabilityRequest` 캐퍼 빌리티 동작을 통해 gNMI 인터페이스가 지원하는 데이터 모델을 확인한다.

예제 10-20 gNMI 캐퍼빌리티

```
$ gnmic -a eos-spine1:6030 -u ntc -p ntc123 --insecure capabilities
gNMI version: 0.7.0
supported models:
  - openconfig-network-instance-types, OpenConfig working group, 0.9.3
  - iana-if-type, IANA,
  - openconfig-vlan, OpenConfig working group, 3.2.1
  - arista-vlan-deviations, Arista Networks <http://arista.com/>, 1.0.2
  - ietf-yang-types, IETF NETMOD (NETCONF Data Modeling Language) Working Group,
  // 일부 모델 생략
supported encodings:
  - JSON
  - JSON_IETF
  - ASCII
```

[예제 10–20]에는 보다 자세히 다뤄야 할 두 가지 중요한 주제가 들어 있다.

지원되는 데이터 모델

지원되는 데이터 모델은 네트워크 장비에서 어떤 항목을 변경할 수 있고, 어떤 항목을 조회할 수 있는지를 정의한다. 출력 결과에서 IANA와 IETF 같은 표준 기관, 오픈컨피그 컨소시엄, 제조사 등 여러 주체가 제공하는 데이터 모델을 확인할 수 있다. 또한 함께 제공되는 버전 정보를 통해 정의 상태의 성숙도를 엿볼 수 있다.

지원되는 인코딩

페이로드의 인코딩 방식을 의미한다(전송 인코딩 방식인 프로토콜 버퍼를 의미하지 않는다). 구조화된 데이터로 사용할 수 있도록 JSON과 JSON_IETF를 지원하는데, 특히 JSON_IETF는 YANG 모델의 일부 직렬화를 지원한다. ASCII 인코딩을 지원하므로, gNMI 백엔드의 구현 정도에 따라 반정형화된^{semistructured} CLI 설정에도 사용할 수 있다.

이 두 주제에 대한 보다 자세한 내용은 gNMI 사양 페이지[18]에서 확인할 수 있다.

gNMI GetRequest. 일단 인터페이스의 캐퍼빌리티를 파악했다면, 먼저 gNMI Get 동작을 수행한다. 오픈컨피그 데이터 모델의 config 컨테이너 경로인 /interfaces/interface/config를 사용해 실행 설정에서 현재 설정 상태를 조회한다. gNMI 경로는 XPath 문법을 단순하게 변형한 버전이다. 이러한 경로는 YANG 데이터 모델을 살펴보거나 데이터 모델에서 경로를 추출해주는 시스코 YANG 스위트^{Cisco YANG Suite}[19] 같은 도구로 얻을 수 있다.

> **NOTE_** 오픈컨피그와 IETF는 서로 다른 방식으로 데이터 모델을 구성한다. 오픈컨피그는 모델 노드에 의도된 상태와 운영 상태를 표현하는 2개의 컨테이너(**config**와 **state**)를 둔다. 반면, IETF는 두 설정을 다른 데이터 저장소로 분리하는 방식을 제시한다. 자세한 내용은 랍 샤키어^{Rob Shakir}의 블로그 글 '오픈컨피그와 IETF YANG 모델: 하나로 수렴될 수 있을까?'^{OpenConfig and IETF YANG Models: Can they converge?'}[20]를 참조하자.

[예제 10-21]에서는 몇 가지 항목만 설정하므로 mtu, name, type 등과 같은 리프 노드 몇 개만 포함돼 있다(기본값은 별도로 표시하지 않는다). 이 구성은 어떤 데이터 모델 사양을 사용하는지에 따라 달라진다.

18 https://github.com/openconfig/reference/blob/master/rpc/gnmi/gnmi-specification.md

19 https://github.com/CiscoDevNet/yangsuite

20 https://rob.sh/post/215/

```
$ gnmic -a eos-spine1:6030 -u ntc -p ntc123 --insecure  --gzip \
    get \
    --path '/interfaces/interface/config'

[
  {
    "source": "eos-spine1:6030",
    "timestamp": 1664428366933949209,
    "time": "2022-09-29T05:12:46.933949209Z",
    "updates": [
      {
        "Path": "interfaces/interface[name=Management0]/config",
        "values": {
          "interfaces/interface/config": {
            "openconfig-interfaces:mtu": 0,
            "openconfig-interfaces:name": "Management0",
            "openconfig-interfaces:type": "iana-if-type:ethernetCsmacd"
          }
        }
      }
    ]
  }
]
```

TIP_ 예제에서는 Management0 인터페이스만 표시되며, 더 많은 인터페이스를 갖고 있을 경우 XPath를 사용해 대상을 지정할 수 있다. 예를 들어 Management0 인터페이스만 필터링하고 싶다면 `interfaces/interface[name=Management0]/config`로 지정한다.

이제 **config** 컨테이너 대신 **state** 컨테이너를 대상으로 지정해보자. 기본값을 가진 인터페이스 설정 외에도 인터페이스 통계 정보가 반환된다.

```
$ gnmic -a eos-spine1:6030 -u ntc -p ntc123 --insecure --gzip \
    get \
    --path '/interfaces/interface/state'
[
  {
    "source": "eos-spine1:6030",
```

```
      "timestamp": 1664428346403170400,
      "time": "2022-09-29T05:12:26.4031704Z",
      "updates": [
        {
          "Path": "interfaces/interface[name=Management0]/state",
          "values": {
            "interfaces/interface/state": {
              "arista-intf-augments:inactive": false,
              "openconfig-interfaces:admin-status": "UP",
              "openconfig-interfaces:counters": {
                "in-unicast-pkts": "1694",
                "out-unicast-pkts": "4410"
                // 일부 결과 생략
              },
              "openconfig-interfaces:ifindex": 999999,
              "openconfig-interfaces:last-change": "1664343413005553920",
              "openconfig-interfaces:mtu": 0,
              "openconfig-interfaces:name": "Management0",
              "openconfig-interfaces:oper-status": "UP",
              "openconfig-interfaces:type": "iana-if-type:ethernetCsmacd"
            }
          }
        }
      ]
    }
  ]
```

gNMI SetRequest. 다음으로는 SetRequest 동작을 사용해 인터페이스의 설정을 변경해보자. NETCONF와 RESTCONF에서 수행한 것처럼 데이터 모델 기반 설정을 갱신하려면 데이터 모델을 알고 있어야 한다. 이 정보는 오픈컨피그 인터페이스 데이터 모델에서 확인할 수 있으며, 이전 Get 예제에서는 조회되지 않았지만 description 속성이 지원되는 사실을 알게 될 것이다. 아직 설정하지 않았으므로, 기본값은 없다. 인터페이스 설명을 New Description으로 설정해보자.

```
$ gnmic -a eos-spine1:6030 -u ntc -p ntc123 --insecure --gzip \
    set \
    --update-path '/interfaces/interface[name=Management0]/config/description' \
    --update-value 'New Description'
```

get 대신 set을 사용했고, 새로운 매개변수인 update-path와 update value를 사용한다. 이 예제에서는 XPath 필터를 사용해 특정 인터페이스에 대해 주어진 값을 설정한다. 인터페이스를 구체적으로 특정하지 않으면 **모든** 인터페이스의 설명이 동일하게 갱신된다. 또한 SetRequest가 성공적으로 실행되면, 작업을 확인하는 응답을 수신하게 된다.

[예제 10-21]의 코드를 사용해 설정을 다시 조회하면 새로 설정된 속성으로 표시된다.

```json
[
  {
    "source": "eos-spine1:6030",
    "timestamp": 1664428969195249733,
    "time": "2022-09-29T05:22:49.195249733Z",
    "updates": [
      {
        "Path": "interfaces/interface[name=Management0]/config",
        "values": {
          "interfaces/interface/config": {
            "openconfig-interfaces:description": "New Description",
            "openconfig-interfaces:mtu": 0,
            "openconfig-interfaces:name": "Management0",
            "openconfig-interfaces:type": "iana-if-type:ethernetCsmacd"
          }
        }
      }
    ]
  }
]
```

하지만 플랫폼의 의존성 때문에 모든 속성을 설정할 수 있는 것은 아니다. 예를 들어 아리스타 플랫폼에서는 mtu 속성을 설정할 수 없다. 이 값을 갱신하려고 시도하면 다음과 같은 오류가 발생한다.

```
$ gnmic -a eos-spine1:6030 -u ntc -p ntc123 --insecure --gzip \
  set \
  --update-path '/interfaces/interface[name=Management0]/config/mtu' \
  --update-value '1400'

target "eos-spine1:6030" set request failed: target "eos-spine1:6030" SetRequest failed:
  rpc error: code = Aborted desc = failed to apply: Unavailable command (not supported
```

```
  on this hardware platform) (at token 1: 'mtu'): CLI command 3 of 5 'l2 mtu 1400'
  failed: invalid command
CLI Commands:
1 interface Management0
2 l2 mtu 1400
3 exit

Error: one or more requests failed
```

NOTE_ 이 오류 메시지를 통해 이면에서 흥미로운 일이 벌어지고 있음을 알 수 있다. 플랫폼마다 RPC 동작의 구현 방식이 다르다. 이 예제에서 실행된 CLI 명령을 살펴보면, 이 장비는 YANG 데이터 모델 변경 사항을 CLI 명령으로 변환하고 있음을 알 수 있다.

gNMI 구독. gNMI는 구독 작업을 통해 데이터 모델 주도 텔레메트리(다이얼-인)를 지원하는 최초의 데이터 모델 인터페이스였다(텔레메트리는 '모델 주도 텔레메트리' 절에서 자세히 다룬다). 이 예제에서는 인터페이스 카운터를 구독하기 위해 **prefix** 항목에 카운터의 **경로**를 구독 대상으로 지정한다.

```
$ gnmic -a eos-spine1:6030 -u ntc -p ntc123  --insecure \
  subscribe \
  --path "/interfaces/interface/state/counters"

{
  "source": "eos-spine1:6030",
  "subscription-name": "default-1664428777",
  "timestamp": 1664428707256105665,
  "time": "2022-09-29T05:18:27.256105665Z",
  "prefix": "interfaces/interface[name=Management0]/state/counters",
  "updates": [
    {
      "Path": "in-octets",
      "values": {
        "in-octets": 141271
      }
    },
    {
      "Path": "in-unicast-pkts",
```

```
      "values": {
        "in-unicast-pkts": 1779
      }
    }
  ]
}
# 결과 일부 생략
```

구독 동작을 사용하면 클라이언트가 연결된 세션을 유지하면서 데이터 모델의 갱신 내용을 수신할 수 있다. 이 예제에서는 인터페이스 카운터의 변경된 값을 구독하지만, 인터페이스의 작동 상태나 BGP 세션 설정 등에 대해서도 구독할 수 있다. 갱신 정보를 주기마다 샘플링된 값으로 받을 수도 있지만, 대상 값이 변경되는 경우에만 수신하도록 설정하면 특정 이벤트가 발생했을 경우 알림처럼 정보를 받을 수 있다.

NETCONF, RESTCONF, gNMI를 살펴보면, 이들 프로토콜과 인터페이스는 공통된 개념을 갖고 있지만 차이점도 있다는 사실을 알 수 있다. 프로토콜을 서로 비교해보면서 각 프로토콜의 차이점과 공통점을 정리해보자.

10.1.5 NETCONF, RESTCONF, gNMI 비교

이쯤 되면 데이터 모델 주도 방식을 사용하는 세 가지 인터페이스인 NETCONF, RESTCONF, gNMI 사이에 어떤 차이점이 있는지 여러모로 궁금해질 것이다. 이번 절에서는 이들 인터페이스가 서로 어떻게 연관돼 있는지를 자세히 알아본다.

모든 것은 네트워크 설정을 관리할 때 겪게 되던 SNMP의 한계점을 해결해보고자 2006년 처음 RFC를 공개하면서 등장한 NETCONF에서 시작됐다. 당시 SNMP는 네트워크 운영 상태를 모니터링하는 목적으로 광범위하게 사용되고 있었지만, 네트워크 관리 용도로는 사용되지 않았다. 이런 이유로 10.1.2절 'NETCONF 사용하기'에서 설명한 것처럼 새로운 아이디어들이 쏟아져 나왔다. 이 과정에서 다중 데이터 저장소 방식, RPC 동작, 트랜잭션 단위로 설정을 효율적으로 관리하는 방법, 데이터 모델을 사용해 설정 및 운영 데이터를 갱신/조회하는 방법 등이 등장했다.

NETCONF의 주요 사용 사례로 설정 관리를 강조했다는 사실에 주목해보자. SNMP 모니터링 접근 방식이 충분히 좋았다는 사실을 암묵적으로 인정한 결과로, 동일한 접근 방식이 NETCONF에도 이식돼 사용됐다. 하지만 이후 운영 데이터를 조회할 수 있는 더 나은 방법이 있는지에 대한 새로운 고민이 시작됐고, IETF는 2014~2015년경부터 스트리밍 텔레메트리를 구현하기 위한 요구 사항을 수집하기 시작했다. 스트리밍 텔레메트리streaming telemetry란 YANG 데이터 저장소로부터 데이터에 대한 연속적이고 맞춤화된 데이터 스트림을 전송하는 방식을 의미하며, '모델 주도 텔레메트리' 절에서 자세히 다룬다.

비슷한 시기인 2014년에는 구글 주도로 오픈컨피그 컨소시엄이 설립됐다. 이 단체는 인터넷 표준을 수립하는 작업 대신 오픈소스로 정의된 새로운 네트워크 관리 인터페이스인 gNMI를 사용해 스트리밍 텔레메트리를 구현하는 데 집중했다. gNMI의 첫 커밋은 2017년에 이뤄졌다. 나머지 기능은 NETCONF의 아이디어를 참조해 보다 간단한 방식으로 구현됐다.

이와 거의 같은 시기인 2017년에 IETF는 NETCONF 요구 사항이 모두 필요로 하지 않는 환경에서 데이터 모델 주도의 네트워크 관리 방식 도입을 촉진하기 위해 NETCONF 접근 방식과 REST API 패러다임을 결합한 RESTCONF 인터페이스를 제정했다. REST API는 NETCONF에 비해 사용법이 간단하다고 알려져 있다.

[표 10-6]은 세 인터페이스의 주요 차이점을 비교한 것이다.

표 10-6 데이터 모델 주도 방식의 주요 인터페이스 특징 비교

	NETCONF	RESTCONF	gNMI
인코딩	XML	JSON 또는 XML	protobuf 또는 JSON
전송	SSH	HTTP/TLS	HTTP/2를 이용하는 gRPC
트랜잭션 범위	네트워크 단위	단일 대상, 단일 적용	단일 대상, 단일 적용, 순차적

세 가지 차이점을 좀 더 자세히 살펴보자.

인코딩

NETCONF는 제정될 당시 가장 널리 사용되던 인코딩 방식인 XML을 사용한다. RESTCONF는 NETCONF 스크립트를 재사용할 수 있도록 여전히 XML을 지원하지만, 더 널리 사용되고 읽기도 편한 JSON 인코딩 방식을 전면에 내세우고 있다. gNMI는 XML에 비해 페이로드의 크기를 줄일 수 있는 바이너리 인코딩 방식인 프로토콜 버퍼를 선택했다. gNMI의 대표적인 사용 사례가 운영 데이터를 스트리밍하는 것인데, 이 경우 엄청 많은 네트워크 트래픽이 발생하게 되므로 바이너리 포맷이 유리하다.

전송

NETCONF는 여러 전송 프로토콜을 지원할 수 있지만 제정될 당시 가장 일반적인 SSH를 사용했는데, 이것이 결국 업계 표준으로 자리 잡았다. RESTCON은 또 다른 형태의 REST API였으므로 HTTP를 활용한다. gNMI는 프로토콜 버퍼 인코딩을 지원하기 위해 구글 내부 프로토콜인 gRPC를 채택했다.

트랜잭션 범위

NETCONF는 여러 장비에 영향을 미칠 수 있는 설정을 테스트해 배포하는 운영자들의 모범 사례를 기반으로 만들어졌기 때문에 네트워크 단위로 트랜잭션을 적용할 수 있다. REST 원칙을 따르는 RESTCONF는 상태를 지원하지 않으므로, 작업의 연관 순서 없이 한 번에 하나의 대상 작업만 처리한다. gNMI는 모든 작업의 특정 순서를 가정하는, 셋 중에서 가장 단순한 방식이다. 이 간단한 접근 방식은 인프라를 관리하는 소프트웨어 중심 팀에서 만든 것이므로, 개발 환경에서 바로 설정을 검증해볼 수 있다.

다음으로는 인터페이스를 개발하는 각 단체에서 어떤 과정을 거쳐 장비 제조사에 중립적인 데이터 모델을 만들고 있는지 보여주는 개발 수명주기를 비교해보면서 각 인터페이스에 대한 이해의 폭을 넓혀보자.

네트워크 인터페이스 개발 수명주기

NETCONF와 RESTCONF는 IETF[21]에서 표준을 정의하고 도입을 권고한다. 반면 gNMI는 오픈컨피그 커뮤니티[22]의 지원 아래 개발이 진행된다. 두 단체는 서로 일하는 방식이 완전히 다르므로, 프로토콜과 인터페이스를 정의하고 개발하고 도입하는 방식에도 많은 영향을 미치고 있다.

---

21 *https://www.ietf.org/*
22 *https://www.openconfig.net/*

IETF

RFC 3936[23]의 정의에 따르면, IETF의 설립 미션은 인터넷을 설계, 사용, 관리하는 데 필요한 기술적 권고안을 개발하는 것이다. 이 과정은 자원 단체와 함께 공개적인 절차로 진행되며, 여러 부분에 대한 대략적인 합의 과정을 거쳐야 한다.

오픈컨피그OpenConfig

장비 제조사에 독립적인 네트워크 장비 관리 목적의 소프트웨어 계층을 만들고자 네트워크 운영자와 제조사가 함께 만든 워킹 그룹[24]이다. 직접 기여를 통해 오픈소스 프로젝트처럼 운영된다.

두 단체 모두 네트워크를 관리하는 더 나은 방법을 만들겠다는 공통의 목표를 갖고 있다. 하지만 그 목표를 달성하는 방식에는 차이가 있다. IETF가 따르는 제안, 검토, 구현 프로세스는 보통 오픈컨피그에서 동일한 절차에 걸리는 시간보다 더 많이 소요된다. 강력한 리더십을 가진 오픈소스 프로젝트에서는 제안, 검토, 채택 과정이 더 빠른 배포 주기로 이어진다. 표준은 다양한 사용 사례를 다루며, 공개되면 한동안 안정적으로 유지된다. 반면 오픈소스 프로젝트는 보다 구체적인 사용 사례를 빨리 해결하기 위해 움직이며, 미래의 변화에 대해서는 개선의 여지를 남겨두는 방식을 취한다. 특히 스트리밍 텔레메트리의 경우, 이처럼 빠른 절차로 기능이 개발된다는 점은 gNMI 인터페이스의 도입과 인기를 이끌어낸 핵심 요소 중 하나였다.

어떤 문제를 해결하는 여러 방안이 있다는 것은 네트워킹 세계에서 새로운 일이 아니다. 성공적인 비표준 솔루션도 여러 차례 채택됐고, 이후 조금씩 변경 사항이 있긴 하지만 IETF 표준으로 채택되기도 했다. 예를 들어 넷플로NetFlow와 IPFIXInternet Protocol Flow Information Export, 인터넷 프로토콜 플로 정보 내보내기 기능은 이와 같은 과정을 거쳐 표준으로 채택됐다. 경험상 두 방안은 서로 다른 방식으로 문제를 해결하면서 공존할 것으로 보인다.

오픈컨피그와 IETF는 네트워크 관리 인터페이스 정의를 넘어서는 다양한 작업을 진행하고 있다. 두 단체의 주요 관심사는 설정 및 운영 검증에 필요한 네트워크 정보를 기술하는 제대로 된 데이터 모델을 구현하는 것이다. 이렇게 작성한 모델은 모든 인터페이스에서 잘 동작해야 한다. 예를 들어 NETCONF 인터페이스에서 오픈컨피그 데이터 모델을 사용할 수도 있다. 이미

---

23 https://www.rfc-editor.org/rfc/rfc3936.html

24 옮긴이_ 실무단으로 번역되며, 특정 목표를 위해 함께 일하는 전문가 그룹이다.

'시스코 IOS XE에서 NETCONF 사용하기' 절에서 이렇게 사용되는 사례를 살펴봤다. 하지만 앞서 언급한 것처럼, 데이터 모델의 구조에서 의도 데이터와 운영 데이터를 어떻게 구성할 것인지가 달라진다.

끝으로, 스트리밍 텔레메트리에 대해 알아보자.

모델 주도 텔레메트리

현재와 같은 대규모 네트워크 아키텍처에서 SNMP를 통해 네트워크를 모니터링하는 방식은 운영상 많은 한계를 드러내고 있다. 여전히 SNMP가 사용되고 있지만, 관리 서버가 매번 데이터를 **요청하는 폴링** 방식으로 데이터를 조회하다 보니, 데이터에 시간차가 존재할 수밖에 없고 매번 추가 처리 작업도 필요하다.

이러한 성능상 제약 사항을 극복하기 위해 NETCONF나 gNMI처럼 데이터 모델 관리 방식을 도입한 **모델 주도 텔레메트리** 방식이 새롭게 정의됐다. 네트워크 장비가 데이터를 계속 스트리밍하는 **푸시** 모델을 채택함으로써 운영 데이터에 대한 준실시간 접근이 가능해졌으며, 이제는 관리 애플리케이션이 데이터를 **요청하는** 것이 아니라 YANG에 정의된 구독 지원 데이터 모델에서 특정 데이터를 **구독**할 수 있다. 이때 데이터는 구조화된 정형 데이터로, 미리 지정된 주기이거나 데이터가 변경되는 경우에만 구독처로 보내도록 설정할 수 있다.

모델 주도 텔레메트리를 사용하면 어떤 데이터가 언제 필요하고 어디에서 해당 데이터를 받을 것인지를 결정할 수 있다. 텔레메트리 스트림은 다이얼-인과 다이얼-아웃이라는 두 가지 방식으로 구독할 수 있다. [그림 10-4]를 참조하자.

다이얼-인^{dial-In}

동적 방식이다. 외부 애플리케이션이 네트워크 장비로 세션을 열고, 동일한 세션에서 데이터 저장소의 1개 이상의 부분에 대한 구독을 설정한다. 네트워크 장비는 세션이 유지되는 동안 운영 데이터를 전송한다.

다이얼-아웃^{dial-Out}

설정 방식이다. 네트워크 장비에서 제공하는 인터페이스를 사용해 구독을 미리 설정한다. 구독 수신자와 텔레메트리 세션을 연결하는 작업은 장비가 담당한다. 세션이 끊어지면 네트워크 장비가 새로운 세션을 연다.

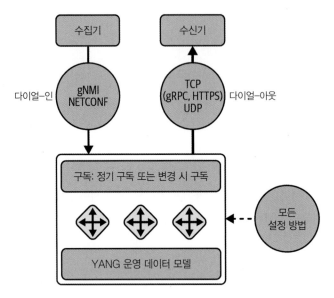

그림 10-4 모델 주도 텔레메트리

gNMI는 다이얼-인 방식으로 스트리밍 텔레메트리를 최초로 구현했으며, 지금도 여전히 가장 널리 채택돼 사용되고 있다. 하지만 다이얼-아웃 방식은 다음과 같은 몇 가지 이점을 갖고 있다.

- 장비가 연결을 맺기 시작하며 방화벽 설정을 통해 장비로 들어오는 트래픽을 차단할 수 있으므로, 네트워크 장비가 외부 위협에 노출될 수 있는 가능성이 낮아진다.
- 수집기는 상태가 필요하지 않으므로, 그냥 수집된 데이터를 전달받아 저장하면 된다. 모든 제어는 네트워크 장비의 구독을 설정했던 설정 관리 시스템에서 이뤄진다.

요즘은 NETCONF와 gNMI 모두 다이얼-인 방식을 지원한다. 다이얼-아웃 모드는 설정 인터페이스나 CLI를 통해 설정할 수 있으며, 데이터는 TCP, UDP와 같은 전송 프로토콜을 통해 내보내진다.

최초로 모델 주도 텔레메트리를 구현한 것은 다이얼-인 방식으로 구현된 gNMI의 Subscribe Request 동작이었다. NETCONF에서 오랫동안 구현 방식을 어떻게 정의할 것인지 논의하는 동안 gNMI는 구현을 내놓았기 때문에 NETCONF에 비해 gNMI가 갖는 주요 장점 중 하나로 받아들여졌다. 이 책을 쓰는 현재 시점에도 스트리밍 텔레메트리는 gNMI가 훨씬 성숙돼 있으며, 대부분의 제조사에서 광범위하게 채택하고 있다. NETCONF에서는 다이얼-인과 다이얼-아웃이 여전히 초기 단계에 머물러 있다.

다이얼-아웃 텔레메트리는 이제 막 구현이 시작된 단계다. 예를 들어 시스코와 주니퍼는 전송 계층으로 gRPC를 사용해 구현 중이다. IETF는 YANG 푸시, UDP, HTTPS/TCP 전송 방안을 묶은 표준화 방안 수립과 JSON 및 CBOR 인코딩 지원 작업을 진행 중이다.

> NOTE_ 간결한 바이너리 객체 표현법CBOR, Concise Binary Object Representation[25]은 RFC 8949[26]로 표준화됐다. 이는 YANG 언어로 직접 스키마 정의를 지원하는, JSON에 기반한 바이너리 데이터 포맷이다.

TCP는 데이터 전송 측면에서 보다 높은 신뢰성을 제공하고 부인 방지 기능도 제공하므로, 모델 주도 텔레메트리의 전송 프로토콜에서는 SNMP에서 사용하고 있는 UDP보다 TCP를 더 선호한다. 하지만 TCP가 제공하는 이점이 반드시 필요한 상황이 아니라고 한다면, UDP는 샘플링 모드로 동작할 수 있으므로 매우 집중적인 이벤트 트래픽에서는 TCP보다 더 나은 전송 프로토콜일 수 있다.

14장에서는 네트워크 자동화 전략 속에서 모델 주도 텔레메트리의 역할을 살펴볼 텐데, 텔레메트리는 수집기의 데이터를 분산하기 위해 보통 메시지 브로커와 결합된 형태로 사용되며, 데이터 스키마 유효성 검증, 버전 관리, 라우팅 등과 같은 추가 기능을 제공한다.

향후 어떤 방안이 더 우세할 것인지를 예측하기는 무척 어렵다. gNMI는 표준이 잘 확립돼 있고, 많은 제조사가 지원한다. 반면 YANG 푸시는 더 다양한 사용 사례(예컨대 더 많은 인코딩 방식)를 지원하며, 네트워크 업계의 주요 주체, 예를 들어 서비스 제공업체에 영향력을 행사하는 표준 기구인 IETF에서 만들고 있다.

지금까지 장비와 컨트롤러를 관리할 수 있는 API 인터페이스를 살펴봤다. 이제는 이러한 API를 사용해 자동화하는 방법을 알아볼 차례다. 파이썬과 Go 언어를 사용해 이러한 인터페이스와 SSH를 자동화하는 방법을 알아보자.

---

25 *https://cbor.io/*
26 *https://www.rfc-editor.org/rfc/rfc8949*

10.2 자동화용 네트워크 API 사용하기

앞에서 언급한 것처럼, API를 **탐색해보고** 사용법을 **익힐** 목적으로 사용하는 도구와 프로그래밍 방식의 솔루션에서 API를 **호출할 때** 사용하는 도구는 서로 다르다. 지금까지 HTTP 기반 API를 살펴보기 위해 cURL을, NETCONF를 살펴보기 위해 SSH 세션을 통한 대화형 NETCONF를, gNMI를 살펴보기 위해 gNMIc를 사용했다. 이번 장에서는 다음 몇 가지 인기 라이브러리를 사용해 파이썬과 Go 언어로 네트워크 장비를 자동화하는 방법을 살펴본다.

파이썬용 Requests

직관적이고 널리 사용되는 파이썬용 HTTP 라이브러리다. REST HTTP 기반 API와 REST 방식이 아닌 HTTP API 모두에 사용할 수 있으며, 장비와 컨트롤러를 자동화하는 데 사용할 라이브러리다.

Go 언어용 net/http

Go 언어의 기본 내장 패키지로, HTTP 클라이언트 및 서버 기능을 모두 제공한다. 7장에서 살펴본 것처럼, 파이썬의 Requests와 비슷하다. 이 모듈을 사용해 RESTCONF와 상호 작용하는 방법을 알아본다.

파이썬용 ncclient

파이썬용 NETCONF 클라이언트다. NETCONF를 사용하는 장비를 자동화할 때 사용한다.

Go 언어용 오픈컨피그 gNMIc

이전 절에서 CLI 형태로 만들어진 gNMI 클라이언트를 사용해봤다. 이번에는 직접 Go 애플리케이션에서 이 패키지를 사용해 gNMI 인터페이스를 사용해본다.

파이썬용 Netmiko

네트워크 장비를 우선적으로 고려한 파이썬용 SSH 클라이언트다. 프로그래밍 API를 제공하지 않는 장비에 네이티브 SSH 연결을 맺은 다음 자동화 작업을 수행하기 위해 이 라이브러리를 사용한다.

CAUTION_ 이번 장에서는 여러 API를 다루지만, 특정 API의 사용법을 설명하는 API 문서가 아니므로 이번 장을 처음부터 끝까지 읽는 것이 좋다. 이번 장에서 만드는 모든 스크립트는 실제 운영 환경에서 바로 사용할 수 있는 코드라기보다는 어떤 것이 가능한지를 보여주고자 간략하게 작성하는 데 중점을 둔 코드이므로 오류 처리가 느슨하다. 또한 예제 코드는 라이브러리 버전에 따라 사용법이 조금씩 달라질 수 있다는 점도 유의하자. 버전마다 사용 구문과 함수 서명이 조금씩 달라질 수 있다.

Requests 라이브러리를 사용해 HTTP 기반 API와 통신하는 예제부터 살펴보자.

10.2.1 파이썬 Requests 라이브러리

이미 명령행에서 cURL로 HTTP 기반 API를 호출해봤고, 포스트맨 GUI도 사용해봤다. 이 도구들은 특정 API의 사용법을 익히는 데는 훌륭한 수단이지만, 실제로 네트워크 장비를 자동화하는 스크립트나 프로그램을 작성하려면 스크립트나 프로그램에서 API를 호출할 수 있는 방법을 배워야 한다. 이번 절에서는 파이썬에서 웹 기반 API를 간편하게 다룰 수 있도록 도와주는 Requests 라이브러리를 살펴본다.

이전 절의 내용이 쉽게 이어질 수 있도록 'cURL로 HTTP 기반 API 사용하기' 절에서 사용했던 시스코 머라키 API 사용 예제와 아리스타 eAPI 사용 예제를 재사용한다. 이번 절의 핵심은 Requests 라이브러리의 사용법을 배우는 것이므로 처음부터 끝까지 읽어주길 바란다.

TIP_ Requests를 설치할 때는 가상 환경을 만들고 **pip3**를 사용한다. 필요하다면, 6장으로 되돌아가서 파이썬의 기본 개념을 복습하자. 다음 명령으로 설치한다.

```
$ pip3 install requests
$ pip3 list | grep requests
requests                    2.31.0
```

Requests를 사용한 머라키 API 자동화

Requests를 사용하는 첫 번째 예제를 자세히 살펴보자. 시스코 머라키 계정의 첫 번째 조직이 가진 첫 번째 네트워크를 조회하는 파이썬 스크립트를 만들어본다. 이미 [예제 10-2]와 [예제

10-3]에서 이와 관련된 API GET 요청을 cURL로 실행해봤다. 필요하다면 머라키 API 문서[27]를 확인하자.

[예제 10-22]는 시스코 머라키에서 이용 가능한 조직의 정보를 가져오는 스크립트의 시작 부분이다.

예제 10-22 Requests를 사용해 머라키 조직 조회하기

```python
#!/usr/bin/env python3

# HTTP 기반 시스템을 사용하기 위해 파이썬 Requests 라이브러리를 사용한다.
import requests

# This executes if our script is being run directly.
if __name__ == "__main__":
    # 이 토큰 값은 시스코 개발자 허브에서 API 테스트를 위해 제공하는 값이다.
    my_token = "6bec40cf957de430a6f1f2baa056b99a4fac9ea0"

    # 이 구문은 API 호출에 사용할 HTTP 요청 헤더를 구성하는 파이썬 딕셔너리다.
    # 처음 두 헤더는 Content-Type과 Accept를 설정한다.
    # 마지막 헤더는 머라키 인증에 사용되는 사용자 정의 헤더다.
    headers = {
        "Accept": "application/json",
        "Content-Type": "application/json",
        "X-Cisco-Meraki-API-Key": my_token,
    }

    # 코드를 모듈화하고 다음 구문을 단순화하기 위해 URL은 base_url 변수에 저장한다.
    base_url = "https://api.meraki.com/api/v1"

    # Requests 라이브러리에는 각 HTTP 동사(메서드)에 해당하는 함수가 있다.
    # 이 예제에서는 GET 요청을 보내야 하므로 get 함수를 사용한다.
    # get 함수에는 2개의 객체를 전달한다.
    # 첫 번째 개체는 URL이어야 한다.
    # 두 번째 객체는 키워드 방식 인자로, '키=값' 쌍의 형태로 전달한다.
    # 이 객체는 HTTP 요청의 헤더 정보다.
    response = requests.get(f"{base_url}/organizations", headers=headers)
```

스크립트 맨 마지막 부분에 사용된 **response** 변수에 머라키 API의 응답이 들어 있다. 6장과

---

27 *https://developer.cisco.com/meraki/api/*

마찬가지로 대화형 파이썬 세션을 열고 동일한 과정을 그대로 실행해볼 수도 있다. 사실 대화형 세션에서 실행해보는 방법이 response 변수의 내용을 더 잘 이해할 수 있는 좋은 방법이기는 하다. 따라서 대화형 인터프리터에 -i 옵션을 사용해 앞에서 작성한 스크립트를 실행해보자. 이는 스크립트를 테스트해보고 문제가 있다면 좀 더 쉽게 해결할 수 있는 좋은 방법이다.

```
ch10-apis/python_requests$ python3 -i get_networks.py
# 스크립트 코드를 끝까지 실행한 다음 대화형 세션 실행이 그대로 유지된다.
>>> response
<Response [200]>
```

response 변수에는 200 HTTP 응답이 들어 있으므로, 모든 것이 예상대로 동작했다고 볼 수 있다. 하지만 한 가지 중요한 데이터인 조직 정보가 빠져 있는데, 이 정보는 과연 어디에 저장돼 있을까?

파이썬을 대화형 인터프리터 세션으로 실행하고 있으므로 dir() 함수를 사용해 response 객체를 조사해보자. 이 함수는 특정 객체가 가진 속성과 메서드를 모두 표시한다.

```
>>> dir(response)
[ # 일부 결과 생략
 'apparent_encoding', 'close', 'connection', 'content',
 'cookies', 'elapsed', 'encoding', 'headers', 'history',
 'json', 'links', 'next', 'ok', 'raise_for_status', 'raw', 'reason',
 'request', 'status_code', 'text', 'url']
```

response에서 이용할 수 있는 속성과 메서드 중 status_code와 json을 살펴보자.

status_code 속성을 통해 HTTP 응답 코드를 정수로 획득할 수 있다.

```
>>> print(response.status_code)
200
```

text 속성에는 실제 응답 내용이 들어 있는데, json() 메서드는 text 속성에 저장된 JSON 데이터를 디코딩해 딕셔너리 형태로 변환한 후 반환한다.

```
>>> response.json()
[
```

```
  {
    'id': '573083052582915028',
    'name': 'Next Meraki Org',
    'url': 'https://n18.meraki.com/o/PoiDucs/manage/organization/overview',
    'api': {
      'enabled': True
    },
    'licensing': {
      'model': 'co-term'
    },
    'cloud': {
      'region': {
        'name': 'North America'
      }
    }
  },
  # 기타 항목 생략
]
>>>
```

이 결과를 변수로 저장한 다음, 첫 번째 조직의 **name** 키에 대한 값을 획득해보자.

```
>>> organizations = response.json()
>>> type(organizations)
<type 'list'>
>>> organizations[0]["name"]
'Next Meraki Org'
```

이 스크립트에서는 응답 데이터를 **organizations** 변수에 저장했으므로, [예제 10-23]처럼 스크립트에서 해당 조직의 **네트워크** 정보를 계속 사용할 수 있다.

예제 10-23 Requests를 사용해 머라키 네트워크 얻기

```
# 이전 코드 조각에서 이어짐

# 향후 관련 네트워크를 수집하기 위해 첫 번째 조직의 id 값을 획득
first_organization_id = organizations[0]["id"]   ①

# 비슷한 방식으로 get 요청을 보냄. 대신 조직 id로 URL을 구성함
response = requests.get(
    f"{base_url}/organizations/{first_organization_id}/networks", headers=headers
```

```
)

networks = response.json()                              ②
```

① 조직 리스트에서 인덱스가 0인 항목에 접근해 처음 이용 가능한 조직의 식별자를 얻는다.

② networks는 머라키 API를 호출해 얻은 네트워크 데이터 정보가 담겨 있는 딕셔너리다.

계속 덧붙여가면서 스크립트를 완성해보자. [예제 10-4]에서 조직 내에 새로운 네트워크를 만들었던 과정을 Requests를 사용하는 스크립트로 만들어본다. 짐작했듯이 cURL 예제에서 했던 것처럼 URL을 변경하고, HTTP 요청 형식을 바꾸고, 요청 본문에 데이터를 전송하는 코드를 스크립트에 추가한다. 이렇게 작성된 코드는 [예제 10-24]와 같다.

예제 10-24 Requests를 사용해 머라키 네트워크 생성하기

```
# 이전 코드 조각에서 이어짐
# first_organization_id는 이전 스크립트에서 정의한 변수

# json 라이브러리를 사용해 딕셔너리 객체를 JSON 문자열로 인코딩함
import json

# 페이로드에는 API를 통해 새로운 네트워크를 생성할 때
# 예상 데이터를 정의하기 위해 필요한 데이터가 담겨 있음
payload = {
    "name": "my brand new automated network",
    "productTypes": ["switch"],
}

# 객체를 생성하기 위해 get 대신 post를 사용함
response = requests.post(  ①
    f"{base_url}/organizations/{first_organization_id}/networks",
    headers=headers,
    data=json.dumps(payload)
)

print(response.json())
```

① 사용된 HTTP 동사(메서드)에 주목하자. 이 요청에서는 리소스를 생성해야 하므로 특별히 post() 함수를 사용한다. 리소스를 갱신할 경우 patch() 함수를 사용하고, 리소스를 변경할 경우 put() 함수를 사용한다. 이번 장의 뒷부분에 소개하는 예제에서 이들 함수를 사용해본다.

HTTP 요청 본문에 데이터를 전송하는 방법부터 자세히 살펴보자. 파이썬 딕셔너리와 JSON 문자열을 구별할 수 있어야 한다. 파이썬에서는 딕셔너리를 사용해 본문을 구성하지만, 결국 네트워크 회선으로 전송되는 것은 JSON 문자열이다. json 모듈에 포함된 dumps() 함수를 사용해 딕셔너리를 JSON 문자열로 변환한다. 이렇게 변환된 문자열을 post() 함수의 data 키에 할당해 전송한다.

> TIP_ 보통 API 문서는 API 리소스를 생성하거나 갱신할 때 어떤 페이로드 데이터가 필요한지를 알려준다. 사용자가 페이로드로 전달해주지 않았을 때 기본값을 사용하는 일부 속성도 있지만, 그렇지 않은 데이터라면 반드시 사용자가 전달해야 한다. 이 예제에서 name은 확실히 필수 데이터다. 하지만 기본 제품 유형이라면 ProductType을 전달하지 않을 수도 있다. 이처럼 API 응답에는 요청 페이로드에 누락된 항목을 알려주는 유용한 오류 메시지가 포함돼 있다.

드디어 스크립트를 실행하면 POST 요청에 대한 응답을 얻는다. 앞에서 정의한 name과 productType을 사용해 새로운 네트워크가 만들어진다. 나머지 매개변수는 기본값으로 자동 할당된다.

```
ch10-apis/python_requests$ python3 create_network.py
{
  'id': 'N_573083052583238204',
  'organizationId': '573083052582915028',
  'productTypes': ['switch'],
  'url': 'https://n18.meraki.com/my-brand-new-aut/n/vAQKbcs/manage/usage/list',
  'name': 'my brand new automated network',
  'timeZone': 'America/Los_Angeles',
  'enrollmentString': None,
  'tags': [],
  'notes': None,
  'isBoundToConfigTemplate': False
}
```

파이썬 Requests 라이브러리를 사용해 시스코 머라키 API를 사용해봤다. 다음으로, cURL로 아리스타 eAPI를 사용했던 것처럼 Requests 라이브러리를 통해 스크립트에서 사용해보자.

파이썬 스크립트에서 eAPI 사용하기

지금부터는 아리스타 eAPI를 살펴본다. 'REST 원칙을 따르지 않는 HTTP API' 절에서 배운 것처럼, 다음 몇 가지 사항을 염두에 두고 eAPI를 다루는 예제를 살펴보자.

- eAPI는 REST 원칙을 따르지 않는 HTTP API이다. 즉, HTTP를 사용하는 API이긴 하지만 REST 원칙을 모두 따르는 것은 아니다. 모든 작업에 HTTP POST를 사용하며, 심지어 show 명령도 POST를 사용한다. 특히, 클라이언트(사용자)와 스위치(서버) 간 통신에는 JSON-RPC 프로토콜을 사용한다.

- POST 요청은 요청하는 데이터를 페이로드로 전송해야 한다. 여기서 탄탄한 API 도구와 문서가 중요한 역할을 담당한다.

- eAPI API를 호출할 때 URL은 항상 *http(s)://<eos_ip_주소>/command-api* 형식이다.

TIP_ 아리스타 스위치에는 **명령 탐색기**^{Command Explorer} 도구가 내장돼 있으므로, 이를 활용해 페이로드 객체의 필수 구조를 학습할 수 있다. 도구에 대한 자세한 설명은 API 문서를 참조하자.

[예제 10-25]의 기본적인 파이썬 스크립트부터 살펴보자. 이 코드는 Requests 라이브러리를 사용해 아리스타 API인 eAPI를 호출하고 CLI 명령 중 show vlan brief 명령을 실행한다. 이 명령은 장비에 대한 VLAN 정보를 반환하는데, 스크립트가 끝나면 API 응답과 HTTP 상태를 출력해보자.

예제 10-25 파이썬 Requests로 아리스타 eAPI 사용하기

```
import json
import sys
import requests
from requests.auth import HTTPBasicAuth

if __name__ == "__main__":

    # 기본 인증 헤더를 생성하는 클래스
    auth = HTTPBasicAuth('ntc', 'ntc123')   ①

    url = 'http://eos-spine1/command-api'   ②

    # API에 필요한 페이로드
    payload = {
        "jsonrpc": "2.0",
```

```
        "method": "runCmds",
        "params": {
            "format": "json",
            "timestamps": False,
            "cmds": [
                "show vlan brief"
            ],
            "version": 1
        },
        "id": "EapiExplorer-1"
    }

    # "show vlan brief" 명령의 결과 데이터를 조회하는 호출이지만
    # API는 GET 메서드 대신 POST 메서드를 사용한다.
    response = requests.post(url, data=json.dumps(payload), auth=auth)   ③

    # 응답 코드 및 응답을 화면에 출력한다.
    print(f'STATUS CODE: {response.status_code}')
    print(f'RESPONSE: {json.dumps(response.json(), indent=4)}')
```

① Requests 라이브러리에 포함된 HTTPBasicAuth 클래스는 Base64 인코딩 방식의 기본 인증 포맷을 생성한다.

② 실제 서비스 환경의 엔드포인트에는 http 대신 https를 쓰는 것이 좋다. 자체 서명한 인증서를 사용 중이거나 검증할 수 없는 HTTPS 연결을 맺으면 경고 메시지가 표시되는데, 이 경우 requests.packages.urllib3.disable_warnings() 코드를 추가하면 더 이상 이와 같은 경고 메시지가 표시되지 않는다. 검증할 수 없는 HTTPS 연결을 사용하려면 요청 메서드에 verify=False를 추가한다.

③ 데이터를 **조회**하는 동작이지만, HTTP POST 메서드를 사용한다. 따라서 API에서 필요한 매개변수를 POST 메서드의 **페이로드**로 정의한다.

이 스크립트를 실행하면 다음과 같은 결과를 볼 수 있다.

```
ch10-apis/python_requests$ python3 eapi-requests.py
STATUS CODE: 200
RESPONSE:
{               ①
    "jsonrpc": "2.0",
    "id": "EapiExplorer-1",
    "result": [ ②
        {
```

```
            "sourceDetail": "",
            "vlans": {
                "1": {
                    "status": "active",
                    "name": "default",
                    "interfaces": {
                        "Ethernet1": {
                            "privatePromoted": false
                        },
                        # 다른 인터페이스에 대한 응답 생략
                    },
                    "dynamic": false
                },
                "20": {
                    "status": "active",
                    "name": "VLAN0020",
                    "interfaces": {},
                    "dynamic": false
                },
                "30": {
                    "status": "active",
                    "name": "VLAN0030",
                    "interfaces": {},
                    "dynamic": false
                }
            }
        }
    ]
}
```

① 응답은 예상대로 중첩된 JSON 객체다.

② 명령의 실행 결과는 딕셔너리로 이뤄진 리스트로 반환된다. 이 예제에서는 실행한 명령이 하나뿐이므로 리스트에 딕셔너리 1개만 들어 있지만, 여러 명령을 실행하게 되면 각 명령에 대한 응답이 리스트에 들어 있다.

CLI 명령인 show vlan brief를 전송했지만, 응답은 JSON 포맷이라는 점이 눈에 띈다. JSON 포맷으로 응답을 얻을 수 있으므로, 프로그램에서 API를 사용하기가 훨씬 쉬워진다. 하지만 예전처럼 텍스트 포맷의 응답이 필요하다면 페이로드에서 "format": "text"로 지정해 준다. 그러면 output 키의 값에 문자열 형태의 응답이 들어 있을 것이다.

```
RESPONSE: {
    "jsonrpc": "2.0",
    "id": "EapiExplorer-1",
    "result": [
        {
            "output": "VLAN  Name                                      Status    Ports\n
            ---- -------------------------------- --------- --------------------"
            # 출력 생략
        }
    ]
}
```

다음으로는 좀 더 복잡한 예제를 통해 API 기반 스크립트로 네트워크 자동화를 어느 정도까지 적용할 수 있는지 살펴보자.

eAPI를 이용한 LLDP 데이터 기반 인터페이스 설명 자동 설정. 계속해서 eAPI를 사용해 좀 더 쓸 모 있는 스크립트를 만들어보자. 아리스타 스파인 스위치^spine switch 2대를 갖고 있을 때, LLDP 이웃 데이터에 기반해 이더넷 인터페이스 설명을 자동으로 설정하는 파이썬 스크립트를 만들어본다.

여러 대의 장비와 통신해야 하고 여러 개의 페이로드 객체를 사용하지 않고도 스크립트에서 간편하게 API를 호출할 수 있어야 하므로 스크립트를 모듈로 나눠 작성한다. 이 스크립트의 목적은 인터페이스에 대한 설명을 다음과 비슷한 형태로 자동으로 설정하는 것이다. 이는 단지 예제일 뿐이며, 실제 LLDP 데이터와 최종 인터페이스 설명은 나중에 볼 수 있다.

```
interface Ethernet2
  description Connects to interface Ethernet2 on neighbor eos-leaf1.ntc.com
  no switchport
!
interface Ethernet3
  description Connects to interface Ethernet2 on neighbor eos-leaf2.ntc.com
  no switchport
!
```

전체 코드를 이해하기 쉽도록 세 부분으로 나눠 조금씩 살펴보자.

우선 [예제 10-26]에서는 issue_request() 함수를 만든다. 이 함수는 대상 장비와 실행할 명령을 인자로 전달받는다. 이 데이터만 있으면 requests를 실행할 수 있으므로, 장비가 바뀌거나 다른 명령을 실행하고 싶더라도 이 도우미 함수를 사용해 응답을 얻을 수 있다. 응답은 이미 JSON을 파이썬 객체로 변환한 상태다. 소프트웨어 개발 원칙 중 하나인 DRY$^{Don't\ Repeat\ Yourself,}$ 반복하지 말자 원칙에 따라 이처럼 비슷한 작업은 반복하지 않는 것이 좋다.

예제 10-26 도우미 함수로 요청 감싸기

```
import json
import sys
import requests
from requests.auth import HTTPBasicAuth

# device(장비)에 commands(명령)를 보낸 후 응답 결과를 반환하는 도우미 함수
def issue_request(device, commands):   ①
    """Make API request to EOS device returning JSON response."""
    payload = {
        "jsonrpc": "2.0",
        "method": "runCmds",
        "params": {
            "format": "json",
            "timestamps": False,
            "cmds": commands,
            "version": 1
        },
        "id": "EapiExplorer-1"
    }

    response = requests.post(
      'http://{}/command-api'.format(device),
      data=json.dumps(payload),
      auth=HTTPBasicAuth('ntc', 'ntc123')
    )

    return response.json()

# 다음 예제로 계속 이어짐
```

① 이 함수에 사용된 코드는 [예제 10-25]와 동일하지만, 재사용성을 고려해 모듈로 만들었다.

다음으로, [예제 10-27]에서는 API 응답에서 원하는 정보를 얻기 위해 `issue_request()` 함수를 활용해보자. 이 예제에서는 `lldpNeighbors` 값을 얻고 싶다. 이 작업을 수행하려면 응답 메시지의 데이터 구조를 알아야 하는데, 보통 이러한 지식은 경험이나 공식 문서를 통해 얻어진다.

예제 10-27 응답에서 LLDP 이웃 정보 추출하기

```python
# 이전 예제에서 이어짐

def get_lldp_neighbors(device):
    """Get list of neighbors

    Sample response for a single neighbor:
        {
          "ttl": 120,
          "neighborDevice": "eos-spine2.ntc.com",
          "neighborPort": "Ethernet2",
          "port": "Ethernet2"
        }
    """
    # 대상 메서드 정의
    commands = ['show lldp neighbors']
    response = issue_request(device, commands)
    # 첫 번째 명령어의 실행 결과에서 이웃 데이터를 추출한 다음
    # 이를 딕셔너리의 리스트 형태로 반환한다.
    return response['result'][0]['lldpNeighbors']

# 다음 예제로 계속 이어짐
```

> **TIP_** 가독성이 좋은 코드를 작성하려면 많은 연습이 필요하다. [예제 10-27]에서는 가독성 측면에서 두 가지 유용한 접근 방식을 볼 수 있다.
>
> - 자신이 하는 일을 이름으로 사용하기: `get_lldp_neighbors` 함수명에서 해당 함수가 어떤 일을 수행하는지를 명확히 알 수 있다.
> - 함수 독스트링을 활용해 함수 목적 설명하기: 이 예제에서는 응답 포맷에 대한 자세한 설명을 제공한다.

끝으로, [예제 10-28]에서는 또 다른 도우미 함수인 `configure_interfaces()`를 추가하고, 스크립트를 실행하는 `main` 함수를 작성한다. `configure_interfaces()` 함수는 이름에서 알

수 있듯이 이웃 목록을 받아서 **configuration** 명령을 통해 인터페이스의 설명을 갱신한다. main 함수에서는 순회할 대상 장비를 정의하고, 장비마다 LLDP 정보를 획득한 다음, 각 인터페이스에 대한 설명을 갱신하는 두 작업을 수행한다.

예제 10-28 LLDP 정보를 사용해 인터페이스 설명 설정하기

```python
# 이전 예제에서 이어짐

def configure_interfaces(device, neighbors):
    """Configure interfaces in a single API call per device."""
    command_list = ['enable', 'configure']
    for neighbor in neighbors:
        local_interface = neighbor['port']
        if local_interface.startswith('Eth'):
            # Management는 여러 이웃을 가지므로 제외한다.
            description = (
              f"Connects to interface {neighbor['neighborPort']} on neighbor "
              f"{neighbor['neighborDevice']}"
            )
            description = 'description ' + description
            interface = f'interface {local_interface}'
            # 명령 리스트를 적절한 순서로 확장한다.
            command_list.extend([interface, description])
    # 이웃으로부터 생성된 명령의 출력 결과를 가져온다.
    response = issue_request(device, command_list)

if __name__ == "__main__":
    # 장비명은 FQDN이다.
    devices = ['eos-spine1', 'eos-spine2']
    for device in devices:
        neighbors = get_lldp_neighbors(device)
        configure_interfaces(device, neighbors)
        print('Auto-configured Interfaces for {}'.format(device))
```

NOTE_ 이 예제 코드를 들여다보고 있으면 '좀 다른 형태로 코드를 구성할 수 있지 않을까?'라는 생각이 들 수도 있다. configure_interfaces() 함수와 get_lldp_neighbors() 함수를 묶어 더 큰 함수로 만들 수도 있고, main() 함수에서 issue_request() 함수를 호출할 수도 있다. 여기서 중요한 점은 유효한 코드를 작성하는 방법은 무궁무진하다는 사실이다. 그중 한 가지 방법을 선택해 실험해보고, 코드를 단순하게 유지하면서도 재사용성과 가독성을 향상시킬 수 있는 더 나은 방식이 있는지 찾아보자.

스크립트를 실행하면 LLDP 이웃 정보에 따라 인터페이스의 설명이 갱신된다.

```
ch10-apis/python_requests$ python3 eapi-autoconfigure-lldp.py
Auto-configured Interfaces for eos-spine1
Auto-configured Interfaces for eos-spine2
```

Requests 라이브러리를 사용하면 파이썬 애플리케이션 코드에서 API와의 상호 작용을 쉽게 수행할 수 있다. 그러나 일부 API는 이를 보다 간편하게 사용할 수 있도록 자체 라이브러리인 SDK를 제공한다. 계속해서 SDK를 간략히 살펴보자.

API SDK 사용하기

API SDK는 함수, 메서드, 클래스 등을 사용해 API에 대한 접근을 추상화한 소프트웨어 패키지다. 흔히 사용하는 모든 기능이 공통 관례에 따라 일관된 방식으로 구현돼 있으므로, SDK를 활용하면 개발 작업이 더 빨라진다. 따라서 매번 '바퀴'를 재발명할 필요 없이 개발 시간을 단축할 수 있는 것이다. SDK는 코드를 단순하게 유지하면서도 가독성은 한층 더 높여준다. 하지만 일부 기능이 구현되지 않은 상태일 수도 있고, 라이브러리에 대한 의존성이 생기므로 애플리케이션의 크기가 커지는 부작용도 있을 수 있다.

대부분의 API 플랫폼은 사용자 커뮤니티에서 가장 널리 사용되는 언어에 대한 SDK를 제공한다. 이전 절에서 살펴봤던 두 API는 모두 파이썬용 SDK를 제공한다.

- 시스코 머라키 SDK: *https://github.com/meraki/dashboard-api-python*
- 아리스타 eAPI SDK: *https://github.com/arista-eosplus/pyeapi*

특정 SDK의 사용법을 알려주기 위한 책은 아니지만, SDK를 사용하는 예제를 통해 SDK가 어떤 식으로 생겼는지 살펴본다. SDK에 대해 더 상세히 알고 싶다면 관련 문서 페이지를 참조한다.

머라키 API SDK 살펴보기. API의 사용법을 잘 알지 못하더라도 Requests 라이브러리 대신 머라키 API SDK를 사용하면 [예제 10-22]와 동일한 결과를 얻을 수 있다. 예를 들어 API에 필요한 사용자 정의 인증 헤더가 어떻게 생겼는지를 몰라도 괜찮다. 또한 헤더 키가 바뀌더라도 코드를 갱신할 필요가 없으므로 유지 보수성 측면에서도 더 우수하다.

NOTE_ pip3를 사용해 머라키 API SDK를 설치한다.

```
$ pip3 install meraki
$ pip3 list | grep meraki
meraki                      1.25.0
```

라이브러리를 불러온 다음, API와 상호 작용하는 모든 메서드를 담고 있는 meraki.Dashboard
API 클래스의 인스턴스를 생성한다. 이 초기화 과정에서는 앞에서 사용했던 API 키만 필요할
뿐이며, URL이나 인증 헤더 키 같은 정보는 이미 라이브러리에 암묵적으로 들어 있으므로 사
용자가 따로 정의해줄 필요가 없다.

```
>>> import meraki
>>>
>>> meraki_client = meraki.DashboardAPI(
...    api_key="6bec40cf957de430a6f1f2baa056b99a4fac9ea0")
2022-10-01 16:18:28 meraki: INFO > Meraki dashboard API session initialized with ...
# 결과 생략
>>>
```

[예제 10-22]에서는 조직 정보를 조회한다. 직접 HTTP 요청을 만들지 않고, meraki_client
.organizations의 getOrganizations() 메서드를 사용한다.

```
>>> my_orgs = meraki_client.organizations.getOrganizations()
2022-10-01 16:18:49 meraki: INFO > GET https://api.meraki.com/api/v1/organizations
2022-10-01 16:18:50 meraki: INFO > GET https://n392.meraki.com/api/v1/organizations
2022-10-01 16:18:50 meraki: INFO > organizations, getOrganizations - 200 OK
>>>
>>> my_orgs[0]
{
  'id': '573083052582915028',
  'name': 'Next Meraki Org',
  'url': 'https://n18.meraki.com/o/PoiDucs/manage/organization/overview',
  'api': {'enabled': True},
  'licensing': {'model': 'co-term'},
  'cloud': {'region': {'name': 'North America'}}
}
>>>
```

지금쯤이면 파이썬으로 HTTP API를 다루는 방법은 충분히 익숙해졌을 것이다. 앞서 네이티브 REST HTTP API, 시스코 머라키, REST 방식이 아닌 HTTP API인 아리스타 eAPI를 다뤄봤다. 다시 한번 말하지만, eAPI를 사용할 때 모든 요청은 HTTP POST 방식이며 요청에 사용된 URL은 모두 동일하다. 반면 REST API는 HTTP를 전송 방식으로 사용하지만, 해당 리소스(시스코 머라키 API를 예로 들면 조직, 네트워크, 경로 등)마다 서로 다른 URL을 사용한다.

다음으로는 이 책에서 다루는 또 다른 프로그래밍 언어인 Go 언어에서 HTTP API인 RESTCONF 인터페이스를 사용하는 방법을 살펴본다.

10.2.2 Go 언어 net/http 패키지

이전 절에서는 파이썬 Requests 라이브러리를 이용해 HTTP API를 사용하는 방법을 살펴봤다. 이번 절에서는 Go 언어의 net/http 패키지를 이용해 HTTP API를 사용해본다. 특히 RESTCONF 인터페이스를 중점적으로 살펴볼 텐데, 예제에서는 시스코 ISO XE 장비에서 노출하는 인터페이스를 사용한다. 이미 7장에서 net/http 패키지를 다룬 적이 있으니, 바로 RESTCONF 인터페이스와 상호 작용하는 몇 가지 예제를 살펴보자.

net/http로 RESTCONF 사용하기

먼저 '시스코 IOS XE에서 RESTCONF 사용하기' 절에서 수행했던 작업을 그대로 수행해 전체 기본 설정을 얻어보자. [예제 10-29]에서는 7장에서 설명한 net/http 예제와 달리 기본 `http.NewRequest`를 사용해 GET 요청을 생성하며, `Authorization` 헤더를 사용한다.

예제 10-29 Go 언어의 net/http를 사용해 설정 조회하기

```
package main

import (
    "crypto/tls"
    "encoding/base64"
    "fmt"
    "io/ioutil"
    "log"
    "net/http"
```

```go
)

// 기본 인증 문자열을 base64 형태로 만들어주기 위한 도우미 메서드
func basicAuth(username, password string) string {
    auth := username + ":" + password
    return base64.StdEncoding.EncodeToString([]byte(auth))
}

// 오류 검사 패턴을 구현한 도우미 메서드
func checkError(err error) {
    if err != nil {
        log.Fatal(err)
    }
}

func main() {
    transCfg := &http.Transport{
        // 만료된 SSL 인증서 무시
        TLSClientConfig: &tls.Config{InsecureSkipVerify: true},
    }
    // 미리 정의해둔 전송 설정을 사용해 새로운 HTTP 클라이언트 생성
    client := &http.Client{Transport: transCfg}

    // 메서드, url, 헤더를 사용해 새로운 HTTP 요청 생성
    request, err := http.NewRequest("GET",
        "https://csr1/restconf/data/Cisco-IOS-XE-native:native", nil)
    checkError(err)
    request.Header.Set("Accept", "application/yang-data+json")
    request.Header.Add("Authorization", "Basic "+basicAuth("ntc", "ntc123"))

    // 앞서 정의한 HTTP 요청을 실행, 결과는 result에 저장
    result, err := client.Do(request)
    checkError(err)
    // 응답의 본문 내용 읽기
    body, err := ioutil.ReadAll(result.Body)
    checkError(err)
    result.Body.Close()
    fmt.Printf("%s", body)
}
```

go run get_config.go 명령으로 코드를 실행하면 '시스코 IOS XE에서 RESTCONF 사용하기' 절에서 얻었던 것과 동일한 결과를 얻을 수 있다. 하지만 특정 데이터 모델을 사용해

NewRequest의 경로를 세부적으로 자세히 지정한 후 필터를 사용해 범위를 좁히면 원하는 값만 조회할 수 있다.

예를 들어 URI로 인코딩된 경로 표현식을 만들어 특정 인터페이스의 설정을 조회해보자. GigabitEthernet1 인터페이스의 설정을 조회하려면 get_config_interface_g1.go에서는 URI로 인코딩된 경로 표현식인 interface=GigabitEthernet1을 사용한다. 즉, restconf/data/ietf-interfaces:interfaces/interface=GigabitEthernet1 경로를 사용하면 YANG 모델에서 정의한 인터페이스의 식별자 필드인 name과 일치하는 인터페이스의 설정만 조회한다.

```
ch10-apis/go_http$ go run get_config_interface_g1.go
{
  "ietf-interfaces:interface": {
    "name": "GigabitEthernet1",
    "description": "MANAGEMENT_DO_NOT_CHANGE",
    "type": "iana-if-type:ethernetCsmacd",
    "enabled": true,
    "ietf-ip:ipv4": {
      "address": [
        {
          "ip": "10.0.0.15",
          "netmask": "255.255.255.0"
        }
      ]
    },
    "ietf-ip:ipv6": {
    }
  }
}
```

net/http를 사용해 RESTCONF로 설정 갱신하기

또한 설정 상태를 변경하는 HTTP 요청도 net/http를 사용해 보낼 수 있다. '시스코 IOS XE에서 RESTCONF 사용하기' 절에서는 기존 OSPF 설정을 갱신하기 위해 PATCH 요청을 전송했다. 또한 PUT 요청을 사용하면 현재 상태를 고려하지 않고 최종 상태를 정의하는 **선언적 설정 방식**declarative configuration을 적용할 수 있다고도 이야기했었다.

[예제 10–30]은 update_ospf_config.go 파일에서 가장 중요한 코드로, OSPF 설정을 새로운 설정으로 **대체하는** 부분이다. API에서 예상하는 데이터 구조로 만들어진 JSON 페이로드를

전달받아 PUT 방식의 HTTP 요청으로 전송한다.

예제 10-30 Go 언어의 net/http를 사용해 OSPF 설정 갱신하기

```go
// 코드 생략

func main() {
  // 코드 생략

  // HTTP 요청에 사용할 JSON 페이로드
  var jsonStr = []byte(`{
"router-ospf": {
  "ospf": {
    "process-id": [
      {
        "id": 10,
        "network": [
          {
            "ip": "203.0.113.0",
            "wildcard": "0.0.0.7",
            "area": 0
          },
          {
            "ip": "203.0.113.64",
            "wildcard": "0.0.0.7",
            "area": 0
          }
        ],
        "router-id": "203.0.113.1"
      }
    ]
  }
}
}'`)

  // PUT 메서드를 사용하는 새로운 HTTP 요청을 생성한다.
  // 새로운 URL, 페이로드, 새로운 헤더를 사용한다.
  request, err := http.NewRequest("PUT",
    "https://csr1/restconf/data/Cisco-IOS-XE-native:native/router/
    Cisco-IOS-XE-ospf:router-ospf", bytes.NewBuffer(jsonStr))
  checkError(err)
  request.Header.Set("Accept", "application/yang-data+json")
  request.Header.Set("Authorization","Basic " + basicAuth("ntc","ntc123"))
```

```
    request.Header.Set("Content-Type", "application/yang-data+json")

    // 코드 생략
}
```

NOTE_ 실제 예제에서는 페이로드를 외부 파일이나 데이터베이스에서 가져온다. 하지만 예제 코드에서는 스크립트를 단순화하고자 JSON 객체를 바로 사용했다.

이렇게 수정한 후 스크립트를 실행하면 '짜잔!' 하면서 새로운 OSPF 구성이 적용된다. 라우터의 OSPF 구성 노드에 GET 요청을 다시 보내서 변경된 설정을 확인할 수 있다.

REST API는 이처럼 막강한 권한과 제어 능력을 갖고 있으므로, 올바른 변경 절차에 따라 사용하는 것인지를 확인해야 한다. 보다시피 설정 일부를 변경하려다가 실수로 PUT 요청으로 보내게 되면 치명적인 결과를 초래할 수도 있다. 특정 API의 전반적인 도입 관점에서는 처음 시작하는 단계에서 PATCH 요청을 사용하다가 점진적으로 PUT을 사용하고 어느 시점에 이르면 설정을 선언적으로 관리하는 것이 좋다.

CAUTION_ [예제 10-30]에서는 선언적으로 PUT을 사용하므로 모든 설정이 ospf 키 아래에 들어 있다. 실수로 ospf 키 대신 router 키 아래로 된 페이로드를 PUT으로 요청하게 되면, 단순한 키 변경이었지만 기술적으로는 다른 모든 라우팅 프로토콜 설정을 삭제해버린다. 결코 좋은 방식이 아니다. 다만, 페이로드와 메서드를 제대로 이해하지 못하고 사용했을 경우 얼마나 큰 위험이 도사리고 있는지를 보여주는 사례이기 때문에 이 방식을 사용했다.

지금까지 HTTP 기반 API를 제공하는 장비를 파이썬과 Go 언어를 사용해 자동화하는 방법을 살펴봤다. 이제 동일한 접근 방식으로 파이썬의 ncclient 라이브러리를 사용해 NETCONF 인터페이스를 제공하는 장비를 어떻게 자동화할 수 있는지를 살펴본다.

10.2.3 파이썬 ncclient 라이브러리

파이썬용 NETCONF 클라이언트 중 가장 인기가 많은 라이브러리가 바로 ncclient이다. 이는

NETCONF 서버와 프로그래밍 방식으로 통신하기 위해 만들어진 클라이언트 소프트웨어다. 이 예제에서 NETCONF 서버는 네트워크 장비임을 기억하자. 예제에서는 vMX 주니퍼 장비를 사용하지만, 다른 플랫폼에서도 같은 방식 그대로 아무 문제 없이 사용할 수 있다.

> **NOTE_** pip3를 사용해 ncclient 라이브러리를 설치한다.
>
> ```
> $ pip3 install ncclient
> $ pip3 list | grep ncclient
> ncclient                    0.6.13
> ```

ncclient를 설치했다면 네트워크 장비에 NETCONF API를 호출하는 것으로 시작해보자. 파이썬 대화형 인터프리터에서 이 작업을 실행해보자.

> **NOTE_** NETCONF를 지원하는 파이썬 라이브러리로는 ncclient 외에도 scrapli–netconf[28]나 netconf–client[29]와 같은 범용 라이브러리가 있다. 또한 Junos용 PyEZ[30]처럼 장비 제조사 전용 라이브러리도 있다.

파이썬 인터프리터에서 맨 먼저 해야 할 일은 ncclient 파이썬 패키지에 포함된 **manager** 모듈을 불러오는 것이다.

```
>>> from ncclient import manager
```

manager 모듈에 들어 있는 기본 함수를 사용해 장비에 대한 영속적인 연결을 맺는다. NETCONF는 SSH 위에서 동작하므로, 이 NETCONF 연결은 상태를 갖는 영속적 연결이라는 점에 유의하자. 이 점은 상태를 갖지 않는 REST API와 대비된다. 기본 함수명은 **connect()**로, 호스트명이나 IP 주소, 포트 번호, 인증 정보 등 몇 가지 매개변수를 취한다. 다음 예제에서는 인자로 지정한 속성만 바꾸고, 나머지 기반 SSH 설정과 속성은 그대로 사용하는 것을 알 수 있다.

....

28 *https://github.com/scrapli/scrapli_netconf*

29 *https://github.com/ADTRAN/netconf_client*

30 *https://github.com/Juniper/py-junos-eznc*

```
>>> device = manager.connect(
...     host='vmx1', port=830, username='ntc',
...     password='ntc123', hostkey_verify=False,
... )
```

connect() 함수를 호출하면 네트워크 장비와의 NETCONF 세션 객체가 생성돼 반환되는데, 이를 device 변수에 저장한다. 이 객체가 바로 ncclient의 Manager 인스턴스로, NETCONF RPC 작업과 상호 작용하는 데 필요한 메서드를 노출한다.

Manager 객체

먼저 [예제 10-8]과 같이 device의 캐퍼빌리티를 살펴보자. 같은 내용이지만, 포맷을 파이썬 리스트로 바꿔준다.

```
>>> list(device.client_capabilities)
[
  'urn:ietf:params:netconf:base:1.0',
  'urn:ietf:params:netconf:base:1.1',
  'urn:ietf:params:netconf:capability:writable-running:1.0',
  'urn:ietf:params:netconf:capability:candidate:1.0',
  'urn:ietf:params:netconf:capability:confirmed-commit:1.0',
  # 일부 결과 생략
]
```

ncclient로 주니퍼 vMX 장비 설정 가져오기

[예제 10-9]에서는 SSH 세션 기반의 NETCONF를 사용해 vMX 라우터의 fxp0 인터페이스 설정을 질의하는 전체 <get> XML RPC 동작을 실행했었다. 이제 문자열로 정의된 하위 트리 필터를 그대로 다시 사용한다.

```
>>> get_filter = """
...     <configuration xmlns="urn:ietf:params:xml:ns:netconf:base:1.0">
...       <interfaces>
...         <interface>
...           <name>fxp0</name>
...         </interface>
...       </interfaces>
...     </configuration>
```

```
...  """
```

필터를 정의한 뒤 이를 subtree 타입의 하위 필터로 지정해 get() 메서드의 매개변수로 전달한다. 필터를 사용하지 않으면 전체 설정을 조회한다.

```
>>> nc_get_reply = device.get(('subtree', get_filter))
```

이 코드가 실행되면 NETCONF GET을 요청한 다음 결과를 nc_get_reply 변수에 저장하는데, 그 결과는 [예제 10-10]과 같다.

예제에서는 XML 문자열을 필터로 사용했지만, 네이티브 XML 객체인 etree 객체를 사용할 수도 있다. 문자열 객체를 사용한 이유는 코드를 더 쉽게 읽고 이해할 수 있으며 시작하는 단계에서는 사용법이 간단하기 때문이다. 필터 객체를 동적으로 생성해야 한다면 네이티브 etree 객체를 사용하자.

nc_get_reply의 data 속성에는 lxml 파이썬 라이브러리의 네이티브 XML 객체가 들어 있다(lxml은 8장에서 자세히 다뤘다). 예를 들어 etree.tostring() 메서드를 사용하면 기본 XML 객체를 문자열로 변환할 수 있다.

```
>>> from lxml import etree
>>>
>>> as_string = etree.tostring(nc_get_reply.data)
>>> print(as_string)
b'<rpc-reply message-id="urn:uuid:e2c1daa0-8556-4e6b-84dc-e72e90809f73"><data>
```

```
<configuration commit-seconds="1653021086" commit-localtime="2022-05-20 04:31:26
UTC" commit-user="ntc"><interfaces><interface><name>fxp0</name><unit><name>0
</name><description>MANAGEMENT_INTERFACE__DO_NOT_CHANGE</description><family>
<inet><address><name>10.0.0.15/24</name></address></inet></family></unit>
</interface></interfaces></configuration><database-status-information>\n
</database-status-information></data></rpc-reply>'
```

nc_get_reply의 결과에서 fxp0 인터페이스의 IP 주소와 마스크 정보인 **10.0.0.15/24**를 찾을 수 있다. 이 정보가 필요하다면 **<address>** 태그와 **<name>** 태그를 사용해 XML 문서를 파싱해야 한다.

특정 태그를 **찾고 싶다면** lxml.etree 객체의 find() 메서드를 사용한다. './/'로 시작하는 표현식을 사용하면 전체 XML 객체에서 해당 XML 태그를 손쉽게 찾을 수 있다. 다음과 같은 코드로 **<address>** 객체와 그 자식 객체를 모두 추출한다.

```
>>> address = nc_get_reply.data.find('.//address')
```

하지만 아쉽게도 동작하지 않는다. 이 코드의 문제점은 무엇일까? 코드에서는 **<address>** 태그로 감싸인 XML 요소를 추출하려 했다. 그러나 XML 네임스페이스를 사용하면 태그 앞에 네임스페이스를 붙여줘야 한다. 즉, {네임스페이스} 태그 형태로 조회해야 한다. 이 예제의 경우 {http://yang.juniper.net/junos/conf/interfaces}address로 조회해야 한다. XML 네임스페이스에 대한 **별칭**을 정의해뒀다면 {별칭}:태그 형태로 조회할 수 있다.

> **NOTE_** 이 예제에서는 여러 개의 네임스페이스가 사용됐다. 자식 노드를 하나씩 출력해보면서 사용된 네임스페이스를 확인해보자. 이 예제의 기본 네임스페이스는 urn:ietf:params:xml:ns:netconf:base:1.0이다. 하지만 단일 객체를 출력해보면 하나만 표시된다. 계층 구조에서 다음 네임스페이스는 **<configuration>** 요소의 모든 자식 요소에 대해 기본 네임스페이스를 재정의한다.

IP 주소 및 마스크 정보를 제대로 추출하려면 세 단계 과정이 필요하다. 먼저 **<name>** XML 태그가 포함된 **<address>** 객체를 추출한다. 그런 다음, 접두어와 마스크가 결합된 형태로 **<name>** 태그의 내용을 추출한다. 마지막으로, 추출한 값을 **text** 속성을 사용해 문자열로 저장한다.

```
>>> address = nc_get_reply.data.find(
>>>     './/{http://yang.juniper.net/junos/conf/interfaces}address'
>>> )
>>> ip_address = address.find(
>>>     './/{http://yang.juniper.net/junos/conf/interfaces}name'  ①
>>> )
>>> ip_address.text
'10.0.0.15/24'
```

① <name>으로만 조회하면 계층 구조상 **인터페이스**명에서 먼저 일치하는 태그를 찾게 되므로, 이 태그를 바로 사용할 수는 없다.

'네임스페이스를 기반으로 값을 추출하는 과정은 지루한 작업이다'라고 생각할지도 모르겠다. 맞는 말이다. XML을 파싱하는 것은 쉽지 않으며, 네임스페이스가 연관된 경우라면 더 까다롭다. 하지만 네임스페이스를 알고 있으면 두 문자열을 연결해주기만 하면 된다. 또한 XML을 파싱하기 전에 XML 객체에서 네임스페이스를 제거할 수 있으므로 프로세스가 더욱 간소화될 수 있다.

지금까지 NETCONF <get> 요청을 보내는 방법을 익혀봤다. 이어서 한 가지만 더 살펴본다. 이번에는 findall() 메서드를 사용해 SNMP 설정을 다뤄보자.

복수 개의 XML 객체를 조회하는 findall() 사용하기. 현재 주니퍼 vMX에는 2개의 읽기 전용 커뮤니티 문자열이 설정돼 있다. 다음과 같이 설정 모드로 들어가서 show snmp 명령을 실행하고 확인한다.

```
ntc@vmx1# show snmp
location EMEA-IE;
contact Scott_Grady;
community public123 {
    authorization read-only;
}
community supersecure {
    authorization read-write;
}
[edit]
```

NETCONF 요청에 대한 반환 데이터가 어떻게 생겼는지를 알고 있다면 관련 파이썬 코드를 더 쉽게 작성할 수 있다. Junos 장비에서 설정 상태 정보를 수집하는 NETCONF **get** 요청에서 가장 바깥쪽에 있는 태그는 `<configuration>` 태그다. 이 요소 내에서 적절한 필터를 작성하면 CLI로 찾아봤던 XML 텍스트를 얻을 수 있다. SNMP 설정을 요청하는 필터 문자열은 다음과 같다.

```
get_filter = """
... <configuration>
...   <snmp>
...   </snmp>
... </configuration>
... """
```

다음 단계에서는 [예제 10-31]처럼 요청을 전송한다. 요청이 완료되면 출력을 검증하고, XML 문자열을 터미널로 출력한다.

예제 10-31 SNMP 설정을 획득하는 ncclient get 명령

```
>>> nc_get_reply = device.get(('subtree', get_filter))
>>> print(nc_get_reply)
<rpc-reply message-id="urn:uuid:c3170685-e275-4db1-855d-bb1a56404d55">
  <data>
    <configuration commit-seconds="1653021086"
    commit-localtime="2022-05-20 04:31:26 UTC" commit-user="ntc">
      <snmp>
        <location>EMEA-IE</location>
        <contact>Scott_Grady</contact>
        <community>
          <name>public123</name>
          <authorization>read-only</authorization>
        </community>
        # 출력 결과 생략
    </data>
</rpc-reply>
```

앞에서 이야기한 대로, 응답을 파싱해 커뮤니티 문자열과 각 커뮤니티에 대한 인가 타입을 저장해보자. 이 값을 단순히 터미널에 그대로 출력하기보다는 파이썬 딕셔너리의 리스트로 저장해본다. [예제 10-32]에서는 이전에 말한 과정을 거친다.

예제 10-32 `findall()`을 사용해 여러 XML 객체 순회하기

```
>>> snmp_list = []
>>> xmlns = "http://yang.juniper.net/junos/conf/snmp"
>>> communities = nc_get_reply.data.findall(f'.//{{{xmlns}}}community')       ①
>>> for community in communities:                                            ②
...     temp = {}
...     temp['name'] = community.find(f'.//{{{xmlns}}}name').text            ③
...     temp['auth'] = community.find(f'.//{{{xmlns}}}authorization').text   ③
...     snmp_list.append(temp)
...
>>>
>>> print(snmp_list)
[
  {'auth': 'read-only', 'name': 'public123'},
  {'auth': 'read-write', 'name': 'supersecure'}
]
```

① `find()` 메서드 대신 `findall()` 메서드를 사용한다. 이 메서드는 첫 번째 일치하는 요소만 추출하지 않고 같은 타입의 여러 개 요소를 추출한다. f-문자열처럼 서식화 기능을 사용하면 xmlns 관리가 단순해진다.

② `communities`에는 처음 일치하는 항목뿐만 아니라 일치하는 모든 객체의 리스트가 들어 있다.

③ f-문자열에서 중괄호를 표시하기 위해 이스케이프escape 처리한 {{{를 사용한다.

NETCONF 요청을 전송해 설정을 조회해봤다. 이제 NETCONF의 <edit-config> 동작으로 설정을 변경해보자.

ncclient로 Junos vMX 설정 변경하기

ncclient에서 NETCONF를 통해 설정을 변경하려면 `device` 객체의 `edit_config()` 메서드를 사용해야 한다. 이 메서드는 <edit-config> NETCONF 동작에 해당한다. 이전 예제에 이어서 새로운 SNMP 커뮤니티 문자열을 설정해보자.

ncclient의 edit_config() 메서드는 2개의 인자가 반드시 필요하다. 첫 번째 인자는 <target>으로, 요청에서 수정할 설정 데이터 저장소를 정의한다. 실행 중^{running} 저장소, 시작 ^{startup} 저장소 또는 후보^{candidate} 저장소를 지정할 수 있다. 두 번째 인자는 <config>로, 변경하고 자 하는 설정을 정의한 XML 문자열 또는 객체여야 한다.

이제 요구되는 형식에 맞도록 <config>를 구성해야 한다. 요청에 필요한 데이터 구조를 가장 쉽게 이해하는 방법은 [예제 10-31]에서 살펴본 get 요청을 통해 획득한 해당 데이터 구조를 사용하는 것이다. 이 데이터 구조를 참조해 새로운 XML 설정 객체를 구성한다. 읽기 전용 속 성으로 myNewCommunity 커뮤니티 문자열을 새로 추가해보자.

```
>>> config_filter = """
... <config>
...   <configuration>
...     <snmp>
...       <community>
...         <name>myNewCommunity</name>
...         <authorization>read-only</authorization>
...       </community>
...     </snmp>
...   </configuration>
... </config>
... """
```

NOTE_ 이 문서는 가장 바깥쪽을 <config> 태그로 감싸줘야 한다. 10.1.2절 'NETCONF 사용하기'에서 살펴본 것처럼 <edit-config> 작업에서는 종종 이렇게 해줘야 하는 경우가 있다.

후보 데이터 저장소를 새로운 SNMP 커뮤니티 문자열로 변경하도록 edit_config() 메서드 를 호출한다.

```
>>> response = device.edit_config(target='candidate', config=config_filter)
>>> print(response)
<rpc-reply message-id="urn:uuid:56584f09-24d2-4e28-aa55-e583bf9d2ff2">
  <ok/>
</rpc-reply>
```

CLI를 사용하거나 다시 get 요청을 보내면, 장비에 새로운 커뮤니티 문자열이 설정된 것을 확인할 수 있다.

ncclient로 NETCONF 삭제/교체 동작 실행하기. <edit_config> 동작으로 장비의 설정을 변경해봤다. 이때 기본 수정 방식은 병합^merge이다. 그러나 XML operation 속성을 사용해 더 다양한 작업을 수행할 수 있다.

SNMP 커뮤니티 문자열로 myNewCommunity를 추가한 다음, delete 작업을 통해 삭제해보자. 이 경우 <community> 태그에서 operation="delete" 속성을 갖도록 새로운 <config>를 구성해야 한다. 삭제할 객체를 식별하기 위해 <name> 태그가 필요하다는 점에 주목하자.

```
>>> config_filter = """
... <config>
...   <configuration>
...     <snmp>
...       <community operation="delete">
...         <name>myNewCommunity</name>
...       </community>
...     </snmp>
...   </configuration>
... </config>
... """
>>> response = device.edit_config(target='candidate', config=config_filter)
```

merge 작업과 delete 작업을 통해 현재 상태에서 설정을 관리할 수 있다. 그러나 선언적 방법으로 설정을 관리하고 싶다면 어떻게 해야 할까? 즉, 현재 상태는 신경 쓰지 않고 최종 상태만 관리하고 싶다.

주어진 XML 설정 계층 구조를 몇 가지 방법으로 **교체**할 수 있다. 그중 한 가지 방법은 설정하고 싶은 모든 SNMP 커뮤니티 문자열을 API를 호출해 설정한 다음, 다시 현재 설정된 SNMP 커뮤니티 문자열을 조회하는 API를 호출해 결과를 획득하고, 이 결과를 순회하면서 설정에서 빠져야 하는 커뮤니티 문자열을 삭제하도록 delete 작업을 수행하는 것이다. 물론 이 방법도 나쁘지 않지만, 이미 알고 있듯이 NETCONF에서는 더 나은 방식을 제공한다.

NETCONF에서는 merge나 delete 대신 replace 작업을 사용할 수 있다. replace 작업은 RESTCONF의 PUT 요청과 동일한 동작을 수행한다. 따라서 <snmp operation="replace">

처럼 replace 작업을 정의하고, 원하는 SNMP 커뮤니티명과 인가 권한 수준을 정의한다.

delete 작업이나 replace 작업은 매우 조심해서 사용해야 한다. merge 작업은 설정을 단지 추가하거나 갱신할 수만 있다는 합당한 명분하에 작업의 기본값으로 설정돼 있다. XML 계층 구조에서 잘못된 위치에 operation="delete"를 사용하면 네트워크에 치명적인 영향을 미칠 수 있다. 예를 들어 <snmp> 태그의 속성을 replace 작업으로 지정했다면 SNMP의 **전체** 속성이 교체돼버릴 것이다. 따라서 RESTCONF PUT 동작과 마찬가지로 NETCONF replace 작업도 그 강력함에 유의하면서 신중히 사용해야 한다.

> **CAUTION_** 항상 랩lab 환경이나 샌드박스 환경에서 먼저 테스트해본다. 실제 운영 환경에서는 전체 replace 작업을 테스트하지 말자.

지금까지는 주니퍼 vMX를 대상으로 NETCONF를 통한 자동화 방법을 살펴봤다. 이제부터는 또 다른 구현체인 시스코 IOS XE에서 NETCONF를 통해 자동화하는 방법을 살펴보자.

시스코 IOS XE에서 ncclient 사용하기

하위 필터 대신 XPath 필터를 사용할 수 있는 시스코 IOS XE를 다뤄본다. 예제에서는 특정 인터페이스(GigabitEthernet1)의 설정 정보를 추출한다.

```
>>> from ncclient import manager
>>> device = manager.connect(
>>>     host='csr1', port=830, username='ntc',
>>>     password='ntc123', hostkey_verify=False,
>>> )
>>> nc_get_reply = device.get(
...   ('xpath', '/interfaces/interface[name="GigabitEthernet1"]/config')   ①
... )
```

① 경로에 XPath 필터인 [name="GigabitEthernet1"]을 주입한다.

[예제 10-32]와 같이 find()를 사용해 XML 구조를 순회하면서 원하는 데이터를 찾는다. 이 예제에서는 GigabitEthernet1 인터페이스의 설명 정보를 추출한다.

```
>>> description = nc_get_reply.data.find(
...     './/{http://openconfig.net/yang/interfaces}description')
>>> interface.text
'MANAGEMENT_DO_NOT_CHANGE'
```

장비 제조사에 중립적인 데이터 모델을 지원하는 제조사와 운영체제가 많아지면, 이와 같이 다
양한 종류의 장비에 대해 동일한 API를 호출할 수 있게 되므로 사용법이 단순해질 것이다. 하
지만 그렇게 되기 전까지는 NOS별로 지원되는 XML 객체를 알아야만 한다.

제조사 전용 NETCONF 작업 이해하기

지금까지 ncclient에서 가장 일반적으로 사용되는 두 가지 메서드인 <get>과 <edit-config>
를 집중적으로 살펴봤다. 그러나 이번 장의 앞부분에서 이야기한 것처럼 NETCONF와
ncclient에서는 다음과 같은 더 많은 메서드를 사용할 수 있다.

commit()
후보 설정을 현재 실행 중 설정으로 적용한다.

copy_config()와 delete_config()
전체 설정 데이터 저장소를 다른 설정 데이터 저장소의 내용으로 생성하거나 교체하고 또는
삭제한다.

lock()과 unlock()
실제 운영 환경에서는 NETCONF 세션을 사용하는 동안 다른 사람이나 시스템이 설정을
변경하지 못하도록 설정 데이터 저장소에 대한 잠금을 설정하는 것이 좋다. 변경을 완료하
면 설정된 잠금을 해제한다.

파이썬에서 사용하는 ncclient의 모든 기능은 제조사에 중립적이며, 사용자가 적절한 XML
객체를 만들 수 있다는 가정하에 모든 제조사 장비에서 사용할 수 있도록 구현하고 있다.
NETCONF는 비록 업계 표준 프로토콜이지만, 모든 제조사가 동일한 방식으로 NETCONF
를 구현하지는 않는다는 사실도 인정해야 한다. 예를 들어 특정 제조사는 자사 플랫폼 전
용 NETCONF 동작을 만들거나 일반적인 작업 수행을 보다 단순화한 ncclient용 자체 메

서드를 만들기도 한다. 이는 <edit-config>, <get>, <lock>, <unlock>, <commit> 등의 NETCONF 표준 동작과는 대비된다.

ncclient에서 제조사 전용 옵션을 사용하려면 device 객체의 인스턴스를 생성할 때 device_params 매개변수에 적절한 플랫폼을 지정해야 한다.

이 책의 모든 예제에서는 ncclient의 업계 표준 동작을 사용하므로 device_params={}를 사용한다. 특정 제조사 전용 메서드 및 동작을 사용하고 싶다면 device_params 매개변수를 필요한 값으로 설정해야 한다. 따라서 사용자 정의 주니퍼 RPC 동작을 사용하길 원한다면 connect() 메서드를 호출할 때 device_params={"name": "junos"}를 추가한다.

```
>>> device = manager.connect(
...     host='vmx1', port=830, username='ntc',password='ntc123',
...     hostkey_verify=False,device_params={"name": "junos"}
... )
>>> device._vendor_operations.keys()
dict_keys(['rpc', 'get_configuration', 'load_configuration', 'compare_configuration',
'command', 'reboot', 'halt', 'commit', 'rollback'])
```

NOTE_ 주니퍼만 하더라도 load_configuration(), get_configuration(), compare_configuration(), command()와 같은 사용자 정의 메서드를 ncclient에서 개발하고 있다. 일부 메서드는 표준 NETCONF 동작을 단순화한 래퍼 수준에 불과하지만, 일부 메서드는 주니퍼 전용 NETCONF RPC 동작을 사용한다.

예를 들어 commit() 메서드를 사용하면, 후보 저장소에 있는 설정을 실행 중 설정으로 옮겨서 변경 사항을 장비에 실제로 적용한다.

```
>>> response = device.commit()
>>> print(response)
<rpc-reply message-id="urn:uuid:12a2bea3-7aa3-48dd-bfe8-569ccd84d61d">
  <ok/>
</rpc-reply>
```

ncclient 라이브러리로 NETCONF를 사용하는 방법을 개략적으로 살펴봤다. 다음으로는 앞에서 CLI로 사용해봤던 gNMI 인터페이스를 Go 언어의 gNMIc 패키지를 이용해 만든 프로그램에서 사용해보자.

10.2.4 Go 언어 오픈컨피그 gNMIc 패키지

'gNMIc로 gNMI 살펴보기' 절에서 이미 오픈컨피그 gNMIc CLI 도구를 사용해 gNMI를 살펴봤다. 이번에는 앞에서 아리스타 EOS 스위치를 다뤘던 과정을 Go 패키지를 사용하는 Go 스크립트로 작성해 실행해본다.

> **NOTE_** gNMI 관리용으로 가장 인기가 많은 파이썬 라이브러리는 pyGNMI[31]이다. NETCONF 인터페이스를 사용하기 위해 ncclient를 사용했던 것과 비슷한 방식으로 gNMI를 사용할 수 있게 만들어주는 라이브러리다. 다음은 pyGNMI 라이브러리를 사용해 특정 경로에 GetRequest 동작을 수행하는 예제 코드다.

```python
from pygnmi.client import gNMIclient

with gNMIclient(
    target=('eos-spine1', '6030'), username='ntc',
    password='ntc123', insecure=True
) as gnmi_client:
    result = gnmi_client.get(path=[
      'openconfig-interfaces:interfaces', 'openconfig-acl:acl'])
```

'gNMI GetRequest' 절과 마찬가지로 GetRequest 동작부터 시작해보자.

오픈컨피그 gNMIc를 사용해 gNMI GET 동작 실행하기

이 예제에서는 gNMI를 사용하는 기본 프로그램 스크립트를 생성한다. 이 코드에는 이후 예제에서 gNMI 인터페이스를 계속 사용하기 위한 기본 프로그램 구조가 포함돼 있다. gNMIc 패키지를 보다 자세히 이해하고 싶다면 온라인 문서[32]를 참조하자.

----

31 *https://github.com/akarneliuk/pygnmi*
32 *https://gnmic.openconfig.net/user_guide/golang_package/intro/*

NOTE_ 오픈컨피그 gNMIc 패키지를 사용하려면 먼저 패키지를 가져와서 설치해야 한다. 또는 **go mod** 명령을 실행해 Go 모듈 의존성을 추가한다.

```
$ go get github.com/openconfig/gnmic/api
go: downloading github.com/openconfig/gnmic v0.27.1
go: added github.com/openconfig/gnmic v0.27.1
```

[예제 10-33]에서는 우선 반드시 불러와야 하는 모듈을 정의한다. 그중에서도 가장 중요한 모듈은 gNMI 인터페이스를 사용하기 위한 **openconfig/gnmic**와 데이터 직렬화에 사용되는 protobuf이다.

예제 10-33 gNMIc 스크립트, 1부

```
package main

import (
  "context"
  "fmt"
  "log"

  // gnmic package
  "github.com/openconfig/gnmic/api"

  // prototext는 textproto 포맷으로 프로토콜 버퍼 메시지를
  // 마샬링/언마샬링하는 라이브러리로,
  // 텍스트 기반 요청/응답 프로토콜을 범용적으로 지원한다.
  "google.golang.org/protobuf/encoding/prototext"
)

// 오류 확인 패턴을 구현하는 도우미 메서드
func checkError(err error) {
  if err != nil {
    log.Fatal(err)
  }
}

// 2부로 이어짐
```

계속해서 [예제 10-34]에서는 장비 설정을 조회하기 위한 다섯 단계를 정의한다.

```go
// -> 이전 예에서 이어짐

func main() {
  // gnmic 대상 생성
  tg, err := api.NewTarget(
      api.Name("gnmi example"),
      api.Address("eos-spine1:6030"),
      api.Username("admin"),
      api.Password("admin"),
      api.Insecure(true),
  )
  checkError(err)

  // 작업이 완료되거나 취소되면 바로 관련 리소스를 해지할 수 있도록
  // 취소 가능한 콘텍스트를 정의한다.
  ctx, cancel := context.WithCancel(context.Background())
  defer cancel()

  // 이전 콘텍스트를 사용해 기본 대상에서 새로운 gNMI 클라이언트를 생성
  err = tg.CreateGNMIClient(ctx)
  checkError(err)
  defer tg.Close()

  // GetRequest 생성
  getReq, err := api.NewGetRequest(
      // Retrieve the full path, all the configuration
      // 전체 경로 및 모든 설정을 조회한다.
      api.Path("/"),
      // 원하는 페이로드 인코딩을 정의한다.
      api.Encoding("json_ietf"))
  checkError(err)
  fmt.Println(prototext.Format(getReq))

  // 생성된 gNMI GetRequest를 gnmic 대상으로 전송한다.
  getResp, err := tg.Get(ctx, getReq)
  checkError(err)
  fmt.Println(prototext.Format(getResp))
}
```

NOTE_ Go 언어 프로그램에서는 보통 각 동작을 수행한 후 checkError() 함수를 호출해 오류가 있었는지 확인하는 패턴을 사용한다.

스크립트를 실행해 결과를 확인해보자.

```
ch10-apis/go_gnmic$ go run get_config.go
path: {}
encoding: JSON_IETF

notification: {
  timestamp: 1664733418878706841
  update: {
    path: {}
    val: {
      json_ietf_val:  "{\"openconfig-acl:acl\":{\"state\":
      {\"counter-capability\":\"AGGREGATE_ONLY\"}},
      \"arista-exp-eos:arista\":{\"eos\":
      {\"arista-exp-eos-igmpsnooping:bridging\":
      {\"igmpsnooping\":{\"config\":{}}},\"arista-exp-eos-mlag:mlag\":
      {\"config\":{\"dual-primary-action\":\"action-none\"
      "
      # 결과 생략
    }
  }
}
```

처음 예제에서는 경로를 /로 설정했으므로, 모든 데이터 세트가 조회됐다. [예제 10-21]에서는 인터페이스의 데이터 부분, 특히 설정 정보만 조회하도록 범위를 좁혀보자.

go_gnmic/get_interface_config.go에서 정의했던 것과 마찬가지로 /interfaces/interface/config 부분을 필터링하도록 이전 스크립트에서 Path 부분만 변경한다.

```
getReq, err := api.NewGetRequest(
    // 인터페이스 설정으로 범위를 좁힌다.
    api.Path("/interfaces/interface/config"),
    api.Encoding("json_ietf")
)
```

경로를 변경한 후 스크립트를 실행하면 다음과 같이 필터링된 결과가 얻어진다.

```
ch10-apis/go_gnmic$ go run get_interfaces_config.go
path:  # 경로 생략
encoding:  JSON_IETF

notification: {
  timestamp: 1664771809792522887
  update: {
    path: {
      # 경로 생략
    }
    val: {
      json_ietf_val: "{  ①
        \"openconfig-interfaces:description\":\"New Description\",
        \"openconfig-interfaces:mtu\":0,
        \"openconfig-interfaces:name\":\"Management0\",
        \"openconfig-interfaces:type\":\"iana-if-type:ethernetCsmacd\"}"
    }
  }
}
```

① 인터페이스의 설정이 JSON_IETF 포맷으로 인코딩돼 있다.

다음 단계로, Get 동작 결과를 저장한 getResp 변수를 사용해보자.

get_interfaces_description.go 스크립트의 일부 코드를 [예제 10-35]와 같이 수정한다. /interfaces/interface/config/description의 설명 노드로 조회 경로를 좁힌 다음, 대상만 추출해 사용한다.

예제 10-35 gNMI 응답에서 값 사용하기

```
descriptionGnmiValue := getResp.GetNotification()[0].GetUpdate()[0].GetVal()   ①
myCurrentDescriptionValue, err := value.ToScalar(descriptionGnmiValue)          ②
checkError(err)

myCurrentDescriptionStr := myCurrentDescriptionValue.(string)                   ③
fmt.Println("This is my current description: " + myCurrentDescriptionStr)
```

① json_ietf_val을 추출해 descriptionGnmiValue 변수에 저장한다.

② 변수에 저장된 값을 스칼라값으로 변환한다.

③ 값의 타입을 문자열로 변환하면, 이제 사용할 수 있다.

스크립트를 실행하고 인터페이스 설명 정보가 조회돼 화면에 출력되는지 확인해보자.

```
ch10-apis/go_gnmic$ go run get_interfaces_description.go
# 이전 출력 생략

This is my current description: New Description
```

이전 코드의 일부를 재사용해 현재 인터페이스 설명을 새로운 설명으로 갱신해보자.

오픈컨피그 gNMIc를 사용해 gNMI Set 동작 실행하기

'gNMI SetRequest' 절에서 CLI를 사용해 인터페이스의 설명 정보를 변경한 것처럼 [예제 10-36]에서는 Management0 인터페이스의 설명 정보를 갱신한다. 하지만 이번에는 CLI가 아닌 프로그램을 사용해 갱신한다.

예제 10-36 설정을 갱신하는 gNMIc 스크립트

```
myNewDescription := myCurrentDescriptionStr + "_something_else"   ①

// gNMI SetRequest 생성
setReq, err := api.NewSetRequest(
    api.Update(                                                      ②
        // Management0 인터페이스 설명에 해당하는 노드를 XPath로 지정한다.
        api.Path("interfaces/interface[name=Management0]/config/description"),
        // 갱신할 값을 정의한다.
        api.Value(myNewDescription, "json_ietf")
    ),
)
checkError(err)

// 생성된 대상으로 생성된 gNMI SetRequest를 전송한다.
setResp, err := tg.Set(ctx, setReq)                                  ③
checkError(err)
fmt.Println(prototext.Format(setResp))
```

① 이전 설명을 살짝 바꿔 새로운 설명으로 사용할 문자열을 만든 다음, myCurrentDescriptionStr에 저장한다.

② SetRequest 타입은 경로 정보를 가진 Update 객체와 gNMI의 작업 모드 값을 가진다. gNMI는 갱신update과 교체replace라는 두 가지 Set 동작 모드를 지원한다. 이 두 동작 모드는 REST API에서 PUT과 PATCH가 수행하는 역할과 비슷하다.

③ gNMIc 대상에서 Get 동작 대신 Set 동작을 수행한다.

스크립트를 실행해 갱신 동작이 성공했다는 응답을 받았는지 확인한다.

```
ch10-apis/go_gnmic$ go run set_interfaces_description.go
# 이전 출력 생략
response: {
  path: {
    # 경로 생략
  }
  op: UPDATE
}
timestamp: 1664863404149182568
```

이전에 작성한 인터페이스 설명 조회 스크립트를 다시 실행해보면 새로운 설명 정보로 갱신된 것을 확인할 수 있다.

오픈컨피그 gNMIc를 사용해 이벤트 구독하기

'모델 주도 텔레메트리' 절에서 설명한 것처럼 gNMI는 구독 동작을 통해 스트리밍 텔레메트리를 적극적으로 도입했고, 지금도 그렇다. [예제 10-37]에서는 'gNMI 구독' 절에서 CLI를 통해 인터페이스 카운터를 구독했던 과정을 프로그램으로 수행해보자.

예제 10-37 인터페이스 카운터를 gNMIc로 구독하기

```
//  gNMI 구독 요청 생성
subReq, err := api.NewSubscribeRequest(
  api.Encoding("json_ietf"),
  // 폴(poll) 모드 대신 스트림(stream) 모드 선택
  api.SubscriptionListMode("stream"),
  // 구독 범위 정의
  api.Subscription(                      ①
```

```
        // 조회할 데이터 컨테이너
        api.Path("/interfaces/interface/state/counters"),
        //구독 메서드 정의. on_change 또는 target_defined 정의 가능
        api.SubscriptionMode("sample"),
        // sample 모드에서는 샘플 간격을 정의한다.
        api.SampleInterval(10*time.Second),
    ))
checkError(err)
fmt.Println(prototext.Format(subReq))

// 새로운 고루틴으로 sub1으로 식별되는 구독 시작
go tg.Subscribe(ctx, subReq, "sub1")    ②

// 30초 뒤에 구독을 중단하는 고루틴 시작
go func() {                             ③
  select {
  case <-ctx.Done():
    return
  case <-time.After(30 * time.Second):
    // 콘텍스트가 그 전에 중단되지 않으면, 이 고루틴에서 30초가 지난 뒤
    // sub1으로 정의된 구독을 중단한다.
    tg.StopSubscription("sub1")
  }
}()

// 메인 프로세스에서 2개의 구독, 2개의 채널을 생성해
// 다른 고루틴에 의해 구독이 중단될 때까지 무한 루프를 돌면서
// 두 채널을 읽는다.
subRspChan, subErrChan := tg.ReadSubscriptions()
for {                                   ④
  select {
  case rsp := <-subRspChan:
    fmt.Println(prototext.Format(rsp.Response))
  case tgErr := <-subErrChan:
    log.Fatalf("subscription %q stopped: %v", tgErr.SubscriptionName, tgErr.Err)
  }
}
```

① SubscribeRequest의 타입은 **샘플링**sampling이며, 설정 컨테이너가 아닌 상태를 대상으로 지정한다.

② 구문 앞에 go 키워드가 사용됐으므로, Subscribe() 메서드는 별도의 고루틴으로 실행된다. 이렇게 되면 스크립트가 실행되는 동안 구독도 계속 실행된다.

③ 이 고루틴은 30초 후 구독을 중단한다. sub1 식별자로 연결했다.

④ 주 프로세스는 구독이 중단될 때까지 응답과 오류에 대한 구독을 2개의 Go 채널을 통해 계속 읽는다.

NOTE_ [예제 10-37]은 3개의 실행 흐름이 진행되면서 Go 프로그램에서 채널을 통해 통신하는 방식을 보여준다. 주 실행 흐름은 채널을 초기화하고 채널을 통해 수신된 결과를 출력한다. 또한 흐름은 구독을 관리하며, 나머지 실행 흐름은 주어진 시간이 경과하면 구독을 중단한다.

스크립트를 실행하면 상단에 동작에 대한 요약 정보가 표시된다. 여기서 모드(**SAMPLE**), 시간 간격(10초), 인코딩 포맷을 알 수 있다. **on-change** 모드로 설정하면 데이터 원본에서 변동 사항이 있을 경우에만 데이터를 보낸다. 다음과 같은 결과를 볼 수 있다.

```
ch10-apis/go_gnmic$ go run subscribe_int_counters.go
subscribe: {
  subscription: {
    path: {
      # 경로 생략
    }
    mode:  SAMPLE
    sample_interval:  10000000000
  }
  encoding:  JSON_IETF
}

update: {
  timestamp:  1664944947620748134
  prefix: {
    # 프리픽스 생략
  }
  update: {
    path: {
      elem: {
        name:  "out-octets"
      }
    }
    val: {
      uint_val:  6243543
    }
  }
  update: {
    path: {
```

```
    elem: {
      name: "out-unicast-pkts"
    }
  }
  val: {
    uint_val: 31339
  }
}
# 결과 일부 생략
}
```

파이썬과 Go 언어 라이브러리를 사용해 최신 프로그래밍 방식의 네트워크 API를 다뤄봤다. 이제 방향을 바꿔 파이썬에서 SSH를 사용하는 방법을 살펴보자. SSH는 여전히 네트워크 장비에서 가장 널리 사용되는 인터페이스다.

10.2.5 파이썬 Netmiko 라이브러리

SSH 연결을 맺은 다음 그 연결을 통해 CLI 명령을 사용하는 방식은 네트워크 엔지니어 및 운영자가 인프라를 관리하기 위해 오랫동안 사용해온 업계 표준 방식이다. 엔지니어가 실행하는 명령은 영속적 SSH 연결을 통해 네트워크 장비로 전달되고, 장비는 명령을 해석해 실행한 다음 터미널 창에서 사람이 이해할 수 있는 형태의 텍스트로 응답을 표시한다. SSH는 네트워크를 통해 XML이나 JSON으로 인코딩된 정형 데이터를 주고받지 않는다. SSH는 최신 기술도 아니고 프로그래밍 가능한 API도 아니지만, 여전히 파이썬에서 SSH를 통한 네트워크 자동화 방법을 알아둬야 하는 이유를 세 가지로 추려보면 다음과 같다.

- 모든 장비가 프로그래밍 API를 지원하지 않는다.
- API를 자동으로 켜고 싶을 수 있다.
- API를 사용해 장비를 자동화하더라도
  - 예비 계획을 갖는 것이 좋다.
  - 장비의 모든 동작이 API에서 지원되지 않을 수도 있다. 이는 기반 API가 아직 완전하지 못한 상태라는 뜻이므로, 이상적이지 않다.

이번 절에서는 많은 인기를 얻고 있는 파이썬용 오픈소스 SSH 클라이언트 라이브러리인

Netmiko를 다뤄본다. Netmiko는 네트워크 장비에 특화돼 SSH를 통한 장비 관리 업무를 간소화하려는 목적을 갖고 있다.

> **NOTE_** 기존 CLI 방식의 네트워크 관리를 자동화된 방식으로 원활하게 전환하는 데 큰 도움을 준 SSH Netmiko 라이브러리의 유용성을 과소 평가해서는 안 된다. Netmiko의 깃허브 공헌자 페이지만 봐도 지금도 여전히 많이 사용되면서 개선 작업이 꾸준히 이뤄지고 있음을 알 수 있다.

Netmiko는 처음 사용하더라도 큰 어려움이 없을 뿐 아니라 다양한 유형의 네트워크 장비와 통신하는 방법을 잘 알고 있으므로, 이 라이브러리의 사용법을 중점적으로 살펴본다. Netmiko는 아리스타, 브로케이드, 시스코, 델, HPE, 주니퍼, 팔로알토 네트웍스, 리눅스 등과 같은 수십 가지 장비를 지원하고 있으며, 현재 지원하는 플랫폼에 대한 정보는 프로젝트 문서 페이지[33]에서 확인할 수 있다. Netmiko의 가장 큰 장점은 장비 제조사와 상관없이 거의 비슷한 방식으로 모든 장비를 대상으로 사용할 수 있다는 점이다. 오직 플랫폼에서 실행되는 명령만 달라진다.

> **NOTE_** pip3를 사용해 Netmiko를 설치한다.

```
$ pip3 install netmiko
$ pip3 list | grep netmiko
netmiko                        3.4.0
```

가장 먼저 해야 할 일은 적절한 Netmiko 장비 객체를 불러오는 것이다. 이 객체는 SSH 연결 설정 및 해제, 장비에 대한 명령 전송 등의 작업을 처리한다. ncclient의 접근 방식과 비슷하다.

```
>>> from netmiko import ConnectHandler
```

이제 네트워크 장비와 SSH 연결을 맺고 Netmiko 장비 객체를 생성할 준비가 됐다. Connect Handler 객체가 네트워크 장비와의 SSH 연결을 처리한다.

---

33 *https://github.com/ktbyers/netmiko/blob/develop/PLATFORMS.md*

```
>>> device = ConnectHandler(
...    host='nxos-spine1',
...    username='admin',
...    password='admin',
...    device_type='cisco_nxos'
... )
```

Netmiko를 사용해 시스코 NX-OS 스위치와 SSH 연결이 맺어졌다. 각 플랫폼마다 사용하는 명령과 SSH 처리 방식이 다르므로, ConnectHandler 객체의 인스턴스를 생성할 때 반드시 device_type 매개변수를 지정해야 한다.

dir() 함수를 사용해 새로운 장비 객체인 device에서 이용 가능한 메서드를 확인해보자.

```
>>> dir(device)
[
  # 일부 메서드 생략
  'cleanup', 'clear_buffer', 'close_session_log', 'commit', 'config_mode',
  'conn_timeout', 'device_type', 'disable_paging', 'disconnect', 'enable',
  'encoding', 'establish_connection', 'exit_config_mode', 'exit_enable_mode',
  'select_delay_factor', 'send_command', 'send_command_expect',
  'send_command_timing', 'send_config_from_file', 'send_config_set',
]
```

dir() 함수에서 알려주는 속성들은 네트워크에 관련된 것이 많으므로, 네트워크 엔지니어에게 이미 익숙한 이름의 속성들일 것이다. 그중 몇 가지 메서드를 사용해보자.

장비 프롬프트 확인

find_prompt() 메서드로 장비의 프롬프트 문자열을 확인한다.

```
>>> device.find_prompt()
'nxos-spine1#'
```

설정 모드 진입

Netmiko는 다양한 제조사와 설정 모드의 의미를 이해할 수 있으므로, 다양한 제조사 장비의 설정 모드로 진입하는 메서드도 갖고 있다. 물론 나중에 Netmiko가 사용하는 명령은 운영체제에 따라 달라진다.

```
>>> device.config_mode()
>>>
>>> device.find_prompt()
'nxos-spine1(config)#'
```

CAUTION_ 일부 NOS에서는 설정 모드인 CLI 세션이 이미 있을 경우 config_mode() 메서드를 호출하더라도 설정 모드로 진입하지 못할 수 있다.

명령어 전송

Netmiko에서 가장 많이 사용하는 작업은 장비로 명령을 전송하는 일이다. 이 작업과 관련된 몇 가지 메서드에 대해 알아보자.

단지 단일 명령을 장비로 전송하는 경우라면 다음 세 가지 메서드 중 하나를 사용한다.

send_command_expect()

이 메서드는 예를 들어 대형 섀시 장비에서 show run 명령이나 show tech 명령을 실행하는 것처럼 장비가 명령을 처리하는 데 시간이 다소 걸릴 수 있는 실행 명령을 전송할 때 사용한다. 기본적으로 이 메서드는 동일한 프롬프트 문자열이 반환되기를 기다린 후 메서드 호출이 마무리된다. 명령을 실행한 다음 프롬프트 문자열이 바뀐다면 변경될 프롬프트 문자열도 선택 항목으로 전달할 수 있다.

send_command_timing()

이 메서드는 짧게 실행되는 명령에 사용되며, 시간을 기반으로 잠시 대기할 뿐 프롬프트 문자열을 확인하지 않는다.

send_command()

Netmiko에서 예전에 사용하던 메서드로, 지금은 send_command_expect()를 호출하는 래퍼 역할만 담당한다. 따라서 send_command()와 send_command_expect()가 수행하는 동작은 동일하다.

몇 가지 예제를 살펴본다. show run 명령을 실행하고, 이 명령어로 수집한 정보를 검증하기 위해 문자열 앞부분 176자까지만 출력해보자.

```
>>> show_run_output = device.send_command('show run')
>>>
>>> print(show_run_output[:176])

!Command: show running-config
!Running configuration last done at: Wed Oct  5 04:18:12 2022
!Time: Wed Oct  5 04:23:22 2022

version 9.3(3) Bios:version
hostname nxos-spine1
```

프롬프트 문자열을 변경하는 명령을 전송한다. device.config_mode()를 입력했으므로 계속 설정 모드라는 점을 기억하자.

```
>>> output = device.send_command_expect('end')
Traceback (most recent call last):
  File "<stdin>", line 1, in <module>
  File "/usr/local/lib/python3.8/site-packages/netmiko/base_connection.py",
  line 1582, in send_command_expect
    return self.send_command(*args, **kwargs)
  File "/usr/local/lib/python3.8/site-packages/netmiko/utilities.py", line 500,
  in wrapper_decorator
    return func(self, *args, **kwargs)
  File "/usr/local/lib/python3.8/site-packages/netmiko/base_connection.py",
  line 1535, in send_command
    raise IOError()
OSError: Search pattern never detected in send_command: nxos\-spine1\(config\)\#
>>>
```

현재 설정 모드에 들어가 있으므로 프롬프트 문자열은 nxos-spine1(config)#인데, end 명령을 입력하면 프롬프트 문자열은 nxos-spine1#으로 변경된다. send_command_expect()는 기본적으로 명령을 실행한 후 동일한 프롬프트 문자열이 돌아올 것으로 예상했는데, 다른 프롬프트 문자열이 반환됐으므로 스택 추적 정보가 표시된다.

프롬프트 문자열이 변경되는 명령을 실행할 수 있는 두 가지 방법이 있다. 첫째, 새로운 프롬프트 문자열을 예상할 수 있다면 expect_string 매개변수로 전달할 수 있다.

```
>>> output = device.send_command_expect('end', expect_string='nxos-spine1#')
>>>
```

둘째, send_command_timing() 메서드를 사용해 명령을 수행하면, 일정 시간 동안 잠시 대기만 할 뿐 특정 프롬프트 문자열인지는 다시 확인하지 않는다.

```
>>> output = device.send_command_timing('end')
>>>
```

지금까지 Netmiko에서 명령을 전송할 수 있는 세 가지 메서드를 살펴봤다. 명령을 한 번에 하나씩 전송하는 대신 여러 명령을 한 번에 전송하고 싶은 경우도 있으므로, 이럴 때 사용할 수 있는 두 가지 유용한 메서드를 알아두자.

Netmiko는 send_config_set() 메서드를 지원하는데, 이 메서드는 반드시 순회할 수 있는 매개변수(즉, 이터러블iterable한 매개변수)를 전달해야 한다. 이 예제에서는 파이썬 리스트를 사용했지만, 파이썬 세트도 사용할 수 있다.

```
>>> commands = [
  'interface Ethernet1/1',
  'description configured by netmiko',
  'shutdown'
]
>>>
>>> output = device.send_config_set(config_commands=commands)
>>>
>>> print(output)
nxos-spine1(config)# interface Ethernet1/1
nxos-spine1(config-if)# Netmiko로 인터페이스 설명 설정하기
nxos-spine1(config-if)# 셧다운(shutdown) 작업
nxos-spine1(config-if)# 종료
nxos-spine1#
```

이 메서드는 먼저 설정 모드인지를 확인한다. 설정 모드가 아니라면 설정 모드로 진입해 명령을 실행한다. 명령을 모두 실행하고 나면 기본적으로 설정 모드를 종료한다. 이전 예제와 같이

반환된 결과를 통해 제대로 동작했는지 확인할 수 있다.

끝으로, Netmiko에서 파일로 저장된 명령을 일괄 실행하는 메서드에 대해 알아보자. 실행해야 하는 명령을 진자 템플릿으로 만들어두고, 가변 데이터로 렌더링해 생성된 명령을 파일로 저장한 다음, Netmiko의 send_config_from_file() 메서드로 한 번에 실행할 수 있다. 6장과 9장에서 다룬 내용을 바탕으로 [예제 10-38]과 같은 워크플로를 수행하는 방법을 살펴보자.

예제 10-38 Netmiko에서 파일에 저장된 명령 전송하기

```python
from netmiko import ConnectHandler
from jinja2 import Environment, FileSystemLoader

device = ConnectHandler(
    ...
)

interface_dict = {
    "name": "Ethernet1/2",
    "description": "Server Port",
    "vlan": 10,
    "uplink": False
}

# 진자 config.j2 템플릿 파일을 interface_dict에 정의된 데이터와 조합해
# 사용자 정의 명령을 생성한다.
ENV = Environment(loader=FileSystemLoader('.'))
template = ENV.get_template("config.j2")
commands = template.render(interface=interface_dict)

# CLI 명령을 로컬 파일로 저장한다.
filename = 'nxos.conf'
with open(filename, 'w') as config_file:
    config_file.writelines(commands)

# 파일을 읽어 바로 CLI 명령을 전송한다.
output = device.send_config_from_file(filename)

# show 명령을 사용해 성공적으로 변경됐는지 확인한다.
verification = device.send_command(f'show run interface {interface_dict["name"]}')
print(verification)

device.disconnect()
```

이 예제의 내용은 이전 장들에서 이미 다뤘다. 이 기능을 사용하려면 스크립트에서 사용할 config.j2 파일이 반드시 생성돼 있어야 하며, 진자 템플릿은 파이썬 인터프리터를 실행한 디렉터리와 같은 경로에 저장돼 있어야 한다. 템플릿의 내용은 [예제 9-3]에서 가져왔으며 다음과 같다.

```
interface {{ interface.name }}
 description {{ interface.description }}
 switchport access vlan {{ interface.vlan }}
 switchport mode access
```

Netmiko 작업이 끝났으면 **disconnect()** 메서드를 사용해 장비와의 연결을 끊는다. 스크립트가 실행되면 템플릿에 따라 새로운 인터페이스를 설정하는 과정을 볼 수 있다.

```
ch10-apis/python_netmiko$ python3 send_commands_from_file.py

!Command: show running-config interface Ethernet1/2
!Running configuration last done at: Wed Oct  5 04:38:54 2022
!Time: Wed Oct  5 04:38:55 2022

version 9.3(3) Bios:version

interface Ethernet1/2
  description Server Port
  switchport access vlan 10
```

TIP_ 파이썬에서 제공하는 콘텍스트 관리자를 사용하면 리소스의 설정 및 해제 작업을 손쉽게 관리할 수 있다. Netmiko와 같은 SSH 라이브러리에서는 콘텍스트 관리자를 사용하는 것이 좋다. Netmiko에서 netmiko.ConnectHandler로 SSH 세션을 맺을 때 콘텍스트 관리자를 사용하면, 해당 블록이 종료될 때 콘텍스트 관리자가 SSH 연결이 열린 상태로 남아 있지 않도록 자동으로 세션을 닫아준다.

```
with netmiko.ConnectHandler(**device_config) as device:
    device.send_command("show run")
```

지금까지 프로그램에서 기존 CLI 인터페이스를 사용할 수 있게 해주는 Netmiko 라이브러리의 장점을 살펴봤다. 아쉽게도 자동화를 진행할 때 CLI 실행 결과가 비정형 데이터라는 큰 단점이 있지만, 다행히도 이 문제를 도와주는 몇 가지 프로젝트가 존재한다.

TextFSM과 NTC 템플릿으로 Netmiko 보강하기

TextFSM[34]은 구글에서 개발한 오픈소스 프로젝트로, 템플릿을 사용해 반서식화 상태의 CLI 출력을 구조화된 데이터로 변환한다. 따라서 CLI 출력마다 변환에 사용할 특정 NTC 템플릿을 제공해야 한다.

NTC 템플릿[35]은 네트워크 투 코드Network to Code에서 후원하는 오픈소스 프로젝트로, 수많은 네트워크 제조사별 장비의 TextFSM 템플릿을 모아서 제공한다.

> **NOTE_** TextFSM과 NTC 템플릿은 따로 설치할 필요가 없다. Netmiko가 의존성을 가지므로, Netmiko를 설치했다면 이 두 모듈도 이미 설치돼 있다.

NTC 템플릿을 사용하는 [예제 10-39]를 보면 크게 두 단계를 거친다.

1. Netmiko에서 CLI 원시 출력을 가져와 문자열로 저장한다.
2. NTC 템플릿 파서를 사용해 원시 출력을 구조화된 데이터로 변환한다.

예제 10-39 Netmiko의 출력을 NTC 템플릿을 통해 구조화된 데이터로 변환하기

```
>>> from netmiko import ConnectHandler
>>> device = ConnectHandler(
...     host='nxos-spine1',
...     username='admin',
...     password='admin',
...     device_type='cisco_nxos'
... )
>>> show_interfaces_raw = device.send_command('show int brief')
>>> show_interfaces_raw[:150]
'\n--------------------------------------------------------------------------\n
Port    VRF         Status IP Address                                S'
>>>
>>> from ntc_templates.parse import parse_output
```

---

34 *https://github.com/google/textfsm*
35 *https://github.com/networktocode/ntc-templates*

```
>>> show_interfaces_parsed =  parse_output(
...     platform="cisco_nxos",      ①
...     command="show int brief",    ②
...     data=show_interfaces_raw,     ③
... )
>>> show_interfaces_parsed[0]
{
  'interface': 'mgmt0', 'vrf': '--', 'status': 'up', 'ip': '10.0.0.15',
  'speed': '1000', 'mtu': '1500', 'vlan': '', 'type': '', 'mode': '',
  'reason': '', 'portch': '', 'description': ''
}
```

① 참조하는 플랫폼을 가리킨다. 플랫폼마다 다른 파서를 사용한다.

② CLI 명령마다 다른 데이터를 가질 수 있으므로, 플랫폼에서 명령에 대한 특정 템플릿을 지정한다.

③ 파싱할 원시 명령 출력 데이터다.

다행히 Netmiko 2.0.0부터 use_textfsm 인자를 지정해주면 NTC 템플릿을 암묵적으로 사용한다.

```
>>> show_interfaces_parsed_directly = device.send_command(
...     'show int brief',
...     use_textfsm=True,
... )
>>> show_interfaces_parsed == show_interfaces_parsed_directly
True
```

이 기능은 결국 [예제 10-39]에서 두 단계로 나눠 작성했던 것을 하나로 결합한 것이다.

NOTE_ Netmiko는 NAPALM에서 장비의 기본 SSH 드라이버로도 사용된다. NAPLAM은 여러 제조사의 장비를 설정하고 데이터를 조회하기 위한 강력한 파이썬 라이브러리로, 12장에서 다룬다.

이것으로 Netmiko를 사용해 SSH 기반 네트워크 장비를 자동화하는 방법까지 마쳤다. 이제 사용하는 장비나 API의 유형에 상관없이 다양한 네트워크 장비를 다양한 API 유형에 따라 자동화하는 방법을 알게 됐다.

요약

이번 장에서는 네트워킹 맥락에서 사용 가능한 API의 유형으로 HTTP 기반 API(REST 방식과 비REST 방식), NETCONF, RESTCONF, gNMI를 소개했다. 먼저 명령행 도구의 사용법을 살펴본 다음, 이 인터페이스를 Go 언어나 파이썬 같은 프로그래밍 언어에서 사용하는 방법을 다뤘다. 이처럼 프로그래밍 인터페이스를 사용하는 자동화 방식은 비정형 데이터를 사용하는 기존 CLI 사용 방식보다 훨씬 효과적이다. 하지만 여전히 기본 인터페이스가 SSH 연결인 네트워크 장비가 현재도 많다. 이 때문에 Netmiko 파이썬 라이브러리도 다뤄봤다.

이쯤 되면 '어떤 네트워크 인터페이스를 사용해야 하는가?'라고 궁금해할지도 모르는데, 그 답은 상황에 따라 다를 수밖에 없다. 자동화하려는 장비, 장비에서 지원하는 인터페이스와 사용하려는 기능 등에 따라 달라지기 때문이다. 또한 선호하는 도구 체계도 중요한 고려 요소 중 하나다. 효과적이면서 효율적인 자동화가 이뤄지도록 도와주는 도구를 갖추는 것이 네트워크 자동화 시스템 구축 프로젝트가 성공하기 위한 핵심 열쇠다. 표준 또는 커뮤니티 데이터 모델을 장비 모델로 변환하다 보면 항상 모든 기능이 포함돼 있는 것은 아닌 경우도 있고, 포함돼 있더라도 완벽히 지원되지 않을 수 있다. 이렇게 되면 모든 데이터 모델 인터페이스의 도입을 지연시키는, 해결해야 할 하나의 큰 과제가 될 수 있다. 결국 최종 목표는 장비의 데이터 저장소에 있는 데이터를 변경하는 것인데, 이러한 데이터 모델은 관성을 지닌다. 이는 많은 네트워크 장비의 기본 인터페이스가 여전히 텍스트 기반 설정인 이유이기도 하다.

다양한 유형의 API로 네트워크 자동화를 위한 여정을 계속하는 동안, 마법 같은 해결 방안은 존재하지 않는다는 사실을 늘 기억할 필요가 있다. 따라서 주어진 API의 사용법을 이해하고 각 플랫폼의 인터페이스에서 어떤 옵션을 제공하는지 파악하기 위해 실제로도 부지런히 조사해야 한다.

다음 장에서는 주제를 바꿔, 네트워크 자동화와 프로그래밍 가능성을 지원하는 데 버전 관리 시스템을 사용하는 것이 왜 중요한지 알아보자.

## CHAPTER 11

깃을 이용한 버전 관리

지금까지 이 책에서는 자동화 역량을 강화하기 위한 여러 방법을 살펴봤다. 이를 위해 6장에서는 파이썬과 같은 스크립트 프로그래밍 언어에 대해 배웠고, 9장에서는 진자와 같은 템플릿도 사용해봤다. 파이썬 스크립트와 진자 템플릿을 점점 많이 사용할수록 아티팩트[artifact]들의 관리도 중요해진다(아티팩트는 스크립트나 템플릿, 기타 자동화 도구를 구성하는 파일을 의미한다). 특히 아티팩트의 변경 사항을 관리하는 일은 상당히 중요한 가치를 갖는데, 이와 관련된 내용은 잠시 후에 설명한다.

이번 장에서는 버전 관리 도구[1]의 사용법, 즉 네트워크 자동화 과정에서 만들어진 아티팩트를 효과적으로 관리하기 위한 도구의 사용법에 대해 알아본다. 버전 관리 도구를 사용하지 않는 경우에는 보통 파일명에 생성 시간이나 갱신 버전을 추가하는 방식으로 아티팩트를 관리하는데, 깔끔한 방법도 아니고 오류도 발생하기 쉽다. 또한 실수로 파일을 삭제하거나 덮어 써버릴 수도 있다. 버전 관리 도구를 사용하면 이와 같은 문제를 예방하는 데 도움이 된다.

시작하기에 앞서 버전 관리의 개념을 보다 자세히 살펴본다. 지금은 매우 일반적인 내용만 소개하고, 이번 장의 뒷부분에서 버전 관리 도구인 깃[Git]에 대해 자세히 알아본다. 미리 말해두지만, 다음 절에서 설명하는 일반적인 특징은 특정 버전 관리 도구에 국한되지 않는다.

---

1 옮긴이_ 소스 제어 도구, 버전 관리 시스템, 형상 관리 시스템 등으로 불린다. 이 책에서는 '버전 관리 시스템'으로 통일했다.

11.1 버전 관리 시스템의 사용 사례

간단히 말하자면, 버전 관리version control는 파일과 시간의 경과에 따른 파일의 변경 사항을 추적하는 방법이다. **버전 관리를 소스 제어**source control 또는 **개정 제어**revision control라고도 부른다. 설명이 너무 일반적이므로 보다 구체적인 사용 사례를 통해 버전 관리가 무엇인지 살펴보자.

- 대형 소프트웨어 개발 프로젝트에 참여하고 있다면 버전 관리 시스템을 사용해 작성 중인 코드를 추적할 수 있다. 가장 널리 알려진 사용 사례로, 버전 관리라고 하면 대부분 이런 방식으로 사용하는 것을 의미한다.
- 네트워크 장비 관리 부서의 팀원일 경우, 장비의 설정을 가져와서 버전 관리 도구에 넣어두고 변경 사항을 추적할 수 있다.
- 회사 IT 인프라에 대한 문서 유지 보수 업무를 맡고 있다면, 버전 관리 도구를 사용해 문서의 변경 사항을 추적할 수 있다.

위 사례에서 버전 관리 도구는 네트워크 장비의 설정, 문서, 개발 중인 소스 코드 등과 같은 파일의 변경 사항을 추적한다. 버전 관리 도구가 파일을 **추적**tracking한다는 표현은 시간의 경과에 따른 파일의 변경 사항을 비롯해 누가 왜 변경했는지에 대한 기록을 함께 남겨둔다는 뜻이다. 추적 대상 파일을 바꿨더니 문제가 발생했다면, 롤백으로 해당 파일의 이전 버전으로 되돌리거나 변경 사항을 취소해 정상 상태로 복구할 수 있다. 또한 사용하는 버전 관리 도구에 따라 동료들과 더 쉽게 분산된 방식으로 협업할 수 있다.

11.2 버전 관리의 장점

이전 절에서 버전 관리 도구를 사용했을 때 얻을 수 있는 장점을 간접적으로 살펴봤다. 이번에는 버전 관리 도구가 제공하는 이점을 구체적인 몇 가지 사례를 통해 알아보자.

11.2.1 변경 사항 추적

먼저 시간이 경과하면서 버전 관리 도구에 저장된 파일에서 일어났던 변경 사항을 추적할 수 있다. 특정 시점의 파일 상태를 확인할 수 있으므로 비교적 쉽게 무엇이 바뀌었는지를 정확히 알아낼 수 있다. 이 장점을 종종 간과하게 되는데, 꽤 큰 네트워크 설정 파일을 다룰 때 이전 버전에서 어떤 부분이 바뀌었는지를 알 수 있다면 큰 도움이 될 것이다.

또한 대부분의 버전 관리 도구는 변경에 대한 메타데이터도 추가할 수 있다. 메타데이터에는 왜 이렇게 변경했는지, 어떤 문제에 대한 것인지, 관련 이슈 티켓은 무엇인지 등과 같은 정보가 들어 있다. 이처럼 메타데이터 또한 문제 해결 과정에서 매우 유용하게 활용할 수 있다.

11.2.2 책임

버전 관리 도구는 시간 경과에 따른 변경 사항도 추적하지만, 그 변경 사항을 누가 만들었는지도 추적한다. 즉, 모든 변경 사항에 대해 누가 해당 변경 사항을 만들었는지도 함께 기록한다. 여러 팀원과 함께 협업하면서 네트워크 설정 파일이나 서버 설정 파일을 관리하고 있다면, 이 기능을 유용하게 사용할 수 있다. 버전 관리 도구에는 이미 누가 변경했는지에 대한 정보가 들어 있으므로 더 이상 "누가 이렇게 바꾼 건가요?" 같은 질문을 하지 않아도 된다.

11.2.3 프로세스와 워크플로

버전 관리 도구는 여러분과 조직이 건강한 프로세스와 워크플로를 유지할 수 있도록 도와준다. 이 주제는 13장에서 보다 자세히 다루는데, 지금은 모든 변경 사항을 서비스 운영 환경으로 내보내기 전에 반드시 버전 관리 도구에 기록을 남겨야 한다고 생각해보자. 이렇게 하면 모든 변경 사항이 시간 순서에 따라 차례대로 연결된 이력으로 표시되며, 변경 사항 담당자의 로그 메시지까지 함께 제공된다. 또한 버전 관리 시스템으로 관리하는 파일의 변경 사항을 운영 환경으로 내보내기 전에 다른 팀원에 의해 변경 사항을 검토하거나 자동화된 테스트를 수행하는 단계 등을 강제할 수 있다.

11.3 네트워킹에서 버전 관리의 이점

버전 관리는 보통 소프트웨어 개발과 밀접한 관련이 있지만, 네트워크 전문가에게도 명확한 이점을 제공한다. 그중 몇 가지 사례를 들면 다음과 같다.

- 네트워크 장비와 상호 작용하는 파이썬 스크립트(혹은 이 책을 읽은 후 작성할 수 있는 스크립트)를 버전 관리 도구에 넣어둠으로써 스크립트의 버전을 더 쉽게 관리할 수 있다.
- 네트워크 장비 설정을 버전 관리 도구로 관리하면 특정 시점에서 네트워크 장비의 설정 파일이 어떤 상태였는지를 확인할 수 있게 된다. 잘 알려져 있는 RANCID 도구는 네트워크 장비의 설정 백업을 이러한 방식으로 저장한다.
- 네트워크 장비 설정 파일의 버전마다 어떤 부분이 바뀌었는지를 눈에 잘 띄도록 표시해주므로, 여러분과 팀에서 변경하려고 했던 항목만 적용됐는지를 쉽게 검증할 수 있다(예를 들어, 실수로 잘못된 802.1Q 트렁크 설정을 배포해 VLAN을 삭제해버리는 것은 아닌지 확인할 수 있다).
- 설정 템플릿을 버전 관리 도구에 넣어두면 변경된 템플릿으로 실제 네트워크 장비의 설정을 생성하거나 보고서를 작성하기 전에 템플릿의 변경 사항을 추적할 수 있다.
- 네트워크 문서도 버전 관리 도구로 관리할 수 있다.
- 파일의 모든 변경 사항에 대해 담당자가 누구인지 바로 파악할 수 있으므로 더 이상 '책임 떠넘기기 게임'을 하지 않아도 된다.

이제 버전 관리 도구가 여러분과 여러분의 조직 및 워크플로에 가져다줄 이점이 무엇인지 살펴봤으므로, 널리 사용되는 버전 관리 도구인 깃[2]에 대해 알아본다.

11.4 깃 입문

깃은 수많은 버전 관리 도구 중에서도 가장 최근에 개발된 도구로, 대부분의 오픈소스 프로젝트에서 버전 관리 도구의 업계 표준으로 자리 잡았다(깃이 리눅스 커널의 소스 코드 관리에 사용된다는 점은 오히려 긍정적인 영향을 끼친다). 이러한 이유로 깃을 중점적으로 다루면서 버전 관리 도구에 대해 살펴보겠지만, 다른 도구도 있다는 사실은 기억해두자. 아쉽지만 그러한 도구까지 살펴보는 것은 이 책에서 다루는 범위를 벗어난다.

그럼 깃이 어떻게, 왜 등장했는지 이해할 수 있도록 간단한 역사부터 알아보자.

---

2 깃 홈페이지: *https://git-scm.com/*

11.4.1 깃의 짧은 역사

앞서 이야기한 것처럼 깃은 리눅스 커널의 소스 코드를 관리하는 버전 관리 도구다. 2005년 4월 초에 리눅스 커널 개발 커뮤니티에서는 당시 사용하던 상용 버전 관리 도구인 비트키퍼 BitKeeper를 둘러싼 의견 충돌이 있었는데, 그 논쟁을 끝내고자 리눅스 커널의 창시자인 리누스 토발즈에 의해 깃이 개발되기 시작했다.

토발즈는 깃을 만들면서 다음 몇 가지 핵심 설계 목표를 내세웠다.

속도

깃을 사용하면 리눅스 소스 코드에 패치를 빠르게 적용할 수 있어야 한다.

단순성

깃은 최대한 단순한 구조로 설계돼야 한다.

비선형 개발에 대한 강력한 지원

리눅스 커널 개발자는 여러 병행 브랜치parallel branch를 다룰 수 있는 시스템이 필요하다. 새롭게 만드는 깃에서는 손쉽게 브랜치를 만들 수 있고, 빠르게 병합할 수 있어야 하며, 브랜치는 가능한 한 가볍게 구현돼야 한다.

완벽한 분산 작업 지원

모든 개발자가 전체 소스 코드의 복사본과 소스 코드의 변경 이력을 이용할 수 있어야 한다.

확장성

깃은 리눅스 커널과 같은 대규모 프로젝트에서도 사용할 수 있을 정도의 충분한 확장성을 가져야 한다.

깃은 빠른 속도로 개발됐다. 출시하고 나서 며칠이 지나자, 깃은 자체 호스팅돼 깃의 소스 코드를 깃으로 관리하기 시작했다. 몇 주 후 브랜치 간 소스 병합 기능이 구현돼 첫 번째 병합이 이뤄졌다. 첫 출시 이후 몇 주가 지난 4월 말에 깃의 성능을 측정했는데, 리눅스 커널 트리에 초당 6.7개의 패치를 적용할 수 있었다. 2005년 6월 깃은 리눅스 커널 2.6.12 배포 버전을 관리하는 데 사용되기 시작했으며, 2005년 12월 말에 드디어 깃 1.0이 배포됐다.

이 책을 쓰고 있는 시점에서 깃의 최신 버전은 2.43.0이며, 주요 데스크톱 운영체제인 리눅스, 윈도, 맥OS에서 사용할 수 있다. 깃은 오픈소스 프로젝트 관리에 널리 사용 중이며, 대표적으로는 앞에서 이야기했던 리눅스 커널을 비롯해 펄^{Perl} 언어, GNOME 데스크톱 환경, 안드로이드, KDE, X 윈도 시스템$^{X\ Window\ System}$의 X.org 구현체 등의 프로젝트에서 사용 중이다. 깃을 기반으로 동작하는 온라인 버전 관리 서비스도 인기가 많은데, 깃허브[3], 빗버킷[4], 깃랩[5] 등이 있다. 이런 서비스 중에는 온-프레미스 환경에서 사용할 수 있는 제품도 있다. 13장에서 지속적 통합에 대해 알아보면서 깃랩을 자세히 살펴본다.

11.4.2 깃에서 사용하는 용어

본격적으로 깃에 대해 살펴보기 전에 용어에 대한 적절한 정의부터 짚고 넘어가자. 이 용어 중 일부는 이미 앞에서 사용한 적이 있지만, 확실히 짚고 넘어가기 위해 다시 한번 살펴본다.

저장소^{repository}

깃에서 저장소란 프로젝트의 모든 정보(파일과 메타데이터)와 변경 이력을 가진 데이터베이스다. 이때 **프로젝트**^{project}란 특정 목표를 위해 여러 사람이 생성한 파일들의 모음을 일컫는다. 저장소는 프로젝트의 시작부터 현재까지의 수명주기 전반에 걸쳐 생성되고 사용되는 모든 파일 및 이와 관련된 정보의 완전한 사본이다. 데이터가 저장소에 추가되면 불변성을 갖게 돼 변경이 불가능한데, 저장소에 저장된 파일을 변경할 수 없다는 뜻은 아니다. 저장소는 파일이 변경되면 저장소에 새로운 항목을 만드는 것처럼 파일을 저장하면서 변경 사항을 추적한다. 깃은 SHA-1 해시값으로 저장소의 콘텐츠 주소를 지정하는 객체를 생성한다.

작업 디렉터리$^{working\ directory}$

깃 사용자가 저장소에 있는 파일을 수정하는 디렉터리다. 작업 디렉터리는 저장소와 같은 것이 아니며, 리눅스/유닉스/맥OS 시스템에서는 **현재 디렉터리**[6]를 가리키는 용어와 이름이

---

3 *https://github.com/*

4 *https://bitbucket.org/product/*

5 *https://about.gitlab.com/*

6 옮긴이_ 셸에서 pwd 명령어를 실행하면 현재 작업 디렉터리를 알 수 있다.

같지만 다른 의미를 가진다. 깃에서 말하는 작업 디렉터리는 현재 디렉터리가 아니라 .git 저장소가 저장된 디렉터리를 말한다.

인덱스 index

인덱스에는 특정 시점에 대한 저장소의 디렉터리 구조 및 구성이 기록된다. 인덱스 파일은 깃에서 관리하는 동적 바이너리 파일로, 변경 사항을 스테이지에 올린 후 저장소로 커밋하면 인덱스가 수정된다.

커밋 commit

커밋은 깃 저장소의 엔트리 항목으로, 해당 저장소에 추가된 각 변경 사항의 메타 정보를 기록한다. 메타데이터에는 저자, 커밋한 날짜, 커밋 메시지(저장소에 도입되는 변경 사항에 대한 설명) 등이 포함된다. 또한 커밋은 커밋된 시점의 전체 저장소 상태를 담아둔다. 여러 파일의 변경 사항을 하나의 커밋으로 함께 묶을 수 있으므로, '저장소의 변경'은 여러 파일에 대한 여러 변경 사항을 의미할 수 있다(이와 관련된 내용은 이번 장의 뒷부분에서 보다 자세히 살펴본다).

11.4.3 깃 아키텍처 개관

앞에서 살펴본 용어에 유념하면서 지금부터는 깃의 개략적인 아키텍처를 살펴본다. 깃의 아키텍처를 비교적 상위 수준에서 바라보겠지만, 깃의 동작을 이해하는 데 충분한 도움이 되도록 자세히 설명한다.

> **NOTE_** 깃의 아키텍처를 자세히 알아보고 싶다면 프렘 쿠마 Prem Kumar Ponuthorai와 존 로엘리거 Jon Loeliger가 함께 쓴 『Version Control with Git, 3rd Edition』(O'Reilly, 2023)을 추천한다.

앞에서 설명한 것처럼 깃 **저장소**는 프로젝트에 대한 모든 정보가 들어 있는 데이터베이스다. 프로젝트에 포함된 파일, 시간이 지나면서 프로젝트에 가해진 변경 사항, 이러한 변경 사항에 대한 메타데이터(누가 변경했고, 언제 바꿨는지 등) 등과 같은 정보는 기본적으로 작업 디렉터리 아래에 있는 .git 디렉터리에 저장된다(이 디렉터리 경로도 바꿀 수 있다). 예를 들어 새로 초기화한 깃 저장소 작업 디렉터리에서 파일 목록을 확인해보자. 그럼 실제 저장소 데이터가 들어 있는 .git 디렉터리가 보인다.

```
macbookpro:npab-examples slowe (main)$ ls -la
total 0
drwxr-xr-x  3 slowe staff 102 May 11 15:37 .
drwxr-xr-x 16 slowe staff 544 May 11 15:37 ..
drwxr-xr-x 10 slowe staff 340 May 11 15:37 .git
macbookpro:npab-examples slowe (main)$
```

NOTE_ 예제에 사용된 디렉터리 목록은 저자의 맥북 프로에서 실행한 결과다. 이번 장에서 다루는 다양한 깃 명령의 실행 결과는 데비안 11, 우분투 20.04, 아마존 리눅스 2에서 얻은 것으로, 사용된 운영체제를 프롬프트에 표시하도록 설정했다. 그러므로 프롬프트가 다르다고 해서 당황하지 말자.

프롬프트에서 알 수 있듯이 npab-examples 디렉터리의 파일 목록이다. 이 예제에서 **작업 디렉터리**는 npab-example이고, 깃 **저장소**는 npab-examples/.git이다. 작업 디렉터리와 저장소는 다른 것이라고 이야기했었는데, 이 차이점을 의미한다. 깃을 처음 사용하는 사람들은 작업 디렉터리를 저장소라고 부르는 경우가 많은데, 실제 저장소는 .git 하위 디렉터리임을 명심하자.

.git 디렉터리에는 다음과 같이 깃 저장소를 구성하는 다양한 구성 요소가 모두 들어 있다.

- 인덱스는 저장소의 디렉터리 구조와 특정 시점의 내용을 표현한다고 앞에서 정의했는데, 실제로는 .git/index에 정보가 모두 들어 있다.
- 깃 저장소에 포함된 파일은 콘텐츠 주소 지정 가능 객체로 취급되며, .git/objects의 하위 디렉터리에 저장된다.
- 저장소에 대한 상세한 설정은 .git/config에 저장된다.
- 저장소에 대한 메타데이터, 저장소에 저장된 변경 사항, 저장소의 객체는 .git/logs에 저장된다.

.git 디렉터리에 저장된 모든 정보는 깃에 의해 관리되므로, 이 디렉터리의 내용을 직접 다룰 필요는 없다. 이 책에서는 저장소에 파일을 추가하고, 변경 사항을 커밋하고, 변경을 취소해보면서 다양한 깃 명령어의 사용법을 살펴본다. 바로 이어서 깃의 사용법을 알아보자.

11.5 깃 사용하기

이제 깃의 아키텍처가 어떤 모습인지 살펴봤으므로, 보다 실질적인 내용에 초점을 맞춰 깃의 실제 사용법을 알아보자.

실제 예제를 통해 깃 사용법을 설명한다. 여러분을 자신의 담당 환경에 네트워크 자동화 도구를 배포하는 업무를 맡은 네트워크 엔지니어라고 가정해보자. 결국 파이썬 스크립트, 진자 템플릿과 기타 여러 파일을 작성할 것이며, 깃으로 모든 파일을 관리해 버전 관리 시스템의 이점을 제대로 활용하고 싶다.

다음 절에서는 깃을 사용해 네트워크 자동화 여정에서 생성하는 파일을 관리하는 중요한 첫걸음을 내디뎌보자.

11.5.1 깃 설치

깃 설치 과정에 대해 매우 잘 정리된 문서가 많이 있으므로, 여기서는 따로 설명하지 않는다. 깃은 다양한 리눅스 배포판에 미리 설치돼 있는 경우가 많은데, 깃이 설치돼 있지 않다면 리눅스 패키지 관리자(RHEL/CentOS/페도라에서는 dnf, 데비안에서는 apt)를 사용해 설치할 수 있다. 맥OS나 윈도에서는 설치 프로그램으로 편리하게 설치할 수 있다. 깃 설치 방법 및 선택 사항은 깃 웹 사이트를 참조하자.

11.5.2 저장소 만들기

깃을 설치했다면, 저장소로 사용될 디렉터리를 만드는 것이 첫 번째 단계다. 데비안 GNU/리눅스 시스템을 사용 중이라면 다음 명령을 실행한다. 완전히 똑같지는 않겠지만 다른 리눅스 배포판이나 맥OS에서도 비슷한 명령을 사용한다.

```
admin@debian11:~$ mkdir ~/net-auto
```

이제 생성한 디렉터리로 이동한 후 `git init` 명령을 통해 비어 있는 저장소를 만든다.

```
admin@debian11:~$ cd net-auto
admin@debian11:~/net-auto$ git init
hint: Using 'master' as the name for the initial branch. This default branch name
hint: is subject to change. To configure the initial branch name to use in all
hint: of your new repositories, which will suppress this warning, call:
hint:
hint:   git config --global init.defaultBranch <name>
hint:
hint: Names commonly chosen instead of 'master' are 'main', 'trunk' and
hint: 'development'. The just-created branch can be renamed via this command:
hint:
hint:   git branch -m <name>
Initialized empty Git repository in /home/admin/net-auto/.git
```

git init 명령은 새로운 깃 저장소를 **초기화**하거나 생성한다. 이 과정에서 .git 디렉터리와 하위 디렉터리, 디렉터리에 저장되는 파일이 생성되고, 초기 브랜치를 구성한다(브랜치는 11.6절 '깃에서 브랜치 사용하기'에서 보다 자세히 살펴본다).

2020년 7월 27일 배포된 깃 2.28 버전부터 최초 브랜치명에 대한 문구가 추가됐다. 이 날짜 이후에 배포된 리눅스 배포판이나 깃 2.28 이상 버전이 설치된 경우에만 추가된 문구가 표시된다. 이전 예제는 깃 2.30.2가 설치된 데비안 11에서 실행한 결과이며, 우분투 20.04에 설치된 깃은 2.25.1 버전이므로 메시지가 다르게 표시된다.

> **NOTE_** 이번 장에서 살펴보는 **깃** 명령은 어떤 시스템에서 실행하더라도 거의 비슷한 결과 화면이 표시된다. 셸 프롬프트에서 알 수 있듯이 다양한 리눅스 배포판에서 깃 명령을 실행해보겠지만, 맥OS에서의 깃 사용법도 리눅스에서의 사용법과 동일하다. 윈도에서 깃을 사용할 경우에는 운영체제의 차이점으로 인해 문법적인 차이점이 조금 있을 수 있다.

이제 net-auto 디렉터리에서 ls -la 명령을 실행해보면 git init 명령으로 생성한 비어 있는 깃 저장소인 .git 디렉터리가 표시된다. 파일을 추가할 저장소가 준비됐으니 이제 저장소에 파일을 추가해보자.

11.5.3 저장소에 파일 추가하기

저장소에 파일을 추가하는 과정은 몇 단계로 나뉘어진다.

1. 저장소의 작업 디렉터리에 파일 추가하기
2. 저장소 인덱스에 파일 올리기(스테이징^{staging})
3. 스테이징한 파일을 저장소에 커밋하기

다시 예제로 돌아가보자. 네트워크 자동화 프로젝트를 진행하면서 생성된 파일을 저장할 새로운 깃 저장소가 만들어졌다. 저장소에 처음 추가할 파일은 네트워크 장비의 현재 설정 파일이다. 3개 스위치의 현재 설정을 가져와서 3개의 파일, 즉 sw1.txt, sw2.txt, sw3.txt로 저장했다.

우선 이 파일을 작업 디렉터리로 복사한다. 예제에서는 /home/admin/net-auto로 복사한다. 보통 작업 디렉터리는 실제 깃 저장소가 들어 있는 .git 디렉터리의 상위 디렉터리임을 유의하자. 리눅스나 맥OS에서는 **cp** 명령어를 사용해 파일을 작업 디렉터리로 복사한다. 윈도 환경이라면 **copy** 명령어를 사용한다.

이제 파일이 작업 디렉터리로 옮겨졌지만, 아직 저장소로 옮겨진 것은 아니다. 즉, 깃은 아직이 파일의 변경을 추적하지 않는다는 의미다. 아직까지는 변경 사항이나 누가 바꿨는지 등의 변경 이력을 확인할 수 없고, 이전 버전으로 복구하는 것과 같은 버전 관리 시스템의 기능을 사용할 수 없다.

git status 명령을 실행해보면 다음과 같이 출력된다.

```
admin@debian11:~/net-auto$ git status
On branch main

No commits yet

Untracked files:
  (use "git add <file>..." to include in what will be committed)

    sw1.txt
    sw2.txt
    sw3.txt

nothing added to commit but untracked files present (use "git add" to track)
```

git status 명령의 실행 결과를 보면, 현재 작업 디렉터리에서 추적 중인 파일도 없고 추가된 파일도 없다는 것을 알 수 있다. 결과 메시지에 표시된 설명처럼 git add 명령을 사용해 추적 중이 아닌 파일을 다음과 같이 저장소에 추가한다.

```
admin@debian11:~/net-auto$ git add sw1.txt
admin@debian11:~/net-auto$ git add sw2.txt
admin@debian11:~/net-auto$ git add sw3.txt
```

물론 셸의 glob 패턴을 사용해 한 번에 여러 파일을 추가할 수도 있다. 예를 들어 git add sw*.txt를 실행해 스위치 설정 파일 3개를 한 번에 모두 추가할 수 있다. 배시 셸을 사용 중이라면 중괄호 표현식도 사용할 수 있다. 예를 들어 여러 파일을 스테이징할 때 git add sw{1, 2,3}.txt와 같은 형식으로 명령을 실행할 수 있다.

git add 명령을 실행해 파일을 스테이징 영역에 추가했다면, git status 명령을 실행해 현재 상태를 확인해보자.

```
admin@debian11:~/net-auto$ git status
On branch main

No commits yet

Changes to be committed:
  (use "git rm --cached <file>..." to unstage)

    new file:   sw1.txt
    new file:   sw2.txt
    new file:   sw3.txt
```

이제 파일이 깃 인덱스로 **스테이징**됐으며, 깃의 인덱스는 현재 디렉터리와 동기화된 상태다. 기술적으로 설명하면, 파일이 깃의 객체 저장소에 객체로 추가됐다. 하지만 아직 객체에 대한 특정 시점 참조가 없는 상태다. 특정 시점 참조를 만들려면 스테이징된 변경 사항을 **커밋**해야 한다.

11.5.4 저장소에 변경 사항 커밋하기

변경 사항을 저장소에 커밋하려면 그에 앞서 몇 가지 준비 작업이 필요하다. 깃을 버전 관리 도구로 사용하면 저장소에 저장된 파일의 변경 사항을 추적할 수 있다는 이점 외에 누가 그 변경 사항을 만들었는지 알 수 있는 장점도 따른다는 사실을 기억하자. 이 정보를 얻으려면 나는 누구인지에 대한 정보를 깃에 제공해야 한다. 깃을 설치했다면 저장소를 만들지 않은 상태에서도 이 정보를 설정할 수 있다. 이 설정은 깃을 통해 다른 사람과 협업해야 하는 경우에 중요하다 (11.7절 '깃으로 협업하기'에서 협업하는 과정을 살펴본다).

깃에 사용자 정보 제공하기

깃은 저장소별, 사용자별 또는 시스템 전역으로 설정할 수 있는 항목이 있다. 앞서 깃은 저장소별 설정 정보를 .git/config 파일에 저장한다고 말했었다. 깃에서 변경 사항을 누가 만들었는지 추적할 수 있도록 사용자의 이름과 이메일 주소를 설정하는 경우라면 저장소별 설정이 아니라 사용자별 설정을 변경해야 한다.

이 설정은 저장소별 설정이 아니라 사용자별 설정을 변경해야 하므로, 사용자 홈 디렉터리의 .gitconfig 파일에 저장된다. 이 파일은 INI 포맷으로 된 파일로, 자신이 사용하는 텍스트 편집기나 `git config` 명령으로 수정할 수 있다. 예제에서는 `git config` 명령을 통해 수정해본다.

다음 명령을 실행해 사용자명과 이메일 주소를 설정한다.

```
ubuntu@ubuntu2004:~/net-auto$ git config --global user.name "John Smith"
ubuntu@ubuntu2004:~/net-auto$ git config --global user.email
"john.smith@networktocode.com"
```

--global 옵션을 사용하면 사용자별 설정으로 저장된다. 저장소마다 다른 사용자명과 이메일 주소를 사용하고 싶다면 --global 옵션을 생략하면 된다. 다만, 반드시 사용할 저장소의 작업 디렉터리로 이동한 후 명령을 실행해야 한다. 그렇지 않으면 어떤 저장소에 대한 설정인지 알 수 없으므로 오류가 발생한다. --global 옵션을 사용했으므로 `git config` 명령은 홈 디렉터리에 있는 .gitconfig 파일을 수정한다. 이 옵션 없이 `git config` 명령을 실행하면 현재 디렉터리 저장소 경로에 있는 .git/config 파일을 수정한다.

변경 사항 커밋하기

깃에 계정 정보를 설정했다면 드디어 파일의 변경 사항을 저장소에 **커밋**할 준비를 마친 것이다. 변경 사항을 저장소로 커밋하려면 반드시 먼저 git add 명령으로 파일을 **스테이징**해야 한다는 점을 기억해두자. 새로 파일을 만들었거나 저장소에 있던 파일을 수정했다면(곧 이런 경우를 만나게 된다) 모두 스테이징해야 한다. 이미 변경된 파일을 git add 명령으로 스테이징했으므로, 이제 git status 명령을 실행해 파일이 스테이징됐는지 확인해보자. 이제 커밋할 준비가 끝났다.

변경 사항을 저장소로 커밋하는 명령은 간단하다. git commit 명령을 실행한다.

```
ubuntu@ubuntu2004:~/net-auto$ git commit -m "First commit to new repository"
[main (root-commit) 9547063] First commit to new repository
 3 files changed, 24 insertions(+)
 create mode 100644 sw1.txt
 create mode 100644 sw2.txt
 create mode 100644 sw3.txt
```

NOTE_ -m 인자를 생략한 채 git commit 명령을 실행하면 커밋 메시지를 입력받기 위해 깃에 설정된 기본 텍스트 편집기가 실행된다. 어떤 편집기를 사용할 것인지는 깃 설정으로 지정할 수 있다. 다른 편집기로 바꾸고 싶다면 홈 디렉터리의 .gitconfig 파일을 수정하거나 git config 명령을 실행한다. 예를 들어 비주얼 스튜디오 코드나 서브라임 텍스트와 같은 그래픽 기반 텍스트 편집기를 사용하도록 설정할 수 있다.

변경 사항을 저장소에 커밋하면 어떤 일이 벌어질까? git add 명령으로 파일을 추가하면 깃의 객체 데이터베이스에는 해당 파일(그리고 파일의 내용)을 표현한 객체가 추가된다. 구체적으로, 깃은 파일의 내용을 표현하는 이진 대형 객체인 BLOB[7]와 파일 및 디렉터리 구조를 표현한 **트리 객체**tree object를 생성한다. git commit 명령으로 변경 사항을 커밋하면 깃 데이터베이스에 트리 객체를 참조하는 **커밋 객체**commit object가 추가된다. 커밋 객체는 결국 BLOB를 참조한다. 이제 깃은 커밋 객체를 통해 특정 시점에 대한 해당 저장소의 전체 상태를 참조할 수 있게 된다.

아직 저장소에 존재하는 커밋이 하나뿐이므로, git log 명령을 실행해보면 첫 번째 커밋만 표시된다.

7　옮긴이_ 대용량 이진 객체(Binary Large Object)의 약어로, 바이너리 형태의 대용량 데이터를 의미한다.

```
[ec2-user@amazonlinux2 net-auto]$ git log
commit 8d18465d697de11ebe34494f33d0cad42e01e076 (HEAD -> main)
Author: John Smith <john.smith@networktocode.com>
Date:   Wed Feb 9 02:24:24 2022 +0000

    First commit to new repository
[ec2-user@amazonlinux2 net-auto]$
```

git log 명령은 저장소가 존재하는 동안 생성된 다양한 커밋, 즉 일종의 체크포인트를 보여준다. 변경 사항이 커밋될 때마다 커밋 객체가 생성되는데, 각 커밋 객체는 생성된 시점의 저장소 상태를 참조한다. 즉, 커밋된 시점의 저장소 상태와 그 시점의 저장소 콘텐츠를 볼 수 있게 됐다. 따라서 커밋은 저장소의 이력을 이리저리 왔다 갔다 해볼 수 있는 체크포인트인 셈이다.

변경 사항 커밋 시 권장 사항

커밋이 어떻게 동작하는지 이해했으니 이제 저장소에 커밋할 때 도움이 되는 몇 가지 권장 사항을 소개한다.

자주 커밋하자

변경 사항을 커밋할 때 생성되는 커밋 객체를 통해 저장소의 상태를 볼 수 있다. 파일을 수정해서 저장하더라도 이를 커밋하지 않고 또 다른 파일을 수정했다고 생각해보자. 첫 번째 변경 사항은 커밋되지 않았으므로, 그때의 저장소 상태를 확인할 수 없을 뿐만 아니라 해당 시점으로 되돌아갈 수도 없다.

논리 단위로 커밋하자

파일을 변경해 저장할 때마다 저장소에 커밋하지는 말자. 이전 권장 사항과 상반되는 것처럼 들리겠지만, 제대로 모두 변경한 다음 이를 하나로 묶어 커밋하는 것이 합당하다. 예를 들어 스위치 설정 파일을 절반쯤 변경하다가 커밋하는 것은 옳지 않다. 스위치 설정 파일을 절반만 바꾼 상태로 되돌아가고 싶지는 않을 것이다. 이런 경우 스위치 설정을 모두 변경한 다음 커밋하는 것이 합당하다.

도움이 되는 정보를 가진 깃 메시지를 작성하자

git log 출력 결과에는 각 커밋의 바뀐 부분을 이해하는 데 도움을 주는 커밋 메시지가 표시된다. 커밋 메시지는 향후 도움이 될 수 있도록 간단명료하게 작성하자. 커밋하고 나서 6개월쯤 지나고 나면 그때 무슨 작업을 했었는지 해독할 수 있게 도와주는 유일한 단서는 커밋 메시지뿐이다.

다음 절로 넘어가기 전에 한 가지 주제를 더 살펴봐야 한다. 깃 저장소의 객체는 불변성을 가지며, 파일과 같은 객체를 변경하면 객체의 내용에 대한 SHA-1 해시값으로 주소가 지정되는 새로운 객체가 생성된다고 설명했다. 이 동작 방식은 파일뿐만 아니라 파일 내용을 가리키는 BLOB, 트리 객체, 커밋 객체 등 깃 저장소에 있는 모든 객체에 동일하게 적용된다.

그럼 커밋하고 난 후 커밋에 오류가 있다는 사실을 발견했다면 어떻게 할까? 예를 들어 네트워크 설정에 잘못 입력한 문자가 있다거나 커밋 메시지를 잘못 적었을 수 있는데, 이런 경우에는 마지막 커밋을 **수정**^{amend}할 수 있다.

커밋 수정

어떤 이유로 인해 마지막 커밋에 실수가 있었다면 `git commit` 명령에 `--amend` 플래그를 사용해 커밋을 **수정**할 수 있다. 이와 같이 바로 이전 커밋을 수정할 수도 있지만, 그냥 별도의 커밋으로 만들 수도 있다. 두 방법 모두 나름의 장단점을 갖는데, 우선 기존 커밋을 수정하는 방법부터 살펴보자.

커밋을 수정하는 방법은 일반 커밋을 만드는 방법과 동일하다.

1. 변경이 필요한 부분을 수정한다.
2. 변경 사항을 스테이징한다.
3. 새로 만든 변경 사항을 `git commit --amend` 명령으로 커밋함으로써 이전 커밋의 수정 커밋이라는 점을 알려준다.

사실 깃 내부에서는 새로운 객체를 생성한다. 이 동작은 콘텐츠 내용에 대한 불변성 객체를 생성한다는 깃의 철학과 접근 방식을 따르고 있다. 다만 저장소의 이력 정보에는 원래 커밋이 아니라 수정된 커밋만 표시되므로, 훨씬 깔끔한 이력이 만들어진다. 하지만 `--amend` 플래그를 사용하는 방법보다는 차라리 다른 커밋을 생성하는 것이 더 좋은 방법이라고 주장하는 일부 순수주의자도 있다는 사실을 함께 생각해보자.

그럼 최선의 방법은 무엇일까? 어떤 방법이든 대부분 사용자가 선택한 방법이 최선의 방법이지만, 몇 가지 사항을 고려해서 선택해야 한다. 깃을 다른 사용자와의 협업 시스템으로 사용 중이라면, 이미 공유된 저장소로 보낸 커밋에 대해 --amend로 변경하는 것은 보통 좋지 않다. 한 가지 예외라면 게릿^{Gerrit}을 사용하는 경우인데, 이 시스템에서는 커밋 수정이 폭넓게 이뤄질 수 있다. 게릿은 13장에서 보다 자세히 다루며, 깃을 통한 협업은 11.7절 '깃으로 협업하기'에서 살펴본다.

11.5.5 추적 중인 파일을 수정하고 커밋하기

저장소를 만들어 새로운 파일을 추가한 후, 변경 사항을 저장소에 커밋해봤다. 그럼 저장소에 이미 있던 파일을 변경해보자. 이 과정은 어떻게 이뤄질까?

다행히 저장소에 있던 파일을 수정한 다음 커밋하는 과정도 이전에 살펴본 과정과 매우 비슷하다.

1. 작업 디렉터리에서 파일을 수정한다.
2. git add 명령으로 변경 사항을 인덱스에 스테이징하면 인덱스가 작업 디렉터리와 동기화된다.
3. git commit 명령으로 변경 사항을 커밋한다. 이제 저장소가 인덱스와 동기화되면서 저장소의 상태에 대한 특정 시점 참조가 생성된다.

이 과정을 좀 더 자세히 살펴보자. 스위치 설정 파일이 바뀌어서 이전에 커밋했던 파일 중 sw1.txt 파일을 수정해야 한다고 가정하자. 변경 사항을 버전 관리 도구에 적용해야만 배포할 수 있다고 프로세스를 강제할 수도 있다. 이미 깃은 해당 파일의 존재를 알고 있으며, 변경 상태를 추적 중인 파일에서 변경 사항이 발생했으므로, git status 명령을 실행하면 변경된 내용이 표시된다.

```
ubuntu@ubuntu2004:~/net-auto$ git status
On branch main
Changes not staged for commit:
  (use "git add <file>..." to update what will be committed)
  (use "git restore <file>..." to discard changes in working directory)

    modified:   sw1.txt

no changes added to commit (use "git add" and/or "git commit -a")
```

이전에 살펴봤던 상태 메시지와 조금 다른 메시지가 표시된다. 이번에는 sw1.txt 파일이 이미 저장소에 추가된 파일임을 깃은 알고 있었기 때문에 다른 상태 메시지가 표시된다. 작업 디렉터리에 또 다른 스위치 설정 파일인 sw4.txt 파일을 추가하면 상태 메시지가 다르게 표시된다.

```
ubuntu@ubuntu2004:~/net-auto$ git status
On branch main
Changes not staged for commit:
  (use "git add <file>..." to update what will be committed)
  (use "git restore <file>..." to discard changes in working directory)

    modified:  sw1.txt

Untracked files:
  (use "git add <file>..." to include in what will be committed)

    sw4.txt

no changes added to commit (use "git add" and/or "git commit -a")
```

깃은 작업 디렉터리에 들어 있는 추적 대상 파일의 변경 사항과 추적 대상이 아닌 파일(아직 추가하지 않은 파일)의 변경 사항을 감지한 후, 이를 명확히 구분해서 표시한다. 하지만 git status 명령 결과 메시지에서 알 수 있듯이 기존 파일을 수정했든, 새로운 파일을 추가했든 상관없이 모든 변경 사항을 저장소에 넣는 과정은 완전히 동일하다. 그냥 git add 명령을 실행한 다음 git commit 명령을 실행한다.

```
admin@debian11:~/net-auto$ git add sw1.txt
admin@debian11:~/net-auto$ git add sw4.txt
admin@debian11:~/net-auto$ git status
On branch main
Changes to be committed:
  (use "git restore --staged <file>..." to unstage)

    modified:  sw1.txt
    new file:  sw4.txt

admin@debian11:~/net-auto$ git commit -m "Update sw1, add sw4"
[main 679c41c] Update sw1, add sw4
 2 files changed, 9 insertions(+)
 create mode 100644 sw4.txt
```

git status 명령의 실행 결과에서 git commit -a 명령에 대한 참고 설명을 볼 수 있다. -a 옵션은 깃이 이미 추적하고 있던 파일이 바뀌었다면 모든 변경 사항을 추가하라는 뜻이다. 이미 알고 있는 파일의 변경 사항을 하나의 커밋으로 보내도 괜찮은 경우, git commit -a 명령을 실행하면 git add 명령을 먼저 실행하지 않아도 된다.

하지만 여러 파일을 수정했고 각 변경 사항을 따로 나눠 커밋하고 싶다면, git add 명령을 실행한 후 git commit 명령을 실행해야 한다. 왜 이렇게 해야 할까?

- 단일 커밋의 변경 범위를 제한함으로써 혹시나 이전 버전으로 복구할 경우의 영향도를 줄일 수 있다.
- 단일 커밋의 변경 범위를 제한하면 다른 사람이 변경 사항을 보다 쉽게 검토할 수 있다. 이 주제는 13장에서 다룬다.
- 다른 사람과 협업할 때 단일 커밋을 하나의 논리 단위로 변경하도록 하는 것은 모범 사례로 자주 언급되는 좋은 방식이다. 즉, 여러 변경 사항이 있더라도 같은 논리 변경에 속하는 일부를 하나의 커밋으로 묶고, 나머지 변경 사항은 이 커밋에 포함하지 않을 수도 있다. 깃으로 협업할 때의 일반적인 가이드라인은 11.7절 '깃으로 협업하기'에서 자세히 논의한다.

예제에서는 git commit -m 명령을 사용했다. -m 옵션은 사용자가 커밋 메시지를 명령행에서 입력하는 옵션이다. -m 옵션이 빠져 있다면 깃은 기본 편집기를 실행해 커밋 메시지를 입력받는다. 커밋 메시지는 필수 항목이다. 앞에서 언급한 것처럼 최대한 유익한 정보를 담고 있는 커밋 메시지를 작성하자. 나중에 git log 명령의 결과를 살펴볼 때, 유익한 정보를 가진 커밋 메시지는 변경 사항을 파악하는 데 도움이 된다. -a 옵션과 -m 옵션을 조합해 git commit -am "Committing all changes to tracked files"처럼 사용할 수도 있다.

> **TIP_** 깃 명령어에서 사용할 수 있는 다양한 옵션을 보다 자세히 알고 싶다면 **git help {명령어}**를 실행해보자. 예를 들어 git help commit 또는 git help add를 실행하면 깃 문서 중 해당 부분에 대한 설명문을 볼 수 있다. man 명령어도 사용할 수 있다. 단, man 명령어로 명령어에 대한 문서를 찾고 싶다면 궁금한 명령어 앞에 git과 대시 기호를 붙여줘야 한다. 즉, git commit 명령에 대한 설명문을 보고 싶다면 **man git-commit**을 실행해야 한다.

이제 저장소에 변경 사항을 하나 더 커밋했으니 git log를 실행해 결과를 살펴보자.

```
[ec2-user@amazonlinux2 net-auto]$ git log
commit f3a00e6596878faffbfb169063cafba67833323c (HEAD -> main)
Author: John Smith <john.smith@networktocode.com>
Date:   Wed Feb 9 02:34:26 2022 +0000

    Update sw1, add sw4

commit 8d18465d697de11ebe34494f33d0cad42e01e076
Author: John Smith <john.smith@networktocode.com>
Date:   Wed Feb 9 02:24:24 2022 +0000

    First commit to new repository
[ec2-user@amazonlinux2 net-auto]$
```

이제 저장소에 2개의 커밋이 표시된다. 특정 시점(특정 커밋)의 저장소 상태를 확인하는 방법을 배우기 전에 몇 가지 명령어를 더 배워보면서 저장소에 커밋을 몇 개 더 추가해보자.

11.5.6 파일 언스테이징하기

지금까지 잘 따라왔다면, 현재 저장소에는 4개의 스위치 설정 파일(sw1.txt부터 sw4.txt까지)이 2개의 커밋으로 들어 있을 것이다. 이제 다섯 번째 스위치 설정 파일을 추가해보자(파일명은 당연히 sw5.txt이다). 추가하는 방법은 이미 잘 알고 있을 것이다.

1. sw5.txt 파일을 작업 디렉터리로 복사한다.
2. git add 명령을 실행해 작업 디렉터리에 있는 파일을 인덱스에 추가한다.

이때 git status 명령을 실행하면 sw5.txt가 스테이징됐으며 저장소로 커밋할 수 있는 상태라는 사실을 알려준다.

```
[ec2-user@amazonlinux2 net-auto]$ git status
On branch main
Changes to be committed:
  (use "git restore --staged <file>..." to unstage)

    new file:   sw5.txt

[ec2-user@amazonlinux2 net-auto]$
```

그런데 파일을 스테이징한 이후에 해당 파일을 커밋할 수 있는 상태가 아니라는 것을 알았다고 해보자. 파일이 완전하지 않거나 네트워크에 있는 sw5 장비의 실제 설정을 정확히 반영하지 못했을 수도 있다. 이런 상황에서 최선의 방법은 파일을 **언스테이징**^{unstaging}하는 것이다.

깃 출력 메시지와 같이 파일을 언스테이징, 즉 인덱스에서 해당 파일을 제거해 작업 디렉터리와 인덱스가 더 이상 동기화되지 않도록 만드는 명령을 사용할 수 있다. 앞에서 살펴본 `git status` 명령의 실행 결과에서도 깃에서 파일을 언스테이징하는 방법이 표시돼 있었다. 이 명령의 사용법은 `git restore --staged {언스테이징할 파일}`이다.

이전 버전의 깃에서는 `git reset HEAD {언스테이징할 파일}` 명령을 사용했었다. 최신 버전에서는 출력 메시지에 소개된 `git restore` 명령이 추가됐다. 이전 버전의 명령을 보면 `restore` 명령이 실제로 어떻게 동작하는지에 대한 단서를 찾을 수 있다. 그러나 이 과정을 이해하려면 **HEAD**가 무엇인지를 먼저 알아야 한다.

HEAD는 마지막 커밋(또는 작업 디렉터리로 체크아웃한 마지막 커밋)을 참조하는 포인터다(아직 체크아웃하는 방법은 살펴보지 않았다). `git add` 명령으로 파일을 스테이징하면 작업 디렉터리의 파일을 가져와 인덱스에 추가한다는 것을 기억해두자. `git commit` 명령으로 변경 사항을 커밋하면 그 변경 내용에 대한 특정 시점 참조인 커밋이 생성된다. 커밋할 때마다 깃은 HEAD가 최신 커밋을 가리키도록 갱신한다.

> **NOTE_** HEAD는 깃에서 브랜치를 사용할 때 중요한 역할을 담당한다. 이와 관련된 내용은 11.6절 '깃에서 브랜치 사용하기'에서 더 자세히 살펴본다.

HEAD가 갱신되는 과정을 빠르게 살펴볼 수 있다. 이번 장의 예제를 잘 따라왔다면 다음 명령을 실행해보자. 단, 이때 표시되는 SHA-1 체크섬은 실제 보여지는 값과 다를 수 있다는 점을 알아두자.

먼저 cat 명령어를 사용해 .git/HEAD의 내용을 살펴보자.

```
[ec2-user@amazonlinux2 net-auto]$ cat .git/HEAD
ref: refs/heads/main
[ec2-user@amazonlinux2 net-auto]$
```

HEAD가 refs/heads/main 파일을 가리키고 있다. 다시 해당 파일을 cat 명령어로 들여다보면 다음과 같은 결과를 볼 수 있다.

```
[ec2-user@amazonlinux2 net-auto]$ cat .git/refs/heads/main
f3a00e6596878faffbfb169063cafba67833323c
[ec2-user@amazonlinux2 net-auto]$
```

.git/refs/heads/main 파일에는 SHA-1 체크섬이 들어 있다. 이제 git log 명령을 실행해 마지막 커밋의 SHA-1 체크섬과 비교해보자.

```
[ec2-user@amazonlinux2 net-auto]$ git log
commit f3a00e6596878faffbfb169063cafba67833323c (HEAD -> main)
Author: John Smith <john.smith@networktocode.com>
Date:   Wed Feb 9 02:34:26 2022 +0000

    Update sw1, add sw4

commit 8d18465d697de11ebe34494f33d0cad42e01e076
Author: John Smith <john.smith@networktocode.com>
Date:   Wed Feb 9 02:24:24 2022 +0000

    First commit to new repository
[ec2-user@amazonlinux2 net-auto]$
```

마지막 커밋의 SHA-1 체크섬이 ref/heads/main을 가리키는 HEAD의 체크섬과 같은 값이므로, HEAD는 마지막 커밋을 가리키고 있는 포인터라는 것을 알 수 있다. 이번 장 후반부에서는 HEAD를 사용해 브랜치를 통합하는 방법과 작업 디렉터리로 파일을 체크아웃할 때 HEAD 값이 어떻게 바뀌는지를 살펴본다.

하지만 지금은 파일을 언스테이징하기 위해 git reset 명령을 사용하는 방법을 먼저 알아보자. 이 명령은 강력하지만, 다행히 기본값은 정상적으로 설정돼 있다. 앞에서 살펴본 것처럼, 아무 옵션 없이 파일 이름이나 경로만으로 git reset 명령을 실행하면 인덱스를 HEAD가 참조하는 내용처럼 보이게 만들 뿐이다. HEAD는 특정 커밋을 참조하는 포인터임을 확인했었는데, 기본적으로 가장 최신 커밋을 참조한다.

git add 명령을 실행하면 인덱스를 작업 디렉터리처럼 보이게 만드는데, 이것이 파일을 스테이징하는 방식이다. 이와 정반대로 git reset HEAD {파일명} 명령은 인덱스를 HEAD가 참조하는 콘텐츠처럼 보이게 만든다. 즉, git add 명령을 통해 만든 인덱스의 변경을 취소해 파일을 언스테이징된 상태로 되돌린다.

git restore 명령도 같은 방식으로 동작하는데, 주어진 경로를 복원 소스의 콘텐츠로 복원한다. --staged 옵션을 사용하면 기본적으로 HEAD로부터 복원되므로, git reset HEAD {파일명}을 실행한 결과와 같다. man git-restore 명령을 실행하면 git restore 명령에 대한 보다 자세한 설명을 볼 수 있다.

sw5.txt 파일을 저장소에 커밋하기 위해 이미 스테이징한 상태이므로, git status 명령을 실행해보면 changes to be committed: 아래에 커밋될 파일의 목록으로 표시된다. 이제 git restore 명령을 실행해보자.

```
[ec2-user@amazonlinux2 net-auto]$ git restore --staged sw5.txt
[ec2-user@amazonlinux2 net-auto]$ git status
On branch main
Untracked files:
  (use "git add <file>..." to include in what will be committed)

    sw5.txt

nothing added to commit but untracked files present (use "git add" to track)
[ec2-user@amazonlinux2 net-auto]$
```

더 이상 sw5.txt 파일은 커밋될 변경 사항에 표시되지 않으며, 인덱스에도 없는 파일이 됐기에 추적 대상이 아닌 파일 목록에 표시된다. sw5.txt 파일을 보완한 다음, 다시 저장소에 해당 파일의 버전을 커밋한다.

저장소를 생성하는 방법, 파일(새 파일과 기존 파일)을 추가하는 방법, 변경 사항을 커밋하는 방법, 파일을 언스테이징하는 방법까지 살펴봤다. 그럼 저장소의 다른 파일과 함께 둬야 하지만 깃에서 추적하면 안 되는 파일이 있다면 어떻게 해야 할까? 이런 경우 파일 제외 기능을 유용하게 사용할 수 있다.

11.5.7 저장소에서 파일 제외하기

때로는 작업 디렉터리에 있지만 저장소에 포함되지 않아야 하는 파일이 있을 수 있다. 이런 상태를 '스크래치 공간^{scratch space}'이라 부른다. 다행히 깃에서는 저장소에 포함되지 않아야 할 특정 파일이나 파일명 패턴을 지정할 수 있다.

예제로 돌아가보면, 우리는 네트워크 자동화와 관련된 아티팩트를 저장하기 위해 깃 저장소를 생성했다. 다음과 같이 네트워크 스위치에 연결해 장비의 정보를 수집하는 파이썬 스크립트가 있다고 가정해보자. 아래 예제 코드는 아리스타 스위치에 접속해 장비의 정보를 수집하는 파이썬 스크립트다.

```python
#!/usr/bin/env python

from pyeapi.client import Node as EOS
from pyeapi import connect
import yaml

def main():

    creds = yaml.load(open('credentials.yml'))

    un = creds['username']
    pwd = creds['password']

    conn = connect(host='eos-npab', username=un, password=pwd)
    device = EOS(conn)

    output = device.enable('show version')
    result = output[0]['result']

    print('Arista Switch Summary:')
    print('---------------------')
    print('OS Version:' + result['version'])
    print('Model:' + result['modelName'])
    print('System MAC:' + result['systemMacAddress'])

if __name__ == "__main__":
    main()
```

이 스크립트에서는 credentials.yml이라는 별도의 YAML 파일에 인증 정보를 저장해 사용한다. 인증 정보 파일은 파이썬 스크립트와 같은 작업 디렉터리에 있어야 하지만, 저장소에서 추적하면서 변경 사항을 관리할 필요는 없다.

> **CAUTION_** 비밀번호, SSH 등과 같은 보안 정보를 깃 저장소에 넣어둘 것인지는 저장소의 사용 방식에 크게 좌우된다. 사용자별 비밀번호도 사용하지 않을 만큼 접근이 엄격히 제한되는 사설 저장소라면, 이러한 보안 정보를 저장소에 저장해도 괜찮을 수 있다. 하지만 사용자별 비밀번호를 사용하는 저장소나 향후 공개적으로 공유될 수 있는 저장소라면, 보안 정보가 저장소에 저장되지 않도록 이번 절에서 소개하는 방법으로 파일을 제외시켜야 한다.

다행히 깃에서는 저장소의 일부에 포함돼 추적되지 않아야 하는 파일을 여러 가지 방법으로 지정할 수 있다. 11.5.4절 '저장소에 변경 사항 커밋하기'에서 깃의 설정 항목을 저장소별, 사용자별로 적용하거나 시스템 전체에 적용할 수 있다고 이야기했었다. 깃 저장소에서 파일을 제외하는 것도 저장소별로 또는 사용자별로 설정할 수 있다.

저장소별 파일 제외하기

저장소 단위로 특정 파일을 제외하는 방법부터 살펴보자. 파일을 제외(무시)하는 가장 일반적인 방법은 저장소에 .gitignore 파일을 저장하는 것이다. 저장소의 다른 파일과 마찬가지로 .gitignore 파일도 인덱스에 스테이징해야 하며, 파일 내용이 변경되면 저장소에 커밋해야 한다. .gitignore 파일이 저장소의 일부로 배포되므로, 모든 팀원이 깃을 분산 버전 제어 시스템 (DVCS)으로 사용하는 경우에 유용하다.

.gitignore 파일은 한 줄에 하나씩 제외할 파일명이나 파일명 패턴을 나열한 일반적인 텍스트 파일이다. 깃에서 무시할 파일 목록을 직접 만들려면, 작업 디렉터리에 .gitignore라는 파일을 생성하고 해당 파일에 무시할 파일명이나 파일명 패턴을 기입한 후 저장소에 추가해 커밋한다.[8]

앞서 살펴본 파이썬 스크립트에서 사용하는 인증서의 파일명은 credentials.yml이다. 이 파일을 무시하도록 .gitignore 파일을 만들어보자. 아직 이 파일이 없다면 먼저 파일부터 만들어야 한다.

---

8 *https://github.com/github/gitignore*에서 다양한 상황의 .gitignore 템플릿을 구할 수 있다.

1. touch .gitignore 명령을 실행해 비어 있는 파일을 만든다.

2. 원하는 텍스트 편집기로 .gitignore 파일에 'credentials.yml' 한 줄을 추가한다.

이제 git status 명령을 실행해보면, 깃에 .gitignore 파일은 추가돼 있지만 credentials.yml 파일은 목록에 표시되지 않는 것을 알 수 있다.

```
ubuntu@ubuntu2004:~/net-auto$ git status
On branch main
Untracked files:
  (use "git add <file>..." to include in what will be committed)

    .gitignore

nothing added to commit but untracked files present (use "git add" to track)
```

이제 .gitignore 파일을 스테이징해 저장소에 커밋해보자. git add . 명령과 git commit -m "Adding .gitignore file" 명령을 실행한다.

지금부터는 파이썬 스크립트에서 사용할 credentials.yml이 만들어져도 깃은 해당 파일이 없는 것처럼 무시해버린다. 예를 들어 작업 디렉터리에 파일이 존재하더라도 git status 명령을 실행해보면 변경 사항이나 추적하지 않는 파일에 표시되지 않는다.

```
ubuntu@ubuntu2004:~/net-auto$ ls -la
total 40
drwxrwxr-x 3 ubuntu ubuntu 4096 May 31 16:32 .
drwxr-xr-x 5 ubuntu ubuntu 4096 May 12 17:18 ..
drwxrwxr-x 8 ubuntu ubuntu 4096 May 31 16:34 .git
-rw-rw-r-- 1 ubuntu ubuntu    8 May 31 16:27 .gitignore
-rw-rw-r-- 1 ubuntu ubuntu   15 May 31 16:32 credentials.yml
-rwxrwxr-x 1 ubuntu ubuntu    0 May 31 16:32 script.py
-rw-rw-r-- 1 ubuntu ubuntu   98 May 12 20:22 sw1.txt
-rw-rw-r-- 1 ubuntu ubuntu   84 May 12 17:17 sw2.txt
-rw-rw-r-- 1 ubuntu ubuntu   84 May 12 17:17 sw3.txt
-rw-rw-r-- 1 ubuntu ubuntu   84 May 12 20:33 sw4.txt
-rw-rw-r-- 1 ubuntu ubuntu  135 May 31 14:56 sw5.txt
ubuntu@ubuntu2004:~/net-auto$ git status
On branch main
nothing to commit, working directory clean
```

조금 자세히 들여다보면, 깃에서 커밋할 파일이 없다고 표시됐지만 모든 파일이 무시된 상태는 아닐 수도 있다는 것을 알 수 있다. 몇 가지 깃 명령어를 사용해 이 점을 확인해보자. 먼저 git log 명령을 실행해 커밋 이력을 살펴보자.

```
ubuntu@ubuntu2004:~/net-auto$ git log --oneline
554b084 (HEAD -> main) Adding .gitignore file
ee7e7bf Add Python script to talk to network switches
d40fe74 Add configuration for sw5
dd61e7b Update sw1, add sw4
6b9b6cd First commit to new repository
```

다음으로는 다양한 시점의 저장소 상태를 확인하기 위해 깃에서 추가 정보를 더 확인해야 한다. 특정 시점 커밋의 SHA-1 해시값을 이용해 git ls-tree 명령을 실행해보자. git log --oneline 명령에서 SHA-1 해시값의 첫 일곱 글자만 사용했는데, 예외 상황이 있을 수 있지만 깃에서 SHA-1 해시가 필요한 명령을 실행할 때는 이와 같이 처음 일곱 글자만 사용할 수도 있다. 깃은 필요에 따라 고유의 해시값을 표시하기 위해 더 많은 글자를 사용한다.[9] 예를 들어 가장 최근 커밋의 SHA-1 해시값이 ee7e7bf로 시작하므로, 다음 명령을 실행해 이 커밋이 이뤄진 시점에서 저장소에는 어떤 파일이 들어 있었는지를 확인할 수 있다.

```
ubuntu@ubuntu2004:~/net-auto$ git ls-tree ee7e7bf
100755 blob e69de29bb2d1d6434b8b29ae775ad8c2e48c5391    script.py
100644 blob 2567e072ca607963292d73e3acd49a5388305c53    sw1.txt
100644 blob 02df3d404d59d72c98439f44df673c6038352a27    sw2.txt
100644 blob 02df3d404d59d72c98439f44df673c6038352a27    sw3.txt
100644 blob 02df3d404d59d72c98439f44df673c6038352a27    sw4.txt
100644 blob 88b23c7f60dc91f7d5bfeb094df9ed28996daeeb    sw5.txt
```

credentials.yml 파일이 저장소에 없는 것을 확인했다. 최신 커밋은 어떤 상태일까?

```
ubuntu@ubuntu2004:~/net-auto$ git ls-tree 554b084
100644 blob 2c1817fdecc27ccb3f7bce3f6bbad1896c9737fc    .gitignore
100755 blob e69de29bb2d1d6434b8b29ae775ad8c2e48c5391    script.py
100644 blob 2567e072ca607963292d73e3acd49a5388305c53    sw1.txt
100644 blob 02df3d404d59d72c98439f44df673c6038352a27    sw2.txt
```

----

9 옮긴이_ SHA-1 해시는 콘텐츠에 대해 20바이트 크기의 해시값을 생성한다. 이를 16진수 표기법으로 나타내면 총 40글자다.

```
100644 blob 02df3d404d59d72c98439f44df673c6038352a27    sw3.txt
100644 blob 02df3d404d59d72c98439f44df673c6038352a27    sw4.txt
100644 blob 88b23c7f60dc91f7d5bfeb094df9ed28996daeeb    sw5.txt
```

credentials.yml 파일이 나머지 커밋들에도 포함되지 않았음을 확인해보는 것은 연습 과제로
남겨둔다.

전역으로 파일 제외하기

저장소의 작업 디렉터리에 .gitignore 파일을 만들어 저장소마다 제외할 파일을 설정할 수도
있지만, 컴퓨터의 모든 저장소에서 제외할 파일을 지정하는 전역 파일을 만들 수도 있다. 홈 디
렉터리에 .gitignore_global 파일을 만든 후, 이 파일에 제외할 파일 목록을 추가한다. 그런
다음, **git config --global core.excludesfile {.gitignore_global 파일 경로}**
명령을 실행해 방금 만든 .gitignore_global 파일을 사용하도록 설정한다.

홈 디렉터리에 .gitignore_global 파일을 생성했다면 파일의 경로는 보통 ~/.gitignore_
global로 표기한다.

그럼 git log 명령과 git ls-tree 명령을 사용해 저장소, 변경 이력, 특정 시점의 콘텐츠에
대한 정보를 더 자세히 확인하는 방법을 살펴보자.

11.5.8 저장소에 대해 더 많은 정보 살펴보기

저장소에 대한 자세한 정보를 보고 싶다면 git log 명령을 사용한다. 이미 여러 번 git log
명령을 사용해봤으므로, 이 명령이 얼마나 유용한지는 어느 정도 이해할 수 있을 것이다.

기본적인 로그 정보 보기

가장 기본적인 git log 명령의 실행 결과는 HEAD까지의 커밋 이력을 표시한다. 그냥 git
log 명령을 실행하면 저장소의 커밋 이력이 모두 표시된다. 다음은 이번 장에서 사용하는 예제
저장소에서 git log 명령을 실행한 결과다.

```
admin@debian11:~/net-auto$ git log
commit 045c1aa80b2a75f304eff4f001c77dfba23935e7 (HEAD -> main)
```

```
Author: John Smith <john.smith@networktocode.com>
Date:   Wed Feb 9 03:02:43 2022 +0000

    Adding .gitignore file

commit dcddb60add227e99c7ece91d22aa7f9e2001c268
Author: John Smith <john.smith@networktocode.com>
Date:   Wed Feb 9 02:58:42 2022 +0000

    Add Python script to talk to network switches

commit 097bbd348c5148d2f788ee00a8d59c7462e7e836
Author: John Smith <john.smith@networktocode.com>
Date:   Wed Feb 9 02:54:14 2022 +0000

    Add configuration for sw5

commit 0bc86eb847083a38e5cffedd780fd0a5217a90db
Author: John Smith <john.smith@networktocode.com>
Date:   Wed Feb 9 02:34:24 2022 +0000

    Update sw1, add sw4

commit 3121e674be42b59e0af4bcfbb30ad5d61dd45fdd
Author: John Smith <john.smith@networktocode.com>
Date:   Wed Feb 9 02:24:11 2022 +0000

    First commit to new repository
```

요약 로그 정보 보기

git log 명령에는 여기서 모두 다룰 수 없을 만큼 다양한 옵션이 제공된다. 가장 유용한 옵션
은 이미 사용해본 적이 있는 --oneline 옵션이다. 예제 저장소에서 실행해보면 다음과 같은
결과를 볼 수 있다.

```
admin@debian11:~/net-auto$ git log --oneline
045c1aa (HEAD -> main) Adding .gitignore file
dcddb60 Add Python script to talk to network switches
097bbd3 Add configuration for sw5
0bc86eb Update sw1, add sw4
3121e67 First commit to new repository
```

보다시피 --oneline 옵션을 사용하면 SHA-1 해시값과 커밋 메시지를 축약한 형태로 표시한다. 어느 정도 이력이 쌓인 저장소라면 git log -oneline 명령을 사용해 커밋을 선택한 후, 특정 커밋의 상세 내용을 자세히 파고들면서 확인하는 것이 가장 좋다.

> **TIP_** 특정 키워드가 들어 있는 커밋을 grep으로 검색하려면 깃 출력을 파이프로 연결해야 하는데, 이 경우 기본 동작으로 설정돼 있는 페이지 나눔 기능을 비활성화해야 한다. --no-pager 옵션을 사용해 git --no-pager log --oneline 명령을 실행한다.

특정 커밋의 내용을 자세히 살펴볼 수 있는 몇 가지 방법이 있다. 먼저 git log 명령에서 찾아보고 싶은 커밋의 범위를 지정할 수 있다. git log {시작 커밋의 SHA-1 해시}..{끝 커밋의 SHA-1 해시}처럼 실행한다. 예제 저장소의 최신 커밋 일부만 살펴보려면 다음과 같이 실행한다. 여기에 사용된 SHA-1 해시값이 어디에서 나온 것인지 궁금하다면, 이번 절을 시작할 때 실행했던 git log -oneline 명령의 실행 결과를 참고하자. SHA-1 해시값을 지정할 때 최소한 처음 일곱 글자는 전달해야 한다.

```
admin@debian11:~/net-auto$ git log dcddb60..045c1aa
commit 045c1aa80b2a75f304eff4f001c77dfba23935e7 (HEAD -> main)
Author: John Smith <john.smith@networktocode.com>
Date:   Wed Feb 9 03:02:43 2022 +0000

    Adding .gitignore file
```

이미 살펴봤던 HEAD처럼 git log 명령이나 그 외 명령에서 기호를 사용하는 명칭도 사용할 수 있다. HEAD 바로 이전 커밋은 HEAD~1로 표기한다. HEAD 이전 두 번째 커밋은 HEAD~2로 표기하고, HEAD 이전 세 번째 커밋은 HEAD~3으로 표기한다(패턴을 금방 이해할 수 있을 것이다). 이 경우 해당 저장소에서 이전 명령과 동일한 결과를 얻게 된다.

```
admin@debian11:~/net-auto$ git log HEAD~1..HEAD
commit 045c1aa80b2a75f304eff4f001c77dfba23935e7 (HEAD -> main)
Author: John Smith <john.smith@networktocode.com>
Date:   Wed Feb 9 03:02:43 2022 +0000

    Adding .gitignore file
```

이번 장의 후반부에서 HEAD를 보다 자세히 살펴볼 텐데, 그때 왜 '이 경우 특정 저장소에서'
git log 명령을 실행한 결과와 동일한 결과를 얻게 된다고 설명했는지 보다 명확히 이해하게
될 것이다.

특정 커밋에 대한 정보 자세히 알아보기

특정 커밋에 대한 세부 정보를 더 자세히 알고 싶다면 git cat-file 명령을 사용한다. 다른
많은 유닉스/리눅스 도구처럼 깃도 모든 것을 파일로 취급한다. 따라서 커밋도 파일로 취급되
며, 그 내용을 화면에 표시할 수 있다. git cat-file 명령은 그 내용을 화면에 표시하는 명령
이다. 다음과 같이 특정 커밋의 축약된 SHA-1 해시를 이용해 해당 커밋의 상세 내용을 확인
할 수 있다.

```
admin@debian11:~/net-auto$ git cat-file -p 097bbd3
tree b289b034cab1ca9a95de8604d8576c5a752ae601
parent 0bc86eb847083a38e5cffedd780fd0a5217a90db
author John Smith <john.smith@networktocode.com> 1644375254 +0000
committer John Smith <john.smith@networktocode.com> 1644375254 +0000

Add configuration for sw5
```

git cat-file 명령에 -p 옵션을 사용하면 파일의 종류에 따라 서식화된 양식으로 출력한다.
git cat-file의 설명서를 man 페이지로 살펴보면, 이 명령에 대한 자세한 설명과 사용 가능
한 다양한 옵션에 대한 정보를 얻을 수 있다.

git log 명령의 기본 출력 결과에서 볼 수 없었던 부모 커밋의 SHA-1 값과 트리 객체 SHA-
1 해시를 볼 수 있다. 이제 부모 커밋의 SHA-1 값을 이용해 해당 커밋의 부모 커밋을 찾아볼
수 있다. 모든 커밋은 부모 커밋을 갖고 있으므로, 부모 커밋을 계속 찾아가다 보면 최초 커밋
까지 거슬러 올라갈 수 있다. 저장소에서 부모가 없는 커밋은 최초 커밋 하나뿐이다. 트리 객체
에 대한 SHA-1 값은 특정 커밋 시점의 저장소에 포함된 파일에 대한 정보를 담고 있는데, 앞
에서 살펴본 git ls-tree 명령을 실행하면 다음과 같은 결과를 얻는다.

```
[ec2-user@amazonlinux2 net-auto]$ git ls-tree c703cdf
100644 blob 0835e4f9714005ed591f68d306eea0d6d2ae8fd7    sw1.txt
100644 blob e69de29bb2d1d6434b8b29ae775ad8c2e48c5391    sw2.txt
100644 blob e69de29bb2d1d6434b8b29ae775ad8c2e48c5391    sw3.txt
```

```
100644 blob e69de29bb2d1d6434b8b29ae775ad8c2e48c5391    sw4.txt
100644 blob e69de29bb2d1d6434b8b29ae775ad8c2e48c5391    sw5.txt
[ec2-user@amazonlinux2 net-auto]$
```

여기에 나열된 SHA-1 체크섬을 사용해 `git cat-file` 명령을 실행하면 특정 시점(특정 커밋)에서 해당 파일의 내용을 볼 수 있다.

실제로 어떻게 동작하는지 살펴보자. 먼저 `git log --oneline` 명령을 실행해 저장소의 커밋 이력을 확인한다. 그런 다음 특정 두 시점, 즉 두 커밋에서 특정 파일의 내용을 보기 위해 커밋의 SHA-1 해시값으로 `git cat-file` 명령과 `git ls-tree` 명령을 실행한다.

```
ubuntu@ubuntu2004:~/net-auto$ git log --oneline
554b084 (HEAD -> main) Adding .gitignore file
ee7e7bf Add Python script to talk to network switches
d40fe74 Add configuration for sw5
dd61e7b Update sw1, add sw4
6b9b6cd First commit to new repository
ubuntu@ubuntu2004:~/net-auto$ git cat-file -p 6b9b6cd
tree cdba8229f6ffb6fec5364ea3ec083e513b029d8a
author John Smith <john.smith@networktocode.com> 1644373442 +0000
committer John Smith <john.smith@networktocode.com> 1644373442 +0000

First commit to new repository
ubuntu@ubuntu2004:~/net-auto$ git ls-tree 6b9b6cd
100644 blob 02df3d404d59d72c98439f44df673c6038352a27    sw1.txt
100644 blob 02df3d404d59d72c98439f44df673c6038352a27    sw2.txt
100644 blob 02df3d404d59d72c98439f44df673c6038352a27    sw3.txt
ubuntu@ubuntu2004:~/net-auto$ git cat-file -p 02df3d
interface ethernet0

interface ethernet1

interface ethernet2

interface ethernet3
```

이제 첫 번째 커밋 당시의 sw1.txt 파일 내용을 볼 수 있다. 두 번째 커밋에 대해서도 같은 절차를 반복한다.

```
ubuntu@ubuntu2004:~/net-auto$ git log --oneline
554b084 (HEAD -> main) Adding .gitignore file
ee7e7bf Add Python script to talk to network switches
d40fe74 Add configuration for sw5
dd61e7b Update sw1, add sw4
6b9b6cd First commit to new repository
ubuntu@ubuntu2004:~/net-auto$ git cat-file -p dd61e7b
tree a0b53a7d568b0d46d87edd50fd3b553b5b414258
parent 6b9b6cd6a05ae85c22f870c6319b3158808d379c
author John Smith <john.smith@networktocode.com> 1644374061 +0000
committer John Smith <john.smith@networktocode.com> 1644374061 +0000

Update sw1, add sw4
ubuntu@ubuntu2004:~/net-auto$ git ls-tree dd61e7b
100644 blob 0835e4f9714005ed591f68d306eea0d6d2ae8fd7    sw1.txt
100644 blob e69de29bb2d1d6434b8b29ae775ad8c2e48c5391    sw2.txt
100644 blob e69de29bb2d1d6434b8b29ae775ad8c2e48c5391    sw3.txt
100644 blob e69de29bb2d1d6434b8b29ae775ad8c2e48c5391    sw4.txt
ubuntu@ubuntu2004:~/net-auto$ git cat-file -p 0835e4f
interface ethernet0
  duplex auto

interface ethernet1

interface ethernet2

interface ethernet3
```

드디어 sw1.txt 파일의 내용이 바뀌었다는 것을 확인했다! 그러나 확인 과정이 다소 번거롭고 귀찮다. 저장소에 있는 특정 파일의 두 버전이 서로 어떻게 다른지를 더 쉽게 확인할 수 있다면 얼마나 좋을까? 이를 간편하게 수행하는 명령이 바로 git diff이다.

11.5.9 버전별 파일 변경 사항만 보기

이번 장을 시작할 때 스위치 설정, 파이썬 스크립트, 진자 템플릿 등과 같은 네트워크 자동화 아티팩트를 버전 관리 시스템으로 관리하면 시간에 따른 파일의 버전 간 차이점을 쉽게 확인할 수 있는 장점이 있다고 이야기했었다. 이전 절에서 이 과정을 수작업으로 확인해봤는데, 이제 는 손쉽게 git diff 명령을 사용해보자.

커밋 간 차이점 살펴보기

`git diff` 명령은 파일의 버전 간 차이점, 즉 두 시점에서 파일의 차이점을 보여준다. 궁금한 시점에 해당하는 커밋과 비교할 파일명을 전달하면 된다. 먼저 `git log` 명령을 실행해 커밋 이력을 확인한 후, `git diff` 명령을 실행해 해당 파일의 두 버전을 비교해보자.

```
[ec2-user@amazonlinux2 net-auto]$ git log --oneline
9c66592 (HEAD -> main) Adding .gitignore file
b67c1dd Add Python script to talk to network switches
c703cdf Add configuration for sw5
f3a00e6 Update sw1, add sw4
8d18465 First commit to new repository
[ec2-user@amazonlinux2 net-auto]$ git diff 8d18465..f3a00e6 sw1.txt
diff --git a/sw1.txt b/sw1.txt
index 02df3d4..2567e07 100644
--- a/sw1.txt
+++ b/sw1.txt
@@ -1,4 +1,5 @@
 interface ethernet0
+ duplex auto

 interface ethernet1

[ec2-user@amazonlinux2 net-auto]$
```

`git diff`에서 두 파일의 차이점을 표시하는 형식이 처음에는 조금 헷갈릴 수 있다. 결과를 이해하는 데 있어 가장 중요한 부분은 `index ...`으로 시작하는 줄 바로 다음부터다. `git diff`는 뺄셈 기호로 a 파일(`--- a/sw1.txt`)을 표시하고, 덧셈 기호로 b 파일(`+++ b/sw1.txt`)을 표시한다. a 파일에 있었지만 b 파일에는 없는 행은 시작 부분에 뺄셈 기호로 표시하며, a 파일에는 없었지만 b 파일에 있는 행은 시작 부분에 덧셈 기호를 표시한다. 두 파일 모두 동일한 부분이면 기호 대신 공백으로 표시된다.

따라서 이 예제에서는 `f3a00e6` 해시값을 갖는 나중 커밋에서 `duplex auto`라는 행이 추가됐다는 사실을 알 수 있다. 물론 이것은 간단한 예시에 불과하지만, 얼마나 유용한지를 충분히 알수 있을 것이다.

> **TIP_** git diff 명령을 실행할 때 git diff {시작 SHA-1 값}..{종료 SHA-1 값}처럼 따로 파일명을 전달하지 않으면 깃은 특정 파일의 차이점이 아니라 두 커밋에서 바뀐 모든 파일의 차이점을 표시한다. 따라서 특정 파일의 변경 사항만 집중해서 확인하고 싶다면 git diff 명령을 실행할 때 해당 파일을 지정한다.

다른 유형의 차이점 보기

이제 diff 결과가 좀 더 복잡해지도록 sw1.txt 설정 파일을 변경한 다음, 다른 방식으로 git diff를 사용해보자.

먼저 원하는 텍스트 편집기로 sw1.txt 파일을 변경하자. 변경 내용은 무엇이든 상관없으며, git status 명령을 사용해 작업 디렉터리에 변경 사항이 있는지만 확인한다. 파일을 스테이지에 올리기 전에 다시 git diff 명령을 실행해 변경 사항을 확인해보자.

```
admin@debian11:~/net-auto$ git status
On branch main
Changes not staged for commit:
  (use "git add <file>..." to update what will be committed)
  (use "git restore <file>..." to discard changes in working directory)

    modified:  sw1.txt

no changes added to commit (use "git add" and/or "git commit -a")
admin@debian11:~/net-auto$ git diff
diff --git a/sw1.txt b/sw1.txt
index 2567e07..7005dc6 100644
--- a/sw1.txt
+++ b/sw1.txt
@@ -1,9 +1,11 @@
 interface ethernet0
- duplex auto
+ switchport mode access vlan 101

 interface ethernet1
```

```
+ switchport mode trunk

  interface ethernet2
+ switchport mode access vlan 102

  interface ethernet3
-
+ switchport mode trunk
```

보다시피 **git diff**를 실행할 때 어떤 인자나 옵션을 전달하지 않으면 작업 디렉터리와 인덱스 간의 차이점을 보여준다. 즉, 다음 커밋으로 아직 스테이징되지 않은 변경 사항을 보여준다.

이제 변경 사항을 스테이징해 다음 커밋을 준비해본다. 다시 **git diff** 명령을 실행해보자.

```
admin@debian11:~/net-auto$ git add sw1.txt
admin@debian11:~/net-auto$ git status
On branch main
Changes to be committed:
  (use "git restore --staged <file>..." to unstage)

    modified:   sw1.txt

admin@debian11:~/net-auto$ git diff
admin@debian11:~/net-auto$ git diff --cached
diff --git a/sw1.txt b/sw1.txt
index 2567e07..f3b5ad5 100644
--- a/sw1.txt
+++ b/sw1.txt
@@ -1,9 +1,11 @@
 interface ethernet0
- duplex auto
+ switchport mode access vlan 101

  interface ethernet1
+ switchport mode trunk

  interface ethernet2
+ switchport mode access vlan 102

  interface ethernet3
-
+ switchport mode trunk
```

처음 git diff 명령을 실행할 때는 아무 결과도 반환되지 않는데, 이는 다음 커밋으로 스테이징이 되지 않은 변경 사항이 없기 때문이다. 그러나 --cached 매개변수를 추가해 git diff 명령을 실행하면 인덱스와 HEAD 사이의 차이점이 표시된다. 다시 말해, git diff 명령을 이렇게 사용하면 인덱스와 마지막 커밋 간의 차이점을 확인할 수 있다.

일단 최종 변경 사항을 커밋한 뒤 다시 git diff 명령을 원래 방법대로 사용하면 임의의 두 커밋 사이의 변경 사항을 확인할 수 있다.

```
admin@debian11:~/net-auto$ git commit -m "Defined VLANs on sw1"
[main 3588c31] Defined VLANs on sw1
 1 file changed, 4 insertions(+), 2 deletions(-)
admin@debian11:~/net-auto$ git status
On branch main
nothing to commit, working directory clean
admin@debian11:~/net-auto$ git log --oneline
ead6f37 (HEAD -> main) Defined VLANs on sw1
045c1aa Adding .gitignore file
dcddb60 Add Python script to talk to network switches
097bbd3 Add configuration for sw5
0bc86eb Update sw1, add sw4
3121e67 First commit to new repository
admin@debian11:~/net-auto$ git diff 0bc86eb..ead6f37 sw1.txt
diff --git a/sw1.txt b/sw1.txt
index 2567e07..f3b5ad5 100644
--- a/sw1.txt
+++ b/sw1.txt
@@ -1,9 +1,11 @@
 interface ethernet0
-  duplex auto
+  switchport mode access vlan 101

 interface ethernet1
+  switchport mode trunk

 interface ethernet2
+ switchport mode access vlan 102

 interface ethernet3
-
+  switchport mode trunk
```

지금까지 살펴본 여러 명령에서는 특정 커밋의 SHA-1 해시값(적어도 앞부분의 일곱 글자를 사용)을 참조해 실행했다. 저장소의 커밋 개수가 비교적 적다면 git log --oneline 명령을 실행해 반환된 커밋 이력 목록에서 원하는 커밋을 쉽게 찾을 수 있으므로 큰 문제가 되지는 않는다.

저장소에 수천 개의 커밋 이력이 있다면 어떻게 해야 할까? 저장소를 통해 다른 사람과 협업 중인데, git log 명령 실행 결과에 표시되는 커밋에 다른 사람이 작성한 커밋들이 섞여 있어 한눈에 잘 파악되지 않는다면 어떻게 할까? 나중에 필요할지도 모를 주요 커밋을 쉽게 찾을 수 있는 방법은 없을까? 당연히 있다. 다음 절에서는 저장소 커밋 이력에서 나중에 쉽게 참조할 수 있도록 중요한 커밋에 표식을 붙여두는 깃의 태그 기능에 대해 살펴본다.

11.5.10 커밋에 태그 달기

태그^{tag}는 본질적으로 특정 커밋을 가리키는 포인터다. 따라서 커밋 해시가 사용된 곳이라면 해시 대신 태그를 사용할 수 있는데, 언뜻 보기에는 그다지 유용해 보이지 않을 수도 있다. git log -oneline 명령을 실행했을 때 현재 저장소 상태가 다음과 같다고 가정해보자.

```
ubuntu@ubuntu2004:~/net-auto$ git log --oneline
d268c37 (HEAD -> main) Defined VLANs on sw1
554b084 Adding .gitignore file
ee7e7bf Add Python script to talk to network switches
d40fe74 Add configuration for sw5
dd61e7b Update sw1, add sw4
6b9b6cd First commit to new repository
```

커밋 d40fe74가 저장소에 들어 있는 프로젝트 개발 과정에서 중요한 마일스톤이었다고 생각해보자. 예를 들어 해당 시점은 저장소의 파일을 라이브 네트워크에 처음 배포한 버전일 수도 있다. 이런 커밋에는 보다 친숙한 이름, 예컨대 golive나 v1.0 같은 태그를 붙여두면 SHA-1 해시값을 모르더라도 친숙한 이름으로 해당 커밋을 참조할 수 있다. 처음 라이브된 시점의 파일과 현재 시점의 파일을 서로 비교하기 위해 git diff 명령을 실행하는 경우에도 복잡하고 난해한 git diff HEAD..d40fe74 명령을 실행하는 것보다는 git diff HEAD..golive sw1.txt 명령을 실행하는 것이 훨씬 간편할 것이다.

커밋에 태그를 달려면 **git tag {태그명} {커밋의 해시값}** 명령을 실행한다. 커밋의 해시 값이 생략된 경우에는 가장 최신 커밋, 즉 HEAD에 태그가 달린다. 필요하면 사후에라도 특정 커밋에 태그를 쉽게 달 수 있다는 뜻이므로, **git tag** 명령으로 저장소에 몇 개의 태그를 더 추가해보자.

```
ubuntu@ubuntu2004:~/net-auto$ git tag golive d40fe74
ubuntu@ubuntu2004:~/net-auto$ git log --oneline
d268c37 (HEAD -> main) Defined VLANs on sw1
554b084 Adding .gitignore file
ee7e7bf Add Python script to talk to network switches
d40fe74 (tag: golive) Add configuration for sw5
dd61e7b Update sw1, add sw4
6b9b6cd First commit to new repository
```

git log 명령의 결과에서 특정 커밋에 추가된 태그를 확인해보자. **git show** 명령을 실행하면 특정 커밋을 참조하는 태그를 간편하게 확인할 수 있다. 한 번은 태그로 참조해보고, 한 번은 특정 커밋 해시로 참조해보자.

```
ubuntu@ubuntu2004:~/net-auto$ git show golive
commit d40fe743568a82b89c93ca58279855762f091305 (tag: golive)
Author: John Smith <john.smith@networktocode.com>
Date:   Wed Feb 9 02:54:18 2022 +0000

    Add configuration for sw5

diff --git a/sw5.txt b/sw5.txt
new file mode 100644
index 0000000..e69de29
ubuntu@ubuntu2004:~/net-auto$ git show d40fe74
commit d40fe743568a82b89c93ca58279855762f091305 (tag: golive)
Author: John Smith <john.smith@networktocode.com>
Date:   Wed Feb 9 02:54:18 2022 +0000

    Add configuration for sw5

diff --git a/sw5.txt b/sw5.txt
new file mode 100644
index 0000000..e69de29
```

이와 같은 방식으로 사용하는 태그를 깃에서는 **경량 태그**lightweight tag라고 한다. 태그는 단지 커밋을 가리키고 있는 포인터일 뿐이다. 또한 깃은 태그에 설명을 덧붙일 수 있는데, 태그도 저장소에서는 자신만의 메타데이터를 갖는 온전한 객체다. 저장소에서 설명이 있는 태그를 생성해보자. 설명이 있는 태그를 만들려면 git tag 명령에 -a 옵션을 추가한다. 예제 저장소에서 설명이 있는 태그를 만들어보자.

```
ubuntu@ubuntu2004:~/net-auto$ git tag -a v1.0 d268c37 -m "Version 1.0 release"
ubuntu@ubuntu2004:~/net-auto$ git log --oneline
d268c37 (HEAD -> main, tag: v1.0) Defined VLANs on sw1
554b084 Adding .gitignore file
ee7e7bf Add Python script to talk to network switches
d40fe74 (tag: golive) Add configuration for sw5
dd61e7b Update sw1, add sw4
6b9b6cd First commit to new repository
```

경량 태그에 태그 메시지가 꼭 있어야 하는 것은 아니다. 하지만 git tag 명령으로 설명이 있는 태그를 생성하고 싶다면, git commit 명령을 사용하듯이 -m 옵션을 사용해 태그 메시지를 추가할 수 있다. 별도로 지정하지 않으면, 깃은 기본 편집기를 실행해 태그 메시지를 입력받는다. 이렇게 입력한 태그 메시지는 git show 명령을 실행했을 때 다음과 같이 태그명 아래에 표시된다.

```
ubuntu@ubuntu2004:~/net-auto$ git show v1.0
tag v1.0
Tagger: John Smith <john.smith@networktocode.com>
Date:   Sat Mar 5 21:35:53 2022 +0000

Version 1.0 of network automation tools

commit d268c37b57c01962b0829df946fe19c67e4da448 (tag: v1.0)
Author: John Smith <john.smith@networktocode.com>
Date:   Thu Feb 10 05:04:47 2022 +0000

    Defined VLANs on sw1

diff --git a/sw1.txt b/sw1.txt
index 0835e4f..58d8b7d 100644
--- a/sw1.txt
+++ b/sw1.txt
```

```
@@ -1 +1,12 @@
-change
+interface ethernet0
+ duplex auto
+ switchport mode access vlan 101
+
+interface ethernet1
+ switchport mode trunk
+
+interface ethernet2
+ switchport mode access vlan 102
+
+interface ethernet3
+ switchport mode trunk
```

`git tag` 명령 또는 `git tag -list` 명령을 실행하면 해당 깃 저장소에 사용된 모든 태그 목록이 표시된다. 출력 목록에 표시된 모든 태그는 `git diff` 명령이나 다른 명령들에서 커밋의 해시값 대신 사용할 수 있다. 특정 태그를 삭제하고 싶다면 `git tag -d {태그명}`을 실행한다.

> **TIP_** 설명이 있는 태그와 경량 태그를 어떤 경우에 사용해야 할까? 보통 설명이 있는 태그는 버전 관리나 배포된 릴리스 버전을 관리하는 것처럼 관례상 장기적인 목적으로 사용한다. 이때 태그에 별도의 메타데이터를 저장할 수 있는 기능도 필요한데, GnuPG(GNU 프라이버시 가드GNU Privacy Guard)를 사용해 태그에 암호화 서명을 덧붙일 수도 있다. 반면 경량 태그는 주로 임시 객체에 표식을 달아두는 용도로 사용된다.

다음 주제인 브랜치로 넘어가기 전에 지금까지 수행해온 작업을 잠시 되돌아보는 시간을 가져보자.

- 변경 사항을 스테이징한 다음(`git add` 사용), 저장소로 커밋하기(`git commit` 사용)
- 깃의 기본 설정을 수정하기(`git config` 사용)
- 커밋할 준비가 안 된 변경 사항을 언스테이징하기(`git restore` 사용 또는 이전 버전의 경우 `git reset` 사용)
- 저장소에 포함되지 않도록 특정 파일 제외하기(`.gitignore` 사용)
- 저장소 커밋 이력 검토하기(`git log` 사용)
- 저장소에 포함된 파일의 다른 버전과 비교해 각 버전의 변경 사항 확인하기(`git diff` 사용)
- 저장소의 특정 커밋에 즐겨찾기 달아두기(`git tag` 사용)

다음 절에서는 깃의 강력한 기능 중 하나인 브랜치의 사용법을 익혀 깃의 활용 범위를 넓혀본다.

11.6 깃에서 브랜치 사용하기

앞에서 언급한 것처럼 깃의 주요 설계 목적 중 하나는 비선형 개발을 강력히 지원하는 것이었다. 즉, 여러 개발자가 동시에 같은 파일을 작업할 수 있도록 지원한다는 의미다. 이 목적을 어떻게 달성할 수 있을까? 깃은 브랜치를 사용한다.

깃에서 **브랜치**branch란 커밋에 대한 포인터를 말한다. 지금은 그다지 막강한 기능처럼 보이지 않을 수 있지만, 그림을 통해 브랜치의 개념을 이해하고 깃에서 비선형 개발이 왜 막강한 힘을 발휘할 수 있는지 살펴보자.

11.4.3절 '깃 아키텍처 개관'에서 깃은 일련의 객체를 사용한다고 이야기했다. 이 객체에는 저장소의 파일 내용을 표현하는 BLOB 객체, 저장소의 파일과 디렉터리 구조를 표현하는 트리 객체, 특정 시점의 저장소, 구조, 콘텐츠의 스냅샷을 표현하는 커밋 객체 등이 있다. 이를 시각화해보면 [그림 11-1]과 같다.

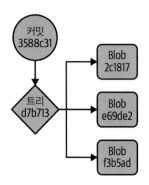

그림 11-1 깃 저장소의 객체

각 객체는 그 내용에 대한 SHA-1 해시값으로 식별된다. SHA-1 해시값을 통해 커밋을 참조하는 방법도 살펴봤고, `git ls-tree` 명령과 `git cat-file` 명령에서 트리 객체와 BLOB 객체의 SHA-1 해시를 참조해 객체의 내용을 확인하는 방법도 알아봤다.

변경 사항을 저장소에 커밋하면 더 많은 커밋 객체(더 많은 스냅샷)가 만들어지는데, 각 커밋 객체는 **부모 커밋**parent commit이라 부르는 이전 커밋을 역참조한다(11.5.8절 '저장소에 대해 더 많은 정보 살펴보기'에서 이와 관련된 내용을 살펴봤다). 몇 개의 커밋을 더 추가하면 [그림 11-2]와 같다. 그림을 단순화하기 위해 BLOB 객체는 표시하지 않았다.

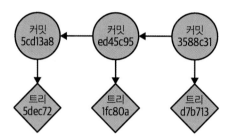

그림 11-2 깃 저장소에서 커밋의 연결 고리

각 커밋 객체는 트리 객체를 가리키고 있고, 각 트리 객체는 커밋된 시점의 저장소의 콘텐츠를 표현하는 BLOB 객체를 가리킨다. 트리 객체와 이 객체에 연결된 BLOB 객체를 참조하면 해당 커밋이 발생한 시점의 저장소 상태를 재현할 수 있다. 이런 이유로 커밋을 '저장소의 특정 시점 스냅샷'이라고도 한다.

지금까지 설명한 구조는 모두 좋고 훌륭하며, 깃의 아키텍처를 이해하는 데 도움이 된다. 그럼 깃에서 브랜치와는 어떤 관계가 있을까? 이 질문에 답하려면 HEAD의 개념을 다시 살펴봐야 한다. 그런 다음, 다시 이 질문에 대한 답을 정리해보자. 앞에서 HEAD는 가장 최근 커밋이나 작업 디렉터리에 체크아웃한 커밋을 가리키는 포인터라고 정의했다. HEAD를 그림으로 표현 하면 [그림 11-3]과 같다.

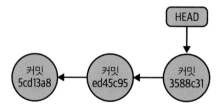

그림 11-3 최근 커밋을 가리키는 HEAD

이번 장의 앞부분에서 소개한 방법을 사용해 이 구조를 확인해볼 수 있다(지금은 다른 브랜치나 다른 커밋을 체크아웃하지 않았다고 가정한다. 이와 관련된 내용은 곧 살펴본다).

1. 저장소 작업 디렉터리에서 **cat .git/refs/heads/main**을 실행해본다. 표시되는 값을 기억하자.
2. **git log -oneline** 명령의 실행 결과에 표시된 마지막 커밋의 값과 이전 결과값을 비교해보자. HEAD는 가장 최근 커밋을 가리키고 있으므로 두 값은 모두 동일한 값일 것이다.

기본적으로 **모든** 깃 저장소는 **마스터**master 브랜치에서 시작한다. 이 브랜치명은 변경할 수 있다. 브랜치는 단지 커밋의 참조값일 뿐이므로, 이를 그림으로 나타내면 [그림 11-4]와 같다.

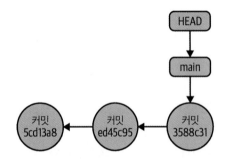

그림 11-4 기본 브랜치에서 가장 최근 커밋을 가리키는 HEAD

브랜치는 커밋을 가리키고 있고 HEAD는 브랜치를 가리키고 있다는 것을 알 수 있다.

> **NOTE_** 문화적 감수성 차이로 인한 불필요한 논란을 피하고자 여러 깃 기반 온라인 서비스에서는 기본 브랜치명으로 사용되던 **master**를 **main**으로 바꿔 사용하기 시작했다. 깃허브도 그중 하나다. 깃에서 사용할 기본 브랜치명을 **main**과 같은 다른 이름으로 바꾸고 싶다면 **git config --global init.defaultBranch {브랜치명}** 명령으로 설정할 수 있다. 깃 저장소 생성에 관한 더 자세한 내용은 11.5.2절 '저장소 만들기'를 참고한다. 이번 장에서는 기본 브랜치명으로 main을 사용한다.

하지만 깃 저장소에서 오직 하나의 브랜치만 사용할 수 있는 것은 아니다. 사실 브랜치는 커밋의 참조값으로 매우 가벼운 요소이므로 오히려 여러 브랜치를 사용하도록 권장하고 있다. 따라서 새로운 브랜치를 생성하면 깃 객체는 [그림 11-5]와 같은 구조가 된다. 이 예제에서는 **testing** 브랜치를 만들었지만, 브랜치의 이름이 무엇이 되든 중요하지 않다.

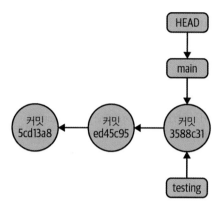

그림 11-5 깃 저장소에 생성한 새로운 브랜치

이제 새로운 브랜치가 생성됐다. 실제로 브랜치를 생성하는 명령은 곧 만나게 된다. 브랜치는 특정 커밋을 참조하고 있지만, HEAD는 이동하지 않았다. 저장소에서 콘텐츠를 체크아웃하면 HEAD가 이동한다. 즉, HEAD를 새로운 브랜치로 옮기려면 먼저 새로운 브랜치로 **체크아웃**해야 한다. 마찬가지로 특정 시점(이전 커밋)의 저장소를 사용하고 싶다면 특정 커밋으로 체크아웃해야 한다. 일단 브랜치로 체크아웃을 하고 나면, HEAD는 [그림 11-6]과 같이 새로운 브랜치를 가리키게 된다.

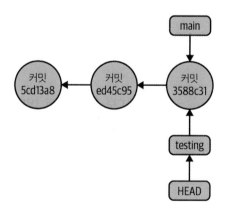

그림 11-6 체크아웃한 브랜치를 가리키는 HEAD

이 상태에서 어떤 파일을 수정한 다음, 저장소에 커밋해보자. **새로운 변경 사항은 다른 브랜치와 격리돼 저장되므로**, 브랜치의 위력이 발휘되기 시작한다. testing 브랜치에서 수정한 다음 커밋했다고 가정해보자. 이제 저장소 내부의 객체와 객체 간의 관계는 [그림 11-7]과 비슷해질 것이다.

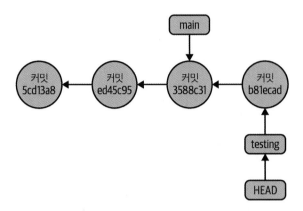

그림 11-7 브랜치에서 커밋을 추가한 상태

testing 브랜치와 HEAD는 최근 커밋으로 이동했지만, 기본 main 브랜치는 아무것도 바뀌지 않고 그대로 유지된다. 기본 브랜치를 체크아웃하면 새로운 브랜치를 만들어 뭔가를 수정하기 이전의 상태로 언제든지 되돌아갈 수 있다. 여러 개의 브랜치를 사용하더라도 다른 브랜치에는 전혀 영향을 미치지 않으면서 핫픽스, 새로운 기능, 새로운 배포 버전의 개발이 진행될 수 있게 코드를 발전시킬 수 있다는 사실을 이 그림을 통해 알 수 있다.

[그림 11-8]은 브랜치를 사용한 복잡한 예시이지만, 일반적인 소프트웨어 개발 환경에서 브랜치들을 어떻게 활용할지에 대한 영감을 얻게 해준다.

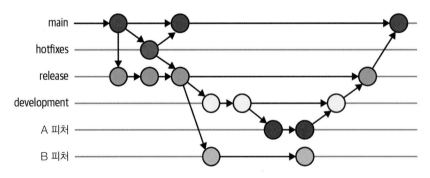

그림 11-8 개발 주기에서 여러 브랜치를 활용하기

생각의 나래를 펼쳐서 브랜치가 만들어내는 무한한 가능성을 생각해보면 좋겠다.

- 새로운 브랜치를 만들어 기본 브랜치(또는 main 브랜치)에는 전혀 영향을 미치지 않고 새로운 기능이나 다양한 시도를 적용해볼 수 있다. 변경 사항이 제대로 동작하지 않더라도 큰 문제가 되지 않으며, 기본 브랜치를 비롯한 다른 브랜치의 콘텐츠는 그대로 유지된다.
- 브랜치는 동일한 저장소를 통해 다른 사람들과 협업할 수 있는 기반을 만들어준다. 자신은 A 브랜치에서 작업 중인데 동료는 B 브랜치에서 작업 중이라면, 서로 변경하는 작업이 상대방에게 전혀 영향을 주지 않는다. 물론 두 브랜치의 변경 사항을 하나의 브랜치로 모두 가져오는 **병합** 작업에서 문제가 발생할 수 있지만, 이것은 전혀 다른 이야기다. 이런 상황은 11.6.5절 '브랜치 병합 및 삭제'에서 다룬다.

이번 절에서는 여러 차례에 걸쳐 기본 브랜치라는 표현을 사용했다. 엄밀히 말하자면, 깃에는 기본 브랜치 개념이 존재하지 않는다. 그렇지만 적어도 1개 이상의 브랜치는 반드시 존재해야 한다. 명시적으로 브랜치를 생성하지 않더라도 깃이 자동으로 브랜치를 생성하는데, 이를 **기본 브랜치**라고 간주하는 것이다. 대다수 오픈소스 커뮤니티와 깃 기반 온라인 서비스에서는 기본 브랜치명으로 사용하던 **master**라는 이름 대신 **main**이나 **default**라는 이름을 사용하고 있다. 깃 브랜치를 실제로 사용하기에 앞서 기본 브랜치명부터 변경해보자.

11.6.1 기본 브랜치 이름 변경

깃으로 협업을 시작하기 전에 `git branch -m {현재_브랜치명} {바꿀_브랜치명}` 명령으로 깃 저장소의 기본 브랜치명을 간단히 변경해보자. 사실 이 명령으로 모든 브랜치명을 변경할 수 있다.

`git config` 명령으로 `init.defaultBranch` 항목을 따로 설정하지 않았다면 `git init` 명령을 실행했을 때 **master** 브랜치가 생성된다. 위 명령으로 브랜치명을 **main**이나 **default**처럼 자신이 원하는 이름으로 쉽게 변경할 수 있다.

협업을 위해 깃 원격 저장소를 추가했다면 브랜치명을 바꾸는 과정이 조금 복잡하다. 하지만 아직까지는 브랜치명을 매우 간단한 방법으로 변경할 수 있다.

지금까지 설명한 이론이 실제로 어떻게 활용되는지 살펴보기 위해 이제부터는 깃 브랜치의 실용적 측면을 알아본다.

11.6.2 브랜치 생성

git branch 명령으로 깃 브랜치를 생성한다. 다시 한번 말하지만 브랜치는 커밋에 대한 참조일 뿐이다. 따라서 이전 절에서 이야기했던 testing 브랜치를 만들고 싶다면 그냥 git branch testing 명령을 실행한다. 명령을 실행하더라도 아무런 결과가 표시되지 않으므로, 실제로 브랜치가 만들어졌는지를 확인해보자.

먼저 .git/refs/heads 디렉터리 내부를 살펴보자. 새로운 브랜치를 만들면 새로운 이름의 파일이 추가된다. 새로 만들어진 파일을 cat 명령어로 살펴보면, 브랜치를 만드는 시점에서 HEAD가 참조하던 커밋을 가리키고 있다는 사실을 확인할 수 있다. 실제 실행 결과를 살펴보자.

```
ubuntu@ubuntu2004:~/net-auto$ git branch testing
ubuntu@ubuntu2004:~/net-auto$ ls -la .git/refs/heads
total 16
drwxrwxr-x 2 ubuntu ubuntu 4096 Feb 10 05:19 .
drwxrwxr-x 4 ubuntu ubuntu 4096 Feb  9 02:20 ..
-rw-rw-r-- 1 ubuntu ubuntu   41 Feb 10 05:18 main
-rw-rw-r-- 1 ubuntu ubuntu   41 Feb 10 05:19 testing
ubuntu@ubuntu2004:~/net-auto$ cat .git/refs/heads/testing
d268c37b57c01962b0829df946fe19c67e4da448
ubuntu@ubuntu2004:~/net-auto$ git log --oneline
d268c37 (HEAD -> main, testing) Defined VLANs on sw1
554b084 Adding .gitignore file
ee7e7bf Add Python script to talk to network switches
d40fe74 Add configuration for sw5
dd61e7b Update sw1, add sw4
6b9b6cd First commit to new repository
```

.git/refs/heads 디렉터리에 testing 파일이 존재한다면 브랜치가 제대로 생성된 것이다. 이 파일은 브랜치를 만든 시점에서 가장 최근 커밋을 참조하고 있다. 물론 저장소의 브랜치 목록을 표시하는 git branch 명령을 실행해봐도 금방 알 수 있다. 현재 작업 디렉터리에서 사용하는 브랜치, 즉 체크아웃한 현재 브랜치 이름 앞에는 별표가 표시된다. 색상을 지원하는 터미널을 사용 중이라면 현재 브랜치가 다른 색깔로 표시된다. 이제 testing 브랜치가 생성된 것을 확인했다. 하지만 체크아웃을 한 것은 아니므로, 현재 브랜치는 여전히 main 브랜치다.

현재 브랜치를 변경하려면 우선 브랜치를 체크아웃해야 한다.

11.6.3 브랜치 체크아웃

브랜치를 **체크아웃**^{check out}한다는 것은 해당 브랜치를 활성 브랜치로 만든다는 의미다. 활성 브랜치는 작업 디렉터리에서 편집하고 수정할 수 있는 브랜치로 전환한다는 것을 의미한다. 특정 브랜치로 체크아웃하기 위해 git checkout 명령을 실행한다.

```
admin@debian11:~/net-auto$ git branch
* main
  testing
admin@debian11:~/net-auto$ git checkout testing
Switched to branch 'testing'
```

> **TIP_** git checkout -b {브랜치명} 명령을 실행하면 브랜치를 생성하면서 동시에 새로운 브랜치로 체크아웃할 수 있다.

저장소에 파일을 추가하는 등의 몇 가지 변경 사항을 만든 다음, 다시 main 브랜치로 되돌아가보자. 이 상황을 깃이 어떻게 처리하는지 살펴본다. 우선 sw6.txt 파일을 저장소에 스테이징한 다음 testing 브랜치로 커밋한다.

```
[ec2-user@amazonlinux2 net-auto]$ git add sw6.txt
[ec2-user@amazonlinux2 net-auto]$ git commit -m "Add sw6 configuration"
[testing 3a6f8cb] Add sw6 configuration
 1 file changed, 7 insertions(+)
 create mode 100644 sw6.txt
[ec2-user@amazonlinux2 net-auto]$
```

변경 사항을 커밋하면 깃의 응답에 [testing 3a6f8cb]와 같이 브랜치명과 커밋의 SHA-1 해시값이 함께 표시된다. git log --oneline 명령을 실행해보면 git commit 명령에서 알려준 값이 가장 최근 커밋의 해시값과 동일하다는 것을 알 수 있다. 비슷한 방식으로 cat .git/HEAD를 실행해보면 .git/refs/heads/testing을 가리키고 있으므로, 현재 testing 브랜치에서 작업 중임을 알 수 있다. cat .git/refs/heads/testing을 실행하면 가장 최근 커밋의 SHA-1 해시값이 표시된다. 따라서 HEAD는 체크아웃한 브랜치의 가장 최근 커밋을 가리키고 있음을 확인할 수 있다.

이제 main 브랜치로 되돌아와서 작업 디렉터리를 살펴보자.

```
[ec2-user@amazonlinux2 net-auto]$ git checkout main
Switched to branch 'main'
[ec2-user@amazonlinux2 net-auto]$ ls -la
total 12
drwxrwxr-x 3 ec2-user ec2-user 151 Feb 11 05:04 .
drwx------ 4 ec2-user ec2-user 145 Feb 11 04:56 ..
-rw-rw-r-- 1 ec2-user ec2-user   0 Feb  9 03:00 credentials.yml
drwxrwxr-x 8 ec2-user ec2-user 166 Feb 11 05:04 .git
-rw-rw-r-- 1 ec2-user ec2-user  16 Feb  9 03:00 .gitignore
-rw-rw-r-- 1 ec2-user ec2-user 634 Feb  9 02:56 script.py
-rw-rw-r-- 1 ec2-user ec2-user 213 Feb 10 05:04 sw1.txt
-rw-rw-r-- 1 ec2-user ec2-user   0 Feb  9 02:22 sw2.txt
-rw-rw-r-- 1 ec2-user ec2-user   0 Feb  9 02:22 sw3.txt
-rw-rw-r-- 1 ec2-user ec2-user   0 Feb  9 02:32 sw4.txt
-rw-rw-r-- 1 ec2-user ec2-user   0 Feb  9 02:37 sw5.txt
[ec2-user@amazonlinux2 net-auto]$
```

여기서 잠깐만! sw6.txt 파일이 **사라져버렸다**. 대체 무슨 일이 벌어진 것일까? 걱정하지 말자. 사라진 파일은 없다. 브랜치를 체크아웃하는 것은 해당 브랜치를 활성 브랜치로 만드는 작업으로, 해당 브랜치에 맞게 작업 디렉터리가 존재하게 된다. sw6.txt 파일은 main 브랜치에는 없고 testing 브랜치에는 있는 파일이다. 따라서 `git checkout main` 명령을 실행해 브랜치를 main으로 변경하면 작업 디렉터리에서 이 파일을 삭제한다. 또한 작업 디렉터리가 저장소와 동일하지 않다는 점도 기억해두자. 작업 디렉터리에서는 이 파일이 삭제됐지만, 저장소에는 **여전히** 남아 있다. 이 사실은 금방 확인해볼 수 있다.

```
[ec2-user@amazonlinux2 net-auto]$ git checkout testing
Switched to branch 'testing'
[ec2-user@amazonlinux2 net-auto]$ ls -la
total 16
drwxrwxr-x 3 ec2-user ec2-user 166 Feb 11 05:05 .
drwx------ 4 ec2-user ec2-user 145 Feb 11 04:56 ..
-rw-rw-r-- 1 ec2-user ec2-user   0 Feb  9 03:00 credentials.yml
drwxrwxr-x 8 ec2-user ec2-user 166 Feb 11 05:05 .git
-rw-rw-r-- 1 ec2-user ec2-user  16 Feb  9 03:00 .gitignore
-rw-rw-r-- 1 ec2-user ec2-user 634 Feb  9 02:56 script.py
-rw-rw-r-- 1 ec2-user ec2-user 213 Feb 10 05:04 sw1.txt
-rw-rw-r-- 1 ec2-user ec2-user   0 Feb  9 02:22 sw2.txt
-rw-rw-r-- 1 ec2-user ec2-user   0 Feb  9 02:22 sw3.txt
-rw-rw-r-- 1 ec2-user ec2-user   0 Feb  9 02:32 sw4.txt
-rw-rw-r-- 1 ec2-user ec2-user   0 Feb  9 02:37 sw5.txt
-rw-rw-r-- 1 ec2-user ec2-user  83 Feb 11 05:05 sw6.txt
[ec2-user@amazonlinux2 net-auto]$
```

브랜치를 사용하면 변경 사항을 main 브랜치와 격리할 수 있다는 점을 잘 보여주는 사례로, 이 특징이야말로 브랜치 사용의 가장 큰 장점이다. 브랜치를 사용하면 main 브랜치는 안전하게 그대로 유지하면서 손쉽게 파일을 변경할 수 있고, 이런저런 변경을 테스트하다가 필요하다면 변경 내용 전체를 삭제해버릴 수도 있다.

이전 예제를 통해 변경 사항을 커밋한 후 브랜치를 변경하면 작업 디렉터리가 어떻게 되는지를 확인해봤다. 그러면 브랜치를 변경할 때 미처 커밋하지 못한 변경 사항은 어떻게 될까?

- 추적 대상이 아닌 파일, 즉 저장소에 아직 존재하지 않는 파일은 그대로 작업 디렉터리에 남아 있다. 작업 디렉터리에서 추적되지 않은 새 파일을 만든 후 새로운 브랜치로 바꿔보자. git status 명령을 실행하면 여전히 작업 디렉터리에는 추적 대상이 아닌 파일이 남아 있고, 변경한 브랜치에서도 추적 대상이 아닌 파일이라고 표시된다. 따라서 브랜치를 변경하더라도 추적 대상이 아닌 파일의 내용은 바뀌지 않는다.

- 추적 대상 파일 중 아직 커밋하지 않은 변경 사항은 임시 영역인 **스태시**[stash]에 저장된다. 추적 대상 파일은 변경한 브랜치에서 참조하고 있는 커밋의 내용으로 바뀐다.

브랜치 병합을 살펴보기 전에 스태시부터 좀 더 살펴보자. 커밋되지 않은 변경 사항을 저장할 수 있다면 여러 브랜치를 다룰 때 유용하게 활용할 수 있을 것이다.

11.6.4 커밋되지 않은 변경 보관하기

스태시를 사용하면 변경 사항을 임시 저장 영역에 저장해뒀다가 나중에 다시 불러올 수 있다. 지금까지는 브랜치를 변경하기 위해 커밋되지 않은 변경 사항을 임시 저장하는 방식으로만 사용해봤지만, 이번 장을 보다 보면 정말 다양한 방식으로 스태시를 활용하는 사례를 접하게 될 것이다.

예를 들어 네트워크 자동화 저장소에 스위치 설정 변경을 추가해야 한다고 하자. 한참 동안 스위치 설정을 이리저리 바꿔보던 중에 새로운 브랜치를 깜빡 잊고 만들지 않았다는 것을 알게 되면 어떻게 해야 할까? 가장 손쉬운 방법은 변경 사항을 임시로 저장한 다음, 이 변경 사항을 적용할 브랜치를 새로 만들고, 변경한 브랜치에서 임시 저장해둔 변경 사항을 불러와 다시 적용하는 것이다. 그러면 커밋되지 않은 변경 사항을 다른 브랜치로 효과적으로 옮길 수 있다.

깃에서 임시 영역에 변경 사항을 저장하기 위해 `git stash` 명령을 사용하며, 하위 명령어를 사용해 상세 작업 내용을 지정할 수 있다. 변경 사항을 임시 영역에 저장할 수 있고(`git stash push`), 임시 영역에 저장된 변경 사항 목록을 볼 수 있으며(`git stash list`), 임시 영역에 저장된 변경 사항을 확인할 수 있고(`git stash show`), 임시 영역에 저장된 변경 사항을 다시 작업 디렉터리에 적용할 수 있다(`git stash pop`).

예를 들어 이전 사례와 같이 다른 브랜치를 체크아웃한 상태에서 뭔가를 수정했는데, 이 변경 사항을 커밋하기 전에 실수를 알아차린 경우를 가정해본다. 이 상황을 `git stash` 명령으로 해결해보자.

먼저 main 브랜치가 체크아웃된 상태인지 확인해보자.

```
ubuntu@ubuntu2004:~/net-auto$ git branch
* main
```

좋다. 이제 main 브랜치에서 약간의 변경 작업을 수행하자. 보통 main 브랜치에서 작업하는 것은, 특히 단일 저장소를 통해 다른 사람과 함께 작업하는 경우라면 더더욱 권장하지 않는다.

변경 사항은 자체 브랜치로 격리해주는 것이 바람직하다. 어쨌든 예를 들어 sw5.txt 파일을 수정한 다음 git status 명령을 실행해보자.

```
ubuntu@ubuntu2004:~/net-auto$ git status
On branch main

Changes not staged for commit:
  (use "git add <file>..." to update what will be committed)
  (use "git restore <file>..." to discard changes in working directory)
        modified:  sw5.txt

no changes added to commit (use "git add" and/or "git commit -a")
```

git status 명령의 실행 결과를 보다가 feature 브랜치가 아니라 main 브랜치에서 작업했다는 사실을 깨달았다. 지금부터는 git stash 명령이 중요한 역할을 담당한다. 첫 단계로 변경 사항을 스태시, 즉 임시 저장 영역에 추가한다.[10]

```
ubuntu@ubuntu2004:~/net-auto$ git stash push -m "Updated changes for sw5"
Saved working directory and index state On main: Updated changes for sw5
ubuntu@ubuntu2004:~/net-auto$ git status
On branch main
nothing to commit, working tree clean
ubuntu@ubuntu2004:~/net-auto$ git stash list
stash@{0}: On main: Updated changes for sw5
```

git stash push 명령을 실행해 변경 사항을 스태시 영역에 추가한다. 이때 -m 매개변수를 사용해 메시지를 추가할 수 있다. 메시지를 생략한 경우에는 최신 커밋의 메시지를 대신 사용하는데, 이렇게 추가된 메시지는 경험상 도움이 되지 않는 경우가 많았다. 그러므로 -m 매개변수를 사용해 스태시에 저장하는 변경 사항을 보다 쉽게 이해할 수 있는 유용한 메시지로 저장하는 것이 좋다. 변경 사항을 스태시 영역에 저장하면 깃은 작업 디렉터리를 HEAD에 일치하도록 복원한다. git status 명령을 실행해 확인해보자.

git stash list 명령을 실행하면 생성된 스태시와 각 스태시를 참조할 때 사용하는 구문을 볼 수 있다. 이 예에서는 stash@{0}과 같은 방식으로 참조한다.

---

10 옮긴이_ 스태시는 기본적으로 스택 구조의 개념을 차용하므로, 임시 영역에 변경을 추가할 때는 push, 삭제할 때는 pop이라는 용어를 사용한다.

스태시의 내용이 궁금하다면 git stash show 명령을 실행한다.

```
ubuntu@ubuntu2004:~/net-auto$ git stash show stash@{0}
 sw5.txt ¦ 9 +++++++++
 1 file changed, 9 insertions(+)
```

git stash show 명령을 실행하면 해당 스태시의 변경 사항을 비교한 형태로 보여준다. git diff 명령의 동작 방식과 비슷하다. 스태시 항목이 처음 만들어졌을 때의 커밋과 스태시된 내용 간의 차이점이 표시된다.

다음 단계로 새로운 브랜치를 만든다. 그리고 git stash pop 명령을 실행해 스태시에 저장된 변경 사항을 다시 가져와서 새로운 브랜치에 적용한다.

```
ubuntu@ubuntu2004:~/net-auto$ git checkout -b sw5-updates
Switched to a new branch 'sw5-updates'
ubuntu@ubuntu2004:~/net-auto$ git status
On branch sw5-updates
nothing to commit, working tree clean
ubuntu@ubuntu2004:~/net-auto$ git stash pop stash@{0}
On branch sw5-updates
Changes not staged for commit:
  (use "git add <file>..." to update what will be committed)
  (use "git restore <file>..." to discard changes in working directory)
        modified:   sw5.txt

no changes added to commit (use "git add" and/or "git commit -a")
Dropped stash@{0} (cf8fab0f7083feb5a817ab5933e9028bd64407d1)
ubuntu@ubuntu2004:~/net-auto$ git stash list
```

git stash pop 명령을 실행하면 스태시 영역에 저장된 변경 사항을 가져와서 현재 체크아웃된 브랜치에 적용한 다음, 스태시 영역에서는 해당 변경 사항을 삭제한다. 그러므로 다시 git stash list 명령을 실행하더라도 스태시 목록에는 아무것도 표시되지 않는다. 스태시에 저장했던 변경 사항이 체크아웃된 브랜치에 적용됐다. 이제 git status 명령을 실행하면 스테이징이 되지 않은 변경 사항이 작업 디렉터리에 존재하며, 드디어 원하던 브랜치에 변경 사항이 존재함을 확인할 수 있다!

TIP_ git stash 명령은 하위 명령어로 pop과 apply를 함께 제공한다. 두 하위 명령어 모두 지정한 스태시의 변경 사항을 가져와서 체크아웃된 브랜치의 작업 디렉터리에 적용한다. 하지만 이 둘 사이에는 차이점이 있다. git stash pop 명령은 적용 과정 중에 어떤 충돌도 발생하지 않는다고 가정하므로 스태시에서 해당 항목을 삭제해버리는 반면, git stash apply는 스태시에서 해당 항목을 삭제하지 않고 그대로 남겨둔다. 따라서 apply 하위 명령어를 사용한다면 git stash drop 명령을 실행해 손수 삭제해줘야 한다.

지금까지 배운 내용을 요약해보자.

- git stash push 명령을 실행하면 커밋되지 않은 변경 사항을 스태시 영역에 저장하고, 작업 디렉터리는 HEAD로 복원된다.
- git stash list 명령을 실행해 스태시 영역에 저장해둔 변경 사항을 볼 수 있다.
- git stash show 명령을 실행해 스태시해둔 변경 사항과 스태시를 생성했던 시점의 커밋을 비교해 diff 형식으로 표시한다.
- git stash pop 명령을 실행해 스태시에 저장된 변경을 작업 디렉터리에 적용할 수 있다.

예제에서는 스태시 항목이 1개뿐이었다. 그러나 여러 항목을 스태시 영역에 저장할 수도 있다. 여러 스태시 항목이 존재할 경우, git stash show 명령이나 git stash pop 명령을 사용할 때 적절한 스태시명을 지정해줘야 한다.

다시 깃 브랜치에 대한 이야기를 나눌 시간이 됐다. 브랜치를 변경할 때 아직 커밋하지 못한 변경 사항을 보존하거나, 커밋하지 않은 변경 사항을 다른 브랜치로 옮길 때 스태시를 유용하게 이용할 수 있다. 브랜치끼리는 변경 사항이 격리되므로 유용하지만, 커밋된 변경 사항이 저장소에 계속 유지되도록 만들려면 어떻게 해야 할까? 예를 들어 새로운 브랜치를 만들고 그 브랜치에서 진자 템플릿을 테스트해봤다. 이제 완벽하게 동작하는 것을 확인했으니 저장소에서 이 코드가 계속 유지되도록 만들고 싶다. 다음 단계는 무엇일까? 이제 브랜치를 **병합**하는 과정이 필요하다.

11.6.5 브랜치 병합 및 삭제

브랜치를 병합^{merge}하기 전에 깃의 커밋 객체의 내용을 다시 들여다보자. 예제 저장소에서 testing 브랜치의 가장 최근 커밋 객체의 내용을 살펴본다.

```
admin@debian11:~/net-auto$ git checkout testing
Switched to branch 'testing'
admin@debian11:~/net-auto$ git cat-file -p 2e6fced
tree e895cac9760eba8d16b85a57ee8fff6fe9c590db
parent ead6f372effce74de8d96deade198a09558a5432
author John Smith <john.smith@networktocode.com> 1644556039 +0000
committer John Smith <john.smith@networktocode.com> 1644556039 +0000

Add sw6 configuration
```

여기서 무엇을 알 수 있을까?

1. 해당 커밋은 해시값 2e6fced를 갖는 트리 객체를 참조한다.
2. 해당 커밋을 작성한 커미터는 존 스미스John Smith다.
3. 커밋 메시지를 보면 해당 커밋은 sw6의 설정에 추가(수정)한 내용에 관한 것이다.
4. 해당 커밋에 대한 부모 커밋의 해시값은 ead6f37이다.

앞서 언급했듯이 최초 커밋을 제외한 모든 커밋은 부모 커밋에 대한 포인터를 갖고 있다. 따라서 [그림 11-2]부터 [그림 11-7]까지 살펴보면서 이전 커밋을 참조하는 커밋 객체를 통해 시간을 거슬러 올라갈 수 있다.

브랜치를 병합하면, 깃은 새로운 커밋 객체인 **병합 커밋 객체**merge commit object를 생성한다. 이 객체는 실제로 **2개**의 부모를 가진다. 각 부모는 병합 과정에서 합쳐진 두 브랜치를 의미한다. 이를 이용해 깃은 이전 커밋에 대한 역방향 연결을 유지할 수 있으므로 언제든지 이전 버전으로 롤백할 수 있다.

상위 수준에서 바라본 병합 과정은 다음과 같다.

1. 다른 브랜치를 병합할 브랜치로 변경한다. main 브랜치로 병합하려면 main 브랜치를 체크아웃해 활성 브랜치를 변경해야 한다.
2. git merge 명령을 실행할 때 main 브랜치로 병합하고 싶은 브랜치명을 지정해준다.
3. 병합 내용을 설명하는 메시지, 즉 병합 커밋 메시지를 작성한다.

빨리 감기 병합 검토

실제 사용 과정부터 살펴보자. main 브랜치에는 없는 새로운 스위치 설정 파일(sw6.txt)을 갖고 있는 testing 브랜치를 main 브랜치로 병합해보자.

먼저 현재 브랜치가 main 브랜치인지 확인한다.

```
ubuntu@ubuntu2004:~/net-auto$ git branch
  main
* testing
ubuntu@ubuntu2004:~/net-auto$ git checkout main
Switched to branch 'main'
```

그런 다음, 실제로 testing 브랜치를 main 브랜치로 병합한다.

```
ubuntu@ubuntu2004:~/net-auto$ git merge testing
Updating d268c37..e70f353
Fast-forward
 sw6.txt | 7 +++++++
 1 file changed, 7 insertions(+)
 create mode 100644 sw6.txt
```

깃 실행 결과에 있는 빨리 감기(Fast-forward)라는 문구에 주목해보자. 이는 마치 testing 브랜치의 변경 사항을 main 브랜치에서 재생하는 것처럼 브랜치를 병합할 수 있다는 뜻이다. 이처럼 간단한 병합 과정에서는 별도의 병합 커밋이 표시되지 않는다.

```
ubuntu@ubuntu2004:~/net-auto$ git log --oneline
e70f353 (HEAD -> main, testing) Add sw6 configuration
d268c37 Defined VLANs on sw1
554b084 Adding .gitignore file
ee7e7bf Add Python script to talk to network switches
d40fe74 Add configuration for sw5
dd61e7b Update sw1, add sw4
6b9b6cd First commit to new repository
ubuntu@ubuntu2004:~/net-auto$ ls -la sw6.txt
-rw-rw-r-- 1 ubuntu ubuntu 221 Jun 7 20:53 sw6.txt
```

브랜치 삭제

일단 브랜치 및 변경 사항을 병합한 다음에는 git branch -d {브랜치명} 명령을 실행해 브랜치를 삭제할 수 있다. 병합하기 전에 브랜치를 삭제하게 되면 해당 브랜치의 변경 사항이 모두 사라져버리므로, 보통 병합 전에는 브랜치를 삭제하지 않고 그대로 유지한다. 병합되지 않은 브랜치를 삭제하려고 시도하면 깃은 경고 메시지를 표시한다. 하지만 브랜치가 병합된 이후에는 해당 브랜치의 내용이 모두 안전하게 다른 브랜치에 저장돼 있으므로, 기존 브랜치를 삭제하더라도 안전하다. 보통 main 브랜치로 병합하지만, 항상 그런 것은 아니다.

병합 커밋으로 병합 검토

이제 조금 복잡한 사례를 살펴보자. 먼저 새로운 브랜치를 생성한 다음, sw4의 설정을 변경하고 저장해보자. 먼저 `git checkout -b sw4` 명령을 실행하면 새로운 브랜치가 만들어지고, 새로 만든 브랜치로 체크아웃되기 때문에 활성 브랜치로 설정된다. sw4 브랜치에서 파일을 수정한 다음, `git add` 명령으로 변경 사항을 스테이징하고, `git commit` 명령으로 변경 사항을 커밋한다.

다시 `git checkout main` 명령을 실행해 main 브랜치로 돌아오자. **다른** 스위치 설정 파일을 변경한 다음, main 브랜치로 변경 사항을 스테이징해 커밋한다. 이제 sw4 브랜치를 main 브랜치로 병합하면 어떤 일이 발생할까?

이 질문에 대한 답을 찾아보기에 앞서 커밋 객체를 보다 자세히 살펴보자. 다음은 sw4 브랜치에 저장된 마지막 커밋 객체의 내용이다.

```
admin@debian11:~/net-auto$ git checkout sw4
Switched to branch 'sw4'
admin@debian11:~/net-auto$ git log --oneline HEAD~2..HEAD
1bae927 (HEAD -> sw4) Update sw4 configuration
2e6fced (main) Add sw6 configuration
admin@debian11:~/net-auto$ git cat-file -p 1bae927
tree 72f0533c16734939d15624fbc41d47f33b54f7f9
parent 2e6fced00c8aad171d54a279232a569dec392f69
author John Smith <john.smith@networktocode.com> 1644556917 +0000
committer John Smith <john.smith@networktocode.com> 1644556917 +0000

Update sw4 configuration
```

`git log --oneline HEAD~2..HEAD` 명령을 실행하면 HEAD 이전 2개 커밋부터 HEAD 까지의 커밋 이력을 볼 수 있다. HEAD는 활성 브랜치의 마지막 커밋을 가리킨다. 보다시피 HEAD 커밋 객체는 `2e6fced` 부모 커밋을 가리키고 있다.

다음은 main 브랜치의 마지막 커밋이다.

```
admin@debian11:~/net-auto$ git checkout main
Switched to branch 'main'
admin@debian11:~/net-auto$ git log --oneline HEAD~2..HEAD
e222171 (HEAD -> main) Fix sw3 configuration for hypervisor
2e6fced Add sw6 configuration
admin@debian11:~/net-auto$ git cat-file -p e222171
tree c0c8034ab09379d350d718d8f1a63f1dbd033706
parent 2e6fced00c8aad171d54a279232a569dec392f69
author John Smith <john.smith@networktocode.com> 1644557833 +0000
committer John Smith <john.smith@networktocode.com> 1644557833 +0000

Fix sw3 configuration for hypervisor
```

main 브랜치의 마지막 커밋 또한 같은 부모 커밋을 가리키고 있으므로, 두 브랜치가 여기서 갈라졌다는 것을 알 수 있다.

이제 병합해보자. 우선 main 브랜치를 체크아웃한 상태인지 확인하자. 그런 다음, `git merge` 명령을 실행해 실제로 병합을 진행한다.

```
admin@debian11:~/net-auto$ git branch
* main
  sw4
admin@debian11:~/net-auto$ git merge sw4
(기본 깃 편집기를 통해 사용자는 커밋 메시지를 입력한다.)
Merge made by the 'recursive' strategy.
 sw4.txt | 9 +++++++++
 1 file changed, 9 insertions(+)
admin@debian11:~/net-auto$ git log --oneline HEAD~3..HEAD
8c34005 (HEAD -> main) Merge branch 'sw4'
e222171 Fix sw3 configuration for hypervisor
1bae927 (sw4) Update sw4 configuration
2e6fced Add sw6 configuration
```

이 경우, 두 브랜치를 병합할 때 두 브랜치에 있는 변경 사항을 조정해야 한다. main 브랜치에만 존재하는 변경 사항이 있으므로, 단순히 sw4 브랜치의 변경 사항을 main 브랜치에서 재생하는 방식으로는 병합할 수 없다. 이런 경우 깃은 **병합 커밋**을 생성한다. 생성된 병합 커밋 파일을 살펴보자.

```
admin@debian11:~/net-auto$ git cat-file -p 8c34005
tree bff23ea7763a583586c0cf82e7651e35a7aa58fd
parent e2221715da5229e33ffd981c81d5874bb12957b7
parent 1bae92734368fc68a570539696aa4435c5ab5517
author John Smith <john.smith@networktocode.com> 1644558317 +0000
committer John Smith <john.smith@networktocode.com> 1644558317 +0000

Merge branch 'sw4'
```

병합 커밋은 **2개**의 부모 커밋 정보를 갖고 있음을 알 수 있다. 이 부모 커밋은 sw4 브랜치를 main 브랜치로 병합하기 이전 단계에서 각 부모 브랜치에 존재하던 커밋을 가리킨다. 깃은 이런 방식으로 브랜치를 병합했다는 것을 인식할 수 있고, 계속해서 커밋 간의 관계를 유지한다.

이제 sw4 브랜치의 커밋이 main 브랜치로 병합됐다. `git branch -d sw4` 명령을 실행해 sw4 브랜치를 삭제한다.

```
admin@debian11:~/net-auto$ git branch -d sw4
Deleted branch sw4 (was 1bae927).
admin@debian11:~/net-auto$ git branch
* main
```

> **CAUTION_** `git branch -d {브랜치명}` 명령은 아직 병합되지 않은 브랜치도 삭제한다. 그렇게 되면 해당 브랜치의 변경 사항이 사라지게 되므로, 사용할 때 항상 주의를 기울여야 한다.

병합 커밋을 만들지 않는 리베이스

이전 절에서는 `git merge` 명령을 사용해 갈라져 있던 두 브랜치를 병합하는 방법을 알아봤다. 즉, 두 브랜치의 변경 내용을 조정하면서 변경했다. 이때 깃은 병합 커밋을 사용해 두 브랜치가 하나로 합쳐지는 과정을 표시한다. 하지만 병합 커밋을 만드는 것이 때로는 못마땅하게 여겨지기도 한다. 2021년 리누스 토발즈는 '쓸모없는 병합 커밋'이라고 부르는 작업을 몽땅 리눅스 커널 프로젝트 참여자들에게 맡겨버리기도 했다. 병합 커밋을 만들지 않는 방법은 없을까? 리베이스라는 방법이 있다.

리베이스rebase는 한 브랜치에 커밋된 변경 사항을 가져와 다른 브랜치에서 재생하면서 적용하는 방법이다. 이전 절에서 살펴본 예제로 돌아가 sw4 브랜치와 main 브랜치 모두 변경 사항을 갖고 있는 경우를 생각해보자. 이 상태를 그림으로 표현하면 [그림 11-9]와 같다.

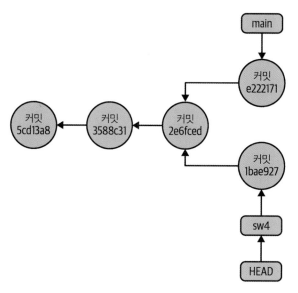

그림 11-9 병합 커밋이 필요한 갈라진 브랜치

하지만 sw4 브랜치가 main 브랜치의 변경 사항을 포함하도록 리베이스를 적용하게 되면 [그림 11-10]과 같은 구조로 바뀐다.

이렇게 정리한 다음 빨리 감기 병합을 수행하면 별도의 병합 커밋이 만들어지지 않으므로 훨씬 깔끔한 커밋 이력을 유지할 수 있다.

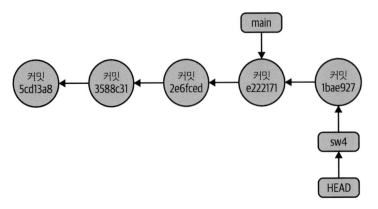

그림 11-10 갈라졌던 브랜치의 리베이스 후 빨리 감기 병합 적용

브랜치를 리베이스하려면 git rebase 명령을 사용한다. 이때 git rebase {업스트림 브랜치명} 구문을 사용하는데, 업스트림 브랜치는 현재 브랜치에서 변경 사항을 재생하면서 적용할 브랜치를 의미한다. 이 예제에서 sw4 브랜치와 main 브랜치의 변경 사항을 모두 병합하더라도 병합 커밋을 만들고 싶지 않다면, 먼저 sw4 브랜치에서 main 브랜치를 리베이스해야 한다.

```
ubuntu@ubuntu2004:~/net-auto$ git checkout sw4
Switched to branch 'sw4'
ubuntu@ubuntu2004:~/net-auto$ git branch
  main
* sw4
ubuntu@ubuntu2004:~/net-auto$ git rebase main
First, rewinding head to replay your work on top of it...
Applying: Update sw4 configuration
```

이제 빨리 감기 병합 방식으로 sw4 브랜치를 main 브랜치로 병합할 수 있다. 나머지 과정은 연습 과제로 남겨둔다. 지금까지 살펴본 내용을 요약해보자.

- 브랜치를 생성하려면 git branch {새로운 브랜치명} 명령을 실행한다.
- 특정 브랜치를 체크아웃하려면 git checkout {브랜치명} 명령을 실행한다.
- 한 번에 새로운 브랜치를 생성한 다음 새로운 브랜치로 체크아웃하려면 git checkout -b {새로운 브랜치명} 명령을 실행한다.
- 특정 브랜치를 main 브랜치로 병합하려면 main 브랜치를 체크아웃한 상태에서 git merge {브랜치명} 명령을 실행한다.

- 변경 사항을 모두 병합한 후 예전 작업 브랜치를 삭제하려면 git branch -d {브랜치명} 명령을 사용한다.
- 브랜치를 리베이스하려면 git rebase {업스트림 브랜치명} 명령을 사용한다.

이제 깃의 분산 속성을 바탕으로 다른 사람과 깃을 통해 협업하는 방법을 알아보자.

11.7 깃으로 협업하기

11.4.1절 '깃의 짧은 역사'에서 이야기한 것처럼, 완벽하게 분산된 시스템으로 만드는 것도 깃을 설계할 때 핵심 목표 중 하나였다. 이를 구현하려면 모든 개발자가 각자 저장소에 저장된 소스 코드의 완벽한 사본과 저장소의 전체 이력을 가진 상태로 작업할 수 있어야 한다. 완전 분산 시스템이라는 깃의 특성은 속도, 간결성, 확장성과 경량 브랜치를 통한 비선형 개발에 대한 강력한 지원이라는 다른 특성들과 결합되면서 협업 버전 관리 시스템에서 깃이 최고의 선택지로 자리매김하는 데 크게 기여했다.

깃은 그 자체로도 서버로 동작할 수 있으며, 깃을 실행하는 시스템끼리는 통신 메커니즘을 이용한다. 깃은 SSH, HTTPS와 (TCP 9418 포트를 사용하는) 깃 자체 프로토콜 등 다양한 전송 프로토콜을 지원한다. 단순히 몇 안 되는 시스템에서 깃을 사용 중이라면, 별도 소프트웨어 없이도 저장소를 이들 간에 동기화된 상태로 유지할 수 있다.

또한 깃이 가진 분산 특성 덕분에 깃에 기반한 온라인 서비스가 등장할 수 있었다. 따라서 많은 깃 사용자가 깃허브나 빗버킷 같은 온라인 깃 기반 서비스를 활용하고 있으며 다양한 오픈소스 프로젝트가 깃랩^{GitLab}, 깃블릿^{Gitblit}, 디재킷^{Djacket} 등 깃 기반 서비스를 통해 협업하면서 개발하고 있다. 다소 역설적이지만, 디재킷은 깃허브에 호스팅 중이다. 보다시피 깃과 깃 기반 도구를 통해 다른 사람과 협업할 수 있는 방법은 무궁무진하다.

이번 절에서는 깃을 사용해 협업하는 방법을 다룬다. 협업 방법은 여러 시스템끼리 저장소를 동기화하는 것처럼 간단할 수 있지만, 공개된 깃 기반 서비스, 특히 깃허브를 사용해 협업하는 방법을 알아본다. 이 과정에서 저장소 복제 방법, 깃 원격 저장소 사용 방법, 다른 저장소로 변경 사항을 보내거나^{push} 가져오거나^{fetch} 적용하는^{pull} 방법, 공동 작업 시 브랜치를 사용하는 방법 등을 배운다.

먼저 깃을 사용 중인 여러 시스템에서 1개 이상의 저장소를 공유하면서 동기화하는 간단한 사례부터 살펴본다.

11.7.1 깃을 실행하는 여러 시스템 간의 협업

지금까지는 네트워크 설정 파일, 스크립트, 템플릿을 단일 시스템에 존재하는 깃 저장소에 모아왔다. 별도 시스템에서 이 저장소에 접근해야 한다면 어떻게 해야 할까? 회사 사무실에서 사용하는 데스크톱과 출장지나 집에서 사용하는 노트북이 있다고 하자. 이 두 시스템에서 네트워크 자동화 저장소를 사용하고 싶다면 어떻게 해야 할까? 다행히 깃의 완전 분산 시스템이라는 특성 덕분에 이 문제를 매우 쉽게 해결할 수 있다.

파일 복사처럼 간단한 작업으로 해결할 수 있을까? 작업 디렉터리와 저장소를 동일 시스템의 다른 경로로 복사해서 어떻게 동작하는지 살펴보자. 먼저 기존 저장소에서 `git log --oneline HEAD~2..HEAD`를 실행한다.

```
ubuntu@ubuntu2004:~/net-auto$ git log --oneline HEAD~2..HEAD
829764b (HEAD -> main) Merge branch 'sw4' into main
53e3c45 Fix sw3 configuration for hypervisor
3ab27f8 Update sw4 configuration
```

이제 저장소와 작업 디렉터리를 동일 시스템의 다른 위치로 복사한 다음, 똑같이 `git log` 명령을 실행하고 결과를 비교해보자.

```
ubuntu@ubuntu2004:~$ cp -ar net-auto netauto2
ubuntu@ubuntu2004:~$ cd netauto2
ubuntu@ubuntu2004:~/netauto2$ git log --oneline HEAD~2..HEAD
829764b (HEAD -> main) Merge branch 'sw4' into main
53e3c45 Fix sw3 configuration for hypervisor
3ab27f8 Update sw4 configuration
```

동일한 내용이 표시된다! `git ls-tree`, `git cat-file` 등의 명령을 사용해 ~/netauto2에 있는 저장소의 콘텐츠를 살펴보더라도 두 저장소는 완전히 동일하다는 것을 확인할 수 있다. 왜 그럴까? 깃은 BLOB, 트리 객체, 커밋 객체 등 모든 콘텐츠를 식별하기 위해 SHA-1 해시값을 사용한다는 점을 기억하자. 콘텐츠가 동일하면 생성된 SHA-1 해시값도 동일하다. 깃 저장소의 콘텐츠는 불변이므로, 일단 생성한 후에는 수정할 수 없다. 이런 특징과 깃의 아키텍처가 결합되면서 cp처럼 간단한 도구로 저장소를 복사하더라도 사본 저장소는 온전한 버전으로 동작할 수 있게 된 것이다. 저장소의 모든 데이터와 메타데이터를 온전히 복사할 수 있는 이 기능이야말로 깃의 완전 분산 시스템 속성 중에서도 가장 중요한 핵심 요소다.

이들 저장소 간의 연결 고리는 전혀 없으므로, 한쪽 저장소에서 변경한 내용이 자동으로 다른 쪽 저장소에 반영되지는 않는다. 직접 확인해보자. 각 저장소에서 변경 사항을 커밋한 다음, 양쪽 저장소에서 각각 git log 명령을 실행해보자. 두 저장소 간의 연결 고리를 만들려면 원격 저장소가 필요하다.

원격 저장소와 로컬 저장소 연결하기

깃 원격 저장소는 다른 저장소에 대한 참조에 불과하다. 깃은 이처럼 경량 참조값 개념을 폭넓게 사용한다. 이미 브랜치와 HEAD에서도 이 개념을 사용했다. 원격 저장소에도 비슷한 개념을 적용하면, 결국 원격 저장소는 위치로 지정된 다른 저장소에 대한 경량 참조를 뜻하게 된다.

net-auto 원본 저장소를 참조하도록 netauto2 저장소에 원격 저장소를 추가해보자. 이를 위해 git remote 명령을 실행한다.

```
admin@debian11:~/netauto2$ git remote
admin@debian11:~/netauto2$ git remote add first ~/net-auto
admin@debian11:~/netauto2$ git remote
first
```

git remote 명령을 아무 인자 없이 실행하면 기존 원격 저장소의 목록이 표시된다. 이 예제에서는 아직 아무것도 표시되지 않는다. git remote add 명령을 실행하려면 다음 두 매개변수가 필요하다.

- **원격 저장소명**: 단지 상징적인 이름일 뿐이며, 어떤 의미인지만 알아볼 수 있다면 어떤 이름이든 사용할 수 있다. 이 예제에서는 first라는 이름을 사용한다.
- **원격 저장소의 위치**: 이 예제에서는 원격 저장소가 동일 시스템에 있으므로, 위치는 단순한 파일 시스템 경로로 지정한다.

이제 git remote 명령을 다시 실행해보면 새로운 원격 저장소가 추가된 것을 확인할 수 있다.

원격 저장소를 사용하지만, 현재 원격 저장소 간의 연결은 비대칭 상태다. **netauto2** 저장소는 **net-auto** 저장소에 대한 참조를 갖고 있지만, 반대 방향은 참조가 없다. 비대칭 연결 구조를 통해 깃 저장소끼리 정보를 교환할 수 있는데, 어떤 식으로 동작하는지 살펴보자.

우선 netauto2 저장소에서 이용할 수 있는 브랜치 목록을 확인한다. -a 매개변수를 추가하는데, 이 부분은 곧 자세히 설명한다.

```
vagrant@trusty:~/netauto2$ git branch -a
* main
```

이제 앞에서 설정한 원격 저장소로부터 정보를 가져오자(여기서는 의도적으로 '**가져온다**fetch'는 표현을 썼는데, 이번 절 뒷부분까지 읽다 보면 왜 이렇게 표현했는지 이해하게 될 것이다). git remote update 명령을 실행해 정보를 갱신한 다음, 다시 git branch -a 명령을 실행해보자.

```
admin@debian11:~/netauto2$ git remote update first
Fetching first
From /home/admin/net-auto
 * [new branch]      main       -> first/main
admin@debian11:~/netauto2$ git branch -a
* main
  remotes/first/main
```

이제 새로운 브랜치가 목록에 표시된다. 추가된 브랜치는 **원격 추적 브랜치**remote tracking branch라는 특별한 종류의 브랜치다. 이 브랜치는 원격 저장소에 있는 브랜치의 참조값일 뿐이며, 수정하거나 커밋할 수는 없다. 브랜치 이름에서 first가 눈에 띄는데, 원격 저장소를 추가할 때 지정해준 상징적 명칭일 뿐이다. 기본적으로 브랜치 목록에는 원격 추적 브랜치가 표시되지 않으므로, 이 브랜치까지 표시하려면 git remote 명령에 -a 매개변수를 함께 사용해야 한다.

> **TIP_** 원격 저장소를 추가한 후 정보를 가져오기 위해 git remote add 명령과 git remote update 명령을 따로 실행했지만, git remote add -f {원격 저장소명} {원격 저장소 위치} 명령 하나로도 실행할 수 있다.

그러면 새로운 원격 추적 브랜치로 어떤 일을 할 수 있을까? 두 저장소를 최신 상태로 유지할수 있도록 저장소끼리 정보를 주고받을 수 있게 된다. 다음 절에서는 이 과정이 어떻게 이뤄지는지를 살펴본다.

원격 저장소로부터 정보를 가져와 병합하기

저장소에 대해 원격 저장소를 구성하고, 구성된 원격 저장소에서 정보를 가져온 다음, 원격 추적 브랜치를 생성한다. 이 작업 이후부터는 다양한 깃 명령을 사용해 원격 저장소와 정보를 주고받을 수 있게 되므로, 저장소의 특정 브랜치 또는 전체 저장소를 동기화된 상태로 유지할 수 있다.

어떻게 동작하는지 살펴보기 위해 시스템에 있는 두 저장소 중 한 곳(net-auto 저장소)에서 파일을 변경한 다음, 해당 정보를 netauto2 저장소로 가져오는 방법을 알아본다.

우선 net-auto 저장소에서 sw2.txt 설정 파일을 수정한 후 저장소에 커밋한다. 이 과정은 이미 다룬 적이 있으므로, 여기서 모든 과정을 다시 설명하지는 않겠다(혹시라도 도움이 필요한가? 파일을 수정하고 `git add` 명령을 실행한 다음, `git commit` 명령을 실행하자).

`git log --oneline HEAD~1..HEAD` 명령을 실행해 net-auto 디렉터리에 새로운 커밋이 표시되는지를 확인한 다음, netauto2 저장소로 이동해 똑같이 `git log` 명령을 실행해보자. 커밋 목록이 서로 다를 것이다.

netauto2에서 net-auto의 갱신된 정보를 획득할 수 있는 몇 가지 방법이 있다.

- `git remote update {원격 저장소명}` 명령을 실행해 해당 원격 저장소만 갱신한다.
- 별도의 원격 저장소명을 지정하지 않은 채 `git remote update` 명령을 실행하면 해당 저장소의 모든 원격 저장소를 갱신한다.
- `git fetch {원격 저장소명}` 명령을 실행해 특정 원격 저장소의 정보를 갱신할 수 있다(즉, 가져올 수 있다). `git fetch` 명령과는 조금 용도가 다르지만, `git remote update` 명령도 매우 유사하게 동작한다. 특정 명령에 대한 상세 정보는 man 설명서나 도움말을 참고하자. 앞서 설명한 것처럼 원격 저장소로부터 정보를 가져오고 싶다면 `git remote update` 명령보다는 `git fetch` 명령을 일반적으로 많이 사용한다.

이제 **`git fetch first`** 명령을 실행해 first 원격 저장소에서 정보를 가져온다. 다음과 같은 출력 결과가 표시된다. 물론 SHA-1 해시값은 다르게 표시될 것이다.

```
remote: Enumerating objects: 3, done.
remote: Counting objects: 100% (3/3), done.
remote: Compressing objects: 100% (2/2), done.
remote: Total 2 (delta 1), reused 0 (delta 0)
Unpacking objects: 100% (2/2), 245 bytes | 245.00 KiB/s, done.
From /home/ubuntu/net-auto
   829764b..3267a4a  main          -> first/main
```

됐다. 이제 first/main, 즉 first 원격 저장소에 있는 main 브랜치에서 정보를 가져왔다. 그런
데 왜 netauto2에서 git log 명령을 실행했을 때 이 정보가 표시되지 않았을까? 원격 저장소
에서 정보를 갱신, 즉 가져오기만 했으며, 아직까지는 가져온 정보를 현재 저장소로 실제로 적
용하지 않았기 때문이다.

> **CAUTION_** 원격 저장소에서 정보를 가져오는 경우 '당겨온다pull'(혹은 '끌어온다')는 표현을 쓰지 않도록 주
> 의하자. 깃에서 원격 저장소로부터의 '풀링pulling'은 다른 의미를 가지며, pull이라는 명령어도 따로 존재한다
> (이 두 가지는 곧 살펴본다). 따라서 원격 저장소에서 정보를 가져오는 동작을 말할 때는 '가져온다fetching'고 하
> 거나 '조회한다retrieving'고 표현하는 습관을 들이자.

그럼 변경 사항을 가져오기만 하고 아직 현재 저장소에는 적용되지 않았다면 어떻게 해야 할
까? 원격 저장소의 변경 사항은 자체 브랜치에 저장돼 있으므로, 현재 저장소의 다른 브랜치와
는 별개로 분리돼 있다. 이 브랜치에서 다른 브랜치로 변경 사항을 가져오려면 어떻게 해야 할
까? 그렇다. 변경 사항을 **병합**하면 된다.

```
ubuntu@ubuntu2004:~/netauto2$ git checkout main
Already on 'main'
ubuntu@ubuntu2004:~/netauto2$ git merge first/main
Updating 829764b..3267a4a
Fast-forward
 sw2.txt | 7 +++++++
 1 file changed, 7 insertions(+)
```

git 실행 결과에서도 볼 수 있듯이 first/main, 즉 first 원격 저장소의 main 브랜치에 적용된
변경 사항을 가져와서 현재 저장소의 main 브랜치로 빨리 감기 병합을 적용한다. 빨리 감기
병합이 진행됐으므로 별도의 병합 커밋은 생성되지 않는다. 드디어 두 저장소가 동기화됐다.

NOTE_ 두 저장소의 main 브랜치에서 `git fetch` 명령과 `git merge` 명령을 사용했더라도 실제로 두 저장소가 동기화된 것은 아니라는 사실을 알아차렸다면 이 책을 정말 꼼꼼히 읽고 있는 것이다. 사실 두 저장소의 main 브랜치만 동기화됐다. 전체 저장소를 동기화하려면 모든 브랜치에 대해 이 작업을 수행해야 한다.

원격 저장소로부터 정보 가져오기

왜 두 단계의 과정, 즉 먼저 `git fetch` 명령을 실행한 다음 `git merge` 명령을 실행하는 과정을 거칠까? 가장 큰 이유는 현재 저장소에 원격 저장소의 변경 사항을 적용할 준비가 안 된 상태라면 바로 병합하기보다는 원격 저장소의 변경 사항을 검토할 기회를 갖고 싶기 때문이다.

하지만 깃의 많은 기능이 그러하듯 지름길이 존재한다. 한 번에 변경 사항을 가져와서 병합까지 하고 싶다면 `git pull {원격 저장소명}` 명령을 사용하자. 이때 원격 저장소명은 변경 사항을 가져와서 현재 브랜치로 병합하고 싶은 원격 저장소명을 의미한다. `git pull` 명령은 단지 `git fetch` 명령과 `git merge` 명령을 결합한 것이다.

net-auto의 변경 사항을 netauto2로 가져오는 방법을 살펴봤는데, 반대의 경우라면 어떻게 될까? netauto2로 원격 저장소를 추가하면 netauto2는 net-auto에 대해서는 알 수 있는 비대칭 관계이지만, 반대 경우는 그렇지 않다. 여기서 설명한 것처럼 단일 사용자이고 서로 다른 시스템에 있는 저장소를 동기화하고 싶은 경우라면 net-auto에서 netauto2로도 원격 저장소를 추가하는 것이 가장 좋은 방법이다. 그러면 `git fetch` 명령과 `git merge` 명령을 사용해 어느 쪽으로든 변경 사항을 옮길 수 있다. 이를 그림으로 표현하면 [그림 11-11]과 같다.

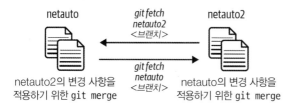

그림 11-11 저장소 간 `git fetch`와 `git merge` 사용하기

이번 절은 '여러 시스템에 있는 네트워크 자동화 저장소를 어떻게 사용할 수 있을까?'라는 질문에서 시작했다. 이 질문에 대한 답을 찾기 위해 저장소의 사본을 만드는 방법, 깃 원격 저장소를 사용해 저장소의 연결 고리를 만드는 방법, 저장소끼리 데이터를 주고받기 위해 다양한 깃 명령어를 사용하는 방법 등을 살펴봤다. 이어지는 2개의 절에서는 더 간단하고 손쉬운 방법으로 저장소를 복사하고 연결해보면서, 이러한 작업 방식을 여러 시스템으로 확장해본다.

저장소 복제

이전 절에서는 특정 경로에 있는 저장소를 단지 다른 경로로 복사하고, `git remote` 명령으로 원격 저장소를 생성한 다음, 저장소 간에 정보를 옮겨봤다.

이 과정이 어렵지는 않지만, 더 간편한 방법은 없을까? 그런 방법이 있다. 저장소 복제 기능을 사용하면 해결되며, `git clone` 명령을 실행한다. 어떻게 동작하는지 살펴보자.

이 명령의 일반적인 사용법은 `git clone {저장소} {디렉터리}`다. 이 명령에서 저장소는 복제하려는 저장소의 위치를 말하며, 디렉터리는 복제된 저장소가 위치할 경로로, 선택 사항이다. 디렉터리를 생략하면 깃은 현재 위치 아래에 저장소의 이름과 같은 디렉터리를 생성한 후, 그곳에 저장소를 복제한다. `git clone` 명령을 실행할 때 디렉터리를 지정해 복제된 저장소의 위치를 유연하게 지정할 수 있다.

`git clone` 명령의 동작 방식을 설명하기 위해 먼저 netauto2 저장소를 삭제한다. 이 저장소에는 변경 사항이 없어야 하지만, 변경 사항이 있다면 해당 변경 사항을 원래 net-auto 저장소로 다시 가져온다. 혹시라도 도움이 필요한가? 원격 저장소를 추가하고, 변경 사항을 가져온 다음, 변경 사항을 병합하자.

```
ubuntu@ubuntu2004:~$ rm -rf netauto2
ubuntu@ubuntu2004:~$ git clone ~/net-auto na-clone
Cloning into 'na-clone'...
```

```
done.
ubuntu@ubuntu2004:~$ cd na-clone
ubuntu@ubuntu2004:~/na-clone$ git log --oneline HEAD~2..HEAD
3267a4a (HEAD -> main, origin/main, origin/HEAD) Update sw2 configuration
829764b Merge branch 'sw4' into main
3ab27f8 Update sw4 configuration
```

이 예제는 git clone 명령으로 저장소의 사본을 만들었다. 이전 절에서는 일일이 직접 했던 작업이다. 심지어 더 많은 작업을 대신 해준다. 새로 복제된 저장소에서 git remote 명령을 실행해보자.

```
ubuntu@ubuntu2004:~/na-clone$ git remote
origin
```

수동으로 저장소를 복사하는 것보다 git clone 명령을 수행하는 것이 더 좋은 이유가 바로 여기에 있다. clone 명령은 저장소에서 원본 저장소를 가리키는 원격 저장소를 **자동으로** 생성한다. 게다가 원격 추적 브랜치도 자동으로 만들어주는데, git branch -a 명령이나 git branch -r 명령을 실행해 확인할 수 있다. 이처럼 여러 가지 추가 작업까지 대신 처리해주므로, 저장소를 복제한다면 git clone 명령을 사용하는 것이 훨씬 나은 방식이다.

계속 진행하기에 앞서, git clone 명령으로 자동 생성된 origin 원격 저장소를 좀 더 살펴보자. 원격 저장소의 이름은 엄밀히 말하면 상징적인 이름일 뿐이지만, origin은 특별히 깃에서 기본 원격 저장소의 이름으로 인식된다. 당연히 여러 개의 원격 저장소를 가질 수 있지만, 별도의 원격 저장소를 지정하지 않은 채 git fetch 명령을 실행하면 깃은 기본적으로 origin 원격 저장소를 선택한다. 하지만 이 동작을 제외하면, origin 원격 저장소가 갖는 특별한 속성은 없다.

여러 원격 저장소를 사용하는 한 가지 사례로, 이 책의 원고는 깃과 여러 깃 원격 저장소를 활용해 작성됐다. 깃 원격 저장소 중 하나는 깃허브였고, 다른 하나는 출판사의 저장소였다. 다음은 이 책의 원고 저장소에서 git remote -v 명령을 실행한 결과다.

```
oreilly    git@git.atlas.oreilly.com:oreillymedia/network-automation.git (fetch)
oreilly    git@git.atlas.oreilly.com:oreillymedia/network-automation.git (push)
origin     https://github.com/jedelman8/network-automation-book.git (fetch)
origin     https://github.com/jedelman8/network-automation-book.git (fetch)
```

이제 마지막 단계를 진행할 준비를 마쳤다. 지금까지 배운 모든 것을 적용해 여러 시스템에 저장소를 사용하는 깃 작업 모델로 확장해보자.

여러 시스템으로 작업 모델 확장하기

깃 원격 저장소를 만드는 아이디어를 논의할 때('원격 저장소와 로컬 저장소 연결하기' 절 참고), 원격 저장소는 이름(본질적으로 상징적 명칭)과 위치라는 두 가지 속성을 가진다고 이야기했다. 지금까지는 동일 시스템에 있는 원격 저장소만 살펴봤다. 하지만 깃은 기본적으로 다양한 프로토콜을 통해 서로 **다른** 시스템에 있는 원격 저장소를 이용할 수 있다.

예를 들면, 동일 시스템에 있는 원격 저장소는 다음과 같이 파일 경로 위치를 사용한다.

```
/path/to/git/repository
file:///path/to/git/repository
```

하지만 원격 저장소는 다음과 같이 다양한 네트워크 프로토콜을 사용해 다른 시스템에 있는 저장소를 이용한다.

```
git://host.domain.com/path/to/git/repository
ssh:/[user@]host.domain.com/path/to/git/repository
http://host.domain.com/path/to/git/repository
https://host.domain.com/path/to/git/repository
```

깃 자체 프로토콜은 git://로 시작하며, 인증 과정을 거치지 않고 모두 익명으로 접근할 수 있다(따라서 보통 읽기 전용 접근으로 사용한다). ssh://로 시작하는 위치는 시큐어 셸(SSH)을 사용한다는 의미인데, 인증을 거친 후 SSH를 통해 깃 프로토콜을 터널링하는 방식으로 이용한다. 끝으로, HTTP와 HTTPS도 사용할 수 있다.

이번 절에서 설명한 작업 모델을 선택한 다음, 자신의 필요에 따라 가장 적합한 네트워크 프로토콜을 통해 여러 시스템으로 **편리하게** 확장할 수 있다. 이번 절에서는 SSH를 사용하는 방법을 중점적으로 다루겠지만, 뒷부분에서 다루는 공개용 깃 호스팅 서비스를 사용할 때는 HTTPS를 사용하는 모습도 볼 수 있을 것이다.

다시 예제로 돌아가서, 데스크톱 컴퓨터와 휴대용 노트북에서 모두 네트워크 자동화 저장소를 사용할 수 있어야 한다고 가정해보자. 이때 두 시스템 모두 리눅스와 맥OS 등의 유닉스 계열 운영체제를 사용하고 있어 SSH를 사용할 수 있다고 가정하자. 첫 번째 단계로는 비밀번호 대신 SSH 키를 사용해 SSH 인증을 거치도록 설정한다. 이렇게 설정해두면 git 명령을 실행할 때마다 비밀번호를 묻지 않고 작업을 수행할 수 있다. SSH 설정은 이 책의 범위를 벗어난 주제이므로 다루지 않지만, 온라인에 잘 설명된 문서가 많이 있으니 참고하길 바란다.

다음 단계로는 필요한 깃 원격 저장소를 생성한다. 데스크톱에는 이미 저장소가 존재하지만, 노트북에는 저장소가 존재하지 않는다. 따라서 노트북으로 저장소를 복제해야 한다. 예제에서 데스크톱은 우분투 20.04.3을, 노트북은 데비안 11을 사용한다.

```
admin@debian11:~$ git clone ssh://ubuntu/~/net-auto net-auto
Cloning into 'net-auto'...
remote: Counting objects: 32, done.
remote: Compressing objects: 100% (30/30), done.
remote: Total 32 (delta 12), reused 0 (delta 0)
Receiving objects: 100% (32/32), 2.99 KiB ¦ 0 bytes/s, done.
Resolving deltas: 100% (12/12), done.
Checking connectivity... done.
```

이 명령은 데스크톱(**ubuntu**, SSH 설정 파일을 사용하도록 정의됨)에서 노트북(지정된 저장소의 위치. 이 예제에서는 **net-auto**)으로 저장소를 복사하고, 원 저장소를 가리키는 origin이라는 이름의 깃 원격 저장소를 생성하며, 원격 추적 브랜치를 생성한다. 따라서 git remote 명령으로 원격 저장소를 살펴볼 수 있고, git branch -r 명령으로 원격 추적 브랜치를 확인할 수 있다.

원격 저장소명을 기본 이름인 origin 대신 좀 더 명확하게 인식할 수 있는 이름으로 변경할 수도 있다. 이 예제에서는 데스크톱에 있는 저장소에서 가져왔으므로 원격 저장소의 이름을 desktop으로 변경한다.

```
admin@debian11:~/net-auto$ git remote
origin
admin@debian11:~/net-auto$ git remote rename origin desktop
admin@debian11:~/net-auto$ git remote
desktop
```

이제 우분투 시스템으로 돌아와서 데비안 노트북에 있는 저장소로 원격 저장소를 생성해야 한다. 시스템에 이미 저장소가 존재하므로 git clone 명령을 사용할 수는 없다. 대신 수동으로 원격 저장소를 추가한 다음, 원격 저장소의 정보를 가져와서 원격 추적 브랜치를 생성한다.

```
ubuntu@ubuntu2004:~/net-auto$ git remote add laptop ssh://debian11/~/net-auto
ubuntu@ubuntu2004:~/net-auto$ git remote
laptop
ubuntu@ubuntu2004:~$ git fetch laptop
From ssh://debian11/~/net-auto
 * [new branch]      main       -> laptop/main
ubuntu@ubuntu2004:~/net-auto$ git branch -r
  laptop/main
```

좋다. 이제 양쪽 시스템에 모두 저장소가 만들어졌고, 각 시스템에는 다른 시스템의 저장소를 가리키는 원격 저장소와 원격 추적 브랜치가 생성됐다. 지금부터는 이전 절에서 살펴본 작업 과정과 동일하다.

1. 한쪽 시스템에서만 변경을 하고(동시에 양쪽을 모두 변경하는 것이 아니다!), 이를 저장소에 커밋한다. 주 작업 브랜치 말고 다른 별도의 브랜치에서만 작업하는 것이 이상적이다.

2. 다른 시스템으로 돌아와서, git fetch 명령과 git merge 명령을 실행하고 원격 브랜치의 변경 사항을 로컬 브랜치로 가져와 병합한다. 병합하기 전에 변경 사항을 따로 검토할 필요가 없다면 git pull 명령을 사용한다. 변경 작업을 시작하기 **전에** 반드시 이 작업을 수행한다.

3. 필요하다면 이 과정을 반복하면서 양쪽 시스템의 브랜치를 항상 서로 최신인 상태로 유지해준다.

원격 저장소에서 변경 사항을 가져와 병합하는 과정을 한 번에 수행하는 git pull 명령을 사용하려면, 설정 항목을 변경해야 할 수도 있다. 최신 깃 버전을 사용하는 경우, git pull 명령을 실행하면 갈라진 브랜치를 조정하라는 요청 메시지가 표시된다.

```
admin@debian11:~/na-shared$ git pull origin main
hint: Pulling without specifying how to reconcile divergent branches is
hint: discouraged. You can squelch this message by running one of the following
hint: commands sometime before your next pull:
hint:
hint:   git config pull.rebase false  # merge (the default strategy)
hint:   git config pull.rebase true   # rebase
hint:   git config pull.ff only       # fast-forward only
hint:
hint: You can replace "git config" with "git config --global" to set a default
hint: preference for all repositories. You can also pass --rebase, --no-rebase,
```

```
hint: or --ff-only on the command line to override the configured default per
hint: invocation.
```

리베이스는 '병합 커밋을 만들지 않는 리베이스' 절에서 간략히 다뤘다. 그럼에도 리베이스에 대해 살펴봐야 할 것이 여전히 많이 남아 있는데, 다행히도 온라인 문서로 잘 정리돼 있으니 참고하길 바란다. 지금은 앞의 결과 메시지의 제안처럼 `git config pull.rebase false`를 실행하는 것이 가장 안전한 전략이다.

지금까지 살펴본 접근 방식은 개발자 혼자서 두 시스템을 사용하는 경우에는 꽤 잘 동작한다. 그러나 개발자가 여러 명이라면 어떻게 될까? 깃 원격 저장소와 원격 추적 브랜치들의 연결을 일일이 만들 수는 있겠지만, 금방 다루기 힘든 상태가 되고 말 것이다. 이런 경우 공유 저장소를 사용하면 여러 시스템에서 깃을 간편하게 사용할 수 있다.

공유 저장소 사용하기

`git remote` 명령을 실행해 깃 원격 저장소에 대한 정보를 살짝 들여다본 적이 있다면, 원격 저장소의 자세한 정보를 출력해주는 -v 옵션도 본 적이 있을 것이다. 예를 들어 이전 절에서 구성한 두 시스템에서 `git remote -v` 명령을 실행하면 다음과 같은 결과가 표시된다.

```
admin@debian11:~/na-shared$ git remote -v
desktop   ssh://ubuntu/~/net-auto (fetch)
desktop   ssh://ubuntu/~/net-auto (push)
```

원격 저장소의 전체 경로를 알 수 있으므로 유용하다. 원격 저장소에서 정보를 가져오는 `git fetch` 명령의 사용법은 살펴봤는데, 그럼 푸시란 무엇일까?

지금까지는 `git remote update`, `git fetch`, `git pull` 등의 명령을 사용해 원격 저장소에서 로컬 저장소로 정보를 가져오는 방법만 다뤘다. 하지만 로컬 저장소의 변경 사항을 원격 저장소로 보내는 것도 가능한데, 깃에서는 이를 **푸시**[push]라고 부른다. 이 경우에 원격 저장소는 베어 저장소로 사용하기를 강력히 권장한다.

그럼 **베어 저장소**[bare repository]란 무엇인가? 간단히 말해, 작업 디렉터리가 없는 깃 저장소다(깃에서 말하는 **작업 디렉터리**는 **현재 디렉터리**가 아닌 다른 것을 의미한다는 점을 기억하자). 지금까지 깃 저장소에 대한 모든 이야기를 나눌 때는 사용자가 작업하기 위한 작업 디렉터리가 있다고 전제한다. 저장소를 사용하려면 저장소에 들어 있는 콘텐츠와 상호 작용할 수 있는 방법이 필요했고, 작업 디렉터리는 깃이 상호 작용 방법으로 제공하는 방식이었다.

푸시 작업에 대해 베어 저장소, 즉 작업 디렉터리가 없는 저장소를 이용하라고 강력히 권한 이유는 푸시 작업이 작업 디렉터리를 재설정하지 않기 때문이다. 이전 예제를 다시 들여다보자. 서로 다른 시스템을 가리키는 원격 저장소와 원격 추적 브랜치로 구성된 두 시스템이 있을 때, 어떤 문제가 발생할 수 있는지 살펴보자.

1. 여러분은 관례를 잘 따르는 성실한 깃 사용자이므로, 새로 new-feature라는 브랜치를 만들어 수정 작업을 진행하고 있다. 첫 번째 시스템에서 new-feature 브랜치를 체크아웃했으므로, 작업 디렉터리에는 new-feature 브랜치의 내용이 들어 있다. 하루가 끝날 무렵에 작업 디렉터리에는 아직 완료되지 않은 몇 가지 변경 사항이 남아 있지만, 몇몇 변경 사항은 커밋한다.

2. 두 번째 시스템에서 변경 사항을 가져와 검토한 다음, 이를 로컬의 new-feature 브랜치로 병합하고 계속 작업을 진행한다. 첫 번째 시스템에서 아직 커밋하지 않은 채 작업 디렉터리에 남아 있는 변경 사항을 두 번째 시스템에서는 볼 수 없지만, 문제가 되지 않는다. 지금까지는 괜찮았다.

3. 밤이 늦어서야 일부 작업을 마쳤고, 이 변경 사항을 작업 시스템의 new-feature 브랜치로 푸시하기로 했다.

4. 다음 날 출근해서 업무를 시작하려 하는데, 커밋하지 않았던 변경 사항은 작업 디렉터리에 그대로 있지만 어젯밤 푸시했던 변경 사항은 보이지 않는다. 대체 어떻게 된 일일까?

이는 베어 저장소가 아닌 저장소로 변경 사항을 푸시했을 때 발생하는 문제다. 즉, 변경 사항을 원격 저장소에 푸시했지만, 작업 디렉터리에는 갱신되지 않으므로 변경 사항을 볼 수 없다. 이 변경 사항을 보려면 git rest -hard HEAD 명령을 실행해야 한다. 하지만 이 명령을 실행하면 작업 디렉터리의 변경 사항이 사라져버리므로, 결코 좋은 상황은 아니다.

베어 저장소를 사용하면 이런 문제를 해결할 수 있지만, 저장소를 대화형으로 사용할 가능성도 함께 사라진다. 하지만 여러 개발자가 사용할 공유 저장소로는 이 방식이 더 적합하다.

새로운 베어 저장소를 만들기 위해 git init 명령에 --bare 옵션을 추가한다.

```
[ec2-user@amazonlinux2 ~]$ git init --bare shared-repo.git
Initialized empty Git repository in /home/ec2-user/shared-repo.git/
[ec2-user@amazonlinux2 ~]$ git init non-bare-repo
Initialized empty Git repository in /home/ec2-user/non-bare-repo/.git/
```

--bare 옵션을 사용했을 때와 사용하지 않았을 때의 실행 결과를 비교해보자. 실행 결과를 보

면 베어 저장소가 아닌 경우에는 실제 깃 저장소가 .git 하위 디렉터리에 있다는 사실을 알 수 있다. 하지만 베어 저장소를 생성한 경우에는 작업 디렉터리가 없으므로, 해당 디렉터리의 루트에 바로 깃 저장소가 만들어진다.

NOTE_ 꼭 그런 것은 아니지만, 관례상 베어 저장소명은 .git으로 끝난다.

이 예제에서는 이미 기존 저장소가 존재하므로, 어떻게든 여러 사용자가 공유할 수 있는 베어 저장소로 변환해야 한다. 깃은 이런 시나리오도 대비해 git clone 명령으로 기존 저장소를 새로운 베어 저장소로 복제할 수 있다.

```
ubuntu@ubuntu2004:~$ git clone --bare net-auto na-shared.git
Cloning into bare repository 'na-shared.git'...
done.
```

git clone --bare 명령을 실행하면 깃은 어떤 원격 저장소나 원격 추적 브랜치를 추가하지 않는다. 보통 원격 저장소와 원격 추적 브랜치는 사용자가 저장소와 직접 상호 작용할 때만 유용한데, 베어 저장소는 직접적인 상호 작용이 필요하지 않으므로 아무것도 추가하지 않는 점이 이해될 것이다. 다른 시스템에서 베어 저장소를 복제해 사용하는 경우라면 원격 저장소와 원격 추적 브랜치가 만들어진다.

두 시스템의 현재 설정을 다시 살펴보자. 우분투 데스크톱과 데비안 노트북에 저장소가 있고, 각각을 가리키는 원격 저장소가 설정돼 있다. 이 시스템을 제3의 시스템에 있는 공유 베어 저장소로 변환해보자. 세 번째 시스템은 공유 저장소를 제공할 아마존 리눅스 2(AL2) 시스템이다.

우선 AL2 시스템으로 저장소를 가져와야 한다. git clone --bare 명령이 그 역할을 담당한다.

```
[ec2-user@amazonlinux2 ~]$ git clone --bare ssh://ubuntu/~/net-auto
na-shared.git
Cloning into bare repository 'na-shared.git'...
remote: Counting objects: 32, done.
remote: Compressing objects: 100% (30/30), done.
Receiving objects: 100% (32/32), done.
remote: Total 32 (delta 12), reused 0 (delta 0)
Resolving deltas: 100% (12/12), done.
```

이제 이 베어 저장소를 두 작업 시스템으로 복제한다. 먼저 우분투 시스템으로 복제하자.

```
ubuntu@ubuntu2004:~$ git clone ssh://amzn2/~/na-shared.git
na-shared
Cloning into 'na-shared'...
remote: Counting objects: 32, done.
remote: Compressing objects: 100% (18/18), done.
remote: Total 32 (delta 12), reused 32 (delta 12)
Receiving objects: 100% (32/32), done.
Resolving deltas: 100% (12/12), done.
Checking connectivity... done.
ubuntu@ubuntu2004:~$ cd na-shared
ubuntu@ubuntu2004:~/na-shared$ git remote -v
origin ssh://amzn2/~/na-shared.git (fetch)
origin ssh://amzn2/~/na-shared.git (push)
ubuntu@ubuntu2004:~/na-shared$ git branch -r
  origin/HEAD -> origin/main
  origin/main
ubuntu@ubuntu2004:~/na-shared$ git log --oneline HEAD~2..HEAD
3267a4a (HEAD -> main, origin/main, origin/HEAD) Update sw2 configuration
829764b Merge branch 'sw4' into main
3ab27f8 Update sw4 configuration
```

베어 저장소로 git clone 명령을 실행한 다음 다시 우분투 시스템으로 돌아와 확인해보면, 저장소의 모든 데이터와 메타데이터가 그대로 남아 있고 자동으로 깃 원격 저장소와 원격 추적 브랜치가 생성된 것을 볼 수 있다. 새로 만든 na-shared 저장소에서 git log 명령을 실행해보고, 예전 net 시스템의 net-auto 저장소에서도 같은 명령을 실행해보면서 깃 이력을 확인해보자.

이제 데비안 노트북에서도 같은 과정을 실행한다.

```
admin@debian11:~$ git clone ssh://amzn2/~/na-shared.git
na-shared
Cloning into 'na-shared'...
remote: Counting objects: 32, done.
remote: Compressing objects: 100% (18/18), done.
remote: Total 32 (delta 12), reused 32 (delta 12)
Receiving objects: 100% (32/32), done.
Resolving deltas: 100% (12/12), done.
Checking connectivity... done.
```

```
admin@debian11:~$ cd na-shared
admin@debian11:~/na-shared$ git remote -v
origin ssh://amzn2/~/na-shared.git (fetch)
origin ssh://amzn2/~/na-shared.git (push)
admin@debian11:~/na-shared$ git branch -r
  origin/HEAD -> origin/main
  origin/main
```

이제 모든 시스템에 새로운 na-shared 저장소가 생겼다. 드디어 rm -rf net-auto 명령을 실행해 예전 net-auto 저장소를 삭제할 수 있다.

그럼 현재까지의 작업 과정은 어떨까?

1. 여전히 작업은 main 브랜치가 아닌 전용 브랜치를 따로 만들어서 진행한다. 특히 같은 공유 저장소에서 다른 사용자와 함께 작업한다면 이 방식을 따르는 것이 더 중요해진다.
2. 어느 시스템에서든 로컬 복제 저장소에서 작업을 시작하기 전에 git fetch 명령을 실행해, 공유 저장소에는 있지만 로컬 복제 저장소에는 없는 변경 사항을 가져온다. 필요한 경우 git merge 명령을 실행해 변경 사항을 로컬 브랜치로 병합한다.
3. 로컬 저장소에서 변경한 다음, 변경 사항을 로컬 복제 저장소에 커밋한다.
4. git push 명령을 통해 이 변경 사항을 공유 저장소로 푸시한다.

이번 장에서 변경 사항을 푸시하는 과정을 여러 차례 이야기했지만, 아마도 추가 설명이 필요할 것 같다. 끝으로, git push 명령을 실행했을 때 푸시가 실제로 어떻게 이뤄지는지를 살펴본다.

공유 저장소로 변경 사항 푸시하기

이제는 베어 저장소가 있으므로 git push 명령으로 변경 사항을 원격 저장소로 푸시할 수 있다. 일반적인 사용법은 git push {원격 저장소} {브랜치명}이다. 이때 원격 저장소는 깃 원격 저장소의 이름이고, 브랜치명은 변경 사항이 푸시될 브랜치명이다.

실제 동작하는 과정을 살펴보기 위해 데비안 시스템의 네트워크 자동화 저장소에 있는 파일을 변경해보자. 진자 템플릿 중 하이퍼바이저가 연결될 ToR 스위치의 기본 설정을 만드는 데 사용하는 hv-tor-config.j2 템플릿 파일을 수정해보자.

우선 main 브랜치에서 작업하고 싶지 않으므로, 변경 작업을 수행할 새로운 브랜치를 만든다.

```
admin@debian11:~/na-shared$ git checkout -b add-sw-tmpl
Switched to a new branch 'add-sw-tmpl'
```

작업 디렉터리에 파일을 추가한 다음, 파일을 스테이징해 커밋한다. 파일을 완전히 새로 작성해도 되고, 다른 곳에 있는 파일을 복사해도 상관없다.

```
admin@debian11:~/na-shared$ git add hv-tor-config.j2
admin@debian11:~/na-shared$ git commit -m "Add Jinja template for TOR config"
[add-sw-tmpl 8cbbe6f] Add Jinja template for TOR config
 1 file changed, 15 insertions(+)
 create mode 100644 hv-tor-config.j2
```

이제 변경 사항을 origin 원격 저장소로 푸시한다. origin은 AL2 시스템의 공유 베어 저장소를 가리키고 있다.

```
admin@debian11:~/na-shared$ git push origin add-sw-tmpl
Enumerating objects: 4, done.
Counting objects: 100% (4/4), done.
Delta compression using up to 2 threads
Compressing objects: 100% (3/3), done.
Writing objects: 100% (3/3), 426 bytes | 426.00 KiB/s, done.
Total 3 (delta 1), reused 0 (delta 0), pack-reused 0
To ssh://amzn2/~/na-shared.git
 * [new branch]      add-sw-tmpl -> add-sw-tmpl
```

지금부터는 함께 작업하는 동료나 다른 사람이 자신의 시스템으로 변경 사항을 가져갈 수 있다. git fetch 명령을 통해 변경 사항을 가져온 다음, 원격 추적 브랜치에 해당하는 로컬 브랜치를 만들고 자신의 방법대로 변경 사항을 검토하면 된다. git diff 명령을 실행해봐도 이 예제의 변경 사항은 새로운 파일만 추가하는 것이었으므로 특별히 도움이 되지 않는다.

```
ubuntu@ubuntu2004:~/na-shared$ git fetch origin
remote: Enumerating objects: 4, done.
remote: Counting objects: 100% (4/4), done.
remote: Compressing objects: 100% (3/3), done.
remote: Total 3 (delta 1), reused 0 (delta 0), pack-reused 0
Unpacking objects: 100% (3/3), 406 bytes | 406.00 KiB/s, done.
From ssh://amzn2/~/na-shared
```

```
   * [new branch]      add-sw-tmpl -> origin/add-sw-tmpl
ubuntu@ubuntu2004:~/na-shared$ git checkout --track -b add-sw-tmpl origin/add-sw-tmpl
Branch add-sw-tmpl set up to track remote branch add-sw-tmpl from origin.
Switched to a new branch 'add-sw-tmpl'
ubuntu@ubuntu2004:~/na-shared$ git diff main..HEAD
diff --git a/hv-tor-config.j2 b/hv-tor-config.j2
new file mode 100644
index 0000000..8de9181
--- /dev/null
+++ b/hv-tor-config.j2
@@ -0,0 +1,13 @@
+interface ethernet0
+  description Mgmt interface for hypervisor
+  switchport mode access
+  switchport mode access vlan {{ mgmt_vlan_id }}
+
+interface ethernet1
+ switchport mode {{ modeSelection }}
+
+interface ethernet2
+  switchport mode {{ modeSelection }}
+
+interface ethernet3
+  switchport mode {{ modeSelection }}
+
```

모든 사람이 변경 사항에 대해 괜찮다고 동의하면, 이 변경 사항을 main 브랜치로 병합한다.
먼저 로컬에서 병합한다.

```
admin@debian11:~/na-shared$ git checkout main
Switched to branch 'main'
Your branch is up-to-date with 'origin/main'
admin@debian11:~/na-shared$ git merge add-sw-tmpl
Updating 3267a4a..01616d1
Fast-forward
 hv-tor-config.j2 ¦ 13 +++++++++++++
 1 file changed, 13 insertions(+)
 create mode 100644 hv-tor-config.j2
```

빨리 감기 병합이었으므로 별도의 병합 커밋이 생성되지 않는다. 이제 변경 사항을 공유 저장
소로 푸시한다.

```
admin@debian11:~/na-shared$ git push origin main
Total 0 (delta 0), reused 0 (delta 0), pack-reused 0
To ssh://amzn2/~/na-shared.git
   3267a4a..01616d1  main -> main
```

끝으로, 작업했던 브랜치를 삭제하고 변경 사항을 공유 저장소로 푸시한다(작업용 브랜치는 흔히 **피처 브랜치**[feature branch] 또는 **토픽 브랜치**[topic branch]라고도 부른다).

```
admin@debian11:~/na-shared$ git branch -d add-sw-tmpl
Deleted branch add-sw-tmpl (was 01616d1).
admin@debian11:~/na-shared$ git push origin --delete add-sw-tmpl
To ssh://amzn2/~/na-shared.git
 - [deleted]        add-sw-tmpl
```

이제 같이 작업하던 동료들은 main 브랜치로 병합된 변경 사항을 가져오고, git fetch --prune 명령을 사용해 더 이상 필요 없는 원격 추적 브랜치를 삭제하며, 이전에 생성한 로컬 브랜치도 삭제한다.

```
ubuntu@ubuntu2004:~/na-shared$ git pull origin main
From ssh://amzn2/~/na-shared
 * branch        main       -> FETCH_HEAD
   3267a4a..01616d1  main   -> origin/main
Updating 3267a4a..01616d1
Fast-forward
 hv-tor-config.j2 | 13 ++++++++++++
 1 file changed, 13 insertions(+)
 create mode 100644 hv-tor-config.j2
ubuntu@ubuntu2004:~/na-shared$ git fetch --prune origin
From ssh://amzn2/~/na-shared
 - [deleted]        (none)     -> origin/add-sw-tmpl
ubuntu@ubuntu2004:~/na-shared$ git branch -d add-sw-tmpl
Deleted branch add-sw-tmpl (was 01616d1).
```

git fetch -prune 명령은 이 예제에서 처음 사용했는데, 더 이상 원격 저장소에 존재하지 않는 원격 추적 브랜치를 삭제한다. 이 예제에서는 실행 결과 메시지에서 알 수 있듯이 origin/add-sw-tmpl에 대한 원격 추적 브랜치를 삭제한다.

NOTE_ 깃을 처음 사용한다면 이 모든 과정이 복잡해 보일 것이다. 하지만 괜찮다. 깃을 만든 리누스 토발즈를 제외하면, 누구나 깃을 처음 사용하던 시절이 있었다. 인내심을 갖고 천천히 하나하나 익혀나가자. 그렇게 깃을 조금 사용하다 보면, 어느새 명령들이 자연스럽게 느껴지기 시작할 것이다. 그때까지는 명령어와 사용법을 기억하기 쉽도록 깃 치트시트를 가까이 두고 참고해보자.

마지막 주제인 깃 기반 온라인 서비스를 통한 협업을 살펴보기 전에 이번 절에서 다뤘던 내용을 정리해보자.

- 깃은 **원격 저장소**를 통해 저장소 간 연결 고리를 만든다. 원격 저장소를 다룰 때 사용하는 명령은 git remote이다. 원격 저장소는 파일 시스템의 위치를 가리킬 수 있는데, SSH를 통해 다른 시스템에 접근하는 것처럼 네트워크상의 위치를 가리킬 수도 있다.
- 원격 저장소의 변경 사항을 로컬 저장소로 가져오려면 git fetch {원격 저장소} 명령을 사용한다.
- 깃에서는 원격 저장소를 사용할 때 브랜치를 많이 사용한다. git fetch 명령으로 변경 사항을 가져오면 **원격 추적 브랜치**remote tracking branch라는 특수한 브랜치가 자동으로 생성된다.
- 원격 저장소의 변경 사항은 다른 브랜치를 병합하는 과정과 마찬가지로 git merge 명령을 사용해 로컬 브랜치로 병합할 수 있다.
- git fetch 명령을 실행한 다음 git merge 명령을 실행하는 두 단계의 과정이 번거롭게 느껴진다면 git pull 명령을 사용할 수 있다.
- 변경 사항을 원격 저장소로 푸시하려면 git push 명령을 사용한다. 단, 원격 저장소는 베어 저장소여야 한다.
- 베어 저장소를 중앙의 공유 저장소로 사용하면, 여러 사람이 단일 저장소를 통해 공동으로 작업할 수 있다. 변경 사항은 브랜치를 통해 주고받게 되며 git push, git fetch, git merge, git pull 등의 명령을 사용한다.

이번 장의 마지막 절에서는 지금까지 다룬 내용을 바탕으로 깃 기반 온라인 협업 서비스를 사용하는 방법을 살펴본다.

11.7.2 깃 기반 온라인 협업 서비스

기본적으로 깃 기반 온라인 협업 시스템의 사용법은 이전 절에서 설명한 방법과 비슷하다고 느껴질 것이다. 저장소 사본을 복제하고, 원격 저장소와 원격 추적 브랜치를 사용하고, 브랜치를 기반으로 동일 저장소의 다른 사용자와 변경 사항을 교환하는 등 모든 개념이 동일하게 사용된다. 심지어 앞에서 사용했던 `git fetch`, `git push`, `git merge`, `git pull` 등의 깃 명령도 그대로 사용한다.

그럼에도 몇 가지 차이점이 있다. 간단히 설명하기 위해 깃 기반 온라인 협업 서비스 중에서 가장 널리 사용되는 깃허브를 중심으로 사용법을 살펴본다. 이번 절에서 다루는 주제는 다음과 같다.

- 저장소 포크
- 풀 리퀘스트

준비됐는가? 그럼 저장소부터 포킹[forking]해본다.

저장소 포크

깃허브 프로젝트를 **포크**[fork]한다는 것은 본질적으로 깃 저장소를 복제하는 것과 동일하다. 이번 절에서는 **프로젝트**와 **저장소**를 다소 혼용해 다룬다. 깃허브 저장소를 포크하면 깃허브 서버에게 해당 저장소를 사용자의 계정으로 복제하라는 명령을 보낸다. 포크가 완료되면 원본 저장소의 콘텐츠와 커밋 이력을 모두 가진 원본 저장소의 완전한 사본이 만들어진다. 일단 저장소를 사용자 계정으로 포크하게 되면, 명령행에서 `git clone` 명령을 실행해 깃 원격 저장소와의 연결 고리를 만들었던 것처럼 원본 프로젝트에 대한 연결 고리가 만들어진다(하지만 이러한 원격 저장소는 사용자에게 노출되지 않는다). 깃허브에서 저장소를 포크하더라도 저장소의 로컬 사본이 만들어지지 않는다는 사실이 매우 중요하다. 따라서 여전히 `git clone` 명령을 실행해 포크된 사본을 로컬 시스템으로 복제해야 한다. 이 과정은 곧 만나게 된다.

그럼 저장소를 왜 포크해야 하는 것일까? 깃허브와 같은 대규모 온라인 서비스에는 수십만 개 이상의 저장소가 호스팅되고 있다. 각 저장소는 깃허브 사용자 계정과 연결되므로, 해당 사용자가 저장소에 기여할 수 있는지 여부를 사용자 계정으로 통제할 수 있게 된다.

개발에 참여하고 싶은 저장소를 발견했다면 어떻게 해야 할까? 해당 저장소의 소유자는 여러분을 모를 뿐만 아니라(아마 모를 가능성이 높다), 자신의 저장소에 여러분이 기여할 능력을 갖추고 있는지 신뢰할 수 없을 것이다. 하지만 저장소의 사본을 갖고 있으므로 원하는 대로 개선 기여 활동을 수행한 다음, 자신의 기여 활동이 프로젝트의 가치를 더해주는지를 원본 저장소의 소유자에게 판단해달라고 요청할 수 있다.

저장소에 참여하기 위해 프로젝트 소유자에게 동의를 구하는 대신 그냥 자신의 계정으로 저장소를 **포크**(복제)하고, 여기서 작업한다. 이후 원한다면 자신이 변경한 내용을 원본 저장소에 포함시키도록 요청할 것인지를 결정할 수 있다(원본 저장소에 포함하게 요청할 것인지는 본인이 선택할 수 있다). 이와 관련된 내용은 '풀 리퀘스트 작성' 절에서 설명한다.

깃허브 저장소를 포크하려면 다음 세 과정을 거친다.

1. 보안 인증서를 사용해 깃허브에 로그인한다.
2. 자신의 계정으로 포크하고 싶은 저장소로 이동한 다음, 화면 오른쪽 상단부에 있는 **포크**^{Fork} 버튼을 누른다.
3. 깃허브 단체에 속한 사용자라면 해당 저장소를 개인 계정으로 포크할지, 단체 계정으로 포크할지를 물어본다. 특별한 이유가 없다면 개인 계정을 선택한다.

이제 끝났다! 깃허브는 해당 저장소를 사용자 계정으로 포크(즉, 복제)한다.

깃허브 저장소는 베어 저장소이므로, 보통 로컬 시스템으로 복제해야 사용할 수 있다. 깃허브는 파일 생성, 파일 수정, 커밋 등의 작업을 브라우저에서 할 수 있는 웹 기반 도구를 제공한다. 계정 외부에서 깃허브 저장소를 복제하려면 `git clone` 명령 뒤에 깃허브 저장소의 URL을 붙여준다. 예를 들어 저자의 깃허브 저장소 URL은 *https://github.com/scottslowe/learning-tools.git*이다.

깃허브 사용자명이 npabook이라고 가정하자(이 책을 쓰는 현재 시점에는 존재하지 않는 계정이다). 위 저장소를 포크하면 마치 `git clone` 명령을 사용한 것처럼 사용자 계정 아래에 저장소의 전체 사본이 만들어진다. 이때 포크된 저장소의 URL은 *https://github.com/npabook/learning-tools.git*이다.

로컬 시스템에서 `git clone` *https://github.com/npabook/learning-tools.git* 명령을 실행하면 이전 예제에서 `git clone` 명령을 실행한 것처럼 깃은 저장소를 로컬 시스템으로 복제하고, 깃허브의 포크된 저장소를 가리키는 origin 원격 저장소와 원격 추적 브랜치를 생성한다.

로컬 시스템에 저장소의 복제본이 만들어지고 난 다음에는 이전 절에서 설명한 것과 똑같은 방식으로 포크된 깃허브 저장소를 사용할 수 있다.

1. 변경 사항이 main 브랜치와 격리되도록 로컬 저장소에서 새 피처^{feature}/토픽^{topic} 브랜치를 만든다.
2. `git push` 명령을 사용해 변경 사항을 원격 깃허브 저장소로 보낸다.
3. 변경 사항을 합칠 준비를 마치면 `git merge` 명령을 실행해 main 브랜치로 병합한다.
4. `git fetch` 명령과 `git merge` 명령을 사용해 변경 사항을 main 브랜치로 가져온다. 또는 이 두 명령을 결합한 `git pull` 명령을 실행한다.
5. 로컬의 피처/토픽 브랜치와 깃허브 저장소의 원격 브랜치를 삭제한다.

지금까지는 앞에서 살펴봤던 내용과 크게 다르지 않으므로 매우 간단해 보일 것이다. 하지만 논의가 필요한 한 가지 주제가 있다. 포크된 저장소와 원본 저장소를 어떻게 동기화할 수 있을까?

포크된 저장소를 동기화하기

깃허브에서 저장소를 사용자 계정으로 포크하면 포크된 저장소에서 원본 저장소로의 링크를 유지해주지만, 두 저장소를 동기화하는 방법은 제공하지 않는다. 포크된 저장소를 원본 저장소와 동기화하는 것이 왜 중요할까? 개발이 한창 진행 중인 프로젝트에 기여하고 싶은 경우를 생각해보자. 시간이 지나면서 개발은 계속 진행되고, 브랜치는 병합되며, 변경 사항은 원본 저장소에 커밋된다. 이렇게 되면 포크된 저장소는 원본 저장소에 비해 한참 뒤처진 상태가 되고 만다. 따라서 유용한 변경 사항을 기여할 수 있으려면, 포크된 저장소는 항상 원본 저장소의 최신 상태를 유지해야 한다.

앞서 깃을 사용하다 보면 여러 원격 저장소를 사용하게 되는 경우가 있다고 이야기했었다. 포크된 저장소를 최신 상태로 유지하려면 여러 개의 원격 저장소를 사용해야 한다. 그럼 어떻게 최신 상태를 유지할 수 있는지 살펴보자. 이미 깃허브에서 저장소를 포크했다고 가정한다.

먼저 `git clone` 명령으로 포크된 저장소를 로컬 시스템으로 복제한다. 다음과 같은 명령을 실행한다.

```
git clone https://username@github.com/username/repository-name.git
```

이 명령을 실행하면 저장소를 로컬 시스템으로 복제하고, 앞서 지정한 URL을 가리키는 origin 원격 저장소를 생성한 다음, 원격 추적 브랜치를 생성한다. 이 시점에서는 저장소에서 `git remote` 명령을 실행하면 origin 원격 저장소 1개만 표시된다(`git remote -v` 명령을 실행하면 원격 저장소의 위치까지 알 수 있다. 이 예제에서 원격 저장소의 위치는 HTTPS URL이다).

이어서 원본 저장소를 가리키는 **두 번째** 원격 저장소를 추가한다. 다음과 비슷한 명령을 실행한다.

```
git remote upstream add https://github.com/original-user/repository-name.git
```

엄밀히 말하면 명령에 사용된 upstream은 상징적인 이름에 불과하지만, 원격 저장소의 이름을 upstream이라 지어줌으로써 원본이라는 의미를 강조해준다(다른 사람들도 이런 경우 upstream이라는 이름을 많이 사용하므로, 일관성을 위해 같은 이름을 사용해주는 것이 좋다). 이제 로컬 저장소는 2개의 원격 저장소를 갖고 있다. origin은 포크된 저장소를, upstream은 원본 저장소를 가리키고 있다.

이제 저장소를 원본 저장소의 최신 상태로 유지해보자. 다음 과정은 모두 로컬 시스템에 복제된 깃 저장소에서 실행한다.

1. git checkout main 명령으로 main 브랜치를 체크아웃한다.
2. git fetch upstream main 명령을 실행한 후 git merge upstream/main 명령을 실행해 원본 저장소의 변경 사항을 가져온다. 또는 두 명령을 결합한 git pull upstream main 명령을 실행한다. 로컬의 복제된 저장소는 이제 원본 저장소와 동기화됐다.
3. git push origin main 명령으로 로컬 저장소의 변경 사항을 포크된 저장소로 푸시한다. 이제 포크된 저장소는 원본 저장소의 최신 상태로 바뀐다.

이렇게 한다고 해서 피처/토픽 브랜치가 최신 상태로 바뀌지는 않는다. 대부분 원본 저장소와 포크된 저장소의 main 브랜치만 동기화하면 되므로, 보통의 경우라면 특별히 문제가 되지는 않는다. 원본 저장소와 포크된 저장소 간의 다른 브랜치를 최신 상태로 동기화하고 싶다면, 위 단계에서 브랜치명을 적절히 변경해가면서 같은 과정을 반복 실행한다.

다음 절에서는 저장소의 소유자에게 저장소에 포함시킬 변경 사항이 있다는 것을 알려줄 방법에 대해 알아본다.

풀 리퀘스트 작성

깃허브와 같은 공유 저장소에서 변경 작업을 수행할 때 권장하는 절차를 간단히 정리해보자.

1. 로컬 브랜치를 만들고 이 브랜치에서 변경 작업을 수행한다. 이때 생성한 브랜치를 **피처** 브랜치 또는 **토픽** 브랜치라고 한다.

2. 새로 만든 로컬 브랜치에서 변경 사항을 스테이징한 다음 커밋한다.

3. git push {원격 저장소} {브랜치명} 명령으로 로컬 브랜치의 변경 사항을 원격 브랜치로 푸시한다.

이 과정을 거치면 포크된 저장소에는 변경 사항이 적용된다. 하지만 원본 저장소의 소유자는 포크된 복사본에 변경 사항이 푸시됐다는 사실을 어떻게 알 수 있을까? 정답을 이야기하면, 소유자는 전혀 알 수 없다. 왜 그럴까? 첫째, 포크를 했다는 것은 별도의 코드베이스를 만든 것이다. 따라서 원 개발자는 다른 사람이 만든 변경을 알고 싶지 않을 수도 있고, 알고 있어야 하는 것도 아니다. 둘째, 변경 사항이 있지만 원 개발자가 생각했을 때 누락된 부분이 있다면 어떻게 해야 할까? 깃이나 깃허브에서 변경 사항이 언제 합칠 수 있는 준비를 마쳤는지 어떤 식으로 알 수 있을까? 간단히 말해, 알 수 없다. 원 개발자가 원본 저장소에 포함시킬 수 있을 정도로 준비된 코드인지를 알 수 있는 것은 그 코드를 작성하는 사용자뿐이므로, 풀 리퀘스트가 등장하게 됐다.

풀 리퀘스트^{pull request}는 원본 저장소의 개발자에게 원본 저장소에 포함하고 싶은 변경 사항이 있다는 사실을 알려주는 통지 방식이다. 풀 리퀘스트는 다음 세 단계를 거쳐 만들어진다. 먼저 변경 사항을 포크된 저장소의 브랜치로 푸시한 다음, 원본 저장소에 대한 풀 리퀘스트를 만든다. 깃랩과 같은 깃 기반 서비스에서는 풀 리퀘스트라는 용어 대신 **머지 리퀘스트**^{merge request}라는 용어를 사용한다. 하지만 기본적인 생각과 작업 과정은 거의 동일하다.

브랜치를 깃허브로 푸시한 다음, 원본 저장소로 이동해보자. [그림 11-12]와 같이 커밋, 브랜치, 배포, 기여자 등이 표시된 영역 바로 아래의 줄에서 **비교 및 풀 리퀘스트**^{Compare & pull request} 버튼을 찾을 수 있을 것이다.

그림 11-12 깃허브에서 풀 리퀘스트 새로 만들기

버튼을 클릭하면 깃허브에서 풀 리퀘스트 생성을 위한 화면이 표시된다. 기본 포크된 저장소, 기본 브랜치, HEAD 포크, 브랜치 간 비교 항목이 모두 자동으로 채워진다. 마지막 커밋 메시

지를 가져와 풀 리퀘스트의 메모 영역을 채워주는데, 필요하면 변경할 수 있다. 모두 마쳤으면, 초록색의 **풀 리퀘스트 만들기**Create pull request 버튼을 클릭한다.

원본 저장소의 소유자는 브랜치에서 볼 수 있는 변경 사항을 자신의 저장소에 병합할 것인지 여부를 결정한다. 소유자가 동의하거나 풀 리퀘스트를 요청받은 사람이 동의한다면 깃허브 웹 인터페이스를 통해 변경 사항을 병합할 수 있다.

일단 변경 사항이 원본 저장소로 병합되고 나면, 포크한 저장소의 main 브랜치를 원본 저장소로 갱신한다. `git fetch` 명령과 `git merge` 명령을 사용하거나, 하나의 단계로 줄여 `git pull` 명령을 실행한다. 이제 피처/토픽 브랜치에 있던 변경 사항을 main 브랜치에서 볼 수 있게 됐으므로, 더 이상 필요하지 않은 브랜치와 포크된 저장소의 원격 추적 브랜치 등을 삭제한다.

보다시피 몇 가지 사소한 차이점을 제외하면, 깃허브를 통해 협업하는 방식과 공유 베어 저장소를 통해 협업하는 방식은 매우 비슷하다. 같은 용어, 같은 개념, 같은 명령을 모두 사용할 수 있으므로, 깃을 통해 다른 사람과 더 쉽게 공동으로 작업할 수 있다.

요약

이번 장에서는 여러 버전 관리 시스템 중 가장 널리 사용되고 있는 깃을 간략히 살펴봤다. 깃은 브랜치를 이용한 비선형 개발 방식을 강력히 지원하는 완전 분산형 버전 관리 시스템이다. 다른 버전 관리 시스템처럼 깃은 책임 관리 기능(누가 어떤 파일을 변경했는지를 확인할 수 있는 기능)과 변경 추적 기능(어떤 것이 변경됐는지를 확인할 수 있는 기능)을 제공한다. 이러한 속성은 개발자들이 사용하는 방식과 비슷한 형태로 네트워킹 중심의 사용 사례에도 적용할 수 있다. 브랜치는 깃을 이용한 협업의 핵심이다. 깃 저장소를 통한 협업을 도와주는 깃허브나 빗버킷 같은 온라인 서비스도 등장한 덕분에 조직 전반의 사용자들이 비교적 손쉬운 방식으로 깃을 이용해 협업할 수 있게 됐다.

## CHAPTER 12

자동화 도구

레드햇의 앤서블, 노르니르, 해시코프의 테라폼 등 맹활약을 펼치고 있는 네트워크 자동화 도구에 대한 이야기를 쏙 빼 놓는다면 제대로 자동화를 다뤘다고 말할 수 없을 것이다.

보통 자동화 도구는 서버 자동화 분야에 치중돼 있는데, 원래 서버 운영체제를 자동화하고 운영체제와 애플리케이션 설정을 관리하기 위해 만들어진 도구라는 점을 고려하면 충분히 납득된다. 하지만 최근 여러 회사에서 네트워크 자동화 기능을 강화하기 위해 노력했고, 그러한 노력 덕분에 네트워크 자동화 분야에서도 충분히 사용할 수 있을 정도로 유용하고 강력해졌다.

이 도구들은 원래 설정을 자동으로 관리하는 용도였다. 그러나 퍼블릭 클라우드 서비스 제공업체의 동적 인프라 서비스가 등장하면서 도구도 함께 진화했고, 이제는 IaC 패러다임을 구현할 수 있는 새로운 주체로 등장하게 됐다.

이번 장에서는 네트워크 자동화 분야에서 가장 큰 인기를 얻고 있는 몇 가지 오픈소스 자동화 도구의 사용법을 소개한다.

- 앤서블
- 노르니르
- 테라폼

세 가지 도구를 전체적으로 간략히 살펴본 다음, 각 도구를 사용해 네트워크 자동화 시스템을 구축하는 방법을 예제를 통해 알아본다.

12.1 자동화 도구 검토

모든 도구가 자동화에 초점을 맞추고 있지만, 도구마다 고유의 아키텍처를 갖고 있으며 자동화에 대한 접근 방식도 조금씩 다르다. 그에 따라 도구마다 장단점도 달라진다. 이번 절에서는 각 도구를 간략히 살펴보면서 어떤 환경에서 어떠한 방식으로 사용할 수 있는지를 살펴본다.

상위 수준에서 바라봤을 때 각 도구의 아키텍처나 개념 간의 차이는 다음과 같이 구분할 수 있다.

설정 관리 또는 인프라 프로비저닝

인프라 프로비저닝은 네트워크 서비스, 가상 머신, 데이터베이스 등과 같은 인프라를 생성하기 위한 절차이고, 설정 관리는 소프트웨어 구성 요소를 설치하고 설정 관리 작업을 수행하는 절차다. 따라서 인프라 프로비저닝을 0일차 활동, 설정 관리를 1일차 활동[1]으로 볼 수 있다. 대부분의 자동화 도구는 두 단계에서 필요한 기능을 모두 수행할 수 있으며, 이번 장에서는 각 도구의 장점에 대해 알아본다.

에이전트 또는 에이전트리스

몇몇 도구는 관리 대상 시스템이나 장비에서 실행되는 소프트웨어인 에이전트^{agent}가 필요하다. 네트워크 자동화의 경우 네트워크 장비에서 에이전트를 실행하는 기능을 모든 NOS가 지원하지는 않으므로, 에이전트의 사용이 문제가 될 수 있다. NOS가 기본적으로 장비에서 에이전트의 실행을 지원하지 않는다면, 프록시 에이전트를 사용해 우회할 수도 있다. 에이전트리스^{agentless} 도구는 에이전트를 사용하지 않으며, 네트워크 자동화에서는 보다 적합한 방식일 수 있다.

중앙집중형 또는 분산형

에이전트 기반 아키텍처에서는 중앙집중화된 마스터 서버가 필요한 경우가 많다. 에이전트리스인 경우에도 마스터 서버를 사용하는 제품이 있지만, 대부분은 분산형이다.

---

1 옮긴이_ IT 분야의 단계를 0, 1, 2일차 활동으로 표현한다. 0일차 활동은 설계 단계, 1일차 활동은 개발 및 배포 단계, 2일차 활동은 운영 및 유지 보수 단계를 일컫는다.

사용자 정의 프로토콜 또는 표준 기반 프로토콜

몇몇 도구는 사용자 정의 프로토콜을 사용하는데, 보통 에이전트 기반 아키텍처인 경우가 많다. 그 외 도구는 SSH를 활용한다. 네트워크 장비에서는 SSH가 보편적으로 사용되므로, 네트워크 자동화에서는 SSH를 전송 프로토콜로 활용하는 도구가 좀 더 적합할 수 있다.

DSL 또는 표준 기반 데이터 포맷과 범용 언어

몇몇 도구는 자체 도메인 전용 언어^{DSL, Domain-Specific Language}를 사용한다. 이러한 도구를 사용하려면 자동화 도구에서 사용되는 파일을 특정 DSL로 작성해야 한다. DSL은 특정 도메인이나 도구용으로 특화된 전용 언어다. 따라서 DSL에 익숙하지 않은 조직에서는 DSL을 배우는 데 추가적인 학습 과정이 필요하다. 어떤 도구는 YAML을 사용하는데, 이 분류에서 YAML은 범용 언어라 할 수 있다. YAML은 8장에서 살펴봤다.

선언형 또는 명령형

몇몇 도구는 선언적 접근 방식^{declarative approach}으로 인프라의 최종 상태를 정의한다. 정의된 순서와는 무관하며, 적절한 의존 관계 및 작업이 추론 과정을 거쳐 실행돼 목표 상태를 구현한다. 이와 달리 몇몇 도구는 명령적 접근 방식^{imperative approach}을 사용하는데, 동작이 현재 상태와 상관없이 정의된 특정 순서에 따라 실행된다.

확장성

대부분의 자동화 도구는 파이썬이나 Go 언어 같은 고수준 스크립트 언어를 통해 기능을 추가하거나 확장할 수 있다.

푸시, 풀 또는 이벤트 주도

푸시 모델^{push model}로 동작하는 자동화 도구는 푸시를 통해 장비의 정보를 관리용 장비 또는 시스템으로 전송한다. 풀 모델^{pull model}로 동작하는 자동화 도구는 보통 설정 정보나 지침 정보를 가져오는 방식으로 동작하며, 예약 실행 방식처럼 실행되는 경우가 많다. 마지막으로, 이벤트 주도^{event-driven} 도구는 다른 이벤트나 트리거에 대한 응답으로 작업을 수행한다.

가변 또는 불변

기존에는 인프라 설정을 변경할 때 단순히 현재 설정에 변경 사항을 적용하는 방식으로 상태를 **변경했다**. 이러한 프로세스를 **가변 접근 방식**^{mutable approach}이라고 하는데, 설정 관리 도구들이 이 방식을 사용한다. 반면 **불변 접근 방식**^{immutable approach}에서는 상태를 변경할 때 새로운 설정을 사용해 인프라를 **교체하거나 재시작**한다. 서버의 호스트명 변경과 같은 아주 사소한 변경일지라도 서버를 다시 처음부터 프로비저닝해 시작한다. 어떤 접근 방식이 적절한지는 어디에 중점을 두느냐에 따라 달라진다.

상태 관리

상태 관리 도구는 원격 인프라의 수명주기를 관리하지 않는다. 즉, 각 단계에서 상태를 수집하지만, 암묵적으로 추적하지는 않는다. 반대로 불변 패턴을 기반으로 하는 도구는 인프라 구성 요소를 재생성해야 하는 시점을 판단해야 하므로 보통 프로비저닝된 원격 인프라의 상태를 지속적으로 관리한다.

이와 같은 아키텍처상의 개략적인 차이점을 고려하면서 이번 장에서 다룰 세 가지 도구를 간략히 소개한다.

앤서블

앤서블은 분산화되고 에이전트를 사용하지 않는 아키텍처로, SSH를 기반 전송 프로토콜로 사용한다. 풀 모델을 지원하지만, 보통 푸시 모델로 동작한다. 앤서블은 파이썬으로 구축됐으며, 파이썬을 활용해 기능을 확장할 수 있다. 앤서블은 진자 템플릿 언어를 사용해 템플릿 기능을 제공한다. 앤서블은 원래 서버에서 다양한 명령을 실행하기 위해 만들어졌으나, 대상 시스템에서 멱등성을 가진 작업을 수행하는 **플레이북**을 사용할 수 있게 되면서 작업 오케스트레이션 시스템으로 발전했다. 플레이북은 표준 YAML이나 YAML의 앤서블 변형 구문으로 작성한다.

노르니르

노르니르는 네트워크 자동화용으로 설계된 경량 파이썬 프레임워크다(CLI가 아니다). 따라서 처음부터 새로 작성하지 않더라도 플러그인을 사용해 (예를 들어 작업 또는 인벤토리소스 등과 같은) 새로운 확장 기능을 추가할 수 있다. 순수 파이썬으로만 개발됐으므로, 모든 로직을 완전히 제어할 수 있고 함께 이용 가능한 라이브러리나 도구를 직접 사용할 수 있기 때문에 앤서블과 같은 자동화 도구의 대안으로 사용할 수 있다. 노르니르는 인벤토리 사용, 작업 실행, 결과 처리 등 모든 작업을 구조화된 방식으로 쉽게 수행하기 위해 몇 가지 파이썬 구성 요소가 함께 제공된다. 또한 기본적으로 멀티 스레드를 지원하므로 호스트에서 작업을 병렬로 수행한다.

테라폼

테라폼은 이번 장에서 소개한 다른 도구와는 완전히 다른 접근 방식을 취한다. 테라폼은 설정 관리 대신 인프라 프로비저닝에 초점을 맞추고 있으므로, 테라폼 설정 언어를 사용해 사람이 읽을 수 있는 선언적 설정 파일로 인프라를 정의한 후 인프라의 수명주기를 관리한다. 또한 인프라 공급자에 구애받지 않고 프로바이더를 사용해 쉽게 확장할 수 있으므로 IaaS 생태계에 가장 적합한 도구로 자리 잡았다.

> **TIP_** 이 책에서는 지면 관계상 널리 사용되는 기타 네트워크 자동화 도구를 다루지 않는다. 하지만 이 책의 이전 판에서 제공했던 다음 두 가지 도구에 대한 내용은 *https://oreilly-npa-book.github.io*에서 내려받을 수 있다.
>
> - 솔트Salt는 에이전트 기반 아키텍처와 에이전트 없는 아키텍처, 두 가지 방식으로 사용할 수 있다. 앤서블처럼 원격 서버 관리 도구에서 출발했으며, 당시 YAML로 작성된 솔트 상태 언어를 사용해 멱등성을 가진 설정 관리 기능을 제공한다. 솔트는 메시지 버스를 사용한 이벤트 주도 방식의 자동화 플랫폼이라는 점에서 다른 범용 설정 관리 도구와 큰 차이점을 가진다.
> - 스택스톰stackstorm은 이벤트 주도 자동화에 중점을 두고 있다. 따라서 이벤트에 대한 응답으로 작업이 실행된다. 스택스톰은 작업을 촉발시키는 이벤트나 동작을 전달하는 센서를 파이썬으로 개발한다.

이제 네트워크 자동화에서 앤서블, 노르니르, 테라폼이 어떻게 사용되는지를 보다 자세히 알아본다. 알파벳 순서에 따라 첫 번째로 살펴볼 도구는 앤서블이다.

12.2 앤서블 사용하기

앤서블을 완전히 이해하려면 한 달 이상의 시간이 필요하다. 이번 절에서는 앤서블을 일반적인 자동화 작업에 바로 써먹기 위한 정보를 제공하는 데 중점을 두고 설명한다. 빨리 적용해볼 수 있도록 일곱 가지 주요 영역으로 나눠 설명한다.

- 앤서블 프레임워크 알아보기
- 앤서블 동작 방식 이해하기
- 인벤토리 파일 구성하기
- 앤서블 플레이북 실행하기
- 변수 파일 이해하기
- 네트워크 자동화를 위한 앤서블 플레이북 작성하기
- 서드파티 컬렉션 및 모듈 사용하기

NOTE_ 앤서블 프레임워크가 발전을 거듭하면서 새로운 기능이 계속 도입되고 있다. 이 책에서 다루지는 않지만, 주목할 만한 새로운 기능 중 하나가 바로 이벤트 주도 앤서블이다. 이 기능을 사용하면 이벤트 소스 (예: 카프카)를 구독해 워크플로를 시작하거나('**만약** … **경우라면** … 동작을 수행한다'와 같은 구문을 구현한다) 예약 이벤트를 생성할 수 있다.

이번 절을 마칠 때쯤이면, 앤서블과 앤서블을 이용하는 다양한 방식의 네트워크 자동화에 대한 탄탄한 기초 지식을 쌓을 수 있다. 무엇보다 이번 절은 자동화 여정을 계속 이어나갈 수 있는 토대를 갖추게 된다는 점에서 중요하다. 먼저 앤서블의 다양한 프로젝트부터 살펴본다.

12.2.1 앤서블 프레임워크 알아보기

앤서블은 레드햇에서 후원하는 오픈소스 커뮤니티 프로젝트로, 2.9 버전부터는 앤서블 코어 (ansible-core)와 앤서블 커뮤니티(ansible) 패키지라는 2개의 주요 구성 요소로 나뉘어 졌다.

앤서블 코어 패키지

앤서블 프레임워크의 핵심 구성 요소로 언어, 런타임, 내장 플러그인 등 모든 기능이 포함돼 있다. 최소 설치 또는 개발 환경에 유용하다.

앤서블 커뮤니티 패키지

이 패키지에는 커뮤니티에서 선별한 수백 개의 다양한 모듈 컬렉션이 들어 있다(모듈은 '앤서블 작업 및 모듈에 익숙해지기' 절에서 자세히 살펴본다). 사용하려면 ansible-core 패키지가 필요하다.

[예제 12-1]과 같이 pip3 install ansible 명령을 실행해 파이파이에서 두 패키지를 설치할 수 있다.

> **NOTE_** 이번 장에 사용된 전체 예제 코드는 이 책의 깃허브 저장소인 *https://github.com/oreilly-npa-book/examples/tree/v2/ch12-automationtools*에서 내려받을 수 있다.

예제 12-1 앤서블 버전 확인

```
$ pip3 install ansible
# 출력 생략

$ pip3 list | grep ansible
ansible      4.8.0    ①
ansible-core 2.11.6   ①

$ ansible --version   ②
ansible [core 2.11.6]
  config file = /etc/ansible/ansible.cfg
  configured module search path = ['/etc/ntc/ansible/library']
  ansible python module location =
    /usr/local/lib/python3.8/site-packages/ansible
  ansible collection location =
    /home/ntc/.ansible/collections:/usr/share/ansible/collections
  executable location = /usr/local/bin/ansible
  python version = 3.8.12 (default, Oct 13 2021, 09:22:51) [GCC 8.3.0]
  jinja version = 3.0.2
  libyaml = True
```

① 이 책에서 사용하는 두 패키지인 ansible과 ansible-core를 설치한다.

② 설치된 앤서블에 대한 상세 정보를 표시한다.

NOTE_ AWX는 앤서블 생태계에서 진행하고 있는 또 다른 오픈소스 프로젝트[2]다. 이 프로젝트의 목표는 앤서블을 기반으로 보다 복잡한 네트워크 자동화 솔루션 구축을 돕는 것이다. AWX는 웹 기반 UI, REST API, 작업 엔진을 통해 여러 앤서블 작업을 조율하고 워크플로 실행자로 동작한다. 레드햇은 기업 지원이 포함된 상용 제품인 앤서블 자동화 플랫폼Ansible Automation Platform도 판매한다.

앤서블이 어떻게 이뤄져 있는지를 살펴봤다. 이어서 앤서블의 동작 원리를 알아보자.

12.2.2 앤서블 동작 원리

우선 네트워크 장비뿐만 아니라 리눅스 서버를 자동화할 때 아키텍처 관점에서 앤서블이 어떻게 동작하는지부터 살펴보자. 두 방법은 미묘하지만 중요한 차이점이 있다. 이런 차이점은 결국 앤서블을 통해 생성하는 자동화 워크플로에 반영된다.

리눅스 서버 자동화

앤서블로 리눅스 서버를 자동화할 때는 분산 방식으로 동작한다. 앤서블이 설치된 컴퓨터인 앤서블 제어 호스트는 자동화할 각 서버와 SSH 연결을 맺는다. 연결이 맺어지면 제어 호스트는 파이썬 코드를 각 서버에 복사하는데, 이 코드가 바로 자동화할 작업을 수행한다.

작업 스크립트를 통해 리눅스 프로세스를 재시작하거나, 리눅스 패키지를 설치하기 위해 텍스트 파일을 갱신하거나, 깃 저장소에서 갱신된 내용을 가져오거나, 자동화 대상인 리눅스 호스트에서 배시 셸 스크립트를 실행할 수 있다. 100대의 리눅스 서버를 대상으로 작업을 자동화한다면 100대 서버에서 앤서블 코드 또는 모듈을 실행하는 것이다.

----

2 옮긴이_ 앤서블 자동화 플랫폼(AAP)의 업스트림 프로젝트 중 하나로, 앤서블의 미들웨어 역할을 담당한다. 이름의 유래는 정확하지 않지만, 처음 사용했던 패키지명인 AWX(Ansible Works)에서 유래했다는 의견이 많다. 소스 코드는 *https://github.com/ansible/awx*에서 받을 수 있다.

네트워크 장비 자동화

네트워크 장비를 자동화하는 경우 앤서블은 로컬 모드 또는 중앙집중식 모드로 동작할 수 있는 서버 자동화와 조금 다르게 동작한다. 네트워크 장비를 자동화할 때 앤서블 제어 호스트는 **로컬** 모드로만 실행된다. 로컬 모드로 실행된 앤서블은 각 장비와 SSH 연결을 맺어 파이썬 코드를 장비로 복사하지 않는다. 사실 로컬 모드로 실행되면, 앤서블은 자기 자신과 연결을 맺은 다음 **로컬에서** 파이썬 코드를 실행한다.

로컬에서 실행되는 파이썬 코드는 여전히 네트워크 장비와 SSH 연결을 맺을 수 있지만, API(또는 Telnet이나 SNMP)를 사용할 수도 있다. 하지만 앤서블과 네트워크 장비가 SSH 연결을 맺는 경우에도 파이썬 파일을 복사하지 않고 단지 SSH 연결을 통해 CLI 명령을 전송하는 것이다. 상위 수준에서 바라보면, 서버에서 파이썬 스크립트를 실행해 병렬로 여러 네트워크 장비를 대상으로 작업을 자동화하는 것이라 할 수 있다.

이제 앤서블의 초기 자동화 대상이었던 리눅스 호스트와 비교했을 때, 네트워크 장비에 대해 어떻게 다르게 동작하는지를 살펴봤다. 이제 앤서블을 사용할 때 중요한 고유 설정 파일을 알아본다.

12.2.3 인벤토리 파일 만들기

처음 살펴볼 항목은 앤서블 인벤토리 파일이다. **인벤토리 파일**inventory file은 앤서블로 네트워크 장비를 자동화할 때 꼭 필요한 파일 중 하나다. 앤서블이 동작하려면 인벤토리 파일과 잠시 뒤에 살펴볼 플레이북 파일은 반드시 있어야 한다.

인벤토리 파일은 앤서블로 자동화하려는 대상 장비를 포함하고 있는 파일로, INI 파일과 비슷한 형식을 사용한다. [예제 12-2]에서 기본적인 인벤토리 파일의 구조를 볼 수 있다.

예제 12-2 INI 형식의 앤서블 기본 인벤토리 파일

```
10.1.100.10
10.5.10.10
nyc-lf01
```

이 예제는 가장 단순한 형태의 인벤토리 파일이다. 세 줄로 이뤄져 있고, 장비에 대한 정보가 한 줄씩 적혀 있다. 보다시피 기본적으로 IP 주소나 호스트명(전체 도메인명)을 사용한다.

YAML 문법을 사용해 인벤토리를 정의할 수도 있다. [예제 12-3]은 [예제 12-2]와 동일한 정보를 담고 있는 인벤토리 파일이다.

예제 12-3 YAML 형식의 기본 앤서블 인벤토리 파일

```
all:
  hosts:
    "10.1.100.10":
    "10.5.10.10":
    nyc-lf01:
```

이 파일에서는 새로운 딕셔너리 키로 **all**과 **hosts**를 사용한다. 이 2개의 키는 다음 절에서 보다 자세히 설명한다. YAML 포맷을 사용하면 좀 더 장황해지지만, 보다 세밀하게 설정할 수 있다. 두 방법 중 아무 방법이나 사용할 수 있으며, 어떤 방법을 선택하더라도 쉽게 이해할 수 있고, 작성하는 것도 용이하다. 그러나 이번 장에서는 일관성을 유지하기 위해 INI 형식만 사용한다.

인벤토리 파일은 기초적인 것처럼 보이지만, 앤서블을 사용하다 보면 점점 구조와 데이터가 추가된다. 장비 몇 대만 갖고 시험해보기에는 이전 예제의 구조도 충분할 것이다. 하지만 장비가 대규모로 사용되고 장비 유형도 다양하며 네트워크의 다양한 영역(예: 데이터센터, DMZ, WAN, 액세스 등)에 이러한 장비들을 배포해야 하는 보다 현실적인 시나리오를 고려해야 한

다. 다음 예제에서는 인벤토리 파일에서 그룹을 만드는 방법과 변수를 정의하는 방법을 살펴본다.

앞으로 살펴볼 예제 환경은 [그림 12-1]과 같이 **EMEA**와 **AMERS**라는 2개의 리전으로 이뤄져있고, 리전 내 장비는 **DC**와 **CPE**로 역할을 나눌 수 있다. 이 환경을 표현하는 인벤토리 파일을 작성해본다. 그림과 같이 리전마다 장비의 역할에는 다양한 유형의 네트워크 장비를 사용한다.

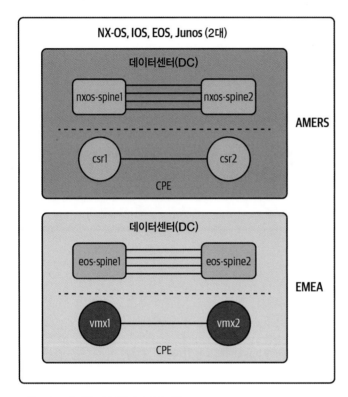

그림 12-1 네트워크 토폴로지 다이어그램

인벤토리 그룹

보다시피 서로 다른 유형의 장비가 2개의 주요 지리적 위치인 AMERS 리전과 EMEA 리전에 배포된다. 특정 운영체제나 특정 위치, 특정 유형에 속하는 장비들만을 대상으로 용이하게 자동화 작업을 수행할 수 있도록 각각 서로 다른 그룹을 만들 수 있다.

[그림 12-4]와 같이 AMERS 리전의 장비를 2개의 그룹, amers-cpe와 amers-dc로 나눈다. 각 그룹에는 장비가 2대씩 들어 있다. cpe 그룹에는 시스코 IOSXE 장비 2대, dc 그룹에는 시스코 NX-OS 스위치 2대가 들어 있다. IP 주소를 사용하는 대신 로컬 파일인 /etc/hosts에 정의된 정규화된 도메인명(FQDN)으로 경로를 처리한다.

예제 12-4 그룹으로 나눈 앤서블 인벤토리 파일

```
[amers-cpe]
csr1
csr2

[amers-dc]
nxos-spine1
nxos-spine2
```

각괄호([])는 인벤토리 파일에서 논리적 그룹을 생성하며, 나중에 플레이북에서 자동화할 특정 그룹을 참조할 때 사용된다.

인벤토리 파일에서 중첩 그룹 사용하기

인벤토리 파일에서 **중첩 그룹**, 즉 그룹의 그룹도 만들 수 있다. 예를 들어 AMERS 리전에 속한 모든 장비를 자동화하고 싶다고 가정하자. [예제 12-5]와 같이 amers-cpe 그룹과 amers-dc 그룹을 포함하는 amers 그룹을 추가한다.

예제 12-5 AMERS 그룹이 정의된 앤서블 인벤토리 파일

```
[amers:children]
amers-cpe
amers-dc

[amers-cpe]
csr1
csr2

[amers-dc]
nxos-spine1
nxos-spine2
```

중첩 그룹을 만들 경우 반드시 그룹명 정의 부분에 :children을 사용해야 한다. amers 그룹을 추가했으므로, 인벤토리 파일에는 명시적으로 3개의 그룹(amers, amers-cpe, amers-dc)이 정의된다.

같은 방식으로 EMEA 리전에 대한 인벤토리 파일을 만들면 [예제 12-6]과 같다.

예제 12-6 EMEA 그룹이 정의된 앤서블 인벤토리 파일

```
[emea:children]
emea-cpe
emea-dc

[emea-cpe]
vmx1
vmx2

[emea-dc]
eos-spine1
eos-spine2
```

또한 네트워크에서 특정 역할을 담당하는 장비를 대상으로 자동화하기 위한 그룹을 만들고 싶을 수도 있다. 예를 들어 모든 CPE 장비나 모든 DC 장비 등을 하나의 그룹으로 묶고 싶다면 [예제 12-7]과 같이 그룹을 생성한다.

예제 12-7 장비 역할별 그룹을 정의한 앤서블 인벤토리 파일

```
[all-cpe:children]
amers-cpe
emea-cpe

[all-dc:children]
amers-dc
emea-dc
```

보다시피 인벤토리 파일은 처음 작성할 때는 매우 기본적인 구조에서 출발하지만, 네트워크를 어떤 방식으로 자동화하고 싶은지에 따라 빠르게 확장된다.

원하는 구조대로 그룹을 생성했다. 이어서 인벤토리 파일에서 변수를 정의하는 방법을 알아본다.

앤서블 변수

앤서블 인벤토리 파일에서는 두 가지 유형의 변수를 정의할 수 있다.

- 그룹 변수
- 호스트 변수

그룹 변수. 그룹 변수는 그룹 수준에서 할당된다. 예를 들어 AMERS 리전의 모든 장비에서 사용할 NTP 서버의 IP 주소나 EMEA 리전의 모든 장비에서 사용할 NTP 서버의 IP 주소를 각각 그룹 변수로 정의할 수 있다. 각 그룹 변수를 인벤토리 파일에 반영하면 [예제 12-8]과 같다.

예제 12-8 그룹 변수

```
[amers:vars]
ntp_server=10.1.200.11

[emea:vars]
ntp_server=10.10.200.11
```

보다시피 변수를 선언할 경우 그룹명에 :vars를 붙인 섹션을 생성한다. 지금은 그룹 변수를 정의하고 있다. 예제에서는 ntp_server 변수를 생성한다. 이 변수는 AMERS 그룹에 속한 장비를 대상으로 자동화를 적용할 때는 10.1.200.11이 할당되고, EMEA 그룹에 속한 장비를 대상으로 자동화를 적용할 때는 10.10.200.11이 할당된다.

> **NOTE_** 인벤토리 파일에서 그룹과 변수의 순서에 대한 별도의 요구 조건은 없다. 먼저 '그룹1, 그룹2, 그룹1의 변수, 그룹2의 변수'처럼 그룹을 모두 설정한 후 변수를 정의할 수도 있고 '그룹1, 그룹1의 변수, 그룹2, 그룹2의 변수'처럼 정의할 수도 있다.

호스트 변수 관리하기. 인벤토리 파일에서는 특정 장비에 대한 **호스트 변수**를 정의할 수 있다. 호스트 변수는 호스트를 정의하는 줄에 함께 정의해야 한다. 예제에서는 리전마다 전용 NTP 서버를 사용한다. 하지만 **nxos-spine1** 장비에서 다른 NTP 주소를 사용해야 한다면 어떻게 할까? [예제 12-9]처럼 해결할 수 있다.

예제 12-9 호스트 변수

```
[amers-dc]
nxos-spine1   ntp_server=10.1.200.200
nxos-spine2
```

인벤토리 파일에서 장비를 선언한 줄에 {변수명}={변수값} 형태로 해당 장비 호스트가 사용할 변수를 추가한다. [예제 12-10]과 같이 한 줄에 여러 개의 변수를 추가할 수도 있다.

예제 12-10 여러 개의 호스트 변수 정의하기

```
[amers-dc]
nxos-spine1   ntp_server=10.1.200.200   syslog_server=10.1.200.201
nxos-spine2
```

변수의 우선순위. 더 구체적인 변수가 우선적으로 적용된다. 따라서 amers와 amers-cpe 중첩 그룹에서 같은 이름의 변수를 정의하고 있다면, amers 그룹의 변수로 정의된 값은 amers-cpe 그룹에 정의한 변수의 값으로 재정의된다. amers-cpe 그룹에 속한 특정 장비에 호스트 전용 변수가 정의돼 있다면 amers-cpe 그룹의 변수보다 호스트 변수의 우선순위가 높다.

앤서블은 이 책에서 소개하는 방법보다 훨씬 다양한 방식으로 변수를 사용할 수 있다. 처음 시작하는 단계에서 변수의 우선순위는 별문제가 되지 않지만, 앤서블 프로젝트의 덩치가 커지다 보면 중요성이 높아진다. 변수의 우선순위는 앤서블 문서[3]에 잘 정리돼 있으며, 무려 20가지 이상의 우선순위 가능성이 존재한다!

all 그룹 사용해보기. 항상 암묵적으로 선언된 all 그룹이 존재한다는 점도 알아두자. 이 그룹은 인벤토리 파일에 정의된 모든 장비를 대상으로 자동화를 적용할 때 사용된다. [예제 12-11]에서는 all 그룹에 대한 그룹 변수를 할당한다.

예제 12-11 all 그룹의 그룹 변수 선언

```
[all:vars]
ntp_server=10.1.200.199
syslog_server=10.1.200.201
```

----

3 *https://docs.ansible.com/ansible/latest/playbook_guide/playbooks_variables.html*

all 그룹으로 선언하는 변수는 보통 그룹 변수나 호스트 변수가 정의되지 않았을 경우 해당 변수의 기본값을 설정하기 위한 용도로 사용된다.

> **NOTE_** 그룹 변수와 호스트 변수의 동작 방식을 제대로 이해해야 한다. 하지만 해당 프로젝트에서 사용하는 모든 변수를 인벤토리 파일에 정의하는 것은 적절하지 않으며, 변수를 정의하는 전용 파일을 사용하는 것이 좋다. 이 파일은 '호스트 변수 관리하기' 절에서 설명한다.

책을 읽어가면서 테스트를 하고 싶다면 [예제 12-12]와 같이 인벤토리 파일에 몇 개의 그룹과 변수를 더 추가해줘야 한다.

예제 12-12 운영체제별 그룹 생성

```
[nxos]
nxos-spine1
nxos-spine2

[nxos:vars]
ansible_network_os=nxos

[eos]
eos-spine1
eos-spine2

[eos:vars]
ansible_network_os=eos

[iosxe]
csr1
csr2

[iosxe:vars]
ansible_network_os=ios

[junos]
vmx1
vmx2

[junos:vars]
ansible_network_os=junos
```

특정 장비를 자동화하다 보면 (a) 오직 특정 운영체제를 가진 장비에서만 동작하거나, (b) 다중 제조사의 장비로 구성된 환경일지라도 장비의 운영체제에 대한 정보가 필요한 경우가 많기 때문에 이와 같이 운영체제마다 그룹을 만들고 해당 그룹에 변수를 추가한다.

> **NOTE_** 이전 인벤토리 조각과 합치면 전체 인벤토리가 얻어진다. 전체 인벤토리 파일은 예제 저장소의 앤서블 폴더에서 확인할 수 있다.

> **TIP_** 인벤토리 관리를 시작하는 가장 쉬우면서 일반적인 방식은 인벤토리 파일을 사용하는 것이다. 하지만 매우 동적이거나 대규모인 환경에서 사용하는 경우 또는 인벤토리 데이터가 저장돼 있는 설정 관리 데이터베이스(CMDB)나 네트워크 관리 시스템(NMS)이 이미 존재하는 경우, 앤서블과 기존 시스템을 통합한다. 앤서블은 인벤토리 파일을 스크립트로 대체할 수 있는 동적 인벤토리 스크립트도 지원한다. 이 책에서 다루는 범위를 벗어난 주제이지만 잠시 언급해보자면, 스크립트는 CMDB/NMS에 데이터를 질의한 후 결과 데이터를 정규화해 앤서블 문서에 정의된 구조에 맞게 JSON 문서를 생성한다. 대규모 기업 환경에서는 플레이북만 관리하며, 동적 인벤토리 스크립트를 통해 변수를 획득한다. 그러면 플레이북이 실행될 때 모든 인벤토리와 변수를 동적으로 반환한다.

앞에서 언급한 것처럼, 앤서블로 네트워크 장비를 자동화하는 데 반드시 필요한 2개의 파일은 인벤토리 파일과 앤서블 플레이북 파일이다. 다음 절에서는 앤서블 플레이북을 자세히 살펴본다.

12.2.4 앤서블 플레이북 실행하기

앤서블 플레이북 파일은 자동화 지시문을 담고 있다. 즉, 플레이북에는 네트워크를 자동화하기 위해 사용되는 개별 작업과 워크플로가 들어 있다. 플레이북은 YAML 파일로 작성하며, 8장에서 소개한 YAML에 익숙하다면 어려움 없이 사용할 수 있을 것이다.

플레이북playbook이라는 용어는 스포츠에서 따온 것이다.[4] 따라서 각 플레이북 파일에는 1개 이상의 플레이play가 들어 있다. 이를 확장해보면 각 플레이에는 1개 이상의 작업task이 들어 있다.

---

4 옮긴이_ 플레이북이란 스포츠 경기에서 팀이 사용할 경기 전략 및 전술 모음을 말한다. 미식 축구 플레이북에는 공격 중심 또는 수비 중심 전략에 따라 여러 포메이션이 정리돼 있고, 각 플레이에는 해당 전략을 수행하기 위해 각 선수가 수행해야 하는 움직임, 패스, 협동 방식이 기술돼 있다. 농구 경기 등에서 경기 전략 및 전술을 설명하고자 감독이 손에 들고 각 선수의 움직임을 표현하는 보드도 일종의 플레이북이다.

[예제 12-13]의 플레이북 파일을 살펴보면서 구조와 관련 용어를 자세히 알아보자. 플레이, 작업, 모듈, 변수 사용법, 플레이북을 인벤토리 파일과 연결하는 방법 등을 알아본다.

예제 12-13 앤서블 플레이북 파일

```
---                                                  ①
- name: "PLAY 1 - ISSUE SNMP COMMANDS"              ②
  hosts: "iosxe"                                     ③
  gather_facts: "no"                                 ④
  connection: "ansible.netcommon.network_cli"        ⑤

  tasks:                                             ⑥
    - name: "TASK1 - SHOW SNMP CONFIG"
      ios_command:
        commands:
          - "show run | inc snmp"

    - name: "TASK 2 - DEPLOY SNMP COMMANDS"
      cisco.ios.ios_config:
        commands:
          - "snmp-server chassis-id {{ inventory_hostname }}"
```

① 플레이북은 여러 개의 **플레이**를 정의하는 YAML 파일이다. 각 플레이는 여러 키-값 쌍으로 이뤄진 딕셔너리다. 8장에서 다룬 YAML의 기본 문법과 들여쓰기 규칙 등을 알아두면 설정을 관리하는 데 도움이 된다(들여쓰기가 잘못된 경우에는 앤서블이 실행될 때 '불평'을 늘어놓으므로, 잘못되지 않도록 조심하자). YAML 파일은 보통 '---'로 시작하는데, 이 구문은 단일 파일에 여러 YAML 문서가 포함된 경우에만 필요하므로 엄밀히 말하자면 필수 조건은 아니다.

② name 항목은 선택 사항이지만 사용하는 것이 좋다. 플레이의 목적과 수행 중인 작업을 설명하는 문자열이다.

③ hosts 항목에서는 자동화 대상 장비를 지정한다. 호스트, 그룹, 복수 개의 그룹, 복수 개의 호스트 등 인벤토리 파일에 사용된 이름을 참조하는 표현식을 지정할 수 있다. 예를 들어 앞에서 작성한 인벤토리 파일을 사용해 EMEA 리전의 모든 장비에 자동화 작업을 적용하고 싶다면 hosts: emea로 지정한다. EOS 및 Junos 그룹에 속한 장비에 자동화 작업을 적용하고 싶다면 그룹 목록을 쉼표로 구분해 hosts:eos, junos와 같이 지정한다.

④ gather_facts 항목의 설정값에 따라 앤서블을 실행하는 장비에서 팩트[fact] 항목을 조회한다. 하지만 네트워크 장비를 자동화하는 경우 앤서블이 로컬 모드로 실행되므로 팩트를 수집하지 않는다. 앤서블을 사용해 리눅스 서버를 자동화하는 경우 기본적으로 각 노드에서 운영체제 타입, 운영체제 버전, 제조사, IPv4 주소 등과 같은 여러 팩트 항목을 수집한다.

⑤ connection 항목에서는 플레이에서 사용할 연결 타입을 정의한다. **로컬** 모드로 실행 중이므로 암묵적으로 Ansible.netcommon.network_cli로 설정되며, 원격 장비에 SSH 연결을 맺은 후 CLI 셸을 사용한다. netcommon 컬렉션에는 netconf, httpapi 등의 다양한 네트워크 연결을 맺기 위한 여러 모듈이 포함돼 있다. 앤서블 컬렉션은 12.2.8절 '서드파티 컬렉션 및 모듈'에서 자세히 설명한다.

⑥ 플레이북에서 순차적으로 실행할 작업 목록을 tasks 항목 내부에 정의한다.

> **NOTE_** ios_command와 같은 대부분의 네트워크 앤서블 모듈은 Ansible.netcommon.network_cli와 동일한 목적으로 connection: local로 지정하고 세부 속성은 프로바이더의 매개변수로 구현했었다. 하지만 이제는 플레이 수준에서 사용되는 network_cli로 대체돼 더 이상 사용되지 않는다.

모듈은 Ansible.netcommon.network_cli, ios_command처럼 동작 방식을 조정할 수 있는 몇 가지 매개변수를 제공한다. 일부 매개변수는 필수 항목이지만, 나머지는 특별히 지정하지 않으면 기본값이 사용되는 선택 항목이다. 보통 앤서블 변수, 환경 변수, 앤서블 설정을 사용해 값을 조정한다. 예를 들어 Ansible.netcommon.network_cli 매개변수의 기본값은 Yes인데, 다음 방법으로 값을 변경한다.

- 앤서블 설정 파일에서 host_key_checking 키에 값을 지정하는 방법
- 환경 변수인 ANSIBLE_HOST_KEY_CHECKING과 ANSIBLE_HOST_KEY_CHECKING으로 값을 지정하는 방법
- 앤서블 변수인 ansible_host_key_checking과 ansible_ssh_host_key_checking의 값을 지정하는 방법

이와 같이 동작을 조정하는 방법은 '플레이북 실행' 절에서 보다 자세히 설명한다.

> **TIP_** 각 모듈의 암묵적 설정값을 앤서블 모듈 문서에서 확인해보는 것이 좋다. 플레이북을 실행할 때 예상치 못한 상황을 많이 줄일 수 있으며, 데이터 채우기 전략을 보다 나은 방식으로 정의할 수 있다.

계속해서 작업 및 작업과 모듈의 관계에 대해 알아본다.

앤서블 작업 및 모듈에 익숙해지기

연결 타입과 자동화 대상 호스트 같은 플레이의 상위 수준 속성을 정의했다면 이제 작업[task]을

정의해야 한다. 작업은 자동화의 몇 가지 형태를 수행하는 앤서블 모듈을 실행한다. 예제에서는 name 항목으로 정의한 2개의 작업을 실행한다.

두 작업은 name 항목의 들여쓰기 수준과 동일하며, 각각 ios_command와 cisco.ios.ios_config로 설정한다. 앤서블 **모듈**이라 부르는 이 항목은 지정된 동작을 수행한다. 구체적으로 ios_command는 시스코 IOS 장비에서 실행 수준 명령exec-level command을 실행하고, cisco.ios.ios_config는 설정 수준 명령configuration-level command을 전송한다. 이번 절에서는 예제 플레이북을 통해 다양한 모듈을 살펴본다.

ios_command 모듈은 간단히 참조할 수 있는데, ios_config 모듈에는 왜 cisco.ios라는 프리픽스가 포함됐는지 궁금할 것이다. ios_command 모듈은 앤서블에 **컬렉션** 기능이 도입되기 전부터 존재하던 모듈이다. 컬렉션 기능이 도입되면서 모듈은 네임스페이스로 그룹화됐다. 따라서 ios_config 모듈은 cisco.ios 네임스페이스에 위치한다. 예전 플레이북과의 하위 호환성을 유지하기 위해 예전 구문은 그대로 유지돼 사용할 수 있으며, 실제로는 컬렉션 구문의 별칭으로 처리된다.

> **NOTE_** 앤서블 컬렉션은 리눅스 서버, 네트워크 장비, 윈도 서버, 퍼블릭 클라우드 환경 등을 자동화할 수 있는 750개 이상의 모듈로 그룹화돼 있다. 전체 모듈은 앤서블 문서[5]에서 확인할 수 있다.

[예제 12-14]에서 정의한 첫 번째 작업을 살펴보자. 이 작업은 ios_command 모듈을 사용한다.

예제 12-14 앤서블로 SNMP 설정을 조회하는 작업

```
tasks:                              ①
- name: "TASK1 - SHOW SNMP CONFIG"  ②
  ios_command:                      ③
    commands:                       ④
      - "show run | inc snmp"
      - "show snmp"                 ⑤
```

① 플레이에는 tasks 리스트가 있고, 이 리스트에는 task 딕셔너리가 포함된다.

② 작업명은 선택 항목이지만, 사용하면 작업 내용을 이해하는 데 도움이 된다.

---

5 https://docs.ansible.com/ansible/latest/collections/index_module.html

③ 이 작업에서는 ios_command 모듈을 사용한다. 모듈로 몇 가지 매개변수를 전달하는데, 파이썬 함수에 키-값 쌍이나 변수를 전달하는 것과 비슷하다.

④ commands 항목은 장비에서 실행될 문자열, 즉 CLI 명령 목록이다. 문자열, 정수, 딕셔너리 등의 값이 다양하게 사용되므로 YAML 데이터 타입을 제대로 이해해야 한다.

⑤ 리스트이므로 원하는 대로 명령을 연결할 수 있다.

이제 [예제 12-15]에서는 두 번째 작업으로 SNMP를 설정하는 작업을 작성해보자.

예제 12-15 앤서블로 SNMP 명령 배포하기

```
- name: "TASK 2 - DEPLOY SNMP COMMANDS"
  cisco.ios.ios_config:                              ①
    commands:
      - "snmp-server chassis-id {{ inventory_hostname }}"   ②
```

① 긴 모듈명 구문을 사용했지만, 결국 [예제 12-14]의 ios_command와 같은 모듈로 해석된다.

② 앤서블 변수, 구체적으로는 진자 변수를 사용한다. 9장에서 살펴본 진자 설정 템플릿에서 이 구문을 인식한다. 진자 변수인 inventory_hostname은 내장 앤서블 변수로, 인벤토리 파일에 정의된 장비명을 가리킨다. 예제 플레이북에서는 iosxe 그룹에 속한 시스코 라우터 장비 2대(csr1과 csr2)를 자동화 대상으로 지정한다. 앤서블은 해당 그룹의 모든 장비에 대해 두 작업을 모두 실행한다. inventory_hostname 변수의 값은 자동화 대상 장비가 csr1일 경우 csr1로 설정되고, csr2일 경우 csr2로 설정된다.

지금까지 플레이북을 구성하는 방법을 개략적으로 살펴봤다. 계속해서 특정 모듈의 동작 방식을 좀 더 들여다보고 앤서블과 네트워크 장비 자동화를 보다 자세히 살펴본다.

플레이북 실행

이미 언급한 것처럼 앤서블을 시작하려면 인벤토리 파일과 플레이북이 필요하다. 두 파일을 살펴봤으므로 이제 네트워크 장비에 대해 플레이북을 실행할 준비가 완료됐다.

> **NOTE_** 예제에서 인벤토리 파일은 **inventory**로, 플레이북은 **snmp-intro.yml**로 저장했다. 두 파일명은 임의로 붙인 것으로, 사용자가 원하는 대로 정할 수 있다.

ansible-playbook 명령에 플레이북 파일을 인자로 전달해 플레이북을 실행한다. 기본 구문 외에도 명령을 실행할 때 -i 플래그를 사용해 특정 인벤토리 파일을 정의할 수 있고, -e 플래그를 사용해 앤서블 변수를 전달할 수 있다.

[예제 12-16]에서 첫 번째 플레이북을 실행할 때는 언급한 옵션을 모두 지정해보자. 이후 좀 더 단순한 형태로 실행해본다.

예제 12-16 앤서블 플레이북 실행하기

```
$ ansible-playbook snmp-intro.yml \
    -i inventory \
    -e ansible_user="ntc" \
    -e ansible_password="ntc123"

PLAY [PLAY 1 - ISSUE SNMP COMMANDS] *****************************************

TASK [TASK1 - SHOW SNMP COMMANDS] *****************************************
ok: [csr2]
ok: [csr1]

TASK [TASK 2- DEPLOY SNMP COMMANDS] *****************************************
changed: [csr2]
changed: [csr1]

PLAY RECAP *****************************************************************
csr1            : ok=2    changed=1    unreachable=0    failed=0
skipped=0    rescued=0    ignored=0
csr2            : ok=2    changed=1    unreachable=0    failed=0
skipped=0    rescued=0    ignored=0
```

플레이북의 실행 결과를 살펴보면 전역 PLAY 섹션을 찾을 수 있고, 그 안에 포함된 TASK_ 섹션에서는 각 작업의 호스트, 실행한 작업, 실행 결과를 알 수 있다. ios_commands 모듈을 사용했지만, 실제로 설정을 변경하지는 않았다. ios_config 모듈을 사용했으므로 실행 결과에 changed 상태가 표시된다. 끝으로, 플레이 실행에 대한 요약 정보가 표시된다.

기본 인벤토리 파일인 /etc/ansible/hosts를 사용하거나, ANSIBLE_INVENTORY 환경 변수에 설정하거나, ansible.cfg 파일에 정의하면 플레이북을 실행할 때마다 인벤토리 파일을 지정하지 않아도 된다. [예제 12-17]에서는 환경 변수를 사용해 기본 인벤토리 파일을 지정한다.

```
$ export ANSIBLE_INVENTORY=inventory
$ ansible-playbook snmp-intro.yml -e ansible_password="ntc" -e ansible_user="ntc123"
```

경우에 따라 네트워크 장비에 SSH 연결을 맺을 때 host_key_checking 사용을 비활성화하고 싶을 수 있다. 시연 목적일 경우 보안은 중요하지 않다. 기본적으로는 활성화된 상태이지만, 아직 이 옵션을 비활성화하는 방법을 살펴보지 않았다. [예제 12-18]에서는 이 설정값을 앤서블 설정 파일로 변경하지만, 환경 변수를 사용해 변경할 수도 있다.

예제 12-18 앤서블 설정 파일

```
$ cat /etc/ansible/ansible.cfg

[defaults]
host_key_checking = False

# 기타 옵션 생략
```

> **NOTE_** 앤서블의 실행 방식을 몇 가지 방법으로 조정할 수 있다는 사실을 눈치챘을 것이다. 설정 파일, 명령 행 인자 또는 환경 변수를 사용할 수 있다. 자신의 사용 사례에 가장 좋은 방법을 선택하자.

이미 플레이북 실행 명령이 간단해졌다. 하지만 여전히 network_cli 모듈에서 장비 연결에 사용하는 인증 정보를 담고 있는 ansible_user, ansible_password라는 두 변수가 남아 있다. 이 변수가 담고 있는 정보는 민감한 보안 사항이므로, 평문으로 저장되는 인벤토리 파일에 저장해서는 안 된다. 다행히 이런 보안 정보를 다양한 방식으로 획득할 수 있는데, 그중 한 가지 방법을 알아보자.

12.2.5 보안 정보 사용

앤서블에서 보안 정보를 정의해야 한다면, 앤서블 패키지에 함께 설치되는 앤서블 볼트Ansible Vault의 콘텐츠 암복호화 기능을 사용하는 것이 가장 간단하다. 평문 파일로 보안 정보를 정의한

다음, 이를 암호화해 저장하고 해당 정보를 사용할 때 복호화할 수 있다.

[예제 12-19]에서는 초기 평문 파일을 암호화한다.

예제 12-19 앤서블 볼트로 보안 정보 사용하기

```
$ cat secrets.enc
ansible_user: ntc
ansible_password: ntc123
$
$ ansible-vault encrypt secrets.enc
New Vault password:
Confirm New Vault password:
Encryption successful
$
$ cat secrets.enc
$ANSIBLE_VAULT;1.1;AES256
65303637356337346533333433343935323539373037316534383838353262366530396164613363
65373734343332313439616430376131373933663936161370a31353230313265366365616337539
36393034663965616537303736663437336238633037613665363353130653634396265386633863
30336630626638373806a65393165303164613666303064653766633939313636356637663630343030
31353061343539656362376161373339636364640643434383039353664393964343133361383833
39333363863316333663362383435663361306234373036303933
```

[예제 12-19]의 secrets.enc 파일을 사용하기 위해 플레이북을 실행할 때 -e 인자를 사용한다.

```
$ ansible-playbook snmp-intro.yml -e @secrets.enc --ask-vault-pass
Vault password:
```

--ask-vault-pass 플래그를 사용하면 파일 암호화에 사용된 비밀번호를 입력하라는 메시지가 표시된다. 플레이북을 수동으로 실행하는 경우라면 상관없겠지만, 자동화된 환경에서 사용하는 경우라면 비밀번호가 들어 있는 파일을 즉석으로 생성해 --vault-password-file 인자로 전달하는 방식이 더 좋다.

> **TIP_** 보안 정보를 다룰 때는 아무리 다른 부분까지 암호화했더라도 실수로 앤서블 로그 파일을 통해 정보가 유출되지 않도록 보호해야 한다. 예를 들어 실행 작업에 대한 로그 수준을 **상세**[verbose] 수준으로 설정하게 되면 보안 정보가 유출될 수 있다. 이와 관련된 내용은 '확인 모드, 상세 모드, 범위 제한' 절을 참조한다. 작업에서 보안 정보가 출력될 수 있다면 이런 보안 문제가 발생하지 않도록 no_log: True 설정을 사용하자.

앤서블 볼트는 플레이북 실행의 보안 수준을 높여주는 여러 방법 중 하나일 뿐이다. 다른 보안 정보 관리자 백엔드를 사용한다면 앤서블과의 통합 기능을 이용할 수 있다.

보안 정보를 간략히 살펴봤으니, 다음으로는 인벤토리에서 사용자가 개별/그룹별 일반 변수를 정의하는 방법을 자세히 알아본다.

12.2.6 변수 파일 사용하기

그룹과 변수를 사용해 인벤토리 파일을 구성하는 방법과 플레이북 작성에 대한 기본적인 사항을 이해했다면, 이제 앤서블로 꽤 많은 작업을 수행해볼 수 있다. 그러나 인벤토리 파일은 많은 변수를 저장하기에 적절한 장소가 아니다. 테스트 목적으로는 쉽고 빠르게 적용해볼 수 있지만, 실제 서비스 환경을 관리하는 경우에는 동적 인벤토리나 설정 관리 데이터베이스(CMDB)를 사용하지 않는다면 변수 파일을 사용해야 한다.

변수 파일을 사용하려면 변수명을 이해해야 한다. 변수를 사용하는 것은 단지 YAML 파일로 저장된다는 점만 제외하면 인벤토리 파일의 그룹 기반 변수나 호스트 기반 변수를 사용하는 것과 별반 다르지 않다.

그룹 변수 파일

그룹 변수를 YAML 파일로 저장하려면 반드시 group_vars 디렉터리에 저장해야 한다. 대체로 기본 프로젝트의 플레이북과 같은 디렉터리에 위치한다. 앤서블에서 사용하는 특별한 고유 명칭이므로 디렉터리명은 반드시 group_vars여야 한다.

group_vars 디렉터리는 두 가지 방식으로 사용할 수 있다. 첫 번째 방식은 가장 널리 사용되는 방식으로, 인벤토리 파일에서 정의한 그룹명으로 된 YAML 파일을 작성한다. 인벤토리 파일을 구성할 때 emea, amers, isoxe 등의 그룹을 명시적으로 정의했지만, 암묵적으로 all 그룹도 정의된다. 각 그룹에 대한 그룹 변수를 정의하기 위해 emea.yml, amers.yml, iosxe.yml, all.yml 파일을 작성한다.

[예제 12-20]은 amers 그룹의 그룹 변수를 정의한 파일이다.

```
$ cat group_vars/amers.yml
---
snmp:
  contact: Joe Smith
  location: AMERICAS-NJ
  communities:
    - community: public
      type: ro
    - community: public123
      type: ro
    - community: private
      type: rw
    - community: secure
      type: rw
```

변수를 정의하려는 그룹마다 똑같은 방식으로 작성한다.

두 번째 방식으로, 해당 그룹에 변수가 많이 정의돼 있다면 논리적인 그룹으로 변수를 나눠서 각자 별도의 파일로 작성할 수 있다. 예를 들어 AAA 변수, NTP 서버 등으로 나눠서 정의하는 것이다.

이 방식을 사용하려면 그룹명과 동일한 이름의 하위 디렉터리를 만든 다음, 그 디렉터리에 원하는 이름으로 된 여러 파일을 저장한다. 다음 예제에서는 두 방식을 모두 사용한다.

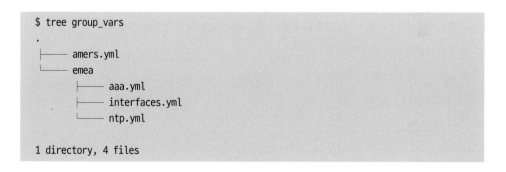

```
$ tree group_vars
.
├── amers.yml
└── emea
    ├── aaa.yml
    ├── interfaces.yml
    └── ntp.yml

1 directory, 4 files
```

호스트 변수 파일

호스트 변수 파일의 사용법은 그룹 변수 파일의 사용법과 동일하지만, 디렉터리명을 host_vars로 사용해야 하며 파일명 또는 디렉터리명은 인벤토리에서 정의한 장비명을 사용한다.

다음은 두 방식을 사용하는 예제인데, 앞에서 살펴봤던 그룹 변수 파일의 사용 예제와 비슷하다.

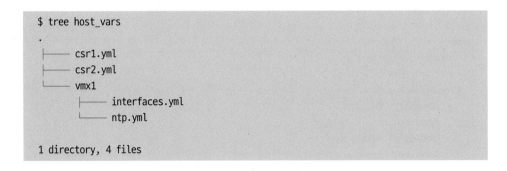

```
$ tree host_vars
.
├── csr1.yml
├── csr2.yml
└── vmx1
        ├── interfaces.yml
        └── ntp.yml

1 directory, 4 files
```

이제 변수를 정의해 사용할 수 있는 강력한 방식을 살펴봤으므로, 다음으로는 좀 더 유용한 앤서블 플레이북 파일을 작성해본다.

12.2.7 네트워크 자동화를 위한 앤서블 플레이북 작성

지금까지 앤서블 아키텍처를 살펴봤고, 앤서블 인벤토리 파일과 플레이북 파일을 검토했으며, 앤서블에서 일반적으로 사용되는 용어(**플레이, 작업, 모듈, 매개변수, 변수** 등)를 알아봤다. 이번 절에서는 앤서블로 어떤 일을 할 수 있는지, 특히 네트워크 자동화에서 어떤 방식으로 사용할 수 있는지를 살펴보면서 앤서블 모듈과 앤서블의 세부 기능을 보다 자세히 다뤄본다. 특히 앤서블로 다음과 같은 작업을 어떻게 자동화하는지를 중점적으로 살펴본다.

- 여러 제조사의 장비를 사용하는 환경에 대한 설정 템플릿 생성과 설정 자동 생성
- 설정 배포와 해당 설정 존재 여부 확인
- 네트워크 장비에서의 데이터 수집
- 컴플라이언스 검사
- 보고서 생성

공통 핵심 네트워크 모듈 나누기

앞에서 언급한 작업과 관련 예제를 살펴보기 전에 많은 네트워크 제조사와 운영체제에 대해 어떤 앤서블 모듈을 사용할 수 있는지 알아볼 필요가 있다. 모듈은 앤서블 패키지에 들어 있으며

모두 비슷하게 동작하므로, 모듈의 공통 특징을 이해해야 한다. 앤서블의 공통 네트워크 모듈은 크게 세 가지 유형으로 나눠볼 수 있다.

명령command

실행 수준 명령을 네트워크 장비로 전송한다. 보통 {x}os_command와 같은 이름으로 구현된다. 예를 들어 ios_command, eos_command, junos_command 등이 해당된다.

설정config

네트워크 장비로 설정 명령을 전송한다. 보통 {x}os_config와 같은 이름으로 구현된다. 예를 들어 ios_config, eos_config, junos_config 등이 해당된다.

팩트fact

네트워크 장비의 운영체제 버전, 하드웨어 플랫폼, 일련번호, 호스트명, 이웃 등과 같은 다양한 정보를 수집한다. 보통 {x}os_fact와 같은 이름으로 구현된다. 예를 들어 ios_facts, eos_facts, junos_facts 등이 해당된다.

앤서블은 네트워크 운영체제마다 제공되는 세 가지 모듈을 사용해 네트워크 자동화와 관련된 수많은 작업을 수행한다. 각 모듈은 앞에서 살펴봤던 commands와 같은 매개변수를 갖고 있으며, 그 외에도 다양한 매개변수를 사용할 수 있다. 다음 예제를 통해 매개변수를 자세히 살펴보자.

> **TIP_** ansible-doc 유틸리티를 사용해 해당 모듈이 어떤 매개변수를 지원하는지 알아낼 수 있다. 예를 들어 eos_conf 모듈의 사용법이 궁금하다면 리눅스 배시 프롬프트에서 다음 명령을 입력한다.

```
$ ansible-doc eos_config
> ARISTA.EOS.EOS_CONFIG  (/usr/local/lib/python3.8/
    site-packages/ansible_collections/arista/eos/plugins/
    modules/eos_config.py)
```

eos_config 모듈은 arista.eos 컬렉션에 포함돼 있는 arista.eos.eos_config의 약칭이다. 이와 같이 약칭을 사용할 수도 있지만, 긴 형식도 사용할 수 있다.

앤서블 컬렉션이 도입된 이후 각 컬렉션은 네임스페이스로 정의된다. 앤서블 컬렉션은 12.2.8절 '서드파티 컬렉션 및 모듈'에서 보다 자세히 살펴본다. cisco.nxos나 arista.eos처럼 자신만의 네임스페이스를 가진 제조사도 있지만, 대부분의 제조사는 community.network 아래에 중첩된 이름을 가진다(노키아 SR 모듈의 네임스페이스는 community.network.sros_*** 이다).

이제 공통 네트워크 모듈을 이해했으므로, 첫 번째 실제 네트워크 예제를 살펴보자.

설정 템플릿 생성 및 사용

첫 번째 예제에서는 SNMP 설정 템플릿 및 관련 입력 데이터를 사용해 앤서블에서 SNMP 설정을 자동으로 생성한다.

다음과 같은 IOS용 SNMP CLI 명령을 사용해 IOS 장비에 배포하지만, 최종적으로는 아리스타 EOS, 시스코 NX-OS, 주니퍼 Junos에도 동일한 **데이터**를 배포할 계획이다. 앤서블 프로젝트를 시작할 때 이런 점을 고려해야 한다. 먼저 명령을 살펴보자.

```
snmp-server location AMERICAS-NJ
snmp-server contact Joe Smith
snmp-server community public RO
snmp-server community public123 RO
snmp-server community private RW
snmp-server community secure RW
```

이 시점에서는 CLI 명령을 분해해 진자에서 사용할 설정 템플릿과 입력으로 사용할 변수를 저장할 YAML 파일을 구분해야 한다. 이때 변수는 그룹 변수 파일에서 사용한다.

네 종류의 운영체제를 지원할 계획이므로, 네트워크 운영체제마다 사용할 진자 템플릿이 각각 필요하다. 또한 리전마다 다른 입력 데이터를 사용하는 경우도 고려해야 한다. 예제에서도 이런 상황이 발생한다. 리전마다 다른 SNMP 커뮤니티 문자열, 연락처, 위치를 사용하게 되므로, 템플릿은 동일하지만 사용하는 데이터는 달라질 것이다. 이를 해결할 방법을 알아보자.

변수 파일 만들기. 먼저 각 그룹별 변수 파일에 저장할 데이터 변수를 살펴보자. 이미 [예제 12-20]에서 AMERS 리전의 장비에 사용할 SNMP 데이터를 정의했다. [예제 12-21]처럼 EMEA 리전에서 사용할 데이터도 동일한 구조로 사용한다.

```
$ cat group_vars/emea.yml
---
snmp:
  contact: Scott Grady
  location: EMEA-IE
  communities:
    - community: public123
      type: ro
    - community: supersecure
      type: rw
```

NOTE_ YAML 변수의 세부 사항 및 데이터 타입, 진자 사용법 등은 8장과 9장에서 이미 다뤘으므로, 여기서 다시 다루지 않는다.

인벤토리의 모든 장비에 적용할 데이터라면 group_vars/all.yaml 파일에 저장한다.

진자 템플릿 작성하기. 이제 SNMP 설정에 필요한 데이터를 정의했다. 다음으로는 진자 템플릿을 작성한다. 앤서블은 자동으로 플레이북이 실행되는 디렉터리와 해당 디렉터리 아래의 templates 디렉터리에서 템플릿을 검색한다. SNMP 템플릿을 ./templates/snmp에 저장한다.

다음과 같이 플랫폼별 파일을 미리 만들어둔다.

```
$ tree templates/
templates/
└── snmp
    ├── eos.j2
    ├── ios.j2
    ├── junos.j2
    └── nxos.j2
```

[예제 12-22]는 ios.j2 템플릿 파일의 내용이다.

예제 12-22 IOS SNMP 진자 템플릿

```
snmp-server location {{ snmp.location }}
snmp-server contact {{ snmp.contact }}
{% for community in snmp.communities %}
snmp-server community {{ community.community }} {{ community.type | upper }}   ①
{% endfor %}
```

① IOS 템플릿은 매우 직관적이다. upper 진자 필터를 사용해 YAML 데이터 파일에서 ro 또는 rw로 정의
   된 타입을 대문자로 변경한다. IOS CLI에서는 대소문자를 구별하지 않고 사용할 수 있지만, upper 필터
   를 사용해 설정에서 입력된 값을 RO 또는 RW로 변환한다.

NOTE_ 필터는 진자 템플릿의 기능으로, 자세한 내용은 9장을 참조하자. 앤서블도 별도의 내장 필터를 사용
할 수 있지만, 앤서블 플러그인으로 새로운 사용자 필터를 만들어 기능을 확장할 수 있다.
앤서블 플러그인은 파이썬 코드를 사용해 앤서블의 주요 기능을 보강하는 데 사용되며, 필터링, 연결, 콜백, 인
벤토리 등 여러 용도로 활용할 수 있다. 예를 들어 인벤토리 플러그인의 동적 인벤토리 기능을 사용해 외부
데이터 소스와 통합하는 것도 가능하다. 이 책은 플러그인 개발을 다루지 않으므로, 상세한 사항은 앤서블 문
서[6]를 참조하자.

[예제 12-23]은 주니퍼 Junos 장비의 SNMP 데이터를 설정하기 위한 junos.j2 템플릿이다.

예제 12-23 Junos SNMP 진자 템플릿

```
set snmp location {{ snmp.location }}
set snmp contact {{ snmp.contact | replace(' ', '_') }}   ①
{% for community in snmp.communities %}
{%   if community.type | lower == "rw" %}            ② ③
set snmp community {{ community.community }} authorization read-write
{%   elif community.type | lower == "ro" %}          ②
set snmp community {{ community.community }} authorization read-only
{%   endif %}
{% endfor %}
```

① Junos 장비에서는 연락처 항목에 공백을 사용할 수 없으므로, replace 필터를 사용해 공백 문자를 밑
   줄로 교체한다. 데이터 자체를 바꿀 수도 있겠지만, 서로 다른 운영체제용 템플릿을 작성하는 법을 보여주

---

6   https://docs.ansible.com/ansible/latest/dev_guide/developing_plugins.html#plugin-guidelines

기 위해 이 방법을 선택했다.

② 문자열을 보다 수월하게 비교할 수 있도록 lower 필터를 사용해 커뮤니티 타입을 소문자로 모두 변경한다.

③ ro나 rw는 Junos 장비에서 사용할 수 있는 명령이 아니므로, 조건문을 추가해 데이터에 따라 올바른 Junos 장비의 명령으로 매핑한다.

NOTE_ 앞에서 살펴본 진자 템플릿, EOS 장비용 및 NX-OS 장비용 템플릿 등의 모든 파일은 *https://github.com/oreilly-npa-book/examples/tree/v2/ch12-automationtools/ansible/templates/snmp*에서 내려받을 수 있다.

네트워크 설정 파일 생성. 이제 데이터 변수와 템플릿이 준비됐으므로 배포 전 마지막 단계로 SNMP 설정 파일을 생성한다. 이 과정에서는 template 앤서블 모듈을 사용해 입력 데이터(변수)를 진자 템플릿으로 렌더링함으로써 최종 설정 파일을 자동으로 생성한다.

[예제 12-24]에서는 template 모듈의 사용법을 살펴본다. 템플릿으로 사용할 파일을 가리키는 src 매개변수와 렌더링된 최종 설정 파일이 저장될 경로를 가리키는 dest 매개변수를 사용한다.

예제 12-24 template 모듈을 사용해 SNMP 설정 생성하기

```
---
- name: "PLAY 1 - GENERATE SNMP CONFIGURATIONS"
  hosts: "all"
  connection: "local"    ①
  gather_facts: no

  tasks:
    - name: "GENERATE CONFIGS FOR EACH OS"
      template:
        src: "./templates/snmp/{{ ansible_network_os }}.j2"
        dest: "./configs/snmp/{{ inventory_hostname }}.cfg"
```

① 실제로 장비와 연결을 맺지 않으므로 ansible.netcommon.network_cli 대신 local 연결을 사용한다. 모든 작업은 플레이북을 실행하는 로컬 컴퓨터에서 수행한다.

NOTE_ 테스트 환경에서는 configs 디렉터리와 snmp 하위 디렉터리를 손수 만들어줬지만, 이 작업 역시 file 모듈을 사용해 앤서블로 자동화할 수 있다.

이전 예제에서 경로나 값, 또는 플레이북 내의 어디에서든 변수를 사용할 수 있다는 점도 알아두자. 변수를 사용하면 운영체제 유형과 상관없이 플레이북의 단일 작업 내에서 원하는 수의 장비에 대한 설정을 자동으로 생성할 수 있다.

NOTE_ 이번 절을 시작하면서 인벤토리를 작성할 때 그룹 변수로 ansible_network_os를 추가했던 사실을 기억하자. 이 변수명은 ansible.netcommon.network_cli 연결에서도 암묵적으로 재사용되므로 일부러 그렇게 이름을 정한 것이다.

여기까지 진행했다면 플레이북을 실행해 원하는 설정을 생성할 준비를 모두 마친 것이다. [예제 12-25]에서는 설정 생성 과정을 진행한다.

예제 12-25 설정을 생성하는 SNMP 플레이북 실행

```
$ ansible-playbook snmp.yml -e @secrets.enc --ask-vault-pass

PLAY [PLAY 1 - GENERATE SNMP CONFIGURATIONS] **********************************

TASK [GENERATE CONFIGS FOR EACH OS] ******************************************
changed: [nxos-spine1]
changed: [eos-spine1]
changed: [csr1]
changed: [eos-spine2]
changed: [csr2]
changed: [vmx2]
changed: [vmx1]

# 일부 결과 생략
```

플레이북을 실행하면, 각 진자 템플릿에 적절한 데이터 변수를 삽입해 다음과 같은 파일이 자동으로 생성된다. configs/snmp 폴더에서 생성된 파일을 확인해보자.

```
$ tree configs/snmp/
configs/snmp/
├──── csr1.cfg
├──── csr2.cfg
├──── eos-spine1.cfg
├──── eos-spine2.cfg
├──── nxos-spine1.cfg
├──── nxos-spine2.cfg
├──── vmx1.cfg
└──── vmx2.cfg

0 directories, 8 files
```

YAML 파일에 정의한 데이터 변수가 제대로 삽입됐는지 확인하기 위해 AMERS 리전의 csr1
장비와 EMEA 리전의 vmx1 장비의 설정을 확인해보자.

```
$ cat configs/snmp/csr1.cfg
snmp-server location AMERICAS-NJ
snmp-server contact Joe Smith
snmp-server community public RO
snmp-server community public123 RO
snmp-server community private RW
snmp-server community secure RW
$ cat configs/snmp/vmx1.cfg
set snmp location EMEA-IE
set snmp contact Scott_Grady
set snmp community public123 authorization read-only
set snmp community supersecure authorization read-write
```

템플릿, 변수, 단일 작업 플레이북을 작성하는 작업은 네트워크 장비에 접근할 필요가 없으므
로, 처음 앤서블을 시작해보는 단계에서 흔히 사용하는 방법이다. 네트워크 장비 설정을 표준
화해 작성해가면서 진자 템플릿 작성 기술과 YAML 형식 작성 기술을 조금씩 차츰 연마할 수
있다.

설정 파일 존재 여부 확인

이전 예제는 8개의 설정 파일을 자동으로 생성한다. 이번 예제에서는 각 설정을 장비에 배포한
후, 해당 설정이 제대로 배포됐는지를 확인해본다.

멱등성 이해하기. 이 예제에서는 **'SNMP 설정하기'**와 **'SNMP 설정이 적용됐는지 확인하기'**라는 표현에 주의를 기울여야 한다. 기존 파이썬 스크립트에서는 실행할 때마다 SNMP 명령을 전송한다. 다른 데브옵스 설정 관리 도구와 마찬가지로 앤서블도 설정 관리에 대해 멱등적인idempotent 접근 방식을 취한다('멱등성idempotency'은 필요한 경우에만 변경을 수행하는 속성을 의미한다). 네트워킹 모듈의 맥락에서는 각 모듈이 해당 장비의 상태를 원하는 대로 만들기 위해 필요한 경우에만 설정 명령을 장비로 전송하는 똑똑함을 지니고 있다는 뜻이다.

상위 수준에서 바라봤을 때 모듈은 항상 장비의 현재 설정에 대한 정보를 수집한 후 설정 변경 작업을 수행한다. 장비에 적용되길 바라는 설정과 현재 실행 중인 설정 상태를 비교해, 현재 설정에 원하는 설정이 없는 경우에만 관련 명령을 장비로 전송한다. 즉, 모듈이 플레이북을 여러 차례 실행하더라도 장비에는 해당 명령이 딱 한 번만 전송된다는 점에서 보다 안전한 동작 방식이다.

앤서블 내에서 설정(config) 모듈은 이런 방식으로 동작한다. 기본적으로 show run 명령을 실행해 현재 설정을 조회한 다음, 원하는 명령이 show run 명령의 실행 결과에 없을 경우에만 플레이북의 명령을 장비로 전송한다.

설정 모듈 사용하기. 이제 [예제 12-24]를 확장해 완전한 SNMP 프로비저닝 플레이북 예제 코드를 완성해보자. 파일의 이름은 snmp.yml로 한다. [예제 12-26]에서는 arista.eos.eos_config 모듈을 사용해 아리스타 EOS 장비에 SNMP 설정 파일을 배포한다.

예제 12-26 아리스타 장비에 SNMP 명령 배포하기

```
- name: "PLAY 2 - ENSURE EOS SNMP CONFIGS ARE DEPLOYED"      ①
  hosts: "eos"                                                ②
  connection: local
  gather_facts: no

  tasks:
  - name: "DEPLOY CONFIGS FOR EOS"
    arista.eos.eos_config:
      src: "./configs/snmp/{{ inventory_hostname }}.cfg"      ③
      provider:                                               ②
        username: "{{ ansible_user }}"
        password: "{{ ansible_password }}"
        host: "{{ inventory_hostname }}"
```

① 설정을 배포하는 플레이로, 기존 플레이북에 PLAY 2라는 이름으로 추가된다. 설정을 배포하는 용도로만 새로운 플레이북을 만들 수도 있다.

② 이 플레이는 자체 설정을 사용한다. 스코프도 hosts: eos로 정의돼 있고, eos_config 모듈의 프로바이더(provider) 매개변수를 사용해 로컬(local) 연결을 사용한다. 이 방법은 더 이상 사용되지 않지만, 같은 플레이북에서 플레이마다 다른 연결 방식을 조합할 수도 있다는 것을 보여주고자 사용했다.

③ 설정 모듈은 여러 개의 매개변수를 사용할 수 있지만, 이 작업에서는 src만 사용한다. src 매개변수를 사용해 설정 파일이나 진자 템플릿을 직접 참조할 수 있는데, 이 예제에서는 보다시피 첫 번째 플레이에서 생성된 파일을 참조한다.

다음은 설정 모듈에서 자주 사용되는 매개변수다.

commands

src와 상호 배타적이다. 템플릿 파일이나 설정 파일을 참조하지 않고 대신 플레이북에서 직접 명령 목록을 내장한다.

parents

명령을 평가하기 위해 계층 구조를 인식해야 하는 상위 명령의 목록이다. 즉, 전역 설정 모드가 아니라 commands에 정의된 명령을 실행해 장비를 설정할 때 필요한 계층을 의미한다. 예를 들어 Eth 1 인터페이스를 전이중 통신 방식으로 설정하려면 상위 명령을 ['interface Eth1']로, 실제 명령을 ['duplex full']로 설정한다.

설정 모듈에서 훨씬 많은 매개변수를 사용할 수 있는데, 예를 들어 parents와 commands 명령을 실행하기 전후에 특정 명령을 실행하도록 지정하는 매개변수도 있다. 어떤 매개변수를 사용할 수 있는지 알고 싶다면 ansible-doc <os>_config 명령을 실행해보자. 그럼 매개변수 설명뿐만 아니라 예제까지 볼 수 있다.

확인 모드, 상세 모드, 범위 제한. 설정을 생성해 배포하는 플레이북을 실행하기 전에 앤서블 플레이북 실행과 관련해 알아둬야 할 몇 가지 주요 기능을 살펴본다.

확인 모드^{check mode}

플레이북을 **드라이-런**^{dry-run} 모드로 실행하는 기능으로, 변경 사항이 있을지 여부를 확인할 수 있다. 확인 모드로 작업을 실행하면 작업 계획에서 예상한 모든 작업을 수행하지만, 실제로 해당 변경 사항이 적용되지는 않는다. --check 플래그를 추가해 확인 모드를 사용할 수 있으며, 이 기능은 개별 모듈에서 구현된다.

상세 모드 verbosity

모든 모듈은 JSON 데이터를 반환한다. 반환되는 JSON 데이터에는 현재 진행 중인 작업에 대한 메타데이터가 들어 있다. 구성 모듈의 경우 장비에 전송할 명령이 데이터로 들어 있고, 명령 모듈의 경우 장비의 응답이 데이터로 들어 있다. -v 플래그를 추가해 플레이북을 상세 모드로 실행하면 각 모듈에서 반환하는 JSON 데이터를 자세히 들여다볼 수 있다. 문제 해결 과정에서는 -vvvv처럼 v를 최대 4개까지 붙여 사용할 수 있다.

범위 제한 limit

플레이북에서 자동화 대상 장비의 범위를 정하고 싶을 경우 보통 플레이마다 hosts 항목을 지정하는 방식을 사용한다. 예를 들어 모든 장비를 대상으로 자동화 작업을 진행하려면 hosts: all로, junos 장비만 자동화 작업의 대상으로 지정하려면 hosts: junos로 변경한다. 물론 이 방법을 사용하려면 인벤토리 파일에 junos가 정의돼 있어야 한다. 이 방법 외에도 플레이북을 실행할 때 --limit 플래그를 사용할 수 있는데, --limit junos처럼 지정할 수 있다. --limit 플래그로 전달하는 값도 플레이북의 hosts 키에서 미리 정의된 그룹에 들어 있어야 한다. 또한 --limit junos, eos, csr1처럼 단일 장비, 그룹 또는 여러 장비를 지정할 수 있다.

[예제 12-27]에서는 방금 설명한 세 가지 플래그를 모두 사용해 단일 플레이북을 실행한다. 확인 모드와 상세 모드를 함께 사용해 플레이북을 실행하면 장비로 어떤 명령이 전달되는지 정확히 알 수 있으면서도 실제로 장비에 적용되지는 않으므로 설정 배포에서 활용 가치가 높다.

예제 12-27 확인 모드, 상세 모드, 범위 제한을 모두 사용하기

```
$ ansible-playbook snmp.yml -e @secrets.enc --ask-vault-pass \
    --limit eos-spine1 --check -v

PLAY [PLAY 1 - GENERATE SNMP CONFIGURATIONS] ********************************
```

```
TASK [GENERATE CONFIGS FOR EACH OS] ****************************************
ok: [eos-spine1] => {"changed": false,
"checksum": "fd14c0ad92649fd73793162415504429516f62b81",
"dest": "./configs/snmp/eos-spine1.cfg", "gid": 0, "group": "root",
"mode": "0644", "owner": "ntc", "path": "./configs/snmp/eos-spine1.cfg",
 "size": 133, "state": "file", "uid": 1000}

PLAY [PLAY 2 - ENSURE EOS SNMP CONFIGS ARE DEPLOYED] ***********************

TASK [DEPLOY CONFIGS FOR EOS] *********************************************
changed: [eos-spine1] => {"changed": true,
"commands": ["snmp-server location EMEA-IE", "snmp-server contact Scott Grady",
"snmp-server community public123 ro", "snmp-server community supersecure rw"],
"session": "ansible_1650603615", "updates": ["snmp-server location EMEA-IE",
"snmp-server contact Scott Grady", "snmp-server community public123 ro",
"snmp-server community supersecure rw"]}

PLAY RECAP ***************************************************************
eos-spine1                 : ok=2     changed=1    unreachable=0    failed=0
skipped=0     rescued=0    ignored=0
```

보다시피 예제에서 상세 모드를 설정했기 때문에 훨씬 많은 정보가 출력된다. 각 작업 및 모듈에서 반환되는 JSON 데이터도 표시된다.

플레이북의 출력 메시지를 읽을 때 ok와 changed의 의미를 이해하는 것이 중요하다. 이전 예제에서는 마지막 줄에 ok=2 changed=1로 출력됐다. 두 작업은 성공적으로 실행됐지만, 확인 모드로 실행됐기 때문에 변경은 오직 하나만 이뤄졌다는 뜻이다. 완전히 멱등성을 가진 플레이북은 두 번 이상 실행한다고 해서 변경 사항이 발생하지 않으므로, 두 번째 실행부터는 항상 changed=0으로 표시된다.

이제 운영체제에 따라 SNMP 설정을 배포하는 하위 플레이를 손쉽게 추가할 수 있다. [예제 12-28]은 Junos 장비에 대한 명령이다.

예제 12-28 주니퍼 장비에 대한 SNMP 명령 배포

```
- name: "PLAY 3 - ENSURE JUNOS SNMP CONFIGS ARE DEPLOYED"
  hosts: junos
  connection: "ansible.netcommon.netconf"   ①
  gather_facts: no
```

```
  tasks:
    - name: "DEPLOY CONFIGS FOR JUNOS"
      junipernetworks.junos.junos_config:
        src: "./configs/snmp/{{ inventory_hostname }}.cfg"
```

① junos_config 모듈에서는 ansible.netcommon.netconf 연결 타입만 사용할 수 있다. 앤서블 모듈
  마다 각자의 요구 조건이 있으며, 제대로 사용할 수 있도록 도와주는 오류 메시지가 표시된다. 이러한 제
  약 사항이 junipernetworks.junos 컬렉션의 모든 모듈에 해당되지는 않는다. junos_command 모듈
  등에서는 network_cli 연결 타입을 사용할 수 있다.

이제 빠져 있는 시스코 장비 설정까지 마무리한 후 SNMP 프로비저닝 예제를 배포해보자.

when으로 작업 필터링하기

[예제 12-29]에서는 단일 플레이에서 iosxe와 nxos라는 두 시스코 플랫폼을 처리하기 위해
(hosts: "iosxe,nxos") 모든 작업에서 플레이 매개변수를 사용했다. 예제에서는 동일한 연
결 타입을 사용한다.

예제 12-29 시스코 장비에 대한 SNMP 명령 배포

```
- name: "PLAY 4 - ENSURE CISCO (IOS,NXOS) SNMP CONFIGS ARE DEPLOYED"
  hosts: "iosxe,nxos"
  connection: "ansible.netcommon.network_cli"
  gather_facts: no

  tasks:
    - name: "DEPLOY CONFIGS FOR IOS"
      cisco.ios.ios_config:                      ①
        src: "./configs/snmp/{{ inventory_hostname }}.cfg"
      when: ansible_network_os == 'ios'    ②

    - name: "DEPLOY CONFIGS FOR NXOS"
      cisco.nxos.nxos_config:                    ①
        src: "./configs/snmp/{{ inventory_hostname }}.cfg"
      when: ansible_network_os == 'nxos'   ②
```

① 두 시스코 플랫폼은 모두 동일한 연결 타입을 사용하지만, ios나 nxos에 맞는 앤서블 모듈을 적절히 사
  용해야 한다. 모듈마다 하나의 플랫폼 유형(또는 몇 가지 유형)에 특화돼 있으므로, 적절하지 않은 플랫폼
  에서 모듈을 실행하면 오류가 발생할 수 있다.

② 작업을 조건부로 실행하고 싶다면 when 매개변수를 사용한다. 인벤토리에서 가져온 ansible_network_os 변수값에 따라 대상 NOS에서 사용할 모듈을 적절히 선택한다.

플레이북을 실행할 때는 PLAY 4 플레이의 작업 대상이 인벤토리의 iosxe 그룹과 nxos 그룹에 속한 모든 호스트라는 점에 유의하자. 하지만 [예제 12-30]에서 볼 수 있듯이 각 작업을 실행할 때 주어진 조건에 맞지 않는 네트워크 장비에 대한 작업은 **건너뛴다**(즉, 수행되지 않는다).

예제 12-30 호스트 필터링을 사용한 플레이북의 출력 결과

```
$ ansible-playbook snmp.yml -e @secrets.enc --ask-vault-pass

# 일부 결과 생략

PLAY [PLAY 4 - ENSURE CISCO (IOS,NXOS) SNMP CONFIGS ARE DEPLOYED] *************

TASK [DEPLOY CONFIGS FOR IOS] *************************************************
skipping: [nxos-spine1]
skipping: [nxos-spine2]
ok: [csr1]
ok: [csr2]

TASK [DEPLOY CONFIGS FOR NXOS] ************************************************
skipping: [csr1]
skipping: [csr2]
ok: [nxos-spine2]
ok: [nxos-spine1]
```

네트워크 데이터 수집 및 보기

많은 자동화 도구와 마찬가지로 앤서블은 설정을 배포하는 데 자주 사용된다. 하지만 네트워크 장비의 데이터 수집을 자동화하는 용도로도 사용할 수 있다. 데이터는 크게 두 가지 방법으로 수집할 수 있다. 먼저 코어 facts 모듈을 사용해 데이터를 수집해보고, 이어서 command 모듈로 임의의 show 명령을 실행해 데이터를 수집해본다.

코어 팩트 모듈 사용하기. 코어 facts 모듈은 [표 12-1]의 데이터를 JSON으로 반환한다.

표 12-1 네트워크 장비의 데이터 수집 자동화용 코어 팩트 모듈

코어 facts 모듈	결과
ansible_net_model	장비에서 반환하는 모델명
ansible_net_serialnum	원격 장비의 일련번호
ansible_net_version	원격 장비에서 실행 중인 운영체제 버전
ansible_net_hostname	장비에 설정된 호스트명
ansible_net_config	장비의 현재 활성 설정
ansible_net_all_ipv4_addresses	장비에 설정된 모든 IPv4 주소
ansible_net_all_ipv6_addresses	장비에 설정된 모든 IPv6 주소
ansible_net_interfaces	시스템에서 실행 중인 모든 인터페이스의 해시
ansible_net_neighbors	원격 장비의 LLDP 이웃 목록

팩트[7]를 수집하는 작업을 실행한 후 플레이북이나 진자에서는 다른 변수를 사용하듯이 이중 중괄호로 해당 팩트에 접근할 수 있다. collect.yml에 정의된 팩트를 [예제 12-31]에서 살펴보자.

예제 12-31 ios_facts 모듈 및 디버그 모듈 사용

```
---
- name: "PLAY 1 - COLLECT FACTS FOR IOS"
  hosts: iosxe
  connection: "ansible.netcommon.network_cli"
  gather_facts: no

    tasks:
      - name: "COLLECT FACTS FOR EOS"
        cisco.ios.ios_facts:

      - name: "DEBUG OS VERSION"
        debug:
          var: ansible_net_version

      - name: "DEBUG HOSTNAME"
        debug:
          var: ansible_net_hostname
```

---

7 옮긴이_ 팩트(facts)는 앤서블이 관리 호스트에서 자동으로 검색한 변수로, 호스트에 대한 정보를 일반 변수처럼 사용할 수 있다.

필요하다면, 장비의 운영체제에 따라 추가 팩트 정보를 수집하는 플레이를 추가할 수 있다.

상세^{verbose} 모드를 설정하지 않은 채로 `ios_facts` 모듈 작업만 실행하면 아무것도 출력되지 않는다. 하지만 -v 옵션을 추가해 실행하면 수집된 모든 데이터가 딕셔너리 형태로 표시된다. 플레이북에서 관련 데이터를 출력하고 싶다면 이어서 살펴볼 **debug** 모듈을 사용해야 한다.

디버그 모듈 사용하기. 모듈에서 반환된 팩트를 보고 싶다면, 상세 모드로 플레이북을 실행하거나 다음과 같이 디버그^{debug} 모듈을 사용해 var 매개변수로 유효한 팩트의 키를 참조해야 한다.

```
# 플레이 정의 생략
  - name: "DEBUG OS VERSION"
    debug:
      var: ansible_net_version

  - name: "DEBUG HOSTNAME"
    debug:
      var: ansible_net_hostname
```

TIP_ 보통 플레이북과 진자 템플릿에서 변수를 참조할 때는 이중 중괄호를 사용한다. 하지만 var 매개변수와 debug 모듈을 함께 사용하면 중괄호 표기법을 사용하지 않고도 변수를 참조할 수 있다! 플레이북의 모든 변수는 진자 템플릿에서도 접근할 수 있다는 점을 기억하자.

이전 예제의 작업을 통해 iosxe 장비에 대해서만 collect.yml 플레이북을 실행하면 [예제 12-32]와 같은 결과를 얻게 된다.

예제 12-32 디버그 모듈을 사용해 팩트 확인하기

```
$ ansible-playbook collect.yml -e @secrets.enc --ask-vault-pass

PLAY [PLAY 1 - COLLECT FACTS FOR IOS] *************************************

TASK [COLLECT FACTS FOR IOS] *************************************************
ok: [csr2]
ok: [csr1]


TASK [DEBUG OS VERSION] ******************************************************
```

```
    ok: [csr2] => {
        "ansible_net_version": "17.01.01"
    }
    ok: [csr1] => {
        "ansible_net_version": "17.01.01"
    }

    TASK [DEBUG HOSTNAME] ********************************************************
    ok: [csr2] => {
        "ansible_net_hostname": "csr2"
    }
    ok: [csr1] => {
        "ansible_net_hostname": "csr1"
    }
```

플레이북의 실행 결과와 디버그 구문에서 참조한 변수를 눈여겨 살펴보자.

show 명령 실행 결과 데이터를 파일로 저장하기

이제 팩트를 수집할 수 있고, 반환 데이터를 디버깅할 수 있다. 이번 절에서는 같은 동작을
command 모듈을 사용해 수행해본다. show 명령을 실행하고 응답을 디버깅한 후 show 명령의
실행 결과를 파일로 기록해보자.

작업의 JSON 응답 데이터를 확인하는 한 가지 방법은 상세 모드로 플레이북을 실행하는 것이
다. 하지만 debug 모듈을 사용하는 방법도 고려해볼 수 있다. 이 방법을 사용하려면, 먼저 모
듈의 JSON 응답을 변수로 저장한 후 변수값을 확인할 수 있다. 팩트 정보는 앤서블에서 기본
적으로 사용할 수 있으므로, 따로 변수로 저장할 필요가 없다.

등록 작업 속성 사용하기. 모듈에서 반환된 JSON 결과는 등록(register) 작업 속성으로 저장
할 수 있다. 이 속성을 사용해 JSON 응답 데이터를 딕셔너리 데이터 타입의 변수로 저장할 수
있다.

작업 속성은 모듈명과 동일한 들여쓰기 수준으로 추가한다. 이 예제에서는 ios_command 모듈
을 사용한다. 따라서 ios_command와 동일한 들여쓰기 수준에서 register 속성을 정의하며,
register 키가 사용할 값으로 데이터를 저장할 변수를 지정한다. 다음은 snmp-debug.yml
예제에서 사용하는 조각 코드다.

```
    - name: "ISSUE SHOW COMMAND"
      cisco.ios.ios_command:
        commands:
          - "show run | inc snmp-server community"
      register: snmp_data
```

플레이북이 실행되면 snmp_data의 값에 ios_command 모듈에서 반환하는 JSON 객체가 저장되며, 플레이북을 **상세** 모드로 실행하면 이 값을 확인할 수 있다.

이제 snmp_data 변수를 **등록해** 생성했으므로 debug 모듈을 사용해 데이터를 확인할 수 있다. [예제 12-33]에서는 상세 모드로 플레이북을 실행한 후 이전에 수행한 작업의 플레이북 실행 결과를 표시한다.

예제 12-33 ios_command의 응답 데이터 보기(csr1으로 범위를 제한함)

```
$ ansible-playbook snmp-debug.yml -e @secrets.enc --ask-vault-pass --limit csr1

TASK [TASK1 - SHOW SNMP CONFIG] *********************************************
ok: [csr1] => {
  "changed": false,
  "stdout": [
    "snmp-server community ntc-public RO\nsnmp-server community ntc-private
    RW\nsnmp-server community public RO\nsnmp-server community public123 RO\n
    snmp-server community private RW\nsnmp-server community secure RW"
  ],
  "stdout_lines": [
    [
      "snmp-server community ntc-public RO",
      "snmp-server community ntc-private RW",
      "snmp-server community public RO",
      "snmp-server community public123 RO",
      "snmp-server community private RW",
      "snmp-server community secure RW"
    ]
  ]
}

# 일부 결과 생략
```

플레이북을 상세 모드로 실행해 작업 출력의 데이터 구조와 원하는 데이터에 접근하는 방법을 알아낸 다음 후속 작업에서 사용한다. 예를 들어 command 모듈은 stdout과 stdout_lines 같은 키를 반환한다. 이 키에는 리스트 데이터가 저장된다. stdout 키에는 장비로 전송한 명령의 개수와 같은 길이로 된 해당 명령의 응답 리스트가 저장된다. stdout_lines 키에는 중첩 객체가 저장되는데, 바깥쪽 객체는 리스트이고 안쪽 객체의 타입은 사용된 전송 방식에 따라 달라진다. 전송 방식으로 CLI/SSH를 사용했다면 리스트를, eAPI와 같은 API를 사용했다면 딕셔너리를 얻는다. 여기서는 stdout 키를 사용하는 데 중점을 둔다.

보다시피 debug 모듈을 사용해 register 속성으로 응답 데이터를 저장하거나 표시할 수 있다. 실제 응답을 문자열로 디버깅하려면 [예제 12-34]의 debug 구문 중 하나를 사용해야 한다.

예제 12-34 debug를 사용해 등록된 변수값 출력하기

```
- name: "DEBUG COMMAND STRING RESPONSE WITH JINJA SHORTHAND SYNTAX"
  debug:
    var: snmp_data.stdout.0

- name: "DEBUG COMMAND STRING RESPONSE WITH STANDARD PYTHON SYNTAX"
  debug:
    var: snmp_data['stdout'][0]
```

또한 앞에서 언급한 것처럼 플레이북의 모든 변수는 템플릿에서 접근할 수 있으므로, 데이터를 파일로 기록하고 싶다면 다음과 같이 template 모듈에서 기본적인 템플릿을 이용한다.

```
{{ snmp_data['stdout'][0] }}
```

그런 다음, 데이터를 앞에서 정의한 템플릿에 따라 파일로 저장하는 단일 작업을 정의한다.

```
- name: "WRITE DATA TO FILE"
  template:
    src: "basic.j2"
    # 이 템플릿을 templates 디렉터리에 저장한다.
    # 따라서 ./templates/ 폴더를 추가할 필요는 없다.
    dest: "./commands/snmp/{{ inventory_hostname }}.txt"
    # commands와 snmp 하위 디렉터리는 직접 생성한다.
```

모든 모듈은 JSON 데이터를 반환하며 그 데이터는 register 작업 속성으로 저장할 수 있다는 점을 알아두는 것이 중요하다. 이와 같은 방식으로 데이터를 디버깅하거나 파일로 기록할 수 있으며, 컴플라이언스 준수 여부를 검사하거나 보고서를 생성할 수도 있다. 계속해서 이 주제를 살펴본다.

컴플라이언스 준수 검사

장비에 SSH 연결을 맺고 어떤 기능이 활성화됐는지, 어떤 설정이 적용됐는지를 수동으로 일일이 확인해가면서 컴플라이언스 준수 검사를 하는 경우가 많다. 이런 검사 과정을 자동화하면 설정 및 운영 상태가 항상 원하는 대로 적용돼 동작 중인지를 확인하는 절차가 간소화된다. 검사 결과는 보안 엔지니어에게도 유용한 정보로 활용된다. 예를 들면, 요구 사항에 따라 장비 설정을 보강해야 하는지를 쉽게 확인할 수 있다.

앤서블로 컴플라이언스 준수 여부를 검사하려면 먼저 두 가지 개념을 더 다뤄야 한다.

set_fact

이 모듈은 다른 복잡한 데이터 집합에서 임시 변수를 생성한다. 예를 들어 항목이 아주 많이 들어 있는 덩치 큰 딕셔너리 객체에서 단 1개의 키-값 쌍만 필요할 수 있다. set_fact를 사용하면 특정 값을 새로운 팩트나 변수로 저장할 수 있다.

assert

소프트웨어 개발에서는 보통 해당 조건이 참인지 거짓인지를 단언하기 위해 테스트 코드에서 assert 구문을 사용한다. 앤서블에서는 assert 모듈을 사용해 해당 조건이 참인지 또는 거짓인지를 보장한다.

예를 들어 아리스타 EOS 스위치 2대에 VLAN 20이 설정돼 있는지를 확인해보자. 작업 과정은 다음과 같다.

1. VLAN 데이터를 수집한다.
2. VLAN 데이터를 vlan_data 변수로 저장한다.
3. 전체 VLAN 데이터를 출력(디버깅)해 어떤 값이 반환됐는지를 확인한다.
4. 전체 응답 중 VLAN ID 값을 추출한다.

5. VLAN ID 값을 출력해 원하는 대로 추출됐는지 확인한다.

6. 마지막으로, VLAN 목록에서 VLAN 20이 있는지에 대한 단언문[assertion]을 수행한다.

이를 플레이북으로 정의하면 [예제 12-35]와 같은 compliance.yml 파일이 작성된다.

예제 12-35 assert를 사용해 컴플라이언스 준수 여부 검사하기

```
---
- name: "PLAY 1 - VLAN COMPLIANCE"
  hosts: eos
  connection: "ansible.netcommon.network_cli"
  gather_facts: no

  tasks:
    - name: "RETRIEVE VLANS JSON RESPONSE"
      arista.eos.eos_command:
        commands:
          - "show vlan brief | json"
      register: vlan_data

    - name: "DEBUG VLANS AS JSON"
      debug:
        var: vlan_data

    - name: "CREATE EXISTING_VLANS FACT TO SIMPLIFY ACCESSING VLANS"
      set_fact:
        existing_vlan_ids: "{{ vlan_data.stdout.0.vlans.keys() }}"

    - name: "DEBUG EXISTING VLAN IDs"
      debug:
        var: existing_vlan_ids

    - name: "PERFORM COMPLIANCE CHECKS"
      assert:
        that:
          - "'20' in existing_vlan_ids"
```

이 플레이북을 실행하면 마지막 작업에서 [예제 12-36]과 같은 결과를 얻을 수 있다. 이 결과에서 이미 수작업으로 설정했던 **eos-spine1** 장비에는 VLAN이 설정돼 있고, **eos-spine2** 장비에는 VLAN 설정이 누락된 것을 알 수 있다.

```
$ ansible-playbook compliance.yml -e @secrets.enc --ask-vault-pass --limit eos

# 일부 결과 생략

TASK [PERFORM COMPLIANCE CHECKS] ********************************************
fatal: [eos-spine2]: FAILED! => {
    "assertion": "'20' in existing_vlan_ids",
    "changed": false,
    "evaluated_to": false,
    "msg": "Assertion failed"
}
ok: [eos-spine1] => {
    "changed": false,
    "msg": "All assertions passed"
}
```

특정 작업과 show 명령에서 어떤 데이터가 반환되는지를 알고 있다면, 이제부터는 필요에 따라 수많은 단언문을 실행할 수 있다. 다음으로는 장비에서 획득한 데이터를 사용해 보고서를 자동으로 생성해본다.

보고서 생성

계속해서 데이터 수집을 살펴본다. 앞에서 장비 팩트 데이터를 수집하는 방법, show 명령을 실행하는 방법, 데이터를 변수로 등록하는 방법, 데이터를 파일로 쓰는 방법, 단언문을 수행하는 방법 등을 알아봤다. 이번 절에서도 데이터를 파일로 저장하는 방법을 다시 다루는데, 이번에는 보고서 생성 관점에서 살펴본다.

앞에서는 코어 facts 모듈을 사용해 팩트 정보를 수집했다. [예제 12-37]에서는 단일 플레이북에서 NOS별로 필터링해 eos_facts, ios_facts, nxos_facts 모듈로 팩트를 수집하는 세 작업을 만들고, 최종적으로 팩트 보고서를 자동으로 생성한다.

> **NOTE_** 장비 팩트에 대한 보고서를 생성하고 있지만, show 명령으로 반환된 **모든** 데이터나 앤서블 프로젝트에 존재하는 모든 변수에 대해서도 같은 방식으로 보고서를 생성하는 데 활용할 수 있다.

```
---
- name: "PLAY 1 - CREATE REPORTS"
  hosts: "iosxe,eos,nxos"                                    ①
  connection: "ansible.netcommon.network_cli"
  gather_facts: no

  tasks:
    - name: "COLLECT FACTS FOR EOS"
      arista.eos.eos_facts:
      when: ansible_network_os == "eos"

    - name: "COLLECT FACTS FOR IOS"
      cisco.ios.ios_facts:
      when: ansible_network_os == "ios"

    - name: "COLLECT FACTS FOR NXOS"
      cisco.nxos.nxos_facts:
      when: ansible_network_os == "nxos"

    - name: "GENERATE DEVICE SPECIFIC REPORTS"
      template:
        src: "./reports/facts.j2"
        dest: "./reports/facts/{{ inventory_hostname }}.md"   ②

    - name: "CREATE MAIN REPORT"
      assemble:                                               ③
        src: "./reports/facts/"
        dest: "./reports/main-report.md"
        delimiter: "---"                                      ④
      run_once: "true"                                        ⑤
```

① 이 예제는 인벤토리 파일에 정의된 3개의 장비 그룹을 대상으로 자동화를 적용한다.

② 템플릿 작업을 통해 장비마다 마크다운 형식의 보고서(.md)를 생성한다.

③ assemble 모듈은 개별 보고서를 하나로 취합해 최종 마스터 보고서를 만든다.

④ 마크다운에서 '---'는 가로 구분선을 표시하는 용도이며, 마스터 보고서에서 장비별 개별 보고서를 구분 짓는 용도로 사용한다.

⑤ 기술적으로만 보면 run_once 속성은 불필요한 속성이다. 하지만 이 플레이에는 자동화 대상인 호스트 가 여러 개로 정의돼 있고 마스터 보고서는 **하나**만 필요하다는 점을 기억하자. 따라서 앤서블에게는 자동

화 대상 중 **첫 번째** 장비에 대해서만 마스터 보고서 생성 작업을 수행하도록 지시한다. 모듈은 멱등성을 갖고 있으므로 run_once를 설정하지 않은 채 여러 번 실행하더라도 시스템에 부정적 영향을 미치지 않는다.

이를 기반으로 delegate_to 작업 속성과 delegate_to: localhost를 포함하면, 현재 시스템(로컬 호스트)에서 실행하지 않고 자동화 대상 첫 번째 호스트에서 한 번만 실행되도록 설정할 수 있다. 지금은 두 방법을 모두 사용할 수 있으므로, 어떤 방식을 선택하더라도 문제가 되지 않는다.

[예제 12-38]은 팩트 보고서를 생성하는 템플릿 파일이다.

예제 12-38 팩트 보고서 템플릿으로 사용된 facts.j2 파일

```
# {{ inventory_hostname }}

## Facts

Serial Number: {{ ansible_net_serialnum }}
OS Version:    {{ ansible_net_version }}

## Neighbors

| Device | Local Interface | Neighbor | Neighbor Interface |
|--------|-----------------|----------|--------------------|
{% for interface, neighbors in ansible_net_neighbors.items() %}
{%   for neighbor in neighbors %}
| {{ inventory_hostname }} | {{ interface }} | {{ neighbor.host }} |
{{ neighbor.port }} |
{%   endfor %}
{% endfor %}

## Interface List
{% for interface in ansible_net_interfaces.keys() %}
  - {{ interface }}
{% endfor %}
```

마크다운에서는 표 문법을 사용했다. 깃허브에 푸시하거나 5장에서 다룬 비주얼 스튜디오 코드 또는 마크다운 뷰어 프로그램을 사용하면, HTML 표 형태로 작성된 결과를 볼 수 있다.

대부분의 웹 브라우저는 마크다운 파일을 바로 볼 수 있는 플러그인이 제공된다. 또는 스택에디트StackEdit와 같은 마크다운 편집기를 사용할 수 있다.

단일 장비에 대해 얻을 수 있는 텍스트 출력은 [예제 12-39]와 같다.

예제 12-39 텍스트 형식의 보고서

```
# csr1

## Facts

Serial Number: 9SAGBHTUEE9
OS Version: 17.01.01

## Neighbors

┆ Device ┆ Local Interface ┆ Neighbor           ┆ Neighbor Interface ┆
┆ ------ ┆ --------------- ┆ ------------------ ┆ ------------------ ┆
┆ csr1   ┆ GigabitEthernet4 ┆ csr2.ntc.com      ┆ GigabitEthernet4   ┆
┆ csr1   ┆ GigabitEthernet1 ┆ csr2.ntc.com      ┆ GigabitEthernet1   ┆
┆ csr1   ┆ GigabitEthernet1 ┆ eos-spine1.ntc.com ┆ Management1         ┆
┆ csr1   ┆ GigabitEthernet1 ┆ vmx1              ┆ fxp0               ┆
┆ csr1   ┆ GigabitEthernet1 ┆ eos-spine2.ntc.com ┆ Management1         ┆
┆ csr1   ┆ GigabitEthernet1 ┆ vmx2              ┆ fxp0               ┆

## Interface List
  - GigabitEthernet4
  - GigabitEthernet1
  - GigabitEthernet2
  - GigabitEthernet3
```

이 마크다운 파일을 깃허브에 올리거나 비주얼 스튜디오 코드로 열어보면 [그림 12-2]와 같은
최종 결과를 볼 수 있다.

csr1

Facts

Serial Number: 9SAGBHTUEE9
OS Version: 17.01.01

Neighbors

Device	Local Interface	Neighbor	Neighbor Interface
csr1	GigabitEthernet4	csr2.ntc.com	GigabitEthernet4
csr1	GigabitEthernet1	csr2.ntc.com	GigabitEthernet1
csr1	GigabitEthernet1	eos-spine1.ntc.com	Management1
csr1	GigabitEthernet1	vmx1	fxp0
csr1	GigabitEthernet1	eos-spine2.ntc.com	Management1
csr1	GigabitEthernet1	vmx2	fxp0

Interface List

- GigabitEthernet4
- GigabitEthernet1
- GigabitEthernet2
- GigabitEthernet3

그림 12-2 비주얼 스튜디오 코드에서 팩트 보고서 보기

원하는 종류의 템플릿을 모두 만들 수 있다. 설정 템플릿과 마크다운 템플릿을 살펴봤지만, HTML 템플릿으로 작성된 다양한 사용자 정의 보고서를 손쉽게 만들 수 있다.

앤서블에서의 역할

이 절의 도입부에서는 앤서블을 소개하기 위해 간단한 플레이북을 실행해봤다. 하지만 네트워크 자동화의 복잡도가 증가할수록 모든 작업을 단일 파일로 유지하기가 힘들어진다. 다행히 역할role을 사용하면 작업을 유연하게 구성할 수 있다. 앤서블에서 역할은 작업, 변수, 템플릿, 기타 정보를 포함하는 폴더로 구성된다. 따라서 필요에 따라 결합할 수 있는 캡슐처럼 생각할 수 있다.

SNMP, BGP, ACL 등 각 설정 기능에 대해 따로 역할을 만들었다고 가정해보자. 필요한 모든 작업이 각 디렉터리로 적절히 캡슐화되므로 수백 줄로 된 YAML 파일이 만들어질 이유가 없어진다. 따라서 인벤토리 그룹마다 적절한 역할을 사용해 플레이북을 간단히 작성할 수 있다. 예를 들어 필요에 따라 역할을 재사용해 설정 관리 작업을 요약한 플레이북을 만들 수 있다.

```
---
- hosts: "amers-dc,emea-dc"
  roles:
    - snmp
    - bgp

- hosts: "emea-cpe,amers-cpe"
  roles:
    - snmp
    - bgp
    - acl
```

지금까지 플레이북에서 앤서블 컬렉션과 모듈을 사용해봤다. 계속해서 앤서블 패키지에서는 기본적으로 제공되지 않는 다양한 모듈을 사용해본다.

12.2.8 서드파티 컬렉션 및 모듈

앤서블의 가장 큰 장점 중 하나는 커뮤니티가 활발하고 다른 사람이 작성한 작업을 자신의 플레이북에서 쉽게 재사용할 수 있다는 점이다. 다른 사람이 작성한 모듈을 가져와서 사용하는 것은 이전에도 가능했지만, 2019년 앤서블 2.9 버전이 발표되면서 새로운 배포 아티팩트인 앤서블 컬렉션이 도입됐다. **앤서블 컬렉션**을 사용해 플레이북, 역할, 모듈, 플러그인을 하나로 패키징할 수 있게 됐으며, 이와 같은 패키징 기능 덕분에 조직 내에서는 물론 커뮤니티 내에서도 앤서블 콘텐츠를 재사용하는 것이 한층 쉬워졌다.

이러한 컬렉션을 가장 편리하게 찾아볼 수 있는 곳이 앤서블 갤럭시 허브다. 앤서블 갤럭시는 커뮤니티에서 만든 컬렉션을 호스팅하며, 기여 지침을 따른다면 누구나 자신의 컬렉션을 제공할 수 있다.

일부 컬렉션은 기본적으로 앤서블 패키지로 자동 설치된다. 하지만 언제든지 새로운 패키지나 이미 설치된 컬렉션의 최신 버전을 설치할 수 있다. 이를 돕기 위해 앤서블은 `ansible-galaxy`라는 CLI 도구를 제공한다. 이 도구는 앤서블 갤럭시에서 직접 역할을 설치하는 것뿐만 아니라 다른 소스(깃이나 로컬 폴더)에 있는 역할을 설치할 경우에도 유용하게 사용할 수 있다. 예를 들어 일반 커뮤니티 컬렉션을 다음 명령으로 업데이트할 수 있다.

```
$ ansible-galaxy collection install community.general --upgrade
```

앤서블 갤럭시를 활용하지 않고도 개인 컬렉션을 만들어 배포할 수 있다. 또한 자체 갤럭시 서버를 운영할 수도 있다. 하지만 직접 만든 컬렉션을 앤서블 커뮤니티와 함께 나누고 싶다면 허브를 이용하는 것이 좋다.

이번 장에서 살펴본 모든 예제에서는 앤서블 패키지에 포함된 앤서블 모듈을 사용했다. 지금까지 살펴본 것처럼, 기본 설치 모듈만으로도 설정부터 컴플라이언스 준수 검사 및 보고서 작성까지 엄청난 작업들을 실행할 수 있다. 그러나 기본 앤서블 패키지에는 비록 포함되지 않았지만, 네트워크 자동화와 관련된 서드파티 앤서블 모듈 및 컬렉션을 활발히 다루고 있는 커뮤니티가 존재한다. 이번 절에서는 서드파티 컬렉션 및 모듈을 설치하는 방법과 오픈소스 서드파티 모듈 중에서도 특히 중요한 두 가지 핵심 세트를 살펴본다.

NAPALM 모듈에 익숙해지기

'NAPALM 모듈에 대한 이해' 절에서 살펴보겠지만, NAPALM 프로젝트는 다중 장비 제조사의 네트워크 자동화를 통합하기 위한 매우 잘 구축된 오픈소스 커뮤니티다.

NAPALM 컬렉션은 앤서블 갤럭시에서 이용할 수 있으므로 [예제 12-40]과 같이 **ansible-galaxy** 클라이언트만으로도 사용할 수 있다.

예제 12-40 앤서블 NAPALM 컬렉션 설치하기

```
$ pip3 install napalm
# 출력 생략

$ ansible-galaxy collection install napalm.napalm
```

NOTE_ 앤서블 갤럭시는 컬렉션의 **dependencies** 메타데이터에 정의된 해당 컬렉션의 의존 모듈도 함께 설치한다. 그렇지 않으면 의존 모듈을 수동으로 설치해야 한다. 이 예제에서는 **napalm** 파이썬 라이브러리를 설치한다.

이제 사용 가능한 전체 모듈 목록에서 NAPALM 컬렉션만 살펴보자.

```
$ ansible-doc -l | grep napalm.napalm
# 일부 지원 중단 경고 메시지 생략
napalm.napalm.napalm_cli              Executes network device CLI commands and...
napalm.napalm.napalm_diff_yang        Return diff of tw...
napalm.napalm.napalm_get_facts        Gathers facts from a network dev...
napalm.napalm.napalm_install_config   Installs the configuration taken from a ...
napalm.napalm.napalm_parse_yang       Parse native config/state from a f...
napalm.napalm.napalm_ping             Executes ping on the device and returns...
napalm.napalm.napalm_translate_yang   Translate a YANG object to native...
napalm.napalm.napalm_validate         Performs deployment validat...
```

NAPALM 앤서블 모듈은 주로 `napalm_install_config` 모듈 같은 설정 관리 라이브러리와 `napalm_get_facts` 모듈 같은 운영 상태 조회 라이브러리의 기능을 사용한다.

NTC 모듈 사용해보기

몇 년 전 네트워크 투 코드는 다중 제조사용 앤서블 모듈을 오픈소스로 공개했다. 현재 'NTC 모듈'이라 불리는 이 모듈은 앤서블 갤럭시에서 netauto 컬렉션으로 사용할 수 있다. NTC 모듈을 설치해 사용하려면 NAPALM 컬렉션에서 백엔드 로직용 pyntc 라이브러리를 설치하는 것처럼 추가 모듈을 설치해야 한다.

이 모듈 모음은 주로 두 가지 목적으로 가장 많이 사용된다.

사전 빌드된 TextFSM 템플릿을 사용해 레거시 장비의 원시 텍스트 출력을 자동으로 파싱하기

TextFDM 라이브러리는 명령 실행 결과에 대한 정규 표현식 작업을 단순하게 만든다. 모든 템플릿은 깃허브에 오픈소스로 공개돼 있다. `ntc_show_command` 모듈에서 파싱 작업을 실행하는데, Netmiko 라이브러리와 TextFSM 라이브러리의 단순 래퍼일 뿐이다. 모듈은 오프라인 모드도 갖고 있으므로, `command` 모듈을 사용해 데이터를 파일로 쓴 후 그 데이터를 파싱하는 용도로도 활용할 수 있다.

아직 앤서블 모듈에서 지원되지 않는 장비에서 명령 실행하기

`ntc_show_command`와 `ntc_config_command`는 내부적으로 Netmiko 라이브러리를 사용하므로, Netmiko 라이브러리가 지원하는 모든 장비는 SSH를 통해 자동화할 수 있다.

Netmiko 라이브러리는 100여 개에 가까운 장비 유형을 지원하므로, 이 모듈의 강력한 지원을 활용할 수 있다.

또한 NOS 업그레이드 관리, JSON 스키마를 사용한 데이터 유효성 검증, jdiff 라이브러리를 활용한 구조화된 데이터의 검사 및 비교 같은 다양한 용도로도 사용할 수 있다.

> **NOTE_** NTC 모듈과 NAPALM 모듈은 다중 장비 제조사를 지원하며, 모듈 자체에 자동화 대상 장비의 운영체제를 알려주는 매개변수가 들어 있다. 하지만 제조사마다 별도 모듈을 사용했던 이전 예제처럼 운영체제별 모듈은 제공되지 않는다.

서드파티 컬렉션 및 모듈 설치

앞에서 언급한 것처럼, 사용하고 싶은 모듈이나 컬렉션을 갤럭시에서 찾았다면 [예제 12-40]과 같이 ansible-galaxy collection install {컬렉션명} 명령으로 간단히 설치할 수 있다.

하지만 자체 개발했거나 갤럭시 허브에서 제공되지 않는 컬렉션 및 모듈도 사용할 수 있다. 오픈소스 또는 사용자 정의 서드파티 컬렉션이나 서드파티 모듈을 설치하는 방법도 간단하다. 다음 몇 단계 과정만 거치면 된다.

1. 서드파티 컬렉션이나 서드파티 모듈을 저장할 리눅스 시스템의 경로를 정한다. 이미 정의된 경로를 사용할 수도 있다.
2. 해당 경로로 이동해 사용하고 싶은 컬렉션이나 모듈을 가진 각 저장소에 대해 git clone 명령을 실행한다.
3. 기본 경로가 아닌 경로를 선택했을 경우, 앤서블 설정 파일인 ansible.cfg에서 컬렉션 또는 모듈의 경로를 clone 명령을 실행했던 디렉터리로 갱신해줘야 한다. [예제 12-1]과 같이 ansible --version 명령으로 모든 정보를 알아낼 수 있다. 컬렉션은 collections_paths에서, 모듈은 library에서 해당 값을 알아낼 수 있다. 따로 정의돼 있지 않다면 대상 경로를 가리키도록 collections_paths를 정의한다.
4. 컬렉션이나 모듈의 의존성 모듈을 모두 설치한다. 보통 각 프로젝트의 깃허브 사이트에 문서로 제공된다. 일반적으로 pip를 통해 설치할 수 있는 패키지 몇 개 정도가 필요하다. 파이썬의 virtualenv 모듈을 사용 중이거나 시스템에서 여러 파이썬 버전을 사용 중이라면 앤서블에서 ansible_python_interpreter 변수를 사용해야 한다.

TIP_ tar.gz로 패키징된 컬렉션은 설치 경로를 지정해 설치한다.

```
$ ansible-galaxy collection install /컬렉션/저장/경로 -p ./컬렉션-폴더
```

12.2.9 앤서블 요약

지금까지 살펴본 것처럼, 앤서블은 컴플라이언스 준수 여부 확인 및 보고서 작성부터 더 많은 설정 관리 및 자동화에 이르기까지 네트워크 자동화 분야에서 안정적으로 다재다능하게 활용할 수 있다. 앤서블의 아키텍처는 에이전트를 사용하지 않으므로 네트워크 자동화 분야에 사용하는 데 있어 진입 장벽이 낮다. 지금까지 앤서블로 어떤 일을 할 수 있는지 겉모습만 훑어봤으므로, 더 자세한 정보를 원한다면 *https://docs.ansible.com* 사이트를 참고하자.

다음으로는 업무 자동화에 대해 다른 접근 방식을 취하고 있는 노르니르를 살펴본다.

12.3 노르니르를 이용한 자동화

노르니르[Nornir][8]는 앤서블이나 솔트처럼 DSL을 주로 사용하는 로우-코드 자동화 프레임워크 low-code automation framework의 대안으로 탄생한 파이썬 자동화 프레임워크다. 설정 및 인벤토리 파일 같은 간단한 보조 파일에는 여전히 YAML을 사용하지만, YAML 기반의 DSL로 워크플로의 각 단계(플레이북)를 정의하는 다른 프레임워크와 달리 노르니르는 워크플로를 파이썬으로 정의한다.

NOTE_ 노르니르를 Go 언어로 구현한 고르니르[Gornir][9]도 있지만, 더 많은 확장 기능(플러그인)을 사용할 수 있는 파이썬 버전을 중점적으로 살펴본다.

---

8 옮긴이_ 북유럽 신화 속에서 신과 인간의 운명을 좌우하는 여신(노른(Norn)) 세 자매의 이름이다. 첫째 울드는 과거를, 둘째 베르단디는 현재를, 셋째 스쿨드는 미래를 보살핀다. 소스 코드는 *https://github.com/nornir-automation/nornir*에서, 문서는 *https://nornir.readthedocs.io/en/latest/*에서 각각 확인할 수 있다.

9 *https://github.com/nornir-automation/gornir*

모든 로직을 파이썬으로 직접 정의하므로, DSL 기반의 자동화 프레임워크와 비교할 때 다음과 같은 네 가지 중요한 차이점을 보인다.

진입 장벽

프로그래밍 경험이 없는 네트워크 엔지니어라면, 노르니르를 사용하기 위해 파이썬과 같은 프로그래밍 언어를 배우는 것보다 8장에서 다뤘던 YAML과 같은 DSL 언어를 사용하는 것의 진입 장벽이 훨씬 낮게 느껴질 것이다. 이런 이유로 자동화를 처음 접하는 네트워크 엔지니어는 앤서블과 같은 도구를 쉽게 채택하는 경향이 있다. 하지만 노르니르는 바로 사용할 수 있을 정도로 추상화가 잘 정의돼 있으므로, 반드시 전문 파이썬 개발자여야만 사용할 수 있는 것은 아니다. 6장에서 익힌 정도로만 파이썬을 사용할 수 있으면 노르니르도 바로 사용할 수 있다!

디버깅

프로그래밍 언어에 익숙하다면 해당 언어의 디버깅 도구를 사용할 수 있으므로 개발 과정이 한결 쉬워진다(파이썬은 pdb 도구를 제공한다). 반면 YAML처럼 다른 엔진에 의해 해석되는 DSL을 디버깅할 수 있는 방법은 제한적이다(앤서블을 디버깅하려면 반드시 debug 모듈을 사용해야 한다).

속도

노르니르는 자동화 엔진(예: 앤서블의 파이썬)에서 DSL 정의(예: 앤서블의 YAML 플레이북)를 직렬화해야 하는 다른 자동화 프레임워크에 비해 오버헤드가 적다. 또한 노르니르는 정말 본질에 집중하는 최소주의 솔루션이므로, 솔루션이 정한 특정 방안을 사용해야 하는 다른 자동화 프레임워크보다 훨씬 오버헤드가 작다.

정교한 로직

DSL 기반의 자동화 프레임워크에서도 약간의 사용자 정의 로직을 이용할 수 있다. 예를 들어 앤서블에서는 when 키워드와 loop 키워드를 사용할 수 있다. 하지만 현실에서 해결해야 하는 복잡한 논리를 DSL로 정의하는 것은 프로그래밍 언어로 정의하는 것에 비해 훨씬 어렵다. DSL을 사용하는 다른 자동화 프레임워크에서는 직접 구현할 수 없는 새로운 확장 기능을 노르니르는 손쉽게 추가할 수 있다.

CAUTION_ 앤서블과 테라폼은 레드햇과 해시코프의 상업적 지원을 받을 수 있지만, 노르니르는 순수 커뮤니티 프로젝트이므로 오직 커뮤니티의 지원만 받을 수 있다.

이번 절에서는 노르니르의 작동 원리를 알아본다. 그런 다음, 노르니르를 다른 라이브러리(여기서는 NAPALM 라이브러리를 사용한다)와 함께 사용해 유용한 네트워크 자동화 솔루션을 만들어본다.

12.3.1 노르니르 시작하기

노르니르는 진정으로 최소주의를 지향하는 프레임워크이므로 특정한 방법을 지정하지 않는다. 이번 절에서는 예제를 통해 노르니르가 어떻게 구성되는지를 살펴본다. 그런 다음, 파이썬 코드를 사용해 노르니르로 네트워크를 직접 자동화해본다.

NOTE_ 노르니르를 사용하려면 가장 먼저 다른 파이썬 라이브러리처럼 `pip`를 사용해 노르니르 패키지를 설치해야 한다.

```
$ pip3 install nornir
$ pip3 list | grep nornir
nornir                    3.3.0
```

노르니르 초기화

`InitNornir` 클래스는 노르니르를 가동시키는 방식을 정의한다(보다 상세한 내용은 [예제 12-44]에서 확인할 수 있다). 먼저 [예제 12-41]과 같이 노르니르 설정 YAML 파일을 정의하는데, 이 설정은 파이썬의 딕셔너리로도 정의할 수 있다.

NOTE_ 예제에 사용된 YAML 파일과 최종 파이썬 스크립트 파일은 이 책의 깃허브 저장소인 *https://github.com/oreilly-npa-book/examples/tree/v2/ch12-automationtools/nornir*에서 내려받을 수 있다.

```
---
inventory:                    ①
    plugin: "SimpleInventory"  ②
    options:
        host_file: "inventory/hosts.yaml"
        group_file: "inventory/groups.yaml"
runner:                       ③
    plugin: "threaded"         ④
    options:
        num_workers: 20
```

① inventory 섹션에서는 노르니르가 인벤토리를 구축하는 방법을 정의한다. 인벤토리는 앤서블 인벤토리
와 비슷한 개념으로, 대상 객체(예: 네트워크 장비)에 관한 모든 데이터를 가진 참조 데이터다.

② 노르니르는 다양한 플러그인 타입을 사용해 기능을 확장한다. SimpleInventory 플러그인은 로컬 파일
을 사용해 **호스트**, **그룹**, **기본값**을 정의하는 **인벤토리**를 구현한다. 플러그인마다 사용할 수 있는 옵션이
다르다.

③ runner 섹션에서는 노르니르 작업을 실행하는 방법을 정의한다.

④ 가장 널리 사용되는 러너runner의 기본 옵션은 threaded로, 파이썬의 멀티 스레드 기능을 활용해 작업을
동시에 실행한다. num_workers 항목에는 병렬로 실행할 수 있는 스레드의 개수를 정의한다. 실제 구현
은 [예제 6-11]에서 설명한 방식과 거의 동일하다.

NOTE_ 인벤토리 플러그인을 사용하면, 데이터를 파일에 정적으로 저장하지 않는 대신 손쉽게 노르니르와
외부 인벤토리 시스템을 연동해 동적으로 데이터를 조회할 수 있다. 노르니르 인벤토리 플러그인은 외부 API
에 연결한 다음, 데이터를 노르니르 구조체로 변환한다. '플러그인으로 노르니르 기능 확장하기' 절에서는 다
른 플러그인 타입을 소개하고, 함께 사용할 수 있는 인벤토리 플러그인의 사용법을 예제를 통해 살펴본다.

인벤토리 정의

SimpleInventory를 사용해 호스트와 그룹을 2개의 파일로 정의한다. 앤서블과 비교해보면
host_file 파일은 앤서블 인벤토리와 host_vars에 해당하며, group_file 파일은 group_vars
에 해당한다.

host_file. host_file 파일에는 모든 호스트와 호스트에 대한 확장 데이터(플랫폼, 인증 정보, 기타 장비에 관한 데이터 등)가 저장된 딕셔너리가 들어 있다.

이번 절에서는 앤서블과 쉽게 비교해볼 수 있도록 [그림 12-1]과 동일한 시나리오를 노르니르로 그대로 구현해본다. [예제 12-42]는 토폴로지 정보를 정의한 host_file 파일이다.

예제 12-42 노르니르 host_file

```
---
csr1:                    ①
  hostname: "csr1"
  platform: "ios"    ②
  groups:                ③
    - "amers-cpe"
vmx1:
  hostname: "vmx1"
  platform: "junos"
  groups:
    - "emea-cpe"
eos-spine1:
  hostname: "eos-spine1"
  platform: "eos"
  groups:
    - "emea-dc"
nxos-spine1:
  hostname: "nxos-spine1"
  platform: "nxos"
  groups:
    - "amers-dc"
  data:                  ④
    ntp_server: "10.1.200.200"
    syslog_server: "10.1.200.201"
# 간단히 각 유형별 장비를 하나씩 표기하고 나머지는 생략함
```

① 이 YAML 파일은 토폴로지상의 네트워크 장비를 딕셔너리로 표현한다. 각 항목의 키는 노르니르에서 호스트를 식별하는 값이며, 항목의 값은 별도의 딕셔너리다. 내부 딕셔너리에서 hostname 항목은 필수 항목으로, 작업 대상 IP 또는 FQDN을 가리킨다.

② platform 항목은 **connections** 플러그인을 사용할 때 연결 라이브러리에서 적절한 드라이버를 선택할 수 있도록 도와주는 편의 정보다.

③ 이 키는 선택 항목으로, 호스트가 속한 그룹명 목록을 담고 있다. 그룹과 그룹의 공통 데이터를 정의해두

고 여러 호스트에서 공통 데이터를 재사용할 수 있다.

④ data 키 역시 선택 항목이며, 호스트에 대한 모든 추가 정보가 들어 있다.

host_file 파일에는 기본적으로 포함됐을 것 같은 정보 중 일부를 의도적으로 포함시키지 않았다. 예를 들어 호스트에 대한 인증 정보가 빠져 있다는 사실을 눈치챘을 것이다. 인증 정보를 여기서 정의할 수도 있겠지만, 보통 모든 장비에 동일한 인증 정보를 사용하므로 오히려 그룹 데이터로 정의하는 것이 훨씬 간단하다.

group_file. group_file 파일은 host_file에서 참조하는 그룹과 맞아떨어져야 한다. 따라서 host_file 파일에서 csr1 호스트를 amers-cpe 그룹으로 정의했으므로 group_file에 amers-cpe 그룹을 정의해야 한다. 서로 그룹명이 일치하지 않으면, 노르니르가 초기화될 때 이에 대한 오류 메시지가 표시된다.

그룹을 어떻게 정의하는 것이 합리적인지 궁금할 수도 있겠지만, 그에 대한 대답은 어떤 환경이냐에 따라 크게 달라질 수밖에 없다. [예제 12–43]에서 구현한 설정을 살펴보자.

예제 12-43 노르니르 group_file 파일

```yaml
---
amers-cpe:  ①
  groups:
    - "global"
emea-cpe:
  groups:
    - "global"
  data:       ②
    syslog_server: "10.9.1.1"
amers-dc:
  groups:
    - "global"
emea-dc:
  groups:
    - "global"
global:       ③
  data:
    ntp_server: "10.1.200.199"
    syslog_server: "10.1.200.201"
  username: "ntc"
  password: "ntc123"
```

① 제시된 네트워크 토폴로지의 장비를 네 가지 역할로 그룹화한다. amers-cpe 그룹에 대한 데이터는 아직 들어 있지 않지만, 또 다른 그룹인 global 그룹을 참조하고 있다.

② emea-cpe 그룹은 global 그룹을 참조하며, 해당 그룹에서 필요한 syslog_server 항목을 갖고 있다.

③ 각 그룹은 모든 장비에 똑같이 적용되는 공통 데이터와 인증 정보가 들어 있는 global 그룹을 참조한다.

다양한 방식을 사용해 데이터를 병합했으므로, 해당 호스트의 최종 데이터는 어떤 모습인지 궁금할 것이다. 데이터를 병합할 때는 항상 좀 더 구체적인 항목으로 병합된다고 생각하면 된다. 하지만 실제 예제를 통해 확인하는 것이 가장 좋다. [예제 12-44]와 같이 파이썬 인터프리터를 사용해 직접 노르니르에서 확인해보자.

예제 12-44 노르니르 인벤토리 살펴보기

```
>>> from nornir import InitNornir
>>> nr = InitNornir(config_file="config.yaml")   ①
>>> nr.inventory.hosts                            ②
{'csr1': Host: csr1, 'csr2': Host: csr2, 'vmx1': Host: vmx1, 'vmx2': Host: vmx2,
 'eos-spine1': Host: eos-spine1, 'eos-spine2': Host: eos-spine2,
 'nxos-spine1': Host: nxos-spine1, 'nxos-spine2': Host: nxos-spine2}
>>> nr.inventory.groups
{'global': Group: global, 'csr': Group: csr, 'vmx': Group: vmx,
 'eos-spine': Group: eos-spine, 'nxos-spine': Group: nxos-spine,
 'amers-cpe': Group: amers-cpe, 'emea-cpe': Group: emea-cpe,
 'amers-dc': Group: amers-dc, 'emea-dc': Group: emea-dc}
>>> nr.inventory.hosts["nxos-spine1"].platform   ③
'nxos'
>>> nr.inventory.hosts["nxos-spine1"]["syslog_server"]
'10.1.200.201'                                    ④
>>> nr.inventory.hosts["vmx1"]["syslog_server"]
'10.9.1.1'
>>> nr.filter(platform="ios").inventory.hosts    ⑤
{'csr1': Host: csr1, 'csr2': Host: csr2}
```

① InitNornir 함수로 노르니르를 초기화한다. config_file 파일을 사용하지만, 파이썬 딕셔너리를 직접 사용할 수도 있다. 노르니르는 [예제 12-41]의 설정 파일을 이용해 인벤토리를 어떻게 구축하고 어떤 타입의 러너를 사용할 것인지를 파악한다.

② 노르니르가 nr 객체로 초기화됐다면, 이제 미리 정의해둔 hosts와 groups를 사용할 수 있다. 예제처럼 정적으로 정의된 인벤토리 대신 동적 인벤토리를 사용하는 경우에도 동일하게 사용할 수 있다.

③ 파이썬 딕셔너리 타입인 인벤토리 내에 정의된 호스트를 탐색하면서 별도 파이썬 딕셔너리를 이루고 있는 호스트의 속성, 예를 들어 platform 속성이나 데이터 값을 확인한다.

④ 그룹 상속으로 인해 호스트의 속성이 여러 개 지정된 경우 항상 일반적인 값보다 구체적인 값이 우선순위를 갖고 적용된다. nxos-spine1의 경우 hosts.yaml에서 syslog_server를 정의한다. vmx1의 경우, emea-cpe 그룹의 설정값도 있지만 global 그룹에서 정의한 값도 상속받는다. 설정 항목이 중복됐다면 보다 구체적인 설정값인 emea-cpe의 설정값으로 할당된다.

⑤ 노르니르 인벤토리의 유용한 기능 중 하나인 filter 옵션은 노르니르의 적용 대상 범위를 좁히는 데 사용한다. 예제에서 ios 플랫폼만 선택했으므로, 관련 작업은 해당 플랫폼 장비에만 적용된다.

인벤토리가 준비됐으므로, 실제로 재미있는 부분을 시작해본다. 이제 노르니르 작업을 실행해보자.

작업 실행

노르니르는 인벤토리 이외에 **작업**^{task}과 **결과**^{result}라는 두 가지 핵심 구성 요소로 이뤄진다. 구현 방식은 간단하다. Task 객체와 기타 매개변수를 전달받은 후 Result 객체를 반환하는 함수를 정의한다. Task 객체는 콜러블^{callable}[10](함수)과 함수에서 필요한 다른 인자를 전달하는 함수 래퍼다. Task 객체는 노르니르 인벤토리에서 가져온 Host 객체를 담고 있는 host 속성과 호스트에 관련된 모든 데이터를 갖고 있다. 여기서 가장 중요한 run() 메서드에서는 특정 호스트에 대해 래핑 함수를 실행한 후 Result 객체를 반환한다. Result 객체는 함수 실행 전후의 시스템 상태 간 차이점을 담고 있는 diff 속성과 함수의 실행 결과를 담고 있는 result 속성을 가진다.

[예제 12-45]에서는 노르니르의 작업을 정의한다. 복잡한 로직을 구현할 수도 있지만, 노르니르 작업을 만드는 방법을 이해하는 것이 목적이므로 간단한 작업을 정의한다.

예제 12-45 노르니르 작업 정의

```
>>> from nornir.core.task import Task, Result          ①
>>> import time
>>> def check_config(task: Task, feature: str) -> Result:
...     # 여기에 원하는 로직을 추가한다.
...     time.sleep(5)                                   ②
```

---

10 옮긴이_ 호출 가능 객체라고도 한다.

```
...        data_key = f"{feature}_server"
...        message = f"{task.host.name} {feature} is {task.host[data_key]}"   ③
...        return Result(                                                      ④
...            host=task.host,
...            result=message,
...        )
```

① 노르니르에서 Task 클래스와 Result 클래스를 가져온 다음, 이 클래스를 사용하는 함수를 작성한다. 파
  이썬 타입 힌트 기능으로 예상 타입을 알려준다.

② 작업이 병렬로 실행된다는 것을 쉽게 이해할 수 있도록 [예제 12-46]과 같이 작업을 실행할 때 약간의
  휴지 시간^{sleep time}을 추가한다.

③ 원하는 대로 복잡한 로직을 함수에 구현한다. Task 객체를 통해 호스트에 대한 모든 인벤토리 데이터를
  사용할 수 있다.

④ 끝으로, 노르니르 러너에게 Result 객체를 반환한다.

작업을 정의했다면 이번에는 사용할 차례다. [예제 12-46]에서는 run() 메서드를 사용해 앞
에서 정의한 check_config 작업을 실행한다.

예제 12-46 노르니르 run() 작업

```
>>> result = nr.run(task=check_config, feature="ntp")          ①
>>> result["csr1"][0].result                                   ②
'csr1 ntp is 10.1.200.199'
>>>
>>> from nornir_utils.plugins.functions import print_result    ③
>>> print_result(result)                                       ③
check_config**************************************************************
* csr1 ** changed : False ************************************************
vvvv check_config ** changed : False vvvvvvvvvvvvvvvvvvvvvvvvvvvvvvvvvvv INFO
csr1 ntp is 10.1.200.199                                       ④
^^^^ END check_config ^^^^^^^^^^^^^^^^^^^^^^^^^^^^^^^^^^^^^^^^^^^^^^^^^^^^
* csr2 ** changed : False ************************************************
vvvv check_config ** changed : False vvvvvvvvvvvvvvvvvvvvvvvvvvvvvvvvvvv INFO
csr2 ntp is 10.1.200.199                                       ④
^^^^ END check_config ^^^^^^^^^^^^^^^^^^^^^^^^^^^^^^^^^^^^^^^^^^^^^^^^^^^^
# 다른 장비에 대한 결과는 생략
* nxos-spine1 ** changed : False *****************************************
vvvv check_config ** changed : False vvvvvvvvvvvvvvvvvvvvvvvvvvvvvvvvvvv INFO
nxos-spine1 ntp is 10.1.200.200                                ④
```

```
^^^^ END check_config ^^^^^^^^^^^^^^^^^^^^^^^^^^^^^^^^^^^^^^^^^^^^^^^^^^^^^^^^^^^^^
```

① run() 메서드를 호출할 때 앞에서 정의한 함수와 함수에서 필요한 추가 매개변수를 입력 인자로 전달한다. 노르니르 객체에는 전체 인벤토리가 들어 있으므로, filter 메서드를 사용하지 않으면 모든 장비에 대해 작업을 실행하게 돼 엄청 많은 결과가 생성될 수 있으니 유의하자. 작업의 휴지 시간을 5초로 설정했으므로, [예제 12-45]와 같이 8대의 장비에 대해 작업을 실행하면 총 5초의 시간이 소요된다. 순차 실행이었다면 모든 작업을 마칠 때까지 40초가 걸리겠지만, 노르니르는 기본적으로 작업을 병렬로 실행한다.

② 노르니르 작업 실행이 끝나면 인벤토리 호스트마다 실행 결과를 담고 있는 Result 객체를 획득한다. 작업은 여러 하위 작업을 가질 수도 있기 때문에 인덱스에 0을 사용한다. 이 부분은 [예제 12-50]을 참조하자.

③ 노르니르는 깔끔하게 서식화된 출력을 지원하는 print_result 도우미 메서드 등이 포함된 nornir-utils 추가 패키지를 함께 제공한다. 단, 사용하려면 먼저 패키지를 설치해야 한다(pip3 install nornir-utils).

④ 호스트와 그룹에 정의된 데이터를 모두 병합해보면 각 호스트마다 인벤토리에서 가져온 실제 데이터로 작업을 수행했다는 사실을 알 수 있다.

플러그인으로 노르니르 기능 확장하기

노르니르는 기본적으로 최소 기능만 갖추고 있지만, nornir.tech에서 제공하는 서드파티 플러그인으로 기능을 손쉽게 확장할 수 있다.

플러그인은 다음 몇 가지 유형으로 나눌 수 있다.

함수function

노르니르 구성 요소에 관련된 도우미 메서드

연결connection

네트워크 장비에 연결하는 방법을 정의하며, open()과 close()라는 두 메서드를 구현한다.

인벤토리inventory

인벤토리 객체인 호스트, 그룹, 기본값을 생성한다.

프로세서processor

작업 결과를 활용해 다양한 결과물을 만들어낸다.

작업task

노르니르 run() 메서드에서 직접 사용하는 작업을 정의한다. 보통 작업은 라이브러리의 메서드를 노르니르 작업으로 노출하는 간단한 래퍼다.

러너runner

작업 실행 방법을 결정한다. 예를 들어 작업 실행 단계에 재시도 관련 로직을 추가할 수 있다.

플러그인으로 어떤 일을 실행할 수 있는지 간략히 살펴보기 위해 동적 인벤토리, 작업, 프로세서 기능을 제공하는 노르니르 나우토봇 플러그인Nornir Nautobot plug-in을 사용해보자. pip3 install nornir-nautobot 명령으로 플러그인을 설치한 다음, 확장 기능을 이용할 수 있다.

[예제 12-47]에서는 외부 소스에서 인벤토리 정보를 가져오는데, 예제에서는 공개된 나우토봇 인스턴스를 사용한다(나우토봇과 그 외 다른 진실 공급원은 14장에서 자세히 살펴본다). 끝으로, 보다 복잡한 인벤토리를 사용했을 경우 적용할 수 있는 몇 가지 고급 필터링 방법을 사용한다.

예제 12-47 노르니르 나우토봇 인벤토리 플러그인

```
>>> nr = InitNornir(
...     inventory={
...         "plugin": "NautobotInventory",                    ①
...         "options": {                                      ②
...             "nautobot_url": "https://demo.nautobot.com",
...             "nautobot_token": "a" * 40,
...         },
...     },
... )
>>> len(nr.inventory.hosts)
393
>>> from nornir.core.filter import F                          ③
>>> len(nr.filter(F(platform__contains="arista")).inventory.hosts)   ④
345
>>> len(nr.
```

```
...     filter(F(platform__contains="arista")).
...     filter(F(data__pynautobot_dictionary__device_role__slug="edge")).    ⑤
...     inventory.hosts
... )
72
```

---

① SimpleInventory 대신 NautobotInventory를 사용해 나우토봇 인벤토리 플러그인을 가져온다.

② 나우토봇 인벤토리 플러그인은 몇 가지 옵션을 사용할 수 있다. URL 및 토큰 정보는 필수 항목이며, 대상 장비의 범위를 제한할 수 있는 filter_parameters 등의 선택 항목을 사용해 인벤토리의 적용 범위를 좁힐 수 있다. 적용 범위를 축소하면 인벤토리를 불러오는 시간도 단축된다.

③ F 클래스는 contains 또는 호스트 데이터로의 접근 등 필터 연산자를 사용해 고급 필터링 기능을 제공한다.

④ __contains 메서드를 사용해 호스트명에 arista가 포함된 모든 장비를 가져온다.

⑤ 노르니르 필터를 서로 연결하는 방식으로 이전에 필터링된 결과를 다시 필터링 작업에 사용할 수 있다. 예제에서는 아리스타 장비 중에서 edge 역할을 가진 장비로 적용 범위를 좁힌다.

다음 절에서는 널리 사용되는 NAPALM 라이브러리용 노르니르 플러그인인 nornir-napalm에 대해 알아본다. 이 플러그인을 사용하면, 지금까지 살펴본 것과 동일한 방식으로 여러 플랫폼의 네트워크 장비와 상호 작용하는 작업을 만들어 사용할 수 있다.

12.3.2 노르니르에서 NAPALM 사용하기

이번 절에서는 노르니르에서 NAPALM을 함께 사용해 미리 정의된 작업을 정말 간단하게 실행하는 방법을 알아본다. 하지만 이러한 복합 예제를 이해하려면 NAPALM에 대해서도 자세히 알고 있어야 한다.

이번 절에서는 먼저 네트워크 장비에서 정보를 조회하는 작업을 통해 NAPALM의 기본 개념을 익힌 후, 노르니르 프레임워크에서 NAPALM을 함께 사용해 장비의 설정을 관리하는 방법을 알아본다.

NAPALM 모듈에 대한 이해

NAPALM은 **다중 제조사를 지원하는 네트워크 자동화 및 프로그래밍 가능성에 대한 추상 계층**

Network Automation and Programmability Abstraction Layer with Multivendor support의 줄임말로, 특정 장비의 고유한 동작 방식과는 상관없이 파이썬 공통 객체를 통해 네트워크 장비를 관리할 수 있는 강력한 기능을 갖춘 파이썬 라이브러리다. 따라서 해당 동작을 지원하는 NAPALM 드라이버가 제공된다면 운영체제나 장비 제조사와는 상관없이 동일한 동작을 실행할 수 있다.

NAPALM은 여러 장비 제조사를 지원하며, 다양한 API를 사용해 각 장비와 통신한다. 예를 들어 시스코 넥서스 장비는 NX-API와 SSH를, 아리스타 EOS 장비는 eAPI를, 시스코 IOS 장비는 SSH를, 주니퍼 Junos 드라이버는 NETCONF를 사용한다. NAPALM 사용을 고려한다면 대상 장비에서 어떤 API를 지원하는지 알아야 한다. 핵심 라이브러리는 널리 사용되는 API를 모두 지원하고 있으며, 다른 플랫폼에 대한 확장 기능은 깃허브에 있는 NAPALM 자동화 커뮤니티 드라이버 저장소[11]에서 구할 수 있다. 모든 드라이버가 전체 기능을 전부 지원하지는 않으므로, 해당 플랫폼에서 어떤 작업을 할 수 있는지 각 드라이버의 기능을 검토해 파악해야 한다.

이번 절에서 다루지는 않지만, 지원 API 및 장비에 대한 상세한 정보는 NAPALM 문서[12]에서 확인할 수 있다. 이어서 NAPALM을 사용해 운영 데이터를 조회하는 방법에 대해 알아본다.

NAPALM을 이용한 운영 데이터 조회

처음 NAPALM을 사용할 때 가장 많이 살펴보는 기능은 바로 네트워크 장비의 정보를 조회해보는 것이다. NAPALM에서 반환하는 장비의 데이터는 일관된 방식으로 정규화돼 있다.

기억하겠지만, 10장에서 다양한 API를 살펴볼 때 각 제조사 또는 장비마다 장비에 특화된 키-값 쌍을 반환하는 것을 확인했다. 이 기능은 CLI를 사용해 텍스트로만 정보를 얻을 수 있는 경우라면 더욱더 중요해진다. 일부 장비는 8장에서 소개한 IETF나 오픈컨피그 워킹 그룹에서 제공하는 YANG 모델과 같이 제조사에 중립적인 데이터 모델을 지원한다. 그러나 아직 모든 플랫폼이나 제조사에서 완전히 채택된 것은 아니다. 따라서 NAPALM의 데이터 정규화는 이기종 환경으로 인한 문제를 해결하는 데 도움이 된다.

---

11 *https://github.com/napalm-automation-community*
12 *https://napalm.readthedocs.io/en/latest/*

NOTE_ pip를 사용하면 NAPALM을 손쉽게 설치할 수 있다.

```
$ pip3 install napalm
$ pip3 list | grep napalm
napalm                          4.0.0
```

NAPALM의 사용법은 간단하다. [예제 12-48]과 같이 플랫폼 드라이버를 선택하고 드라이버를 초기화한 다음, 장비와 연결을 맺는다.

예제 12-48 NAPALM 초기화

```
>>> from napalm import get_network_driver
>>> driver = get_network_driver('eos')    ①
>>> device = driver(                       ②
...     hostname='eos-spine1',
...     username='ntc',
...     password='ntc123'
... )
>>> device.open()                          ③
```

① get_network_driver() 함수는 드라이버 식별자에 맞는 객체를 반환한다(아리스타 EOS 장비는 eos 식별자를 사용한다).

② driver 객체는 장비와의 연결에 필요한 인자를 사용해 초기화된다. 필요에 따라 사용자 정의 인자로 optional_args 매개변수를 사용한다.

③ open() 메서드를 사용해 연결을 맺고 나면, 이제 네트워크 장비와 상호 작용할 준비를 마친 상태다.

여기서 **device**는 NAPALM 장비 객체다. 6장에서 소개했던 **dir()** 함수를 사용해 NAPALM 장비 객체에서 사용할 수 있는 메서드를 살펴보자.

```
>>> dir(device)
[...일부 메서드 생략..., 'commit_config', 'compare_config', 'compliance_report',
'config_session', 'confirm_commit', 'connection_tests', 'device', 'discard_config',
'eapi_kwargs', 'get_arp_table', 'get_bgp_config', 'get_bgp_neighbors', 'get_config',
'get_environment', 'get_facts', 'get_firewall_policies', 'get_interfaces',
'get_interfaces_counters', 'get_interfaces_ip', 'get_lldp_neighbors',
'load_merge_candidate', 'load_replace_candidate', 'load_template', 'lock_disable',
```

```
 'locked', 'open', 'password', 'ping', 'rollback', 'traceroute']
>>>
```

이 목록에서 load_merge_candidate(), load_replace_candidate()와 같은 설정 관리용 메서드를 찾을 수 있다. 하지만 대부분의 메서드는 네트워크 장비에서 정보를 조회하는 get_ 메서드다. 이들 중 몇 가지 메서드를 사용해보자.

먼저 get_facts()를 사용해 장비의 운영체제, 가동 시간, 인터페이스, 제조사, 모델, 호스트 명, FQDN 등과 같은 공통 정보를 조회한다.

```
>>> device.get_facts()
{'hostname': 'eos-spine1', 'fqdn': 'eos-spine1.ntc.com', 'vendor': 'Arista',
 'model': 'vEOS', 'serial_number': '', 'os_version': '4.22.4M-15583082.4224M',
 'uptime': 389825.1441075802, 'interface_list': ['Ethernet1', 'Ethernet2',
 'Ethernet3', 'Ethernet4', ...일부 인터페이스 생략..., 'Management1']}
>>>
```

NAPALM이 반환하는 데이터의 가장 큰 장점은 어떤 제조사의 장비를 사용하든 모두 똑같이 구조화된 데이터로 반환한다는 점이다. 이 예제에서는 NAPALM이 정규화와 까다로운 작업을 대신 수행해주므로, 장비마다 별도의 통합, 변환 과정을 구현할 필요가 없어진다.

몇 가지 예제를 더 살펴보자. get_snmp_information() 함수는 해당 장비의 SNMP 설정 정보를 딕셔너리로 요약한다.

```
>>> device.get_snmp_information()
{
  'chassis_id': '', 'location': '', 'contact': '',
  'community': {'networktocode': {'acl': '', 'mode': 'ro'}}
}
>>>
```

get_lldp_neighbors() 함수는 장비의 인터페이스마다 현재 보여지는 LLDP 이웃 목록을 딕셔너리로 요약한다.

```
>>> device.get_lldp_neighbors()
{
```

```
  'Ethernet2': [{'hostname': 'eos-leaf1.ntc.com', 'port': 'Ethernet2'}],
  'Ethernet3': [{'hostname': 'eos-leaf2.ntc.com', 'port': 'Ethernet2'}],
  'Ethernet4': [{'hostname': 'vmx1', 'port': 'ge-0/0/3'}]
}
>>>
```

모든 함수는 딕셔너리를 반환한다. LLDP 이웃 딕셔너리를 사용해 사람이 쉽게 읽을 수 있는
형식으로 출력하는 간단한 스크립트를 만들어보자.

```
>>> for interface, neighbors in device.get_lldp_neighbors().items():
...     print(f"INTERFACE: {interface}")
...     print("NEIGHBORS: ")
...     for neighbor in neighbors:
...         print(f"  - {neighbor["hostname"]}")
...
INTERFACE: Ethernet2
NEIGHBORS:
  - eos-leaf1.ntc.com
INTERFACE: Ethernet3
NEIGHBORS:
  - eos-leaf2.ntc.com
INTERFACE: Ethernet4
NEIGHBORS:
  - vmx1
>>>
```

끝으로, 노르니르에서 NAPALM을 사용해 대규모 설정 관리 문제를 해결해보자.

대규모 설정 관리

NAPALM은 두 가지 장비 설정 관리 방식을 이용할 수 있다.

설정 병합 동작

부분 설정 또는 몇 가지 장비 명령을 실행해 대상 네트워크 장비에 해당 설정이 존재하는지
를 확인한다. 기존 플랫폼을 비롯한 모든 유형의 플랫폼에서 잘 동작한다.

설정 교체 동작

선언적 구성 관리declarative configuration management라고도 하며, 어떤 식으로 장비가 설정돼야 하는 지에만 집중한다. 이 방식은 현재 구성을 어떻게 하면 원하는 구성으로 변경할 수 있는지를 고민하는 것과는 완전히 대조적인 방식이다. 이 방식은 NAPALM의 주요 장점이자 특징이지만, 실제로는 네트워크 장비에서 제공하는 특정 기능의 부산물이다. 이 기능은 주니퍼 장비의 후보 설정 기능, 아리스타의 설정 세션 기능, 시스코 IOS 장비의 `config replace` 기능 등을 활용한다. 결국 `no` 명령이나 `delete` 명령을 실행할지를 고민하기보다는 어떤 설정이어야 하는지를 선언한다.

> **CAUTION_** 설정 교체 방식을 사용하려면 **전체** 활성 설정을 장비로 푸시할 수 있어야 한다. **의도하는** 설정을 생성하려면 자동화도 성숙도가 높아야 하며, 신뢰할 수 있는 진실 공급원이 필요하다(이 주제와 관련된 내용은 14장에서 자세히 다룬다). 이런 요구 조건들로 인해 보통 브라운 필드brownfield 네트워크 환경에서는 설정 병합 방식을 채택하며, 최종적으로 네트워크 인프라에서 지원되고 모든 설정을 생성할 수 있는 시점이 됐을 때 설정 교체 방식으로 전환한다. 이처럼 특정 기능을 관리하기 위해 자동화를 시작하는 단계에서는 적정 시점이 됐을 때 접근 방식을 전환하는 방안이 보다 현실적이다.

모든 아리스타 장비에 새로운 SNMP 커뮤니티 문자열로 `secret123`을 설정하는 예제를 살펴보자. [예제 12-49]에서는 노르니르와 NAPALM `napalm_configure` 작업을 활용한다. 이 플러그인은 `replace` 인자값에 따라 두 설정 모드를 모두 지원한다. 노르니르 NAPALM 플러그인을 사용하려면 `pip3 install nornir-napalm` 명령을 실행해 플러그인을 먼저 설치해야 한다.

예제 12-49 napalm_configure를 사용해 장비 설정하기

```
>>> from nornir_napalm.plugins.tasks import napalm_configure
>>> from nornir import InitNornir
>>> nr = InitNornir(config_file="config.yaml")
>>> results = nr.filter(platform="eos").run(          ①
...     task=napalm_configure,                        ②
...     dry_run=False,                                ③
...     replace=False,
...     configuration="snmp-server community secret123 rw"   ④
... )
...
```

```
>>> print(results["eos-spine1"].diff)                          ⑤
@@ -8,6 +8,7 @@
 ip domain-name ntc.com
 !
 snmp-server community networktocode ro
+snmp-server community secret123 rw
 !
 spanning-tree mode mstp
 !
```

---

① 노르니르 `filter` 옵션을 사용해 아리스타 **EOS** 장비로 작업 대상 범위를 좁힌다.

② `napalm_configure` 작업을 노르니르 작업으로 전달한다. 이 작업은 장비에 대한 설정 동작을 수행한다.

③ 노르니르의 추가 옵션 중 `dry_run` 옵션을 사용하면 실제 장비에 설정을 적용하지는 않지만, 전체 설정 작업을 드라이-런 모드로 실행해볼 수 있다. `replace` 옵션은 기본적으로 `False`로 설정되지만, 예제에서는 명시적으로 병합 동작을 정의한다.

④ `configuration` 인자에 CLI 명령을 문자열로 전달할 수 있다. 또한 `filename` 인자를 사용해 파일로 전달할 수도 있다.

⑤ `diff` 속성을 이용해 설정의 변경 사항을 살펴볼 수 있다.

[예제 12-48]의 NAPALM 장비 객체인 **device**를 사용하거나 SSH로 장비에 연결해 새로운 SNMP 커뮤니티 문자열이 설정됐는지 확인한다.

```
>>> device.get_snmp_information()
{
  'chassis_id': '', 'location': '', 'contact': '',
  'community': {
    'networktocode': {'acl': '', 'mode': 'ro'},
    'secret123': {'acl': '', 'mode': 'rw'}
  }
}
```

설정 병합은 선언적 방식으로, 특정 설정 계층 구조나 명령을 삭제하지 않는다. 그러나 NAPALM이 특정 장비 드라이버의 동작 방식을 알 수 있다면 해당 정보를 활용해 특정 기능을 선언적으로 관리할 수 있다.

지금까지 살펴본 노르니르의 기능과 파이썬 기술을 이용하면 보다 정교한 워크플로를 구축할 수 있다. 예를 들어 [예제 12-50]의 파이썬 스크립트는 노르니르의 인벤토리에서 가져온 데이터를 바탕으로 설정 파일을 생성한 다음, 장비마다 적절한 NTP 서버를 설정한다. 이 책의 모든 예제 파일은 이 책의 깃허브 저장소에서 내려받을 수 있다.

예제 12-50 노르니르 전체 예제

```python
from nornir import InitNornir
from nornir.core.task import Result, Task
from nornir_jinja2.plugins.tasks import template_string
from nornir_napalm.plugins.tasks import napalm_configure
from nornir_utils.plugins.functions import print_result

# TEMPLATE은 플랫폼에 대한 여러 개의 템플릿을 관리하는 옵션을 표현한다.
TEMPLATE = {
    "eos": "ntp server {{ host['ntp_server'] }}",
    "ios": "ntp server {{ host['ntp_server'] }}",
    "nxos": "ntp server {{  host['ntp_server'] }}",
    "junos": "set system ntp server {{  host['ntp_server'] }}",
}

def config_task(task: Task, template) -> Result:
    """Nornir task that combines two subtasks:
        - Render a configuration from a Jinja template
        - Push the rendered configuration to the device
    """
    render_result = task.run(
```

---

[13] *https://nornir.tech/nornir/plugins/*

```
        task=template_string,
        # 플랫폼에 맞는 템플릿을 선택한다.
        template=template[task.host.platform],
    )

    config_result = task.run(
        task=napalm_configure,
        # 이전 하위 작업에서 렌더링된 설정을 설정의 입력으로 사용한다.
        configuration=render_result.result,
        # dry_run은 변경 사항을 장비에 실제로 적용하지 않는다는 의미다.
        dry_run=True,
    )

    return Result(host=task.host, result=config_result)

# 파일에서 노르니르 인벤토리를 초기화한다.
nr = InitNornir(config_file="config.yaml")
# 'config_task'는 두 하위 작업을 취합한다.
result = nr.run(
    task=config_task,
    template=TEMPLATE,
)

print_result(result)
```

이 스크립트의 실행 결과를 보면 노르니르 작업이 호스트마다 2개의 하위 작업을 실행했음을 알 수 있다. 하나는 장비에 적합한 설정을 생성하는 작업이며, 다른 하나는 dry_run을 True로 설정했기 때문에 푸시할 잠재적 변경을 표시하는 작업이다. 인벤토리 정의에서 설정한 NTP 서버의 IP 주소가 생성된 설정에서 어떻게 적용되는지 자세히 들여다보자.

```
$ python example.py
# 플랫폼 유형별로 1개의 출력만 표시하고, 나머지는 생략함
config_task*****************************************************************
* csr1 ** changed : True ********************************************************
vvvv config_task ** changed : False vvvvvvvvvvvvvvvvvvvvvvvvvvvvvvvvvvvvvvvvvv INFO
MultiResult: [Result: "napalm_configure"]
---- template_string ** changed : False -------------------------------- INFO
ntp server 10.1.200.199
---- napalm_configure ** changed : True -------------------------------- INFO
+ntp server 10.1.200.199
^^^^ END config_task ^^^^^^^^^^^^^^^^^^^^^^^^^^^^^^^^^^^^^^^^^^^^^^^^^^^^^^
```

```
* eos-spine1 ** changed : True ***************************************************
vvvv config_task ** changed : False vvvvvvvvvvvvvvvvvvvvvvvvvvvvvvvvvvvvvvvvvvv INFO
MultiResult: [Result: "napalm_configure"]
---- template_string ** changed : False --------------------------------------- INFO
ntp server 10.1.200.199
---- napalm_configure ** changed : True --------------------------------------- INFO
@@ -6,6 +6,8 @@
 !
 hostname eos-spine1
 ip domain-name ntc.com
+!
+ntp server 10.1.200.199
 !
 snmp-server community networktocode ro
 snmp-server community secret123 rw
^^^^ END config_task ^^^^^^^^^^^^^^^^^^^^^^^^^^^^^^^^^^^^^^^^^^^^^^^^^^^^^^^^^^^
* nxos-spine1 ** changed : True ***************************************************
vvvv config_task ** changed : False vvvvvvvvvvvvvvvvvvvvvvvvvvvvvvvvvvvvvvvvvvv INFO
MultiResult: [Result: "napalm_configure"]
---- template_string ** changed : False --------------------------------------- INFO
ntp server 10.1.200.200
---- napalm_configure ** changed : True --------------------------------------- INFO
ntp server 10.1.200.200
^^^^ END config_task ^^^^^^^^^^^^^^^^^^^^^^^^^^^^^^^^^^^^^^^^^^^^^^^^^^^^^^^^^^^
* vmx1 ** changed : True ***************************************************
vvvv config_task ** changed : False vvvvvvvvvvvvvvvvvvvvvvvvvvvvvvvvvvvvvvvvvvv INFO
MultiResult: [Result: "napalm_configure"]
---- template_string ** changed : False --------------------------------------- INFO
set system ntp server 10.1.200.199
---- napalm_configure ** changed : True --------------------------------------- INFO
[edit system]
+   ntp {
+       server 10.1.200.199;
+   }
^^^^ END config_task ^^^^^^^^^^^^^^^^^^^^^^^^^^^^^^^^^^^^^^^^^^^^^^^^^^^^^^^^^^^
```

12.3.3 노르니르 요약

이번 절에서는 노르니르의 기본 개념을 비롯해 인벤토리 구축, 작업 정의 및 실행(멀티 스레드 실행), 결과 처리 방법 등을 살펴봤다. 이들은 복잡한 네트워크 자동화 작업을 구축하기 위한 기본 구성 요소다.

NAPALM 플러그인 사용 예제에서 본 것처럼 노르니르의 막강한 힘은 플러그인을 통한 확장성으로부터 나온다. NAPALM 라이브러리 자체는 여러 네트워크 인터페이스와 제조사에 대해 추상화를 제공하므로 일관된 사용자 경험을 통해 운영 상태를 조회하거나 변경할 수 있다. 처음 사용하는 단계에서는 파이썬을 직접 사용해야 한다는 점에서 다소 부담스러울 수 있지만, 노르니르는 네트워크 자동화 작업을 완벽하게 제어할 수 있는 훌륭한 솔루션이다.

끝으로, 이번 장의 마지막 절에서는 테라폼을 사용해 선언적 접근 방식으로 인프라를 자동화하는 방법을 살펴본다.

12.4 테라폼을 이용한 동적 인프라 관리

1장에서 소개한 것처럼 2010년대를 거치면서 클라우드 인프라 도입은 업계의 주류가 됐고, IT 인프라를 관리하는 방법을 바꿔놓았다. 오늘날 인프라는 **동적** 리소스이며, 필요할 때마다 인스턴스가 생성되는 **서비스형으로** 소비된다. 쉽게 이야기하자면, MySQL 데이터베이스 서버를 사용하기 위해 더 이상은 예전처럼 실제 서버에 설치한 후 서버에 접속해 운영체제에 맞게 MySQL 서비스를 설정하지 않는다. 클라우드 환경에서는 간단히 몇 개 인자로 이뤄진 데이터 페이로드를 만들어 MySQL 서비스를 프로비저닝하기 위한 REST API를 호출하면, 몇 분 뒤에 바로 사용할 수 있는 MySQL 데이터베이스가 준비된다.

보통 API는 클라우드 환경에서 인프라를 관리하는 주 진입점이며 CLI, SDK, GUI 등의 나머지 인터페이스는 API를 기반으로 구축된다. 새로운 패러다임이 등장하면서 인프라가 어떤 식으로 구성돼야 하는지를 코드로 작성하면 도구들이 코드를 해석해 필요한 API를 호출해주는 **코드형 인프라**IaC, Infrastructure as Code가 가능해졌다. 이는 선언적 접근 방식과 완벽하게 일치하는데, **명령적** 접근 방식처럼 어떤 동작을 수행하라고 정의하는 것이 아니라 원하는 모습을 정의한다.

> **TIP_** 선언적 접근 방식과 명령적 접근 방식은 여전히 함께 사용된다. 새로운 서비스를 생성하더라도 바로 사용할 수 없고 후속 프로비저닝 설정이 필요한 경우가 있는데, 이때 테라폼과 앤서블은 상호 보완적으로 동작한다. 예를 들어 테라폼으로 가상 서버를 생성하면 앤서블이 서버에 연결해 설정을 마무리함으로써 원하는

상태의 서버를 제공한다. 최근 앤서블을 위한 공식 테라폼 통합[14]이 발표됐다. 따라서 테라폼을 통해 IaC로 프로비저닝한 후 최종 객체는 앤서블 인벤토리에 추가돼 자동으로 설정 작업 또는 별도의 후속 프로비저닝 작업을 수행한다.

일부 클라우드 서비스 제공업체는 API를 보다 쉽게 사용할 수 있도록 IaC를 구현한 자체 도구를 제공한다. 그러나 어느 정도 예상한 대로 다른 인프라 서비스 제공업체에 대한 지원 범위는 제한적이다. 예를 들어 퍼블릭 클라우드 제공업체 중 최강자인 AWS는 YAML과 JSON을 해석해 적절한 AWS API로 상호 작용할 수 있는 AWS 클라우드 포메이션^{AWS CloudFormation} 도구를 제공한다.

이런 맥락에서 2014년 해시코프^{HashiCorp}[15]는 모든 동적 인프라를 API로 관리하겠다는 목표하에 테라폼을 개발했다. 테라폼은 API를 통해 클라우드 및 온-프레미스 리소스를 모두 관리할 수 있다. 초창기에는 가장 널리 사용되는 일부 서비스 제공업체만 지원했지만, 확장성과 쉬운 사용법 덕분에 IaC를 관리하는 단일 도구로 널리 도입됐다. 테라폼은 다른 IaC 도구에 비해 훨씬 많은 클라우드 서비스 제공업체를 지원하며, 커뮤니티에서 개발해 공유되는 확장 기능을 통해 1,700개 이상의 제공업체를 지원한다.

이번 절에서는 테라폼의 주요 개념을 소개하고, 다양한 사례를 통해 어떻게 적용할 수 있는지를 알아본다. 네트워킹 관련 예제를 다음 다섯 가지 영역으로 나눠 살펴본다.

- 테라폼 아키텍처의 이해
- 테라폼으로 첫 번째 리소스 프로비저닝하기
- 테라폼 실행 확장하기
- 규모에 맞는 테라폼 관리
- 테라폼을 안전 지대 밖에서 사용하기

먼저 테라폼 설정 언어에 대해 개략적으로 알아본 후, 테라폼 구성 요소와 워크플로 등을 살펴보면서 테라폼의 기본 동작을 설명한다.

---

14 https://www.ansible.com/blog/providing-terraform-with-that-ansible-magic
15 옮긴이_ 2024년 4월 IBM은 해시코프를 인수했다.

12.4.1 테라폼 아키텍처

다른 도구 체계와 마찬가지로 테라폼도 새로운 용어와 개념, 심지어 새로운 설정 언어를 채택한다. 맨 먼저 살펴볼 것은 바로 설정 언어다.

테라폼 설정 언어

테라폼은 해시코프의 다른 제품처럼 해시코프 설정 언어[HCL, HashiCorp Configuration Language] DSL을 사용하며, JSON과 YAML 등 설정 정의에 사용되는 다른 직렬화 포맷과 전통적인 프로그래밍 언어를 상호 보완하도록 만들어졌다. 두 방식을 결합하면 보다 복잡한 설정을 선언적 패턴으로 만들 수 있다.

> **NOTE_** 테라폼에서는 보통 HCL DSL을 사용하지만, Go 언어와 파이썬 같은 범용 프로그래밍 언어를 선호한다면 테라폼용 클라우드 개발 키트[CDKTF, Cloud Development Kit for Terraform]를 이용할 수 있다. 프로그래밍 언어 사용에 익숙한 개발자들은 특정 DSL을 배우는 것보다는 프로그래밍 언어를 사용하는 방식을 선호한다. 또한 기존에 사용하던 도구와 기능을 그대로 재사용할 수 있다는 장점도 있다. 다른 대안 IaC 솔루션인 AWS CDK나 풀루미도 프로그래밍 언어를 사용한다.

HCL의 전체 기능 중 테라폼과 관련이 많은 기능만 중점적으로 살펴본다. HCL은 사람이 읽고 쓰기 편한 기본 **네이티브 구문** 버전과 기계에서 생성 및 파싱이 편리한 **JSON 기반의 변형 구문** 버전으로 사용할 수 있다. 예제 코드는 읽기 쉬워야 하므로, 이후 예제에서는 기본 네이티브 구문을 사용한다.

기본 구문은 크게 인자와 블록으로 이뤄진다.

인자는 특정 이름 또는 변수에 값을 할당하며, 인자가 어디에 정의됐는지 그 맥락에 따라 어떤 타입의 값이 유효한지가 결정된다. 나중에 리소스에 대해 배우겠지만, 예를 들어 각 리소스의 인자는 스키마를 가지며, 값을 할당할 때 해당 스키마가 적용된다. 다음 예제에서는 cidr_block 인자에 "192.0.2.0/24" 문자열 값을 사용한다.

```
cidr_block = "192.0.2.0/24"
```

블록^{block}은 다른 콘텐츠를 담을 수 있는 컨테이너로, 블록의 확장성 덕분에 테라폼이 복잡한 동적 인프라를 선언할 수 있는 강력한 도구로 탈바꿈하게 됐다. HCL은 다양한 블록 **타입**을 지원하는데, 다음 예제에서는 resource 타입을 사용한다. 이어서 aws_vpc 레이블을 사용해 해당 맥락에서 사용할 수 있는 리소스 중 정확히 특정 리소스 구성 요소를 지정한다. resource와 aws_vpc를 조합해 인자 또는 다른 중첩 블록(필수 또는 선택 항목)을 정의할 수 있으며, 각 항목은 고유의 정의를 가진다.

```
resource "aws_vpc" "my_vpc" {
    cidr_block = "192.0.2.0/24"
}
```

인자와 블록 외에도 HCL에서는 이번 절에서 볼 수 있는 인자, 블록 및 기타 테라폼 구성 요소를 식별자로 구별한다. 위 코드에서 사용된 **식별자**는 인자명(cidr_block), 블록 타입명(aws_vpc), 블록명(my_vpc)이다. 식별자를 사용하면 해당 구성 요소를 설정 파일의 여러 곳에서 참조해 재사용할 수 있다. 예를 들어 my_vpc 식별자로 다른 리소스를 연결할 수 있다.

끝으로, 대부분의 개발 언어와 마찬가지로 HCL에서도 주석을 사용할 수 있다. 이후 부분을 주석으로 만드는 #, 단일 행을 주석으로 만드는 //, 여러 줄에 걸친 주석을 만들 때 사용하는 /* … */ 등 세 가지 방식을 사용할 수 있다.

```
# 이 인자는 아마존 VPC의 CIDR을 정의한다.
// 다음 주석은 여러 줄로 주석을 표시한다.
/*
    이것은 여러 줄로 표시한 주석이다.
*/
cidr_block = "192.0.2.0/24"
```

HCL의 기본 개념을 간략히 살펴봤으니 이제 테라폼의 주요 개념과 관련된 용어를 알아본다.

테라폼 초간단 요약

테라폼 프로세스는 이번 절을 통해 하나씩 차례대로 살펴보게 될 기본 구성 요소를 토대로 구축된다. [그림 12-3]은 최상위 수준에서 기반 구조를 개략적으로 표현한 것으로, 이후 이 그림에 소개된 각 요소를 간단히 설명한다.

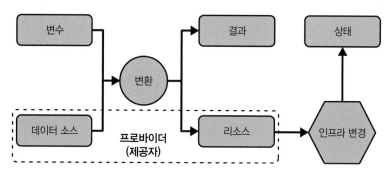

그림 12-3 테라폼 구성 요소

테라폼 설정 파일에 사용되는 테라폼 구성 요소를 하나씩 살펴보면서, 해당 구성 요소에 관한 IaC의 예상 상태를 정의해보자.

프로바이더

동적 인프라 서비스 제공업체의 API와 상호 작용하기 위해 만들어진 플러그인이다. **읽기** 모드(**데이터 소스**) 또는 **쓰기** 모드(**리소스**)로 설정된다.

변수

테라폼 설정 동작을 사용자가 지정할 때 사용하는 값을 가진 매개변수다.

테라폼

동적 인프라를 관리할 수 있도록 테라폼 워크플로 구현 명령을 제공하는 소프트웨어다.

출력

테라폼을 실행한 다음 노출되는 명시적 정보다. 다른 테라폼 실행의 입력 변수로 사용할 수 있다.

상태

테라폼 정의를 인프라와 하나로 묶는다. 상태^{state}는 계획과 현실의 차이를 관리하기 위해 실제 인프라에서 **읽어온 정보**와 추가된 신규 서비스에 대한 **추적 정보**를 갖고 있다. 그러면 테라폼이 다시 실행됐을 때 처음부터 생성하지 않아도 갱신이 필요한 기존 서비스를 인식할 수 있다.

인프라 변경 사항

대상 동적 인프라 프로바이더에서 생성한 인프라 서비스다.

전체 동적 인프라의 수명주기를 관리하려면 테라폼 워크플로를 이해해야 한다.

테라폼 워크플로

테라폼은 설정부터 동적 인프라 배포에 이르기까지 간단하고 잘 정의된 워크플로를 갖추고 있다. 공식 문서에서는 테라폼의 **주요** 워크플로를 세 단계, 즉 작성, 계획, 적용으로 나누고 있지만, 전체 순환 과정을 더 잘 설명하기 위해 [그림 12-4]와 같이 다섯 단계로 확장한다.

그림 12-4 테라폼 워크플로

워크플로의 다섯 단계는 다음과 같다.

작성

테라폼 설정 언어를 사용해 원하는 인프라 상태를 정의한다. 이 상태에는 테라폼을 초기화하는 데 필요한 정보도 포함된다.

초기화

환경을 초기화하고, **작성** 단계에서 정의한 설정에 따라 필요한 플러그인, 모듈, 백엔드를 설치한다.

계획

드라이-런 모드에서 실행 계획을 수립한다. 실행 계획은 설정을 기반으로 대상 인프라를 구성하기 위한 모든 변경 사항을 기술한다.

적용

실제 인프라에 원하는 상태를 적용한다. 이 단계는 **계획** 단계와 동일하지만 드라이-런 모드가 아니다.

해제

관리 중인 인프라의 프로비저닝을 해제한다.

워크플로에서 **작성** 단계를 제외한 나머지 단계는 테라폼의 주요 명령으로 매핑된다. 사실, 작성 단계 역시 작성된 설정을 검토하는 validate 명령으로 매핑할 수 있다.

> **NOTE_** 이번 절의 내용을 계속 진행하려면 테라폼이 설치돼 있어야 한다. 설치 과정은 *https://developer.hashicorp.com/terraform/tutorials/aws-get-started/install-cli*를 참조한다. 모든 예제는 테라폼 1.2.0 버전을 기준으로 실행한다.

terraform -help 명령을 실행하면 주요 명령을 볼 수 있다.

```
$ terraform -help
Usage: terraform [global options] <subcommand> [args]

The available commands for execution are listed below.
The primary workflow commands are given first, followed by
less common or more advanced commands.

Main commands:
  init          Prepare your working directory for other commands
  validate      Check whether the configuration is valid
  plan          Show changes required by the current configuration
  apply         Create or update infrastructure
  destroy       Destroy previously-created infrastructure
```

테라폼을 전반적으로 살펴봤으므로, 이어서 구체적인 네트워킹 실습 예제를 통해 테라폼의 주요 개념을 익혀보자.

12.4.2 테라폼으로 첫 번째 리소스 프로비저닝하기

테라폼의 동작 방식을 이해하는 가장 좋은 방법은 실제로 사용해보는 것이다. 이 책에서 계속 살펴봤던 클라우드 네트워킹 관련 예제를 기반으로 테라폼 사용법을 설명한다. 예제 환경과 관련된 내용은 4장에서 상세히 다뤘다. 여러 방법을 사용할 수 있지만, 클라우드 서비스 제공업체로 가장 널리 사용되는(일반적으로 사용하는) AWS를 선택했다. AWS는 테라폼과 API에 대한 훌륭한 문서를 제공한다. 하지만 테라폼에서 지원되는 다른 서비스 제공업체를 사용하더라도 개념과 접근 방법은 동일하다. 예를 들어 마이크로소프트 애저, GCP와 같은 퍼블릭 클라우드뿐만 아니라 VM웨어, 오픈스택과 같은 프라이빗 클라우드에서도 똑같이 사용할 수 있다.

본격적으로 설명하기에 앞서 기본적인 네트워크 설정부터 작성해보자. [그림 12-5]와 같이 가상 네트워크와 2개의 서브넷을 만든다. AWS 플랫폼에서는 가상 네트워크를 아마존 가상 프라이빗 클라우드^{Amazon Virtual Private Cloud, 아마존 VPC}라고 부른다.

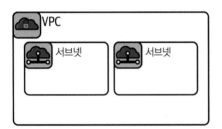

그림 12-5 AWS 네트워크 시나리오

AWS 무료 계정 설정

어떤 AWS 계정이든 사용할 수 있다. 아직 계정이 없다면 AWS 프리 티어^{AWS Free Tier} 페이지에서 무료 계정[16]을 만들 수 있다.

---

16 https://aws.amazon.com/ko/free/

AWS 플랫폼과 상호 작용하고 테라폼에서 관리되는 최종 인프라를 확인하기 위해 AWS CLI를 사용한다. 하지만 GUI를 사용해도 동일한 결과를 확인할 수 있다.

먼저 [예제 12-51]에서 운영체제에 따라 적절한 AWS CLI를 설치한 다음, `aws configure` 명령을 실행해 CLI 환경을 설정한다.

예제 12-51 AWS CLI 설정하기

```
$ aws configure
AWS Access Key ID [None]:사용자의 액세스 키 ID
AWS Secret Access Key [None]:사용자의 시크릿 액세스 키
Default region name [None]: us-west-1
Default output format [None]:
```

요청된 **액세스 키 ID**와 **시크릿 액세스 키**는 계정을 식별해 프로그래밍 방식으로 접근하기 위해 사용하는 보안 자격 증명 정보다. 이 자격 증명 정보는 보안 절차에 따라 적절히 관리해야 한다. 예를 들어 정기적으로 변경하고, 암호화해 관리해야 한다. 이미 생성한 자격 증명 정보가 있다면 기존 정보를 그대로 사용할 수 있으며, AWS GUI에서도 새로운 자격 증명을 생성할 수 있다.

```
"Identity and Access Management (IAM)" -> "대시보드" -> "Manage access keys"
```

이제 AWS CLI를 사용해 AWS 인프라 상태를 확인할 수 있다. 설정이 올바른지 확인하기 위해 `aws sts get-caller-identity` 명령을 실행해 표시되는 계정 정보가 맞는지 확인한다.

```
$ aws sts get-caller-identity
{
    "UserId": "123456789012",
    "Account": "123456789012",
    "Arn": "arn:aws:iam::123456789012:root"
}
```

CAUTION_ 이 예제에서는 간단히 설명하고자 개인 계정의 루트 계정을 사용했지만, AWS 환경에서 루트 계정을 사용하는 것은 좋지 않다. 최소한의 권한 원칙에 따라 사용자는 최소한의 필수 권한만 사용해야 한다.

이제 AWS CLI가 준비됐으니 첫 번째 테라폼 설정 코드를 작성해보자.

테라폼 프로바이더 사용하기

테라폼 워크플로의 다음 단계는 초기화 단계로, 프로비저닝할 인프라를 선언하는 설정을 작성한다. 예제에서는 아마존 VPC를 먼저 프로비저닝한 후 서브넷을 추가한다.

설정은 1개 이상의 파일로 작성할 수 있다. 테라폼에서는 실행 중인 디렉터리에 따라 맥락, 즉 콘텍스트가 달라지는데, 최상위 디렉터리에서 *.tf 확장자를 사용하는 모든 파일은 테라폼 설정의 일부로 인식된다. 파일명은 중요하지 않으므로, 원하는 이름을 사용한다. 이 폴더는 나중에 살펴볼 테라폼 실행과 관련된 다른 파일을 저장하는 용도로도 사용된다.

> **NOTE_** 테라폼 설정은 사람이 쉽게 읽을 수 있는 네이티브 구문으로 작성할 수 있지만, JSON 변형 구문으로도 작성할 수 있다. JSON으로 작성할 경우 설정 파일의 확장자는 *.tf.json이다.

새로운 디렉터리를 만들고, 새로운 테라폼 파일을 만든다. 테라폼 설정을 정의하기 위해 이 예제에서는 01-create-vpc/create_vpc.tf 파일을 만든다.

```
$ tree
.
└── 1-create-vpc
    └── create_vpc.tf
```

> **NOTE_** 예제를 쉽게 설명하기 위해 모든 테라폼 설정을 한 파일에 저장한다. 하지만 실제 현장에서는 보통 다양한 용도로 구분해 여러 개의 파일로 저장한다.

테라폼에서 가장 먼저 설정해야 하는 항목은 프로바이더다. 테라폼 프로바이더는 HCL 코드를 각 인프라 플랫폼의 API로 변환하는 모든 로직을 구현한다. 설정에서 특정 프로바이더를 선택하면, 해당 프로바이더의 리소스와 데이터 소스를 설정에서 사용할 수 있다. 아마존 VPC를 프로비저닝하려면 aws 테라폼 프로바이더를 사용한다. 다른 프로바이더를 사용하는 경우에도 동일한 접근 방식을 따르며, 관리해야 하는 플랫폼에 따라 설정에서 테라폼 프로바이더를 정의한다.

다행히 대부분의 동적 인프라 서비스 제공업체는 테라폼 프로바이더를 공식적으로 지원하며, 테라폼 레지스트리^{Terraform Registry}[17]에 관련 모듈을 공개하고 있다. 설정 블록 및 인자의 사용을 다룬 문서도 해당 사이트에서 제공된다.

테라폼 프로바이더 설정은 두 부분으로 나눌 수 있다.

먼저, 테라폼의 자체 동작을 정의하는 전역 terraform 블록 아래에 required_providers 중첩 블록을 사용해 source 인자에 프로바이더의 로컬명과 해당 프로바이더를 찾을 수 있는 위치를 정의한다. 이 예제에서 프로바이더의 로컬명은 aws이며, 해당 프로바이더는 테라폼 레지스트리의 hashcorp/aws를 사용한다는 사실을 알 수 있다. 끝으로, 특정 버전을 사용하고 싶다면 version 인자에 적절한 버전을 설정한다.

그런 다음, 두 번째 provider 블록에서는 첫 번째 블록에서 정의한 프로바이더를 설정한다. 이때 특정 프로바이더를 기술하기 위한 인자를 사용할 수 있다. 예를 들어 hashcorp/aws의 경우 region 인자를 정의한다. [예제 12-52]는 두 블록을 합친 것이다.

예제 12-52 AWS 테라폼 프로바이더 정의 및 설정

```
#적절한 프로바이더를 얻기 위한 테라폼 설정
terraform {
  required_providers {
    aws = {
      source  = "hashicorp/aws"
      version = "~> 3.0"
    }
  }
}

# aws 프로바이더 설정
provider "aws" {
  region = "eu-west-3"
}
```

테라폼 프로바이더를 앤서블의 모듈이나 노르니르의 플러그인과 비교해볼 수 있다. 프로바이더는 특정 동적 인프라 서비스 제공업체를 사용할 수 있도록 테라폼의 기능을 확장한다.

---

17 *https://registry.terraform.io/browse/providers*

테라폼의 프로바이더는 Go 언어로 작성된다. 사용자 정의 프로바이더를 정의하거나 기존 프로바이더를 확장할 수 있지만, 굳이 사용자가 만들 필요는 없다. 일반적으로는 클라우드 서비스 제공업체에서 자사 서비스를 모든 사람이 쉽게 사용할 수 있도록 서비스용 플러그인을 만들어 개선한다.

설정에서 provider 블록은 나머지 설정 항목에 많은 영향을 미친다. 테라폼 파일에서 특정 프로바이더를 참조하면 해당 프로바이더에 관련된 리소스에 접근할 수 있다. 또한 단일 테라폼 설정에서 여러 프로바이더를 설정할 수도 있다는 점을 알아두자. 즉, 동일한 설정 파일로 여러 클라우드 환경을 프로비저닝하는 멀티 클라우드 사례에서 이와 같이 사용한다.

최초 설정에서 설정 파일의 기본 골격을 작성했다. 하지만 **작성** 단계에서는 항상 구문 오류가 발생할 수 있다. 지금 작성한 설정은 올바르게 작성됐지만, 초기 단계에서 오류를 어떻게 발견하는지에 대해 배워보자.

테라폼 문법 유효성 검사

테라폼에서는 validate 명령을 사용해 설정 파일이 일관되게 정의돼 있고 테라폼 설정 구문이 정확한지를 검사한다. 예를 들어 [예제 12-52]에서 마지막 줄의 닫는 중괄호를 삭제하고 terraform validate 명령을 실행해보면 오류와 함께 오류의 원인도 알려준다.

```
$ terraform validate
│
│ Error: Unclosed configuration block
│
│   on create_vpc.tf line 11, in provider "aws":
│   11: provider "aws" {
│
│ There is no closing brace for this block before the end of the file. This
│ may be caused by incorrect brace nesting elsewhere in this file.
```

다시 중괄호를 제대로 입력해 올바른 구문 코드를 만든다. 하지만 다시 한번 terraform validate 명령을 실행하면 예기치 못한 오류가 발생한다. 해당 설정은 테라폼 프로바이더를 이용할 수 없다는 오류 메시지가 표시된다.

```
$ terraform validate
│
```

```
| Error: Missing required provider
|
| This configuration requires provider registry.terraform.io/hashicorp/aws,
| but that provider isn't available. You may be able to install it
| automatically by running:
|   terraform init
|
```

로컬 컴퓨터에서는 아직 사용할 수 없는 레지스트리의 프로바이더를 설정 파일에서 사용했기
때문에 검증 오류가 발생한 것이다. 이 오류를 해결하려면 테라폼 워크플로의 다음 단계인 **초
기화** 과정을 수행해야 한다.

테라폼 환경 초기화

설정에서는 테라폼 프로바이더를 정의함으로써 해당 프로바이더를 사용하겠다는 의도만 전달
했을 뿐, 아직 로컬 컴퓨터에서 사용할 수 있도록 설정하지 않았다. 이는 마치 파이썬 라이브러
리를 사용하는 과정과 비슷하다. 코드에서 **import** 구문으로 라이브러리를 가져오도록 했더라
도 인터프리터에서 해당 라이브러리를 사용할 수 있도록 로컬 컴퓨터에 설치해줘야 한다.

[예제 12-53]과 같이 terraform init 명령을 실행해 테라폼 프로바이더를 설치한다. 이 명
령은 required_providers 중첩 블록 아래에 정의된 설정을 읽은 후 필요한 모든 의존성을 내
려받아 설치한다.

예제 12-53 테라폼 설정 초기화

```
$ terraform init

Initializing the backend...                                              ①

Initializing provider plugins...
- Finding hashicorp/aws versions matching "~> 3.0"...                    ②
- Installing hashicorp/aws v3.75.2...
- Installed hashicorp/aws v3.75.2 (signed by HashiCorp)

Terraform has created a lock file .terraform.lock.hcl to record the provider  ③
selections it made above. Include this file in your version control repository
so that Terraform can guarantee to make the same selections by default when
you run "terraform init" in the future.
```

```
Terraform has been successfully initialized!
# 일부 결과 생략
```

① 백엔드가 초기화된다. 테라폼의 **백엔드**는 테라폼 상태를 저장하는 곳으로, 나중에 자세히 알아본다. 별도로 정의하지 않았다면, 기본적으로는 테라폼 명령을 실행하는 로컬 디렉터리를 의미한다.

② 테라폼 프로바이더 플러그인인 hashicorp/aws를 찾아서 지정된 버전으로 설치한다.

③ 플러그인을 해당 버전으로 고정하기 위해 .terraform.lock.hcl 잠금 파일을 생성한다.

> **NOTE_** 테라폼 프로바이더 버전을 고정하면 후속 테라폼의 동작 실행을 보장할 수 있다. 프로바이더의 버전을 고정하지 않으면, 정의된 버전과 호환되는 새로운 프로바이더 버전이 나왔을 때 프로바이더가 바뀔 수 있다(예제의 경우 3.*로 정의했으므로 3.75.2 버전이 설치됐다). 프로바이더의 버전이 바뀌게 되면 테라폼 설정의 실행 결과가 달라질 수 있다.

모든 변경 사항을 화면에 표시된 결과 메시지에서 확인할 수 있으며, 로컬 디렉터리에 있는 파일과 폴더는 감춤 속성이 설정돼 있더라도 모두 표시된다.

```
$ tree -la
.
├── .terraform
│   └── providers
│       └── registry.terraform.io
│           └── hashicorp
│               └── aws
│                   └── 3.75.2
│                       └── darwin_amd64
│                           └── terraform-provider-aws_v3.75.2_x5
├── .terraform.lock.hcl
└── create_vpc.tf
```

처음 만든 테라폼 설정 파일인 create_vpc.tf, 버전 잠금 파일인 .terraform.lock.hcl 파일 등이 보인다. 프로바이더는 .terraform 디렉터리에 설치되며, 로컬 컴퓨터에는 3.75.2 버전이 설치됐다.

환경을 초기화했다면, 이제 테라폼 설정의 유효성 검사가 성공하는지 확인해보자.

```
$ terraform validate
Success! The configuration is valid.
```

좋다. 유효한 테라폼 설정이 만들어졌고, 초기화도 적절히 진행됐다. 계속해서 다음 워크플로 단계인 **계획** 단계로 넘어가본다.

테라폼 변경에 대한 통찰력 얻기

terraform plan 명령은 테라폼 설정에 기술된 인프라의 희망 상태와 실제 상태가 일치하는지를 확인한다.

아직 설정 파일에 아마존 VPC에 대한 정의는 하지 않은 상태이지만, 우선 명령을 실행해 대상 인프라 프로바이더 API에 적절하게 접근할 수 있는지 확인해보자.

```
$ terraform plan

No changes. Your infrastructure matches the configuration.

Terraform has compared your real infrastructure against your configuration and
found no differences, so no changes are needed.
```

예상대로 변경 사항은 없다. 테라폼 프로바이더를 사용하도록 설정했을 뿐 프로비저닝할 인프라 요소는 정의하지 않았으므로 아무런 참조 상태가 없다. 테라폼 상태는 잠시 후에 살펴본다.

하지만 terraform plan 명령은 암묵적으로 중요한 유효성 검사를 수행했다. 테라폼이 대상 인프라 프로바이더 API를 사용하려면 적절한 인증 정보가 필요하다. terraform plan 명령이 아무 문제 없이 성공적으로 실행됐다면 적어도 플랫폼에 접근할 수 있는 유효성은 확인된 것이다.

> **NOTE_** 예제에서는 provider 설정 블록에 자격 증명 정보를 명시적으로 전달하지 않았다. AWS 테라폼 프로바이더는 암묵적으로 [예제 12–51]의 초기화 단계에서 AWS CLI가 사용했던 자격 증명 정보를 같이 사용한다.

이제 인프라를 정의할 준비는 끝났다. 다음으로 소개할 개념은 테라폼 리소스다. **리소스**는 대상 인프라에 존재해야 한다고 선언한 객체다. [예제 12-54]와 같이 resource 테라폼 블록 타입과 구문을 사용해 정의한다.

예제 12-54 테라폼 리소스 정의 구문

```
resource resource_name resource_identifier {   ① ②
  ...
}
```

① resource_name은 테라폼 프로바이더에서 정의한 리소스명으로, 적절히 초기화돼야 한다. 사용법과 사용할 수 있는 모든 인자에 대한 정보는 프로바이더 문서에 자세히 설명돼 있다.

② resource_identifier는 나중에 테라폼 설정에서 해당 리소스를 참조하기 위한 리소스 식별자다.

예제에서는 아마존 VPC를 생성하기 위해 새로운 aws_vpc 타입의 리소스 블록을 작성한다. 이때 식별자는 my_vpc이다. 사용할 수 있는 여러 인자 중 cidr_block을 정의하는데, 이 값은 해당 리소스를 쓰려면 반드시 정의해야 하는 필수 인자다. 앞에서 이야기한 것처럼 간단한 설명을 위해 프로바이더를 설정했던 파일에서 이 리소스 블록을 함께 설정한다.

```
...
# VPC 생성
resource "aws_vpc" "my_vpc" {
  cidr_block = "192.0.2.0/24"
}
```

매우 간단하다. 아마존 VPC를 생성하려면 테라폼의 선언적 접근 방식을 사용해 단일 인자로 정의된 최종 상태를 선언하면 된다! 이는 저수준의 상세 내용은 감추고 인프라 서비스의 최종 상태를 정의하는 데 필요한 주요 속성만 노출하기 때문에 가능하다.

이제 테라폼 설정에는 아마존 VPC를 사용하겠다는 의도, 즉 인텐트가 들어 있다. 따라서 [예제 12-55]와 같이 다시 terraform plan 명령을 실행해 결과를 확인해보자. 결과 메시지를 보면 해당 설정을 적용했을 때 인프라에서 예상되는 변경 사항을 확인할 수 있다.

```
$ terraform plan

Terraform used the selected providers to generate the following execution plan.
Resource actions are indicated with the following symbols:
  + create

Terraform will perform the following actions:

  # aws_vpc.my_vpc가 생성된다.
  + resource "aws_vpc" "my_vpc" {                          ①
      + arn                              = (known after apply) ②
      + cidr_block                       = "192.0.2.0/24"
      + default_network_acl_id           = (known after apply)
      + default_route_table_id           = (known after apply)
      + default_security_group_id        = (known after apply)
      + dhcp_options_id                  = (known after apply)
      + enable_classiclink               = (known after apply)
      + enable_classiclink_dns_support   = (known after apply)
      + enable_dns_hostnames             = (known after apply)
      + enable_dns_support               = true                ③
      + id                               = (known after apply)
      + instance_tenancy                 = "default"
      + ipv6_association_id              = (known after apply)
      + ipv6_cidr_block                  = (known after apply)
      + ipv6_cidr_block_network_border_group = (known after apply)
      + main_route_table_id              = (known after apply)
      + owner_id                         = (known after apply)
      + tags_all                         = (known after apply)
    }

Plan: 1 to add, 0 to change, 0 to destroy.                    ④
```

```
Note: You didn't use the -out option to save this plan, so Terraform can't
guarantee to take exactly these actions if you run "terraform apply" now.
```

① 테라폼 프로바이더 구현에서 해당 리소스에 대해 사용할 수 있는 모든 인자가 나열된다.

② 일부 속성값은 리소스를 생성하기 전에는 알 수 없으므로 known after apply(적용 후 알 수 있음)로 설정된다. 예를 들어 아마존에서 객체를 식별하기 위해 생성하는 arn 값은 오직 생성된 객체에 대해서만 그 값을 알 수 있다. 지금은 객체를 사용하겠다는 계획만 세운 상태다.

③ 설정에서는 cidr_block만 설정했는데, 결과에서는 기본값을 사용하는 여러 다양한 속성도 표시된다. 예를 들어 enable_dns_support 속성도 기본값인 true로 설정돼 있다.

④ 이 테라폼 설정을 현재 대상 인프라 상태에 적용하면 aws_vpc로 정의된 새로운 리소스가 추가된다.

계획 단계에서는 실제 인프라 상태를 변경하기 전에 어떤 것이 변경될 것인지를 이해할 수 있어 큰 도움이 된다. 이 단계에서는 설정이 어떤 영향을 미칠지에 대한 좋은 통찰력을 얻을 수 있으므로, 실제 의도에 맞게 필요한 조정 조치를 취할 수 있다. 하지만 계획을 실행한 결과 메시지의 끝부분에 표시된 참고(Note) 문구처럼, 다음 단계인 **적용** 단계를 진행하더라도 대상 인프라의 상태가 정확히 동일할 것이라고 보장할 수는 없다. 그렇기 때문에 terraform apply 명령을 실행하면 암묵적으로 terraform plan 명령을 먼저 실행하며, 그렇기 때문에 기본적으로 수동 승인 과정이 필요하다.

하지만 -out {계획명} 옵션을 사용해 수립된 계획 단계의 실행 결과를 참조하도록 지정하면 적용 단계에서 수동 승인 과정을 건너뛸 수 있다. 이렇게 결과를 참조하도록 전달하면 계획 실행 결과가 예상대로 진행됐기 때문에 그대로 진행할지, 아니면 결과가 달라졌기 때문에 취소할지를 알 수 있게 되므로, 수동 확인 과정을 표시하지 않고 건너뛸 수 있다. [예제 12-56]에서는 -out 옵션을 사용한다.

예제 12-56 -out 옵션으로 terraform plan 명령 실행하기

```
$ terraform plan -out my_plan
# 이전 예제와 동일한 결과는 생략함

Saved the plan to: my_plan

To perform exactly these actions, run the following command to apply:
    terraform apply "my_plan"
```

-out 옵션을 함께 사용해 명령을 실행하면 테라폼 백엔드에 바이너리 파일이 생성된다(예제에서는 로컬 디렉터리에 생성된다). 이 파일에는 다른 계획과 비교하기 위해 필요한 모든 정보가 포함돼 있다.

테라폼 워크플로에서 계획 단계를 이해했다면, 다음 단계인 **적용** 단계로 넘어간다. 이 단계에서는 드디어 대상 플랫폼에서 동적 인프라를 프로비저닝한다.

테라폼 설정 적용하기

테라폼의 주목적은 동적 인프라 상태를 관리하는 것으로, 선언적 접근 방식에 따라 작성된 설정을 클라우드 플랫폼에 프로비저닝된 실제 인프라 서비스로 변환하는 것이다. 이때 사용하는 테라폼 명령이 terraform apply이다. 이 명령을 실행하면, 앞에서 살펴본 plan 명령을 실행해 변경될 내용을 표시한 후 그 변경 사항을 진행할지를 수동으로 확인하는 메시지가 표시된다. 지금은 이 메시지가 표시됐을 때 일단 진행하지 않도록 **아니오**[No]를 선택한다.

```
$ terraform apply
# 계획 단계에서 수행한 결과와 비슷한 부분은 생략

Plan: 1 to add, 0 to change, 0 to destroy.

Do you want to perform these actions?
  Terraform will perform the actions described above.
  Only 'yes' will be accepted to approve.
```

예상대로 terraform plan 명령을 실행해 획득한 계획 결과와 동일한 결과를 볼 수 있다. 참조할 계획을 전달하지 않았기 때문에 수동 승인 과정이 표시된다. 개발 단계에서는 이렇게 동작해도 괜찮지만, 테라폼을 자동화하는 경우에는 이와 같은 사용자 상호 작용을 건너뛰고 진행돼야 한다. 이런 경우 [예제 12-56]에서 생성한 참조용 계획을 유용하게 사용할 수 있다. 이번에는 terraform apply 명령에서 my_plan 계획을 참조하도록 전달해 계획에 대한 결과를 출력하지 않고, 이전에 생성됐던 결과와 현재 계획의 결과를 비교하도록 지시한다. 두 계획이 동일하다면 [예제 12-57]과 같이 실제로 적용 동작을 실행한다.

예제 12-57 참조 계획으로 terraform apply 명령 실행하기

```
$ terraform apply "my_plan"
aws_vpc.my_vpc: Creating...
aws_vpc.my_vpc: Creation complete after 3s [id=vpc-04f21f46af099b516]

Apply complete! Resources: 1 added, 0 changed, 0 destroyed.
```

짜잔! 테라폼을 사용해 첫 번째 리소스인 아마존 VPC가 생성됐다. 적어도 테라폼 결과에는 이렇게 표시된다. 새 리소스에 대한 AWS 식별자는 id로 표시되며, 이 id 값을 사용해 AWS 클라우드 플랫폼에서 생성된 인프라 서비스를 확인할 수 있다.

[예제 12-58]에서는 실행 결과에 표시된 VPC의 **id** 값과 찾을 리전을 **region** 인자로 지정해 **aws ec2 describe-vpcs** CLI 명령을 실행한다. **region**은 [예제 12-52]에서 **aws** 프로바이더를 설정할 때 유일하게 지정한 인자였다. 리전은 동일한 API를 사용하더라도 격리된 인프라 도메인을 만들기 위해 AWS에서 사용하는 개념이다.

예제 12-58 아마존에서 VPC가 생성됐는지 확인하기

```
$ aws ec2 describe-vpcs --region eu-west-3 --vpc-ids vpc-04f21f46af099b516
{
    "Vpcs": [
        {
            "CidrBlock": "192.0.2.0/24",
            "DhcpOptionsId": "dopt-4f17a126",
            "State": "available",
            "VpcId": "vpc-04f21f46af099b516",
            "OwnerId": "123456789012",
            "InstanceTenancy": "default",
            "CidrBlockAssociationSet": [
                {
                    "AssociationId": "vpc-cidr-assoc-04285027d194e35c3",
                    "CidrBlock": "192.0.2.0/24",
                    "CidrBlockState": {
                        "State": "associated"
                    }
                }
            ],
            "IsDefault": false
        }
    ]
}
```

AWS CLI 명령을 실행하면 적절하게 할당된 IP 프리픽스와 설정에는 정의하지 않았던 기타 정보들이 표시된다. 특히 주목할 항목은 **DhcpOptionsId**, **CidrBlockAssociationSet**과 같은 다른 객체에 대한 참조값이다. 이들은 VPC에 필요한 다른 인프라 객체이지만, AWS API에 의해 추상화되므로 명시적으로 정의하지 않았다.

적용 단계가 끝나면 이제 대상 인프라가 테라폼 설정과 완전히 동기화됐는지 확인할 수 있다. **terraform plan** 명령을 다시 실행해 적용되지 않고 보류 중인 변경 사항이 하나도 남아 있지 않다는 것을 확인해보자.

```
$ terraform plan
aws_vpc.my_vpc: Refreshing state... [id=vpc-04f21f46af099b516]

No changes. Your infrastructure matches the configuration.

Terraform has compared your real infrastructure against your configuration and
  found no differences, so no changes are needed.
```

이 출력 결과에서 다음 살펴볼 주제와 관련된 부분을 찾을 수 있다. 결과 메시지를 보면 상태를 검토한 후 변경할 사항이 없다고 말한다. 테라폼 아키텍처의 핵심 구성 요소인 테라폼 상태는 설정과 실제 인프라의 관계를 계속 추적한다. 이어서 상태에 대해 알아보자.

테라폼 상태

테라폼 상태는 테라폼 설정과 설정에서 생성된 실제 리소스 간의 연관 관계다. 이 정보는 테라폼이 관리하는 리소스를 이해하는 데 도움을 주지만 GUI, API 또는 기타 테라폼 설정을 통해 생성된 원격 인프라에서 실행 중인 다른 리소스에는 어떤 영향도 미치지 않는다.

테라폼 상태는 사용자 정의 JSON 포맷으로 된 terraform.tfstate 파일에 저장된다. 이 파일에는 메타데이터가 포함돼 있는데, 그중에서도 특히 테라폼에서 관리하는 모든 리소스의 목록인 resource 키가 중요하다. 나중에 보게 되겠지만, 이 목록에는 생성된 리소스뿐만 아니라 가져온 다른 리소스도 포함돼 있다. 실제 객체와 설정 파일에 정의된 리소스는 테라폼 식별자와 원격 인프라의 식별자를 사용해 하나의 항목으로 연결된다.

리소스 설정에서는 아마존 VPC에 대해 2개의 식별자를 사용했다. 하나는 리소스 타입이고, 다른 하나는 리소스명이다(예제에서 타입은 aws_vpc이며, 이름은 my_vpc이다). 이 식별자들은 리소스 딕셔너리에서 키로 사용된다. instances 키 아래에서 자체 id 값으로 AWS에서 생성된 실제 인프라 객체의 참조를 찾을 수 있다.

```
# 일부 결과 생략
{
  "resources": [
    {
      "mode": "managed",
      "type": "aws_vpc",
      "name": "my_vpc",
```

```
    "provider": "provider[\"registry.terraform.io/hashicorp/aws\"]",
    "instances": [
      {
        "attributes": {
          "id": "vpc-04f21f46af099b516",
...
```

알다시피 이 상태는 인프라의 일회성 스냅샷이다. 정보가 생성된 이후 여러 이유로 인해 실제 상태는 변경될 수 있으므로 테라폼은 이 정보에 전적으로 의존하지 않는다. 따라서 테라폼 동작, 즉 plan 명령과 apply 명령을 실행하기 전에 항상 refresh 명령을 실행해 상태를 갱신한다. 또한 terraform refresh 명령을 실행해 상태를 검증할 수 있다. 이 명령은 실제 인프라의 상태와 백엔드에 저장된 상태 사이에 차이점이 있는지를 확인한다.

```
$ terraform refresh
aws_vpc.my_vpc: Refreshing state... [id=vpc-04f21f46af099b516]
```

상태 참조가 없다면, 처음 apply 명령을 실행했을 때와 마찬가지로 테라폼에 설정과 인프라의 실제 상태 간 참조 매핑이 없으므로 모든 리소스를 프로비저닝하려고 시도한다. 이 동작을 확인해보려면 terraform apply 명령을 두 번 실행해 apply 명령 사이의 상태를 삭제하면 된다. 그러면 결국 중복 설정으로 인해 2개의 리소스가 생성될 것이다. 상태는 인프라 서비스 제공업체에서 테라폼 설정을 수행한 변경 사항을 반영하게 되므로, 이 간단한 연습을 통해 테라폼 상태의 무결성을 보장하는 것이 얼마나 중요한지를 알 수 있다.

하지만 무결성만으로는 충분하지 않다. 워크플로 실행에 개입할 수 있는 모든 잠재적 테라폼 액터가 상태를 이용할 수 있도록 만들어야 한다. 예를 들어 실제 서비스 환경에서는 가상 서버나 컨테이너에서 프로세스를 새로 생성해 시작하는 스핀 업spin up 파이프라인을 실행하는데, 보통 다른 위치에서 테라폼을 실행하는 경우가 일반적이다. 이렇게 서로 다른 두 액터가 공유된 리소스에 대해 동일한 상태로 접근할 수 있어야 서로 다른 변경 사항을 인지할 수 있다.

하지만 가용성과 무결성을 동시에 제공하는 것은 어려운 일이다. 동일한 상태를 공유하는 2개의 테라폼 프로세스가 공유된 상태를 갱신하려는 상황을 가정해보자. 이 상황에서 상태의 무결성을 유지하기는 어렵지만, 다행히 테라폼은 잠재적 경합 조건을 피하기 위해 잠금 방식을 제공한다. 로컬 환경에서 테라폼 명령을 실행하면, 이 파일을 **잠가버림으로써** 다른 동시성 프로세스가 상태를 갱신하려 할 때 잠금 때문에 갱신할 수 없다는 오류 메시지를 뱉으며 적용되지 않는다.

끝으로, 테라폼 상태의 또 다른 주요 요소 중 하나는 보안이다. 상태 파일은 평문, 즉 일반 텍스트로 저장된다. 그러나 이 파일에는 데이터베이스 계정 정보와 같은 민감한 정보가 들어 있는 리소스가 포함될 수 있다. 따라서 전송하거나 보관할 때 암호화를 사용하는 등 해당 정보를 보호할 수 있는 방안을 고려해야 한다.

보통 테라폼을 시작할 때는 테라폼 설정과 상태를 깃과 같은 버전 관리 시스템에 저장한다. 이 방식은 일정 수준의 가용성을 제공하지만, 무결성과 보안을 보장할 수는 없으므로 권장되지 않는다.

이러한 여러 요구 조건을 모두 해결하기 위해 테라폼은 상태를 저장하는 **백엔드** 개념을 도입한다. 테라폼 백엔드는 다양한 방식으로 구현되며, 잠금 메커니즘과 전송 또는 미사용 시 암호화 기능을 제공하는 분산 시스템을 활용한다. 기본 백엔드는 로컬 디렉터리이며, 이 책에서 사용한 방식이다. 다양한 대안을 이용할 수도 있지만, 여기서는 자세히 다루지 않는다. 이와 관련해 상세한 정보를 원한다면 테라폼 문서[18]를 확인하자.

모든 예방 조치를 취했다 하더라도 설정의 테라폼 상태가 손실될 수도 있다. 하지만 그런 일이 발생하더라도 인프라에 대한 모든 상태가 사라진 것은 아니다. 테라폼은 `import` 명령을 사용해 상태를 복원할 수 있다.

테라폼 상태 복원

테라폼 상태를 잃어버렸거나 테라폼 설정 이외의 방법으로 프로비저닝한 인프라를 관리해야 하는 경우에는 설정과 실제 인프라 간의 상태 매핑을 다시 생성할 수 있다.

`terraform import` 명령을 실행하면 상태 매핑을 통해 실제 인프라 객체와 테라폼 리소스가 **연결된다**. 매핑을 만드는 데 사용되는 로직은 프로바이더마다 다르다.

다음 예제에서는 아마존 VPC를 프로비저닝한 리소스의 상태를 잃어버렸거나 삭제한 경우를 가정한다. 인프라의 식별자와 테라폼의 식별자를 알 수 있다면 상태를 다시 가져올 수 있다. 아마존 VPC 예제에서는 VPC의 **id** 값을 알고 있고, 다른 한쪽에서는 리소스 **타입**과 설정 **식별자**

---

18 https://developer.hashicorp.com/terraform/language/settings/backends/configuration#available-backends

정보를 갖고 있다.

```
terraform import aws_vpc.my_vpc vpc-04f21f46af099b516
aws_vpc.my_vpc: Importing from ID "vpc-04f21f46af099b516"...
aws_vpc.my_vpc: Import prepared!
  Prepared aws_vpc for import
aws_vpc.my_vpc: Refreshing state... [id=vpc-04f21f46af099b516]

Import successful!

The resources that were imported are shown above. These resources are now in
your Terraform state and will henceforth be managed by Terraform.
```

terraform import 명령을 실행하면 상태 파일이 생성되거나 갱신된다. 명령을 실행해 불러
온 이 리소스는 테라폼에서 생성한 리소스가 되므로 테라폼에서 계속 관리할 수 있다.

인프라 관리 수명주기를 완료하려면 프로비저닝 이후 디프로비저닝^{deprovisioning}, 즉 프로비저닝
해제 작업이 필요하다. 동적 인프라는 전통적인 인프라에 비해 수명주기가 짧을 수밖에 없는
데, 마지막으로 살펴볼 테라폼 워크플로 단계는 바로 해제 작업에 대한 것이다.

테라폼으로 인프라 정리하기

새로운 인프라 서비스를 프로비저닝하기 위해 테라폼을 사용한 것처럼, 특정 서비스가 더 이상
필요하지 않게 되면 이 인프라를 테라폼으로 디프로비저닝한다. 사용한 인프라만큼 비용을 지
불하는 동적 인프라 환경에서는 불필요한 리소스를 정리하는 것이 일반적이다. 테라폼은 인프
라 정리를 도와주는 destory 명령도 제공한다.

> **TIP_** 언제든 필요하면 같은 상태의 인프라를 다시 생성할 수 있으므로, 사용하지 않는 인프라는 늘 정리해
> 비용을 줄이자. 물론 데이터를 나중에라도 사용해야 한다면 데이터는 다른 장소에 잘 보관해야 한다.

terraform destroy 명령은 terraform apply와 정반대의 명령이다. 프로비저닝 과정에서
실제로 변경을 적용하기 전에 plan 명령을 사용했는데, 해제의 경우에도 [예제 12-59]와 같이
-destory 옵션을 사용할 수 있다.

```
$ terraform plan -destroy -out destroy_my_plan
aws_vpc.my_vpc: Refreshing state... [id=vpc-04f21f46af099b516]

Terraform used the selected providers to generate the following execution plan.
Resource actions are indicated with the following symbols:
  - destroy

Terraform will perform the following actions:

  # aws_vpc.my_vpc가 제거된다.
  - resource "aws_vpc" "my_vpc" {   ①
      - arn                          =
      "arn:aws:ec2:eu-west-3:1:vpc/vpc-04f21f46af099b516" -> null
      - assign_generated_ipv6_cidr_block = false -> null
      - cidr_block                   = "192.0.2.0/24" -> null
      - default_network_acl_id       = "acl-03c818f415777e9c3" -> null
      - default_route_table_id       = "rtb-06b8f1263d440dfaa" -> null
      - default_security_group_id    = "sg-08378207f8f073a85" -> null
      - dhcp_options_id              = "dopt-4f17a126" -> null
      - enable_classiclink           = false -> null
      - enable_classiclink_dns_support = false -> null
      - enable_dns_hostnames         = false -> null
      - enable_dns_support           = true -> null
      - id                           = "vpc-04f21f46af099b516" -> null
      - instance_tenancy             = "default" -> null
      - ipv6_netmask_length          = 0 -> null
      - main_route_table_id          = "rtb-06b8f1263d440dfaa" -> null
      - owner_id                     = "1" -> null
      - tags                         = {} -> null
      - tags_all                     = {} -> null
    }

Plan: 0 to add, 0 to change, 1 to destroy.
```

```
Saved the plan to: destroy_my_plan

To perform exactly these actions, run the following command to apply:
    terraform apply "destroy_my_plan"
```

---

① 하이픈으로 시작되는 리소스 및 속성이 해제된다는 의미다.

해제 작업에는 **terraform apply -destroy** 명령을 사용하는데, 이 명령은 해제에 대한 계획을 생성한 후 수동 승인 절차를 거친다. 하지만 프로비저닝할 때와 마찬가지로 **-out** 옵션으로 참조할 계획을 전달하면 해제 명령에 대한 승인 과정을 건너뛸 수 있다.

```
$ terraform apply "destroy_my_plan"
aws_vpc.my_vpc: Destroying... [id=vpc-04f21f46af099b516]
aws_vpc.my_vpc: Destruction complete after 0s

Apply complete! Resources: 0 added, 0 changed, 1 destroyed.
```

명령을 실행한 이후에도 terraform.tfstate 파일은 그대로 남아 있지만, 파일 안에는 리소스가 하나도 남아 있지 않다. 테라폼은 원격 인프라를 해제한 후, 이를 참조하는 상태, 즉 테라폼 설정도 삭제한다.

> **NOTE_** terraform destroy 명령은 terraform apply -destroy 명령의 편의를 위한 별칭이다. 하지만 terraform destroy 명령에서는 -out 옵션을 사용할 수 없으므로, 두 경우 모두 **apply** 명령을 사용하는 것이 좋다.

프로비저닝했던 인프라가 확실히 해제됐는지 확인하기 위해 예전처럼 **aws ec2 describe-vpcs** 명령을 실행해보면 더 이상 아마존 VPC가 존재하지 않음을 알 수 있다.

```
$ aws ec2 describe-vpcs --region eu-west-3 --vpc-ids vpc-04f21f46af099b516

An error occurred (InvalidVpcID.NotFound) when calling the DescribeVpcs
operation: The vpc ID 'vpc-04f21f46af099b516' does not exist
```

> **TIP_** 테라폼은 자동으로 인프라를 해제하지 않는다. 따라서 나중에 요금 청구서를 보고 깜짝 놀라지 않으려면 이번 장을 모두 마쳤을 때 반드시 **destroy** 명령을 실행해줘야 한다.

아마존 VPC 예제를 통해 테라폼과 테라폼 워크플로의 기본 내용을 이해할 수 있었을 것이다. 이제 예제 시나리오에서 서브넷을 추가해보면서 테라폼 리소스 사용법을 어떻게 확장할 수 있는지 알아본다.

12.4.3 테라폼 실행 확장 기능

이번 절에서는 [그림 12-5]에서 소개한 시나리오를 계속 진행해 앞에서 생성한 VPC에 2개의 아마존 서브넷을 추가한다. 이 과정에서 테라폼의 새로운 기능도 살펴보고, 이 기능을 사용해 고급 인프라 설계를 지원하는 방법도 배우게 될 것이다.

첫 번째 단계로 인프라 요소를 **연결해야** 한다. 예를 들어 아마존 VPC와 서브넷을 연결한다.

리소스 의존성 추가하기

새로운 테라폼 리소스를 생성하기 위해 새로운 AWS 프로바이더 리소스 타입인 aws_subnet 을 사용하는 설정 조각 코드를 추가해보자. 먼저 첫 번째 서브넷(my_subnet_1)을 생성한다. 이번 절이 끝나면 **2개**의 서브넷이 생성돼야 한다는 점을 기억하자.

aws_subnet 리소스 타입의 경우 cidr_block과 vpc_id라는 2개의 필수 인자를 전달해야 한다. cidr_block 인자는 또 다른 IP 프리픽스로, 이전 VPC를 만들 때 사용했던 cidr_block(192.0.2.0/24)의 하위 프리픽스(192.0.2.0/25)다. 또 다른 인자인 vpc_id는 다른 테라폼 리소스를 참조한다. 테라폼 설정 참조를 생성하기 위해 *resource_type.resource_name.attribute* 구문을 사용하는데, 이 구문은 테라폼 리소스뿐만 아니라 뒤에서 살펴볼 변수와 같은 다른 테라폼 객체에서도 사용할 수 있다.

> **TIP_** 예제를 독립적으로 유지하고 싶다면 예전 설정 파일은 새로운 디렉터리, 예를 들어 **2-create-vpc-and-subnet**을 만들어 복사해둔 후 새로운 리소스를 추가하면 된다.

[예제 12-60]의 새로운 리소스 설정 조각 코드는 이전 설정과 비슷하지만, VPC 리소스에 대한 특별한 참조를 사용한다.

예제 12-60 AWS 서브넷 생성

```
...
# 서브넷 생성
```

```
resource "aws_subnet" "my_subnet_1" {
  vpc_id     = aws_vpc.my_vpc.id  ①
  cidr_block = "192.0.2.0/25"
}
```

① id는 aws_vpc 리소스의 특수 속성이다. AWS가 객체를 생성할 때 부여하는 값이므로, 프로비저닝을
   수행하기 전에는 알 수 있는 방법이 전혀 없다. 하지만 최종적으로는 테라폼에서 사용할 수 있는 속성이
   될 것이므로, 이를 참조해 두 리소스의 의존성을 설정할 수 있다. 이 설정에서는 서브넷을 생성하기 전에
   VPC를 생성해야 한다는 사실을 암묵적으로 알 수 있다.

NOTE_ 때로는 테라폼이 자동으로 유추할 수 없는 숨겨진 의존성이 존재할 수 있다. 예를 들어 테라폼
리소스가 다른 리소스에 의존하지만 그 속성을 어디에서도 사용하지 않을 수 있다. 이런 경우 테라폼은
depends_on 메타 인자를 사용해 적절한 프로비저닝 순서를 정할 때 고려해야 하는 리소스 간의 의존성 관
계를 알려준다.

이제 새 폴더에서 **terraform init** 명령을 다시 실행해 테라폼을 초기화한다(테라폼 명령은
실행하는 폴더에 따라 콘텍스트가 전환된다는 점을 기억하자). 그런 다음, **terraform plan**
명령으로 새로운 설정을 검사한다. 디렉터리에 아무 상태도 정의돼 있지 않으므로, [예제 12-
61]에서는 [예제 12-55]에서 살펴봤던 결과에 서브넷 부분만 추가된 것을 알 수 있다.

예제 12-61 VPC 및 서브넷 프로비저닝 계획 수립

```
$ terraform plan -out vpc_and_subnet
  # aws_subnet.my_subnet_1이 생성됨
  + resource "aws_subnet" "my_subnet_1" {
      + arn                                          = (known after apply)
      + assign_ipv6_address_on_creation              = false
      + availability_zone                            = (known after apply)
      + availability_zone_id                         = (known after apply)
      + cidr_block                                   = "192.0.1.0/25"
      + enable_dns64                                 = false
      + enable_resource_name_dns_a_record_on_launch    = false
      + enable_resource_name_dns_aaaa_record_on_launch = false
      + id                                           = (known after apply)
      + ipv6_cidr_block_association_id               = (known after apply)
      + ipv6_native                                  = false
      + map_public_ip_on_launch                      = false
```

```
      + owner_id                                      = (known after apply)
      + private_dns_hostname_type_on_launch           = (known after apply)
      + tags_all                                      = (known after apply)
      + vpc_id                                        = (known after apply)
    }

  # aws_vpc.my_vpc 부분 출력 생략
```

계획은 예상대로 출력된다. VPC와 서브넷, 이 두 객체를 생성할 준비를 마쳤다. 앞에서 언급한 것처럼 서브넷의 `vpc_id` 속성은 VPC `id` 값에서 가져왔는데, 이는 계획 단계에서는 알 수 없고 적용을 실행하는 과정에서 자동으로 값이 채워진다.

이 설정은 AWS에서 원하는 VPC와 서브넷을 프로비저닝한다. 하지만 바로 적용하는 대신 잠시 멈춰보자. 프로그래밍 언어에서는 잘못된 데이터가 입력됐을 때 어떻게 처리하는지가 중요한데, 이 관점에서 테라폼의 동작 방식을 중점적으로 살펴본다.

데이터 유효성 처리

테라폼 설정 구문이 보기에는 괜찮아 보이고, `terraform validate` 명령을 실행했을 때도 아무런 오류가 없을 수 있다. 하지만 때로는 사용하는 인자값이 인프라 플랫폼의 실제 기대치와 일치하지 않을 수 있다.

예를 들어 프로바이더를 정의하는 코드에서 특정 인자의 데이터 유효성에 맞지 않는 값을 사용할 수 있다. `cidr_block`의 값을 abcd와 같은 유효하지 않은 IP 프리픽스로 설정하게 되면, 스키마 검증과 `terraform plan` 실행 과정에서 감지돼 사용할 수 없게 된다. 유효성 검사는 단순히 문자열처럼 값의 타입만 확인하는 것이 아니라 다른 추가 유효성 검사도 수행한다는 점을 알아두자.

```
$ terraform plan

 Error: "abcd" is not a valid CIDR block: invalid CIDR address: abcd

   with aws_subnet.my_subnet_1,
   on create_vpc_and_subnet.tf line 23, in resource "aws_subnet" "my_subnet_1":
   23:   cidr_block = "abcd"
```

NOTE_ 이번 절의 뒷부분에서는 테라폼 **변수**에 대한 유효성 검사를 사용자가 직접 정의하는 방법을 알아본다.

하지만 데이터가 스키마 유효성 검사를 통과했더라도 대상 인프라 구현에서는 실제로 타당하지 않은 데이터 값일 수 있다. 다음 `cidr_block` 예제에서는 적절한 IP 프리픽스를 설정했지만, 부모 VPC 프리픽스에 속하지 않는 값을 사용했다. 이 경우 프로바이더의 규칙을 사용하는 테라폼 유효성 검사는 통과하겠지만, 막상 테라폼이 변경 사항을 적용하려고 할 때 유효성 검증 이슈가 발생하게 된다.

```
...
# 서브넷 생성
resource "aws_subnet" "my_subnet_1" {
  vpc_id     = aws_vpc.my_vpc.id
  cidr_block = "198.51.100.0/24"
}
```

네트워크 엔지니어라면 192.0.2.0/24 프리픽스를 사용하는 참조 VPC가 참조 프리픽스에 포함되지 않는 CIDR 값을 사용했으므로 이 설정이 일관되지 않다는 사실을 금방 눈치챈다. 그러나 테라폼 프로바이더에는 이러한 고급 유효성 검사 기능을 코드로 작성할 수 없으며, 클라우드 프로바이더 API 백엔드에게 그 역할을 맡겨버린다. 따라서 테라폼은 계획을 검증할 때 아무런 문제점을 감지하지 못한다.

`terraform plan` 명령을 다시 실행하면 `cidr_block` 값을 제외한 나머지 결과는 [예제 12-61]과 정확히 동일하다. 따라서 테라폼은 이 계획에서 아무런 문제를 찾을 수 없기 때문에 합리적이라 판단한다.

그러나 예상대로, 계획을 수립한 후 `terraform apply` 명령을 실행하면 [예제 12-62]와 같이 유효성 검사 과정에서 오류 메시지를 늘어놓는다.

예제 12-62 일관되지 않은 서브넷 프리픽스 사용

```
$ terraform apply "vpc_and_subnet"
aws_vpc.my_vpc: Creating...
aws_vpc.my_vpc: Creation complete after 2s [id=vpc-0c6fa4fb8c521970c]
```

```
aws_subnet.my_subnet_1: Creating...
│
│ Error: error creating EC2 Subnet: InvalidSubnet.Range: The CIDR   ①
│      '198.51.100.0/24' is invalid.
│      status code: 400, request id: 80d332ce-c5fa-4e17-bfa0-055a98dcdf8f
│
│   with aws_subnet.my_subnet_1,
│   on create_vpc_and_subnet.tf line 21, in resource "aws_subnet" "my_subnet_1":
│   21: resource "aws_subnet" "my_subnet_1" {
```

① AWS API를 호출하면 InvalidSubnet.Range 오류가 발생한다. 테라폼의 관점에서는 괜찮게 보여지는 설정이었지만, 이 설정을 적용할 수 없다. 이를 통해 단순히 테라폼 계획이 성공했다고 해서 성공적인 프로비저닝을 보장하지는 않는다는 사실을 알 수 있다.

또한 이 오류는 테라폼 실행 과정에서 또 다른 중요한 특징을 보여준다. 서브넷 생성 단계에서 오류가 발생했지만, 테라폼은 첫 번째 단계에서 VPC 생성을 취소하지 않고 실행한다. 테라폼 실행은 **원자적**^{atomic}**이지 않다**. 선언적 작업을 순차적으로 실행하며, 작업 수행 중 문제가 발생하면 실행은 중단되지만 이미 실행된 동작은 롤백되지 않는다. [예제 12-58]과 같이 적용 결과에 표시된 VPC의 ID를 찾아보거나 terraform.tfstate 파일의 내용을 확인해보면 아마존 VPC가 생성된 것을 알 수 있다.

> **TIP_** 실제 서비스 환경에서 코드를 실행하기 전에 개발 환경에서 적용 모드로 테라폼 설정을 먼저 테스트해보기를 적극적으로 권장한다.

데이터 일관성 문제와 기타 데이터 변환 문제를 해결할 수 있는 테라폼 함수에 대해 알아보자.

테라폼 함수 사용

테라폼 언어는 설정이나 표현식, 또는 값을 다루는 곳에서 사용할 수 있는 내장 함수를 제공한다. 테라폼에서 사용할 수 있는 모든 함수를 살펴볼 수는 없겠지만, 함수 활용법을 익히기 위해 한 가지 함수를 사용해본다.

이 예제에서는 VPC의 CIDR에서 서브넷 CIDR 값을 계산할 수 있으면 편리할 것이다. 이 기능을 사용하게 되면 잘못된 CIDR 값을 사용할 가능성이 낮아지고, 필요한 사용자 데이터의 양도 줄어들 것이다. 다행히 테라폼은 부모로부터 프리픽스를 계산하는 cidrsubnet() 함수를 제공한다. 이 함수는 cidrsubnet(*prefix*, *newbits*, *netnum*)과 같은 형식의 구문으로 사용한다. 이때 *prefix*는 참조된 프리픽스이고, *newbits*는 하위 프리픽스에서 사용할 마스크 비트 수이며, *netnum*은 결과 프리픽스 리스트의 인덱스다.

함수의 동작 원리를 살펴보기 위해 흥미로운 테라폼 도구인 대화형 콘솔을 사용해보자. terraform console 명령을 실행하면 콘솔이 실행되는데, 정적 테라폼 설정에서 테라폼 표현식을 사용하기 전에 콘솔에서 미리 표현식을 실험해볼 수 있다.

```
$ terraform console
>
```

일단 콘솔에 진입하면 cidrsubnet() 함수를 사용할 수 있다. 예를 들어 [예제 12-60]에서는 프리픽스 마스크로 /25를 사용하기로 했으므로, 부모 프리픽스 마스크인 /24에서 1비트를 가져온다. 이를 cidrsubnet() 인자로 변환해 *prefix* 인자에는 원래 프리픽스 값을, *newbits*에는 1을 설정한다. 결국 [예제 12-63]에서 *netnum* 인덱스를 사용해 다른 프리픽스를 계산할 수 있다.

예제 12-63 cidrsubnet() 함수로 서브넷 프리픽스 계산하기

```
> cidrsubnet("192.0.2.0/24", 1, 0)
"192.0.2.0/25"
> cidrsubnet("192.0.2.0/24", 1, 1)
"192.0.2.128/25"
```

함수를 적절하게 사용하지 않으면 오류가 발생한다. 예를 들어 서브넷을 나눌 때 1비트만 사용한다면 자식 프리픽스는 2개가 만들어질 것이다. 따라서 인덱스를 3으로 지정한 세 번째 항목에는 접근할 수 없다.

```
> cidrsubnet("192.0.2.0/24", 1, 2)
│
│ Error: Error in function call
│
│   on <console-input> line 1:
│   (source code not available)
```

```
|
| Call to function "cidrsubnet" failed: prefix extension of 1 does not
| accommodate a subnet numbered 2.
|
```

NOTE_ 이 책을 쓰는 현시점에서 테라폼은 사용자 정의 함수를 지원하지 않으므로 내장 함수만 사용할 수 있다. 테라폼 함수 문서[19]를 보면, 사용할 수 있는 함수에는 어떤 것이 있고 어떤 방식으로 사용할 수 있는지를 확인할 수 있다. 자주 사용하는 테라폼 함수를 알아두면 보다 나은 간단한 테라폼 설정을 개발하는 데 도움이 된다.

이제 테라폼 설정에서 cidrsubnet() 함수를 사용해보자. 함수를 호출할 때 my_vpc 리소스의 cidr_block 값을 전달한다(이 값은 함수 서명의 *prefix* 인자에 해당한다). 이 예제에서는 값을 수동으로 정의하지만, 프로비저닝하는 순간에만 사용할 수 있는 데이터에도 똑같은 방식으로 함수를 사용한다.

```
...
# 서브넷 생성
resource "aws_subnet" "my_subnet_1" {
  vpc_id    = aws_vpc.my_vpc.id
  cidr_block = cidrsubnet(aws_vpc.my_vpc.cidr_block, 1, 0)
}
```

끝으로, [예제 12-64]에서는 테라폼 설정에서 함수를 적용해 나머지 AWS 서브넷을 생성해보자.

예제 12-64 AWS 서브넷 생성하기

```
$ terraform apply
aws_vpc.my_vpc: Refreshing state... [id=vpc-0c6fa4fb8c521970c]

Terraform used the selected providers to generate the following execution plan.
Resource actions are indicated with the following symbols:
  + create
```

----
19 *https://developer.hashicorp.com/terraform/language/functions*

```
Terraform will perform the following actions:

  # aws_subnet.my_subnet_1이 생성됨
  + resource "aws_subnet" "my_subnet_1" {
      + arn                                            = (known after apply)
      + assign_ipv6_address_on_creation                = false
      + availability_zone                              = (known after apply)
      + availability_zone_id                           = (known after apply)
      + cidr_block                                     = "192.0.2.0/25"              ①
      + enable_dns64                                   = false
      + enable_resource_name_dns_a_record_on_launch    = false
      + enable_resource_name_dns_aaaa_record_on_launch = false
      + id                                             = (known after apply)
      + ipv6_cidr_block_association_id                 = (known after apply)
      + ipv6_native                                    = false
      + map_public_ip_on_launch                        = false
      + owner_id                                       = (known after apply)
      + private_dns_hostname_type_on_launch            = (known after apply)
      + tags_all                                       = (known after apply)
      + vpc_id                                         = "vpc-0c6fa4fb8c521970c"    ②
    }

Plan: 1 to add, 0 to change, 0 to destroy.

# 일부 결과 생략

aws_subnet.my_subnet_1: Creating...
aws_subnet.my_subnet_1: Creation complete after 6s [id=subnet-0502b7df8a948edda]

Apply complete! Resources: 1 added, 0 changed, 0 destroyed.
```

① 승인된 계획을 보면 cidrsubnet() 함수가 예상했던 프리픽스를 계산했으며, 최종적으로 서브넷을 생성했다.

② [예제 12-62]에서 일부 VPC가 이미 생성된 상태이므로, 이 출력에서 vpc_id 값이 표시된다.

[예제 12-58]에서 아마존 VPC의 상태를 확인했던 것과 마찬가지로, [예제 12-65]에서는 aws ec2 describe-subnets 명령을 실행해 대상 인프라의 서브넷 상태를 확인해보자.

예제 12-65 AWS 서브넷 상태 검증

```
$ aws ec2 describe-subnets --region eu-west-3 --subnet-ids subnet-0502b7df8a948edda
{
    "Subnets": [
        {
            "AvailabilityZone": "eu-west-3b",
            "AvailabilityZoneId": "euw3-az2",
            "AvailableIpAddressCount": 123,
            "CidrBlock": "192.0.2.0/25",
            "State": "available",
            "SubnetId": "subnet-0502b7df8a948edda",
            "VpcId": "vpc-0c6fa4fb8c521970c",
            # 결과 생략
        }
    ]
}
```

아마존 서브넷이 만들어졌지만, 예제 시나리오에서는 2개의 서브넷이 사용된다. 또 다른 리소스 블록으로 새로운 서브넷을 추가한 후 다른 프리픽스를 사용하도록 설정하면 두 번째 서브넷을 간단히 생성할 수 있다. 이때 식별자는 my_subnet_2를 사용하고, cidrsubnet() 함수에서 인덱스 인자를 0 대신 1로 전달한다.

```
resource "aws_subnet" "my_subnet_2" {
  vpc_id     = aws_vpc.my_vpc.id
  cidr_block = cidrsubnet(aws_vpc.my_vpc.cidr_block, 1, 1)
}
```

코드를 작성할 때 중요한 원칙 중 하나는 DRY$^{\text{Don't Repeat Yourself, 반복하지 말자}}$이다. 하지만 설정 조각 코드를 보면 이전 코드와 중복된 코드가 많이 보인다. 프로그래밍 언어는 DRY 원칙을 지키는 데 도움이 되는 다양한 기능을 제공하는데, 테라폼도 예외는 아니다. 테라폼에서 리소스 블록을 하나만 사용해 여러 리소스를 생성할 수 있는 방법을 알아보자.

반복문으로 여러 개의 리소스 생성하기

코드를 여러 번 실행하는 가장 일반적인 방법은 **반복문**을 사용하는 것이다. 테라폼은 반복 기능에 사용할 수 있는 몇 가지 방법을 제공하는데, 대표적으로 count 인자, for 반복문, for_ each 구문이 있다. 각각의 방법은 저마다 다른 용도를 갖고 있다. 따라서 이번 사례처럼 순회할 데이터가 없는 경우라면 count 구문을 사용해 주어진 범위의 값을 반복 순회하는 방법이 가장 간단하다.

```
resource "aws_subnet" "my_subnets" {
  count      = 2
  vpc_id     = aws_vpc.my_vpc.id
  cidr_block = cidrsubnet(aws_vpc.my_vpc.cidr_block, 1, count.index)
}
```

블록 타입의 항목 개수를 count 메타 인자에 정수값으로 지정한다. 그런 다음, cidrsubnet() 함수에서는 count.index를 활용해 적절한 프리픽스를 선택한다. 깔끔하고 간단하다. [예제 12-66]에서는 이 설정을 적용해 2개의 서브넷을 생성한다.

예제 12-66 테라폼으로 VPC와 2개의 서브넷 생성하기

```
$ terraform apply

# 검증 결과 생략

aws_vpc.my_vpc: Creating...
aws_vpc.my_vpc: Creation complete after 3s [id=vpc-0b3c91f2bf747a857]          ①
aws_subnet.my_subnets[0]: Creating...                                          ②
aws_subnet.my_subnets[1]: Creating...
aws_subnet.my_subnets[1]: Creation complete after 1s [id=subnet-09616706925ea65e2]   ①
aws_subnet.my_subnets[0]: Creation complete after 1s [id=subnet-016160ea148e1e0de]   ①

Apply complete! Resources: 3 added, 0 changed, 0 destroyed.
```

---

① 3개의 인프라 객체가 각자의 식별자로 프로비저닝된다.

② my_subnets 리소스 블록은 이제 **리스트**로, 2개의 인프라 항목이 포함돼 있다.

CAUTION_ 실행 결과는 실제 인프라의 상태에 따라 예제의 실행 결과와 다를 수 있다. 언제든 이전에 만든 인프라를 삭제해 완전히 비어 있는 상태에서 새로 시작할 수 있다.

원하는 결과를 얻었다! 이제 네트워크 설계는 테라폼 설정을 사용해 코드형 인프라(IaC)로 기술할 수 있게 됐다. 또한 이 인프라는 `terraform apply` 및 `destroy` 명령을 사용해 언제든지 구성했다가 삭제할 수 있다. 일관된 접근 방식으로 동적 인프라를 관리하는 것이 얼마나 쉽고 빨라졌는지를 잠시 생각해보는 시간을 가져보자.

하지만 테라폼의 여정은 여기서 끝나지 않는다. 기본 사항은 배웠지만, 실제 환경에서 테라폼을 사용하려면 몇 가지 개념을 더 익혀야 한다.

12.4.4 규모에 맞는 테라폼 관리

실제 서비스 환경에서 테라폼을 사용하다 보면 테라폼의 고급 개념이 필요한 과제를 맞닥뜨리게 된다. 이번 절에서는 고급 개념 중에서 자주 접하게 되는 몇 가지 문제를 살펴본다. 먼저 직접 관리하지 않는 인프라에 대한 의존성을 처리하는 문제부터 해결해보자.

데이터 소스를 사용해 관리하지 않는 인프라에 대한 데이터 얻기

지금까지는 독립형 인프라를 관리했다. 즉, 필요한 모든 리소스에 대한 정의가 테라폼 설정에 포함된다. 테라폼 설정에 정의돼 있지 않은 다른 객체에 대한 의존성은 찾을 수 없다. 하지만 항상 현실이 이와 같지는 않다. 예를 들어 일부 회사에는 다른 팀이 의존하는 공유 인프라 서비스를 관리하는 팀이 따로 있다.

현재 테라폼 설정에서 관리하지 않는 대상 인프라에 대한 정보를 테라폼 **데이터 소스**로 불러올 수 있다. 아마도 이런 리소스는 다른 테라폼 계획이나 수동 프로비저닝 작업 또는 API나 GUI를 사용해 프로비저닝된 리소스일 것이다. 데이터 소스는 리소스와 마찬가지로 프로바이더에 정의되지만, 대신 `data` 블록 타입을 사용한다.

예를 들어 A 팀이 VPC를 관리하고 B 팀이 서브넷을 관리한다고 가정해보자. B 팀 입장에서 보면 서브넷 설정에서 해결해야 할 문제가 하나 있다. 아마존 VPC의 `vpc_id`와 `cidr_block`의 값을 어떻게 알 수 있을까?

[예제 12-67]에서는 `data` 블록의 사용법을 보여준다. 대상 인프라에서 객체를 참조한 다음, 나머지 설정 코드에서 이 참조를 사용할 수 있다. 이 정보는 테라폼을 실행할 때 **새로 고침** 단계에서 가져온다.

```
# 프로바이더 설정 생략

data "aws_vpc" "my_vpc" {
  id = "vpc-0da120f2568c06c33"
}

# 2개의 서브넷 생성
resource "aws_subnet" "my_subnets" {
  count       = 2
  vpc_id      = data.aws_vpc.my_vpc.id
  cidr_block  = cidrsubnet(data.aws_vpc.my_vpc.cidr_block, 1, count.index)
}
```

테라폼이 data 블록에서 관련 정보를 가져오려면 대상 VPC를 식별할 수 있는 인자가 필요하다는 점에 주목하자. 예제에서는 리소스 식별자인 id 값을 사용한다. 하지만 프로바이더 구현에 따라 다른 인자나 여러 개의 인자를 사용해야 할 수도 있다. 예를 들어 식별자를 모르는 상태로 해당 객체를 참조하고 싶다면 관례상 레이블이나 태그와 같은 메타데이터를 사용한다.

이 예제에서는 앞에서 생성한 VPC의 데이터를 가져오기 위해 aws_vpc 데이터 리소스를 사용한다. [예제 12-57]과 같이 테라폼으로 독립형 VPC를 생성한다. 그런 다음 다른 디렉터리, 예를 들어 3-use-data에서 이 설정 조각 코드에 적절한 VPC의 id를 추가한다. 일단 데이터 소스를 정의하고 나면 data.aws_vpc.my_vpc.id처럼 리소스 이름 앞에 data를 덧붙여줌으로써 이 리소스를 참조할 수 있다.

NOTE_ 테라폼에서 객체를 참조할 때는 객체의 타입을 접두어로 추가한다. 암묵적으로 추가되는 resource를 제외하고는 모든 객체에 접두어를 추가해야 한다.

```
$ terraform apply
data.aws_vpc.my_vpc: Reading...
data.aws_vpc.my_vpc: Read complete after 1s [id=vpc-0da120f2568c06c33]

# 나머지 계획 생략

aws_subnet.my_subnets[0]: Creating...
```

```
aws_subnet.my_subnets[1]: Creating...
aws_subnet.my_subnets[1]: Creation complete after 1s [id=subnet-02bc291334d87cd1c]
aws_subnet.my_subnets[0]: Creation complete after 1s [id=subnet-0f1b499937a2cbd98]
```

신기하게도 이번 실행은 예전 작업에 비해 시간이 더 오래 걸린다. 이유가 뭘까? 데이터 결과 메시지에서 Reading...으로 표시되는 부분은 데이터를 수집하는 단계다. 이 과정에서 대상 인프라의 모든 데이터를 가져오기 때문에 테라폼의 상태를 사용하는 경우보다 더 많은 시간이 걸린다.

이 테라폼 실행 단계에서는 적용과 해제 과정에서 서브넷 프로비저닝 작업만 수행한다는 점에 유의하자. 동일한 설정으로 삭제 작업을 실행해도 서브넷만 해제되며, 참조로 사용된 **데이터**는 해제되지 않는다.

이 예제에서 한 가지 단점을 꼽는다면 하드코딩된 데이터, 즉 고정된 VPC의 id 값을 사용하고 있다는 점이다. 테라폼 설정에서 사용자가 정의할 수 있는 다른 입력 데이터에서도 똑같은 문제가 있다. 다음으로는 테라폼에서 입력 데이터를 관리하는 방법에 대해 알아본다.

테라폼 변수 사용하기

입력 변수라고도 부르는 테라폼 변수를 사용하면 테라폼 설정 코드를 변경하지 않고도 사용자가 정의한 값을 사용할 수 있다. 즉, 변수는 테라폼이 실행할 때 전달하는 값을 코드에서 참조하기 위한 방법이다. 이렇게 전달된 값을 참조해 데이터 소스, 리소스, 기타 항목을 설정할 수 있다.

[예제 12-67]에서는 코드에서 바로 VPC의 ID 값을 설정했다. 하지만 이 ID 값이 바뀌게 되면 매번 설정 파일도 갱신해야 한다. 따라서 데이터 변경이 잦다면 번거로울 것이다.

이 경우 vpc_id 테라폼 변수를 선언해 사용할 수 있다. 설정을 작성할 때 이 변수는 아직 값을 갖지 않지만, 코드에서는 var. 접두어를 붙임으로써 다른 곳에서 이 변수값을 참조할 수 있다. 예제에서는 data 블록의 id 인자에서 vpc_id를 참조할 때 var.vpc_id로 설정한다.

```
variable "vpc_id" {
  type = string
}
```

```
data "aws_vpc" "my_vpc" {
  id = var.vpc_id
}
```

변수는 변수의 동작을 조정할 수 있는 메타 인자를 갖고 있다. type 메타 인자는 변수의 타입을 정의한다(예를 들면 string, integer 등이다). type 인자는 암묵적인 유효성 검사를 수행하지만, validation 블록으로 변수값에 대한 보다 정교한 유효성 검사를 수행할 수 있다. [예제 12-68]에서는 vpc_id 변수가 vpc-로 시작하도록 강제하는 조건(condition 항목)과 유효성 검사에서 실패했을 때 표시할 오류 메시지를 사용한다.

예제 12-68 테라폼 변수 유효성 검사

```
variable "vpc_id" {
  type        = string
  description = "The id of the vpc_id."
  sensitive   = true

  validation {
    condition     = length(var.vpc_id) > 4 && substr(var.vpc_id, 0, 4) == "vpc-"
    error_message = "The vpc_id must be a valid VPC id, starting with \"vpc-\"."
  }
}
```

변수에서 사용할 수 있는 다른 일반적인 메타 인자로는 전달하는 입력값이 무엇인지를 설명하는 description 인자, 결과에서 변수값을 감출 것인지를 결정하는 sensitive 인자 등이 있다.

또한 default 옵션은 변수의 기본값을 가리킨다. 기본값도 설정돼 있지 않고 다른 방법으로도 테라폼에서 값을 획득할 수 없는 경우, 잠시 후 보게 될 변수값을 입력하라는 메시지가 표시된다. 이때 description 인자에 설정된 도움말 메시지를 표시하면서 var.vpc_id 변수의 값을 물어본다. 'abcd'처럼 잘못된 VPC ID를 입력해 유효성 검증 규칙이 제대로 동작하는지를 확인해보자.

```
$ terraform plan
var.vpc_id
  The id of the vpc_id.
```

```
Enter a value: abcd

 |
 | Error: Invalid value for variable
 |
 |   on use-data.tf line 15:
 |   15: variable "vpc_id" {
 |      ┌──────────────────────────
 |      | var.vpc_id is "abcd"
 |
 | The vpc_id must be a valid VPC id, starting with "vpc-".
 |
 | This was checked by the validation rule at use-data.tf:20,3-13.
```

예상대로 테라폼 실행 과정에서 유효성 검사 기준을 충족하지 않는 변수값에 대한 오류 메시지가 표시된다. 사용자가 입력한 데이터에 대한 유효성 검사는 테라폼뿐만 아니라 다른 곳에서도 늘 권장된다. 이렇게 유효성 검사를 적용해두면 시간도 절약되고, 코드나 설정을 실행했을 때 다른 이슈가 발생하는 것을 방지할 수도 있다.

이제 유효성 검사까지 제대로 동작하는 것을 확인했으니 다시 제대로 된 입력값, 즉 [예제 12-67]에서 하드코딩했던 값으로 테라폼 계획을 실행해보자. 이번에는 성공적으로 프로비저닝이 수행된다.

```
$ terraform plan
var.vpc_id
  Enter a value: vpc-0da120f2568c06c33

data.aws_vpc.my_vpc: Reading...
data.aws_vpc.my_vpc: Read complete after 0s [id=vpc-0da120f2568c06c33]

# 다른 계획 결과 제외
```

테라폼 변수는 사용자 정의 기능을 통해 코드의 재사용성을 유지하는 데 도움이 된다. 하지만 사용자 상호 작용이 필요하게 되므로 프로그래밍 방식으로 사용하기에 좋은 방식이라고 확언할 수는 없다. 대부분의 경우 테라폼 실행 과정을 자동화해 사용하므로, 변수 입력값을 프로그래밍 방식으로 획득할 수 있는 방법이 필요하다.

프로그래밍 방식으로 변수 정의하기

테라폼은 사람이 아닌 다른 시스템과의 상호 작용을 통해 입력 데이터를 획득할 수 있는 다양한 방식을 제공한다. 가장 일반적인 방식은 파일에 변수와 테라폼 설정 변수를 정의하는 것이다.

기본적으로 terraform plan 또는 apply 명령을 실행하면 테라폼은 terraform.tfvars 파일을 읽어온다(이 예제 파일은 책의 깃허브 페이지에서 제공된다). 따라서 이 파일에 변수값을 할당하면 테라폼에서 자동으로 사용할 수 있다.

```
vpc_id = "vpc-0da120f2568c06c33"
```

또한 테라폼 명령을 실행할 때 -var-file={파일명} 옵션을 추가해 사용하고 싶은 파일을 지정할 수 있다. 값을 파일로 저장하고 싶지 않다면 명령행에서 -var 'foo=bar'처럼 변수값을 할당할 수도 있다.

vpc_id 변수를 정의한 후 terraform plan 명령을 다시 실행해보면 변수값 입력을 요청하는 메시지가 표시되지 않고 계획 수립 과정이 실행되는 것을 볼 수 있다. 사용자 입력 과정은 없었지만, 변수 유효성 검사 기준은 그대로 똑같이 적용된다.

이처럼 변수를 코드 파일에 저장하는 간단한 접근 방식은 경우에 따라 잘 동작하지만, 파일에 담긴 내용이 민감한 경우라면 사용할 수 없다. 보안상 민감한 정보를 일반 텍스트 파일에 저장해서는 안 된다.

이 문제를 완화할 수 있는 한 가지 방법은 환경 변수를 사용하는 것이다. 환경 변수는 영속적이지 않으며, 프로세스 메모리에만 저장된다. 테라폼은 암묵적으로 별도로 정의된 관례상의 명명 규칙을 따르는 환경 변수를 실행 환경으로 가져온다. 변수명이 'TF_VAR_'로 시작하는 환경 변수는 테라폼에서 자동으로 이용할 수 있다.

다음 예제에서는 TF_VAR_vpc_id 환경 변수를 설정했으므로, vpc_id 변수값을 환경 변수에서 읽어와 입력 프롬프트가 표시되지 않는다.

```
$ export TF_VAR_vpc_id="vpc-0da120f2568c06c33"
```

끝으로, 테라폼은 외부 소스, 즉 인프라의 의도된 상태를 정의하는 데이터를 저장하는 진실 공급원(14장에서 자세히 다룬다) 등에서 필요한 변수값을 가져와 사용할 수 있다. 이 과정은 앤서블이나 노르니르의 동적 인벤토리와 비슷하며, 당연히 데이터 소스를 노출하는 적절한 테라폼 프로바이더를 설치한 후에 사용할 수 있다. 예를 들어 VPC CIDR 프리픽스 값을 네트워크 계획에 따라 적절한 시스템 정보를 제공하는 IPAM 시스템에서 획득할 수 있다.

> **NOTE_ 보안 정보**(시크릿)라고 할 만한 민감한 변수가 있다면 해시코프의 볼트Vault 프로바이더[20]와 같은 시크릿 관리자를 사용한다. 이 프로바이더는 보안 모범 사례를 통해 시크릿 정보를 체계적으로 정리한다.

이제 테라폼에서 변수를 사용할 수 있게 됐으니, 동일 설정에서 다른 환경을 관리하는 방법을 살펴보자.

워크스페이스 사용하기

테라폼은 테라폼이 실행되는 경로에 따라 실행 콘텍스트, 즉 설정과 상태를 이해한다. 하지만 동일한 테라폼 설정을 재사용해 여러 환경(예를 들면 개발 환경 및 서비스 환경)을 정의하고 싶다면 **네임스페이스**와 비슷한 방식으로 서로 다른 상태를 격리시킬 수 있는 방법이 필요하다. 이때 테라폼은 **워크스페이스**workspace 개념을 사용한다.

기본적으로는 이미 워크스페이스를 사용하고 있다. `terraform workspace list` 명령을 실행하면 전체 워크스페이스 목록이 표시되는데, 이미 `default` 워크스페이스를 사용 중이다.

```
$ terraform workspace list
* default
```

워크스페이스를 사용하면 동일한 테라폼 설정을 재사용해 여러 환경을 관리할 수 있다. 따라서 클라우드 서비스 제공업체의 계정을 가리키는 자격 증명을 바꿔줌으로써 여러 환경에 동일한 인프라를 정의할 수 있다.

> **CAUTION_** 모든 테라폼 상태 백엔드가 테라폼 워크스페이스를 지원하는 것은 아니므로, 항상 문서를 확인하자. 로컬 백엔드에서는 워크스페이스를 사용할 수 있다.

----

20 *https://registry.terraform.io/providers/hashicorp/vault/latest/docs*

이 예제에서는 A와 B라는 2개의 워크스페이스를 생성한다. 각 워크스페이스는 서로 다른 AWS 프로필을 가진다. **AWS 프로필**은 계정 정보와 기타 사용자 설정의 조합이다(예를 들어 동일한 리전에 속한 다른 계정이거나 다른 리전에 대한 동일한 계정일 수 있다).

예제에서는 동일 AWS 계정으로 2개의 리전을 사용한다. 두 리전 모두 예제에서 사용한 동일한 네트워크 설정, 즉 1개의 VPC와 2개의 서브넷을 갖지만, 서로 다른 CIDR 프리픽스를 사용한다. 다른 계정을 사용하는 경우에도 마찬가지로 동일한 원칙이 적용된다. 이 접근 방식은 테스트 환경과 서비스 환경처럼 다른 환경을 격리하는 데 흔히 사용된다.

> **NOTE_** [예제 12-51]에서 만들었던 **credentials** 파일에 다음 두 항목을 추가해 AWS 프로필을 추가한다. 사용자 홈 디렉터리 아래의 .aws/credentials 파일과 .aws/config 파일에서 A와 B 두 섹션을 새로 추가한다. 이렇게 하면 AWS 계정을 추가로 만들지 않고도 프로필을 통해 동일한 자격 증명을 사용해 서로 다른 리전만 사용할 수 있으므로, 더 나은 방법이다. 다음 코드를 살펴보자.

```
.aws/credentials
    [default]
    aws_access_key_id = YOUR_AWS_KEY_ID
    aws_secret_access_key = YOUR_AWS_SECRET_KEY
    [A]
    ... default 섹션과 유사 ...
    [B]
    ... default 섹션과 유사 ...
    .aws/config
[default]
    region = eu-west-3
    output = json
    [A]
    ... default 섹션과 유사 ...
    [B]
    ... default 섹션과 유사 ...
```

첫 번째 단계로 terraform workspace new A 명령을 실행해 새로운 워크스페이스를 생성한다. 이 명령은 워크스페이스를 초기화한 후 활성화한다.

```
$ terraform workspace new A
Created and switched to workspace "A"!
```

```
You're now in a new, empty workspace. Workspaces isolate their state,
so if you run "terraform plan" Terraform will not see any existing state
for this configuration.
```

이제 워크스페이스 목록을 확인해보면 새로 추가된 워크스페이스가 표시될 것이다. 워크스페이스 이름 앞에 표시된 별표(*)는 현재 활성화된 워크스페이스를 가리키며, 새로 추가된 워크스페이스가 활성화된다.

```
$ terraform workspace list
  default
* A
```

설정에서는 문자열로 된 워크스페이스명을 가진 terraform.workspace를 참조할 수 있다. 이 참조를 사용하면, 테라폼이 실행될 때 적절한 데이터를 선택하는 데 도움이 된다. 이 과정은 다양한 방식으로 적용할 수 있다. 변수가 상대적으로 적은 개수일 때는 [예제 12-69]와 같이 맵 타입의 변수를 사용하고 테라폼 워크스페이스를 키로 사용하면 잘 동작한다.

예제 12-69 워크스페이스를 사용하는 테라폼 설정

```
terraform {
  required_providers {
    aws = {
      source  = "hashicorp/aws"
      version = "~> 3.0"
    }
  }
}

# AWS 프로바이더 설정
provider "aws" {
  profile = terraform.workspace          ①
}

variable "cidr" {                        ②
  type = map(string)

  default = {
    A = "198.51.100.0/24"
    B = "203.0.113.0/24"
```

```
    }
}

# VPC 생성
resource "aws_vpc" "my_vpc" {
  cidr_block = var.cidr[terraform.workspace]   ③
}

# 2개의 서브넷 생성
resource "aws_subnet" "my_subnets" {
  count     = 2
  vpc_id    = aws_vpc.my_vpc.id
  cidr_block = cidrsubnet(aws_vpc.my_vpc.cidr_block, 1, count.index)
}
```

① provider 블록에서는 앞에서 사용했던 region 인자 대신 profile 인자를 사용해 워크스페이스명을 설정한다. 앞에서 설명한 것처럼 이 예제에서는 AWS 프로필을 사용해 다른 리전의 동일 계정을 가리키도록 설정한다.

② map(string) 타입의 변수를 정의한다. 기본적으로 각 워크스페이스명에 대한 맵이 들어 있다. 여기서 사용되는 맵map은 파이썬의 **딕셔너리**와 비슷하지만, 항상 키는 문자열 타입이어야 한다.

③ var.cidr[terraform.workspace]에서는 키 값을 달리해 여러 CIDR 값을 이용한다. terraform plan 명령을 실행할 때 A 워크스페이스가 활성화된 상태라면 테라폼은 198.51.100.0/24 프리픽스를 사용한다.

예제를 확실히 살펴보기 위해 terraform workspace new B 명령을 실행해 B 워크스페이스를 생성한다. 그런 다음, 다시 terraform plan 명령을 실행해보면 다른 프리픽스를 사용하고 있음을 알 수 있다.

워크스페이스를 사용하게 되면 테라폼이 상태를 저장하는 방식도 달라진다. 로컬 백엔드를 사용하는 경우 terraform.tfstate 파일이 없고, 대신 이제는 terraform.tfstate.d 디렉터리가 존재한다. 이 디렉터리 폴더에는 각 워크스페이스에 대한 상태가 저장된다.

```
$ tree terraform.tfstate.d
terraform.tfstate.d
├── A
        ├── terraform.tfstate
        └── terraform.tfstate.backup
```

```
        └── B
              ├── terraform.tfstate
              └── terraform.tfstate.backup
```

테라폼 워크스페이스를 이용하면 동일한 설정으로 여러 환경을 관리할 수 있다. 하지만 여러 설정들 간의 재사용성을 향상시키려면 테라폼 모듈에 대해서도 알아둬야 한다.

모듈을 사용해 재사용성 높이기

이번 절을 통해 선언적 접근 방식으로 동적 인프라를 관리할 수 있는 테라폼의 잠재력을 어림 짐작할 수 있다. 또한 실제 환경에서는 설정이 얼마나 복잡해질 것인지도 예상해볼 수 있다. 따라서 설정을 여러 개의 재사용 가능한 부분으로 나누기 위한 방법이 필요한데, 그 해답이 바로 테라폼 모듈이다.

모듈module은 테라폼 리소스를 그룹으로 묶은 컨테이너다. 프로그래밍 언어로 보자면, 다른 코드를 가져와 사용하는 패키지와 비슷하다.

다시 VPC 및 서브넷 예제로 돌아와서 2개의 모듈을 생성해본다. 하나는 VPC에 관한 모듈이고, 다른 하나는 서브넷에 관한 모듈이다. 먼저 **6-modules**와 같은 새로운 디렉터리를 만들고, 여기에 main.tf 테라폼 설정 파일을 작성한다. 설정 파일은 모듈을 참조한다. 파일명은 임의로 정한 것이므로, 확장자가 .tf라면 아무 이름이나 사용해도 괜찮다. 두 모듈에서는 중첩 폴더를 2개씩 만들어줘야 하므로, 각 경우에 필요한 테라폼 설정을 저장하기 위해 subnet 폴더와 vpc 폴더를 생성한다. 이러한 폴더는 중첩시키지 않아도 되며, 어디든 접근 가능한 위치라면 소스로 사용할 수 있다.

최종으로 만들어진 폴더 구조는 [예제 12-70]과 같다.

예제 12-70 테라폼 모듈 구조

```
$ tree 6-modules
.
├── main.tf
├── subnet
│   └── subnet.tf
└── vpc
    └── vpc.tf
```

NOTE_ 모듈은 보통 여러 개의 파일로 이뤄지며 변수, 리소스, 출력 등 서로 다른 객체를 표현한다. 이 예제에서는 간단한 설명을 위해 테라폼 파일을 하나로 사용한다.

[예제 12-71]에서는 하향식 접근 방식을 사용해 먼저 main.tf 설정을 생성하고, 이 파일에서는 전반적인 테라폼 설정을 작성한 후 my_vpc_module과 my_subnet_module이라는 2개의 모듈을 호출한다.

예제 12-71 테라폼 모듈 분해

```
# AWS 테라폼 프로바이더 참조 생략
# AWS 프로바이더 설정 생략

variable "base_cidr" {                                                    ①
  default = "192.0.2.0/24"
}

module "my_vpc_module" {                                                  ②
  source      = "./vpc"                                                   ③
  cidr_for_vpc = var.base_cidr
}

module "my_subnet_module" {
  source        = "./subnet"                                             ③
  count         = 2                                                      ④
  vpc_id        = module.my_vpc_module.id                                ⑤
  vpc_cidr_block = cidrsubnet(module.my_vpc_module.cidr_block, 1, count.index)  ⑤
}
```

① main.tf 설정에서 프로바이더 정의 및 모듈을 호출할 때 사용할 base_cidr 변수를 선언한다. 이때 base_cidr 변수의 기본값까지 설정한다. 이 설정 파일을 테라폼 계획의 진입 지점으로 생각하면 된다. 따라서 전역 입력 변수는 여기에 정의한다. 각 모듈은 자체 입력 변수를 가질 수 있지만, 호출자에게는 노출되지 않는다.

② 모듈을 사용하기 위해 module 블록을 정의하고, 여기에 필요한 인자를 작성한다. source 메타 인자는 모듈의 위치를 가리키는 필수 인자다. 예제에서는 중첩 로컬 경로를 사용했지만, HTTP URL, 깃허브 저장소 또는 테라폼 레지스트리의 참조 등 여러 유형의 경로를 설정할 수 있다. 프로바이더와 마찬가지로 모듈도 terraform init 명령을 실행할 때 초기화된다. 로컬이 아니라면 .terraform 폴더에 설치된 모듈을 찾는다.

③ main.tf에서 모듈을 호출할 때 사용되는 다른 인자들은 모듈에서 정의한 입력 변수들이다. 예를 들어 ./ vpc 모듈을 사용할 때 cidr_for_vpc 인자를 설정한다. 이는 곧 vpc 모듈에 이 이름을 가진 입력 변수가 포함돼 있다는 뜻이다. 같은 이유로 ./subnet 모듈에서는 vpc_id 인자와 vpc_cidr_block 인자를 사용한다.

④ my_subnet_module의 count 메타 인자는 동일 모듈에서 2개의 객체를 생성한다. 이는 [예제 12-71]에서 서브넷 리소스를 다룬 방식과 비슷하다.

⑤ 또 다른 차이점은 이들 설정 블록을 참조할 때 module.my_vpc_module.id나 module.my_vpc_module.cidr_block처럼 module 접두어를 사용한다는 점이다. 이미 리소스 타입, 식별자, 인자가 포함된 구문을 [예제 12-60]에서 살펴봤다. 더 정확히 이야기하자면, 참조하고 있는 이 인자는 테라폼의 **출력** 결과이며, 이 값은 테라폼의 명령행 출력으로 표시되거나 다른 테라폼 코드에 노출된다.

각 모듈 정의 코드를 살펴보자. 먼저 [예제 12-72]에서 VPC 모듈부터 살펴보자.

예제 12-72 테라폼 VPC 모듈

```
variable "my_cidr" {}

resource "aws_vpc" "my_vpc" {
  cidr_block = var.my_cidr
}

output "cidr_block" {
  value = aws_vpc.my_vpc.cidr_block
}

output "id" {
  value = aws_vpc.my_vpc.id
}
```

앞에서 언급한 것처럼 **my_cidr** 입력 변수를 정의한다. 특별히 인자값이 주어지지 않았을 경우 **my_cidr** 변수의 기본값으로 사용될 **default** 인자가 설정돼 있지 않으므로, 이 변수는 반드시 입력해야 하는 필수 항목이 된다. 입력값을 받고 나면 이전 예제에서 사용된 것처럼 **aws_vpc** 리소스에서 변수를 사용할 수 있다.

이 설정에서 **output**, **cidr_block**, **id** 등이 처음으로 사용됐다. 이 설정에서 가장 중요한 인자는 **value** 인자로, 리소스의 결과값을 참조한다. 또한 동작 방식을 조정하는 옵션들도 제공된다. sensitive 인자는 CLI 출력의 값을 감추는 데 사용되며, depends_on 인자를 사용하면 명시적이지 않은 의존성을 정의할 수 있다. output 식별자는 main.tf에서 참조한 것과 정확히 일치한다.

테라폼 모듈은 프로그래밍 언어의 함수와 비슷한 점이 많다. 모듈에서는 함수 인자 대신 입력 변수를 갖고 있으며, 약간의 코드를 사용하고 맨 마지막에 반환값 대신 몇 가지 출력을 되돌려 준다.

> **NOTE_** 테라폼 출력은 모듈 간 데이터를 전달할 수 있을 뿐만 아니라 테라폼 CLI에서 특별한 값을 간단히 노출하는 용도로도 사용된다.

main.tf에서 여러 객체를 생성하는 일을 count 메타 인자에게 맡겨버리므로 subnet 모듈 설정은 이전 예제보다 간단해진다. 이 예제에서 사용한 모듈은 1개의 서브넷을 생성하고, 2개의 필수 인자를 설정하는 데 중점을 둔다.

```
variable "vpc_id" {}
variable "vpc_cidr_block" {}

resource "aws_subnet" "my_subnet" {
  vpc_id          = var.vpc_id
  vpc_cidr_block = var.cidr_block
}
```

이 코드에는 main.tf에서 모듈을 호출할 때 사용한 인자와 일치하는 입력 변수 정의만 포함돼 있다. 이 모듈의 결과를 다른 모듈의 입력이나 CLI에 표시하기 위한 용도로 사용하지 않으므로, 코드에는 output 항목이 하나도 들어 있지 않다.

이 테라폼 설정을 적용하면 이전 예제와 정확히 동일한 인프라, 즉 1개의 아마존 VPC와 2개의 서브넷이 생성된다. 하지만 이 설정에서 만든 2개의 모듈은 다른 테라폼 설정에서 재사용할 수 있다. 예를 들어 하나의 모듈에서 모든 기반 네트워킹 구성 요소를 정의한 것처럼 인프라 스택을 정의한 다음, 이 모듈을 여러 애플리케이션 배포에 재사용하는 것이 일반적인 사용 관례다. 이때 모듈에서 다른 모듈을 사용할 수도 있다. 따라서 데브옵스 팀은 인프라를 배포할 때마다 새로 만들 필요 없이 모듈로 구현된 모범 사례를 재사용할 수 있다.

드디어 테라폼을 소개하는 과정을 모두 마쳤다! 동적 인프라, 특히 네트워크 서비스를 선언적 접근 방식으로 관리하는 방법에 대해 알아봤는데, 테라폼은 약간의 제약이 있긴 하지만 다른 방식으로도 사용될 수 있다. 그럼 계속해서 테라폼을 다른 방식으로 사용하는 법에 대해 알아본다.

12.4.5 안전 지대에서 벗어난 테라폼

이전 절에서는 테라폼을 선언적 접근 방식으로 사용해 동적 인프라 서비스를 관리하는 방법을 살펴봤다. 하지만 어떤 도구가 주류가 되면 도구의 사용 범위를 확장할 수 있는 다른 옵션들이 늘 추가되기 마련이다.

선언적 접근 방식으로 관리한다는 것이 테라폼의 강점이지만, 테라폼 프로비저너를 사용해 **명령적** 접근 방식으로도 사용할 수 있다. 지금부터는 테라폼의 기본적인 선언적 방식에서 표현할 수 없는 특정 사용 사례를 테라폼 프로비저너를 사용해 처리하는 방법을 살펴본다.

테라폼 프로비저너 사용

'같은 목적으로 만들어진 다른 도구가 있는데, 굳이 테라폼을 변형해 명령적 접근 방식으로 사용해야 하는가?'라는 의문이 생길 수 있다. 하지만 모든 인프라 관리를 하나의 도구로 처리할 수 있다면 운영 측면이 단순해질 것이다.

이 접근 방식을 채택하면 컴퓨팅 리소스를 프로비저닝하는 등의 작업을 수행하기 위해 설정을 변경해야 하는 일부 사용 사례의 문제점을 해결할 수 있다. 모든 테라폼 프로바이더가 이 기능을 제공하지는 않지만, 널리 사용되는 대부분의 프로바이더에서는 이 기능을 지원한다. 예를 들어 아마존 EC2 인스턴스는 user_data 인자를 사용해 인스턴스가 실행될 때 사용자 정의 데이터를 전달할 수 있다(예를 들어 이 인자를 통해 사용자는 인스턴스의 상태를 정의할 수 있다).

하지만 테라폼 리소스에서 인프라의 부트스트랩을 사용자가 정의할 수 있도록 별도의 옵션을 제공하지 않더라도 테라폼 프로비저너를 사용해 상태를 변경한 후에 리소스를 프로비저닝할 수 있다. resource 블록 내의 provisioner 블록은 세 가지 타입의 프로비저너를 지원한다.

local-exec

리소스가 생성된 다음, **로컬에서** 호출되는 실행 파일이다.

remote-exec

리소스가 생성된 다음, 원격 리소스에서 **원격으로** 호출되는 실행 파일이다. 이 옵션을 사용하려면 리소스에 대한 원격 연결이 필요하다.

file

원격 연결을 통해 파일이나 디렉터리를 새로 만든 리소스로 복사한다.

> **CAUTION_** local-exec 타입과 remote-exec 타입을 사용할 경우 과도하게 높은 권한이 필요하고 실행 구문이 평문으로 전달된다는 보안 문제를 고려해야 한다. 이 문제를 완화하려면 최소한으로 이 방식을 사용해야 하고, 인증 정보와 SSH 연결 관리는 모범 사례를 따르는 것이 좋다. 또는 앤서블을 프로비저너로 사용하는 더 강력한 방식도 사용할 수 있다. 각 도구의 장점을 살릴 수 있는 분야에서 테라폼과 앤서블을 사용하는 것은 좋은 생각이며, 특히 새로운 앤서블용 테라폼 프로바이더[21]를 사용하면 훨씬 쉽게 적용할 수 있다.

[예제 12-73]에서는 command 인자를 취하는 local-exec 프로비저너를 사용한다. 이 명령은 AWS 인스턴스 리소스가 생성된 다음, 테라폼을 실행하는 로컬 컴퓨터에서 실행된다.

예제 12-73 테라폼 프로비저너

```
resource "aws_instance" "server" {
  # 일부 설정 생략
  provisioner "local-exec" {
    command = "echo The server IP is ${self.private_ip}"
  }
}
```

테라폼 프로비저너는 인프라를 하나의 도구로 간단히 관리할 수 있도록 도와준다. 하지만 이러한 접근 방식은 복잡성과 불확실성을 높이게 되므로, 최후의 방안으로만 사용해야 한다.

예를 들어 테라폼을 공부하면서 terraform plan 명령이 인프라의 최종 상태를 예측하는 데

----

21 *https://github.com/ansible/terraform-provider-ansible*

얼마나 유용한지를 살펴봤다. 프로비저너의 동작은 모델링될 수 없으므로 드라이-런 실행을 통한 피드백에 해당 동작의 영향이 고려되지 않는다.

할 수 있다고 해서 반드시 그렇게 해야 하는 것은 아니라는 점을 명심하자. 설정 관리에는 이번 장에서 살펴본 앤서블이나 노르니르와 같은 도구를 사용할 수도 있다. 또는 불변적 접근 방식에 따라 프로비저닝하기 전에 모든 적절한 구성이 갖춰진 서버 이미지를 생성하는 해시코프사의 패커Packer[22] 같은 도구를 사용할 수도 있다.

끝으로, 테라폼의 일반적인 용도와는 거리가 먼 내용이지만 네트워크 장비 관리에 테라폼을 사용할 수 있는 가능성에 대해 이야기해보자.

테라폼을 사용한 네트워크 장비 관리

네트워크 운영 팀에서는 범용 클라우드, 네트워크 중심 클라우드(오픈스택, 아리스타 클라우드비전Arista CloudVision, 시스코 ACI, 멀티사이트 오케스트레이터MSO, Multi-Site Orchestrator, VM웨어 NSX), 다중 클라우드 솔루션(알키라, 아비아트릭스) 등에서 클라우드 네트워크 서비스를 관리하는 용도로 테라폼을 점차 도입하고 있다.

이러한 자연스러운 사용 사례와 병행해서 2022년 초반에는 테라폼 프로바이더를 사용해 네트워크 장비를 관리하기 위한 실험적 추진체가 발족됐다. 따라서 REST API와 구조화된 데이터(10장에서 자세히 다룬다)를 사용하는 새로운 네트워크 관리 인터페이스 덕분에 테라폼 프로바이더를 더 쉽게 구축할 수 있게 됐으며, 프로비저너를 사용했던 것과 마찬가지 논리로 동일한 도구를 사용해 전체 인프라를 관리할 수 있을 것이다.

하지만 네트워크 장비를 관리하는 것은 컨트롤러 이면에서 네트워크 서비스를 프로비저닝하는 것과는 또 다른 일이다. 네트워크 API는 전체 또는 기능 단위 설정의 상태를 변경하는 데 사용된다. 이는 테라폼이 사용하는 선언적 접근 방식과 완벽히 일치하지 않는다.

이 책을 쓰고 있는 현재 두 가지 실험이 진행되고 있다. 하나는 Junos 테라폼 자동화 네트워크(JTAF)이고, 다른 하나는 IOS XE 프로바이더다. 두 방안 모두 네트워크 관리 인터페이스의 내부 동작을 한 겹 감싼 일반 인자를 제공한다. 예를 들어 [예제 12-75]에서와 같이 IOS XE 프로바이더를 사용하게 되면 URL 경로와 데이터 페이로드가 리소스 인자로 사용된다.

---

22 *https://www.packer.io/*

시간이 흘러 이러한 접근 방식이 인기를 얻게 될지는 확실치 않지만, 이전에 살펴본 주요 예제와 IOS 테라폼 프로바이더가 RESTCON API 인터페이스를 활용하는 사례의 차이점을 살펴보는 것도 재미있다.

우선 모든 테라폼 설정과 마찬가지로 required_provider 블록을 지정해 테라폼 레지스트리의 프로바이더를 참조한 다음, [예제 12-74]와 같이 특정 provider 블록 설정을 정의한다. 필요한 운영체제 버전을 고려해 사용할 IOS XE 장비를 지정할 수 있다. 하지만 간편한 대안으로 시스코 데브넷의 상시 가동 IOS XE 인스턴스를 사용할 수도 있다. 예제에서 사용된 host와 자격 증명은 샌드박스 환경의 장비를 가리킨다.

예제 12-74 IOS XE 테라폼 프로바이더 설정

```
terraform {
  required_providers {
    iosxe = {
      source  = "CiscoDevNet/iosxe"
      version = "0.1.1"
    }
  }
}

provider "iosxe" {
  host            = "https://sandbox-iosxe-latest-1.cisco.com"
  device_username = "developer"
  device_password = "C1sco12345"
}
```

CAUTION_ 호스트와 자격 증명 정보가 제대로 동작하지 않는다면, 데브넷 공식 페이지에 새로운 인자값이 공개돼 있는지 확인해보자.

이 프로바이더는 1개의 리소스와 1개의 데이터 소스로 이뤄지며, 둘 다 iosxe_rest라는 이름을 가진다. 이 둘은 REST API의 단순 래퍼다. [예제 12-75]에서는 먼저 데이터 소스를 사용해 경로를 통해 전체 장비 설정을 참조하고, 마지막으로 CLI 결과로 출력한다.

```
# 프로바이더 설정 생략

data "iosxe_rest" "full_config" {
  path = "/data/Cisco-IOS-XE-native:native"
}

output "response" {
  value = data.iosxe_rest.full_config
}
```

terraform apply 명령을 실행하면 전체 설정이 출력되면서 테라폼 상태로 저장된다. 다음은 YANG 포맷으로 만들어진 IOS XE 인스턴스의 설정이다.

```
$ terraform apply
data.iosxe_rest.full_config: Reading...
data.iosxe_rest.full_config: Read complete after 2s [id=1844435120]

Changes to Outputs:
  + response = {
      + id       = "1844435120"
      + path     = "/data/Cisco-IOS-XE-native:native"
      + response = jsonencode(
          {
            + "Cisco-IOS-XE-native:native" = {
                + "Cisco-IOS-XE-diagnostics:diagnostic" = {
                    + bootup = {
                        + level = "minimal"
                      }
                  }
                + banner                               = {
                    + motd = {
                        + banner = <<-EOT

                              Welcome to the DevNet Sandbox for CSR1000v and IOS XE

# 결과 생략
```

테라폼 프로바이더가 RESTCONF의 어댑터 역할을 제대로 수행하고 있음을 확인할 수 있다. 데이터 소스는 GET 요청 시 경로가 되며, 반환된 데이터는 YANG 포맷으로 구조화돼 있다.

다음 단계에서는 설정의 일부를 변경하고, 프로바이더가 리소스와 함께 동작하는 방식을 살펴보자. 다시 **iosxe_rest** 리소스를 사용한다. 이때 이전 AWS 리소스와 비교해보면 하위 상세 정보는 숨겨져 있고, 오직 주요 인자만 요청하는 다른 형태의 사용법을 볼 수 있다. 예제에서는 각 네트워크 기능에 대한 여러 리소스를 사용하지 않고 대신 전체 YANG 경로를 파악해 **path** 인자값으로 지정한다.

```
# 프로바이더 설정 생략

resource "iosxe_rest" "snmp_example_chassis_id" {
  method = "PUT"
  path   = "/data/Cisco-IOS-XE-native:native/snmp-server/chassis-id"
  payload = jsonencode(
    {
      "Cisco-IOS-XE-snmp:chassis-id" : "a_new_chassis_id"
    }
  )
}
```

테라폼 설정을 적용하면 새로운 설정이 [예제 12-76]처럼 지정된 YANG 경로에 적용된다.

예제 12-76 테라폼으로 ISO XE 설정 생성하기

```
$ terraform apply -auto-approve
data.iosxe_rest.full_config: Reading...
data.iosxe_rest.full_config: Read complete after 1s [id=1844435120]

Terraform used the selected providers to generate the following execution plan.
Resource actions are indicated with the following symbols:
  + create

Terraform will perform the following actions:

  # iosxe_rest.snmp_example_chassis_id가 생성된다.
  + resource "iosxe_rest" "snmp_example_chassis_id" {
      + id      = (known after apply)
      + method  = "PUT"
      + path    = "/data/Cisco-IOS-XE-native:native/snmp-server/chassis-id"
      + payload = jsonencode(
            {
              + "Cisco-IOS-XE-snmp:chassis-id" = "a_new_chassis_id"
```

```
          }
      )
    + response = (known after apply)
  }

Plan: 1 to add, 0 to change, 0 to destroy.
iosxe_rest.snmp_example_chassis_id: Creating...
iosxe_rest.snmp_example_chassis_id: Creation complete after 1s [id=772450073]

Apply complete! Resources: 1 added, 0 changed, 0 destroyed.

# 결과 생략
```

이전에 존재하지 않았던 설정 항목에는 + 기호가 붙은 채 새로운 설정이 **추가된다.**

TIP_ -auto-approve 옵션을 사용하면 계획 참조가 없어도 사용자 프롬프트 확인이 표시되지 않는다.

끝으로, IOS XE 장비에 연결해 설정이 제대로 적용됐는지 확인한다.

```
csr1000v-1#sh running-config | include snmp
snmp-server chassis-id a_new_chassis_id
```

이제 chassis-id를 다른 값으로 변경하고 이전 chassis-id 값이 정의됐을 때와 비교해 계획이 어떻게 달라졌는지를 확인해본다.

```
$ terraform plan
iosxe_rest.snmp_example_chassis_id: Refreshing state... [id=772450073]
data.iosxe_rest.full_config: Reading...
data.iosxe_rest.full_config: Read complete after 1s [id=1844435120]

Terraform used the selected providers to generate the following execution plan.
Resource actions are indicated with the following symbols:
  ~ update in-place

Terraform will perform the following actions:

  # iosxe_rest.snmp_example_chassis_id가 바뀐다.
  ~ resource "iosxe_rest" "snmp_example_chassis_id" {
```

```
        id      = "772450073"
    ~ payload = jsonencode(
        ~ {
            ~ "Cisco-IOS-XE-snmp:chassis-id" = "a_new_chassis_id"
                                                 -> "another_chassis_id"
          }
      )
      # (변경되지 않은 설정 항목은 표시되지 않음)
    }

  Plan: 0 to add, 1 to change, 0 to destroy.
```

예제에서 물결(~) 기호는 추가된 설정 항목이 아니라 변경된 설정 항목임을 알려준다. 설정을 실제로 적용해 변경하기 전에 계획 단계에서 차이점을 확인할 수 있도록 표시해주므로, 프로비저너를 사용하는 접근 방식보다 개선된 방식으로 볼 수 있다.

보다시피 오늘날 테라폼으로 네트워크 장비를 관리하는 방법과 클라우드 및 컨트롤러 기반 네트워크 서비스를 사용하는 방법 사이에는 큰 간극이 존재하지만, 새로운 방법이 통합 운영 방안으로 채택될 수 있을지는 시간이 지나봐야 알 수 있다.

12.4.6 테라폼 요약

이번 절에서는 동적 인프라, 특히 **서비스형으로** 노출되는 인프라를 프로비저닝하는 데 적합한 테라폼의 선언적 인프라 관리 접근 방식에 대해 알아봤다. 테라폼은 여러 API를 사용할 수 있는 유연성 덕분에 인기가 점차 높아지고 있으며 다양한 클라우드 플랫폼을 다루기 위한 IaC 기본 도구로 자리매김하고 있다.

테라폼은 이번 장에서 소개한 다른 설정 관리 도구와는 호환되지 않는다는 점에 유의하자. 예를 들어 서비스형 원시 인프라를 사용할 경우 가상 머신과 같은 동적 인프라를 테라폼으로 프로비저닝하고, 앤서블 플레이북을 프로비저너로 실행해 설정할 수도 있다. 그러므로 각 사례에 보다 적합한 방안을 선택해야 한다.

테라폼 사용법과 고급 사용 사례에 대한 자세한 내용은 테라폼 문서에서 확인할 수 있다.

요약

이번 장에서는 앤서블, 노르니르, 테라폼 등의 자동화 도구를 네트워크 자동화 분야에서 어떻게 활용할 수 있는지를 살펴봤다. 각 도구의 사용 사례를 소개하면서 장단점도 알아봤는데, 각 도구의 특징을 개략적으로 비교하면 [표 12-2]와 같이 요약할 수 있다.

표 12-2 자동화 도구 요약

도구	접근 방식	언어	로직의 사용자 정의 수준	상태 추적
앤서블	명령적	YAML	중간	불가능
노르니르	명령적	파이썬	높음	불가능
테라폼	선언적	HCL[23]	중간	가능

다음 장에서는 지금까지 살펴본 도구와 기술을 사용할 때, 소프트웨어 개발의 모범 사례인 지속적 통합을 네트워크 자동화 분야에 어떻게 적용할 수 있는지를 살펴본다.

---

23 옮긴이_ CDKTF는 다양한 프로그래밍 언어를 사용할 수 있다.

## CHAPTER 13

지속적 통합

지금까지는 네트워크 자동화에 적용할 수 있는 구체적인 기술이나 도구를 자세히 알아봤지만, 이번 장에서는 조금만 다른 방향으로 바라본다. 네트워크 자동화를 단지 멋있어 보이는 최신 도구를 사용하는 것이라 생각한다면 오산이다. 사실 최신 도구 사용은 네트워크 자동화라는 훨씬 큰 그림의 일부일 뿐이다.

이번 장은 네트워크 관리 및 운영 프로세스의 최적화를 다룬다. 앞에서 익힌 구체적인 기술과 도구에 대한 지식을 바탕으로 이번 장은 모든 네트워크 엔지니어가 마주하는 **현실적**이고 까다로운 문제를 해결하기 위한 지침서 역할을 할 수 있을 것이다. 이번 장에서는 다음 질문에 대한 답을 함께 찾아본다.

- 더 안정적이면서 가용성이 높은 네트워크를 만들려면 네트워크 자동화를 어떻게 활용해야 할까?
- 가용성이 나빠지지 않으면서 다른 비즈니스 요구 사항에 맞춰 네트워크 변경을 신속하게 적용하려면 어떻게 해야 할까?
- 네트워크 관련 프로세스를 개선하는 데 도움이 되는 소프트웨어나 도구에는 어떤 것이 있을까?

네트워킹은 IT의 다른 **모든** 영역에 영향을 미치며 네트워크 중단, 정책 변경, 장애 등이 발생하면 네트워크에 연결된 모든 기술 분야가 영향을 받는다. 오늘날과 같은 초연결 사회에서는 모든 기술 분야가 영향권이다. 그러다 보니 타 IT 부서나 비즈니스 조직 전반에서 네트워크를 '업무에 지장을 주지 않고 당연히 동작해야 하는 것'으로 인식하게 됐다. 오늘날의 네트워크는 비즈니스에 필요한 서비스나 애플리케이션을 지원할 수 있도록 그 어느 때보다 빠른 속도로 항상 접근할 수 있고 유연해야 한다는 요구를 받고 있다.

현실에서 이런 요구 사항을 한방에 해결할 수 있는 마법 같은 방법은 없다. 이러한 목표를 달성하려면 기존 프로세스와 의사소통의 사일로silo를 혁파해야 하는 동시에 새로운 규율을 정립해야 한다. 그 과정에서 엄청난 노력과 학습, 새로운 도구가 필요하다. 이러한 작업이 오히려 복잡성을 증가시킬 것이라는 우려의 목소리도 있지만, 네트워크 운영 프로세스에 안정성과 속도를 더해줌으로써 장기적으로는 원하는 성과를 이끌어낼 수 있다.

이러한 변화의 기저에는 공통적으로 네트워크의 직접 제어 경로에서 사람을 배제하려는 의도가 깔려 있다. 오랫동안 사람을 대체하는 식으로 자동화에 대한 논의가 있어왔기에 위와 같은 주장에 회의적일 수 있다. 하지만 직접 제어 경로에서 사람을 배제하겠다는 것은 업무에서 사람을 완전히 대체하겠다는 것과는 전혀 다른 이야기다. 오늘날에도 [그림 13-1]처럼 사람이 네트워크 변경에 대해 수동 파이프라인을 구성해 네트워크를 직접 제어하고 있다.

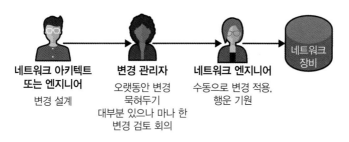

그림 13-1 네트워크 직접 제어 경로에 참여하는 사람의 역할

이 방식은 진행 속도도 느릴 뿐 아니라 힘은 힘대로 들면서 네트워크를 변경하는 프로세스에서 어떠한 안정성도 높여주지 않는다는 사실이 밝혀졌다. 즉, 안전하다는 환상만 줄 뿐 대부분 방해만 된다.

그로 인해 직접 제어 경로에서 사람을 배제하기 위한 방안으로 지속적 통합(CI)이 주목받고 있다. 지속적 통합은 [그림 13-2]처럼 인프라 변경 시 발생하는 개별 작업을 자동화하고, 기술 리소스를 해당 파이프라인에 배치함으로써 전체 프로세스의 효율을 개선하려는 시도다.

이와 같이 근본적으로 CI로 전환하게 되면, 네트워크 운영에서 지금까지 의존해왔던 '보여주기식 변경 관리 회의'에서 벗어나 사람의 실수를 방지하는 실질적인 보호책을 확보할 수 있다.

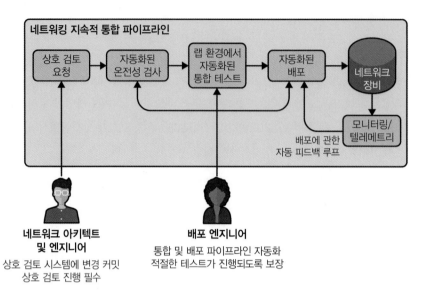

그림 13-2 지속적 통합으로 자동화된 변경 절차

NOTE_ [그림 13-2]처럼 CI 파이프라인 관리 업무를 전담하는 배포 엔지니어release engineer를 따로 두는 회사도 있다. 이들은 보통 깃, 테스트 도구, 빌드 서버, 상호 검토 시스템을 잘 다루므로, 개발자가 파이프라인의 무결성 유지 작업을 맡지 않는다. 배포 엔지니어의 궁극적인 목표는 프로세스를 자동화함으로써 개발용 컴퓨터에서 실제 서비스 운영 환경까지의 배포 프로세스를 자동화하는 것이다(그래서 '**배포** 엔지니어'라고 불린다). 오늘날 개발자는 작성한 코드에 대한 책임 외에도 배포나 긴급 장애 대응 순환 당직인 온콜on-call 운영 업무에 대해 예전보다 더 많은 책임을 요구받고 있다. CI/CD 파이프라인 인프라를 관리하는 팀이나 엔지니어가 따로 있을 수 있지만, 여전히 테스트를 잘 수행하기 위한 검증된 코드를 생산하는 파이프라인의 구축 역할을 개발자에게 맡기는 경우도 많다. 이런 조직에서는 전담 배포 엔지니어, 특히 한 팀의 개발 프로세스만 담당하는 인력이 없을 수도 있다.

13.1 핵심 전제 요건

이번 장에서 다루는 개념을 성공적으로 적용하려면 다음 몇 가지 사항을 주의 깊게 고려해야 한다.

13.1.1 단순할수록 좋다

네트워크 자동화를 촉진하는 최선의 방법은 네트워크 설계에 달려 있을 뿐, 코드를 배우거나 최신 자동화 도구를 사용하는 것과는 아무런 관련이 없다. 따라서 주먹구구식으로 네트워크를 배포하지 말고, 정형화되고 표준화된 방식으로 배포할 수 있는 방법을 찾기 위해 노력해야 한다.

9장에서 다룬 것처럼 템플릿을 기반으로 네트워크 설정을 배포하고 싶을 수도 있다. 하지만 네트워크 장비마다 다양한 기능을 가진 독특한 설정을 갖고 있다면, 대규모 장비 그룹의 템플릿을 만드는 작업은 꽤 힘든 일이 될 수 있다.

보다 단순하고 일관된 방식으로 네트워크를 설계할수록 네트워크를 자동화하기 위한 작업은 줄어든다. 이런 이유로 때로는 장비 제조사의 전용 기능이나 내장 기능을 사용하지 않고 우회해 연산 계층에서 네트워크 서비스를 구현하는 경우도 있다.

13.1.2 사람, 프로세스, 기술

앞에서 몇 가지 훌륭한 기술과 도구에 대해 이야기를 나눴지만, 오늘날 네트워크 업계가 직면한 더 심각한 도전 과제는 프로세스 문제 및 기술 기반이 전혀 다른 타 IT 부서와의 협업 문제다.

앞서 효율적인 네트워크 자동화 시스템을 구축하는 데 사용할 수 있는 세부 기술과 도구를 알아봤다. 자동화를 위해 다양한 기술을 사용할 수 있으며, 그중에는 네트워크 엔지니어에게 생소한 기술도 많다. 그러므로 이런 기술을 익히는 것이 중요하다. 또한 다른 IT 분야 및 사업 부서와의 의사소통 방식을 개선하고 변경하는 것도 중요하다.

이번 장에서는 소프트웨어 개발자가 애플리케이션을 변경하는 프로세스를 개선하기 위해 오랫동안 사용해온 방식을 살펴본다. 개발자들이 이런 프로세스를 개선한 궁극적인 목표 또한 변경 사항으로 인한 부정적 영향의 위험성을 최소화하면서 최대한 빨리 실제 운영 환경에 적용하는 것이다. 이 과정을 통해 네트워크 자동화를 도입하는 과정에서 네트워크 엔지니어가 참고할 만한 중요한 교훈을 많이 얻을 수 있다.

13.1.3 코딩 배우기

무엇보다도, 이번 장의 개념을 활용하기 위해 소프트웨어 개발자가 돼야 할 필요는 없다. 사실

이것이 이번 장에서 전달하고자 하는 메시지다. 하지만 단일 도구나 도구 체계만으로는 모든 문제를 해결할 수 없다는 사실도 알게 될 것이다.

CI 시스템이 제공하지 않아 발생하는 빈틈은 스크립트와 같은 사용자 정의 솔루션을 이용해 메워야 한다. 이를 기술 역량을 넓히는 기회로 삼자. 6장과 7장에서 살펴본 것처럼 파이썬과 Go 언어는 쉽게 시작할 수 있고, 대부분의 네트워크 자동화 사용 사례에 쓸 수 있는 강력한 기능을 제공한다.

13.2 지속적 통합의 기본

네트워크 자동화 분야에서 지속적 통합(CI)이 얼마나 유용한지를 살펴보기에 앞서, CI가 어떻게 시작됐고 소프트웨어 개발 팀은 어떤 가치를 얻을 수 있었는지에 대해 살펴본다.

보통 CI 시스템을 구현하는 목표는 다음과 같다.

신뢰성 향상

경험을 통해 학습해가면서 전반적인 시스템의 안정성과 품질을 개선한다.

민첩성 향상

비즈니스의 변경 요청에 더 빠르게 대응한다.

CI 시스템이 등장하기 이전에는 대규모 배치batch 방식으로 소프트웨어를 변경했다. 그러다 보니 때때로 개발자가 기능을 검토해 실제 운영 환경에까지 적용하는 데 몇 개월의 시간이 걸리곤 했다. 이렇게 되면 피드백 루프가 엄청 길어지게 되고, 새로운 기능 및 요구 사항을 반영하거나 심각한 문제를 해결하는 데 꽤 오랜 시간이 소요될 수밖에 없었다. 이러한 비효율성은 새로운 기능을 개발하는 것도 오래 걸리게 만들었을 뿐만 아니라 소프트웨어 품질도 떨어뜨렸다.

개발자가 수정하고 이를 실제 운영 환경에 바로 적용할 수 있다면 더 좋아지지 않을까? 분명속도 문제는 해결될 것이고, 개발자는 수정 작업의 결과를 더 빨리 확인할 수 있을 것이다. 하지만 다들 알다시피 이렇게 변경하면 매우 위험하다. 버그가 실제 운영 환경에 쉽게 유입돼 많은 사업의 수익성에 심각한 악영향을 초래할 수 있다.

CI 시스템과 뒤에서 살펴볼 지속적 배포 시스템을 결합하게 되면 두 장점을 모두 얻을 수 있다. 변경 사항을 운영 환경에 빨리 적용할 수 있지만, 테스트와 검증 절차를 수행함으로써 변경 사항이 운영 환경에 적용되더라도 아무런 문제가 발생하지 않을 것이라는 확신을 가질 수 있다.

계속해서 CI의 개념과 몇 가지 구성 요소를 살펴본 다음, 이러한 개념을 네트워크 자동화에 적용하는 방법을 살펴본다.

13.2.1 지속적 통합의 기본

[그림 13-3]처럼 프로세스가 제대로 갖춰지지 않은 소프트웨어 개발 팀에서 개발자가 자신의 업무 노트북에서 운영 환경으로 직접 코드를 배포했다거나 라이브 서버에서 실시간으로 코드를 수정했다는 'IT 괴담'을 한 번쯤은 들어봤을 것이다. 물론 변경 사항에 대한 상호 검토 과정을 거칠 수도 있지만, 그렇다고 해서 제대로 잘 동작할 것이라고는 공식적으로 거의(또는 전혀) 보장할 수 없다. 그럼에도 불구하고 '빨리 처리해야 한다'거나 '변경 사항의 위험도가 매우 낮다'는 명목하에 실제로 이와 같은 배포가 이뤄지고 있다는 이야기를 종종 듣게 된다.

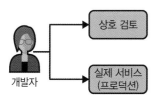

그림 13-3 서비스 환경에 소프트웨어 직접 배포하기

다행히 이런 경우를 만나기가 점점 힘들어지고 있다. 온라인 서비스는 높은 가동 시간을 유지해야 한다는 기대치가 그 어느 때보다 높은 상태이며, 코드를 실제 운영 환경에 안정적으로 배포하는 절차는 이미 수십 년 전부터 존재해왔다. 소프트웨어 업계에서는 공식적인 테스트와 상호 검토 절차 없이 코드를 운영 환경으로 바로 배포하는 방식을 정당화할 수 있는 그 어떤 명분도 없다.

반면 네트워크 엔지니어는 여전히 이와 비슷한 방식으로 작업한다. SSH 세션을 열고 라우터에 로그인한 후 장비의 설정을 변경하는 것은 실제 운영 환경에서 애플리케이션의 소스 코드를 직접 변경하는 것보다 훨씬 더 위험하다. 개발자의 배포 작업이 꼬여버리면 그 애플리케이션의 실행만 멈춰버리지만, 네트워크 엔지니어가 설정을 잘못 변경하면 그 영향은 일파만파로 커져서 조직 전체의 네트워크뿐만 아니라 심지어 BGP 경로 누락[1] 등으로 인해 인터넷에도 영향을 미칠 수 있다.

소프트웨어 개발 팀은 보다 엄격한 프로세스에 따라 코드를 운영 환경에 배포하도록 절차와 문화를 바꿔나가고 있다. 이 프로세스를 다양한 이름으로 부르지만, 프로세스의 핵심 구성 요소를 일컬을 때 여러 조직에서 통용되는 가장 일반적인 명칭이 바로 **지속적 통합**이다. 지속적 통합은 보통 줄여서 CI^Continuous Integration라고 하는데, 언제든 소스 코드 저장소에 변경 사항을 병합할 수 있는 기능을 의미한다. 팀원 모두가 변경 사항을 인지할 수 있고 자동화된 방식으로 변경 사항이 전체 시스템의 기능을 손상시키지 않는다는 것을 확인할 수 있는 도구가 갖춰져 있으므로, 개발자들은 언제든지 작업 결과를 공유 저장소로 통합할 수 있다.

CI에 대해 이야기하다 보면 **파이프라인**이라는 용어도 등장한다. CI는 특정한 하나의 기술이 아니라 목표 달성을 위해 여러 도구와 기술을 함께 사용하는 경우가 많다. 코드베이스의 변경 사항은 [그림 13-4]와 같이 미리 정의된 **CI 파이프라인**을 따라 이들 도구를 통과해야 운영 환경에 배포될 수 있다.

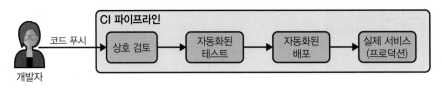

그림 13-4 CI 파이프라인을 따라 소프트웨어 배포하기

이 절차가 배포 프로세스를 오히려 까다롭고 느리게 만드는 것처럼 보일 수도 있다. 하지만 실수가 있더라도 지속적으로 이를 학습해 이상적으로는 실수를 예방하는 기반을 마련해주므로, 오히려 이렇게 진행된 배포의 성공 가능성이 더 높고 롤백이나 문제 해결(트러블슈팅 troubleshooting)에 낭비되는 시간도 줄어든다. 이 방식은 절대 느리지 않으며, 오히려 소프트웨어 팀의 업무 속도를 가속시켜줌으로써 더 빠르게 조직에 가치를 되돌려줬다. 이처럼 많은 장점을 네트워크 인프라 분야에서도 실현할 수 있다.

---

1 https://www.rfc-editor.org/rfc/rfc7908.html

CI의 기본적인 개념을 살펴봤다. 이제 CI를 구성하는 요소와 관련 개념 및 기술에 대해 자세히 알아본다.

13.2.2 지속적 전달

지속적 전달^{CD, Continuous Delivery}도 CI와 매우 밀접한 관련이 있는 용어다. CD 접근 방식에서는 소프트웨어 부서가 서비스 환경으로 배포할 수 있는 소프트웨어를 지속적으로 제공하며, 동작하는 소프트웨어를 항상 배포 가능한 코드베이스 형태로 제공한다.

> **NOTE_** **'지속적 배포**^{continuous deployment}'라는 표현에는 마치 새로운 코드를 운영 환경으로 바로 내보내서 적용하는 뉘앙스가 담겨 있다. 최근 업계에서는 '지속적 전달'이라는 용어를 더 많이 사용한다. 지속적 전달은 코드가 언제라도 배포될 수 있는 상태임을 의미할 뿐, 실제로 배포된다는 것을 의미하지는 않는다. 즉, 조직마다 예전처럼 정해진 배포 일정(예를 들어 야간 또는 주간 일정)에 따라 코드를 배포할 수도 있다.

다음 절에서 살펴보겠지만, CI는 네트워크 자동화에 매우 쉽게 적용할 수 있다. 반면 CD는 더 많은 고민이 필요하다. 이번 장의 나머지 부분에서는 네트워크 자동화와 관련해 CI와 CD 간의 경계가 모호할 수 있다. 그럴 때마다 다음 두 질문을 염두에 두고 살펴보자.

- **무엇을** 배포하는가?
- **어디로/누구에게** 배포하는가?

이 질문에 대한 답에 따라 전달 모델이 결정되므로, 반드시 짚고 넘어가야 할 중요한 질문이다. 예를 들어 네트워크 팀에서 자동화용 파이썬 애플리케이션을 직접 작성할 수 있는데, 네트워크 팀은 본질적으로 인프라 관련 부서 내에서 소프트웨어 개발 팀에 해당하므로 이 질문에 대한 답은 매우 간단하다.

반면 일반적인 네트워크 자동화 사례를 생각해보자. YAML 파일 등과 같은 아티팩트를 깃 저장소에 저장하면, CI/CD 파이프라인이 이를 전달받아 기본적인 온전성 검사^{sanity check}를 수행한 후 앤서블과 같은 도구를 통해 실제 운영 환경의 네트워크 장비에 변경 사항을 즉시 적용할 수 있다. 이러한 방식이 효과적인 조직도 있을 수 있겠지만, 마치 소프트웨어 개발 팀에서 모든 소프트웨어 변경 사항을 바로 운영 환경으로 배포하는 것과 유사하며, 항상 바람직한 방식은 아니다.

변경 사항을 지속적으로 전달할 수 있는 스테이지 환경을 고려할 수 있다. 스테이지 환경에서 테스트를 거친 변경 사항을 사업부에서 필요하다고 할 때 실제 서비스 운영 환경에 배포할 수 있다. 요즘은 많은 네트워크 장비 제조사에서 플랫폼의 가상 이미지를 제공해주므로 예전보다는 훨씬 더 쉽게 이 작업을 수행할 수 있다.

> **CAUTION_** 가상 어플라이언스는 테스트 자동화에 적합하지만, 모든 어플라이언스가 실제 운영 환경의 네트워크 트래픽을 처리할 수 있는 것은 아니다. 이에 대해 자세한 내용은 장비 제조사의 문서를 참조하자.

롤백 절차도 생각해봐야 한다. 주기적으로 깃 저장소에 저장된 실제 서비스 운영 환경의 설정 파일을 현재 서비스 운영 환경의 설정으로 덮어 쓰거나, 적어도 두 설정을 비교해보고 있는가? 그렇지 않다면, 저장소를 롤백하더라도 실제 서비스 운영 환경에 배포된 설정 파일은 롤백되지 않을 수 있다. 깃 저장소를 롤백했을 때 앤서블, 퍼펫 또는 직접 만든 파이썬 프로그램을 사용하는지 여부에 따라 받는 영향이 달라지는가? 소프트웨어 스택에서 해당 계층을 정확히 이해해야 하며, 실제 서비스 운영 환경의 설정을 롤백하면 소프트웨어와 도구가 어떻게 반응하는지를 알아둬야 한다.

사실, CD 문제는 직접 해결해야 할 가능성이 많다. 네트워크 자동화 문제는 다양한 도구와 다양한 언어를 사용하기에, 한 조직에서 적합했던 방식이 다른 조직에서는 제대로 동작하지 않을 수 있다. 하지만 이번 장에서는 최소화된 자동화 방식을 살펴봄으로써 네트워크 변경을 올바르게 전달하기 위한 출발점과 아이디어를 제공하고자 노력했다.

13.2.3 테스트 주도 개발

점차 많이 채택되고 있는 **테스트 주도 개발**TDD, Test-Driven Development도 주의 깊게 살펴봐야 하는 중요한 소프트웨어 개발 패러다임 중 하나다.

프로젝트에서 새로운 기능 개발을 담당하는 소프트웨어 개발자라고 생각해보자. 당연히 [그림 13-5]와 같이 기본 요구 사항을 먼저 수집하고, 이를 반영한 최소 설계를 마친 후 기능을 구현한다. CI를 사용한다고 가정하면, 개발 중인 기능의 유효성을 검증하기 위한 단위 테스트도 작성한다.

안타깝지만 항상 이런 방식으로 진행되지는 않는다. 현실에서는 일단 기능을 구현했으니 테스트를 작성할 필요가 없다고 생각할 수 있으며, 테스트를 작성하더라도 적어도 기능 자체보다는 덜 중요하게 취급되는 경우가 많다.

그림 13-5 테스트 주도 개발 이전의 소프트웨어 개발 수명주기

테스트를 먼저 작성해두지 않으면, 기능을 개발하고 나면 테스트를 작성하고 싶지 않거나 아예 작성하지 않으려는 유혹이 항상 뒤따른다. 이 과정에서 기술 부채가 쉽게 쌓인다. 결국 테스트 커버리지의 격차는 점점 벌어지게 되고, 대규모 프로젝트의 경우 시간이 지나면서 이 격차는 커져간다.

TDD는 이와 같은 테스트에 대한 생각을 완전히 뒤집었다. TDD를 사용할 경우, 요구 사항을 수집하고 기본적인 설계를 마친 후 [그림 13-6]처럼 기능을 구현하기에 앞서 해당 기능에 대한 테스트를 먼저 작성한다. 처음에는 당연히 테스트할 코드 자체가 없으니 테스트는 실패한다. 테스트를 통과하는 코드를 작성하게 되면 해당 기능이 제대로 개발된 것이다.

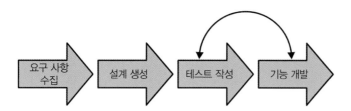

그림 13-6 테스트 주도 개발 방식이 도입된 이후의 소프트웨어 개발 수명주기

왜 테스트 주도 개발 방식을 사용할까? 가장 즉각적인 이점은 기술 부채를 줄일 수 있다는 것이다. 기능 구현에 앞서 테스트를 먼저 작성하므로, 신규 기능 개발에 집중하더라도 테스트 커버리지가 뒷전으로 밀려나지 않는다. 개념적으로도 약간의 차이가 있다. 개발자는 테스트를 통

해 소프트웨어의 동작을 검증하므로, 소프트웨어가 어떻게 사용되는지를 명확히 이해해야 테스트를 먼저 작성할 수 있다. 이런 과정은 소프트웨어의 품질을 향상시키는 데 도움이 된다.

이 개념을 네트워크 자동화에 적용해보면 여러 가지 비슷한 점이 많다. 네트워크는 그 위에서 동작하는 애플리케이션만큼이나 중요한 비즈니스 리소스다. 네트워크의 모든 변경 사항을 검증하는 것뿐만 아니라 용량 계획^{capacity planning}처럼 문제를 미리 알려주는 데 도움이 되는 적절한 테스트 방안을 마련하는 것도 중요하다. 단지 네트워크 장비가 SNMP 서비스로 알려주는 정보를 수집하는 것이 아니라, 애플리케이션의 관점으로 네트워크의 흐름을 보면서 상세 통계 데이터를 수집하고 있는가? 소프트웨어 개발자가 TDD를 통해 알게 된 교훈은 네트워크 엔지니어에게도 비슷한 의미를 시사한다. 즉, 네트워크가 어떻게 사용되고 있는지를 알아야 하고, 이러한 이해를 기반으로 자동화된 테스트를 체계적으로 갖추는 것이 매우 중요하다.

기성 도구로 테스트를 수행하든, 파이썬이나 Go 언어와 같은 프로그래밍 언어로 직접 작성한 테스트를 수행하든, 아니면 이 둘을 모두 혼합해 사용하든 테스트에 주목하는 두 가지 이유는 소프트웨어 개발자들이 자신이 만드는 시스템을 테스트하는 이유와 동일하다.

- 시스템을 제대로 테스트하기 위해 네트워크 자동화 시스템의 품질, 네트워크 가동 시간, 사용자와 애플리케이션의 긍정적 경험을 충분히 고려한다.
- 테스트 우선 방법론을 적용하면 네트워크의 주요 지표와 동작을 명확하게 이해할 수 있다. 이를 통해 현재 네트워크의 서비스 수준이나 의무 조건은 해치지 않으면서 새로운 기능을 신속하게 추가할 수 있다.

TDD와 비슷한 방법론을 도입하면 애플리케이션을 우선시하는 데 도움이 될 뿐만 아니라, 설정이나 환경이 바뀌더라도 애플리케이션에서 필요한 네트워크 서비스를 제공하고 있다는 확신을 줄 수 있는 프로세스를 일관되게 반복 가능한 체계로 갖출 수 있다. 이번 장의 뒷부분에서는 이러한 목표를 달성하기 위해 사용할 수 있는 구체적인 도구와 기술을 살펴본다.

13.2.4 왜 네트워킹을 위한 지속적 통합이 필요한가?

지금까지 CI와 TDD, 이 두 개념이 소프트웨어 개발 팀에 제공하는 가치를 살펴봤다. 지금부터는 이 개념을 네트워크 자동화에 적용해보자.

그런데 왜 이렇게 해야 하는 것일까? CI와 TDD는 네트워크 엔지니어에게 어떤 가치를 제공해주는가? CI의 목표를 돌이켜 기억해보자.

신뢰성 향상
경험을 통해 학습해가면서 전반적인 시스템의 안정성과 품질을 개선한다.

민첩성 향상
비즈니스의 변경 요청에 더 빠르게 대응한다.

이 목표는 더 안정적인 소프트웨어와 더 민첩하게 움직이는 개발 팀을 구축하는 결과를 이끌어 냈으므로, **보다** 안정적인 네트워크를 만드는 데도 도움이 될 수 있다. 신뢰성과 민첩성, 두 목표를 모두 충족시키지 못하고 어느 하나에만 타협하는 자동화는 무의미하다.

오랫동안 네트워크 엔지니어는 네트워크를 서로 연결된 블랙박스처럼 생각하고 관리해왔다. 이러한 사고방식은 CI로 구현된 개념과 실제 사례에 도움이 되지 않는다. 가장 먼저 네트워크를 바라보는 인식을 전환해 리소스 풀$^{resource\ pool}$과 유동적 구성, 즉 끊임없이 변화하는 환경과 요구 사항을 가진 시스템으로 바라봐야 한다. 이러한 인식 전환은 서비스 운영 환경에 변경 사항을 배포하는 방식에도 변화를 요구한다.

네트워킹을 위한 CI는 일반적인 소프트웨어 사례와 여러 부분에서 비슷한 점이 많다. 네트워크 인프라 구조에서 변경할 단일 지점을 만들고 변경 사항에 대한 테스트와 검토를 자동화해야 하며, 모든 과정을 선택이 아닌 필수로 수행해야 한다.

13.3 네트워킹을 위한 지속적 통합 파이프라인

지금까지 추상적으로 살펴본 CI의 개념을 실전에 적용해볼 시간이다. 이번 절에서는 앞에서 제시했던 CI 시스템의 목표를 달성하기 위해 네트워크 자동화 분야에서 활용할 수 있는 도구와 실제 적용 사례를 살펴본다.

다음 사항을 염두에 두고 각 사례를 살펴보자.

- 이번 절에서 사용하는 도구는 단지 예시일 뿐이다. 이 책에서 소개하는 도구보다 훨씬 다양한 도구를 각 단계에서 사용할 수 있다. 각 단계에서 사용할 수 있는 도구 중 자신의 요구 사항에 가장 적합한 도구가 무엇인지를 직접 평가해본 후 선택하길 바란다.

- 이전 절에서 개념을 살펴본 다음에 이번 절에서 도구를 다루는 데는 그럴 만한 이유가 있다. 수년 동안 많은 조직을 괴롭혀온 나쁜 프로세스는 고치지 않고 그대로 둔 채 이런 도구만 도입한다고 해서 원하는 결과를 얻을 수 있는 것은 아니다.

NOTE_ 이번 절에서 소개하는 도구는 다양한 방식으로 사용될 수 있지만, 이 책에서는 한 가지 접근 방식만 설명한다. 기본 개념을 잘 이해한 다음, 자신의 조직에서 이와 같은 이점을 얻으려면 어떻게 해야 하는지를 생각해보면서 올바른 구성을 도입해야 한다.

네트워킹용 CI 파이프라인은 크게 다섯 가지 주요 구성 요소로 이뤄진다.

- 동료 간 상호 검토
- 빌드 자동화
- 배포 검증 및 테스트
- 테스트/개발/스테이지 환경
- 배포 도구 및 전략

이번 장의 개념을 이해하기 위해 YAML 데이터 파일로 저장된 데이터와 진자 템플릿을 이용해 네트워크 장비의 설정을 생성하는 가상의 Templatizer 프로젝트를 살펴본다. 예제에 사용된 파일은 프라이빗 깃 서버의 Templatizer 저장소에 들어 있다고 가정한다.

[그림 13-7]은 CI 프로세스 구축에 사용될 프로젝트의 깃 저장소다.

NOTE_ 이번 장의 예제에서 다루는 Templatizer 프로젝트는 가상 프로젝트이지만, 완전히 작위적인 프로젝트는 아니며 실무에서 이와 비슷한 프로젝트를 만날 수 있다. 이 프로젝트를 구성하는 모든 파일은 *https://github.com/oreilly-npa-book/examples/tree/v2/ch13-cicd*에서 내려받을 수 있다.

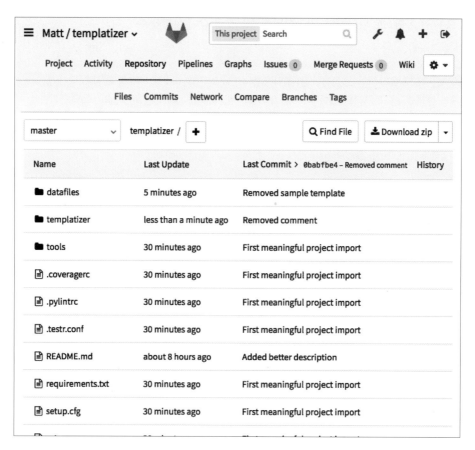

그림 13-7 Templatizer 프로젝트의 깃 저장소

13.3.1 동료 간 상호 검토

소프트웨어 업계에서 상호 검토[peer review]란 애플리케이션의 소스 코드를 동료끼리 서로 검토하는 과정을 의미한다. 개발자가 소스 코드를 수정하고 나면 변경된 부분을 패치[patch]로 만들어 다양한 방법으로 코드 검토 시스템에 제출한다. 1명 이상의 검토자가 패치를 검토한 다음, 변경 사항을 승인하거나 또는 변경 사항에 대한 의견을 제시한다.

네트워크 자동화 파이프라인에 도입하려는 상호 검토도 이와 크게 다르지 않다. 8장과 9장에서는 모든 설정 관련 정보를 마치 개발자가 소스 코드를 대하는 것처럼 처리하는 IaC 접근 방식을 소개했다. 이 예제에서는 자바 코드 대신 YAML 파일과 진자 템플릿을 사용한다. 이 파일들도 모두 단순 텍스트 파일이며, 자동화된 테스트를 똑같이 실행할 수 있다.

> **NOTE_** 최근 **깃옵스**^{GitOps}라는 용어도 등장했다. 깃옵스는 IaC와 매우 비슷한 아이디어를 공유하는데, 둘 다
> 인프라 관리에 사용되는 설정 파일이나 스크립트 파일의 변경 사항을 깃과 같은 버전 관리 시스템으로 관리
> 해야 한다는 점을 강조한다. IaC는 인프라 영역(서버, 네트워킹, 스토리지, 클라우드 등)에만 적용하는 것으로
> 생각할 수 있지만, 깃옵스는 보다 전체적인 접근 방식을 견지하면서 애플리케이션 스택을 포함해 모든 운영
> 전문가가 플랫폼을 관리하는 기반 인터페이스로 깃을 활용하는 방식을 제안한다.

11장에서 살펴본 버전 관리에 대한 지식을 기반으로 YAML과 같은 다양한 설정 아티팩트의 변경 이력을 깃으로 관리할 수 있다. 여기에 변경 사항이 올바른지 한번 더 확인할 수 있는, 파이프라인의 첫 단계인 동료 간 상호 검토 단계에도 활용해보자.

어떤 형태로든 서비스 환경의 IT 인프라를 관리하고 있다면 변경 검토 회의^{CAB, Change Advisory Board}에 참석하게 된다. 보통 네트워크 엔지니어는 변경 사항을 설명하는 양식을 미리 작성한다. 그러고는 긴 콘퍼런스 콜에 참석해 조심스럽게 미리 생각해뒀던 말들로 승인자에게 변경 사항을 잘 설명해 원하는 작업을 진행하기 위한 승인을 받는다. 이 절차는 현대 IT 분야의 뿌리 깊은 전통이다. 하지만 **실질적으로** 위험을 최소화하거나 관련 기술 팀들끼리 투명한 정보 공유가 이뤄지는 데는 큰 도움이 되지 않는 오래된 방식일 뿐이다.

네트워킹에 CI를 사용하는 방법을 살펴보면서 맨 처음 다룬 것이 동료 간 상호 검토였다. 방금 전 설명한 것과 비슷해 보이지만, 근본적인 차이점이 존재한다. CI 시스템을 도입했다면 변경이 필요한 부분이 있을 때 깃에서 새로운 브랜치를 만들고 **변경 사항을 적용하면 된다.** 해당 변경 사항은 동료 검토를 거쳐 주 브랜치로 병합되기 전에는 실제 서비스 운영 환경에 적용되지 않으므로, CI 파이프라인에 속한 깃 저장소에서 설정을 변경하겠다는 승인을 따로 받을 필요가 없다.

이 새로운 작업 모델은 몇 가지 매력적인 이점이 있다. 더 이상 어떻게 변경하려는지를 미리 설명하지 않아도 되고, 요청한 변경 사항이 요구대로 구현됐길 바라고 있지 않아도 된다. 이제 변경에 대한 설명은 변경 그 자체와 동일하다. 상호 검토 시스템을 사용하면 변경된 내용이 바로 표시되므로, 더 이상 어떤 부분을 변경했는지가 모호하지 않다. 승인자가 작업 브랜치를 주 브랜치로 병합하면 변경 내용이 서비스 운영 환경에 반영된다.

코드 검토 플랫폼을 도입하고 싶다면 다음 몇 가지 솔루션을 고려할 수 있다. 여기에 소개된 솔루션 외에도 여러 가지 다른 솔루션들이 시중에 나와 있다.

깃허브 GitHub

소스 코드 검토 및 보기 기능을 제공하는 인기 있는 SaaS 서비스로, 유료로 사용할 수 있는 기업용 버전도 있다.

깃랩 GitLab

커뮤니티 버전은 오픈소스이며, 무료로 내려받아 방화벽 뒤에서 실행할 수 있다. 또한 여러 서비스 수준으로 나눠진 SaaS 서비스도 제공하며, 비공개 기업용 버전도 있다.

게릿 Gerrit

오픈소스이며, 조금 복잡하지만 여러 가지 통합 기능을 이용할 수 있다. 몇몇 대규모 오픈소스 프로젝트에서 널리 사용 중이다.

빗버킷 Bitbucket

아틀라시안 Atlassian 사에서 개발한 코드 검토 및 CI/CD 플랫폼이다. 조직에서 이미 지라 Jira 나 컨플루언스 Confluence 같은 아틀라시안사 제품을 사용 중이라면 유용하다.

이 솔루션은 모두 깃을 이용해 버전을 관리한다. 따라서 코드를 제출할 때 깃을 사용한다. 깃 기반이긴 하지만, 워크플로에 있어 미묘한 차이가 있다. 예를 들어 깃허브에서는 동일 브랜치에 더 많은 커밋을 푸시해 추가 변경 사항을 제출할 수 있지만, 게릿의 경우 추가 변경 사항을 항상 같은 커밋에서 작업해야 한다. 즉, 추가 변경 사항이 있다면 반드시 --amend 플래그를 사용해야 한다.

이번 장에서는 깃랩을 사용한다. 깃랩은 무료로 다양한 기능이 제공되며 설치 과정도 그리 복잡하지 않다. 하지만 여러분에게는 다른 시스템이 더 적합할 수도 있다.

NOTE_ 이 책을 여기까지 읽었다면, 진자 템플릿(11장)과 YAML(8장)도 잘 다룰 수 있고 깃 저장소의 사용법(11장)도 익숙할 것이다. 보통 네트워크 자동화의 CI 파이프라인을 구축하는 데는 이 세 가지 기술이 활용된다. 5장에서 소개했던 도구들을 이번 장 뒷부분에서 다시 사용하므로, 미리 알고 있는 것이 좋다. 관련 개념에 익숙하지 않다면, 이번 장의 내용을 제대로 이해하기 위해 앞에서 배운 내용을 복습하는 것이 좋다.

Templatizer 예제 프로젝트에서는 네트워크 장비 인터페이스를 설정하기 위한 진자 템플릿 파일과 YAML 파일을 추가한다. 현재 Templatizer 깃 저장소를 이미 로컬 파일 시스템으로 복제^clone해뒀다고 가정한다. 그럼 [예제 13-1]에서는 새로운 깃 브랜치를 만들고, 여기에 새로운 변경 사항을 적용해보자.

NOTE_ 이번 장에 사용된 전체 예제 코드는 이 책의 깃허브 저장소인 *https://github.com/oreilly-npa -book/examples/tree/v2/ch13-cicd/templatizer*에서 내려받을 수 있다.

예제 13-1 새로운 브랜치 만들기

```
~$ git checkout -b "add-interface-template"

Switched to a new branch 'add-interface-template'
```

이 브랜치는 사용자 컴퓨터에만 존재하는 브랜치다. 아직 **git push** 명령을 실행하지 않았으며, 주 브랜치가 아니므로 바로 여기에 변경을 적용한다. 즉, 변경하기 전에 변경 가능한지를 승인받을 필요가 없다. 먼저 변경 작업을 수행하고, 승인이 필요한 시점이 됐을 때 해당 변경 사항을 알려주면 된다.

템플릿과 YAML 파일을 추가하면, [예제 13-2]와 같이 작업 디렉터리에 2개의 새로운 파일이 있지만 아직 추적하고 있지는 않다는 깃 알림이 표시된다.

예제 13-2 Templatizer 프로젝트에 변경 적용

```
~$ git status

On branch add-interface-template
Untracked files:
  (use "git add <file>..." to include in what will be committed)
```

```
        datafiles/interfaces.yml
        templatizer/templates/interfaces.j2

nothing added to commit but untracked files present (use "git add" to track)
```

이제 [예제 13-3]과 같이 변경 사항을 커밋한 후 원본으로 사용하는 원격 저장소로 보낸다. 예제에서는 앞에서 봤던 깃랩 저장소가 원본 원격 저장소다.

예제 13-3 Templatizer 프로젝트의 변경 사항을 커밋하고 푸시하기

```
~$ git add datafiles/ templatizer/

~$ git commit -s -m "Added template and datafile for device interfaces"
[add-interface-template 4121bfa] Added template and datafile for device interfaces
 2 files changed, 10 insertions(+)
 create mode 100644 datafiles/interfaces.yml
 create mode 100644 templatizer/templates/interfaces.j2

~$ git push origin add-interface-template
Counting objects: 7, done.
Delta compression using up to 8 threads.
Compressing objects: 100% (7/7), done.
Writing objects: 100% (7/7), 718 bytes ¦ 0 bytes/s, done.
Total 7 (delta 2), reused 0 (delta 0)
To http://gitlab/Matt/templatizer.git
 * [new branch]      add-interface-template -> add-interface-template
```

다음으로는 코드 리뷰 시스템(깃랩)에 로그인해 동료 간 상호 검토 단계를 시작한다. 코드 리뷰 시스템마다 자신만의 워크플로가 있지만, 궁극적으로 같은 목적을 달성하기 위한 절차다. 예를 들어 게릿은 **변경**change과 **패치세트**patchset라는 용어를 사용하지만, 깃허브는 **풀 리퀘스트** pull request라는 용어를 사용한다. 즉, 이들 도구는 "변경 사항이 있고, 이를 주 브랜치로 합치고 싶어요"라고 말하는 방식에서 차이가 있을 뿐이다(참고로, 보통 모든 변경 사항을 주 브랜치로 병합한다).

깃랩도 **머지 리퀘스트**merge request**2**를 사용하는데, 깃허브의 풀 리퀘스트와 비슷한 개념이다. 변경 사항을 브랜치로 푸시했으므로, 변경 사항을 작업했던 **add-interface-template** 브랜치

---

2   옮긴이_ 병합 요청을 의미한다. 다만, 코드 리뷰 시스템의 고유 용어이므로 '머지 리퀘스트'라는 용어를 그대로 사용한다. 풀 리퀘스트도 음차해 표기한다.

를 주 브랜치로 병합하기 위해 머지 리퀘스트 생성 마법사를 실행한다. [그림 13-8]에서 주 브랜치로 사용하는 main 브랜치는 이 프로젝트의 안정 버전^{stable version}을 저장하는 브랜치로 생각하자.

몇 번의 확인 과정을 거친 후 머지 리퀘스트가 생성된다. 하지만 여전히 요청일 뿐이다. 아직 주 브랜치에는 그 어떤 영향도 미치지 않았다. 주 브랜치는 Templatizer 프로젝트의 현재 안정 버전이다. 머지 리퀘스트는 작업자의 변경 제안일 뿐이며, 곧 있을 동료 간 상호 검토 과정의 참고 자료로 활용된다.

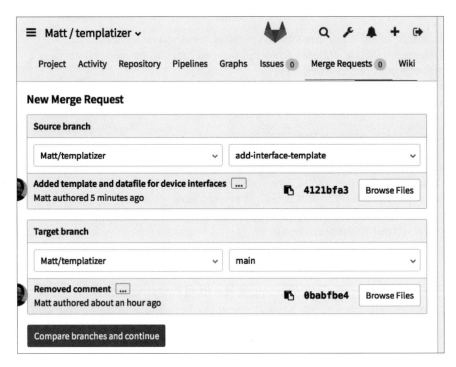

그림 13-8 머지 리퀘스트 생성

다음 단계에서는 제출된 머지 리퀘스트를 권한을 가진 누군가가 검토해야 한다. 어떤 방식으로 검토할 것인지는 사용 중인 검토 시스템이나 각 팀의 문화에 따라 달라진다. 어떤 팀에서는 주 브랜치의 접근을 엄격히 제한해 특정 고참급 팀원만 머지 리퀘스트를 승인하는 반면, 어떤 팀에서는 명예 시스템을 사용해 각 머지 리퀘스트를 1명 이상의 동료가 검토해 승인하면 병합이 진행된다. 보통 누군가 승인 버튼을 눌러 +1이 되기 전까지 변경 사항은 병합되지 않고 그대로 유지된다. +1을 준다는 것은 '내 관점에서 이 변경 사항은 병합될 준비가 돼 있다'는 의미다. +1을 바로 줄 수도 있지만, 검토한 동료가 몇 가지 의견이나 지적 사항을 반영해 수정한 후 다시 요청하면 +1을 주겠다고 말할 수도 있다.[3]

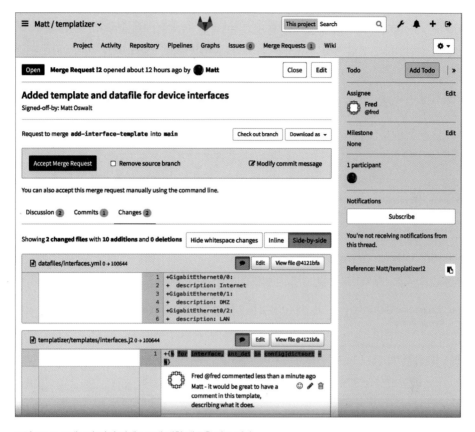

그림 13-9 프레드가 머지 리퀘스트에 대한 댓글을 달고 있다.

가상의 팀 동료인 프레드[Fred]가 Templatizer의 변경 사항을 검토하기로 돼 있다면, 그가 코드 리뷰를 진행할 수 있도록 다양한 방식으로 참여를 요청한다. 대부분의 코드 리뷰 도구에서는 검토자를 지정할 수 있는데, 이메일로도 알려줄 수 있고 직접 검토 요청 메시지를 보낼 수도 있

---

3 옮긴이_ 『구글 엔지니어는 이렇게 일한다』(한빛미디어, 2022)의 9장 '코드 리뷰', 19장 'Critique: 구글의 코드 리뷰 도구'와 『SRE를 위한 시스템 설계와 구축』(한빛미디어, 2022)의 14장 '코드 배포'를 참고하면 다른 조직의 코드 리뷰 과정을 이해하는 데 큰 도움이 될 것이다.

다. 어떤 방법이든, [그림 13-9]처럼 프레드는 깃랩에서 변경 사항을 살펴보면서 검토 작업을
진행한다.

보다시피 프레드는 '템플릿이 어떻게 동작하는지에 대한 설명이 추가됐으면 좋겠다'는 자신의
의견을 댓글로 남겼다. 최종적으로 병합될 때까지 몇 번의 반복 과정을 거쳐 수정 변경이 일어
나는 것을 흔히 볼 수 있으며, 대부분의 플랫폼에서는 이 과정을 쉽게 실행할 수 있는 기능을
제공한다. 깃랩에서는 변경 작업 브랜치에 추가 변경 커밋이 있을 경우, 이를 이전에 만든 머지
리퀘스트에 함께 묶어 표시한다. 프레드는 추가 변경 사항도 쉽게 확인할 수 있으며, 변경 사항
이 병합될 준비가 됐다고 판단하면 병합한다.

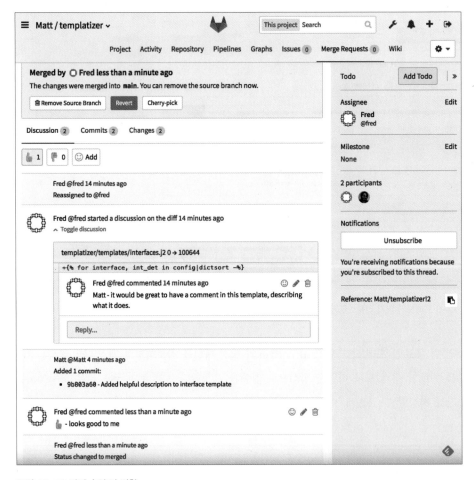

그림 13-10 변경 승인 및 병합

깃랩은 각 변경 사항이 어떤 상태인지, 어떤 단계에 있는지를 모든 사람이 추적할 수 있도록 [그림 13-10]과 같은 화면도 제공한다.

13.3.2 빌드 자동화

이어서 살펴볼 **빌드 자동화**는 매우 중요한 주제다. 이 용어는 주로 소프트웨어를 테스트하기 위해 CI 도구로 소프트웨어를 자동으로 컴파일하거나 설치하는 것에서 유래됐다. 예를 들어 C 언어로 작성된 프로그램을 테스트 환경에서 실행해보려면 반드시 컴파일 과정을 거쳐야 한다.

파이프라인에서 소프트웨어를 반드시 컴파일할 필요는 없으며, 소프트웨어 개발자가 저장소에 제출한 모든 변경 사항에 대해 자동으로 수행되길 원하는 여러 작업을 실행하는 용도로 활용할 수 있다. 예를 들어 파이썬 프로젝트용 파이프라인에서는 코드가 파이썬 스타일 가이드인 PEP 8을 잘 따르고 있는지 확인하기 위해 정적 코드 분석을 수행할 수 있다. 네트워크 자동화에서는 변경한 YAML 파일에 대해 들여쓰기가 제대로 됐는지 등의 YAML 포맷 유효성 검사처럼 사람이 직접 수행하지 않아도 되는 간단한 작업을 자동화할 수 있다!

이것이 빌드 자동화가 제공하는 핵심 가치다. 검토해야 하는 사람이 번거롭게 느낄 수 있는 여러 작업을 검토 요청 전에 자동으로 수행하게 되면 검토자는 유용한 의견을 제시하는 데 좀 더 집중할 수 있다.

- 정적 코드 분석(적절한 문법인지 확인하고, 특정 스타일 가이드를 준수하는지를 확인함)
- 단위 테스트(단위 테스트, 데이터 파일이나 템플릿 구문 분석 등)
- 통합 테스트(변경 사항이 반영됐을 때 전체 시스템의 기존 기능이 망가지는지를 확인함)

이를 통해 검토자는 "여기에 공백을 추가하세요" 같은 피드백 대신 "이 변경 사항은 좀 더 가독성을 높여야 합니다"와 같은 발전적 의견을 남길 수 있다. 이런 이유로 보통 변경 사항이 제출되면(이전 사례에서는 머지 리퀘스트가 제출됐을 때) 자동화 단계를 바로 실행하며, 검토자는 자동화된 검사 단계를 통과한 변경 요청에 대해서만 검토 작업을 진행한다.

이 과정을 통해 제출자와 검토자 모두 시간을 절약할 수 있다. 제출자는 자신의 변경 사항이 무엇인가를 망가뜨렸을 때 즉각적인 피드백을 얻을 수 있고, 검토자는 기본적인 검사를 통과한 변경 사항만 검토하면 되므로 단순한 의견을 전달하는 데 시간을 낭비하지 않게 된다. 이 접근 방법은 네트워크 자동화 과정을 반복해가면서 점차 안정적으로 변경이 적용될 수 있는 토대를 만든다. 버그가 발견되면, 다시는 동일한 버그가 발생하지 않도록 해당 사례를 검사하는 과정을 자동화된 테스트에 추가한다.

다양한 빌드 자동화 솔루션을 이용할 수 있는데, 이와 관련된 내용은 나중에 살펴본다. 다행히 깃랩은 기본적으로 일부 빌드 자동화 기능을 포함하고 있으므로, 예제에서는 이 기능을 그대로 사용한다. 또한 저장소에 포함된 스크립트를 수행하는 방식으로 자동화할 수 있는데, 빌드 서버에 대한 의존성을 최소화하면서 저장소에서 작업하는 모든 사용자에게 투명성을 제공하는 방식이다. 이를 통해 IaC가 강력한 힘을 발휘할 수 있다.

interfaces.yml 파일을 수정했고, 프레드가 수정 내용을 검토한다고 가정하자. 모든 변경이 문제없어 보여서 프레드는 +1을 줬고, [그림 13-11]과 같이 수정 내용이 주 브랜치로 병합된다.

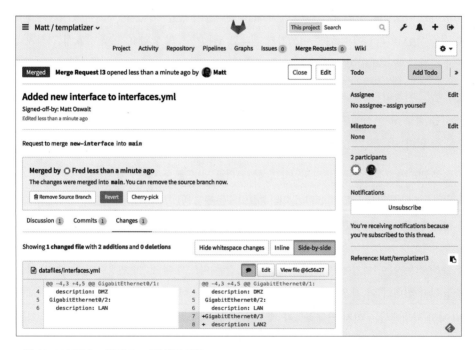

그림 13-11 YAML 파일의 조그마한 변경 사항

하지만 문제가 있다. 이 변경으로 인해 유효하지 않은 YAML이 생성됐고, 그로 인해 Templatizer 프로그램을 실행할 때 [예제 13-4]와 같은 오류가 발생한다.

예제 13-4 YAML 파싱 오류

```
File "/Users/mierdin/Code/Python/templatizer/lib/python3.8/.../scanner.py", line 289,
  in stale_possible_simple_keys "could not found expected ':'", self.get_mark())
yaml.scanner.ScannerError: while scanning a simple key
  in "datafiles/interfaces.yml", line 7, column 1
could not found expected ':'
  in "datafiles/interfaces.yml", line 8, column 14
```

사소한 변경이었지만, 프레드도 사람인지라 맷[Matt]과 똑같이 이와 같은 오타를 놓칠 수 있다. 여러 파일을 여러 차례 고치다 보면 이런 류의 실수가 자주 발생한다.

반면 이런 오류를 검사한 후 빌드 시스템에게 피드백해주는 스크립트는 쉽게 작성할 수 있다. [예제 13-5]와 같은 스크립트 코드를 작성한 후, 향후 모든 변경 사항이 있을 때마다 자동화된 빌드 시스템에서 유효성을 검사하도록 구성한다면 이런 문제는 더 이상 발생하지 않는다.

예제 13-5 YAML 파일의 유효성을 확인하는 파이썬 스크립트

```python
#!/usr/bin/env python3

import os
import sys
import yaml

# YAML_DIR은 YAML 파일이 저장된 디렉터리 위치다.
YAML_DIR = "%s/../datafiles/" % os.path.dirname(os.path.abspath(__file__))

# YAML 파일을 순회하면서 읽는다.
for filename in os.listdir(YAML_DIR):
    yaml_file = "%s%s" % (YAML_DIR, filename)

    if os.path.isfile(yaml_file) and ".yml" in yaml_file:
        try:
            with open(yaml_file) as yamlfile:
                configdata = yaml.load(yamlfile)

            # YAML 파일을 읽을 때 문제가 발생했다면 오류 메시지를 출력하고
            # CI 시스템에게는 실패를 알려주기 위해 0이 아닌 오류값을 반환하며
            # 프로그램을 종료한다.

        except Exception:
```

```
            print("%s failed YAML import" % yaml_file)
            sys.exit(1)

    sys.exit(0)
```

NOTE_ [예제 13-5]에 소개한 스크립트는 YAML 파일의 유효성만 검사하는 간단한 코드다. 다양한 데이터 포맷에 대해 보다 종합적인 검증 작업을 수행하는 몇 가지 도구를 8장에서 소개했는데, 이 도구들을 CI/CD 파이프라인에서 반드시 실행하는 것이 좋다.

일단 스크립트를 저장소의 tools 디렉터리에 저장한다. 현재 깃랩을 사용하고 있으므로 [예제 13-6]과 같이 CI 구성 파일인 .gitlab-ci.yml 파일도 수정한다.

예제 13-6 YAML 검증 스크립트를 실행하도록 CI 환경 구성하기

```
test:
  script:
  - cd tools/ && python validate_yaml.py
```

이제부터 변경 사항이 제출될 때마다 깃랩은 이 스크립트를 실행한다. 검증 스크립트가 갖춰 졌으므로, 만약 맷이 유효하지 않은 YAML 파일을 다시 제출할 경우 프레드에게는 [그림 13-12]와 같이 표시된다.

맷과 프레드는 자동화된 테스트를 실행할 때 발생했던 문제를 명확히 확인할 수 있다. **상세 보기**[View details]를 클릭하면 [그림 13-13]과 같이 스크립트의 전체 실행 결과 및 콘솔 로그를 볼 수 있으므로, 이 로그에서 어떤 파일이 문제가 된 것인지를 파악할 수 있다.

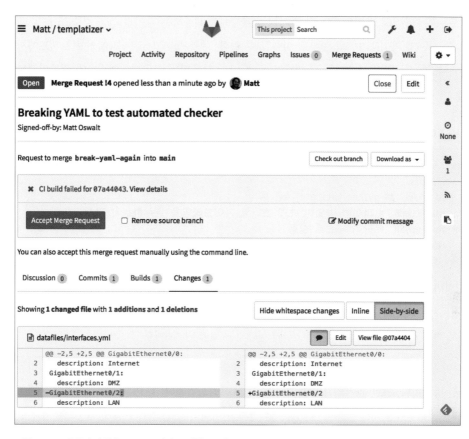

그림 13-12 유효하지 않은 YAML 파일로 인한 CI 빌드 실패

그림 13-13 YAML 검증 스크립트 실행 결과

이는 자동화된 검증 및 테스트를 활용하는 여러 가지 사례 중 하나일 뿐이다. Templatizer 프

로젝트는 파이썬으로 개발됐으므로, 파이썬 생태계에서 제공하는 파이썬 전용 검증 도구 및 테스트 도구를 CI 파이프라인의 일부로 실행할 수 있다. 예를 들어 Tox는 파이썬 프로젝트에서 모든 종류의 자동화된 테스트를 수행하기 위해 널리 사용되는 도구다. 오픈스택 커뮤니티도 [예제 13-7]과 같이 여러 작업을 Tox를 통해 실행함으로써 CI 프로세스를 간소화했다.

예제 13-7 CI 구성에 Tox 추가하기

```
test:
  script:
  - cd tools/ && python validate_yaml.py
  - tox -epep8  # 파이썬 파일이 PEP8 스타일 가이드라인을 준수하는지 검사
  - tox -epy38  # 단위 테스트 실행
  - tox -ecover # 단위 테스트 커버리지 확인
```

다시 한번 말하지만, 빌드 프로세스를 통과하려면 이 모든 명령이 아무 오류 없이 통과돼야 한다. 검토자는 이런 검사 과정을 통과한 머지 리퀘스트만 받게 되므로, 머지 리퀘스트를 받으면 실제로 변경 사항에 대한 검토 준비가 끝난 상태라는 것을 알 수 있다.

CI 파이프라인에서 빌드 자동화 구성 요소는 매우 중요하며, 워크플로를 효율적으로 유지하는 훌륭한 방법이다. 또한 과거의 실수를 반복하지 않도록 도와준다. 다음은 파이프라인에서 빌드 자동화를 보다 유용하게 활용할 수 있는 몇 가지 아이디어이므로, 네트워크 자동화를 추진할 때 각 아이디어를 고려해보자.

- **코드 단위 테스트**: 예를 들어 파이썬 코드의 단위 기능이 제대로 동작하는지를 보장하는 테스트
- **통합 테스트**: 어떤 코드가 다른 프로젝트나 API와 상호 작용함을 보장하기 위한 테스트
- **구문 및 스타일 검증**: 소스 코드와 YAML 같은 데이터 포맷에 적용할 수 있음

이전 예제에서는 깃랩에 포함된 빌드 자동화 기능을 사용했다. 하지만 깃랩을 사용하지 않을 수도 있고, 빌드 자동화용으로 이용할 수 있는 솔루션에는 어떤 것이 있는지 궁금할 수도 있다. 실제로 꽤 많은 솔루션이 있으며, 각 솔루션마다 장단점이 있다. 다음은 널리 사용되는 몇 가지 범용 솔루션이다.

젠킨스^{Jenkins}

오픈소스 빌드 서버로, CI 전문가라면 누구나 한 번쯤 사용해본 적이 있을 정도로 오랜 역사

를 자랑한다.

깃랩^{GitLab}

깃랩을 코드 검토 솔루션으로도 소개했었다. 깃랩은 오픈소스이며 호스팅 옵션도 제공한다. 코드 검토 및 저장소 기능, 빌드 서버 기능을 하나의 플랫폼으로 제공하는 몇 안 되는 솔루션 중 하나다.

깃허브 액션^{github action}

빌드 자동화 분야에서 가장 최근에 등장했으며, 매우 강력한 사용자 정의 워크플로 엔진이 클라우드 기반으로 제공된다. 당연히 깃허브를 함께 사용해야 한다.

서클CI^{CircleCI}

클라우드 기반 솔루션으로, 다양한 버전 관리 시스템 및 플랫폼과 함께 사용할 수 있다.

CI의 틈새 시장을 공략하는 기업도 있다. 예를 들어 코드코브^{CodeCov}는 프로젝트의 테스트 커버리지를 보고하는 클라우드 기반 플랫폼으로, 파이프라인에 설정한 규칙을 통해 현재 테스트 커버리지보다 떨어지는 새로운 변경 사항은 제출하지 못하도록 거부한다. 이처럼 보다 특화된 다양한 플랫폼과 도구를 사용할 수 있다. 똑같은 작업을 수행하기 위해 '바퀴'를 재발명할 필요가 전혀 없다.

다행히도 필요한 딱 한 가지 방안을 선택하기 위해 모든 가능한 대안을 몇 달씩 조사할 필요는 없으며, 그중 몇 개만 골라 시간을 두고 사용해보면서 평가할 수도 있다. 단일 솔루션으로는 모든 요구 사항을 충족하지 못할 수도 있다. 하지만 몇 가지 서비스를 조합하면 원하는 바를 이룰 수 있다. 또한 기성 제품에 사용자 정의 빌드 단계를 넣을 수도 있다. 모든 경우에 적합한 일률적인 방안은 실제로 존재하지 않으며, 팀마다 다른 요구 사항을 가질 수 있기 때문에 이러한 도구의 모음을 **파이프라인**이라고 부른다.

13.3.3 배포 검증 및 테스트

이번 장의 앞부분에서 TDD가 네트워크 자동화에 미친 영향을 자세히 살펴봤다. CI는 TDD

방식을 통해 새로운 변경 사항을 자동화된 방식으로 배포할 수 있다는 큰 장점을 가지며, 또한 서비스 운영 시스템에 부정적인 영향을 미치지 않을 것이라는 확신을 갖게 해준다.

네트워크 구성 요소 설정의 유효성을 검증하는 것(소프트웨어 개발 분야의 단위 테스트와 거의 유사하다)뿐만 아니라 네트워크상에서의 종단 간 사용자 경험end-to-end UX(기본 수준의 연결 검증, 예상 연결/플로 성능 검증 등)까지 정의해 엄격하게 자동화된 테스트를 진행할 수 있다면, 서비스 환경에 변경 사항을 적용하기 전과 후에 변경 사항을 테스트해볼 수 있는 놀라운 안전망을 확보할 수 있다. 이렇게 되면 [그림 13-14]와 같이 피드백 루프가 만들어지면서 이후 반복 과정을 더 신속하게 진행할 수 있다.

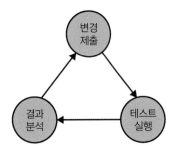

그림 13-14 자동화된 변경 사항에 대한 지속적인 테스트

전통적으로 이와 같은 접근 방식은 드물다. 변경 사항이 실제 서비스 환경에서 아무 문제 없이 잘 동작하는지를 검증하기 위해 그동안은 커밋 작업이 성공적으로 진행되기를 기대하면서 계속 핑을 보내 결과를 확인했다. 다행히 도구들이 발전을 거듭하면서 최근에는 다른 방법을 사용할 수 있게 됐다.

변경 사항을 검증하는 방법과 이때 사용하는 도구는 원하는 검증의 유형과 범위에 따라 달라진다(이를 자동화할 수 있는지 여부는 또 다른 이야기다). 예를 들어 설정이 유효한지를 확인할 수 있는 기본적인 검사 방법을 찾고 있다면, YAML 파일을 읽어 템플릿을 실행함으로써 최종 결과를 만들어보는 간단한 파이썬 스크립트로도 충분히 만족하면서 사용할 수 있다. 다음 절에서 살펴보겠지만, 이 개념을 확장해 장비 설정을 가상 토폴로지에 업로드한 후 의도한 대로 네트워크 장비의 가상 인터페이스가 유효한 설정으로 받아들이는지를 검사해볼 수도 있다.

그러나 설정의 정적 유효성 검사(특히 단일 네트워크 장비의 설정을 검사하는 것)만으로는 충분하지 않은 경우가 많다. 장비의 운영 상태가 항상 전체 네트워크 구성에 부합하지는 않기 때문이다. 이제 네트워크를 단순히 개별 장비를 모아둔 집합체가 아니라, 안정적인 서비스를 제공하기 위해 응집력을 가진 분산 시스템의 일부에서 함께 작동하는 모듈로 인식해야 한다. 이를 위해 배포 검증 전략을 수립할 때 다음과 같은 다양한 측면도 함께 고려해야 한다.

운영 상태

네트워크 장비의 구성에 따라 예상되는 작동 상태(예를 들면, 액티브 BGP 피어 개수)를 갖추고 있는가?

기본 연결

네트워크 사용자는 필요한 애플리케이션에 접근할 수 있는가?

종단 간 성능

네트워크에 예상되는 대역폭과 지연 특성이 있는가? 최근 변경이 이 성능에 영향을 미쳤는가?

이전 절에서 살펴본 것처럼 파이프라인의 모든 도구가 모든 문제를 해결할 수 있는 것은 아니다. 보통 방금 설명한 모든 유효성 검사 조건을 충족하려면 여러 도구를 조합해 사용해야 한다. NAPALM[4]과 뱃피시[5] 같은 오픈소스 도구나 포워드 네트웍스Forward Networks[6] 같은 상용 도구를 사용하면, 네트워크 작동 상태 및 기본 연결성을 확인할 수 있을 뿐만 아니라 해당 검사를 지속적으로 수행해 네트워크 서비스에 대한 지속적인 품질 보증도 가능해진다. 네트워크의 종단 간 성능 특징을 시각적으로 보여주는 넷비즈NetBeez[7]와 사우전드아이즈ThousandEyes[8] 같은 상용 솔루션도 있다(이들은 단지 예시일 뿐이며, 도구는 늘 그랬듯이 새롭게 등장했다가 사라지고 있다).

이러한 솔루션이 CI/CD 파이프라인에 얼마나 잘 통합될 수 있는지도 중요한 고려 사항이다. 다음은 프로젝트나 제품을 살펴볼 때 확인해봐야 하는 좋은 질문이다.

---

4 https://napalm.readthedocs.io/en/latest/validate/

5 https://www.batfish.org/

6 https://www.forwardnetworks.com/

7 https://netbeez.net/

8 https://www.thousandeyes.com/. 시스코에 인수됐다.

- 솔루션에서 프로그래밍이 어느 정도까지 가능한가? 파이프라인에 적합하게 설계돼 있는가? 아니면 사람의 상호 작용이 필요한가(예를 들어, GUI를 통한 상호 작용이 필요할 수도 있다)?
- 젠킨스나 깃허브 액션처럼 빌드 시스템과 통합할 때 바로 사용할 수 있도록 돼 있는가? 아니면 직접 만들어야 하는가?

이와 같은 도구는 장애 조치를 테스트하는 과정에도 활용할 수 있다. 예를 들어 데이터센터의 장애 조치를 시뮬레이션한다고 하자. 장애 조치 테스트^failover testing^는 네트워크 인프라에서 과소 평가되는 활동이다. 이런 테스트를 수행하기 위한 승인을 받기도 어렵지만, 힘들게 승인받았다고 하더라도 네트워크 및 연결된 애플리케이션의 성능을 파악하기는 더더욱 어렵다. 이러한 도구와 그 외 다른 도구를 함께 사용하면 '정상 상황'에서의 연결성과 성능에 대한 기준선을 수집할 수 있으며, 장애 조치 이후에도 같은 테스트를 수행하게 되면 사업을 영위하는 데 필요한 충분한 용량이 확보돼 있다고 확신할 수 있다.

> TIP_ 10장에서 설명한 것처럼 모델 기반 텔레메트리, 특히 스트리밍/푸시 방식의 텔레메트리가 등장하면서 네트워크가 본연의 임무를 얼마나 잘 수행하고 있는지 지속적으로 파악하는 것이 그 어느 때보다 쉬워졌다. 기존의 표준화된 데이터 모델을 사용하면 다양한 제조사 장비에 대해 텔레메트리 기능을 사용할 수 있다. 이처럼 새로운 기술을 사용하는 도구를 파이프라인의 검증 단계에 통합하는 것도 고려해야 한다.

검증의 중요성은 배포 전 검사뿐만 아니라 배포 후 지속적인 보증이라는 측면에서도 아무리 강조해도 지나치지 않는다. 하지만 솔루션을 개별적으로 내려받거나 구매하는 것만으로는 충분하지 않으며, 이 솔루션을 파이프라인에 통합해야만 실제 서비스 운영 환경에 적용되는 모든 변경 사항의 품질을 향상시킬 수 있다.

13.3.4 테스트/개발/스테이징 환경

지금까지 살펴본 검증 및 테스트 방법론 외에도, 일반적으로 자동화 솔루션의 변경 사항을 운영 시스템에 적용하기 전에 실제와 동일한 환경에서 테스트를 수행해보는 것이 좋다. Templatizer 프로젝트에서는 진자 템플릿 파일과 YAML 파일을 이용해 만든 설정 파일을 실제 운영 환경을 모방한 가상 장비에 적용해볼 수 있다.

이때 네트워크 장비의 가상 토폴로지 자동화 솔루션을 개발하면서 살펴봤던 몇몇 도구를 유용하게 사용할 수 있다. 이 도구들에 대해서는 5장에서 살펴봤다. 예를 들어, 실제 운영 환경에서 테스트하기에는 위험한 변경 사항을 시뮬레이션된 네트워크 토폴로지를 만드는 도구를 사용해 운영 환경과 최대한 비슷한 형태의 환경을 만들어두고 빠른 속도로 반복해서 적용해볼 수 있다.

[그림 13-15]와 같이 보통 개발과 테스트 목적으로 가상 참조 토폴로지를 재사용한다.

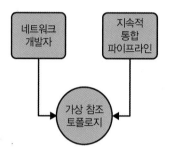

그림 13-15 동일한 가상 토폴로지를 개발 및 테스트용으로 재사용하기

이렇게 재사용하는 환경을 갖추면 개발 수명주기의 초반에 훨씬 일찍 자동화 솔루션을 검토할 수 있다. 가상 참조 토폴로지가 자동화 과정에서 안정성을 높이는 데 유용한 접근 방식이 될 수는 있지만, 그렇다고 해서 만병통치약은 아니다. 다음 몇 가지 사항에 유의하자.

- 가상 테스트는 딱 여기까지만 가능하다. 일부 기능은 가상 NOS에서 테스트할 수 없으며, 심지어 하드웨어와의 성능 차이가 크게 발생하는 경우도 종종 있다.
- 다른 테스트 스위트나 픽스처fixture와 마찬가지로, 실제 운영 환경을 모방하는 가상 토폴로지의 엔트로피는 영속적 상태, 즉 끊임없이 변하고 있는 상태가 된다. 가상 토폴로지를 서비스 운영 환경을 적절히 반영하고 잘못된 변경 사항이 배포되는 것을 확인할 수 있는 유용한 도구로 계속 사용하려면 별도의 노력이 필요하다.

네트워크 자동화 솔루션을 개발하는 데 꼭 필요한 몇 가지 도구는 5장과 12장에서 살펴봤다. 이번 장에서는 다음 세 가지 유틸리티를 추가로 소개한다.

베이그런트
연결된 가상 머신의 자동화된 토폴로지를 구성한다. 다양한 하이퍼바이저를 지원한다.

컨테이너랩

간단한 YAML 기반의 설정 모델을 이용해 컨테이너 기반 네트워킹 실험 환경을 만들 수 있다.

테라폼

IaC를 구현해 리소스(클라우드나 온-프레미스 모두)를 선언한 후 프로그래밍 방식으로 관리할 수 있다.

이 세 가지 도구 모두 이번 장에서 살펴본 IaC 방법론을 강력하게 지원하고 있으므로, 네트워크 자동화를 위한 CI/CD 파이프라인 내에서 사용하기에 이상적인 도구다. 노트북에서 가상 토폴로지의 인스턴스를 생성하는 명령을 똑같이 사용해 빌드 시스템의 워크플로에 포함시킬 수 있으며, 이 과정에서 앤서블 플레이북이나 파이썬 스크립트를 결합해 토폴로지에 대한 일련의 자동화된 테스트도 실행할 수 있다. 모든 것이 제대로 작동해 빌드가 통과되며, 변경 사항은 다음 파이프라인으로 계속 이어지면서 진행된다.

신뢰할 수 있는 정확한 테스트 환경을 갖추는 것은 파이프라인에서 간과하면 안 되는 부분이다. 지금까지는 개별 설정이나 상태 테이블에 대한 단편적인 테스트만 수행할 수 있었다. 네트워크는 복잡한 분산 시스템이며, 일부 장애 시나리오는 오로지 분산 시스템에서만 발생한다. 이 환경을 가상으로 복제할 수 있다면 실제 서비스 운영 환경에서 장애를 유발하지 않도록 예방하는 유일한 안전망을 갖게 되는 것이며, 이를 파이프라인에 포함시키면 모든 변경 사항을 실제 서비스 운영 환경과 동일하게 검토할 수 있다.

13.3.5 배포 도구 및 전략

이번 장의 앞부분에서는 CI/CD 파이프라인에서 **무엇**을 배포하는지 잘 알고 있어야 한다고 이야기했다. 이러한 지식은 변경 사항을 실제로 배포하는 데 사용하는 도구에도 큰 영향을 미친다.

예를 들어 네트워크 작업을 자동화하는 파이썬 코드를 작성했다면, 이 코드는 본격적인 소프트웨어 프로젝트처럼 다뤄야 한다. 그 규모와 상관없이 실제 사용되는 코드이므로, 작은 스크립트에 있는 버그라 할지라도 인프라 구조에 심각한 영향을 줄 수 있다. 따라서 대규모 웹 프로젝트와 마찬가지로 이 스크립트도 엄격한 절차를 거쳐 배포해야 한다.

앞에서 설명한 주요 테스트와 동료 간 상호 검토 외에도 소프트웨어 개발자가 사용하는 배포 방식을 살펴보는 것이 유용할 수 있다. 다른 팀에서 변경 사항을 배포할 때 사용하는 클라우드 배포 절차 및 도구를 보고 배울 수 있으며, 그대로 사용할 수도 있다.

또한 소프트웨어를 도커 컨테이너로 배포하는 방식도 점차 대중화되고 있다. 새로운 변경 사항이 검토 과정을 거쳐 병합되면 CI 파이프라인에서 자동으로 도커 이미지를 생성한다. 이렇게 생성된 이미지는 서비스 운영 환경의 도커 스웜$^{Docker\ Swarm}$이나 쿠버네티스 클러스터^{Kubernetes} ^{cluster}로 배포된다.

반면에 사용자 정의 소프트웨어를 배포하지 않을 수도 있다. 깃 저장소를 YAML 파일이나 진자 템플릿 파일과 같은 설정 아티팩트를 단순 저장하는 용도로 사용한다. 보통 앤서블과 같은 설정 관리 도구를 사용해 네트워크 장비 설정을 인프라 구조로 내보내는 방식의 자동화 사례에서 자주 볼 수 있다. 배포 방법이 네트워크 엔지니어와 소프트웨어 개발자 간에 서로 다를 수 있지만, [그림 13-16]에서 보듯이 CI가 중요한 역할을 담당한다.

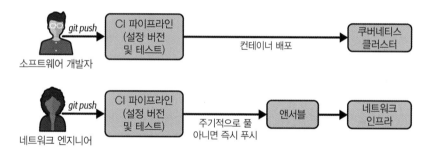

그림 13-16 개발과 네트워킹의 CI 파이프라인 비교

이때 설정이 서비스 운영 환경에서 어떻게 사용되고 롤백은 어떻게 처리되는지를 이해하는 것이 중요하다. 어떻게 이해하는지에 따라 서비스 운영 환경에서 앤서블을 실행하는 방법 및 설정 템플릿 자체를 구성하는 방법이 크게 달라진다. 예를 들어 설정 템플릿의 변경 사항이 주 브랜치로 병합될 때마다 앤서블 플레이북을 사용해 네트워크 장비로 배포할 수 있지만, 그렇게 하면 설정에 영향을 미칠 수 있다. 설정은 항상 덮어 쓰도록 돼 있을까? 그렇다면, 의도치 않게 설정의 주요 부분이 덮어 쓰여지게 되는 걸까?

일부 장비 제조사는 이러한 문제를 해결하는 데 도움이 될 만한 옵션을 제공하고 있다. 예를 들어 Junos 장비로 XML 기반 설정을 내보낼 때는 operation 플래그에 replace 값을 사용해 전체 설정을 교체하도록 지정할 수 있다. 다음은 이 옵션을 활용하는 Junos 설정용 진자 템플 릿이다.

```
<configuration>
  <protocols>
    <bgp operation="replace">
      {% for groupname, grouplist in bgp.groups.iteritems() %}
      <group>
        <name>{{ groupname }}</name>
        <type>external</type>
        {% for neighbor in grouplist %}
        <neighbor>
          <name>{{ neighbor.addr }}</name>
          <peer-as>{{ neighbor.as }}</peer-as>
        </neighbor>
        {% endfor %}
      </group>
      {% endfor %}
    </bgp>
  </protocols>
</configuration>
```

아쉽게도 모든 제조사가 이런 방식을 지원하지는 않는다. 그러나 위와 같이 특별한 경우, CI 파이프라인에서 새로운 패치로 전체 구성을 덮어 써버리면 **의도한 설정**[WISB, What It Should Be]이 항상 **실제 적용된 상태**[WIRI, What It Really Is]와 동일하게 된다.

이 분야 역시 하나의 '만능 열쇠'가 있을 수는 없다. 배포에 관련된 문제는 무엇을 얼마나 자주 배포하는가에 따라 크게 달라진다. 따라서 네트워크 자동화 전략을 먼저 수립하는 것이 가장 좋다. 그런 다음, 개발 리소스를 확보해 보다 공식화된 소프트웨어를 개발할 것인지, 아니면 기존 오픈소스나 상용 도구를 활용해 간단한 스크립트와 템플릿을 배포할 것인지를 결정하는 방식으로 적절한 배포 모델을 선택한다.

그러나 앞서 언급한 동료 간 상호 검토와 자동화 테스트 같은 개념이 적용되기 전에는 절대 배포 자동화를 진행해서는 안 된다. 무엇보다 품질과 안정성을 우선시하지 않는 네트워크 자동화 시도는 실패할 수밖에 없다.

그럼 좀 더 폭넓게 생각해보자. 한 번에 하나의 장비만 변경하는 것이 아니라 전체 네트워크에 변경 사항을 배포한다면 CI/CD에서는 어떻게 접근할 수 있을까? 다음은 애플리케이션을 배포할 때 널리 사용되는 몇 가지 배포 전략이다. 특히 지금과 같은 클라우드 시대에 여기서 무엇을 배울 수 있는지 생각해보면서 검토하는 것이 중요하다.

바로^{in-place} 배포

모든 인프라 노드에 대해 변경 사항을 한 번에 일괄적으로 적용하는 방식

롤링^{rolling} 배포

변경 사항이 모두 적용될 때까지 개별 인프라 구성 요소마다 변경 사항을 천천히 적용해나가는 방식

카나리아^{canary} 배포

운영 환경 인프라에서 적은 비율의 구성 요소에 변경을 적용한 후 성공/실패를 평가하는 방식. 성공한 경우에는 좀 더 많은 비율의 구성 요소에 변경을 적용한다.

블루/그린^{blue/green} 배포

이전 환경을 그대로 두고, 변경을 적용한 새로운 환경을 만드는 방식. 라우팅이나 로드 밸런싱을 이용해 트래픽을 이전 환경에서 새 환경으로 전환한다.

이 방법은 애플리케이션 영역에서, 특히 애플리케이션 인프라가 비교적 비슷한 환경에서 잘 동작한다. 그러나 네트워크 영역에서 어떻게 매핑될 수 있을지는 명확하지 않다. 네트워크는 서로 연결돼 있고 서로 연관성이 많은 일련의 인프라 요소이므로, 단순히 한 번에 한 네트워크 장비만 변경할 수 없는 경우가 많다.

그러나 여전히 배울 만한 점이 많다. 다음 몇 가지를 생각해보자.

- 원하는 모든 변경 사항에 대해 반드시 병렬 네트워크를 가동할 수는 없기 때문에 블루/그린 배포 방식이 처음에는 불가능해 보일 수 있다. 하지만 VRF나 라우팅 인접성처럼 병렬 가상 리소스를 만들 수 있는 경우도 있다. 지금 당장은 더 복잡해질 수 있겠지만, (구성을 복제하는 것보다는 있는 구성의 설정을 변경하는 것이 항상 더 쉬우므로) 변경 자체를 더 쉽게 적용해볼 수 있을 뿐만 아니라 롤백 모델도 훨씬 간단해진다.

- 카나리아 배포는 운영 환경 인프라의 모듈화가 잘 이뤄져 있고 동질적일 경우 가장 잘 동작한다. 잘 통제된 방식으로 변경을 적용할 수 있어야 하며(보통 단일 데이터센터의 행 단위로 변경을 적용한다), 또한 유효한 운영 환경이어야 한다(테스트용으로 사용되는 네트워크에 배포하는 방식은 유효한 카나리아 배포가 아니다). 이러한 사실에서 단순하면서 반복할 수 있는 네트워크 설계가 네트워크 자동화의 성공에 왜 그렇게 중요한지를 잘 알 수 있다.

13.4 요약

여러분이 속한 조직은 아마도(특히 대기업인 경우라면) 사내 소프트웨어 개발실이 따로 있거나, 적어도 맞춤형 소프트웨어를 구축해야 하는 프로젝트를 위해 용역 개발 업체(서드파티 업체)와 협력하고 있을 것이다. 따라서 해당 팀에 연락해 프로세스에 대해 한번 문의해보자. CI 시스템을 사용 중이라면, 네트워크 자동화를 통해 비슷한 목표를 달성할 수 있도록 기존 도구 중 일부를 사용하게 허락할 가능성이 있다.

이번 장에서는 프로세스 개선과 개선 작업에 유용한 도구들을 살펴봤다. 그러나 이 모든 내용과 관련해 진정한 핵심 요소를 꼽는다면 이러한 접근 방식의 비용과 장점을 이해하는 문화일 것이다. 이와 같은 개선 작업에 대해 사업 부서의 동의를 얻지 못한다면, 이러한 개선 시도는 지속될 수 없다.

또한 CI/CD의 상당 부분이 지속적인 학습으로 이뤄진다는 점도 잊지 말자. 현재 상태에서 지속적으로 도전하고, 네트워크 관리 및 모니터링을 하는 현재 방식이 정말 효율적인지 스스로에게 물어봐야 한다. 애플리케이션 요구 사항은 자주 변경되므로 '아니오'라고 답하는 경우가 많을 것이다. 따라서 애플리케이션 및 소프트웨어 개발 커뮤니티에 지속적으로 참여해 개발자들이 어떻게 대응하고 있는지를 미리 파악하고, 이를 바탕으로 네트워크 자동화에서도 이러한 변화에 신속하게 대응하는 파이프라인을 구축할 수 있도록 노력해야 한다.

## CHAPTER 14

네트워크 자동화 아키텍처

이 책에서는 네트워크 자동화에 관련된 다양한 개념과 기술을 소개하고, 여러 가지 도구와 그 활용 방법도 함께 살펴봤다. 그러나 새로운 기술과 개념을 익히는 과정과 이를 종합해 기업에서 네트워크 자동화를 도입하기 위한 추진 계획을 수립하는 과정 사이에는 큰 간극이 존재한다. 따라서 이번 장에서는 2장에서 설명한 자동화 방안을 비롯해 네트워크 자동화 솔루션을 구축하기 위한 종합 전략을 수립하는 데 초점을 맞춘다.

보통 캠퍼스망, 데이터센터, 보안, 클라우드처럼 특정 영역의 문제를 해결하는 방식으로 네트워크 자동화 솔루션을 구축한다. 하지만 영역을 구분해 추진하다 보면 오히려 복잡도만 높아질 뿐, 팀 간 사일로를 해체하거나 각 영역에서 자동화한 작업을 다른 영역에서 재사용하는 데 별로 도움이 되지 않는다. 따라서 이러한 문제를 완화해줄 수 있는, 자동화 작업을 이해하기 쉽고 적용하기도 쉬운 방식으로 구성할 수 있는 **네트워크 자동화 아키텍처**를 제안하고자 한다. 이 아키텍처는 요구 사항과 구성 요소 간 의존 관계를 쉽게 정의할 수 있는 구조화된 관점을 제공하므로, 네트워크 자동화 솔루션으로 자동화할 작업을 설계하고 그에 대한 구현 방안을 선택할 때 전체 시스템 관점에서 더 나은 결정을 내리는 데 도움이 될 것이다.

이번 장에서는 네트워크 자동화 아키텍처의 구조화된 접근 방식을 설명하고, 아키텍처를 이루고 있는 각 구성 요소를 자세히 살펴본다. 끝으로, 이러한 방법론이 실제 적용되는 과정에서 어떻게 활용될 수 있는지를 예제를 통해 살펴본다.

NOTE_ 이번 장에는 다른 장의 내용을 참조하는 부분이 많다. 각 장에서 다뤘던 다양한 주제를 네트워크 자동화라는 큰 그림으로 연결함으로써 각 요소의 역할을 전체 시스템 관점에서 이해할 수 있을 것이다.

그럼 더 이상 머뭇거릴 필요 없이 바로 네트워크 자동화 아키텍처에 대해 알아보자.

14.1 네트워크 자동화 아키텍처 소개

네트워크 자동화 솔루션마다 다양한 구현 방식과 도구를 사용하지만, 결국 모든 솔루션마다 공통적으로 사용되는 패턴이 발견된다. 이러한 공통 패턴을 식별하고 분류할 수 있으면 기능성을 조정해가면서 새로운 솔루션을 구축해 체계적으로 발전시켜나갈 수 있다. 이것이 바로 이 책에서 제안하는 네트워크 자동화 아키텍처의 목표다.

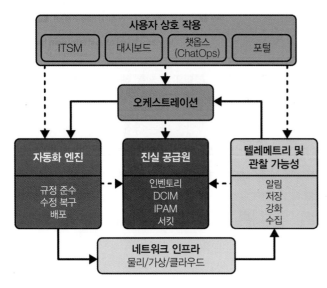

그림 14-1 네트워크 자동화 아키텍처

[그림 14-1]은 네트워크 자동화 솔루션을 여섯 가지 구성 요소로 도식화한 것이다. 아키텍처의 각 구성 요소는 구현에 따라 한 가지 이상의 기능상 목표를 가지며, 솔루션의 목표를 달성하

기 위해 다른 구성 요소와 연결된다. 각 구성 요소를 이해하면 네트워크 작업 워크플로에 어떤 작업이 필요한지, 어떤 단계에 해당 작업을 구현할 것인지를 결정할 수 있으며, 구현 방안과 해결 과제를 쉽게 파악할 수 있다.

아키텍처의 각 구성 요소를 간략히 살펴보자.

네트워크 인프라

1장에서는 NFV와 클라우드/컨트롤러 기반 서비스 등 네트워크 인프라 분야의 새로운 동향에 대해 알아봤다. **네트워크 인프라**에는 전통적인 네트워크 물리 장비를 비롯해 새로운 기술이 모두 포함되며, 이와 관련된 기술은 이미 앞에서 살펴봤다. 10장에서 사용할 수 있는 관리 인터페이스를 알아봤고, 4장에서 새로운 네트워크 패러다임을 소개했다. 또한 5장에서는 이를 에뮬레이션하는 방법을 다뤘다.

사용자 상호 작용

어떤 식으로든 인간은 네트워크 자동화 솔루션과 상호 작용하게 된다. 깃옵스 워크플로를 채택한다면 깃과의 인터페이스가 필요하고, 비전문가를 위한 셀프 서비스를 도입했다면 티켓 발급 시스템과의 인터페이스가 필요하다. 사용 사례마다 적절한 **인터페이스**가 필요하며, 해당 사례에 적절한 인터페이스를 선택했는지에 따라 도입된 솔루션이 안착하는 데 큰 영향을 미친다. 그 정도로 올바른 인터페이스의 선택은 매우 중요하다. 사용자 상호 작용은 사람과 문화를 조율해 네트워크 자동화에 일치시킨다. 최악의 경우는 사용되지 않는 인터페이스를 노출하는 것이다. 14.2.1절 '사용자 상호 작용'에서는 서비스 포털, 대시보드, 메시지 애플리케이션 등 다양한 형태를 소개한다.

진실 공급원

모든 네트워크 자동화 솔루션은 자동화 작업을 실행하기 위한 데이터가 필요하다. 네트워크를 지속적으로 관리하는 용도가 아닌 간단한 솔루션에서는 임시 데이터를 사용할 수 있다. 예를 들어 간단한 자동화 작업이라면 사용자가 실행 인자를 통해 데이터를 전달하는 방식으로 스크립트를 실행할 수도 있다. 하지만 네트워크 자동화 솔루션을 이용해 네트워크 상태를 지속적으로 관리해야 한다면 관리 대상 네트워크에 대해 원하는 상태, 즉 **의도한** 상태intended state를 정의하는 기준 참조 데이터가 필요하다. 진실 공급원은 IP 주소 관리, VLAN,

라우팅 프로토콜, ACL 등 네트워크 배포 및 관리에 필요한 여러 데이터를 사용해 의도하는 네트워크 상태를 설명한다. 진실 공급원을 제대로 구현하려면 데이터 관리에 관한 제약 사항과 장단점을 이해해야 한다.

자동화 엔진

이 구성 요소에는 네트워크 인프라의 상태를 변경하는 작업이 포함되지만, 보다 넓게 보자면 네트워크와의 상호 작용에 관련된 모든 작업이 포함된다. 따라서 사용자와의 상호 작용이나 진실 공급원으로부터 획득한 데이터를 입력으로 사용해 적절한 인터페이스를 통해 네트워크와의 상호 작용을 수행한다. 14.2.3절 '자동화 엔진'에서 살펴볼 자동화 엔진은 설정 관리를 비롯해 장비 재시작과 같은 기타 운영 작업을 모두 수행한다. 12장에서 소개한 도구를 비롯해 10장에서 살펴본 라이브러리를 사용한 스크립트가 어떤 역할을 담당하는지 다시 한번 확인할 수 있는 기회가 될 것이다.

텔레메트리와 관찰 가능성

자동화 엔진과 달리 텔레메트리 및 관찰 가능성 구성 요소는 네트워크 운영 상태를 읽고 조회하는 역할에만 집중한다. 14.2.4절 '텔레메트리와 관찰 가능성'에서는 상태를 수집하고 저장하는 방법, 저장된 데이터를 활용해 적절한 시각화를 제공하는 방법, 네트워크의 실제 상태가 진실 공급원에 정의한 기대 상태와 일치하지 않을 경우 다른 자동화 작업을 수행하도록 통지하는 방법 등을 알아본다.

오케스트레이션

이 구성 요소는 여러 작업을 이어주는 논리를 정의함으로써 다른 구성 요소를 결합해 조율된 워크플로를 만들어내는 역할을 담당한다. 대부분의 자동화 솔루션은 단일 실행 경로를 갖지 않고 성공, 실패, 승인 여부에 따라 다양한 실행 경로를 수행한다. 예를 들어 오케스트레이션 구성 요소가 관찰 가능성 구성 요소로부터 알림 메시지를 수신하면, 자동화 엔진을 통해 특정 작업을 시작하는 방식의 폐쇄형 반복 제어 솔루션을 구축할 수 있다. 14.2.5절 '오케스트레이션'에서는 워크플로 엔진의 특징을 살펴보고, 이벤트 주도 방식의 자동화 솔루션이 어떻게 동작하는지를 알아본다.

NOTE_ 아키텍처에 명시돼 있지는 않지만, 모든 구성 요소는 아키텍처 내의 다른 구성 요소 및 외부 서비스와 통신하기 위한 API를 구현하고 있다. [그림 14-1]에서 API는 점선 화살표로 표시된다. 이 책에서 자세히 다루지는 않겠지만, API 구현이 복잡해지면 API 게이트웨이를 사용하는 등 고급 API 아키텍처를 구현해야할 수도 있다.

이 참조 모델[1]에서 네트워크 인프라 구성 요소를 보다 일반적인 구성 요소로 대체하면 모든 인프라 자동화 솔루션에서 범용 모델로 사용할 수 있다. 하지만 네트워크 분야에서 사용하는 특정 인터페이스와 사용 사례를 고려해, 이 아키텍처를 기반으로 네트워크 자동화 솔루션을 구축하는 방법만 중점적으로 설명한다.

이 아키텍처와 프레임워크는 네트워크 자동화 솔루션을 설계하고 구현했던 다년간의 경험을 바탕으로 만든 것이다. 이 아키텍처는 자동화 작업을 상위 수준 구성 요소로 매핑함으로써 작업의 목적과 상호 연결 관계에 대한 이해를 증진시켜준다. 따라서 이 책에서 다룬 모든 개념을 적용해 완전한 솔루션을 구축하는 방법을 이해하는 데 도움이 될 것이다.

NOTE_ 한층 더 낮은 세부 사항까지 포함한 아키텍처도 제시돼 있는데, IETF에서 최근 RFC 9315[2]로 추진하고 있는 **인텐트 기반 네트워킹**이 그중 하나다. 인텐트 기반 네트워킹도 '진실 공급원'의 개념에 뿌리를 두고 있으며, 이 책에서 제안한 것처럼 폐쇄형 제어 자동화를 구현하고 있다. 관련된 RFC 문서를 읽다 보면 친숙한 아이디어를 많이 발견할 수 있을 것이다.

네트워크 자동화 솔루션도 결국 또 다른 분야의 소프트웨어 솔루션이라는 점을 간과해서는 안된다. 따라서 소프트웨어 애플리케이션을 구축할 때 적용하는 모든 아키텍처 요소를 고려해 솔루션을 구축해야 한다. 최종 솔루션은 상용 도구, 오픈소스 소프트웨어, 사용자 맞춤형 확장 기능이나 부가 확장 기능 등으로 구성되며, 각 구성 요소는 전체 시스템에 신중히 통합돼야 한다.

자체 소프트웨어 구성 요소를 구축하는 방법은 이 책이 다루는 범위를 벗어나지만, 간단히 말하자면 11장과 13장에서 소개한 것처럼 애플리케이션을 통합하고 배포하는 소프트웨어 개발 모범 사례를 따르는 것이 좋다(이 주제를 다루는 책이 많이 출간돼 있다). 마찬가지로 이 책에

---

1 옮긴이_ 참조 모델(reference model)이란 기준이 되는 모델을 의미한다. ISO-OSI 7계층 모델도 네트워크 프로토콜의 참조 모델 중 하나다.

2 https://datatracker.ietf.org/doc/rfc9315/

서 솔루션의 확장성, 회복탄력성, 보안 등과 같은 고려 사항은 자세히 다루지 않지만, 실제 솔루션을 구축한다면 반드시 이런 사항도 함께 고려해야 한다.

구성 요소를 자세히 살펴보기 전에 자동화를 대하는 중요한 규칙을 다시 한번 강조하고 싶다. 네트워크 자동화는 기존 운영 워크플로를 혁신하고 개선하는 작업이다. 하지만 **이해하지 못한 작업을 자동화할 수는 없다**. 자동화는 언제나 현재 프로세스를 이해하는 과정에서 출발해야 한다. 이러한 사고방식을 실제로 적용한 사례를 14.3절 '예제를 통한 아키텍처 이해'에서 설명한다.

지금부터는 아키텍처의 각 구성 요소를 자세히 들여다보자.

14.2 아키텍처 구성 요소 개관

[그림 14-1]을 통해 네트워크 자동화 아키텍처의 전반적인 모습을 살펴보고 각 구성 요소의 역할을 개략적으로 이해할 수 있었다. 이번 절에서는 각 구성 요소의 목적, 기능, 공통 사용 사례, 관련 과제 등을 알아본다.

> **NOTE_** 앞에서 언급했듯이 네트워크 인프라 구성 요소는 이미 1장, 4장, 5장, 10장에서 다뤘으므로, 여기서 다시 다루지 않는다. 하지만 아키텍처에서 다루는 범위에 모든 유형의 네트워크가 포함된다는 점은 꼭 기억해두자.

이번 절에서는 각 구성 요소가 서로 어떻게 연결됐는지 살펴보고, 실제 구현 시 활용할 수 있는 제품과 도구에 대한 참고 자료를 제공한다. 보다시피 대부분의 도구는 아키텍처상 여러 구성 요소의 역할을 수행할 수 있지만, 가장 일반적으로 사용되는 핵심 기능에 따라 분류했다. 예를 들어 12장에서 살펴본 설정 관리 도구인 앤서블을 **자동화 엔진** 구성 요소로 분류했지만, 앤서블 CLI를 중점적으로 사용하는 일부 사용 사례에서는 **사용자 상호 작용** 구성 요소로 분류할 수도 있다.

또한 참고 자료에서 소개하는 도구 중에는 솔루션에서 구현해야 하는 대부분의 기능을 모두 제공하는 도구도 있다. 경우에 따라서는 약간의 설정을 추가하거나 간단한 코드 확장 기능을 사용할 수도 있는데, 예를 들어 자신만의 앤서블 플레이북을 정의하는 것과 같은 작업이 필요할 수 있다. 솔루션을 구축하고 관리하는 데는 리소스가 들어가므로, 외부 솔루션을 활용하는 것보다는 기존 솔루션을 재사용하는 것이 좋다. 하지만 요구 사항을 도저히 해결할 수 없다면 결국 자체 애플리케이션을 새로 구축해야 한다. 이때 어려운 선택 과정이 수반되므로 흔히 **'구축과 구매의 딜레마**build versus buy'라고 부른다. 구축을 고려 중이라면 항상 현재와 미래에 회사에 미칠 영향에 대해서도 고민해야 한다.

> **TIP_** 아키텍처를 설계할 때 의사결정 과정을 문서화하는 문화를 갖는 것은 매우 바람직하다. 왜 그러한 결정을 내렸고 의사결정 과정에서 고려했던 제약 사항은 무엇이었는지를 이해하는 데 큰 도움이 된다. 이 주제에 대한 좋은 참고 자료로 깃허브에서 사용하는 아키텍처 의사결정 기록 프로세스ADR, Architectural Decision Record process 가 *https://adr.github.io/*에 공개돼 있다.

이번 절의 궁극적인 목표는 네트워크 자동화 솔루션을 설계하고 실제로 구현하는 과정에서 고려해야 하는 핵심 사항에 대해 참고할 만한 기준을 제시하는 것이다. 그 첫 번째 단계로 사용자와 솔루션과의 상호 작용 방식에 대해 알아본다.

14.2.1 사용자 상호 작용

자동화 솔루션을 구축하더라도 자동화 시스템과 상호 작용을 주고받는 최종 사용자를 잠시라도 잊어서는 안 된다. 사용자에게 최적화된 경험을 제공하고 솔루션 도입을 개선하기 위한 적절한 인터페이스를 선택하려면 각 페르소나의 역할(기술 숙련도와 동기)을 잘 이해하는 것이 매우 중요하다.

예를 들어 수많은 접속 지점PoP, Points of Presence과 BGP 피어링을 사용하는 네트워크를 운영 중인 인터넷 콘텐츠 사업자를 관리한다고 가정해보자. 사내 네트워크 운영 팀은 문제를 빨리 해결할 수 있는 CLI 인터페이스를 선호할 것이다. 하지만 네트워크 용량 계획 팀에게는 대시보드를 사용해 데이터를 쉽게 활용하는 방법이 더 편리할 것이다. 기반 시스템을 변경하지 않고도 단지 UI(사용자 인터페이스)만 변경해 UX(사용자 경험)를 혁신할 수 있다.

소비자가 네트워크 서비스와 상호 작용하는 방식도 변화해 이제 **서비스형 네트워크**는 거스를 수 없는 대세가 됐다. 오늘날 클라우드 기반 솔루션이 광범위하게 도입되면서 모든 사람이 거의 실시간으로 인프라를 소비하는 데 익숙해졌다. 따라서 네트워크 서비스도 이와 비슷한 경험을 제공할 수 있다면, 사용자의 기대에 부응하면서도 네트워크 서비스 도입에 따른 마찰은 줄일 수 있을 것이다. 서비스형 네트워크를 구축하기 위해 아직 다방면에서 해결해야 할 복잡한 문제들이 남아 있다. 하지만 사용자 상호 작용은 솔루션의 최전선이라는 점과 적절한 사용자 경험을 제공할 수 있도록 준비해야 한다는 점은 재론의 여지가 없다.

사용자 상호 작용은 크게 그래픽 기반 인터페이스와 텍스트 기반 인터페이스로 나눌 수 있는데, 여기서는 두 방식 모두를 살펴본다. 네트워크 상태를 관리하는 작업이나 단순히 관찰하는 작업에는 두 방식을 모두 사용할 수 있다. 또한 네트워크 자동화 솔루션에 대한 이해를 돕고 운영 및 확장에 관련된 지식을 공유할 수 있는 문서화 솔루션도 살펴본다.

지금부터 소개하는 대부분의 사용자 상호 작용은 새로운 것이 아니다. 이미 이전에 사용해본 독자들도 있을 것이다. 여기서 중요한 점은 단지 대면 인터페이스에 머무르지 말고, 이러한 도구를 최대한 활용해 네트워크 자동화의 최일선으로 자리매김해야 한다는 사실이다. 사용자와 자동화 양쪽의 기대치에 맞게 조정하다 보면 프로세스가 더 원활해지고 시간 낭비를 막을 수 있다. 앞에서 언급했듯이 사용자는 모든 IT 서비스를 이용할 때 셀프 서비스처럼 자동으로 처리되는 경험을 원하며, 이는 네트워크 엔지니어링 부서의 효율적 시간 활용이라는 측면에도 맞닿아 있다.

모든 사용자 상호 작용에서 공통적인 과제 중 하나는 데이터의 양방향 흐름, 즉 데이터 인입과 데이터 인출을 정의하는 것이다.

데이터 인입data in

사용자가 수집하는 데이터는 다른 아키텍처 구성 요소의 기대치에 부합해야 한다. 데이터 품질을 강화하려면 처음부터 잘 알려진 스키마를 준수하도록 강제해야 한다. 데이터의 구조는 정확해야 하며, 그 내용은 유효성 검사 규칙을 통과해야 한다. 입력 데이터 중에 호스트의 IPv6 주소가 포함돼 있다면, IPv6 주소 형식을 정의하고 있는 RFC 규격을 따르지 않는 형식은 UI에서 입력할 수조차 없어야 한다.

단순함 또한 중요한 요소다. 여기서 '단순함'이란 사용자에게 반드시 필요한 데이터만 최소한으로 요청해야 하며 자동화된 프로세스로 데이터를 확장한다는 것을 의미한다. 이렇게 되면 데이터 입력 과정의 지루함과 인적 오류를 최소화할 수 있다. 예를 들어 어떤 위치에 새로운 장비를 프로비저닝해야 할 경우 장비명에 대한 명명 규칙을 미리 정해뒀다면, 사용자가 다양한 방식으로 장비명을 설정하는 대신 자동화 시스템에서 정확한 명칭을 자동으로 부여할 수 있다.

NOTE_ 데이터 품질은 단지 사용자 상호 작용만의 문제가 아니라 다른 구성 요소와 함께 책임지고 관리해야 하는 복합적인 과제다. 앞에서 살펴본 IPv6 예제에서도 사용자가 아무리 올바른 형태의 데이터를 입력하더라도 네트워크 자동화 과정의 다른 유효성 검사 단계에서 해당 IP 주소가 이미 사용 중이거나 라우팅 설정과 일치하지 않는 등의 문제를 일으킬 수 있다.

데이터 인출data out

사용자마다 필요한 정보가 다른 것처럼 자동화 프로세스에서 어떤 역할을 맡고 있는지에 따라 최적의 데이터 내용과 형식이 달라진다. 예를 들어 티켓 시스템을 통해 워크플로가 시작된다면 최종 데이터는 티켓의 갱신 상태가 될 가능성이 높다. 데이터에는 수행한 작업의 결과를 이해하는 데 필요한 관련 정보들이 모두 들어 있어야 하며, 필요에 따라 텍스트, 하이퍼링크, 그림을 사용할 수 있다.

하지만 데이터 인출 자체를 워크플로의 최종 실행 결과로 받아들이면 안 된다. 자동화된 워크플로를 실행하는 과정에서 사용자에게 진행 상황을 알려주기 위해 노출되는 데이터일 수도 있고, 작업 승인 요청처럼 상호 작용을 요청하기 위해 여러 데이터 요소가 사용자에게 노출될 수도 있다.

사용자 상호 작용을 간략히 살펴봤다. 지금부터는 그래픽 사용자 인터페이스에 대해 알아보자.

그래픽 사용자 인터페이스

그래픽 사용자 인터페이스(GUI)는 무수히 많은 용도로 사용되며, 각 GUI마다 고유의 특성을 갖고 있다. 이번 절에서는 가장 많이 사용되는 세 가지 GUI인 IT 서비스 관리 시스템 인터페이스, 서비스 관찰을 위한 대시보드 인터페이스, 일상 언어로 상호 작용이 가능한 챗옵스 인터페이스를 살펴본다.

[그림 14-1]의 아키텍처 구성 요소를 살펴보면, 비록 주목적이 최종 사용자와의 상호 작용이 아니더라도 자신의 기능을 쉽게 사용할 수 있도록 그래픽 인터페이스를 제공해 진입 장벽을 낮춘 도구들이 많다. 대부분의 도구는 네트워크 엔지니어에게 유용한 UI를 제공하지만, 최종 사

용자에게는 적합하지 않을 수도 있다. 따라서 올바른 도구를 선택하려면 항상 최종 사용자의 관점을 고려해야 한다.

IT 서비스 관리. IT 서비스 관리(ITSM, IT Service Management) 시스템은 **셀프 서비스 포털**, 원스탑 포털이라고도 불리며, 조직 내에 제공하는 **서비스 카탈로그** 중에서 이용할 수 있는 모든 종류의 서비스를 요청하는 진입점이다. 모든 서비스에 대해 어떤 식으로 요청이 전달되는지, 어떤 과정을 거쳐 최종 사용자에게 해당 서비스를 제공하는지 등이 정의돼 있으며, 가장 간단하게는 요청 처리 시스템처럼 구현할 수 있다. 보통 티켓이 승인된 상황, 티켓이 절차에 따라 진행되는 상황, 그리고 티켓이 완료됐음을 알려주는 알림 통지 기능 등을 구현한다.

이메일을 통해 조율하는 다른 커뮤니케이션 시스템에 비해 서비스 처리 상황을 쉽게 조율할 수 있다는 장점이 있으므로, 네트워크 서비스도 당연히 ITSM 서비스를 통해 제공하는 방향으로 전환되고 있다. 하지만 이는 첫 단계에 불과하다. ITSM을 사용한다고 해서 그 자체로 자동화가 이뤄지지는 않는다. 또한 서비스 제공에 필요한 모든 과정을 수동으로 구현할 수도 있다. 네트워크 자동화의 전략적 목표는 서비스 관리 과정을 기계가 수행할 수 있는 작업으로 전환하는 것이며, 자동화 여정을 통해 더 많은 작업을 자동화하면서 프로세스를 점진적으로 개선할 수 있다. 그렇다고 자동화를 '모 아니면 도'라는 식으로 취급해서는 안 된다. 때로는 프로세스 전반에 걸쳐 일부 작업은 수동으로 남겨두거나 사람이 판단할 수 있는 지점으로 남겨두는 것이 합리적인 경우도 있다.

최신 ITSM 플랫폼은 서비스 제공 시간과 자원 효율성을 최적화하므로 자동화를 촉진시키는 많은 기능을 제공한다. 자동화를 지원하는 ITSM의 주요 특징 중 몇 가지를 살펴보면 다음과 같다.

- 유효성 검사와 구조화된 데이터로의 변환을 통해 데이터 입력으로 사용할 수 있는 기능. 단순성을 항상 염두에 둬야 하며, 사용자는 서비스 제공을 위해 반드시 필요한 정보만 제공해야 한다. 데이터는 사용자가 정의한 규칙을 준수함으로써 워크플로의 다음 단계에서 예상하는 데이터 기준에 부합해야 한다.

- 사용자를 대신해 여러 소스에서 획득한 데이터를 입력 데이터로 통합하는 기능. 예를 들어 사용자가 서비스를 제공받을 위치를 입력해야 할 경우, 시설 관리 시스템으로부터 이용 가능한 위치를 조회하는 인터페이스를 제공하면 더 간단하지만 안정적으로 데이터를 입력받을 수 있다.

- API를 활용한 외부 구성 요소와의 연동 및 통합 기능. 자동화된 작업은 종종 외부 프로세스를 시작할 수 있어야 하며, 이런 프로세스는 즉시 완료되지 않고 시간이 걸리는 경우가 많다. 요청을 받은 외부 시스템

이 해당 작업을 완료하면 ITSM으로 작업 결과를 통지해 후속 프로세스를 재개할 수 있어야 한다.

- 서비스 제공 업무 관련자와 상호 작용하는 통지 시스템. 예를 들어 서비스 승인이 필요할 경우 자격을 갖춘 팀원에게 요청을 보내고, 서비스에 대한 승인을 받을 수 있다.

[그림 14-2]는 서비스나우ServiceNow ITSM을 통해 사용자가 새로운 VLAN을 요청하는 티켓 화면이다. 일단 티켓이 승인되면 변경 사항에 대한 일정이 예약되고, 외부 앤서블 플레이북을 실행해 변경 사항이 적용된다. 이러한 도구를 적절히 통합하면 네트워크 자동화와 사용자 상호 작용을 용이하게 만들 수 있다.

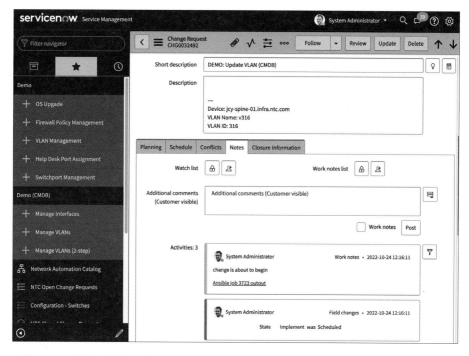

그림 14-2 IT 서비스 관리 시스템

TIP_ 변경 관리 하나만으로도 이야깃거리가 많은 큰 주제다. 조직의 변경 관리 프로세스를 잘 이해한 다음, 프로세스에 적합한 네트워크 자동화 솔루션을 구축하는 것이 좋다.

대시보드. ITSM의 다른 측면에는 대시보드가 있는데, 많은 양의 데이터를 간결하고 효과적인 형식으로 표시하는 읽기 전용 시각화 기능을 제공한다. 매우 다양한 출처에서 획득한 정보를 각 사용 사례에 맞게 여러 형식으로 표현한다.

네트워크 인프라로부터 수집된 운영 상태를 대시보드로 시각화하는 방법은 14.2.4절 '텔레메트리와 관찰 가능성'에서 상세히 다룬다. 적절한 정보를 얻기 위해 고급 질의를 수행하다 보면 정규화되고 강화된 데이터를 활용하는 것이 중요하다는 사실을 깨닫게 된다.

각 목적에 맞게 특화된 도구를 찾을 수 있는데, 예를 들어 비즈니스 인텔리전스 분야에서는 태블로Tableau나 마이크로소프트 파워 BIPower BI 등의 상용 제품을 이용할 수 있다. IT 엔지니어링 역시 여러 방안이 존재하는데, 최근 가장 인기 있는 오픈소스 프로젝트로는 그라파나Grafana[3]와 키바나Kibana[4]가 있다.

대시보드 도구를 선택할 때는 다음 두 가지 핵심 요소를 고려해야 한다.

데이터 소스 통합

얼마나 다양한 종류의 데이터 소스를 통합할 수 있는가? 새로운 데이터 소스를 통합하기 위한 개발 작업은 얼마나 쉬운가? 첫 번째 질문은 특히 데이터 소스를 통합할 수 있는 사내 인력이 제한돼 있는 경우 중요하지만, 현실적으로 모든 데이터 소스를 통합할 수 있는 시스템은 존재하기 어렵다. 따라서 필요에 따라 API를 통해 새로운 통합 기능을 쉽게 개발할 수 있는 도구가 함께 제공되는지를 살펴보는 것이 중요하다.

사용자 정의 대시보드

데이터가 연결돼 있다면, 데이터를 효과적으로 활용할 수 있도록 어떤 데이터 시각화 방식으로 지원해야 하는지를 살펴봐야 한다. 일반적인 대시보드에서는 막대/직선 그래프, 히스토그램histogram, 히트맵heatmap, 산키 도표Sankey diagram[5] 등을 이용한다. 또한 대시보드를 보다 효과적이고 효율적으로 관리하려면, 이러한 도표를 코드로 정의할 수 있는지도 중요하게 고려해야 한다.

---

3 옮긴이_ 제품 페이지는 *https://grafana.com/*이며, 소스 코드는 *https://github.com/grafana/grafana*에서 구할 수 있다.

4 옮긴이_ 제품 페이지는 *https://www.elastic.co/kr/kibana*이며, 소스 코드는 *https://github.com/elastic/kibana*에서 구할 수 있다.

5 옮긴이_ '생키 도표'라고도 한다. 노드와 링크로 데이터의 이동이나 흐름을 강조해 보여준다.

챗옵스. 요즘은 거의 모든 조직에서 인스턴스 메시지 애플리케이션을 도입해 사용한다. 슬랙Slack[6], 마이크로소프트 팀즈Microsoft Teams[7], 시스코 웹엑스WebEx[8]나 매터모스트Mattermost[9] 등과 같은 솔루션은 사람들 간의 비동기 커뮤니케이션을 지원한다. 그러나 상대방을 봇bot으로 대체해 네트워크 자동화 솔루션의 일부 기능을 이용할 수 있게 만들면 접근 장벽을 낮출 수 있다. 이러한 시도를 일반적으로 챗옵스ChatOps라고 부른다.

챗옵스 봇에서는 워크플로를 시작하거나, 진실 공급원을 갱신하거나, 네트워크의 실제 상태를 파악해 다른 팀원들에게 공유함으로써 문제 해결 과정을 지원하는 등과 같은 여러 형태의 작업을 채팅 방식으로 제공한다. 그러면 복잡한 모든 과정을 노출하지 않고도 작업을 진행할 수 있게 되므로, 사용성이 간단해지고 효율성도 증진된다.

[그림 14-3]은 나우토봇 챗옵스Nautobot ChatOps 애플리케이션[10]을 실행한 예다. `/netops find ip 10.1.1.3` 명령이 포함된 대화 메시지를 보내면, 자동화 시스템에서 나머지 작업을 처리한 후 IP나 MAC 주소가 사용된 스위치와 인터페이스의 위치를 챗옵스 실행 결과 형태로 알려준다. 이 예제는 매우 간단한 사례이지만, 네트워크 팀의 필요에 따라 명령을 계속 추가해가면서 팀 전체가 기능 발전에 기여하게 된다.

⊙ Only visible to you

I know the following `/netops` subcommands:
- `/netops find [ip-or-mac] [address]`   Find a device by IP or MAC Address.

Standby @Christian Adell, I'm on it. Tracking down 10.1.1.3 for you.

Hey @Christian Adell, here is that device you requested
Shortcut: `/netops find`

```
Device located with IP address: 10.1.1.3
switch: nyc-sw-02
interface: Gi1/47
mac: 33:00:11:22:33:33
```

그림 14-3 챗옵스 사용 사례

---

6 *https://slack.com/intl/ko-kr/*

7 *https://www.microsoft.com/ko-kr/microsoft-teams/group-chat-software/*

8 *https://www.webex.com/*

9 *https://mattermost.com/*

10 챗옵스 프레임워크. *https://github.com/nautobot/nautobot-app-chatops*

TIP_ 네트워크 운영에 챗옵스를 도입할 경우 얻을 수 있는 흥미로운 이점 중 하나는 바로 누적 효과다. 챗옵스를 운영하다 보면 더 많은 경험과 지식이 쌓이면서 챗옵스에서 사용할 수 있는 명령이 계속 개선된다. 예를 들어 MPLS 문제 해결 스트립트를 만들어두면 다른 엔지니어가 점차 이 스크립트를 개선해가면서 더 많은 기능을 추가할 수 있다. 이렇게 쌓인 지식은 엔지니어가 회사를 떠나더라도 시스템에 그대로 남게 된다.

인공지능과 자연어 처리가 발전하면서 이와 같은 챗 기반 인터페이스는 한층 더 발전해 보다 자연스러운 대화 방식의 UX를 통해 네트워크 자동화 아키텍처와 상호 작용하는 것도 가능해졌다. 예를 들어 최근 많은 인기를 얻고 있는 오픈AI의 챗GPT^{ChatGPT}는 맥락에 맞는 단어 단위의 응답을 생성하는 거대 언어 모델^{LLM, Large Language Model}을 통해 사람과 모델이 '대화'를 나눌 수 있다.

이러한 기술 발전은 로그를 분석해 근본 원인을 제시하거나, 네트워크 장비 설정을 다른 플랫폼으로 변환하거나, 설정 컴플라이언스 준수 여부를 분석하거나, 구체적인 요구 사항을 해결하기 위해 프로그래밍 언어로 작성된 조각 코드를 생성하는 등 다양한 분야에 큰 영향을 미칠 수 있다. 또한 API를 통해 다른 정보 소스와 상호 작용할 수 있는 플러그인으로도 통합할 수 있다 (예를 들어 네트워크의 실시간 운영 데이터를 조회한다거나 진실 공급원에서 네트워크 인텐트를 가져올 수 있다).

GUI가 사용자 상호 작용에 매우 유용하지만, 몇몇 사용 사례나 페르소나에서는 텍스트 기반 상호 작용 방식이 더 편리하다. 계속해서 텍스트 기반 상호 작용을 살펴본다.

텍스트 기반 상호 작용

GUI와 마찬가지로 여러 형태의 텍스트 기반 UI가 존재한다. 네트워크 엔지니어의 오랜 친구인 명령행 인터페이스(CLI)부터 시작해보자.

네트워크 엔지니어링 분야에 5년 이상 종사했다면 네트워크 장비와의 상호 작용을 위해 CLI를 사용해본 적이 있을 것이다. 이 책을 읽으면서 느꼈겠지만, CLI를 점차 사용하지 않는 것이 현재의 추세임은 분명하다. 그러나 CLI는 많은 네트워크 자동화 사용자와 네트워크 엔지니어에게 친숙한 방식이므로, 여전히 네트워크 자동화 솔루션과의 상호 작용에 유용하게 사용된다. 실제로 12장에서 설명한 도구를 다시 생각해보면, 앤서블과 테라폼도 CLI를 제공하고 있다.

NOTE_ 자기만의 CLI를 만들 수도 있다. 각 프로그래밍 언어에는 CLI 개발을 도와주는 라이브러리도 많이 개발돼 있다. 대표적으로 파이썬에는 Click[11]과 Rich[12] 등이, Go 언어에는 Cobra 라이브러리[13]가 널리 사용된다.

끝으로, 네트워크 자동화를 통해 다양한 사용자를 위한 문서와 보고서를 생성하는 과정을 살펴보자.

문서화와 보고서

사용자마다 문서화와 보고서에 대한 요구 사항이 다르다. 네트워크 엔지니어는 주로 네트워크 설계를 도식화해 이해하는 것에 익숙하다. 기술 리더는 표준을 따라 구현했는지 검증하는 컴플라이언스 보고서에 관심이 많다. 자동화가 없다면 여러 종류의 문서를 생성하는 데 많은 비용이 들어갈 수 있으며, 일단 문서를 생성하더라도 네트워크는 끊임없이 변화하므로 금세 쓸모없는 옛날 문서로 전락해버리고 만다. 바로 이런 부분이 자동화가 필요한 곳이다.

12장에서는 마크다운 언어를 사용해 실제 데이터를 최종 HTML 형태의 보고서로 생성하는 예제를 살펴봤다. 사용자 친화적 문서를 생성할 수 있는 마크업 언어에 마크다운만 있는 것은 아니다. **코드에서** 문서를 생성하는 데 널리 사용되는 아스키독^AsciiDoc이나 reStructedText 등과 같은 대안 언어도 존재한다. 최종 문서는 HTML, PDF, DOCX 등 원하는 형태로 렌더링할 수 있다. 또한 도표나 그래프로 된 문서를 만드는 데 중점을 두는 언어도 있다(C4 모델링을 위한 Structurizr[14]나 복잡한 도식화를 위한 Mermaid[15] 등이 있다).

NOTE_ 이 책도 아스키독 포맷으로 쓰여졌다.

Mermaid를 사용해 네트워크 다이어그램을 그려보자. 이 다이어그램에는 네트워크 인벤토리 시스템에서 얻은 정보와 LLDP 등으로 획득한 네트워크 상태 정보를 사용한다. 크게 2개의 스

---

11 https://github.com/pallets/click
12 https://github.com/Textualize/rich
13 https://github.com/spf13/cobra
14 https://structurizr.com/
15 https://mermaid.js.org/

파인 네트워크와 2개의 리프 네트워크로 구성된 환경이라고 가정한다. 리프 스위치에 연결된 서버를 포함한 네트워크 토폴로지 도표를 그려본다. 진실 공급원에서 가져온 데이터는 다음과 같다.

```
---
connections:
  - side_a: sw1-spine
    side_b: sw1-leaf
    ip_prefix: 192.0.2.0/29
  - side_a: sw1-spine
    side_b: sw2-leaf
    ip_prefix: 192.0.2.8/29
  - side_a: sw2-spine
    side_b: sw2-leaf
    ip_prefix: 192.0.2.4/29
  - side_a: sw2-spine
    side_b: sw1-leaf
    ip_prefix: 192.0.2.12/29
  - side_a: sw1-leaf
    side_b: serverA
    ip_prefix: 10.0.0.0/29
  - side_a: sw2-leaf
    side_b: serverA
    ip_prefix: 10.0.0.4/29
```

9장에서 배운 진자 구문을 사용해 다음과 같은 템플릿을 정의한다.

```
graph TD
{% for connection in connections %}
{{ connection.side_a }}({{ connection.side_a }}) ---|{{ connection.ip_prefix }}|
  {{ connection.side_b }}({{ connection.side_b }})
{% endfor %}
```

이 둘을 합쳐 다음과 같은 Mermaid 조각 코드를 생성한다. Mermaid 코드는 마크다운 문서에 포함될 수 있다. 이 코드로 그림을 생성하면 [그림 14-4]와 같다.

```
graph TD
sw1-spine(sw1-spine) ---|192.0.2.0/29| sw1-leaf(sw1-leaf)
sw1-spine(sw1-spine) ---|192.0.2.8/29| sw2-leaf(sw2-leaf)
```

```
sw2-spine(sw2-spine) ---|192.0.2.4/29| sw2-leaf(sw2-leaf)
sw2-spine(sw2-spine) ---|192.0.2.12/29| sw1-leaf(sw1-leaf)
sw1-leaf(sw1-leaf) ---|10.0.0.0/29| serverA(serverA)
sw2-leaf(sw2-leaf) ---|10.0.0.4/29| serverA(serverA)
```

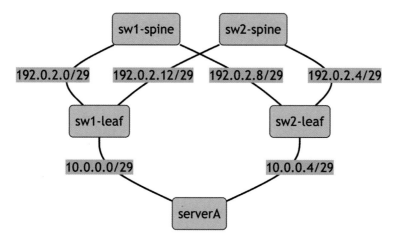

그림 14-4 코드로 작성한 네트워크 다이어그램

NOTE_ *https://mermaid-js.github.io/mermaid-live-editor/edit*에서 제공하는 라이브 편집기를
사용해 Mermaid 도표를 바로 그려볼 수 있다.

문서를 바로 생성할 수 있게 되면 데이터를 거의 실시간으로 접근할 수 있고, 훨씬 적은 노력으
로 일관된 형태의 문서를 재생산할 수 있으며, 필요에 따라 형태를 조금씩 맞춰나갈 수 있다.
일단 문서 생성 로직을 정의해두면 결과물을 얻기 위해 여러 번 사용할 수 있다. 또한 의도하는
상태 데이터나 실제 상태 데이터를 사용할 수 있으므로, 두 경우에 대한 스냅샷 문서를 손쉽게
작성할 수 있다. 즉, 진실 공급원으로부터 얻은 데이터를 이용해 의도하는 네트워크 설계에 대
한 문서를 생성할 수 있고, 실제 조회한 운영 상태 데이터를 이용해 현재 네트워크 상태에 대한
문서를 생성할 수 있다.

사용자 인터페이스의 기본적인 특징을 살펴봤으니, 네트워크 자동화 솔루션의 또 다른 초석인
네트워크 형태 정의에 대해 알아보자.

14.2.2 진실 공급원

이 책에서 모든 자동화 솔루션은 반드시 구조화된 데이터를 기반으로 구축돼야 한다고 여러 차례 언급했다. 사실 이 주장은 새롭게 등장한 것이 아니다. '데이터 사용 사례' 절에서 보게 되겠지만, 데이터센터 인프라 관리나 IP 주소 관리와 같은 개념은 오래전부터 있었다. 여기서 관점상의 큰 변화는 데이터가 더 이상 문서화나 배포된 내용을 표현하는 용도로만 사용되는 것이 아니라는 점이다. 네트워크 자동화가 시작되면 데이터가 네트워크 운영을 주도하게 된다.

진실 공급원은 네트워크의 **의도된** 상태를 표현하기 위해 업계에서 통용되는 개념이다. '진실 공급원SoT, Source of Truth'이라는 이름을 들어보면 마치 단일 시스템처럼 느껴지지만, 1개 이상의 시스템으로 구현될 수 있는 추상적인 개념이다. 하지만 '데이터 품질' 절에서 볼 수 있듯이 진실 공급원은 하나의 일관된 데이터 집합으로 동작해야 한다.

진실 공급원을 네트워크 운영의 기둥으로 삼는 것은 네트워크 엔지니어에게 가장 큰 사고의 전환일 것이다. 그동안 네트워크 설계는 문서나 도표로 표현됐다. 하지만 '문서화와 보고서' 절에서 소개한 것처럼 패러다임이 바뀌면서, 진실 공급원이 권위 있는 참조 기준이 되고 이 데이터를 기반으로 이후 활용하기에 가장 적절한 형태로 렌더링된다. 따라서 네트워크의 의도된 상태를 정의하는 진실 공급원 전략을 도입해야만 네트워크 자동화를 성공적으로 전개할 수 있다.

자동화된 네트워크 시스템에서 진실 공급원의 데이터를 관리하는 것도 네트워크 엔지니어의 업무에 포함된다. 데이터는 네트워크의 의도된 예상 상태를 **구조화된 데이터**로 표현된 인텐트로 정의한다. 이미 깃 저장소의 YAML 파일로 정의해뒀다면, 자신도 모르는 사이에 이미 SoT 전략을 전개한 것이다. 데이터는 다른 아키텍처 구성 요소에서 운영 상태를 변경하고 검증하는데 사용된다.

> **TIP_** 네트워크 관리에서 데이터 우선 전략을 펴면, 네트워크 설계를 실제 구성 아티팩트로 전환하는 과정에서 발생할 수 있는 많은 수작업과 예기치 못한 오류를 줄일 수 있다.

자동화의 범위가 확장되면서 진실 공급원도 함께 확장된다. 처음에는 사람이 채워 넣은 데이터이거나 일회성 가져오기 스크립트에서 출발하지만, 최종적으로는 네트워크 상태를 통합적으로 표현하기 위해 연동하는 서드파티 시스템이 갖고 있는 데이터도 포함해야 한다. 데이터를 관리하기 위해 수집, 정규화, 보존 절차를 정의하는데, 이 과정에서 추출-변환-적재ETL, Extract-

Transform-Load 작업이 이뤄지므로 ETL 프로세스라고 부른다. 일반 데이터 관리 프로세스처럼 진실 공급원의 데이터도 계속 양호한 상태로 유지하기 위한 관리 절차를 신중하게 설계해야 한다. 예를 들어 모든 인터페이스와 회선에 대한 설명 정보를 진실 공급원에 저장할 수 있지만, 예정된 유지 보수 시간에 따라 통신 회신의 의도가 달라질 수 있다. 진실 공급원에 회선 제공업체의 의도를 포함해 저장할 수 있으면 네트워크 운영에 필요한 더 많은 정보를 얻을 수 있다.

이번 절에서는 SoT 전략을 설계하고 구현하기 위해 고려해야 하는 몇 가지 측면을 살펴본다.

데이터 품질

진실 공급원은 데이터가 전부이며, 관리하는 데이터의 품질에 따라 그 성능이 좌우된다. 데이터 품질에 대한 정의는 여러 가지 해석이 존재할 수 있겠지만, 여기서는 평가하는 기본적인 기준을 이야기한다.

데이터 사용 사례

진실 공급원 개념은 모든 IaC 솔루션에 적용된다. 네트워크 관련 데이터 사용 사례를 중점적으로 살펴보면서 활용 가능한 구체적인 사례를 찾아봐야 한다.

데이터 모델링

데이터를 다룰 때 가장 중요한 측면 중 하나는 올바른 데이터 모델을 정의하는 것이다. 데이터 모델은 네트워크 의도를 정의하기에 충분하면서도 데이터 작업을 쉽게 수행할 수 있도록 단순해야 한다.

영속성

네트워크가 중단 없이 계속 동작하려면 네트워크 상태를 정의한 데이터도 계속 유지돼야 한다. 몇 가지 방안이 있으므로, 각각의 장단점을 고려해 선택해야 한다.

데이터 채우기

결국 진실 공급원을 사용하려면 데이터를 채워 넣어야 한다. 가장 일반적인 접근 방법을 살펴본다.

분산 진실 공급원

앞에서 소개한 것처럼, 진실 공급원은 전체적으로 일관된 네트워크 의도를 제공하기 위해 여러 데이터 시스템과 연동되도록 구성될 수 있다.

먼저 **좋은 데이터**에 대한 정의에서부터 출발해보자.

데이터 품질

모든 자동화 솔루션에서 데이터가 왕이다. 자동화 엔진이 네트워크 인텐트를 네트워크 인프라에 적용할 수 있게 만들어주는 것이 바로 데이터다. 따라서 네트워크 인프라의 상태는 사용하는 데이터의 품질만큼만 좋아질 수 있다. 신뢰할 수 있는 데이터로 간주되려면 데이터 품질 원칙이 부합하도록 반드시 검사 절차를 거쳐야 한다. 이것이 바로 **데이터 품질**data quality이다.

데이터 도메인에 따라 정의가 달라지겠지만, 다음 질문을 계속 염두에 두면서 데이터가 기본 품질 원칙을 준수하는지 고민해봐야 한다. 예를 들어 네트워크 장비의 BGP를 설정한다면 이 과정에서 사용되는 데이터에 대해 다음과 같은 질문을 할 수 있다.

완성도

데이터에 네트워크 운영 요구 사항을 충족하기 위해 필요한 모든 정보가 포함돼 있는가? 모든 BGP 속성이 정의돼 있어서 최종 설정을 완료할 수 있는가?

일관성

데이터가 전체적으로 일관된 관점으로 구성돼 있는가? 아니면 상충되는 부분이 존재하는가? BGP 속성 데이터가 BGP 피어링을 담고 있는 데이터 세트와 IP 주소를 담고 있는 데이터 세트에서 가져온 것이라면, 이들 데이터 세트는 중복 없이 일대일 매핑이 가능해야 한다.

유효성

데이터가 비즈니스 규칙을 준수하고 있으며 올바른 형식인가? 데이터에 BGP 이웃 정보에 사용될 IP 주소가 정의돼 있다면, 이 목적에 걸맞은 형식으로 된 값이어야 한다. 즉, IPv4 주소에 300.1.1.1과 같은 값이 포함돼서는 안 된다.

사용성

데이터를 쉽게 수정해 사용할 수 있는가? 시스템은 API를 통해 BGP 피어를 추가로 노출한 다음, 이 데이터를 사용해 적절한 설정을 만들 수 있어야 한다.

시의성

데이터가 특정 순간과 관련돼 있는가? 과거, 현재 또는 미래의 순간인가? BGP 피어의 프로비저닝을 해제하게 되면 데이터는 의도된 상태를 표현해야 하지만, 보고서에서는 예전 상태를 표현할 수 있어야 한다.

정확도

데이터가 얼마나 네트워크 인텐트를 잘 반영하고 있는가? 데이터의 설계와 이를 저장하는 모델 사이에 차이점이 존재하는가? BGP 피어 IP의 정확도를 높이기 위해 피어 IP와 ASN이 모두 같은 엔티티에 속하는지에 대한 유효성 검사를 추가할 수 있다.

> **NOTE_** 데이터 품질을 보다 깊이 있게 공부하고 싶다면 바 모세스, 라이어 개비쉬, 몰리 보르웨르크가 쓴 『데이터 품질의 비밀』(디코딩, 2023)과 조 라이스, 맷 하우슬리가 쓴 『견고한 데이터 엔지니어링』(한빛미디어, 2023)을 읽어보길 바란다.

다음으로, 진실 공급원에서 데이터 관리 문제를 살펴보기 전에 네트워크 진실 공급원에서의 일반적인 데이터 사용 사례를 소개한다.

데이터 사용 사례

네트워크의 의도된 상태를 설명하는 데 필요한 데이터 모델은 아마도 이미 다른 누군가가 정의해뒀을 가능성이 높다. 따라서 아주 특별한 요구 사항이 없다면 이미 실전에서 검증된 모델을 사용할 수 있고 필요에 따라 쉽게 확장할 수 있는 솔루션으로 시작하는 것이 좋다.

이 범주에 속하는 오픈소스 프로젝트 도구는 보통 특정 사용 사례 하나만을 다룬다. 예를 들어 NIPAP[16]는 IP 주소 관리에 사용되고, 피어링 관리Peering Manager[17]는 BGP 피어링 관리에 사용

---

16 *https://spritelink.github.io/NIPAP/*
17 *https://github.com/peering-manager/peering-manager*

된다. 나우토봇[18]이나 넷박스[19]와 같은 도구는 하나의 도구에서 더 많은 데이터 사용 사례를 다루려고 시도하는 중이다. 두 경우 모두 즉시 사용할 수 있는 사전 정의된 데이터 모델을 제공한다.

> NOTE_ 이번 절에서는 콘텐츠 유형을 살펴보기 위해 *https://demo.nautobot.com*에서 제공하는 나우토봇 공개 데모 인스턴스를 사용하지만, 다른 프로젝트에서도 이와 유사한 데이터 모델을 얻을 수 있다.
> 몇 가지 나우토봇 네트워크 모델을 REST API로 탐색해보자. GUI를 사용하면 보다 시각적으로 편리하게 네트워크 모델을 탐색할 수 있다. 다음은 파이썬 Requests 라이브러리를 사용해 데모 시스템에 토큰을 전달하는 조각 코드다.

```
>>> import requests, json
>>> url = "https://demo.nautobot.com"
>>> token = "a" * 40
>>> headers = {"Authorization": f"Token {token}"}
```

네트워크 인벤토리, 좀 더 일반적으로 인프라 인벤토리부터 살펴보자. 여기에는 자동화 범위에 속하는 모든 장비가 포함되며, 나머지 데이터 사용 사례에 대한 기준이 된다.

네트워크 인벤토리. 12장에서 다뤘던 앤서블, 노르니르, 테라폼을 돌이켜보면, 인벤토리 데이터가 이런 도구들의 기반 토대임을 알 수 있다. 앤서블과 노르니르에서는 각 요소에 연결된 연결 상세 정보와 추가 변수가 함께 제공된다. 반면에 테라폼의 인벤토리는 인프라 리소스를 프로비저닝하는 데 필요한 가변 데이터로 정의된다.

인벤토리에 포함돼야 하는 항목을 엄격히 정의하고 있지는 않지만, 대부분의 경우 다음과 같은 일반적인 속성을 갖고 있다.

이름
사람이 읽을 수 있는 형태의 장비 식별자

위치
장비가 배치된 위치. 예를 들어 온-프레미스 환경에서는 데이터센터의 랙 번호가 될 수 있

---

18 *https://github.com/nautobot/nautobot*
19 *https://github.com/netbox-community/netbox*

고, 클라우드 플랫폼에서는 리전 정보가 될 수 있다.

유형

네트워크 서비스/플랫폼은 어떤 유형인가? 장비 모델이나 네트워크 클라우드 서비스 유형 정보가 될 수 있다.

연결 상세 정보

장비를 관리하려면 어떻게 연결을 맺어야 하는가? 독립 실행형 장비라면 상세 정보에 IP 주소 또는 FQDN이 저장되고, 클라우드 서비스라면 잘 알려진 API 주소가 저장될 것이다. 적절한 관리 접근 권한을 얻기 위해 적절한 인증 정보도 반드시 제공돼야 한다.

상태

객체의 의도된 상태를 표현한다. 예를 들어 **활성 상태** 또는 **계획 예정 상태** 등의 값을 가질 수 있다.

[예제 14-1]은 나우토봇 REST API를 사용해 인벤토리에 저장된 **장비**를 조회한다(다른 방식으로 장비를 조회할 수도 있지만, 간단한 설명을 위해 관련 내용은 생략한다).

예제 14-1 인벤토리로 나우토봇 장비 살펴보기

```
>>> response = requests.get(f"{url}/api/dcim/devices", headers=headers)   ①
>>> devices = response.json()["results"]
>>> print(json.dumps(devices[1], indent=4))
>>>
{
    "device_role": {"name": "edge"},
    "device_type": {"model": "DCS-7280CR2-60"},
    "id": "9d512f81-5523-456d-8508-506da78fe6e2",
    "name": "ams01-edge-01",
    "platform": {"name": "Arista EOS"},
    "primary_ip": {
        "id": "6983eaad-3b82-46c8-8533-ffa382508895",
        "address": "10.11.128.1/32",
    }
    "site": {"name": "AMS01"},
    "status": {"value": "active"},
```

```
    # 일부 결과 생략
}
```

① 앞에서 정의한 url 변수와 headers 변수를 사용한다.

[예제 14-1]에서는 REST API에서 노출되는 기기의 일부 속성을 확인할 수 있다. 결과를 직접 탐색해보면, 연결 참조를 통해 해당 장비 모델에 관해 다른 데이터 사용 사례에서 취합한 훨씬 많은 데이터를 볼 수 있다.

REST API 대 그래프QL

10장에서 설명한 REST API는 애플리케이션과 프로그래밍 방식으로 상호 작용할 때 가장 널리 사용되는 수단이다. 하지만 클라이언트에서 집계 작업을 해야 하거나 사용자가 정의하는 데이터라면 다른 API 프로토콜을 사용하는 것이 더 유용할 수 있다. 메타^Meta(페이스북)에서 개발한 **그래프QL**^GraphQL은 REST API를 여러 번 호출해야 얻을 수 있는 결과를 한 번의 API 호출로 얻을 수 있다.

동일한 데이터를 가져오는 예제를 통해 두 API의 동작 방식을 쉽게 비교해볼 수 있다. 그래프QL API에서는 반환해야 하는 데이터가 무엇인지를 정확히 정의하는 **쿼리**^query를 내장해 요청한다. REST API를 사용하는 경우에는 여러 REST API 엔드포인트를 하나씩 호출한 다음(밝은색/점선), 클라이언트에서 데이터를 최종적으로 조합한다. 반면에 그래프QL 클라이언트는 1개의 엔드포인트(어두운색/점선)를 이용할 때 이미 어떤 정보가 필요한지를 정확히 정의한 쿼리를 갖고 있다 .

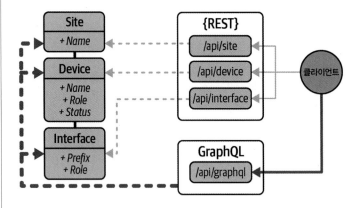

그림 14-5 REST API와 그래프QL API

[예제 14-1]을 그래프QL API로 다시 수행해보자. API 경로로 전달했던 정보를 POST 메서드의 요청 본문에 정의한 쿼리 형태로 전달한다. 쿼리에는 변수에 대한 필터 및 연결된 모델 간의 중첩 속성 선택(예제: platform 아래에 존재하는 name 선택) 정보를 넣을 수 있다.

```
>>> query = """
... query {
...    devices (name: "ams01-edge-01"){
...       name
...       platform {
...          name
...       }
...    }
... }
... """
>>> response = requests.post(
...     f"{url}/api/graphql/",
...     json={"query": query},
...     headers=headers,
... )
>>> print(json.dumps(response.json(), indent=4))
{
    "data": {
        "devices": [
            {
                "name": "ams01-edge-01",
                "platform": {
                    "name": "Arista EOS"
                }
            }
        ]
    }
}
```

그래프QL을 상세히 다루지는 않지만, 간략한 비교만으로도 REST API에 대비되는 그래프QL만의 장점을 잘 이해할 수 있을 것이다. 그래프QL을 사용하면 원하는 데이터를 보다 **효과적으로** 조회할 수 있으며, 데이터 검색에 필요한 요청 횟수도 훨씬 줄어든다. 관련 내용을 보다 자세히 알고 싶다면 그래프QL 공식 학습 페이지[20]를 방문해보자.

---

20 옮긴이_ 영문 사이트는 *https://graphql.org/learn/*이다. 한글로도 제공되며 주소는 *https://graphql-kr.github.io/learn/*이다.

인벤토리가 준비됐으면, 이제는 관련 정보를 이용해 데이터를 보강할 차례다.

데이터센터 인프라 관리. 실제 네트워크 환경에서 데이터센터 인프라 관리DCIM, Data Center Infrastructure Management는 네트워크 장비가 어떻게 배치돼 연결되는지를 정의한다. 여기에는 랙, 장비 하드웨어, 전원 공급 장치, 케이블, 회선과 네트워크를 물리적으로 구축하는 데 필요한 다양한 상세 정보가 들어 있다.

[예제 14-2]에서는 [예제 14-1]에서 조회한 장비의 첫 번째 인터페이스에 대해 **의도된** 케이블 연결 정보를 조회한다.

예제 14-2 나우토봇 케이블 연결 추적 살펴보기

```
>>> device_id = '9d512f81-5523-456d-8508-506da78fe6e2'
>>> response = requests.get(
>>>     f"{url}/api/dcim/interfaces/?device_id={device_id}", headers=headers)        ①
>>> interfaces = response.json()["results"]
>>> response = requests.get(
>>>     f"{url}/api/dcim/interfaces/{interfaces[0]['id']}/trace", headers=headers)    ②
>>> trace = response.json()                                                          ③
>>> print(json.dumps(trace, indent=4))
[
    [
        {
            "device": {"name": "ams01-edge-01"},
            "name": "Ethernet1/1",
            "cable": "e1472be1-056b-4b4d-b135-e5c287d9b570"
        },
        {"status": {"value": "connected",},},
        {
            "device": {"name": "ams01-edge-02"},
            "name": "Ethernet1/1",
            "cable": "e1472be1-056b-4b4d-b135-e5c287d9b570"
        }
        # 일부 결과 생략
    ]
]
```

① 장비 ID를 사용해 해당 장비의 인터페이스를 조회한다.

② 특정 인터페이스 ID에 대한 케이블 추적 정보를 조회한다.

③ trace 변수에는 케이블 연결 양단에 대한 정보 외에 상태 등에 관한 정보도 저장돼 있다.

DCIM 데이터는 다양한 목적으로 활용될 수 있다. 현장 엔지니어에게는 정확한 지침서가 되기도 하고, 저장된 데이터와 현재 상태를 비교해 네트워크 토폴로지를 검증하는 기준 역할로도 사용될 수 있다. 예를 들어 연결된 인터페이스의 LLDP 정보를 조회한 결과에 의도하지 않은 다른 정보가 표시돼 있다면, 이는 해결해야 하는 불일치 상태가 존재한다는 뜻이다.

> **NOTE_** 클라우드 기반 서비스에는 랙, 콘솔 케이블, 사용자에게 노출되는 케이블 등이 없으므로, 일부 항목은 클라우드와 무관해 보일 수 있다. 하지만 일부 항목은 **가상** 개념으로 재활용돼 가상 인터페이스, 가상 회선 등의 정보를 표현하는 데 사용된다.

IP 주소 관리. IP 주소나 프리픽스가 중복되면 충돌이 발생하므로 이 문제를 피하기 위해 오래전부터 IP 주소 객체를 관리하는 도구를 사용해왔다. 보통 IPAM 솔루션은 DDI 플랫폼으로 알려져왔다. DDI 플랫폼은 DNS, DHCP, IPAM의 첫 글자를 따서 명명한 플랫폼으로, 이 세 요소는 서로 많은 연관성을 공유한다.

[예제 14-3]에서는 장비의 **primary_ip** 식별자를 다시 사용해 DNS명, 연결된 VRF, NAT 매핑 등 IP 주소 모델에 포함된 모든 속성을 자세히 조회한다.

예제 14-3 나우토봇 IP 주소 조회

```
>>> ip_address_id = "6983eaad-3b82-46c8-8533-ffa382508895"
>>> response = requests.get(
>>>     f"{url}/api/ipam/ip-addresses/{ip_address_id}/", headers=headers)
>>> print(json.dumps(response.json(), indent=4))
{
    "family": {
        "value": 4,
        "label": "IPv4"
    },
    "address": "10.11.128.1/32",
    "assigned_object_type": "dcim.interface",
    "assigned_object": {
        "device": {
            "name": "ams01-edge-01"
```

```
        },
        "name": "Loopback0",
        "cable": null
    },
    "dns_name": "edge-01.ams01.atc.nautobot.com",
    # 일부 결과 생략
}
```

네트워크 속성. 이 범주에는 네트워크의 의도를 정의하는 데 필요한 여러 네트워크 관련 데이터가 들어 있다. 네트워크 설계에 따라 포함된 속성은 달라진다. 이 그룹에는 VLAN, ACL, VRF, BGP, OSPF와 DNS나 NTP 같은 모든 네트워크 서비스가 포함될 수 있다.

예전에는 많은 네트워크 프로토콜과 기능이 모든 네트워크에서 공통적으로 사용됐지만, 이제는 종류도 엄청 많아졌고 훨씬 전문화됐다. 이러한 영향으로 범용 SoT 프로젝트에서 이용할 수 있는 사전 정의된 데이터 모델의 개수는 적지만, 네트워크 자동화 도입이 대세가 되면서 상황이 점점 나아지고 있다.

> **NOTE_** SoT에 정의된 데이터 모델을 NETCONF나 gNMI처럼 모델 주도 프로토콜에서 사용하는 데이터 모델과 혼동하지 않도록 주의하자. 둘 다 데이터 모델이라 부르지만, 서로 다른 목적을 갖고 있다. 후자의 경우 네트워크 장비가 지원하는 모든 잠재적 사용 사례를 다룰 수 있도록 모든 속성을 완전히 갖춰야 한다. 그러나 진실 공급원의 데이터 모델은 네트워크 설계 요구 사항을 해결하면서 관리 효율성을 향상시킬 수 있도록 최대한 단순하게 만들어야 한다. 보다 자세한 내용은 '데이터 모델링' 절에서 다룬다.

계속 나우토봇을 탐색해보자. [예제 14-4]에서는 BGP 피어 엔드포인트가 어떻게 모델링됐는지를 확인할 수 있다.

예제 14-4 나우토봇 BGP 모델

```
>>> response = requests.get(
>>>     f"{url}/api/plugins/bgp/peer-endpoints", headers=headers)  ①
>>> bgp_peer_endpoints = response.json()["results"]
>>> print(json.dumps(bgp_peer_endpoints[0], indent=4))
{
    "routing_instance": {
        "display": "dfw01-edge-02 - AS 65535",
```

```
        },
        "source_ip": {
            "address": "10.9.192.10/32"
        },
        "autonomous_system": null,
        "peer_group": {
            "name": "EDGE-to-LEAF",
        },
        "peer": {
            "display": "dfw01-leaf-02",
        },
        "import_policy": "",
        "export_policy": "",
        "secret": null,
        # 일부 결과 생략
    }
```

① BGP 모델은 핵심 애플리케이션에 포함되지 않고 /api/plugin 엔드포인트 아래의 확장 기능에 들어 있다.

관심 있는 네트워크 서비스에 대해 이미 만들어진 데이터 모델을 찾을 수 없다고 해서 부담감을 느낄 필요는 없다. 언제든지 자신만의 데이터 모델을 만들 수 있다. [예제 14-4]처럼 데이터베이스 기반의 기존 솔루션을 확장하거나 JSON, YAML과 같은 구조화된 데이터를 사용해 깃에 저장할 수 있다. '데이터 모델링' 절에서 두 접근 방식의 의미를 보다 명확히 이해할 수 있을 것이다.

구성 템플릿. 진실 공급원에 표현된 데이터는 네트워크 서비스가 실행될 플랫폼에 구애받지 않아야 한다. 데이터는 장비 제조사, 버전, 네트워크 인터페이스가 다르더라도 잘 동작해야 한다. 이러한 수준으로 추상화된 데이터는 네트워크 인프라 설정에서 바로 사용할 수는 없다. 바로 사용하려면 데이터 모델이 너무 상세하게 정의돼야 하므로 다른 플랫폼에서 재사용할 수 없을 가능성이 높아진다.

진실 공급원에 저장된 데이터와 각 플랫폼 및 인터페이스(예: CLI, XML, JSON)에 필요한 설정 아티팩트 구문 간의 차이는 설정 템플릿을 사용해 보완할 수 있다. '설정 관리' 절에서는 9장에서 배운 진자 템플릿이나 이에 상응하는 솔루션을 통해 실제 사용할 설정 아티팩트를 **생성한다**.

설정 템플릿을 데이터베이스로 관리하더라도 데이터베이스가 제공하는 기능의 장점을 크게 누리지 못하므로, 보통 깃과 같은 버전 관리 시스템에 저장한다. 데이터를 변경할 때마다 버전 관리 시스템에서 반드시 상호 검토 절차와 지속적 통합 과정을 거치도록 강제함으로써 구문 및 예상 운영 상태가 유효한지를 미리 검증할 수 있으며, 설정이 네트워크 인프라의 기대 결과와 일치하는지를 확인할 수 있다.

> **TIP_** 설정 템플릿을 테스트할 경우 한 번에 두 가지 측면을 테스트하는 일이 없도록 템플릿의 입력 데이터와 예상 결과를 일관되게 유지해야 한다.

네트워킹 분야에서 가장 대표적인 데이터 사용 사례를 살펴봤으므로, 이어서 데이터 사용 사례를 표현하는 **좋은** 데이터 모델을 만들려면 어떤 점을 고려해야 하는지 이야기해보자.

데이터 모델링

진실 공급원 데이터 모델은 반드시 의도된 네트워크 상태를 설명할 수 있어야 한다. 하지만 동시에 적절한 수준의 정확도, 완결성, 유효성, 사용성을 갖춰야 한다. 따라서 이들 사이의 적절한 균형을 찾아야 한다.

데이터 모델을 정의하려면 네트워크 설계를 표현하는 데이터 구조로 변환할 수 있어야 한다. 8 장에서 이미 자세히 살펴봤듯이 JSON이나 YAML과 같은 데이터 포맷으로 구조화된 데이터를 직렬화할 수 있고, YANG과 같은 데이터 모델링 언어를 사용해 특정 사용 사례에 관한 데이터의 규칙과 관계를 정의할 수 있다.

데이터 모델링은 그룹 기반 설계 기법을 활용해 데이터의 크기를 단순화할 수 있다. 모든 업스트림 인터페이스가 MTU나 VLAN처럼 공통된 속성 집합을 사용하고 있다고 가정해보자. 이러한 속성은 여러 인터페이스에 동시에 적용 가능한 역할 유형으로 묶어 사용할 수 있다.

다행히 데이터 모델을 매번 직접 만들 필요는 없다. 나우토봇이나 넷박스처럼 기존 진실 공급원 프로젝트를 사용 중이라면 다른 네트워크에서도 문제없이 동작했던 잘 정립된 모델이 함께 제공된다. 그렇더라도 자체 네트워크 설계를 표현하려면 약간의 사용자 정의가 필요할 수도 있다. 이 경우에는 다른 데이터 사용 사례에 대해 연결을 추가하거나 새로운 속성을 추가해 기존 모델을 확장한다.

적당한 데이터 모델을 찾지 못했다면 최후의 수단으로 처음부터 새로 데이터 모델을 만들어야 한다. 다른 진실 공급원 프로젝트의 데이터 모델을 사용할 수도 있고, 오픈컨피그 컨소시엄이나 IETF에서 YANG 포맷으로 정의한 모델 등 설정 아티팩트로 사용되는 완전한 데이터 모델을 사용할 수도 있다.

구조적 접근 방식. 네트워크 설계를 지원하는 최종 데이터 모델을 마련하는 데는 시간이 소요되므로 보통 점진적이고 반복적인 접근 방식을 취하는 것이 좋다. 특히 브라운 필드 네트워크 환경에서는 더더욱 점진적인 방식을 채택해야 한다. 다음 단계를 따르면 프로세스를 구조화하는 데 도움이 될 것이다.

1. 네트워크 설계 파악하기

   어떤 설정 항목이 정적인지 또는 가변적인지를 파악한다. 다양한 수준에서 패턴을 파악해 필요한 데이터의 양을 줄인다. 네트워크 설계가 단순해질수록 작업은 더 쉬워진다.

2. 범위 정의하기

   모델링할 네트워크 환경을 제한하고, 여기에 인벤토리를 사용한다. 전체 네트워크를 한 번에 자동화할 필요는 없다.

3. 설정의 일부분 선택하기

   전체 설정을 모델링하는 작업은 복잡할 수 있다. 하지만 작은 부분부터 시작해 일부 설정 부분만 모델링해보더라도 그 작업의 가치를 보여줄 수 있다.

4. 데이터 모델 스케치

   설정에서 가변 데이터를 추적하기 위해 필요한 데이터 구조를 정의하고(선택한 인벤토리의 대표적인 조각 설정을 사용한다), 데이터가 저장될 위치를 파악한다. 정적 데이터는 설정 템플릿에 포함돼야 한다.

5. 설정 템플릿 만들기

   데이터 모델에서 제공하는 가변 데이터를 사용해 설정 아티팩트를 만들기 위한 설정 템플릿을 구성한다. 데이터 모델이 여러 네트워크 플랫폼과 인터페이스를 지원해 다양한 사용 사례에 사용될 수 있는지 확인한다.

6. 모델 사용해보기

   설정 컴플라이언스 준수 검사처럼 위험도가 낮은 작업에 적용해보자. 컴플라이언스 준수 검사는 '설정 관리' 절에서 자세히 살펴본다. 그 과정에서 네트워크 자동화의 방향성을 알려주는 지표로서 진실 공급원이 지닌 가치를 알 수 있다.

데이터 모델링 예제. 실제 상황에서 데이터 모델링이 어떤 과정으로 진행되는지를 보다 명확히 이해할 수 있도록 작은 예제를 진행해본다.

먼저 다양한 제조사의 네트워크 장비에서 특정 범위에 속하는 실제 인터페이스 조각 설정을 획득한다.

시스코 IOS

```
interface gigabitethernet 1/0/2
 ip address 192.0.2.1/24
 switchport mode access
 switchport access vlan 123
```

주니퍼 Junos

```
set interfaces ge-1/0/2 native-vlan-id 123
set interfaces ge-1/0/2 unit 0 family inet address 192.0.2.1/24
set interfaces ge-1/0/2 enabled
```

각 인터페이스 설정에서 변하는 값과 변하지 않는 값을 구별할 수 있다. 인터페이스명, IP 주소, VLAN ID 등은 변하는 값이고, 접근 모드와 **활성화** 모드 등은 변하지 않는 값이다.

YAML 포맷을 사용해 여러 **인터페이스**를 다룰 수 있는 인터페이스 데이터 모델을 그려보자. 다음과 비슷한 구조를 작성할 수 있다.

```
interfaces:
  - name: "gigabitethernet 1/0/2"
    vlan: 123
    address: "192.0.2.1/24"
```

이 데이터 모델은 두 제조사에 대해 모두 잘 동작한다는 것을 알 수 있다. 이제 9장과 12장에서 살펴본 내용을 바탕으로 데이터 모델과 함께 사용할 진자 템플릿을 정의한다.

시스코 IOS

```
{% for interface in interfaces %}
interface {{ interface["name"] }}
 ip address {{ addr["address"] }}
 switchport mode access
```

```
    switchport access vlan {{ interface["vlan"] }}
  {% endfor %}
```

주니퍼 Junos

```
{% for interface in interfaces %}
set interfaces {{ interface["name"] }} native-vlan-id {{ interface["vlan"] }}
set interfaces {{ interface["name"] }} unit 0 family inet
  address {{ interface["address"] }}
set interfaces {{ interface["name"] }} enabled
{% endfor %}
```

이 두 정보를 결합하면 진실 공급원의 데이터로부터 원하는 설정 파일을 생성할 수 있다. 데이터 모델과 템플릿을 함께 사용해 설정 아티팩트를 생성하며, 변하지 않는 정적 데이터는 템플릿에 저장한다는 점에 주목하자.

짐작했겠지만, 진실 공급원의 데이터는 영속적이어야 한다. 따라서 영속성을 지원하는 여러 방안의 장단점을 비교한 후 한 가지 방안을 선택한다.

데이터 영속성

데이터 구조를 정의하고 그 내용을 메모리에 저장하는 것은 네트워크 인텐트를 저장하기 위한 첫 번째 단계에 불과하다. 데이터는 수집 시스템이 멈춘 상태일지라도 언제든지 이용할 수 있어야 한다.

데이터를 보존하는 몇 가지 방안이 있는데, 어떤 방안을 선택하느냐에 따라 사용할 수 있는 기능과 제약 사항이 달라진다. 여기서는 진실 공급원 데이터를 저장하는 방법 중 가장 널리 사용되는 두 가지 방안을 중점적으로 살펴본다.

버전 관리 시스템

11장에서 살펴봤던 깃과 같은 버전 관리 시스템에 파일을 저장하게 되면, 협업할 때보다 쉽게 파일에 접근할 수 있고, 뛰어난 이력 추적 및 롤백 기능을 활용할 수 있다.

데이터베이스

적절한 데이터베이스에 데이터를 저장하면 스키마 기반의 구조화된 방식으로 데이터를 구성하고 저장할 수 있으며, 데이터의 확장성과 효율적인 사용을 보장할 수 있다.

> **TIP_** 대부분의 경우 최종 진실 공급원 솔루션은 각 유형의 장점을 취한 다양한 영속성 방안을 사용한다. 이 주제는 '분산 진실 공급원' 절에서 보다 자세히 살펴본다.

이 책의 범위를 벗어나지만, 데이터 트랜잭션의 동작 방식을 정의하는 ACID 특성은 반드시 언급해야 한다고 생각한다. 이 특성을 염두에 두고, 두 가지 일반적인 영속성 방안의 주요 특징을 간략히 살펴보자.

버전 관리 시스템. 이미 11장에서 파일을 버전 관리 시스템으로 관리하면 어떤 장점을 얻을 수 있는지를 살펴봤다. 여러 엔지니어가 동일한 파일을 다룰 수 있으므로 협업이 강화되며, 개별적으로 진행한 작업을 병합할 수 있다. 스크립트, 진자 템플릿, 구조화된 데이터(예: YAML 또는 JSON) 등 모든 종류의 데이터 파일을 버전 관리 시스템으로 관리할 수 있다.

13장에서 살펴본 것처럼 버전 관리 시스템을 사용하면 CI 파이프라인과의 통합이 훨씬 쉬워진다. 이와 같이 CI 시스템과 통합되면 데이터에서 발생하는 모든 변경에 대해 유효성 검사를 쉽게 수행할 수 있다. 예를 들어, 버전 관리 시스템에서 템플릿으로 데이터를 렌더링한 결과가 유효한 설정 아티팩트로 생성됐는지를 검사할 수 있다. 끝으로 동료 간 상호 검토 과정을 거침으로써 진실 공급원의 모든 변경 사항에 대해 적어도 2명 이상의 엔지니어가 검토했고 승인했음을 확인할 수 있다. 또한 **이력 정보**가 손쉽게 제공되므로, 몇 달 전에 누가 새로운 ACL을 추가했는지 확인하는 작업 정도는 '식은 죽 먹기'다.

> **NOTE_** 깃으로 인프라 작업을 관리하는 방식을 **깃옵스**^{GitOps}라고 한다. 코드를 파이프라인으로 통합하면 강력한 협업과 자동화가 이뤄질 수 있는데, 예를 들면 코드 변경 시 설정 배포 프로세스를 시작할 수 있다. 이 주제와 관련된 내용은 '설정 배포' 절을 참조하자.

하지만 이와 같은 수집 과정은 데이터의 일부 유형이나 구성 템플릿을 갱신하는 경우에는 효과적일 수 있지만, 진실 공급원이 자주 갱신되거나 서비스 포털과 같은 다른 데이터 소스와 통합된 경우라면 조금 번거로울 수 있다. 또한 데이터를 읽고 쓰기 위한 질의 언어를 사용할 수 없으므로, 데이터를 사용함에 있어 구조화된 데이터 파일을 관리하는 역할로만 제한될 수밖에 없다. 데이터베이스를 사용하는 것처럼 관계를 사용할 수 없으므로, 이 문제를 해결하려면 구조화된 데이터 파일의 객체 간 정적 참조를 생성해야 한다.

구조화된 데이터 문서를 사용할 경우 항상 데이터 검증을 강제해야 한다는 점을 잊어서는 안 된다. 8장에서 설명한 것처럼 구조화된 포맷에는 JSON 스키마처럼 함께 이용할 수 있는 스키마 유효성 검증 도구가 제공되므로, 이러한 검증 도구를 사용해 데이터가 미리 정의된 규칙을 따르도록 강제해야 한다. 스키마 정의를 활용하면, CI 파이프라인 과정에서 실행되는 데이터의 수집 과정이나 외부 소스에서 데이터를 가져오는 데이터 소비 과정에서 발생하는 오류를 줄일 수 있다.

데이터베이스. 데이터베이스는 데이터를 저장하고 사용하는 가장 보편적인 방식이다. **관계형** 데이터베이스가 가장 널리 사용되는데, 객체 타입으로 표현되는 **테이블**로 데이터를 구성한다. 각 **컬럼**은 속성이나 **관계**를 통해 다른 테이블과의 상호 관계를 표현한다. 또한 데이터베이스 **스키마**를 사용해 속성의 유일성이나 속성 유형에 제약 사항을 덧붙일 수 있다. [예제 14-1]에서는 **장비**와 **사이트**에 대한 데이터를 서로 다른 테이블에 저장하며, 이 둘의 관계를 유추할 수 있다(예를 들어 나우토봇과 넷박스는 관계형 데이터베이스를 사용한다). 데이터를 사용할 때는 SQL을 통해 원하는 데이터를 정확히 읽거나 쓰기 위한 정교한 질의를 보낼 수 있다. MySQL[21], PostgreSQL[22], MariaDB[23] 등 많은 오픈소스 SQL 데이터베이스가 존재한다.

> **NOTE_** 네트워크 엔지니어가 꼭 SQL을 배울 필요는 없다. 프로그래밍 언어에서 SQL을 쉽게 사용할 수 있도록 도와주는 다양한 프레임워크가 나와 있지만, 고급 기능을 사용하고 싶다면 앨런 볼리[Alan Beaulieu] 등이 쓴 『러닝 SQL』(한빛미디어, 2021)을 추천한다.

요즘에는 **NoSQL** 데이터베이스[24]라고 하는 다른 형태의 데이터베이스도 사용된다. 이 데이터

---

21 옮긴이_ *https://www.mysql.com/*. 소스 코드는 *https://github.com/mysql/mysql-server*에서 내려받을 수 있다.

22 옮긴이_ *https://www.postgresql.org/*. 소스 코드는 *https://github.com/postgres/postgres*에서 내려받을 수 있다.

23 옮긴이_ *https://mariadb.org/*. 소스 코드는 *https://github.com/MariaDB/server*에서 내려받을 수 있다.

24 옮긴이_ NoSQL 데이터베이스는 카-값 모델, 문서 모델, 컬럼형 모델, 그래프 모델로 세분화될 수 있다. 네트워크 자동화에서는 관계 표현에 중점을 둔 그래프 모델을 사용하는 경우가 많다.

베이스는 관계형 특성이 없으므로 데이터 모델을 보다 유연하게 정의할 수 있고, 확장성이나 성능과 같은 다양한 측면에서 최적화가 가능하다. 이러한 유형의 데이터베이스는 이 책의 범위를 벗어난 주제이므로 여기서는 자세히 다루지 않는다. 진실 공급원과 IaC에서 **그래프** 데이터베이스를 사용하면 엔티티(노드^{node}) 간의 관계(에지^{edge})를 보다 직관적으로 표현할 수 있다. 대표적인 그래프 데이터베이스로는 Neo4J[25]와 EdgeDB[26]가 있다.

깃을 사용할 때와 데이터베이스를 사용할 때. 어떤 경우에 깃을 사용하는 것이 좋고 어떤 경우에 데이터베이스를 사용하는 것이 좋은지에 대해 정해진 답은 없다. 상황에 따라 달라지는데, 복잡한 네트워크 자동화 솔루션에서는 두 가지 방안을 모두 사용해 각각의 장점을 취하는 경우도 흔히 볼 수 있다.

경험상 자주 바뀌지 않는 데이터(보통 네트워크 아키텍처 팀에서 제공하는 정보)는 깃에 저장하고, 자주 변경되는 데이터(보통 사용자나 네트워크 운영 팀에서 제공하는 정보)는 데이터베이스에 저장하는 것이 좋다.

예를 들어 사용자에게 노출되는 방화벽 규칙을 관리하는 자동화 솔루션을 구축한다고 가정해 보자. 방화벽 규칙은 빈번한 변경이 예상되므로 데이터베이스에 저장해 속성의 유효성을 강제할 수 있다. 이와 동시에 보안 팀에서 정의해 관리하는 **허용 가능한** 방화벽 정책은 깃에 저장한 다음, 새로운 방화벽 규칙을 배포하기 전에 방화벽 규칙이 정책을 준수하고 있는지 검증할 수 있다. 보다 자세한 내용은 14.3절 '예제를 통한 아키텍처 이해'에서 다룬다.

> **NOTE_** 깃과 데이터베이스 중 하나를 선택해야 하는 딜레마를 SQL 위에서 깃과 유사한 작업을 수행할 수 있는 새로운 데이터베이스로 해결해보려는 시도도 존재한다. 그 대표적인 사례가 바로 SQL 데이터베이스인 돌트^{Dolt}다. 돌트 공식 문서를 보면, '깃은 파일을 버전으로 관리하지만 돌트는 테이블을 버전으로 관리한다. 돌트는 마치 깃과 MySQL이 함께 출산한 아이와 비슷하다'고 소개하고 있다.

지금까지 데이터 모델을 정의하는 방법과 데이터 모델을 저장해 진실 공급원을 구축하는 방법에 대해 알아봤다. 다음 단계는 데이터를 가져오는 일이다.

---

25 옮긴이_ *https://neo4j.com/*. 소스 코드는 *https://github.com/neo4j/neo4j*에서 내려받을 수 있다.

26 옮긴이_ *https://www.edgedb.com/*. 소스 코드는 *https://github.com/edgedb*에서 내려받을 수 있다.

데이터 채우기

진실 공급원을 사용할 준비가 됐다면, 이제 네트워크 의도를 정의하는 데이터로 진실 공급원을 채워야 할 차례다. '데이터 사용 사례' 절에서 소개한 것처럼 정의해야 하는 콘텐츠의 유형은 다양하다. 먼저 인벤토리를 구성한 다음, 네트워크 자동화 솔루션의 필요에 따라 점차 더 많은 데이터로 인벤토리를 보강한다.

어떻게 데이터를 채우기 시작할 것인지는 네트워크가 이미 실행 중인 브라운 필드 환경인지 또는 계획만 수립하고 나중에 프로비저닝할 그린 필드 환경인지에 따라 달라진다.

브라운 필드 환경. 브라운 필드 환경brownfield environment에서는 이미 가동 중인 네트워크가 존재한다. 처음에는 실제 운영 상태를 가져와서 이 상태를 초기 의도한 상태로 간주하는 것이 합리적인 전제다. 현재 운영 상태를 가져오기 위해 보통 미리 정의된 장비 목록이나 자동 발견 기능을 이용해 장비를 검색한 다음, 각 장비의 설정을 가져오는 일회성 작업을 정의하고, 이렇게 획득한 설정을 진실 공급원의 데이터 모델로 변환한다.

> **NOTE_** 네트워크 장비에서 설정 정보를 가져오는 작업은 **일회성 작업이 아니라고** 주장할 수도 있다. 하지만 이 접근 방식에서 이야기하고 싶은 점은 먼저 실제 설정 상태를 신뢰하고 상태를 획득한 이후부터는 진실 공급원에 저장된 데이터를 항상 우선시해야 한다는 것이다. 따라서 장비의 설정을 가져오는 두 번째 작업부터는 드리프트drift[27]가 발생했는지를 비교하고 확인하기 위한 작업이다.

그러나 설정 가져오기 과정을 진행하려면 큐레이션curation이 필요하다. 이전에 자동화를 했던 적이 없다고 한다면 네트워크 전반의 설정이 100% 일관성을 가진 상태가 아닐 것이므로, 모든 데이터가 유효하다는 것을 신뢰할 수 없다. 예를 들어 인터페이스의 VLAN 설정에 예전 정보가 일부 남아 있을 수 있다. 불러오기 과정에서 문제점이 감지되면 자동으로 수정하거나, 몇 가지 규칙을 따르거나, 수동으로 문제점을 바로잡아야 한다고 경고를 표시할 수 있다.

첫 번째 설정 가져오기 작업이 끝나면 이제 패러다임을 전환해야 한다. 그렇지 않으면 무한 루프에 빠지게 된다. 지금부터는 진실 공급원에 의도한 상태를 표현한 데이터가 들어 있다고 가정한다. 따라서 이후 모든 변경 사항은 반드시 진실 공급원에 먼저 적용돼야 한다. 이 규칙은 오직 진실 공급원에 정의된 설정에만 적용된다. 브라운 필드 환경의 초기 단계에서는 일부 범

---

27 옮긴이_ 시간이 경과하면서 인프라의 실제 설정이 의도한 구성과 달라지는 현상을 말한다.

위에 대한 설정만 적용하는 것으로 시작하고, 나머지 설정은 진실 공급원에서 제외한 채 그대로 뒀다가 나중에 자동화가 동작하기 시작하면 그때 다시 설정을 불러오는 것이 일반적인 접근법이다.

그린 필드 환경. 그린 필드 환경greenfield environment에서는 진실 공급원에 네트워크 의도를 정의하는 것부터 시작해 나중에 네트워크를 설정할 수 있다. 이 인텐트를 정의하려면 네트워크 설정에 필요한 모든 설정 측면을 표현하는 많은 데이터를 직접 입력해야 할 수도 있다. 이 과정은 지루한 작업이 될 것이다.

작업을 보다 쉽고 일관성 있게 진행하려면, 최소한의 데이터를 입력받은 후 자동화된 프로세스를 통해 필요한 모든 데이터를 생성하는 방식이 좋다. 예를 들어 전체 스파인-리프 구조의 데이터센터 아키텍처를 생성할 경우 단지 위치와 리프의 개수만 입력하면 나머지 데이터는 자동화할 수 있다. 자동화된 설계 로직에 따라 자동화 프로세스는 리프와 스파인 장비의 필수 정의, 인터페이스 설정 및 케이블 상호 연결, IP 주소, 라우팅 프로토콜 구성, 기타 필수 데이터 등의 정보를 자동으로 생성할 수 있다.

> **TIP_** 새로운 배포에 사용할 데이터를 자동으로 생성할 수 있게 되면 진실 공급원 전략의 도입 장벽을 낮출 수 있으며, 일관성 있는 네트워크 설계를 적용할 수 있다.

끝으로, 분산 진실 공급원을 운영하는 방법에 대해 이야기해보자.

분산 진실 공급원

이번 장에서는 진실 공급원을 단일 엔티티로 지칭했지만, 현실에서는 조금 다르다. 대부분의 조직은 네트워크 관리에 관한 데이터를 서로 다른 데이터 소스에서 관리한다. 예를 들어 네트워크 인벤토리 데이터는 전사 자산 관리 시스템에서 관리하고, IP 주소는 DHCP와 DNS 설정으로 정의해 관리한다.

데이터 관리 전략은 조직 관점의 제약 사항(예: 도메인별 정책)과 기술 관점의 제약 사항(예: 특정 데이터 사용 사례의 표현 방식)에 맞게 조정해야 할 수 있으며, 네트워크 자동화 아키텍처에서 이와 관련된 부분을 설계할 때는 두 제약 사항을 모두 고려해야 한다. 하지만 일관된 네트워크 인텐트를 표현하겠다는 진실 공급원의 목표는 그대로 지켜진다. 따라서 특정 데이터 세트를 어떤 데이터 저장소에서 소유할 것인지를 판단하는 것이 가장 중요하며, 이를 **권위 있는 소스**^{authoritative source} 또는 **기록 시스템**^{SoR, System of Record}이라고 부른다. 데이터의 불일치를 방지하려면 데이터 소유권을 반드시 존중해야 한다.

다음은 분산 진실 공급원을 포함해 데이터 관리 솔루션을 설계하는 몇 가지 방안이다.

모든 데이터 저장소와의 통합을 구축하는 방안

진실 공급원 사용자가 모든 데이터 소스와의 통합을 정의하고 관리한다. 이러한 분산형 접근 방식은 중앙집중화된 접근 방식에 비해 높은 유연성을 제공해주지만, 사용자가 데이터 유효성 검증 및 정규화를 구현해야 하고 각 소스에서 가져온 데이터를 서로 연결하기 위한 로직을 정의해줘야 하므로 사용자 측면의 복잡도가 더 높아지게 된다. 또한 이와 같이 데이터 소스와 클라이언트 사이에서 전체 메시^{full-mesh}를 생성하는 방식으로 통합하다 보면 시스템의 복잡도는 기하급수적으로 증가한다.

데이터를 단일 진실 공급원으로 통합하는 방안

이 전략에서는 여러 데이터 저장소의 데이터를 중앙집중화된 방식으로 조정하고 결합할 수 있는 단일 엔티티로 취합한다. 따라서 클라이언트의 구현과 데이터 관리가 훨씬 간편해진다. 또한 소스 데이터를 보강해줌으로써 원래 모델을 중앙 진실 공급원에서 이용할 수 있는 추가 정보로 확장할 수 있다. 때로는 소스가 기록 시스템에 남아 있으므로, 일관성 유지를 위해 취합된 데이터는 읽기 전용으로만 사용하는 경우도 있다. 두 번째 경우에는 데이터가 일시적으로 동기화되지 않았을 때 마지막 동기화 시점부터 현재 시점 사이에 발생할 수 있는 영향을 고려해야 한다.

단일 파사드 뒤에 집계용 데이터 저장소를 배치하는 방안

이 접근 방식은 네트워크 인텐트에 대한 단일 창구를 제공하지만, 데이터가 한곳에 저장되는 것이 아니라 즉석으로 집계되도록 구성한다. 단일 게이트웨이 뒤에서 여러 API를 호출해 집계하는 API 게이트웨이와 비슷한 패턴이다. 집계하는 과정에서 데이터를 통합할 때 데이터 검증과 정규화를 적용하며, 기록 시스템에서 직접 데이터를 가져온다. 이 프로세스는 원래 객체를 확장하기 위해 새로운 속성을 만들어야 하므로, 데이터를 보강하고 사용자의 요구 사항을 충족하는 과정이 더 복잡해진다.

네트워크 인텐트가 진실 공급원에 정의됐으므로, 이제 여기에 저장된 데이터를 사용할 차례가 됐다. 자동화 엔진은 저장된 데이터를 사용한다.

14.2.3 자동화 엔진

자동화 엔진은 네트워크 상태를 관리하는 작업과 장비 운영체제 업그레이드 같은 네트워크 업무를 수행하는 작업 등을 모두 담당한다. 지금까지 여러 장에 걸쳐 자동화 엔진의 작업을 구축하는 도구를 살펴봤다. 12장에서는 앤서블, 테라폼, 노르니르 등 인프라를 관리하는 도구에 대해 배웠다. 또한 10장에서는 네트워크 인프라와 상호 작용하는 데 가장 널리 사용되는 NETCONF, RESTCONF, gNMI 등의 인터페이스와 이를 지원하는 라이브러리에 대해 배웠다.

[그림 14-1]에서 최우선적으로 기억하고 있어야 할 점은 자동화 엔진이 텔레메트리 및 관찰 가능성 구성 요소와 함께 네트워크 인프라와 상호 작용한다는 사실이다. 하지만 두 구성 요소의 상호 작용에는 큰 차이점이 존재한다. 텔레메트리 및 관찰 가능성 구성 요소는 데이터 수집에 중점을 두는 반면, 자동화 엔진은 네트워크 상태에 **영향을 미치므로** 신중하게 적용해야 한다. 이와 관련해 두 가지 주요 권장 사항이 있다.

- 자동화에 대한 확신을 가질 수 있도록 드라이-런 작업부터 구현해보자. 드라이-런 실행 모드는 네트워크 인프라에서 실제로 변경되는 사항에 대한 상세 보고서를 제공해야 한다.
- 변경 사항을 실제 운영 환경에 배포하기 전에 13장에서 살펴본 지속적 통합과 5장에서 살펴본 에뮬레이션 솔루션을 활용해 변경 사항의 효과를 사전에 검증해야 한다.

이번 절에서는 자동화 엔진이 보유한 핵심 기능의 개념을 상위 수준에서 이해하는 데 도움이 될 수 있도록 크게 설정 관리와 운영이라는 두 가지 범주로 나눠 설명한다. 이 범주에 딱 들어맞지 않는 작업도 있을 수 있지만, 대부분 둘 중 한 범주에 속한다.

최상의 솔루션을 선택하는 데는 다음과 같은 여러 요인이 영향을 미칠 수 있다(항상 **구축과 구매의 딜레마**를 고려해야 한다는 사실을 염두에 둬야 한다).

지원되는 네트워크 인터페이스

사용 중인 네트워크 인프라는 사용할 수 있는 방안을 선택할 때 큰 영향을 미친다. 하지만 보통 몇 가지 방안 중 하나를 선택하며, 각 방안의 특징은 10장에서 살펴봤다.

기존 도구 체계

완전히 새로 시작한 프로젝트가 아니라면 이미 일부 자동화 작업이 적용된 상태일 수 있다. 따라서 새로운 도구를 도입하기 전에 항상 기존 도구를 재사용할 수 있는지를 먼저 고려해야 한다.

팀 보유 기술

모든 자동화 솔루션에는 설정, 유지 보수, 운영 업무가 수반된다. 프로그래밍 언어, 데이터 포맷 등을 고려해 팀에 더 적합한 솔루션을 선택해야 한다.

통합

사용자 상호 작용을 통해서든, API를 통해서든 자동화 시스템의 사용자 또는 자동화된 프로세스가 자동화 엔진 도구와 상호 작용하는 방식을 정의하는 것이 중요하다.

> **TIP_** 도구 체계를 선택할 때 너무 고민하지 말자. 목표와 범위가 잘 정의돼 있다면 필요에 따라 손쉽게 다른 도구로 전환할 수 있다.

설정 관리

거의 모든 네트워크 자동화 솔루션의 핵심 목표는 자동으로 네트워크 상태를 관리하는 것이다. 그러나 자세히 들여다보면, 완전한 설정 관리 솔루션을 구현하기 위해 [그림 14-6]과 같이 점진적으로 네 단계로 나눠 도입하는 과정을 확인할 수 있다.

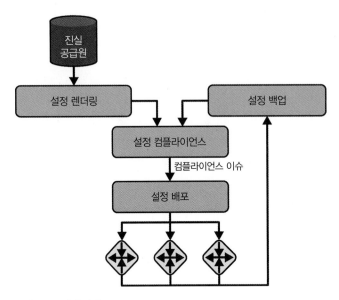

그림 14-6 설정 관리

설정 관리의 네 단계는 다음과 같다.

설정 백업

실제 상태의 참조로 사용할 수 있도록 네트워크의 설정 상태를 조회해 유지한다. 설정 백업은 네트워크를 이전 상태로 되돌리는 롤백 작업에도 사용할 수 있다.

설정 렌더링

진실 공급원에 저장된 데이터와 템플릿을 조합해 인터페이스에 맞는 설정 아티팩트를 생성한다.

설정 컴플라이언스 준수

설정 백업 단계에서 획득한 실제 설정과 설정 렌더링 단계에서 가져온 의도된 설정을 서로 비교해 둘 간의 드리프트를 구한다.

설정 배포

설정 렌더링으로 생성된 설정 아티팩트를 사용해 네트워크 인프라의 상태를 갱신한다. 이때 현재 설정 상태를 원하는 설정 상태로 변경하기 위해 몇 가지 처리 과정이 포함될 수 있다.

> **TIP_** 몇몇 오픈소스 솔루션은 위에서 기술한 네 가지 설정 관리 기능을 모두 제공한다. 이 책을 쓰는 시점에
> 나우토봇 골든 컨피그Nautobot Golden Config[28] 프레임워크는 배포 단계를 제외한 모든 기능을 구현하고 있다.

설정 백업. 설정 백업 및 아카이빙은 오래전부터 사용해왔다. 라우터 설정을 깃 또는 서브버전으로 관리하던 RANCID[29] 도구도 잘 알고 있을 것이다. 이와 비슷한 솔루션은 네트워크 자동화가 대세가 되기 훨씬 이전부터 사용됐으며, 주로 장비의 설정을 조회하고 저장하는 용도로 사용해왔다. 이렇게 저장된 설정 파일은 특정 시점의 설정과 비교하거나, 원치 않는 동작이 관측됐을 때 **안정된** 시점의 설정으로 되돌리기 위해 사용된다.

[예제 14-5]는 버전 관리 기능을 사용해 두 설정 파일의 차이점을 표시한 것이다.

예제 14-5 설정 백업 비교

```
$ git diff
diff --git a/nyc/nyc-leaf-02.infra.ntc.com.cfg b/nyc/nyc-leaf-02.infra.ntc.com.cfg
index 0f3fa95..4e14e60 100644
--- a/nyc/nyc-leaf-02.infra.ntc.com.cfg
+++ b/nyc/nyc-leaf-02.infra.ntc.com.cfg
@@ -189,9 +189,9 @@ ip route 0.0.0.0/0 10.0.0.2
 router bgp 65255
    router-id 10.0.20.7
    neighbor 10.11.11.17 remote-as 65253
-   neighbor 10.11.11.17 maximum-routes 12000
+   neighbor 10.11.11.17 maximum-routes 14000   ①
    neighbor 10.11.11.25 remote-as 65253
```

① BGP와 관련된 maximum-routes 매개변수가 변경됐다.

버전 관리 시스템은 파일 이력을 관리할 뿐만 아니라 저장된 버전 간에 어떤 차이점이 있는지를 서로 비교하면서 확인할 수 있으므로, 설정 백업을 저장하는 방법으로 널리 사용됐다. 하지

---

28 옮긴이_ 설명 문서는 *https://docs.nautobot.com/projects/golden-config/en/latest/*에서, 소스 코드는 *https://github.com/nautobot/nautobot-app-golden-config*에서 각각 내려받을 수 있다.

29 *https://shrubbery.net/rancid/*

만 평문으로 저장되는 설정 파일을 백업해야 한다면 반드시 백업 전에 비밀번호를 모두 제거해야 한다. 예를 들어 BGP MD5 키 값이나 해시된 사용자 비밀번호 같은 민감 정보가 그대로 저장돼서는 안 된다.

NOTE_ 설정 아티팩트를 비교할 수 있으면 설정 상태 간 변경 내용을 이해하는 데도 도움이 된다. 그러나 의도하는 설정은 항상 진실 공급원에서 제공하는 데이터를 렌더링한 결과여야 한다는 점을 명심하자. 비교 결과는 참고 자료로만 활용해야 한다.

설정 렌더링. 견고한 네트워크 자동화 솔루션은 진실 공급원에 의도한 상태를 정의한다('진실 공급원' 절을 참조하자). 하지만 아무리 의도하는 바를 제대로 정의하더라도 이를 실제 설정으로 해석해 각 네트워킹 플랫폼에 적용할 수 없다면 아무 소용이 없다. 이것이 바로 설정 렌더링의 역할이다. 진실 공급원에 저장된 데이터 및 템플릿과 조합해 네트워크 인프라에 필요한 설정 아티팩트를 생성한다. 데이터에 대해서는 '데이터 모델링' 절을, 템플릿에 대해서는 9장을 참조한다. 또한 앤서블로 설정 렌더링을 수행하는 예제는 12장을 참조하자.

설정 렌더링 프로세스는 인벤토리 데이터에서 출발해 IP 주소, 인터페이스, 회선 및 기타 콘텐츠 유형 등과 같은 관련 데이터를 사용함으로써 템플릿에 필요한 데이터를 확장한다. 이 데이터 처리 프로세스에는 일반적으로 데이터를 결합하고 병합하기 위한 계층 구조가 포함된다. 전역 NTP 서버가 있지만, 일부 지역에서는 다른 서버를 사용할 수 있다고 가정해보자. NTP 서버를 장비의 데이터로 통합하려면 보다 구체적인 서버를 사용해야 한다. 구체적인 항목을 우선시하는 것이 경험 법칙이지만, 경우에 따라서는 **가중치**를 사용해 선택 로직을 세밀하게 제어하고 싶을 수도 있다.

TIP_ 모든 네트워크는 자동화를 수용할 수 있다. 그러나 **표준화한** 네트워크의 자동화에 들어가는 노력과 복잡성은 명확한 패턴이 없는 네트워크(영미권에서는 이와 같이 천태만상인 상태를 '**눈꽃**snowflake'이라고 부른다)와 큰 차이를 보여준다. 장비마다 고유의 설정 항목과 맞춤형 설계를 갖고 있다면, 자동화 솔루션에 사용되는 구문의 개수도 많아지면서 결국에는 관리도 어렵고 확장하기도 어려운 스파게티 코드가 되고 말 것이다. 따라서 설정 관리 프로세스를 시작하기 전에 표준 네트워크 설계와 향후 수정해야 하는 예외 항목에 대해 잠시라도 시간을 내서 생각해보기를 강력히 권장한다. 이를 통해 자동화 작업을 보다 효율적이고 강력하게 추진할 수 있다.

전체적이든 부분적이든 **의도한** 구성을 렌더링할 수 있다는 것만으로도 진실 공급원으로 네트워크를 제어하는 데 큰 도움이 된다. 브라운 필드 환경에서는 설정의 일부만 렌더링하는 것부터 시작해 점진적으로 자동화에 대한 확신을 높여가는 것이 좋다. 새로운 네트워크를 배포한다면, 설정 렌더링을 통해 처음부터 전체 설정을 적용해 구축할 수 있는 절호의 기회다.

설정 컴플라이언스. 일단 설정 백업 단계에서 실제 설정을 가져올 수 있고 설정 렌더링에서 의도하는 설정을 가져올 수 있다면, 이를 기반으로 현재 네트워크 설정 상태가 동기화된 것인지 아니면 편차가 존재하는지를 확인할 수 있다. 이것이 설정 컴플라이언스 단계의 목표다.

네트워크 보증network assurance 전략의 첫 번째 단계는 설정의 불일치를 파악하는 것으로, 불일치 문제를 인식해야 결국 불일치를 해결할 수 있는 길이 열린다. 최종 목표는 프로세스를 처음부터 끝까지 자동화하는 것이지만, 읽기 전용 작업인 자동화된 설정 관리는 작은 노력으로도 성과를 낼 수 있으므로 자동화 초기 단계에서 도입하기에 좋은 자동화 방안이다. 설정 컴플라이언스를 정기적으로 수행해 설정의 편차를 감지한 후, 편차가 있을 경우에는 네트워크를 의도된 상태와 일치할 수 있도록 되돌리는 절차를 갖추는 것이 매우 중요하다.

설정 컴플라이언스는 CLI 기반 또는 API 페이로드(JSON, XML, YANG) 등 모든 유형의 설정 아티팩트에 적용된다. 사실 구조화된 데이터를 비교하는 것이 더 쉽지만, CLI를 사용해 설정이 구조화되지 않은 상태라면 뱃피시[30], 시스코의 pyATS/지니Genie[31], NTC 템플릿츠NTC Templates[32] 등의 도구로 파싱할 수도 있다. 실제 사례는 10장에서 살펴봤다.

> **NOTE_** CLI 기반 설정은 관리하기가 까다롭지만(특정 제조사의 경우 줄 순서 바꿈 등과 같은 이상한 형식을 사용한다), 2024년에도 여전히 보편적으로 사용되는 설정 방식이다.

설정 배포. 설정 관리의 마지막 단계는 네트워크 인프라의 상태를 의도된 상태와 일치하도록 변경하는 것이다. 전체 설정을 배포하거나 설정의 특정 부분만 배포하는 부분 설정 배포를 진행할 수 있다. 두 방안 모두 적용 가능한 방법이지만, 어떤 방안을 선택할지는 설정 관리 과정에서의 자동화가 어느 정도 진척됐는지에 따라 달라진다. 초기 단계에서는 네트워크 주요 기능

---

30 *https://github.com/batfish/batfish*

31 *https://github.com/CiscoTestAutomation*

32 *https://github.com/networktocode/ntc-templates*

의 상태를 관리하는 것, 특히 관련성이 높은 기능(회선이 점검 기간에 들어갈 예정일 경우 이웃에 대한 BGP 상태를 관리하는 것)을 관리하는 데만 집중해야 한다. 이후 자동화 경험이 축적되고 나면 적용 범위를 넓힌다.

설정 배포 단계에서 설정 **수정**은 현재 상태를 기반으로 네트워크 상태를 변경하며, 원하는 상태로 이동하기 위한 변경 사항을 계산한다. **명령적** 접근 방식에서는 최종 상태에 도달하기 위해 특정 순서로 된 설정 항목을 전달해야 한다. 반면 **선언적** 접근 방식에서는 현재 상태와 무관하게, 원하는 목표 상태를 정의한다.

두 경우 모두 설정 변경에서 문제가 발생했을 때 안정적인 상태로 되돌아갈 준비가 돼 있다는 것을 의미한다. 이를 설정 **롤백**이라 한다. 10장에서 이야기한 것처럼 NETCONF는 프로토콜에서 기본적으로 롤백을 지원하지만, 일반적인 경우 설정을 이전 상태로 되돌리기 위한 계획도 수립해야 한다. 배포한 이후 변경 사항을 검사하는 **커밋-확인**^{commit-confirm}과 같은 기능은 설정 변경으로 인해 장비에 대한 접근 권한을 영구적으로 잃어버리는 것을 막아주는 첫 번째 안전장치다.

자동화할 네트워크 인프라의 유형에 따라 설정 배포를 다양한 방안으로 구현할 수 있다.

- 다중 플랫폼 지원 라이브러리(Netmmiko, NAPALM, ncclient, Scrapli, gNMIc 등), 특정 제조사 SDK(시스코 머라키 SDK, 주니퍼 네트웍스 Junos PyEZ, AWS Boto3) 또는 직접 API를 호출하는 방식 등으로 사용자 정의 애플리케이션을 구현하는 방안
- 테라폼이나 앤서블과 같은 다목적 오픈소스 도구를 사용하는 방안
- 장비 제조사 플랫폼을 활용하는 방안(시스코 크로스워크 네트워크 서비스 오케스트레이터^{Cisco Crosswork Network Services Orchestrator}(또는 NSO), 주니퍼 앱스트라^{Apstra})

무인 네트워크 변경은 일부 운영 팀, 특히 자동화의 이면에서 무슨 일이 진행되는지를 잘 알지 못하는 운영 팀에게는 마냥 두렵게 느껴질 수 있다. 우선 드라이-런 모드로 변경 사항을 테스트하면서 인식을 개선한 다음, 실험실 환경이나 덜 중요한 인프라부터 적용하고 최종적으로 중요한 인프라에까지 배포하는 방식으로 확장하는 것이 좋다.

자동화된 설정 배포의 위험성을 과소 평가해서는 안 되며, 사용자가 배포를 통제할 수 있는 보호 메커니즘을 추가해야 한다. 사전 배포 테스트, 변경 검토 절차 및 승인 과정, 또는 13장에서 다룬 배포 전략 중 하나를 통해 변경 사항을 배포하는 방법 등은 이러한 위험을 관리하는 데 도

움이 된다. 보통 자동화 아키텍처 중 관찰 가능성 구성 요소와 연결해 설정 변경 사항이 배포된 이후 네트워크 인프라 상태를 사후 검증하는 과정을 거치는 것이 일반적이다. 변경 사항을 적용한 다음에는 운영 상태가 진실 공급원에 정의한 기대값과 일치하는지를 검증하기 위해 여러 확인 과정을 거친다. 때로는 설정 변경 이후 상태가 변경되지 않았는지만 확인하기도 한다. PyATS[33]나 ROBOT 프레임워크[34]와 같은 테스트 프레임워크를 사용하면 이러한 유효성 검사를 구현하는 데 도움이 된다.

이 분야에서 또 다른 공통 사용 사례로는 **제로 터치 프로비저닝**ZTP, Zero Touch Provisioning이 있다. 즉, 네트워크 장비는 네트워크에 연결되면 모든 것이 처음부터 자동으로 구성된다. 여전히 의도하는 설정을 렌더링할 필요는 있지만, DHCP와 같은 장비의 발견 메커니즘에서 MAC 주소나 장비 일련번호를 통해 장비를 식별하게 되면 자동으로 필요한 설정을 가져온다는 점에서 차이가 있다.

운영

자동화 엔진이 다루는 작업의 범위에는 설정 관리와 상관없는 네트워크 작업도 포함된다. 보통 이러한 작업은 CLI로 노출되지만, 10장에서 소개한 것처럼 새로운 프로그래밍 인터페이스를 통해 gNMI나 NETCONF와 같은 RPC 작업으로 접근할 수도 있다.

네트워킹 작업에는 시스템 재시작, 핑 또는 경로 추적, 파일 전송, NOS 활성화, 인증서 관리 같은 일반적인 작업도 포함된다. 이러한 작업은 설정 관리 시스템을 사용하지 않더라도 다양한 네트워크 자동화 솔루션으로 구현할 수 있다. 예를 들어 NOS 업그레이드 솔루션은 다음과 같은 작업을 자동으로 수행한다.

1. 장비에 NOS 파일을 저장할 수 있는 충분한 여유 공간이 있는지 미리 확인한다.
2. 롤백에 사용할 설정의 로컬 사본을 만든다.
3. 새로운 NOS 파일을 전송한다.
4. 새로운 NOS를 활성화한 다음 장비를 재시작한다.
5. 핑과 경로 추적을 하면서 장비 상태에 대한 사후 검증 작업을 진행한다.

다음 절에서는 운영 상태를 변경하는 자동화 엔진과 달리 운영 상태를 조회하는 데만 중점을

---

33 *https://github.com/CiscoTestAutomation/pyats*
34 *https://robotframework.org/*

두는 구성 요소에 대해 알아본다.

14.2.4 텔레메트리와 관찰 가능성

네트워킹 분야는 처음부터 네트워크 모니터링 혹은 네트워크 성능 관리 업무를 계속 수행해왔으며(SNMPv1은 1990년에 표준화됐다), 네트워크 서비스 상태에 대한 더 많은 통찰을 얻기 위해 지속적인 발전 과정을 거쳐 현재 상태에까지 이르렀다. 오늘날 개발과 운영이 함께 이뤄지는 데브옵스 접근 방식은 IT 서비스라는 전체 맥락 안에서 네트워킹의 성능에 대해 보다 정확히 이해할 수 있는 정보를 요구한다

따라서 네트워크 자동화 아키텍처에서 이야기하는 **텔레메트리 및 관찰 가능성** 구성 요소는 이전 네트워크 모니터링 시스템이 다루던 범위보다 많이 확장됐다. 이제는 **무엇이** 잘못됐는지를 파악하는 것만으로는 충분하지 않으며, 문제를 완화시킬 수 있도록 **왜** 잘못됐는지, 비즈니스에서 사용자 경험에 어떤 영향을 미치는지까지 알려줘야 한다. 즉, 텔레메트리와 관찰 가능성은 진실 공급원이 제공하는 의도된 상태와 네트워크의 현재 상태가 일치하는지를 검증하거나 보증하는 기능을 제공해야 하며, 그 위에서 실행되는 모든 애플리케이션에 미치는 영향을 상호 연관 지어 분석할 수 있어야 한다. 드리프트가 발생하면, 오케스트레이션을 통해 폐쇄형 자동화 프로세스를 발동시켜 드리프트를 해결하거나 적어도 문제 해결 과정을 지원해야 한다.

> **NOTE_** 이번 절에서 다루는 대부분의 개념은 네트워크에만 국한되지 않고 모든 유형의 IT 서비스에 적용된다.

이러한 솔루션의 주요 기능은 다음과 같다.

- 최적화된 고성능 검색을 통한 여러 데이터 소스의 통합
- 유연한 데이터 조작 및 보강
- 강력한 질의 언어를 통한 API 주도 데이터 소비
- 확장 가능성과 용이한 서비스 구성 가능성

이러한 주요 기능을 활용해 이상 징후를 감지할 수 있고, 더 나은 용량 계획을 수립할 수 있으며, 고급 알림 결정을 통해 다른 자동화 워크플로를 시작하게 만들어 폐쇄형 반복 제어 솔루션을 구현할 수 있다. 또한 확장성을 갖춘 스택을 활용하면 새로운 솔루션(인공지능에 기반한 분석 솔루션 등)에 연결하는 식으로 기능을 강화할 수 있다.

하지만 이러한 장점을 활용하려면 더 복잡한 아키텍처와 오케스트레이션이라는 과제가 수반된다. '텔레메트리 및 관찰 가능성 스택' 절에서는 이 문제를 보다 잘 해결할 수 있는, 각 구성 요소의 역할과 그 설계를 이해하는 데 도움이 되는 스택 참조 모델을 제안한다.

스택을 살펴보기 전에 수집할 데이터의 유형과 그 소스를 간단히 정리해볼 필요가 있다.

운영 상태 데이터

자동화는 데이터에 관한 것이다. '진실 공급원' 절에서 설명한 것처럼 네트워크 설계의 의도를 표현하려면 구조적 데이터를 사용해야 한다. 여기서 데이터가 다시 한번 중요해지는데, 데이터는 네트워크 및 주변 자동화 솔루션에서 어떤 일이 진행 중인지에 대한 정보를 제공한다. 자동화는 네트워크와 명확히 구별되지 않을 정도로 통합돼 네트워크의 일부가 된다는 점을 잊지 말자.

이번 절에서는 텔레메트리 및 관찰 가능성 솔루션이 고려할 수 있는 다양한 데이터 사용 사례를 개략적으로 소개한다. 데이터는 다양한 출처에서 다양한 형식으로 제공된다. 그러나 짐작할 수 있듯이 '데이터 품질' 절에서 소개한 데이터 품질의 원칙은 여전히 유효하며, 이 구성 요소에도 동일하게 적용된다. 따라서 데이터는 비교 가능하도록 변환돼야 하고 정규화된다.

다음으로는 운영 상태 데이터와 관련해 고려해야 할 몇 가지 데이터 유형을 설명한다. 첫날부터 모든 유형의 데이터를 사용해야 한다는 부담감은 털어버리고, 어디에서부터 출발해 어떻게 발전시켜나갈지를 현명하게 선택해야 한다. IT 분야에서 일반적으로 사용하는 메트릭, 로그, 추적 기능부터 살펴보자. 그런 다음, 네트워크 분야에 특화된 플로나 패킷 추적을 살펴본다.

> **NOTE_** 메트릭, 로그, 추적 기능에 대해 보다 자세히 알고 싶다면 신디 스리다란$^{Cindy\ Sridharan}$이 쓴 『Distributed Systems Observability』(O'Reilly, 2018)의 4장 '관찰 가능성의 세 기둥$^{The\ Three\ Pillars\ of\ Observability}$'을 읽어보자.

메트릭. 메트릭(지표)은 숫자로 이뤄진 가장 단순한 데이터 유형이다. 하지만 메트릭은 인터페이스에서 송수신한 옥텟의 양, ICMP 에코 및 응답에서 관찰되는 지연 시간, 정수로 매핑된 BGP 세션의 상태 등 네트워크 상태를 표현하는 데 매우 유용하다. 이러한 원시 정보 데이터는 수학적으로 처리한 다음 다른 메트릭을 생성하는 데 사용할 수도 있다. 예를 들어 일정 시간 동안 수신된 바이트양의 차이를 구하면 수신 BPS 값을 계산할 수 있다.

> 메트릭은 일정 시간 간격마다 측정한 데이터를 숫자로 표현한 것이다.
>
> — 『Distributed Systems Observability』, 신디 스리다란

네트워크 상태에 대한 모든 것은 메트릭 형태로 표현할 수 있다. 네트워킹에서 대부분의 메트릭은 SNMP MIB나 YANG 모델에 잘 정의돼 있다. 그러나 네트워크상에서 실행 중인 애플리케이션을 포함해 사용 사례에 관련 있다고 생각되는 모든 메트릭을 정의할 수도 있다. 예를 들어 자동화된 방화벽 규칙 프로세스의 활동을 추적하기 위해 자동으로 생성된 방화벽 규칙이 몇 개인지를 추적하는 메트릭을 정의할 수 있다.

예전 모니터링용 메트릭의 한 가지 한계점은 **샘플**(특정 순간의 메트릭 값)에 대한 **맥락**이 부족하다는 점이었다. 이 문제를 해결하고자 최신 메트릭 저장 시스템은 샘플에 별도의 메타데이터를 덧붙여 메트릭을 한층 보강해준다. [그림 14-7]은 프로메테우스^Prometheus에서 사용하는 메트릭 형식을 나타낸 것으로, 보다시피 메트릭이 크게 네 부분으로 이뤄진다(프로메테우스와 기타 시계열 데이터베이스는 '저장소' 절에서 보다 자세히 다룬다). 데이터(주로 진실 공급원에서 가져온 데이터)와 맥락 정보가 결합되면서 메트릭이 어떻게 보강되는지를 눈여겨보자.

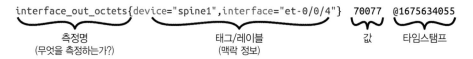

그림 14-7 프로메테우스 메트릭 형식

[예제 14-6]은 프로메테우스에서 가져온 3개의 샘플로, [그림 14-7]에서 설명한 속성을 갖고 있다.

예제 14-6 프로메테우스 메트릭

```
bgp_sessions_prefixes_sent{collection_method="execd",device="ceos-01",        ①
device_platform="arista",device_role="router",host="telegraf-01",local_as="65111",
neighbor_address="10.1.7.2",net_os="eos",peer_as="65222",peer_type="external",
region="lab",router_id="10.17.17.1",session_state="active",site="lab-site-01"}  ②

0 @1671966244.39                                                              ③ ④
3 @1671966247.39
2 @1671966250.39
```

① `bgp_sessions_prefixes_sent`는 메트릭의 이름이다.

② 카-값 쌍은 메트릭에 관한 메타데이터 또는 레이블이다. 나중에 이 정보를 메트릭에서 사용할 수 있다.

③ 0, 3, 2는 특정 세 시점의 메트릭 값이다.

④ `1671966244.39`, `1671966247.39`, `1671966250.39`는 메트릭을 수집한 샘플링 시간의 타임스탬프 값이다.

TIP_ 이기종 네트워크 환경에서는 다양한 소스에서 동일한 의미의 데이터를 조회할 수 있다. 따라서 모든 데이터를 동일한 형식으로 변환할 수 있다면 나중에 각 데이터를 손쉽게 비교해 활용할 수 있다.

로그 로그는 네트워크 인프라 및 네트워크 자동화 애플리케이션에서 생성되며, 주의가 필요한 모든 활동을 알려준다. 시스로그^{syslog}는 업계 표준 로깅 프로토콜로, 거의 모든 네트워크 장비에서 사용할 수 있다.

> 이벤트 로그는 시간의 경과에 따라 발생한 불연속적인 이벤트를 변경할 수 없는 타임스탬프와 함께 기록한 것이다.
>
> —『Distributed Systems Observability』, 신디 스리다란

시스로그 메시지는 다섯 가지 구성 요소, 즉 메시지(콘텐츠), 장비(메시지를 발신한 시스템의 유형), 우선순위(메시지의 심각도), 소스 IP, 타임스탬프로 구성된다. 하지만 제조사마다 자유로운 텍스트 형식의 비정형 정보를 전송할 수 있다. 시스로그 데이터를 프로그램에서 활용하려면 파싱을 거쳐 구조화된 데이터로 변환해야 한다.

거의 모든 로그 수집기에는 시스로그 메시지 **해석** 규칙을 정의할 수 있는 파서가 포함돼 있다. 예를 들어 로그스태시^{logstash}**35** 로그 수집기는 템플릿에 정의할 수 있는 파싱 로직에서 grok 필터를 사용해 데이터 항목을 추출한다.

[예제 14-7]에서는 로그 메시지가 구조화된 객체로 변환되는 과정을 볼 수 있다.

예제 14-7 로그 파싱 과정

로그 메시지

```
Sep 20 08:01:13: <10.0.0.10> %LINEPROTO-5-UPDOWN: Line protocol on Interface
GigabitEthernet0/5, changed state to up
```

구조화된 데이터

```
{
  "source_ip": "10.0.0.10",
  "severity": "5",
  "facility": "LINEPROTO",
  "facility_process": "UPDOWN",
  "message": "Line protocol on Interface GigabitEthernet0/5, changed state to up",
} 1663660873000
```

TIP_ 관심 있는 메시지를 추려내는 로그 패턴을 사용할 수 있다. napalm—logs**36** 라이브러리에 미리 정의된 파서를 사용하면, 널리 사용되는 플랫폼 로그를 오픈컨피그나 IETF YANG 모델을 따르는 구조화된 결과로 반환한다.

구조화된 로그는 **구조화된 고차원 데이터**의 한 사례다. 정의에 따라 이런 유형의 관찰 데이터는 여러 가지 특징을 가진다. 예를 들어 [예제 14-7]의 로그 항목에는 타임스탬프, 장비, IP 등의 정보가 포함돼 있는데, 구조화되기 이전의 원본 문자열에서는 단순히 문자열이었다. 네트워크 자동화 영역에서 만날 수 있는 구조화된 고차원 데이터로는 추적, 플로, 패킷 캡처 등이 있다.

....

35 옮긴이_ 엘라스틱(Elastic)사에서 개발한 오픈소스 로그 수집기 프로그램으로, *https://github.com/elastic/logstash*에서 내려받을 수 있다. *https://www.elastic.co/kr/logstash*에서 상세한 정보를 제공한다.

36 *https://napalm-logs.readthedocs.io/en/latest/*

CAUTION_ 데이터 차원이 많아지면 다양한 데이터 분석이 가능해진다. 하지만 데이터 차원이 많아지면서 분석 처리에 들어가는 노력도 증가하는데, 때로는 기하급수적으로 증가하기도 한다. 수학자 리처드 E. 벨맨 Richard E. Bellman은 이러한 상충 관계를 '**차원의 저주**'라 부른다.

추적. 일반적인 네트워킹 작업과는 관련이 없을 수도 있지만, 제어 평면이나 자동화를 통해 네트워킹 분야에 소프트웨어가 도입되면서 네트워크 관련 애플리케이션이 어떻게 동작하는지를 이해할 수 있는 추적 기능이 점점 중요해지고 있다. 추적trace은 여러 서비스를 거치는 요청처럼 분산 애플리케이션에서 프로세스가 수행되는 과정을 추적하기 위해 광범위하게 사용된다. 특히 마이크로서비스 아키텍처와 관련이 많으며, 종단 간 프로세스를 이해하고 각 단계별 소요 시간 등 여러 제어 지점에서의 관련 데이터를 포착하는 데 유용하게 사용된다.

메트릭이나 로그 이후에 등장한 추적 기능은 발신자와 수신자를 쉽게 통합하기 위해 표준화된 형식의 사용을 장려했다. 2019년 CNCF는 오픈텔레메트리OpenTelemetry 프로젝트를 시작했다. 이 프로젝트의 목적은 관찰 가능성 데이터를 수집, 변환, 송신하기 위해 제조사에 구애받지 않는 표준화된 SDK와 API 도구를 제공하는 것이다. 프로젝트가 다루는 범위에는 추적뿐만 아니라 메트릭과 로그 기능도 포함된다. 추적 분석 기능을 갖춘 솔루션을 애플리케이션 성능 관리(APM) 솔루션이라 하는데, 대표적인 제품으로는 시스코의 앱다이나믹스AppDynamics[37], 엘라스틱의 옵저빌리티Observability[38], 허니콤Honeycomb[39] 등이 있다.

플로. 플로flow는 두 IP 주소 간 통신을 표현하는, 네트워킹을 위한 구조화된 고차원 데이터 타입의 하나로, 여러 가지 형식이 공존한다. 1990년 후반 시스코가 개발한 넷플로에서 시작됐는데, 넷플로 v9은 인터넷 프로토콜 플로 정보 내보내기IPFIX, Internet Protocol Flow Information Export 표준의 토대가 됐다. 인몬InMon Corp이 개발하고 sFlow 컨소시엄[40]에서 지원하는 sFlow도 사용되는데, sFlow는 패킷 데이터 캡처도 지원한다. 이후 IPFIX에도 패킷 캡처 기능이 추가됐다.

자체 사양을 따르는 플로에는 출발지 및 목적지 IP 주소, TCP/UDP 포트 번호, 패킷/바이트 수, 기타 정보 등과 같은 일반적인 정보가 들어 있다. 이 데이터는 용량 계획 수립, 플로 기반

---

37 *https://www.appdynamics.com/*

38 *https://www.elastic.co/kr/observability/application-performance-monitoring*

39 *https://www.honeycomb.io/*

40 *https://sflow.org/*

과금, 보안 모니터링, 애플리케이션 발견 등에 유용하게 사용된다. 다음은 플로를 단순하게 표현한 것이다.

```
| 타임스탬프    | 출발 IP    | 소스 포트번호 | 대상 IP   | 대상 포트번호 | 인터페이스 | 프로토콜 | 바이트 |
| 1671966244 | 192.0.2.1 | 32541       | 192.0.2.2 | 443          | Gi0/0     | TCP     | 1234  |
```

CAUTION_ 플로 내보내기 작업은 연산 과정이 필요하므로 추가 비용이 발생한다는 점을 염두에 둬야 한다. 모든 네트워크 포트를 대상으로 플로를 캡처하거나 샘플링을 과도하게 설정하게 되면 네트워크 장비의 성능에 영향을 미칠 수 있다.

패킷 캡처. 네트워크 운영 데이터의 또 다른 소스는 패킷 캡처다. 네트워크를 통해 패킷이 이동하므로, 패킷은 네트워크에 대한 가장 상세한 정보를 제공해준다. 플로와 마찬가지로 패킷 캡처도 리소스(특히 메모리)를 많이 사용한다. 보통 패킷에서 얼마나 많은 정보를 유지하는가에 따라 필요한 리소스가 달라진다.

네트워크 데이터를 캡처할 수 있는 libpcap/Npcap 라이브러리를 기반으로 리눅스 tcpdump[41]나 와이어샤크Wireshark[42] 등의 도구가 널리 사용된다. 다음은 ping 명령을 실행했을 때 주고받은 통신 패킷(ICMP 요청 및 응답)의 요약 데이터다.

```
18:48:46.439907 IP 192.2.0.2 > 192.2.0.1: ICMP echo request, id 31, seq 0, length 64
18:48:46.455567 IP 192.2.0.1 > 192.2.0.2: ICMP echo reply, id 31, seq 0, length 64
```

TIP_ 이 데이터는 구조화된 데이터가 아니라고 주장할 수도 있는데, 틀린 말은 아니다. 구조화된 데이터를 얻으려면 로그와 마찬가지로 결과를 파싱하거나 별도 라이브러리를 사용해야 한다.

데이터 소스는 다양한 목적에 따라 서로 다른 정보를 제공한다. 따라서 아키텍처를 결정할 때 어떤 데이터 소스가 필요한지, 데이터를 어떤 방식으로 집계해 정보를 서로 연결할 것인지를 고려해야 한다.

---

41 https://www.tcpdump.org/
42 https://www.wireshark.org/

네트워크 운영 데이터를 수집하는 방안

이제 데이터를 얻는 방법을 알아볼 차례다. 앞에서 다룬 시스로그나 넷플로와 같은 방식 외에 네트워크의 운영 상태를 수집할 수 있는 일반적인 방법에는 어떤 것이 있는지 살펴본다.

SNMP. SNMP는 오랫동안 네트워크 모니터링 분야에서 최고의 솔루션이었다. 장비 모니터링에 유용하며, 거의 모든 장비 제조사에서 채택했기 때문에 데이터를 조회하기 위한 신뢰할 수 있는 수단으로 사용됐다. 구조화된 데이터는 MIB로 공개됐으며, 데이터가 필요할 때마다 클라이언트에서 데이터를 요청하는 **풀**^{Pull} 방식으로 구현한다. SNMP **트랩**이라는 **푸시** 통지 방식도 지원했지만, 기능이 제한적이다.

MIB 구조에서는 관련 정보를 얻기 위해 복잡한 상관관계를 다뤄야 한다. 예를 들어 "interface _out_octets{interface="GigabitEthernet0/1"} 1234"와 같은 메트릭을 얻으려면 인터페이스 인덱스 값 3으로는 충분한 맥락을 얻을 수 없으므로, 조회 API를 두 번 호출해 획득한 데이터를 결합해야 한다.

```
interfaces.ifTable.ifEntry.ifOutOctets.3 = Counter32: 1234
                +
interfaces.ifTable.ifEntry.ifDescr.3 = GigabitEthernet0/1
```

시스로그 및 플로 내보내기. 시스로그와 플로가 다루는 데이터는 다르다. 하지만 두 프로토콜은 모두 네트워크 장비에서 직접 실행되는 프로세스이며, UDP를 사용해 데이터를 수집기로 전송한다. 둘 다 수신 보장 없이 정보가 전송된다.

시스로그의 경우 **장비**(프로세스)와 메시지의 **심각도** 수준을 설정할 수 있다. 플로 내보내기$^{\text{flow exporter}}$의 경우 관찰할 인터페이스와 패킷 샘플링 비율(전체 패킷에서 플로로 전송하는 비율)을 설정할 수 있다.

CLI. CLI는 네트워크 상태를 알기 위해 사용하는 전통적인 방식이다. 네트워크 엔지니어는 CLI를 주로 문제 해결 용도로 사용해왔다. 하지만 다른 인터페이스에서는 알아낼 수 없는 정보를 제공해주기도 한다. CLI에서 제공하는 데이터는 구조화돼 있지 않은 비정형 데이터이므로, 반드시 텍스트로 조회한 후 파싱 과정을 거쳐야 한다. 다음 예제를 보면 CLI 출력에서 얼마나 다양한 BGP 관련 정보를 얻을 수 있는지 알 수 있다. 하지만 데이터를 사용하려면 텍스트를 추출해 파싱해야 한다.

```
Router# show ip bgp 192.0.2.3 255.255.255.255

BGP routing table entry for 192.0.2.3/32, version 35
Paths: (2 available, best #2, table default)
Multipath: eBGP
Flag: 0x860
  Advertised to update-groups:
    1
  200
    203.0.113.166 from 203.0.113.166 (192.168.0.102)
      Origin incomplete, localpref 100, valid, external, backup/repair
      Only allowed to recurse through connected route
  200
    203.0.113.165 from 203.0.113.165 (192.168.0.102)
      Origin incomplete, localpref 100, weight 100, valid, external, best
      Only allowed to recurse through connected route
```

NOTE_ 이 책에서 이미 여러 번 언급했지만, CLI를 이용해 텍스트를 스크래핑하는 방식으로 데이터를 조회하면 오류가 발생할 가능성이 높고 속도도 느리다. 또한 파싱 로직이 깨지기 쉽고 계속 유지하기도 어려우므로 가능하다면 스크래핑은 피해야 한다. 하지만 때로는 스크래핑 기법만 사용 가능한 경우도 있으므로, 이러한 단점을 잘 고려한다면 텔레메트리와 관찰 가능성 솔루션에 통합될 수 있다.

모델 주도 텔레메트리. 설정 관리와 운영 상태 조회에 사용되던 기존 인터페이스(SNMP와 CLI)의 한계를 극복하기 위해 10장에서 살펴봤던 모델 주도 관리 프로토콜(NETCONF, RESTCONF, gNMI)이 등장했다. 모델 주도 관리 프로토콜에서는 의미 있는 데이터 구조(YANG 모델 이용)와 **스트리밍 텔레메트리**를 이용해 상태를 조회함으로써 변경 감지 시간을 개선한다. 10장에서 소개한 모델 주도 텔레메트리는 운영 데이터 수집 방법으로 고려해볼 수 있다. 참고로 다음은 특정 인터페이스의 카운터 메트릭을 텔레메트리 구독 방식으로 획득한 결과 데이터다.

```
{
  "source": "eos-spine1:6030",
  "subscription-name": "default-1664428777",
  "timestamp": 1664428775338387214,
  "time": "2022-09-29T05:19:35.338387214Z",
  "prefix": "interfaces/interface[name=Management0]/state/counters",
```

```
    "updates": [
      {
        "Path": "out-octets",
        "values": {
          "out-octets": 723727
        }
      },
      {
        "Path": "out-unicast-pkts",
        "values": {
          "out-unicast-pkts": 4500
        }
      }
    ]
  }
```

REST API. 1장에서 소개한 것처럼 네트워크 인프라는 클라우드 또는 컨트롤러 기반 플랫폼을 전면에 내세워 서비스로 제공되며, 관리 작업은 보통 REST API를 통해 이뤄진다. 서비스마다 제공하는 기능을 다루기 위한 자체 데이터 모델을 갖고 있으며, NOS를 제어하는 방식에 비해 단순화된 방식으로 제공된다.

예를 들어 AWS의 VPN 서비스 문서는 다음과 같은 REST API 정보를 제공한다. 이 정보를 보면 VgwTelemetry 키 아래에 설정 상태와 운영 상태가 혼재하는 것을 확인할 수 있다.

```
{
    "VpnConnections": [
        {
            "CustomerGatewayId": "cgw-01234567abcde1234",
            "Category": "VPN",
            "State": "available",
            "Type": "ipsec.1",
            "VpnConnectionId": "vpn-1122334455aabbccd",
            "TransitGatewayId": "tgw-00112233445566aab",
            "Options": {
                "StaticRoutesOnly": true,
                "LocalIpv4NetworkCidr": "0.0.0.0/0",
                "RemoteIpv4NetworkCidr": "0.0.0.0/0",
                "TunnelInsideIpVersion": "ipv4"
            },
            "VgwTelemetry": [
```

```
        {
            "AcceptedRouteCount": 0,
            "LastStatusChange": "2023-07-29T10:35:11.000Z",
            "OutsideIpAddress": "203.0.113.3",
            "Status": "DOWN",
            "StatusMessage": ""
        }
    ]
    // 일부 정보 생략
    }
  ]
}
```

네트워크 프로토콜. 분산 라우팅 프로토콜에 참여하는 것도 네트워크 운영 데이터를 획득할 수 있는 또 다른 방법이다. 예를 들어 OSPF나 BGP를 사용하는 프로세스를 실행하면 이런 프로토콜에 참여하는 노드끼리 주고받는 내부 정보에 접근할 수 있다. 확장 기능을 사용하면 BGP 모니터링 프로토콜BMP, BGP Monitoring Protocol을 통해 송신자의 관점에서 주고받는 BGP 갱신 정보와 기타 정보를 모니터링할 수 있다.

네트워크 프로토콜과 상호 작용하는 기능을 갖춘 오픈소스 프로젝트를 이용하거나, ExaBGP[43]처럼 메시지를 직접 만들어서 단순히 메시지를 수신할 수도 있다. 예를 들어 ExaBGP를 사용하면 다음과 같은 구조화된 BGP 데이터를 얻을 수 있다.

```
{
    "exabgp": "4.0.1",
    "time": 1560371099.404008,
    "host" : "2.113.0.203.in-addr.arpa",
    "pid" : 37750,
    "ppid" : 10834,
    "counter": 1,
    "type": "update",
    "neighbor": {
        "address": { "local": "127.0.0.1", "peer": "127.0.0.1" },
        "asn": { "local": 1, "peer": 1 } ,
        "direction": "in",
        "message": {
            "update": {
```

---

43 *https://github.com/Exa-Networks/exabgp*

```
                    "attribute": { "origin": "igp", "med": 200, "local-preference": 100 },
                    "announce": {
                        "ipv4 unicast": {
                            "198.51.100.1": [
                                { "nlri": "192.0.2.0/32", "path-information": "0.0.0.0" }
                            ]
                        }
                    }
                }
            }
        }
    }
}
```

합성 모니터링. 지금까지 살펴본 정보는 모두 **직접적인** 상호 작용 없이 운영 상태를 관찰하면서 획득하는 정보로, 사용자의 관점은 고려하지 않는다. 합성 모니터링은 특정 관점으로 바라봤을 때 네트워크가 어떻게 동작하는지를 파악하기 위해 사용자의 경험을 흉내 낸다.

전체적인 아이디어는 간단하다. 네트워크의 한쪽에서 데이터를 주입하고, 반대쪽에서 나오는 데이터와 비교한다. 결과를 비교해보면 아무 문제 없이 잘 동작한 것도 있고, 일부 정보 또는 전체 정보가 소실된 것도 있다(성공적으로 동작한 경우에도 지연에 대한 정보를 얻을 수 있다).

이때 핵심은 관찰하고 싶은 커뮤니케이션 패턴을 최대한 제대로 재현하는 것이다. 네트워크 장치(시스코의 IP SLA나 주니퍼 프로브)를 설정하거나 에이전트를 조율해가면서 관찰하려는 트래픽(DNS, SSL, gRPC 등)을 사용해보는 분산 솔루션도 이용할 수 있다. 이런 솔루션을 활용하면 ICMP나 TCP/UDP 테스트처럼 간단하게 네트워크를 테스트해볼 수 있다.

> **TIP_** 인터넷 생태계는 흥미로운 RIPE 아틀라스[RIPE Atlas] 프로젝트[44]를 진행 중이다. 이 프로젝트는 인터넷 연결에 대한 공동체적 통찰력을 획득하고, 최종 사용자 경험을 시뮬레이션하기 위한 사용자 정의 측정 작업을 수행한다.

텔레메트리 및 관찰 가능성 솔루션의 범주에 속한 다양한 형태의 데이터를 개략적으로 살펴봤

---

44 _https://atlas.ripe.net/_

다. 이제 최신 구현 스택을 어떻게 구성할 수 있는지 알아본다.

텔레메트리 및 관찰 가능성 스택

이전 절을 통해 데이터 조회라고 하더라도 단순한 작업이 아닐 수도 있다는 점을 알 수 있었다. 네트워크 모니터링 솔루션은 다양한 방식으로 수집된 데이터를 저장하고 여러 시스템과 통합할 수 있도록 충분히 유연해야 한다. 하지만 전통적인 모니터링 시스템은 모든 기능을 하나의 도구에 통합한 모놀리식 방식으로 개발됐다.

모놀리식 방식으로 구현하면 쉽게 시작할 수 있다는 장점은 있지만, 시스템이 발전함에 따라 급변하는 요구 사항에 적응하는 과정에서는 제약 사항이 될 수 있다. 가장 좋은 방법은 구성 요소의 통합과 설정을 쉽게 수행할 수 있는 오케스트레이션 솔루션을 사용하는 것이다. 다행히도 전체 IT 커뮤니티에서 이런 트렌드가 지속되고 있으며, 요즘은 선택할 수 있는 방안도 다양하게 나와 있다.

> **NOTE_** 뛰어난 기능을 갖춘 모놀리식 솔루션을 만들 수도 있지만, 목적에 가장 적합한 도구를 선택하고 싶거나 스택의 일부 기능을 확장하고 싶을 경우에는 제약 사항이 될 수 있다.

적절한 도구를 선택하려면 네트워크 모니터링용 최신 텔레메트리 및 관찰 가능성 솔루션의 구성 요소를 명확히 이해해야 한다. [그림 14-8]은 최신 모니터링 스택의 주요 구성 요소를 보여준다.

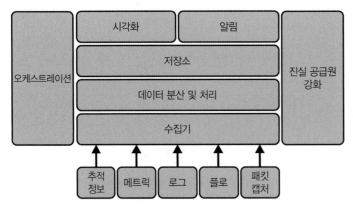

그림 14-8 텔레메트리 및 관찰 가능성 구현 스택

구현 스택은 대략 7개의 기능 모듈로 나눌 수 있다.

수집기

필요한 모든 유형의 데이터를 수집한다.

데이터 분산 및 처리

수집된 데이터를 변경해 복잡한 시나리오에서도 사용할 수 있도록 지원한다.

저장소

데이터를 저장하며, 데이터를 사용하기 위한 인터페이스를 제공한다.

시각화

데이터를 그래프나 보고서 형태로 렌더링해 해석한다.

알림

데이터가 예상 조건에 일치할 경우 특정 동작을 수행하도록 알림 통지를 보낸다.

진실 공급원 강화

데이터에 별도 메타데이터를 추가해 보다 다양한 속성으로 데이터를 조회할 수 있다.

오케스트레이션

모든 텔레메트리 구현 스택의 구성 요소가 지속적으로 동작할 수 있도록 설정하고 관리한다.

이번 절에서는 해결해야 할 관련 문제를 나열해보고, 이 문제를 어떤 식으로 바라봐야 할 것인지를 단계별로 살펴본다. 각 문제를 들여다보기 전에 다음 사항을 고려해보면 이후 의사결정에 명확한 지침이 돼줄 것이다.

- 수집할 데이터가 무엇인가? ('운영 상태 데이터' 절 참고)
- 데이터는 어느 정도 크기로 예상되는가?
- 설계한 시스템의 확장성과 기능 확장성은 어느 정도인가?

- 누가 데이터를 사용하는가? (용량 계획 팀인가? NOC 팀인가?)
- 스택을 오케스트레이션하려면 어느 정도의 자동화 수준이 필요한가? 조직에서 새로운 애플리케이션을 어떻게 배포하는가?
- 시스템의 부하는 어떻게 분산되는가? (지역별 파드?)

구현 스택은 보통 서로 잘 어울리는 도구를 함께 모아서 소개하는 경우가 많다. [표 14-1]은 널리 채택된 구현 스택이다. 이 구현 스택은 단지 예제일 뿐이며, 각 도구들은 다른 도구와 잘 통합해 기능을 확장할 수 있다.

표 14-1 널리 사용되는 텔레메트리 및 관찰 가능성 구현 스택

기능	TPG[a]	TIG[b]	ELK[c]
시각화	그라파나	그라파나	키바나
저장소	프로메테우스	인플럭스DB	엘라스틱서치
수집기	텔레그라프	텔레그라프	로그스태시

[a] Telegraf/Prometheus/Grafana
[b] Telegraf/InfluxDB/Grafana
[c] Elasticsearch/Logstash/Kibana

> **NOTE_** 이 책에서는 텔레메트리 스택의 설정 방법을 자세히 다루지 않는다. 보다 자세히 알고 싶다면 조시 반데라[Josh VanDeraa]가 쓴 『Open Source Network Management』(Leanpub, 2022)를 추천한다. 이 책은 TPG 스택을 자세히 다룬다.

일부 도구는 모든 구성 요소를 구현해 하나의 솔루션으로 제공되지만, 요구 사항을 100% 충족할 수 있는 도구는 없다. 따라서 다른 도구와 통합할 수 있는지 여부가 중요하다. 구현 스택의 각 계층을 조합해 구성할 수 있으므로, 모놀리식 솔루션이 가진 제약 사항에 구애받지 않고 필요에 따라 기능을 확장할 수 있다. 예를 들어 네트워크 상태 관찰 가능성에 특화된 오픈소스 도구인 수지큐[Suzieq][45]를 사용해 LLDP, 라우팅 테이블, ARP/ND 테이블, BGP 등의 네트워크 데이터를 수집할 수 있고, 이를 분석해 네트워크 프로토콜의 상태를 검증할 수 있다. 수지큐는

---

[45] *https://github.com/netenglabs/suzieq*

GUI와 CLI를 제공하는데, REST API와 파이썬 객체를 사용해 관찰 가능성 스택의 다른 구성 요소와 상호 작용하도록 통합할 수 있다.

지금부터 [그림 14-8]에 나타낸 구성 요소를 하나씩 살펴보자. 먼저 프로세스의 첫 번째 구성 요소인 수집기에 대해 알아보자.

수집기

텔레메트리의 모든 과정은 **수집기**에서 시작한다. 수집기는 네트워크 인프라나 다른 소스(예: 합성 모니터링)에서 관찰한 데이터를 획득한다. 그러나 먼저 어떤 데이터에 관심이 있는지, 해당 데이터를 어떻게 획득할 수 있는지를 결정해야 한다. '운영 상태 데이터' 절과 '네트워크 운영 데이터를 수집하는 방안' 절에서 대부분의 방법을 다뤘다. 네트워크 자동화 솔루션의 요구 사항, 즉 워크플로의 결과를 검증하려면 어떤 데이터가 필요한지에 따라 결정 내용이 달라진다. 당연히 더 많은 워크플로가 솔루션에 통합될수록 요구 사항은 진화하게 되며, 점점 더 다양한 방안을 고려하게 된다.

> **TIP_** 관찰 가능성 데이터를 처리하고 저장하려면 비용이 발생한다. 따라서 리소스와 비용을 절약할 수 있도록 꼭 필요한 데이터만 추가하는 것이 좋다!

언제든지 수집된 데이터의 유형을 확장할 수 있다. 그러나 초기 단계에서는 특정 유형에만 집중하는 것이 도움이 되며, 나중에 네트워크 인프라가 지원하는 다른 데이터 유형으로 범위를 확장한다. 데이터 유형(예: 메트릭)을 결정했다면 데이터를 수집할 적절한 인터페이스를 선택해야 한다. SNMP, NETCONF, gNMI, REST API, CLI 등을 사용할 수 있다.

> **NOTE_** 데이터를 수집하는 방법은 네트워크 인프라 장비의 제조사에 따라 달라진다. 일부 레거시 장비는 SNMP와 CLI만 지원하며, 최신 장비는 gNMI처럼 새로운 방법도 제공한다. 어떤 경우든 데이터 소스가 중복되지 않도록 주의해야 한다.

NOS에서 사용자 애플리케이션을 실행할 수 없었기 때문에 수집기를 네트워크 장비의 **외부에** 배포했는데, 이제는 조금 달라졌다. 마치 사용자 프로세스를 서버에서 실행하는 것처럼 NOS

에서도 실행할 수 있도록 장비 제조사가 NOS를 개방하면서부터 모든 상황이 바뀌고 있다. 하지만 클라우드나 컨트롤러 기반 서비스에서는 여전히 장비의 외부에 배포할 수밖에 없다. 두 방식 모두 잘 동작하므로 자신의 환경에 더 적합한 방안을 사용하면 된다.

수집기가 수집한 데이터가 구조화돼 있지 않다면 먼저 데이터를 **구조화**해야 한다. 예를 들어 수집기는 원시 로그 메시지 또는 CLI 출력을 파싱한 후 템플릿 전략을 사용해 의미 있는 부분으로 나누고 데이터 형태로 제공해야 한다.

다음은 데이터 **정규화** 과정이다. 여러 소스(그리고 포맷)의 데이터를 서로 비교할 수 있는 형태로 만들어야 한다. [그림 14-9]에서는 SNMP와 gNMI에서 획득한 동일한 의미의 메트릭 정보를 서로 호환되는 형식으로 정규화한다. 이 예제에서는 똑같은 메트릭명을 사용하기 위해 SNMP에서 얻은 데이터(interface_ifHCInOctets)와 gNMI에서 얻은 데이터의 이름(in_octets)을 interface_in_octets로 변경한다.

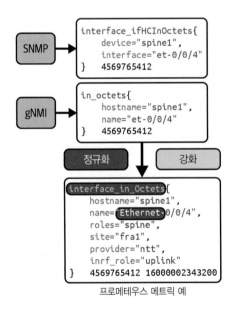

프로메테우스 메트릭 예

그림 14-9 데이터 정규화 및 보강

현재 다양한 수집기를 이용할 수 있으며, 수집기를 **에이전트**[agent]라고도 부른다. 어떤 수집기는 다양한 데이터 유형에 특화돼 있고, 어떤 수집기는 수집된 데이터를 전송하는 출력 옵션이 다양하다. 수집기를 선택할 경우, 다양한 수집기 방식을 적용할 수 있는 확장성을 가장 중요하게 고려해야 한다.

몇 가지 인기 있는 오픈소스 프로젝트를 추려보면 다음과 같다.

구분	오픈소스 프로젝트명	프로젝트 주소
메트릭	텔레그라프(Telegraf)	https://github.com/influxdata/telegraf https://www.influxdata.com/time-series-platform/telegraf/
로그	로그스태시(Logstash)	https://github.com/elastic/logstash https://www.elastic.co/kr/logstash
	플루언트디(Fluentd)	https://github.com/fluent/fluentd https://www.fluentd.org/
	프롬테일(Promtail)	https://grafana.com/docs/loki/latest/send-data/promtail/installation/
플로	pmacct	https://github.com/pmacct/pmacct
	고플로(GoFlow)	https://github.com/cloudflare/goflow
	고플로2(GoFlow2)	https://github.com/netsampler/goflow2
	패킷바이저(Pktvisor)	https://github.com/orb-community/pktvisor https://orb.community/
패킷 캡처	pcap 라이브러리(libpcap)	https://github.com/the-tcpdump-group/libpcap https://www.tcpdump.org/
	패킷바이저(Pktvisor)	https://github.com/orb-community/pktvisor https://orb.community/
추적	예거(Jaeger)	https://github.com/jaegertracing/jaeger https://www.jaegertracing.io/
	집킨(Zipkin)	https://github.com/openzipkin/zipkin https://zipkin.io/

수집기는 데이터를 **보강하는** 역할도 수행한다. 데이터 보강은 추후 시각화나 데이터 조회 시에 유용하게 사용될 수 있는 더 많은 맥락 정보를 데이터에 추가해주는 중요한 과정이다.

진실 공급원 강화

네트워크 자동화 아키텍처에서 수집된 데이터에 진실 공급원의 맥락 데이터를 추가해두면 나중에 훨씬 많은 차원을 추가할 수 있는 잠재력도 커진다는 사실을 잊어서는 안 된다.

[그림 14-9]에서는 추가 레이블을 사용해 장비의 역할이나 위치, 회선 제공자 등의 정보를 메트릭에 보강하고 있다. 이렇게 추가된 메타데이터는 향후 레이블을 사용해 데이터를 그룹화하거나 필터링할 때 사용될 수 있다. 예를 들어 특정 네트워크 서비스 제공자에 관한 인터페이스의 모든 패킷 손실 통계를 시각화할 수 있다.

보강, 처리 과정은 데이터를 수집하면서 동시에 진행할 수도 있지만, 강화 및 처리 과정을 별도로 나눠 진행할 수도 있다.

데이터 분산 및 처리

대부분의 사용 사례에서는 수집기 에이전트에서 데이터를 저장소 계층으로 전송할 때 대부분의 기능을 축소하지만, 일부 복잡한 사용 사례, 보통 높은 확장성이 요구되는 고도로 분산된 환경에서는 추가 계층이 필요하다.

이런 경우 수집기와 저장소 사이에 분산 계층이 존재한다. 결국 스택의 다른 구성 요소에는 부담을 주지 않으면서 높은 처리량을 지원하는 확장성을 제공할 수 있어야 한다. 이러한 솔루션은 **메시지 큐**message queue 또는 **메시지 브로커**message broker라고 부르며, 출판–구독 패러다임을 구현한다. 이러한 전송 메커니즘은 보다 안전한 데이터 사용을 위해 사전 정의된 스키마 유효성 검사와 같은 고급 기능을 이용한다.

> **NOTE_** 메시지 큐는 여러 컴퓨터 및 장비에서 확장성과 비동기 통신이 필요한 경우에 많이 사용된다.

이 분야에서 사용할 수 있는 오픈소스로는 아파치 카프카Apache Kafka[46], 래빗MQRabbitMQ[47], EMQX[48], 이클립스 모스키토Eclipse Mosquitto[49] 등이 있다. 특히 모스키토는 텔레메트리 및 사물인터넷(IoT) 사용 사례에 적합한 ISO 표준 경량 포맷인 MQTT를 구현한다.

....

46 *https://github.com/apache/kafka, https://kafka.apache.org/*
47 *https://github.com/rabbitmq, https://rabbitmq.com/*
48 *https://github.com/emqx/emqx, https://www.emqx.io/*
49 *https://github.com/eclipse/mosquitto, https://mosquitto.org/*

저장소

'데이터베이스' 절에서 네트워크 인텐트를 저장할 수 있는 몇 가지 유형의 데이터베이스를 살펴봤다. 운영 데이터에는 **시간**이라는 새로운 추가 속성이 관련된다. 진실 공급원에 저장된 네트워크 인텐트는 매초 바뀌지는 않는 다소 안정적인 정보다. 하지만 관찰값은 시시각각 다른 값으로 바뀌므로, 시간이 중요하다.

> **NOTE_** 진실 공급원에서는 인텐트에 시간 정보를 덧붙일 수 있는 기능도 중요하다. 예를 들어 다음 주로 예정된 점검 시간에 대한 네트워크의 인텐트를 정의할 수 있다.

기존 네트워크 모니터링에서는 데이터를 보통 라운드로빈[roundrobin] 데이터베이스 도구인 RRDtool에 저장했다. 시간에 대해 고정 크기를 유지하는 환형 버퍼 데이터베이스를 사용해 시계열 데이터를 처리하는 이 도구는 칵티[Cacti][50], 멀티 라우터 트래픽 그래프[MRTG, Multi Router Traffic Grapher][51] 등과 같은 고전적인 네트워크 모니터링 프로젝트의 백엔드로 사용됐다.

최신 텔레메트리 분야에서는 RRDtool의 한계를 극복하기 위해 새로운 시계열 데이터베이스를 사용한다. 시계열 데이터베이스는 다음과 같은 특징을 갖고 있다.

- 시간 경과에 대한 높은 데이터 적재율과 장기 지속성을 지원하는 높은 트랜잭션 볼륨을 가진다.
- 유연한 데이터 스키마를 통해 사용자가 데이터 구성 방법을 정의할 수 있고, 샤딩과 복제를 통해 데이터의 크기를 확장하는 방법을 정의할 수 있다.
- 강력한 기능을 갖춘 언어를 지원하며, API를 통해 데이터에 접근할 수 있다. 모든 시계열 데이터베이스는 자체 질의 언어와 함수를 갖고 있다. 인플럭스DB는 인플럭스QL[InfluxQL]을, 프로메테우스는 프롬QL[PromQL]을, 타임스케일DB[TimescaleDB]는 PostgreSQL에 기반한 SQL을 사용한다.

예를 들어 프롬QL의 질의 구문은 다음과 비슷한 모습이다.

```
rate(interface_in_octets{device_role="backbone"}[2m])*8
```

이 구문을 실행하면 해당 device_role에 속하는 메트릭 정보를 추려낸 다음, 2분 동안의 속도

---

[50] https://www.cacti.net/
[51] https://oss.oetiker.ch/mrtg/

를 계산하고, 비트에 8을 곱한 값을 계산해 반환한다. 이때 메트릭은 수집기에서 진실 공급원의 데이터로 보강한 레이블을 사용한다. 대시보드나 알림 통지 시스템, 스크립트에서 이와 같은 질의 구문을 사용할 수 있다.

> **NOTE_** 적절한 시계열 데이터베이스를 선택할 때는 저장할 수 있는 데이터의 유형을 가장 중요하게 고려해야 한다. 예를 들어 그라파이트Graphite와 프로메테우스는 오직 숫자만을, 인플럭스DB는 숫자와 문자열을, 타임스케일DB는 PostgreSQL에서 지원하는 모든 유형을 사용할 수 있다.

시계열 데이터베이스는 메트릭 저장에는 효과적이지만, 로그나 플로와 같은 고차원 데이터에는 적합하지 않다. 이러한 경우 다른 형태의 데이터베이스가 더 적절하다. 검색 엔진으로는 데이터 콘텐츠 조회에 특화된 NoSQL 데이터베이스를 사용할 수 있다. NoSQL DBMS에서는 복잡한 표현식이나 전문 검색을 수행한 후 결과를 그룹화할 수 있다. 또한 스테밍stemming[52]과 높은 확장성을 지원해 분산 검색에 최적화돼 있다. 가장 인기 있는 오픈소스 검색 엔진은 엘라스틱서치Elasticsearch로, SQL과 비슷한 질의 언어를 REST API에서 이용할 수 있다.

영속성 계층의 또 다른 과제 중 하나는 확장이 용이하고 데이터 사용이 쉬운 대용량 데이터 장기 저장소를 갖는 것이다. 앞에서 살펴본 시계열 데이터베이스를 기반으로 영속성 기능을 제공하는 프로젝트가 나와 있는데, 참고로 말하면 프로메테우스를 기반으로 하는 그라파나 미미르 Grafana Mimir[53]나 타노스thanos[54] 등이 있다.

> **TIP_** 데이터 보유 기간과 같은 저장소의 요구 사항은 사용할 수 있는 도구 체계와 솔루션 비용에 큰 영향을 미치므로, 신중히 결정해야 한다.

시각화

14.2.1절 '사용자 상호 작용'에서는 네트워크의 운영 상태를 시각화하는 사용자 상호 작용 솔

---

52 옮긴이_ 단어의 의미를 담고 있는 단어의 핵심 부분인 어간(stem)을 인식하는 방법을 의미한다. 예를 들어 automate, automated, automates, automating, automation은 같은 어간으로 인식한다.
53 https://github.com/grafana/mimir, https://grafana.com/oss/mimir/
54 https://github.com/thanos-io/thanos, https://thanos.io/

루션의 한 종류인 대시보드에 대해 알아봤다. 대시보드는 관찰된 데이터를 최종 사용자에게 전달하는 가장 일반적인 방법으로, 저장 계층에 질의한 결과 데이터를 미리 정의된 형태로 렌더링한다.

시각화 도구를 선택할 때 다음 세 가지 측면을 고려해야 한다.

- 하나의 도구에서 여러 관찰 가능성 데이터 소스의 상관관계를 파악할 수 있는지 여부
- 사용자가 대시보드를 유연하게 정의할 수 있는지 여부
- 진실 공급원에 저장된 데이터를 참조용 데이터로 사용할 수 있는지 여부

[그림 14-10]은 수집된 데이터를 대시보드로 통합한 사례다. 그라파나를 이용해 만든 대시보드로, 메트릭과 로그 등 다양한 데이터 형태를 표시하는 사용자 정의 패널로 구성했으며 상황에 맞게 진실 공급원에서 데이터를 조회해 추가 정보로 제공한다. 보강된 메트릭과 로그(수평 점선)를 하나의 패널에 표시해주므로 메트릭의 값이 바뀐 원인에 대해 보다 정확하게 추정해볼 수 있다. 예를 들어 BGP 세션이 바뀌었기 때문에 메트릭이 바뀐 것일 수 있다. 또한 원래는 숫자에 불과한 BGP 상태 메트릭을 사용자가 이해하기 쉬운 형태로 변환해 표시하므로, 한눈에 유휴 상태인지 설정 상태인지를 파악할 수 있다.

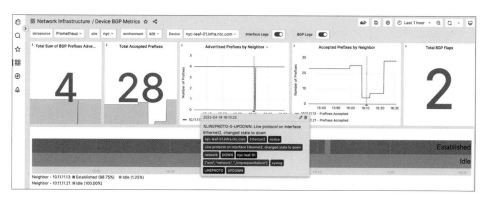

그림 14-10 네트워크 대시보드

시각화 도구는 사용자의 필요에 따라 대시보드를 정의할 수 있도록 유연해야 한다. 예를 들어 BGP 상태에 따라 다른 색상으로 링크를 표시하고, 이를 클릭했을 때 네트워크 토폴로지를 표시하거나 네트워크 토폴로지에서 링크의 사용량을 표시할 수 있다.

시각화가 관찰 가능성의 핵심 구성 요소임은 분명하지만, 그렇다고 유일한 구성 요소는 아니다. 이어지는 절에서는 관찰된 상태를 사용해 특정 행동을 촉발시키는 방법을 살펴보자.

경고

관찰된 상태를 활용할 수 있는 또 다른 분야가 바로 알림 통지다. 이 모듈의 주요 목표는 정상 상태에서 벗어난 편차가 발생했을 경우 이 사실에 대한 알림 이벤트를 발생시키는 것이다. 알림 이벤트는 당직 엔지니어에게 알림 메시지를 보낼 수도 있고, 오케스트레이션을 통해 다른 행동을 취할 수도 있는 등 다양한 용도로 활용될 수 있다.

알림에서는 **정상 상태**의 의미를 정확히 정의하는 것이 가장 중요하다. 진실 공급원에 저장된 패킷 손실률 SLA 기준 0.5%처럼 진실 공급원에서 가져온 참조값을 의미하는 것일 수도 있고, 이전 행동에서 **유추된** 값일 수도 있다. 후자의 경우, 값을 유추하는 과정에서 실제 데이터의 95 백분위수를 비교하는 것처럼 간단한 수학을 사용하거나 비정상인 상태를 자동으로 유추하는 고급 머신러닝 솔루션을 사용할 수도 있다.

> **NOTE_** 인공지능과 머신러닝을 활용하면 학습에 기반한 **제안**을 통해 언제 알림 통지를 보낼 것인지 판단하는 기준을 개선할 수 있다. 인공지능/머신러닝은 엄청난 양의 데이터를 동적으로 처리해 결론을 도출한다. 예를 들어 용량 관리를 담당하는 네트워크 엔지니어는 트래픽 그래프를 검토해 언제쯤 인터페이스가 한계에 도달할지를 추정할 수 있다. 인공지능/머신러닝을 사용해도 비슷한 결론을 얻을 수 있지만, 대신 수백 또는 수천 개의 인터페이스에 대한 작업으로 확장할 수 있다. 네트워킹 분야에서 인공지능/머신러닝의 활용은 아직 걸음마 단계에 있지만, 모든 유형의 의사결정에 도움을 주고 제안을 얻는 데 활용될 수 있으므로 네트워크 계획, 설계 운영(AI옵스)에 미칠 잠재적인 영향력은 매우 크다.
>
> 인공지능/머신러닝은 이 책에서 다루기에 너무 방대한 주제다. 네트워크 엔지니어가 활용할 수 있는 솔루션은 어떤 것이 있고 어떤 식으로 학습돼 의사결정을 자동화하는 데 기여하는지 더 자세히 알고 싶다면, 하비에르 안티치[Javier Antich]가 쓴 『Machine Learning for Network and Cloud Engineers』(2023)를 참조하자.

[그림 14-11]은 알림 시스템의 동작 방식을 보여준다. 알림 엔진은 시스템의 핵심 요소로, 세 가지 종류의 입력, 즉 진실 공급원에서 가져온 참조값 및 기타 사용자가 정의한 알림 규칙(예: 1% 이상의 패킷 손실이 발생해서는 안 되는 회선 SLA 정보), 불필요한 이벤트를 방지하기 위한 무음 규칙, 운영 상태 데이터를 전달받는다. 알림 엔진은 중복 알림이 전송되지 않도록 비슷한 알림을 하나의 그룹으로 묶어준다. 알림 엔진은 다양한 방식으로 알림을 전송한다. 인스

턴스 메시지 시스템, 이메일을 비롯해 옵스지니^{Opsgenie} [55], 앨러타^{Alerta} [56], 페이저듀티^{PagerDuty} [57]와 같은 사건 관리 도구$^{incident\ management\ tool}$나 자동으로 완화 조치를 취하기 위한 오케스트레이션 엔드포인트로 알림을 전송할 수 있다.

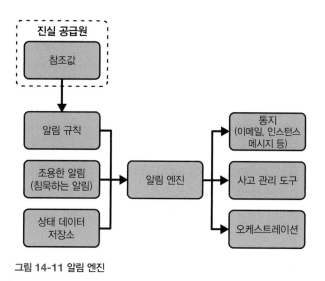

그림 14-11 알림 엔진

NOTE_ 알림에 대해 자세히 알고 싶다면 벳시 베이어$^{Betsy\ Beyer}$ 등이 쓴 『사이트 신뢰성 엔지니어링』(제이펍, 2018)의 6장 '분산 시스템 모니터링'을 읽어보자.

언제 알림을 보내야 할 것인지를 결정하는 것은 간단하지 않다. 알림은 적절한 시점에 전달돼야 하며, 오탐이거나 후속 조치를 취할 수 없는 알림은 전송되지 않아야 한다. 이미 종료된 이벤트는 취할 조치가 없으며, 모든 이벤트를 알림 메시지로 보내면 메시지가 묻혀버리거나 대기 시간이 부족해 불가피하게 무시되고 만다.

알림 여부 및 심각도는 서비스에 미치는 영향도와 대응 능력을 고려해 결정해야 한다. 흔히 이상 징후를 탐지하기 위해 **표준편차**를 기준으로 정상 범위를 판단하는 규칙을 사용한다. 인터페이스의 사용량이 평상시 10%였다가 갑자기 40%로 급증했다면, 40%라는 값 때문이 아니라 4

---

55 *https://www.atlassian.com/software/opsgenie*

56 *https://alerta.io/*

57 *https://www.pagerduty.com/*

배 증가한 비율 때문에 알림을 발생시킬 수 있다.

> **TIP_ 모니터링 시스템도 모니터링**해야 한다. **데드맨 스위치**^{deadman switch}[58]의 개념을 적용해. 이용 가능해야 하
> 는 메트릭을 이용할 수 없을 경우 알림 시스템에서 경고 알림을 전달할 수 있어야 한다. 이러한 알림 차이를
> 완화하기 위한 다양한 방법이 존재한다. 모든 메트릭을 미리 초기화해 애플리케이션이 시작될 때 모두 초기
> 화된 값을 이용하도록 설정할 수 있다. 이 경우. 모든 메트릭을 초기화함에 따라 더 많은 저장 공간이 필요해
> 지므로 저장 비용은 증가하게 된다. 또는 진실 공급원을 참조해, 인벤토리에 활성 스위치가 있는데도 관련 메
> 트릭을 얻지 못했다면 장비 상태가 이상하다는 것을 감지할 수 있다.

끝으로, 아키텍처의 모든 절차를 마무리 짓기 위해 점으로 이뤄진 각 구성 요소를 연결하는 방
법에 대해 중점적으로 살펴본다.

14.2.5 오케스트레이션

아키텍처의 각 구성 요소는 전체 전략에서 각자의 목적을 갖고 있다. 하지만 교향악단처럼 연
주자들의 연주를 조율할 수 있는 **지휘자**가 필요하다. 네트워크 자동화 솔루션에서 이 역할을
담당하는 것이 바로 **오케스트레이션** 모듈이다. 물론 간단한 솔루션일 경우 오케스트레이션을
생략할 수도 있지만, 여러 단계가 관련돼 있다면 오케스트레이션의 역할이 중요해진다. 물론
오케스트레이션은 전체를 조율할 수도 있지만, 특정 프로세스만 집중적으로 조율할 수도 있다.

앞서 언급했듯이 네트워크 자동화는 수동 네트워크 운영 워크플로를 자동화된 워크플로로 전
환한다. 따라서 대부분의 반복 작업을 사람 대신 컴퓨터가 수행한다. 오케스트레이션 솔루션은
이러한 작업을 기대하는 하나의 작업 흐름으로 묶는다.

행간에서 파악할 수 있듯이, 네트워크 자동화 엔지니어로 발전하고 싶은 네트워크 엔지니어라
면 오케스트레이션은 반드시 익혀야 할 중요한 기술이다. 현재 작업 워크플로를 파악해 이를
자동화된 워크플로로 전환하는 방법을 배워야 하는데, 절차가 부족하거나 수많은 단계와 여러
상호 작용이 관련돼 있기 때문에 만만한 작업이 아니다.

----

58 옮긴이_ 상위 통제 체계가 무력화됐을 때 시스템을 멈추거나 사람이 개입해 문제를 완화할 수 있도록 알림 경고를 내보내는 장치를 의미
한다. 예를 들어 열차의 경우 조종간에 누름 버튼이 있는데, 이 버튼이 일정 시간 동안 눌리지 않을 경우 경보를 발생시키고 이후에도 반
응이 없을 경우 비상 제동 장치가 작동한다.

따라서 하향식 반복 프로세스를 적용해보기를 추천한다. 전체 워크플로를 이해하는 것부터 시작해 이 과정을 반복하면서 보다 세부적인 단계를 살펴본다.

1. 각 단계가 어떻게 시작되고, 누가 시작하는지를 파악한다.

2. 이 단계를 블랙박스로 바라보면서, 필요한 입력 및 출력 데이터를 결정한다(예: 외부 상호 작용, API, 사람). 이 단계가 반드시 필요한지를 평가한 다음, 아예 제외하거나 다른 작업으로 통합한다.

3. 데이터를 구조화된 데이터로 정규화한다. 필수 항목은 최소화하고, 해당 데이터 유효성 검증 스키마를 정의해 워크플로 단계 전후에 유효성 검사를 실시한다.

4. 이 단계를 반복해야 하는 더 작은 단계로 나누는 것이 합당한지를 판단한다.

TIP_ 미지의 데이터를 만날 수 있다는 열린 마음으로 전체 과정을 진행해야 한다. 이미 익숙한 워크플로를 살펴보다가 깜짝 놀랄 만한 사실을 새롭게 발견할 수도 있다.

네트워크 자동화 도입 초반에는 워크플로 관리가 그다지 중요하지 않다고 생각할 수 있다. 하지만 보다 복잡한 작업을 해결하려면 오케스트레이션이 필요해지고, 워크플로 엔진이 큰 도움이 될 것이다.

워크플로 자동화는 여러 제품이 작업을 수행할 수 있는 매우 개방된 공간이다. **'만약 …인 경우 …의 동작을 수행한다'**라는 로직을 지원하는 솔루션이라면 워크플로 오케스트레이션을 구현하는 데 사용할 수 있다. 그러므로 본질적으로 `if/else` 구문을 가진 간단한 스크립트로도 처리할 수 있다. 실제로 **깃옵스** 방식에서는 깃에 변경 사항이 있는지를 확인하고, 변경 사항이 있을 경우 다른 작업을 시작한다. 일부 도구는 복잡한 워크플로를 쉽게 구현할 수 있는 여러 가지 기능을 제공한다. 이를 크게 두 그룹으로 나눠볼 수 있다.

- 자동화 파이프라인: 젠킨스^{Jenkins}, 깃허브 액션^{GitHub Actions}, 깃랩 CI/CD^{GitLab CI/CD}
- 워크플로 엔진: AWX, 런덱^{Rundeck}, 프리펙트^{Prefect}, 스택스톰^{StackStorm}

사용할 수 있는 방안이 너무 많으므로, 이러한 솔루션을 평가할 때는 확장성과 같은 일반적인 소프트웨어 평가 항목 외에도 다음과 같은 질문을 고려하는 것이 좋다.

- 워크플로를 어떻게 정의할 수 있는가? 워크플로를 정의할 때 어떤 언어를 사용하는가?
- 사용자는 어떻게 상호 작용하는가? CLI를 사용하는가, 아니면 GUI를 사용하는가? 사용자 정의를 지원하는가?

- 몇 가지 통합 기능을 이용할 수 있는가? 새로운 통합 기능을 사용해 솔루션의 기능을 쉽게 확장할 수 있는가?
- 이벤트는 어떻게 수신하거나 생성되는가? 웹훅^{webhook}, 출판–구독 메커니즘, 스케줄러 트리거를 사용하는가?

오케스트레이션과 밀접한 관련이 있는 이벤트 주도 자동화도 살펴볼 필요가 있다. 다음 절에서 이에 대해 알아본다.

이벤트 주도 자동화

이벤트 주도 접근 방식은 네트워크 자동화에서 인기 있는 주제다. 이 접근 방식의 기본 개념은 이벤트를 수신해 적절한 응답을 결정하는 폐쇄형 반복 제어 솔루션을 만드는 것이다. 이벤트는 외부 통합이나 다른 아키텍처 구성 요소에서 발생한다. 예를 들어 객체가 수정되면 진실 공급원에서 웹훅을 호출하거나 텔레메트리 및 관찰 가능성 스택에서 발생한 알림 등에서 이벤트가 발생한다. 두 경우 모두 이벤트 주도 솔루션에서 관련 작업(또는 기본값으로 사용되는 작업)이 지정돼야 한다.

이벤트 주도 솔루션의 핵심은 사람이 직접 개입하지 않도록 이벤트와 후속 동작을 **매핑**하는 것이다. 이 방식을 적용하면 네트워크에서 발생하는 이벤트에 대한 응답 속도 및 문제 완화 또는 적어도 문제 해결에 도움이 되는 정보를 빨리 수집할 수 있다. 이벤트 주도 네트워크 자동화 사용 사례에 사용되는 오픈소스 프로젝트에는 스택스톰, 솔트, 앤서블 등이 있다.

> **NOTE_** 이 책에서 스택스톰과 솔트는 명시적으로 다루지 않지만, 관련 자료를 *https://oreilly-npa-book.github.io*에서 제공하니 참고하길 바란다.

[그림 14–12]는 제안된 아키텍처를 기반으로 이벤트 주도 자동화를 위한 워크플로를 그림으로 표현한 것이다.

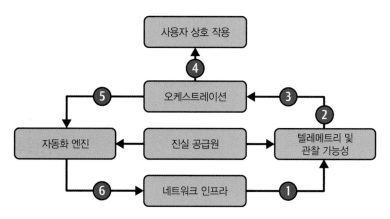

그림 14-12 이벤트 주도 자동화

다음은 워크플로의 여섯 단계다.

1. 네트워크 운영 상태가 변경된다.
2. 진실 공급원에서 새로운 상태가 의도된 상태인지 평가한 다음, 새로운 이벤트가 생성된다.
3. 오케스트레이션 시스템에서 이벤트를 수신하면, 새로운 워크플로가 시작된다.
4. 사용자에게 진행되는 이벤트를 알려주는 알림 통지가 전송된다.
5. 자동화 엔진은 의도된 상태를 기반으로 적절한 행동을 판단해 현재 상태를 수정하는 작업을 진행한다.
6. 네트워크 인프라가 의도한 운영 상태로 동작하면 더 이상의 이벤트는 발생하지 않는다.

이벤트 주도 네트워크 자동화의 실질적인 장점을 설명하기 위해 현재 네트워크 운영체제에 알려진 버그가 있다고 가정해보자. 복구할 수 없는 오류가 발생해 해당 모듈을 재시작해야 한다는 특정 시스로그 메시지가 감지됐으며, 이 버그에 영향을 받은 모듈을 업그레이드하려면 몇 주 정도가 소요될 수 있으므로 그 사이에 적용할 해결책이 필요하다. 예전에는 이런 일이 있을 때 (한밤중이라도) 대기 중인 당직 네트워크 엔지니어에게 연락해 당직 엔지니어가 네트워크 장비에 로그인한 후 수동으로 해당 모듈을 재시작하는 방식으로 처리했다. 워크플로 엔진을 사용하면, 특정 시스로그 메시지를 감시하는 규칙을 작성해두고 특정 메시지가 수신되면 파이썬 함수 또는 앤서블 플레이북을 실행하도록 예약해 영향도가 덜한 시간대에 모듈을 자동으로 재시작시킬 수 있다.

이번 절에서는 네트워크 아키텍처의 각 구성 요소를 모두 살펴봤다. 아키텍처에 대한 이해를 바탕으로 각 모듈이 어떤 식으로 결합돼 동작하는지를 예제를 통해 알아보자.

14.3 예제를 통한 아키텍처 이해

이 예제는 제안된 아키텍처로 네트워크 자동화 솔루션을 구축하는 방법을 보다 정확하게 이해할 수 있도록 심성 참고 모델mental reference을 제공하는 것이 목표다. 자체 솔루션을 구축해야 한다면 이 예제를 기반으로 실제 프로세스에 적용해본다.

이 예제에서는 일상 네트워크 운영 업무 중 방화벽 규칙 관리 업무를 선택했다. [그림 14-13]은 매우 단순화한 하이브리드 네트워크 구성으로, 온-프레미스 및 클라우드 네트워크 인프라를 갖고 있다. 두 **애플리케이션** 사이에 필요한 방화벽을 프로비저닝하는 자동화된 솔루션을 설계해보자.

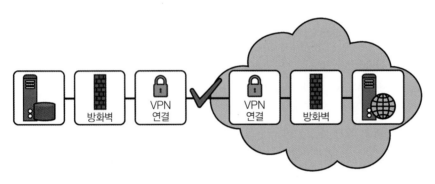

그림 14-13 방화벽 규칙 자동화 예제

이 시나리오에서 사용자 인터페이스가 무엇이고, 사용자가 **어떤** 데이터를 제공하고, 애플리케이션이 **어떻게** 정의되는지 등에 대한 세부 정보는 다루지 않는다. 때로는 이러한 정보의 일부만 얻을 수 있으며, 설계 프로세스를 진행하면서 세부 정보를 자세히 알게 되는 경우가 더 많다. 아직 맥락이 모호하므로 첫 번째 단계에서는 프로세스와 워크플로가 어떤 모습인지(또는 어떤 모습이어야 하는지)를 우선적으로 **이해해야** 한다.

14.3.1 작업 워크플로 결정하기

무언가를 자동화하려면 먼저 그 대상을 이해해야 한다. 현재 시행 중인 프로세스에 대한 정보를 수집한 다음, 이를 기반으로 자동화된 버전에서 기대되는 최소한의 결과를 설정해야 한다. 이 정보는 문서의 형태(도표 또는 확인 목록)이거나 구성원의 지식 형태일 수 있다. 그럼에도 불구하고, 알지 못했던 미지의 정보가 낮은 수준의 상세 대화를 통해 파악될 수도 있다.

14.2.5절 '오케스트레이션'에서 권장한 대로, 구조화된 접근 방식을 사용해 다양한 관점과 역할(네트워크 엔지니어 및 네트워크 사용자) 또는 같은 역할을 맡고 있는 여러 개인의 관점(같은 일을 각 엔지니어마다 조금씩 다르게 할 수 있으므로)에서 프로세스를 이해하려고 시도해본다. 예를 들어, 예제에서 보안 정책을 정의하는 보안 팀의 요구 사항뿐만 아니라 엔지니어가 보안 정책을 구현하는 방법을 결정하는 과정을 이해하는 것도 중요하다.

> **TIP_** 인간은 원래 창의적이다. 따라서 일상 업무에 대한 체크리스트를 따르다 보면 조금씩 차이점이 있을 수 있다. 분석 과정에서 이 점을 고려해야 한다.

아직까지 자동화는 주요 관심사가 아니다. 따라서 현재 워크플로에서 일어나는 일을 단계별로 파악하는 것에 집중한다. 방화벽 자동화 예제에서 각 업무 단계는 다음과 비슷할 것이다.

1. 애플리케이션 소유자는 네트워크 팀에게 출발지/목적지 IP와 포트를 알려준다.
2. 네트워크 운영자는 정책이 보안 정책 규칙을 따르고 있는지 확인한다.
3. 그렇다면 몇 가지 경로 추적을 실행해 어떤 장비를 갱신해야 하는지 확인한다.
4. 네트워크 엔지니어는 도표와 예전 설정을 참고해 설정 갱신을 준비하고, 언제 설정 변경 사항을 적용할 것인지를 정의한다.
5. 예정된 작업 시간이 되면 네트워크 엔지니어는 장비에 접속한다. 한 장비씩 계획에 따라 설정을 갱신한다.
6. 설정이 갱신되면 네트워크 엔지니어는 변경에 대한 정보를 담아 요청자에게 알림 통지를 전송한다.

보다 상세한 내용과 예외 상황에 대한 작업 흐름은 생략했다. 하지만 현재 워크플로가 어떤 모습인지는 대략적으로 파악할 수 있다. 이것이 바로 자동화로 해결해야 할 최소한의 요구 사항이다. 이 프로세스를 문서화하면 나중에 어떤 과정이 누락됐고 어떤 과정을 보완해야 하는지를 파악할 수 있다.

이렇게 참고 자료를 확보했으므로 자동화의 장점을 활용하는 워크플로로 전환한다.

14.3.2 워크플로 단계를 자동화된 작업으로 전환하기

수동 워크플로를 자동화로 전환하는 첫 번째 단계는 사용자 상호 작용을 단순화하고 수동 상호 작용을 제거하는 것이다. 우선 UX를 개선하고 데이터 검증 노력을 줄여준다. 또한 프로세스 속도를 높이고 안정성을 향상시킨다.

앞에서 작성한 워크플로 정의를 기반으로 몇 가지 항목을 수정하고, 일부는 개선 의견을 제안한다.

1. 애플리케이션 소유자는 **애플리케이션 이름**을 정의하는 **요청을 생성**한다.
2. 요청된 통신 플로에 대해 **보안 정책에 따라 자동**으로 유효성을 **검사**한다.
3. 통신 플로가 **허용되면**, **분석적 경로 발견**을 수행해 경로에 있는 장비를 식별한다. 애플리케이션 정의에서 제공된 IP 데이터를 사용한다.
4. **사전 검증된 설정에 대해 자동으로 렌더링**되도록 **예약 작업**을 등록한다.
5. 예약 시간이 되면, **자동화 엔진**이 **설정 파일**을 다양한 네트워크 인프라로 **배포**한다. **작업 상태가 제대로 적용됐는지 사후 검증 작업을 수행해 확인**한다.
6. 설정이 적용되면, **작업과 관련된 모든 정보를 통지 메시지에 담아 자동으로** 애플리케이션 소유자에게 발송한다. 애플리케이션 소유자는 **대시보드를 통해** 변경 사항이 적용된 결과를 살펴볼 수 있다.

제안된 워크플로에서 사용자가 준비해야 하는 것은 단지 애플리케이션 이름뿐이다. IP 주소나 포트를 입력하는 과정이 생략되므로, 사용자 입력을 검증하기도 쉬워진다. 애플리케이션에 대한 정의는 이 워크플로를 실행하기 전에 진행돼야 하므로 예제에서는 생략했다. 원한다면, 이 프로세스 역시 사람이 개입할 필요가 없도록 만들 수 있다. 이러한 방식으로 프로세스를 간소화하면, 사후 검증과 같은 새로운 단계를 추가하더라도 서비스 제공에 드는 시간은 늘어나지 않으면서 더 많은 가치를 창출할 수 있다.

> **TIP_** 워크플로의 모든 단계를 한 번에 자동화해야 한다고 걱정할 필요는 없다. 어떤 작업을 자동화하다 보면 때로는 더 쉬운 작업 자동화의 진행을 막고 있을 수도 있다. 따라서 자동화 과정이 모두 준비될 때까지 복잡한 작업의 자동화를 미뤄두는 것이 때로는 현명한 결정일 수 있다.

이제 자동화 솔루션으로 구현할 항목에 대해 명확한 계획을 수립했으므로, 자동화 항목을 네트워크 자동화 아키텍처에 매핑해야 한다.

14.3.3 자동화된 작업을 아키텍처 구성 요소로 매핑하기

단계를 정의하고 나면 단계들 간의 시너지 효과를 발견할 수 있으며, 이들 단계를 하나의 그룹으로 묶을 수 있다. 이렇게 묶은 그룹을 다양한 아키텍처 구성 요소로 매핑한다. 14.2.5절 '오케스트레이션'에서 언급했듯이 모든 작업은 하나의 블록에 들어갈 수 있을 정도로 작아야 한다. 그렇지 않다면 작업의 목표에 더 잘 부합되는 구성 요소를 선택한다.

[그림 14-14]는 자동화된 워크플로를 시퀀스 도표로 나타낸 것이다. 이때 **객체**는 각 아키텍처 구성 요소다.

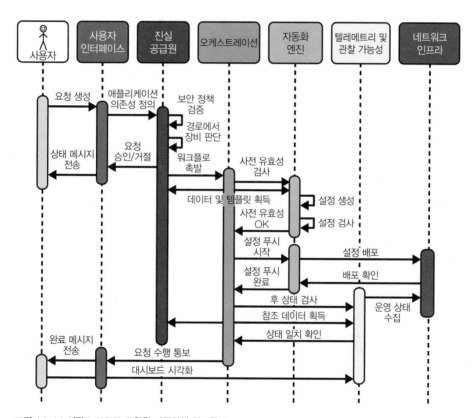

그림 14-14 시퀀스 도표로 표현한 자동화된 워크플로

이 그림을 통해 해당 작업이 아키텍처 구성 요소와 서로 어떻게 연관돼 있는지를 확인할 수 있다. 각 블록의 요구 사항을 이해하기 위해 이 그림과 같이 구분 짓는 것이 중요하다. 이 시나리오에서 각 구성 요소의 요구 사항을 개략적으로 요약하면 다음과 같다.

사용자 상호 작용

요청을 전송하고 프로세스 갱신에 대한 통지를 받기 위해 양방향 통신 채널이 제공돼야 한다. 또한 방화벽 운영 상태를 나타내는 대시보드에 직접 접근해 시각화된 정보를 볼 수 있어야 한다.

진실 공급원

사용자로부터 입력받은 데이터를 정규화하고 검증한다. 별도의 데이터 처리 과정, 예를 들어 참조 보안 정책을 사용해 정책 준수 여부를 검사한다. 또한 통신 경로에 위치한 장비를 발견한다. **애플리케이션** 정의를 저장하거나 이 애플리케이션(예: 동적 애플리케이션 서비스)에 대한 동적 정보 갱신이 필요하다. 끝으로, 설정 아티팩트를 생성하기 위한 데이터와 템플릿을 노출한다. 그리고 설정 변경 이후 운영 상태를 검증한다.

오케스트레이션

사용자가 수동으로 프로세스를 시작하거나 진실 공급원이 변경된 이후 예약된 시간에 자동화된 프로세스가 시작되도록 조율한다. 이 시퀀스 도표에는 오직 성공하는 **최상의 경로**만 표시돼 있지만, 결국에는 **사용자 상호 작용**을 통해 사용자에게 다시 전달되는 모든 의사결정 경로를 처리할 수 있다.

자동화 엔진

템플릿과 데이터를 사용해 의도대로 설정 아티팩트를 생성한다. 사전 검증을 통해 설정 아티팩트를 배포했을 때 의도한 상태가 되는지를 확인한다. 그런 다음, 네트워크 플랫폼에 설정을 배포한다.

텔레메트리와 관찰 가능성

지속적으로 운영 상태를 수집하면서 의도된 상태와 비교한다. 사후 검증 검사 기능도 제공해야 하며, 시각화에 필요한 관련 데이터(네트워크 플로나 메트릭)에 접근 가능하게 한다.

각 구성 요소에서 요구되는 사항을 이해했다면, 이제 다음 단계로 나아가 각 기능성을 구현할 도구를 선택해야 한다.

14.3.4 각 구성 요소의 작업을 구현할 도구 선택

이 단계에서 가장 먼저 결정해야 하는 문제는 **'구축할 것인가, 구입할 것인가?'**라는 이른바 '구축과 구매의 딜레마'다. 정말 특별한 요구 사항을 갖고 있지 않다면, '바퀴'를 다시 발명하면서 처음부터 완전한 솔루션을 구축할 필요는 없을 것이다. 이번 장에서는 각 구성 요소에서 사용할 수 있는 여러 가지 오픈소스 솔루션을 살펴봤는데, 그 외에도 훨씬 다양한 상용 또는 오픈소스 솔루션이 존재한다. 따라서 지원, 기능, 확장성을 고려해 자신의 환경에서 합당한 도구가 무엇인지 평가해야 한다.

이때 고려해야 할 또 다른 중요한 요소는 현재 갖춰진 기술 스택과 팀의 기술이다. 이미 사용 중인 도구로 새로운 요구 사항을 구현할 수 있다면 가급적 기존 도구를 재사용하는 것이 합리적이다.

예제로 돌아가서 [그림 14-14]에 기술된 자동화 워크플로를 구현할 수 있는 오픈소스 도구 모음을 제안한다. 이 제안 내용은 예제를 해결하기 위한 여러 방법 중 하나일 뿐이며, 권장 사항은 아니다.

사용자 상호 작용

매터모스트^{Mattermost}는 사용자 상호 작용을 가능하게 해주는 인스턴스 메시징 애플리케이션이며, 그라파나는 네트워크 메트릭 시각화용 대시보드를 제공한다.

진실 공급원

나우토봇에서 방화벽 인벤토리와 애플리케이션 정의용 관련 모델, 방화벽 모델 앱을 사용해 방화벽 규칙을 정의한다. 또한 CLI 기반 방화벽에 사용할 진자 템플릿을 깃 저장소에 통합해 계속 관리하며, 해시코프 컨설HashiCorp Consul을 사용해 애플리케이션과 IP 주소 및 포트의 동적 매핑을 제공한다.

오케스트레이션

AWX는 워크플로 실행을 관리한다. 새로운 방화벽 규칙이 생성, 갱신, 삭제되면 나우토봇의 웹훅을 통해 자동으로 작업을 시작할 수 있고, 네트워크 운영자에 의해 수작업으로도 작업을 시작할 수 있다.

자동화 엔진

뱃피시는 진실 공급원에서 가져온 데이터를 사용해 앤서블에서 렌더링한 네트워크 설정에 대해 사전 유효성 검사를 진행한다. 앤서블은 온-프레미스 방화벽을 설정하는 데도 사용할 수 있다. 클라우드 서비스에서는 테라폼을 사용해 서비스를 프로비저닝하거나 갱신한다. 이 경우도 진실 공급원의 데이터를 사용한다.

텔레메트리와 관찰 가능성

텔레그래프 수집기는 방화벽 서비스의 네트워크 데이터 메트릭을 조회하고, 이를 사후 검증 스크립트나 그라파나 대시보드에서 사용할 수 있도록 프로메테우스에 저장한다.

이와 같은 상위 수준 설계는 자동화 과정의 서막에 불과하다. 따라서 자동화 솔루션 구현을 시작하는 과정에서 참고 자료로 사용할 수는 있지만, 항상 초기 의사결정 프로세스에 영향을 줄 수 있는 새로운 요구 사항이나 개선 아이디어에 대해 개방적인 자세를 취해야 한다. 앞서 언급했듯이, 나중에 본인이나 다른 사람이 더 쉽게 검토할 수 있도록 아키텍처 결정을 문서화하는 것은 좋은 습관이다. 결국 아키텍처를 검토해야 할 일이 생기고, 원래 워크플로가 조금 변경되거나 새로운 워크플로가 구현될 수 있다. 잘 문서화된 의사결정 기록이 있으면, 현재 사용 중인 도구를 재사용하고 확장할 수 있을 뿐 아니라 새로운 도구로 교체할 수도 있다.

> **TIP_** 사용할 수 있는 도구가 너무 많으므로 어떤 도구를 선택할지 결정하기가 부담스러울 수 있다. 그러나 '**성급한 최적화**premature optimization' 덫에 빠져서 발생하지 않을 수도 있는 미래의 문제를 해결하는 데 현재의 많은 시간을 너무 많이 소비하지는 말아야 한다. 제안된 아키텍처를 사용하면 필요에 따라 새로운 도구로 교체할 수 있다.

아무쪼록 이번 절을 통해 네트워크 자동화 사고방식에 보다 익숙해지고 이번 장의 내용을 좀 더 통합적으로 이해하게 됐길 바란다.

14.4 요약

이번 장에서는 네트워크 자동화 솔루션의 설계를 이끌어갈 아키텍처 접근 방식을 제안한다는 야심 찬 목표를 세웠다. 이 책을 통해 배운 기술 지식은 중요한 기초 지식이지만, 모든 지식과 도구를 서로 연결해야 할 때 상황은 더욱 복잡해진다.

이 책에서 제안한 네트워크 자동화 아키텍처는 운영 워크플로를 네트워크 자동화 솔루션의 주요 역할에 따라 몇 가지 구성 요소로 요약하고, 이를 쉽게 이해할 수 있도록 도와주는 프레임워크를 제공한다. 각 구성 요소는 다른 IT 인프라에서도 대부분 재사용할 수 있다. 각 아키텍처 구성 요소는 고유의 역할과 관계성을 갖고 있지만, 데이터가 나머지 작업의 통합을 주도하되 필요에 따라 조정해가면서 완전한 솔루션을 만드는 접근 방식으로 인식을 전환하는 것이 중요하다.

다행히 처음부터 시작하지 않더라도 솔루션을 구축하는 데 도움이 되는 유용한 도구가 많이 나와 있다. 하지만 자동화는 단순히 도구를 도입하는 것이 아니며 도구에 맞춰 설계를 시작해서는 안 된다는 점을 기억하자. 먼저 요구 사항과 기대 결과를 확실히 이해해야 한다. 그런 다음, 기능을 아키텍처로 매핑해가면서 환경에 적절한 구현체를 선택해야 한다(향후 수정을 위한 가능성은 열어두는 것이 좋다).

이 아키텍처가 여러분의 첫 번째 네트워크 자동화 솔루션을 구축하거나 이미 구현된 솔루션을 개선하는 데 도움이 됐길 바란다. 이번 장으로 이 책은 마무리되지만, 네트워크 자동화를 향한 여러분의 여정은 이제 막 시작됐을 뿐이다. 따라서 새로운 기술과 자동화 기술을 향상시킬 도구를 계속 탐험하고 학습해야 한다. 이 책이 좋은 출발점이 되겠지만, 네트워크 자동화 분야는 끊임없이 발전하고 있으므로 모범 사례와 최신 트렌드를 파악하면서 자신의 프로젝트에 적용하려는 노력이 필요하다.

INDEX

INDEX

INDEX

INDEX

INDEX

INDEX

INDEX

INDEX

INDEX

INDEX

INDEX